DICTIONNAIRE

RAISONNÉ

D'ARCHITECTURE

ET DES

SCIENCES ET ARTS QUI S'Y RATTACHENT

PAR

ERNEST BOSC

ARCHITECTE

—

TOME DEUXIÈME

DAIS — IVOIRE

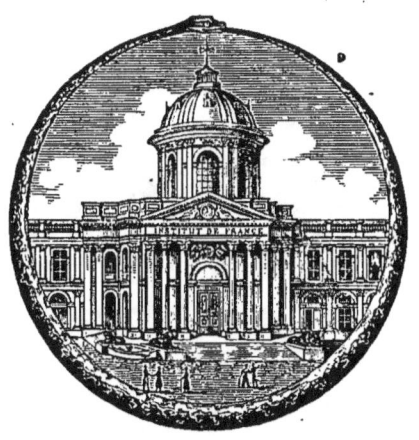

PARIS

LIBRAIRIE DE FIRMIN-DIDOT ET Cⁱᴱ

IMPRIMEURS-LIBRAIRES DE L'INSTITUT DE FRANCE

Rue Jacob, 56

—

1878

DICTIONNAIRE

RAISONNÉ

D'ARCHITECTURE

———

Tome II

TYPOGRAPHIE FIRMIN-DIDOT. — MESNIL (EURE).

DICTIONNAIRE

RAISONNÉ

D'ARCHITECTURE

D

D. — Quatrième lettre de l'alphabet, qui signifie 500, en chiffres romains. Surmontée d'un trait (D̄), cette lettre vaut 5,000. — Dans les inscriptions latines, le D a de très-nombreuses significations : il peut indiquer un prénom, *Decius, Dionysius*, etc.; une qualification, *Dominus, Doctor, Divus, Dictator*, etc. Sur les monuments votifs et sur les médailles, D, D peuvent signifier *Decurionum decreto*, et D, D, D, *Datum decurionum decreto*. Sur les monuments funéraires, D. M et D. O. M. veulent dire *Diis manibus* et *Deo optimo maximo*.

DAIS, *s. m.* — Ouvrage d'architecture, souvent décoré de sculptures et de moulures, qui couvre un autel, un trône, une chaire,

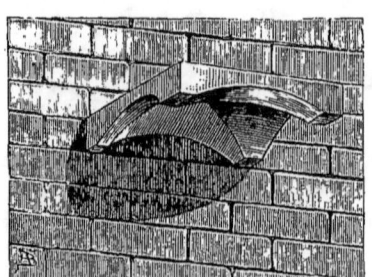

Fig. 1. — Dais sur la face du porche de l'église de Moissac.

BALDAQUIN et d'ABAT-VOIX. (Voy. ces mots.) Les dimensions, la forme et la matière des dais sont variables, et, suivant l'époque de leur construction et l'objet qu'ils abritent, ils présentent des caractères divers.

A l'époque romane, on commence à décorer les monuments religieux de statues qu'on place en saillie sur les murs, au lieu de les placer dans des niches. Ces statues sont supportées par des encorbellements, par des culs-de-lampe, et, pour abriter les têtes ou *chefs* des statues, on les couvre de dais, que pour ce

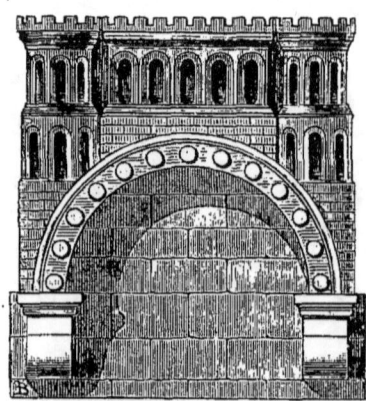

Fig. 2. — Dais du XIIe siècle (cathédrale de Chartres).

une statue, un groupe. Dans les trois premiers cas, le dais prend les noms de CIBORIUM, de motif on nomme aussi *couvre-chefs*. Ils sont d'abord fort modestes : on emploie une simple dalle saillante engagée dans l'assise située au-dessus de la statue. Nous en donnons un exemple (fig. 1) qui provient de l'église de Moissac. Comme on le voit, cette dalle, taillée sur ses faces en forme d'arcade, figure une

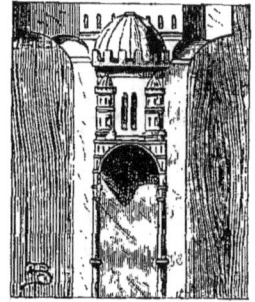

Fig. 3. — Dais de la porte Sainte-Anne
(cathédrale de Paris).

petite voûte d'arête. Au XIIᵉ siècle, les dais af-fectent la forme de petits édicules, avec tou-relles et murs crénelés; notre figure 2 montre

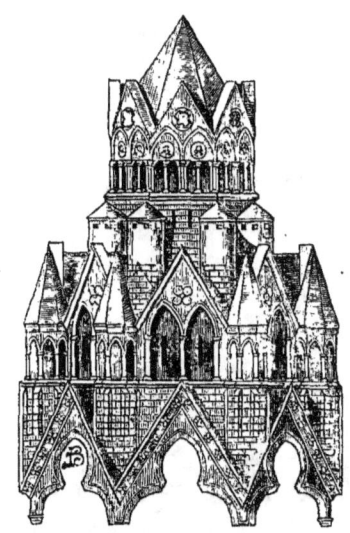

Fig. 4. — Dais du XIIIᵉ siècle (cathédrale de Reims).

un dais de cette époque, de la façade de la ca-thédrale de Chartres. Notre figure 3 fait voir un spécimen de même genre qui est à la ca-thédrale de Paris, à la porte Sainte-Anne. Au XIIIᵉ siècle, le dais prend une plus grande importance : l'ogive y apparaît, des pignons,

des contre-forts, des trèfles et des colonnettes concourent à son ornementation. Notre figure 4 représente un dais du XIIIᵉ siècle, qu'on peut voir encore sur l'une des façades latérales de la magnifique cathédrale de Reims. — Ce dais affecte la forme d'un EDICULE. (Voy. ce mot.) — Aux XIVᵉ et XVᵉ siècles, l'art ogival étudie les dais avec beaucoup de talent; la flore est mise largement à contribution pour les dé-corer, et le style flamboyant s'y montre dans tout son épanouissement. Le XVIᵉ siècle re-prend pour abriter ses statues la niche clas-sique ; mais il n'abandonne pas le dais pour cela, il s'en sert, au contraire, pour décorer ses niches avec un goût et une délicatesse des plus remarquables. Nos lecteurs pourront en juger par les deux derniers exemples que nous donnons. Le premier (fig. 5) montre un dais coiffant une des niches des chapelles absidales de l'église Saint-Étienne du Mont, à Paris; le

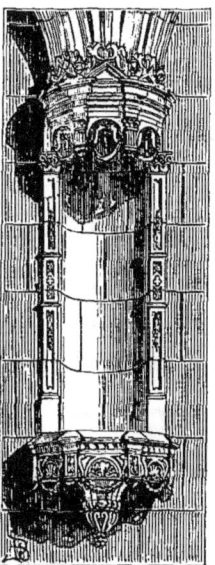

Fig. 5. — Dais coiffant une niche à Saint-Étienne du Mont,
à Paris.

second (fig. 6) fait voir un dais coiffant éga-lement une piscine dans l'église de la Ferté-Bernard.

DALLAGE, *s. m.* — Pavement exécuté avec des dalles. On pourrait également considérer l'application des dalles sur parois verticales comme un dallage; mais on donne plutôt

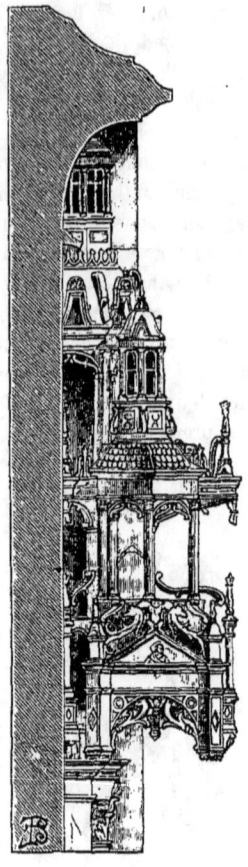

Fig. 6. — Dais coiffant une piscine à la Ferté-Bernard (xvi⁰ siècle).

à ce genre de travail le nom de REVÊTEMENT. (Voy. ce mot.)

On applique généralement le dallage aux

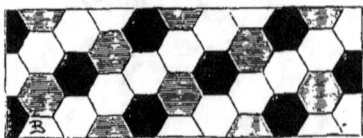

Fig. 1. — Dallage en carreaux de terre cuite ou de marbre à trois tons.

pavements qui exigent une surface propre, unie, et qui ne sont pas exposés au roulement des voitures, aux chocs de diverses charges et des pieds des chevaux, etc. — On dalle les

trottoirs, les cours des palais et des maisons, les vestibules, les salles et salons à l'intérieur des grands édifices. Dans ce dernier cas, on emploie ordinairement des dalles taillées affectant diverses formes géométriques et composées de matières différentes, ou de même

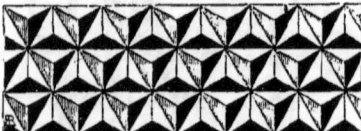

Fig. 2. — Dallage formant des étoiles.

nature, mais de nuances variées, afin d'obtenir des pavements polychrômes. Nos figures montrent diverses combinaisons obtenues à

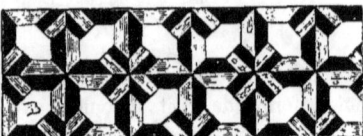

Fig. 3. — Dallage imitant un parquet.

l'aide de formes et de nuances variées. Pour obtenir de riches dallages, on emploie souvent des dalles de marbre de couleurs variées, qui

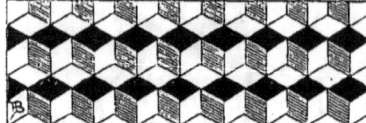

Fig. 4. — Dallage imitant des cubes.

forment de véritables marqueteries. Les anciens et les modernes ont même taillé et taillent de petits cubes de marbre de différents

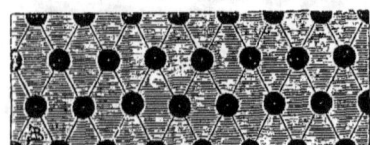

Fig. 5. — Dallage en marbre gris et noir.

tons pour obtenir des pavements très-riches et très-décoratifs. Pour le même usage, on incruste dans des dalles de pierre ou de marbre des pierres et des marbres de différentes couleurs;

on découpe même à la scie des marbres de divers tons, et le plein des uns s'ajuste dans le vide des autres.

On emploie également comme dallage des faïences et des carreaux de terre cuite émaillée. Mais on nomme plutôt ce genre de dallage CARRELAGE (Voy. ce mot), de même que les

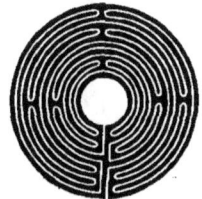

Fig. 6. — Dallage en labyrinthe circulaire.

pavements faits avec de petits cubes de marbre ou de terre cuite se nomment MOSAIQUE. (Voy. ce mot.) — Quelques églises possèdent même des dallages dits en labyrinthe ; nos figures en donnent deux exemples, l'un circulaire et l'autre de forme quadrangulaire.

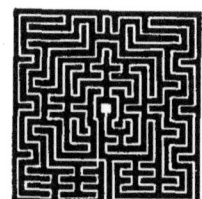

Fig. 7. — Dallage en labyrinthe carré.

Ajoutons cependant que, dans la langue usuelle des chantiers, on emploie indistinctement l'un pour l'autre les mots dallage, carrelage et mosaïque ; il vaudrait mieux comprendre tous ces mots sous le titre générique de PAVEMENT. (Voy. ce mot.) Par extension, on appelle encore dallages des revêtements en asphalte, en béton et même en fonte striée.

PRATIQUE. — Suivant leur qualité, leur destination et leur emplacement, les dallages sont composés de dalles posées sur béton, ou à bain de plâtre, ou à bain de mortier ; on peut même, dans les intérieurs, principalement à rez-de-chaussée, poser les dalles sur bitume, comme on exécute certain genre de parquets dits à la *Gourguechon*. (Voy. PARQUETS.) La

pierre employée pour fabriquer les dalles ne doit être ni tendre, ni gélive, ni posée en délit. Leur épaisseur varie de 0^m,05 à 0^m,10 et 0^m,12. Qu'on les pose sur béton, sur sable ou sur un sol naturel, ces différentes *formes* doivent être fortement pilonnées, et, quelle que soit l'assiette qui reçoit les dalles, leurs joints doivent être démaigris (Voy. DÉMAIGRISSEMENT), afin que leur juxtaposition soit aussi parfaite que possible.

DALLE, *s. f.* — Tranche de pierre dure, de marbre, de granit ou autres matières, débitée à la scie, qu'on emploie comme revêtement horizontal ou vertical.

Les dalles qu'on débite dans la pierre de Paris sont prises dans les roches de très-bas appareil : rarement on débite en dalles des pierres de haut banc, le liais excepté. On utilise aussi comme dalles les levées qu'on se trouve parfois obligé de faire sur les pierres d'appareil. Généralement les dalles sont débitées par des scieries mécaniques et transportées par bateaux. Paris tire une grande partie de ses dalles de la Bourgogne. — L'épaisseur des dalles varie suivant la nature de la pierre et l'usage auquel on les destine. Celles en marbre, qui servaient de revêtement dans les monuments antiques, avaient quelquefois moins d'un centimètre d'épaisseur. Les dalles ne servent pas seulement à former des parements, des chaperons de murs et des pavements de trottoirs, de cours et d'édifices. Beaucoup de temples antiques étaient recouverts en dalles minces posées légèrement en pente et à recouvrement ; nous pouvons citer comme exemples, à Rome, le temple de la Fortune équestre ; à Olympie, celui de Jupiter. Le célèbre monument de la tour des Vents, à Athènes, avait la voûte de son comble dallée. Nous avons vu, à l'église San-Miniato de Florence, un emploi assez curieux de dalles ; elles remplacent des vitraux dans la chapelle absidale de la crypte. On a employé à cet effet une espèce d'onyx transparent. — On nomme dalles tumulaires des dalles historiées, gravées ou sculptées en creux ou en relief ; les églises et les *campo-santi* d'Italie en sont littéralement pavés : mais nous devons ajouter que dans les églises italiennes dont on refait les pavements, on substitue à ces dalles sculptées des mosaïques et des marbres.

DALLER, *v. a.* — Paver avec des dalles; couvrir une surface verticale ou horizontale avec des dalles.

DALON, *s. m.* — Petite gouttière servant à l'écoulement des eaux, posée ordinairement à la surface du sol; on dit aussi DALOT. (Voy. le mot suivant.)

DALOT, *s. m.* — En termes de marine, c'est une ouverture pratiquée dans la muraille d'un navire et qui sert à l'écoulement des eaux; comme ce trou est percé dans le bordage vertical de la fourrure de gouttière, on le nomme aussi orgue et gouttière; anciennement, on disait *dallon* et *daillon.* — En termes de ponts et chaussées, le dalot est un petit aqueduc construit sous les routes ou les chemins et qui sert à faire passer l'eau d'un fossé à l'autre. Les dalots sont *droits* ou *obliques;* ils peuvent être simples, doubles et triples : notre

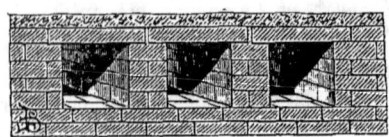

Dallot.

figure montre ce dernier type. La section des dalots mesure 0^m,40 à 0^m,50 de large, sur 0^m,50 à 0^m,60 de hauteur; ils sont construits en maçonnerie de moellons hourdés en mortier hydraulique, le dessus est fermé par de petites dalles, et le radier est ordinairement en béton.

DAME, DAMOISELLE, DEMOISELLE, *s. f.* — Pièce de bois cylindro-conique, pourvue latéralement de bras qui servent à la soulever. Il y a des dames armées ou non de fer à la partie inférieure. Cet outil (fig. 1) sert aux paveurs pour enfoncer les pavés, aux terrassiers pour pilonner les terres.

C'est encore un outil en fer ou en fonte (fig. 2.) qui sert à comprimer l'asphalte. (Voy.

BATTE et CHAUSSÉE D'ASPHALTE.) On nomme encore *dames* de petits tertres ou cônes de terre qu'on laisse au milieu des déblais,

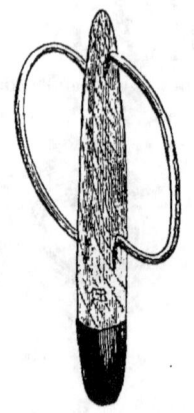

Fig. 1. — Dame du paveur.

pour indiquer la hauteur de ces déblais. Ces *dames*, qu'on appelle aussi *témoins*, servent à cuber les travaux exécutés. Enfin, on donne

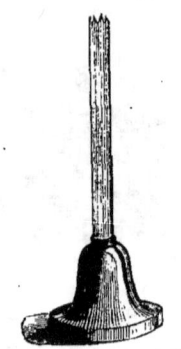

Fig. 2. — Dame de l'asphalteur.

ce nom à des digues ou chaussées ménagées de distance en distance dans les déblais d'un canal, afin d'empêcher l'irruption de l'eau dans les chantiers.

DAMER, *v. a.* — Enfoncer des pavés à l'aide d'une dame; battre les terres, le béton ou l'asphalte pour les comprimer.

DAMIER, *s. m.* — Ornement de l'architecture romane, employé dans la décoration des bandeaux, des corniches et plus rarement des archivoltes. Comme le montre notre figure 1, cet ornement se compose de petits carrés alternativement creux et saillants; on le nomme aussi *échiquier*. Les carrelages en

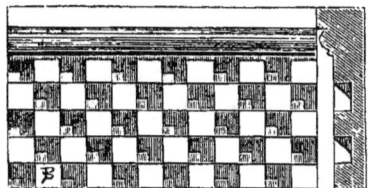

Fig. 1. — Damier en bandeau.

dalles à carrés réguliers noirs et blancs sont dits à damier. Le même ornement est appliqué

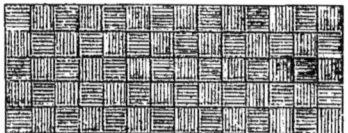

Fig. 2. — Plaque de fonte striée en damier.

sur les plaques en fonte striées (fig. 2.) destinées au recouvrement des caniveaux, etc.

DANSANTE (Marche), *s. f.* — Une marche plus étroite du côté du limon que du côté

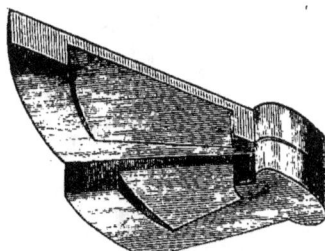

Marche dansante.

du mur est dite *marche dansante*. (Voy. notre fig.) Les escaliers en limaçon ont tous des marches dansantes. (Voy. Escalier.)

DANSER (Maitre a), *s. m.* — Espèce de compas à tiges courbes d'un côté, et de l'autre à tiges droites, mais à pointes recourbées. (Voy. notre fig.) Ce compas sert, d'un côté, à mesurer l'épaisseur ou le diamètre convexe d'un objet,

et, de l'autre, le diamètre concave de certains objets, de tuyaux, cylindres, etc.

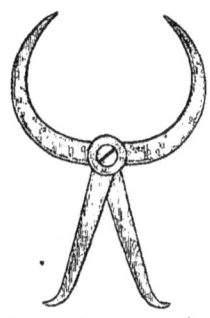

Compas dit *maître à danser*.

DARD, *s. m.* — Ornement en forme de fer

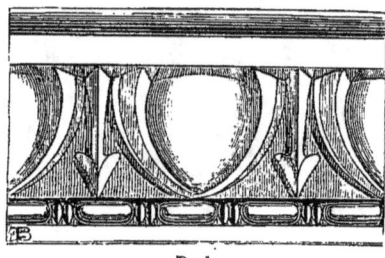

Dards.

de flèche qui sépare des oves ou autres ornements. (Voy. notre fig.)

DAUPHIN, *s. m.* — Depuis une époque reculée le dauphin a été employé dans les décorations architecturales. Les anciens avaient

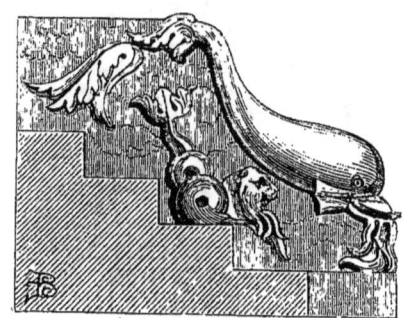

Fig. 1. — Dauphin formant appui
(escalier du Temple rond, à Pouzzoles).

des colonnes dites *dauphins* (Juv., VI, 589), élevées dans les cirques sur la *spina*. Ils employaient également des dauphins soit comme

appuis dans les escaliers, soit comme extrémités des siéges dans les salles de bains.
Nos figures 1 et 2 montrent deux exemples
dans lesquels les dauphins figurent comme
appuis; ils sont tirés l'un et l'autre du temple

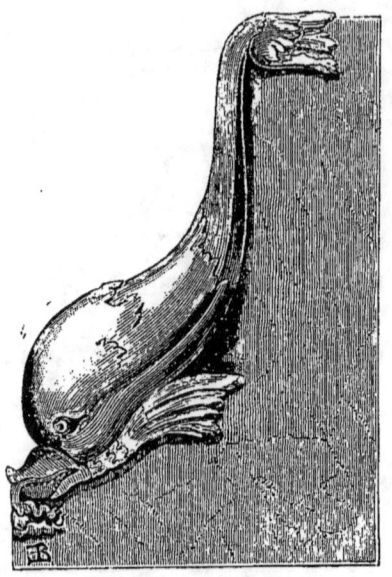

Fig. 2. — Dauphin formant appui
(siéges des salles de bains, à Pouzzoles).

de Sérapis à Pouzzoles, nous les avons dessinés
d'après des croquis de Caristie, qu'a bien
voulu nous confier son neveu, notre confrère
M. Bourgeois. — La renaissance employa les

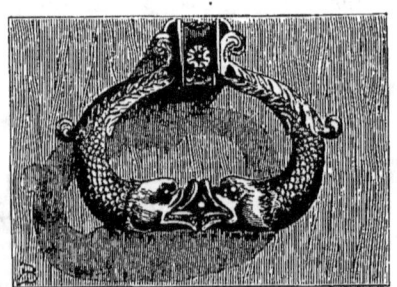

Fig. 3. — Heurtoir formé par deux dauphins.

dauphins dans la décoration des frises et des
chapiteaux. Notre figure montre deux dauphins formant un heurtoir en fer ciselé de l'é-
poque de Henri II. Le dauphin joue aussi un
grand rôle dans la décoration des fontaines,
des constructions hydrauliques, des gargouil-

les, etc. L'extrémité recourbée des tuyaux de
descente en fonte représente souvent un dauphin, et fait dénommer ce genre de tuyaux
dauphins. (Voy. FAUNE et FONTAINE.)

DAURAIRES ou DAURADORS, *s. m.* —
Au moyen âge, on nommait ainsi les orfévres dans le midi de la France.

DAVIER, *s. m.* — Outil de fer à bec recourbé qui sert dans les chantiers à faire entrer les cerceaux sur le pourtour des tonneaux.
— Espèce de *serre-joint* en fer.

DÉ, *s. m.* — En général, on donne le nom
de *dé* à tout membre d'architecture ayant
la forme d'un parallélépipède, ordinairement
compris entre un socle et une corniche de couronnement. Dans les ordres d'architecture, la
proportion du dé des piédestaux est soumise
à des règles fixes. (Voy. ORDRES.) Les dés
peuvent être simples ou richement décorés ; et
si l'antiquité fut assez sobre dans la décora-

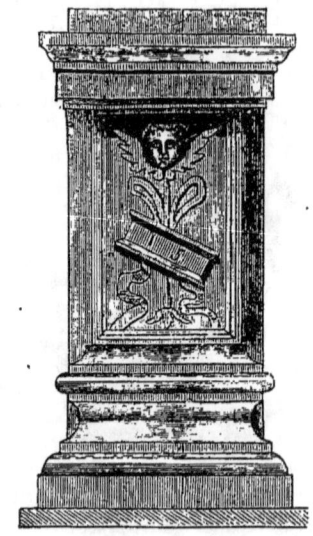

Fig. 1. — Dé d'une piscine (église d'Arques).

tion des dés, la renaissance au contraire les
décora fréquemment de cartouches, d'arabesques et même de bas-reliefs. Ils servent à supporter des colonnes, des vases, des statues, ou
concourent à soutenir et réconforter des balustrades. Nos figures 1 et 2 montrent deux

dés faisant partie d'une piscine de l'église d'Arques ; ils sont du xvie siècle, puisque sur

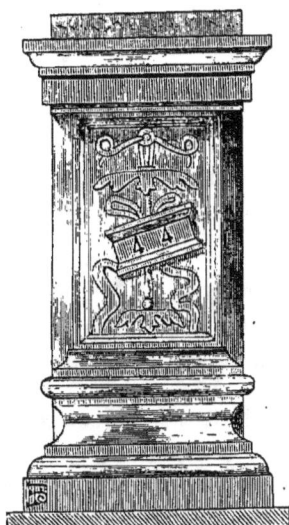

Fig. 2. — Dé d'une piscine (église d'Arques).

le premier on peut voir le commencement du millésime 15... et sur le second la fin, ...44

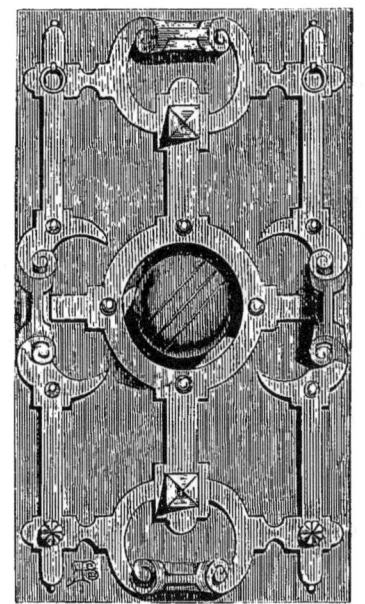

Fig. 3. — Dé, au château de Bade (renaissance allemande).

1544). On peut voir en outre que la décoration est différente sur chacun d'eux. Nos fi-

gures 3 et 4 montrent des dés chargés d'ornementation de la renaissance allemande : ces dés sont tirés d'une balustrade de jardin du château de Bade ; ils ont été dessinés par M. Huguelin, pour la *Revue générale d'architecture*, d'après laquelle nous les donnons.

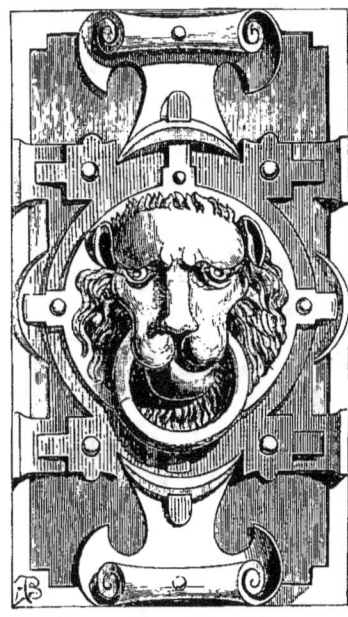

Fig. 4. — Dé, au château de Bade.

En construction, on appelle *dé* tout cube de pierre enfoncé plus ou moins dans le sol et qui sert de support à une colonne en fer ou en fonte, à un poteau où à toute autre pièce de

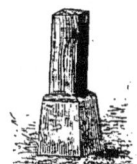

Fig. 5. — Dé pour support.

bois, à un chasse-roue, à une borne-fontaine, à un candélabre, etc. — Quand les dés sont destinés à supporter un poteau ou une colonne, ils sont creusés de façon à recevoir le goujon de ceux-ci, ou bien leur base. Notre figure 5 montre un dé de forme trapézoïde qui supporte le pied d'un poteau et le préserve ainsi de l'humidité, et partant de la pourriture.

DÉBADIGEONNAGE, *s. m.* — L'enlèvement des anciens badigeons, dans les cas ordinaires, se fait à sec et au moyen de grattages.
Mais s'il s'agit de débadigeonner l'intérieur
d'un ancien édifice, il faut agir avec beaucoup
de prudence et de circonspection, pour ne
pas altérer les anciennes peintures que le monument pourrait renfermer ; car il ne faut pas
oublier que pendant près de deux siècles, sous
prétexte d'augmenter la clarté à l'intérieur
des édifices, des églises surtout, et de leur
donner un aspect de propreté, beaucoup furent blanchies à la chaux ou badigeonnées
sans égard pour les peintures murales. Dans
un pareil cas, on devra commencer par humecter le badigeon avec de l'eau chaude, à
l'aide de brosses ou de fortes éponges ; quand
le badigeon commencera à se boursoufler, on
détachera à l'aide d'une brosse douce tout ce
qu'on pourra, puis on humectera de nouveau
les parties qui auraient résisté, enfin on les
grattera avec précaution à l'aide d'un racloir
de cuir dur ou de bois. Les outils en métal,
même à *tranche mousse*, devront être rigoureusement interdits.

Le débadigeonnage des ornements sculptés,
celui des bas-reliefs et des rondes-bosses, doit
être confié à des ouvriers habiles et soigneux,
de préférence à des sculpteurs. Dans tous les
cas, il doit être rigoureusement surveillé par
l'architecte.

DÉBADIGEONNER, *s. m.* — Enlever un
ancien badigeon, soit pour le remplacer par un
nouveau, soit pour retrouver d'anciennes peintures qu'il recouvre. (Voy. l'art. précéd.)

DÉBARDAGE, *v. a.* — Débarquement
sur le port des matériaux transportés par eau,
tels que briques, tuiles, ardoises, pavés, meulières, etc. Le débardage, ou transport du bateau sur le port, s'effectue au moyen de la
civière ou BARD (Voy. ce mot) pour les matériaux que nous venons de mentionner. — Pour
les bois de charpente transportés par le flottage, on les tire directement de l'eau sur le
port à l'aide de chevaux qu'on attelle aux pièces
composant le train ou radeau.

Dans les lieux où l'on débarque les bois de

charpente, la pente de la berge doit se prolonger à une certaine distance sous l'eau et
être assez douce pour rendre la traction facile
aux chevaux. Cette berge doit être solidement
pavée.

DÉBARDER, *v. a.* — Transporter sur le
chantier des matériaux servant à la construction. Ce terme s'applique plus particulièrement
aux matériaux arrivant par voie d'eau. (Voy.
l'art. précéd.)

DÉBARDEUR, *s. m.* — Ouvrier qui décharge les bateaux des briques, tuiles, pierres
et autres matériaux qu'ils renferment.

DÉBILLARDEMENT, *s. m.* — En charpente, c'est une opération qui consiste à couper sur une pièce de bois et dans sa longueur
une portion triangulaire ou arrondie, pour
faire soit une partie de l'échiffre d'un escalier
rampant, soit un arêtier ou un faîtage. (Voy.
l'art. suiv.)

DÉBILLARDER, *v. a.* — Pratiquer un
débillardement, c'est-à-dire couper une pièce
de bois suivant la diagonale de sa section, de
manière à faire une *levée* en forme de prisme
triangulaire, comme on le fait pour un arêtier.
Une *pièce de bois débillardée* est simplement
dégrossie au *fermoir* ou à la scie ; elle demande
à être *finie*.

DÉBIT, *s. m.* — Quantité d'eau que donne
une source, un tuyau, etc., dans un temps
donné. On mesure le débit d'une source à
l'aide d'une cuvette de JAUGEAGE (Voy. ce
mot) et celui d'un tuyau à l'aide d'un compteur.

DÉBIT DU BOIS. — Voy. BOIS.

DÉBITAGE, *s. m.* — Action de DÉBITER.
(Voy. ce mot.)

DÉBITER, *v. a.* — Diviser un bloc de
pierre, une pièce de bois, etc., en plusieurs
parties dans des formes et des dimensions déterminées. Le bois se débite à la scie lorsqu'on

veut en tirer des planches (Voy. Bois) ; on emploie au contraire le couperet pour le débiter en lattes. On emploie également le même procédé pour tirer du schiste ardoisier les ardoises pour couvertures.

La pierre se débite à la scie, lorsqu'on veut en tirer des dalles ou des pierres d'assise; mais quand on veut la débiter en moellons, on emploie le têtu pour la pierre dure, le coin et la masse, ou bien la laye du carrier, pour la pierre tendre; on peut aussi pour cette dernière employer la scie à dents.

DÉBLAI, s. m. — Terres provenant d'une fouille ou d'une excavation. Abusivement, on emploie ce mot pour désigner la fouille ou l'excavation elle-même.

DÉBLAIEMENT ou DÉBLAYEMENT, s. m. — Action de déblayer. Cette opération réclame une certaine habitude de la part des ouvriers pour être exécutée habilement et sans danger. Il ne suffit pas de travailler avec activité pour mener à bien un déblaiement. — La méthode généralement employée pour exécuter des fouilles consiste à piocher les terres par couches de 0^m,30 à 0^m,40 d'épaisseur, et à les enlever au fur et à mesure qu'elles sont ameublies. Les ouvriers appellent ces couches PLUMÉES. (Voy. ce mot, qui a, du reste, des significations diverses.)

Lorsque la fouille a de grandes proportions, on attaque, toutes les fois que c'est possible, les déblais par leur partie inférieure, en dressant immédiatement le fond de la fouille, afin de faciliter le *pellage* des terres. Dans ce cas, on peut employer la méthode dite d'*abatage*, qui est très-expéditive. Cette méthode consiste, une fois que la fouille est faite en un point, à attaquer la masse latéralement, en la creusant en dessous, et à la détacher par parties, en faisant tomber celles qui ne sont plus retenues que par la cohésion des terres. On détache ces portions de terrain à l'aide de deux ou trois pieux en bois armés d'un sabot en fer et ayant leur tête frettée. On enfonce ces pieux à coups de masse dans la limite de la partie minée. Les terres par leur éboulement s'ameublissent suffisamment pour être chargées directement à la pelle. On peut, par ce procédé, détacher à la fois des masses de 20 à 30 mètres cubes. — L'ouvrier terrassier doit apporter un soin tout particulier à bien dresser les berges de la fouille, surtout quand elles sont destinées à recevoir des maçonneries de FONDATION. (Voy. ce mot et TERRASSEMENT.)

DÉBLANCHIR, v. a. — Faire fondre à l'aide d'un réchaud à gaz ou à charbon la croûte d'étain dont sont revêtues les tables de plomb employées dans les amortissements.

DÉBLAYER, v. a. — Pratiquer un DÉBLAIEMENT. (Voy. ce mot.)

DÉBOITER, v. a. — Séparer deux pièces s'emboîtant, c'est-à-dire jointes à frottement : par exemple, un tuyau emboîté dans un autre, une feuillure de la traverse dans laquelle elle est assemblée, un tenon de sa mortaise, etc.

DÉBOQUETER, v. a. — Oter les planches qui environnent les pilotis.

DÉBORDS, s. m. pl. — Parties de l'accotement d'une route qui bordent le pavé.

DÉBORDER, v. a. — Terme de plomberie. Rogner, à l'aide de la *plane* ou *débordoir rond*, les bavures des bords d'une table de plomb, afin de les unir.

DÉBORDOIR ROND ou PLANE, s. m. — Outil du plombier composé d'une lame de fer tranchante et courbée en demi-cercle, avec une poignée de bois à chaque bout. Cet outil lui sert à déborder.

DÉBOUCHEMENT, s. m. — Action de déboucher un conduit, un caniveau. (Voy. DÉGORGER.)

DÉBRIDER, v. a. — Détacher le câble qui a servi à élever une pierre, soit sur le chantier, soit dans la carrière.

DÉBRIDEUR, s. m. — Ouvrier carrier qui débride, c'est-à-dire qui détache le câble de la pierre qui est arrivée au haut de la carrière.

DÉBRUTIR ou **DÉGROSSIR**, *v. a.* — Oter la partie brute ; frotter la surface d'une glace brute avec une autre glace, en introduisant entre elles du grès et de l'eau, pour la dresser et la polir.

DÉCAÈDRE, *adj.* — Qui a dix faces. Pris substantivement, ce mot désigne un solide qui a dix faces.

DÉCAGONE, *s. m.* — Polygone ayant dix angles et dix côtés. Le décagone régulier s'obtient par la division en deux parties égales de chacun des arcs du cercle circonscrit au pentagone régulier. Le décagone est d'un emploi très-restreint dans les compositions d'architecture.

DÉCALER, *v. a.* — Enlever les cales qui ont servi soit à *ficher* une pierre, soit à la maintenir dans une certaine position.

DÉCALQUER, *v. a.* — Reporter un dessin calqué sur un autre papier ou sur toute autre surface plane, telle que toile, bois, pierre, etc., pour y exécuter un travail subséquent.

DÉCAMÈTRE, *s. m.* — Mesure de longueur ayant 10 mètres. En arpentage, on emploie aussi le double décamètre, qui a 20 mètres de longueur et qui est formé de quarante chaînons de 0m,50 de longueur chacun.

DÉCANTER, *v. a.* — Opérer la décantation, c'est-à-dire qu'après avoir laissé déposer un liquide, on le verse avec précaution en penchant le vase et séparant ainsi la partie claire qui est en dessus de la partie lourde qui est au fond. Dans les chantiers, les ouvriers disent aussi *décapeler*.

DÉCAPAGE, *s. m.* — Opération consistant à enlever, au moyen d'un dissolvant acide, les oxydes et les impuretés qui recouvrent une surface métallique, afin de pouvoir opérer des soudures ou exécuter des travaux de peinture sur la surface de ces métaux.

DÉCAPER, *v. a.* — Faire le décapage. Quelquefois les peintres emploient ce mot comme synonyme de *polir* . — Dans les ponts et chaussées, *décaper un accotement*, c'est mettre de niveau avec la chaussée d'une route des contre-allées qui se trouvent en contre-haut de la route.

DÉCARRELAGE, *s. m.* — Démolition d'un carrelage, en ayant soin de conserver intacts le plus de carreaux possible.

DÉCASTYLE, *s. m.* — Temple, portique ou édifice dont le front a une ordonnance composée de dix colonnes (δέκα στύλος). — Les temples décastyles ne furent pas communs ; cette disposition ne fut appliquée qu'aux temples d'une grande dimension, périptères et divisés à l'intérieur en trois nefs par deux lignes de colonnes. (Voy. TEMPLE.)

DÉCEINTRAGE. — Voy. DÉCINTRAGE.

DÉCEINTREMENT. — Voy. DÉCINTREMENT.

DÉCEINTRER, É, ÉE. — Voy. DÉCINTRER.

DÉCHAPERONNÉ (MUR), *part. pass.* — Mur dont le chaperon a été enlevé, soit parce qu'il est tombé en ruine, soit pour tout autre motif.

DÉCHARGE, *s. f* — On donne le nom de décharge à un procédé de construction qui

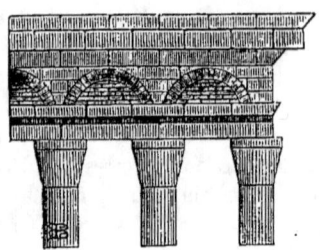

Fig. 1. — Arcs de décharge de linteaux monolithes.

permet de reporter, de *déverser* le poids de certaines parties de maçonnerie sur des points

plus solides. Tels sont les arcs qu'on place au-
dessus des linteaux monolithes (fig. 1) et qui
reportent sur les colonnes le poids de la construction. Vitruve (liv. 6, ch. 2) indique deux
moyens de former les décharges. Le premier
consiste à placer deux pièces de bois s'arc-boutant, comme le montre la figure 2. Ces deux
pièces déchargent le linteau de bois. C'est
un moyen très-simple, employé de très-longue
date, puisqu'on le retrouve dans des monuments archaïques de l'Égypte, de la Grèce et

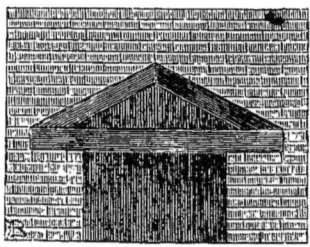

Fig. 2. — Pièces de bois s'arc-boutant pour décharger le linteau.

de Rome. Les Romains l'ont surtout employé
dans les constructions de petit appareil. On
peut considérer cette disposition comme le
rudiment de l'Arc. (Voy. ce mot, où nous
donnons d'autres exemples de décharge.) —
Le second mode dont parle Vitruve est l'arc

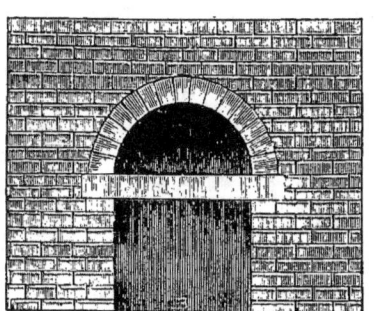

Fig. 3. — Arc de décharge plein cintre.

de cercle (fig. 3.), surtout le plein cintre. —
Après l'antiquité, l'architecture du moyen âge
a également beaucoup employé les décharges.
Lorsqu'on bâtit sur un sol dont la résistance est douteuse, on emploie comme décharge des arcs renversés. Au mot Arc renversé nous en avons donné un exemple. Au-

trefois on employait assez souvent ce mode de
construction dans la fondation des ponts; il
se rencontre même dans quelques églises du
centre de la France.

En charpenterie, la décharge est une pièce
de bois inclinée, soit dans un pan de bois,
soit dans une cloison, et qui a pour mission
de soulager ce pan de bois ou cette cloison du
poids situé au-dessus de la décharge. (Voy.
Pan de bois.)

En serrurerie, c'est une pièce de fer posée
obliquement dans le châssis d'une grille.

En architecture hydraulique, la décharge
est un orifice permettant au trop-plein d'un
bassin de s'écouler au dehors : de là les expressions de *tuyau de décharge, canal de décharge*
(Voy. Déchargeoir) et Bassin de décharge.
(Voy. ce mot.) Dans un bassin, on distingue
la décharge de superficie ou *trop-plein*, qui se
trouve au niveau supérieur de l'eau et qui empêche le récipient de déborder, et la *décharge
de fond*, qui sert à vider et purger le bassin.

DÉCHARGES PUBLIQUES. — Lieux
publics dans lesquels sont autorisés les dépôts
de terres, gravois, etc., provenant de la fouille
d'un bâtiment ou d'autres déblais. Souvent on
affecte à cet usage d'anciennes carrières abandonnées qu'on veut combler.

DÉCHARGEMENT, *s. m.* — Action de
décharger une brouette, un véhicule, une
bascule, etc., des matériaux qu'ils peuvent
porter, soit qu'on veuille employer, soit qu'on
veuille emmagasiner lesdits matériaux.

DÉCHARGEOIR, *s. m.* — Canal, caniveau
ou conduite communiquant avec une écluse et
servant à l'écoulement de l'eau de superficie;
c'est une sorte de trop-plein assez souvent
pourvu d'une bonde ou d'une vanne qu'on
ouvre et qu'on ferme à l'aide d'un *moulinet.*
(Voy. Décharge.)

DÉCHARGER, *v. a.* — Ce terme est employé par les peintres : par exemple, quand ils
passent deux couches, si la première n'est pas
assez sèche, assez *durcie*, elle peut décharger
sur la seconde.

DÉCHAUSSER, É, ÉE. *v. a.* — Déblayer, fouiller près ou sous la fondation d'un mur, d'un poteau, d'une colonne, etc. Un bâtiment est déchaussé, si ses fondations sont dégradées.

DÉCHET, *s. m.* — On entend par déchet toutes les portions de pierre, de bois ou de métal enlevées par la taille de ces matériaux. Ces déchets ne sont pas toujours perdus, car ceux de pierre de taille, de moellon, de briques, etc., sont employés comme *garnis*; ceux de meulière sont recueillis pour faire du béton, des rocaillages, ou servent pour les chaussées d'empierrement.

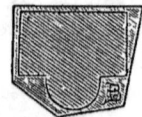

Fig. 1. — Déchets occasionnés pour la taille d'un pilier avec une colonne engagée.

Les déchets de bois qu'on ne peut utiliser sont toujours bons comme combustible; quant à ceux des métaux, ils retournent à la fonte. Nos figures montrent des blocs de pierre bruts, sur lesquels est tracée l'épure de la forme qu'ils doivent recevoir pour la taille. Les parties hachées d'un ton plus foncé représentent le déchet que doit occasionner la taille de leurs évidements et celle de leurs parements.

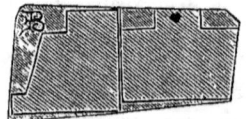

Fig. 2. — Déchets occasionnés pour une pierre angulaire et pour une pierre portant dosseret.

L'un des principaux talents de l'appareilleur est de choisir ses blocs et d'y tracer son épure de telle sorte que le déchet soit le moins considérable possible. (Voy. TAILLE DES PIERRES.)

PRATIQUE. — Il est impossible de poser des chiffres représentant d'une manière absolue le déchet qu'éprouve la pierre de taille depuis sa sortie de la carrière jusqu'à ce qu'elle soit posée, par suite d'une infinité de circonstances qu'elle a à traverser avant sa pose. Il faut donc se contenter d'un calcul approximatif pour déterminer le déchet qu'éprouve la pierre de taille depuis sa sortie de la carrière jusqu'à sa pose; du reste, ce déchet dépend : 1º de la qualité de la pierre, du plus ou moins de soin apporté à la carrière dans l'ébousinage des blocs; 2º de la forme plus ou moins régulière que présentent les blocs bruts; 3º de la hauteur du banc de pierre; 4º des dimensions des blocs; 5º de la destination des pierres.

Le déchet est plus considérable pour les assises de bas que de haut appareil; de même il est plus considérable pour les pierres tendres que pour les pierres dures; enfin, suivant la destination d'une pierre, elle réclame la taille sur ses lits, sur ses joints et sur ses faces; or le déchet est toujours en proportion du plus ou moins de taille : par exemple, un libage peut ne recevoir aucune taille, tandis qu'un voussoir ou un carreau peut en recevoir sur cinq ou six côtés; dans le premier cas le déchet est nul, dans le second il est très-considérable. On peut dire d'une manière générale que le déchet qu'éprouve la pierre de taille par le fait de la taille de ses parements varie de un dix-huitième à un tiers de son volume à l'état brut. Malgré les diverses causes d'incertitude que nous avons signalées, nous allons indiquer approximativement les déchets qui peuvent exister pour des assises de diverses hauteurs et de largeur moyenne.

DÉCHET QU'ÉPROUVE CHAQUE ASSISE ORDINAIRE EN PIERRE DE 1 MÈTRE A 1ᵐ,80 DE LONGUEUR SUR 0ᵐ,40 A 0ᵐ,50 DE LARGEUR.

Hauteur d'assise.	Déchet pour les pierres	
	dures.	tendres.
0ᵐ,32	1/4	1/3
0ᵐ,40	1/5	1/4
0ᵐ,48	1/6	1/5
0ᵐ,57	1/8	1/6
0ᵐ,65	1/10	1/8
0ᵐ,81	1/12	1/10

Pour les assises d'appareil réglé, le déchet est évalué un quart en plus que les quantités ci-dessus.

DÉCHET DE LA PIERRE DANS DIVERS TRAVAUX.

Libages dont les lits sont dégrossis, bornes, auges
et autres ouvrages semblables.............. 1/18
Dalles de 0^m,054 d'épaisseur................. 1/5
Dalles de 0^m,08 d'épaisseur................. 1/6
Seuils, marches et appuis.................... 1/5
Claveaux pour plates-bandes droites et Voussoirs,
mesurés par équarrissage, en pierre dure....... 1/6
Claveaux pour plates-bandes droites et Voussoirs,
mesurés par équarrissage, en pierre tendre..... 1/5
Claveaux droits, dont les abatages sont compris
dans le déchet, en pierre dure................ 1/3
Claveaux droits, dont les abatages sont compris
dans le déchet, en pierre tendre.............. 5/12

Les voussoirs des différentes voûtes, lorsqu'ils ne sont pas mesurés par équarrissage,
produisent un déchet qu'il est difficile d'exprimer avec exactitude ; il dépend du diamètre et
de la forme de la voûte, cependant on la fixe
approximativement ainsi qu'il suit :

Voûtes en berceau.........	Pierre dure.....	1/2
	Pierre tendre...	7/12
Voûtes sphériques et d'arête.	Pierre dure.....	2/3
	Pierre tendre...	3/4

Le déchet sur pierre vieille ou de démolitions est environ une fois et demie celui de la
pierre neuve.

Le déchet produit par la taille des moellons
varie en raison de la forme plus ou moins régulière des moellons bruts et du degré de perfection apporté dans la taille. Il est impossible
de poser des chiffres, même approximatifs.

Le déchet qu'éprouve le *moellon ébousiné*
est à peu près compensé par les 3 centimètres
que l'on donne ordinairement en plus du mètre
à la hauteur du mètre et par la partie de mortier qui empêche le contact des moellons.

Les *moellons smillés*, ayant subi une taille
plus considérable que ceux simplement ébou-
sinés, éprouvent nécessairement un véritable
déchet, c'est-à-dire que le mètre cube de moellons bruts ne peut fournir un mètre cube de
maçonnerie de moellons smillés ; ce déchet
varie de 1/5 à 1 1/0 en sus de l'excédant donné
à l'emmétrage des moellons.

Pour les *moellons piqués*, dont la taille est
plus parfaite encore que pour les précédents,
le déchet varie du tiers au quart.

Enfin, pour les *moellons d'appareil*, le déchet est d'environ 50 pour 100.

Dans les évaluations précédentes, les moellons trop petits pour être taillés ne sont pas
comptés comme déchet ; on les emploie comme
garnis, soit pour l'intérieur des murs, soit
pour les reins des voûtes.

Le déchet dû au *smillage* et au *piquage* de
la meulière varie de 1/10 à 1/3 environ, suivant la forme plus ou moins régulière des
matériaux bruts et le degré de perfection apporté dans la taille.

DÉCHEVILLER, *v. a.* — Oter les chevilles d'un assemblage.

DÉCHIREMENT, *s. m.* — On donne le
nom de déchirements à des crevasses considérables qui occupent une longue étendue sur
un mur. (Voy. CREVASSE.)

DÉCHIRER (SE), *v. pr.* — Terme d'hydraulique. Quand une nappe d'eau qui coule en
cascade se sépare avant de tomber dans le
bassin suivant, on dit qu'elle se déchire. Quand
un architecte ne possède pas une quantité
d'eau suffisante pour fournir une nappe, il
la déchire, c'est-à-dire qu'il pratique sur les
bords de la coquille du bassin ou de la coupe
des ressauts de pierres, mais surtout de plomb.
Quand ces déchirures sont bien ménagées, on
obtient un bel effet décoratif. Au mot FON-
TAINE, on peut voir des nappes déchirées, notamment à la fontaine du Luxembourg, dite
fontaine de Médicis, et à celle des Innocents.

DÉCHIREUR, *s. m.* — Ouvrier occupé à
dépecer les bateaux. Ces bois déchirés servent dans les constructions pour des cloisons
de remplissage et pour divers autres emplois.

DÉCINTRAGE, *s. m.* — Opération qui
consiste à démolir les cintres de charpente ou la
forme en maçonnerie ou en terre qui ont servi
à la construction d'une voûte ou d'un arc. Il
ne faut pas confondre le *décintrage* et le *décintrement*. Le décintrage est une démolition
pure et simple du cintre ; le décintrement, au
contraire, consiste à isoler le cintre de la maçonnerie. Il existe pour cela plusieurs procédés ; nous donnons les meilleurs au mot suivant.

DÉCINTREMENT, *s. m.* — Opération qui consiste à enlever les cintres d'un arc, d'une voûte, d'un pont, après leur construction. Si le *décintrage* ne présente ordinairement aucune difficulté, le décintrement est au contraire une opération des plus délicates, surtout lorsqu'il s'agit de *décintrer* des voûtes ou des arcs à grande portée. Anciennement, on prétendait qu'il fallait attendre pour enlever les cintres cinq à six semaines, c'est-à-dire jusqu'à ce que le mortier fût sec (1) : on enlevait alors successivement les *couchis* depuis les naissances jusqu'à la clef, en ruinant les cales qui séparent ces couchis de la ferme.

Quand cette manœuvre devenait impraticable, à cause de la grande pression que supportent les derniers couchis, on affaiblissait peu à peu, au ciseau, les abouts des entraits, de manière à obtenir un tassement lent et progressif. Aujourd'hui, on opère d'une manière toute différente. On a reconnu par de nombreux exemples que, sous le double rapport de la stabilité et du tassement, il n'y a aucun désavantage à décintrer immédiatement après la pose des clefs. Ce dernier mode d'opérer offre au contraire des avantages, entre autres, celui de permettre dans de bonnes conditions le tassement et la compression du mortier, car lors du décintrement des voûtes et des arcs il se produit toujours de légers tassements, soit dans un sens, soit dans un autre. On comprend donc aisément que, si le mortier n'a pas le temps de durcir, il se comprime sans se désorganiser. On emploie aussi aujourd'hui des moyens de décintrement qui permettent d'effectuer celui-ci progressivement et, pour ainsi dire, d'une manière insensible ; car, en cas d'accident, il faut même pouvoir arrêter l'opération. Plusieurs systèmes sont en présence pour arriver à ce résultat ; nous allons décrire, parmi les principaux, ceux reconnus les meilleurs.

Un système qui dans certains cas peut rendre des services, mais qui cependant n'est employé que pour les petites voûtes, consiste à faire reposer les fermes sur leurs appuis au moyen de doubles coins à petit angle placés en sens contraire (fig. 1). Chaque ferme du cintre n'étant maintenue qu'à ses deux extrémités par ces doubles coins, on lui imprime un mouvement aussi modéré qu'on désire soit d'abaissement vertical, soit d'écartement horizontal, en faisant glisser l'un sur l'autre deux coins d'une même paire. Il suffit souvent, pour la manœuvre dont il s'agit, de placer à chaque pied de ferme un ouvrier, muni d'une cognée de charpentier ou d'un têtu de tailleur de pierre, pour frapper à petits coups sur la petite face du coin inférieur qui

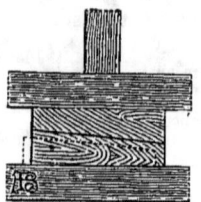

Fig. 1. — Décintrement à coins.

porte sur la semelle traînante et qui prend la position indiquée par les lignes ponctuées. Quelquefois on éprouve de grandes difficultés à faire glisser ce coin, à cause de la forte pression qu'il supporte. Il arrive même assez souvent, lorsque le coin est un peu desserré, que cette pression le lance avec force jusqu'au pied-droit opposé ; aussi les ouvriers doivent-ils toujours se placer de manière à ne pas être atteints par cette espèce de projectile. Dans les premiers instants, quoique l'abaissement des fermes soit accusé par le mouvement des coins, l'effet du décintrement de la voûte ne sera pas visible, parce que l'espace rendu libre sera successivement réoccupé par les bois dont l'élasticité augmente au fur et à mesure que diminue la compression exercée sur eux. Mais, en poursuivant l'opération, il se fait un jour continu entre l'intrados et la nappe des couchis : on reconnaît à ce signe qu'on peut enlever complétement les coins et les couchis ; on fera bien toutefois de différer d'un jour ou deux pour attendre les effets du tassement,

---

(1) Ce que les maçons ne font à Paris (décintrer) que lorsque le mortier des joints est bien sec et affermi. Mais à Trèves et à Metz, où la chaux est d'une qualité supérieure, on *décintre* le lendemain qu'on pose la clef d'un arc ou d'une voûte. (Rolland le Virloys, *Dict. d'Archit.*) — On voit que Rolland écrit *déceintrer* ; Quatremère de Quincy a adopté aussi la même orthographe.

qui peuvent très-bien ne se révéler qu'après ce laps de temps.

Quelle que soit l'ouverture de la voûte, le mode de décintrement que nous venons de décrire reste applicable.

Le système de décintrement à l'aide des coins a été remplacé avec avantage par des

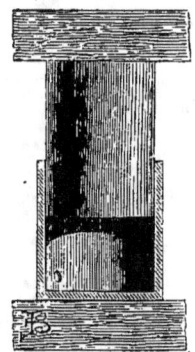

Fig. 2. — Boîte à sable pour le décintrement.

sacs de forte toile remplis de sable bien tassé, et dont l'ouverture est cousue avec du fil très-fort ou simplement ficelée. Ces sacs occupent la même place qu'occupaient les coins dans le système précédent. Ils résistent fort bien à la pression considérable à laquelle ils sont soumis.

Quand on veut décintrer, on pratique une ouverture à l'extrémité de chacun des sacs, lesquels se vident alors lentement. Si l'on

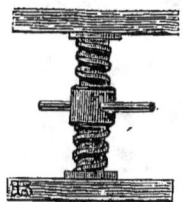

Fig. 3. — Verrin pour le décintrement.

juge à propos d'activer l'écoulement du sable, on le remue avec une tige de fer. Ce mode simple et économique fournit un décintrement facile, régulier, et prévient toute secousse. Ajoutons cependant que les sacs, séjournant pendant un temps plus ou moins long dans des milieux humides, finissent quelquefois par pourrir et crever. Pour remédier à ce grave

inconvénient, on a substitué aux sacs des boîtes à sable (fig. 2). Ce sont des cylindres en tôle ou en fonte dont le bas porte sur la semelle d'une plate-forme. L'intérieur est rempli de sable fin. Un cylindre en bois massif emboîte le cylindre de métal et porte sur le

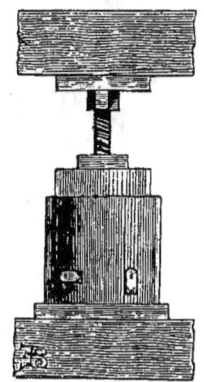

Fig. 4. — Boîte à sable avec vis faisant office de verrin.

sable. Un ou plusieurs orifices, fermés par des bouchons et placés au bas de la boîte, servent à l'écoulement du sable, lorsque pour décintrer on retire les bouchons.

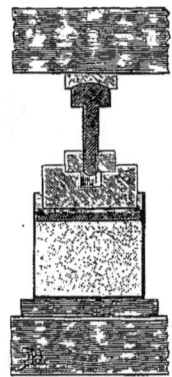

Fig. 5. — Coupe de la figure 4.

Un troisième mode de décintrement, le plus répandu actuellement, consiste dans l'emploi des verrins. Cet appareil (fig. 3) se compose de deux vis filetées en sens contraire qui s'engagent dans un écrou dont l'intérieur est taraudé suivant le pas de vis qu'il reçoit ; à l'aide d'un bras de levier horizontal, on imprime à l'écrou un mouvement de rotation qui

DÉCORATIF (ART)

ANGLE DU PARTHÉNON

fait rentrer les pas de vis chacun dans leurs écrous respectifs. Si le mouvement se fait de gauche à droite, les vis rentrent dans l'écrou; si, au contraire, il est fait de droite à gauche, les vis sortent. Cette double manœuvre permet donc de faire, suivant le cas, monter ou descendre une ferme de cintre, c'est-à-dire permet de décintrer ou de soulever une arche ou une voûte. Dans ce dernier cas, on place un homme à chaque verrin, et la manœuvre doit se faire avec un grand ensemble.

Un quatrième système de décintrement emploie à la fois les boîtes à sable et de fortes

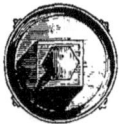 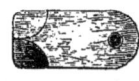

Fig. 6. — Plan de la boîte à sable et taquet.

vis qui remplissent l'office des verrins : avec ce procédé on obtient une très-grande précision. L'explication de nos figures suffira pour faire comprendre l'économie de ce procédé. Dans notre figure 4, on voit une boîte à sable portée sur une semelle de plate-forme, et le piston ou cylindre massif en bois, qui porte une vis à tête polygonale qu'on élève ou qu'on abaisse dans le piston d'une quantité déterminée. Ses orifices sont fermés par un taquet. La figure 5 montre la coupe de la figure précédente, et la figure 6 le plan de l'appareil avec un de ses taquets à grande échelle.

DÉCINTRER, *v. a.* — Démolir les cintres en charpente ou les formes de terre, de maçonnerie, etc., qui ont servi à la construction d'un arc ou d'une voûte; c'est aussi faire un DÉCINTREMENT. (Voyez ce mot.)

DÉCINTROIR, *s. m.* — Marteau à deux taillants employé par les maçons pour équarrir

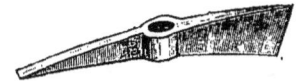

Décintroir.

les trous ébauchés avec le têtu. Cet outil (Voyez notre fig.) sert aussi dans la démoli-

tion pour écarter les joints des pierres et des moellons. Les carreleurs s'en servent également dans les décarrelages.

DÉCLIC, *s. m.* — Pièce à ressort, espèce de crochet qui rend deux pièces momentanément solidaires. Le déclic retient le mouton à battre les pieux, ou le laisse échapper si l'on tire sur le cliquet, en un mot si l'on décliquète. (Voy. ENCLIQUETAGE.) Par extension, on nomme *déclic* une sonnette qui a un déclic.

DÉCLIQUETER, *v. a.* — Dégager le cliquet.

DÉCOLLEMENT, *s. m.* — Opération qui consiste à enlever du bois sur la largeur d'un tenon, de manière à obtenir un épaulement, afin de cacher la mortaise. On disait aussi, anciennement, *faussement.*

DÉCOMBRES, *s. m.* — Débris de matériaux provenant de la démolition ou de la construction d'un bâtiment. Les décombres n'ont aucune valeur, ce sont de menus plâtras, des gravois, des recoupes, etc. Les entrepreneurs s'en débarrassent en les envoyant aux DÉCHARGES PUBLIQUES. (Voy. ce mot.)

DÉCOR, *s. m.* — On nomme ainsi en peinture toute espèce d'ornements peints ou dorés employés à la décoration des édifices. Les couches de peinture qui imitent le bois, la pierre, le marbre, font partie de la peinture dite en *décor.* Les ouvriers qui exécutent ces travaux se nomment *décorateurs.*

DÉCORATIF (ART). — Ensemble des travaux d'ornementation qu'on exécute soit à l'intérieur, soit à l'extérieur d'un édifice, pour l'orner et le décorer.

L'art décoratif est une des manifestations les plus nobles du génie humain et probablement une des plus anciennes. On conçoit très-bien que l'homme, après avoir construit une chaumière, une maison, pour se mettre à l'abri de l'intempérie des saisons, songea bientôt à l'orner et à la décorer; ce désir d'embellir sa demeure dut être un de ses premiers ins-

tincts, une de ses premières préoccupations.
Nous analyserons brièvement les différentes
phases de l'art décoratif chez les peuples de
l'antiquité, parce que le lecteur trouvera aux
différents articles de ce dictionnaire, aux mots
ÉGYPTIEN, ÉTRUSQUE, GREC, ROMAIN, etc.,
des détails assez étendus sur l'art décoratif chez
ces divers peuples. Nous traiterons, au contraire, plus longuement de l'art décoratif dans
les temps modernes.

L'Inde et l'Égypte ont été le berceau de la
civilisation.

Chez ces peuples l'art décoratif était très-
largement conçu et exprimé ; quand on étudie les temples de l'Inde à Ellora, le Kê-
lâça, le Dher-Wara, l'Indra et le Visouacarma,
on est frappé d'étonnement à la vue de ces
vastes monuments, dont la décoration témoigne d'une très-grande imagination chez les
artistes qui l'ont créée.

Après les Hindous, les Égyptiens se sont
montrés de grands décorateurs ; comme
leurs prédécesseurs, ils ont parfaitement compris le grand art décoratif par les masses imposantes de l'architecture ; mais, de plus que
les Hindous, les Égyptiens ont employé la polychromie, et nous pouvons dire qu'ils ont ex-
cellé dans cette dernière branche de l'art qui
nous occupe. Si la sculpture décorative des
Égyptiens n'est pour ainsi dire qu'une gravure
sèche et froide, lorsqu'à cette gravure ils
ajoutent de la couleur, la brillante harmonie
des tons qu'ils emploient décèle chez les artistes égyptiens une science et un goût au-dessus de tout éloge.

Les Étrusques marquent admirablement la
transition des Égyptiens aux Grecs ; les monuments qu'ils nous ont laissés sont beaucoup
plus modestes dans leurs proportions, mais
par les bas-reliefs et les peintures décoratives
que nous voyons dans leurs tombeaux ils rappellent beaucoup l'art des Égyptiens et peuvent donner une idée de ce qu'ils étaient capables de faire.

Les Grecs ne font plus de vastes monuments,
ceux qu'ils construisent sont quelquefois très-
petits ; mais l'exécution matérielle en est si
soignée, la sculpture décorative si fine, les profils et les moulures si bien étudiés que, si ces
édifices ne sont pas de grandes œuvres, ce sont
pour la plupart des chefs-d'œuvre, quelquefois
de véritables bijoux. Les Grecs développent la
polychromie et la poussent si loin qu'ils sont,
pour ainsi dire, les créateurs de cet art. Notre
planche XXIII peut en témoigner. Elle représente l'angle de l'entablement du Parthénon, si admirablement restauré par notre regretté confrère A. Paccard.

Les Romains, qui n'ont pu faire aussi beau
que les Grecs, ont cherché à faire plus grand,
et nous ne savons pas si pour ce motif ils n'ont
pas été de plus grands décorateurs que les
Grecs. En effet, quand on considère avec attention les monuments de ce peuple, on est
fortement impressionné par le caractère de
grandeur et par le grand effet décoratif qu'ils
présentent. Cette entente de l'art décoratif
chez les Romains se manifeste surtout dans
leurs thermes, dans leurs théâtres et amphithéâtres, et dans leurs temples.

Le moyen âge, lui aussi, vise grandement à la
décoration dans tous les monuments qu'il élève,
mais surtout dans ses églises. Souvent même
il sacrifie les principes d'une bonne construction pour obtenir de plus grands effets décoratifs. Ainsi la plupart des fines colonnettes de
l'architecture ogivale ne sont composées que
de tronçons reliés entre eux par des goujons
de fer ; les architectes emploient le même procédé pour rendre extrêmement légères les nervures, les colonnettes et les meneaux de leurs
fenêtres et de leurs roses. Mais il est vrai aussi
qu'à l'aide de ces artifices ils créent des merveilles, et il faudrait avoir bien peu de sentiment artistique pour ne pas être fortement
ému en voyant les façades si décoratives des
cathédrales de Chartres, de Reims, de Strasbourg, de Paris, et tant d'autres édifices de
cette époque. Si nous pénétrons dans l'intérieur de ces mêmes monuments, notre émo-
tion ne fait que grandir à la vue de ces colonnettes si élancées, surtout à la vue de ces magnifiques peintures sur lesquelles la lumière
tamisée par les vitraux vient encore répandre
un nouveau charme ; car le moyen âge a su
tirer un excellent parti du vitrail pour la décoration de ses édifices.

La renaissance puise à pleines mains dans les

époques qui l'ont précédée. Au début de cette période, l'art décoratif est un peu lourd, un peu surchargé d'ornementations de toutes sortes ; les artistes entassent des ornements les uns sur les autres plutôt qu'ils ne les ajustent. Chez certains peuples même, en Allemagne par exemple, l'art reste lourd et manque de goût, mais en Italie et en France il crée des œuvres d'une richesse incomparable et d'un goût exquis. Nous citerons comme exemples de beaux modèles de l'art décoratif de cette époque, en Italie, les palais de Venise, de Gênes, de Florence, de Rome. Cette renaissance italienne nous donne en France des types inimitables, tels que le palais de Fontainebleau, le Louvre de Henri II, les châteaux d'Anet, de Chambord, et tant d'autres édifices des bords de la Loire, qui, moins importants comme dimensions, n'en sont pas moins des merveilles de goût, de finesse et de savoir artistiques.

Sous le premier empire et sous la restauration, l'art décoratif n'existe plus, il est bien mort ; les artistes n'ont aucune émulation, ils sont profondément découragés, et ils copient plus ou moins les motifs de l'art grec et de l'art romain dans leur ornementation.

L'utilité de la décoration dans nos constructions modernes n'est pas à démontrer. Malheureusement, nous sommes obligé d'avouer que depuis le commencement de ce siècle, nous venons de le dire, l'art décoratif laisse beaucoup à désirer, surtout si nous comparons ses progrès à ceux accomplis dans les diverses branches scientifiques et industrielles. Aussi allons-nous démontrer l'importance de l'art décoratif et le parti avantageux que pourraient en retirer nos constructeurs modernes, s'ils savaient s'en servir et l'assouplir à nos exigences. On verra combien cet art est difficile, et quelles grandes connaissances il exige dans ses nombreuses applications ; car l'art décoratif, à cause de ses éléments aussi vastes que variés, n'est pas circonscrit dans d'étroites limites. Aussi ce n'est que par le choix judicieux d'une ornementation harmonieuse qu'on peut obtenir une bonne décoration.

Pour embellir et orner les monuments, le décorateur emploie tous les moyens que comportent les arts du dessin. L'architecte a donc à sa disposition la peinture et la sculpture. Il peut mettre en œuvre les matériaux les plus variés, tels que les bois de prix, les marbres, et les pierres plus précieuses encore ; il peut se servir des matériaux les plus communs comme les plus rares, et employer tour à tour le fer et le bronze, l'or et l'airain. Mais, au milieu de cet amas de matériaux, l'architecte a besoin d'un élément indispensable pour créer un ensemble harmonieux : cet élément par excellence, c'est le goût. Or, beaucoup d'artistes font consister le goût dans une grande fécondité d'imagination, et, pour prouver qu'ils possèdent cette faculté au plus haut point, ils entassent pêle-mêle les ornements les plus dissonants et les plus heurtés, les peintures les plus criardes, espérant obtenir ainsi un très-grand effet. Ils laissent échapper la proie pour courir après l'ombre, et de tout cet énorme effort il ne reste qu'une ornementation confuse et embrouillée, qu'on ne peut appeler décoration.

Que ne prennent-ils la nature pour guide ? Elle n'opère pas ainsi ; elle procède tout différemment, avec calme, et toujours un brillant effet se trouve à côté d'un effet tranquille qui repose la vue et l'esprit, et ces deux effets se font mutuellement valoir. L'œuvre de là nature porte un caractère de grandeur qui en impose par la simplicité même qu'elle étale à nos yeux.

Ce n'est donc pas l'éclat, disons le mot, le *tapage*, qu'il faut rechercher pour produire une belle décoration ; celle-ci doit plutôt nous séduire par la grandeur, par le calme, par d'heureuses proportions en harmonie avec l'idée et les sentiments qu'elle représente, par une tonalité générale qui produise sur nous un très-grand effet. Il faut, enfin, que l'art décoratif soit dirigé par une saine esthétique. Il ne faudrait pas se hâter de conclure que la décoration soit une et invariable ; cette pensée n'est nullement dans notre esprit. L'art décoratif, vrai Protée entre les mains de l'artiste qui sait s'en servir, qui sait le manier à sa guise, doit se prêter à tous les genres, se plier à toutes les exigences, et produire, suivant les milieux où il se trouve, des effets gais et riants, simples ou variés, gracieux ou sévères, tristes parfois, cela dépend du monument auquel la décoration est destinée. C'est, du reste, à cause de ces applications multiples que l'art décoratif mérite une sérieuse étude et un choix judicieux dans son emploi. On comprend aisément qu'on ne peut décorer pareillement la galerie d'un palais et l'antichambre d'un grand seigneur, la salle de réception d'un château et la crypte sépulcrale d'un manoir.

Dans les appartements officiels, par exemple, l'art décoratif devra se conformer à la grandeur des proportions : aucune matière ne sera trop précieuse pour la demeure du chef de l'État ; dans les salons de réception, où sont présentés les ambassadeurs et les ministres, les peintures des galeries, des voûtes et des trumeaux, les tapisseries, les tentures de haute et basse lisse, devront rappeler les hauts faits de son administration, les grands personnages qui se sont distingués pendant la guerre, et surtout pendant la paix, car les sciences, les arts, le commerce et l'industrie profitent plus à la civilisation que les guerres. L'habitation du chef de l'État devient dès lors une véritable galerie des illustrations du pays. Ces magnificences transmettent à la postérité le souvenir des grands hommes d'une époque et sont en même temps la glorification de leurs hauts faits et de leurs nobles actions, ou des précieuses découvertes qui ont rendu de grands services à l'humanité.

L'art décoratif se prête avec autant de souplesse à l'ornementation des appartements privés. Dans ceux-ci le caractère de la décoration sera aussi très-variable. Ainsi, dans une chambre à coucher, le génie de l'artiste devra réunir tout ce qu'il y a de plus frais, de plus riant, de plus coquet, de plus moelleux. De même que l'architecte aura su ménager une lumière douce, de même le peintre aura soin de ne représenter que des sujets familiers, aimables, badins, suivant le caractère de celui qui doit habiter cette chambre; enfin des sujets faits pour charmer l'imagination. S'il s'agit de décorer une salle à manger d'été, tous les détails de l'ornementation devront concourir à éveiller une sensation de fraîcheur par l'image, peinte ou sculptée, des stalactites, des cristallisations, des fontaines jaillissantes.

Les baies, pratiquées dans des murs épais, laisseront à peine filtrer, à travers de beaux vitraux, une lumière discrète, comme si elle était, pour ainsi dire, tamisée à travers un vert feuillage. Le soleil et ses rayons brûlants ne doivent pas entrer dans ce lieu, car il faut, si nous pouvons nous exprimer ainsi, sentir comme un agréable frisson parcourir les membres du convive. La décoration d'une salle à manger d'hiver sera toute différente : nous n'avons pas à insister sur ce point.

Les grands et les petits salons, les appartements d'apparat, peuvent être ornés avec le plus grand luxe ; c'est dans ceux-ci qu'il ne faut ménager ni l'or, ni la couleur, ni le marbre, puisque c'est là que le maître fait les honneurs du logis. Les arabesques, les rinceaux, les panneaux, les caissons et les encadrements doivent être extrêmement riches. Dans le boudoir, au contraire, la décoration sera fine et recherchée, brillante sans trop d'éclat, et rappellera, par la délicatesse des peintures, les idées de grâce, de plaisirs, en un mot tous les côtés de la vie élégante. Il faut, du reste, que l'artiste connaisse parfaitement les goûts de la personne qui doit l'habiter. On voit, par ce qui précède, combien il est difficile de posséder et d'appliquer l'art décoratif, et quelles connaissances étendues doit avoir le décorateur pour faire une œuvre vraiment bonne et digne d'admiration. Il faut, en effet, qu'il étaie par de fortes études ses recherches et ses connaissances ; il faut qu'il fouille dans toutes les œuvres produites par le génie humain, dans l'antiquité, dans le moyen âge et dans la renaissance. Le décorateur devra imiter la nature, dont les œuvres, empreintes d'une grande pureté et d'une grande simplicité de forme, possèdent également une expression de vérité remarquable. — Nous allons rappeler ici quelques-uns des admirables modèles des temps modernes. C'est d'abord la galerie des glaces à Versailles, dans laquelle la magnificence de Louis XIV a été bien secondée par le goût et le talent de l'architecte. Sans parler de la disposition même de la galerie, nous devons constater l'heureux effet que produit la voûte dans laquelle Lebrun a représenté les exploits guerriers et les actes mémorables de l'époque.

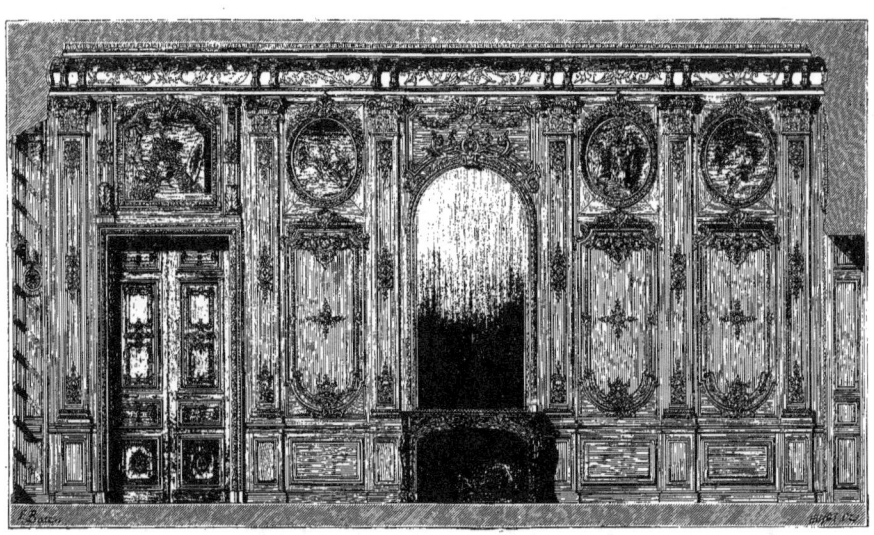

Planche XXIV. — Intérieur de la salle dite du Grand cabinet (château de Bercy).

Un second exemple de décoration digne d'être mentionné nous est fourni par l'hôtel du comte de Toulouse, occupé aujourd'hui par la Banque de France. Cet hôtel était l'œuvre de Robert de Cotte. La galerie appelée par nos financiers modernes *Galerie dorée* était décorée avec une magnificence remarquable (1).

Un autre édifice, dans lequel la décoration était admirablement conçue et exécutée, c'est le château de Bercy, qui a été malheureusement démoli dans ces dernières années. La construction de ce château remonte bien à la fin du XVIIe siècle, mais les décorations n'ont été faites qu'au commencement du XVIIIe.

Notre planche XXIV montre l'intérieur de la salle dite du *Grand cabinet*. Le lecteur peut juger par cette vue de l'ensemble de la décoration et du mérite de la composition. Notre planche XXV montre un détail d'un des grands panneaux et fait voir la perfection et la beauté de la sculpture sur bois qui décorait cette salle splendide (1). Notre figure donne un deuxième détail de cette décoration : c'est le couronnement d'un cadre ovale à gauche de la glace placée sur la cheminée.

Mentionnons encore, parmi les beaux modèles de l'art décoratif, la galerie d'Apollon au Louvre, restaurée par Duban; les travaux de ce grand artiste à l'École nationale des Beaux-

Couronnement d'un cadre ovale à gauche de la glace.

Arts, notamment son musée des études, dont à l'article ÉCOLE le lecteur trouvera une vue;

l'ancienne salle du trône, au palais du Luxembourg ; l'Opéra de Ch. Garnier. Dans cet édifice, l'art décoratif est fort bien entendu et interprété. N'oublions pas de mentionner les peintures de la Sainte-Chapelle du Palais à Paris, les nouvelles salles de la cour de Cassation, de MM. Duc et Daumet. Si les œuvres décoratives modernes sont en petit nombre et laissent beaucoup à désirer, c'est que, malheureusement, nos confrères n'étudient pas assez l'art décoratif et s'en rapportent trop aux peintres décorateurs; mais hâtons-nous d'ajouter qu'en ce moment les hommes qui ont quelque souci de l'avenir décoratif s'occupent d'organiser un enseignement et même un musée des

(1) Cette galerie a été restaurée ou plutôt restituée par notre vénéré maître Ch. Questel. Un de ses murs était très-déversé et penchait dans le vide ; la voûte était assez lézardée, paraît-il, pour avoir nécessité la démolition de la galerie tout entière. Mais, avant d'opérer cette démolition, M. Questel avait commandé à des artistes de mérite la copie sur toile des peintures de la voûte ; ces toiles ont été maroufflées sur la voûte reconstruite. L'éminent architecte avait fait enlever également avec le plus grand soin les menuiseries et les boiseries datant du commencement du XVIIIe siècle, qui avaient été exécutées par Vassée et lui font le plus grand honneur. La composition en est robuste, ferme et des plus élégantes, le modelé de la sculpture est très-senti, et le galbe est large et croustillant. L'ensemble de la restauration a été exécuté, sous la direction de M. Questel, par le décorateur Denuelle. En somme, cette reconstruction conservera à nos descendants un magnifique modèle de l'art décoratif au XVIIIe siècle.

(1) Nous avons dessiné cette planche d'après l'ouvrage de notre confrère Gailhabaud, *l'Art dans ses diverses branches.*

arts décoratifs. Nous espérons que leurs efforts seront couronnés de succès, car notre époque a sous la main tous les éléments pour produire d'excellents décorateurs : de bons modèles anciens, des œuvres de toutes sortes sculptées, gravées et ciselées, et tout cela publié dans de magnifiques ouvrages ; nos musées regorgent d'œuvres d'art en tous points remarquables. Il n'est donc pas difficile de créer un art décoratif contemporain. Pour réussir dans cet art, il faut opérer par comparaison et étudier les beaux modèles que nous a légués le passé, car en matière d'art il faut être éclectique ; il faut surtout étudier l'*antiquité*, et par ce mot nous n'entendons pas seulement l'art grec et romain, mais l'art hindou, égyptien, étrusque et arabe ; car c'est dans cette haute antiquité et chez ces peuples orientaux que l'on retrouve encore la véritable inspiration et une grande originalité. Au reste, chacun sait que si l'on veut de l'eau dans toute sa pureté, il faut toujours remonter à la source.

Quel peuple a été plus riche et plus fécond dans la science qui nous occupe que le peuple égyptien ; et cependant qu'a-t-il employé, à part les figures humaines ? trois plantes : le *lotus*, le *palmier* et le *papyrus*, ou *souchet*. Ces végétaux de la flore indigène étaient l'élément constitutif et indispensable de toute décoration.

De même les Étrusques, les Grecs et les Romains n'employaient aussi que trois ou quatre plantes : l'*acanthe*, le *laurier*, le *lierre* et l'*olivier* ; et pourtant quels magnifiques échantillons de décoration exquise et inimitable nous ont-ils légués ! Quand nous voyons leurs frises et leurs rinceaux, qu'ils soient ciselés sur le bronze, sculptés sur le marbre ou modelés sur la terre cuite, ils nous captivent toujours par la finesse des détails et l'admirable souplesse de leur dessin. Combien de moyens décoratifs sont négligés de nos jours ! Nous venons de citer les terres cuites des Grecs, et c'est avec regret que nous ne voyons pas plus généralisé de nos jours l'emploi des terres cuites pour la décoration, surtout les terres cuites émaillées. Cependant l'antiquité la plus reculée en a fait usage. Nous savons aujourd'hui de source certaine que les murs de Babylone et de Persépolis étaient revêtus de briques émaillées de diverses couleurs ; les essais de restauration de Ninive de l'architecte Félix Thomas nous l'ont démontré, et, grâce aux études de notre confrère, l'emploi de la brique émaillée comme décoration est un fait acquis à la science archéologique égyptienne (1).

DÉCORATIF THÉATRAL (Art). — L'art décoratif théâtral consiste à produire des effets fictifs, imaginaires, des trompe-l'œil. Il n'en faut pas moins beaucoup de talent et de savoir pour réussir dans ce genre. Les grandes villes, les grandes capitales, Paris, Londres, Vienne, Saint-Pétersbourg, New-York, possèdent des décorateurs d'un mérite et d'une valeur incontestables, soit pour leurs théâtres, soit pour leurs fêtes publiques.

Chez les anciens, on employait moins que chez les modernes les illusions de la perspective et l'on n'eut jamais recours aux artifices de la lumière factice, parce que les représentations théâtrales avaient souvent lieu à ciel ouvert et de jour. Bien souvent la décoration scénique était faite à demeure, c'étaient de véritables bâtiments qui servaient pour tous les spectacles. Vitruve (liv. 8) nous apprend cependant que sur certains théâtres les décors variaient suivant la nature des pièces. Pour les tragédies, par exemple, les décors consistaient en bâtiments parfois considérables entourés de portiques, de colonnades et de fontaines ; la scène représentait tantôt un palais, tantôt un temple entouré d'un bois sacré. Pour la comédie, c'étaient des maisons, des rues, des carrefours et des places publiques. Enfin, pour le drame, ce n'étaient que des forêts, des cavernes, et autres paysages champêtres. On nommait « *ductiles* » les décorations qui glissaient dans des coulisses, et « *versatiles* » celles qui tournaient sur des pivots ; c'étaient des pyramides triangulaires dont chaque face était ornée de divers dessins.

Jusqu'au XVIIᵉ siècle l'art de la décoration scénique n'exista pas en France ; mais l'arrivée de Marie de Médicis (décembre 1600)

(1) *Ninive et l'Assyrie*, par Victor Place, avec des essais de restauration par Félix Thomas, Paris, 1867-70 3 vol. grand in-folio.

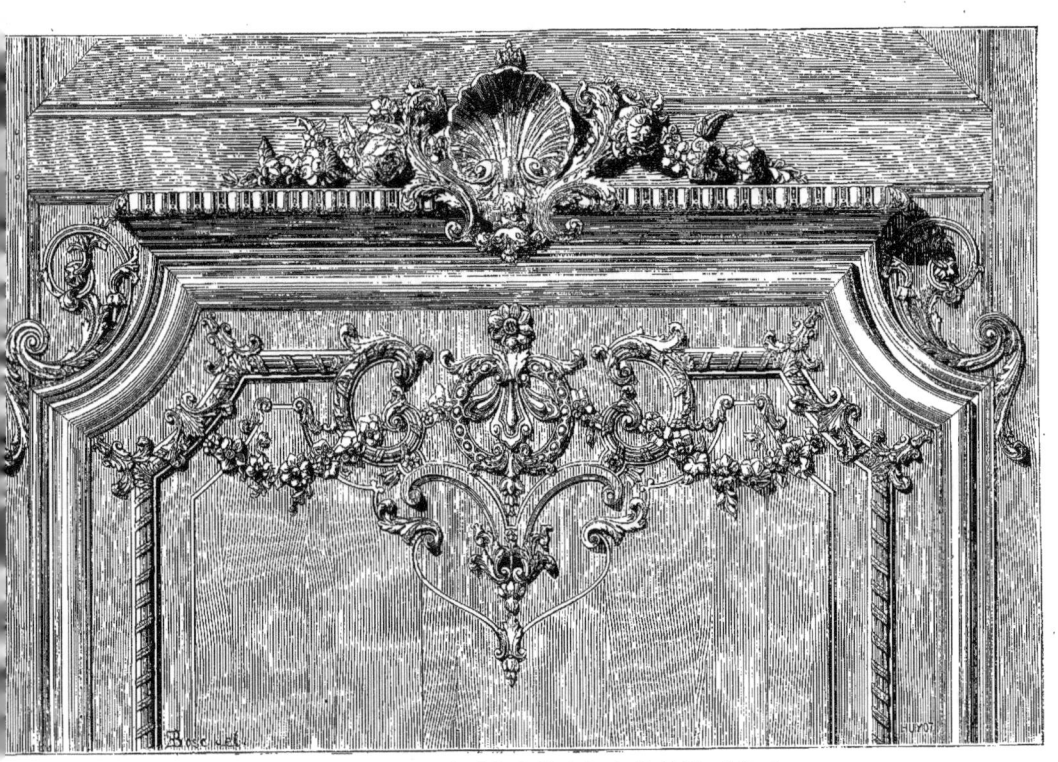

Planche XXV. — Panneau en bois sculpté de la salle dite du Grand cabinet (château de Bercy).

commença à donner le goût des décors scéniques, parce que des Italiens amenés par la reine avaient organisé des fêtes à l'italienne. Balthazar Peruzzi, au XVIᵉ siècle, passe pour avoir été le premier décorateur moderne et le seul de son siècle; mais au XVIIIᵉ siècle nous trouvons, en France et en Italie, des hommes de valeur, Munich, Bibiena, Degotti et Servandoni. Ce dernier porta, disent ses biographes, le charme et la valeur des compositions scéniques à un si haut degré que ses œuvres avaient autant d'intérêt que le drame ou la comédie parlés.

L'art décoratif théâtral exige de grandes connaissances en perspective, en architecture, en paysage, en ornementation de tous les styles et de toutes les époques. Dans cet art, l'imagination peut se livrer à toute sa verve, à toute sa puissance, car les réalités de la vie ne viennent point avec leurs exigences mettre un frein à l'essor du compositeur. En effet, dans le domaine de la fantaisie et de la féerie l'imagination ne connaît pas de bornes : c'est pour ce motif peut-être que nos décorateurs scéniques ont surpassé nos décorateurs de monuments, et que les artistes à grande imagination ont déserté la décoration monumentale pour consacrer leur talent à la décoration scénique, qui a été poussée aux dernières limites du beau et de l'idéal par les Bouton, les Cambon, les Séchan, les Diéterle, les Despléchin et les Lavastre.

Les architectes feraient bien de s'initier aux connaissances que possèdent les décorateurs scéniques. Ils y trouveraient de grandes ressources pour l'ornementation des dessus de portes, des grands panneaux et des encadrements; car, suivant la dimension de ceux-ci, ils y peindraient un paysage, des intérieurs, des perspectives, des jardins et des serres, des trompe-l'œil, ainsi que le faisaient les artistes du XVIIᵉ et du XVIIIᵉ siècle.

BIBLIOGRAPHIE. — Nous ne pouvons donner ici comme ouvrages sur la décoration les recueils de vases, frises, rinceaux parus au XVIIᵉ siècle, parce qu'ils n'entrent pas suffisamment dans le cadre qui nous occupe, malgré la valeur des artistes qui les ont produits et qui se nomment Lepautre, Bérain, Daniel, Marot, Boucher, Wateau, Gilot, Bourdon, Simonin, Meissonier, Pillement, etc. Nous bornerons notre bibliographie aux livres suivants :

Jacques Androuet Ducerceau, *Livre des grotesques*, in-12, Paris, 1650 ; — Ch. Errard, *Recueil de divers vases antiques, divers trophées, divers ornements*, 3 parties, in-fol., Paris, 1651 ; — Bérain, Chauveau et Le Moine, *Ornements de peinture et de sculpture qui sont dans la galerie d'Apollon*, etc., in-fol., Paris, 1710 ; — Rossi, *Studio d'architettura civile sopra gli ornamenti di porte et fenestre*, 3 vol. in-fol., Rome, Blondel, 1702-21 ; — Le Brun, *Divers dessins de décoration de pavillon*, in-fol., Paris, s. d.; — Fr. Blondel, *de la Distribution des maisons de plaisance et de la Décoration des édifices en général*, 2 vol. in-4°, Paris, 1737-38 ; — C. Savorelli, *Loggie di Rafaelle nel Vaticano*, gr. in-fol., Rome, 1762-77 ; — Moreau, *Fragments et ornements d'architecture*, 1805 ; — Percier et Fontaine, *Recueil de décorations intérieures*, 1812 ; *Guide de l'ornemaniste*, 36 pl. gr., 1826 ; — Chenavard, *Recueil de décorations intérieures*, 42 pl., 1829 ; du même, *Album de l'ornemaniste*, 72 pl.; — Ernest Clerget, *Mélanges d'ornements divers*, 72 pl., 1837 ; du même, *Variétés ou choix d'ornements*, 1838 ; du même, *Nouveaux Ornements*, 1840 ; du même, *Portefeuille de l'ornement*, 1841 ; — Michel Liénard et Gsell, *Recueil des anciens maîtres du XVIᵉ au XVIIᵉ siècle* ; des mêmes, *l'Ornementation au XIXᵉ siècle ;* — Émile Lecomte, *Mélanges d'ornements divers*, 1 vol. in-fol., Paris, 1838 ; — P. Contrucci, *Monumento Robbiano*, 1 vol. in-8°, Prato, 1835 ; — Donaldson, *a Collection of the most approved examples of Doorways*, etc., in-4°, Londres, 1836 ; — Dedeaux, *Chambre de Marie de Médicis au palais du Luxembourg, ou Recueil*, etc., in-fol., Paris, 1838 ; — A. Pugin, *a Series of Ornemental timber, gables*, etc., 1 vol. in-4°, Londres, 1839 ; du même, *Gothic Ornaments, selected from various ancient buildings*, etc., 1 vol. in-4°, Londres, 1840 ; — F.-H. Hessemer, *Arabische und alt Italienische Bauverzierungen*, etc., in-fol., Berlin, 1842 ; — E. de la Querière, *Essai sur les girouettes, épis, crêtes et autres décorations des anciens combles et pignons*, etc., 1 vol. in-8°, Rouen, 1846 ; — S. n. d'aut., *Fragments d'ornements puisés dans les quatre écoles*, 3 vol. in-4°, Paris, s. d. (1843-46) ; — Ovide Reynard, *Ornements des anciens maîtres des XVᵉ, XVIᵉ, XVIIᵉ et XVIIIᵉ siècles*, 2 vol. in-fol., Paris, 1845 ; — Jacob Petit, *Collection de dessins d'ornement composés, dessinés et gravés*, in-fol., Paris, s. d.; — Louis Graner, *Décoration de palais et d'églises en Italie*, etc., gr. in-fol., Paris et Londres, 1854 ; — Owen Jones *the Grammar of ornement illustrated*, etc., in-fol., pl. en couleurs, Londres, 1856 ; — Péquegnot, environ 11 vol. sur la décoration, 1856-1866 ; — H. Destailleur, R. Pfnor, etc., *Recueil d'estampes relatives à l'ornementation des appartements*, etc., 2 vol. in-fol. Paris, 1863-71 ; — Rouyer, *l'Art architectural en France*, etc., 2 vol. gr. in-4°, Paris, 1863-66 ; — Asselineau, *Sculptures décoratives*, etc., 2 vol. in-fol., Paris, 1864 ; — A. Berty, *la Renaissance monumentale*, etc., 2 vol. gr. in-4°, Paris, 1864 ; — Louis Adams, *Décorations intérieures et meubles des époques Louis XIII*, etc., in-fol., Paris, 1865 ; — Metzmacher, *Portefeuille historique de l'ornement*, etc., in-fol., Paris, 1866 ; — Ed. Lièvre, *les Arts décoratifs à toutes les époques*, in-fol., fig. en coul., Paris, 1868-70 ; — Ruprich-Robert, *Flore ornementale*, 1 vol. in-4°, Paris, 1866-76 ; — Enrico Maccari, *Raccôlta di decorazioni*, 1 vol. in-fol., Rome, 1870-75 ; — Romagnesi, *Recueil d'ornements*, in-fol., s. d., s. l. ; — A. Racinet, *l'Ornement polychrôme*, 100 planches en couleur, or et argent, contenant 2,000 motifs, etc., 1 vol. gr. in-4°, Paris, 1869-72 ; — J. Bourgoin, *les Arts arabes*, 1 vol. in-fol., Paris, 1868-73.

DÉCORATION, *s. f.* — Ensemble des ornements d'architecture, de peinture et de sculpture qui concourent à orner et à décorer les édifices, soit à l'intérieur, soit à l'extérieur. (Voy. l'art. précédent.)

DÉCOUPURES, *s. f.* — Ornements à jour pratiqués, à l'aide de la scie à découper, dans le bois et les métaux. A l'aide de découpures, on décore des planches qui servent pour balcons, rampes, lambrequins, etc., des métaux pour faire des rosaces de ventilation, des grilles de clôture intérieures ou d'appui, des guichets, etc. Le bois, le fer, le zinc, l'acier ainsi travaillés se nomment, bois, fer, zinc, acier découpés. Les découpures ont pris dans ces dernières années une place importante dans la décoration.

DÉCOUVERTURE, *s. f.* — Démolition de la couverture d'un comble. Cette opération est faite par toutes sortes d'ouvriers employés aux démolitions, mais souvent par des couvreurs. La tuile se décroche ; l'ardoise s'enlève, après qu'on a arraché avec le *tire-clou* les clous qui peuvent la fixer. Le zinc s'arra-

che, le plomb se coupe par grandes bandes qu'on roule. On jette aux décombres les matériaux qui ne valent rien, on met au contraire en magasin ceux qui peuvent être employés de nouveau.

DÉCOUVRIR, *v. a.* — Effectuer la démolition ou la dépose de la couverture d'un comble. (Voy. DÉCOUVERTURE.)

DÉCROTTAGE, *s. m.* — Avant de réemployer les briques et les carreaux provenant de démolition, il faut opérer leur *décrottage*, c'est-à-dire en détacher les portions de plâtre ou de mortier adhérentes. Ce travail se fait à l'aide d'une petite hachette ; un ouvrier, dans sa journée de dix heures de travail, peut décrotter en moyenne un millier de briques, cela dépend de leur dimension et du plus ou moins d'adhérence du plâtre ou du mortier. Le décrottage se fait aussi à la tâche ; dans ce cas, le travail est plus rapide, mais il demande une plus grande surveillance.

On occupe souvent des femmes ou des enfants au décrottage des briques et des carreaux.

DÉCROTTER, *v. a.* — Enlever le plâtre ou le mortier qui adhère aux briques et aux carreaux provenant de démolition. (Voy. DÉCROTTAGE.)

DÉDOSSER, *v. a.* — Enlever les DOSSES (Voy. ce mot), les parties *flâcheuses* ou couvertes d'écorce du bois, pour le dresser à vive arête.

DÉFAUTS DU BOIS. — Voy. BOIS.

DÉFENSE, *s. f.* — En couverture, ce mot sert à désigner une corde attachée à un comble et à laquelle pend un bout de latte. Cette corde sert aux ouvriers pour monter sur les combles très-inclinés, et, comme elle pend sur la voie publique, elle indique aux passants d'avoir à s'éloigner du bâtiment. A Paris, il faut un gardien pour avertir les passants.

DÉFILEMENT, *s. m.* — Petit passage

étroit servant de dégagement, comme par exemple ceux qu'on perçait dans les arcs-boutants des églises pour circuler sur les combles des collatéraux. — En termes de fortification, on appelle *mur de défilement* une construction faite de telle sorte que les projectiles des assiégeants passent au-dessus de la tête des assiégés.

DÉFOLIATION, *s. f.* — Chute prématurée des feuilles d'un arbre, qui provient généralement de la maladie du *liber*. Les arbres atteints de la défoliation ont souvent la couche du bois parfait atteint de défectuosités qui les rendent impropres à la charpente.

DÉFONCER, *v. a.* — Fouiller le sol pour enlever les pierres, les substructions, les souches, etc. Avant de faire des plantations de jardins, de haies ou d'avenues, les architectes font défoncer les terrains.

DÉGAGEMENT, *s. m.* — Antichambre, chambre ou couloir servant de communication privée dans un appartement. — En menuiserie, c'est un *élégissement* qui dégage une moulure de son champ.

DÉGAUCHIR, I, IE, *v. a.* — Rendre plane une surface gauche ; tailler une pierre ou une pièce de charpente, raboter une planche, de manière à obtenir une surface parfaitement plane, ces diverses opérations se nomment dégauchir. Ce mot est synonyme de DRESSER. (Voy. ce mot.) En appliquant une règle en différents sens sur une surface, on vérifie si elle est bien plane.

En charpenterie, dégauchir, c'est encore façonner une pièce de bois pour la raccorder suivant le biais nécessaire à son emploi.

DÉGONDER, *v. a.* — Faire sortir des gonds. On dégonde une porte pour la réparer, des persiennes pour les repeindre, etc.

DÉGORGEMENT (TAMPON DE), *s. m.* — Espèce de boîte en cuivre, sans fond, qu'on adapte aux tuyaux de descente ou de chute, afin de les dégorger, lorsqu'ils sont obs-

trués. Le dessus de cette boîte (Voy. notre fig.) se dévisse à l'aide de la clef anglaise. C'est par

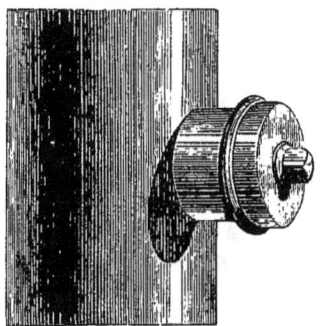

Tampon de dégorgement.

cette ouverture qu'on introduit des tiges de fer flexibles ou des joncs pour opérer le dégorgement des tuyaux.

DÉGORGEOIR, *s. m.* — Ciseau crochu dont les ferreurs se servent pour vider les mortaises ; c'est une espèce de BEC-D'ANE crochu. (Voy. ce mot.)

DÉGORGER, *v. a.* — En plomberie, c'est déboucher, nettoyer les tuyaux de chute, de descente et autres, afin d'enlever les dépôts qui les obstruent. Pour faciliter cette opération, les tuyaux doivent porter, de distance en distance, des tampons de DÉGORGEMENT. (Voy. ce mot.)

En peinture, c'est enlever aux moulures, aux pênes, à l'entrée des gâches, un excédant de peinture que la brosse y a laissé.

DÉGOUPILLER, *v. a.* — Enlever des GOUPILLES. (Voy. ce mot.)

DÉGRADATION, *s. m.* — En architecture, ce mot a la même signification que dans la langue usuelle : ainsi on peut faire des dégradations à une grille, à un monument ; mais ce terme a une signification plus spéciale dans le travail préparatoire du rejointoiement. Cette opération consiste à détruire, à coups de hachette ou de marteau de maçon, l'ancien mortier des joints d'une maçonnerie, pour le remplacer par du nouveau. On emploie aussi quelquefois une griffe pour dégrader les joints. Ceux-ci doivent être bien nettoyés et humectés avant qu'il soit procédé au REJOINTOIEMENT. (Voy. ce mot.)

DÉGRADER, v. a. — Détruire l'ancien mortier renfermé dans les joints des pierres, pour le remplacer par du nouveau. Dans le précédent article, le lecteur trouvera la manière d'opérer cette *dégradation*.

Dans le dessin, ce mot est synonyme de *fondre* ; ainsi on dit indifféremment *fondre* ou *dégrader une teinte*, *teinte fondue* ou *dégradée*.

DÉGRAISSER, v. a. — En plomberie, c'est enlever à l'aide d'un réchaud, c'est-à-dire par fusion, la soudure d'étain adhérente à des parties de plomb ou à des travaux de plomberie.

En peinture, c'est laver à l'eau seconde, soit à la brosse, soit à l'éponge, d'anciennes peintures qu'il s'agit de repeindre.

En dorure, c'est nettoyer, avec un linge mouillé ou avec une brosse douce, les parties à dorer, quand l'ouvrier en a fait la *réparure*, c'est-à-dire après avoir poncé et réparé les blancs. Ce dernier travail salit les parties à dorer par le contact des mains, c'est pourquoi on les dégraisse.

DÉGRAVER, v. a. — Racler les dépôts qui se sont formés dans un tuyau de conduite. On dit aussi *dégraveler*.

DEGRÉ, s. m. — Ce terme désigne, en géométrie, une des 360 parties de la circonférence ; en physique, une des divisions qui sont marquées sur les thermomètres.

En construction, ce mot est synonyme de MARCHE. (Voy. ce mot.)

DÉGROSSIR, v. a. — Oter le plus gros d'une matière, afin qu'elle puisse recevoir la forme qui lui est destinée. Les sculpteurs dégrossissent les blocs·de marbre, les charpentiers les pièces de bois.

DÉGUEULEMENT, s. m. — Entaillé de forme conique que les charpentiers font à l'ex-

trémité des *arêtiers* et de leurs *contre-fiches*, pour les assembler dans l'arête du poinçon.

DÉJETÉ, *part. passé*. — On dit qu'un bois est *déjeté* ou qu'il *se déjette*, quand, sous l'influence de l'humidité ou de la sécheresse, il se courbe ou se gauchit.

DÉJOUTEMENT, s. m. — Joint d'assemblage. Quand deux pièces de bois sont réunies bout à bout dans une même mortaise et qu'elles

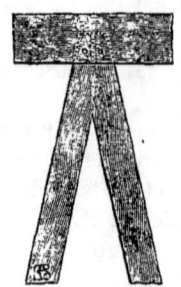

Fig. 1. — Déjoutement.

forment un angle aigu, on nomme cet assemblage *déjoutement* (fig. 1). Il en existe de deux sortes : le *déjoutement en tour ronde* (fig. 2),

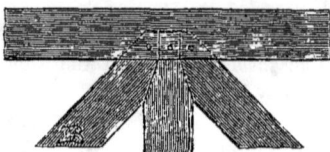

Fig. 2. — Déjoutement en tour ronde.

qui est oblique au joint commun, et le *déjoutement en entaille*, ou *déjoutement en pavillon*

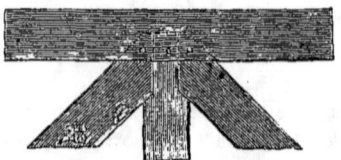

Fig. 3. — Déjoutement en pavillon.

(fig. 3), qui est parallèle aux faces du bois. (Voy. DÉSABOUTEMENT.)

DÉJOUTER, v. a. — Enlever du bois sur

les faces d'une pièce, afin qu'elle puisse entrer dans un espace déterminé. Dans les croupes en tour ronde, par exemple, tous les chevrons qui viennent aboutir du couronnement au poinçon doivent être déjoutés à leur sommet. On déjoute également les *arêtiers* à leur réunion, afin qu'ils joignent l'un contre l'autre, les *contre-fiches d'arêtier*, de *ferme* et de *croupe*.

DÉLAISSEMENT. — Voy. ABANDON.

DÉLARDEMENT, *s. m.* — Action de délarder. (Voy. le mot suivant.)

DÉLARDER, *v. a.* — Piquer une pierre avec le marteau pour l'amincir et démaigrir ce qui doit être posé en recouvrement ; ôter du bois d'une arête d'un côté seulement, par exemple, aux arêtiers, afin qu'ils forment l'arête du comble et que leurs faces à droite et à gauche soient dans les plans de la *croupe* et du *long pan*.

Quand on enlève de la pierre ou du bois au-dessous d'une marche, parallèlement à la ligne de rampe, on dit que cette marche est *délardée* ou *porte son délardement*.

DÉLIMITATION, *s. f.* — Opération qui a pour objet de reconnaître, de délimiter la ligne séparative d'une forêt d'avec les immeubles qui l'avoisinent. Il ne faut pas confondre la délimitation avec le BORNAGE. (Voy. ce mot.) La première opération ne sert qu'à indiquer la ligne sur laquelle seront placées les BORNES (Voy. ce mot), tandis que la seconde opération, le bornage, sert à indiquer et constater les limites de la ou des propriétés.

DÉLIT, *s. m.* — Les pierres à bâtir de nature calcaire et quelques autres sont disposées dans la carrière par bancs horizontaux, qui sont eux-mêmes composés d'une infinité de petites couches. Les pierres doivent être œuvrées et posées suivant une direction analogue à leur gisement de carrière. Toute pierre posée en sens inverse, c'est-à-dire de manière que les lits ou couches soient perpendiculaires à l'horizon, est dite *posée en délit*, ou

simplement *délit*. Dans toute bonne construction, les pierres devant être posées normalement à la pression qui les sollicite, on comprend que dans un mur, si les pierres sont posées en délit, la charge qu'elles supportent, jointe aux influences atmosphériques, fera fendre et diviser les pierres en un certain nombre de feuillets. Dans les arcs et plates-bandes, au contraire, on pose les voussoirs et les claveaux, le *lit en joint*, c'est-à-dire le lit dans le sens des joints montants. Excepté pour les voussoirs et les claveaux, la pose en délit est toujours une malfaçon. Dans bien des cas, cependant, pour des linteaux par exemple, on est bien obligé de les poser en délit, si la localité où l'on construit ne peut fournir des pierres assez hautes comme banc. Dans ce cas, on choisit des liais ou toute autre pierre dure se délitant difficilement. Dans certains bâtiments du moyen âge, où ce genre vicieux de construction existait, nous avons vu des linteaux posés en délit qui ont fort bien résisté, mais qui ont fléchi comme une pièce de bois. (Voy. LIT.)

DÉLITEMENT, *s. m.* — Division, séparation des pierres calcaires suivant leurs feuillets de formation, par suite de leur pose irrationnelle ou de leur mauvaise qualité. Certaines pierres, en effet, se délitent par leur seule exposition à l'air, quoique normalement posées et ne supportant même aucune charge ; de ce nombre sont les pierres grasses contenant une forte proportion d'argile. Le délitement des pierres est parfois utilisé pour débiter en moellons un gros bloc de pierre ; à l'aide d'un *têtu*, on frappe ce bloc en délit, d'abord à petits coups régulièrement répartis suivant une ligne droite parallèle à la direction des lits, puis à coups plus forts. La pierre se divise, et l'on obtient des moellons bruts de forme très-régulière.

DÉLITER, *v. a.* — Diviser une pierre suivant son lit de carrière. La pierre peut se déliter d'elle-même par suite de la gelée, de sa pose vicieuse, ou de sa mauvaise qualité. Les pierres dures, surtout les *roches*, à cause de leurs fils ou fissures, se délitent beaucoup plus facilement que les pierres tendres. Quelle que soit leur ténacité, leur facilité à se déliter est en raison directe de la proportion d'argile qu'elles contiennent. (Voy. les deux articles précédents.)

Dans les travaux de démolitions, on délite les pierres de taille, au moyen du *têtu*, pour en faire du moellon.

On délite la chaux vive en l'arrosant avec de l'eau ; on obtient ainsi de la chaux hydratée, de la *chaux éteinte*.

DÉMAIGRIR, *v. a.* — Rendre maigre, c'est-à-dire diminuer. Un *joint démaigri* est un joint qui s'élargit de plus en plus du parement de face à la queue de la pierre. (Voy. l'art. suivant.)

DÉMAIGRISSEMENT, *s. m.* — Disposition oblique des parements de lit et de joints d'une pierre par rapport au parement de face. Le démaigrissement d'une pierre procure un joint de mortier plus large à mesure qu'il s'éloigne du parement. (Voy. notre fig.) Cette

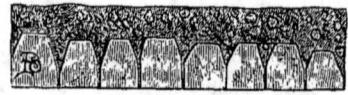

Démaigrissement.

disposition permet d'obtenir des joints bien fins sur le parement et de rendre ce dernier plus propre ; mais cette manière de construire est funeste pour la solidité de la construction, car la pierre a moins d'assiette, et le tassement est plus considérable. Ce que nous venons de dire s'applique au démaigrissement des parements de lit, car il n'y a nul inconvénient à démaigrir ceux des joints.

En charpenterie, le démaigrissement est le second trait qu'on trace pour enlever le bois d'une fausse coupe. On pratique un démaigrissement pour rendre plus aigu l'angle d'une pièce de bois, pour diminuer un tenon trop épais, etc.

DEMANDE (MÉMOIRE EN). — Quand un mémoire de travaux n'est pas dressé d'après une série de prix convenus, et bien que la valeur courante des ouvrages et travaux de bâtiments soit déterminée et connue, il est d'usage de faire le mémoire en demande, c'est-à-dire d'en augmenter la valeur d'un sixième ou d'un cinquième, en sus du véritable prix. Certes, il serait plus naturel de dresser les mémoires de travaux avec les prix justes, mais l'usage de les augmenter a tellement prévalu qu'il est généralement adopté. En voici le motif : c'est que beaucoup de clients ne pourraient se résoudre à payer un mémoire, si l'architecte ne l'avait pas réduit. Celui-ci met donc de l'encre rouge, et tout le monde est satisfait. Comme on le voit, cet usage n'a aucune raison d'être entre des personnes sérieuses, et cependant il subsistera encore longtemps.

DEMASTIQUAGE, *s. m.* — Opération qui a pour but d'enlever le mastic qui entoure un carreau de vitre, soit pour sa dépose, soit pour son remastiquage.

DEMI-ANGLAISE. — Voy. GARDE-ROBE.

DEMI-BOSSE, *s. f.* — Sculpture en bas-relief très-saillante qui tient le milieu, comme l'indique son nom, entre la ronde-bosse et le bas-relief.

DEMI-FACE, *s. f.* — Ancien usage de métré qui accordait au constructeur, pour les murs formant retour, la moitié de leur épaisseur en plus pour chaque retour.

DEMI-LAINE, *s. f.* — Fer méplat, employé pour la ferrure des bornes et des seuils de porte.

DEMI-LIVRE ALLONGEE. — Petits clous de tenture. (Voy. CLOU.)

DEMI-LUNE, *s. f.* — Terme de fortification. Ouvrage de défense situé en dehors de la place. Autrefois, cet ouvrage était de forme demi-circulaire, de là son nom ; on l'appelait aussi *ravelin*. Aujourd'hui, les demi-lunes forment un angle saillant ; elles sont destinées à couvrir les courtines, les flancs des-

bastions et les portes de ville. Quelquefois les demi-lunes sont doubles, c'est-à-dire qu'elles en renferment une plus petite dans leur enceinte. Il existe aussi des *demi-lunes à lunettes*, *à grandes et petites lunettes*, des *demi-lunes à tenailles* ou *tenaillons*.

DEMI-MÉTOPE, *s. f.* — Métope d'angle, plus petite que la métope entière.

DEMI-RONDE, *s. f.* — Lime plate d'un côté, et dont l'autre côté est en forme d'arc de cercle. Il existe des demi-rondes à l'usage des menuisiers, des serruriers et des sculpteurs.

DEMOISELLE, *s. f.* — Outil du paveur qu'on nomme aussi *hie* et DAME (Voy. ce mot) ; mais cette dénomination est plus généralement donnée au *pilon* de bois des paveurs.

DÉMOLIR, *v. a.* — Détruire, abattre pièce à pièce un ouvrage de maçonnerie quelconque, mur, maison, hangar, etc., pour malfaçon, changement ou caducité. (Voy. DÉMOLITION.)

DÉMOLISSEUR, *s. m.* — Les maçons peuvent faire, et font accidentellement les démolitions des bâtiments; mais ces travaux sont faits généralement par des ouvriers spéciaux qui ne sont pas maçons et qui travaillent pour le compte d'un entrepreneur de démolition. Ces ouvriers se font remarquer par leur hardiesse, leur sang-froid, leur intelligence et leur adresse au travail. Il y a parmi eux le *maître compagnon*, le *chef d'équipe* ou *de brigade*. Les ouvriers démolisseurs forment une sorte de coterie dans laquelle un ouvrier étranger s'introduit difficilement. Quoiqu'il n'existe pas de compagnonnage chez les démolisseurs, ils se divisent en deux sections : les *compagnons* ou *hommes de marteau*, et les *garçons*. Les premiers s'occupent particulièrement de la démolition, tandis que les derniers sont employés, comme manœuvres, aux transports à la brouette ou autrement, au rangement des bois, des menuiseries, des moellons, etc.

Les démolisseurs emploient le *marteau*, la *pince*, le *cric*, le *coin*, la *masse* et le *poinçon* pour entamer les maçonneries résistantes, le *têtu* pour débiter les pierres ; ils se servent souvent de cordages, et parfois de la chèvre, dans les bâtiments construits en pierre de taille. Le métier de démolisseur est fort dangereux, les ouvriers sont exposés à contracter des maladies pneumoniques dans l'atmosphère chargée de poussière au milieu de laquelle ils travaillent, à faire des chutes graves, à se trouver ensevelis sous des écroulements, ou tout au moins ils peuvent être atteints par les matériaux que leurs camarades jettent ou détachent des étages supérieurs.

DÉMOLITION, *s. f.* — Action de démolir. Les démolitions d'ouvrages exécutés pendant le cours des travaux de bâtiments, soit pour réfection d'ouvrages, soit pour toute autre cause, sont faites par les maçons. Des prix particuliers sont affectés à chaque nature d'ouvrages à démolir. Mais lorsqu'il s'agit de la démolition totale d'un bâtiment, ce sont presque toujours des ouvriers spéciaux, nommés *démolisseurs*, qui l'exécutent sous les ordres d'un entrepreneur de démolition. Lorsqu'il s'agit de procéder à la démolition d'un bâtiment, il ne faut pas croire que toute la question se réduise à abattre à tort et à travers et à pousser les travaux avec le plus d'activité possible. Au contraire, cette opération doit être conduite avec beaucoup de méthode, afin de ménager les matériaux, et afin d'éviter aussi les accidents si nombreux auxquels sont exposés les démolisseurs.

Dans ce genre de travail, on procède d'abord par les démolitions légères, c'est-à-dire qu'on dépouille un bâtiment de ses glaces, de ses menuiseries, de ses cheminées, de ses balcons et de tout ce qui ne fait pas partie de la grosse construction. Ces objets sont transportés dans un local à part, à l'abri des dégradations ou rangés dans le terrain servant de *chantier de démolition*, ou bien dans un autre chantier en ville, servant d'entrepôt. On enlève ensuite le pavé des cours, la couverture des combles, les mitres des cheminées, et le carreau ou parquet des chambres ; ces matériaux sont descendus avec soin, la tuile et l'ardoise sont empilées et les carreaux *décrottés*. Ceci fait, on procède alors à la démolition de la grosse construction en démontant le comble, dont les pièces sont jetées de haut en bas, mais avec certaines précautions, afin de ne point les rompre. On *crible* ensuite les planchers supérieurs, c'est-à-dire qu'on les perce à à jour, puis on les démonte. Ces travaux accomplis suivant la nature de la construction et la disposition des localités, on attaque les murs au marteau et à la pince, ou bien on les jette bas par pans entiers au moyen de crics : ce qu'on appelle *pousser une volée*. Ce moyen, qui est très-expéditif et qui ménage les matériaux, ne peut être toujours employé, et occasionne quelquefois de très-graves accidents, surtout si la maçonnerie du pan de mur est vieille et mauvaise. Chaque fois qu'on passe d'un plancher à l'autre, on a soin de *gravater*, suivant l'expression des ouvriers, c'est-à-dire d'enlever à la pelle et de jeter en bas les gravois qui chargent le plancher par suite de la démolition de l'étage supérieur. On continue l'opération de même jusqu'au niveau du sol. — On démolit ensuite en *sous-œuvre* les murs des caves, en ménageant des points d'appui ou en y suppléant au moyen d'étançons; encore cet étançonnage ne saurait-il permettre d'isoler la totalité des murs de caves au-dessus de leurs fondations. A l'endroit le plus commode, on crève la voûte des caves, et par les trous pratiqués on fait descendre les gravois provenant de la démolition des étages supérieurs et qui entourent l'emplacement du bâtiment démoli. Un entrepreneur de démolition qui entend bien son affaire sait s'arranger pour que les gravois, qui sont les résidus de la démolition, compensent le vide des caves sans qu'il soit nécessaire d'en enlever une trop grande quantité, ce qui serait très-préjudiciable à ses intérêts. Lorsque les décombres sont insuffisants pour remplir ce vide, le démolisseur en fait venir du dehors et y trouve même une source de profits, le droit de décharge étant toujours assez élevé. Du reste, le volume des gravois et résidus varie suivant la nature des constructions. On doit éviter autant que possible d'en produire, afin d'éviter la main-d'œuvre nécessaire à leur enlèvement.

La pierre de taille est débitée en moellons, à moins toutefois que sa qualité, ses dimensions ou sa forme particulière ne permettent de la vendre telle quelle, et par conséquent à un prix supérieur à celui qu'elle représenterait si elle était réduite en moellons.

Les moellons et meulières sont emmétrés; les tuiles, pavés et bois de charpente sont empilés. A l'égard de ces derniers, on les divise en deux catégories : ceux qui sont susceptibles d'être employés dans de nouvelles constructions, et ceux qu'on ne peut utiliser que comme bois de chauffage, et qu'on scie et débite alors de diverses manières.

Les métaux sont déposés dans un magasin, et vendus au poids à des industriels qui les portent à la forge ou au creuset.

Les tuiles, ardoises, briques, carreaux, pavés, dalles, etc., se vendent au mille. Les menuiseries et les objets divers dits *de détail*, tels que mitres, pierres d'éviers, cheminées, etc., se vendent à la pièce et à prix débattu, tandis que le prix des autres matériaux suit une espèce de cours qui ordinairement équivaut à peu près aux trois cinquièmes du prix de ces mêmes matériaux neufs.

Les travaux de démolition sont ordinairement de bonnes entreprises; lorsque l'entrepreneur qui s'en charge est intelligent et expérimenté, il peut dans un bref délai y faire une fortune, surtout lorsque, par suite de circonstances particulières, ces sortes de travaux se présentent fréquemment. Les démolitions des particuliers se font par une transaction amiable. Les administrations publiques, sauf de rares exceptions, ne concèdent leurs démolitions que par une adjudication sur soumissions cachetées. Aucun entrepreneur n'est admis à concourir, s'il ne justifie d'un certificat de capacité visé par un architecte notoirement connu, et s'il n'a déposé au préalable un cautionnement déterminé. L'adjudicataire est tenu, en outre, de se conformer aux clauses et conditions d'un CAHIER DES CHARGES. (Voy. ce mot.)

JURISPRUDENCE. — Toute construction, ou tout autre ouvrage joignant la voie publique, ne peut être démoli qu'après avoir demandé et obtenu l'autorisation de l'administration municipale, et en ayant soin de prendre les précautions nécessaires à la sécurité des propriétés voisines et des personnes qui circulent sur la voie publique. Pour Paris, les ordonnances de police du 8 août 1819 et du 25 juillet 1862 imposent à l'entrepreneur de démolition l'établissement d'une palissade de 2 mètres de hauteur, placée, autant que possible, à la distance de 2 mètres du bâtiment à démolir; de plus elles exigent le stationnement d'un gardien, pour avertir les passants, et un éclairage de nuit.

Celui qui veut opérer une démolition doit avertir son voisin et lui donner le temps moralement nécessaire pour faire chez lui les étaiements et ouvrages qu'il jugera à propos pour éviter les préjudices et dommages que les travaux pourraient lui causer.

Qu'il s'agisse de démolir au long d'un mur dont le voisin aurait la propriété exclusive ou au long d'un mur mitoyen, si le voisin est absent de chez lui et que la démolition présente quelque danger, celui qui veut opérer la démolition doit se faire autoriser par justice à établir des étaiements chez son voisin, et cela avant de commencer la démolition. (*Code civil*, 114, et Merlin, v° *Démolition*, n° 1.) D'après Merlin, les frais des étaiements à faire chez le voisin sont à la charge dudit voisin, si ce dernier a la propriété exclusive du mur; au contraire, ils sont à la charge de celui-là seul qui démolit, s'il s'agit d'un mur mitoyen, et si toutefois la démolition est faite dans l'intérêt exclusif de celui qui l'opère. Du reste, à l'égard du mur mitoyen, on ne peut le démolir sans le consentement préalable du copropriétaire.

Si le voisin refuse son consentement sous un prétexte quelconque, celui qui veut opérer la démolition doit s'y faire autoriser contradictoirement; ceux qui opéreraient la démolition dudit mur mitoyen sans le consentement du voisin et l'autorisation de la justice en seraient garants et responsables. (Desgodets, art. 203, *Cout. de Paris*, n° 7; Merlin, *ut suprà*.)

La police peut ordonner la démolition d'un bâtiment donnant sur la voie publique, pour cause de péril : 1° lorsque c'est par vétusté que l'une ou plusieurs *jambes étrières*, *trumeaux* ou *pieds-droits* sont en mauvais état.; 2° si le mur est *à fruit*, et s'il a occasionné sur la face opposée un *surplomb* égal au *fruit* de la face sur la rue; 3° lorsque le mur de face sur rue est en *surplomb* de la moitié de son épaisseur, quel que soit d'ailleurs l'état dans lequel se trouvent les *jambes étrières*, les *trumeaux* et *pieds-droits*; 4° s'il y a un bombement égal au *surplomb* dans les parties inférieures du mur de face; 5° enfin, chaque fois que les fondations sont mauvaises, quand bien même il ne se serait manifesté aucun fruit ou surplomb dans la hauteur du bâtiment.

En cas d'urgence et de péril imminent, le maire peut, après avoir fait dresser procès-verbal par les gens de l'art et l'avoir dénoncé au propriétaire, faire exécuter immédiatement, et sous sa responsabilité légale, ce qu'il croit absolument nécessaire à la sécurité publique. (Art. 10 de la Déclarat. de 1729. Avis du Comité de l'int. du 10 août 1845. Cons. d'État, D., 1860, 3, 22.) Il va sans dire que l'autorité administrative n'agit ainsi que dans le cas où le propriétaire averti persiste dans son refus de démolir, ou de consolider, s'il y a lieu.

Ajoutons qu'en matière de grande voirie ce n'est plus au maire, mais au préfet, qu'il appartient de constater le péril imminent et d'ordonner la démolition, s'il y a lieu. (Décrets des 21 janv. et 3 fév. 1813. Conseil d'État, *jurisprudence administrative*, 1841, p. 167. s. v., 1842, 2, 86. Cons. d'Et. J. P., *jur. adm.*, 1841, p. 241.)

La démolition d'un immeuble pour cause de vétusté ne donne droit à aucune indemnité, que pour le fonds, quand il s'agit d'un nouvel alignement. Si la démolition a lieu pour cause d'utilité publique, elle peut donner lieu à l'acquisition de la propriété tout entière, si le propriétaire le réclame.

En quelque lieu que soit situé un bâtiment, qu'il borde ou non la voie publique, le propriétaire qui veut démolir est tenu d'en prévenir le maire dix jours à l'avance, afin qu'il puisse en faire extraire, s'il y a lieu, le salpêtre

que peuvent contenir les matériaux; si le salpêtrier ne s'est pas présenté dans les dix jours
de la démolition commencée, le propriétaire
peut disposer à son gré des matériaux renfermant le salpêtre. (Lois du 13 fruct. an v, art.
2, et du 10 mars 1819, art. 6.)

Si le lieu dans lequel a été faite la démolition
est dans la circonscription d'une salpêtrière
nationale, les matériaux enlevés par le salpêtrier donnent droit au propriétaire à une indemnité en argent. Si l'immeuble est situé
en dehors de cette circonscription, le salpêtrier
n'est tenu à aucune indemnité pécuniaire;
mais, si le propriétaire l'exige, il doit rendre au
même lieu une même quantité de matériaux
que ceux qu'il a enlevés. (Frémy-Ligneville,
t. 2, n° 869. Loi du 13 fruct. an v, art. 3. Arrêt.
du 9 messidor an vi, art. 2; 29 messidor an vii,
29 nivôse an viii, et 13 vendémiaire an ix.)

DÉMONTAGE, *s. m.* — Action de démonter.

DÉMONTER, *v. a.* — Désassembler, séparer des pièces. Ce mot est surtout usité en
serrurerie.

DENSE, *adj.* — Il se dit d'un corps compacte, dont les parties sont serrées et le poids
considérable par rapport au volume.

DENSITÉ, *s. f.* — Qualité de ce qui est
dense; supériorité de poids sous un volume
égal; pesanteur spécifique des corps.

DENT, *s. f.* — Pointe ou saillie de métal

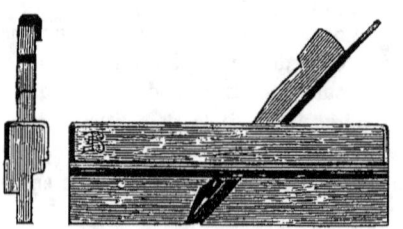

Fig. 1. — Dent de bouvet pour feuillure à verre (bois de fil).

ou de bois. Les dents d'une roue d'engrenage, d'allichons, d'une crémaillère, etc.

En menuiserie, on appelle *dent-de-bouvet*

un bouvet qui sert à traîner les feuillures du
verre. Il existe deux genres de dents-de-bou-

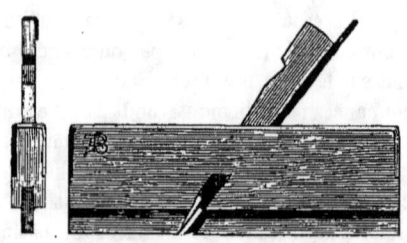

Fig. 2. — Dent de bouvet pour feuillure à verre (fil debout).

vet, celui à bois de fil (fig. 1), et celui à bois
debout (fig. 2).

DENT-DE-CHIEN, *s. m.* — Ciseau des
sculpteurs, dont l'extrémité est fendue en deux
parties; on nomme aussi ce ciseau *double-
pointe.*

DENTS-DE-LOUP. — Ornement de l'é-
poque romane, qu'on dénomme plutôt DENTS-
DE-SCIE. (Voy. ce mot.)

En serrurerie, c'est un petit crochet en fer
monté sur barre plate, droite ou en forme de
cercle, qui sert à accrocher la viande dans les
boucheries; c'est aussi un croc qui sert à retenir les châssis à tabatière; une espèce de
clavette simple courbée sur champ; enfin un
gros clou en forme de coin, employé pour arrêter les pieds des chevrons. Avant de ficher
les dents-de-loup dans les chevrons, on perce
leur trou à la tarière; sans cela, elles feraient
éclater le bois.

DENTS-DE-SCIE. — Ornement de l'architecture romane, très-fréquemment employé,

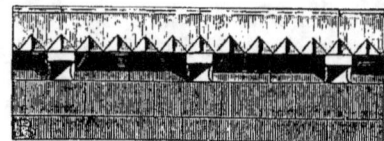

Fig. 1. — Corniche romane décorée de dents-de-scie
et de corbeaux.

surtout au xii⁰ siècle, et qu'on retrouve encore
pendant le premier tiers du xiii⁰ siècle. Cet
ornement, dont le nom indique suffisamment la

forme, se voit sur les corniches (fig. 1) et bandeaux (fig. 2), sur les archivoltes, et même sur

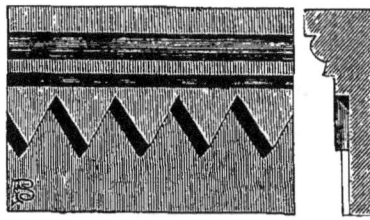

Fig. 2. — Dents-de-scie décorant un bandeau.

les tailloirs et sur les bases des colonnes. On le nomme quelquefois *dents-de-loup*. Les dents-

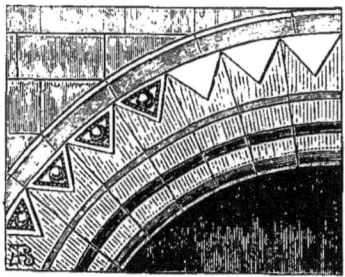

Fig. 3. — Dents-de-scie, unies et décorées, sur une archivolte.

de-scie peuvent être lisses ou décorées d'ornements, comme le montre notre figure 3.

DENTÉ, *part. passé.* — Garni de dents, ou de pointes uniformes placées à égale distance les unes des autres. On dit une *roue dentée*, un *pignon denté*. — En termes de blason, ce mot s'applique aux animaux qui montrent les dents.

DENTELÉ, ÉE, *adj.* — Taillé en forme de dents. L'extrémité inférieure des barreaux d'une grille est souvent dentelée pour le scellement : d'où l'expression *scellement dentelé*.

DENTELET, *s. m.* — Surface carrée sur laquelle on taille les Denticules. (Voy. ce mot.)

DENTELLE, *s. f.* — Ornement d'architecture taillé dans la pierre, qui est si fouillé et chargé de sculptures à jour, qu'on le nomme ainsi par comparaison.

DENTELURE, *s. f.* — Ouvrage de sculpture fait en forme de dents ; découpure circu-

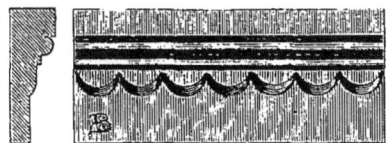

Fig. 1. — Dentelure décorant un bandeau.

laire qui orne les bandeaux, les corniches et les archivoltes, comme le montrent nos fi-

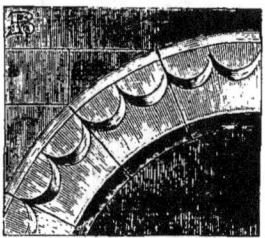

Fig. 2. — Dentelure décorant une archivolte.

gures. Cet ornement se retrouve assez fréquemment dans la décoration des archivoltes du XIIe siècle.

DENTICULES, *s. m. pl.* — Ornement d'architecture, espèce de petites pièces cubiques alignées les unes à côté des autres, et séparées par un vide égal à la moitié d'un denticule, et qui se nomme *métoche*. Les denticules sont variables dans leurs formes ; ils sont tantôt carrés, tantôt plus longs que larges ; leurs faces sont droites ou inclinées. Les den-

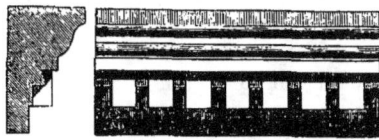

Fig. 1. — Denticules décorant un bandeau.

ticules décorent des bandeaux, des corniches, surtout des corniches ioniques, corinthiennes et composites. En usage de toute antiquité dans l'architecture grecque et dans l'architecture romaine, ainsi qu'aux époques romane et romano-ogivale, les denticules se rencontrent fréquemment sur les abaques, les bandeaux et les corniches, quelquefois par rangs superposés et disposés en échiquier. Cet ornement s'est totalement éclipsé pendant la période ogivale ; mais il a fait sa réapparition à la renaissance, et depuis il n'a pas cessé d'être employé par les architectes modernes.

Notre figure 2 montre un piédestal dont la corniche est décorée de denticules.

Vitruve prétend qu'à l'origine les denticules

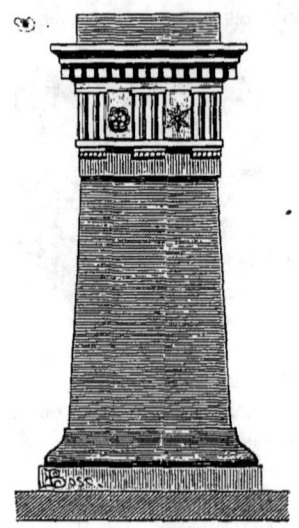

Fig. 2. — Piédestal décoré de denticules.

représentaient la saillie des chevrons du comble, et il n'admet pas qu'on les place au-dessous des modillons, qu'il regarde comme l'about des solives du plancher. Son observation peut avoir quelque fondement ; mais nous devons dire qu'avant et après cet architecte, dans des modèles remarquables d'architecture, les denticules durent être considérés plutôt comme un ornement taillé dans un gros filet, puisque dans ces monuments on les retrouve placés plus bas que les modillons.

DENTICULÉ, ÉE, *adj.* — Qui est garni de petites dents, de denticules. *Corniche denticulée.* — En termes de blason, un *écu denticulé* est un écu dont la bordure est formée de denticules.

DÉPAVAGE, *s. m.* — Démolition d'un pavement composé de pavés de grès, de porphyre, etc. — Cette opération se pratique au moyen de la pince du paveur.

DÉPAVER, *v. a.* — Démolir un pavement fait de pavés.

DÉPECÉ, ÉE, *part. pass.* — Ce mot s'applique à une tuile, à une ardoise échancrée.

DÉPECER, *v. a.* — En serrurerie, on dit que le fer ou l'acier se *dépècent,* quand, sous le choc du marteau, ils se séparent en morceaux, au lieu de se souder.

DÉPENDANCE, *s. m.* — Bâtiment secondaire d'une propriété principale.

DÉPOLIR, I, IE, *v. a.* — Détruire le poli d'une surface. — On dépolit le verre pour le rendre opaque ; on dépolit le marbre, quand on veut le repolir, etc. (Voy. l'art. suivant.)

DÉPOLISSAGE, *s. m.* — Opération qui a pour but d'ôter au verre sa transparence. On fixe le verre sur une table à l'aide du plâtre, puis on en frotte la surface libre avec un autre morceau de verre, avec une molette sous laquelle on introduit du grès pilé, ou de l'émeri, suivant qu'on a à dépolir un verre plus ou moins dur.

DÉPOSE, *s. f.* — Enlèvement d'un objet fixé soit par attache ou par assemblage, soit par scellement. On dépose des pièces de charpente, de menuiserie, de serrurerie ; on fait également la dépose des couvertures en zinc et en plomb.

DÉPOT DE MATÉRIAUX. — Amas de matériaux quelconques.

Jurisprudence. — D'après les ordonnances des 22 septembre 1600, 1697, 1769, 1776, du 28 janvier 1786, et l'arrêté du ministre de l'intérieur du 13 octobre 1810, il est défendu, sous peine d'amende, aux propriétaires et entrepreneurs de bâtiments en construction de laisser sur la voie publique aucun dépôt de matériaux. Si la voie publique était encombrée, celui auquel l'encombrement cause préjudice a la faculté de s'adresser à l'autorité locale pour demander la poursuite de la contravention, ou bien il peut lui-même poursuivre la répression au moyen d'une citation donnée directement à l'auteur du dépôt, et ce devant le tribunal de simple police. (*Code d'inst. crim.*, 144, 145, 167.)

Si la voie sur laquelle la contravention a été commise appartient à la petite voirie, l'amende varie de 1 à 5 fr. Si c'est une route nationale ou départementale, un port ou tout autre emplacement classé dans la grande voirie, l'amende est de 500 fr. (*Code pén.*, 471, n° 4. Ord. d'août 1681, liv. 4, tit. 7, art. 2. Ord. du 4 août 1731. J. P., *jur. adm.*, 1842, p. 253 ; 1848, p. 492.)

DÉPOUILLE, *s. f.* — En serrurerie, *limer en dépouille*, c'est chanfreiner légèrement une pièce, afin qu'elle porte parfaitement dans une entaille. — En termes de modeleur, ce mot exprime la dimension superflue destinée à compenser le retrait qu'un modèle en terre doit éprouver ; on dit aussi, dans ce sens, *déportement*.

DÉRASEMENT, *s. m.* — Recoupe des pierres sur leur hauteur, afin d'araser les assises ; d'où l'expression, *Taille d'*ARASEMENT. (Voy. ce mot.)

DÉROBEMENT, *s. m.* — Les tailleurs de pierre, qui reportent directement sur la pierre équarrie le tracé obtenu sur une épure, font un *tracé par dérobement*. Ainsi une voûte, un arc, dont les pierres ont été taillées sans *panneaux*, ont été tracés par *dérobement*.

DÉROCHAGE, *s. m.* — Nettoyage des surfaces métalliques destinées à être dorées. (Voy. DORURE.)

DÉROCHER, *v. a.* — Ce mot est synonyme de DÉCAPER. (Voy. ce mot.)

DÉROUILLER, *v. a.* — Enlever la rouille.

DÉSABOUTEMENT, *s. m.* — Joint d'assemblage formé par deux pièces se contrebutant directement et assemblées dans une même mortaise (fig. 1). Quand deux pièces

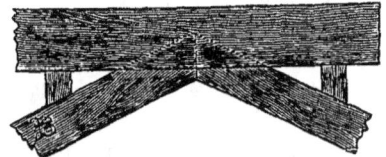

Fig. 1. — Désaboutement.

obliques se contre-butent dans un bossage ménagé dans une troisième pièce (fig. 2), ce dernier assemblage se nomme *désaboutement*

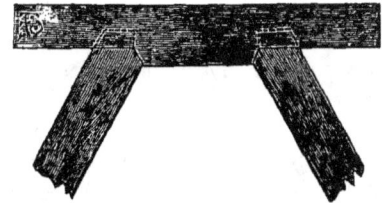

Fig. 2. — Désaboutement d'armature.

d'armature. Si les pièces obliques, au lieu de former un angle obtus, forment entre elles un angle aigu, l'assemblage se nomme DÉJOUTEMENT. (Voy. ce mot.)

DÉSAFFLEUREMENT, *s. m.* — Juxtaposition de deux corps telle que la face de l'un fasse une saillie sur l'autre : C'est le contraire d'AFFLEUREMENT. (Voy. ce mot.)

DÉSAFFLEURER, *v. a.* — Juxtaposer deux corps de telle sorte que la surface de l'un fasse saillie sur la surface de l'autre : c'est le contraire d'AFFLEURER. (Voy. ce mot.)

DÉSASSEMBLER, *v. a.* — Disjoindre, démonter un assemblage de charpente avec précaution, afin de ne rompre aucune des parties dont il se compose.

DESCELLER, *v. a.* — Enlever une pièce de bois, de fer, de bronze, de fonte, etc., scellée dans de la pierre ou dans de la maçonnerie.

DESCELLEMENT, *s. m.* — Action de desceller, d'ôter ce qui était scellé.

DESCENTE, *s. f.* — Voûte inclinée, voûte rampante, berceau rampant construit au-dessus d'un escalier, d'un escalier de cave, par exemple. On l'appelle *descente biaise,* quand les pieds-droits de l'entrée ne sont pas d'équerre avec le mur de face ; ce qui arrive quand l'axe de la descente est oblique par rapport à la direction des murs de départ ou d'arrivée. Dans une pareille construction, les angles aigus du mur ont à supporter une poussée considérable à cause des biais de la voûte et de son inclinaison à l'horizon ; aussi ces murs sont-ils généralement fort épais.

En plomberie, on appelle *tuyaux de descente,* ou simplement *descentes d'eaux,* des tuyaux verticaux placés le long des murs d'un bâtiment et servant à rejeter sur la voie publique ou dans les égouts les eaux pluviales ou ménagères. Ce système de conduite était connu et pratiqué dans l'antiquité ; il fut également employé, quoique rarement, pendant le moyen âge, mais son usage ne devint général qu'après la prohibition des gargouilles saillantes. Les tuyaux de descente sont en plomb, en fonte, en zinc et en fer-blanc, rarement en terre cuite, sauf dans les constructions rurales, parce que le moindre engorgement pendant les gelées de l'hiver les ferait rompre, la terre cuite ne pouvant résister à la force expansive de la glace. Les tuyaux en zinc et en fer-blanc ne sont employés que dans les constructions modestes, et encore ces descentes sont-elles terminées à 2 mètres au-dessus du sol par des tuyaux de fonte, car à cette hauteur les moindres chocs briseraient les tuyaux en poterie. Les tuyaux de plomb, sauf dans quelques cas exceptionnels, sont abandonnés, à cause de leur poids et surtout de leur prix de revient, depuis surtout qu'on peut obtenir la fonte à bas prix. — Les tuyaux de descente en fonte sont formés de bouts à tubulures, *mâle* et *femelle,* qu'on emboîte l'un dans l'autre ; ceux en plomb, en zinc, en fer-blanc sont formés de lames de métal soudées en tous sens. Quelle que soit la matière dont elles sont faites, les descentes sont fixées aux murs par des brides en fer scellées dans les murs, et placées au-dessous du *manchon* de chaque bout de tuyau, pour celles en fonte, ou d'un repos rapporté exprès et soudé, pour celles en zinc ou en fer-blanc. — On place la descente à l'extérieur des bâtiments, quelquefois au dedans, quand ils possèdent une cour ou un jardin ; mais on ne doit, sous aucun prétexte, les dissimuler en les noyant dans la maçonnerie. En effet, si une fuite vient à se déclarer, on ne la connaît que par la dégradation qu'elle a causée dans le mur. Les descentes, quelle que soit la place qu'on leur assigne, doivent toujours se prêter à une facile inspection ; il convient même de les isoler du parement des murs au moyen de colliers à tige, afin de faciliter leur inspection et d'éviter même la légère humidité que, par le contact, elles peuvent occasionner au mur sur leur parcours. — Comme les descentes des eaux pluviales déparent les façades des édifices et rompent même d'une manière désagréable les corniches et les bandeaux, on a dans ces derniers temps fabriqué des tuyaux ornés qui sont d'un effet moins disgracieux.

En charpenterie, on nomme *descente des bois* l'action de descendre les bois après leur dépose ; cette opération s'accomplit soit à la chèvre, soit à épaule d'homme.

DESCRIPTIF, *adj.* — Qui a pour but de décrire. Le *devis descriptif* d'un bâtiment a pour objet de décrire ce bâtiment. (Voy. DEVIS.)

DÉSINFECTION. — Voy. VENTILATION.

DESSÉCHEMENT, *s. m.* — Opération à l'aide de laquelle on enlève les eaux qui séjournent à la surface du sol (marais ou étang) en leur donnant un écoulement aérien ou souterrain. — On obtient ce résultat par des canaux et par le DRAINAGE. (Voy. ce mot.)

JURISPRUDENCE. — Un marais peut être desséché par une association syndicale, libre ou autorisée, entre les propriétaires intéressés. (Loi du 21 juin 1865, art. 1, § 3.) — A défaut d'une association, l'État peut, s'il le juge utile, ordonner le dessèchement, le faire par lui-même ou par des concessionnaires : dans ce dernier cas, la concession est donnée de préférence aux propriétaires du marais. (Loi du 16 sept. 1807, art. 2 et 3.) Avant de procéder au desséchement, on fait la classification et l'estimation des terrains. Le desséchement terminé, les propriétaires des terrains desséchés sont redevables envers ceux qui ont fait le desséchement d'une portion de la plus-value obtenue ; mais ils sont libres de se libérer en abandonnant une partie de leur fonds ou en payant une redevance annuelle, qui ne peut excéder 4 p. 100. (Loi du 16 sept. 1807, art. 20 à 23.) — Pendant le cours des travaux, les canaux, fossés, rigoles, ètc., sont entretenus aux frais des entrepreneurs, qui sont en outre chargés de leur garde ; une fois les travaux reçus, les travaux de conservation, les réparations et tous les dommages sont poursuivis par voie administrative, devant les conseils de préfecture, comme pour les travaux de grande voirie. (Loi du 16 sept. 1807, art. 27.) L'administration ne peut accorder à des tiers aucun droit sur un canal de desséchement construit de main d'homme, parce qu'il constitue une propriété privée ; elle ne peut non plus ordonner qu'il sera sursis à la destruction d'un barrage établi par un tiers ; enfin elle ne peut permettre à un tiers l'établissement d'un barrage.

Les canaux de desséchement faits par des particuliers sans la participation de l'autorité administrative sont des œuvres privées, et, en cas de contestation à l'occasion de ces travaux, les tribunaux sont seuls compétents pour statuer. (J. P., *jur. adm.*, 1842, p. 408.)

DESSIN, *s. m.* — Art de représenter les objets à l'aide de moyens graphiques. Il existe plusieurs genres de dessin, car on peut dessiner *à la plume*, aux *crayons* de diverses couleurs et aux *pinceaux*.

Le *dessin au trait* est celui qui ne donne que les contours d'un objet ; le *dessin ombré* est celui dans lequel les ombres sont représentées par un moyen quelconque, hachures, points, lavis, couleurs, poudres de couleur ; enfin il existe deux types de dessin, le dessin linéaire, graphique ou géométral, et le dessin d'imitation : le premier donne en projection géométrale l'objet tel qu'il est, sauf à le représenter à une échelle réduite, le second le donne tel qu'il paraît aux yeux. C'est surtout le dessin géométral que les architectes emploient pour représenter leurs œuvres en plan, coupe et élévation ; mais pour les décorations ils font également du dessin d'imitation, soit à l'encre de Chine, soit à l'aquarelle. Nos lecteurs comprennent, assez pour qu'il ne soit pas nécessaire de les expliquer, les expressions suivantes : dessin à *l'estompe*, à *l'aquarelle*, à la *sanguine*, dessin de *tête*, de *figure*, d'*ornement*, etc.

DESSOUS, *s. m.* — Planchers placés au-dessous de la scène d'un théâtre, et sur lesquels descendent et reposent les décors. Il y a plusieurs étages de dessous ; d'où les expressions, *premier*, *deuxième* et *troisième dessous*.

DESSUS DE PORTE, *s. m.* — Décoration placée en dessus d'un chambranle de porte.

DÉTAIL, *s. m.* — Exposé détaillé d'un travail exécuté. — Au pluriel, ce terme signifie portion d'un ensemble d'architecture. L'architecte donne à l'entrepreneur *des détails de construction*, c'est-à-dire des parties dessinées à plus grande échelle, quelquefois grandeur d'exécution ; d'où l'expression, *détails* grandeur d'exécution.

SOUS-DÉTAIL. — Nomenclature détaillée des dépenses faites pour exécuter un ouvrage. Les sous-détails permettent de se rendre compte du véritable prix de revient d'un ouvrage.

DÉTENTE, *s. f.* — Cale en forme de coin servant à affermir les étais. (Voy. CALE.)

En serrurerie, c'est une pièce de façon qui sert à retenir un mécanisme, une fermeture ; à l'aide de la détente, on peut faire mouvoir à volonté un mécanisme.

DÉTENTION (MAISON DE). — Voy. PRISON.

DÉTREMPE, *s. f.* — La peinture en détrempe, qu'on appelle aussi *peinture à la colle*, se fait avec des couleurs broyées à l'eau et détrempées dans la colle de Flandre ou de peaux, ou autres substances gélatineuses qui la rendent adhérente aux surfaces sur lesquelles on l'applique.

Pour se servir des colles, on les délaie à l'eau chaude et on détrempe la couleur, de manière à ce qu'elle *file* au pinceau. L'eau collée doit être employée dans une certaine proportion avec la couleur, parce qu'un excès de colle fonce la couleur et fait écailler la peinture ; si au contraire le mélange n'est pas assez chargé en colle, la peinture ne tient pas.

On emploie la peinture à la colle à une chaleur modérée, car trop chaude elle ne couvrirait pas les surfaces, et froide elle ne prendrait pas également. Quand on donne plusieurs couches, la première peut être plus chargée en colle que les autres, mais on doit avoir soin de n'appliquer la deuxième couche qu'autant que la première est bien sèche. Le blanc de craie forme la base de la peinture à la colle ; on ajoute à celui-ci les matières colorantes pour obtenir les tons qu'on désire. On n'utilise guère la peinture à la détrempe que pour les plafonds, les corniches, et pour les parties de murs situées au-dessus de la portée de l'homme, car les soubassements, stylobates, plinthes, menuiseries, etc., doivent être peints à l'huile. On ne peint plus guère à la détrempe les papiers et les bois, comme on le faisait autrefois.

On distingue plusieurs genres de peinture à la détrempe : la détrempe commune, le blanc mat et la détrempe vernie ; mais quel que soit le genre de détrempe employé, pour faire un bon travail, il faut que les fonds soient grattés à vif et ne soient imprégnés d'aucun corps gras. Il faut ensuite donner un encollage de blanc d'Espagne (*molleton*), reboucher au mastic, donner une deuxième couche d'encollage, poncer, passer la peau de chien ou le papier de verre, donner un blanc d'apprêt, enfin donner les couches de teinte. — Pour la détrempe faite au vernis, on emploie des blancs de céruse ou toute autre couleur broyée à l'essence.

Les couleurs de la détrempe sont vives et ne sont pas sujettes à changer ; leur éclat est d'autant plus vif qu'elles sont exposées à une plus grande lumière.

Il est probable que ce genre de peinture est le premier qui ait été employé ; au reste, toutes les peintures antiques qui sont parvenues jusqu'à nous sont de cette nature. Souvent elles ont été appliquées à fresque sur des enduits faits récemment. Quand on voulait leur donner plus de solidité, on les imprégnait de cire blanche fondue dans une petite proportion d'huile. Jusqu'au milieu du moyen âge, ce genre de peinture resta tel qu'il était dans l'antiquité et fut presque le seul employé. La peinture en détrempe se conserve très-longtemps, pourvu toutefois qu'elle se trouve à l'abri des intempéries de l'air. (Voy. ENCAUSTIQUE.)

DÉTREMPER, *v. a.* — Délayer une couleur dans la colle chaude, dans l'huile ou dans l'essence, suivant qu'elle a été broyée à l'eau ou à l'huile. Le liquide obtenu s'applique avec une BROSSE (Voy. ce mot) sur les surfaces à couvrir. —On *détrempe la chaux* en la délayant avec de l'eau, à l'aide d'un *rabot* ou *broyon*, dans un petit bassin d'où on la dirige dans une fosse en terre, afin de la conserver sous une couche de sable.

DEVANTURE, *s. f.* — Face d'un appui, d'une mangeoire d'écurie, d'un siége d'aisances.

DEVANTURE DE BOUTIQUE. — Revêtement, ordinairement en bois, qui forme saillie au devant d'une boutique, et sert à l'éclairer et à la clore. Anciennement, les ouvertures de boutiques ne s'élevaient pas au-dessus du rez-de-chaussée, de sorte qu'elles étaient fort basses ; aujourd'hui elles embrassent souvent le rez-de-chaussée et l'entre-sol, ce qui permet à l'architecte de leur donner de plus belles proportions.

JURISPRUDENCE. — L'établissement des devantures de boutiques est soumis dans Paris à des ordonnances de police dont nous donnons ci-après le texte.

Ordonnance du 24 déc. 1823, titre 3, section 15, art. 24. — Les devantures de boutiques, montres, bustes, reliefs, tableaux, enseignes et attributs fixes, dont la saillie excède celle qui est permise par l'article 3 de la présente ordonnance, seront réduits à cette saillie ($0^m,16$, toute espèce d'ornements compris), lorsqu'il y sera fait quelques réparations.

Dans aucun cas, les objets ci-dessus désignés qui sont susceptibles d'être réduits ne pourront subsister, savoir : les devantures de boutiques au delà de neuf années, et les autres objets au delà de trois années, à compter de la publication de la présente ordonnance.

SOLUTIONS DE DIVERSES QUESTIONS DE PETITE VOIRIE RÉSULTANT D'UNE DÉCISION DU PRÉFET DE POLICE EN DATE DU 15 FÉVRIER 1850.

Devantures de boutiques. — 1° La hauteur maximum des devantures de boutiques est fixée à cinq mètres.

2° Cette hauteur ne pourra être dépassée que dans des cas exceptionnels, et en vertu d'une autorisation spéciale délivrée par le préfet de police.

3° Il est dû un droit distinct pour les devantures, non compris le socle et la corniche.

4° Les devantures peuvent embrasser, sans donner lieu à augmentation de droit, soit une porte d'allée, soit une porte charretière.

5° Les changements intérieurs qui ont pour effet d'augmenter le nombre des boutiques ne donnent pas lieu à la perception de droits de devantures.

6° Lorsqu'il sera fait des réparations aux devantures de boutiques, il ne sera perçu que le droit fixé par le tarif pour les objets auxquels correspondront les parties séparées, d'après l'avis de l'architecte commissaire de la petite voirie.

DÉVELOPPABLE, *adj.* — Qui peut être développé. *Surface développable,* surface courbe que l'on conçoit comme se développant en totalité sur un plan.

DÉVELOPPEMENT, *s. m.* — Extension sur une surface plane des surfaces qui enveloppent un claveau, un voussoir, une vis de Saint-Gilles, etc. — La voûte étant un demi-cylindre, on peut donc considérer la douelle comme une surface engendrée par une ligne droite qui se meut parallèlement à l'axe de la voûte, en s'appuyant sur un arc courbe. — C'est à l'aide de la géométrie descriptive qu'on peut exécuter des développements et dessiner des épures qui représentent en plan la coupe des pierres sur leurs différentes faces.

DÉVERS, *s. m.* — Inclinaison donnée à dessein à une construction. Ce mot s'emploie en parlant de tout corps, de tout objet qui pen-

che à droite ou à gauche, qui n'est pas d'aplomb; ainsi on dit qu'un mur, qu'une tour ont du *dévers.*

En charpenterie, ce terme s'applique à une pièce de bois qui n'est pas droite par rapport à ses angles et à ses côtés. Une pièce de bois est encore dite de *dévers,* quand elle est placée sur chantier sur sa largeur, que la pièce soit horizontale ou verticale, peu importe. — On nomme *plumée de dévers,* la place où une pièce de bois a été *dégauchie.* On dresse cette plumée à la bisaiguë. On dit aussi *marquer* ou *piquer* une pièce de bois suivant son *dévers,* c'est-à-dire suivant son gauchissement.

En couverture, le dévers est une pente en plâtre faite sous la tuile ou sous l'ardoise des solives et des *ruellées,* et qui sert à rejeter l'eau sur le toit.

Dans les grosses forges, le dévers est un outil en forme de crochet dont les ouvriers se servent pour manier les lourdes pièces de fer.

DÉVERS, ERSE, *adj.* — Qui n'est pas d'aplomb, qui n'est pas droit; ainsi on dit ce mur est *dévers.*

DÉVERSEMENT, *s. m.* — Action de s'incliner, de pencher de côté, de déverser.

DÉVERSER, *v. a., v. n.* — Courber, incliner une pièce de bois. — Pencher, s'incliner, devenir courbe : ainsi on dit, *des murs qui déversent.*

DÉVERSER (SE), *v. pron.* — Passer d'un lieu dans un autre : par exemple, les eaux du premier bassin se déversent dans le second, après s'être clarifiées.

DÉVERSOIR, *s. m.* — Espèce de barrage dans un cours d'eau, qui laisse déverser au-dessus de lui une certaine quantité d'eau.

Dans les ponts et chaussées, c'est un rang de gros pavés posé diagonalement sur l'accotement d'une route ayant une forte pente, et qui sert à renvoyer les eaux dans un fossé.

DÉVÊTIR, *v. a.* — Déposer, ou désassembler des bois sur le chantier.

DÉVIRURE ou **DÉRIVURE**, *s. f.* — Coupe de l'ardoise et listel en plâtre placé sur le mur pignon à l'extrémité d'un comble isolé. Dans les combles couverts en tuile, c'est ce qu'on nomme *ruellée*. — On donne encore ce nom à toute coupe longitudinale de l'ardoise, comme celles que l'on pratique le long d'un châssis à tabatière, ou d'une table de plomb, etc.

DEVIS, *s. m.* — Description, ou état détaillé des travaux et des dépenses présumées pour l'exécution d'un bâtiment. Un devis se divise en deux parties : le *devis descriptif*, qui comprend l'exposé des ouvrages, la forme, la dimension et les qualités des matériaux, leur mode d'emploi ; et le *devis estimatif*, qui donne l'évaluation de la dépense que pourra occasionner chaque espèce d'ouvrages. Le devis servant de base aux marchés que l'on passe avec les entrepreneurs, on ne saurait apporter trop de soin à sa rédaction. Un devis bien fait est une véritable instruction à laquelle les entrepreneurs et les ouvriers doivent se conformer strictement. Aussi est-il nécessaire, avant de le dresser, d'arrêter par des dessins exacts la forme et les proportions de toutes les parties de l'ouvrage qu'il s'agit de construire, afin de fixer invariablement ce qui doit être exécuté. Les dessins étant bien arrêtés, on commence le devis par une description sommaire de l'édifice projeté, dont on décrira les formes générales et les principales dimensions. On dressera ensuite un état particulier pour chaque nature d'ouvrages, en suivant l'ordre de leur exécution.

Si l'édifice exige des fondations, on expliquera la manière dont elles seront faites, ainsi que les précautions à prendre pour reconnaître le sol sur lequel elles doivent être fondées.

Si l'édifice doit avoir ses fondations dans l'eau ou dans un sol marécageux, on indiquera les moyens de faire les épuisements, soit avec de fortes pompes, soit avec des vis d'Archimède, etc. On devra indiquer aussi s'il faut battre des pieux, et jusqu'à quelle profondeur on doit les enfoncer ; s'ils doivent porter des grils en charpente, des plates-formes ; s'il faut pratiquer des encaissements.

On passera ensuite à la description des ouvrages à ériger au-dessus des fondements, en détaillant chaque nature d'ouvrages, comme les murs, colonnes, pieds-droits, voûtes, planchers, cloisons, cheminées, etc. Puis on décrira, dans des articles spéciaux, la maçonnerie, la charpente, la couverture, la plomberie, la serrurerie, la menuiserie, la sculpture, la vitrerie, la marbrerie, la peinture, le pavage, etc.

Pour la partie de la maçonnerie, on indiquera la nature des pierres, moellons, plâtre, mortier, et comment ces matériaux seront façonnés, employés et évalués.

Pour la charpente, on spécifiera la nature des bois, leurs dimensions, la manière dont ils seront combinés et assemblés pour former les combles, les planchers, cloisons et autres ouvrages.

Pour la menuiserie, on désignera les qualités de bois (chêne ou sapin), pour les lambris, portes et croisées, dont on fixera la forme et les dimensions par des dessins d'après lesquels on arrêtera leur valeur au mètre carré, afin d'éviter des contestations ultérieures.

Pour la serrurerie, on distinguera les ouvrages en gros fer, tels que les fers à T, les tirants, les ancres, harpons, étriers, de ceux qui exigent plus de travail et de soins, tels que rampes d'escaliers, balcons, grilles de fer, etc.; enfin, les menus ouvrages dits quincaillerie, tels que paumelles, pentures, gonds, ferrures, espagnolettes, crémones, fiches à vases, loqueteaux, serrures, verrous, etc.

Il est d'usage d'évaluer les gros fers au kilogramme.

Du reste, dans toutes les appréciations on fera bien de faire le détail et le sous-détail, pour arriver à établir des chiffres plus exacts.

Pour la couverture, on désignera la forme des combles ; on énoncera s'ils seront couverts en tuiles, en ardoises, en zinc, ainsi que certaines parties, les terrassons, par exemple, qui seront couverts en plomb. Il faudra également dire comment seront construits les faîtages, les noues, les gouttières, chéneaux, lucarnes, etc.

On fera de même pour les autres travaux, tels que la vitrerie, la peinture, la plomberie.

On s'attachera surtout à prévenir les abus

et les irrégularités qui pourraient se produire de la part des entrepreneurs et des ouvriers, afin que les travaux s'exécutent avec toute la perfection et l'économie possible.

Après avoir ainsi développé tout ce qui est relatif aux travaux de construction, on aura soin de spécifier la manière dont se fera la vérification, le règlement et la réception des travaux. Il ne faudra pas oublier de relater les époques de paiements, en ayant soin, ainsi qu'il est d'usage, de stipuler qu'un cinquième du prix total ne sera compté qu'après la réception, ce solde devant servir à garantir la bonne exécution des travaux jusqu'à leur complet achèvement. Enfin toutes les parties d'ouvrages qui ne seraient pas susceptibles de vérification ne doivent être payées que sur des attachements certifiés par l'architecte.

S'il se trouve un vieux bâtiment à démolir, dont les matériaux puissent servir à la construction du nouvel édifice, il faudra indiquer les précautions nécessaires pour empêcher la détérioration des matériaux utiles.

Ceux-ci devront être rangés par catégories, afin de pouvoir être repris en compte par l'entrepreneur, ou lui être confiés pour être de nouveau mis en œuvre en justifiant de leur emploi.

Les devis doivent être signés par les entrepreneurs, le propriétaire et l'architecte; ils doivent être annexés aux CAHIERS DES CHARGES. (Voy. ce mot.)

DÉVOIEMENT, *s. m.* — Inclinaison d'un tuyau de cheminée, d'un tuyau de descente ou d'une chausse d'aisances. — Le dévoiement des tuyaux est souvent indispensable; ainsi pour faire passer les conduites de la fumée sur le comble à la distance réglementaire du mur de face, on est obligé de les dévoyer. On est obligé de pratiquer la même opération dans les maisons à plusieurs étages, où les cheminées adossées contre un mur unique se trouvent dans le même aplomb : on procède alors comme l'indique notre figure. Au reste, on fabrique aujourd'hui des *boisseaux Gourlier* et des conduits, appelés *wagons* et *wagonnets*, qui, étant de forme oblique, se dévoient d'eux-mêmes par leur simple superposition.

Ce terme s'applique également à un défaut de symétrie par rapport à l'axe d'une construction.

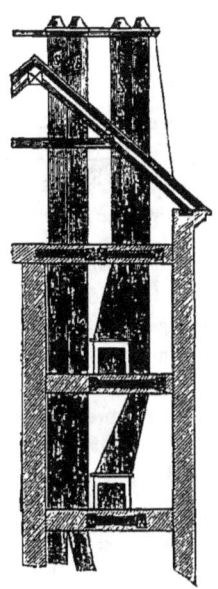

Dévoiement des cheminées;
f, f, foyer; *t, t*, tuyaux de fumée; *s, s*, souches des cheminées.

DÉVOYER, *v. a.* — Détourner de son aplomb. Dévoyer un tuyau de cheminée, une chausse d'aisances, etc. (Voy. DÉVOIEMENT.)

DEZ. — Voy. DÉ.

DIABLE, *s. m.* — Petit chariot à deux roues basses formé d'un simple plateau, et muni d'un brancard portant une traverse qui sert à le conduire (fig. 1). Le diable sert au

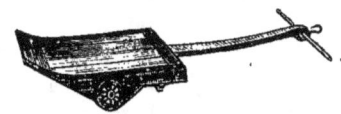

Fig. 1. — Diable.

bardage des pierres de taille, lorsqu'elles sont trop pesantes pour être portées par la civière, mais seulement lorsque le parcours à suivre est peu étendu et que le sol se prête à une traction facile. Pour mettre le diable en mouvement, un homme s'attelle au brancard, tandis que deux autres poussent le diable par derrière ; souvent la flèche porte à son extrémité un crochet qui permet au besoin d'y atteler un cheval. — C'est aussi un petit *fardier*, qui sert au transport des bois de charpente

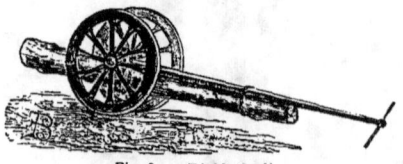

Fig. 2. — Diable-fardier.

trop lourd pour être *coltinés*, c'est-à-dire portés sur l'épaule. Ce fardier (fig. 2) se compose de deux grandes roues montées sur un essieu, auquel est fixé une flèche ou timon.

DIABLE. — Mythe représentant l'esprit du mal. La première représentation du diable figure dans une Bible latine de la fin du IXe siècle, ou même du commencement du Xe ; cette Bible est à la bibliothèque nationale de Paris. Le diable y est représenté nimbé avec des ailes et des pieds aux ongles crochus. Ce n'est qu'au XIe et au XIIe siècle que les sculpteurs le représentent dans les églises sur des chapiteaux, des tympans, des archivoltes. Il est naturellement fort laid, et souvent son corps se termine en queue de serpent ou de dragon. Au XIIIe siècle, le diable n'est plus aussi hideux, il n'a plus cet air farouche ni cette large bouche qui vomit des flammes, il devient bon diable, et sa physionomie ne reflète que l'astuce et l'ironie. A Notre-Dame de Paris, dans la décoration des voussures de la porte centrale, on voit un diable couronné, gras et jouflu, avec de fortes mamelles, qui vous inspire non la peur mais l'envie de rire. C'est, du reste, ce dernier type de diable, plus laid que terrible, qui figure encore sur les monuments du XVe siècle, car à partir du XVIe siècle il disparaît totalement de la sculpture décorative.

DIABLE (Tables, Pierres du). — Voy. CELTIQUES (*Monuments*).

DIAGONALE, *adj.* — Qui va d'un angle à un autre dans une figure rectiligne. Pris substantivement, ce mot désigne une ligne droite qui dans une figure quelconque va d'un angle à un autre angle non adjacent.

DIAMANT, *s. m.* — Outil du vitrier qui lui sert à couper le verre et les glaces de peu d'épaisseur. C'est un diamant fin monté sur un manche. (Voy. notre fig.) Les glaces épaisses sont coupées avec un fort diamant monté sur un affût ; c'est une espèce de rabot.

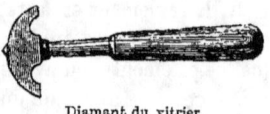

Diamant du vitrier.

DIAMANTS. — Ornement de l'époque romane, en forme de pyramide quadrangulaire, qui ressemble à la taille de certains diamants à quatre pans ; il ressemble aussi à la tête d'un gros clou, ce qui lui a fait donner quelquefois le

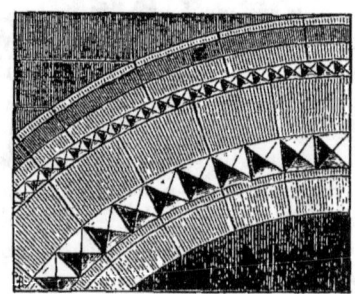

Pointes de diamant décorant une archivolte.

nom de *tête de clou*. — Les pointes de diamant sont un des ornements les plus répandus de l'architecture romane, principalement dans le nord, le centre et l'ouest de la France, et sur les bords du Rhin. On les rencontre sur les corniches, les archivoltes (Voy. notre fig.), les bandeaux et les moulures plates. Cet ornement a persisté dans l'architecture de transition du roman à l'ogival.

On a également décoré les bossages de pointes de diamant. (Voy. BOSSAGE, fig. 3, 4, 5 et 10.)

DIAMÈTRE, *s. m.* — Ligne droite qui, passant par le centre d'un cercle, va se terminer à la circonférence. Une colonne diminuée a de nombreux diamètres ; les trois principaux sont : celui qui porte sur la base ; le *diamètre de renflement*, situé au tiers inférieur de la colonne; et le *diamètre de diminution*, celui situé à l'extrémité supérieure du fût.

DIAMICTON (διὰ μιϰτῶν). — Terme de construction romaine. C'était un massif de maçonnerie régulière ou de briquetage, dont le centre était en blocage ou en moellonnaille. (Pline, *Hist. nat.*, XXXVI, 51.)

DIASTYLE, s. m. — Entre-colonnement de trois diamètres, c'est-à-dire que l'espace entre deux colonnes était égal à trois fois le diamètre d'une colonne. C'est l'entre-colonnement extrême capable de supporter une architrave de pierre ou de marbre; l'ordre toscan, qui permettait quelquefois quatre diamètres, n'admettait qu'une architrave de bois. (Vitruve, III, 2.) (Voy. ENTRE-COLONNEMENT.)

DIATONOUS (διατονους). — Parpaings, appareil antique employé dans la construction des murs du genre dit *emplecton*. (Voy. APPAREIL, fig. 8.)

DIGUE, s. f. — Espèce de rempart que l'on élève pour contenir les eaux et s'opposer à leur envahissement. On élève des digues en terre, en bois, en béton, en maçonnerie, soit aux bords des étangs, des marais, des fleuves, soit aux bords de la mer. (Voy. JETÉE et LEVÉE.)

On nomme encore les digues, *chaussées*.

JURISPRUDENCE. — Les digues et *francs-bords* sont naturels ou artificiels. Dans le premier cas, ils sont, comme les autres dépendances d'un canal, susceptibles de propriété privée et de prescription, sauf réserve des servitudes. Quand ils sont artificiels, ces digues et francs-bords appartiennent, comme le cours d'eau lui-même, au domaine de l'État et sont par conséquent imprescriptibles. (J. P., *jur. adm.*, 1850, p. 525. Cass., 30 mars 1840. J. P., 1840. Daviel, *Cours d'eau*, t. 1, n°s 182 et 183. Dufour, t. 4, p. 318.) — Les droits des riverains sur les digues, leur construction, leur destruction et leurs servitudes sont soumis à des lois et des ordonnances trop nombreuses pour que nous puissions les citer ici; nous renverrons donc le lecteur aux ouvrages spéciaux.

DIHL (MASTIC DE). — Voy. MASTIC.

DILATATION, s. f. — Augmentation dans tous les sens qu'éprouvent les corps soumis à l'action de la chaleur. Tous les corps sont susceptibles de retrait ou de dilatation, selon qu'ils se trouvent soumis à l'action du froid ou de la chaleur. Les métaux sont surtout sensibles à ces influences, et c'est même là un de leurs caractères distinctifs. La dilatation étant peu appréciable dans les autres matériaux, nous nous occuperons plus spécialement de la dilatation des métaux, lesquels diffèrent assez sensiblement les uns des autres sous ce rapport, comme on peut le voir par le tableau suivant :

COEFFICIENTS DE DILATATION LINÉAIRE.

Substances.	Dilatation.	Substances.	Dilatation.
Zinc	0,000030	Ciment romain	0,000014
Plomb	0,000029	Gypse	0,000014
Étain	0,000022	Charbon de bois	0,000011
Cuivre jaune	0,000019	Verre	0,000009
Cuivre rouge	0,000017	Granit	0,000008
Fil de fer	0,000014	Pierre calcaire à bâtir.	0,000005
Fer	0,000012	Terre cuite	0,000005
Fonte	0,000011	Bois de sapin	0,000005
Acier	0,000011		
Platine	0,000085		

On comprendra que pour éviter des désordres dans les constructions, il faudra laisser aux métaux qui entrent dans la construction un jeu en rapport avec les valeurs relatives qui précèdent : c'est ce qu'on nomme *ouvrer à dilatation libre*. (Voy. l'art. suivant.)

DILATATION LIBRE. — On doit toujours, dans les constructions en métal, tenir compte

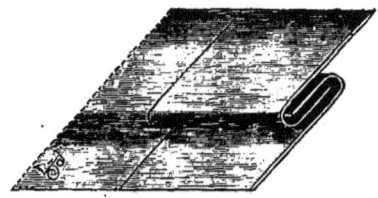

Dilatation libre du zinc.

de la dilatation comme du retrait, sous peine de s'exposer à de graves mécomptes, dans la construction des couvertures notamment, dans la pose des tuyaux de fer, de fonte pour les des-

centes, et surtout pour les conduites de chaleur, de vapeur, etc. Notre figure fait voir
comment on laisse à la dilatation du zinc employé en couvertures toute sa liberté. Au mot
Dôme, nous donnons un exemple de dilatation
du plomb dans des couvertures courbes. En
thèse générale, dans les couvertures métalliques, on devra s'abstenir de souder les feuilles
ou tables de métal, toutes les fois qu'on pourra
s'en dispenser. (Voy. Dôme.)

DIMENSION, *s. f.* — Étendue des corps
qui ont trois dimensions, *hauteur, largeur,
épaisseur.*

DIMINUTION, *s. f.* — Rétrécissement
dans le fût d'une colonne à partir du tiers inférieur de sa hauteur. (Voy. Galbe.)

DIOPTIQUE (Papier). — Papier transparent qui sert à calquer. C'est un nom nouveau donné au papier à calquer; cette appel-
lation vient du grec διὰ, à travers, et ὄπτομαι,
voir. On dit aussi *dioptrique.*

DIOPTRE, *s. f.* — Terme d'arpentage.
Quart de cercle, instrument armé de pinnules,
à travers lesquelles on regarde les objets, pour
mener les angles. Cet instrument était connu
dans l'antiquité, puisque Vitruve (VIII, 5, 1)
nous apprend qu'il servait à mesurer la hauteur d'objets éloignés, et à prendre les niveaux
d'une source pour tracer le parcours des aqueducs.

DIPHTHÈRE, *s. f.* — Terme d'antiquités.
Nom donné aux peaux d'animaux préparées
de façon à pouvoir écrire dessus.

DIPLOME, *s. m.* — Acte émané d'une
université, d'une faculté, d'une académie, qui
confère un grade, dans un corps savant, ou
qui accorde à quelqu'un un droit ou un privilége. Nous ne nous occuperons ici que du
diplôme de l'architecte. — La question de
savoir s'il convient ou non de conférer un diplôme à l'architecte a été très-étudiée et très-
controversée, mais elle n'a jamais été résolue.
En effet, cette question est des plus complexes,

parce que l'étude de l'architecture comporte
une partie scientifique et une partie artistique;
de sorte qu'on peut bien délivrer un diplôme
pour la première, mais non pour la seconde.
Nous pensons donc que le mieux est pour
l'architecte de rester dans le *stata quo*, par la
raison que le jour où un diplôme d'architecte
serait créé pour la partie scientifique, l'architecte ne serait plus considéré comme un artiste. Les peintres, les sculpteurs et les musi-
ciens n'ont pas besoin de diplôme pour prouver
leur valeur; de même les véritables architectes
seront toujours mis en évidence par leurs travaux. Le jour où un diplôme serait créé pour
la partie technique et scientifique, les simples
constructeurs pourraient obtenir le diplôme, et
l'on voit tout de suite la déplorable confusion
que cela pourrait amener; aussi ne craignons-
nous pas de conclure que le diplôme se re-
tournerait contre les vrais architectes, plutôt
qu'il ne leur serait utile. Ce qui prouve en
faveur de la thèse que nous soutenons, c'est
que la question a été étudiée depuis fort longtemps par des hommes compétents, qui n'ont
jamais pu parvenir à faire adopter l'usage du
diplôme pour l'architecte.

DIPTÈRE, *s. m.* (δὶς, deux, et πτερὸν, aile).
— Temple entouré de deux rangs de colonnes
qui formaient une espèce de portique appelé
aile. (Vitruve, VIII, 2.) (Voy. Temple.)

DIPTÉRIQUE, *adj.* — Qui a rapport au
diptère. On dit qu'un temple est bâti sur un
plan diptérique.

DIPTYQUES, *s. m. pl.* — Terme d'antiquités. Tablettes réunies par une ou plusieurs
charnières.

DIPYLE, *adj.* (δὶς, deux, πύλη, porte). —
Édifice dipyle, arc de triomphe dipyle, c'est-à-
dire percé de deux portes sur la même face.

DIRECTION DES TRAVAUX. — La
direction des travaux d'architecture porte sur
leur ensemble théorique et pratique et relève immédiatement de l'architecte ou de
l'inspecteur qui le remplace. Elle diffère de la

conduite, qui est la direction purement pratique, pour ainsi dire, et qui est confiée aux conducteurs des travaux, sous la haute direction de l'architecte.

DIRECTRICE, *s. f.* — Terme de géométrie. La surface extérieure des corps réguliers (cylindres, cônes, etc.) peut être considérée comme engendrée par une ligne se mouvant suivant certaines conditions et glissant sur d'autres lignes, nommées *directrices*.

DISPOSITION, *s. f.* — Arrangement des parties d'une construction par rapport à l'ensemble. On dit aussi DISTRIBUTION. (Voy. ce mot.)

DISTRIBUER, *v. a.* — Diviser l'intérieur d'un bâtiment en divers locaux conformément à leur destination. Cette division s'obtient au moyen de murs et de cloisons. (Voy. l'art. suivant.)

DISTRIBUTION, *s. f.* — Division et ordonnance des pièces qui forment l'intérieur d'un édifice. La distribution est une des parties les plus importantes de l'architecture civile, de cet art qui vise surtout à rendre les habitations saines, commodes et agréables. Une bonne distribution agrandit, pour ainsi dire, l'espace qu'occupe un bâtiment, augmente les jouissances de ceux qui l'habitent et en rend la location plus facile et plus fructueuse.

Le parti de la distribution des appartements chez les anciens nous est presque inconnu, les habitations particulières n'étant jamais de nature à survivre aux bouleversements et aux révolutions qui détruisent les villes. Sans l'exhumation des villes ensevelies par le Vésuve, Herculanum et surtout Pompéi, nous en serions réduits aux descriptions toujours obscures et problématiques de quelques écrivains de l'antiquité. Au reste, l'art de distribuer les édifices est tout à fait moderne. C'est à Paris, à Londres, à Vienne, et dans quelques grandes villes de province que cet art a été poussé le plus loin pour la commodité et le confortable de l'existence. Nous devons

ajouter cependant que la distribution est subordonnée aux goûts et aux mœurs d'un pays, attendu que ce qui est accepté dans une contrée ne saurait toujours convenir ailleurs.

Il est difficile de prescrire des règles, ou même d'énoncer des principes généraux sur la distribution, car non-seulement les mœurs d'un pays ont une influence sur cette partie de la construction, mais souvent l'architecte est obligé de subordonner ses plans aux exigences et aux vues particulières de celui qui fait bâtir. Indépendamment de cette condescendance pour les idées ou les fantaisies des particuliers, il existe, dans les édifices consacrés aux services publics, des données locales auxquelles l'architecte est obligé de se conformer. (Voy. MAISON.)

DISTRIBUTION D'EAU, DE GAZ. — Voy. EAU et GAZ.

DISTRIGLYPHE. — Voy. DITRIGLYPHE.

DISTYLE, *s. m.* — A deux colonnes de front. *Porte distyle, porche distyle,* etc.

DITRIGLYPHE, *s. m.* — Espace compris entre deux triglyphes.

DIVISEUR (APPAREIL). — Système de vidanges, qui opère la séparation des matières solides d'avec les liquides au moyen de deux cylindres de tôle, dont l'un, celui de l'intérieur, est perforé et remplit l'office de filtre.

DOCK, *s. m.* — Mot anglais passé dans notre langue, et qui est synonyme d'*entrepôt.* Les docks sont de vastes bassins entourés de quais et de bâtiments qui servent au chargement et au déchargement des navires. — C'est aussi une cale couverte pour la construction des vaisseaux. Ces docks sont de deux sortes, les docks de carénage à flot, dans lesquels on construit, et les docks flottants, qui servent à abriter les grands navires.

DODÉCASTYLE, *adj.* — A douze colonnes. Les temples qui avaient douze colonnes de front sont rares. (Voy. TEMPLE.)

DOIGTIERS, *s. m. pl.* — Fourreau en cuir que les grillageurs se mettent au bout des doigts pour travailler, et qui empêche le fil de fer ou de laiton de leur couper les doigts.

DOLEAU, *s. m.* — Outil de l'ardoisier, avec lequel il donne la forme à l'ardoise.

DOLER, *v. a.* — Dresser le bois avec la *doloire*. — En plomberie, *doler le plomb*, c'est enlever les bavures de plomb qui se sont formées dans la lingotière sur les lingots.

DOLMEN. — Voy. CELTIQUES (*Monuments*).

DOLOIRE, *s. f.* — Instrument servant aux maçons à corroyer la chaux et le sable pour faire le mortier.

En charpenterie, c'est une hachette qui sert à dresser et à aplanir le bois ; on la nomme aussi *épaule-de-mouton*.

En termes de blason, c'est une hache sans manche.

DOMESTIQUE (ARCHITECTURE). — Synonyme d'Architecture Privée. — (Voy. ce mot et CIVILE (*Architecture*).

DOME, *s. m.* — Partie extérieure et convexe d'une COUPOLE. (Voy. ce mot.) — En Italie, le mot *dôme* (*il duomo*) n'a pas la même signification qu'en France : il sert à désigner la *maison de Dieu* (*domus*), *l'église*, que celle-ci porte ou ne porte pas de dôme; mais quand une ville italienne possède plusieurs églises, *il duomo* désigne l'église principale ou la cathédrale.

Les dômes constituent un des caractères sinon distinctifs, du moins saillants de l'architecture byzantine. Ils sont excessivement rares dans les monuments français du moyen âge et les quelques exemples qu'on en rencontre datent de la fin du XIᵉ ou du XIIᵉ siècle; il est même probable que les architectes du moyen âge se sont inspirés du célèbre dôme de Sainte-Sophie de Constantinople. Un assez grand nombre d'églises romanes possèdent des dômes, et un plus grand nombre de coupoles.

Le dôme roman affecte souvent la forme d'une pyramide curviligne, ou même, comme à Saint-Front de Périgueux, la forme d'un oignon à fleur qui rappelle les dômes des mosquées de l'Orient.

Le dôme peut être un comble à pans surbaissé ou carré; il peut affecter en outre la forme d'une demi-sphère, d'un demi-sphéroïde; son plan peut donc être carré, hexagonal, octogonal, circulaire ou elliptique. Il est rare de trouver des dômes dont l'intérieur ne soit pas

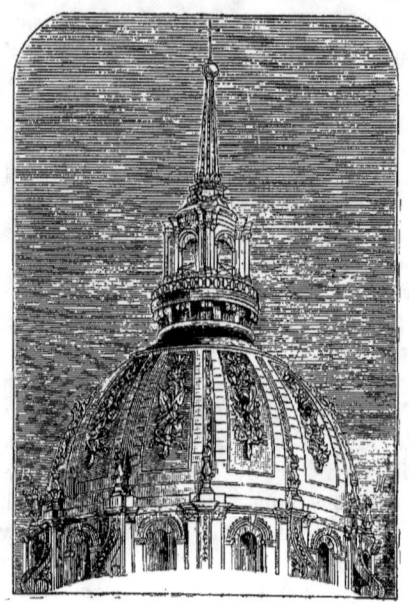

Fig. 1. — Dôme des Invalides, à Paris.

disposé en coupole, mais celle-ci n'est pas toujours recouverte d'un dôme. — Il existe sur les différents monuments répartis sur la surface de l'Europe, une très-grande quantité de dômes; nous parlerons de quelques-uns des plus renommés. Parmi les quatre-vingts églises de Milan, la plus célèbre est sans contredit la cathédrale, dont le dôme est, d'après les Milanais, la huitième merveille du monde. C'est en effet, après Saint-Pierre de Rome et la cathédrale de Séville, la plus grande église de l'Europe. Le dôme s'élève à 68 mètres, et l'extrémité de la tour qui le surmonte est à 110 mètres au-dessus du sol. La construction de cet édifice remonte à 1386; il fut fondé par Jean-

Galéas Visconti, premier duc de Milan. L'architecte fut Marc de Campiglione, près de Lugano. Le dôme fut terminé à la fin du XVIᵉ siècle, et la tour par les ordres de Napoléon, en 1805.

Le dôme de Saint-Pierre de Rome, qui s'élève à 94 mètres au-dessus du toit, atteint 123ᵐ,40 d'élévation jusqu'à l'œil de la lanterne, et 132ᵐ,50 jusqu'au sommet de la croix.

Il mesure 192 mètres de circonférence, et son diamètre, inférieur pourtant à celui du Panthéon d'Agrippa, a 42 mètres. Huit escaliers de 142 marches conduisent sur le toit; de cette hauteur, d'autres escaliers conduisent entre la double calotte de la coupole et du dôme. Un escalier en fer très-étroit (par lequel il ne peut passer qu'une personne à la fois)

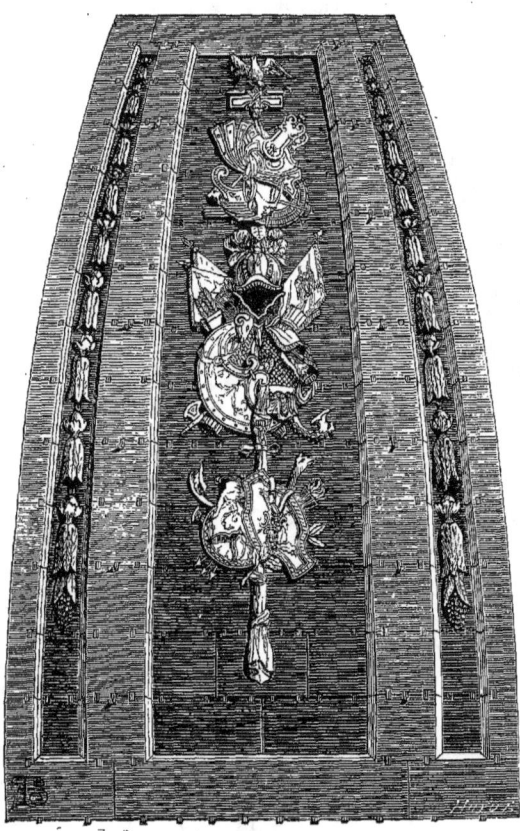

Fig. 2. — Dôme des Invalides (détail d'un panneau).

conduit jusqu'à la boule de cuivre qui surmonte le faîte de l'édifice. Cette boule, qui à cette hauteur paraît fort petite, peut néanmoins contenir seize personnes.

Un autre dôme colossal, quoique beaucoup moins élevé que celui de Saint-Pierre, c'est celui du Panthéon d'Agrippa. C'est le seul édifice de la Rome antique qui se soit conservé dans son intégrité. Ses murs, entièrement construits en briques, mesurent 6ᵐ,70 d'épaisseur;

ils étaient revêtus de stucs et de marbres. La hauteur et le diamètre de la coupole sont à peu de chose près égaux : 43ᵐ,50⸰ environ. L'œil, au centre de la voûte, a 9 mètres de diamètre. Cette immense voûte est faite en blocage; elle est divisée en caissons qui primitivement étaient ornées de plaques d'or. Le Panthéon d'Agrippa, la *Rotunda*, comme la nomment les Italiens, a été construit 14 ans avant Jésus-Christ.

Un dôme encore très-élevé, c'est celui de Santa-Maria del Fiore, de Florence. Il a été construit de 1421 à 1436 par Fillipo Brunelleschi; il mesure 91 mètres de hauteur, ou 107 avec sa lanterne. Il aurait, dit-on, servi de modèle à Michel-Ange, avec celui du Panthéon, pour la construction du dôme de Saint-Pierre.

Le dôme de Pise est sur plan elliptique; il s'élève au-dessus du point d'intersection des transepts à trois nefs et du vaisseau de l'église.

A côté de ce monument, citons le dôme co-

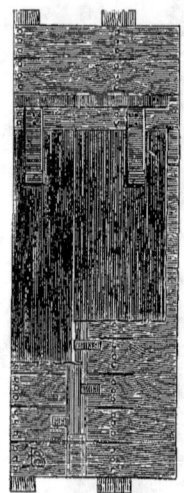

Fig. 3. — Dôme des Invalides
(détail de la couverture en plomb).

compose de tables de plomb d'environ 1 mètre de haut, qui se recouvrent horizontalement de 0^m,15; elles sont fixées dans le haut par un genre d'attache particulier. C'est la volige qui est divisée à cet endroit en deux feuillets sur son épaisseur; la tête de la feuille de plomb passe entre ceux-ci et se retourne par le haut sur le feuillet de face, qui est cloué après coup sur celui de dessous au droit des chevrons. Les tables de plomb sont soutenues par des agrafes. Notre figure 3 montre ces agrafes au-dessus des tables, et notre figure 4 montre en coupe l'emboîtement à *dilatation libre* des feuilles de plomb sur leurs plus longs côtés; on voit dans la volige l'entaille pratiquée pour recevoir cet enroulement. Ce système d'agrafure permet donc la dilatation du métal sur les trois côtés, puisque la table de plomb n'est fixée d'une manière rigide que par le feuillet supérieur de la volige.

Le dôme des Invalides présente douze panneaux ou tranches verticales pareilles à celles que représente notre figure 2. Ces panneaux, qui mesurent 12^m,75 de hauteur, sur envi-

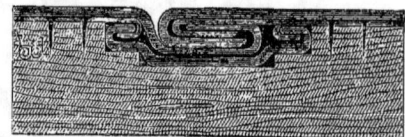

Fig. 4. — Dôme des Invalides
(dilatation libre du plomb de la couverture).

nique du baptistère, commencé en 1153 par Dioti Salvi, et achevé seulement après 1278. Ce bel édifice, tout entier de marbre blanc, a 30^m,50 de diamètre, et son dôme atteint 55 mètres de hauteur.

Un autre dôme d'une grande élégance est celui de l'église des Invalides, à Paris; il a été érigé par Hardouin Mansart au commencement du*xviie siècle.

Notre figure 1 montre l'ensemble de ce dôme, et notre figure 2 un panneau à grande échelle de ce même dôme, qui mesure 25 mètres de diamètre, tandis que le point culminant de la flèche atteint 105 mètres de hauteur. La couverture en est remarquable autant par sa richesse que par sa bonne construction; elle se

ron 2 mètres de large à leur sommet et 4 mètres à leur base, représentent des trophées guerriers : des boucliers, des lances, un carquois, un casque et des trompettes dans le bas; des faisceaux, des cuirasses, des drapeaux, des carquois dans le motif du milieu.

Entre quatre drapeaux, l'ouverture d'un casque saillant sert de lucarne pour la ventilation du comble. Le motif qui surmonte ce casque représente les emblèmes de la marine, ce sont des rames, des ancres, des proues de navires, des APLUSTRES. (Voy. ce mot.) Tous ces trophées, ainsi que les côtes séparatives des panneaux et la flèche du dôme, sont dorés.

Le dôme du Val-de-Grâce, bâti de 1645 à 1665 par François Mansart, oncle d'Hardouin

Mansart, n'a que 19 mètres de diamètre, mais il a une très-grande tournure, et a beaucoup plus d'élégance que celui du Panthéon de Paris. — Ce dernier dôme mesure 83 mètres de hauteur.

Enfin, mentionnons en terminant le dôme de Saint-Paul de Londres, construit par Christophe Wren, qui mesure 112 mètres de hauteur et dont le diamètre est de 46 mètres.

Dôme a pans, celui dont le plan est un polygone, généralement un octogone, comme celui de la Madona del Popolo, à Rome.

Dôme surbaissé, celui dont la forme est celle d'un demi-sphéroïde aplati. Tel est le dôme de Sainte-Sophie, à Constantinople.

Dôme surmonté ou surélevé, celui dont la forme est celle d'un demi-sphéroïde allongé. Tels sont la plupart des beaux dômes, ceux de Saint-Pierre de Rome, des Invalides de Paris, de Saint-Paul de Londres, etc.

Dôme tors, dôme établi sur un plan circulaire ou polygonal, mais qui possède des arêtiers ou des boudins qui sont contournés en spirale. Ce dernier mode, peu monumental, n'est guère employé que dans des pavillons de petites dimensions; car, le *dôme tors* n'appartenant à aucun style, sa construction n'est soumise à aucune règle et ne relève que du caprice et de la fantaisie de l'architecte.

DONJON, s. m. — Tour principale d'un château fort. Elle était ordinairement séparée des autres constructions. La plupart des forteresses féodales n'étaient formées dans le

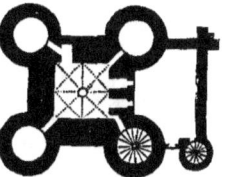

Fig. 1. — Donjon.

principe que d'un simple donjon élevé sur une butte factice. Celui-ci était entouré d'un

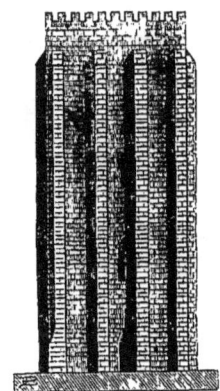

Fig. 2. — Donjon, dit la tour de Loudun.

premier fossé, puis d'un rempart en terre, rarement en pierre, dont l'accès était défendu par un second fossé. Ces donjons étaient di-

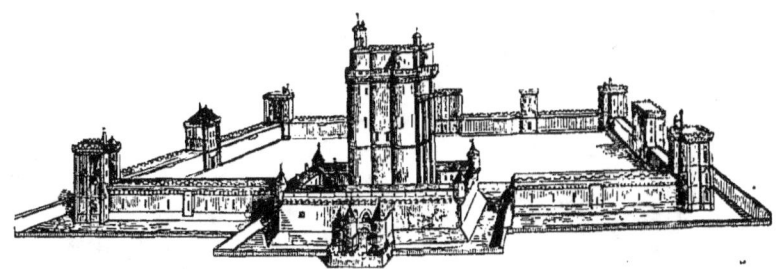

Fig. 2 *bis*. — Château et donjon de Vincennes, tel qu'il était encore au dix-septième siècle.

visés en plusieurs étages, avec souterrains qui servaient de prison et qui contenaient aussi des magasins, un four, un puits, etc., car cet ouvrage servait de dernier refuge à la garnison, si le château fort était pris. Aussi tous les moyens de défense y étaient-ils accumulés, afin d'en rendre la prise le plus difficile possible. Rarement les donjons étaient assez vastes pour contenir une nombreuse garnison, alors même qu'ils constituaient une véritable forteresse complète enclavée dans une plus grande, et qu'ils étaient entourés d'une enceinte particulière crénelée, bastionnée et protégée par un fossé. Dans ce cas, les donjons

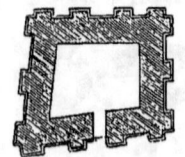

Fig. 3. — Plan de la tour de Loudun.

possédaient une tour principale, la *tour maîtresse,* qui était pour eux ce que le donjon lui-même était pour le château fort. Ce dernier

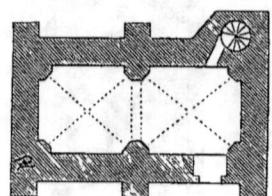

Fig. 4. — Donjon avec escalier pratiqué dans l'épaisseur des murs.

type était le donjon complet; mais le plus souvent ce n'était qu'une tour qui affectait diverses formes, elle était ronde, carrée, de

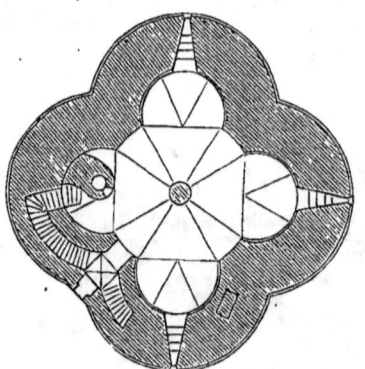

Fig. 5. — Donjon d'Etampes, plan du rez-de-chaussée.

forme hexagonale, régulière ou irrégulière. Le donjon du château de Chaluset, par exemple, qui date du XII° siècle, a un plan des plus bizarres et tout à fait irrégulier. Situé dans un angle de la *basse cour,* il est divisé en deux

parties égales par un mur de refend montant du fond jusqu'au sommet; chaque partie a son escalier indépendant. Beaucoup de châteaux possédaient des donjons isolés, situés

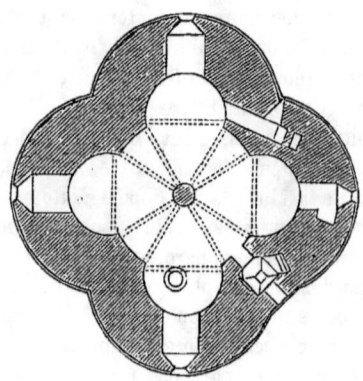

Fig. 6. — Donjon d'Etampes, plan du 1er étage.

plus ou moins au centre de la *basse cour.* Mentionnons le Louvre, commencé par Philippe-Auguste au commencement du XIII° siècle, le château de Vincennes, etc. Le donjon était dans ce cas une forte tour ronde, ou carrée, flanquée de tourelles à ses angles, comme le montre notre figure 1. Ce plan a beaucoup d'analogie avec le donjon du château de Vincennes (fig. 2 *bis*). Nos figures 2 et 3

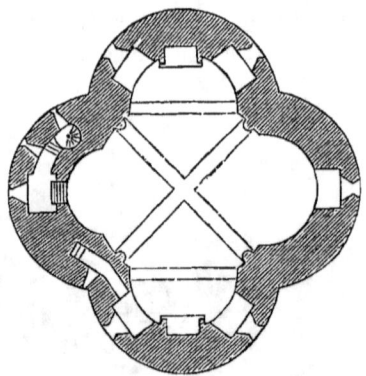

Fig. 7. — Donjon d'Etampes, plan du second étage.

montrent l'élévation et le plan de la tour de Loudun, dont les murs épais étaient encore réconfortés par des contre-forts. Pour ne pas diminuer les aires des chambres, souvent les donjons avaient des escaliers pratiqués dans l'épais-

seur des murs et toujours opposés au côté de
l'attaque ; les cages de ces escaliers affectaient
des formes diverses, souvent elles étaient cir-

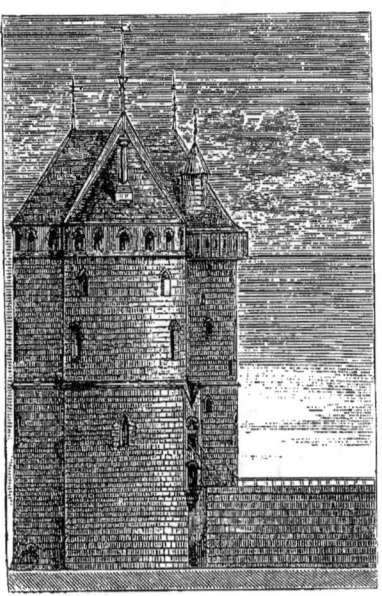

Fig. 8. — Donjon d'Étampes.

culaires. Notre figure 4 montre un donjon de
ce dernier genre ; enfin nos figures 5, 6, 7 et 8
donnent les plans et l'élévation d'un donjon

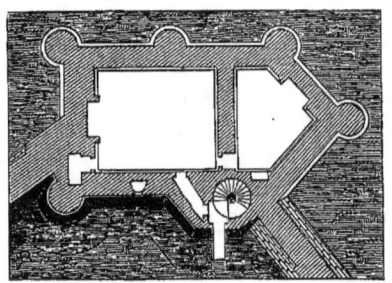

Fig. 9. — Plan du donjon de Véz.

assez singulier, dont le plan est quadrifeuil-
les (1). Nos figures 9 et 10 montrent un très-
grand donjon : c'est celui de Véz.

(1) Ces plans sont tirés du Dictionnaire de M. Viollet-
le-Duc.

DONNER, *v. a.* — En technologie, ce terme
a des significations diverses. Ainsi, *donner du
jeu* à un vantail de porte ou de fenêtre, c'est

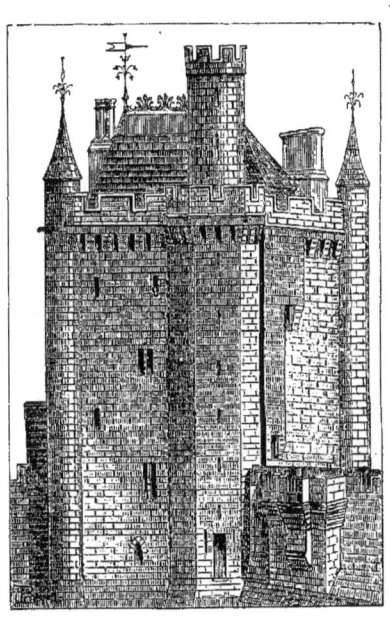

Fig. 10. — Donjon de Véz.

enlever du bois sur une surface ou une arête de
ces vantaux qui n'ouvrent et ne ferment que
difficilement par suite du gonflement du bois ;
donner de la voie à une scie, c'est en écarter
les dents en dehors de l'épaisseur de la lame,
les unes à droite et les autres à gauche, afin de
faciliter le fonctionnement rapide de la lame
dans le bois ; *donner un coup de bouchon* ou un
coup de poli, c'est nettoyer avec un fort bouchon
de liége ou un tampon de drap serré une surface
de marbre poli qui a perdu son brillant : le
bouchon ou le tampon sont humectés et imprégnés de *pâtée* ou de *poudre d'émeri*.

DOREUR, *s. m.* — Ouvrier qui dore, ou
exécute des travaux de dorure. Il y a des doreurs encadreurs, qui dorent les cadres de tableaux, de glaces, les meubles, etc., et les
peintres doreurs, qui exécutent la dorure dans
les travaux de décoration monumentale.

DORIQUE (ORDRE). — L'un des ordres
d'architecture. (Voy. ORDRES.)

DORMANT, *s. m.* — Locution abréviative, pour *bâtis dormant.* Encadrement fixe dans lequel jouent les menuiseries mobiles, telles que portes, croisées, châssis, etc. Dans les cloisons légères, le dormant est remplacé par une huisserie qui en remplit l'office. (Voy. BATIS.)

DORMANT, TE, *adj.* — Il se dit de tout objet non susceptible d'être mis en mouvement. Alors qu'elle a l'un fixe, l'autre immobile, dans une porte à deux vantaux, le *vantail dormant* est celui qui est opposé au vantail ouvrant. En serrurerie, un *pène dormant* est celui qui n'a pas de ressort à boudin, et qui ne peut être mené que par la clef. Serrure à *pène dormant,* se dit de celle qui ne possède qu'un pène dormant.

LÉGISLATION. — Dans certaines baies dites *jours de souffrance* (Voy. VUE et JOUR), pratiquées dans un mur non mitoyen, on doit placer des *verres dormants,* comme l'indiquent les articles suivants du Code civil :

ART. 676. — Le propriétaire d'un mur non mitoyen, joignant immédiatement l'héritage d'autrui, peut pratiquer dans ce mur des jours ou des fenêtres à fer maillé et verre dormant. — Ces fenêtres doivent être garnies d'un treillis de fer dont les mailles auront un décimètre (environ trois pouces huit lignes) d'ouverture au plus, et d'un châssis à verre dormant.

ART. 677. — Ces fenêtres ou jours ne peuvent être établies qu'à vingt-six décimètres (huit pieds) au-dessus du plancher ou sol de la chambre qu'on veut éclairer, si c'est à rez-de-chaussée, et à dix-neuf décimètres (six pieds) au-dessus du plancher pour les étages supérieurs.

Les verres dormants doivent être scellés au plâtre afin qu'on ne puisse les ouvrir.

DORTOIR, *s. m.* — Local renfermant des lits où couchent des personnes. Il y en a dans les colléges, les communautés, les prisons. Dans les hôpitaux, les dortoirs se nomment *salles,* et *chambrées* dans les casernes. — Les dortoirs doivent être vastes, élevés et placés au-dessus des rez-de-chaussée. Leur capacité doit être proportionnée au nombre des lits qu'ils renferment. Indépendamment de ces conditions, les murs en seront peints à l'huile, plutôt que recouverts de papier de tenture, ou tout au moins blanchis à la chaux. On doit employer le moins de boiseries possible dans leur construction, et les moyens de ventilation doivent être énergiques, car pendant le sommeil une bonne ventilation est encore plus nécessaire que pendant le jour. (Voy. VENTILATION.)

Dans les anciens monastères, les dortoirs étaient souvent placés au-dessus du cloître, soit qu'ils formassent un bâtiment distinct, soit qu'ils fussent une surélévation du cloître lui-même. Quand ils étaient vastes, on les divisait en deux ou trois travées par des colonnes.

DORURE, *s. f.* — Application de l'or en feuilles minces ou en poudre sur les bois, les métaux, les pierres, les enduits, etc. Elle remplace avec économie l'or en plaques dans la décoration monumentale.

HISTORIQUE. — Les anciens ont fait un grand usage de la dorure, qu'ils appliquaient généralement sur le bronze, mode d'emploi qui à la beauté de l'or joignait la solidité du métal ; ils employaient peu l'or en plaques minces, on ne connaît guère qu'un monument où ils l'auraient employé, c'est dans les caissons de la coupole du Panthéon d'Agrippa (Voy. DÔME) ; partout ailleurs ils employaient pour cet usage le bronze doré. Le procédé de dorure des anciens n'est pas bien connu ; cependant il semblerait résulter d'un passage de Pline (liv. 33, ch. 5) que les anciens connaissaient le *battage* de l'or, ce qui leur aurait permis de l'employer en feuilles très-minces dans la décoration. Disons à ce propos qu'on a beaucoup vanté leurs procédés de dorure, qui était si belle et si solide, au dire de Vinckelman (*Observations sur l'architecture*), « que l'or d'une voûte écroulée du palais des empereurs s'est conservé, malgré l'humidité du lieu, aussi frais que s'il venait d'être employé. » Nous pensons que la dorure des anciens était belle et solide surtout à cause de l'épaisseur des feuilles employées. Les anciens, en effet, ne pouvaient les obtenir aussi minces que les nôtres, parce que leur procédé de battage n'était pas aussi puissant que celui employé de nos jours. Ce qui paraît certain toutefois, c'est que les Romains employaient l'or à profusion dans leurs décorations, et la *Maison dorée* de Néron, qui tirait son nom de la richesse de ses dorures, pourrait, à défaut d'autres exemples, en témoigner.

Le moyen âge et la renaissance ont aussi employé largement l'or, et en ont quelquefois abusé pour augmenter la somptuosité et le luxe de leurs décorations intérieures.

L'argenture, qui s'emploie de la même manière que la dorure et souvent concurremment avec elle, a été beaucoup moins usitée. Les procédés de dorure et d'argenture étant identiques, ce que nous disons ci-dessous de la dorure s'applique également à l'argenture.

PRATIQUE. — Il existe de nombreux procédés de dorure. Nous allons les passer successivement en revue, en commençant par le plus usuel et le plus fréquemment employé dans la décoration, la *dorure à la détrempe ;* mais nous donnerons, auparavant, la nomenclature des outils du doreur ainsi que des principales matières employées.

Outils du doreur.— Les *pinceaux à mouiller,* faits de petit-gris, servent à donner de l'humidité à l'ASSIETTE. (Voy. ce mot.) Les *pinceaux à ramander* sont de différentes grosseurs, ronds et d'un poil doux ; ils servent à réparer les manques et les cassures ou gerçures qui se sont produites aux feuilles d'or. La *palette à dorer* est un pinceau très-plat, en poil de petit-gris, et formant éventail. Pour prendre la feuille d'or, le doreur passe d'abord la palette légèrement sur sa joue, ointe d'un peu de graisse de mouton ; ce léger frottement permet de *happer* la feuille d'or sur le *coussinet* et de la poser sur l'ouvrage en soufflant dessus avec l'haleine pour l'étendre. Le *coussin* ou *coussinet* est une planchette de bois garnie de *colon cardé ;* nous en avons donné deux types au mot COUSSINET. Le BILBOQUET (Voy. ce mot), qui sert de petite palette, est un outil en bois qui sert aussi à *happer* et appliquer l'or. Le *brunissoir,* ou *pierre à brunir,* est un outil d'acier ou d'agate affûté en dent-de-loup ou en jambon ; nous en avons donné la description avec deux figures au mot BRU-

NISSOIR. *Le couteau à doreur* (Voy. COUTEAU) sert à couper l'or. Nommons enfin le *poële,* semblable à celui que les peintres emploient pour brûler les vieilles peintures, mais qui est plus petit.

Parmi les substances employées par les doreurs, citons le *blanc de céruse,* la *litharge,* la *terre d'ombre,* l'*huile d'œillette,* l'*ocre jaune,* la *gomme-gutte,* le *stil de grain,* la *plombagine* ou *mine de plomb,* la *sanguine,* le *bol d'Arménie* et *du Levant,* le *rocou* ou *roucou,* le *safran,* l'*assiette,* l'*or-couleur,* les *mordants,* la *mixtion,* le *vermeil,* le *vernis à laque* ou *à laquer.*

Dorure en détrempe. — Ce genre de travail, qui ne peut résister ni aux intempéries de l'air ni aux rayons de soleil, exige dix-sept opérations principales, que nous allons énumérer et décrire succinctement : elles consistent à *encoller, blanchir, reboucher* et *peau-de-chienner, adoucir* et *poncer, réparer, dégraisser, prêler* ou *presler, jaunir, égrener, coucher d'assiette, frotter, dorer, brunir, mater, ràmander, vermillonner, repasser.*

Encoller. — C'est passer avec une brosse courte de sanglier un encollage spécial ainsi composé : à trois parties de bonne colle bouillante, on ajoute une dissolution chaude et filtrée de feuilles d'absinthe, d'ail, de sel et deux ou trois décilitres de vinaigre, suivant sa force. Cette dissolution est faite dans un litre d'eau réduit de moitié par l'ébullition. Cet encollage sert à dégraisser le bois et à le préserver de la piqûre des insectes ; il le dispose en outre à recevoir les apprêts. Pour la dorure sur bois, un seul encollage suffit ; mais pour la dorure sur stucs, sur plâtre, sur pierre, il faut en donner deux, le premier de colle faible bouillante, le second de colle plus forte, mais dans aucun de ces encollages il ne doit entrer de sel, car il aurait l'inconvénient de produire sur la dorure sur plâtre exposée à l'humidité une efflorescence saline.

Blanchir ou *apprêter le blanc.*— C'est donner une couche très-chaude de forte colle de parchemin, dans laquelle on a ajouté du blanc de Meudon pulvérisé et tamisé. On donne sept, huit et jusqu'à dix couches de blanc, suivant que l'état de l'objet à dorer l'exige. On ne donne une nouvelle couche que lorsque la précédente est bien durcie.

Reboucher et *peau-de-chienner*. — On bouche les trous et autres défectuosités qui peuvent se trouver dans le bois au moyen d'un mastic nommé *gros blanc*, composé de blanc et de colle, puis on enlève les barbes du bois avec une peau de chien de mer.

Poncer et *adoucir*. — On humecte les couches de blanc avec de l'eau très-fraîche et en les frottant légèrement avec de la pierre ponce douce, plate pour adoucir les panneaux, ronde pour les moulures; on taille aussi de petits bâtons minces pour vider ou dégorger les moulures. Ce ponçage rend les surfaces lisses et douces au toucher; ensuite, avec une brosse souple qui a servi aux apprêts, on lave au fur et à mesure qu'on adoucit, pour nettoyer le résidu qui se forme au-dessus. On enlève l'eau avec une petite éponge fine; on passe enfin sur l'ouvrage une toile un peu rude pour nettoyer le tout.

Réparer. — L'ouvrage étant adouci, poncé et sec, afin de rendre à la sculpture sa beauté première, émoussée, pour ainsi dire, par les diverses opérations qui précèdent, on se sert de fers tournés en crochets de différentes formes, et on dégorge les moulures. C'est ce qu'on nomme *réparer* et *refendre*.

Dégraisser. — Le réparage, exigeant un assez long temps, ternit et graisse le blanc par le contact des mains; on dégraisse ce blanc ainsi sali en posant légèrement un linge mouillé sur les parties qui doivent rester mates, et on passe sur les réparures une brosse dure mouillée, puis on lave le tout avec une éponge fine.

Prêler. — L'ouvrage étant dégraissé et sec, pour adoucir et lisser les parties unies on les frotte avec un bouchon de prêle ou queue de cheval (*equisetum*), plante semi-aquatique. On doit exécuter ce frottement avec soin, afin de ne pas user le blanc.

Jaunir. — Les opérations qui précèdent étant exécutées, on passe à chaud une teinture jaune; il faut avoir soin de ne pas frotter trop longtemps en passant cette teinture, afin de ne pas détremper le blanc et de ne pas altérer ainsi la finesse des profils et des sculptures obtenue par le travail de la réparure. Cette teinture jaune sert à remplir les fonds où quelquefois l'or ne peut entrer; elle remplace les anciens mordants pour tenir l'assiette et *happer* l'or.

Égrener. — Opération qui consiste à enlever les grains qui pourraient se trouver sur l'ouvrage apprêté pour recevoir la dorure. On égrène avec un bouchon de prêle, et en y mettant un très-grand soin.

Coucher d'assiette. — Après avoir détrempé l'ASSIETTE (Voy. ce mot) dans une légère colle de parchemin, on donne trois couches de celle-ci sur l'ouvrage à dorer, en évitant d'engorger les fonds.

Frotter. — Les trois couches d'assiette étant bien sèches, il faut frotter avec un linge neuf et sec les parties unies qui doivent rester mates; celles, au contraire, destinées à être brunies reçoivent deux autres couches d'assiette détrempées à la colle, dans laquelle on versera quelques gouttes d'eau pour la rendre plus douce.

Les onze opérations qui précèdent étant terminées, l'ouvrage peut recevoir l'or.

Dorer. — On vide le livret d'or sur le *coussinet*, on mouille avec des pinceaux de diverses grosseurs les parties à dorer; la feuille happée et posée, on fait passer avec un pinceau l'eau derrière cette feuille, en appuyant sur le petit bord, et en évitant qu'il en passe par-dessus, ce qui tacherait l'or, surtout celui destiné à être bruni. L'eau étend la feuille; le doreur souffle alors légèrement dessus avec son haleine et enlève avec le bout du pinceau l'excédant de l'eau.

Brunir. — Pour opérer le brunissage, on se sert du BRUNISSOIR. (Voy. ce mot.) C'est avec cet outil qu'on polit et qu'on lisse fortement l'or, en ayant soin de ne pas l'user.

Mater. — Pour conserver l'or qui ne doit pas être bruni et l'empêcher de s'écorcher, on lui donne une couche de colle légère; c'est ce qu'on appelle *mater*.

Ramander. — Cette opération consiste à mettre, avec le pinceau à ramander, de petits morceaux d'or dans les fonds oubliés, ou dans les manques, ou parties trop usées ou détériorées par le pinceau à colle. Lorsque le ramandage est sec, on passe de la colle légère sur chaque endroit.

Vermeillonner. — C'est donner une couche de *vermeil*, c'est-à-dire de la composition liquide qui porte ce nom. Ce vermeil a pour objet de donner du reflet et une couleur d'or moulu aux travaux de dorure. On vermeillonne les refends, les carrés et les petites épaisseurs. On dit aussi quelquefois, mais à tort, *vermillonner*.

Repasser. — Dans cette dernière opération, destinée à *appuyer* l'ouvrage et à le terminer, on passe sur tous les mats, avec de la colle à *mater*, une seconde couche plus chaude que la première.

Comme nos lecteurs peuvent en juger par ce qui précède, les opérations de la dorure sont longues et fort délicates ; pour de plus amples renseignements, nous les renverrons à des ouvrages spéciaux.

DORURE A L'HUILE. — Dans ce genre de dorure, l'eau et la colle sont remplacées par l'huile. On emploie *l'or-couleur*, qui est fait à l'aide des restes de couleurs broyés et détrempés à l'huile. Cette substance, extrêmement grasse et gluante, une fois broyée, est passée à travers un linge fin ; elle est employée comme fond pour y appliquer l'or en feuilles. On *couche* l'*or-couleur* avec les mêmes brosses que celles employées pour les couleurs ordinaires. Après que l'ouvrage a été encollé, s'il est sur pierre, ou après avoir donné quelques couches de blanc en détrempe, s'il est sur bois, l'or-couleur étant suffisamment sec pour recevoir l'or, on l'y applique, et on passe par-dessus un gros pinceau de poil très-doux ou une patte de lièvre, après quoi on procède au ramandage. — On applique la dorure à l'huile aux dômes, aux combles, aux balcons, grilles, etc., des beaux édifices.

DORURE SUR MÉTAUX. — Il existe plusieurs procédés pour dorer les métaux : trois par le feu, au moyen de l'*or en feuilles*, de l'*or moulu* et de l'*or haché* ; enfin on dore les métaux par la galvanoplastie. Nous ne parlerons pas de ces divers procédés, car il nous faudrait sortir du cadre déjà assez vaste que comporte notre ouvrage. Nous renvoyons donc le lecteur à des traités spéciaux sur la matière.

DOS, *s. m.* — Partie postérieure d'un objet, le dos d'un couteau, d'un outil, etc.

En dos d'âne, c'est-à-dire à deux pentes légères. Quand un talus, un toit, un pont, une chaussée, un chaperon de mur, sont inclinés de deux côtés, ils sont dits *en dos d'âne*.

En termes de jardinage, lorsque le terrain d'un parterre, d'une plate-bande, est relevé d'une certaine façon et présente une surface convexe, on dit que ces surfaces sont en *dos de bahut*, en *dos de carpe*.

DOSAGE, *s. m.* — Mesurage de diverses matières entrant dans la composition d'un produit, dans la confection d'un mortier ou de tout autre mélange. Cette opération se fait au moyen de caisses pour les solides fluides, tels que sables, graviers, ciment, cendrée, cailloux, etc., et au moyen de brouettes appelées, pour cette raison, *brouettes de mesure* ou *de dosage*. — Il est extrêmement important, dans la confection des mortiers et des bétons, de veiller à l'exécution du dosage, afin d'obtenir bien exactement le mélange des matières dans des proportions précises et déterminées. Dans les travaux publics d'architecture, ce sont les conducteurs qui sont chargés de surveiller cette opération ; dans le service des ponts et chaussées, c'est le piqueur qui surveille les dosages.

DOSE, *s. f.* — Quantité de chacune des matières qui entrent dans une composition ; d'où les expressions DOSAGE (Voy. ci-dessus) et *doser*, c'est-à-dire fixer les proportions des substances, des matériaux qui entrent dans un mélange quelconque.

DOSSE, *s. f.* — Premières levées faites sur un tronc d'arbre après son écorcement. Les deux levées qui suivent les dosses se nomment *contre-dosses*. Par extension, on donne la même dénomination aux levées que l'on fait sur une forte pièce de bois pour la rendre à vive arête. Les *dosses* et les *contre-dosses* servent à faire des couchis sur les cintres des voûtes, à retenir les terres dans les tranchées, à faire des palplanches pour les batardeaux, mais elles sont moins bonnes pour ce dernier usage. Les plus petites dosses, celles qui sont trop minces, trop maigres ou trop courtes pour être employées comme nous venons de le dire, servent dans les chantiers à protéger les arêtes des pierres, les moulures, les chambranles de cheminées, pendant la construction d'un édifice. On en fixe aussi sur les marches des escaliers de bois et de pierres, afin d'empêcher les chaussures des ouvriers d'user ces marches. Ces dernières dosses, maigres et toutes d'aubier, sont très-souvent des *dosses flâcheuses*.

DOSSERET, *s. m.* — Partie saillante d'un pied-droit qui forme le tableau d'une baie ; dans notre figure, c'est la partie saillante la

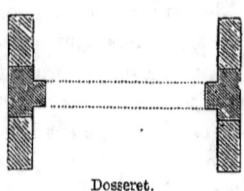

Dosseret.

plus foncée. Cette saillie peut supporter un linteau, un arc. C'est, on le voit, une sorte de petit pilastre saillant. — On nomme *mur dosseret*, ou *de dossier*, le mur qui fait saillie au-dessus du comble et sur lequel s'appuient les souches de cheminées.

DOSSIER (MUR). — Voy. l'art. ci-dessus.

DOUBLEAU (ARC). — Voy. ARC, p. 118.

DOUBLER, *v. a.* — Mettre une doublure. Les marbriers scellent et rapportent des bandes de liais derrière leurs tranches de marbre, pour leur donner de l'épaisseur et les consolider. On dit qu'ils doublent leurs marbres. Ces bandes de pierres se nomment *doublures*.

DOUBLE-REVERS, *s. m.* — Chaussée qui, au lieu d'être disposée en dos d'âne, c'est-à-dire, d'avoir deux ruisseaux, n'en a qu'un dans son milieu. Cette chaussée présente donc deux pentes, deux *revers*, d'où son nom *double-revers*. On la nomme également *chaussée fendue*.

DOUBLETTE, *s. f.* — Échantillon de bois de chêne du commerce de 0^m,054 à 0^m,06 d'épaisseur, sur 0^m,32 de largeur, et dont la longueur, qui est assez variable, commence à 1^m,95 et atteint 3^m,25, rarement davantage. La *doublette* ne sert guère qu'en menuiserie, pour faire des panneaux ou de très-faibles bâtis.

DOUBLIER, *s. m.* — Râtelier double pour bergeries. Généralement les *doubliers* sont des râteliers mobiles.

DOUBLIS, *s. m.* — Rang de tuiles ou d'ardoises qui s'accrochent immédiatement au-dessus de la chanlatte. Il est placé au bas d'une aile de mur, sur un égout en tuiles ou sur un *chapeau*, une *lucarne*. Le doublis est toujours recouvert de tuile ou d'ardoise, suivant que la couverture est de tuile ou d'ardoise; mais il n'est fait ordinairement que de demi-pièces.

Les toitures rustiques des chalets, des chaumières, des écuries et autres constructions rurales, sont souvent garnies à l'intérieur de nattes de paille qu'on nomme aussi *doublis*.

Les treillageurs nomment *doublis*, ou *redoublis*, la partie basse d'un treillage, dont le vide, entre deux échalas courants ou lattes courantes, est rempli jusqu'à une certaine hauteur par d'autres échalas ou lattes.

DOUBLONS, *s. m. pl.* — Feuilles de tôle appliquées l'une sur l'autre et qui se tiennent seulement par une de leurs extrémités; ou bien, c'est une longue feuille de tôle doublée en deux.

DOUBLURE, *s. f.* — On nomme *cloisons* ou *panneaux de doublure* des planches clouées sur des montants ou des traverses, et qu'on emploie au revêtement d'un mur humide. Ces cloisons ne sont généralement corroyées que d'un seul côté, celui de la partie visible. (Voy. DOUBLER.)

DOUCI ET DOUCISSEMENT, *s. m.* — L'une des opérations du polissage des glaces. (Voy. POLISSAGE.)

DOUCINE, s f. — Moulure à double courbure, d'abord concave, puis convexe. On peut la décrire avec deux centres, comme le *talon*, qui est le contraire de la doucine comme forme, puisque dans le talon la première courbure est convexe et la seconde concave. (Voy. notre fig.) Propre à l'architecture grecque et surtout à

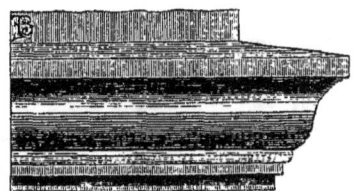

Doucine.

l'architecture romaine, la doucine a été employée à toutes les époques ; mais au moyen âge son véritable galbe s'altéra, se contracta et devint méconnaissable. — La doucine, comme la plupart des autres moulures, est susceptible de recevoir des décorations et des ornements.

DOUCINE (Arc en). — Voy. ARC, p .120.

DOUELLE, s. f. — Surface inférieure d'un claveau ou voussoir, et représentant une por-

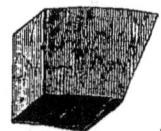

Douelle.

tion de l'intrados de l'arc. (Voy. notre fig.) La taille des douelles exige une grande précision, afin d'éviter d'avoir des BALÈVRES (Voy. ce mot), ou une déformation dans la courbe de l'arc.

DOUGÉ ou DOUGER, s. m. — Ciseau plat, très-mince, qui à l'aide d'un petit maillet sert à diviser l'ardoise en *fendis*, ou *ardoises brutes*.

DOUILLE, s. f. — Pièce en forme de tube qui sert à recevoir un manche. Beaucoup d'outils sont terminés en douille. — C'est aussi l'extrémité d'un BOISSEAU de robinet (Voy. ce mot), quand il est soudé sur un tuyau de conduite. — On nomme *douille à baïonnette* celle qui a la forme que présente le bas d'une baïonnette ; *douille à olive*, celle qui a la forme d'une olive. On distingue, suivant leur fabrication, les *douilles roulées*, les *douilles soudées*, les *douilles enlevées à la masse*, etc. Enfin, on donne encore le nom de *douille* à la partie de l'arçon emmanchée dans la bobine d'un foret ; à l'arçon et à la monture cylindrique d'une bouche de chaleur.

DOUVE, s. f. — Planche courbe servant à faire des tonneaux. Fossé servant d'écoulement aux eaux et servant de limite à des champs. Mur intérieur d'un bassin circulaire qui n'a qu'une assise ou deux, et derrière lequel il existe un corroi en glaise ou un contre-mur. — En termes de fortification, on nomme *douve de fossé*, la paroi des fossés de l'ancien mode de fortifier.

DRAGAGE. — Voy. DRAGUAGE.

DRAGONNIER, s. m. — Arbre exotique, qui donne une résine nommée *sang-dragon*, avec laquelle on fait une couleur d'un ton rouge fort brillant.

DRAGUAGE, s. m. — Action de draguer. Souvent, en creusant les fondations d'un édifice, on trouve de l'eau et de la vase ; on emploie alors des dragues pour extraire cette vase. Si les fouilles sont peu considérables, on opère le draguage avec la *drague à main*. Si, au contraire, elles occupent une grande étendue, on exécute les travaux avec un *bateau dragueur*, qui fonctionne à l'aide d'une machine à vapeur. Le bateau dragueur porte des *louchets*, ou plutôt des hottes en fer dont le fond est perforé. Ces hottes sont fixées sur une chaîne sans fin glissant sur deux tambours, dont l'un est dans l'eau et l'autre assez élevé au-dessus du bateau. Les hottes attaquent le fond de la fouille par leur bord supérieur et tranchant, elles se chargent de terre vaseuse, et en s'élevant elles la déversent dans un canal en tôle qui la dirige dans une *ma-*

rie-salope, placée sur le bateau ou à côté du bateau dragueur. — Le draguage est aussi employé pour nettoyer les canaux, les rivières, les fleuves, les marais et les étangs peu profonds.

DRAGUE. — Voy. DRAGUAGE.

DRAGUER. — Voy. DRAGUAGE.

DRAINAGE, *s. m.* — Les expressions *drainage of land*, *agricultural drainage*, sont usitées en Angleterre pour désigner un assèchement du sol, un assainissement des terres arables. Ce mot *drainage* désigne dans notre langue une opération qui consiste à placer dans les champs, à une certaine profondeur au-dessous de la surface du sol, des tuyaux en terre cuite nommés *drains*, afin d'enlever aux terrains, aux champs marécageux, ou simplement humides, l'excédant d'humidité qu'ils renferment. On évacue cet excédant d'eau par le sous-sol. Le drainage en agriculture est regardé aujourd'hui comme une opération indispensable dans les terrains trop humides ; nous ne l'étudierons point ici au point de vue agricole, mais nous entrerons dans des détails assez développés pour permettre aux architectes de drainer les terrains qui le réclameraient, avant d'y élever des constructions. — Nous commencerons par donner l'exposé de la loi du 10 juin 1854 sur le drainage qui résume fort bien l'opération.

Le drainage (y est-il dit) varie dans ses applications, suivant la nature des terres, les circonstances et les accidents de la localité. — Voici le procédé le plus ordinaire et le plus recommandé par l'expérience des faits :

On pratique deux sortes de conduits souterrains que, dans le langage technique, on appelle *drains*, au fond desquels sont placés les matériaux de diverse nature (la pierre, le caillou, le bois, la tuile même) qui sont communément remplacés aujourd'hui par des tuyaux de terre cuite de forme cylindrique.

Les uns reçoivent l'égouttement du sol, ce sont les *drains* d'assèchement ; les autres reçoivent les eaux qui en proviennent, ce sont les *drains* collecteurs ; et, lorsque la contrée est privée de cours d'eau et présente une surface unie dans une si grande étendue que le prolongement du *drain* collecteur jusqu'à une voie quelconque d'écoulement entraînerait des dépenses hors de proportion avec la valeur du terrain drainé, on établit des canaux de décharge ou évacuateurs généraux, dans lesquels le collecteur amène les eaux qui lui ont été versées par les drains d'assèchement. Telle est l'opération du drainage.

HISTORIQUE. — Les Romains connaissaient parfaitement l'art d'assainir les terres par le drainage, et tandis que Columelle (liv. 2, chap. 2) conseille d'employer des rigoles couvertes, Caton (*de Re rusticâ*), Varron et Virgile ne parlent que des tranchées ouvertes. Ce dernier mode fait non-seulement perdre du terrain pour la culture, mais nécessite encore de fréquents ouvrages qui deviennent onéreux. Palladius, venu longtemps après Columelle, conseille aussi dans son livre d'employer les fossés souterrains (liv. 3, chap. 4). En 1600, le père de l'agriculture française, Olivier de Serres, dans son *Théâtre de l'agriculture*, décrit également le drainage souterrain (t. 1, p. 97). En Angleterre, on s'est aussi beaucoup occupé du drainage dès 1652. Walter Bligh (1) dit dans son livre : « Quant à la tranchée de drainage, tu dois la faire assez profonde pour qu'elle arrive jusqu'à l'eau froide qui croupit. » Enfin, dans ces derniers temps, vers 1840, l'Angleterre a totalement perfectionné les travaux de drainage, car c'est elle qui a inventé les drains en terre cuite, point de départ de toutes les améliorations modernes.

PRATIQUE. — Les rigoles d'assainissement

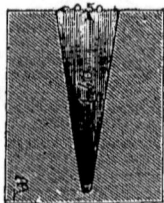

Fig. 1. — Tranchée pour le drainage.

ou drains, peuvent être exécutées de plusieurs manières ; les drains garnis de tuyaux de terre

---

(1) *The English improver, improved, or the Survey of husbandry*, etc., 1 vol., 3ᵉ éd., 1652.

cuite sont aujourd'hui les plus répandus. On les pose dans des tranchées variables en largeur et en profondeur. Nos figures 1 et 2 montrent deux types cotés différents. Dans les terrains fermes, l'ouverture des tranchées ne

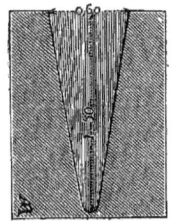

Fig. 2. — Tranchée pour le drainage.

présente aucune difficulté; dans les terres meubles, au contraire, on devra étrésillonner les terres. (Voy. ÉTRÉSILLONNEMENT.) Les

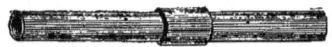

Fig. 3. — Drain en terre cuite avec son manchon.

tranchées creusées, on procède à la pose des drains; ceux-ci sont de plusieurs formes. Notre figure 3 montre un drain en terre cuite

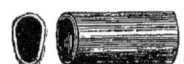

Fig. 4. — Drain à section ovoïde.

à section circulaire avec un manchon qui réunit deux bouts de drains. Notre figure 4 fait voir un drain avec une section ovoïde, et

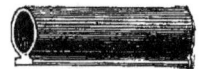

Fig. 5. — Drain avec empatement.

notre figure 5 un drain avec un petit empatement à la base, qui lui sert de pied et le cale, pour ainsi dire, au fond de la tranchée. Notre figure 6 montre le raccordement de deux lignes de tuyaux ou drains. Pour surveiller le bon fonctionnement d'un drainage, on doit, de distance en distance, établir des regards; on construit ceux-ci au moyen de trois gros

bouts de tuyaux qui s'emboîtent l'un dans l'autre; ceux-ci portent sur une forte tuile ou une pierre plate, et sont recouverts de

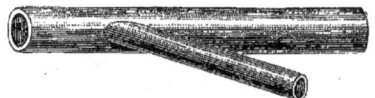

Fig. 6. — Raccordement de deux lignes de tuyaux.

même. Notre figure 7 montre en coupe un de ces regards, dans lequel débouchent trois

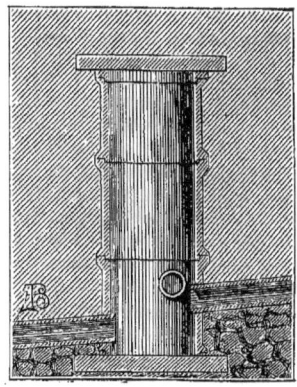

Fig. 7. — Coupe d'un regard.

tuyaux, deux d'arrivée et un de départ; notre figure 8 montre le plan du même regard.

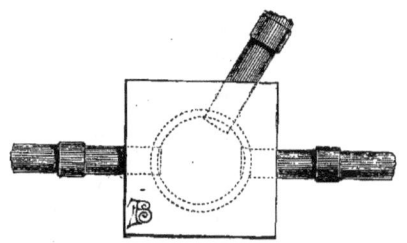

Fig. 8. — Plan d'un regard.

Dans certaines localités, on a construit des drains en tuiles courbes posées sur tuiles

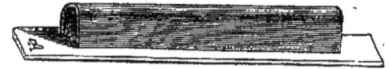

Fig. 9. — Drains en tuile courbe.

plates; notre figure 9 donne ce type de drain, tandis que nos figures 10 et 11 montrent la coupe de tranchées dans lesquelles on peut voir deux façons de disposer les tuiles courbes.

Dans les terrains tourbeux, on fabrique des drains avec la tourbe elle-même. On les coupe

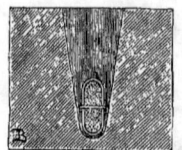

Fig. 10. — Tranchée avec drains en tuiles courbes (1ᵉʳ type).

dans le gisement à l'aide d'un *louchet* particulier, représenté par notre figure 12. Un bon

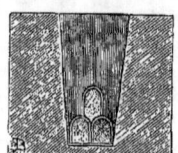

Fig. 11. — Tranchée avec drains en tuiles courbes (2ᵉ type).

ouvrier fait environ 2,000, et quelquefois 2,500 prismes par jour, qu'il superpose les

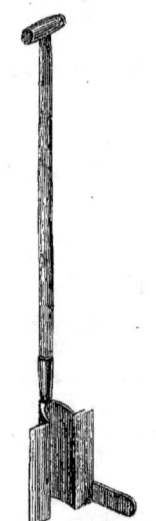

Fig. 12. — Louchet.

uns sur les autres comme l'indique notre figure 13. Cette disposition permet de sécher les prismes sans les exposer à se fendiller; seulement le *tireur* a soin de les abriter contre les trop forts coups de soleil. Au bout de quel-

ques jours, et suivant la qualité de la tourbe, ces portions de tuyaux présentent assez de consistance pour être employés sans crainte;

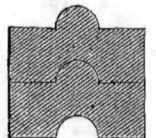

Fig. 13. — Prismes de tourbe
pour fabriquer des drains tourbeux.

ils sont assez solides pour être manœuvrés, et empilés comme le montre notre figure 13. On place ces tubes dans des tranchées faites

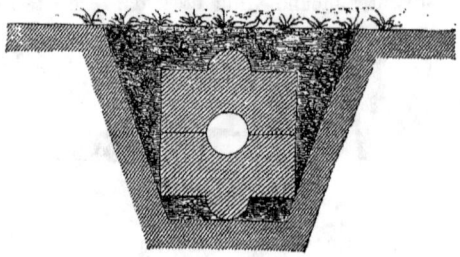

Fig. 14. — Tranchée avec drains en tourbe.

comme pour le drainage ordinaire et suivant le mode indiqué par notre figure 14 (1). Dans

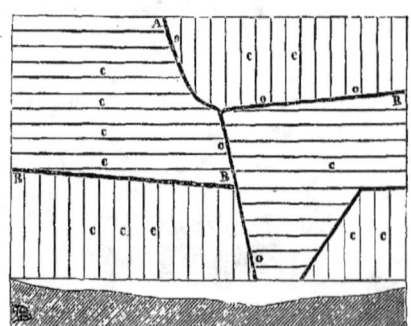

Fig. 15. — Plan d'un drainage : A, point d'écoulement;
B, B, conduites maîtresses; c, c, c, drains; o, o, o, regards.

les terres fortes, surtout dans les terres argileuses, on a essayé de se passer de drains en

---

(1) Les quelques lignes qui précèdent, ainsi que les figures 12, 13 et 14, sont empruntées à notre livre intitulé : *Traité complet de la tourbe*, 1 vol. in-8° avec figures, Paris, 1870.

utilisant seulement la résistance des terres. A l'aide du battage, on formait une sorte de caniveau en pente, qu'on recouvrait de mottes de gazon ou de terre battue taillées en carreaux, ce qui donnait une sorte de *tuile crue;* mais on comprend qu'un pareil ouvrage ne présentait aucune garantie pour son bon fonctionnement et pour sa durée.

Après avoir fait connaître les divers éléments qui concourent à établir un drainage,

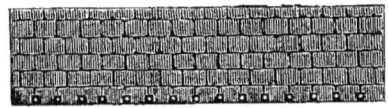

Fig. 16. — Drainage d'un mur en fondation.

nous allons donner très-succinctement la description d'un champ drainé, afin de faciliter l'intelligence de cette opération. Notre figure 15 montre ce champ. En A se trouve le point le plus bas par lequel les eaux se déversent dans une rivière, dans un marais, ou toute autre décharge. Dans les constructions drainées, les architectes dirigent leurs eaux dans des puits

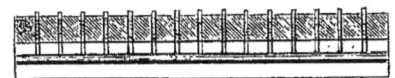

Fig. 17. — Plan d'un mur drainé.

absorbants, perforés à l'aide de tuyaux s'emboîtant les uns dans les autres. Dans le même plan (fig. 15) on voit en B, B, B, les conduites maîtresses qui reçoivent les eaux amenées par les petits drains C, C; aux points O sont indiqués quelques regards : dans la pratique ceux-ci seraient plus nombreux; le bas de notre figure montre la coupe du terrain.

Enfin nos figures 16 et 17 présentent le drainage d'un mur en fondation ; la figure 16 fait voir l'élévation de ce mur, et la fig. 17 le plan du même mur traversé par des drains dont l'eau se rend dans une rigole d'écoulement.

Nous terminerons cet article sur le drainage en donnant quelques renseignements complémentaires qui nous paraissent indispensables. Ces renseignements portent sur la profondeur à laquelle on doit descendre les drains,

sur leur écartement et sur le tracé de leur parcours. Cette profondeur est très-variable, suivant le sol et la culture qu'il doit recevoir. La profondeur minimum des conduits supérieurs sera de $0^m,50$ à $0^m,60$; leur profondeur maximum, $1^m,80$ à $1^m,90$. On peut donc admettre comme une bonne moyenne $0^m,90$ à $1^m,20$ de profondeur. Quant à l'écartement des drains, il varie également suivant la nature des terrains : dans les terres très-légères et les sous-sols poreux, cet écartement peut atteindre 12 mètres ; dans les terres d'une densité moyenne, une distance de $5^m,60$ à $7^m,25$ sera convenable ; dans les terres fortes et compactes, on pourra ramener les lignes de drains à $3^m,90$ et même à 3 mètres. — Le tracé et la direction de celles-ci sont une des questions les plus délicates, car beaucoup de causes peuvent influer sur ce travail. On doit, avant tout, étudier le tracé de façon à favoriser le plus possible le rapide écoulement des eaux, et chacun sait que cet écoulement est en raison directe de la pente : plus elle est prononcée, plus l'eau coule avec rapidité. Mais on doit aussi tenir compte de la pression que la rapidité de l'eau exerce sur les parois ; il sera donc prudent de prendre toujours un moyen terme. Quand le terrain est plat, presque horizontal, la direction des drains est sans importance ; on s'efforce de diviser le sol le plus également possible, afin de répartir l'assèchement avec d'autant plus de précision. Mais si le terrain est mouvementé, dans les pentes faibles il faudra diriger les eaux suivant la ligne de plus grande pente. Si le terrain possède une grande déclivité, on donnera aux drains le minimum possible de pente, et on les rapprochera beaucoup plus, afin de distribuer l'eau dans un plus grand nombre de drains : on évitera ainsi leur rupture par l'effet de l'eau forcée.

LÉGISLATION. — La loi du 10 juin 1854 (art. 1, § 1er) consacre la servitude imposée aux propriétés voisines pour tout propriétaire qui veut assainir son fonds par le drainage, ou même par un autre mode d'assèchement, sauf indemnité à accorder aux propriétaires dont il traverse les terres. Cette indemnité doit être entièrement et définitivement acquittée avant la prise de possession. Le paragraphe 2 de la même loi exempte de cette servitude les maisons, cours, jardins, parcs et enclos attenant aux habitations. — Ajoutons que le drainage est régi encore par les lois du 29 avril 1845, du 16 sept. 1807 et du 17 juillet 1856. (Voy. aussi IRRIGATION.)

DRESSAGE, *s. m.* — Aplanissement d'une surface susceptible d'être taillée, comme une paroi d'excavation, un parement de pierre, de brique, de bois, etc. Le dressage s'exécute de différentes manières et avec des outils et des procédés divers, suivant la nature de la matière à dresser.

DRESSER, *v. a.* — Quand un architecte, après avoir étudié les plans, coupes et élévations d'un édifice et fait les devis, les a *rendus* sur le papier, on dit que cet architecte a *dressé* les plans et les devis de cet édifice. — En maçonnerie, c'est rendre plan, niveler, aplanir; c'est aussi élever à plomb une *colonne*, un *obélisque*, une *sapine*, etc.; c'est encore équarrir une pierre en rendant ses parements et ses faces droits et parallèles. — En charpenterie, c'est *cingler au cordeau, battre la ligne* sur une pièce de bois, avant de l'équarrir. — En menuiserie, c'est dégrossir et corroyer une planche sur ses diverses faces. — En serrurerie, c'est aplanir et mettre de niveau une pièce de fer sous toutes ses faces. On peut dresser une pièce de fer, soit à froid avec la lime, soit à chaud par le martelage. — En termes de ponts et chaussées, on dresse la surface d'un pavement en battant le pavé à l'aide d'une dame ou d'une demoiselle, lorsque le pavé est en place et garni de sable dans ses joints. (Voy. l'article suivant.)

DRESSEUR, *s. m.* — Principal ouvrier terrassier, qui rectifie, qui *dresse* ou dégauchit les berges ou parois d'une excavation. Ce mot est presque synonyme de *régleur*, dans les travaux de terrassement, quoique les mots *dresser* et *régler* ne soient pas synonymes, car rigoureusement le *dresseur* ne s'occupe que des surfaces verticales et obliques, et le *régleur* des surfaces horizontales. Mais comme très-souvent le même ouvrier exécute ces deux opérations,

dans la pratique on considère ces mots comme synonymes. — En termes de ponts et chaussées, on ne dit que *dresseur* pour désigner l'ouvrier qui, avec la dame ou demoiselle, affermit et nivelle un pavement de pavés. C'est le chef d'atelier du pavage, dans les travaux de peu d'importance; dans ceux d'une grande étendue, c'est un *dresseur* qui est spécialement chargé du dressage.

DRESSOIR, *s. m.* — Banc qui sert aux treillageurs à maintenir les échalas à dresser. Ce banc est très-incliné, n'ayant des pieds qu'à un de ses bouts, lequel possède une pédale qui commande le mouvement d'une équerre en fer destinée à maintenir les lattes ou échalas.

DRILLE, *s. f.*, OU **TRÉPAN**, *s. m.* — Outil en acier qui sert à percer les métaux ou les bois durs. Il fonctionne à l'aide d'une corde qui agit comme la corde d'un archet, c'est-à-dire en lui imprimant un mouvement de va-et-vient qui produit une double rotation.

DROIT, *adj.* — Ce mot est quelquefois synonyme de perpendiculaire. On dit qu'un *arc est droit*, quand son plan est perpendiculaire à l'axe du berceau.

DROIT DE VOIRIE, — DE SURCHARGE, — DE PASSAGE. (Voy. ces mots.)

DROIT (Au). — Expression qui indique la situation d'un objet ou d'une partie de construction, dans un plan désigné, ou par rapport à un alignement. Dans bien des cas cette expression devrait être remplacée par celles-ci : *à l'alignement de, à plomb de, au niveau de*, etc.

DUCTILE, *adj.* — Qui s'étend et s'aplatit par le martelage. (Voir l'art. suivant.)

DUCTILITÉ, *s. f.* — Propriété que possèdent les corps de s'aplatir, de s'étendre et de s'étirer. Les métaux sont généralement très-ductiles, ce qui permet leur étirage à la filière. On obtient ainsi des fils de fer, de cuivre, de laiton, d'argent, etc. La grande ductilité de l'or permet d'obtenir des feuilles de ce métal excessivement minces. Le plomb, le zinc, l'étain, le platine, sont également très-ductiles.

DUPLICATA, *s. m.* — Double d'un acte, d'une pièce, d'un devis, d'un mémoire, d'une facture, etc.

DURCIR, *v. a., v. n., v. réfl.* — Rendre dur, devenir dur, se durcir. Le laminoir et le martelage rendent le fer plus dur et plus dense. L'argile durcit au feu. Les enduits et la peinture durcissent en séchant. Les pierres calcaires, les mortiers, les bétons, etc., se durcissent à l'air. D'où le terme de *durcissement,* pour exprimer cette action; terme très-fréquemment employé dans la langue technique.

DURETÉ, *s. f.* — Propriété des corps solides de résister aux chocs et aux efforts tendant à entamer leur substance. Les roches ont plus de dureté que les pierres tendres, le fer que la pierre, etc.

DURILLONS, *s. m. pl.* — Parties dures ou noyaux que l'on rencontre dans les pierres calcaires. Quand celles-ci sont converties en chaux, les durillons, qui n'ont pas été transformés par la calcination et qui sont restés durs, se nomment aussi *marrons.* Il ne faut pas confondre ceux-ci avec les *incuits,* les *rigaux* et les *grappiers.* (Voy. CHAUX.)

DYNAMIQUE, *s. f.* — Partie de la mécanique qui étudie les mouvements. — Celle qui traite de l'équilibre s'appelle STATIQUE. (Voy. ce mot.)

DYNAMOMÈTRE, *s. m.* — Instrument servant à évaluer en poids la force d'un moteur.

DYOSTYLE, *s. m.* — Édifice à colonnes accouplées, tel que l'Opéra de Paris, le Louvre, le Garde-Meuble, etc.

E

EAU, *s. f.* — Liquide transparent, inodore, insapide, et incolore dans un récipient peu profond ; au contraire, quand une couche d'eau a une assez forte épaisseur, ce liquide prend une teinte qui varie du bleu pâle au vert foncé.

L'eau provient du sein de la terre (*source*), de la pluie ou de la fonte des neiges ou des glaces ; elle se solidifie à une certaine température, on la nomme alors *glace*. Cette propriété de l'eau de se solidifier a été prise comme base de l'échelle thermométrique, c'est le 0 ; tandis que son point d'ébullition a donné 100. Les divisions entre ces deux écarts se nomment degrés. En se solidifiant, l'eau augmente subitement de volume dans la proportion d'environ 7 pour cent ; une fois formée, la glace se dilate de plus en plus en se refroidissant davantage. Il suit de là que la glace est moins dense que l'eau. La densité de celle-ci à $+ 4°$ étant 1, celle de la glace est 0,918. C'est donc à $+ 4°$ que l'eau occupe le moins d'espace, et, chose importante à noter, c'est le maximum de densité qu'elle a à cette température qui a été choisi pour unité de densité des liquides et des solides dans le système métrique. — L'eau, qui joue un grand rôle dans l'alimentation des villes et l'irrigation des campagnes, dans le transport des matériaux de tout genre, comme force motrice, etc., l'eau, disons-nous, est un des éléments indispensables dans les travaux de construction. Suivant sa nature et sa qualité, elle exerce une grande influence sur l'extinction de la chaux et le gâchage du plâtre. Pour ces deux opérations, on doit l'employer aussi pure que possible ; aussi les architectes devraient-ils interdire dans leurs chantiers l'emploi de l'eau des ruisseaux, comme cela se pratique dans beaucoup de villes. On doit également prohiber l'eau de mer, parce que les mortiers et les plâtres gâchés avec cette eau sont longs à sécher et sujets à se couvrir d'efflorescences salines. L'approvisionnement de l'eau sur les ateliers de maçonnerie est à la charge de l'entrepreneur, quelle que soit la distance à laquelle il faille aller la puiser et les difficultés à surmonter pour l'obtenir. — Dans les grandes villes, lorsqu'il se trouve une conduite d'eau à proximité, l'entrepreneur a un grand avantage, si les travaux sont importants, à y faire pratiquer un branchement et à s'en faire concéder la jouissance moyennant un prix convenu et fixé par l'administration municipale. — Sur les travaux de maçonnerie, le transport de l'eau s'effectue au moyen de seaux en bois et de voitures à tonneau.

HISTORIQUE. — L'eau, étant l'un des éléments les plus indispensables aux usages de la vie, a toujours été amenée à grands frais dans les villes florissantes auxquelles leur prospérité permet de ne point reculer devant la dépense. On la recueille par plusieurs procédés, suivant les localités, suivant aussi la nature du terrain sur lequel on opère : on capte les sources, on creuse des puits, on construit des citernes, des réservoirs, des aqueducs, on élève des machines hydrauliques qui puisent l'eau à des sources ou à des rivières, et qui au moyen de canalisations la dirigent sur les points où elle est nécessaire.

Quand on parle des eaux de villes, on ne peut se défendre de songer aux eaux de la Rome ancienne. Au mot AQUEDUC, où nous renvoyons le lecteur, nous avons traité de la distribution des eaux de Rome ; ici nous ne voulons donner que les quantités d'eau apportées par ses aqueducs. Voici ce qu'au premier siècle de notre ère, ces aqueducs débitaient en mètres cubes, par vingt-quatre heures :

	mèt. cub.
Aqua *Augusta et Appia*...................	109,510
— *Anio vetus*.......................	264,000
— *Marcia*..........................	281,500
— *Tepula et Julia*.................	100,000
— *Virgo*............................	150,242
— *Alsietina et Augusta*...............	23,600
— *Claudia*.........................	276,420
— *Anio novus*......................	285,000
Total............	1,490,272

La population de Rome étant à cette époque d'environ un million d'habitants, le volume d'eau à dépenser était d'un peu plus de 1,500 litres par tête et par jour. De même que chez nous aujourd'hui, l'eau était classée suivant sa qualité ; la plus pure de toutes, l'*Aqua Marcia*, était réservée pour les usages domestiques ; les autres servaient à l'industrie, à l'arrosage des jardins de Rome. Nous devons ajouter, d'après Frontin (*de Aquæductibus urbis Romæ*), qu'une partie de ces eaux desservait des villas hors les murs et beaucoup d'établissements publics (quatre-vingt-seize environ). Au reste, voici, d'après les registres de distribution, comment étaient répartis environ 841,080 mètres cubes de l'eau qui arrivait à Rome :

	mèt. cub.
Distribution hors les murs	243,780
Dans les châteaux et jardins impériaux......	102,420
Aux particuliers.........................	230,820
A 19 camps.............................	16,740
A 96 établissements publics................	144,060
A 39 spectacles.........................	23,160
A 592 pièces d'eau.......................	80,100
Total............	841,080

Dans les provinces et les colonies romaines, l'eau était également distribuée avec abondance. En se reportant au mot AQUEDUC, le lecteur pourra y lire les noms des localités qui comme la capitale étaient pourvues d'eau.

Nous allons donner les quantités d'eau dans quelques villes modernes.

A Rome, la population, aujourd'hui réduite à environ 178,000 ou 180,000 habitants, reçoit encore 180,000 mètres cubes par vingt-quatre heures. Ce volume est de beaucoup le plus considérable que reçoive aucune autre ville, puisqu'il fournit 1,000 litres par tête et par jour.

Londres reçoit de ses diverses eaux un volume qui peut être évalué à 369,600,250 litres par vingt-quatre heures, ce qui donne à peu près 132 litres par habitant : nous disons à peu près, car la population est à Londres de 2,800,000 habitants environ ; mais aussi nous devons ajouter que les services publics consomment environ 12,80 pour 100 de ce volume, ce qui fait 116 litres nets par chaque habitant. Ce chiffre de 12 pour 100 est réparti de la manière suivante :

Service des usines....................	8,71 p. 100
Lavage des rues....................	2,19
Chasse dans les égouts	1,60
Service des incendies................	0,30
Total............	12,80 p. 100

A Paris, les eaux consommées et distribuées par jour s'élèvent au chiffre de 294,860 mètres cubes de diverses provenances, qui sont :

	mèt. cub.
Eau de l'Ourcq.........................	97,200
— la Seine.....................	51,000
— la Marne......................	27,500
— la Dhuis.......................	20,600
— la Vanne (1)...................	90,000
Sources du nord, Belleville, Pré Saint-Germain.	260
— du midi, Arcueil.................	760
Puits de Passy.......................	7,160
— de Grenelle......................	380
Total...............	294,860

Or, comme la population est d'environ 2,000,000 d'habitants, le volume dépensé par chaque habitant est, en moyenne, de 147 litres ; mais ce chiffre doit être considérablement abaissé, à cause des eaux dépensées pour les fontaines monumentales, les arrosages et les industries privées. Les quantités distraites pour ces divers services ne s'élèvent pas à moins de 25 à 27 pour 100, ce qui laisse encore un chiffre de 120 litres nets par tête et par jour. C'est beaucoup, quand on songe qu'il y a vingt-cinq ans Paris avait à peine 70 litres d'eau à distribuer par tête d'habitant, c'est-à-dire moins que certaines villes de province ;

---

(1) Le conseil municipal de Paris, dans sa séance du 24 mai 1877, a approuvé un avant-projet de dérivation de la source de Cochepies, dans la vallée de la Vanne (Yonne), en vue de compléter l'alimentation en eau de source des quartiers bas de Paris.

en effet, Bordeaux a 170 litres, Marseille 186, Dijon 240, Carcassonne 400 par habitant.

Ajoutons que la capitale de l'Autriche, Vienne, peut fournir 134 litres à chacun de ses habitants, et Madrid 600 litres.

Dans les villes plus ou moins importantes, l'eau est distribuée dans les rues et à domicile par des conduites souterraines. Avant 1860, le service des eaux dans la ville de Paris était fait par plusieurs compagnies rivales; mais le 11 juillet 1860 il a été passé entre l'administration municipale et une compagnie unique un traité qui donne à celle-ci le monopole des eaux en régie intéressée, moyennant une redevance envers la ville. Le service municipal des eaux comprend 24 machines hydrauliques, dont 12 à vapeur d'une force de 1,500 chevaux. La longueur des conduites est de 1,473 kilomètres, servant à alimenter les grands réservoirs, qui desservent 65 fontaines monumentales, 60 fontaines publiques, 30 fontaines marchandes, 130 fontaines à repoussoir, 580 autres fontaines publiques, 3,560 bouches sous-trottoirs, 4 grands parcs, 15 squares, 600 urinoirs, 216 établissements de bains et 196 lavoirs.

Le nombre des abonnements privés est à Paris d'environ 36,000. Or, comme il y a à Paris 72,000 maisons, on voit que la compagnie n'alimente guère que la moitié des immeubles. Cet état de choses s'explique par le prix élevé de l'abonnement annuel de l'eau qui est d'environ 60 francs le mètre cube pour l'eau d'Ourcq, et le double pour l'eau de Seine. — Un règlement du préfet de la Seine, en date du 1er août 1846, régit encore, sauf quelques modifications peu importantes, l'abonnement des eaux; nous en donnons ci-après une analyse.

Les abonnements sont souscrits en forme de soumission; ils sont annuels, et expriment en hectolitres la quantité d'eau à fournir par jour.

Le mode de délivrance des eaux a lieu d'après un des systèmes suivants : 1° par écoulement déterminé, régulier ou irrégulier, réglé par un robinet de jauge établi aux frais de l'abonné, et fermé par un cadenas, dont les agents du service des eaux ont seuls la clef : dans ce mode de livraison, les eaux sont reçues dans un réservoir à flotteur, dont la hauteur est indiquée par l'ingénieur de service; 2° par attachement; 3° par estimation et sans jaugeage. Ce dernier mode n'est applicable qu'aux eaux de l'Ourcq; toutefois on peut le suivre pour celles d'une autre provenance, dans des circonstances exceptionnelles et par autorisation spéciale. Dans tous les cas, la soumission doit indiquer les usages auxquels les eaux sont destinées; l'abonné ne peut les employer à d'autres usages, ni consommer plus d'eau que le volume de son abonnement. (Art. 2.)

Les abonnés ne peuvent renoncer à leur abonnement qu'en avertissant le préfet de la Seine par écrit et trois mois à l'avance. Quelle que soit l'époque de l'avertissement, le prix de l'abonnement est exigible pour les trois mois qui suivent sa réception au secrétariat de la préfecture. (Art. 3.)

L'abonnement n'est pas résilié par le seul fait de la mutation de la propriété ou de l'établissement où les eaux sont fournies; le successeur dans les droits de propriété est engagé comme le titulaire.

Les abonnés ne peuvent réclamer aucune indemnité pour les interruptions momentanées du service résultant soit des gelées, des sécheresses et des réparations des conduites, aqueducs et réservoirs, soit du chômage des machines d'exploitation ou de toutes autres causes analogues, et notamment de celles de force majeure; mais il leur est tenu compte, en déduction du prix de l'abonnement, de tout le temps d'interruption du service qui excède huit jours consécutifs et qui est causé par des travaux de l'administration.

Chaque propriété doit avoir un branchement séparé avec prise d'eau distincte sur la voie publique. — Un robinet d'arrêt sous bouche à clef est placé sous la voie publique à l'origine de chaque branchement. Les agents de l'administration ont seuls le droit d'ouvrir et de fermer ce robinet. (Art. 7.)

Les travaux de branchement sur la conduite publique jusque et y compris le robinet d'arrêt sont exécutés et réparés, aux frais de l'abonné, sous la surveillance des ingénieurs de l'administration municipale, par l'entrepreneur de l'entretien des conduites de la ville, au prix de son adjudication, mais sans rabais. — Au delà dudit robinet, les particuliers peuvent employer les ouvriers de leur choix, mais toujours sous la surveillance des ingénieurs du service des eaux. (Art. 7.)

Les travaux de pavage et de trottoir nécessités par l'établissement des branchements sont faits par les soins des ingénieurs du pavé de Paris, aux frais des abonnés et conformément aux arrêtés préfectoraux des 20 décembre 1843 et 18 décembre 1844. (Art. 8.)

L'abonné ne peut rien changer aux dispositions primitivement exécutées, à moins d'avoir préalablement demandé et obtenu l'autorisation. (Art. 10.)

Il est formellement interdit à tout abonné, sauf le cas d'incendie, de disposer, à quelque titre que ce soit, en faveur d'un autre particulier, de la totalité ou d'une partie des eaux qui lui sont fournies par l'administration, ni même du trop-plein de son réservoir. Toute contravention à ces dispositions entraîne, pour l'abonné, l'obligation de payer à la ville de Paris, à titre de dommages-intérêts la somme de 1,000 francs. (Art. 11.)

Il est expressément interdit aux abonnés et à tous leurs ayants droit, et ce sous peine de résiliation immédiate, de rémunérer, sous quelque prétexte que ce soit, aucun agent ni ouvrier de l'administration. (Art. 13.)

Le prix des abonnements est déterminé d'après le tarif suivant : fourniture journalière d'un hectolitre de l'eau de l'Ourcq, 5 fr. par an ; d'eau de Seine, des sources ou du puits artésien, 10 fr. Autrefois il n'était pas accordé d'abonnement au-dessous de la somme de 60 fr. pour les eaux de l'Ourcq, et de 120 fr. pour celles de la Seine, des sources et du puits artésien. Aujourd'hui, pour les petits propriétaires, par une récente décision du conseil municipal, on accorde pour la même somme un double volume d'eau. Mais n'eût-il pas été préférable de réduire le tarif ? car, en définitive, les petits propriétaires jouissent d'une faveur, mais ils ne peuvent dans aucun cas dépenser moins de 60 francs par an.

Le prix de l'abonnement au-dessous de 100 fr. est payé à la caisse du receveur municipal par semestre et d'avance ; celui au-dessus de cette somme peut être payé par trimestre. A défaut de paiement régulier aux époques indiquées ci-dessus, le service des eaux est suspendu et l'abonnement peut être résilié. (Art. 15.)

PRATIQUE. — Après s'être assuré de la nature des eaux et avoir constaté leurs qualités par une analyse consciencieuse, il est important de jauger les sources à diverses époques de l'année, surtout dans les temps de sécheresse, pour s'assurer que le volume qu'on se propose d'amener d'un point à un autre suffira pour l'alimentation. Les villes peuvent être alimentées par des eaux de diverses nature et provenance. On peut, en effet, se procurer de l'eau par des puits ordinaires, par des puits artésiens, par des marais et des étangs, par des citernes ou réservoirs, par des sources, enfin par les fleuves et les rivières ; nous devons ajouter que les trois dernières provenances sont en général les plus fréquemment employées.

Les *puits ordinaires* fournissent souvent un fort approvisionnement d'eau pour les villes et les villages ; nous n'avons pas à en parler ici, pas plus que des autres modes de se procurer de l'eau ; nous renvoyons le lecteur aux mots CITERNE, ÉTANG, MARAIS, PUITS, RÉSERVOIR et SOURCE.

CONDUITE ET ÉLÉVATION DES EAUX. — Les eaux qu'on doit amener dans une ville sont situées sur un point plus élevé, ou de niveau, ou en contre-bas de cette ville. Dans le premier cas, la marche des eaux est fort simple : un canal ou un aqueduc amène les eaux dans un réservoir situé sur le point culminant de la localité à desservir ; dans le second cas, l'arrivée de l'eau a lieu par une pente douce qui la conduit dans un bassin, et là des machines l'élèvent dans un réservoir situé à une hauteur suffisante pour permettre de la distribuer dans la ville ; enfin, dans le troisième cas, si la prise d'eau est en contre-bas de la ville, on établit des machines élévatoires à la prise d'eau elle-même. Ces machines élèvent l'eau dans des réservoirs placés à un niveau supérieur à celui de la ville elle-même. — Les conduites qui amènent l'eau peuvent être des Aqueducs (Voy. ce mot) ou des tuyaux de fonte. Aujourd'hui, on fabrique également des tuyaux en grès d'un fort diamètre qui permettent de canaliser de petites quantités d'eau.

Distribution de l'eau. — L'eau une fois amenée dans les réservoirs d'une ville, il s'agit de la distribuer dans les différents quartiers et dans les édifices publics et les maisons particulières. Le premier point à résoudre est de fixer le tracé des tuyaux à poser et le volume de liquide que chacun d'eux doit conduire.

Le tracé des tuyaux est, en général, commandé par les circonstances locales ; on doit seulement en tracer la direction de façon à faire passer les conduites maîtresses près des points culminants et des fontaines. Les principales conduites doivent communiquer entre elles par des conduites secondaires, afin que, si un accident survient à l'une des principales artères, le service ne soit pas interrompu dans tout le parcours. — Connaissant le nivellement complet d'une conduite, la hauteur du réservoir ou du bassin qui l'alimente, la quantité d'eau à distribuer, il ne reste plus qu'à déterminer le diamètre de sa conduite. Or, pour faire cette opération, le rédacteur d'un projet de distribution d'eau n'a pas seulement besoin de connaître le volume total de l'eau à répartir, il lui faut encore calculer la consommation de chacun de ses débouchés, afin d'y proportionner le diamètre des tuyaux. L'évaluation devra comprendre le débit que chaque artère doit fournir, ainsi que la pression intérieure exercée par le liquide. Si la distribution est faite dans une ville, il suffira d'évaluer la population de chaque rue et d'ajouter à la consommation domestique et quotidienne le débit des bornes-fontaines, celui des fontaines monumentales, enfin la consommation des établissements publics et industriels. Toutes les évaluations doivent être faites assez largement, afin de parer à toute éventualité et même à un minime accroissement de la population, c'est-à-dire de la dépense.

Il y a lieu maintenant d'examiner sur quelles bases on peut fonder une évaluation sérieuse ; il convient pour établir cette détermination de rappeler les principaux usages auxquels l'eau peut servir dans une ville. Elle sert : 1° aux usages domestiques, alimentation, soins de propreté, lavages de tous genres, etc. ; 2° au nettoyage, lavage et arrosement des rues ; 3° à la consommation industrielle et manufacturière ; 4° enfin aux fontaines et jardins publics. Nous ne citerons que pour mémoire le service pour les incendies, car dans ce cas extrême on prend l'eau au détriment des autres services. On peut dire d'une manière générale qu'il faut compter pour les besoins d'une ville 150 à 175 litres par jour et par tête, qu'on subdivise de la façon suivante :

Par personne et par jour..............	25 litres	
— cheval et par jour..................	76	»
— voiture à deux roues et par jour....	45	»
— voiture à quatre roues et par jour...	70	»
— mètre carré de jardin et par jour ...	1	» 70
— bains..........	325	»

Connaissant ces divers éléments, il sera facile de déterminer, à l'aide de la formule de Prony, le diamètre à donner aux différentes parties d'une conduite. En effet, si d'après cet auteur nous désignons par J la pente par mètre d'une conduite, par D son diamètre intérieur, par v la vitesse de l'eau qui la traverse, on a entre ces diverses quantités la relation suivante :

$$\frac{1}{4} DJ = 0,0000173v + 0,000348v^2 ;$$

$$\text{d'où } v = \sqrt{0,0062 + 5871,44 \frac{D}{4} J} - 0,025.$$

Mais nous devons ajouter qu'avec cette formule, il faut encore procéder par tâtonnements, et que souvent le praticien né doit pas craindre de prendre des diamètres un peu plus forts que ceux indiqués par la formule, parce que dans les tuyaux à surface rugueuse il peut se former des dépôts qui en restreignent la section et par suite le débit, surtout si les tuyaux sont posés avec une faible pente. — Pour abréger les calculs, Prony a dressé des tables de la valeur de $\frac{1}{4}$ DJ pour les différentes valeurs de v. Nous ne pouvons entrer dans de plus longs détails sans sortir du cadre de notre ouvrage ; mais nous pensons que ces données générales sont très-suffisantes pour

déterminer le tracé et le diamètre des conduites. Il ne reste plus qu'à étudier la nature
de celles-ci avant de passer à la *Jurisprudence
des eaux*.

NATURE DES CONDUITES. — Les tuyaux
employés pour distribuer les eaux sont de diverse nature, mais ils doivent satisfaire aux
conditions suivantes : *durée, imperméabi-
lité, résistance à la pression, maintien de la*

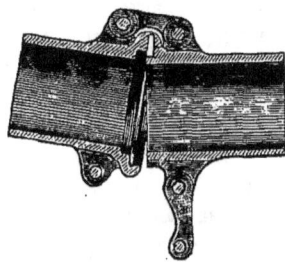

Fig. 1. — Coupe longitudinale du tuyau
au moment de l'assemblage.

*pureté et de la propreté de l'eau, assemblage
facile et parfait, économie.* Il va sans dire qu'il
n'existe pas un genre de tuyaux donnant
pleine satisfaction à tous ces *desiderata*. Nous
allons analyser rapidement les diverses espèces
de tuyaux.

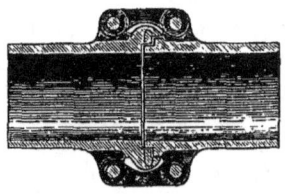

Fig. 2. — Coupe longitudinale du tuyau assemblé.

Les *tuyaux de fonte* sont le plus généralement employés dans les villes pour les conduites et les branchements principaux. Ils mesurent 2 mètres à 2ᵐ,50 de longueur sur un diamètre intérieur qui varie de 0ᵐ,078 à 0ᵐ,636. Ils
sont réunis à l'aide de joints très-variés ; mais
les trois principaux types sont les *joints à
bride, à clavette* et *à cordon et emboîtement.*
Ce dernier système est employé dans le service municipal de la ville de Paris. (Voy.
TUYAU.) — Lorsque les tuyaux de fonte sont
parfaitement coulés, c'est-à-dire quand ils ont

une épaisseur uniforme, ils résistent à de fortes
pressions : leur résistance est en raison directe
de l'épaisseur des parois ; mais plus les tuyaux
ont leurs parois épaisses, plus le prix de revient en est élevé. Enfin les tuyaux de fonte
sont en général rugueux, et dans les faibles
pentes cette rugosité des parois intérieures favorise l'adhérence des matières de toute nature
que l'eau tient en suspension, de telle sorte
que l'obstruction partielle de ces tuyaux diminue plus ou moins le débit, et l'arrête même
bientôt complétement, si les eaux sont très-
calcaires. De là, la nécessité d'augmenter
dans des proportions assez considérables le

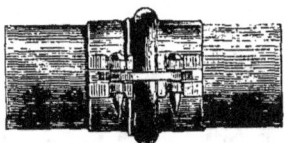

Fig. 3. — Tuyaux en fonte assemblés.

diamètre des tuyaux, c'est-à-dire la dépense.
— Avant leur emploi, les tuyaux de fonte
doivent être essayés à la presse hydraulique :
il faut qu'ils puissent supporter une pression
de 7 à 8 atmosphères. Les tuyaux employés
par le service municipal de la ville de Paris

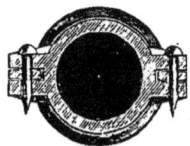

Fig. 4. — Coupe transversale du tuyau
au droit d'un joint.

sont éprouvés à 10 atmosphères, c'est-à-dire
à une pression trois fois plus considérable que
celle que les tuyaux supportent en charge.

Les *tuyaux de plomb*, à cause de leur prix
élevé, ne sont généralement employés que pour
distribuer les eaux dans l'intérieur des bâtiments ; ils ont aussi le grave inconvénient d'altérer la qualité des eaux et peuvent même occasionner des empoisonnements chez l'homme
et les animaux qui boiraient de l'eau ayant
longtemps séjourné dans des tuyaux neufs.
Pour obvier à ce danger on a, dans ces der-

nières années, doublé d'étain l'intérieur des tuyaux de plomb; mais, outre que cette opération augmente le prix de revient, il arrive souvent que, par suite d'une fabrication défectueuse, l'étain intérieur se boursoufle, se détache et peut déterminer un rétrécissement du diamètre intérieur. Du reste, le dépôt

Fig. 5. — Tuyau en terre cuite émaillée.

calcaire dans l'intérieur des tuyaux de plomb finit au bout de quelques mois par remplacer avec avantage la pellicule d'étain.

Les *tuyaux en tôle*, dits *Chameroy* du nom de leur inventeur, sont fréquemment em-

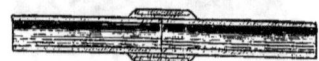

Fig. 6. — Raccord droit de tuyaux en terre cuite émaillée (coupe).

ployés pour la distribution des eaux de villes. Ces tuyaux sont formés à l'aide de feuilles de tôle plus ou moins épaisses et recouverts d'un enduit bitumineux spécial.

Les *tuyaux en grès*, *tuyaux Doulton*, etc.,

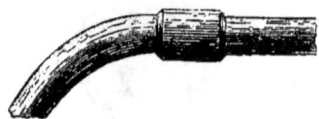

Fig. 7. — Raccord courbe de tuyaux en terre cuite émaillée (élévation).

grâce à la vitrification de leur paroi intérieure, conservent à l'eau toute sa pureté, mais ils sont d'un prix de revient assez élevé. Certains tuyaux de ce genre, ceux de Doulton par exemple, supportent une pression de 10 à 13 atmosphères, selon que leur diamètre est de $0^m,13$ à $0^m,15$. Mais en général les tuyaux en grès vernissés n'ont que des joints assez imparfaits, parce que le ciment n'adhère que médiocrement sur ces tuyaux, alors même que, pour faciliter l'adhérence, les extrémités et les manchons ne sont pas vitrifiés.

On fait un nouveau genre de tuyaux en fonte à joints en caoutchouc vulcanisé qui nous paraît offrir certains avantages, surtout au point de vue de la pose et de l'assemblage, qui paraît extrêmement simple. Nos fig. 1, 2, 3, 4, montrent ces tuyaux. On les pose de façon à ce que les oreilles soient placées verticalement comme le font voir nos fig. 1 et 2. La rondelle en caoutchouc placée dans le joint de deux tuyaux la bouche hermétiquement. Ces tuyaux peuvent supporter une pression d'environ huit atmosphères. La fig. 3 montre deux extrémités de tuyaux assemblés, et la fig. 4 une coupe transversale faite sur un joint.

Nous ne parlerons pas des tuyaux *de pierre forée*, de *ciment et chaux hydrauliques*, *de bois*, de *toile et de papier bitumés*, car tous ces genres de tuyaux sont formés de matières sujettes à se décomposer. Ils peuvent bien, dans certains cas restreints, rendre des services, mais on ne pourrait les employer avec avantage dans des distributions d'eau de quelque importance.

Nous devons mentionner, en terminant, des tuyaux en terre cuite émaillée de la fabrique d'Ollwiller près Soultz, en Alsace.

Nous avons visité cette usine, alors qu'elle était encore située sur le territoire français, et nous avons pu nous convaincre *de visu* que les tuyaux fabriqués par MM. Zeller et Cie présentaient des avantages considérables : une grande résistance, une très-longue durée, une étanchéité parfaite, un très-bon mode d'assemblage ; enfin il ne faut pas oublier que la terre cuite émaillée conserve à l'eau toute sa pureté. Nos figures 5, 6, et 7 montrent ces tuyaux, ainsi que deux modes de leur raccordement ; l'un en ligne droite, l'autre en ligne courbe.

JURISPRUDENCE DES EAUX. — D'après l'art. 551 du Code civil, « tout ce qui s'unit et s'incorpore à la chose appartient au propriétaire, » suivant certaines règles déterminées par les art. 546, 552-577. Il s'ensuit que l'eau qui tombe du ciel, ou celle qui arrive ou qui se trouve d'une manière quelconque sur ou dans un héritage, appartient, par droit d'accession, au propriétaire de cet héritage. L'eau appartient donc bien à celui qui la reçoit, mais elle change de propriétaire chaque fois qu'elle quitte *naturellement* un héritage pour passer dans ou sur un autre. (Pardessus, *Servitudes*, t. 1, 76.) — Il y a des cours d'eau qui appartiennent à l'État, leur lit ne peut être considéré comme une propriété privée : tels sont la mer, les fleuves et les rivières navigables ou flottables, les canaux. (Voy. CANAL, pour la jurisprudence de ce mot; SOURCE et SERVITUDE.)

EAU DE CARRIÈRE. — Eau renfermée dans les pierres qui sortent de la carrière. Il faut laisser évaporer cette eau avant d'employer les pierres à une construction.

EAU FORCÉE. — Eau soumise à une pression plus ou moins considérable. Cette pression résulte généralement de la charge de l'eau au-dessus de l'orifice de sortie, et l'eau est d'autant plus *forcée* que le niveau de l'eau est plus élevé au-dessus de cet orifice.

EAU-FORTE. — Ce mot, chez les ouvriers, est synonyme d'*acide nitrique*. Quand l'eau-forte est très-étendue d'eau, elle porte le nom d'*eau seconde*. Elle sert à plusieurs usages.

EAUX DE FUMIERS. — Eaux qui sortent des écuries et des étables, des fosses et des tas à FUMIER. (Voy. ce mot et l'art. suiv.)

EAUX MÉNAGÈRES. — Eaux de toute nature rejetées de l'intérieur des maisons, des éviers, des *plombs*, etc.

JURISPRUDENCE. — Les eaux ménagères et celles de fumiers ne peuvent avoir un écoulement chez le voisin qu'autant que le propriétaire de la construction d'où dérivent ces eaux a acquis cette servitude, par titre, prescription ou destination du père de famille : dans ces deux derniers cas, les ouvrages doivent être apparents. (*Cod. civ.*, des Servitudes, chap. 3, sect. 1 et 2, art. 688; 689, 690, 692.)

Celui qui, pour se débarrasser des eaux ménagères, veut les faire écouler hors de sa maison, n'a qu'à les diriger dans un *puits absorbant* ou *puits perdu*, si toutefois il dispose d'un terrain d'une largeur suffisante et dans des conditions locales telles que les eaux ne puissent s'écouler sur la propriété contiguë; nous devons ajouter cependant que la création des puits absorbants donne souvent lieu à des indemnités envers les voisins. — Les règles qui régissent les eaux des toits sont en partie applicables aux eaux ménagères. (Voy. ÉGOUT et ÉVIER.)

Les eaux ménagères peuvent être rejetées sur la voie publique, en se conformant aux arrêtés de police et règlements administratifs ; mais il est défendu, sous les peines édictées par le Code pénal, art. 47, § 6, d'y laisser écouler des eaux dont les exhalaisons sont insalubres. — Si un fonds est grevé de la servitude de recevoir les eaux ménagères de son voisin, l'étendue de cette servitude est déterminée par le titre de la propriété. Si la servitude n'est accordée que pour les *eaux pluviales*, aucune autre eau ne peut être rejetée sur le fonds servant ; mais si le titre constitutif d'une servitude déclare que toutes les eaux pourront passer sur le fonds servant, les *eaux ménagères* pourront également traverser ledit fonds, à moins que celles-ci ne soient *infectes*, *puantes*, ou ne contiennent des matières susceptibles de nuire ou porter un préjudice quelconque au fonds servant. (Voy. Desgodets et Goupy, art. 186, § 10, note D.) — Il va sans dire que, si l'immeuble ayant droit à cette servitude chez le voisin vient à changer de destination et envoie sur le fonds servant un accroissement d'eaux, le propriétaire grevé de servitude aura droit de faire cesser cet état de choses, comme agravant sa servitude et hors des prévisions des parties qui l'ont contractée.

EAUX PLUVIALES. — Voy. ÉGOUT.

EAU DE SAVON. — Dans le perçage des trous des pièces de fer, si le serrurier n'a pas d'huile à sa disposition, il remplace celle-ci par de l'eau de savon.

EAU SECONDE. — Dissolution très-hydratée de potasse ; aussi ce mot est-il synonyme d'*eau de potasse*.

L'eau seconde sert à *lessiver*, c'est-à-dire à enlever les vernis et les vieilles couleurs sur des fonds anciens qu'on désire repeindre ; elle sert aussi à humecter les peintures en détrempe qu'on veut gratter.

ÉBARBER, *v. a.* — Enlever les saillies superflues, les *barbes* d'une pièce. Les architectes, avant de réunir deux feuilles de papier à

dessiner, ébarbent les deux côtés qui doivent
être contre-collés. — En serrurerie, c'est couper
à l'aide d'un burin et dresser à la lime les *balèvres* ou *barbes* sur les rives d'une pièce de
fer. — En plomberie, ce terme est quelquefois synonyme de DÉBORDER (Voy. ce mot);
mais il signifie plutôt ôter le sable du plomb
avec des brosses avant de le passer au laminoir. — Les paveurs, après avoir fendu un
pavé en deux, en dégrossissent les joints à
l'aide d'un marteau appelé *portrait :* c'est ce
qu'ils nomment *ébarber.*

ÉBAUCHE, *s. f.* — Forme que l'on donne
par la taille à un quartier de pierre ou à un
bloc de marbre. On emploie pour faire une
ébauche le *ciseau* et la *gradine*, après avoir
dégrossi à la scie ou à la pointe le bloc de
pierre ou de marbre. — Les sculpteurs et les
tailleurs de pierre ne sont pas seuls à faire
des *ébauches*. En effet, la première pensée que
les peintres jettent sur la toile se nomme également *ébauche*. Les ébauches des grands maîtres, qui témoignent d'une exécution spontanée sous l'inspiration créatrice, ont un prix
infini pour les connaisseurs.

ÉBAUCHER, *v. a.* — Faire une ébauche.
En gravure, c'est préparer une planche, y
faire le trait, c'est-à-dire y tracer les principaux contours. — En menuiserie, ce terme
est synonyme de DÉGROSSIR. (Voy. ce
mot.)

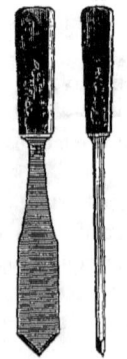

Fig. 1. — Ébauchoirs emmanchés.

ÉBAUCHOIR, *s. m.* — Outil du sculpteur,
en bois ou en pierre, qui lui sert à modeler la

terre glaise ou la cire; l'une des extrémités
de cet outil est en pointe, et l'autre en palette *dentée* ou *unie*. C'est aussi un outil d'a-
cier en forme de ciseau denté, qui sert à *bret-
teler* un bloc de marbre : l'ébauchoir permet
de dégrossir plus rapidement un travail que

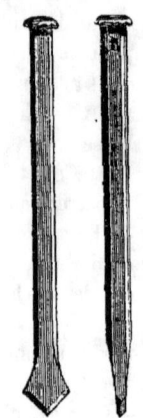

Fig. 2. — Ébauchoirs en fer.

ne pourrait le faire un ciseau uni. — En
charpente, c'est un gros ciseau à deux tranchants à angle aigu, qui sert à ébaucher les
mortaises et les embrèvements, et à faire sur
le *tas* des coupements de pièces de charpente.
Il y a des ébauchoirs en fer montés sur un
manche de bois (fig. 1) et des ébauchoirs
tout en fer (fig. 2); les premiers servent à
mortaiser et à faire des embrèvements, les seconds à faire des coupements.

ÉBÈNE, *s. m.* — Grand arbre des forêts
de Ceylan, de la famille des plaqueminiers
(*Diospyros ebenum*). Le bois d'ébène est fort
dur, d'un gris pâle, et non noir comme on le
croit généralement, mais susceptible de prendre une belle couleur noire et de la conserver.
Il est employé en ébénisterie et surtout dans
la marqueterie. Il existe aussi un ébène à bois
jaune, le *Bignonia leucoxylon*, susceptible de
prendre également un beau noir. On fait de
l'*ébène artificiel*, très-employé en ébénisterie, à
l'aide du poirier ou des *loupes d'*AULNE (Voy.
ce mot), teints par le procédé suivant : on in-
jecte les bois avec du pyrolignite de fer, puis
avec une matière tannante; on obtient ainsi
du bois noir.

ÉBOULEMENT et ÉBOULIS, *s. m.* — Ces deux termes sont synonymes; ils servent à désigner une masse de terre qui s'est détachée de la berge d'une fouille. Nous devons ajouter cependant que si la masse est importante, c'est un *éboulement;* si elle est de moindre importance, il est mieux de dire *éboulis,* et même dans ce dernier cas on peut dire une *éboulée.* — Dans les travaux de terrassements, les parois des excavations doivent être maintenues par des ÉTAIEMENTS (Voy. ce mot), afin de prévenir de graves accidents, dont les entrepreneurs sont d'ailleurs responsables.

ÉBOUSINAGE, *s. m.* — Enlèvement du *bousin* qui recouvre les pierres et les moellons. Ces matériaux doivent être soumis à l'*ébousinage,* qui est en quelque sorte une taille grossière.

ÉBOUSINER, *v. a.* — Enlever avec le marteau le *bousin* ou couche tendre qui recouvre la surface des pierres. *Ébousiner* une pierre, du moellon, c'est les purger de leur *bousin.*

ÉBRASER, *v. a.* — Pratiquer un *ébrasement.* Une baie est *ébrasée,* quand ses tableaux sont disposés en *ébrasement.*

ÉBRASEMENT, *s. m.* — Disposition biaise, par rapport au plan d'axe du mur, des

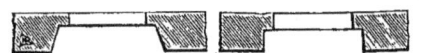

Ébrasements, oblique et droit.

parois latérales d'une baie. L'ébrasement peut exister à l'extérieur comme à l'intérieur; quelquefois il peut être droit. (Voy. notre fig. et BAIE.) Ce terme est presque synonyme d'*embrasure.* Autrefois, on disait aussi *embrasement.*

ÉBROUDIR, *v. a.* — Passer un fil métallique à travers une filière. L'ouvrier chargé de cette opération, nommée *ébroudage,* se nomme *ébroudeur.*

ÉCAILLER LE PLOMB, *v. a.* — C'est le gratter à vif avec le *grattoir,* afin de le mettre en état de recevoir la soudure. On pratique cette opération pour enlever l'oxyde ou *crasse* que porte le plomb à sa surface, et qui l'empêcherait de prendre la soudure.

ÉCAILLAGE, *s. m.* — Défaut d'une peinture qui *s'écaille,* c'est-à-dire qui, étant mal faite, s'enlève ou se détache par écailles.

ÉCAILLES, *s. f. pl.* — Ornement sculpté de formes diverses, mais affectant plus parti-

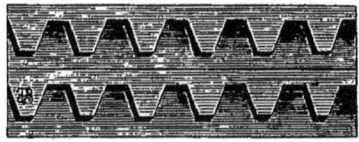

Fig. 1. — Écailles en trapèze.

culièrement la forme des écailles de poisson. Il a été souvent employé à l'époque romane et à l'époque ogivale pour décorer les couronnements des pinacles et des clochetons, les rampants des contre-forts, les flèches des clo-

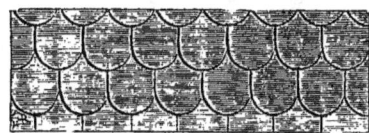

Fig. 2. — Ardoises en écailles.

chers, etc. Notre figure 1 montre des écailles en trapèze, et notre figure 2 des ardoises taillées en écailles, très-employées pour les couvertures décoratives, concurremment avec d'autres formes d'ardoises. (Voy. COUVERTURE.)

ÉCAILLON, *s. m.* — Principal ouvrier d'une ardoisière.

ÉCAILLURES, *s. f. pl.* — Raclures du plomb qu'on a enlevées avec le ciseau, ou plutôt avec le *grattoir.* Quand ces écaillures sont propres, le plombier les fond dans sa chaudière; quand elles sont sales, il les mêle avec les écumes et les crasses qui sont envoyées à l'affinage.

ÉCALES, *s. f. pl.* — Fragments de pavés, qu'on nomme aussi ABATIS (Voy. ce mot), et qui ne sont utilisés que pour des pavages de peu d'importance ou des débords. Il existe des écales en grès, en porphyre, en silex.

ÉCALER (S'), *v. réfl.* — On dit qu'une pièce de bois *s'écale*, quand ses faces se séparent en lames.

ÉCARLATE, *s. f.* — Couleur d'un rouge vif très-brillant.

ÉCARTELÉ, *p. p.* — Terme de blason. Écu partagé en quatre parties par une perpendiculaire qui coupe une horizontale. *Écartelé de gueules et d'or.*

ÉCARTEMENT, *s. m.* — Lorsque deux constructions ou deux parties de construction sont sollicitées dans un sens qui tend à les rapprocher, on maintient leur écartement à l'aide d'arcs, ou d'autres moyens qui reposent presque tous sur le principe de l'ÉTRÉSILLONNEMENT. (Voy. ce mot.) Ce terme est encore synonyme de *disjonction.*

ÉCAUDE, *s. f.* — Nom d'un batelet très-étroit servant à parcourir les petits cours d'eau ou les fossés.

ÉCHAFAUD, *s. m.* — Assemblage de pièces de bois formant une sorte de plancher élevé qui sert aux ouvriers à travailler ; c'est une espèce de construction provisoire qu'on établit autour d'un édifice aussitôt qu'il sort de terre. — On se sert d'échafauds non-seulement pour la construction d'un bâtiment, mais encore dans beaucoup d'autres cas. Ils se divisent en deux classes, les échafauds *fixes* et les échafauds *mobiles ;* les premiers se subdivisent en échafauds *ordinaires*, *d'assemblage*, *volants*, etc.

PRATIQUE. — La manière la plus simple d'échafauder consiste à planter verticalement en terre, à une distance d'environ 3 mètres

les unes des autres, des *écoperches*, dont le pied est maintenu par un *patin* en moellon et plâtre. Ces écoperches sont reliées entre elles par des traverses longitudinales attachées avec des cordages. De chaque écoperche partent d'autres pièces horizontales nommées *boulins*, scellées perpendiculairement dans le mur. Il faut éviter avec soin d'employer des *échasses* ou écoperches et boulins dont le bois serait échauffé, même en partie. L'ouvrier qui préside au montage des échafauds doit observer ses bois avec l'attention la plus scrupuleuse, car le moindre défaut dans ceux-ci peut faire rompre les échafauds, quand ils sont chargés. Les planches employées à former le plancher des échafauds proviennent du déchirage des bateaux ; elles ont ordinairement 4 mètres de longueur, $0^m,30$ à $0^m,35$ de largeur sur $0^m,04$ à $0^m,05$ d'épaisseur. Pour les empêcher de se fendre, on cloue trois petites traverses sur leur face inférieure, une à chaque extrémité et la troisième dans le milieu. Souvent aussi on borde les deux extrémités avec un ruban de feuillard, moyen qui conserve beaucoup ces *plats-bords.* — Ce système d'échafaud employé ordinairement par les maçons, quoique très-léger, est très-solide, quand il est bien établi ; aussi suffit-il pour la plupart des constructions : on l'élève au fur et à mesure que la bâtisse monte, en sorte qu'il se compose de plusieurs étages mis en communication entre eux au moyen d'échelles. Tel est le mode le plus simple d'établir les échafauds devant une face verticale. Pour les établir suivant un plan horizontal, pour exécuter un plafond par exemple, voici comment on procède. On place verticalement des boulins le long de deux murs opposés de la pièce à plafonner ; on les espace de deux mètres environ l'un de l'autre ; on lie à ces boulins des traverses horizontales sur lesquelles on pose le plancher de l'échafaud. Ces traverses sont ordinairement des *morizets*, entés, s'ils sont trop courts pour atteindre la longueur nécessaire. On a soin de les *étrésillonner* en dessous de distance en distance, afin de les aider à supporter le plancher et la charge, qui parfois est considérable : par exemple, quand on appuie sur l'échafaud le cintrage servant à construire les augets, ou bien quand les ouvriers en assez grand nombre travaillent avec activité à l'enduit d'un plafond. La hauteur à laquelle on pose cet échafaud doit être calculée de façon à ce que la tête des ouvriers soit en contre-bas du plafond de 0ᵐ,06 à 0ᵐ,07 ; un plus grand intervalle rendrait le travail fatigant et difficile, surtout quand on se sert de la *taloche*. Si l'on peut sans inconvénient percer les murs pour établir ce dernier genre d'échafaud, on pratique dans ceux-ci des trous pour le scellement des bouts de traverses. On peut alors supprimer les boulins verticaux, lesquels, s'élevant au-dessus du plancher de l'échafaud, sont une cause de gêne et obligent parfois d'interrompre l'enduit des murs à cet endroit, ce qui nécessite des raccords après l'enlèvement de l'échafaud ; car celui-ci doit servir non-seulement à *jeter* le plafond, mais aussi à enduire la partie supérieure des parois verticales des murs. La pose du plancher doit être faite avec beaucoup de soin ; il faut éviter d'avoir des ressauts produits par les bouts de planches, des vides et des bascules, car les maçons, en jetant l'enduit au plafond, sont tellement pressés et absorbés par la prise du plâtre, qu'ils courent continuellement sur l'échafaud sans regarder à leurs pieds. — Les échafauds employés pour enduire les voûtes se construisent et s'établissent de même.

Les échafauds d'*assemblage* sont construits par les charpentiers. Ils sont composés de fortes pièces verticales entées souvent les unes sur les autres et reliées entre elles par des *moises*, des *croix de Saint-André*, des *décharges*, etc. Ce genre d'échafaud a l'inconvénient d'être fort coûteux par la grande quantité de bois qu'on y emploie, mais il présente aussi l'avantage de pouvoir supporter de fortes charges de pierres, ainsi que les machines destinées à élever ces matériaux. Dans la construction des édifices publics importants, on emploie des échafauds de charpenterie, parce qu'ils sont appelés à une longue durée.

En Italie, on ne se contente pas de laver à la scie la surface des bois employés à ce genre d'échafaud, les bois sont même rabotés avec soin; tel est, par exemple, l'échafaud qui se trouve actuellement devant la façade de Santa-Maria del Fiore, à Florence, dont les travaux

peuvent durer de longues années. Dans des cas particuliers on construit les échafauds avec beaucoup d'art ; tel est celui que représente notre figure 1, et qui a servi pour la reconstruction de la colonne de la Grande-Armée, place Vendôme à Paris ; il a été publié dans l'*Encyclopédie d'architecture*.

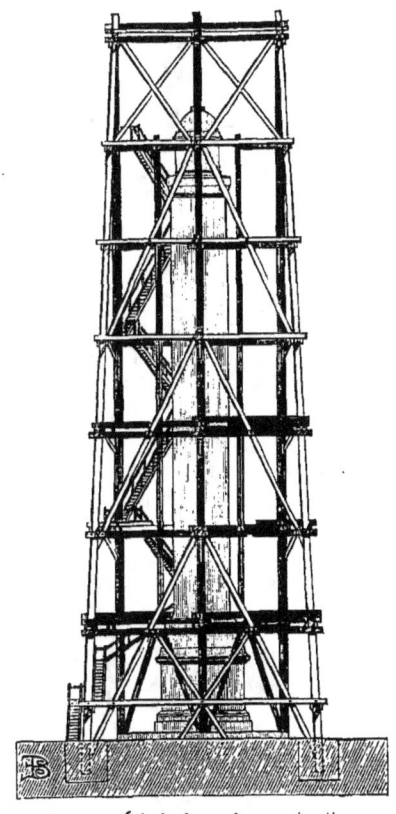

Fig. 1. — Échafaud pour la reconstruction de la colonne de la Grande-Armée.

Les échafauds *volants* se construisent de diverses manières, selon la nature des travaux à exécuter et la disposition des localités où l'on se trouve. D'une durée très-limitée et servant pour des travaux de réparations peu importantes, les échafauds volants sont construits très-légèrement. Il arrive même souvent qu'une très-grande souplesse et une grande habitude sont nécessaires aux ouvriers pour travailler sans gêne et sans inquiétude sur ce genre d'échafaud.

Quand il y a impossibilité de faire reposer

les échasses sur le sol, dans une rue étroite par exemple, si on peut disposer du premier étage, on établit un échafaud à bascule (fig. 2). On pose, à cet effet, sur les appuis des fenêtres et horizontalement, de fortes pièces de

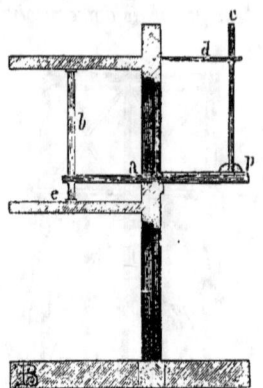

Fig. 2. — Échafaud en bascule : *a*, charpente horizontale ; *b*, poteau vertical ; *c*, écoperche ; *p*, patin ; *d*, boulin ; *e*, potelet.

charpente, *a*; on s'oppose à leur mouvement de bascule en serrant leur partie intérieure entre un potelet de support, *e*, qui repose sur le

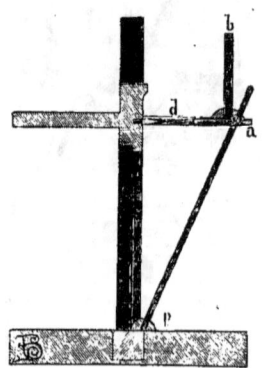

Fig. 3. — Échafaud pour passage étroit à rez-de-chaussée : *a*, écoperche inclinée ; *b*, boulin vertical ; *d*, plat ferme ; *p*, patin en maçonnerie.

plancher et un poteau vertical, *b*, dont l'extrémité supérieure s'appuie sous le plafond.

Sur les parties extérieures de ces pièces, on pose le premier plancher de l'échafaud. C'est ainsi qu'on établit ceux qui dans les démolitions sont destinés à empêcher la chute des gravois sur la voie publique. Un rebord en

planche posé verticalement complète l'installation de ce plancher. Lorsque l'échafaud est dressé pour l'exécution de travaux de maçonnerie, pour la réfection d'un ravalement de façade par exemple, sur ce premier plancher on pose les *échasses* ou *écoperches* comme on le ferait sur le sol même, et on les scelle dans des patins. Il faut avoir soin de faire porter le pied de ces écoperches au-dessus des pièces de

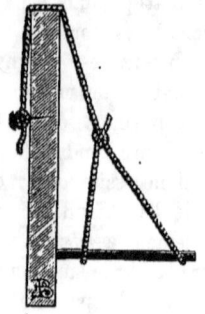

Fig. 4. — Échafaud pour réparations légères.

charpente et non ailleurs, car sans cela le poids considérable que les écoperches ont parfois à supporter pourrait crever le plancher. — Si le travail à exécuter est de peu d'importance, et si le premier plancher ne doit pas porter d'échafaudage, au lieu de pièces de charpente on emploie des *morizets* pour les pièces horizontales, et, pour s'opposer au mouvement de bascule, on les attache simplement après un boulin vertical qui porte sur le plancher et s'appuie à son extrémité supérieure sous le plafond. — Quand le premier étage du bâtiment n'est pas libre, ou qu'on ne veut pas y entrer, on supporte la partie extérieure des premiers boulins horizontaux par des boulins inclinés dont la partie inférieure est scellée au pied des murs dans de forts patins (fig. 3.) Le reste de l'échafaudage se construit ainsi qu'il a été dit ci-dessus. — Pour des réparations accidentelles, les échafauds volants ne se composent souvent que d'une ou de deux planches liées aux extrémités par des cordages qui viennent passer sur le sommet du mur. On fixe ces cordages contre la face opposée, soit à des crampons, soit à toute autre saillie solide. (Voy. notre fig. 4.) Les couvreurs établissent à peu près de cette façon leurs échafauds volants; seulement ils emploient une échelle sur laquelle ils posent une planche.

Les échafauds mobiles peuvent, par une disposition ou un mécanisme particulier, être mis en mouvement et transportés d'un point à un autre. Ce sont des espèces de tours en charpente à base carrée, de forme pyramidale. Ces tours peuvent avoir plusieurs étages ; on communique entre eux au moyen d'échelles ou même d'escaliers. Notre figure 1, qui fait voir l'échafaud de la colonne de la Grande-Armée que nous avons donné ci-dessus, montre, mais

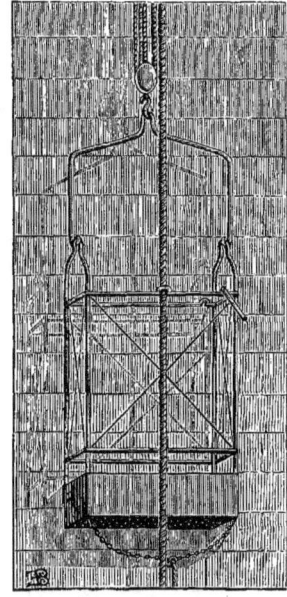

Fig. 5. — Échafaud mobile, en fer et tôle.

dans des proportions beaucoup plus considérables, ce genre de tour servant d'échafaud. Elles peuvent même être montées sur des galets qui permettent de les rouler là où leur placement est nécessaire.

Un autre système d'échafaud mobile, celui dit de *Journet*, son inventeur, est fort ingénieux. Il est très-commode pour exécuter les ravalements et le nettoyage des façades. Il peut dans toutes les circonstances remplacer avec avantage la corde à nœuds. Le plancher, garni d'une balustrade pour la sûreté des ouvriers, a 1 mètre de long sur 0m,80 de large. Il est fixé à un montant qui glisse dans une coulisse plus ou moins élevée, et au moyen de laquelle le mouvement horizontal s'exécute sur une traverse à l'aide d'un chariot. L'ouvrier, au moyen de cordes, de moufles et de poulies, peut s'élever et s'abaisser, sans quitter son échafaud. — Enfin on a fait des échafauds mobiles tout en fer et tôle, comme celui que représente notre figure 5. Il se compose d'une plate-forme en tôle perforée surmontée d'un garde-fou. Tout le système porte, au moyen d'une *esse*, à un moufle dont les cordes de support sont amarrées à des souches de cheminées ou à des boulins fixés dans des lucarnes de mansardes. On monte et on descend cette sorte de cage à la hauteur qu'on veut au moyen d'un câble ; une chaînette placée au-dessus permet, en tirant sur une corde, d'écarter du mur tout le système, quand il faut franchir un bandeau ou toute autre saillie.

ÉCHAFAUDAGE, *s. m.* — Construction et établissement d'un échafaud. Cette opération s'exécute de diverses manières ; mais on doit y apporter le plus grand soin, surtout aux échafauds qu'emploient habituellement les maçons. Il faut donner une attention toute particulière aux échasses, écoperches, boulins, cordages et autres agrès, et rejeter ceux qui ne présenteraient pas des garanties suffisantes de solidité. (Voy. l'article précédent.)

ÉCHAFAUDER, *v. a.* — Faire un échafaudage.— *S'échafauder* (v. réfl.), c'est-à-dire préparer un échafaudage. Les maçons s'échafaudent pour exécuter divers travaux.

ÉCHAILLON, *s. m.* — Pierre calcaire, dure et résistante, d'une belle nuance, d'un blanc rosé ou d'un jaune clair. Les principales variétés les plus employées sont : l'*échaillon blanc*, l'*échaillon rose*, la *roche de l'échaillon*. Cette pierre est employée pour socles, soubassements, stylobates, en un mot dans toutes les parties des édifices qui fatiguent et sont sujettes à l'usure. La résistance de cette pierre à l'écrasement varie, suivant sa provenance, de 600 kilogr. à 820 et 860 kilogrammes par centimètre carré.

ÉCHALAS, *s. m.* — Petites tringles de bois de chêne ou de châtaignier. Elles sont tirées de ces arbres suivant le fil du bois. On les vend par bottes de différentes longueurs. Elles servent aux treillageurs pour exécuter leurs travaux de treillage.

ÉCHAMPIR, *v. a.* — Faire un *échampissage,* c'est-à-dire faire ressortir un ornement d'un fond, soit en le détachant de ce fond par une autre couleur, soit en cernant le contour avec de l'or ou de toute autre manière. (Voy. RÉCHAMPIR.)

ÉCHANDOLE, *s. f.* — Ce terme, dans quelques localités, est synonyme de BARDEAU. (Voy. ce mot.) — Au xvi⁰ siècle, on écrivait *Eschandole.*

ÉCHANTIGNOLLE, *s. f.* — Les ouvriers emploient ce terme comme synonyme de CHANTIGNOLLE. (Voy. ce mot.)

ÉCHANTILLON, *s. m.* — Dimension et forme fixes, déterminées par l'usage ou les règlements, de matériaux susceptibles d'être taillés. C'est ainsi qu'on dit par exemple ardoise de *grand* et de *petit échantillon.* A l'égard des matériaux manufacturés, tels que briques, tuiles, tuyaux, etc., on remplace suivant le cas le mot *échantillon* par ceux de *moule* ou de *modèle.* — On nomme *pierre d'échantillon,* celle qui est expédiée de la carrière avec la forme qu'elle doit occuper une fois en place ; *pavé d'échantillon,* le plus gros modèle employé ; *bois d'échantillon,* les bois débités suivant certaines dimensions usitées dans le commerce.

ÉCHANTILLONNER, *v. a.* — Donner aux matériaux susceptibles d'être taillés une forme et des dimensions identiques déterminées par l'usage ou des règlements. — C'est aussi réunir par le triage des objets d'un même échantillon. (Voy. ÉCHANTILLON.)

ÉCHAPPÉE, *s. f.* — Hauteur nécessaire pour *échapper,* c'est-à-dire pour permettre de passer facilement, sans être obligé de se baisser et sans craindre de se heurter la tête contre un plafond, un linteau, etc. C'est surtout à l'égard des escaliers qu'on emploie ce terme.

C'est souvent une difficulté dans les escaliers à petit rayon que de bien ménager l'échappée. Celle-ci ne peut guère avoir moins de 2 mètres, entre la voûte et les marches d'un escalier, ou bien entre le dessus des marches d'un escalier tournant et le dessous de la révolution supérieure.

ÉCHAPPEMENT, *s. m.* — Mécanisme, détente. Ainsi on dit *échappement d'un timbre,* etc.

ÉCHAPPER, *v. a.* — Ménager dans les endroits où cela est nécessaire la hauteur convenable pour qu'un homme puisse passer librement et sans se baisser.

ÉCHARPE, *s. f.* — Tringle de bois ou de fer posée en diagonale dans un' panneau de porte, etc., pour le consolider ou le mainte-

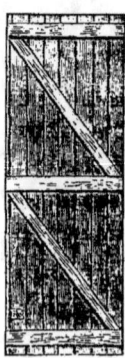

Écharpes.

nir rigide. Dans une feuille de parquet, on nomme ainsi la traverse assemblée obliquement dans les angles du bâtis d'encadrement.

On emploie aussi des écharpes pour donner plus de rigidité à un plancher en bois dont les solives seraient trop légères. — C'est aussi un cordage attaché à l'œil d'une *louve,* ou au câble d'une pierre qu'on élève. L'écharpe sert à guider cette pierre, et l'empêche de s'épaufrer en la maintenant loin des murs et des saillies qu'elle pourrait user ou dégrader. —

Ornement affectant la forme d'une écharpe en étoffe et qui va d'une volute à l'autre dans certains chapiteaux ioniques.

ÉCHARPE (Ruisseau en). — Ruisseau qui coupe obliquement une route, soit pour obtenir une pente convenable pour l'écoulement des eaux, soit pour retenir les terres dans les chemins en pente.

ÉCHARPER, v. a. — Passer autour d'un fardeau des *élingues* qui l'entourent comme une écharpe, afin de le soulever à l'aide de grues ou d'autres machines. Les maçons écharpent des pierres, les charpentiers des pièces de bois.

ÉCHASSES, s. f. — Pièces de bois de brin que l'on dresse pour supporter les planchers d'échafauds. On les appelle aussi *écoperches* et BALIVEAUX. (Voy. ce mot.)

Les échasses sont quelquefois en sapin, mais le plus souvent en aulne. La légèreté de ce dernier bois rend leur manœuvre facile. Elles mesurent 5, 10 et 12 mètres de longueur sur $0^m,15$ à $0^m,25$ de diamètre à leur pied. Leur sommet se termine presque en pointe, mais on ne doit les charger que dans la partie qui présente plus de $0^m,07$ à $0^m,08$ de diamètre. On allonge les échasses en les liant au moyen de cordages, ou en les entant les unes sur les autres. — C'est aussi une règle de bois mince sur laquelle les appareilleurs marquent les lignes de hauteur et de largeur des pierres à tailler, afin de rechercher dans le chantier les pierres brutes qui se rapprochent le plus des dimensions à obtenir. Les appareilleurs marquent sur les échasses à l'aide de l'épure les lignes de retombée et l'épaisseur des voussoirs d'une voûte.

ÉCHAUDAGE, s. m. — Lait de chaux qui sert à blanchir les murs. C'est aussi l'opération qui consiste à donner plusieurs couches de lait de chaux à des murs. Dans les vieux plafonds, on passe une couche à l'huile; lorsqu'il y a seulement quelques taches à réparer, on emploie du vernis à l'esprit-de-vin.

ÉCHAUDOIR, s. m. — Salle faisant partie d'un abattoir, dans laquelle les bouchers abattent les animaux et dépècent la viande. Nos figures montrent en plan et en élévation un échaudoir des abattoirs de la Villette à Paris, construits par M. Janvier. On voit dans le plan (fig. 1) un anneau de fer scellé à un dé en pierre engagé dans le sol. Cet anneau sert à attacher par la tête l'animal qu'on veut abattre; à droite de l'anneau se trouve scellé

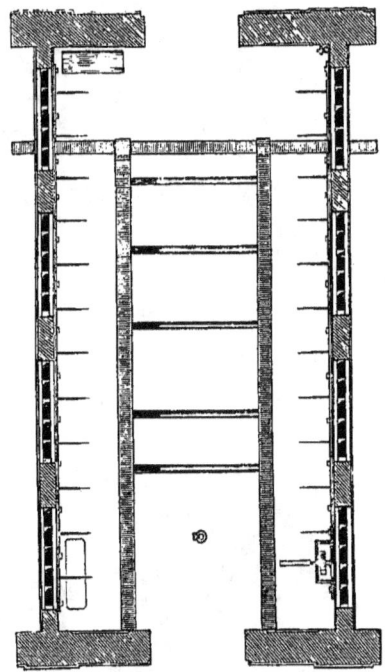

Fig. 1. — Plan d'un échaudoir
(abattoirs de la Villette, à Paris).

au mur un treuil qui, à l'aide d'une corde, sert à enlever les animaux abattus, pour les écorcher, les vider, les laver et les nettoyer; vis-à-vis du treuil se trouve une auge maçonnée en contre-bas du sol, pour recueillir le sang; un robinet placé dans un angle de l'échaudoir fournit au boucher l'eau nécessaire aux lavages. Dans l'angle opposé se trouve une table servant à entreposer l'outillage du boucher et à d'autres usages. La fig. 2 montre la coupe de cet échaudoir.

Deux fers à T placés à $2^m,25$ au-dessus du sol, et engagés dans le mur de face d'un côté et dans un chevêtre de l'autre, servent à supporter les rouleaux de bois à l'aide desquels on suspend les bœufs par les jarrets. Ces

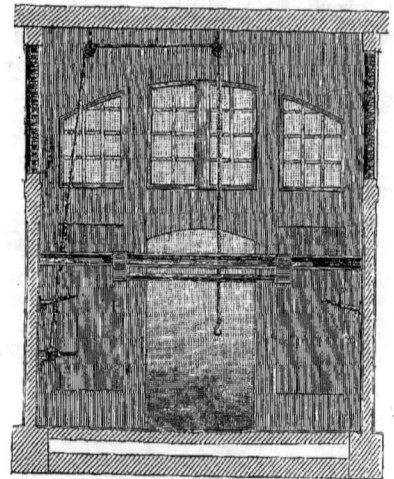

Fig. 2. — Coupe d'un échaudoir
(abattoirs de la Villette, à Paris).

fers sont placés à 0ᵐ,90 des murs latéraux et laissent entre eux un intervalle de 2ᵐ,25

suspend les veaux ou de gros quartiers de viande. En avant de ce bâtiment se trouve la cour de travail, dans laquelle on égorge les moutons et les veaux. Le sol des échaudoirs est incliné de façon à permettre l'écoulement des eaux de lavage vers une canalisation longitudinale aboutissant à un égout qui passe au milieu de la cour de travail.

Ce sol est formé d'un bétonnage bien pilonné et recouvert d'un enduit en ciment de Portland.

ÉCHAUFFEMENT, s. m. — Voy. Bois, § *Défauts du bois.*

ÉCHAUGUETTE, s. f. — Espèce de petite guérite placée en encorbellement soit au sommet des tours, soit sur les courtines, principalement aux angles. Certaines portes de villes avaient aussi des échauguettes. Primitivement elles étaient en bois ; on pouvait même les poser et les enlever à volonté ; mais à partir du XIᵉ siècle elles furent faites en maçonnerie, et par conséquent inhérentes à la construction. C'est dans l'échauguette qu'était pla-

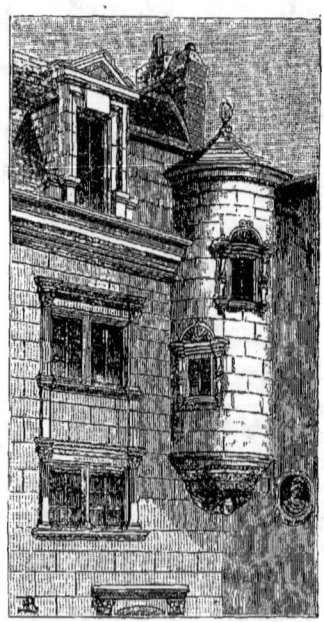

Fig. 1. — Échauguette, hôtel des frères Lallemand, à Bourges.

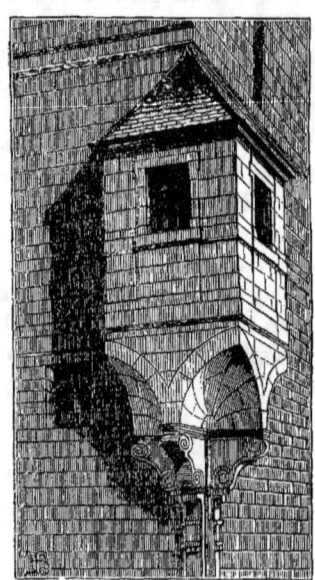

Fig. 2. — Échauguette, hôtel Lamoignon, à Paris.

à 2ᵐ,30. De chaque côté sont boulonnées, dans les murs, des chevilles en fer auxquelles on

cée la sentinelle qui guettait les mouvements de l'ennemi. Des églises fortifiées du moyen âge avaient des échauguettes, notamment celle d'Esnandes dans la Charente-Inférieure, celle de Dimorée dans le Gers. Peu à peu l'échauguette s'agrandit ; elle devint un véritable petit poste pouvant contenir trois ou quatre hommes ; quelques-unes même eurent des cheminées. Au XVIe siècle, beaucoup de maisons furent décorées d'échauguettes, mais on ne

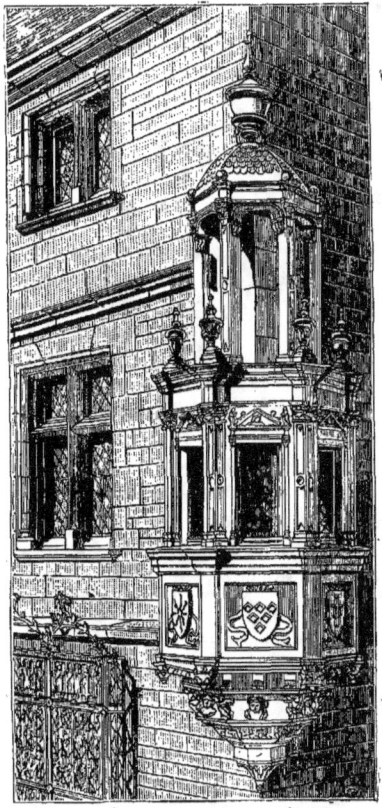

Fig. 3. — Échauguette, à Troyes. (Élévation.)

leur donna qu'un seul étage. Telles sont celles représentées par nos figures 1 et 2 ; la première se trouve dans la cour d'une maison de Bourges, dite hôtel Lallemand ; la seconde se voit à l'hôtel Lamoignon, rue Pàvée-au-Marais à Paris : elle est portée en encorbellement sur une trompe. Souvent les échauguettes étaient surmontées d'un couronnement ou d'un lanternon, comme à l'hôtel Marisy à Troyes (fig. 3), dont notre figure 4 montre le plan.

Il ne faut pas confondre l'échauguette avec la tourelle d'angle. En effet, quand la première est plus élancée ou a plusieurs étages, elle prend le nom de TOURELLE. (Voy. ce mot.)

Les échauguettes ne sont plus guère employées aujourd'hui dans nos constructions : on peut le regretter, car elles donnent du mouvement et de la couleur aux façades ; disons cependant qu'à l'étranger, dans certains

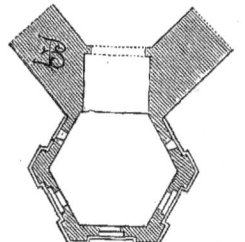

Fig. 4. — Échauguette, à Troyes. (Plan.)

pays, en Angleterre et en Belgique par exemple, elles sont encore fort en usage.

ÉCHELIER ou RANCHER, *s. m.* — Pièce de bois traversée par des échelons nommés *ranches,* qui remplit l'office d'échelle. On la pose d'aplomb, pour descendre dans un puits ou dans une carrière ; ou bien on lui donne une inclinaison plus ou moins forte, si on l'emploie pour monter à une grue ou à un engin quelconque.

ÉCHELLAGE. — Voy. TOUR D'ÉCHELLE.

ÉCHELLE, *s. f.* — Machine pouvant suppléer à un escalier et qui peut même jus-

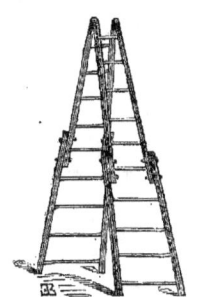

Fig. 1. — Échelles doubles à rallonges.

qu'à un certain point servir d'*échafaud volant.* On distingue divers genres d'échelles : elles

sont *simples, doubles, à coulisse, à roulettes,* etc.
Dans ces diverses formes, elles peuvent être
diversement fabriquées ; elles peuvent également être en bois, en fer plein ou creux, etc.
Nos figures 1, 2, 3, 4 montrent les échelles

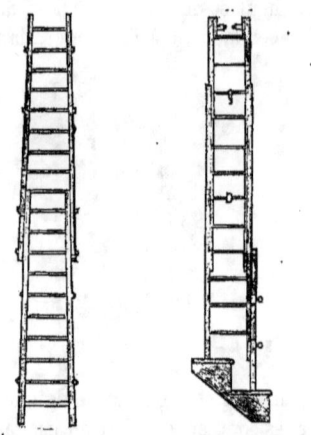

Fig. 2. — Échelles simples, droite et boiteuse, et à rallonges.

doubles et simples et à coulisses les plus
employées. — Une échelle se compose de
montants et d'échelons. Les plus grandes échelles simples dont on se sert sur les chantiers

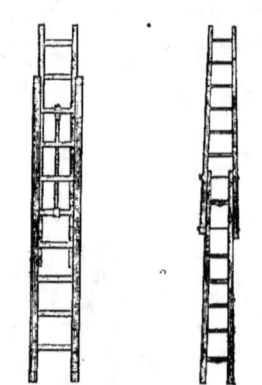

Fig. 3. — Échelles simples à rallonges.

ont des montants en bois de brin, et, pour leur
donner une grande solidité, on maintient, de
distance en distance, l'écartement des montants par des boulons en fer à écrou qui remplacent les échelons auxquels ils correspondent. Ces derniers sont en bois de charme ou
d'aulne ; *ils* sont d'un plus fort diamètre dans
leur milieu que vers leurs extrémités. Presque
tous les corps d'état emploient les échelles.

ÉCHELLE DE MEUNIER. — Escalier droit
fort raide, qui sert généralement à monter
dans les combles, greniers, lanternons, etc.
Les limons, dans ce genre d'escalier, sont remplacés par deux planches parallèles suffisamment épaisses, et posées de champ suivant une
inclinaison voulue ; de plus petites planches,
n'ayant que la largeur strictement nécessaire
pour recevoir le pied, sont assemblées à tenon
et à mortaise par leurs bouts dans les limons :

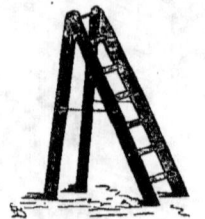

Fig. 4. — Petite échelle double.

ces planches forment les degrés ou marches
de l'escalier.

ÉCHELLE DE RÉDUCTION. — Ligne droite
divisée en parties égales dont chacune représente une longueur réduite, correspondant
à une longueur réelle. Une échelle de réduction très-employée par les architectes, c'est le
double décimètre, dont chaque centimètre correspond à un mètre, si le dessin réduit est
exécuté à 0^m,01 par mètre ; si le dessin est
réduit à 0^m,02 pour mètre, deux centimètres
représentent un mètre en vraie grandeur.
Les échelles les plus employées par les architectes sont 0^m,005 par mètre pour les grands
plans, 0^m,01 par mètre pour les plans moyens,
0^m,02 par mètre pour les plans cotés pour
la construction. Quant aux détails d'exécution
pour les profils ou les moulures, ils sont à
0^m,05, à 0^m,10 et 0^m,20 pour mètre de leur
vraie grandeur. Les échelles de réduction
pour les machines sont à 0^m,10 pour mètre,
à 0^m,25, et même à 0^m,50 pour les petites machines ou engins.

ÉCHELLE DE CORDES. — Voy. CORDE A
NŒUDS.

ÉCHELLE (Tour d'). — Voy. TOUR D'É-
CHELLE.

ÉCHELON, *s. m.* — Tringle de bois ou de fer formant les degrés d'une échelle. Ce sont des barres ou des bâtons qui relient les montants d'une ÉCHELLE. (Voy. ce mot.)

Pour descendre dans les puits ou monter dans l'intérieur des cheminées d'usine, on

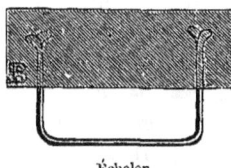

Échelon.

emploie des tiges de fer coudées, comme le montre notre figure.

JURISPRUDENCE. — Ce genre d'échelon, quand il est scellé dans un mur séparatif non mitoyen pour faire une échelle, nécessite l'achat d'une partie du mur par celui qui le fait poser sur le mur ne lui appartenant pas. La largeur à acquérir est de la moitié de la largeur occupée à plomb de la plus grande saillie de cette échelle, plus un PIED D'AILE ($0^m,32$) (Voy. ce mot) au delà de chaque côté de ladite échelle.

ÉCHENAL, *s. m.* — Gouttière creusée dans un tronc d'arbre, ou faite avec deux ou trois planches, pour recevoir l'eau des toits. — Les fondeurs en bronze nomment ainsi une rigole destinée à conduire au moule le métal en fusion. — On dit également *echeneau*, et *écheno*, mais ces deux termes sont moins usités.

ÉCHIFFRE, *s. m.* — L'échiffre ou mur d'échiffre d'un escalier est le mur qui, situé au centre de la cage d'un escalier, porte les abouts des marches. L'échiffre d'un escalier en hélice est un cylindre et prend le nom de *noyau;* quelquefois, mais vulgairement, celui d'arbre, quand il est en bois. L'échiffre peut être en pierre ou en bois. Les ouvriers disent quelquefois *échiffe.* (Voy. ESCALIER.)

ÉCHINE, *s. f.* — Large moulure elliptique ou hyperbolique du chapiteau dorique, qui est placée immédiatement au-dessous de l'abaque. (Vitruve, IV, 3, 4.) Les annelets sont placés

au-dessous. (Voy. CHAPITEAU, fig. 10 et 11.) Ordinairement l'échine est plus haute que l'abaque, ou du moins de même hauteur, jamais plus étroite. (Voy. notre fig.) La courbe de l'échine, qui n'est jamais circulaire, est d'une grande élégance et possède beaucoup de fer-

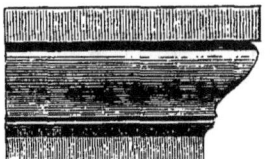

Échine.

meté, surtout dans le dorique grec. On dit aussi *ove.* En termes d'antiquités, c'est un mot dont le sens est peu défini. D'après Horace (Sat. I, 6, 117), ce serait un ustensile de table imitant un *oursin,* c'est-à-dire un crustacé épineux que nous appelons aussi *hérisson,* ce qui expliquerait l'étymologie de son nom, ἐχῖνος. Ou bien ce serait un vase qui servait à laver les verres.

ÉCHIQUET (POSE EN). — Pose des feuilles de parquet diagonalement par rapport aux murs de la pièce à parqueter. (Pernot, *Dict. des mots techniques employés dans la construction.*) Nous avouons ne pas connaître ce terme. Il ne se trouve ni dans les dictionnaires de Félibien, de d'Aviler, de Quatremère de Quincy, ni dans celui de Littré.

ÉCHIQUETÉ, ÉE, *adj.* — Rangé comme les cases d'un échiquier. En termes de blason, l'écu est dit *échiqueté,* s'il possède au moins vingt-quatre carreaux; car s'il n'en portait que neuf, il serait *équipollé.*

ÉCHIQUIER, *s. m.* — Carrés alternés, de couleur foncée, généralement noire et blanche, ou bien de couleurs tranchantes. L'échiquier est aussi formé de carrés alternés, les uns creux, les autres saillants, présentant par leur réunion une disposition plus connue sous le nom de DAMIER. (Voy. ce mot.) L'échiquier se rencontre à toutes les époques, dans l'antiquité, le moyen âge et la renaissance; il est surtout employé dans la décoration des pavements, où il produit du reste le meilleur effet. A l'époque romane, on rencontre fréquemment des échiquiers composés de carrés alternativement creux et saillants, ils forment la décoration de corniches, de bandeaux ou d'autres parties lisses. — En vitrerie, c'est une sorte de calibre ou de patron qui sert aux vitriers à tracer sur papier ou sur carton les différents compartiments qui doivent composer l'ensemble d'un vitrail.

ÉCHOPPE, *s. f.* — C'est un ciseau employé par les serruriers pour exécuter sur le fer des gravures grossières; c'est aussi une pointe en acier à l'usage du graveur. — Ce mot désigne encore une petite construction en bois, petite boutique isolée ou adossée contre un mur dans un terrain vague situé en deçà de l'alignement d'une rue, dans des angles et renfoncements.

JURISPRUDENCE. — Par une déclaration royale en date du 16 juin 1693, les échoppes ne peuvent être établies sans autorisation et sans payer un droit de voirie. Une ordonnance du 24 décembre 1823, titre 3, section 4, détermine l'emplacement dans lequel on pourra élever des constructions provisoires, des *échoppes* et des *appentis*. Une instruction du préfet de police, en date du 18 juin 1824, prescrit un relevé des échoppes construites soit par tolérance de l'autorité, soit sans aucune espèce d'autorisation, ou en abusant de permissions délivrées pour étalages mobiles. Enfin une décision du préfet de police en date du 15 février 1850, résolvant certaines questions de petite voirie, s'exprime ainsi : « Le droit fixé par le tarif pour les échoppes ne se paye que lors de l'établissement de l'échoppe. Tant qu'elle existe, il n'y a pas lieu à perception nouvelle pour mutation, sauf au nouvel occupant à obtenir l'agrément de l'administration. »

ÉCLAIRAGE, *s. m.* — Action d'éclairer. On éclaire l'intérieur des maisons par des baies vitrées, les caves et les sous-sols par des soupiraux ou des ouvertures horizontales, qu'on recouvre de dalles en verre d'une épaisseur suffisante pour supporter un poids assez lourd, si ces ouvertures se trouvent dans des endroits passagers. Tels sont les principaux modes d'éclairage diurne dans les lieux accessibles à la lumière solaire. Dans les endroits inaccessibles à cette lumière, ou pendant la nuit, pour suppléer à la lumière du jour, on emploie une lumière artificielle. Dès la plus haute antiquité on a utilisé pour l'éclairage des résines, des huiles, des matières grasses, de la cire, etc. De nos jours on se sert, dans les habitations, des huiles, de la bougie et du gaz.

L'éclairage public des villes remonte à la fin du moyen âge. Il fut longtemps imparfait, et ce n'est guère que depuis l'application du gaz hydrogène bicarboné à l'éclairage public que ce service est vraiment utile. (Voy. GAZ.) Il y a un peu plus d'un siècle, en 1771, les 980 rues de Paris étaient éclairées par 6,800 lanternes publiques, dont l'entretien pour frais de luminaire s'élevait à la somme de 135,000 livres par an. Aujourd'hui, les 3,000 rues de Paris sont éclairées par près de 34,000 appareils dont 32,500 sont au gaz et 1,500 à l'huile. L'éclairage se fait au moyen de lanternes portées sur des potences ou des candélabres; les unes sont fixées dans les murs des maisons, les autres sont isolées sur les bords des trottoirs quand la largeur des voies le permet. L'éclairage public de Paris absorbe annuellement un peu plus de 400,000 tonnes de houille. La dépense annuelle s'élève à environ 30,060,000 francs, ce qui fait ressortir le montant de la dépense d'un bec de gaz à 93 francs.

JURISPRUDENCE. — L'éclairage des travaux de construction et des clôtures qui les entourent est obligatoire. Il se fait au moyen de lanternes à l'huile. Il y en a de deux genres; les unes sont carrées; les autres, plates, sont dites *placards*. Elles s'accrochent contre un mur, un poteau, une clôture. L'éclairage des chantiers est aux frais de l'entrepreneur, c'est ordinairement une des clauses de son cahier des charges. Il est d'ailleurs responsable des contraventions à cet égard.

D'après le Code pénal, art. 471, n° 4, seront punis d'amende, depuis 1 franc jusqu'à 5 francs inclusivement, ceux qui auront embarrassé la voie publique en y déposant des matériaux ou des objets quelconques susceptibles de nuire à la libre circulation, et qui, en contravention des lois et règlements, auront négligé d'éclairer les matériaux par eux entreposés ou les excavations faites par eux dans les rues ou places. Le défaut d'éclairage ne peut être excusé par aucun motif. Le contrevenant ne peut pas prétendre, quand bien même il le prouverait, que la malveillance (s-v., 1869, 1, 48 ; Cass., 24 avril 1868), ou un vent violent a éteint ses lanternes (Cass., 28 fév. et 16 mai 1846 ; 1er avril 1848) ; il ne peut non plus prétexter qu'il faisait clair de lune (Cass., 23 avril 1835) ; enfin le contrevenant ne peut invoquer aucun prétexte. En cas de récidive, le contrevenant peut être condamné à l'emprisonnement, mais pour trois jours au plus. (*Cod. pén.*, art. 474, 483.)

ÉCLISSE, *s. f.* — Mode d'attache employé pour consolider les joints des rails des voies ferrées. Ce procédé de jonction tend tous les jours à disparaître depuis l'emploi des *coussinets-éclisses*. — On nomme encore *éclisses* des bois de fente ou de petits *ais* qui servent à faire des ouvrages légers.

ÉCLUSE, *s. f.* — Ouvrage d'architecture hydraulique, établi sur un canal ou sur un cours d'eau canalisé, au moyen duquel on rachète la différence existant entre le niveau de deux portions d'un canal ; en un mot, l'écluse est une chambre, un bassin qui retient l'eau nécessaire pour faire monter ou descendre d'un bief à un autre le bateau qui parcourt un canal. L'invention des écluses paraît avoir une origine très-ancienne, puisqu'elles sont connues en Chine de toute antiquité. En Europe ce n'est guère que vers la fin du XIVe siècle qu'elles apparaissent dans les travaux des ingénieurs militaires italiens, qui font des écluses afin d'avoir des retenues d'eau assez élevées pour permettre de remplir les fossés d'une place de guerre. Dans une écluse, les parois se nomment *bajoyers*, le fond *radier* et les portes, suivant leur position respective, *porte d'amont* et *porte d'aval* ; les vantaux de ces portes s'arc-boutent l'un contre l'autre ; ils appuient par leur extrémité

inférieure contre le *busc*, c'est-à-dire contre une saillie en pierre formant un angle aigu et faisant face au courant. — Dans les ports de mer, on nomme *écluse de chasse* une écluse dans laquelle on laisse arriver la mer à marée haute, et qui retient l'eau à l'heure du reflux. Puis, aussitôt que la marée atteint son point le plus bas, on ouvre les portes de l'écluse, et l'eau, animée d'une grande vitesse, se précipite dans la mer et balaie les sables, les alluvions et autres vases qui se trouvent à l'entrée du port.

ÉCOINÇON, *s. m.* — Pierre ou partie de mur qui dans le pied-droit d'une baie fait l'encoignure d'une embrasure. Quand le pied-droit ne fait pas parpaing, cette pierre est jointe

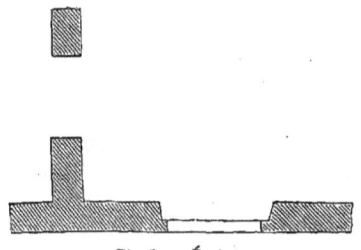

Fig. 1. — Écoinçon.

avec le *lancis* des baies. Dans notre figure 1, nous avons dans l'angle un premier écoinçon formé par le mur et la porte, et un deuxième

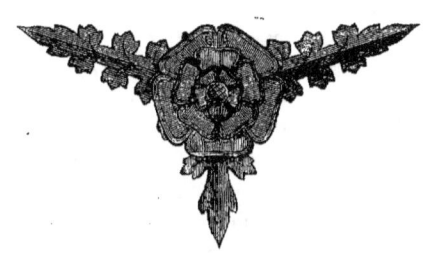

Fig. 2. — Écoinçon.

formé par le mur et la fenêtre. — C'est aussi un morceau rapporté qui a la forme d'un triangle, et qu'on ajoute aux pièces trop étroites d'un bout, par exemple à des MARCHES DANSANTES (Voy. ce mot) dans un escalier tournant. Enfin, on donne encore ce nom à des détails de décoration pouvant entrer dans un motif triangulaire ; notre figure 2 montre un écoinçon en ferronnerie. — Quelques auteurs ont aussi écrit, *Écoinsson.*

ÉCOLE, *s. f.* — Établissement dans lequel on enseigne les lettres, les sciences et les arts. Jamais, à aucune époque, on ne s'est plus occupé de l'instruction à tous les degrés que dans ces dernières années. C'est fort heureux, car il est impossible de ne pas reconnaître qu'avant 1870 la France était une des nations de l'Europe où l'instruction était le moins répandue. Nous trouvons, en effet, dans l'exposé de la situation de l'Empire (1863), que, sur 35,000 communes dont se composait le territoire, 1,000 communes environ étaient dépourvues de tous moyens d'instruction et que 10,000 ne possédaient aucun établissement pouvant servir d'école. Depuis cette époque, la situation s'est un peu améliorée. Mais, en 1871 encore, un rapport de M. Gréard, directeur de l'enseignement à la préfecture de la Seine (1) constatait que dans Paris 60,000 enfants ne pouvaient, faute de place dans les écoles, jouir des bienfaits de l'instruction primaire. Pour faire cesser cet état de choses, on s'est mis à construire des écoles de toutes parts. — L'ensemble des bâtiments d'une école comprend des cours, jardins, préaux couverts et découverts, des fontaines et lavabos, des cabinets d'aisances et urinoirs, des classes et leurs dépendances (escaliers, calorifères) ; enfin, un mobilier, très-variable comme importance, doit être en rapport avec l'établissement auquel il est destiné. Nous allons passer rapidement en revue ces diverses parties de l'école, après avoir parlé de l'emplacement. Celui-ci doit être sain et salubre, bien aéré, sec et pourvu d'eau de bonne qualité, enfin choisi dans une situation centrale. Il n'est pas toujours possible de trouver un emplacement réunissant toutes ces conditions, mais on peut le rendre tel par une appropriation convenable. Par exemple, si le terrain est humide, on le rend sec par le DRAINAGE (Voy. ce mot); s'il n'est pas

(1) *Notes sur les besoins de l'Instruction primaire à Paris,* par M. Gréard, inspecteur général de l'instruction publique, directeur de l'enseignement à la préfecture de la Seine, Paris, 1871.

entièrement sain et salubre, en exposant d'une manière convenable les bâtiments on peut améliorer très-sensiblement la salubrité. On doit, autant que possible, isoler les constructions au milieu de cours ou de jardins. D'après des décisions ministérielles (30 juil. 1858), l'école doit avoir son accès sur la voie publique; si l'on peut avoir une place ou un boulevard devant l'entrée de l'école, il n'en sera que mieux, car les enfants y trouveront un refuge contre les chevaux et les voitures; on préviendra ainsi bien des accidents. Pour les *cours* et *jardins*, on se demande s'il est préférable d'avoir des cours nues ou plantées d'arbres. On ne saurait établir de règles rigoureuses à cet égard ; car, suivant les circonstances, le climat, et la situation des bâtiments, on pourra adopter ou une cour nue ou une cour plantée : sous un climat méridional, par exemple, les arbres seront indispensables pour fournir un abri contre les rayons ardents du soleil ; dans le Nord, au contraire, les arbres peuvent donner de l'humidité. Les cours servent pour la récréation des enfants ; mais quand le mauvais temps ne leur permet pas de jouer en plein air, il faut avoir un *préau couvert* pour cet usage. L'aire de celui-ci doit être bitumée dans le Nord, et carrelée en terre cuite dans le Midi, ou pavée en briques posées en épi. La cour ou le préau doivent posséder une *fontaine* d'eau potable pour permettre aux enfants de se désaltérer ; dans le voisinage de la fontaine on devra placer des *lavabos*, afin d'obliger les enfants à se tenir constamment dans une stricte et rigoureuse propreté. — Les *cabinets d'aisances* doivent être d'un accès facile, et, autant que possible, exposés au nord et pourvus de ventilateurs; en outre, le maître d'école doit, de sa place, pouvoir en surveiller l'entrée et la sortie. Ils ne doivent point avoir de siéges, mais seulement une simple dalle haute de $0^m,25$ à $0^m,30$, percée dans son milieu d'un trou ovale pourvu d'un appareil automatique. Les deux angles du fond du cabinet seront arrondis et en pente convergeant vers l'orifice de la dalle. Le modèle de siége d'aisances dit *à la turque* peut être utilement employé. Les soubassements des cabinets, à $0^m,90$ ou 1 mètre au-dessus du sol, devront être revêtus en dalles, ou mieux en carreaux émaillés, dont les joints seront cimentés. Ils devront être tenus dans une grande propreté. Les portes en menuiserie ne devront pas occuper entièrement la baie ; elles s'arrêteront à 0ᵐ,20 au-dessus du sol et laisseront vide au-dessus d'elles un espace égal à la moitié de leur hauteur. Ce système facilite au plus haut point la ventilation et permet en outre de surveiller les enfants. Les *urinoirs* consisteront en une série de cases formées de dalles en ardoises posées verticalement sur un parement également en ardoise. Le fond des urinoirs sera à quatre pentes convergeant vers le centre où se trouve l'orifice d'écoulement qui envoie le liquide dans la fosse. Il est indispensable de faire arriver dans le haut une nappe d'eau qui tienne dans un état constant de propreté l'ardoise du fond. Dans les pays dépourvus d'ardoises, on fait des urinoirs en béton plastique, en ciment, ou bien l'on emploie des plaques de fonte émaillées ; celles-ci sont préférables à tout parce qu'elles n'absorbent pas d'odeur. Pour ce qui est des classes et de leurs dépendances, nous suivrons en partie le programme rédigé par la préfecture de la Seine pour la construction des écoles communales. — Les meilleures expositions pour les classes seront l'est et l'ouest, ensuite le nord. Elles pourront occuper soit un rez-de-chaussée élevé sur un sous-sol, soit un premier ou un second étage ; elles seront planchéiées, et éclairées autant que possible sur une seule face, à droite ou à gauche : le jour venant de gauche à droite est le meilleur. Elles auront 3ᵐ,60 à 4 mètres de hauteur et affecteront la forme d'un carré long : une bonne proportion sera 7ᵐ,50 de largeur sur 15 mètres de longueur. Les croisées seront aussi hautes et aussi larges que possible ; elles prendront jour à 1ᵐ,40 au-dessus du parquet ; elles s'ouvriront en quatre parties sur un montant fixé dans l'axe ; l'imposte devra s'ouvrir ; elle ne renfermera pas plus de quatre carreaux, deux en hauteur dans chaque vantail. Elles s'ouvriront et se fermeront à l'aide de loqueteaux à ressort. La surface à attribuer à chaque élève sera en moyenne de 90 centim. carrés. Pour soutenir les plafonds, il faut employer des co-

lonnes en fonte ; on devra les placer de préférence dans les cloisons légères qui séparent les classes. Les escaliers pour accéder à celles-ci devront être bien éclairés, les marches avoir de 1ᵐ,40 à 1ᵐ,50 de longueur et près de 0ᵐ,17 de hauteur. La main courante du côté des murs sera placée à 0ᵐ,78 de hauteur, du côté

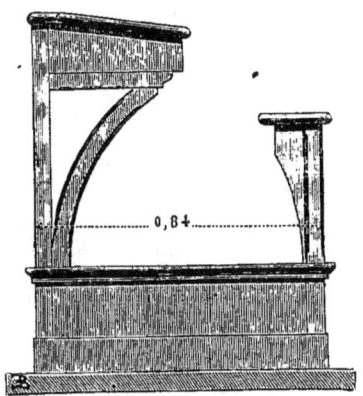

Fig. 1. — Bureau du moniteur des élèves.

opposé les rampes auront 1ᵐ,05 de hauteur au-dessus des marches, et les barreaux seront distants les uns des autres de 0ᵐ,16 d'axe en axe. — Les questions d'aérage, de chauffage et de ventilation, qui ont une si grande im-

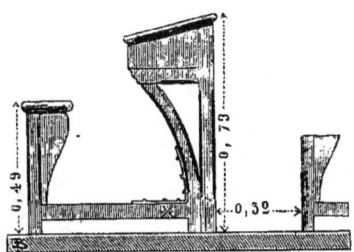

Fig. 2. — Table et banc pour élèves.

portance pour l'hygiène générale, doivent être étudiées d'une façon toute spéciale dans des locaux habités par les enfants, qui sont d'une complexion plus délicate que les grandes personnes.

Nous ne pouvons entrer ici dans les longs développements que comporterait la question ; nous renverrons nos lecteurs à des ouvrages spéciaux, notamment à notre *Traité de chauffage et de ventilation*. Mais nous dirons que le chauffage et la ventilation des classes doivent être combinés de manière à maintenir dans leur intérieur une température moyenne de 14 degrés centigrades. Suivant la localité où l'on se trouve, on choisira le meilleur calo-

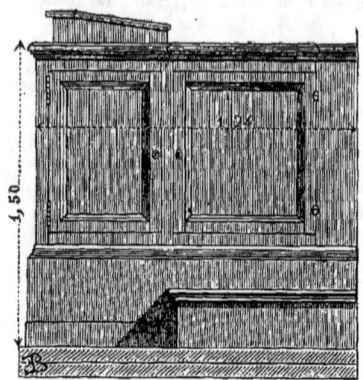

Fig. 3. — Bureau du professeur (profil).

rifère et on le placera dans l'axe de la classe qu'il s'agit de chauffer, mais à l'une des extrémités. Le tuyau de la fumée traversera la classe et débouchera dans une gaîne de venti-

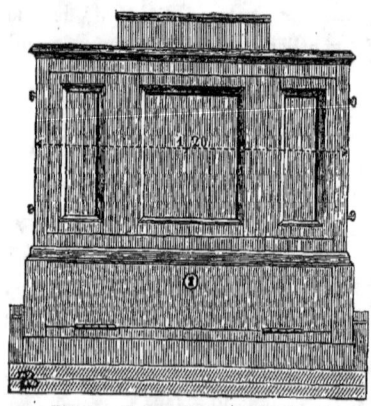

Fig. 4. — Bureau du professeur (face).

lation de 0ᵐ,90 de largeur sur 0ᵐ,45 de profondeur ; cette gaîne sera séparée en deux ou trois compartiments : celui du milieu reçoit la fumée, et les deux autres possèdent, dans le bas, des grilles de ventilation. Comme cette gaîne s'élève jusqu'au-dessus du toit, la fumée fait appel, et l'air vicié est extrait par les grilles de ventilation. Souvent aussi la gaîne ou

coffre n'a pas de divisions intérieures ; dans ce cas, le tuyau de la fumée du calorifère monte dans l'axe de la gaîne jusqu'au-dessus du toit : on obtient de la sorte le même résultat. Indépendamment de ces gaînes de ventilation, les salles devront être pourvues de ventilateurs de divers genres, que l'industrie crée en grand nombre chaque jour.

DU MOBILIER DES ÉCOLES. — Le mobilier des écoles a une très-grande importance. Autrefois les administrations ne s'en préoccu-

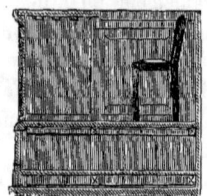

Fig. 5. — Bureau du professeur (coupe).

paient pour ainsi dire pas. On avait un mobilier uniforme, sans avoir égard à la taille des individus qui s'en servaient ; les enfants de cinq ans s'asseyaient sur les mêmes bancs que ceux de huit ou dix et se servaient des mêmes pupitres. Les hygiénistes ont reconnu aujourd'hui que le mobilier devait être construit et installé suivant la taille de l'enfant, car il exerce une très-grande influence sur la santé,

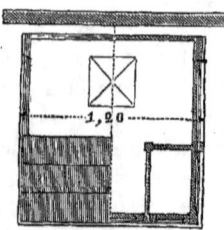

Fig. 6. — Plans au-dessus du bureau
et au niveau du bureau.

sur le développement physique et sur la vue. Ces observations sont consignées dans un travail du Dʳ Liebreich (1) que nous traduisons

(1) *School life in ist influence on sight*, by R. Liebreich. Cette étude a paru en français dans la *Revue scientifique de la France et de l'étranger*, sous ce titre : l'École et son influence sur la vue. (Nᵒ 32, 8 février 1873.)

librement comme il suit : « Les fâcheux effets que la position courbe et gênée des enfants, dans les écoles, exerce sur leur santé, et plus particulièrement sur les poumons, les viscères abdominaux, la conformation et la vue, ont attiré tout récemment la sérieuse attention des médecins et ont donné naissance aux travaux de Barnard, Gast Schreber, Guillaume, Passavant, Fahrner, Cohn, Heineman

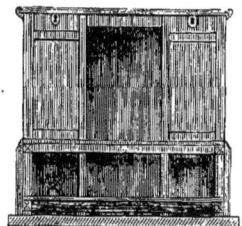

Fig. 7. — Bureau du professeur (face intérieure).

et beaucoup d'autres. Je vous recommande plus particulièrement l'excellent travail du docteur suisse Fahrner, intitulé : *l'Enfant et le pupitre*. Dans leurs différents travaux ces hommes éminents ont émis une opinion presque unanime quant aux causes de la pernicieuse position prise par les enfants et aux moyens qu'il convient d'adopter pour remédier à ce fâcheux état de choses. » Un peu plus loin M. Liebreich, citant une statistique suisse, ajoute : « M. Eulenburg dit également que 90 pour 100 des déviations de la colonne vertébrale ne provenant pas de maladies spéciales se développent pendant que l'enfant fréquente l'école. Ces affirmations m'ont particulière-

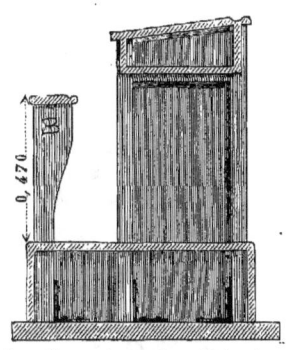

Fig. 8. — Bureau du moniteur (2ᵉ type), profil.

ment frappé comme coïncidant exactement avec la période de développement de la myopie, et j'ai examiné avec d'autant plus d'attention cette relation entre la déviation vertébrale et la myopie qu'elle semble former un cercle vicieux, puisque la myopie produit la déviation et que celle-ci favorise la myopie ; il est évident que la mauvaise organisation

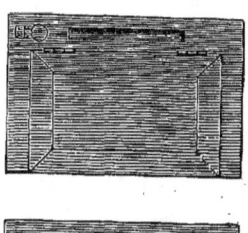

Fig. 9. — Plan du bureau du moniteur (2ᵉ type).

(des écoles) est le point de départ des deux anomalies. » Quelques lignes auparavant (1), M. R. Liebreich disait : « Les défauts du mobilier communément employé ont été soigneusement analysés, et les points suivants ont été reconnus les plus importants : 1° absence de dossiers, ou dossiers mal faits ; 2° trop grande distance entre le siège et le pupitre ; 3° dis-

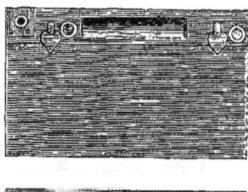
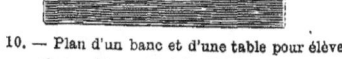

Fig. 10. — Plan d'un banc et d'une table pour élèves, chaque élève ayant 0ᵐ,41 d'espace.

proportion (généralement trop grande différence) entre la hauteur du siège et celle du pupitre. »

Par ce qui précède, nos lecteurs peuvent comprendre l'importance qu'il faut attacher au choix du mobilier des écoles. Aussi ne craindrons-nous pas d'insister un peu lon-

(1) *Revue scientifique*, ut suprà.

guement sur ce sujet et de donner la description de quelques types de mobiliers.

Notre figure 1 montre un bureau de moniteur. Ce bureau, mesuré à partir du sol,
donne 1ᵐ,03 de hauteur, sur 0ᵐ,75 de lar-

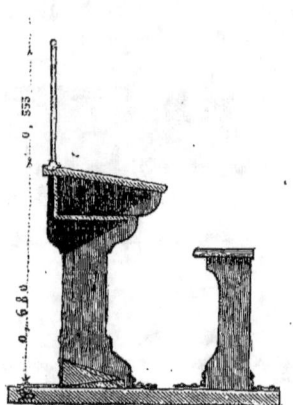

Fig. 11. — Profil d'une table pour élèves.

gcur et 0ᵐ,84 de profondeur. Le pupitre, haut
de 0ᵐ,73 et large de 0ᵐ,435, repose sur une
estrade de 0ᵐ,30 d'élevation; le siége a 0ᵐ,19
de largeur, sur 0ᵐ,47 de hauteur. Notre fig. 2

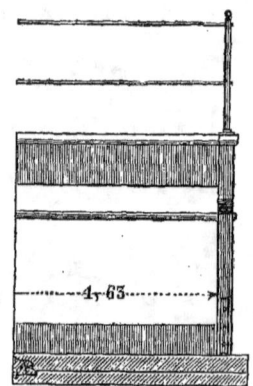

Fig. 12. — Face de la table à tringles
(1ᵐ,63 pour trois élèves).

représente une table et un banc d'élèves. Ce
modèle donne à chaque élève 0ᵐ,48 de place et
un casier sous le pupitre. Nos figures 3, 4, 5,
6 et 7 montrent de profil, de face, de coupe et
en plan un bureau pour professeur. Nos figures 8 et 9 donnent un deuxième type de bureau pour l'élève moniteur. Nos figures 10,

11, 12 présentent le plan, le profil et la face
d'un deuxième type de banc et table pour élèves. Ce type, qui mesure 1ᵐ,63, sert pour 3 élèves, soit une place de 0ᵐ,545 pour chaque

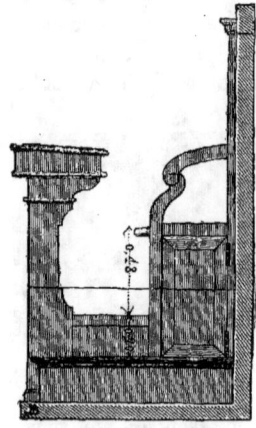

Fig. 13. — Bureau du professeur (2ᵉ type), profil.

élève; il est pourvu de tringles pouvant servir
à porter des modèles d'écriture ou de dessin.
Nos figures 13, 14 et 15 représentent un
deuxième et un troisième modèle de bureau

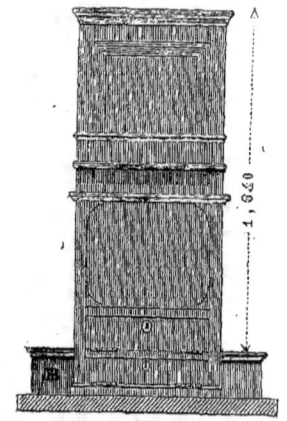

Fig. 14. — Bureau du professeur (2ᵉ type), face.

pour professeur. Les types que nous venons de
décrire font partie de ceux adoptés pour les
écoles communales de la ville de Paris. Ceux
représentés par nos figures 16 et 17 sont
des modèles proposés par le Dʳ Liebreich, et
qui ont paru dans l'*Encyclopédie d'architecture.*

En jetant les yeux sur notre figure 16, le lecteur pourra voir que le pupitre, tel qu'il y est représenté, sert à écrire. Si au contraire, à l'aide des charnières, on rabat la partie antérieure sur celle du fond, le pupitre sert à lire ; car le Dr Liebreich dit avec raison que pour la lecture le pupitre doit avoir une inclinaison plus considérable que pour l'écriture. Le bas

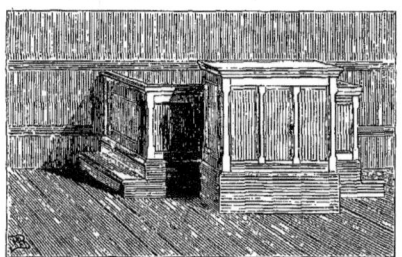

Fig. 15. — Bureau du professeur (3e type).

du support en fonte possède trois crans qui permettent de lever la barre d'appui pour les pieds à trois hauteurs différentes, suivant la taille des élèves. A chacune de ces divisions

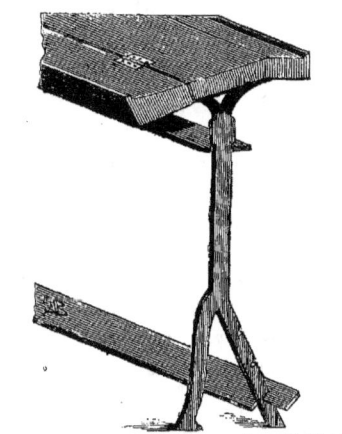

Fig. 16. — Pupitre pour élèves, proposé par M. Liebreich.

correspond un modèle de bancs (fig. 17) proportionné à la taille de l'élève.

ÉCOLES DE DESSIN. — Établissements dans lesquels on enseigne les arts du dessin. Depuis un quart de siècle les écoles de dessin se sont considérablement multipliées dans notre pays ; mais nous devons reconnaître qu'il en reste encore beaucoup à créer, car aujourd'hui de grandes industries ne sauraient vivre sans le secours du dessin, et on devrait désormais considérer cet art comme une véritable écriture de la forme, suppléant à la parole et

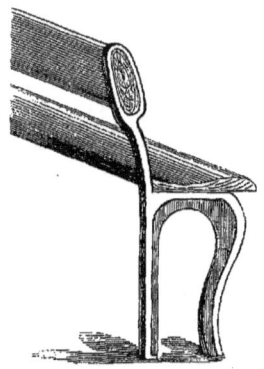

Fig. 17. — Banc pour élèves, proposé par M. Liebreich.

venant au secours de l'homme pour mieux exprimer sa pensée et servir pour ainsi dire de corollaire à une démonstration verbale incomplète. Envisagé sous ce nouvel aspect, le dessin est utile à tout le monde; d'où la nécessité de multiplier les écoles de ce genre. Dans notre pays, elles ne sont ni mieux ni plus mal organisées que chez les nations voisines. C'est depuis 1831 environ que l'enseignement du dessin a été introduit dans les écoles primaires des grandes villes. A Paris il fait partie du programme de plus de 180 écoles primaires de garçons. Les leçons sont données par des professeurs spéciaux. L'enseignement comprend, le *dessin linéaire, à main levée,* l'*ornement* et la *fleur* d'après l'estampe. Le même enseignement fait partie du programme de 150 écoles de filles. Le dessin est également inscrit dans le programme des écoles supérieures, qui préparent les enfants aux carrières agricoles, commerciales et industrielles. Enfin, depuis plus de vingt ans, il existe dans tous les départements de nombreux cours de dessin pour les adultes. — Nous ne parlerons ici que de l'organisation de l'École des beaux-arts de Paris, dont la création remonte à l'année 1671. Elle fut instituée sous le ministère de Colbert, à l'instigation de Pierre Mignard et de Blondel. Cette école est divisée en deux sections, l'une de peinture et de sculpture, l'autre d'architecture. Nous ne nous occuperons que de cette dernière section, qui possède treize cours spéciaux : 1° mathématiques; 2° perspective; 3° géométrie descriptive ; 4° histoire et archéologie ; 5° physique, chimie et géologie ; 6° esthétique et histoire de l'art; 7° construction ; 8° stéréotomie; 9° théorie de l'architecture ; 10° histoire de l'architecture; 11° dessin d'ornement; 12° art décoratif ; 13° histoire générale. On peut voir par cette énumération que les cours spéciaux pour les élèves architectes sont très-nombreux ; nous sommes cependant forcé de reconnaître qu'il y manque un cours, le plus utile peut-être : nous voulons parler d'un cours de *génie civil*, dans lequel les élèves pourraient apprendre ce qui concerne le drainage, le forage des puits, le chauffage et la ventilation des édifices, les constructions rurales et économiques ; la science de l'ingénieur électricien, qui leur permettrait de se rendre un compte exact des travaux de sonneries électriques et de la construction des paratonnerres. Car nous devons dire que l'enseignement de l'École des beaux-arts est très-complet pour tout ce qui a rapport aux travaux artistiques, mais que la partie scientifique laisse beaucoup à désirer. Enfin l'école possède une bibliothèque des plus riches en ouvrages techniques d'art. Elle a été créée et organisée avec beaucoup d'activité et de savoir par M. Ernest Vinet, qui met avec une complaisance extrême son érudition à la disposition des nombreux lecteurs qui fréquentent cette bibliothèque, à laquelle sont joints des collections et un musée des plâtres remarquables. Notre planche XXVI montre une partie du musée créé et décoré par l'illustre Duban, et qui se trouve situé en avant de la salle dite de l'hémicycle (1). On y voit sur le premier plan un moulage de l'angle du Parthénon. L'école renferme des ateliers pour les peintres, les sculpteurs et les architectes, ainsi que des salles d'exposition dont l'entrée est située sur le quai Malaquais.

Les étrangers, de même que les nationaux, sont admis à se présenter à l'école jusqu'à l'âge de vingt-cinq ans.

Ils peuvent y suivre les cours et se présenter aux concours jusqu'à trente ans. Pour entrer dans la section d'architecture, les aspirants doivent subir des examens préalables : ils doivent dessiner une tête ou un ornement d'après la ronde bosse ou d'après un bas-relief; ils doivent également faire une composition architectonique de peu d'importance et une épure de géométrie descriptive. Les candidats admis à la suite de ces épreuves subissent des examens de mathématiques dans lesquels ils doivent expliquer l'épure de géométrie descriptive qu'ils ont rédigée. Ceux qui ne sont point bacheliers sont en outre interrogés sur des questions d'histoire, de géographie. Les candidats ayant satisfait aux examens sont admis comme élèves de deuxième classe; pour passer en première classe, ils sont appelés à fournir des preuves de leur savoir et de leur capacité dans des concours mensuels de composition, trimestriels de construction générale (bois, fer, pierre) et dans deux concours semestriels de mathématiques et un concours de perspective. Les élèves de seconde classe ayant obtenu toutes leurs *valeurs*, composées de mentions et de médailles, passent en première classe. Ils acquièrent dans celle-ci de nouvelles *valeurs*, et, quand ils les possèdent, ils subissent un dernier examen à la suite duquel ils reçoivent un *diplôme*. Nous devons ajouter que jusqu'à ce jour fort peu d'élèves se sont astreints à obtenir ce titre, qui est purement honorifique, puisque, la profession d'architecte étant complétement libre, chacun peut l'exercer à sa guise. Aussi les cinq sixièmes des élèves ne poussent-ils pas leurs études jusqu'au diplôme ; beaucoup même ne passent pas en première classe. Par un règlement du 13 nov. 1864, tous les jeunes gens âgés de moins de trente ans sont admis au concours du grand prix, qu'ils soient ou non élèves de l'école; mais les étrangers ne peuvent prendre part à ce concours, à moins qu'ils ne se soient préalablement faits naturaliser. Le concours du grand prix est ouvert tous les ans entre dix concurrents choisis à la suite d'un concours préparatoire dit des *vingt-quatre heures*, parce que les candidats sont enfermés en loges vingt-quatre heures

_____

(1) Cette planche a été dessinée d'après une gravure de l'*Encyclopédie d'architecture*.

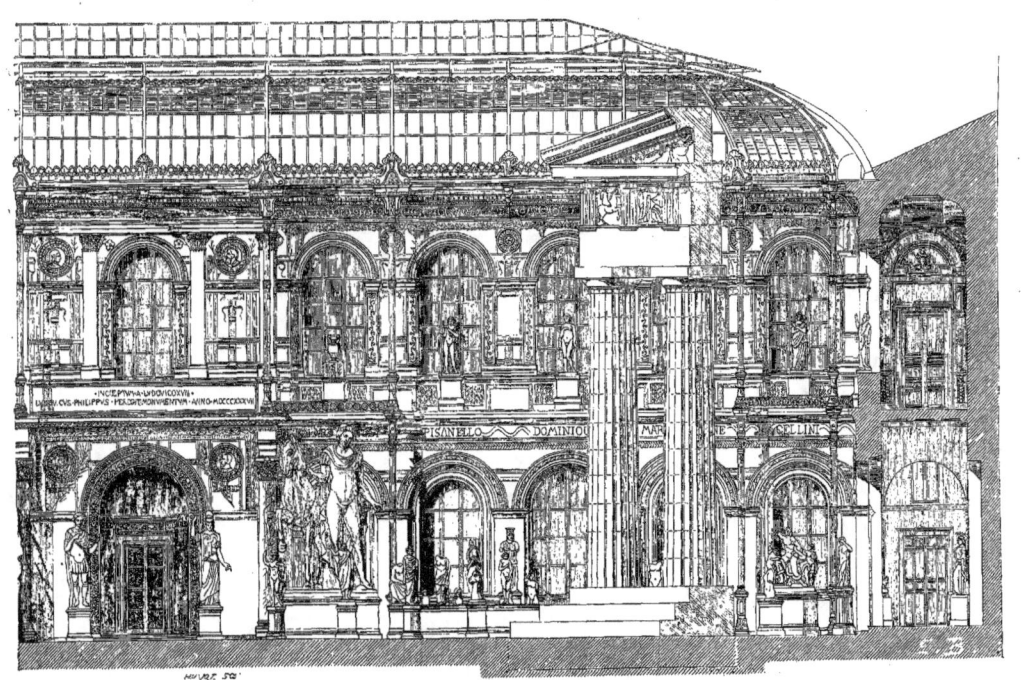

Planche XXVI. — École des beaux-arts (musée des plâtres).

pour rédiger une composition architecturale d'après un programme donné. Le *rendu de l'esquisse arrêtée* pendant la séance de vingt-quatre heures se fait également en loges, et le *logiste* ne peut avoir aucune communication avec le dehors. Il se rend tous les jours à l'école, s'enferme dans sa loge et, au bout de soixante ou soixante-dix jours, il doit remettre son travail complétement achevé, et sans être sorti trop visiblement de son esquisse primitive. Le concours est jugé par les membres de l'Académie des beaux-arts (section d'architecture), qui s'adjoignent des architectes pris en dehors de l'académie, mais professant les mêmes idées sur l'enseignement, car ils aspirent tous plus ou moins à briguer la faveur d'entrer à l'Institut.

Le lauréat du grand prix est pensionné par l'État pendant quatre années. Il part pour Rome, pour y compléter son éducation artistique par l'étude des monuments que nous a légués l'antiquité. Il loge à la *villa Medicis*, magnifique résidence bien faite pour l'étude et le recueillement, surtout sous les ombrages épais du Belvédère. Les élèves de Rome sont tenus d'adresser chaque année à l'Académie des beaux-arts une certaine somme de travail graphique, pour témoigner de l'emploi utile de leur temps; ces travaux sont la propriété de l'État. Ces *envois de Rome* sont exposés publiquement à Paris : ils consistent, pour la première année, en *détails d'architecture* relevés sur des monuments classiques; pour ceux de deuxième année, en un *relevé* complet d'un monument antique (état actuel); la restitution ou la restauration du même monument constitue l'envoi de la troisième année; pour son dernier envoi, celui de quatrième année, le pensionnaire donne un projet de monument moderne dont il est libre de choisir le type. On regrettait, avec raison, que les travaux des pensionnaires de l'Académie ne fussent pas publiés. Cette lacune regrettable est comblée, et tous les intéressés pourront consulter ces travaux, qui, quoi qu'en disent certains critiques, ont pour la plupart un mérite réel. On ne pouvait autrefois les consulter qu'avec assez de difficultés à la bibliothèque nationale des beaux-arts, car il ne fallait rien

moins qu'une permission du directeur de l'école.

Aujourd'hui, grâce à la belle publication éditée par la maison Firmin-Didot, chacun pourra en quelque sorte posséder ces travaux, dus pour la plupart à des hommes de valeur.

Le gouvernement, qui avait beaucoup fait pour les arts libéraux, n'avait rien fait pour épurer le goût des artistes industriels. En effet, alors que fonctionnaient depuis longtemps des services en vue d'encourager les sciences et les arts, il n'existait en France aucune institution pouvant être utile aux manufactures et aux industries. Il est permis de s'étonner qu'un objet de cette importance ait échappé à Colbert, le créateur de l'industrie en France. Ce que n'avait pas fait l'État, un simple particulier voulut le faire, et sa tentative fut couronnée de succès. Un peintre de fleurs, Bachelier, fonda une école gratuite de dessin à l'usage des ouvriers, dont les plans, soumis au roi en 1766, furent adoptés par lettres patentes données à Fontainebleau le 20 octobre 1767. Le 20 janvier de l'année suivante, Bachelier ouvrit son école et en fut nommé directeur; c'est cette école qui est devenue l'École nationale de dessin et de mathématiques : elle est située à Paris, rue de l'École-de-Médecine. L'enseignement comprend : 1° les mathématiques (arithmétique, géométrie pratique, descriptive), le dessin géométrique; 2° l'architecture, la coupe des pierres, le trait de charpenterie, le dessin géométral, le tracé des ombres, la perspective; 3° le dessin d'imitation, figures, animaux, fleurs, ornements; 4° un cours de composition et d'ornement et d'ajustement. Il y a en outre une classe de modelage, une classe de dessin d'après la bosse et d'après nature (modèle vivant, homme); une classe de dessin d'après la plante vivante, enfin des cours d'anatomie. Il y avait autrefois un cours de gravure sur bois, qui n'existe plus depuis huit ou dix ans, ce qui est très-regrettable. La durée de l'enseignement est de quatre années pour les élèves de quinze ans et de cinq ans pour ceux qui n'ont pas quinze ans accomplis. La rétribution n'est qu'un droit d'inscription de 5 francs par an, plus 25 centimes pour la carte des cours du soir, fréquentés surtout par les adultes. Ce cours se fait de 6 à 8 heures du soir en hiver, et de 7 à 9 heures en été. Les cours du jour ont lieu le matin, à 7 heures et demie en été, et à 8 heures et demie en hiver. Ils durent quatre heures, partagées en deux leçons. La ville de Paris alloue à cet établissement 6,000 francs par an; l'excédant des dépenses qui s'élèvent au total de 40,000 francs est supporté par l'État. Le personnel enseignant se compose de neuf professeurs, deux suppléants et quatre répétiteurs. Anciennement, c'était un des professeurs qui était directeur, et aucune mesure n'était prise sans l'approbation des professeurs réunis en conseil. Aujourd'hui, c'est le directeur qui prend toutes les mesures sous sa seule responsabilité.

ÉCOPE ou ESCOUP, *s. f.* — Sorte de pelle creuse en bois ou en fer servant à *baqueter* l'eau qui n'est pas à une grande profondeur.

ÉCOPERCHE, *s. f.* — Longue perche en bois de brin ou baliveau, qu'on emploie à la construction des échafauds; on les nomme aussi ÉCHASSES. (Voy. ce mot et ÉCHAFAUD.)

C'est encore une pièce de bois portant poulie, qu'on attache au bec d'une grue ou d'un engin pour lui donner plus de volée.

ÉCORE, *s. f.* — Pierre ou poutre qui soutient quelque chose. En termes de marine, ce mot est synonyme d'ACCORE, qui est plus usité. (Voy. ce mot.)

ÉCORNURE, *s. f.* — Éclat de bois ou de pierre emporté sur une pièce de bois, ou sur l'angle ou les arêtes d'une pierre. (Voy. ÉPAUFRURE.)

ÉCOULEMENT DES EAUX. — Voy. EAU et ÉGOUT.

ÉCOUPE, *s. f.* — Balai pour nettoyer les bateaux.

ÉCOUVETTE, *s. f.* — Petit balai qui sert au forgeron à ramasser le charbon sur la forge, et à l'asperger. On dit aussi, mais plus rarement, *goupillon*.

ÉCRAI, *s. m.* — Terme de génie rural. Axe des sillons tracé par la charrue.

ÉCRAN, *s. m.* — Clôture à jour, en bois, en pierre ou en métal, placée au devant du chœur et des chapelles d'une église pour en masquer en partie l'intérieur. Ce terme est probablement dérivé de l'anglais *screen*, qui exprime dans cette langue la même idée. — On nomme encore *écran*, ou *pare-étincelles*, une toile métallique fine et serrée qui s'enroule comme un store, et qui se place devant le foyer d'une cheminée pour empêcher les étincelles projetées du foyer dans la pièce de brûler les tapis. Le pare-étincelles sert également à diminuer l'intensité du rayonnement d'un foyer, intensité qui fatigue et abîme la vue. C'est aussi une plaque suspendue devant le foyer d'une forge.

ÉCRASEMENT (RÉSISTANCE A L'). — Voy. RÉSISTANCE.

ÉCREVISSE, *s. f.* — Grandes tenailles de fer, à l'aide desquelles on traîne de la forge à l'enclume de grosses pièces de fer rougies au feu. — On nomme encore ainsi des morceaux de pierres calcaires qui, pendant leur calcination dans le four à chaux, ont pris une teinte rougeâtre.

ÉCRILLE, *s. f.* — Sorte de claie ou clôture formée d'une grille de bois ou de fer, qu'on pose devant les décharges des étangs pour retenir le poisson.

ÉCROU, *s. m.* — Petite pièce de fer forgée ou découpée, carrée, ronde ou à pans, percée

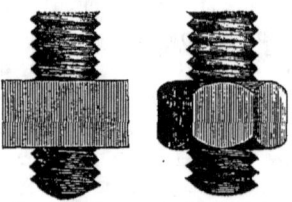

Fig. 1. — Écrous simples avec boulon carré et octogonal.

d'un trou taraudé qui permet de la visser sur l'extrémité d'un BOULON. (Voy. ce mot.) Il existe des écrous simples, qu'on serre à l'aide d'une clef anglaise (fig. 1), et des *écrous à oreilles* (fig. 2) qui permettent de les serrer à la

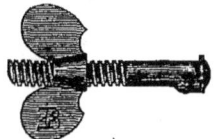

Fig. 2. — Écrou à oreilles.

main. On nomme *écrous d'espagnolette* (fig. 3) des anneaux à patte qu'on fixe dans le bois à

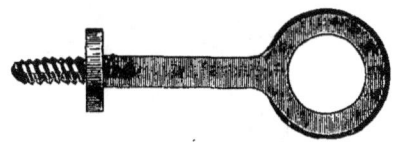

Fig. 3. — Écrou d'espagnolette.

l'aide d'un écrou. Ces bagues ou anneaux à patte supportent la tige de l'espagnolette ; elles sont engagées dans des embases.

ÉCROUIR, *v. a.* — Battre un métal à froid pour le rendre plus dense et plus élastique. On écrouit surtout le fer ; mais si l'on pousse l'é-*crouissage* trop loin, le fer devient cassant.

ÉCROUISSAGE ET ÉCROUISSEMENT. — Action d'écrouir.

ÉCRU (FER). — Fer qui a été brûlé et mal corroyé et qui contient des crasses. Le *fer écru* est un mauvais fer ; on doit en proscrire l'usage dans les travaux de serrurerie.

ÉCUMOIRE, *s. f.* — Cuiller ou poêle percée avec laquelle les plombiers écument leur plomb en fusion pour en retirer les crasses qui surnagent.

ÉCURÉE (GARNITURE). — Quand une garniture de serrure de sûreté a été mise sur le tour pour être dressée, après avoir été brasée, on dit que cette garniture a été *écurée*.

ÉCURIE, *s. f.* — Local ou bâtiment servant à loger des chevaux.

Le cheval est un animal d'une complexion toute particulière ; aussi réclame-t-il plus de soins et de ménagements que d'autres animaux domestiques. Le haut prix de certains chevaux, la question d'humanité mise de côté, devrait faire comprendre à leur propriétaire l'utilité de les soigner et de les placer dans un milieu qui soit sain et approprié aux besoins de l'animal.

Si en Angleterre le cheval est placé dans un milieu très-confortable, en France les écuries laissent encore beaucoup à désirer. Nous devons ajouter cependant que depuis quelques années on s'occupe dans notre pays d'aménager d'une manière plus convenable les écuries ; aussi allons-nous donner d'assez longs préceptes sur la construction et l'installation de ces locaux.

GÉNÉRALITÉS. — Toute écurie doit être fraîche et spacieuse, d'une ventilation facile ; car le cheval transpire beaucoup, et, comme il consomme une grande quantité d'air qui sort vicié de ses poumons, il lui en faut un cube considérable. Sans cela la quantité d'air respirable de l'écurie devient promptement insuffisante.

Le volume nécessaire à un cheval varie de 28 à 32 mètres cubes d'air par heure. Il faut donc lui accorder un espace variable de 8 à 9 mètres superficiels, soit $1^m,75$ de largeur sur 5 mètres de longueur, et 4 mètres de hauteur : en tout 35 mètres cubes, lesquels pourront être renouvelés une fois par heure d'une manière presque insensible. — Les écuries servent à plusieurs fins, soit au logement des animaux pendant les intervalles de travail (écurie d'attelage et de labour), soit à leur élevage, soit enfin au dressage pour les chevaux de courses. Pour les chevaux d'attelage, on adopte des écuries communes à plusieurs animaux ; pour l'élevage et le dressage, au contraire, on préfère les écuries séparées.

Dans les écuries communes, les chevaux sont attachés à côté les uns des autres, sans séparations ; ou bien, s'ils sont séparés, ils ne le sont que par des barres de bois, ou des planches nommées *bat-flancs*, suspendues à l'aide de cordes attachées au plafond. Ils peuvent être également séparés par des cloisons en briques ou des stalles en bois. — La construction d'écuries bien établies présente de graves difficultés, par suite des nombreux problèmes que soulève cette importante question. Parmi les problèmes qui se présentent tout d'abord, nous rencontrons celui de l'exposition et de l'emplacement, des dimensions et des dispositions des écuries ; écuries spéciales, jumenterie, poulinerie, boxes d'élevage et d'entretien, loges

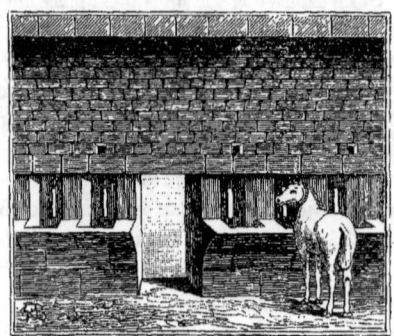

Fig. 1. — Écurie antique de Centorbi (Sicile).

pour haras. Nous aurons ensuite à examiner les meilleurs systèmes de portes et de fenêtres, l'éclairage de jour et de nuit, la ventilation, les divers pavages du sol, en un mot, tous les détails de la construction.

EXPOSITION. — La meilleure exposition pour une écurie est celle du midi ; c'est de ce côté qu'on doit placer les principales portes et fenêtres. Si des raisons quelconques forcent à

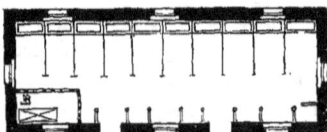

Fig. 2. — Écurie longitudinale simple (plan).

construire au nord ou à d'autres expositions, il est nécessaire, autant que faire se pourra, de percer des fenêtres au midi. Si cependant l'emplacement choisi s'oppose matériellement à ce qu'on satisfasse à cette condition, on devra préférer à tout autre côté, pour ces ouvertures, celui qui regardera le levant.

EMPLACEMENT. — Dans les villes, on n'est pas toujours libre de choisir l'emplacement sur lequel on doit construire des écuries; mais

à la campagne, dans les fermes, villas, locaux d'industrie agricole, où le terrain est moins cher que dans les villes, et où par conséquent on peut choisir l'emplacement, les écuries doivent être placées le plus près possible de l'habitation du maître. C'est une nécessité absolue. En effet, le haut prix de certains chevaux et mulets, la fréquence des accidents qui peu-

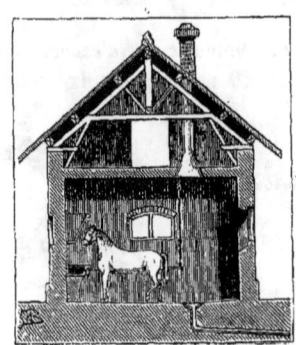

Fig. 3. — Écurie longitudinale simple (coupe transversale).

vent leur survenir, les soins constants qu'ils réclament, obligent à placer les écuries le plus près possible de l'habitation du maître, afin qu'il puisse exercer une surveillance active. Chacun connaît, d'ailleurs, ce vieux dicton : *L'œil du maître engraisse le cheval.*

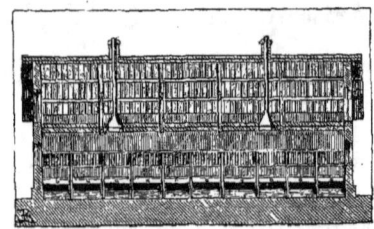

Fig. 4. — Écurie longitudinale simple (coupe longitudinale).

DIMENSIONS. — Il n'y a pas de dimensions rigoureuses à fixer pour les écuries; cela dépend des formes qu'on leur donne et de l'emplacement dont on dispose.

Suivant la disposition adoptée, les dimensions sont variables. Nous allons donc passer en revue les avis de gens compétents, pour nous fixer sur l'espace nécessaire à un cheval; nous aurons ainsi une base pour fixer les dimensions générales des écuries. Le génie militaire accorde 1^m,45 de largeur pour chaque cheval de troupe; Bourgelat (*Éléments de l'art vétérinaire*) indique 1^m,60; M. de Gasparin (*Cours d'agriculture*) va jusqu'à 1^m,75. D'autres auteurs portent jusqu'à 2 mètres l'espace nécessaire pour les chevaux qui fatiguent beaucoup, parce qu'ils ont besoin de s'étendre à l'aise; néanmoins nous pensons qu'une bonne

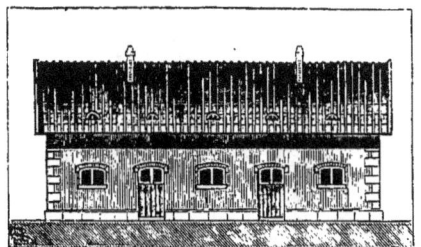

Fig. 5. — Écurie longitudinale (élévation).

largeur est celle de 1^m,55. Pour la longueur, le cheval ne demande que 2^m,50, auxquels on ajoute 1 mètre, partagé entre la mangeoire et un peu d'espace pour le recul, et 1^m,50 pour le passage derrière le cheval : ce qui donne un total minimum de 5 mètres. Ce passage doit

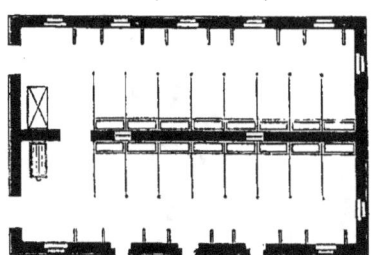

Fig. 6. — Écurie longitudinale double (1er type).

être porté à 2 mètres, lorsque la séparation des chevaux est faite à l'aide de stalles, parce que ce genre de séparation gêne les mouvements d'entrée et de sortie des animaux.

Quant à la hauteur que nous avons adoptée dans les écuries que nous avons construites, elle varie entre 3^m,40 et 3^m,90. Il ne faudrait pas trop dépasser 4 mètres; autrement, l'intérieur des écuries pourrait, à certaines époques de l'année, se refroidir trop promptement : or il faut éviter à tout prix les variations trop brusques de température. Une bonne moyenne

est 3^m,75; mais nous devons ajouter qu'une ventilation bien établie permet de réduire la hauteur des écuries.

DES DIVERSES DISPOSITIONS DES ÉCURIES. — Les écuries peuvent affecter diverses dispositions, auxquelles on donne les dénominations suivantes : *écurie longitudinale simple, longitudinale double; écurie transversale simple, transversale double; écurie avec couloir*

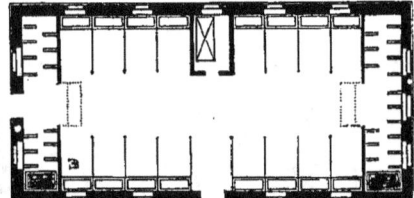

Fig. 7. — Écurie longitudinale double (2e type).

pour l'alimentation. Nos figures montrent ces divers types en plans, coupes et élévations. Notre figure 1 montre une écurie antique de Centorbi, en Sicile; nous l'avons dessinée d'après Rich (*Dict. des antiq.*). C'est probablement, comme le dit cet auteur (page 251), le seul spécimen authentique qui reste de ces sortes de bâtiments. Notre figure 2 est le plan d'une

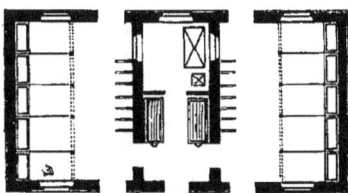

Fig. 8. — Écurie transversale double (1er type).

écurie longitudinale simple : à gauche se trouve le lit du valet d'écurie, et sur le mur de face des potences pour suspendre les harnais. Nos fig. 3 et 4 montrent les coupes de cette même écurie, tandis que la figure 5 en est l'élévation. Les figures 6 et 7 représentent deux écuries longitudinales doubles, et les figures 8 et 9 deux écuries transversales. Dans tous ces plans, on voit des selleries, des coffres à avoine, et des lits pour les valets et palefreniers.

DES SÉPARATIONS. — La plus simple des

séparations est le barrage; on emploie ordinairement une barre en bois naturellement ronde, ou rendue telle par le rabot. On adopte cette forme afin d'éviter aux chevaux les blessures qu'une barre à vive arête pourrait leur occasionner. Cette barre, suivant la taille de l'animal, mesure 2^m,25 à 2^m,30 de longueur. D'un côté, elle est fixée à la mangeoire au moyen d'un crochet, et de l'autre elle est soutenue par une corde ou par une chaîne en fer fixée à une solive du plancher, ou bien à un

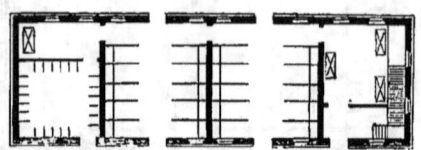

Fig. 9. — Écurie transversale double (2e type).

pilier, lorsqu'il s'en trouve de convenablement placé. Bien souvent les cordes de chanvre ou les chaînes sont remplacées par des cordes en fil de fer galvanisé.

Le barrage, qui est un moyen assez primitif

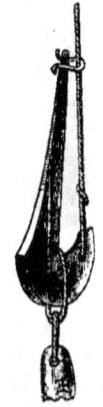

Fig. 10. — Sauterelle en fonction.

d'empêcher les chevaux de se taquiner, a des inconvénients. Il arrive, en effet, assez souvent, que les chevaux enjambent cette barre; et, en essayant de se dégager, ils peuvent se blesser eux-mêmes ou blesser leurs voisins. Pour obvier à cet inconvénient, et afin de désempêtrer rapidement l'animal, on se sert d'un ustensile, très-varié dans ses formes, qu'on

nomme SAUTERELLE. (Voy. ce mot.) Notre figure 10 représente une sauterelle en fonction, notre figure 11 une sauterelle dont on a fait glisser l'anneau pour dégager la barre, et

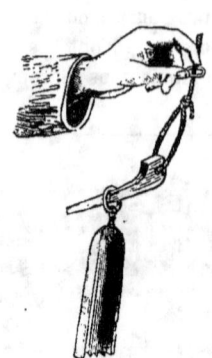

Fig. 11. — Sauterelle dégageant la barre.

notre fig. 12 une sauterelle en fer poli, dont la seule inspection fait comprendre le mécanisme. Des divers systèmes de séparation, le barrage est le plus défectueux; cependant, lorsqu'il est bien établi, il peut être de quelque utilité,

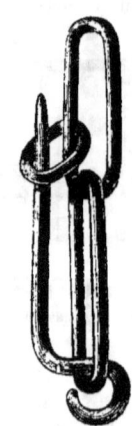

Fig. 12. — Sauterelle en fer poli.

mais pour cela il faut avoir soin, en le posant, 1° de laisser entre chaque cheval un espace suffisant, 2° de placer la barre à une hauteur proportionnée à la taille du cheval. — Le mode de séparation le plus usité après la barre, c'est la *stalle volante* ou *bat-flancs*. Elle se compose d'une pièce de bois d'un seul tenant ou d'un assemblage de planches réu nies par des rainures. Les planches employées ont 0ᵐ,22 de hauteur sur 0ᵐ,054 d'épaisseur. Comme il y a trois planches pour faire le bat-flancs, il a donc une hauteur totale de 0ᵐ,66 environ. On assemble également les planches à l'aide d'anneaux ou de charnières qui leur donnent une certaine mobilité. On emploie gé-néralement du bois de chêne, parce que, dur et résistant, ce bois pourrit difficilement ; mais comme il s'éclate, les chevaux peuvent s'im-planter des échardes : c'est ce qui fait qu'on utilise plutôt le bois d'aulne et le grisard, qui sont assez mous pour ne pas s'éclater sous les

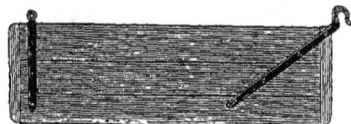

Fig. 13. — Stalle volante ou bat-flancs.

coups de pied des chevaux et cependant assez résistants pour ne pas se briser sous ce même choc, qui ne parvient qu'à les mâchonner. Les stalles volantes sont suspendues de la même fa-çon que les barres ; et, afin de pouvoir augmen-ter ou diminuer à volonté l'espace entre chaque séparation, on fixe au plancher, parallèlement à la mangeoire, une tringle de fer sur laquelle glisse une petite roue qui supporte la chaîne de suspension. Il existe divers systèmes de stalles volantes ou bat-flancs. Les deux types, représentés par nos figures mesurent 2ᵐ,15 à 2ᵐ,20 de longueur. — Enfin on emploie des

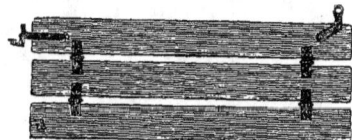

Fig. 14. — Stalle volante ou bat-flancs.

stalles fixes. Autrefois on les faisait en ma-çonnerie ; aujourd'hui elles ne sont plus cons-truites qu'en bois, parce qu'on a reconnu qu'elles étaient plus solides, occupaient moins d'espace, et que leur nettoyage était plus fa-cile. Les stalles doivent avoir au minimum 1ᵐ,75 de largeur sur 2ᵐ,50 de longueur, afin d'empêcher les chevaux de se quereller. Nos

figures montrent plusieurs types, ainsi que des détails à grande échelle, pour en permettre la construction.

La figure 15 représente le plan d'une stalle

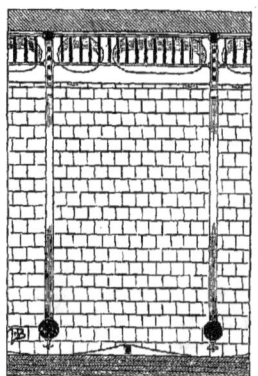

Fig. 15. — Plan d'une stalle d'écurie.

fixe dont la fig. 16 fait voir l'élévation, avec une amorce d'une autre stalle de l'autre côté du mur ; tandis que les figures 17 et 18 indi-quent le plan et la tête d'un poteau d'écurie. — Ces quatre figures et les deux suivantes ont été dessinées d'après des renseignements

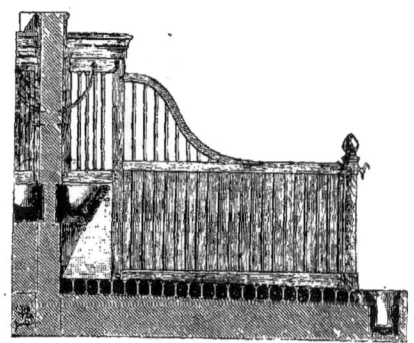

Fig. 16. — Élévation d'une stalle d'écurie double.

fournis par notre regretté confrère Tétaz.

Quelques fabricants ont voulu revêtir leurs stalles avec des feuilles de métal ; l'expérience a promptement fait justice de cette pratique : en effet, les chevaux, avec le fer de leurs sa-bots, déchiraient rapidement les feuilles de tôle ou de zinc, et ils s'écorchaient ensuite les jambes à ces éraflures. Quelques constructeurs ont placé ces mêmes feuilles entre deux bois. Ce système, indépendamment de ce qu'il augmente le prix de fabrication, a aussi l'inconvénient de séparer le bois de 0^m,054 en deux, de sorte que ces feuilles de métal, qui ne sont là que dans le but de renforcer les stalles, les affaiblissent en réalité; ou bien, si l'on emploie deux bois de 0^m,054, on perd du terrain pour loger le cheval et on fait une dépense double en bois. Aussi ces procédés n'ont-ils jamais été d'un long usage, et nous ne les mentionnons que pour éviter des écoles à ceux qui seraient tentés de renouveler ces malheureux

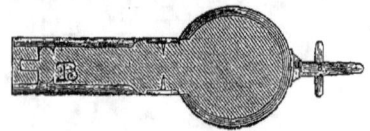

Fig. 17. — Plan d'un poteau d'écurie.

essais. Enfin les chevaux peuvent être enfermés dans des BOXES. (Voy. ce mot.) Nos figures 19 et 20 donnent un plan et une élévation d'un boxe.

ÉCURIES SPÉCIALES. — Construites dans un but spécial, ces écuries comprennent :

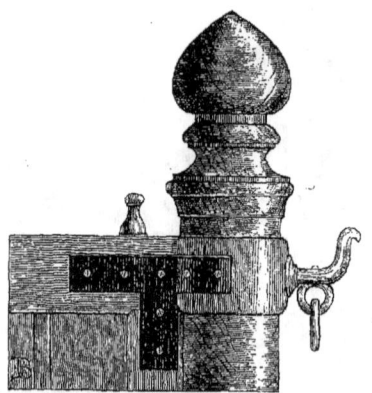

Fig. 18. — Tête d'un poteau d'écurie.

1° les *écuries d'élevage* (jumenterie et poulinerie); 2° les *écuries d'entraînement*; 3° les *écuries pour hunters*, ou chevaux de chasse; 4° les *loges pour haras.*

Écuries d'élevage. — La *jumenterie* désigne le lieu où l'on entretient les poulinières, et, par extension, leur habitation même. Elle est

généralement située au milieu d'une prairie; elle se compose d'un bâtiment qui renferme 18 à 20 boxes, rarement davantage. Ces boxes sont séparés, mais ils peuvent être mis en

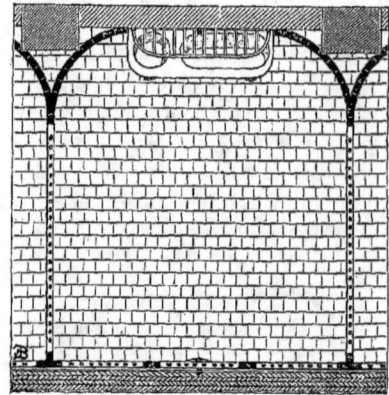

Fig. 19. — Plan d'un boxe.

communication à l'aide de portes à coulisses; ils mesurent 4 mètres de longueur et de largeur, et autant de hauteur. La jumenterie a pour corollaire obligé la *poulinerie.* Ce dernier terme, qui exprime le fait de l'élevage du poulain dans l'ensemble des soins qu'on lui donne, sert aussi à désigner les bâtiments, cours et

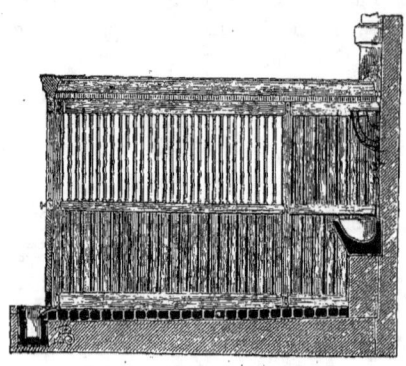

Fig. 20. — Élévation d'un boxe.

passages destinés au sevrage des poulains. La poulinerie les reçoit depuis l'âge de six mois jusqu'à trois ans, c'est-à-dire de l'époque du sevrage à celle du second entraînement. Pour la construction des écuries d'élevage, on emploie les mêmes matériaux que pour les écuries ordinaires, c'est-à-dire la pierre et la brique pour les bâtiments construits avec soin; tandis que pour les écuries modestes on emploie le PISÉ, le PAN DE BOIS avec bauge et torchis ou plâtre. (Voy. ces mots.) — La couverture de ces écuries se fait en ardoises, en tuiles ou autres matériaux plus ou moins économiques; mais elle est, généralement, doublée en paille à l'intérieur. Ce doublis a pour but d'empêcher les brusques changements de température à l'intérieur. — Les *écuries d'entraînement* diffèrent peu des boxes pour poulains; elles sont plus sombres, et il est nécessaire d'y maintenir une température plus élevée. — Les *écuries pour hunters* doivent être plus larges et plus spacieuses que les écuries ordinaires, car le cheval de chasse vit beaucoup enfermé; mais lorsqu'il sort, ce sont des courses effrénées par monts et par vaux; il parcourt des terrains friables et spongieux, par tous les temps : aussi, quand le hunter rentre à l'écurie, lui faut-il trouver un grand confortable. — Les *loges pour haras* sont situées au centre d'un enclos qui sert de promenade aux jeunes poulains. En général, ce sont de petites constructions isolées qui comprennent deux, quatre et quelquefois un plus grand nombre de boxes.

DÉTAILS DE CONSTRUCTION DES ÉCURIES. — Les *portes* d'écuries doivent, autant que possible, être assez larges pour donner passage à un cheval harnaché; elles mesurent 1^m,20 à 1^m,30 de largeur, et quelquefois 1^m,50. Leur hauteur est de 2^m,25 à 2^m,85. Dans ce dernier cas, la partie supérieure a une imposte vitrée. Cette élévation, qui peut paraître considérable, est souvent nécessaire : elle permet l'examen attentif des yeux, de la bouche et des naseaux du cheval. — Il existe divers genres de portes, à un vantail et à deux vantaux. Les portes des écuries doivent être faites en bois dur, en chêne dans le Nord, en noyer dans le Midi; elles doivent être assemblées, et réunies par des traverses et des DÉCHARGES (Voy. ce mot) sur le parement intérieur, ce qui en augmentera la solidité. — En été, pour activer la ventilation, on ouvre souvent les portes; dans cette occurrence, il est indispensable de poser des portes mobiles à claire-voie, pour empêcher les volailles de la basse-cour de picorer

dans l'écurie et de salir les mangeoires et râteliers. Toutes les ferrures doivent être encastrées dans le bois; les boutons des loquets, loqueteaux et verrous sont remplacés par des anneaux pendants, afin que les chevaux ne puissent y accrocher leurs harnais ou s'y blesser eux-mêmes. Quand on est forcé par la configuration des lieux de faire des portes étroites, on place dans le tableau de ces portes des *rouleaux*, pour empêcher les chevaux de se blesser, quand ils entrent ou quand ils sortent. Ces rouleaux mesurent 0^m,90 de longueur sur 0^m,08 à 0^m,10 de diamètre. — Les *seuils* des portes doivent être élevés de 0^m,08 à 0^m,10 au-dessus du sol extérieur, les angles en seront arrondis et la surface cannelée, ou tout au moins brettelée, pour prévenir le glissement du cheval.

Les écuries sont éclairées dans le jour par des *fenêtres*. Le meilleur système consiste en un double châssis (en bois ou en fer) : le plus petit, celui de l'intérieur, est assujetti au plus grand par deux ou trois charnières fixées dans le bas; il s'ouvre horizontalement par le haut au moyen d'un cordon de tirage qui glisse dans un système de poulies disposées à cet effet. La partie supérieure du châssis ouvrant porte dans son milieu un petit lingot de plomb qui par son poids tend à entraîner le châssis à l'intérieur; mais il est pourvu d'un cordon de tirage ou chaîne en fer qui sert à l'ouvrir plus ou moins, ou à le tenir fermé, si la corde est totalement tendue. On emploie encore d'autres fenêtres qui s'ouvrent verticalement au moyen d'un loqueteau à ressort. On manœuvre ce dernier à l'aide d'une corde. Si on pèse sur celle-ci, le loqueteau sort du *mentonnet* qui le retenait et permet le rabattement du châssis sur le tableau intérieur de la baie; au contraire, par un mouvement rapide opéré à l'aide de la corde, on ramène le châssis dans sa première position, et, le loqueteau rentrant dans le mentonnet, la baie est fermée. On fait également des fenêtres d'écurie à coulisse dites à *guillotine*. Un excellent système d'éclairage, adopté dans les écuries, consiste à pratiquer de larges *cheminées* ou *trémies* dans l'axe du bâtiment et prenant un jour direct sur les toits. S'il existe des fenils au-dessus des écuries, ces cheminées les traversent. Elles sont maçonnées et couvertes d'un châssis à tabatière, qu'on manœuvre à l'aide de cordes, comme pour les châssis ordinaires situés dans les plafonds. En employant ce système d'éclairage, le châssis ouvert ne laisse pénétrer l'air extérieur que peu à peu, car un autre avantage de ces cheminées c'est de pouvoir être utilisées pour la ventilation. — Pendant la nuit, il est bon d'éclairer les écuries afin de les pouvoir surveiller. On emploie trop souvent, dans ce but, des lampes fumeuses à l'huile de pétrole, qu'on introduit dans des lanternes accrochées à un poteau ou au plafond. Cet éclairage trop primitif doit être complétement abandonné dans les écuries bien tenues, parce qu'il est malsain et qu'il n'éclaire qu'imparfaitement ; de plus, il présente des dangers sérieux d'incendie. On doit préférer le système que voici : on pratique dans les murs des écuries des ouvertures carrées de 0^m,40 de côté ; ces petites baies sont évasées à l'intérieur de l'écurie, elles sont fermées par des châssis vitrés : celui de dehors sert pour l'allumage d'une lanterne placée dans cette double fenêtre. Avec ce système, pas de dangers d'incendie à redouter ; pas de fumée dans l'écurie, puisqu'elle s'échappe par une petite ouverture extérieure, qui fournit en même temps l'air nécessaire à la combustion.

VENTILATION DES ÉCURIES. — L'utilité de la ventilation des écuries n'est plus à démontrer ; mais comme, à cet égard, plusieurs systèmes sont en présence, nous allons décrire celui qui paraît avoir réuni le plus de suffrages. D'après ce qui a été dit ci-dessus, la ventilation peut être faite à l'aide des fenêtres fermées au midi et ouvertes au nord. En été, ce genre de ventilation peut suffire à la rigueur ; mais en hiver la ventilation est plus difficile, car il ne faut pas que les ouvertures soient trop largement ouvertes, sans quoi le froid s'introduirait dans les écuries. En général, l'air que rejettent les poumons du cheval est plus lourd que l'air ambiant, parce qu'il est chargé d'acide carbonique ; il tombe donc sur le sol de l'écurie : c'est en conséquence de ce fait bien constaté qu'on doit installer le système de ventilation. On emploie généralement dans ce but des cheminées, des tubes ou tuyaux de ventilation, au moyen desquels l'air extérieur, faisant pression sur celui de l'écurie, l'expulse par des ouvertures ou barbacanes ménagées au bas des murs de l'écurie. L'air vicié s'écoule ainsi par ces trous comme le ferait un liquide ; mais il faut observer que, suivant la température, le mouvement de la ventilation est renversé : les barbacanes aspirent alors l'air extérieur, et l'air vicié s'échappe par les tuyaux ou cheminées, qui se transforment de cette façon en véritables gaînes de ventilation. Celles-ci ont à leur base une section carrée qui mesure depuis 0^m,30 de côté jusqu'à 0^m,80 et 0^m,90. L'ouverture inférieure de ces cheminées est fermée par un volet à coulisse, ou registre, qui permet de régler la ventilation.

TEMPÉRATURE DES ÉCURIES. — Le plus grand obstacle à la ventilation des écuries provient d'une erreur malheureusement trop accréditée. Beaucoup de personnes croient que l'aération refroidit par trop les écuries et y occasionne des maladies : c'est une grave erreur, le contraire est plutôt la vérité, car l'air vicié des écuries a tué plus de chevaux que le froid. La température des écuries doit varier entre 14 et 18 degrés centigrades pour les chevaux de service ; de 17 à 21 degrés pour les chevaux d'entraînement, et de 20 à 25 degrés pour les poulinières sur le point de mettre bas, car le poulain, dans les premiers jours de sa naissance, réclame ce haut degré de chaleur.

SOL DES ÉCURIES. — Il faut éviter de construire des écuries plus basses que le niveau du sol environnant, parce que celles qui sont dans ces conditions sont humides et partant malsaines. Le sol des écuries doit être imperméable ; sans cela, il absorberait en partie les urines et les déjections des animaux, et, sous l'influence de la chaleur et de l'humidité, il dégagerait une quantité considérable d'ammoniaque, très-préjudiciable à la santé des animaux. De plus, il est indispensable que le sol des écuries reçoive un pavage assez ferme et assez solide pour résister au choc répété des sabots du cheval. Dans certaines localités, on a l'habitude d'établir le pavement des écuries comme une aire de grange, c'est-à-dire en employant une sorte de glaise bien battue : c'est là un très-mauvais sol, car il n'est nullement imperméable, et on est contraint, en outre, de donner à cette aire une forte pente (0ᵐ,035 par mètre) pour faciliter le prompt écoulement des liquides ; or cette pente est trop considérable, elle fatigue le cheval, en faisant trop porter le poids du corps sur l'arrière-train. La pente nécessaire et suffisante, c'est ordinairement 0ᵐ,01 par mètre, ou 0ᵐ,015 au plus. On emploie pour le pavage des écuries la brique de Bourgogne, les cailloux étêtés, le grès, le granit, le porphyre, et des briques très-ferrugineuses, dites *briques de fer*. Ces matériaux sont d'ordinaire noyés dans du béton, dans du ciment ou dans un bon mortier hydraulique. — Voy. ÉTABLE et MITOYEN (*Mur*).

ÉCUSSON, *s. m.* — Écu d'armoirie ; tablette représentant des inscriptions, des figures, etc. Dans la sculpture décorative, on emploie quelquefois improprement ce terme comme synonyme de *cartel* et de CARTOUCHE. (Voy. ce mot.)

ÉCUYER, *s. m.* — Tringles de bois, dont la section est ronde ou ovale, et qu'on pose au moyen de crampons le long des murs d'un escalier, pour servir de rampe. Ce terme a vieilli ; on dit aujourd'hui, MAIN COURANTE. (Voy. ce mot.)

ÉDICULE, *s. m.* — C'est tantôt un petit édifice qui souvent fait partie d'un plus grand,

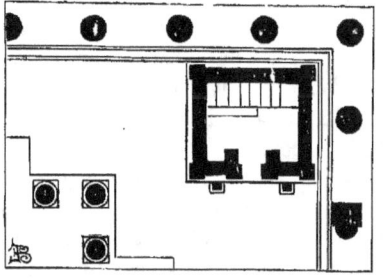

Fig. 1. — Plan de l'édicule du temple d'Isis, à Pompéi.

ple, un petit temple, une petite chapelle, un monument funéraire ou décoratif, etc. — Les anciens appelaient *ædicula* un sanctuaire, un tabernacle, une niche décorée d'un fronton et de colonnes, construit dans la *cella* du temple,

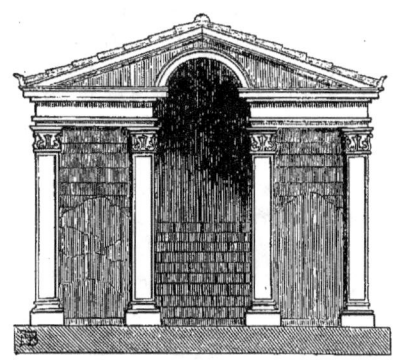

Fig. 2. — Élévation de l'édicule du temple d'Isis.

dans un nymphée ou dans tout autre édifice. Ces édicules renfermaient la statue d'un dieu ou d'une déesse. Le Panthéon de Rome (*la Rotunda*) renferme des édicules, le nymphée de Nîmes, dit *Temple de Diane*, en renferme également ; mais où l'on trouve ce genre de monument très-caractérisé, c'est au temple d'Isis à Pompéi. Nos figures 1 et 2 montrent le plan et l'élévation de cet édicule ; tandis que notre fig. 3 montre un édicule d'une fontaine, dite de l'*Abondance*, à Pompéi. La tête de cette déesse, qui fournit l'eau, est renfermée dans l'édicule. Cette fontaine est placée dans une rue ; nous avons préféré la faire figurer au milieu d'une place. — Les auteurs an-

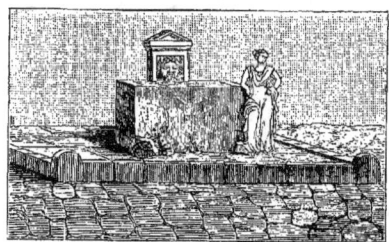

Fig. 3. — Fontaine de l'Abondance, à Pompéi.

tantôt une construction complète, mais dans des proportions restreintes, comme, par exem-

 anciens parlent quelquefois dans leurs écrits des *ædicula*. Tite-Live (XXXV, 9, 41) nous

dit que Marcus Porcius Cato dédia une chapelle à la Victoire vierge auprès du temple de
la Victoire (*œdiculam Victoriæ virginis*); plus
loin, le même auteur nous apprend que des
quadriges dorés étaient placés au Capitole
dans la chapelle de Jupiter au-dessus du faîte
de l'édicule (*suprà fastigium œdiculæ*). (Voir
également Plaute, *Epid.*, III, 3, 21 ; Cic.,
Parad., VI, 3; Pet., *Sat.*, 29; Ovide, *Her.*, XIII,
120-158.) — Ce terme s'appliquait également
dans l'antiquité à de petits meubles renfermant la représentation d'une divinité.

Dans ces temps modernes, on a représenté
des édicules dans des frises peintes ou sculptées
et jusque sur des CHAPITEAUX. A cet article
(fig. 33) le lecteur pourra voir un édicule
(une basilique probablement) sculpté sur un
chapiteau roman de l'église de Morat, près
Riom, en Auvergne. L'église romane de Saint-
Gilles du Gard a dans la frise de la porte centrale un édicule qui représente un lanternon.
Beaucoup d'édifices du moyen âge possèdent
aussi des édicules dans leur décoration.

ÉDIFICATION, *s. f.* — Ce terme est
synonyme de *construction*, mais il se prend
dans une acception plus noble et moins technique.

ÉDIFICE, *s. m.* — Ensemble d'une construction d'une grande importance. Tandis que
le mot d'*édifice* emporte l'idée d'art, celui de
bâtiment n'éveille que l'idée de métier. Aussi
quand un bâtiment, par sa beauté et sa richesse, par ses belles proportions et sa décoration, s'élève au-dessus des constructions vul-
gaires et présente un caractère monumental,
convient-il de l'appeler *édifice*, et non bâtiment.
Les monuments publics, qui sont généralement
considérables, se nomment *édifices publics*.

JURISPRUDENCE. — Les édifices publics ne
peuvent être grevés des servitudes que la loi
autorise entre particuliers, puisque l'impres-
criptibilité existe pour ces édifices. (*Journal des
comm.*, t. XIX, p. 93.) Aucun voisin ne peut
ni s'adosser aux murs, ni acquérir la mitoyenneté des murs d'un édifice public, et plus particulièrement d'une église. (Desgodets, *Cout.
de Paris*, art. 195.) La faculté, accordée par

l'art. 678 du Code civil, de bâtir à 19 décimètres de la propriété voisine ne peut être accordée aux propriétaires voisins d'un édifice
public; dans ce cas, il n'est permis de construire qu'à une distance telle que les constructions particulières ne puissent nuire à l'édifice
public, et cette distance même ne peut être
déterminée que par l'administration. Seulement le propriétaire voisin de l'édifice peut
s'adresser aux tribunaux, si l'administration
avait des prétentions exagérées. (L. 9, *Dig.*,
de *Ædificiis privatis*.)

ÉDUCATION, *s. f.* — Action d'élever, de
former un enfant, un jeune homme. Nous n'a-
vons à nous occuper ici que de l'*éducation
artistique*, c'est-à-dire des procédés qui font
d'un enfant un *artiste*. Le dessin est la base
de toute éducation artistique : c'est une vérité
qui commence à pénétrer partout, aussi voyons-
nous fonder en grand nombre des ÉCOLES DE
DESSIN. (Voy. ce mot.) Le peintre, le sculpteur,
l'architecte, le décorateur, l'ornemaniste, tous
les artistes, en un mot, commencent leur éducation par dessiner, puis ils s'exercent chacun
dans leur art spécial. Le dessin devrait être
enseigné dans les écoles, d'une façon sérieuse,
à tous les enfants sans distinction, absolument
comme on leur apprend à lire et à écrire,
car le dessin doit être considéré aujourd'hui
comme une véritable écriture de la forme.
Au reste, cet art favorise le goût et développe
au plus haut point l'intelligence, c'est pourquoi sans doute il entre de plus en plus dans
l'éducation générale. Il y a longtemps que
Diderot a écrit « qu'une nation où l'on ap-
prendrait à dessiner comme on apprend à
écrire l'emporterait bientôt sur les autres
dans tous les arts du goût. » En France on
n'a pas encore appliqué dans son entier le
précepte de Diderot; mais depuis de longues
années déjà on y étudie le dessin, et la supériorité de la France dans les belles industries d'art n'est due, très-certainement, qu'à
un mode d'éducation artistique mieux compris dans notre pays que dans les pays étrangers. (Voy. ENSEIGNEMENT.)

EFFLORESCENCE *s. f.* — Espèce de

granulations, de couche saline qui se forme sur la surface des vieux murs, l'efflorescence est due à la présence du salpêtre dans les vieux matériaux.

EFFONDRER (S'), *v. réfl.* — Manquer par le fond. Un mur, une voûte s'effondrent, parce que les fondations en ont été mal faites,

ou parce qu'elles sont détériorées. Ce terme est synonyme de *s'écrouler.*

EFFRITER (S'), *v. réfl.* — Tomber par petites parcelles, en poussière. On dit qu'une pierre ou que des matériaux s'effritent, quand ils se désagrégent et qu'ils tombent, pour ainsi dire, en poussière.

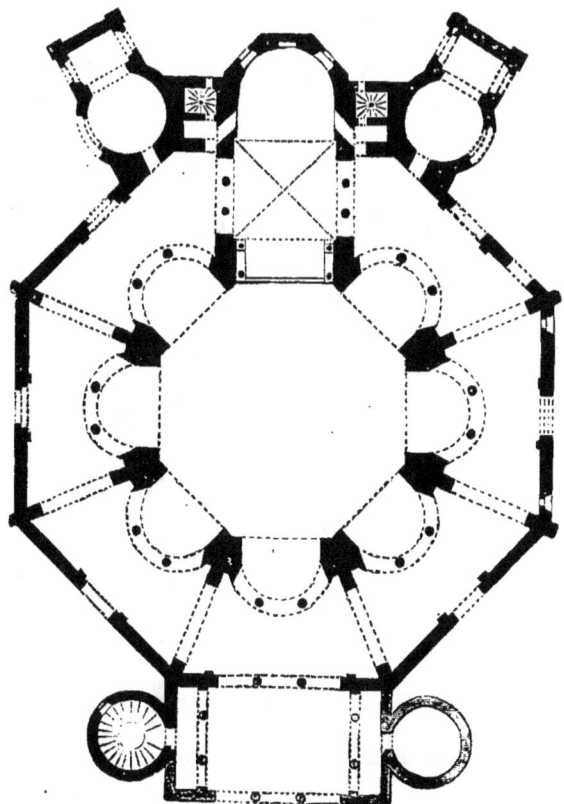

Fig. 1. — Église de Saint-Vital de Ravenne, style byzantin (VIe siècle).

EFFUMER, *v. a.* — En peinture, c'est éteindre une couleur, un ton trop ardent. Les peintres effument en donnant de légers glacis de couleur bistre. (Voy. ÉTEINDRE.)

ÉFOURCEAU, *s. m.* — Espèce de chariot ou *trique-balle* qui sert au transport des troncs d'arbres ou des grosses pièces de charpente. (Voy. DIABLE, fig. 2.)

ÉGLISE, *s. f.* — Chez les anciens, les édifices consacrés au culte de la divinité étaient

désignés sous le nom de TEMPLES (Voy. ce mot) ; chez les chrétiens modernes, les édifices servant au même usage se nomment *églises.* — A l'origine du christianisme, alors que ce culte était exposé aux persécutions, les fidèles n'avaient point de réunions avouées ; ils se rassemblaient clandestinement dans les CATA-COMBES. (Voy. ce mot.) C'est même en souvenir de celles-ci que beaucoup d'églises renferment des *églises basses* ou des CRYPTES (Voy. ce mot), qui servent aussi à la sépulture de grands personnages. Plus tard, quand les empereurs accordèrent aux chrétiens le droit d'exercer librement leur culte, comme ils r'avaient point d'édifices appropriés à cet usage, ils s'emparèrent des BASILIQUES (Voy. ce mot), dont la disposition se prêtait fort bien aux grandes assemblées. De là vient que les églises furent longtemps nommées *basiliques*, et qu'elles conservèrent la forme de celles-ci, mais avec addition de transsepts. Cette forme primitive a présidé à la construction de presque toutes les églises dites *romanes* et *byzantines*, qui empruntèrent à l'Orient la COUPOLE. (Voy. ce mot.) Sainte-Sophie de Constanti-

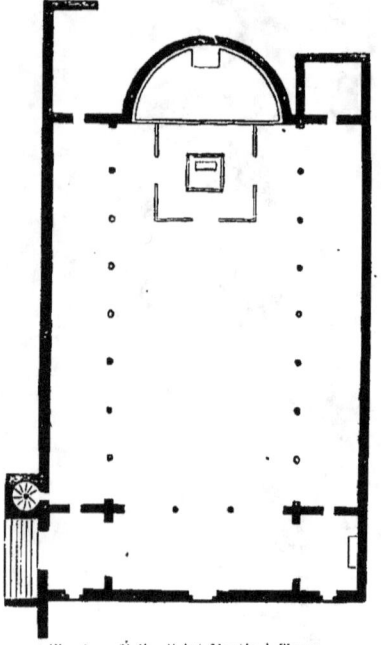

Fig. 2. — Église Saint-Martin à Tours, style latin du VIᵉ siècle.

nople, bâtie sous Justinien, peut montrer un des plus beaux types de ce genre. Ce système de voûte, qui motivait un DÔME (Voy. ce mot) à l'extérieur, donnait à la structure des églises un aspect particulier qui a été imité jusque dans les contrées les plus occidentales de l'Europe. L'église Saint-Vital de Ravenne, dont notre figure 1 donne le plan, nous fournit un exemple très-caractéristique du style byzantin en Occident : on voit ici que tout est fait en vue de supporter une vaste coupole, tous les

solides points d'appui de celle-ci sont encore contre-butés par des arcs qui relient les piliers intérieurs aux murs intérieurs.

On retrouve ce style byzantin en Allemagne, à Cologne, à Mayence, et dans toute l'architecture romane des bords du Rhin.

Les parties anciennes de Saint-Marc à Venise et les églises du rite grec russe, avec leurs coupoles dorées, présentent également des

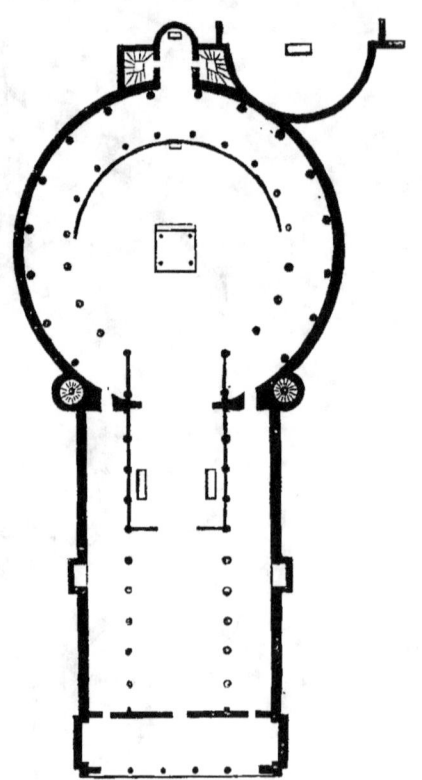

Fig. 3. — Église Sainte-Agnès à Rome, style latin du VIᵉ siècle (rebâtie au milieu du XVIᵉ siècle).

traces frappantes par leur analogie de la fusion qui s'était opérée entre les formes orientales et l'architecture du premier âge chrétien en Occident. La France, dans sa partie centrale, possède aussi d'anciennes églises qui se rapprochent des constructions byzantines, genre qui pour ce motif a été désigné sous le nom d'*architecture romano-byzantine*. Mais nous devons ajouter que les églises de ce style semblent être des imitations du style latin des premiers âges chrétiens, imitations faites d'a-

ÉGLISE
Travée de la Sainte-Chapelle à Paris

près des traditions et à des époques postérieures ; car les églises de l'architecture latine
proprement dite ont presque disparu, et les
rares spécimens qui nous restent de cette période ont tellement été remaniés qu'à peine
dans le plan on peut reconnaître les monuments du v° et du vi° siècle. Nos figures 2
et 3 donnent les plans de Sainte-Agnès à
Rome, et de Saint-Martin de Tours, rebâtie
au xi° siècle. Dans les monuments romano-
byzantins l'influence byzantine se fait bien
sentir, mais d'une manière incomplète. Aussi
beaucoup d'archéologues ont-ils confondu le
style byzantin avec le style ogival, qui est tout
différent. Ce qui a, malheureusement, accrédité cette confusion, c'est que, dans ces édifices, aux travaux de la construction primitive
sont venus s'ajouter des travaux ultérieurs
durant la période ogivale. Au moyen âge, la
puissance du clergé s'étant considérablement
accrue sous le régime féodal, les dignitaires
de l'Église rivalisèrent entre eux d'émulation
pour construire de belles cathédrales ; les dispositions simples et modestes des églises primitives furent alors délaissées ; on leur substitua les formes que nous connaissons aujour-
d'hui. Mais au milieu de toutes les brillantes
transformations que nous retrouvons dans
l'ordonnance des églises, une disposition pri-
mordiale persiste dans le plan, à partir du
x° siècle, c'est la forme de la croix, parce qu'elle
représente le symbole même du christianisme.
En effet, quelle que soit la dimension des églises,
leurs constructeurs, sauf de rares exceptions,
n'abandonnent jamais cette donnée, qui se conserve jusqu'à nous.

Beaucoup d'églises furent fortifiées ; nous
nous bornerons à mentionner l'église d'Esnandes dans la Charente-Inférieure, celle de
Dimorée dans le Gers. Dans la Thiérache, petite
contrée de la Picardie, souvent désolée par les
invasions, surtout pendant l'époque de l'occupation des Pays-Bas par les Espagnols, nous
trouvons neuf villes possédant des églises fortifiées, ce sont : Wimy, et Saint-Algis ; tout près
de cette dernière, Marly ; Origny, Bisces, le
Hérie, Plomion, Gronard et Autreppes. Ceux
de nos lecteurs qui désireraient des détails
sur ces églises de la Thiérache pourront les

trouver consignés dans une étude de M. A. De-
marsy parue dans la *Revue de l'art chrétien*,
t. VII, 1863, p. 139 et suiv.

Examinons maintenant les différentes parties qui composent une église. En suivant
l'ordre où elles se montrent dans ces édifices,
nous distinguons :

1° Le *portail*, ou face antérieure qui donne
accès à l'intérieur ;

2° La *nef*, ou espace réservé aux fidèles
pendant les cérémonies, qui peut avoir deux
ou quatre nefs latérales, nommées *bas-côtés* ou
collatéraux ;

3° La *croix* ou *transsept*, nef transversale
généralement de même hauteur que la grande
nef, et qui, la croisant à son extrémité, donne
lieu à la forme cruciale consacrée par l'usage.
Dans les églises importantes, surtout dans
les cathédrales, le transsept est ouvert à ses
extrémités et forme latéralement deux autres
portails, décorés quelquefois avec autant de
richesse que le portail principal. Quelques
églises présentent deux transsepts parallèles,
ou plutôt un double transsept.

4° Le *chœur* ou *sanctuaire*, partie de l'é-
glise où se tient le clergé. Il est situé à l'extrémité de la grande nef, au delà du transsept.
Le chœur renferme dans son enceinte l'autel
principal, ou *maître-autel*, élevé de quelques
marches, et des stalles qui servent de siéges
pour les prêtres et les chantres.

5° Enfin, dans les églises les plus complètes,
les nefs, le chœur et les bas-côtés sont encore
enveloppés, dans tout le pourtour de l'édifice,
d'un rang de chapelles contiguës dédiées à
des saints ou consacrées à diverses destinations. Autrefois chaque corporation de métiers
subvenait aux frais de construction et d'entretien d'une de ces chapelles de l'église. Les familles riches payaient aussi fort cher le droit
d'élever dans une chapelle des monuments funéraires et de s'y faire enterrer. Les chapelles
de pourtour étaient donc une source de re-
venus considérables pour les fabriques, et par
là leur facilitaient la construction de ces
belles églises qui ont absorbé le labeur et
les richesses des générations pendant plusieurs siècles. — Voy. HISTORIQUES (*Monuments*).

Suivant leur ordre hiérarchique, on distingue les églises en :

ÉGLISE PONTIFICALE, celle qui est du domaine d'un pontife ;

ÉGLISE PATRIARCALE, celle qui dépend d'un patriarche ;

ÉGLISE MÉTROPOLITAINE, celle qui est le siége d'un archevêque ;

ÉGLISE CATHÉDRALE ou ÉPISCOPALE, celle qui est le siége d'un évêque ;

ÉGLISE ABBATIALE, celle qui est desservie par un abbé ;

ÉGLISE COLLÉGIALE, celle qui est desservie par des chanoines réunis en collége;

ÉGLISE PAROISSIALE, celle d'une paroisse;

ÉGLISE CONVENTUELLE, celle d'un couvent ou d'un monastère de moines ou de religieuses.

Sous le rapport de la forme architectonique, on appelle :

ÉGLISE A BAS-CÔTÉS, ou A COLLATÉRAUX, celle qui de chaque côté de sa nef a des bas-côtés ;

ÉGLISE A DOUBLES BAS-COTÉS, celle qui a sa nef principale flanquée de deux rangs de bas-côtés ;

ÉGLISE EN CROIX GRECQUE, celle qui est partagée en quatre branches à peu près égales, comme la croix grecque;

ÉGLISE EN CROIX LATINE, celle dont le plan présente la forme d'une croix latine ;

ÉGLISE CIRCULAIRE, ou EN ROTONDE, celle dont le plan est circulaire;

ÉGLISE BASSE, celle qui, située au rez-de-chaussée, a au-dessus d'elle une église haute : la Sainte-Chapelle du Palais, à Paris, par exemple;

ÉGLISE SOUTERRAINE, celle qui est construite sous terre, c'est-à-dire au-dessous d'une église située au rez-de-chaussée. Une église souterraine n'est pas une CRYPTE. (Voy. ce mot.)

ÉGOINE, s. f. — Scie à main, qui n'a qu'une poignée et dont la lame est plus large du côté de cette poignée qu'à l'autre extrémité. Cet outil se nomme également scie à guichet. (Voy. SCIE.)

ÉGOUT, s. m. — Conduit souterrain destiné à recueillir les eaux pluviales, industrielles et ménagères, ainsi que les immondices d'une ville, pour les rejeter au loin.

HISTORIQUE. — Les Romains ont construit

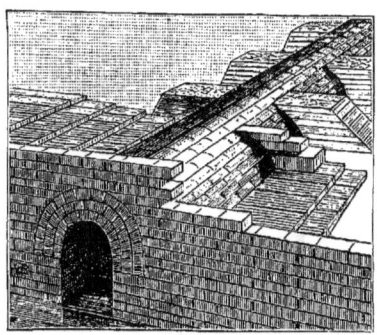

Fig. 1. — Cloaca maxima avec ses contre-forts (Anterides).

des égouts, qu'ils nommaient cloaca. Leur plus important ouvrage en ce genre, la Cloaca maxima, que Rome doit à Tarquin l'Ancien, a joui d'une grande célébrité et d'une réputa-

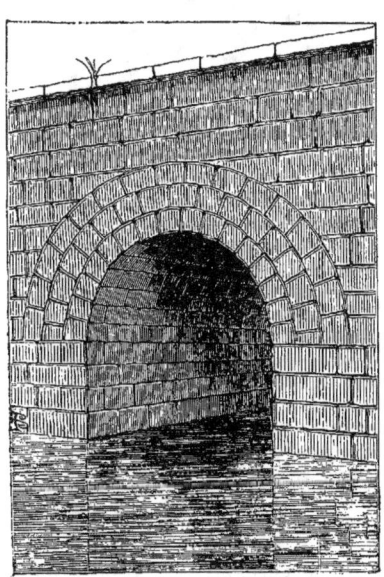

Fig. 2. — Bouche d'égout sur le Tibre.

tion un peu surfaite, comme nous le verrons plus loin. Notre figure 1 montre une partie de cet égout d'après une fouille exécutée par Piranesi. On y voit des contre-forts (anterides) (Pline, Histoire nat., XXXVI, 24, 3), que les

Romains plaçaient contre les murs extérieurs pour les soutenir (Vitruve, VI, 8, 6). La différence qui existe entre la pierre des contreforts et celle du reste de la construction prouve d'une manière certaine que ces contre-forts furent ajoutés après coup, probablement à l'époque où des réparations furent faites à la *Cloaca maxima*, réparations qui, d'après Denys d'Halicarnasse (III, 67), auraient coûté cinq millions de francs de notre monnaie. L'égout de Tarquin, long à peine d'un kilomètre, avait été construit pour écouler les eaux stagnantes du Vélabrum et des terrains situés en contre-bas du Palatin et du mont Capitolin, quand on voulut y créer le *Circus maximus* et le

toutes les villes de quelque importance construisent des égouts. On leur donne diverses sections, comme le montrent nos figures; on les fait ordinairement en meulières liées entre elles avec un mortier de chaux hydraulique, ou de ciment, ce qui est préférable. La construction des radiers et des voûtes doit être faite avec beaucoup de soin; les voûtes sont protégées, intérieurement et extérieurement, au moyen d'une chape en mortier de ciment. Anciennement les égouts des villes étaient de simples rigoles ou des ruisseaux à découvert qui, sous l'action de l'air et du soleil, dégageaient des exhalaisons fétides et pestilen-

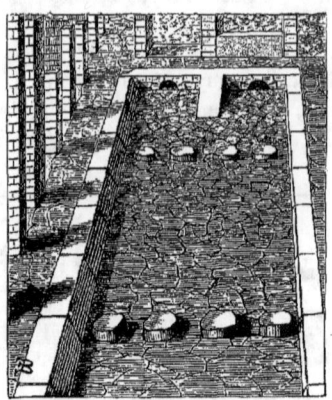

Fig. 3. — Bouches d'égout sous trottoir à Pompéi.

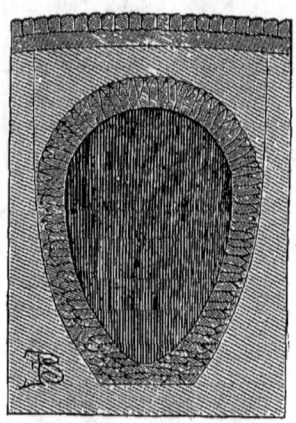

Fig. 4. — Égout moyen (1er type).
Échelle de 0m,01 p. mètre.

Forum. Cet égout, qui ne subsiste guère aujourd'hui que sur une longueur de 225 mètres, se composait de trois voûtes concentriques superposées; les matériaux étaient posés à sec, c'est-à-dire sans mortier ni ciment. Notre fig. 2 montre une bouche de la *Cloaca maxima* sur le Tibre. — Dans les autres villes de l'empire, de même que dans les colonies romaines, il existait également des égouts. On a découvert à Pompéi (fig. 3) deux bouches de conduit sous trottoir, à l'extrémité d'une impasse. Sur le premier plan de notre figure, on voit aussi de larges pierres qui servaient aux piétons pour traverser les rues à pied sec au moment des grandes pluies d'orage, si violentes dans ce pays.

LES ÉGOUTS MODERNES. — Aujourd'hui

tielles. Pendant fort longtemps Paris n'eut d'autres égouts que la Seine, la Bièvre, un ruisseau dit de *Ménil-Montant*, situé au nord de la ville et qu'on nommait *grand égout de ceinture*, enfin la *Grange-Batelière*, qui traversait le quartier moderne de la Chaussée-d'Antin. Le grand égout de ceinture de Ménil-Montant, voûté vers 1737, aboutissait à la Seine près du pont de l'Alma, après avoir parcouru les quartiers nord, nord-est et nord-ouest de la ville sur un parcours de 6,825 mètres; il desservait à lui seul ces vastes quartiers. Le premier égout voûté fut construit dans le quartier Montmartre, vers 1373 ou même 1374, et, quoiqu'on eût reconnu l'utilité et les avantages de ce système d'égout, le manque d'argent empêcha d'en généraliser l'application, puisque deux cent quatre-vingt-dix ans plus tard, en 1663, Paris ne possédait que 2,355 mètres d'égouts en canalisation souterraine. Aujourd'hui il en existe plus de 200,000 mètres ; mais, d'après les projets des ingénieurs municipaux, il resterait à en construire en-

à-dire les quartiers de Charonne, de Belleville et de Montmartre. Le second, à l'est et au nord, comprit les quartiers Saint-Antoine, du Temple et Sébastopol ; à l'ouest, le Palais-Royal et les Tuileries. Enfin le troisième bassin de la rive droite, à l'extrême ouest, embrassa la colline de Chaillot. Ces grandes divisions adoptées, les ingénieurs considérèrent la ville

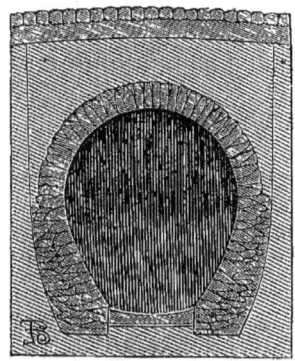

Fig. 5. — Égout moyen (2e type).
Échelle de 0^m,01 p. mètre.

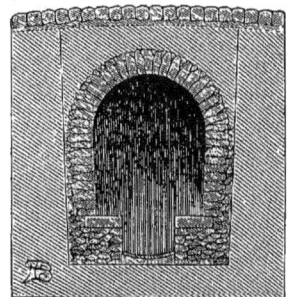

Fig. 7. — Égout avec banquettes et cuvette.
Échelle de 0^m,01 p. mètre.

core environ 300,000 mètres de grande, de moyenne et de petite dimension, ce qui fournirait une longueur de plus de 500,000 mètres, soit 125 lieues. Le plan général, soumis à l'ad-

comme un champ à drainer, dans lequel les drains étaient remplacés par des égouts secondaires qui devaient déverser leurs eaux dans sept collecteurs ayant ensemble une longueur de 27 à 28 kilomètres environ.

Les grandes divisions arrêtées, il s'agissait

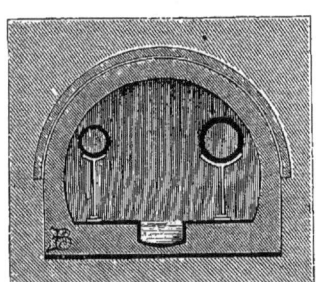

Fig. 6. — Égout collecteur du boulevard Sébastopol.
Échelle de 0^m,005 p. mètre.

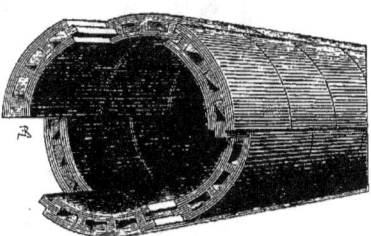

Fig. 8. — Égout en grès (système Doulton).

ministration depuis 1852, se poursuit tous les jours ; nous allons l'analyser d'après les documents officiels. A cette époque, le sol de Paris fût divisé en cinq bassins, deux sur la rive gauche et trois sur la rive droite. Les deux premiers comprirent, au sud-ouest, les quartiers du Luxembourg, de Saint-Germain des Prés et du Gros-Caillou ; au sud-est, le bassin de la Bièvre. Sur la rive droite, le premier bassin embrassa le nord et le nord-est, c'est-

d'établir les subdivisions et de déterminer les proportions qu'il fallait donner aux égouts, proportions qui devaient être en rapport avec l'étendue des quartiers auxquels ils devaient servir d'exutoires. Aussi la section des égouts devait-elle être calculée de façon à donner un écoulement rapide et sans inonder les rues par les bouches d'égouts, comme cela arrive encore quelquefois, dans les grosses pluies d'orage, à l'intersection de la rue Bonaparte et de la rue

Jacob, par exemple. Pour satisfaire à ce dési-
ratum, les ingénieurs établirent que l'écoulement des eaux sur 100 hectares de superficie
exigeait un égout de 2 à 3 mètres carrés de
section, et ils créèrent douze types d'égout dont
le plus petit a 2^m,10 de hauteur sur 1^m,10 de
large, et le plus grand 4^m,40 de hauteur sur
5^m,60 de largeur. Nos figures 4 et 5 montrent
deux égouts de dimensions moyennes. Les
plus petits affectent les mêmes formes, mais
plus particulièrement la forme ovoïde. Les

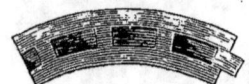

Fig. 9. — Brique cintrée en grès Doulton pour égout
(profil).

plus grands égouts se nomment *égouts collecteurs* ; notre figure 6 représente le collecteur
du boulevard Sébastopol ; il est plein cintre et
mesure 4 mètres de hauteur, 5^m,20 de largeur
au-dessus des banquettes, qui ont 1^m,80 de
largeur ; la cuvette de cet égout, large de 1^m,20,
a 0^m,63 de profondeur. Les deux conduites sup-

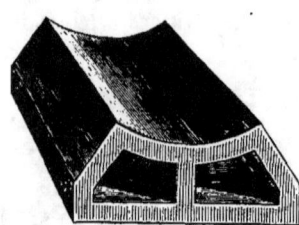

Fig. 10. — Radier en grès Doulton pour égout (1er type).

portées par des colonnettes en fonte, qu'on
voit dans cet égout, sont des conduites d'eau
pour des fontaines. Notre figure 7 montre un
égout moyen avec cuvette et banquettes.

Aujourd'hui l'industrie fabrique des égouts
en grès (système Doulton) qui sont d'un fort
bon usage et d'une étanchéité parfaite. Notre
figure 8 montre un ensemble de ce genre
d'égout, dont notre figure 9 indique un détail.

Dans les égouts, ce qui fatigue beaucoup,
ce sont les radiers ; aussi la même industrie a
fabriqué deux modèles de radiers en grès qui
sont pour ainsi dire inusables : l'un (figure 10)
se pose sur une légère fondation qui lui donne

de l'assiette, puis on construit les parois sur
ces briques, qu'on pose par juxtaposition,
tandis que les briques représentées par notre
figure 11 reposent par emboîtement. Ce genre
d'égout, bien établi, est d'un bon usage. On
fabrique de même des fossés d'irrigation pour
les eaux d'égout. (Voy. FOSSÉ et GRÈS.)

Connaissant les divers éléments qui com-

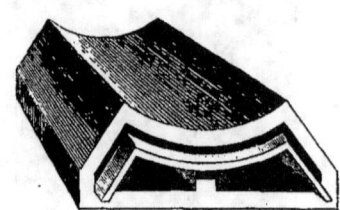

Fig. 11. — Radier en grès Doulton pour égout (2e type).

posent le système d'égout, nous allons suivre
le parcours de l'eau de son point de départ
dans la ville à son point d'arrivée. Les eaux
ménagères et industrielles arrivent souterrai-
nement, par un branchement, à l'égout de la
rue ; celui-ci débouche à son tour dans un
égout plus important qui aboutit à une maîtresse galerie, ou égout collecteur, lequel se
rend au collecteur général qui déverse ses
eaux dans la Seine, à une centaine de mètres
en aval du pont d'Asnières. Ce collecteur général, ou grand collecteur, est une sorte de
tunnel voûté en anse de panier. Il mesure 5
mètres de hauteur sur 5^m,60 dans son axe ; sa
cuvette, qui a 1^m,30 ou 40 de profondeur et
3^m,50 de largeur, est située entre deux banquettes de 0^m,90 de largeur. Le grand collecteur
peut en temps d'orage écouler 500,000 mètres
cubes d'eau par 24 heures, tandis qu'en temps
ordinaire il n'en écoule guère que 85,000 mètres cubes dans le même laps de temps, soit environ 3,500 mètres cubes à l'heure. Ces chiffres
démontrent donc que la ville de Paris peut
encore s'approvisionner d'eau potable le jour où
elle le voudra, puisqu'elle aura un écoulement
facile des eaux utilisées. — Le curage du collecteur se fait au moyen d'un bateau-vanne
dont la chasse puissante repousse successivement de 100 mètres en 100 mètres en aval les
vases, sables, pierres ou débris de poteries
entraînés dans l'égout, et finit ainsi par les

amener jusqu'à la bouche qui aboutit en Seine. — Si nous comparons maintenant la *Cloaca maxima* de Tarquin avec le grand égout collecteur, il ne faudra pas un long examen pour voir combien les travaux de nos ingénieurs modernes surpassent ceux des anciens. L'égout de Rome est construit, comme nous l'avons déjà dit, avec d'énormes pierres de taille posées à sec ; il n'était donc pas étanche, tant s'en faut : de là des causes d'infection, de miasmes putrides pour les terres et les propriétés qu'il traversait. Il mesurait 9^m,90 de hauteur à partir du fond, n'avait guère que 4^m,45 de large, et sa longueur totale n'atteignait pas un kilomètre. Le grand collecteur de Paris n'est pas aussi élevé, comme nous venons de le voir ; mais il est beaucoup plus large et sept à huit fois plus long. Le siphon pratiqué sous la Seine constituait une opération délicate qui a parfaitement réussi ; enfin le curage est des plus faciles et des moins dispendieux, puisqu'il ne faut guère que quinze jours pour le curer d'un bout à l'autre. La *Cloaca maxima* était complétement baignée par l'eau, s'envasait avec une rapidité extrême et une facilité déplorable ; elle ne possédait aucune banquette, et sa voûte était tantôt haute et tantôt basse ; aussi, quand la *Cloaca maxima* était entièrement obstruée, fallait-il dépenser des sommes énormes pour la curer. On voit donc par là qu'elle avait été construite sans étude préalable et que la réputation dont elle a joui était entièrement surfaite. Elle ne peut soutenir une comparaison sérieuse avec le grand égout collecteur, qui a épuisé toutes les formules et les calculs scientifiques pour sa création et qui a complétement résolu le difficile problème qu'on s'était proposé. Cet admirable travail, exécuté sous la haute direction de M. Belgrand, ingénieur, directeur des eaux et égouts de la ville de Paris, lui fait le plus grand honneur.

JURISPRUDENCE. — Un arrêt du conseil d'État, en date du 21 juin 1721, ordonnait que dans la ville de Paris les propriétaires de maisons sous lesquelles passaient des égouts contribuassent pour la partie de ces égouts comprise sous leurs maisons et terrains, au curement, pavage et autres réparations, et ne laissait à la charge de la ville que les répara-

tions de la partie des égouts qui passait sous les rues et qui était découverte. Un nouvel arrêt du conseil d'État, en date du 22 janvier 1785, ordonne qu'en dérogation à l'arrêt du conseil du 21 juin 1721 et en faveur des propriétaires des maisons construites sur les égouts, les prévôt des marchands et échevins seront autorisés à faire procéder au curement desdits égouts aux dépens de la ville seule, et sans que lesdits propriétaires soient tenus d'y contribuer, attendu la défense faite de pratiquer aucunes ouvertures ou communications avec lesdits égouts pour l'écoulement des eaux et latrines de leurs maisons ; *et quant aux dépenses* de pavement et de toutes autres réparations relatives, tant auxdits égouts qu'aux maisons sous lesquelles ils passent, il est ordonné qu'elles seront faites par les propriétaires des maisons et terrains, sans que, dans aucun cas et sous aucun prétexte, lesdits prévôt des marchands et échevins puissent les dispenser pour l'avenir de cette charge, n'exceptant de cette obligation pour le passé que ceux qui pourront justifier de conventions contraires.

Une ordonnance du roi en date du 30 septembre 1814 porte défense d'établir des conduites d'eaux ménagères en communication avec les égouts de Paris ; mais cette ordonnance a été abrogée par le décret du 26 mars 1852, promulgué le 6 avril 1852, seul en vigueur aujourd'hui, qui déclare, dans son article 6, que : « Toute construction nouvelle dans une rue pourvue d'égouts devra être disposée de manière à y conduire ses eaux pluviales et ménagères. La même disposition sera prise pour toute maison ancienne en cas de grosses réparations, et en tout cas avant dix ans. » Enfin une ordonnance de police en date du 30 novembre 1831, déclare (section 1re, *Travaux d'égouts*, art. 3) « qu'avant l'ouverture des travaux, les parties de la voie publique exclusivement réservées pour la circulation seront déterminées sur place, et celles qui seront abandonnées aux travaux seront enceintes par des barrières en charpente à hauteur d'appui avec courant de lisse. »

ÉGOUT, *s. m.* — Bord saillant d'un toit couvert en tuiles ou en ardoises. — C'est aussi l'écoulement des eaux pluviales qui, des constructions, vont se répandre sur le sol.

JURISPRUDENCE. — La loi établit, indépendamment de toute convention, des servitudes dont les unes sont réglées par la police rurale, d'autres (art. 652 du *Code civil*) sont relatives au mur et au fossé mitoyen à *l'égout des toits*, etc. D'après l'art. 681 du Code civil, tout propriétaire doit établir ses toits de manière que les eaux pluviales s'écoulent sur son terrain ou sur la voie publique ; il ne peut les faire verser sur le fonds de son voisin.

Cependant la servitude de l'égout des toits peut aussi être constituée dans l'intérêt de celui qui doit recevoir les eaux, car il peut y trouver un avantage. Dans ce cas, le propriétaire voisin d'où proviennent les eaux ne peut rien faire en vue d'en diminuer le volume, car il frustrerait ainsi son voisin. (Demolombe, t. 2, n° 596, et Toullier, t. 3, n° 540.) — Voy. EAU, § *Jurisprudence* ; voy. également les art. 686, 690 et 692 du Code civil qui déterminent comment s'établit la servitude conventionnelle du droit de déverser les eaux de ses toits sur l'héritage contigu.

ÉGRAINAGE. — Voy. ÉGRENAGE.

ÉGRAINER. — Voy. ÉGRENER.

ÉGRENAGE, *s. m.* — Terme de doreur, action d'égrener, c'est-à-dire d'enlever les grains qui pourraient se trouver sur l'ouvrage apprêté pour recevoir la DORURE. (Voy. ce mot.) — C'est aussi un travail préparatoire de la peinture en bâtiment, qui consiste à frotter au papier de verre les enduits de plâtre neufs pour en lisser la surface et la rendre plus propre à recevoir la peinture. Dans les travaux de peinture, ce mot est quelquefois synonyme de *poncer*. Par exemple, les colleurs de papier disent *égrener* le papier gris, c'est-à-dire le passer à la pierre ponce.

ÉGRENER, *v. a.* — Voy. le mot ci-dessus et DORURE.

ÉGRÈNE, *s. f.* — Clous de fer de l'em-

balleur layetier. Ce terme est aussi synonyme de CLAMEAUX. (Voy. ce mot.)

ÉGRISAGE, *s. m.* — Action d'égriser ; première opération du polissage des marbres, qui a pour but de faire disparaître les trous et les traits que le ciseau et la scie ont laissé sur leur surface. On pratique l'égrisage en frottant, pendant un laps de temps plus ou moins long, le marbre avec un morceau de grès mouillé. Si l'on a des moulures à égriser, on emploie des molettes de fer ou de buis ayant le profil des moulures, sur lesquelles on projette du grès mouillé.

ÉGRISER, *v. a.* — Pratiquer un ÉGRISAGE. (Voy. ce mot.)

ÉGRUGER, *v. a.* — Exercer, à l'aide du CAVOIR (Voy. ce mot), une pesée sur le pourtour d'un carreau de verre, d'une glace, après que le trait du diamant a été donné.

ÉGYPTIEN (ART). — Aucun peuple n'a laissé des monuments qui par leurs proportions imposantes puissent rivaliser avec ceux de l'Égypte. Les seules constructions de l'antiquité qui rappellent celles des Égyptiens sont les édifices de l'Inde. Ce n'est pas seulement dans leur architecture que nous rencontrons chez ces deux peuples des analogies frappantes : ils ont encore de commun leurs connaissances et leurs monuments astronomiques, leurs mœurs et leurs coutumes, et une grande partie de leurs pratiques et de leurs doctrines religieuses. Les Hindous croient à la métempsycose, ils admettent les migrations des âmes, qu'ils considèrent comme s'étant dégagées originairement de l'essence suprême, à laquelle elles retourneront un jour après avoir parcouru un nombre plus ou moins considérable d'existences. Les Égyptiens n'ont pas tout à fait les mêmes croyances ; mais ils admettent l'immortalité de l'âme, et prétendent que les morts errent dans l'espace pour se purifier de leurs fautes, jusqu'au jour où, dégagés de toute impureté, ils sont admis à la félicité éternelle. Ce jour-là les âmes sont réunies aux corps. C'est, sans aucun doute, cette croyance qui fait que les Égyptiens ont fait parfois de si grands sacrifices pour embaumer et conserver leurs corps, et ont si bien caché le lieu de leurs sépultures; car souvent les caveaux funéraires qui conservent leurs dépouilles mortelles se trouvent situés à la suite de puits creusés quelquefois à 25 et 30 mètres de profondeur et qui sont entièrement comblés de matériaux de toute sorte. De même que les Hindous, les Égyptiens possèdent de vastes excavations qui constituent des monuments splendides; mais, tandis que les premiers se contentent de creuser le roc, les seconds élèvent aussi sur le sol de grands édifices, et, au lieu de les soutenir par des piliers très-massifs, ils emploient la colonne, lourde, il est vrai, mais dont la forme pyramidale a beaucoup plus d'élégance que le pilier. Ces deux nations emploient les mêmes éléments décoratifs : le lotus, le palmier, le papyrus et des symboles presque identiques; quant à leur sculpture, l'une ressemble beaucoup à l'autre; leurs personnages y sont aussi roides que froids et silencieux. De ce qui précède on pourrait conclure, avec quelque apparence de raison, que l'art, les sciences et l'architecture des Égyptiens dérivent de l'Inde. Cette opinion, qui aurait paru peu soutenable il y a quelques années à peine, est aujourd'hui défendue par un grand nombre de savants dont les travaux consciencieux sont fort remarquables. Comme preuve à l'appui de la thèse que nous venons d'esquisser, nous citerons M. Edouard Dor (1), qui, dans un ouvrage récent, s'exprime ainsi : « L'Égypte, elle aussi, a subi l'influence universelle de l'Asie centrale. Si les documents nous manquent pour refaire l'histoire de cette invasion première, la langue et les coutumes sont là pour en tenir lieu. A la base du panthéisme égyptien, il n'est pas difficile de reconnaître une ressouvenance très-marquée du monothéisme asiatique primitif, du Dieu invisible et unique, de l'Être par excellence, duquel tout découle et auquel tout retourne (2). » Quoi qu'il en

soit de cette question, que nous laissons à d'autres le soin d'approfondir, nous sommes bien obligé de reconnaître que l'art égyptien possède un caractère fort et viril qu'aucun peuple n'a jamais atteint et qu'en tout cas il serait très-difficile de surpasser. — Après avoir étudié les points de ressemblance qui existent entre l'art hindou et l'art égyptien, nous devons examiner les points qui les différencient. Nous nous occuperons plus spécialement de l'architecture. Tandis que les Hindous se sont bornés à creuser dans le roc vif d'énormes excavations, les Égyptiens ont en outre élevé des monuments en plein air qui révèlent chez eux des connaissances supérieures en statique, en mécanique et en construction, car ils possédaient à un plus haut degré que les Hindous l'art de bâtir. Ils devaient même connaître des procédés de mécanique très-avancés, et que nous ignorons, pour pouvoir déplacer d'aussi grosses masses de pierre; des blocs d'un poids considérable et qu'ils transportaient à une énorme distance de la carrière.

Mais, ces matériaux amenés à pied d'œuvre, il fallait encore les élever à des hauteurs de 50 et 60 mètres et même davantage, par exemple à la pyramide de Chéops, dont la hauteur primitive devait être de 146 mètres (1). Si cette pyramide de Gizeh était la plus élevée, il en existait beaucoup d'autres qui, pour être moins hautes (90 et 100 mètres), ne présentaient pas moins de difficultés pour la construction de leur cime, car le sommet des pyramides de pierre ou de briques était terminé par un pyramidion quelquefois monolithe d'autres fois formé par plusieurs blocs, mais qui étaient toujours d'un poids très-considérable.

Quand on discute les procédés du levage des matériaux suivis par les Égyptiens, on répond qu'ils employaient des plans inclinés.

---

(1) *L'Instruction publique en Égypte*, par M. Edouard Dor, docteur en philosophie, inspecteur général du ministère de l'instruction publique en Égypte, 1 vol. in-8°, Paris, 1872.

(2) Nous pourrions citer encore en faveur de la même

thèse l'opinion de l'évêque Eusèbe, qui dit, dans son *Chronicon* : « Il est certain que des peuplades anciennes de forme éthiopienne, *venues du fleuve Indus*, campèrent et s'établirent en Égypte. »

(1) Aujourd'hui cette pyramide n'a guère que 136 mètres environ, parce que la base se trouve enterrée dans les sables, et que la cime est une plate-forme.

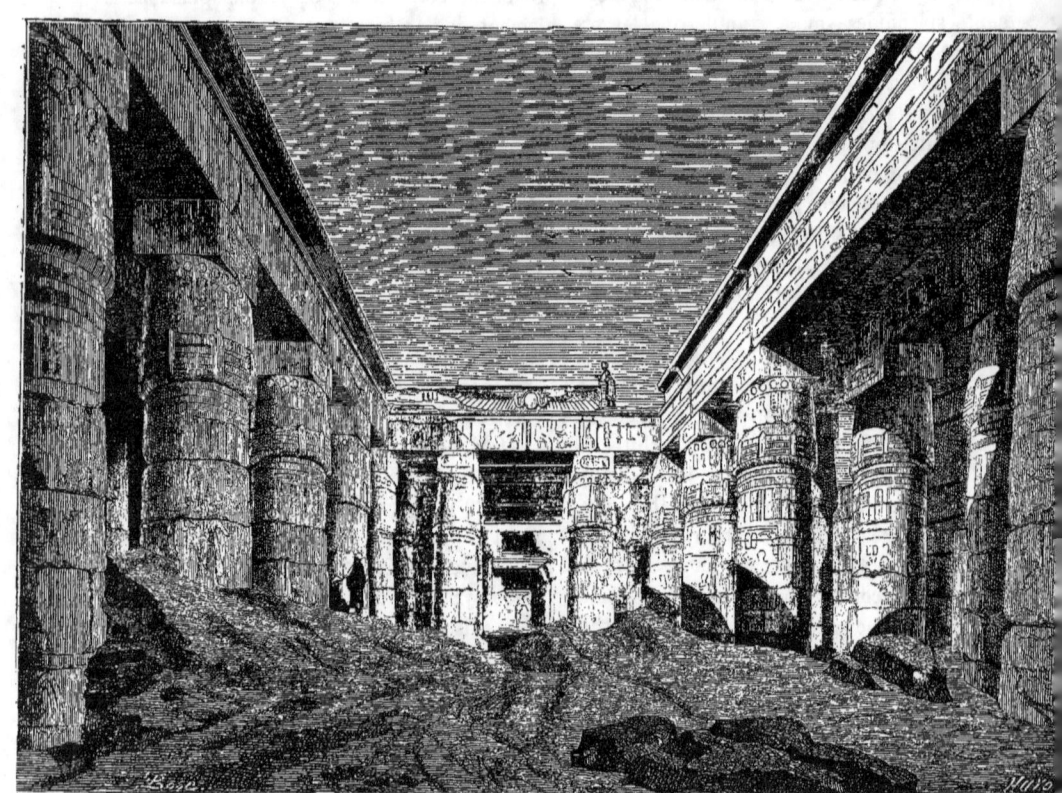

E. Bosc, d'après Prisse.

Planche XXVIII. -- Temple de Khons, à Karnac.

Nous l'admettons ; mais il n'en fallait pas moins posséder des connaissances très-étendues en mécanique pour manier et soulever des masses de pierre aussi colossales.

On nous dit aussi que souvent les Égyptiens attendaient la saison des inondations du Nil pour transporter à l'aide de radeaux leurs gros matériaux à pied d'œuvre, et que là ils les faisaient glisser à la place qu'ils devaient occuper. Nous comprenons ce genre de manœuvre pour la mise en place des obélisques et des colosses ; mais il ne reste pas moins vrai et indiscutable que nous retrouvons dans les temples et sur les pyramides des pierres d'une masse considérable et à des hauteurs telles que le Nil n'a jamais pu les atteindre. Nous sommes donc réduits à des hypothèses relativement au levage des matériaux chez les Égyptiens, et l'eau et le sable qu'une classe d'égyptologues considèrent comme les seuls leviers et moteurs de ce peuple, peuvent expliquer certaines parties de leur manœuvre relativement à l'art de construire, mais ne peuvent pas nous expliquer les moyens mécaniques employés dans certaines circonstances par les constructeurs égyptiens.

Quand on considère les monuments de l'Égypte, on est très-surpris de voir qu'un peuple qui possédait de si grandes ressources pour bâtir des palais, des temples, des hypogées et des pyramides, n'ait laissé, pour ainsi dire, aucunes traces de constructions privées. La raison en est bien simple, nous la trouvons dans l'organisation même de la civilisation égyptienne. En effet, dans ce pays, malgré les subdivisions de la population en castes, il n'en existait en réalité que deux : la caste des rois et des prêtres, et la plèbe ; ce qui, dans le langage moderne, pourrait se traduire par l'aristocratie et le peuple. Or la classe élevée, composée d'un petit nombre d'individus relativement à la masse du peuple, ne pouvait maintenir sa domination et assurer sa propre sécurité qu'en inspirant au peuple un souverain mépris pour cette vie éphémère qui n'était que le prélude de la vie éternelle.

Aussi les Égyptiens, ne considérant leurs maisons que comme des demeures passagères, des meubles pour ainsi dire, les construisaient en matériaux légers et de peu de durée, en joncs, en roseaux, en terre glaise, tandis que leurs tombeaux, leurs habitations éternelles, étaient faits avec les matériaux les plus durs, les plus solides, les plus durables. C'est cette idée religieuse qui crée dans l'architecture égyptienne deux types très-distincts : l'un, celui qui est consacré au culte et à la mort, est d'une solidité à toute épreuve ; l'autre, celui de la vie terrestre, celui de la plèbe, représente le type de la plus extrême fragilité.

C'est pour ce motif que sur l'emplacement de leurs grandes villes, là même où nous retrouvons les restes si magnifiques et si imposants de leurs édifices publics, qui témoignent de la grandeur et de la richesse du peuple égyptien, nous n'apercevons aucune trace de l'architecture privée, de la *maison*. Celle-ci, en effet, a disparu avec la civilisation ; car, formée de roseaux et de boue, elle a été emportée par les inondations périodiques et elle est rentrée au sein des eaux, son origine première, nous offrant ainsi comme une image matérielle de la destinée des âmes d'après la croyance égyptienne.

Sans Diodore de Sicile, nous n'aurions pu nous livrer qu'à des conjectures relativement aux maisons égyptiennes, mais cet auteur a eu soin de nous dire que « les anciennes habitations des Égyptiens étaient faites de roseaux entrelacés et qu'il existait également des maisons faites en briques. » — Sans les bas-reliefs, nous ne pourrions même pas nous faire une idée de la distribution de la maison égyptienne ; car, dans la seule ville qui nous montre quelques restes de la cité égyptienne, les maisons sont dans un tel état de ruine qu'on peut à peine distinguer la manière dont les rues étaient distribuées, et ce n'est guère qu'en comparant quelques auteurs, des bas-reliefs, des maisons modernes du pays, qu'un archéologue, M. Prisse, est parvenu à reconstituer par à peu près la maison égyptienne. Voici comment il s'exprime à ce sujet (1) :

« Les maisons étaient en général contiguës, elles formaient les côtés des rues et des ruelles et avaient

_____

(1) *Monuments anciens et modernes*, par J. Gailhabaud, t. 1, Style égyptien, maisons.

rarement plus de deux étages, excepté à Thèbes, où elles en avaient quelquefois quatre et cinq. Elles étaient disposées avec art et parfaitement appropriées aux exigences du climat.

« Les petites maisons consistaient en une cour et un édifice présentant trois ou quatre chambres au rez-de-chaussée, avec une ou deux chambres à l'étage supérieur, dont une partie servait de terrasse; on y arrivait de la cour par une rampe d'escalier (1). Cette disposition est encore à peu près celle de la plupart des maisons dans les villages d'aujourd'hui.

« Dans les maisons plus vastes, les chambres, en plus ou moins grand nombre, étaient rangées autour d'une cour et régulièrement distribuées sur les deux côtés, ou placées le long d'un corridor. Celles du rez-de-chaussée servaient aux besoins du ménage, tandis que celles des étages supérieurs étaient habitées par la famille. Au sommet de l'édifice régnait une terrasse où l'on pouvait jouir de la fraîcheur le soir, et où probablement on passait la nuit dans la saison des grandes chaleurs. Cette terrasse était quelquefois garantie du soleil par un toit léger, soutenu par des colonnettes de bois. et peint de couleurs brillantes. La partie de la terrasse qui n'était pascouverte portait un large auvent en planches, espèce de ventilateur dans le genre des *mulcafs* arabes, et qui servait comme eux à établir un grand courant d'air dans la maison. Quelquefois une partie de la maison excédait en élévation le reste de l'édifice et prenait la forme d'une tour. »

Ces habitations, quelles que fussent leurs dimensions, étaient généralement construites en briques crues, composées de terre grasse corroyée avec de la paille hachée menu.

La maison telle que nous venons d'en donner la description indique déjà une civilisation avancée; mais primitivement les Égyptiens habitaient simplement des grottes naturelles, ou des cavernes qu'ils avaient creusées dans les flancs des montagnes qui bordent la vallée du Nil.

Nous allons maintenant passer en revue les monuments de l'art égyptien; nous traiterons ensuite de la sculpture et de la peinture de ce grand peuple.

C'est dans l'ancienne Thébaïde (le Saïd moderne) que nous retrouvons les plus anciens monuments pharaoniques, parmi lesquels les temples occupent le premier rang. Les plus anciens sont entièrement creusés dans le roc; plus tard ils sont pour la partie postérieure taillés dans la montagne, tandis que sur la partie antérieure ils sont érigés en construction; enfin à une autre époque, à l'apogée sans doute de leur civilisation, les Égyptiens construisent entièrement leurs monuments à la surface du sol, absolument comme les autres peuples. Mais nous devons dire que, quelle que soit l'époque de fondation de ces temples, ils sont toujours construits sur un plan identique, et c'est là un des caractères distinctifs du génie égyptien : il adopte un type, après l'avoir mûrement étudié sans doute, mais il n'en sort jamais, ainsi que nous le verrons en traitant de la peinture et de la sculpture chez ce peuple. Voici la disposition générale du plan :

Le monument est précédé d'une longue avenue bordée de sphinx colossaux; dans certains temples, à celui de Karnac par exemple, cette avenue était dallée et s'étendait sur deux kilomètres de longueur ; de chaque côté étaient rangés 300 sphinx accroupis, et sur une seconde avenue, aussi de chaque côté, 27 béliers. Ce genre d'avenue se nomme *dromos ;* elle était naturellement dans l'axe de la porte principale du temple. Le dromos était précédé de deux pylônes, c'est-à-dire de deux massifs de constructions, carrés à leur base et pyramidaux en élévation. Ces massifs étaient réliés par une construction moins élevée dans laquelle était pratiquée une porte donnant accès sur l'avenue, au bout de laquelle s'élevait le temple. La façade de celui-ci était décorée de statues colossales, d'obélisques et de bas-reliefs et était percée d'une porte qui conduisait dans une ou plusieurs cours, suivant l'importance du monument. Ces cours étaient entièrement fermées et entourées de galeries à deux étages dont les colonnes soutenaient le plafond. On pénétrait ensuite dans une sorte de vestibule (πρόναος), enfin dans le temple proprement dit (ναός). Ce sanctuaire était décoré d'autels et de statues monolithes représentant la divinité,

---

(1) Il existe dans la collection égyptienne du *British Museum* un modèle de maison de ce genre. — Voy. Wilkinson, *Manners and customs of ancient Egyptians,* 2º série, tome 2, page 109.

les rois et les prêtres. Ceux-ci avaient leur demeure attenante au sanctuaire (σηκός). Telle était la disposition générale des temples.

Après ces généralités sur l'architecture égyptienne, nous voudrions bien parler des monuments qui subsistent encore en Égypte et dans la Nubie, mais il nous faudrait sortir des bornes de ce dictionnaire : nous nous contenterons donc de signaler les ruines principales, et en premier lieu celles de Thèbes, la ville aux cent portes, comme l'appelle Homère (ἑκατόμπυλη). Ces ruines sont situées sur les deux rives du Nil. D'un côté, à l'occident, nous voyons le palais de Kournah, fondé par un Pharaon, Ménéphtah Ier. Le pylône de cet édifice est presque détruit; quant à l'avenue des sphinx, elle est en partie cachée par la végétation des palmiers. Ce palais, qu'à cause de son fondateur on nomme *Menephteum*, possède au nord des hypogées royaux dont les murs sont revêtus de bas-reliefs et de peintures remarquables. Sur la même rive occidentale nous trouvons les restes des palais de Sésostris ou Rhamsès II, qu'on nomme *Rhamesseum*, également connu sous la dénomination de *Memnonium* et de *Aménophium*. Ce palais a été décrit par Diodore de Sicile, sous le nom de *Tombeau d'Osymandias*.

Sur la rive orientale du Nil, nous rencontrons les temples de Louqsor et les ruines de Karnak. Le temple de Louqsor a été construit par Aménophis III et Rhamsès II. Son entrée était décorée de deux obélisques monolithes, l'un de 25 mètres de hauteur, et l'autre de 23m,50 environ : ce dernier a été transporté à Paris en 1836 et décore aujourd'hui la place de la Concorde. — Au nord-est de Louqsor se trouvent les plus vastes et les plus belles ruines de l'Égypte, les ruines de Karnac. On y arrive par l'avenue des sphinx dont nous avons parlé précédemment. Les premiers temples en ruines qui s'offrent à la vue sont celui du dieu Khons et celui de la déesse Athor, la Vénus égyptienne. Le premier, dénommé aussi le *grand temple sud*, a été érigé, suivant les uns, par Rhamsès III ou Meiamoun, Pharaon de la dix-neuvième dynastie; suivant d'autres archéologues, par Rhamsès IV. Quoi qu'il en soit, il a été construit très-rapide-

ment, avec les débris d'un temple primitif : ce dernier fait est attesté par les sculptures civiles, militaires et religieuses qui portent les légendes d'Amonôph III et d'Horus. Une particularité digne d'être mentionnée, c'est que ces corniches portent des mufles de lions comme décoration. Avant Rhamsès III cet ornement n'ayant figuré dans aucun monument, on peut attribuer certainement cette innovation à ce prince. Ce temple, comme beaucoup d'autres du reste, se trouve entièrement obstrué par les sables, mais ce qu'ils en laissent voir peut encore témoigner de l'élégance des colonnes; notre planche XXVIII montre en perspective le portique de ce temple, et notre planche XXIX, l'intérieur de l'hémi-spéos de Girché en Nubie; nous avons dessiné ces deux planches d'après M. Prisse.

Signalons dans la haute Égypte :

Le *temple de Denderah*, dédié à la déesse Athor, et qui mesure 81 mètres de longueur sur 42 mètres de largeur. Un escalier conduit du sanctuaire à un étage supérieur, dans lequel le général Desaix découvrit le zodiaque circulaire qui est aujourd'hui à la Bibliothèque nationale, et dont on voit un moulage au musée du Louvre. — Les *temples d'Edfou*, dont le plus grand, qui a près de 138 mètres de longueur et 69 mètres de largeur, était consacré à une triade composée d'Athor (la Vénus égyptienne), du dieu Aar-Hot (la science et la lumière céleste) et de leur fils Horus (soutien du monde), dont la mythologie grecque a fait Eros (l'Amour). A 200 mètres de ce grand temple, on retrouve les débris d'un plus petit, qui d'après les uns était un *typhonium*, et d'après les autres un *mammisium*, c'est-à-dire un lieu d'accouchement. Cette dernière supposition nous paraît la plus vraisemblable, parce qu'à côté d'un grand temple où était adorée une *triade*, on plaçait toujours un *mammisium*. — Enfin, le *temple d'Esneh*, consacré au célèbre Cnouphis, l'un des dieux du panthéon égyptien.

Si maintenant nous étudions les matériaux mis en œuvre par les Égyptiens, nous en trouvons de plusieurs variétés. Dans les édifices les plus anciens, ce sont les granits des carrières d'Éléphantine et de Syène. Les mêmes matériaux furent employés à façonner les colosses et les obélisques monolithes. C'est ensuite le grès de couleur blanchâtre, semé de taches brunes et noirâtres : ce grès était tiré de la chaîne Libyque. La brique crue et la pierre calcaire étaient aussi fort employées pour les murs et surtout pour les pyramides. Le bois était très-rarement employé. Les édifices reposaient généralement sur le roc ; les blocs de granit étaient taillés avec une justesse et une précision remarquables, les arêtes étaient vives et les surfaces apparentes très-polies ; les files de pierres étaient souvent reliées entre elles par des queues d'aronde en cèdre ou en sycomore, quelquefois en cyprès ; l'appareillage était très-bien fait, on peut en voir un modèle inimitable dans les couloirs de la grande pyramide de Chéops à Gizèh. Au reste, dès une époque très-reculée, comme le dit notre confrère Charles Chipiez (1) :

« L'Égypte possédait l'art de tailler, de polir et d'appareiller les pierres. Elle superposait les énormes blocs quadrangulaires de ses édifices avec une science et une habileté qui ont triomphé des efforts du temps ; et, malgré la simplicité, la pauvreté même des ressources plastiques, les dynasties memphites ont élevé des monuments dont l'incomparable expression de grandeur et de stabilité, plus que les proportions colossales, a mérité l'admiration des siècles. »

Le mortier des Égyptiens était fait avec de la chaux et du sable, auxquels on ajoutait quelquefois des tuileaux ou du marbre concassé, leur principal enduit était composé d'une terre grasse mélangée avec une forte proportion de bitume.

Les Égyptiens connaissaient bien la voûte ; mais ils ne l'employèrent que fort rarement, dans des cas exceptionnels, et non comme principe de construction. Ils formaient des plafonds avec des pierres de 10 et 12 mètres de longueur sur 0m,40 à 0m,50 d'épaisseur, et d'une largeur variable. Ces pierres portaient d'un côté sur les murs et de l'autre sur des colonnes souvent décorées de magnifiques CHAPITEAUX. (Voy. ce mot.)

(1) *Histoire critique des origines et de la formation des ordres grecs*, par Charles Chipiez, 1 vol. gr. in-8°, Paris, 1876.

SCULPTURE. — La sculpture égyptienne est des plus curieuses ; elle couvrait entièrement les parois intérieures et extérieures des édifices. Ces sortes de bas-reliefs contenaient une véritable histoire du pays gravée sur la pierre en signes hiéroglyphiques, et, fait curieux à noter, chaque partie de monument présentait pour ainsi dire un chapitre distinct. Par exemple, sur les pylônes et les murs d'enceinte des palais et des temples on ne gravait que les faits mémorables de l'histoire nationale et des faits se rattachant aux travaux ou aux progrès de l'agriculture ; sur les murs des temples n'étaient inscrites que des pages sur la religion, sur les parois des sanctuaires et dans les demeures des prêtres que les mystères de la mythologie égyptienne. Ces sculptures reproduisent indéfiniment les mêmes types de figures humaines, divines et chimériques ; elles sont présentées toujours dans le même ordre et portant, les unes et les autres, les mêmes emblèmes, les mêmes symboles. Les statues des dieux, des déesses, des rois, des reines et des prêtres, les sphinx, les lions et les béliers ont constamment la même attitude, et cette invariabilité dans les types se conserve même après la conquête ; Platon, dans ses *Lois*, a soin de nous en informer : « Les statues qu'on exécute aujourd'hui, dit-il, ne diffèrent en rien de celles qui ont été faites il y a mille ans. » Les statues d'hommes sont généralement nues, elles ne portent qu'une sorte de petit tablier suspendu à la ceinture ; les statues de femmes, au contraire, portent une draperie très-fine collée, pour ainsi dire, sur les chairs : ce vêtement si léger est indiqué par un bord saillant qui enserre le cou et les jambes au-dessus de la cheville. Les Égyptiens ont fait des statues debout, assises, accroupies, à genoux ; mais, quelle que soit la pose adoptée, on ne voit figurer dans leur statuaire ni os, ni muscles, ni nerfs, ni veines, parce qu'ils ignoraient complétement la myologie, l'ostéologie, la religion leur interdisant de pratiquer aucune incision sur le corps humain. Tel était l'état de la statuaire avant la conquête. Sous la domination grecque et sous la domination romaine, la statuaire se modifie sensiblement, surtout au temps d'Adrien. Les yeux, au lieu

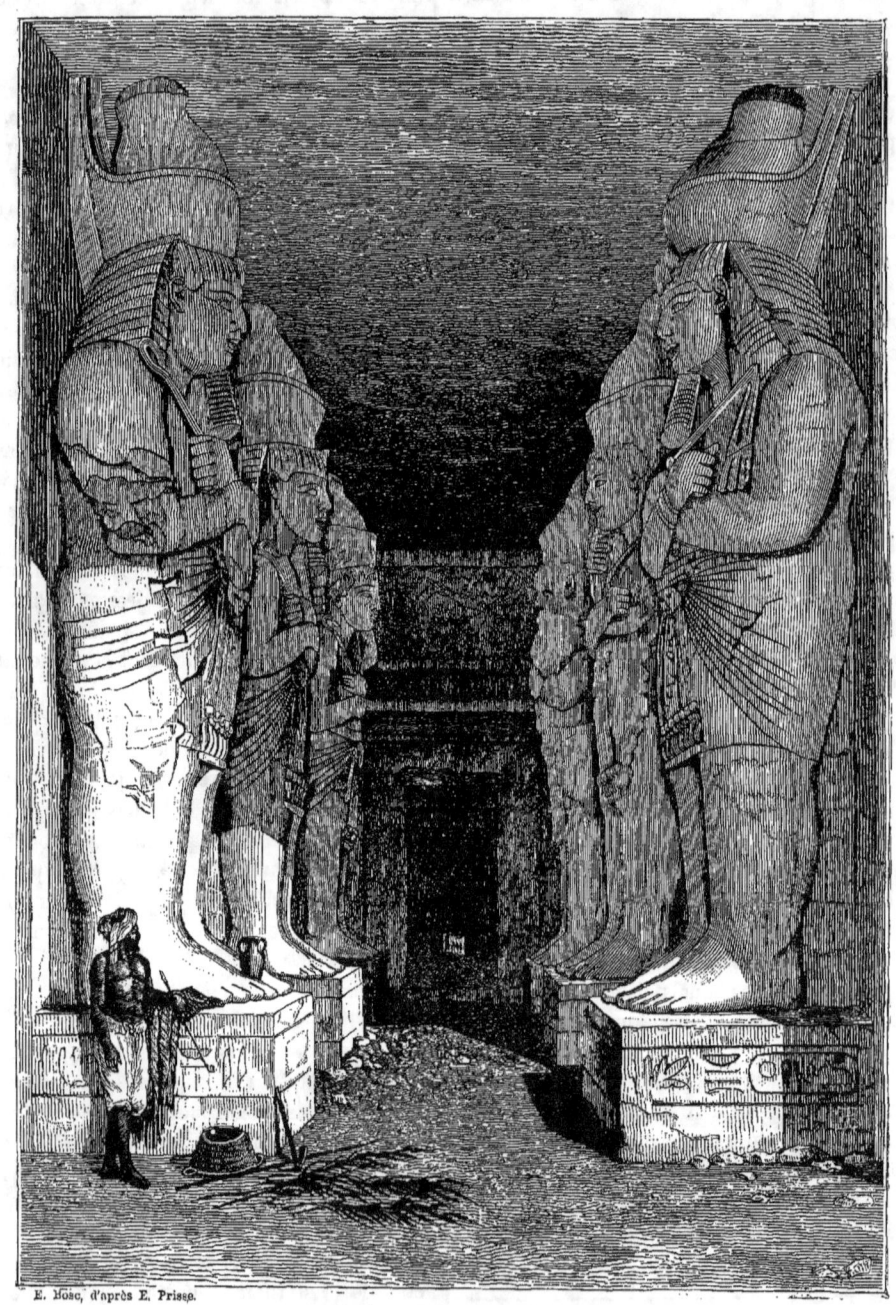

Planche XXIX. — Hémi-Spéos de Gircheh.

d'être à fleur de tête, sont enfoncés ; les muscles se dessinent sur le corps, les veines apparaissent, ainsi que les rotules aux genoux, et les côtes ainsi que les seins, qui étaient peu apparents dans la statuaire primitive, sont dans la nouvelle plus fortement indiqués. Ces caractères servent donc parfaitement à distinguer les œuvres archaïques de la sculpture d'avec celles exécutées après la conquête.

PEINTURE. — Si les Égyptiens ne furent pas de grands peintres, ils furent jusqu'à un certain point coloristes ; en tout cas, leurs préparations colorantes pourraient les faire passer pour d'excellents chimistes, car après quatre mille ans les tons qu'ils ont employés se sont conservés, dans beaucoup d'endroits fermés, aussi vifs et aussi brillants que le jour de leur emploi. C'était aux prêtres qu'était réservée la charge de peintre ; nous savons, d'après Clément d'Alexandrie, que l'écrivain peintre se nommait *hiérogrammatiste* et qu'il occupait le troisième rang parmi les prêtres.

Les bas-reliefs sont recouverts d'une coloration plutôt que d'une peinture véritable. Cette sorte d'enluminure était surtout nécessaire pour la lecture des hiéroglyphes, qui, souvent placés à de grandes hauteurs, n'auraient pu être lus, si un ton tranché n'eût pas défini nettement le peu de saillie des formes et des personnages. Dans bien des cas cependant la peinture était purement décorative : dans la coloration des chapiteaux par exemple, et dans les plafonds, qui, représentant toujours le ciel, étaient invariablement peints en bleu, avec un semis d'étoiles blanches ou de figures astronomiques de même couleur. Dans les statues de pierre calcaire, dans les tombeaux de même que dans les coffres ou étuis de momies, la peinture était aussi purement décorative. Les statues granitiques n'étaient peintes que dans certaines parties, telles, par exemple, que les yeux, les cheveux et une portion du vêtement.

BIBLIOGRAPHIE. — Greaves, *Pyramidographia*, in-fol., London, 1646 ; — Meister, *de Pyramidum fabricá et fine*, Goetting, 1774 ; — Winckelmann, *Histoire de l'art chez les anciens*, trad. d'Hubert, 3 vol. in-8°, Paris, 1789 ; — Brocchi, *Ricerche sopra la scultura presso di Egiziani*, 1 vol. in-8°, Venise, 1792 ;

— Rosso, *Ricerche sopra l'architectura egiziana*, 1 vol. in-8°, Sienne, 1800 ; — Grobert, *Description des pyramides de Gizeh*, 1 vol. in-4°, Paris, 1801 ; — Denon, *Voyage dans la haute et la basse Égypte*, in-fol., Paris, 1802 ; — Mérimée, *Dissertation sur la préparation et l'emploi des couleurs dans l'ancienne Égypte*, in-8°, Paris, s. d. ; — Quatremère de Quincy, *de l'Architecture égyptienne*, in-4°, 1803 ; — Mayer, *Views in Egypt*, in-fol., London, 1805 ; — Jomard, *Description de l'Égypte ou recueil des observations qui ont été faites en Égypte pendant l'expédition de l'armée française*, 9 vol. in-fol. et 14 vol. gr. in-fol., Paris, 1809-13, 1819-28 ; — Gau, *Antiquités de la Nubie*, Paris, 1821-27 ; — Belzoni, *Narrative of the operations and recent*, etc., in-8° et atlas in-fol., London, 1821 ; — F. Caillaud, *Voyage à Méroé*, etc., 4 vol. in-8° et 2 vol. in-fol. de planches, Paris, 1826-27 ; — Wilkinson, *Topography of Thebes*, in-8°, Londres, 1835 ; du même, *Topographical survey of Thebes*, 4 feuilles in-fol., Londres, 1835 ; — Demetrius Jefimoff, *Brevi-Cenni sull' architettura egiziana*, in-fol., Rome, 1838 ; — Rosellini, *Monumenti dell' Egitto*, 8 vol. in-8° avec pl. in-fol., Pise, 1834-44 ; — Valeriani, *Atlante monumentale dell' basso et dell' alto Egitto*, 2 vol. in-fol., Florence, 1837 ; — Champollion jeune, *Monuments de l'Égypte et de la Nubie*, in-fol., Paris, 1835 ; — J. Ferlini, *Relation historique des fouilles opérées dans la Nubie*, in-4°, Rome, 1838 ; — Forchhammer, *de Pyramidibus commentatio*, in-4°, Paris, 1838 ; — Leemans, *Description des monuments égyptiens du musée de Leyde*, in-8°, Leyde, 1840 ; — Vyse, *Operations carried on at the pyramids of Gizeh*, 1837, 3 vol. gr. in-8°, London, 1840-42 ; — Ch. Lenormant, *Musée des antiquités égyptiennes*, 1 vol. in-fol., pl., Paris, 1841 ; — Hector Horeau, *Panorama d'Égypte et de Nubie*, in-fol., Paris, 1841 ; — Ch.-Richard Lepsius, *Denkmaler aus Ægypten und Æthiopien*, etc., 12 vol. gr. in-fol., Berlin, 1842-49 ; — Périgal, *on The probable mode of constructing the pyramids*, in-8°, London, 1844 ; — Fialin de Persigny, *de la Destination et de l'utilité permanente des pyramides d'Égypte et de Nubie*, etc., in-8°, Paris, 1845 ; — R. Lepsius, *Bau der pyramiden*, in-8°, 1845 ; — J. Henri, *l'Égypte pharaonique ou histoire des institutions*, etc., 2 vol. in-8°, Paris, 1846 ; — Champollion jeune, *Notices descriptives des monuments de l'Égypte et de la Nubie*, in-fol., Paris, 1847 ; — Prisse, *Suite aux Monuments de l'Égypte et de la Nubie*, in-fol., Paris, 1847 ; — W. Osburn, *Monumental history of Égypt.*, 2 vol. n-8°, Londres, 1855 ; — Teynard, *Monuments de l'Égypte et de la Nubie*, 2 vol. in-fol. Paris, 1858 ; — Prisse, *His-*

toire de l'art égyptien, gr. in-fol., fig. col., Paris, 1863 ; — Gailhabaud, *Monuments anciens et modernes*, 4 vol. in-4°, Paris, 1870 ; — E. Soldi, *l'Art et ses procédés depuis l'antiquité, la Sculpture égyptienne*, 1 vol. in-8°, Paris, 1876 ; — A. Rhoné, *l'Égypte à petites journées, impressions et souvenirs de voyage*, 2 vol., in-8°, Paris, 1876-77. — Nous ne saurions terminer cette courte bibliographie des livres qui traitent de l'art égyptien, sans dire qu'il existe des milliers de livres écrits sur l'Égypte ; le lecteur désireux de connaître d'autres ouvrages les trouvera consignés en grande partie (4,500 au moins) dans la *Bibliotheca ægyptiana*, par le Dᵉ H. Jolowicz : c'est le répertoire le plus complet qui existe. Cet ouvrage nous a été communiqué par M. Ernest Desjardins, membre de l'Institut, qui a bien voulu mettre à notre disposition sa bibliothèque, assez riche en ouvrages sur l'Orient.

ELÆOTHESIUM (ἐλαιοθέσιον). — Chambre, dans un établissement de bains, où l'on gardait les parfums et les huiles destinés à l'usage des baigneurs. Dans les bains de peu d'importance, une armoire dans le mur remplissait l'office d'*elæothesium ;* mais dans les grands bains l'elæothesium était assez vaste pour permettre aux baigneurs de se faire oindre et parfumer le corps dans cette pièce, qui généralement était proche du *frigidarium*, ou salle froide. (Vitruve, V, 11, 2.) Dans les bains d'importance moyenne, comme on le voit à Pompéi, c'était le *tepidarium* qui en tenait lieu, on ne peut en douter ; car le mur de droite, en entrant dans le *tepidarium*, ainsi que celui du fond, si nos souvenirs sont fidèles, possèdent des excavations qui servaient d'armoires pour serrer les huiles et les parfums.

ÉLAGAGE, *s. m.* — Action d'élaguer, c'est-à-dire de couper les branches d'un arbre.

JURISPRUDENCE. — D'après l'article 672, § 2, du Code civil, celui sur la propriété duquel avancent les branches des arbres du voisin peut le contraindre à couper ces branches. Au mot ARBRE, où nous renvoyons le lecteur, nous avons donné plusieurs articles du Code à ce sujet; ici nous dirons que l'autorité municipale a le droit d'ordonner l'*élagage* des arbres appartenant à des particuliers, quand ces arbres avancent sur la voie publique, et cet élagage ne peut être pratiqué qu'à l'époque de la taille et sous la surveillance de l'ingénieur. Pour les arbres qui avancent sur les chemins vicinaux, ce n'est qu'un arrêté du préfet qui peut déterminer l'époque et la manière d'élaguer ces arbres ; enfin les riverains des forêts de l'État ne peuvent demander l'élagage des arbres de lisières que si ces arbres ont moins de trente ans.

ÉLASTICITÉ, *s. f.* — Propriété que possèdent certains corps de reprendre leur forme première après avoir changé de forme ou de volume sous l'influence de la pesanteur, de la compression, de la flexion, de la traction. Le bois, le fer, l'acier, la fonte, jouissent d'une certaine élasticité, qu'on ne peut dépasser sans en amener la rupture. C'est ce point qu'on nomme *limite d'élasticité*, ou *point de rupture*. Dans la pratique, on ne doit jamais charger les pièces qu'à des charges ne dépassant dans aucun cas la moitié de la *limite d'élasticité*.

ÉLÉGIR, *v. a.* — Rendre moins pesant, moins lourd à la vue, un membre ou une partie de construction. On obtient ce résultat à l'aide d'une décoration ou de tout autre artifice. (Voy. le mot suivant.) *Élégir* n'est que la corruption des mots *allégir*, *alléger*, rendre plus léger.

ÉLÉGISSEMENT, *s. m.* — Diminution, évidement, ravalement qu'on pratique sur la longueur du champ d'un objet pour le rendre moins lourd à la vue : par exemple, on élégit un pilastre, un chambranle de porte, en les décorant de moulures; un battant de lambris, en l'encadrant d'une moulure.

ÉLÉMI, *s. m.* — Substance résineuse, jaune et très-odorante, qui entre dans la composition des vernis. On en distingue deux espèces principales : l'*élémi oriental* et l'*élémi d'Amérique*, ou *bâtard*, ou *occidental*. C'est ce dernier qui est le plus employé, il vient du Mexique et du Brésil. Cette résine donne du corps aux vernis, ce qui leur permet de supporter le poli et les rend plus liants.

ÉLÉVATION, *s. f.* — Dans l'art du dessin architectonique, ce mot signifie représentation d'un édifice, d'une machine, d'un appareil, vus dans leurs mesures verticales et horizontales, extérieurement apparentes, sans égard à leur profondeur : c'est ce que les anciens nommaient *orthographia*, ou représentation faite par des lignes droites, et que nous appelons *élévation géométrale*.

L'élévation perspective est le dessin d'un édifice obtenu au moyen des lignes obliques, et qui paraît en raccourci : c'est ce que les anciens nommaient *scenographia*.

ÉLINGUE, *s. f.* — Corde qui a un nœud coulant à chaque bout et qui sert à entourer les matériaux pour les élever. L'élingue est souvent composée d'un faisceau de gros filins qui entoure les matériaux comme d'une écharpe ; le sommet s'accroche à *l'esse* d'une grue ou d'un monte-charge.

ELLIPSE, *s. f.* — Figure géométrique courbe qui résulte de la section d'un cylindre par un plan oblique. Elle est d'autant plus allongée que le plan sécant est plus incliné par rapport à l'axe du cylindre. On nomme *ellipse*

l'ellipse. On divise ensuite le grand axe entre ses foyers en un nombre quelconque de points symétriques F, G, H, F′ G′ H′, puis avec A F, A G, A H, etc., comme rayons et les foyers comme centres on décrit un, deux, trois arcs, et un plus grand nombre, si on les juge nécessaires ; ensuite, avec B F, B G, B H, comme rayons et O′ comme centre, on coupe les précédents arcs de cercle : les points de rencontre sont autant de points appartenant à l'ellipse. On comprend que ce procédé permet de tracer cette courbe avec autant de précision que possible, puisqu'en rapprochant les points pris sur le grand diamètre on augmente à volonté les points qui déterminent la courbe. Ajoutons que la somme des deux rayons vecteurs à un point quelconque de la courbe est toujours égale au grand axe, ou diamètre.

Pour tracer les corbeilles de fleurs sur les pelouses, les jardiniers emploient un moyen beaucoup plus expéditif de tracer l'ellipse. Sur une droite horizontale (fig. 2) ils plantent deux piquets en terre *f f′*, qui deviennent les foyers de l'ellipse ; un cordeau d'une longueur égale à celle du grand axe est attaché à ces piquets par ses extrémités ; puis, avec un plantoir ou un bâton pointu qu'ils placent dans le pli

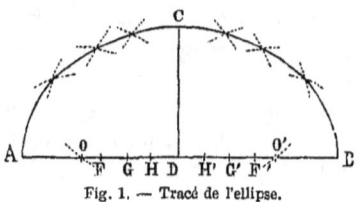

Fig. 1. — Tracé de l'ellipse.

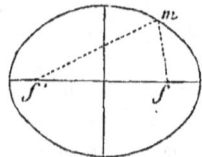

Fig. 2. — Ellipse du jardinier.

excentrique celle dont le grand axe est beaucoup plus grand que le petit (fig. 1) ; *ellipse circulaire*, celle dont les deux axes se rapprochent de l'égalité. Il y a plusieurs procédés pour tracer l'ellipse ; l'un des plus employés est celui qui détermine la courbe au moyen de points (fig. 1). On porte sur une ligne horizontale la distance A B, qu'on choisit comme grand axe de l'ellipse ; on élève dans le milieu de cette ligne une perpendiculaire C D, qui devient le petit axe. Du point C comme centre, avec un rayon égal à la moitié du grand axe, on décrit un arc de cercle qui coupe celui-ci en deux points O et O′, qui sont les foyers de

du cordeau *m*, maintenu très-tendu, ils tracent l'ellipse.

Beaucoup confondent l'ellipse et l'*ovale* : ces deux courbes sont entièrement distinctes, puisque la première est une courbe d'une régularité parfaite, tandis que l'ovale affecte la forme de l'œuf, c'est-à-dire qu'elle est plus large d'un côté que de l'autre. L'ellipse est une courbe très-employée dans la construction des voûtes, car elle fournit de belles proportions. Cette courbe a en outre la propriété de transmettre les sons dans toute leur pureté ; aussi les salles de cours, de conférence et de concert, qui sont voûtées, devraient-elles en

principe avoir une forme elliptique. (Voy.
Voûte.)

ELLIPSIMBRE, *s. f.* — Courbe à double
courbure résultant de la rencontre de deux
berceaux ; elle est ainsi appelée parce que sa
hauteur est moindre que la moitié du diamètre
qui lui sert de base. (Pernot.)

ELLIPSOIDE, *s. m.* — Solide engendré
par la révolution d'une moitié d'ellipse autour
de son grand ou de son petit axe.

ELLIPTIQUE, *adj.* — Qui est de la nature de l'ellipse. Une ferme, une figure, une
voûte, sont dites *elliptiques.* (Voy. Voûte.)

ÉMAIL, *s. m.* — Espèce de verre opaque
de couleur vive et variée, qui, appliqué sur
des métaux, sur des terres cuites ou sur du
verre, a été employé à la décoration architecturale dès une époque très-reculée. Les murs
de Ninive avaient des portes décorées de carreaux émaillés.

L'émail est un *fondant*, que l'on broie et
auquel on ajoute des oxydes métalliques pour
le colorer. Ces oxydes sont réduits en poudre,
le feu les liquéfie et leur permet ainsi de colorer le fondant, tout en lui laissant sa transluci-
dité. — Au moyen âge, l'émail fut appelé à
décorer des fonds d'arcatures délicatement découpées ; on l'appliqua aussi sur des surfaces
unies parfois d'une grande étendue, sur des
dalles tumulaires en cuivre, sur des objets de
grand et de petit ameublement. Il existe des
autels décorés d'émaux, ainsi que des châsses,
des crosses d'évêque, des calices, des ciboi-
res, etc. — On comprend aussi sous le nom
générique d'*émaux* les verres colorés dans la
pâte, et non peints au pinceau, dont on a fait
usage dans les vitraux.

En blason, on nomme *émaux* les divers métaux et couleurs qui entrent dans la composition des armoiries. (Voy. Blason.)

ÉMAIL CLOISONNÉ. — Émail fondu dans de
petites cellules dont la réunion forme un dessin
de plusieurs couleurs. On le fabrique à l'aide
d'une plaque de fond en cuivre sur laquelle
sont soudées de petites lames de même méta

posées sur champ ; ces lamelles sont contournées de manière à former des figures représentant un dessin préconçu. La réunion de ces
lamelles produit des cellules, ou cases, dans
lesquelles on dépose l'émail en poudre de différentes couleurs. A la cuisson, l'émail fond, et
chaque couleur, étant retenue par les lamelles
de cuivre dans sa cellule respective, donne des
tons nets et tranchés.

ÉMAIL CHAMPLEVÉ. — Quand les cellules
de l'émail cloisonné, au lieu d'être obtenues
par des lamelles soudées, sont creusées dans la
plaque de cuivre à l'aide d'un burin ou d'un
ciseau, l'émail est dit *champlevé.*

EMBACLE, *s. m.* — Terme de ponts et
chaussées. Amoncellement de glaces et de
glaçons qui, au moment de la débâcle, barre
le passage des eaux dans un cours d'eau ; et,
par extension, tout embarras dans les eaux des
rivières et des fleuves.

EMBARCADÈRE, *s. m.* — Lieu de départ
ou d'arrivée d'un bateau à vapeur, d'un train
de chemin de fer, etc. On dit aussi *débarcadère.*
— En termes de maçonnerie, c'est une pente
douce, faite en blocage, pratiquée au bord
d'un fleuve, d'une rivière ou de la mer. Souvent c'est une construction en bois, une *estacade*, portée sur pieux ou pilotis, qui facilite
l'embarquement des passagers ou des marchandises à bord d'un navire. (Voy. Gare.)

EMBARDELLEMENT, *s. m.* — Dernier
rang d'ardoises, qui, joignant l'égout de brisis
en haut d'une mansarde, est taillé en pointe
par le bas. Ce dernier rang est cloué, au lieu
d'être scellé au plâtre. — On donne également
ce nom à des ardoises chevauchant les unes sur
les autres dans certaines parties d'édifice, par
exemple dans les *jouées* de lucarnes, dans les
armements de murs, dans les *éventails* de frontons, etc.

EMBARRAS DES ÉTAIS. — Les étaiements sont presque toujours une cause de
gêne dans l'exécution des travaux, aussi don-
nent-ils lieu à une plus-value en faveur du
travail exécuté dans l'embarras des étais. Pour

apprécier avec équité l'importance de cette plus-value, on aura égard à la nature du travail, ainsi qu'au nombre et à la disposition des étais.

EMBARRURES, *s. f. pl.* — Joints au mortier ou au plâtre faits de chaque côté des tuiles faîtières pour les sceller. (Voy. notre

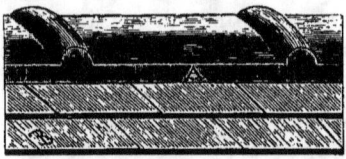

Embarrures.

fig. en A.) Dans quelques localités, on nomme aussi embarrures les bourrelets en mortier ou en plâtre faits au-dessus des tuiles faîtières.

EMBASE, *s. f.* — Ce terme, qui est évidemment une corruption du mot *base*, a de très-nombreuses significations. — En architecture, c'est une moulure, une base ou partie inférieure d'un ouvrage. — En serrurerie, l'*embase d'une clef* est la moulure saillante placée au-dessous de l'anneau ; c'est aussi l'anneau ou bague de fer, de cuivre ou de plomb soudée au bas d'un barreau de rampe ou de balcon ; l'*embase d'une espagnolette* est la partie saillante et profilée au droit des lacets qui supportent la tige de l'espagnolette. — En couverture, l'*embase* est un bout de table de plomb posé au bas d'un arêtier de comble couvert en ardoises.

De tout ce qui précède, on voit que l'embase est un renflement, en forme de bague ou d'anneau, ménagé en général sur un corps cylindrique.

EMBASEMENT, *s. m.* — Locution vulgaire, employée comme synonyme de *base* et de *soubassement*.

EMBATONNER, *v. a.* — Dessiner des bâtons dans les cannelures d'une colonne jusqu'à une certaine hauteur de son fût ; d'où l'expression, *colonne cannelée et embâtonnée.* (Voy. CANNELURE, fig. 11 et 12.)

EMBAUCHAGE, *s. m.* — Action d'embaucher. Admission d'un ouvrier dans un atelier, soit qu'il s'y présente lui-même, soit qu'il ait été *embauché* sur le lieu où se réunissent les ouvriers sans travail. C'est ordinairement le maître compagnon qui est chargé d'embaucher les ouvriers pour le compte de l'entrepreneur.

EMBLÈME, *s. m.* — Figure symbolique, ordinairement accompagnée de devises ou de sentences. Le sphinx est l'emblème du silence, le lion de la force et de la noblesse, etc.

EMBOIRE, *v. a.* — En termes de fondeur, *emboire un moule*, c'est l'enduire d'huile ou de cire, pour empêcher la matière coulée d'adhérer au moule. Les modeleurs emboivent également leurs moules de plâtre.

S'EMBOIRE (v. réfl.)', terme de peinture. — On dit qu'une peinture est *embue* quand le bois ou la toile ont absorbé l'huile ou l'essence. Un tableau dans ces conditions est terne, parce que les couleurs n'ont pas leur valeur réelle. (Voy. EMBU.)

EMBOITEMENT, *s. m.* — Union, jonction de deux pièces qui s'emboîtent l'une dans l'autre. On donne ce nom à un mode d'assemblage de menuiserie ou de charpente peu compliqué. Ainsi deux pièces de bois s'emboîtent à l'aide de tenons et de mortaises ; deux planches, au moyen de rainures et de languettes. — En plomberie, deux tuyaux s'emboîtent quand l'un, d'un diamètre plus petit, pénètre avec difficulté dans un second.

EMBOITER, *v. a.* — Assembler par emboîtement. (Voy. l'art. ci-dessus.)

EMBOITURE, *s. f.* — Traverse de bois portant une rainure dans laquelle viennent s'assembler les bouts de planches juxtaposées qu'il s'agit de rendre solidaires.

EMBOLE, *s. m.* — Terme d'antiquités. Ce mot vient du grec ἔμϐολον, éperon d'un vaisseau de guerre ; ce que les Latins nommaient *rostrum*. (Petr., *Sat.* 30.) C'était aussi le piston d'une pompe, ou de toute autre machine faite en vue de tirer de l'eau d'un milieu pour l'envoyer dans un autre. (Vitruve, X, 7.) — L'étymologie de ce dernier terme vient de 'εμϐόλιον, piston : de ἐν, en, et βάλλω, jeter.

EMBOUCHOIR, s. m. — Ciseau de bois dur ou de fer servant aux calfats pour le calfeutrage des navires. C'est avec l'embouchoir qu'ils enfoncent l'étoupe dans les fentes et les joints des pièces de bois.

EMBOURDER, v. a. — Soutenir avec des accores un navire qui a échoué.

EMBOUTÉ, ÉE, part. passé. — Terme de blason. C'est une pièce qui se termine par une virole d'argent.

EMBOUTIR, v. a. — Rendre concave d'un côté et convexe de l'autre une pièce de plomb ou de tout autre métal. On emboutit également le cuir en le faisant tremper dans l'eau et en le moulant sur une forme. — C'est aussi revêtir de plomb ou de zinc une corniche ou tout autre ornement saillant en pierre ou en bois, pour le préserver de la pourriture. — Anciennement on disait aboutir et amboutir.

EMBOUTISSAGE, s. m. — Action d'emboutir.

EMBRANCHEMENT, s. m. — Raccord de deux tuyaux, dont l'un, de petit diamètre, vient se greffer sur un tuyau principal. C'est aussi une ramification de tuyaux dans une distribution d'eau, de gaz, etc. — En charpenterie, c'est une pièce qui fait partie de la charpente d'un toit ; c'est une nouvelle pièce de charpente posée dans l'enrayure d'un pavillon ; enfin, ce sont des solives de remplissage en empannon dans un plancher de comble à enrayure.

EMBRANCHER, v. a. — Réunir ensemble des tuyaux, faire un embranchement. (Voy. le mot précédent.) — S'embrancher (v. réfl.), former un embranchement, être embranché.

EMBRASEMENT, s. m. — Corruption du mot EBRASEMENT. (Voy. ce mot.)

EMBRASSURE, s. f. — Ce terme est synonyme de ceinture, de bride ; l'embrassure est en effet une ceinture, une grande bride qui embrasse une partie quelconque de construction, une souche de cheminée, une poutre ou toute autre pièce de charpente. Cette bride peut être en bois : ainsi quatre chevrons assemblés en queue d'aronde et chevillés, qui sont placés au-dessous du larmier d'une souche de cheminée, constituent un assemblage qui se nomment embrassure.

EMBRASURE, s. f. — Large meurtrière ébrasée destinée au tir du canon ; aussi au XVIᵉ siècle, lorsque l'usage des armes à feu se fut répandu, lui donna-t-on le nom de canonnière. Dans le principe, ce genre de meurtrière était de forme circulaire ; de nos jours, il est carré. — Appliqué à toute autre ouverture, à une fenêtre ou à une porte, ce mot est presque synonyme d'ébrasement ; cependant il y a lieu d'établir une distinction : en effet, l'ébrasement n'est qu'une disposition biaise ou droite des parois intérieures d'une baie ébrasée, tandis que l'embrasure est l'espace vide compris entre ces parois ; d'où, pour conclure, nous dirons qu'on peut parler à quelqu'un dans l'embrasure d'une fenêtre et non dans l'ébrasement.

EMBRAYAGE, s. m. — Action d'embrayer. Appareil à griffes, à poulies folles, qui permet de mettre en action ou de laisser inactif un mécanisme ou un outil tributaire d'un moteur principal.

EMBRENNEMENT, s. m. — Partie de bois qu'on enlève à une pièce près d'une mortaise qui reçoit le joint d'une autre pièce très-oblique. — Nous ne connaissions pas ce mot, nous ne l'avons vu dans aucun auteur, sauf dans Pernot, à qui nous l'avons emprunté (Dict. des mots techniques employés dans la construction).

EMBRÈVEMENT, s. m. — Assemblage

très-ferme et très-solide, employé principalement dans la charpenterie. Dans ce genre

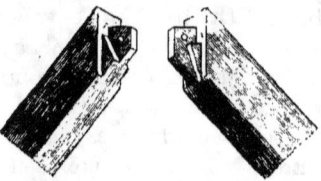

Fig. 1. — Tenons renforcés des embrèvements.

d'assemblage les tenons sont généralement
renforcés, comme le montre notre fig. 1. Dans

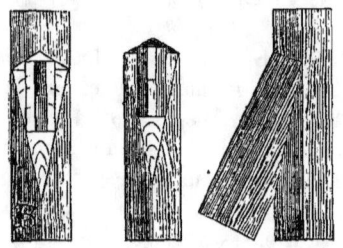

Fig. 2. — Mortaise, tenon d'un embrèvement, et assemblage.

notre fig. 2 on voit une mortaise et un tenon
d'embrèvement, et à droite l'embrèvement

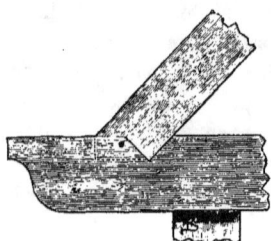

Fig. 3. — Embrèvement.

monté. On emploie des embrèvements pour
empêcher les pièces de bois de se soulever ou

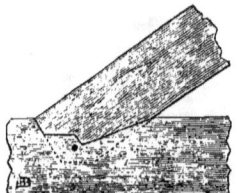

Fig. 4. — Embrèvement.

de se déplacer dans quelque direction que ce
soit; nos figures 3 et 4 montrent ce genre

d'embrèvement, qui est quelquefois appliqué
par enfourchement, quand les chevrons des-

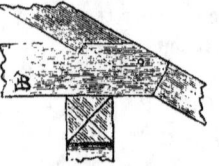

Fig. 5. — Embrèvement par enfourchement.

cendent très-bas, pour faire saillie sur les
murs (fig. 6). — En menuiserie, c'est un as-

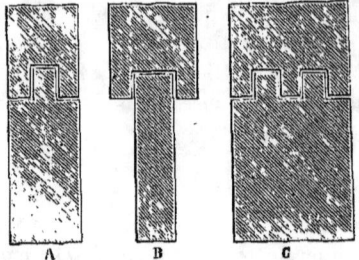

Fig. 6. — Embrèvement simple, A; à vif, B; double, C.

semblage à rainure et languette d'un grand
cadre de lambris, d'un panneau ou d'un
battant avec une autre pièce. L'embrèvement (fig. 6), est *simple*, s'il ne porte qu'une
languette, A; il est *double*, au contraire s'il
porte deux languettes et par conséquent deux
rainures, C. On appelle *embrèvement à vif* l'assemblage B, d'un panneau ou d'une planche
qui, au lieu de pénétrer par une simple languette, pénètre de toute son épaisseur dans
un bâti ou dans une pièce de bois.

EMBREVER, É, ÉE, v. a. — Assembler
par embrèvement. (Voy. l'art. précédent.)

EMBRONCHER, v. a. — Ranger des tuiles
ou des ardoises convexes de manière qu'elles
s'emboîtent les unes avec les autres. — En
charpenterie, c'est engager des pièces de bois
les unes dans les autres.

EMBU, s. m. — Terme de peinture. Partie
de peinture dont l'huile ou l'essence a été
absorbée, et qui forme une espèce de tache,
terne et mate. (Voy. EMBOIRE.)

ÉMERI, *s. m.* — Pierre de couleur foncée fort dure, qui, pulvérisée, sert à polir toute sorte d'objets et à fabriquer le *papier-émeri.*

EMMANCHER, *v. a.* — Mettre un manche.

EMMARCHEMENT, *s. m.* — Disposition des marches d'un escalier ; largeur d'une marche d'un limon à l'autre, ou du limon au mur, si l'escalier est adossé.

Ligne d'emmarchement, ligne servant à balancer les marches d'un escalier tournant. Cette ligne, sur le tracé de l'épure, passe dans le milieu de la largeur des marches, ou giron ; enfin, c'est le point de départ d'un escalier, de là l'expression, *emmarcher.*

EMMÉTRAGE, *s. m.* — Action d'emmétrer ; disposition des matériaux de manière à faciliter leur métrage. Pour faire l'emmétrage, on dispose sur un sol bien uni les matériaux en tas auxquels on donne la forme d'un parallélipipède rectangle de 1 mètre de haut, ce qui facilite le mesurage. Ces tas s'établissent comme de la maçonnerie à pierres sèches ; les matériaux se posent par assises et à la main, en ayant soin de bien les enclaver les uns dans les autres, afin de laisser le moins de vide possible dans l'intérieur. D'ailleurs, pour compenser les vides, on donne deux ou trois centimètres de plus par mètre à la hauteur des tas. L'ouvrier doit dresser avec beaucoup de soin les parements de ces tas, et pour effectuer cette opération il ne doit employer aucun outil, ni tasser les matériaux, qui s'emmètrent dans l'état où le carrier les livre.

L'emmétrage n'est ordinairement bien fait qu'à la journée, et encore faut-il qu'il soit confié à des ouvriers habiles et consciencieux. Quand il est fait à la tâche, les ouvriers, dans le but d'augmenter leur salaire, au lieu de poser à la main chaque moellon ou meulière, ne prennent cette précaution que pour dresser les parements; ils se contentent même quelquefois de faire décharger les voitures de matériaux dans l'intérieur du tas et de dresser seulement le dessus. En opérant ainsi, le volume des vides est très-considérable; il est estimé à environ sept et huit pour cent du volume total. Dans dix heures de travail, un bon ouvrier peut disposer convenablement, pour l'emmétrage, de onze à douze mètres cubes de matériaux.

EMMÉTRER, É, ÉE, *v. a.* — Entasser des matériaux d'une manière régulière, afin de former des emmétrages pour en mesurer le volume. Autrefois on disait *entoiser,* parce qu'au lieu de prendre comme unité de mesure le *mètre,* on prenait la *toise.*

EMMORTAISER, É, ÉE, *v. a.* — Insérer dans une mortaise le tenon d'une pièce de bois ; d'où les expressions, *solives, bâtis, planches emmortaisés,* etc.

ÉMOUSSAGE, *s. m.* — Terme rural. Action d'enlever les mousses. Cette opération se pratique surtout sur les toits en tuiles et en chaume, qui, par leur facilité à absorber l'humidité, favorisent le développement des mousses, lichens et autres plantes parasites.

EMPALEMENT, *s. m.* — Petite vanne de moulin.

EMPAN, *s. m.* — Mesure de longueur égale à la distance qui sépare l'extrémité du pouce de celle du petit doigt de la main ouverte le plus grandement possible. L'empan égyptien mesurait environ 0^m,22 de longueur.

EMPANNON, *s. m.* — Chevron de croupe qui, au lieu d'être fixé sur le faîtage, est assemblé sur l'arêtier et pose sur la plate-forme. Dans les coupes biaises, les empannons sont *délardés* ou *déversés.*

EMPATEMENT, *s. m.* — Épaisseur de maçonnerie qui sert de pied à un mur. Les murs en fondations possèdent un ou plusieurs empatements qui varient de 0^m,01 à 0^m,05 de largeur. En serrurerie, on nomme ainsi une partie élargie d'une pièce quelconque faite en vue de la réconforter, pour recevoir un bouton ou des vis d'attache : les barres de fermeture, par exemple, portent un empatement au droit de leur bouton ; les verrous, les gonds, les boutons de coulisse en ont également. — Enfin ce terme sert à désigner les pièces de bois qui servent de supports à une grue, et qu'on nomme également *bâtis*. — Ce mot s'écrit quelquefois avec deux *t*.

EMPATTURE, *s. f.* — Assemblage bout à bout, à l'aide de tenons ou de pattes, de deux pièces de bois.

EMPAUME, *s. f.* — Saillie ménagée lors de la taille sur les parements d'une assise ou d'un tambour de colonne, afin d'en faciliter la pose.

EMPÊNAGE, *s. f.* — Mortaise destinée à recevoir le pène de n'importe quelle fermeture, serrure, verrou, barre de fer, etc. — Littré donne à ce terme une signification que nous ne lui connaissons pas et que nous ne croyons pas juste. D'après cet auteur (*Dict. de la langue française*), *empênage* signifierait « état d'une serrure à plus d'un pène ».

EMPENOIR, *s. m.* — Ciseau recourbé dont les extrémités tranchantes sont inversement disposées. Cet outil sert aux menuisiers et aux serruriers pour poser les serrures.

EMPHYTÉOSE, *s. f.* — Terme de droit. Convention par laquelle un propriétaire cède, moyennant une redevance, la jouissance d'un héritage, pour un laps de temps très-long, ou même à perpétuité ; d'où l'adjectif *emphytéotique* (*bail emphytéotique*), et le substantif *emphytéote*, celui ou celle qui jouit d'un bien ou d'un revenu par un *bail emphytéotique*.

EMPIERREMENT, *s. m.* — Encaissement ou fondation faite en pierres brutes ; amas de pierres dans un puits ou dans un fossé, pour faciliter l'écoulement entre leurs interstices.

EMPIERREMENT (Routes et chaussées d'). — Voy. CHAUSSÉE, § *Chaussées d'empierrement.*

EMPILAGE, *s. m.* — Action d'empiler, de mettre en pile ; temps pendant lequel des matériaux restent empilés. Il ne faut pas con-

fondre l'empilage avec l'*entoisage* ou EMMÉTRAGE (Voy. ce mot) : l'empilage, en effet, ne consiste qu'à ranger des matériaux qui ne se comptent pas au cube, mais à la pièce, comme les briques, les tuiles, les ardoises, les pavés, etc. Ajoutons cependant qu'on *empile* les bois, mais ce n'est jamais pour les emmétrer, puisqu'on les cube pièce par pièce, ou qu'on les vend à tant le mille.

EMPLECTON OU **EMPLECTOS**. — Voy. APPAREIL (fig. 9).

EMPORIUM. — Terme d'antiquités. Entrepôt, grand marché, qui correspondait à nos docks modernes, puisque, d'après Vitruve (V, XII, 1), c'était une suite de magasins où étaient déposées les marchandises arrivées par mer de pays lointains. Les *emporia* étaient entourés de hautes murailles et souvent fortifiés. (Tite-Live, XXI, 57.) Au pied de l'Aventin, sur les bords du Tibre, il existe des ruines qu'on suppose être celles de l'*emporium* de Rome, décrit par Tite-Live (XXXV, 10).

EMPORTE-PIÈCE, *s. m.* — Outil en acier fondu qui sert à découper. Les emporte-pièce

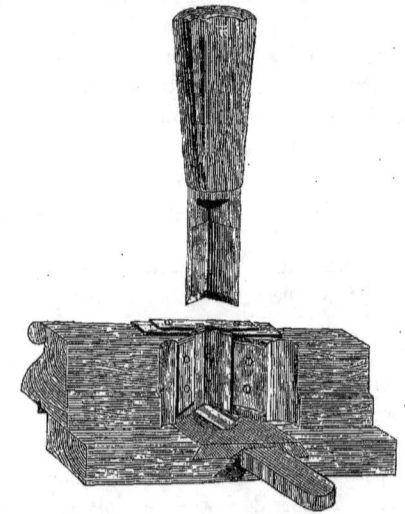

Fig. 1. — Emporte-pièce ordinaire.

sont de deux genres : les uns, ordinaires (fig. 1), nécessitent un effort pour soulever l'outil proprement dit; les autres (fig. 2) possèdent des montures à ressort : ces montures sont en

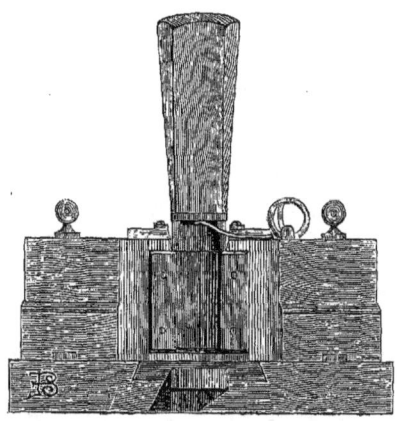

Fig. 2. — Emporte-pièce à ressort.

bois de charme ou de cormier. — Les plombiers emploient des emporte-pièce pour percer à jour les feuilles de plomb.

ENCADREMENT, *s. m.* — Profils, moulures unies ou décorées, qui, ajustés, servent

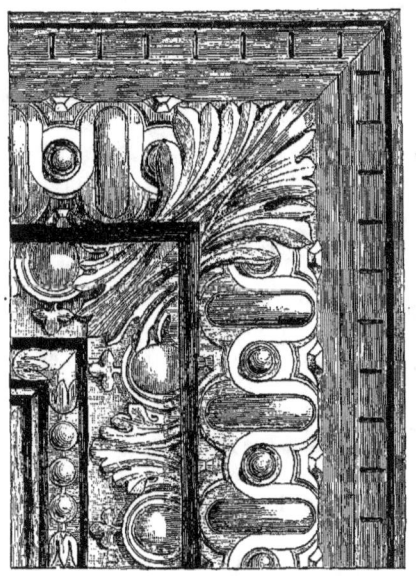

Encadrement en stuc au palais de Fontainebleau.

d'entourage à un panneau. Il existe des encadrements en pierre, en plâtre, en stuc et en bois. Notre figure montre un encadrement en stuc qui existe au palais de Fontainebleau. (Voy. CADRE.)

ENCADRER, É, ÉE, *v. a.* — Entourer d'un cadre, d'un ENCADREMENT. (Voy. ce mot.)

ENCAISSEMENT, *s. m.* — Espèce de caisse rectangulaire en tôle, en bois, etc., employée à la construction des massifs en maçonnerie, des blocages jetés pêle-mêle avec du mortier. On se sert des encaissements en bois pour les constructions à exécuter dans l'eau. C'est une sorte d'enceinte construite avec des pieux moisés et des palplanches, dans laquelle on coule à fond perdu de la maçonnerie hydraulique. — Les rangées régulières de trous, ou *columbaria*, qu'on remarque dans beaucoup de constructions romaines de petit appareil, indiquent que cette maçonnerie a été faite ou, pour mieux dire, coulée dans des encaissements mobiles analogues à ceux employés pour bâtir en PISÉ. (Voy. ce mot.) — C'est aussi le déblai qu'on exécute sur une route qu'on a défoncée pour y établir une CHAUSSÉE D'EMPIERREMENT. (Voy. ce mot.)

ENCASTREMENT, *s. m.* — Action d'encastrer. Sceller une pièce qui fait saillie, de manière que la partie comprise dans le scellement ne puisse osciller dans aucun sens. C'est encore joindre deux pièces de bois par embrèvement; deux pierres au moyen d'une entaille ou d'une feuillure, ou d'un crampon entaillé de son épaisseur dans les deux pierres à joindre.

JURISPRUDENCE. — Le propriétaire exclusif d'un mur peut, si bon lui semble, y encastrer une cheminée, une poutre, un filet etc.; dans un mur mitoyen, au contraire, on ne peut encastrer une cheminée, comme cela paraît implicitement exprimé par l'article 657 du Code civil, ainsi conçu :

Tout co-propriétaire peut faire bâtir contre un mur mitoyen, et y faire placer des poutres ou solives dans toute l'épaisseur du mur à cinquante-quatre millimètres (deux pouces) près, sans préjudice du droit qu'a le voisin de faire réduire à l'é bauchoir la poutre jusqu'à la moitié du mur, dans le cas où il voudrait lui-même avoir des poutres dans le même lieu, ou y adosser une cheminée.

Quoique le Code civil et la coutume de Paris n'admettent pas l'encastrement de cheminées dans les murs mitoyens, jusque dans ces dernières années l'autorité administrative l'a toléré, lorsque l'épaisseur du mur mitoyen se trouvait suffisante pour permettre à l'un et à l'autre propriétaire d'exercer le même droit.

Le Code et la coutume autorisent le scellement des poutres et des solives dans le mur mitoyen, sauf au voisin à faire réduire à l'ébauchoir la poutre encastrée jusqu'à la moitié du mur. Dans l'exemple que nous donnons

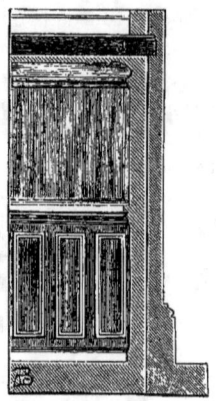

Poutre encastrée, *a*.

(Voy. notre fig.), la poutre *a* pourrait être réduite jusqu'à la ligne noire, qui est la ligne séparative du mur mitoyen. — Nous venons de dire que le Code et la coutume autorisent le scellement des solives, mais par ce mot il ne faut entendre que les solives en fer, ou les solives d'enchevêtrure en bois ; car les solives en bois qui composent un plancher, dont les portées sont fort rapprochées, pourraient laisser un vide dommageable en venant à pourrir. C'est pour le même motif qu'on ne peut faire une saignée horizontale ou verticale dans le mur mitoyen pour y encastrer des pièces de bois en longueur et en hauteur ; les seules saignées admises sont celles faites en vue de liaisonner des murs ou des cloisons aboutissant au MUR MITOYEN. (Voy. ce mot.)

ENCAUSTIQUE, *s. f.* — Peinture préparée avec de la cire fondue.

HISTORIQUE. — Ce genre de peinture a été employé très-anciennement ; les Grecs peignaient à l'encaustique. Pline, qui nous apprend beaucoup sur l'antiquité, nous parle dans son livre de la peinture à la cire. Nous citerons un passage de cet auteur qui donne, pour ainsi dire, l'historique de ce genre de peinture.

Voici comment il s'exprime (livre 35, c. 6) : « On ne connaît pas précisément celui qui pensa le premier à peindre avec de la cire et à brûler sa peinture. Quelques-uns attribuent cette invention à Aristide ; ils ajoutent que Praxitèle la perfectionna. Mais les peintures encaustiques me semblent un peu plus anciennes. Je crois celles de Polygnote, de Nicanor et d'Arcésilas de Parium antérieures au temps d'Aristide et de Praxitèle. Lysippe écrivait sur les tableaux qu'il peignait à Égine : *brûlé par Lysippe ;* ce qu'il n'eût pas fait si l'encaustique n'avait pas été inventé. On prétend même que Pamphile, maître d'Apelles, non-seulement peignit de cette manière, mais encore qu'il donna des leçons de ce genre de peinture, dans lequel Pausanias de Sicyone se distingua le premier. » A la fin du même chapitre, Pline nous informe « qu'il est certain que les anciens ont eu deux sortes de peintures encaustiques ; l'une en cire, l'autre en ivoire et au *cestre,* c'est-à-dire au burin (1). » Enfin, dans le chapitre II, Pline ajoute : « Il y a une troisième sorte de peinture encaustique, dans laquelle les cires fondues au feu s'appliquent au pinceau ; cette peinture, qu'on applique aux vaisseaux, n'est altérée ni par le soleil, ni par l'eau salée, ni par les vents. » Comme on peut le voir par ce qui précède, ce genre de peinture dut son nom à l'emploi que l'on faisait du feu pour appliquer les couleurs (ἐγκαίω, ἐγκαύσω). Vers 1750, le peintre de fleurs Bachelier et de Caylus firent des essais pour retrouver le procédé de peindre des anciens, mais les renseignements qu'ils nous ont

---

(1) Cette peinture en ivoire à laquelle Pline fait allusion pourrait bien n'être que celle que les Italiens désignent sous le nom de *sgraffiti,* où un fond noir ou sanguine, découvert par un stylet, donne les ombres, et où une surface blanche hachée forme le relief des objets.

transmis ne prouvent point qu'ils aient fait cette découverte, qui aurait pu avoir une grande importance pour les peintures à fresque. A ceux de nos lecteurs qui seraient désireux d'étudier cette question, nous signalerons deux opuscules : *Mémoire sur la peinture à l'encaustique,* par de Caylus, 1 vol. in-8°, Paris, 1755 ; et un petit volume fort rare, sans nom d'auteur, mais de Diderot probablement, et qui a pour titre : *l'Histoire et le secret de la peinture en cire,* 1 vol. in-8°, 1755.

ENCAUSTIQUE. — Dissolution de cire et d'essence de térébenthine qu'on applique sur les meubles pour les rendre plus brillants et les conserver. On passe également en encaustique les carreaux et les parquets neufs, pour en rendre la surface brillante, en la frottant avec une brosse dure et un chiffon de drap. Cette dernière encaustique est souvent faite avec un mélange de savon, de cire, d'alun ou de sel de tartre, dissous à chaud dans l'eau ordinaire, de manière à former un vernis que l'on étale sur le carreau ou le parquet après leur mise en couleur.

ENCEINTE, *s. f.* — Ligne continue de palissades, de murailles ou autres constructions, qui forment la clôture d'une place forte. Par extension, on a donné ce nom à l'espace enfermé par cette ligne. Les villes n'étaient pas seules à avoir des enceintes; les temples en possédaient également : on les nommait HIE-

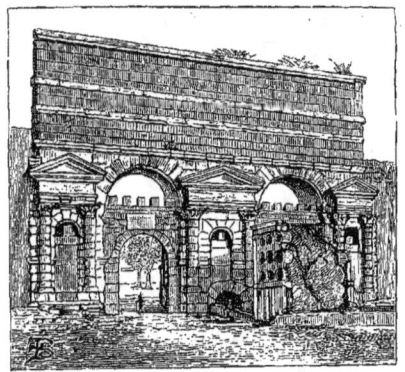

Fig. 1. — Porte Majeure, à Rome.

RON. (Voy. ce mot.) Au moyen âge et à la renaissance, certains monastères, des églises et un grand nombre de châteaux étaient aussi forti-

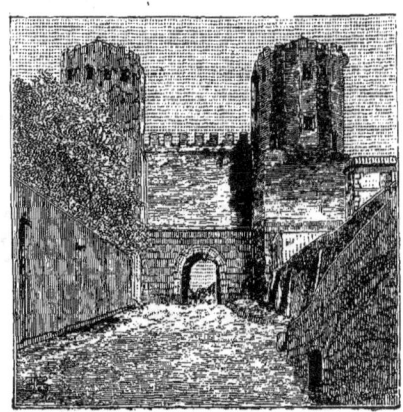

Fig. 2. — Porte Saint-Sébastien, à Rome.

fiés, et beaucoup de ces édifices étaient entourés de murs. Aujourd'hui, seules les places de guerre sont entourées de fortifications. Nous

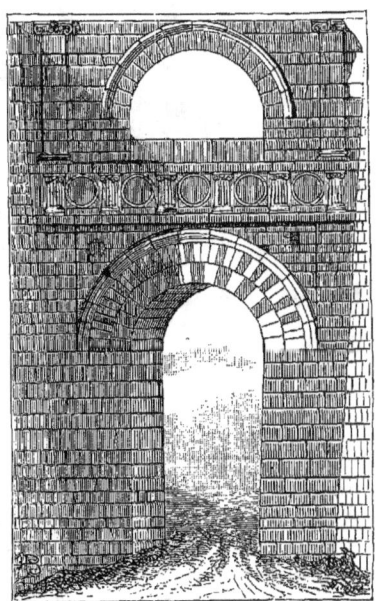

Fig. 3. — Porte de Pérouse, dite *arc d'Auguste.*

ne pouvons donner ici un long historique sur les enceintes anciennes ; nous nous bornerons à mentionner quelques villes plus célèbres que les autres par leurs murailles, et, comme complément du présent article, nous renverrons le lecteur aux mots Acropole et Fortifications. — Rome a possédé trois enceintes : la première, établie par Romulus, n'était d'abord qu'un sillon tracé par la charrue qui devint plus tard un fossé entouré de palissades ; la seconde fut l'œuvre de Servius Tullius, et la troisième,

qui subsiste encore aujourd'hui, a été commencée par Aurélien et terminée par Probus. « Suivant les rites étrusques, dit M. V. Duruy (*Histoire romaine*, p. 14), Romulus attela à une charrue un taureau et une génisse sans tache, et avec un soc d'airain il traça autour du Palatin un sillon qui représenta le circuit des murs, le *Pomœrium*, enceinte sacrée, au delà

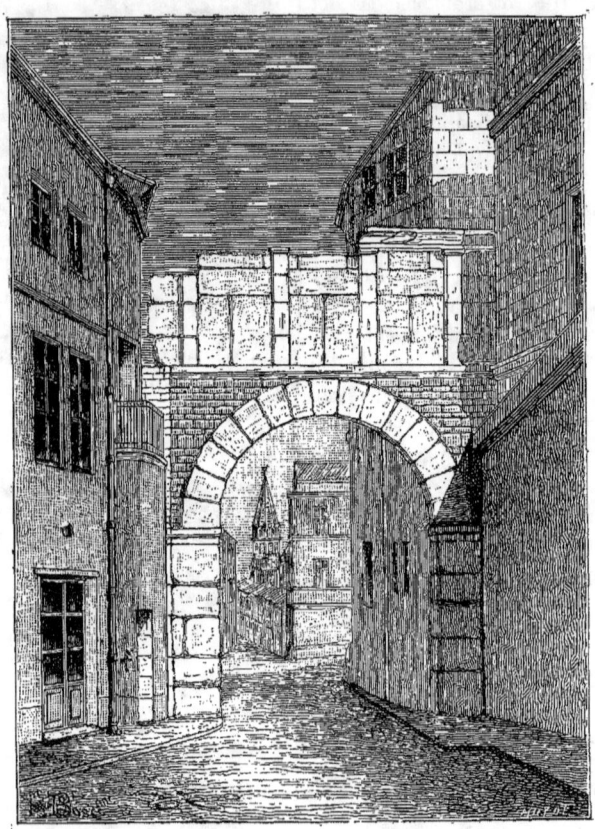

Fig. 4. — Porte de l'enceinte romaine à Nîmes, dite *porte de France*.

de laquelle commençait la ville profane, la cité sans auspices des étrangers, des plébéiens (21 avril 754). » — L'enceinte de Servius Tullius partait du mont Palatin, suivait la crête du Quirinal, traversait l'Esquilin, longeait une partie du Cœlius pour gagner l'Aventin et le Janicule, traversait le Tibre pour aboutir au Capitolin. L'enceinte d'Aurélien, restaurée par Honorius, Bélisaire et Narsès, subsiste aujourd'hui en grande partie ; elle mesure de

22 à 23 kilomètres. Ce long mur de briques a une hauteur moyenne de 16 mètres ; il est percé de 12 portes ; plusieurs des anciennes sont murées. La plus importante, la *porta del Popolo*, est située près de l'ancienne *porta Flaminia;* elle a été construite en 1561 par Vignole sur les dessins de Michel-Ange. En suivant le mur dans la direction de l'est, nous trouvons une porte avec deux tours rondes, la *porta Pinciana*, elle est murée ; ensuite la *porta*

Salara (anc. *Salaria*), la *porta Pia*, la *porta San-Lorenzo* (anciennement *Tiburtina*), qui porte les trois aqueducs de l'*aqua Julia*, *Tepula* et *Marcia* (au mot AQUEDUC (fig. 3), nous avons donné une coupe de cette porte); la *porta Maggiore*, qui est un véritable arc de triomphe (fig. 1), parce que Claude l'avait érigée ainsi pour porter son aqueduc. On aperçoit d'un côté de cette porte le tombeau du boulanger que nous donnons à une grande échelle au mot TOMBEAU. La *porta San-Giovanni*, construite au XVI° siècle, est tout près d'une porte fermée, la *porta Asinaria* ; la *porta San-Sebastiano* (fig. 2), située près des restes

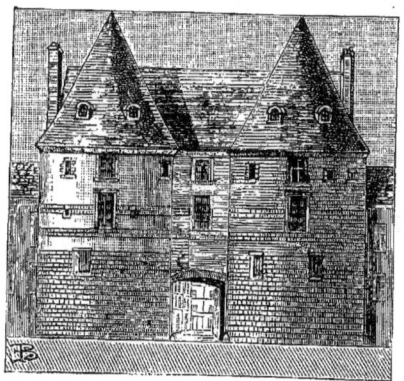

Fig. 5. — Porte à Dieppe.

de l'arc de Drusus, qui montre un spécimen de la construction d'Aurélien : le bas est en pierres et le haut est en briques ; la *porta San-Paolo*, qui conduit à Saint-Paul hors les Murs ; la *porta Portese* ; la *porta San-Pancrazio*, reconstruite en 1853 ; la *porta Cavallegieri*, sur la route de Civita-Vecchia, dans le voisinage de laquelle se trouvent deux portes murées, la *porta Fabrica* et la *porta Pertusa* ; enfin la douzième porte est la *porta Angelica*, qui conduit au *Monte-Mario*. — Beaucoup d'autres villes d'Italie possèdent aussi des enceintes; nous bornerons nos citations aux villes suivantes : SIENNE, dont l'enceinte est percée de sept portes, *San-Lorenzo*, *Camullia*, *Fontebranda*, *Lateria*, *Borgo*, *Tufi*, *Romana*, *Pispini* et *Ovile* ; PÉROUSE, qui possède vingt et une portes : celles *del Carmine*, *del Sole*, *San-Antonio*, *San-Tommaso*, *del Bu-*

lagajo, *Sperando*, *San-Angelo*, *dell 'Elce*, *del Conca*, *Susanna*, *del Castellano*, *Eburnea*, *Castella*, *San-Carlo*, *della Penna*, *Cappucci-*

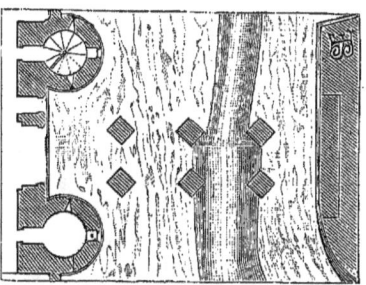

Fig. 6. — Plan de la porte de Courtanvaux.

nella, *dei Ghezzi*, *del Frontone*, *Constanzo*, *San-Girolamo*, *Santa-Margharita*. C'est à Pérouse que se trouve, dans un assez bon état de conservation, une porte célèbre connue sous le nom d'*arc Auguste* (fig. 3). Elle est située derrière la cathédrale (*il Duomo*), *piazza Grimana* ; on y arrive par la *via Vecchia*. Cette porte faisait partie de l'enceinte romaine. Quelques auteurs ont prétendu qu'elle avait été construite par les Étrusques : c'est une erreur ; l'inscription gravée sur cette porte pourrait, à défaut d'autres preuves, en témoi-

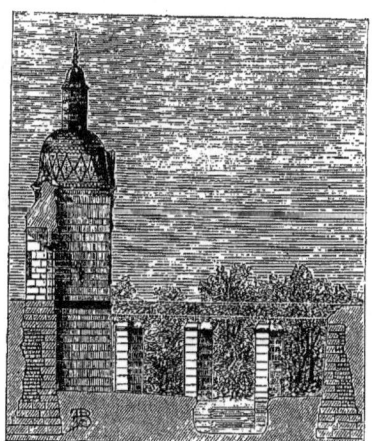

Fig. 7. — Coupe de la porte du château de Courtanvaux.

gner ; nous y lisons en effet : AVGVSTA PERVSIA ET COLONIA. Or nous savons que Pérouse était une des douze villes qui faisaient partie de la confédération étrusque, et qu'elle ne fut soumise aux Romains qu'en 310 av. J.-C. Ultérieurement elle fut convertie en municipe. Dans la guerre survenue entre Octave et Antoine, Pérouse, après une lutte acharnée, fut forcée de se rendre au mois de février 42 ; mais elle avait été réduite en cendres. C'est alors que, reconstruite, elle devint colonie ro-maine sous le nom d'*Augusta Perusia*, et qu'Auguste, ayant fait relever la porte qui nous occupe sur les substructions étrusques, y fit graver l'inscription que nous avons donnée ci-dessus. Mentionnons aussi, parmi les villes italiennes qui possèdent des enceintes, Pise, Lucques, Parme, Bologne, etc.

En France, beaucoup de villes possèdent

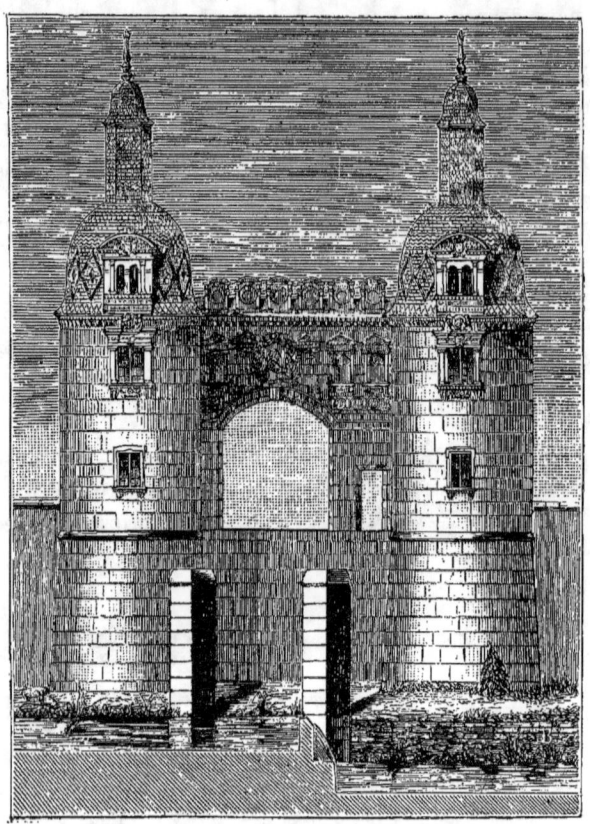

Fig. 8. — Porte de l'enceinte du château de Courtanvaux.

encore des enceintes romaines ou du moyen âge ; mentionnons, dans le Midi, Avignon, Nîmes, Aigues-Mortes, Carcassonne ; dans le Nord, Senlis, Compiègne, Dieppe, etc. — A Nîmes, l'enceinte romaine mesurait environ six kilomètres de circonférence ; elle était percée de dix-huit à vingt portes, dont deux subsistent encore aujourd'hui : la *porte d'Auguste*, et la *porte de France*, représentée dans notre fig. 4. Cette dernière est située non loin de l'amphithéâtre romain ; elle est formée d'un arc à plein cintre de 4^m,12 de largeur sur 6^m,58 de hauteur sous la clef. Les pieds-droits et l'architrave, ainsi que l'attique qui la couronne, sont en pierres de taille et les tympans en moellons smillés. L'attique est décoré par quatre pilastres qui supportent une corniche de couronnement. Cette porte était flanquée de deux tours semi-circulaires dont il reste des vestiges, qu'on aperçoit à gauche dans notre vignette. Cette tour a été utilisée par le constructeur de la maison qui se voit aussi à gauche de la figure. — A Dieppe, il existe des restes des anciens remparts au bas de la colline sur laquelle est bâti le château; mais les vestiges les plus remarquables sont sans contredit la *porte de l'Ouest*, que représente notre figure 5. — Les villes n'étaient pas seules à posséder des enceintes; de nombreux châteaux du moyen âge et de la renaissance en possédaient également. L'une des enceintes les plus remarquables du XVIᵉ siècle est sans contredit celle du château de Courtanvaux, situé au bourg de Besse, département de la Sarthe; nos figures 6, 7 et 8 montrent le plan, la coupe et l'élévation de la porte d'enceinte de ce château, qui témoigne du goût des artistes de la renaissance et de leur talent dans les différents genres d'architecture. Il nous paraît, en effet, difficile de créer des fortifications plus coquettes et plus gracieuses; mais nous devons ajouter aussi qu'à cette époque on prévoyait la fin des guerres qui avaient marqué la féodalité : dorénavant la noblesse n'aura plus à se défendre dans son pays, mais à combattre l'ennemi commun de la patrie, l'étranger; c'est ce qui explique la finesse et la coquetterie de cette architecture militaire de l'époque de Henri II.

ENCHARNER, *v. a.* — Poser des charnières.

ENCHASSER, *v. a.* — Voy. ENCASTRER.

ENCHEVALEMENT, *s. m.* — Voy. ÉTAIEMENT.

ENCHEVAUCHURE, *s. f.* — Assemblage ou jonction par recouvrement ou par feuillure. Quand la jonction est opérée par ce dernier mode, l'enchevauchure se fait par feuillure de demi-épaisseur. Dans une couverture, les ardoises, les tuiles, les bardeaux sont enchevauchés par recouvrement.

ENCHEVÊTRER, *v. a.* — Joindre des solives à l'aide d'un chevêtre.

ENCHEVÊTRURE, *s. f.* — Assemblage de solives qui dans un plancher environne et supporte le foyer d'une cheminée. On pratique des enchevêtrures afin de diminuer les chances d'incendie en évitant que le foyer d'une cheminée ne porte sur des solives (fig. 1). Le vide qui

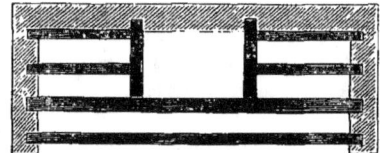

Fig. 1. — Enchevêtrure.

existe entre le chevêtre et les solives d'enchevêtrure est rempli et en partie comblé par des barreaux de fer B, encastrés d'un bout dans le

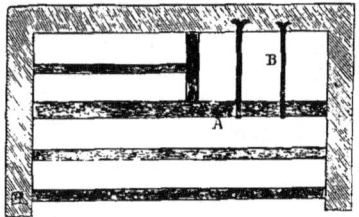

Fig. 2. — Enchevêtrure. A, solive d'enchevêtrure ; B, barreaux de fer.

mur et portant de l'autre bout, façonné en forme d'étrier, sur la solive d'enchevêtrure A (fig. 2). Si la cheminée se trouve assez rappro-

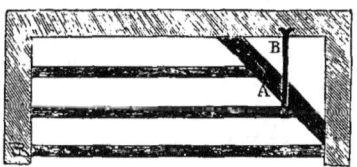

Fig. 3. — Enchevêtrure d'angle.

chée d'un angle formé par deux murs, l'une des solives d'enchevêtrure est supprimée (fig. 2). Enfin, dans les cheminées placées dans l'angle formé par deux murs, le chevêtre A s'encastre dans les murs, comme le montre notre figure 3.

ENCLAVE, *s. f.* — Terrain enfermé, entouré par d'autres terrains appartenant à des voisins. Le propriétaire d'un terrain en enclave a des droits qui sont déterminés par les articles suivants du Code civil.

Art. 682. — Le propriétaire dont les fonds sont enclavés, et qui n'a aucune issue sur la voie publique, peut réclamer un passage sur les fonds de ses voisins pour l'exploitation de son héritage, à la charge d'une indemnité proportionnée au dommage qu'il peut occasionner. (Voy. les art. 545, 643, 647, 652, 685, 688, 694, 706 du Code civil.)

Art. 683. — Le passage doit régulièrement être pris du côté où le trajet est le plus court du fonds enclavé à la voie publique.

Art. 684. — Néanmoins il doit être fixé dans l'endroit le moins dommageable à celui sur le fonds duquel il est accordé.

Art. 685. — L'action en indemnité dans le cas prévu par l'art. 682, est prescriptible ; et le passage doit être continué, quoique l'action en indemnité ne soit plus recevable.

Faut-il, pour avoir le droit de passage, que l'enclave soit absolue ? Évidemment non. Par exemple, si un chemin existant est totalement impraticable, par suite de dégradations considérables et qui nécessiteraient des dépenses exorbitantes ; il en est de même si le sentier, le chemin, l'issue, ne se trouvent pas en rapport avec les besoins de l'exploitation du terrain enclavé ; si le fonds n'a d'issue que sur un chemin de halage sur lequel est interdit le passage avec chevaux, bœufs, mulets et charrettes. (Voy. Passage.)

Dans l'architecture hydraulique, on nomme *enclaves* les enfoncements qui existent de chaque côté d'une chambre d'écluse, et qui reçoivent les vantaux des portes quand elles sont ouvertes.

ENCLAVER, *v. a.* — Enclore une chose dans une autre, une pièce de terre dans d'autres. Enclaver une pierre, c'est la mettre en

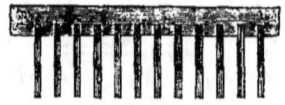

Solives enclavées dans une poutre.

liaison après coup avec d'autres qui sont déjà en place, pour faire des *raccordements*, des *reprises*, etc. On enclave souvent des pierres, des briques, etc.

En charpenterie, c'est arrêter une pièce de bois avec des clefs, des coins ou des boulons ; c'est encore fixer des bouts de solives dans une poutre à l'aide d'entailles. (Voy. notre fig. et Plancher.)

ENCLIQUETAGE, *s. m.* — Appareil qui s'oppose au mouvement rétrograde d'une roue. Il existe des encliquetages *à frottement* et *à dents* ; ces derniers sont les plus employés. Notre figure 1 montre un encliquetage à roue,

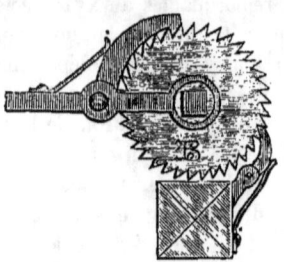

Fig. 1. — Encliquetage à rochet.

dit *roue à rochet*. On voit au-dessus le *cliquet* d'arrêt, qui est maintenu en place par un ressort ; la roue est montée sur l'axe d'un treuil dont la rotation est intermittente. A l'axe du *levier Lagarousse* (fig. 2), l'action est rendue continue, l'un des crochets agissant pendant que l'autre vient se placer sur de nouvelles

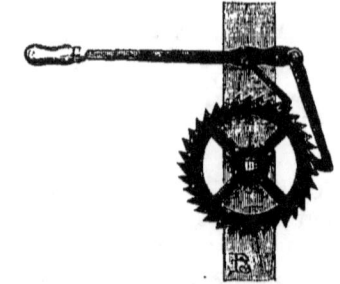

Fig. 2. — Encliquetage à levier.

dents. L'*encliquetage de Dobo* peut aussi rendre d'utiles services et remédier aux inconvénients que présentent les encliquetages ordinaires dans lesquels l'action du cliquet se produit par un choc, ce qui les rend inapplicables dans certains mécanismes.

ENCLIQUETER, *v. a.* — Arrêter au

moyen d'un encliquetage ; pratiquer un encliquetage.

ENCLOISONNER, *v. a.* — Insérer un objet dans l'épaisseur d'un autre, de manière à ce qu'il en affleure le parement. Les serruriers encloisonnent les gâches de serrures.

ENCLOS, *s. m.* — Espace enfermé dans une enceinte de murs, de haies, de palissades, de treillages, etc. — Un héritage est réputé clos (enclos) lorsqu'il est entouré d'un mur de 1ᵐ,32 de hauteur, avec barrière ou porte. (Pour la jurisprudence, voy. Clôture.)

ENCLUME, *s. f.* — Grosse masse de fer aciérée sur laquelle les forgerons forgent les métaux. Les enclumes (fig. 1) ont ordinairement une forme prismatique rectangulaire, ter-

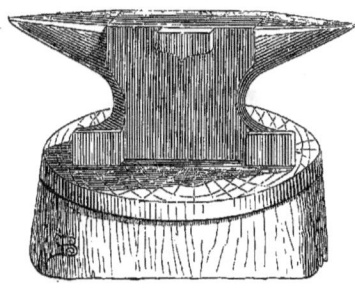

Fig. 1. — Enclume.

minée par deux cornes qu'on nomme *bigornes* ; la surface polie sur laquelle on bat les métaux se nomme *table*. Le corps de l'enclume repose sur une forte bille de bois, qu'on nomme *billot*.

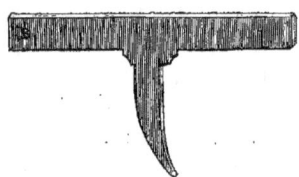

Fig. 2. — Enclume du couvreur.

Les couvreurs donnent ce nom à un outil en fer (fig. 2) qui leur sert à tailler l'ardoise au moment de la pose. Ils fixent cette enclume sur le voligeage par son pied recourbé et atillé en pointe.

ENCOCHE, *s. f.* — Entaille pratiquée sur le pène ou la gâchette de certaines serrures pour former un arrêt. Les pènes ou les gâchettes peuvent avoir une ou plusieurs encoches.

ENCOIGNURE, *s. f.* — Angle formé par la rencontre de deux murs. L'encoignure peut

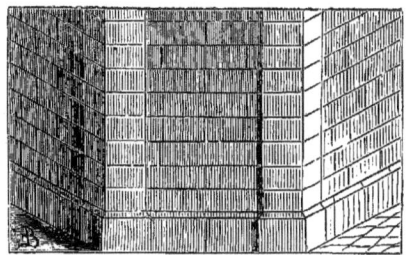

Fig. 1. — Encoignure (élévation).

être un angle saillant, ou un angle rentrant. Les encoignures sont des points faibles de la construction, et cependant elles ont à résister à des efforts multiples et parfois considérables ; aussi les construit-on en matériaux de meilleure qualité que le reste des murs et leur donne-t-on une forte liaison dans chacun des deux murs. Dans les murs en moellons et en briques on place des chaînes en pierres. Quand les murs forment par leur rencontre un angle trop aigu, ce qui serait désagréable à l'œil et ferait une mauvaise construction, on établit un *pan coupé*, c'est-à-dire qu'on dispose l'encoignure comme le montrent nos figures. Par le pan coupé, on obtient, outre une plus grande

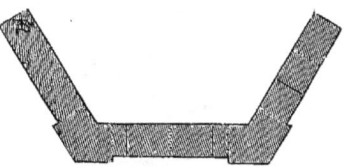

Fig. 2. — Plan de l'encoignure de la fig. 1.
Les lignes ponctuées indiquent l'assise supérieure.

solidité, une circulation beaucoup plus facile dans les rues des villes ; c'est pourquoi aujourd'hui, dans les grandes villes, beaucoup de maisons d'angle sont à pan coupé. On dit aussi, mais plus rarement, *encognure*.

ENCOLLAGE, *s. m.* — Action d'encoller; préparation liquide qui sert à encoller; application de couches de colle chaude sur les surfaces à peindre en DÉTREMPE. (Voy. ce mot et l'article suivant.)

ENCOLLER, *v. a.* — Passer des couches d'encollage. Les architectes encollent certains papiers pour les empêcher de *boire* les teintes de lavis. On se sert pour encoller le papier d'une légère dissolution d'alun.

ENCOLURE, *s. f.* — Réunion par soudure *à chaude portée* de pièces de fer. Il y a l'encolure *à congé* et l'encolure *en bout.*

ENCORBELLÉ, ÉE, *p. pas.* — Porté par un encorbellement ou pourvu d'un encorbellement.

ENCORBELLEMENT, *s. m.* — Construction en saillie portant à faux sur le nu du mur. Les encorbellements portent des galeries, des balcons, des échauguettes, des tourelles, etc.; ils sont soutenus par des statues, des cariatides, des consoles, des corbeaux, des modillons, des trompes et autres procédés analogues de construction. L'usage des en-

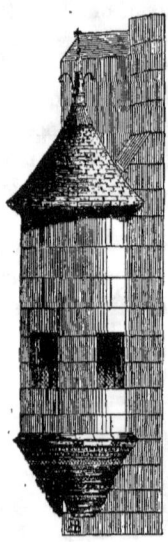

Fig. 1. — Petite tourelle portée sur un encorbellement.

corbellements était anciennement fort répandu dans le nord de l'Europe. On en trouve des vestiges en Angleterre, en France (principalement en Normandie, à Rouen et à Paris), et dans toute l'Allemagne. Nos figures montrent divers genres d'encorbellement; au mot

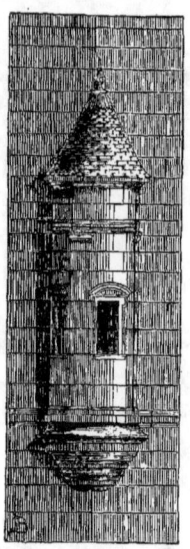

Fig. 2. — Tourelle supportée sur un encorbellement.

ECHAUGUETTE le lecteur en trouvera d'autres exemples. Plusieurs types d'architecture ont employé l'encorbellement; nous mentionnerons les architectures arabe, byzantine, mauresque, celle des époques ogivales et de la renaissance. Aujourd'hui des ordonnances de police interdisent sur la voie publique les étages en encorbellement.

ENCRE DE CHINE, *s. f.* — Liquide ordinairement noir, qui sert à écrire, à dessiner et à exécuter des lavis. L'encre de Chine est une composition qui se vend dans le commerce sous forme de petits bâtons cylindriques, rectangulaires, etc. La meilleure qualité provient de la Chine, où elle est employée depuis une époque très-reculée. L'encre de Chine de bonne qualité est très-dure, se délaye très-lentement, possède une légère odeur musquée très-fine, et, délayée sur l'ongle du pouce, donne une teinte noire mordorée très-brillante. On contrefait l'encre de Chine dans tous les pays, mais surtout en Hollande. La mauvaise encre de Chine se reconnaît à son peu de densité, au ton noir mat qu'elle donne quand on la délaye, à sa mauvaise odeur, aux traits irréguliers qu'elle trace avec le tire-ligne, traits qui s'effacent quand on lave un dessin. En mêlant à l'encre de Chine diverses couleurs on obtient des tons très-frais et d'une grande solidité. Autrefois il était très-difficile d'avoir de la véritable encre de Chine, même en la payant un prix élevé; aujourd'hui, grâce à la facilité des transactions commerciales avec la Chine, on peut avoir de l'encre excellente à des prix tellement modérés qu'on délaisse de plus en plus les encres de Chine contrefaites.

ENCRÈCHEMENT, *s. m.* — Enceinte formée à l'aide de pieux et destinée à protéger des travaux de fondations.

ENCROUTER, *v. a.* — Enduire la surface d'un mur avec un mortier de chaux contenant du mâchefer.

ENCUVEMENT, *s. m.* — Construction en forme de cuve, et, par extension, canalisation souterraine dont le fond et les parois latérales sont étanches, et par conséquent imperméables. Les encuvements sont faits en matériaux hydrauliques hourdés en béton et enduits de ciment. Beaucoup d'aqueducs anciens étaient construits en encuvement.

ENDENTEMENT, *s.f.* — Liaison de deux pièces de bois qui pénètrent l'une dans l'autre au moyen de dents; c'est un assemblage *en adent*. Il existe deux synonymes de ce terme, mais qui sont moins usités, ce sont *endente*, et *endent;* ils sont tous deux du genre féminin.

ENDENTER, *v. a.* — Lier deux pièces de bois au moyen de dents, les assembler *en adent;* c'est aussi fixer une poutrelle dans une entaille faite dans une poutre; c'est encore garnir de dents une roue, un mécanisme quelconque. Ce terme a une signification plus étendue que celui d'*endentement.*

ENDENTER (S'), *v. réfl.* — Être fixé dans une entaille.

ENDIGUEMENT, *s. m.* — Travaux faits en vue de contenir les eaux par des digues. — En jurisprudence, c'est le droit accordé à un particulier d'acquérir les terrains qu'au moyen de digues il a pu soustraire aux eaux.

ENDORMIR, *v. a.* — Dans les opérations géométriques, quand on arrête le mouvement de va-et-vient d'un fil à plomb, d'un cordeau, pour les rendre immobiles, on dit qu'on *endort* ce cordeau, ce fil à plomb.

ENDUIRE, *v. a.* — Recouvrir d'un enduit; exécuter un enduit; couvrir une muraille d'un enduit, de mastic, de plâtre ou de mortier.

ENDUIT, *s. m.* — Couche de mortier, de chaux, de ciment, de plâtre, de mastic, etc., qu'on applique sur une surface de maçonnerie pour la *dresser* et la *lisser*. Quand la maçonnerie exige une forte épaisseur pour être dressée, on emploie, au lieu d'*enduits*, des RENFORMIS. (Voy. ce mot.) — Les Romains et les Grecs ont poussé très-loin l'art des enduits ; ils y attachaient une grande importance, puisqu'ils les employaient très-souvent à la décoration des intérieurs de leurs édifices. Souvent même ils peignaient sur ces enduits de magnifiques peintures, dont on voit de remarquables spécimens au musée de Naples et à Pompéi même. Vitruve (livre 8, c. 3) nous donne de grands détails sur l'exécution des enduits; il nous apprend que les enduits ordinaires étaient composés de trois couches : la première était faite d'un mélange de gros sable et de recoupes de pierres pulvérisées et de chaux ; la seconde d'un mélange de mortier de chaux et de sable plus fin, et la troisième d'un mortier de chaux avec du sable très-fin ; souvent on remplaçait celui-ci par de la poudre de marbre. Quand les enduits étaient recouverts de couleurs ou de peintures, pour conserver à celles-ci leur éclat, on les frottait avec de la cire blanche fondue dans de l'huile; souvent même, à l'aide d'un réchaud contenant des charbons ardents, on chauffait la surface de l'enduit, afin de lui faire absorber une plus forte proportion de cire ; puis, quand le mur était refroidi, on le frottait (probablement avec des chiffons de laine) pour augmenter le brillant de l'enduit.

PRATIQUE. — Comme nous allons le voir bientôt, les enduits sont de plusieurs sortes ; mais, quels qu'ils soient et quelle que soit la position des surfaces sur lesquelles les enduits doivent être appliqués, l'adhérence est une condition indispensable à obtenir. Lorsqu'ils doivent être appliqués sur une maçonnerie neuve hourdée en mortier de chaux, et que les parements présentent des aspérités suffisantes, l'enduiseur commence par dégrader légèrement les joints, si l'enduit est en mortier de chaux ; il les dégrade, au contraire, plus profondément si le mortier est en ciment, parce qu'il doit pratiquer un rocaillage en meulière, surtout quand la maçonnerie est en moellons. Il va sans dire qu'après chaque dégradage, l'ouvrier doit brosser et mouiller les parements, afin de faciliter l'adhérence de l'enduit. Quand on a de la vieille maçonnerie hourdée en plâtre ou en mortier de médiocre qualité, on doit dégrader profondément les joints ; puis on pique à la pioche les matériaux, afin d'augmenter les aspérités des surfaces. Ce travail accompli, on nettoie les parements en les brossant avec un balai très-dur ; puis on les lave, et on les laisse un peu s'humecter, après quoi on peut enduire.

On divise les enduits en quatre classes : 1° les enduits en plâtre ; 2° les enduits en mortiers de chaux ; 3° les enduits bitumineux ; 4° les stucs à la chaux et au plâtre. Nous ne parlerons pas dans cet article des enduits de la quatrième classe ; nous renverrons le lecteur au mot STUC.

ENDUITS EN PLATRE. — Ceux-ci sont de deux sortes, l'*enduit simple* et l'*enduit recouvrant un crépi*. L'*enduit simple* est celui qu'on applique immédiatement sur la maçonnerie, tandis que le second s'applique sur un crépi fait antérieurement ; le premier a plus d'épaisseur que le second : il est de $0^m,010$ à $0^m,014$, tandis que le second atteint à peine $0^m,09$ à $0^m,010$.

ENDUITS EN MORTIERS DE CHAUX. — Le plus simple parmi ceux-ci est l'enduit au BLANC DE BOURRE. (Voy. ce mot.) Nous avons ensuite les *enduits en mortier hydraulique*, employés pour radiers, égouts, bassins citernes, fosses, aqueducs, chapes sur l'extrados des voûtes, et en général pour toutes les constructions destinées à contenir de l'eau. Les matières les plus employées pour ce genre d'enduits sont les mortiers de chaux hydraulique, et plus particulièrement ceux de Vassy. (Voy. MORTIER.)

ENDUITS BITUMINEUX. — Ceux-ci sont composés de matières *bitumineuses naturelles* ou *artificielles*, parmi lesquelles nous citerons le *naphte*, le *pétrole*, l'*asphalte*, la *glu marine*, le *bitume de Judée*, le *mastic de Machabée*. Parmi ces derniers enduits, nous mentionnerons encore l'enduit *hydrofuge de Fulgens*, le *ciment antinitreux de Candelot*, un des plus employés, enfin l'*enduit Ruoltz*. Nous ne pouvons donner dans ce dictionnaire la composition de ces derniers enduits, par la raison que, s'ils sont aujourd'hui utilisés dans la construction, rien ne prouve qu'ils ne seront pas remplacés bientôt par des compositions nouvelles satisfaisant mieux aux conditions que doivent remplir ces enduits.

ENFAITEMENT. — Voy. FAÎTAGE et CRÈTE.

ENFAITER, *v. a.* — Couvrir de tables de plomb le faîte d'une couverture d'ardoise. C'est aussi poser un faîtage.

ENFEU, *s. m.* — Caveau funéraire, placé généralement sous le chœur d'une église, et qui affectait la forme d'une grande niche. Avant la révolution française, les seigneurs du pays étaient enterrés par *droit d'enfeu* dans des sépulcres de ce genre. L'étymologie de ce mot vient du latin *infodere*. (creuser).

ENFILADE (EN), *adv.* — On dit que les pièces d'un appartement sont *en enfilade* quand ces pièces se suivent et se commandent. Des portes sont *en enfilade* quand leur axe se trouve sur le même alignement.

ENFONCEMENT, *s. m.* — Arrière-corps

dans un bâtiment. Quand celui-ci a deux ailes et que sa façade est en retraite sur ces dernières, on dit qu'elle est *en enfoncement*. Autrefois ce terme était employé, dans certains cas, comme synonyme de *profondeur* : par exemple, pour indiquer la profondeur des fondations au-dessous du sol, celle d'un puits au-dessous des basses eaux.

ENFOUISSEMENT, *s. m.* — Opération ayant pour but d'enterrer à une grande profondeur (3 mètres au moins) des animaux atteints d'une maladie contagieuse (morve aiguë ou chronique, farcin, charbon, clavelée, etc.).

JURISPRUDENCE. — La police rurale relativement aux enfouissements est réglée par les articles suivants du Code pénal et du décret des 28 septembre et 6 octobre 1791. — Nous donnons ces articles, parce qu'ils peuvent être utiles aux entrepreneurs et aux propriétaires de constructions rurales et autres.

Art. 459. — Tout détenteur ou gardien d'animaux ou de bestiaux soupçonnés d'être infectés de maladies contagieuses, qui n'aurait pas averti sur-le-champ le maire de la commune où ils se trouvent, et qui même avant que le maire ait répondu à l'avertissement ne les aura pas tenus renfermés, sera puni d'un emprisonnement de six jours à deux mois et d'une amende de 16 francs à 200 francs.

Art. 460. — Seront également punis d'un emprisonnement de deux mois à six mois et d'une amende de 100 francs à 500 francs, ceux qui au mépris des défenses de l'administration auront laissé leurs animaux ou bestiaux infectés communiquer avec d'autres.

Art. 23 du décret précité. — Un troupeau atteint de maladie contagieuse, qui sera rencontré au pâturage sur les terres du parcours ou de la vaine pâture, autres que celles désignées pour lui seul, pourra être saisi par les gardes champêtres, et même par toute personne ; il sera ensuite mené au lieu du dépôt qui sera indiqué à cet effet par la municipalité.

ENFOURCHEMENT, *s. m.* — Angle solide formé par la rencontre de deux douelles de voûtes ; on le nomme ainsi parce que les voussoirs de cet angle ont deux branches formant une sorte de fourche. — En charpenterie, c'est un assemblage bout à bout, une enture verticale. Les combinaisons qui donnent lieu à cet assemblage sont très-variées : il y a des enfourchements *à mi-bois*, *à quartier* et *sur les quatre faces* ; il existe également des enfourchements *en fausse coupe sur deux* et *sur quatre faces*, etc.

ENGAGÉ, ÉE, *part. passé.* — Se dit d'une colonne qui paraît avoir une partie de son épaisseur cachée dans un mur ou dans un pilier. (Voy. COLONNE, fig. 12.) Ordinairement une colonne n'est engagée que d'un quart ou d'un tiers de son diamètre, jamais de la moitié, car dans ce cas elle produirait un mauvais effet.

ENGIN, *s. m.* — Terme par lequel on désignait anciennement toute espèce de machines, et qui a fait donner le nom d'*engingneur* à celui qui construisait des engins, et qu'on nomme aujourd'hui INGÉNIEUR. (Voy. ce mot.)

ENGORGÉ, ÉE, *part. passé.* — Qui est obstrué. Un tuyau, une chausse d'aisances, peuvent être *engorgés* par un dépôt quelconque qui arrête l'écoulement dans ces conduites. Quand une moulure, par suite des couches successives de peinture, a perdu la finesse de ses arêtes et de son profil, on dit que cette moulure est *engorgée*.

ENGORGEMENT, *s. m.* — Obstruction d'un tuyau, d'une moulure. (Voy. le mot précédent.)

ENGRADER, *v. a.* — Clouer une bande de plomb sur une autre, et de manière à la recouvrir en partie. — On dit aussi *engraver*.

ENGRADURE, *s. f.* — Jonction à recouvrement, à l'aide de clous, d'une table de plomb sur une autre. Bord supérieur d'une bavette de plomb que l'on fixe sur le devant d'une lucarne. — On dit aussi *engravure*.

ENGRAISSEMENT, *s. m.* — En charpenterie, on joint des pièces par *engraissement* quand les abouts et les tenons de ces pièces sont tellement forts, *gras*, qu'ils ne peuvent être assemblés qu'à force. Les pièces de bois de certaines machines, surtout de celles qui éprouvent un mouvement continuel, sont assemblées par *engraissement*, car ce mode d'assemblage empêche le HIEMENT. (Voy. ce mot.)

ENGRENAGE, *s. m.* — Réunion de roues dentées, ou d'une roue dentée et d'une vis sans fin, qui constituent un mécanisme. L'engrenage est appliqué à un grand nombre de machines, notamment à des machines employées dans la construction. Quand une roue dentée tourne, elle entraîne dans son mouvement d'autres pièces, dont l'effort, qui est considérable, s'applique à divers usages. Les treuils, les crics, etc., fonctionnent au moyen de roues d'engrenage.

ENGRENER, *v. a.* — Mettre une machine en action, en faisant entrer les dents d'une roue d'engrenage dans les dents d'une autre roue. Le participe passé de ce verbe a encore une autre signification. (Voy. le mot suivant.)

ENGRENÉ, ÉE, *part. passé.* — Se dit plus particulièrement de voussoirs qui par leur taille s'engrènent comme des dents. (Voy. le mot suivant.)

ENGRENURE, *s. f.* — Disposition des claveaux d'un arc double et quelquefois triple insérés les uns dans les autres par encastrement (fig. 1), ou en manière de coins (fig. 2).

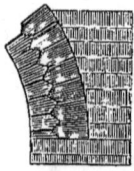

Fig. 1. — Engrenures (arc double).

On trouve des engrenures dans un certain nombre d'édifices de l'époque romane. La première disposition est évidemment faite en vue d'apporter une certaine solidarité dans toutes les parties de l'arc. On la retrouve dans quelques constructions romaines de petit appareil. La seconde disposition a principalement pour but la décoration, bien que par ce mode de construction les claveaux se déchargent réciproquement à la manière des pièces de l'appareil réticulé. C'est dans les départements du

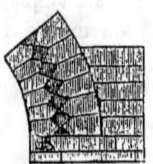

Fig. 2. — Engrenures en forme de coins.

centre de la France, et particulièrement en Auvergne, qu'on rencontre des arcs engrenés. Ils sont, du reste, plus susceptibles que tous

Fig. 3. — Engrenures mosaïquées.

autres de se prêter à la décoration mosaïque (fig. 3), si fort en faveur dans cette région pendant les premiers siècles du moyen âge.

ENGUEULEMENT, *s. m.* — Voy. DÉGUEULEMENT.

ENLACER, *v. a.* — Pratiquer une *enlaçure*, c'est-à-dire percer au *laceret* le tenon et les joues des mortaises d'un assemblage, afin de pouvoir le cheviller.

ENLAÇURE, *s. f.* — Trou rond pratiqué obliquement dans un assemblage à travers les joues des mortaises et le tenon, pour y intro-

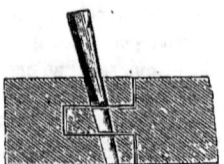

Enlaçure.

duire une cheville conique d'un diamètre plus fort que l'*enlaçure*, et qu'on insère de force dans le trou fait par le *laceret*. Cet assemblage est très-solide, quand il est bien exécuté.

ENLÈVE-CARRÉ, s. m. — Outil du menuisier, espèce de bouvet qui lui sert dans la

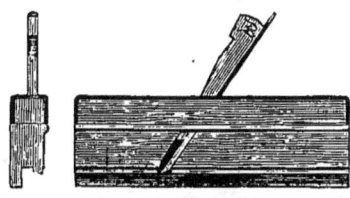

Enlève-carré (face et profil).

fabrication des croisées pour dresser certaines parties de moulures, etc. Notre figure montre cet outil de face et de profil.

ENLÈVEMENT DES TERRES. — Opération qui consiste à sortir les terres et les gravois d'une fouille ou d'une excavation pour les porter aux DÉCHARGES PUBLIQUES. (Voy. ce mot.) — Le procédé le plus simple est celui qui permet aux véhicules affectés au transport de venir butter contre la masse des terres attaquées. Quand l'excavation est assez étendue, on a soin de conserver des rampes par lesquelles les tombereaux peuvent accéder jusqu'au fond des fouilles. Lorsque le transport des terres se fait par relais et à l'aide de brouettes, on pose des plats-bords sur les rampes. Quand on ne peut pas réserver des rampes, on enlève les terres au moyen de BANQUETTES. (Voy. ce mot.) Quand les fouilles sont très-étroites et atteignent une assez grande profondeur, on enlève les terres à l'aide d'un treuil qui monte et descend des seaux ou des bourriquets; mais ce procédé est long, et par suite onéreux. L'enlèvement aux décharges publiques se fait généralement au tombereau à un ou deux colliers.

ENLEVER, v. a. — Terme de serrurerie qui est synonyme de *forger*. C'est créer une pièce en la forgeant. L'expression *enlever à la masse*, très-usitée en technologie, signifie retirer de la forge un bloc, une masse nécessaire pour exécuter une pièce voulue.

ENLEVURE, s. f. — En sculpture, ce terme est synonyme de RELIEF. (Voy. ce mot.)

ENLIER, v. a. — Poser des matériaux en liaison, c'est-à-dire engager dans une construction les matériaux (pierres de taille, moellons, briques) de manière que les uns soient posés sur leur longueur, les autres sur leur largeur, c'est-à-dire encore les placer en *carreaux* et en *boutisses*.

ENLIGNER, v. a. — Tracer au moyen de la règle ou du cordeau, sur des pièces de bois, des dimensions identiques, pour rendre ces pièces semblables comme grosseur.

ENNUSURE, s. m. — Bande de plomb placée sous le bourseau d'un comble. (Voy. BOURSEAU et MEMBRON.)

ENOUER, v. a. — En vitrerie, c'est rompre tous les nœuds de soudure qui retiennent les branches de plomb dans la jointure des vieux panneaux de vitraux. On enoue les vieux plombs avant de les fondre.

ENQUERRE, v. a. — Terme de blason. Armes à *enquerre* ou à enquérir, c'est-à-dire armes composées en dehors des règles ordinaires et qui font qu'on cherche la raison de leur composition : par exemple, des armoiries de métal sur métal, couleur sur couleur, etc.

ENRACINEMENT, s. m. (Architecture hydraulique.) — Espèce de culée. L'enracinement est formé d'un certain nombre de TUNES (Voy. ce mot) que l'on construit à la naissance d'un *épi*, c'est-à-dire à la portion où il commence à entrer dans l'eau. Pour faire un enracinement, on commence par déblayer les terres sur une certaine longueur et largeur, excavées aussi bas que le permettent les eaux. Cette construction est toujours biaise, et les terres excavées sont employées à couvrir l'épi.

ENRAYEUR, s. m. — Ouvrier qui conduit la sonnette à déclic.

ENRAYURE, s. f. — Assemblage de pièces de bois ou de fer posées horizontalement et qui portent ou non le comble d'une croupe ; c'est plus particulièrement l'ensemble des pièces de bois posées horizontalement qui constituent la plate-forme de la charpente d'un beffroi, d'un dôme ou d'un comble pyramidal conique ou sphérique. On a quelquefois donné le nom de *rouet* aux enrayures à plan circulaire. L'enrayure se compose des entraits ou *coyers* des arêtiers, des entraits des maîtresses-fermes et des croupes. Une même charpente peut avoir plusieurs cours d'enrayures situés les uns au-dessus des autres, soit pour relier l'ensemble de la charpente, soit pour varier le mode de construction.

ENRAYURES (Plancher a). — Voy. Plancher.

ENROCHEMENT, *s. m.* — Pierres que l'on entasse dans l'eau pour y former un sol artificiel, ou pour défendre des affouillements les fondations des piles de pont, des jetées et autres constructions hydrauliques. Les enrochements sont des massifs de maçonnerie en pierres sèches. Les matériaux employés à ce genre de construction doivent être durs, de bonne qualité et de grosseurs diverses, afin qu'une fois dans l'eau ils puissent s'enchevêtrer les uns dans les autres. Aujourd'hui on fait des enrochements avec des blocs artificiels composés de pierres et de béton. Les Romains ont employé fréquemment des enrochements pour asseoir des fondations terrestres; mais, au lieu de jeter les pierres au hasard, ils les superposaient de champ par couches successives.

ENROULEMENT, *s. m.* — Ornement présentant des types très-variés, mais toujours contournés en spirale. On retrouve cet orne-

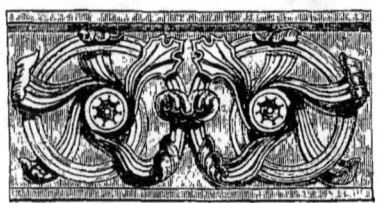

Fig. 1. — Enroulement du XIIᵉ siècle, pour frise, bandeau, etc.

ment à toutes les époques de l'art et dès les temps les plus reculés; c'est, du reste, une imi-

tation frappante de certains végétaux, tels que les fougères par exemple. Les enroulements forment des cours d'ornements isolés ou qui décorent des frises, des pilastres, des panneaux, etc. (Voy. Frise.)

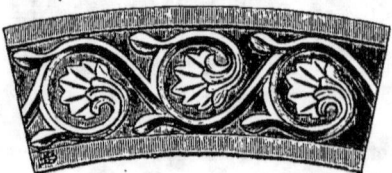

Fig. 2. — Enroulement du XIIᵉ siècle, pour arcade, archivolte, etc.

Notre figure 1 montre un enroulement du XIIᵉ siècle pouvant décorer une frise, un bandeau, etc.; notre figure 2, un enroulement

Fig. 3. — Enroulement arabe (mosquée du Caire).

de la même époque pour arcade ou archivolte; notre figure 3, un enroulement arabe exécuté en stuc dans une mosquée du Caire; enfin notre

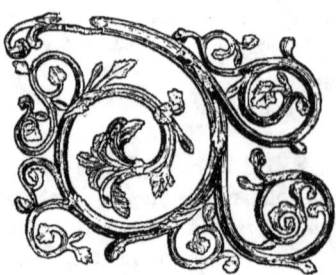

Fig. 4. — Enroulement en fer forgé.

figure 4 présente un enroulement en fer forgé, car cet ornement peut aussi être exécuté en métal, fer, fonte, bronze, ou acier fondu ou découpé.

ENSEIGNE, *s. f.* — Statue, bas-relief, tableau placé par des marchands, des artisans, etc., au-dessus de leur porte pour indiquer leur nom, leur commerce ou leur profession. Aujourd'hui, les avoués, les huissiers, les notaires n'ont plus d'enseignes, mais des écussons; beaucoup de commerçants et d'industriels ont également remplacé l'antique en-

mes serpents. Le moyen âge usa aussi très-largement des enseignes; beaucoup étaient placées sur des potences de fer qui encombraient les rues et gênaient la circulation des véhicules, ce qui donnait lieu à des contesta-

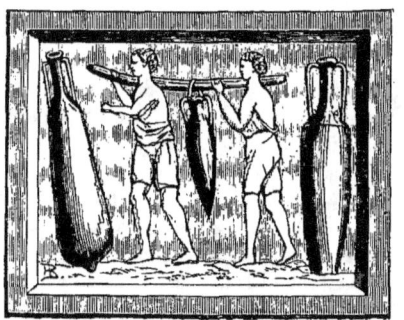

Fig. 1. — Enseigne antique d'une maison à Pompéi.

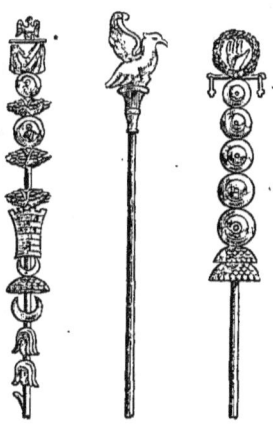

Fig. 5, 6, 7. — Enseignes romaines.

seigne par des écussons. Les architectes ne mettent pas d'enseigne pour indiquer leur bureau, mais beaucoup placent au-dessus de la porte de leur atelier un bas-relief, un fragment de chapiteau, de feuille d'acanthe où

tions si fréquentes que la police était à chaque instant obligée d'intervenir, et dut, par la suite, réglementer la matière dans de nombreuses ordonnances de police.

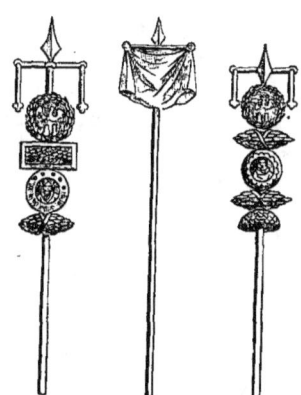

Fig. 2, 3, 4. — Enseignes romaines.

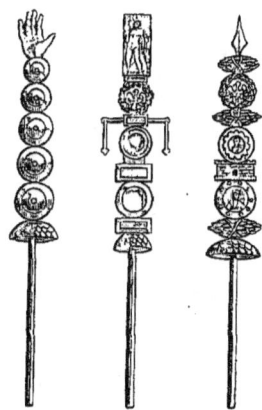

Fig. 8, 9, 10. — Enseignes romaines.

une frise quelconque. L'usage des enseignes est très-ancien; il existait à Rome et dans beaucoup d'autres villes d'Italie. Notre fig. 1, représente une enseigne de Pompéi qui devait se trouver sur la porte d'un marchand de vin. Un pharmacien de la même ville avait fait peindre de chaque côté de sa porte deux énor-

ENSEIGNES ROMAINES. — Drapeaux, signes de ralliement dans les armées romaines. Souvent les monuments, principalement les arcs de triomphe, portent des enseignes dans leur décoration. Les enseignes romaines avaient l'extrémité de leur hampe ornée d'une louve, d'un fer de lance, d'une main, d'une couronne, etc. Nos figures 2 à 10 montrent neuf types différents qui portent des foudres, des boucliers, des tours, des croissants, etc.

LÉGISLATION.—Nous nous bornerons à donner les époques de diverses ordonnances, mais nous reproduirons in extenso le dernier décret en vigueur (15 fév. 1850). En décembre 1607 parut l'arrêté relatif aux demandes d'autorisation ; le 4 février 1683, celui qui fixait les dimensions des enseignes ; le 16 juin 1693, celui relatif au droit de voirie sur les enseignes ; le 25 mai 1761, celui qui réglait leur apposition ; le 10 décembre 1784, celui qui édictait leur suppression ; le 24 décembre 1823, celui qui indiquait la manière de les établir ; enfin, le 15 février 1850, parut un décret dont une partie déterminait les dispositions générales relatives aux enseignes. En voici la teneur :

1° Les enseignes formées de bandes de toile ou d'étoffe portant des inscriptions sont formellement interdites.

2° Lorsqu'il n'existera aucune partie de mur au rez-de-chaussée, il pourra être permis de placer des enseignes, tableaux, écussons, attributs, soit sur les objets de petite voirie n'ayant pas seize centimètres de saillie, s'il s'en trouve, soit, dans le cas contraire, sur les objets ayant cette saillie. Dans le premier cas, lesdites enseignes pourront avoir l'épaisseur que les particuliers jugeront convenable, pourvu qu'elles n'excèdent pas seize centimètres de saillie à partir du mur. Dans l'autre cas, elles ne pourront être qu'en métal laminé, et devront être posées à plat sur les saillies auxquelles elles seront appliquées.

3° Les enseignes de coiffeurs et perruquiers formées de simulacres de plats à barbe seront tolérées sur les devantures à la condition qu'elles seront constamment repliées et fixées contre lesdites devantures.

4° Les teinturiers-dégraisseurs pourront placer sur la devanture de leur boutique leurs enseignes composés de bandes de serge, à la condition que ces enseignes seront bien appliquées contre la devanture.

5° Les paillassons servant d'enseignes pour la vente des huîtres seront appliqués contre les murs. A défaut de murs nus, ils pourront être appliqués contre les devantures ou grilles de boutiques. Ces objets sont exempts des droits de petite voirie et peuvent être posés sans permission.

6° Les inscriptions, soit en peinture, soit en relief, sur les frises ou lambrequins des marquises ou auvents sont tolérées et exemptes des droits de petite voirie.

7° Il est permis d'appliquer des enseignes en lettres découpées aux balustrades des balcons, pourvu que les lettres soient solidement attachées et qu'elles n'excèdent point la saillie de l'aire du balcon. Ces enseignes sont exemptes des droits de petite voirie et peuvent être posées sans permission.

8° Les écriteaux indiquant les maisons, appartements, chambres, magasins et autres objets à vendre ou à louer, doivent être attachés et appliqués contre le mur, de manière à ne pas excéder la saillie fixée pour les enseignes.

9° Les écriteaux indicatifs d'appartements non meublés à louer, de maisons ou terrains à vendre, etc., sont exempts des droits de petite voirie et peuvent être posés sans permission.

10° Il est interdit aux marchands de vin, agents de remplacement militaire et autres de placer des drapeaux comme enseignes au devant de leurs établissements.

ENSEIGNEMENT, s. m. — Action d'enseigner. Nous ne dirons ici que quelques mots sur l'enseignement de l'architecture. En France, les écoles d'architecture bien organisées sont rares. En province, sauf dans quelques grandes villes, Lyon, Bordeaux, Nantes, Toulouse, Nîmes, elles ne donnent que des éléments d'instruction. A Paris, à l'École nationale des beaux-arts, les cours professés pour les élèves architectes sont fort nombreux ; malheureusement, beaucoup ne sont pas suivis par les jeunes gens, parce que, pour obtenir le prix de Rome, il n'est pas nécessaire d'avoir étudié les matières enseignées dans les nombreuses chaires de l'école. A l'article ÉCOLES DE DESSIN (Voy. ces mots) nous avons donné la nomenclature des cours professés à l'École nationale des beaux-arts pour la section d'architecture ; nous n'en parlerons pas ici, mais nous renverrons le lecteur à cet article.

ENSEMBLE, s. m. — Ce terme est employé pour indiquer la masse d'un bâtiment, d'un travail, d'une décoration, etc.; ainsi on dit : l'ensemble de ce monument est remarquable, est très-imposant ; l'ensemble de cette décoration est très-réussi, etc.

ENSEUILLEMENT, s. m. — Appui d'une croisée ayant vue sur un héritage voisin et qu'on nomme *vue de coutume*. Suivant les coutumes des lieux, cet appui peut avoir des hauteurs différentes, mais jamais moins de 1 mètre au-dessus du sol, ou d'un plancher. (Voy. JOUR et VUE.)

ENTABLEMENT, s. m. — Couronnement d'une ordonnance d'architecture. Il se compose de trois parties : 1° *l'architrave*, partie inférieure ; 2° la *frise*, partie intermédiaire ; 3° la *corniche*, partie supérieure, qui couronne l'é-

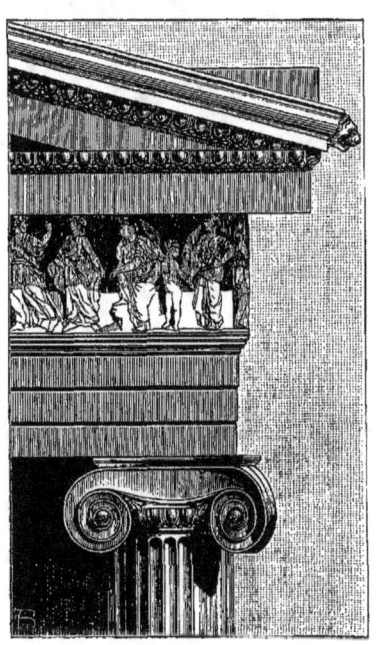

Entablement du temple de la Victoire aptère.

difice ; ce qui fait que, dans le langage usuel, on regarde les mots *corniche* et *entablement* comme synonymes. L'entablement a été en usage dès une époque très-reculée. Quatremère de Quincy prétend que « c'est une des plus riches inventions de l'architecture grecque et une de celles qui lui assurent une supériorité marquée sur toutes les autres architectures. » Nous ne craignons pas d'affirmer que l'entablement existait bien avant l'architecture grecque : les monuments égyptiens et

assyriens sont là pour en témoigner ; mais nous reconnaissons que les Grecs, avec le goût qui les caractérise, ont su étudier et décorer l'entablement avec une rare perfection. Nous pourrions en citer de nombreux exemples, nous nous bornerons à signaler l'entablement du Parthénon, si bien restauré par A. Paccard (Voy. notre planche XXIII) ; puis celui du temple d'Égine, qu'a bien voulu nous permettre de reproduire notre éminent confrère Charles Garnier, d'après sa belle restauration (Voy. notre planche XXX) ; enfin celui du petit temple de la Victoire aptère que représente notre gravure sur bois : nous l'avons dessiné d'après une restauration de notre confrère Daumet, ancien pensionnaire de l'Académie de France à Rome. Après les Grecs, les Romains ont fait également des entablements remarquables. Si ceux créés par ces derniers n'ont pas la finesse et l'élégance des entablements grecs, nous ne pouvons du moins leur refuser un caractère de grandeur incontestable, parfois même le mérite d'une richesse de décoration vraiment large et magnifique. Nous donnerons à l'appui de cette appréciation l'entablement du temple romain de Nîmes, dit la *Maison carrée*, que montre notre planche XXXI. Nous avons supprimé le profil pour donner ce motif à plus grande échelle. Notre planche **XXXII** représente l'entablement du Forum de Trajan, que nous avons dessiné d'après la restauration de notre confrère Paul Bonnet, ancien pensionnaire de l'Académie de France à Rome. Quoique très-riche et très-orné, cet entablement présente un beau caractère ; les modillons, les oves, les denticules et les rais de cœur de la corniche y sont fermes et élégants ; la décoration de la frise est d'une composition délicate, elle remplit bien, sans confusion ; quant à l'architrave, les ornements dont elle est brodée sont en parfaite harmonie avec l'ensemble de cette belle page de composition. Par les exemples que nous venons de donner, on voit quelle place importante l'entablement occupe en architecture : c'est, en effet, dans ce motif capital qu'on reconnaît particulièrement le style, le caractère et le goût d'une époque.

ENTABLEMENT DE COURONNEMENT. — Celui

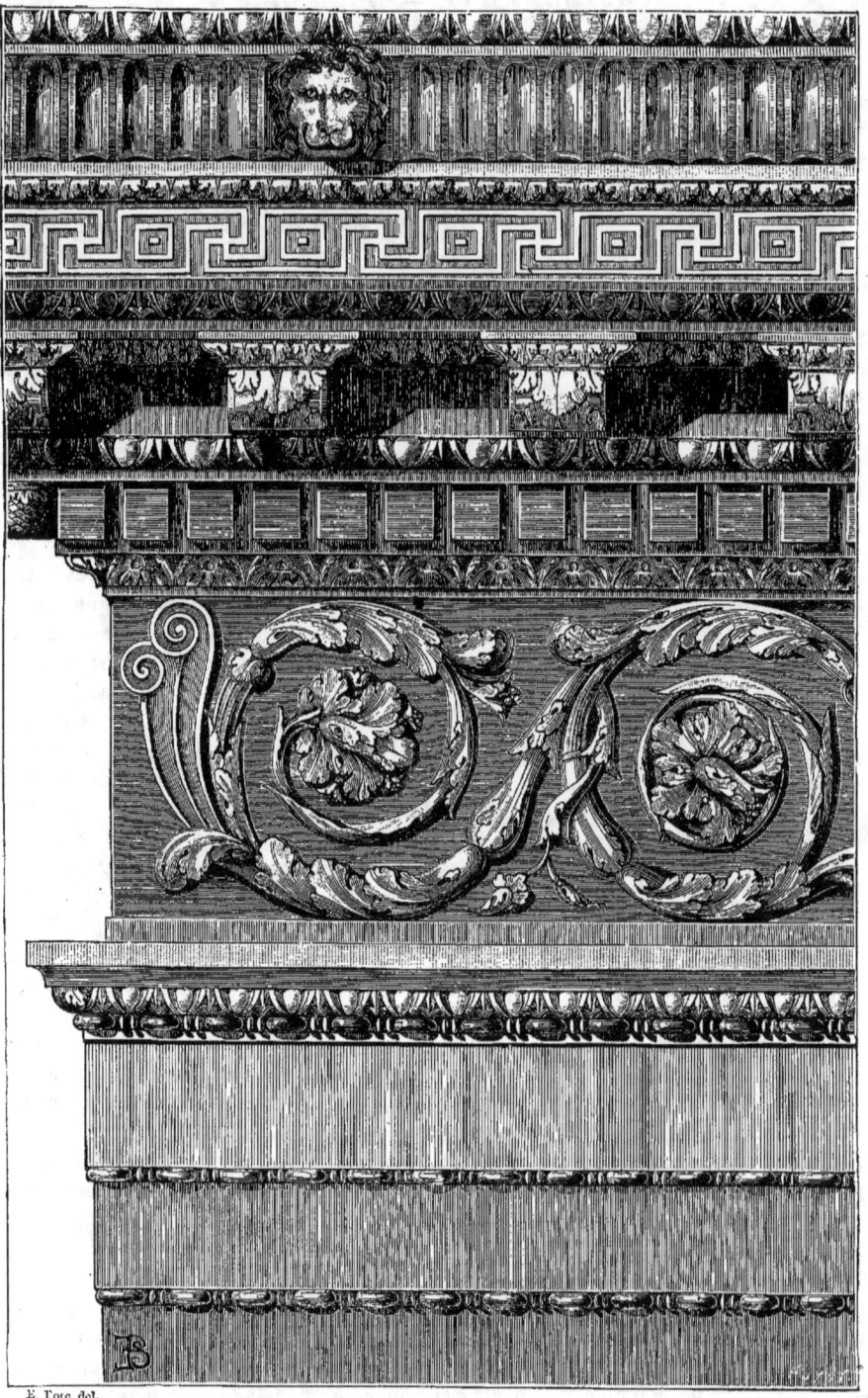

Planche XXXI. — Entablement du temple romain de Nîmes, dit la *Maison carrée*.

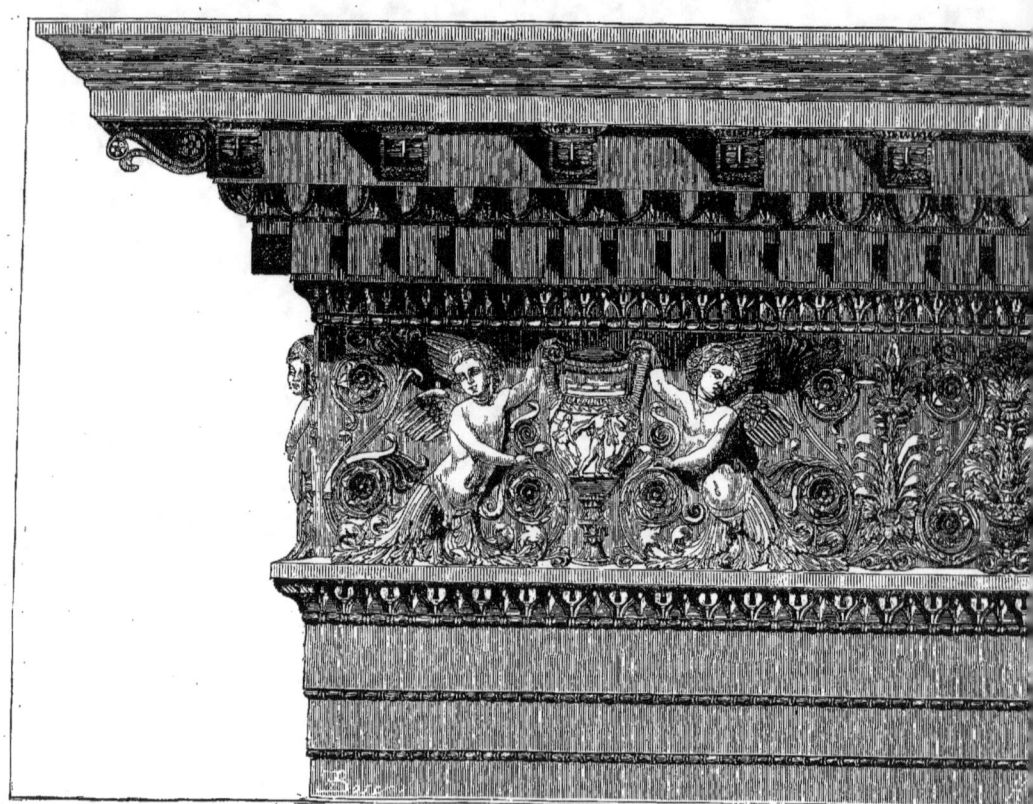

Planche XXXII. — Entablement du Forum de Trajan.

Pl. XXX.

L.Bose del d'après Charles Garnier.

Gaillard lith. Imp. F E.Lial & C.ᵉ Paris.

ENTABLEMENT DU TEMPLE DE JUPITER PANHELLENIEN . A ÉGINE .

qui couronne un mur qui n'est décoré d'aucun ordre d'architecture. C'est encore un entablement qui couronne la décoration intérieure d'une galerie, d'un grand salon, etc.

ENTABLEMENT A LA CAPUCINE. — Celui qui, au lieu d'être mouluré, n'est que chanfreiné.

ENTABLEMENT RECOUPÉ. — Celui qui fait retour par avant-corps sur des colonnes ou des pilastres. Les entablements des arcs de triomphe sont généralement recoupés, comme on peut le voir à l'arc de Titus à Rome (Voy. notre 1ᵉʳ vol., pl. 5, p. 126); à l'arc de Trajan à Ancône, et à l'arc de triomphe d'Orange (Voy. notre 1ᵉʳ vol., p. 181 et 182, fig. 3 et 4). — Pour la législation, voy. SAILLIE.

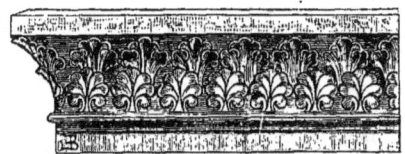

Fig. 1. — Feuilles entablées (Notre-Dame de Paris).

ENTABLÉES (FEUILLES). — Larges feuilles de plantes variées qui sont placées

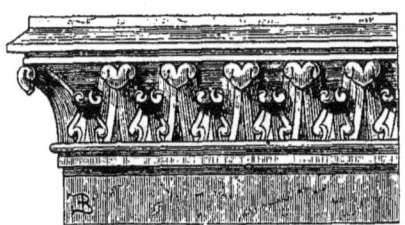

Fig. 2. — Feuilles entablées (Notre-Dame de Paris).

au-dessous d'un cordon, d'une plate-bande à gorge, de petits entablements, et se recour-

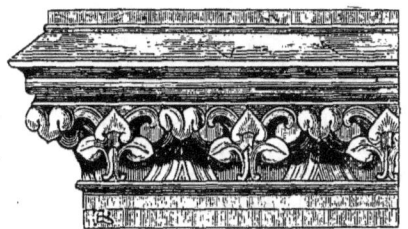

Fig. 3. — Feuilles entablées (Notre-Dame de Paris).

bent comme si elles étaient gênées dans leur croissance. Les feuilles entablées font leur ap-

parition pendant l'époque ogivale, vers le milieu du XIIᵉ siècle; au XIIIᵉ elles sont plus

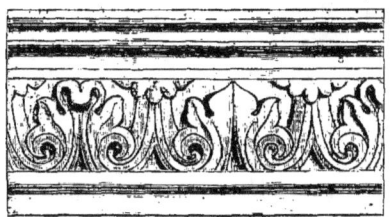

Fig. 4. — Feuilles entablées (fin du XIIᵉ siècle).

fréquemment employées, puis elles disparaissent au XVᵉ siècle. Nos figures en montrent quatre spécimens.

ENTAILLE, s. f. — Évidement pratiqué dans un objet quelconque. On entaille le bois, la pierre, le fer, etc. — En charpenterie, on fait des entailles dans des pièces de bois pour y loger des corbeaux, des étriers, etc. On nomme *assemblage en entaille*, ou *entaille simple*, la jonction carrée (Voy. notre fig.) ou oblique de plusieurs pièces de bois qui se croisent par affleurement. On fait également des

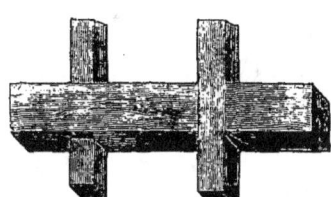

Assemblage en entaille, ou entaille simple.

entailles cintrées qui permettent de coller et de cheviller des parties circulaires. Les *moises*, les joints en queue d'aronde sont également des assemblages en entaille. (Voy. ASSEMBLAGE et EMBRÈVEMENT.) En serrurerie, on fait aussi des entailles pour affleurer les fers dans la charpente et sur des pièces d'assemblage. — Enfin, sous le terme générique d'*entaille* on comprend de nombreux outils qui consistent en un morceau de bois dans lequel on a pratiqué des entailles pour contenir, à l'aide d'un coin, diverses pièces sur lesquelles on exécute un travail; ainsi on a l'entaille à *limer les scies*, l'entaille à *pousser les petits bois* l'entaille à *scier les arasements*, l'entaille à *rallonger les sergents*, etc. — En menuiserie, on donne ce nom à une sorte de rabot servant à entailler des tablettes ou d'autres pièces de menuiserie.

ENTAILLER, *v. a.* — Faire une entaille. Cette opération se pratique de plusieurs façons, suivant la matière à entailler et l'outil dont on se sert. Pour la pierre on emploie les divers outils au moyen desquels on pratique les ÉVIDEMENTS (Voy. ce mot) et les refouillements. Pour le bois, on emploie le ciseau et la scie; pour le métal, le burin.

ENTAMURE, *s. f.* — Première couche de pierre que l'on tire d'une carrière qu'on va exploiter à ciel ouvert.

ENTASIS, *s. m.* — Ce terme, dérivé du grec ἔντασις, sert à désigner le renflement du fût d'une colonne. (Voy. RENFLEMENT.)

ENTER, É, ÉE, *v. a.* — Réunir, assembler ou joindre bout à bout deux pièces de bois ou de fer. (Voy. ENTURE.)

ENTOISAGE, *s. m.* — Synonyme d'EM-MÉTRAGE (Voy. ce mot), autrefois uniquement employé, puisqu'on mesurait à la toise.

ENTOISER, *v. a.* — Synonyme d'*emmétrer*, seul en usage aujourd'hui.

ENTRAIT, *s. m.* — Pièce de bois horizontale faisant partie de la charpente d'un comble. Elle sert à relier les arbalétriers vers le milieu de leur longueur, à maintenir leur écartement et à supporter le poinçon; au-dessous de l'entrait se trouve le tirant, qui reçoit le pied des arbalétriers, et qu'anciennement on nommait entrait. (Voy. FERME, fig. 1 et 2.) Dans les grandes fermes il y a quelquefois deux entraits; on nomme alors le second *faux entrait*, ou *petit entrait*. Dans l'intérieur de beaucoup d'anciens bâtiments, où la charpente du comble était apparente, les entraits sont souvent chanfreinés et décorés de peintures. Au moyen âge, surtout dans les bâtiments monastiques, on

trouve des exemples d'entraits apparents; beaucoup d'églises, particulièrement dans les campagnes, étaient couvertes d'une voûte de bois qui épousait la forme du comble et laissait les entraits apparents.

ENTRAIT DE BRISIS. — Entrait qui, dans un comble en mansarde, soutient les jambes de force.

ENTRAIT DE CROUPE ou DEMI-ENTRAIT. — Entrait qui, dans une demi-ferme, est assemblé d'un côté dans le *maître-entrait*, ou entrait principal, et de l'autre sur le mur pignon.

ENTRE-COLONNEMENT, *s. m.* — Distance qui, dans une colonnade, sépare l'axe d'une colonne de l'axe des colonnes voisines. Cette distance est plus ou moins grande, suivant que les colonnes sont plus ou moins rapprochées. La largeur de l'entre-colonnement est basée sur un certain nombre de modules ou diamètres, et suivant la base adoptée la colonnade présente un caractère différent. D'après Vitruve (III, 2, 1), il existe cinq modes principaux d'entre-colonnement, qui sont : le *pycnostyle* ou *aræpycnostyle*, dont l'ordonnance compte un diamètre et demi pour l'entre-colonnement; le *sistyle*, qui a deux diamètres; le *diastyle*, qui a trois diamètres; l'*aréostyle*,

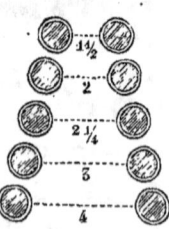

Entre-colonnement.

qu'on écrit aussi *arœostyle*, qui a près de quatre diamètres; enfin l'*eustyle*, ainsi dénommé à cause de l'heureuse proportion de son ordonnance, qui mesure d'axe en axe deux diamètres un quart. (Voy. notre fig.) Nous devons ajouter que cette théorie de l'entre-colonnement n'a rien de bien rigoureux, et que le goût de l'architecte détermine généralement l'espacement convenable à donner aux colonnades : du reste, dans beaucoup d'entre-colonnements de la belle époque, le principe théorique est loin d'être observé, et très-souvent les deux colonnes qui correspondent aux portes d'entrée des édifices ont plus d'écartement entre elles que celles d'à côté ; au contraire, aux angles de l'édifice les colonnes sont plus rapprochées.

ENTRE-COUPE, *s. f.* — Dégagement obtenu dans un carrefour au moyen de deux pans coupés opposés, afin de faciliter le tournant des voitures.

ENTRE-COUPE DE VOÛTE. — Vide existant entre deux voûtes sphériques superposées. Ce vide est compris entre l'extrados du dôme et les douelles de la coupe ou coupole ; ces deux voûtes sont jointes ensemble par des murs de refend en brique au droit des côtes.

ENTRE-CROISÉ, ÉE, *adj.* — Ce terme est synonyme d'*entrelacé*, d'*alterné*, d'*intersecté*. L'intervalle compris entre deux croisées ne s'appelle pas *entre-croisée*, mais *trumeau*.

ENTRE-CORBEAU. — Voy. ENTRE-MODILLON.

ENTRÉE, *s. f.* — En général, endroit par où l'on entre dans un lieu quelconque. L'entrée d'une maison comprend la *porte* et le *passage*, ou *vestibule*. — En serrurerie, l'*entrée d'une clef*, c'est l'ouverture pratiquée à la couverture

. Fig. 1. — Entrée de serrure (XIIᵉ siècle).

ou au foncet d'une serrure pour recevoir la clef ; c'est aussi une plaque de tôle, de fer, de cuivre, d'acier, découpée de diverses manières, unie, ornée, estampée, qu'on pose sur le bois d'une porte, d'un coffret, d'un meuble, au droit du passage de la clef. (Voy. nos fig.)

Au moyen âge, on tira profit de ces entrées pour décorer les parties sur lesquelles elles

étaient appliquées ; on en fit d'un travail fort riche qui servirent souvent d'ornement à des vantaux de portes. Simples d'abord dans leurs formes et dans leurs ciselures, elles devinrent peu à peu plus grandes et plus ornées ; on leur

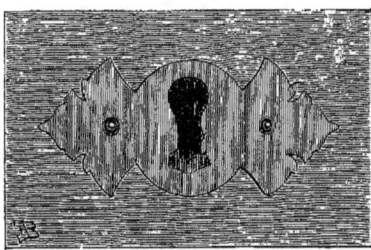

Fig. 2. — Entrée de serrure à Neufchâtel (Suisse).

donna souvent la forme d'un écu héraldique. C'est au XVᵉ et au XVIᵉ siècle que les entrées de serrures reçurent la plus riche ornementation. Suivant les mêmes phases que l'architecture elle-même, elles se couvrirent de réseaux plus ou moins compliqués au XVᵉ siècle, et d'arabesques dans le siècle suivant. Quelques-unes même des entrées de cette dernière époque sont de véritables chefs-d'œuvre de ferronnerie par le travail qu'a exigé leur ornementation.

On nomme *entrée-rosette* l'entrée qui porte

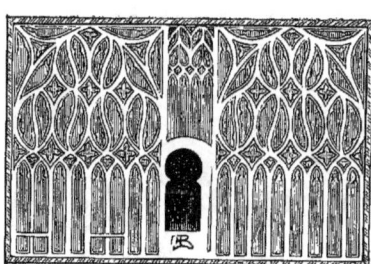

Fig. 3. — Entrée de serrure (fin du XIVᵉ siècle) (cathédrale de Rouen).

et l'entrée de la clef et le trou de passage d'un bouton ou d'un bec-de-cane ; *entrée à cuvette*, celle qui, au lieu d'être plate, est creusée en forme de cuvette.

ENTRÉE (Plaque d'). — Voy. PLAQUE.

ENTRELACS, *s. m.* — Ornements dont les différentes parties s'entrelacent. De même que les arabesques et les enroulements, les entrelacs n'étant que l'expression, le résultat

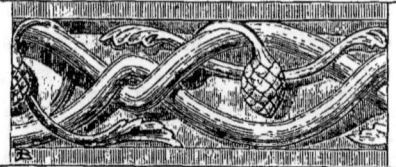

Fig. 1. — Entrelacs avec branchages et pommes de pin.

du caprice du compositeur, leurs types peuvent varier à l'infini. Ainsi on a pu employer

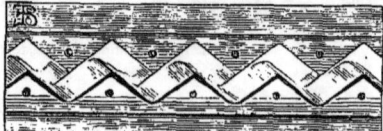

Fig. 2. — Entrelacs rubannés.

les entrelacs à l'ornement des miniatures, des meubles, des carreaux émaillés, des tapis, des

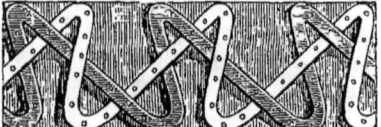

Fig. 3. — Entrelacs rubannés.

rampes, des grilles, etc. ; en un mot, on peut faire concourir cette ornementation dans

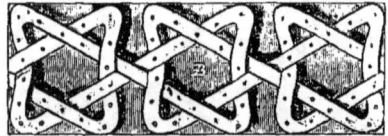

Fig. 4. — Entrelacs rubannés.

toutes les branches de l'art et de l'industrie.

Fig. 5. — Entrelacs nattés.

Nous voyons des entrelacs gravés sur bronze, or et argent, ou sculptés sur la pierre, le marbre,

les bois, etc. ; mais l'entrelacs se prête, sans contredit, d'une manière toute spéciale à la

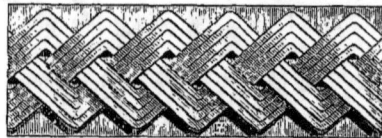

Fig. 6. — Entrelacs nattés.

serrurerie, car le fer, quelle que soit sa ténuité présente beaucoup de solidité, ce qui fait qu'à

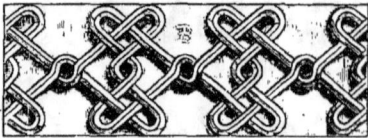

Fig. 7. — Entrelacs broderies.

l'aide de ce métal on peut obtenir des ornements très-remarquables. Nous devons surtout

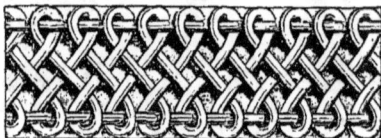

Fig. 8. — Entrelacs broderies.

montrer ici des exemples d'entrelacs pouvant être exécutés sur la pierre ou sur le bois. Notre

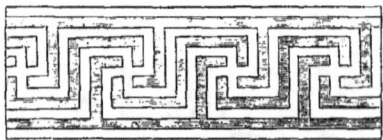

Fig. 9. — Entrelacs dits *grecques*.

figure 1 fait voir un spécimen formé de deux

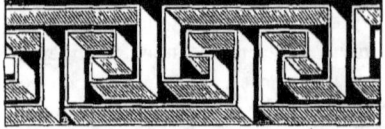

Fig. 10. — Entrelacs (grecques).

branchages avec une feuille et une pomme de pin. Nos figures 2, 3, 4 montrent tout le parti qu'on peut tirer d'un simple ruban avec quel-

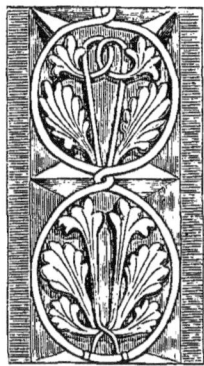

Fig. 11. — Entrelacs de l'époque romane.

ques points blancs ou noirs habilement jetés ; nos figures 5 et 6 font voir quatre rubans nattés de diverses façons en damier et en che-

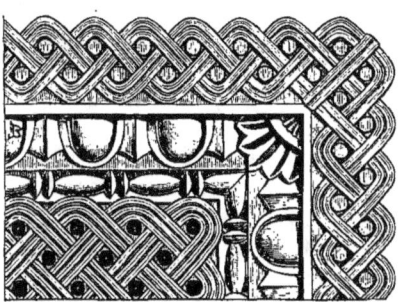

Fig. 12. — Entrelacs à Rome.

vrons. Nos figures 7 et 8 représentent des joncs entrelacés qui forment des broderies. Tous les spécimens que nous venons de donner

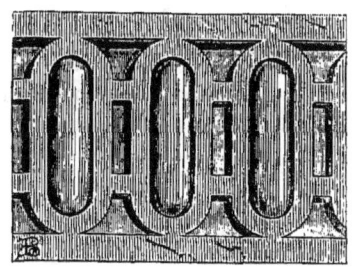

Fig. 13. — Entrelacs de l'époque de la renaissance.

ont été composés par notre confrère M. Ru-prich-Robert et sont tirés de sa *Flore orne-*

mentale. Les entrelacs forment aussi des *grec-ques* ou *méandres*. Notre figure 9 montre un entrelacs très-employé par les Grecs et les Ro-mains, tandis que la fig. 10 rappelle plutôt les

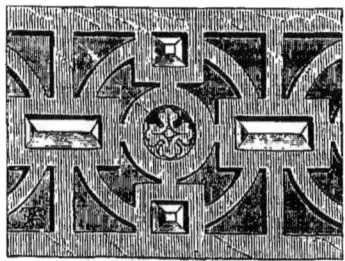

Fig. 14. — Entrelacs de la renaissance (balustrade).

grecques des Étrusques, car il faut dire, en

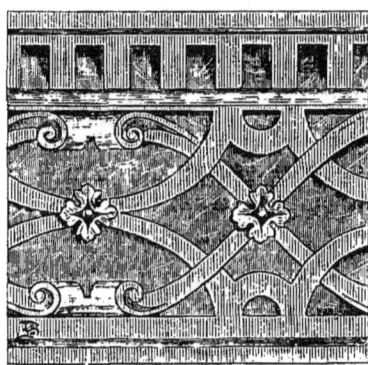

Fig. 15. — Entrelacs de la renaissance (balustrade).

passant, que presque tous les peuples ont fait

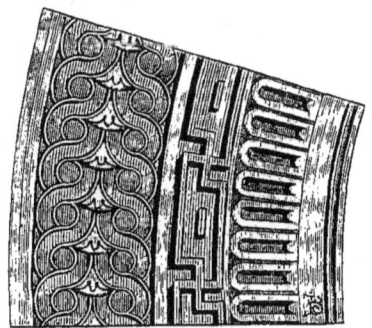

Fig. 16. — Entrelacs de la renaissance (archivolte).

usage de cette décoration, laquelle a été em-ployée dans les bandeaux, les frises, les corniches et dans la décoration des balustrades, des archivoltes, etc. — Notre fig. 11 est un entrelacs roman sculpté dans un pilastre, tandis que notre figure 12 est un fragment de barrière

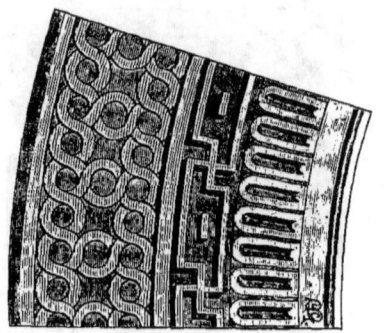

Fig. 17. — Entrelacs de la renaissance (archivolte).

de l'église Saint-Bernard à Rome : nous l'avons dessiné d'après un croquis de Caristie qu'a bien voulu nous confier son neveu, notre confrère M. Bourgeois. — Au mot BALUS-

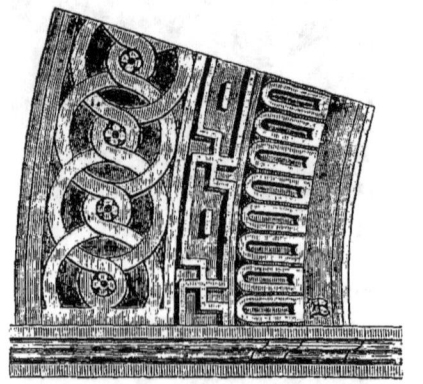

Fig. 18. — Entrelacs de la renaissance (archivolte).

TRADE, nous en avons donné quelques-unes formées par des entrelacs. Nos figures 13, 14 et 15 en fournissent d'autres spécimens de la renaissance française; enfin nos figures 16, 17 et 18 montrent des archivoltes de la même époque également formées d'entrelacs. Les spécimens représentés par nos figures 13 à 18 proviennent de l'église de Saint-Laurent à Nogent-sur-Seine.(Voy.FENÊTRE,pl.XXXVIII.)

ENTRE-MODILLONS, s. m. — Surface verticale ou horizontale, comprise entre deux modillons. Cette surface peut être lisse ou décorée; dans ce dernier cas, on y sculpte ordinairement une rosace, un fleuron, ou bien on y fait un simple élégissement. Les modillons de corniches romanes s'appellent corbeaux, c'est pourquoi l'intervalle qui les sépare a été appelé entre-corbeaux.

ENTRE-PILASTRE, s. m. — Espace de mur compris entre deux pilastres et qu'on décore ordinairement de niches, de bas-reliefs, ou de toute autre manière.

ENTREPOT, s. m. — Magasin servant à entreposer les marchandises avant de les livrer au commerce. Les grands entrepôts qui servent à décharger les navires se nomment DOCKS. (Voy. ce mot.)

ENTREPRENEUR, s. m. — Celui qui fait un travail quelconque à l'entreprise, c'est-à-dire moyennant un prix convenu et à forfait. Dans l'industrie du bâtiment et des travaux publics, ce mot désigne plus spécialement un industriel qui se charge à ses risques et périls d'exécuter des travaux, sous les ordres d'un architecte ou d'un ingénieur, pour le compte d'une administration ou d'un particulier. Cette obligation de l'entrepreneur d'exécuter un travail peut être consentie d'après diverses bases, telles que le forfait, le métré, suivant une série de prix, etc. Il peut accepter en outre telles autres charges, conditions et obligations que l'architecte ou l'ingénieur jugent à propos de stipuler dans le CAHIER DES CHARGES. (Voy. ce mot.)

Une construction, quelle que soit son importance, peut être exécutée par un seul entrepreneur, qui fait les travaux de toute nature : on le nomme alors entrepreneur général; ou, ce qui est plus fréquent, chaque nature de travaux est exécutée par des entrepreneurs spéciaux qu'on nomme terrassiers, maçons, couvreurs, charpentiers, serruriers, menuisiers, peintres-vitriers, paveurs, etc.

LÉGISLATION ET JURISPRUDENCE.—La responsabilité de l'entrepreneur s'étend de par la loi à des cas nombreux. Avant d'étudier cette question au point de vue de la jurisprudence, nous relaterons les articles du Code civil qui s'occupent de l'entrepreneur. Voici ces articles :

Art. 1787. — Lorsqu'on charge quelqu'un de faire un ouvrage, on peut convenir qu'il fournira seulement son travail ou son industrie, ou bien qu'il fournira aussi la matière.

Art. 1788. — Si dans le cas où l'ouvrier fournit la matière, la chose vient à périr de quelque manière que ce soit, avant d'être livrée, la perte en est pour l'ouvrier, à moins que le maître ne fût en demeure de recevoir la chose.

Art. 1789. — Dans le cas où l'ouvrier fournit seulement son travail ou son industrie, si la chose vient à périr, l'ouvrier n'est tenu que de sa faute.

Art. 1790. — Si, dans le cas de l'article précédent, la chose vient à périr, quoique sans aucune faute de la part de l'ouvrier, avant que l'ouvrage ait été reçu, et sans que le maître fût en demeure de le vérifier, l'ouvrier n'a point de salaire à réclamer, à moins que la chose n'ait péri par le vice de la matière.

Art. 1791. — S'il s'agit d'un ouvrage à plusieurs pièces ou à la mesure, la vérification peut s'en faire par partie ; elle est censée faite pour toutes les parties payées, si le maître paie l'ouvrier en proportion de l'ouvrage fait.

Art. 1792. — Si l'édifice construit à prix fait périt en tout ou en partie par le vice de la construction, même par le vice du sol, les architectes et entrepreneurs en sont responsables pendant dix ans.

Art. 1793. — Lorsqu'un architecte ou un entrepreneur s'est chargé de la construction à forfait d'un bâtiment, d'après un plan arrêté et convenu avec le propriétaire du sol, il ne peut demander aucune augmentation de prix, ni sous le prétexte de l'augmentation de la main-d'œuvre ou des matériaux, ni sous celui de changements ou d'augmentations faits sur ce plan, si ces changements ou augmentations n'ont pas été autorisés par écrit et le prix convenu avec le propriétaire.

Art. 1794. — Le maître peut résilier par sa seule volonté le marché à forfait, quoique l'ouvrage soit commencé, en dédommageant l'entrepreneur de toutes ses dépenses, de tous ses travaux et de tout ce qu'il aurait pu gagner dans cette entreprise.

Art. 1795. — Le contrat de louage d'ouvrage est dissous par la mort de l'ouvrier, de l'architecte ou entrepreneur.

Art. 1796. — Mais le propriétaire est tenu de payer, en proportion du prix porté par la convention, à leur succession, la valeur des ouvrages faits et celle des matériaux préparés, lors seulement que ces travaux ou ces matériaux peuvent lui être utiles.

Art. 1797. — L'entrepreneur répond du fait des personnes qu'il emploie.

Art. 1798. — Les maçons, charpentiers et autres ouvriers qui ont été employés à la construction d'un bâtiment, ou d'autres ouvrages faits à l'entreprise, n'ont d'action contre celui pour lequel les ouvrages ont été faits, que jusqu'à concurrence de ce dont il se trouve débiteur envers l'entrepreneur, au moment où l'action est intentée.

Art. 1799. — Les maçons, charpentiers, serruriers et autres ouvriers qui font directement des marchés à prix faits, sont astreints aux règles prescrites dans la présente section ; ils sont entrepreneurs dans la partie qu'ils traitent.

Le texte de cette législation ne nous paraît pas suffisamment clair ; il confond, selon nous, ou du moins il ne sépare pas deux responsabilités distinctes, celle de l'architecte et celle de l'entrepreneur. A l'article ARCHITECTE, nous avons énuméré et discuté les différents cas de responsabilité propres à celui-ci, nous n'en parlerons donc ici qu'incidemment ; nous étudierons, au contraire, les responsabilités qui incombent plus particulièrement à l'entrepreneur. Dès que l'on sait exactement ce qu'est l'architecte et ce qu'est l'entrepreneur, et ce qu'il faut entendre par ces deux termes, on comprend aussitôt que, les attributions respectives de chacun d'eux étant aussi distinctes que leur fonction, il ne peut exister entre eux aucune solidarité de responsabilité, comme on le croit trop généralement encore, parce que dans certains cas l'architecte et l'entrepreneur ne font qu'un, soit que l'architecte construise lui-même, d'après les plans qu'il a conçus, soit que l'entrepreneur ait fait les plans qu'il exécute. Dans ces deux cas, nous n'avons qu'un seul et même individu, un homme assumant sur sa tête une double responsabilité, ce qui est de toute justice, puisqu'il cumule deux fonctions. Il est donc responsable, d'après l'article 1792 du Code civil, des accidents qui pourraient survenir, par *quelque cause que ce soit*. (Voy. Frémy-Ligneville, t. 1, n° 121 ; Lepage, t. 2, p. 44 et 45.) Bien plus, l'entrepreneur encourt la même responsabilité s'il construit d'après les plans qui lui sont remis par le propriétaire, ou d'après les simples indications fournies par celui-ci. (Frémy-Ligneville et Lepage, *ut suprà*.) Du reste, dans ce dernier cas, et comme le dit Lepage (t. 2, p. 16), « lorsqu'un propriétaire confie les travaux d'un bâtiment quelconque à un entrepreneur, la construction doit être faite de manière à ne laisser aux voisins aucun sujet de plainte. » C'est également en vertu des lois de voisinage qu'un entrepreneur ne doit tracer les fondations d'un mur de séparation que quand l'alignement a été fixé entre les voisins, et cela avant de rien démolir ni construire. L'entrepreneur est également responsable des contraventions aux règlements de police, et ici il est seul responsable, quoique le *Manuel des lois du bâtiment* (1re éd., p. 110) dise le contraire et confonde « l'inobservation des règlements sur la voirie et le voisinage ». C'est formellement expliqué dans Lepage (t. 2, p. 42), qui sépare les deux responsabilités ; il s'exprime en ces termes :

Ce qu'on vient de dire des précautions de l'entrepreneur contre l'architecte, ou contre le propriétaire, pour se mettre à l'abri de tout reproche relatif à l'inobservation des lois du voisinage, ne reçoit pas d'application lorsqu'il s'agit des règlements de police : il n'est jamais permis à un entrepreneur d'y contrevenir, même avec l'ordre signé de l'architecte et du propriétaire. Il n'est plus question d'intérêts privés dont ceux-ci peuvent se rendre garants, comme dans le cas où le voisin seul a le droit de réclamer ; les règlements de police sont faits pour l'intérêt public, contre lequel il est défendu à tous les citoyens sans exception, de faire des conventions : *Privatorum pactis juri publico derogari non potest.* Il serait donc du devoir de l'entrepreneur de n'écouter ni l'architecte ni le propriétaire, s'ils s'avisaient d'exiger de lui une construction prohibée par la police, quelque garantie qui lui fût donnée et quelque prix considérable qu'on lui promît.

Lepage n'est pas seul de cet avis, nous avons des arrêts et l'opinion de jurisconsultes éminents qui confirment la citation précédente. (Voy. Cass., 10 février 1835 ; C. de Bourges, 13 août 1841 ; J. P. 1842, 1, 187 ; Troplong, *Louage*, t. 3, 995 et 996 ; Duvergier, *Louage*, t. 2, 351.)

Examinons maintenant d'autres responsabi-lités qui incombent aussi à l'entrepreneur : elles sont tellement élémentaires, que nous les signalerons sans commentaires. L'entrepreneur est responsable de la solidité de ses ouvrages, du vice du sol, des mauvais matériaux, de la négligence et des fautes de ses ouvriers (voyez ci-dessus, art. 1797 du *Code civ.*), de tous les vices de construction, quels qu'ils soient, enfin des accidents qui pourraient résulter pour ses ouvriers et pour les passants de l'inobservation des règlements, de sa propre négligence ou de celle de ses ouvriers. (Cass., 20 août 1847 ; C. de Douai, 21 juin 1841 ; C. de Paris, 24 nov. 1842, 15 avril 1847 et 12 avril 1877 ; C. de Lyon, 25 février 1867 ; C. de Bourges, 23 janvier 1867.) Quand un ouvrier a été tué ou blessé dans le cours des travaux, par suite de la mauvaise direction des travaux, ou par légèreté, imprudence ou insouciance du maître compagnon, agissant dans l'accomplissement du travail à lui confié par l'entrepreneur, celui-ci est seul responsable, à moins de circonstances tout à fait exceptionnelles, et dans aucun cas la responsabilité ne saurait remonter jusqu'à ceux pour qui les travaux sont exécutés. — La responsabilité de l'accident survenu à un ouvrier ne saurait atteindre l'architecte surveillant ou dirigeant les travaux, à moins toutefois que cet accident n'ait été causé exclusivement par sa faute, soit par un vice du plan (Cass., 21 nov. 1856), soit par un ordre qui aurait astreint un ouvrier à exécuter malgré lui un travail dangereux. Quand un ouvrier travaille à des réparations dans une usine, s'il lui arrive un accident par suite du fonctionnement d'une machine dont la marche aurait dû être suspendue pendant le travail de l'ouvrier, c'est le maître de l'usine qui est responsable et non l'entrepreneur des travaux. (Cass., 9 février 1857.) Si des ouvriers causent des dommages à des propriétés voisines de leurs travaux, l'entrepreneur est seul responsable des dommages et intérêts à allouer aux voisins, à moins toutefois que le propriétaire ou l'architecte, en dirigeant le travail, n'aient commandé l'acte qui a causé le dommage : dans ce cas, celui qui a donné l'ordre est seul responsable, l'entrepreneur n'étant pas en cause.

Quand l'entrepreneur travaille sous les ordres et la surveillance de l'architecte, il doit se conformer exactement aux ordres et aux plans de celui-ci; s'ils ne lui paraissent pas suffisamment explicites, l'entrepreneur ne doit exécuter les travaux qu'après avoir obtenu des éclaircissements; si, malgré ces renseignements complémentaires, les travaux qui lui sont commandés paraissent s'écarter des règles ordinaires d'une bonne construction, il ne doit les entreprendre qu'après avoir reçu l'ordre par écrit (*Code civ.*, 1793; Cass., 16 août 1826; Lepage, t. 2, p. 40 et 41); car, bien que l'entrepreneur travaille sous la direction et la surveillance d'un architecte, il n'en doit pas moins opérer sans s'écarter des principes de l'art de bâtir : autrement sa responsabilité personnelle est engagée, et, s'il s'écarte des règles énoncées ci-dessus, il est passible de dommages-intérêts.

DE L'ACTION EN GARANTIE. — Les architectes, entrepreneurs et ouvriers qui entreprennent une construction en garantissent la solidité, et cela d'une manière absolue. Ils ne peuvent exciper d'aucun prétexte, ni du vice du sol, ni de celui des matériaux, ni de leur insuffisance ou incapacité (*imperitia culpæ adnumeratur*), ni de l'ignorance de leurs ouvriers; ils sont responsables absolument. Un seul cas peut dégager la responsabilité de l'entrepreneur, c'est celui où il pourrait prouver que les vices de construction sont le fait du propriétaire, qu'ils n'ont eu lieu que par ses ordres, en tant que ce propriétaire serait lui-même entrepreneur de bâtiments. (Cass., 4 juillet 1838.) — Lorsqu'une construction est faite par plusieurs entrepreneurs, chaque ouvrier est séparément garant de la partie qu'il a exécutée; il n'existe entre eux aucune solidarité; celui-là seul qui a commis la faute en supporte les conséquences; mais il ne faut pas comprendre dans la classe des entrepreneurs les tâcherons ou les sous-traitants, qui sont tous censés travailler pour l'entrepreneur qui les emploie, les commande et les dirige. Ceux-ci, en effet, sont en quelque sorte de simples ouvriers, ou pour mieux dire des maîtres compagnons. Quelle est la durée de la garantie ? Les articles 1792 et 2270 du Code civil assi-

gnent une durée de dix ans à compter de la réception des travaux. Les architectes et les entrepreneurs sont donc responsables, chacun en ce qui les concerne, pendant ce laps de temps; et disons, en passant, que la réception des travaux, loin d'affranchir l'architecte et l'entrepreneur de leur responsabilité, marque au contraire le commencement du délai pendant lequel l'action en responsabilité peut être exercée. (Cass., 19 mai 1851; Cons. d'État, 29 juillet 1851.) L'architecte et l'entrepreneur ont donc intérêt à faire recevoir et accepter les travaux, tandis que le propriétaire a un intérêt tout opposé; aussi l'entrepreneur peut-il le sommer de les accepter, et cette sommation a entre autres effets celui d'entamer le délai de la prescription. Bien des jurisconsultes ont soulevé la question de savoir si la durée de la garantie ne pouvait pas dépasser le délai de dix ans, et quelques-uns ont répondu par l'affirmative. Il est complètement admis aujourd'hui que, si une construction s'est maintenue pendant tout ce temps dans de bonnes conditions, il est évident qu'elle a été érigée suivant les règles de l'art, et que dès lors les constructeurs devaient être déchargés de tout souci à cet égard. Lepage a parfaitement élucidé la question; aussi allons-nous donner les conclusions de cet auteur sur ce point :

La réception des travaux par jugement rendu sur rapport d'experts ne décharge point l'entrepreneur, dont la construction doit durer au moins 10 ans : ce laps de temps est la seule épreuve qui puisse le mettre à l'abri de toute garantie relative à la solidité de ses ouvrages. Il est vrai que, ce délai une fois expiré sans que le moindre signe de mauvaise construction se soit manifesté, l'entrepreneur n'a plus à concevoir d'inquiétude sur sa responsabilité quant à l'observation des règles de l'art. Ce principe est tellement certain que, si le *premier jour de la onzième année* l'édifice venait à s'écrouler, l'entrepreneur ne *pourrait pas être attaqué* en dommages-intérêts; on présumerait qu'une cause qui lui est étrangère, quoique inconnue, a occasionné l'accident; et il soutiendrait avec raison que, sa construction ayant subsisté pendant dix ans sans faire le moindre mouvement, il en résulte une preuve légale de la solidité suffisante qu'il lui avait donnée. En attribuant au propriétaire une action en garantie, il était juste d'en fixer la durée ; il faut que l'entrepreneur voie un terme après lequel toute sécurité lui est assurée.

Le point que nous venons d'examiner ayant une très-grande importance, nous soumettrons à nos lecteurs l'opinion émise sur le même sujet par l'auteur du *Dictionnaire des constructions*, révisé par Ambroise Rendu et Jean Sirey. Voici ce que nous y lisons, page 332 :

Mais une difficulté grave s'élève sur le point de savoir si, un accident étant survenu ou un vice de construction s'étant manifesté dans les dix ans, l'action, pour être recevable, a besoin d'être, elle aussi, exercée dans ce même délai, ou si, au contraire, elle peut être intentée même après l'expiration des dix ans. — La jurisprudence de la cour d'appel de Paris s'est fermement fixée en ce sens que la responsabilité de l'architecte ou de l'entrepreneur est dégagée si l'action n'a pas été formée dans les dix ans. (15 nov. 1836, C. Paris ; J. P., chr., s. v., 1837, 2,257 ; 17 fév. 1853, C. Paris ; s. v., 1853, 2, 157 ; J. P., 1853, 1, 279 ; 20 juin 1857, C. Paris ; J. P., 1857, 947 ; s. v., 1858, 2, 49.) Les auteurs professent, au contraire, l'opinion que l'action dure trente ans à partir du jour où, dans les dix années de la construction, les dégradations et les vices se sont manifestés. Dans ce système, la loi ne renfermerait dans le délai de dix ans que le fait générateur de l'action, et laisserait l'action elle-même sous l'empire des règles ordinaires. (Lepage, t. 2, p. 12 et suiv.; Duranton, t. 17, n° 255 ; Troplong, *Louage*, n° 1007 ; Marcadé, sur l'art. 1792, n° 1 ; Frémy-Ligneville, t. 1, n° 156 ; Sourdat, *Responsabilité*, t. 2, n° 745 ; *Encycl. d'arch.*, 1860, p. 133.) — La solution donnée par la cour de Paris nous semble plus conforme à l'esprit de l'art. 1792 du Code. Une construction bien faite ne doit pas durer seulement dix ans, mais vingt, mais trente, mais bien plus encore ; en abrégeant, à cet égard, la prescription, la pensée du législateur semble avoir été surtout de ne pas laisser le constructeur en butte à une action en responsabilité fondée sur des faits d'ancienne date et dont la vérification ne peut plus être facilement faite. L'objet principal de l'art. 1792 ne serait donc pas atteint, si l'abréviation du délai ne s'appliquait pas à l'action comme à la responsabilité elle-même.

RÉCEPTION DES TRAVAUX. — Seul le propriétaire a le droit de vérifier, de recevoir et d'accepter les ouvrages, mais il est libre de se faire assister dans cette opération par qui bon lui semble, car c'est à lui à payer les honoraires ou le salaire de celui qui l'assiste de ses conseils ou qui le représente. S'il ne voulait pas recevoir les travaux, l'entrepreneur (nous l'avons vu ci-dessus) a le droit de l'y contraindre ; mais cela ne se pratique que dans des cas exceptionnels, la prise de possession de l'œuvre pouvant s'induire de l'acceptation des clefs de l'objet construit, par lui ou son mandataire, ou de la prise de possession de l'édifice. Cependant, si le propriétaire se refuse à accepter les ouvrages, l'entrepreneur, en lui faisant sommation et lui donnant une assignation à cet effet, le laisse libre de les faire vérifier auparavant par des experts. L'expertise se fait à l'amiable, et, une fois que les experts ont déclaré que les travaux sont recevables, le propriétaire doit les accepter, sinon l'entrepreneur peut l'y contraindre. Les travaux une fois reçus après une expertise amiable ou judiciaire, le propriétaire doit se soumettre à la décision des experts, et il ne peut exiger une nouvelle visite qu'autant qu'un accident, survenu avant que les dix ans se soient écoulés, ne donne lieu à une action en garantie. Si la construction a été faite en conséquence d'un marché à forfait, l'entrepreneur ne peut, sauf clauses contraires insérées dans son marché, exiger la réception des travaux qu'après l'entier achèvement de ladite construction, et il doit courir jusque-là les risques des cas fortuits ; mais il n'est garant de ceux-ci qu'autant qu'il s'y est soumis par son marché, et c'est à lui de prouver que l'événement dont la garantie lui est réclamée est dû à un cas fortuit. (*Code civil*, art. 1148, 1302.) Mais dans un marché à forfait, si les parties sont convenues que les travaux seraient payés à la pièce ou à la mesure, et sans attendre la fin des travaux, l'entrepreneur est en droit de faire recevoir chaque pièce et chaque mesure au fur et à mesure qu'elles sont terminées : cette réception emporte au profit de l'entrepreneur la livraison et la décharge du cas fortuit, ainsi que le paiement des travaux reçus ; on opère dans ce cas absolument comme si le marché avait été fait simplement à la pièce et à la mesure, et dans ces deux cas la vérification est censée faite pour toutes les parties payées.

Nous avons parlé du cas fortuit, qui peut

dans certaines circonstances entraîner la perte des travaux avant leur complet achèvement et réception. On se demande à qui doit incomber alors la responsabilité de la perte. Il peut se présenter plusieurs cas que nous allons examiner successivement. Si l'entrepreneur a fourni la main-d'œuvre et les matériaux, quand bien même il prouverait que la perte des travaux est due à un cas de force majeure, la responsabilité tout entière reste à sa charge (*Code civil* 1788; Lepage, t. 2, p. 72), à moins qu'il ne soit stipulé dans son cahier des charges que les avaries de force majeure seraient à la charge du propriétaire. (Cass., 13 août 1860.) Ajoutons que, la perte accidentelle des travaux ne survenant qu'après la mise en demeure du propriétaire d'avoir à les accepter, la perte incomberait au propriétaire si les travaux étaient acceptables, et à l'entrepreneur si le refus du propriétaire de les recevoir était bien fondé. Lepage (t. 2, p. 76) ajoute: « Tout ce qu'on a dit jusqu'à présent, pour déterminer sur qui retombe la perte de l'ouvrage qui périt avant d'avoir été livré, suppose que l'accident est arrivé par force majeure ou cas fortuit : à l'égard du dommage dont l'une des parties est la cause, il ne peut y avoir de difficulté; c'est elle seule qui en est responsable. Ainsi, avant la réception d'un édifice, le propriétaire a fait faire des travaux de terrasse qui ont affaibli les fondations et ont occasionné la chute d'une portion de cet édifice ; l'entrepreneur ne peut souffrir de cet accident : il ne lui est pas moins dû le prix de la main-d'œuvre pour la portion détruite, et le prix des matériaux qu'il a fournis pour cette portion. »

Il en est de même si l'accident est arrivé à un édifice par la faute de l'entrepreneur ; non-seulement le prix de la main-d'œuvre et des matériaux fournis par lui ne lui est pas dû, mais il est tenu en outre d'indemniser le propriétaire, à cause de la perte des matériaux qui appartenaient à ce dernier et de tous autres dommages que peut lui avoir causé l'accident.

Si l'entrepreneur n'a fourni que son travail dans une construction et que celle-ci périsse par cas fortuit ou de force majeure avant la réception ou la mise en demeure de réception,

l'entrepreneur, d'après l'article 1790 du Code civil, n'est pas responsable de la perte de la construction, mais il perd le prix des ouvrages faits ; cependant si la perte de ces mêmes ouvrages pouvait être imputée au propriétaire, par exemple si elle provenait des mauvais matériaux fournis par lui, l'entrepreneur aurait droit non-seulement au prix des ouvrages faits, mais à une indemnité proportionnée à l'excédant de travaux occasionnés par l'accident; enfin si l'accident nécessitait l'abandon des travaux, c'est-à-dire la résiliation du marché, l'entrepreneur aurait droit à une indemnité pour le préjudice qui résulterait de l'abandon des travaux pour l'exécution desquels il aurait fait des dépenses en vue de leur continuation régulière. (Lepage, t. 2, p. 73 et suiv.) Si, pendant le cours des travaux ou avant leur réception, une construction éprouve un accident dont la cause est tout à fait inconnue, la présomption est toujours contre l'entrepreneur, qui en est responsable, à moins qu'il ne prouve que l'événement ne peut lui être imputé sous aucun rapport. (*Code civ.*, 1302 ; Lepage, t. 2, p. 77.)

L'ENTREPRENEUR ET SES OUVRIERS. — L'entrepreneur est seul maître de ses ouvriers ; c'est à lui qu'ils louent leur temps et leur industrie, c'est lui qui les prend et les renvoie à sa guise, et personne autre que lui ne peut les commander sur le chantier. L'architecte ni le propriétaire ne peuvent les occuper sur un point de l'entreprise plutôt que sur un autre. Cette liberté entière laissée à l'entrepreneur est fondée sur ce qu'il répond de ses ouvriers et de ce qu'ils font. (*Code civ.*, art. 1797.)

Les ouvriers doivent à l'entrepreneur qui les occupe tout le temps de travail et de main-d'œuvre qu'il est d'usage de donner ; la convention qui les lie est un contrat de louage, dans lequel les ouvriers s'engagent non-seulement à employer tout le temps dû à l'entrepreneur, mais encore à exercer leur métier avec tout le soin, le savoir et l'application dont ils sont capables. Aussi quand un ouvrier perd son temps ou exécute mal son travail, non-seulement l'entrepreneur a le droit de ne point payer le temps perdu, mais encore il peut rendre l'ouvrier responsable du tort que peut lui occasionner la négligence dont il s'est rendu coupable. Sauf le cas de fraude ou de dol, les ouvriers ne garantissent ni la solidité de la construction, ni le défaut d'exécution des lois du voisinage et de police ; mais l'entrepreneur peut intenter une action contre l'ouvrier coupable de dol, et, dans l'impossibilité d'en obtenir, faute d'argent, une réparation pécuniaire, il pourrait, si le cas était grave, le faire punir suivant la loi. (Voy. Lepage, t. 2, p. 53.)

Le prix du travail des ouvriers employés par un entrepreneur appartient bien à celui-ci ; mais l'article 1798 du Code civil déclare que « les maçons, charpentiers et autres ouvriers qui ont été employés à la construction d'un bâtiment ou d'autres ouvrages faits à l'entreprise, n'ont d'action contre celui pour lequel les ouvrages ont été faits que jusqu'à concurrence de ce dont il se trouve débiteur envers l'entrepreneur, au moment où leur action est intentée. » L'action conférée aux ouvriers par suite de cet article n'est pas un privilège, mais un droit exclusif, qui les autorise à prendre au propriétaire ce qu'il doit à l'entrepreneur, jusqu'à concurrence de leur dû intégral ; ils n'ont pas à partager avec d'autres créanciers de cet entrepreneur. Bien plus, le décret du 26 pluviôse an II contient une disposition encore plus favorable, mais seulement en faveur des ouvriers employés aux travaux de l'État. Par son article 3, il interdit aux créanciers particuliers des entrepreneurs de travaux faits ou à faire pour l'État de former aucune saisie-arrêt ou opposition sur les fonds destinés au paiement desdits travaux. Nous mentionnons cet article parce qu'il arrive souvent que des entrepreneurs, pour se créer des ressources, font une cession des sommes qui leur sont dues pour le montant des travaux exécutés pour le compte de l'État ; or, tant que les sommes dues ne sont pas passées des caisses de l'État aux mains de l'entrepreneur, celui-ci ne saurait en convertir valablement la cession. Nous devons ajouter que le décret de pluviôse an II n'est applicable qu'aux travaux d'utilité générale faits pour le compte de l'État et ne concerne point les travaux communaux et départementaux, ni même les travaux d'uti-lité générale exécutés pour l'État par des compagnies concessionnaires. (C. de Poitiers, 8 mars 1859.)

DES DROITS DE L'ENTREPRENEUR. — Qu'un entrepreneur travaille seul ou sous les ordres d'un architecte, le propriétaire est obligé de lui faciliter les moyens d'exécuter les ouvrages dans les délais prescrits par les cahiers des charges ; l'entrepreneur peut donc contraindre un propriétaire à lui fournir l'alignement donné par l'agent-voyer ou consenti par le voisin pour les murs mitoyens ; il doit en outre lui fournir le terrain à l'époque convenue, mettre à sa disposition les matériaux, bois, pierres, briques, eau, etc., qu'il lui a promis, s'il s'est engagé à lui en fournir, ainsi qu'à lui laisser un libre passage pour ses ouvriers et ses matériaux, à payer les acomptes aux époques convenues ; en un mot, si, après sommation faite au propriétaire, celui-ci ne satisfaisait point à ses obligations, l'entrepreneur pourrait demander contre le propriétaire la résiliation de son marché ainsi que des dommages-intérêts pour les bénéfices qu'il aurait pu faire en construisant. (Code civil, 1134, 1135, 1142, 1147 et suiv., et 1382.)

L'entrepreneur est en droit d'exiger le paiement de ses travaux et de ses fournitures aux termes convenus et stipulés dans son marché ; si ce marché n'est que verbal, l'entrepreneur doit exiger, dans les six mois de la réception des travaux le paiement de son travail ou de ses fournitures, et, à défaut de paiement ou de règlement, il doit exiger au moins une reconnaissance écrite sur papier timbré du montant de la somme due. L'entrepreneur a également le droit de se faire payer les travaux faits en dehors de son marché ou postérieurement à ce même marché, mais il doit justifier de ces travaux par les ordres écrits qu'il a reçus.

PRIVILÉGE DE L'ENTREPRENEUR. — Les architectes, les entrepreneurs et ouvriers de tous genres ont privilége sur les bâtiments, routes, canaux et autres ouvrages qu'ils ont édifiés, reconstruits ou réparés. Ce privilége, quand il a été réservé par les moyens que nous donnons ci-après, prime tout, le vendeur lui-même, alors que, postérieurement à la vente, la construction commencée avant cette vente a été achevée pour le compte de l'acquéreur. Mais pour établir ce privilége il faut des conditions indispensables ainsi formulées dans le § 4 de l'article 2103 du Code civil : « pourvu néanmoins que, par un expert nommé d'office par le tribunal de première instance dans le ressort duquel les bâtiments sont situés, il ait été dressé préalablement un procès-verbal à l'effet de constater l'état des lieux relativement aux ouvrages que le propriétaire déclarera avoir dessein de faire, et que les ouvrages aient été, dans les six mois au plus de leur perfection, reçus par un expert également nommé d'office ; — mais le montant du privilége ne peut excéder les valeurs constatées par le second procès-verbal, et il se réduit à la plus-value existante à l'époque de l'aliénation de l'immeuble et résultant des travaux qui y ont été faits. » Quand l'entreprise a été faite par plusieurs entrepreneurs, chacun a son privilége au prorata des travaux qu'il a exécutés et qui sont constatés et évalués par le procès-verbal de leur réception. Il est bien évident que, si la plus-value de l'immeuble n'a pas atteint le prix total des travaux, chaque entrepreneur subit une réduction proportionnelle au montant de sa créance. Le privilége des entrepreneurs ne peut jamais concourir qu'avec un privilége de même nature à l'exclusion des autres. Le privilége du vendeur, par exemple, ne peut être confondu avec celui du constructeur, s'il existe ; le premier porte exclusivement sur la valeur de l'immeuble avant les constructions, le second uniquement sur la plus-value que les constructions ajoutées ont donnée à l'immeuble : le privilége du constructeur se limite donc à cette plus-value.

ENTRE-SOL, s. m. — Étage compris entre le rez-de-chaussée et le premier étage, et qui dans les quartiers commerçants des villes se loue avec les boutiques, soit comme magasins, soit comme logements des boutiquiers. Les entre-sols ne peuvent avoir moins de 2ᵐ,60 de hauteur, ainsi qu'on le voit dans l'extrait ci-après du registre des décisions en matière de grande voirie.

Séance du 10 septembre 1856. — La commission est d'avis que la hauteur de 2ᵐ,60 n'est exigible que pour les constructions nouvelles. — Cependant, dans le cas de modifications importantes dans les étages existants, la hauteur de ces étages devra être portée à 2ᵐ,60. — Dans le cas où un bâtiment qui ne serait élevé que d'un rez-de-chaussée et d'un entre-sol ayant moins de 2ᵐ,60 serait exhaussé, on devrait alors donner 2ᵐ,60 de hauteur à cet entre-sol.

ENTRETIEN, s. m. — Les bâtiments sont sujets à des dégradations continuelles ; il faut donc les réparer plus ou moins souvent pour les conserver en bon état. Ce sont ces réparations, qu'on exécute en général chaque année, qu'on nomme *réparations d'entretien,* ou par abréviation, *entretien.* Beaucoup d'entrepreneurs se chargent moyennant un prix fixe de l'entretien des maisons, mais sans garantir pour cela les réparations extraordinaires, nécessitées par cas fortuit, caducité ou malfaçons.

ENTRETOISE, s. f. — Pièce de bois ou de fer, de quelque nature que ce soit, qui relie deux autres pièces et maintient leur écartement. Ordinairement les entretoises en bois sont assemblées à tenons et à mortaises. On a donné ce nom à ces pièces parce qu'autrefois les poteaux montants des pans de bois étaient espacés entre eux d'une toise et reliés par ces pièces ; il en est encore de même dans les cloisons à claire-voie ou en remplissage. Dans les pans de bois, les décharges tiennent le milieu entre les poteaux véritables et les entretoises et font office des uns et des autres ; il en est de même des croix de Saint-André et des liens ; au reste, on nomme aussi *entretoises* les traverses qui lient les croix de Saint-André entre un faîtage et un sous-faîtage. — C'est aussi une barre assemblée en queue d'aronde dans des poteaux, et qui se pose en travers des cloisons de remplissage, pour contenir l'écartement des tringles et la poussée des plâtres. On la nomme aussi *barre à queue.* — C'est encore la traverse qui sous une table ou un tréteau est assemblée dans le *té.* — En serrurerie, c'est une pièce en fer carillon généralement *contre-coudée,* et qui par ce moyen s'agrafe sur les solives d'un plancher, comme le fait voir notre figure. L'entretoise porte les *fanlons;* elle porte également le hourdis du

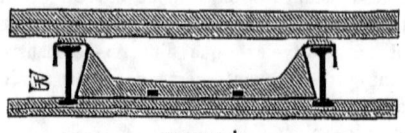

Entretoise.

PLANCHER. (Voy. ce mot.) On a quelquefois fait des entretoises à écrous et à clavettes.

ENTRETOISE DE LUCARNE. — C'est une traverse qui passe derrière le chapeau d'une lucarne et qui est assemblée dans les poteaux; cette traverse porte une poulie en fer munie d'une corde à l'aide de laquelle on monte des fardeaux. Les greniers à fourrages sont pourvus de ce genre de lucarne.'

ENTRETOISE DE RATELIER. — On nomme ainsi les traverses du haut et du bas sur lesquelles sont assemblés les *roulons,* qu'on nomme aussi à tort *échelons.*

ENTREVOUS, *s. m.* — Espace compris entre deux solives d'un plancher. C'est aussi l'enduit ou remplissage en plâtre que l'on fait sur lattis entre deux solives. De même que les augets, les entrevous peuvent être plats ou cintrés. Leur exécution comprend un simple *gobetage* et un enduit. A raison du peu d'espacement des solives, l'ouvrier est très-gêné pour appliquer cet enduit et le lisser. Tant qu'il a été d'usage dans les constructions des planchers de laisser les solives apparentes, les entrevous, comme les solives, furent décorés de peintures. — Il existe aujourd'hui de nombreux systèmes d'entrevous; on fait des carreaux en plâtre, des briques creuses de tout genre, afin de rendre les planchers insonores et de leur donner en même temps une grande légèreté. Ces briques, qu'on nomme *poteries,* sont d'une hauteur qui permet de les engager entre les ailes des fers à T.

Enfin, on nomme *entrevous* des planches en chêne épaisses de 0^m,24 à 0^m,27, et qui mesurent 1^m,95 à 2^m,92 de longueur.

ENTER, *v. a.* — Joindre bout à bout deux

pièces de bois, par divers moyens que nous donnons au mot suivant.

ENTURE, *s. f.* — Jonction par entailles et bout à bout de deux pièces de bois. L'enture est un assemblage qui affecte des formes va-

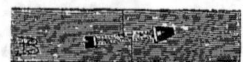

Fig. 1. — Enture à crochet.

riées. Notre fig. 1 représente une enture dite *joint à crochet.* On réunit ces pièces au moyen d'un boulon d'assemblage dont la tête et l'écrou portent deux rondelles en tôle afin d'empêcher le *mâchonnage* des bois pendant le ser-

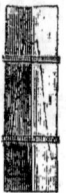

Fig. 2. — Enture par enfourchement.

rage, qui s'effectue par le trou supérieur, qu'on nomme, ainsi que le trou inférieur, *lumière.* On emploie beaucoup ce joint pour les limons d'escaliers. Notre figure 2 donne une enture réunie par enfourchement en fausse coupe

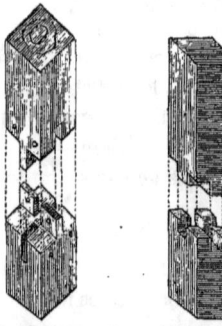

Fig. 3. — Entures par enfourchement, double et carré.

avec deux liens en fer, tandis que notre figure 3 représente deux genres d'entures à double enfourchement carré, mais qui ne sont point embrevées. A gauche, chaque pièce porte deux tenons et deux mortaises; à droite, chaque pièce porte quatre tenons et quatre mortaises. Notre figure 4 montre à plus grande échelle un enfourchement carré double. Notre

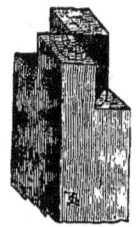

Fig. 4. — Enfourchement carré double.

figure 5 fait voir trois entures différentes : à gauche, celle dite *à tenon et à entaille*, qu'on nomme aussi *enture à tenaille* ; celle du milieu,

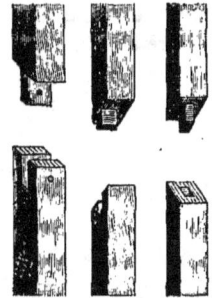

Fig. 5. — Entures à tenon et à entaille, à fausse tenaille, et à tenon et mortaise carrée.

dite *à fausse tenaille*, enfin celle de droite ou enture *à mortaise et tenon carrés*. Notre figure 6 montre un genre d'enture à tenon et à mor-

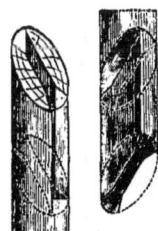

Fig. 6. — Enture à tenon et mortaise (bois cylindrique).

taise employée pour réunir les pièces cylindriques ; afin d'empêcher même un léger déplacement, le tenon est élégi dans son milieu.

ENVELOPPE, *s. f.* — Cloison en briques qui enveloppe un poêle. C'est aussi la réunion des carreaux, ordinairement émaillés, qui forment le corps d'un poêle de construction.

ENVELOPPÉE, *s. f.* — Terme de géométrie. Ligne enveloppée par une autre. La somme des enveloppées est moindre que celle des enveloppantes dans une figure convexe. — En termes de fortification, c'est un ouvrage qui a pour objet de rétrécir un fossé.

ÉOLIPYLE, *s. m.* — Appareil servant à activer le tirage des cheminées et les empêcher de fumer. Philibert Delorme, dans son livre sur l'architecture(l. 9, c. 8), décrit cet appareil

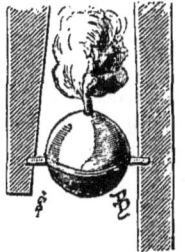

Fig. 1. — Eolipyle de Ph. Delorme.

et son usage. « Ce sont, dit-il, de petites pommes creuses de cuivre, de 5 à 6 pouces de diamètre au plus, qu'on place dans les chemi-

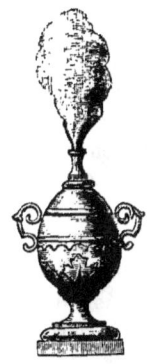

Fig. 2. — Eolipyle en forme de vase.

nées à la hauteur de 4 à 5 pieds, après les avoir remplies d'eau, afin qu'elles puissent s'échauffer jusqu'au point que, l'eau étant suffisamment chaude, elle s'évaporera par le trou pratiqué au-dessus de la boule ; cette impression rapide fera sentir un vent assez véhément pour pousser et faire monter la fumée. » Notre fig. 1 représente l'éolipyle de Philibert Delorme. Cet appareil était connu des anciens, puisque Vitruve (l. 1, c. 8), en traitant de la génération et de la nature des vents, parle de certaines boules qu'il compare à celles des Grecs qu'ils nomment εολιπιλες (*quasi cœli portœ*), qui ne sont autre chose que des globes ou boules d'airain de différentes formes. On les plaçait devant le feu pour servir de soufflets ou d'allumoirs ; c'est ainsi que les nomme François René, dans son livre des *Merveilles de la nature*. Notre figure 2 donne un second spécimen d'éolipyle en forme de vase.

ÉPANNELAGE, *s. m.* — Abatage de la pierre pour la dégrossir, afin de dégager les moulures, profils, etc. : c'est une sorte de taille en chanfrein, de première taille, pratiquée sur la pierre avant de procéder à la taille définitive des moulures et autres ornements. L'épannelage se fait à la pioche.

ÉPANNELER, *v. a.* — Faire un *épannelage*. On dit, épanneler une moulure, une sculpture. Une moulure *épannelée* est celle dont la saillie masse seule est taillée ; c'est, pour ainsi dire, ébaucher une moulure en donnant une forme prismatique sur chaque plan correspondant à la saillie des moulures.

ÉPARGNE, *s. f.* — Mélange de blanc d'Espagne, de sciure de bois et de gomme délayé dans de l'eau. On recouvre de cette composition les parties qui doivent être brunies dans la dorure au feu.

ÉPAUFRURE, *s. f.* — Ce mot est presque synonyme d'*écornure*. Cette dernière expression désigne l'ablation d'un angle de pierre, tandis que l'épaufrure est un éclat de pierre enlevé sur son arête.

ÉPAULE DE MOUTON, *s. f.* — Grosse cognée dont se servent les charpentiers.

ÉPAULÉE, *s. f.* — Une maçonnerie est faite par épaulée, quand elle n'est pas levée de suite, ni de niveau, mais qu'elle est faite par redents, comme cela se pratique lorsqu'on travaille en sous-œuvre.

ÉPAULEMENT, *s. m.* — Grand tas de terres gazonnées. Quelquefois on nomme ainsi un mur destiné à soutenir des terres, un mur de SOUTÈNEMENT. (Voy. ce mot.) — Dans l'architecture hydraulique, les épaulements sont les murs qui abritent la passe navigable d'un barrage. — En termes de fortification, c'est une espèce de rempart en terre, en fascines ou en sacs à terre, élevé pour couvrir en flanc ou *épauler* des soldats exposés au feu de l'ennemi ; c'est même de cette destination que le mot est tiré. — En charpenterie, on appelle ainsi la partie faisant saillie sur la face la moins large d'un tenon ; on donne encore ce nom à la partie pleine qui existe entre deux mortaises ou entre une mortaise et l'extrémité d'une pièce de bois. Dans l'assemblage à EN-FOURCHEMENT (Voy. ce mot) il n'existe pas d'épaulement.

ÉPERON, *s. m.* — Pilier construit contre un mur et qui sert à le consolider. Dans ce sens on dit aussi CONTRE-FORT (Voy. ce mot). On se sert du terme d'*éperon* surtout quand il s'agit d'ouvrages construits en avant des piles de pont pour les garantir du choc des corps flottants, et particulièrement des glaces lors du dégel. On nomme encore ce dernier genre d'éperon BEC, ARRIÈRE-BEC, AVANT-BEC. (Voy. ces mots.)

ÉPI, *s. m.* — Ornement en terre cuite, en plomb, en zinc, qu'on place aux angles des couvertures des édifices et qui arrête les CRÊTES. (Voy. ce mot.) Le moyen âge a beaucoup employé les épis à la décoration des faîtages, que les combles fussent couverts en ardoises, en tuiles ou en plomb ; mais ils furent employés avec une plus grande profusion par les architectes de la renaissance, qui en décorèrent non-seulement les édifices publics, mais encore les maisons particulières. Les épis peuvent affecter des formes diverses : nos figures en montrent différents types, en faïence vernissée et en plomb, mais tous de forme allongée, car c'est le type le plus répandu. Cependant le moyen âge et la renaissance ont eu des épis en forme de corbeille, contenant des fleurs ou des fruits. Il nous reste de beaux spécimens d'é-

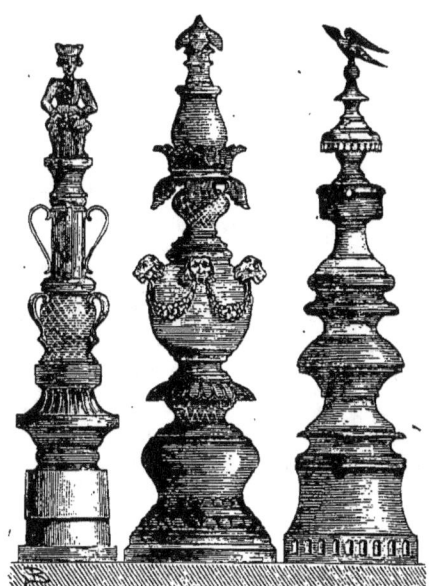

Fig. 1. — Épis en faïence vernissée.

pis à Troyes, à Rouen, à Auxerre, à Dijon, à la cathédrale d'Amiens, à l'hôtel-Dieu de Beaune,

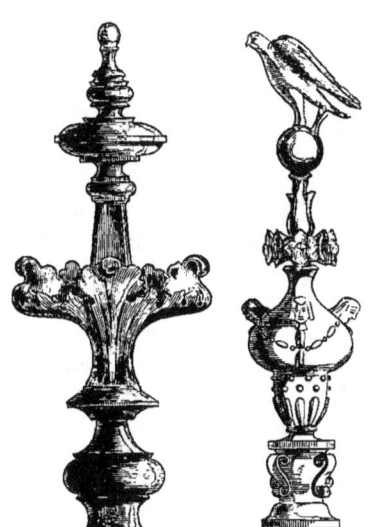

Fig. 2. — Épis en plomb et en faïence.

à la maison de Jacques Cœur à Bourges, au musée céramique de Sèvres, etc.

Par dérivation, on nomme *épi* la pièce de

charpente qui sort du comble, souvent au-dessus du poinçon dont elle n'est que le pro-longement, et qui porte l'épi; c'est aussi la réunion de plusieurs pièces de bois autour d'un poinçon. — En architecture hydraulique, c'est un barrage en charpente ou en maçonnerie,

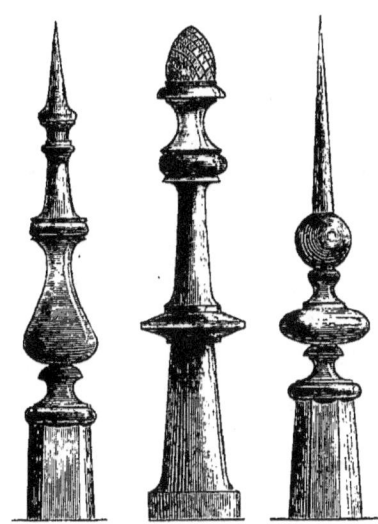

Fig. 3. — Épis en plomb.

qui, partant du bord de la rivière, fait une saillie dans son lit. Les épis servent à briser le cou-rant et à garantir certaines constructions pla-cées au bord des fleuves et des rivières. — En serrurerie, on nomme *épis* ou *artichauts* des pointes et crochets en fer qu'on place sur des murs de clôture comme défenses.

ÉPI (Appareil en). — Voy. APPAREIL (fig. 12).

ÉPIGEONNER. — Voy. PIGEONNER.

ÉPIGRAPHIE, *s. f.* — Science des ins-criptions. Quoiqu'une *inscription* et une *épi-graphe* ne soient pas la même chose, le terme d'épigraphie embrasse l'étude des deux genres d'inscriptions. L'étymologie de ces deux mots est différente : l'une est grecque, l'autre la-tine, mais ils signifient tous deux *écrit dessus*. L'inscription est généralement plus longue que l'épigraphe, laquelle doit être courte. On place des inscriptions sur les frontons et les frises d'un monument, pour indiquer le nom du fondateur de ce monument et l'époque de sa construction. Dans les arcs de triomphe, au-dessous de la dédicace du vainqueur, on expose brièvement le fait historique qui en a motivé l'érection. L'épigraphe se place au contraire dans de petits cartouches, au milieu d'arabesques, et par ses allusions vives et spirituelles ajoute souvent du charme à ces ornements.

ÉPINÇOIR, *s. m.* — Gros marteau court et pesant, dont la tête, fendue à ses deux extrémités, forme à chaque bout deux coins tranchants. Les paveurs se servent de cet outil pour ébarber le parement du pavé taillé.

ÉPINGLAGE, *s. m.* — Débouchage, à l'aide de l'*épinglette*, des fentes des becs de gaz servant à l'éclairage.

ÉPINGLE, *s. f.* — Espèce de clous employés par les tapissiers. Les charpentiers se servent également de clous dits *clous d'épingles.* — Enfin, au pluriel, ce mot sert à désigner, en plomberie, les gouttes de soudure qui transpercent les tuyaux qu'on soude.

ÉPINGLETTE, *s. f.* — Ustensile en acier servant à nettoyer les fentes des becs de gaz. On passe l'épinglette dans la fente et on opère

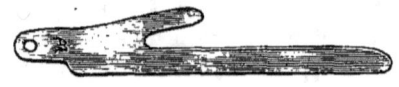

Épinglette.

un mouvement de va-et-vient, comme si l'on voulait scier; on retire l'épinglette et on la décharge des corps gras mêlés à la poussière qui se trouvent sur sa surface. (Voy. notre figure.)

ÉPISSURE, *s. f.* — Jonction de deux cordages par l'entrelacement de leurs torons; d'où les expressions *épisser*, faire une épissure, et *épissoir*, outil ayant la forme d'un poinçon, dont on se sert pour épisser les cordages, surtout les câbles.

ÉPISTYLE, *s. m.* — Mot grec passé dans les langues latine et française et qui désigne l'architrave (ἐπιστύλιον) (Vitruve, III, 5, 8; Varro, *de Re rust.*, III, 5, 11), laquelle peut se composer de trois parties qui prennent alors le nom d'ENTABLEMENT. (Voy. ce mot.)

ÉPITAPHE, *s. f.* — Inscription placée sur un tombeau, sur un mausolée ou sur un sarcophage, pour conserver la mémoire du mort, faire connaître son âge et les faits mémorables qu'il peut avoir accomplis, etc.

ÉPONGE, *s. f.* — Végétation marine, zoophyte marin qui, arraché du rocher sur lequel il végète, sert dans différentes industries, notamment en peinture et en dorure. — Les plombiers donnent ce nom à une grande planche qu'ils emploient pour réduire la largeur des tables de plomb qu'ils coulent dans la caisse du moule.

ÉPOUSSETER, *v. a.* — Enlever la poussière sur les objets à peindre ou à dorer; les peintres époussètent avec une brosse souple ou un balai de crin sans manche qu'ils promènent sur les surfaces à nettoyer.

ÉPOUSSETAGE, *s. m.* — Travail préparatoire du peintre en bâtiments, qu'il exécute sur les surfaces à nettoyer, telles que plafonds, murs, portes, lambris, menuiseries peintes ou à peindre, plâtres crus ou enduits, etc.

ÉPUISEMENT, *s. m.* — Enlèvement de l'eau contenue dans un récipient quelconque, tel que tranchée, fouille, fossé, bassin, bâtardeau, mare, puits, etc. On emploie pour les épuisements divers outils et machines, ce sont : les *baquets à bras*, les *écopes ordinaires'* et *hollandaises*, les *seaux ordinaires*, *à bascule*, avec *corde* et *poulie*, avec *treuil à volant* et *manivelle*; les *chapelets verticaux* ou *inclinés*, manœuvrés par un homme ou à l'aide d'un cheval, les *norias*, les *pompes*, les *vis d'Archimède*, les *roues à tympan*, les *roues à godets* ou *à augets*, les *roues anglaises* (flash wheel), etc.

ÉPUISER ou ÉTANCHER, *v. a.* — Retirer, à l'aide d'outils ou de machines, les eaux d'une fouille, d'une tranchée, etc.; opérer des ÉPUISEMENTS. (Voy. ce mot.)

ÉPURE, *s. f.* — Dessin en grand, tracé sur une surface droite (aire ou mur), pour servir à l'exécution de certaines parties de construction en pierre, en bois, en fer. Les maçons, les charpentiers, les serruriers tracent ainsi la coupe des pierres, des bois, des fers et de divers assemblages qu'ils doivent exécuter. C'est sur les épures que les appareilleurs lèvent leurs panneaux pour les tracer ensuite sur les pierres. L'art de tracer les épures se fonde sur la connaissance des solides considérés par rapport à leurs formes et à leurs surfaces apparentes; c'est la partie la plus essentielle de la coupe des pierres, parce qu'elle sert à exprimer par des lignes les développements des parties d'un ouvrage de construction, tel qu'une voûte, un cintre en charpente, etc.

ÉQUARRIR, *v. a.* — En maçonnerie, c'est tailler une pierre à l'équerre, c'est-à-dire de façon que les parements opposés soient parallèles et les parements contigus à angle droit. — En charpenterie, c'est retrancher d'un bois en grume juste ce qu'il faut pour le rendre carré. — En menuiserie, c'est pratiquer dans les vieilles pièces de menuiserie les opérations suivantes : refaire les rainures et languettes, ou les feuillures de fermeture, redresser l'épaisseur des battants, en un mot rafraîchir toutes les rives, aviver les arêtes du bois. — En serrurerie, c'est avec l'équarrissoir rendre un trou carré. — En pavage, c'est aviver les arêtes du parement d'un pavé, c'est-à-dire les quatre arêtes du dessus. — En carrelage, c'est aviver les arêtes des carreaux de pierre ou de marbre; c'est aussi dresser les joints des vieux carreaux.

ÉQUARRISSAGE, *s. m.* — En charpenterie, ce terme est presque synonyme de *grosseur;* ainsi on dit qu'une pièce de bois a de 0^m,20 à 0^m,22 d'*équarrissage*, pour dire qu'elle mesure de 0^m,20 à 0^m,22 de côté. Un bois d'équarrissage est un bois qui est équarri et présente la forme d'un parallèlipipède. — En marbrerie, c'est la taille qu'on exécute sur des tranches de marbre, pour les *mettre de mesure* ou simplement les *dresser.*

ÉQUARRISSAGE (Mesurer par), *v. a.* — C'est mesurer une pierre suivant le prisme circonscrit à la masse de cette pierre et sans tenir compte des évidements.

ÉQUARRISSEMENT, *s. m.* — En maçonnerie, c'est une méthode de tailler la pierre sans le secours des panneaux. — En charpenterie, c'est l'opération qui consiste à enlever à un arbre abattu, ou à un bois en grume, son écorce et son aubier pour le rendre carré. On fait des équarrissements à la *cognée* et à la *scie de long;* la direction des faces à dresser se trace au cordeau en *battant la ligne.*

ÉQUARRISSOIR, *s. m.* — Outil d'acier trempé, sorte de poinçon à section carrée ou polygonale, de forme pyramidale allongée, servant à agrandir des trous percés dans le métal.

ÉQUERRE, *s. f.* — Instrument de bois ou de métal servant en général à tracer des angles droits, c'est-à-dire à élever des perpendiculaires, et à tracer et vérifier des angles droits. — Les *équerres à dessin* que les archi-

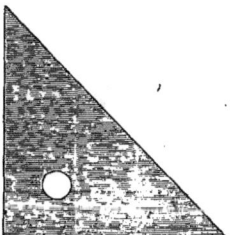

Fig. 1. — Équerre à 45 degrés.

tectes emploient pour tracer des angles sur le papier sont de plusieurs formes : l'*équerre à 45°* (fig. 1), l'*équerre scalène*, ou *équerre allongée*, ou *épaule de mouton* (fig. 2), où l'inclinaison de l'hypothénuse doit être égale à 60°, c'est-à-dire doit permettre, par sa seule application sur la règle, de tracer du premier coup les rampants des frontons; les *équerres à ébrasement* (fig. 3), qui servent à tracer en plan les ouvertures des fenêtres; l'*équerre* T (fig. 4), dont la tête entaillée et glissant sur la rive de la planche à dessiner facilite le tracé des horizontales et des perpendiculaires. — Divers

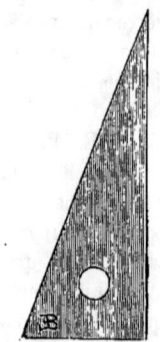

Fig. 2. — Équerre scalène.

corps d'état emploient des équerres de diffé-

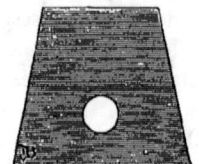

Fig. 3. — Équerre à ébrasement.

rentes formes ; deux sont surtout fort en

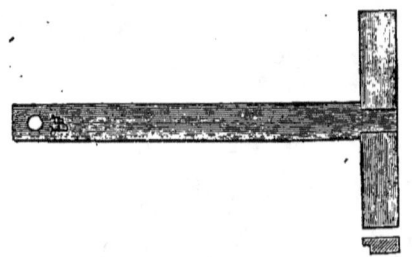

Fig. 4. — Équerre à T.

usage depuis très-longtemps : l'une (fig. 5) se

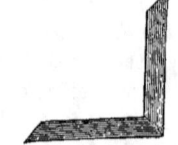

Fig. 5. — Équerre en fer.

compose de deux règles en fer se coupant à angle droit ; l'autre (fig. 6) est un rectangle

qui porte sur l'un de ses longs côtés un angle droit. L'*équerre à onglet*, ou *d'onglet*, possède des ailerons à deux directions, l'une pour tracer des angles droits, l'autre pour tracer des angles à 60°; ce genre d'équerres (fig. 7 et 8) porte un épaulement; on les fait en bois et acier (fig. 7), ou tout en bois (fig. 8). — Les charpentiers emploient deux sortes d'équerre ; l'une

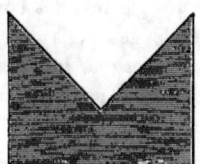

Fig. 6. — Équerre en fer.

(fig. 9) sert à cuber les bois, l'autre à tracer des épures. Comme cette dernière équerre a

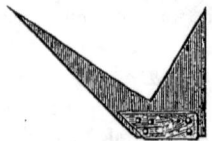

Fig. 7. — Équerre d'onglet (bois et acier).

des branches fort longues, on les consolide en les réunissant par une écharpe d'où lui vient son nom d'*équerre à écharpe* (fig. 10). Citons encore l'*équerre à* TÉLÉGRAPHE (Voy. ce mot) l'*équerre mobile* ou *fausse équerre*, dont

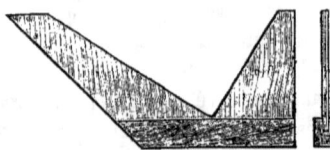

Fig. 8. — Équerre d'onglet en bois.

les branches mobiles autour d'un rivet permettent de prendre et de rapporter toutes les ou-

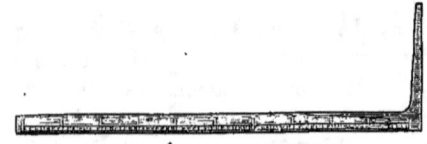

Fig. 9. — Équerre des charpentiers.

vertures d'angle (Voy. BIVEAU); l'*équerre à épaulement* (fig. 11). — En serrurerie, on nomme *équerres* des pièces de fer coudées ou en tôle découpée à angle droit qui servent à conso-

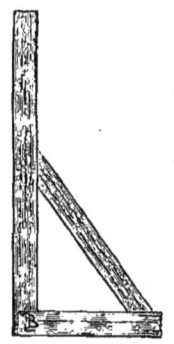

Fig. 10. — Équerre à écharpe.

lider les assemblages des montants et des tra-

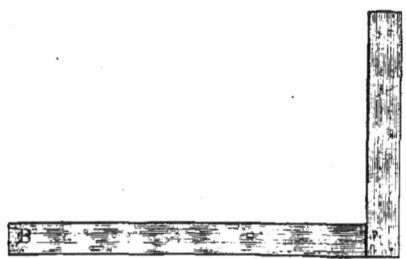

Fig. 11. — Équerre à épaulement.

verses des croisées et des portes-croisées, des

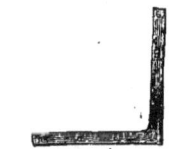

Fig. 12. — Équerre simple en fer.

impostes, etc. Il y a l'*équerre simple* en fer

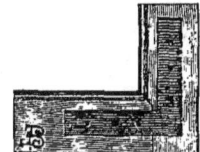

Fig. 13. — Équerre simple en tôle découpée.

forgé (fig. 12) et l'*équerre simple* en forte tôle découpée (fig. 13), l'*équerre à* T (fig. 14) et

l'*équerre double* (fig. 15). Anciennement, dans les lourdes portes en chêne, on consolidait les assemblages au moyen d'équerres en fer forgé à pointes ; notre fig. 16 montre un spécimen de ce genre que nous avons vu en

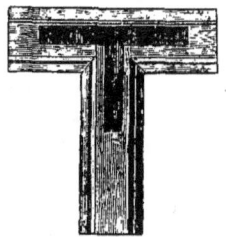

Fig. 14. — Équerre à T, en tôle découpée.

Suisse. Enfin les serruriers nomment *équerre* une petite pièce coudée de l'intérieur d'une serrure, sur la *palastre* de laquelle elle est

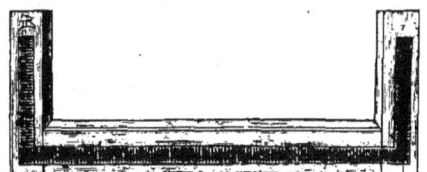

Fig. 15. — Équerre double en fer forgé.

fixée à l'aide d'une vis : elle sert à retenir le pène du demi-tour.

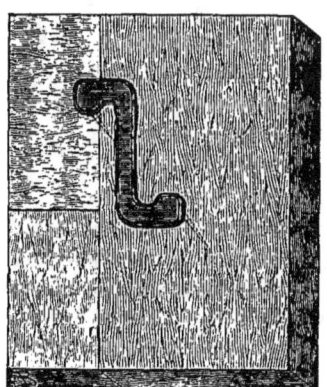

Fig. 16. — Équerre en fer forgé à pointes.

ÉQUERRE D'ARPENTEUR. — Instrument de géodésie servant à projeter des perpendiculaires dans l'espace ou à prendre des aligne-ments. Cette équerre se compose d'un cylin-dre en cuivre de 0^m,08 à 0^m,10 de hauteur, percé de pinnules suivant le passage de deux plans sécants et verticaux disposés à angle droit. La ligne de rencontre de ces plans se confond avec l'axe du cylindre. Deux autres pinnules sont percées suivant deux autres plans sécants verticaux, mais disposés à 45° sur les premiers, de telle sorte qu'avec cet instru-ment on peut projeter des angles droits sur le terrain à l'aide de jalons. Le cylindre est quel-quefois remplacé par un prisme octogonal, et les pinnules occupent alors l'axe vertical de ses faces. Cette équerre porte à sa partie infé-rieure une douille qui permet de la placer sur un pied.

ÉQUERRE (D'), *loc. adv.* — On le dit d'un objet, d'une construction disposée à angle droit sur une autre; d'où les expressions, *mettre d'équerre*, *placer d'équerre*, etc.

ÉQUIERS, *s. m. pl.* — Anneaux de fer dans lesquels passent les sommiers à chaque bout de la scie de long. Notre figure montre

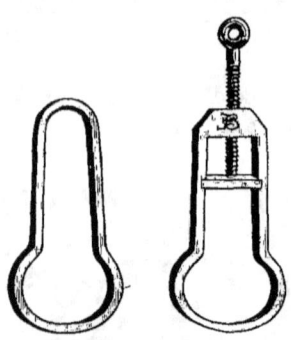

Équiers, anneaux de la scie de long.

l'anneau du haut et l'anneau du bas. Au mot SCIE DE LONG, la figure qui l'accompagne fait voir les anneaux engagés à leur place res-pective.

ÉQUIGNON, *s. m.* — Bande de fer qui fait la garniture de la fusée d'un essieu de bois.

ÉQUILATÉRAL, *adj.* — Dont tous les côtés sont égaux entre eux : *triangle équila-téral*, *figure équilatérale*, etc.

ÉQUILBOQUET, *s. m.* — Instrument servant à vérifier le calibre des mortaises.

ÉQUILIBRE, *s. m.* — État d'un corps qui, reposant sur un appui et librement abandonné à lui-même, ne penche ni d'un côté ni de l'au-tre. — On nomme *équilibre instable* celui que la moindre perturbation peut détruire, et *équilibre stable* celui qui légèrement troublé se rétablit de lui-même. Ordinairement, l'é-quilibre est stable quand le centre de gravité est au-dessous du point de support ; quand il est situé au-dessus, l'équilibre est instable. En général, pour qu'un corps soit en équilibre, il faut que la verticale passant par le centre de gravité de ce corps passe également par un des points de l'appui. Il va sans dire que l'é-quilibre est d'autant plus considérable que le point d'appui offre plus de surface. — Au figuré, on dit qu'une construction, une déco-ration sont bien en équilibre, ou bien équili-brées, quand leur ensemble présente d'heu-reuses proportions.

ÉQUINETTE, *s. f.* — Partie horizontale du fer qui sert de support aux girouettes.

ÉQUIPAGE, *s. m.* — Terme générique qui désigne tout ce qui sert à la construction et au transport des matériaux d'un édifice : bi-nards, chariots, camions, trique-balles, chè-vres, échelles, échasses, écoperches, boulins, plats-bords, madriers, etc.

ÉQUIPE, *s. f.* — Ce terme est presque sy-nonyme de celui de BRIGADE (Voy. ce mot) ; il désigne un nombre indéterminé, mais tou-jours restreint, d'ouvriers attachés à un tra-vail spécial. Ainsi, dans les chantiers de cons-truction, il y a des équipes de bardeurs, de monteurs, de tailleurs de pierre, de briquet-teurs, etc. Ce sont ordinairement des *garçons* qui composent les équipes ; l'un d'eux, ou par-fois un *compagnon* qui leur est adjoint, rem-plit les fonctions de *chef d'équipe*.

ÉQUIPE (Chef d'). — Premier et principal ouvrier d'une *équipe*, dont il a le commandement. C'est ordinairement le plus intelligent des garçons composant l'équipe, parfois un compagnon, qui remplit ces fonctions. Les attributions du *chef d'équipe* se bornent à la direction et au commandement des seuls hommes composant son équipe. Ses pouvoirs ne sont pas à beaucoup près aussi étendus que ceux du maître compagnon, aux ordres duquel il doit se conformer ; mais ses fonctions exigent de l'intelligence et une grande expérience pratique, car il a parfois des travaux assez difficiles à exécuter.

ÉQUIPER, *v. a.* — Mettre une machine en état de fonctionner. Ainsi *équiper* une chèvre, c'est en assembler toutes les parties, la dresser et la mettre en état de remplir l'office auquel elle est destinée. — *S'équiper* est un terme de chantier qui signifie se préparer les moyens d'agir.

ÉQUIPET, *s. m.* — Planche fixée à une muraille dans un atelier, une cabine, une échoppe, et qui sert à ranger certains outils.

ÉQUIPOLLÉ, ÉE, *part. passé.* — Terme de blason, désignant neuf carrés placés en échiquier, dont cinq sont d'un émail différent des quatre autres. Il ne faut pas confondre ce mot avec ÉCHIQUETÉ. (Voy. ce mot.)

ÉRABLE, *s. m.* — Arbre de la famille des *acérinées*, qui croît sous les climats tempérés. Il en existe de nombreuses variétés : l'érable champêtre (*acer campestre*), l'érable blanc (*album*), l'érable sycomore ou faux platane (*pseudoplatanus*). C'est ce dernier qui est le plus utilisé dans la construction ; les autres essences d'érable sont employées par les menuisiers, tourneurs, ébénistes et luthiers.

ÉRAFLURE, *s. f.* — Hachure ou écorchure faite dans les bois ouvrés par un ouvrier inexpérimenté ou maladroit.

ÉRECTION, *s. f.* — Action d'ériger un monument, une statue, un temple, etc.

ERGASTULE ou ERGASTULUM, *s. m.*

— Espèce de prison, de maison de correction contiguë aux fermes et aux villas des Romains, dans laquelle les esclaves enchaînés se livraient à des travaux se rattachant à l'agriculture. (Columelle, I, 6. 3 ; *Brut. ad Cic. fam.*, XI, 13 ; Apul.; Apoll, p. 482.)

ÉRIDELLE, *s. f.* — Ardoise longue et étroite qui a deux de ses côtés bruts et les deux autres taillés.

ÉRIGER, *v. a.* — Élever, construire, dresser. On dit ériger un temple, une statue, etc.

ERMINETTE. — Voy. HERMINETTE.

ESCABELON, *s. m.* — Piédestal en bois, en pierre, en bronze ou de toute autre matière, qui sert de support à un vase, à une urne, à un buste. On dit aussi *escablon ;* mais ce terme, qui n'est que la corruption d'*escabelon*, est beaucoup moins usité.

ESCALIER, *s. m.* — Assemblage de marches ou de degrés qui servent à mettre en communication les différents étages d'un édi-

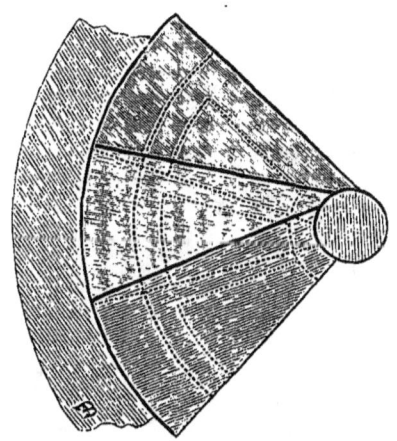

Fig. 1. — Marches dansantes d'un escalier à vis.

fice. On fait des escaliers en bois, en fer, en fonte, en pierre, en marbre ; mais, quels que soient les matériaux qui entrent dans leur composition, la construction en varie peu dans ses principes, et les diverses parties qui

les composent portent toujours les mêmes dénominations. Ainsi les marches sont placées en
encorbellement les unes sur les autres dans un
espace variable, mais circonscrit par des murs :
cet espace se nomme *cage* de l'escalier ; les marches sont *droites*, si elles sont de même largeur
dans toute leur étendue ; au contraire, si leur
surface est en forme d'équerre, ce sont des
marches *dansantes :* tous les escaliers tournants

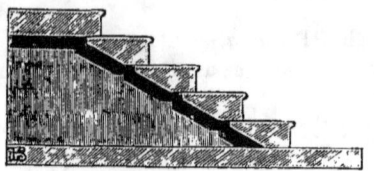

Fig. 2. — Marches pleines profilées et délardées.

ont des marches dansantes (fig. 1). Dans notre
figure, les lignes ponctuées indiquent la taille
exécutée au-dessous des marches. On nomme
emmarchement la longueur de la marche ; *giron*,
sa largeur mesurée dans l'axe de l'emmarche-
chement ; enfin *contre-marche*, la face verticale
de la marche proprement dite, qui ne comprend elle-même que la face horizontale.
Le *limon* est une pièce de bois rampante
qui soutient les marches du côté opposé au mur.
Les escaliers ont quelquefois un *faux limon*,
consistant en une pièce de bois rampante,
qui passe dans le jour d'une baie, et remplace

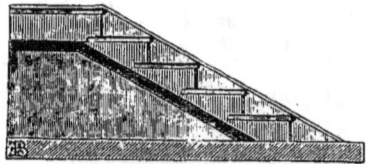

Fig. 3. — Marches d'assemblage.

ainsi un des murs absents de la cage d'escalier.
Le *faux limon* reçoit les abouts des marches
comme le limon. On appelle *rampe* ou *volée
d'escalier* une suite de marches placées entre
deux paliers ou entre le départ d'un escalier
et le premier palier. Le *palier* est un espace
plus ou moins considérable servant de repos
entre deux rampes ; les repos sont situés dans
les angles de la cage d'un *escalier droit* et entre
chaque révolution d'un *escalier circulaire* ou

tournant. Les *rampes* ou *volées* sont généralement composées d'un nombre impair de
marches, treize le plus souvent, quelquefois
quinze ou dix-neuf. On ne doit pas dépasser
ce nombre, car il serait très-fatigant de mon-

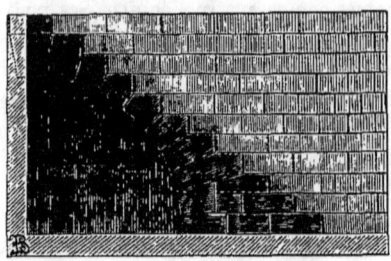

Fig. 4. — Escaliers dans les théâtres et amphithéâtres
antiques.

ter d'une seule traite un plus grand nombre
de marches. Les marches d'escalier peuvent
être massives ou faites par assemblages ; dans
le premier cas (fig. 2), chaque marche est taillée
dans la masse est profilée selon la disposition
adoptée pour l'escalier : ce genre de marche
n'est guère exécuté qu'en pierre ; dans le second cas (fig. 3), les marches et les contre-

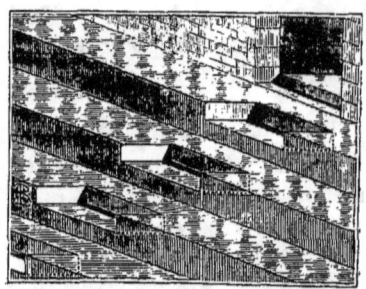

Fig. 5. — Escalier taillé dans les gradins d'un théâtre
ou d'un amphithéâtre antique.

marches sont en bois assemblées à rainures et
à languettes. Dans les escaliers en fonte, les
marches, contre-marches et noyau sont fon-
dus d'une seule pièce ; on les superpose par
emboîtement qu'on maintient par des boulons
d'assemblage.

Il est certaines règles dont on ne doit pas
s'écarter dans la construction des escaliers.
C'est d'abord celle qui veut qu'on fasse la
marche d'autant plus élevée que le giron est

plus étroit ; au reste, la hauteur de la contre-marche ajoutée à la largeur du giron doit donner au total 0^m,48. Un bel escalier ordinaire a par exemple 0^m,32 de giron et 0^m,16 de contre-marche. Il ne faudrait pas déduire de cette règle qu'on soit obligé de rendre un escalier dangereux en faisant de hautes contre-marches et des girons très-étroits, car il faut toujours que le pied de l'homme puisse poser en entier sur le degré. Une seconde règle, c'est que la hauteur des contre-marches doit être invariablement la même pour toutes les marches d'un même escalier. Enfin, même

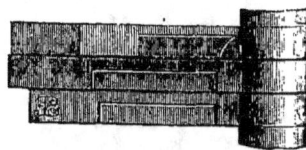

Fig. 6. — Escalier en hélice avec noyau central (élévation).

pour les escaliers de service, les contre-marches ne doivent pas avoir plus de 0^m,19 de hauteur ; sans cela, particulièrement pour la descente, les escaliers seraient de véritables casse-cou, la jambe d'un homme ordinaire ne conservant plus au delà de cette mesure assez

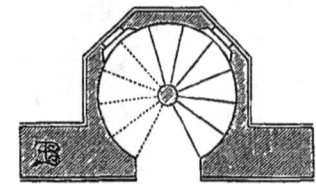

Fig. 7. — Escalier en hélice avec noyau (plan).

de force d'équilibre et pouvant fléchir sous le poids du corps. — Quand on veut faire le tracé d'un escalier, on commence par prendre la hauteur à franchir, qu'on divise en parties de 0^m,16 ou 0^m,18 de hauteur, ce qui détermine le nombre des marches nécessaires pour atteindre la hauteur voulue. On multiplie ce nombre diminué d'une unité par la largeur que l'on veut donner à la marche ou giron et on obtient ainsi le développement de l'escalier. Ainsi, pour franchir une hauteur de 3^m,60, il faudrait vingt marches de 0^m,18 ; si on donne à ces marches 0^m,30 de giron, l'esca-

lier aura une étendue de 20 — 1 × 0^m,30 = 5^m,70. Quand l'escalier est droit, rien n'est plus aisé à tracer ; mais s'il est tournant, la longueur doit être calculée sur une ligne passant par l'axe transversal des marches (giron), ce qui donne la moyenne de leur développement.

L'antiquité n'a pas créé de beaux escaliers ; les architectes de cette époque semblent n'a-

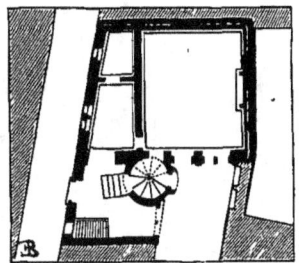

Fig. 8. — Plan d'un escalier à vis d'une maison à Blois.
(Renaissance française.)

voir attaché aucune importance à cette partie de la construction, car les types qu'ils nous ont laissés n'ont eu en vue que de satisfaire au strict nécessaire. Les anciens n'ont fait que des escaliers engagés dans la construction, analogues à ceux que nous nommerions aujourd'hui des *escaliers dérobés* ou *de service*. Ceux qui subsistent dans les amphithéâtres sont les plus considérables comme dimensions, puisqu'ils mesurent quelquefois plus de 2 mètres d'emmarchement ; ils sont formés de pierres rectangulaires posées les unes sur les autres en encorbellement et supportées par des massifs de maçonnerie pleins ou voûtés (fig. 4). Les escaliers qui desservaient les gradins de leurs théâtres et amphithéâtres dans la *cavea* étaient taillés dans la masse même des gradins comme l'indique notre figure 5. Au reste, la construction des escaliers, pour être faite dans de bonnes conditions d'équilibre et de stabilité, demandait des connaissances profondes en coupe de pierres, connaissances qui faisaient complétement défaut aux architectes grecs et romains ; aussi les escaliers savamment compris et étudiés n'apparaissent-ils guère qu'avec le moyen âge et la renaissance. C'est à ces époques qu'on créa ·l'escalier en hélice avec noyau central (fig. 6 et 7). Nos figures 8, 9 et

10 donnent, en plan, coupe et élévation, un escalier de la renaissance dans une maison de Blois : nous l'avons dessiné d'après des dessins originaux de l'éminent architecte Vaudoyer, que M. Vaudoyer fils a bien voulu nous communiquer. — Depuis cette époque, la construction et la forme des escaliers ont beaucoup

genre d'escalier était anciennement le plus employé.

ESCALIER A DEUX RAMPES PARALLÈLES. — Escalier où l'on monte par deux rangs de marches qui partent d'un palier commun et aboutissent à un palier particulier : tel est celui construit par Duban à l'École des beaux-arts devant la salle de Melpomène.

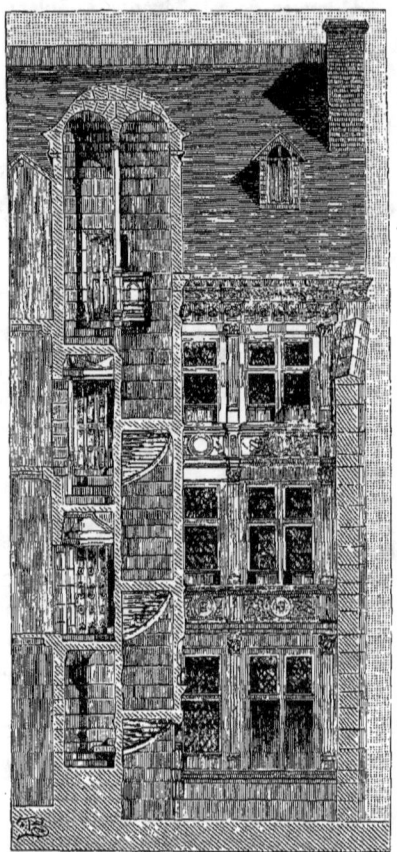

Fig. 9. — Coupe d'un escalier de la renaissance, à Blois.

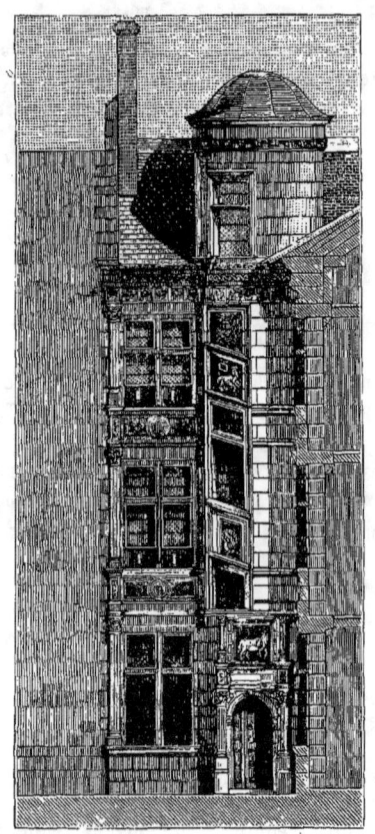

Fig. 10. — Élévation d'un escalier de la renaissance, à Blois.

varié, et les bâtiments des deux derniers siècles nous montrent des types divers auxquels on a donné, en raison de leur construction, de leur destination, de leur forme, de leur position, etc., des noms particuliers que nous expliquons ci-après.

ESCALIER A DEUX RAMPES ALTERNATIVES. — Escalier droit dont le mur d'échiffre porte de fond et reçoit alternativement deux rampes : tel est celui de Henri II au Louvre. Ce

ESCALIER A DEUX RAMPES OPPOSÉES. — Celui où l'on monte par un perron sur un palier d'où commencent deux rampes égales situées vis-à-vis l'une de l'autre et qui après un palier carré retournent et achèvent la montée : tel est celui de l'hôpital général de Reims. Notre planche XXXIII montre l'ensemble d'un escalier de ce genre, mais qui n'aboutit qu'à un premier étage : c'est celui de l'ancien hôtel de ville de Paris, construit par

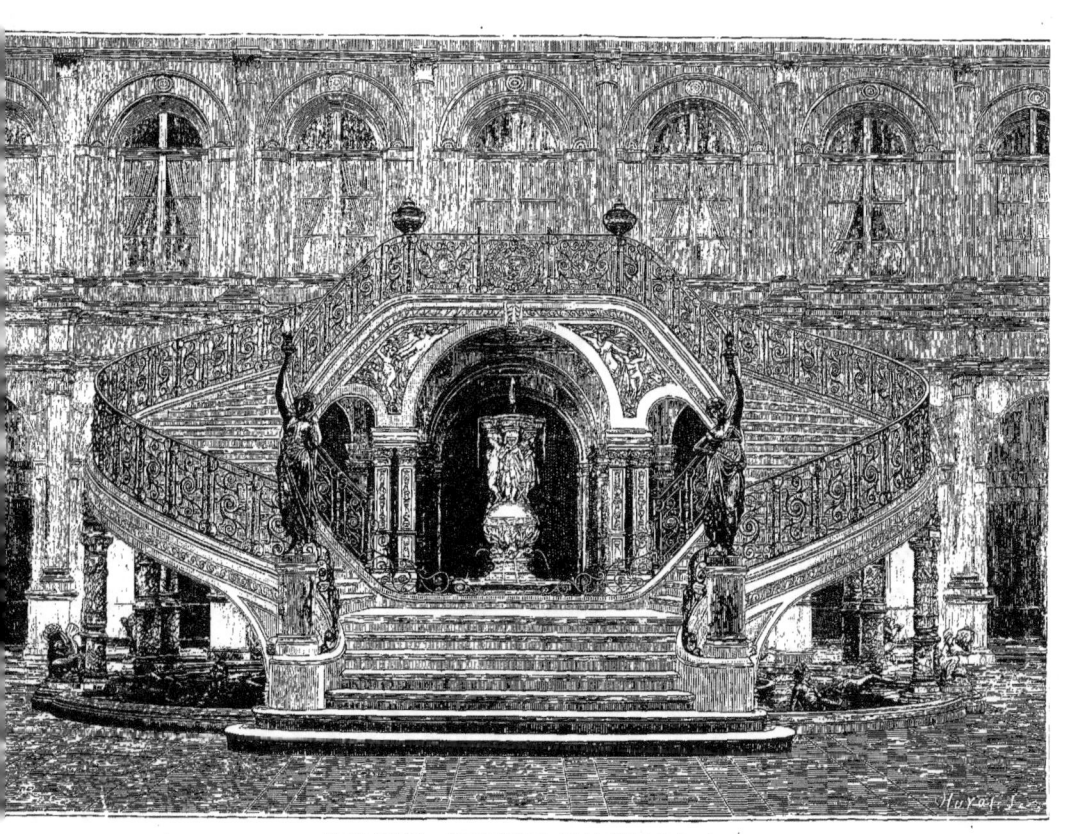

Planche XXXIII. — Escalier de l'ancien hôtel de Ville de Paris.

V. Baltard, architecte, ancien directeur des travaux de Paris. Cet escalier, étudié dans le style de la renaissance française, était tout en marbre blanc. Notre planche **XXXIV** donne, à plus grande échelle, une partie de ce bel escalier, que nous avons dessiné d'après nature en 1867, alors que nous étions architecte attaché à la direction des travaux d'architecture, des beaux-arts et des fêtes de la ville de Paris.

lèles, c'est-à-dire dont les entre-axes sont de plus en plus rapprochés à mesure que l'on monte : tel est le grand escalier du Vatican, construit par Bernin.

ESCALIER A QUATRE NOYAUX. — Escalier qui laisse un vide carré ou rectangulaire entre ses rampes et qui porte de fond sur quatre noyaux de pierre ou de bois. Cet escalier peut aussi être suspendu. (Voy. notre fig. 11.)

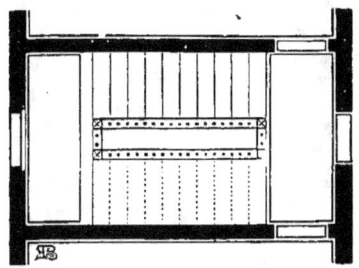

Fig. 11. — Escalier à quatre noyaux.

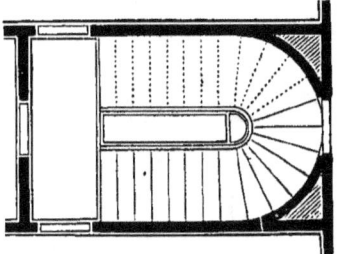

Fig. 13. — Escalier cintré.

ESCALIER A GIRON RAMPANT. — Escalier dont les marches sont très-basses et légèrement inclinées. On établit ces escaliers afin que les chevaux puissent y monter : tels sont l'escalier de l'hôtel de ville de Genève, celui de la cour Caulincourt au Louvre, l'escalier dit du *Fer à cheval* au palais de Fontainebleau, etc.

ESCALIER A JOUR. — Escalier à vis qui n'a pas d'autre cage qu'un appui parallèle à une rampe soutenue de distance en distance par

ESCALIER A QUARTIERS TOURNANTS. — Escalier qui a des quartiers tournants simples ou doubles, à un bout ou aux deux bouts de ses rampes (fig. 12).

ESCALIER A REPOS. — Escalier dont les

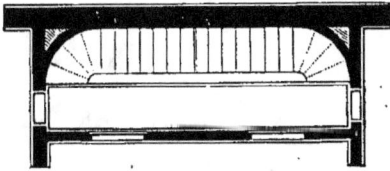

Fig. 12. — Escalier à quartiers tournants.

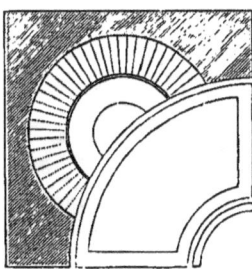

Fig. 14. — Escalier cintré anciennement en usage dans les théâtres.

quelques colonnes : tels sont les escaliers de clochers et de jubés dans beaucoup d'églises, notamment ceux des clochers des cathédrales de Strasbourg et de Reims, et ceux du jubé de Saint-Étienne du Mont, à Paris.

ESCALIER A PÉRISTYLE CIRCULAIRE. — Escalier dont la rampe est portée par des colonnes, comme au palais Barberini à Rome.

ESCALIER A PÉRISTYLE DROIT EN PERSPECTIVE. — Escalier dont la rampe est comprise entre deux rangs de colonnes non paral-

marches droites à deux noyaux sont parallèles et se terminent alternativement à des paliers.

ESCALIER A VIS DE SAINT-GILLES. — Escalier dont les marches portent sur une voûte rampante en spirale, comme celui du château de Saint-Germain en Laye et celui du prieuré de Saint-Gilles en Languedoc, qui a donné son nom à cette forme d'escalier. (Voy. VIS.)

ESCALIER CINTRÉ. — Celui dont une partie est en *demi-cercle* ou en *demi-ellipse*. (Voy. nos fig. 13 et 14.)

L'escalier représenté par la figure 14 était

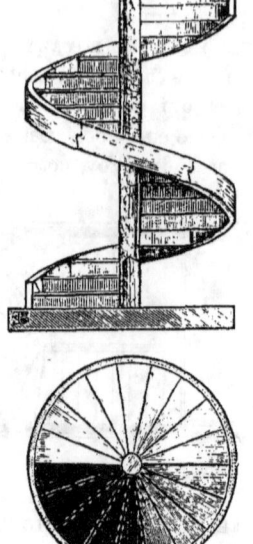

Fig. 15. — Escalier en charpente à vis, à noyau plein
ou à chandelle.

anciennement fort en usage dans les théâtres,

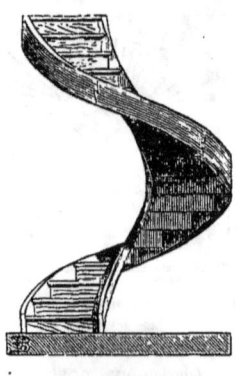

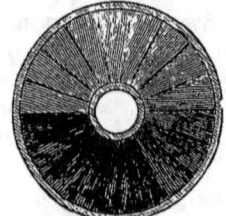

Fig. 16. — Escalier en charpente à vis évidé,
ou escalier suspendu.

parce qu'on le logeait dans les angles du carré

où une salle de spectacle est circonscrite. Aujourd'hui on en construit beaucoup moins, parce qu'on les considère comme très-dangereux pour un lieu public.

ESCALIER EN ARC-DE-CLOÎTRE. — Celui dont les paliers carrés en retour sont suspendus

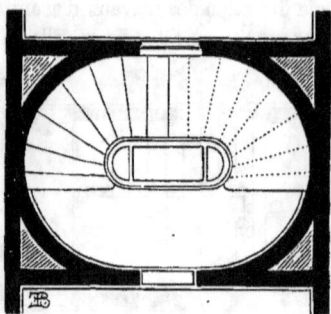

Fig. 17. — Escalier ovale.

sur une voûte en arc-de-cloître : tel est l'escalier du château de Saint-Germain en Laye, qui prend jour sur les jardins.

ESCALIER EN FER A CHEVAL. — Escalier dont le plan circulaire forme le fer à cheval, et dont les marches ne sont pas parallèles : tel est l'escalier du château de Fontainebleau et celui du château de Caprarola.

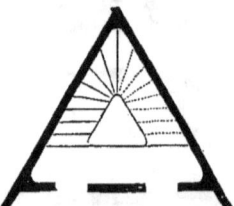

Fig. 18. — Escalier triangulaire.

ESCALIER EN COLIMAÇON. — Celui dont la cage est ronde ou ovale et qui n'a point de marches : c'est une rampe qui tourne autour d'un noyau plein ou évidé. On donne à tort ce nom aux escaliers à vis à noyau plein (fig. 15) ou évidé (fig. 16); on nomme encore ce dernier genre *escalier suspendu*.

Enfin, suivant leur forme ou leur destination, les escaliers portent différents noms. Ainsi on appelle *escalier principal* le plus important d'un bâtiment; *escalier secondaire*, celui qui est en deuxième rang; *escalier secret* ou *dérobé*,

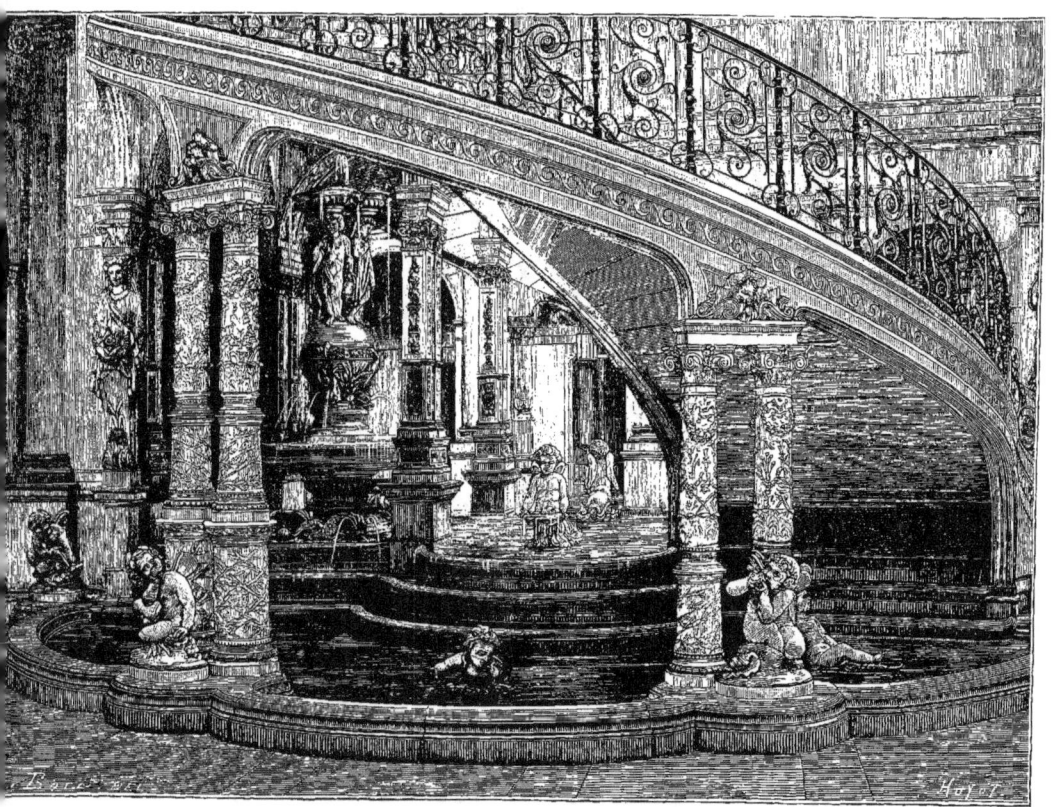

Planche **XXXIV**, — Détail de l'escalier de l'ancien hôtel de ville de Paris.

celui qui sert de dégagement et qu'on dérobe à la vue ; *escalier ovale, triangulaire,* celui dont la cage est ovale (fig. 17), ou triangulaire (fig. 18).

ESCAPE, *s. f.* — Bas du fût d'une colonne. C'est l'adoucissement qui lie le fût à la base ; aussi quelques auteurs regardent-ils ce mot comme synonyme de *congé*, ce qui est une erreur.

ESCARPE, *s. f.* — Face d'un fossé de place forte qui est presque toujours revêtue de maçonnerie. Par dérivation, on donne ce nom à la partie d'un mur en talus qui va du cordon au pied de ce mur. — C'est aussi le nom du gabarit dont se sert le maçon pour régler le talus d'un mur.

ESCARRE, *s. f.* — Terme de blason. Pièce qui a la forme d'une équerre.

ESCHIF, *s. f.* — Pendant le moyen âge, on donnait ce nom à une petite fortification en saillie sur un mur d'enceinte, et destinée soit à enfiler un fossé, soit à défendre les approches d'une porte.

ESCHYNE ou **OVE**. — Voy. Échine.

ESCOPERCHE. — Voy. Écoperche.

ESMILLAGE, ESSEMILLAGE. — Voy. Smillage.

ESMILLER, ESSEMILLER. — Voy. Smiller.

ESPACEMENT, *s. m.* — Distance d'un point à un autre. Ainsi on dit, séparer deux poteaux par un espacement d'un mètre.

ESPACER, *v. a.* — Distancer. *Espacer tant plein que vide,* signifie laisser des intervalles égaux entre des solives, des chevrons, des poteaux, des colonnes, etc.

ESPAGNOLE (Architecture). — L'Espagne n'a pas d'architecture nationale proprement dite. Les monuments qu'elle possède ont été élevés par les divers peuples qui se sont succédé dans ce pays. Dans le nord, les Ibères et les Celtes y sont représentés par des monuments mégalithiques qui offrent quelques analogies avec les monuments celtiques de la Gaule. A ces peuplades, ou à d'autres plus anciennes encore, on peut attribuer certaines portions des murailles de Tarragone utilisées plus tard par les Romains. Par les énormes blocs qui en forment les assises irrégulières, les débris de ces murs, qui subsistent encore aujourd'hui, rappellent vaguement les constructions cyclopéennes. Dans le fond de la Catalogne on a retrouvé des sépultures très-anciennes creusées dans le roc, et dans la Vieille-Castille trois colosses représentant des animaux, parmi lesquels on reconnaît un taureau orné de bandelettes. Il porte sur ses flancs des traces d'inscriptions presque indéchiffrables, mais dans lesquelles cependant quelques archéologues ont cru reconnaître la langue des Phéniciens, ce qui a fait attribuer à ce peuple la création de ces monuments. Cette supposition n'est pas invraisemblable, les Phéniciens adorant le soleil sous la forme d'un taureau. Voilà tout ce qu'on sait sur l'architecture espagnole des temps primitifs. Mais à partir de l'occupation romaine nous possédons des données plus précises, car les monuments qui subsistent encore en Espagne permettent d'étudier l'architecture de ce pays pendant cette période. — Voy. Romaine (*Architecture*).

Après les Romains, au commencement du ve siècle, les Suèves, les Alains et les Vandales, durant leur domination éphémère, ne construisirent aucun monument ; après eux les Visigoths élevèrent des édifices en style roman et byzantin ; c'est à ces derniers qu'on attribue l'église de Saint-Nicolas à Girone, les murailles de Tolède, divers portails d'églises, entre autres celui de l'église de Villa-Nueva, ainsi que beaucoup d'autres monuments de style byzantin en réalité l'œuvre des Arabes, qui élevèrent des édifices dans ce dernier style presque jusqu'à la fin du xe siècle. C'est même pendant la domination arabe que l'architecture brilla en Espagne de son plus vif éclat, car pendant cette période, qui s'étend du viiie

13

siècle à la fin du xvᵉ, nous voyons l'Espagne complétement transformée : on répare les voies romaines, les ponts, les aqueducs; on relève 'es enceintes des villes, on répare également les places de guerre, on érige des mosquées, des ponts (le magnifique pont de Cordoue entre autres). Pendant les viiiᵉ, ixᵉ et xᵉ siècles, l'art musulman présente un mélange confus des styles classique et byzantin, mais s'imprégnant de plus en plus du génie arabe, qui se révèle chaque jour davantage par ses formes architectoniques, par l'arc en fer à cheval surtout, par ses décorations pleines de verve et d'imagination, et particulièrement par ses arabesques. Aussi à partir du xiᵉ siècle l'art est-il complétement transformé une nouvelle école apparaît, l'école MORESQUE (Voy. ce mot), et les architectes de cette école créent un art décoratif des plus vigoureux dans lequel ils emploient la brique émaillée, le stuc, les ornements polychrômes saillants et gravés, réchampis d'or et de couleurs brillantes avec des inscriptions mêlées aux arabesques. Ce sont les architectes de cette même école qui créent, ou du moins qui généralisent d'une manière inusitée jusque-là les découpures des archivoltes, et les petites coupoles en pendentifs si rapprochés qu'on les a comparés aux stalactites naturelles des grottes. Du xivᵉ au xvᵉ siècle, l'art arabe atteint à son apogée, et c'est pendant cette période que l'Espagne voit s'élever ces monuments, d'un type et d'une originalité si remarquables, que tout le monde connaît : nous avons nommé l'*Alhambra*, le *Généralife*, le *Quarta real de San-Domingo*, la *Casa del carbone*, les cloîtres de Guadalupa et de Valladolid et les bourses de Valence et de Palma, les bains de Barcelone, de Girone et de Valence. Pendant la même période on élève des monuments dits *gothiques;* ce sont : à Burgos, la cathédrale, bâtie en 1221 par Ferdinand III, et dont le portail avec ses deux flèches ajourées est magnifique; à Barcelone, la cathédrale, inachevée, quoique commencée en 1299; à Séville, la cathédrale, commencée en 1401 et qui ne fut achevée qu'en 1506, dont le clocher, surnommée la *Giralda*, est en style moresque; enfin la cathédrale et l'église de *los Reges* à Tolède, celle de Ségovie; à Pobelt, un monas-

tère, fondé en 1149, et aussi remarquable que celui de Bathala en Portugal, qui date de la même époque. — A la fin du xvᵉ siècle, les musulmans sont chassés de l'Espagne; avec eux disparaissent assez rapidement leur civilisation et leur architecture, ainsi que l'architecture *ogivale*. Ces deux genres d'architecture cèdent la place au style de la renaissance dont l'influence se fait également sentir dans presque toute l'Europe occidentale. A partir de ce moment nous assistons à une lutte assez curieuse entre les architectes gothiques et ceux de la renaissance, et dans le même monument nous trouvons l'ogival et le classique aux prises, comme à la cathédrale de Malaga, par exemple; mais enfin le style classique finit par l'emporter et crée dans le genre de la renaissance des édifices tels que le monastère d'Eugrazia à Saragosse, le palais ajouté par Charles-Quint à celui des anciens Mores de Grenade, enfin le palais de l'Escurial à Madrid, bâti par Philippe II, et le château d'Aranjuez. Au xviiᵉ et au xviiiᵉ siècle, l'architecture est en pleine décadence; le palais de Philippe V à Madrid, bâti par l'architecte Sacchetti, est un spécimen de l'architecture lourde et massive de cette époque. Ajoutons néanmoins que les architectes du temps ont su inventer des dispositions et des décorations intérieures avec une recherche et un goût qui ne méritent que des éloges. Aujourd'hui, comme beaucoup d'autres nations de l'Europe, l'Espagne cherche sa voie dans une architecture nouvelle : espérons qu'elle créera un style contemporain caractéristique; les nouvelles constructions de Madrid, de Barcelone, de Saragosse et de Tolède ne peuvent que confirmer cet espoir. — Voy. MORESQUE et ARABE (*Architecture*).

BIBLIOGRAPHIE. — Alex. de Laborde, *Voyage pittoresque et historique de l'Espagne*, 2 vol. in-fol., Paris, 1807; — Don Genaro Perez de Villa-Amil, *l'Espagne artistique et monumentale, vues et descriptions des lieux et monuments les plus remarquables* (en espagnol), 3 vol. in-fol., Paris, 1842-50; — Don José Caveda, *Essai historique sur les divers genres d'architecture employés en Espagne* (en espagnol), un vol. in-8º, Madrid, 1848; — *Monuments architectoniques de l'Espagne*, superbe publication publiée aux frais de l'État, plus. vol. in-fol., Madrid, en cours de publication depuis 1859.

ESPAGNOLETTE, *s. f.* — Genre de fermeture spécialement appliqué aux croisées et aux portes cochères. Elle se compose d'une tige de fer ronde de 0^m,02 de diamètre, qui est fixée sur l'un des montants du milieu de la croisée ou de la porte à l'aide de *lacets* ou *colliers à écrou*. Par un mouvement de rotation imprimé à cette tige au moyen de la poignée qui y est fixée, on crochette haut et bas l'espagnolette dans des gâches portant souvent des goupilles. Ces gâches affleurent le châssis dormant de la menuiserie. La poignée, quand elle est au repos, s'appuie sur un support coudé, plein ou évidé, qui la retient en place. Suivant les menuiseries où elles sont appliquées, les espagnolettes sont simples ou artistement décorées; aujourd'hui beaucoup ont leur poignée et leurs embases en bronze doré et sont ciselées avec beaucoup d'art; ajoutons que dans un grand nombre de localités, l'espagnolette est remplacée par une fermeture plus commode, qu'on nomme CRÉMONE. (Voy. ce mot.)

ESPALIER, *s. m.* — Culture spéciale appliquée aux arbres. — En termes de treillageur, on nomme ainsi le treillage dont on revêt les murs d'un jardin pour pratiquer ce genre de culture.

ESPLANADE, *s. f.* — En termes de fortification, c'est une plate-forme pour batterie; c'est aussi un terrain nivelé et incliné, longeant à l'intérieur le mur d'enceinte d'une place forte.

ESPONTON (GRILLE A). — Grille dont les barreaux sont terminés par des fers de pique ou de lance.

ESPRIT-DE-VIN, *s. m.* — Liquide transparent et volatil, qui brûle avec une flamme intense, sans odeur et sans fumée. On emploie l'esprit-de-vin pour dissoudre les corps gras et résineux; aussi l'esprit-de-vin entre-t-il dans la fabrication des vernis. Les peintres brûlent les vieilles peintures avec la lampe à esprit-de-vin, qui sert aussi aux plombiers et aux gaziers pour souder les tuyaux de plomb. (Voy. ALCOOL.)

ESQUISSE, *s. f.* — Étude première d'un dessin ou d'un projet d'architecture. Les peintres, les sculpteurs et les graveurs font également des esquisses.

ESSE OU S, *s. f.* — Ainsi que l'indique son nom, l'*esse* est une tige de fer ronde contournée de la même façon que la lettre S. On emploie cet outil pour le *levage* ou le *montage* des fardeaux; la courbure supérieure passe dans l'œil du câble de levage et la courbure inférieure reçoit les boucles de l'élingue ou BRAYERS. (Voy. ce mot.) Il est de la plus grande importance que les *esses* soient fabriquées en fer aciéré de bonne qualité, car le moindre défaut dans le fer pourrait occasionner la rupture de cet outil et, par suite, de graves accidents.

ESSENCE, *s. f.* — Liquide volatil obtenu par la distillation. L'essence la plus employée dans la construction est l'*essence de térébenthine*, qu'on obtient par la distillation des résines que fournissent les pins. Comme l'essence est un bon dissolvant des corps gras et résineux, les peintres l'utilisent pour détremper, broyer et délayer les couleurs à l'huile; elle sert aussi à dissoudre toutes les résines qui entrent dans la composition des vernis; enfin quand ils veulent rendre leurs couleurs siccatives, après les avoir délayées avec de l'huile de lin, les peintres y ajoutent de l'essence.

En agriculture et dans le commerce des bois, ce mot est synonyme d'*espèce*.

ESSELIER. — Voy. AISSELIER.

ESSETTE, *s. f.* — En charpenterie, ce terme est synonyme d'HERMINETTE. (Voy. ce mot.) Les couvreurs donnent improprement ce nom à un outil qui se nomme ASSETTE. (Voy. ce mot.)

ESTACADE, *s. f.* — Barrage à claire-voie établi sur une rivière, un canal, pour protéger certaines constructions ou même pour en supporter. Les entrées d'un port, d'un chenal, sont souvent défendues par des estacades; elles sont généralement construites sur pilotis.

ESTADON, *s. m.* — Scie à deux lames très-fines.

ESTAGNON, *s. m.* — Sorte de bombonne ou bouteille de fer-blanc ou de cuivre, servant au transport des huiles.

ESTAIN, *s. m.* — Assemblage de deux pièces de bois formant une portion de cercle. On les place à l'arrière d'un vaisseau, et l'on cloue sur cet assemblage les extrémités des bordages.

ESTAMPAGE, *s. m.* — Action d'estamper; c'est aussi le procédé mécanique qui permet d'obtenir des reliefs par un moyen quelconque. Pour estamper du zinc, de la tôle, du cuivre, on place les feuilles de ces métaux entre un poinçon et une matrice, et par percussion ou pression on obtient l'estampage.

ESTAMPER, *v. a.* — Obtenir sur des métaux des reliefs et des creux à l'aide d'un poinçon et d'une matrice appelée *étampe, estampe.* Aujourd'hui l'industrie *estampe* le zinc et le plomb pour décorer les membrons, les crêtes ou faîtages, et autres parties des édifices.

ESTAMPILLE, *s. f.* — Marque de fabrique. Les quincailliers fixent en guise d'estampilles, particulièrement sur les serrures, de petites plaques de laiton, qui sont marquées M. B. (maison Bricard), N. F. (nouvelle fabrication), F. T., A. G., etc. Toutes les serrures ainsi estampillées offrent de meilleures garanties de fabrication, parce qu'elles sont admises par les séries de prix et qu'elles sortent des ateliers des fabricants réunis.

ESTHÉTIQUE, *s. f.* — Science toute moderne qui détermine les lois du beau dans les productions de l'art ; c'est en un mot la philosophie de l'art, et elle s'applique aussi bien à l'architecture qu'aux autres arts du dessin. Grâce à l'esthétique, on peut apprécier les questions d'art d'une manière générale et abstraite, ce qui n'est pas interdit aux architectes éclairés et instruits. L'esthétique est divisée en trois parties principales comprenant beaucoup de subdivisions. La première partie est à la fois métaphysique et psychologique, car elle embrasse dans son ensemble l'idée du beau, de la grandeur, du sublime, de la force, de la grâce, etc., ainsi que la description et l'analyse des sentiments qu'éveillent les œuvres de l'imagination ; la seconde partie comprend l'étude du beau, dans la nature et dans l'art, et la théorie des arts ; enfin la troisième partie embrasse l'histoire générale de l'art à travers les âges. — Nous ne pouvons nous lancer ici dans les questions esthétiques, tellement vastes qu'elles n'ont d'autres limites que celles de l'imagination humaine, laquelle chez certaines natures peut aller et même *errer* fort loin; du reste, le lecteur trouvera dans ce dictionnaire un grand nombre d'articles qui touchent à l'esthétique des arts plastiques.

ESTIMATIF (Devis). — Voy. Devis.

ESTIMATION, *s. f.* — Appréciation par analogie des prix ou de la valeur des ouvrages qui ne sont pas susceptibles d'une évaluation fixe et rigoureuse. Ce sont principalement les ouvrages qui ne peuvent se métrer et ceux d'un genre spécial qu'on soumet à une estimation.

ESTIMER, *v. a.* — Fixer par estimation ou approximativement, et d'après des travaux analogues, la valeur d'un ouvrage qu'on ne peut métrer ou qui ne vaut pas la peine de l'être. — On estime des ouvrages faits ou à faire, on évalue des quantités, on estime un immeuble, etc. Ce genre d'estimation est surtout de la compétence de l'architecte.

ESTRADE, *s. f.* — Plancher élevé au-dessus du sol ou d'un autre plancher. Les estrades sont construites à demeure ou provisoirement. Pour les représentations et pour les fêtes publiques, on construit souvent des estrades provisoires. L'architecte qui est chargé d'un pareil travail doit y apporter tous ses soins, vu la grande responsabilité qu'il encourt ; car de sa part une mauvaise direction des travaux expose de nombreuses personnes à de graves dangers ou même à la mort. — On place également sur des estrades des lits de parade, des bureaux de professeurs et de moniteurs. (Voy. ÉCOLE, fig. 3, 4, 5, 6, 7, 8, 13, 14 et 15.)

ÉTABLE, s. f. — Pris dans son acception générale, ce mot s'applique indifféremment aux diverses habitations des animaux domestiques; mais l'usage en a restreint la signification aux seuls locaux affectés au logement

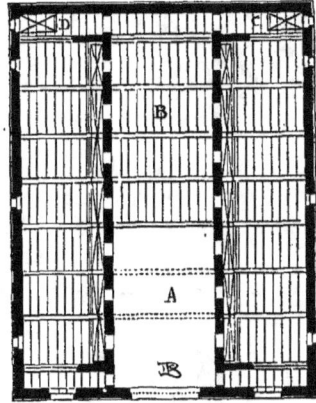

Fig. 1. — Plan d'une bouverie du Bourbonnais

de l'espèce bovine (bouverie, vacherie, tects à veaux). — Les bêtes à cornes sont d'une complexion moins délicate que le cheval, elles supportent beaucoup mieux les variations de température. Il ne faudrait pas croire cependant

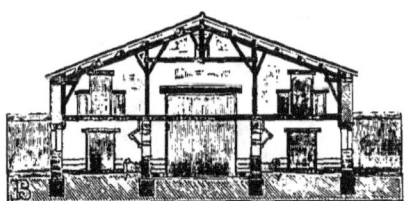

Fig. 2. — Coupe d'une bouverie du Bourbonnais.

que ces animaux puissent vivre dans des étables malsaines et humides; car les animaux, quels qu'ils soient, ne sauraient prospérer que dans des locaux établis dans de bonnes conditions hygiéniques.

De même que les ÉCURIES (Voy. ce mot), les étables peuvent servir à plusieurs fins : à l'élevage, à l'entretien, à l'engraissement.

— Suivant ces destinations diverses, on emploie des étables communes ou séparatives.

DIVERSES DISPOSITIONS DES ÉTABLES. — La disposition à donner aux étables varie suivant le pays, la localité, et souvent aussi suivant le caprice de celui qui fait construire;

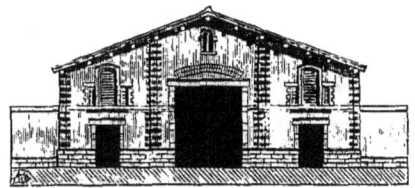

Fig. 3. — Élévation d'une bouverie du Bourbonnais.

aussi existe-t-il des étables de toutes les formes et dimensions : elles sont longitudinales simples ou doubles, transversales simples ou doubles, mixtes avec couloir transversal ou

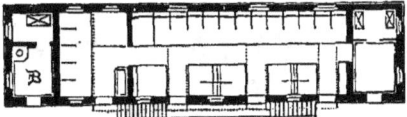

Fig. 4. — Étable pour vaches et veaux.

longitudinal, avec un couloir pour l'alimentation, avec plusieurs couloirs; quelquefois même elles sont circulaires. Souvent aussi les étables renferment de petits boxes pour veaux, ou bien on établit à côté un petit pavillon ayant la même destination. Dans les étables faites

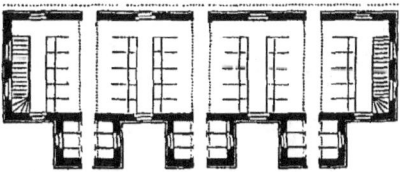

Fig. 5. — Étables pour vaches et pour veaux (2ᵉ type).

en vue de l'engraissement, on adopte souvent le boxe avec ou sans *paddocks*, avec ou sans hangars. Nos figures 1, 2, 3 montrent les plan, coupe et élévation d'une bouverie double du Bourbonnais avec fenil au-dessus. On voit en avant du plan un espace, A, qui sert pour le déchargement des chariots à foin; derrière, en B, on peut opérer le pansage des animaux; les auges sont adossées aux murs; dans le fond, on voit en C, D, les deux lits des bouviers. Ces figures ont été dessinées d'après M. Martin du Mans (*Encyclop. d'Arch.*). — Dans les exploitations importantes, on sépare les veaux, ainsi que les vaches à lait et les bœufs d'engraissement.

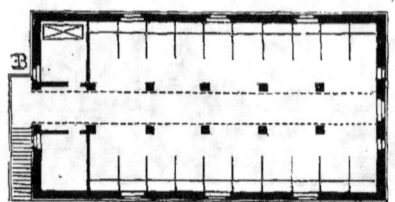

Fig. 6. — Étable avec fenil au-dessus.

Nos figures 4, 5, 6 montrent trois types de plans que les légendes explicatives font comprendre sans qu'il soit besoin d'insister davantage à ce sujet. Notre figure 7 fait voir une

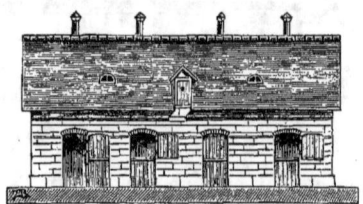

Fig. 7. — Élévation d'une étable.

élévation pouvant convenir également à ces mêmes plans au moyen de quelques modifications à déterminer d'après le type de plan auquel on la destine.

De l'aménagement des étables. — Tout ce que nous avons dit sur l'exposition, la ventilation, le sol, le pavage, les pentes, les

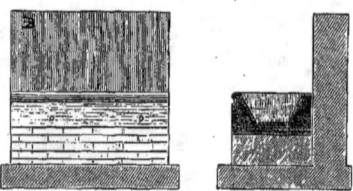

Fig. 8. — Élévation et coupe d'une auge en pierre.

plafond et plancher des écuries s'applique de même aux étables; aussi, pour ne point nous répéter, nous renverrons le lecteur aux différents paragraphes de l'article Écurie, qui

traitent de ces questions; nous nous bornerons à donner ici quelques types d'auges ou mangeoires, parce qu'ils diffèrent essentiellement de ceux employés dans les écuries.

Auges, Mangeoires et Rateliers des étables. — Les auges et les mangeoires ont

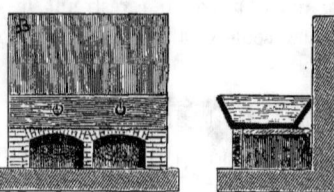

Fig. 9. — Élévation et coupe d'une auge en bois.

des dimensions assez variées, comme nous l'allons voir. Quant aux râteliers, on les supprime assez généralement; cependant lorsqu'on les maintient, ils doivent être verticaux plutôt qu'inclinés, car les bœufs en relevant la

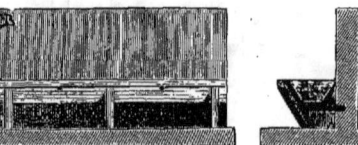

Fig. 10. — Élévation et coupe d'une auge en bois.

tête peuvent atteindre le râtelier avec leurs cornes et les enchevêtrer dans les *roulons*. Les auges ou mangeoires ne doivent pas être posées à plus de 0^m,50 à 0^m,55 au-dessus du sol;

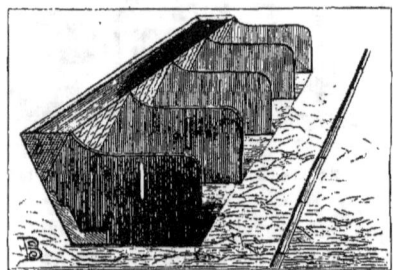

Fig. 11. — Stalles en fer pour vacheries.

cela dépend d'ailleurs de la taille des animaux : pour les petites races, on se contente de les placer à 0^m,40 ou 0,45 au plus de hauteur. La largeur intérieure des mangeoires est de 0^m,38 à 0ᵐ,40 et leur profondeur de 0ᵐ,20 à 0ᵐ,25. On les fait soit en pierre, soit en bois ; nos figures 8, 9, 10 en montrent trois types : l'un (fig. 8) est une auge en pierre posée sur un massif de maçonnerie ; l'autre (fig. 9) est une auge en bois portée sur de petits arcs en brique ; le troisième (fig. 10) est une auge en bois portée sur un assemblage en charpente. — Comme les ruminants gaspillent beaucoup leur nourriture, on emploie un agencement particulier de mangeoire, nommé *cornadis*, qui fait réaliser à l'éleveur une importante économie sur la nourriture en en empêchant le gaspillage. Au mot CORNADIS, nous en avons donné deux types.

SÉPARATIONS. — Généralement, dans les bouveries, les vaches sont placées côte à côte, sans séparations ; il n'y a guère que le taureau qui soit tenu séparément dans un boxe. Cependant il est certaines races méchantes ou turbulentes qu'on est obligé de séparer. On opère cette séparation à l'aide de cloisons fixes formant stalles. Ces cloisons ressemblent beaucoup à celles employées dans les écuries, seulement elles sont moins longues. En Angleterre, on emploie un modèle en fer que montre en perspective notre figure 11. Pour de plus amples détails sur la construction des étables, nous renvoyons à notre *Traité des constructions rurales*. — Voy. ÉCURIE et MITOYEN (*Mur*).

ÉTABLI, *s. m.* — Espèce de table longue rectangulaire sur laquelle travaillent les menuisiers (fig. 1). L'établi mesure 2 mètres à 2ᵐ,50 de longueur sur 0ᵐ,48 à 0ᵐ,65 de largeur. La table proprement dite est faite en

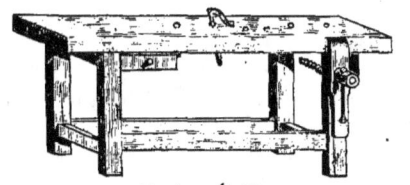

Fig. 1. — Établi.

orme ou en hêtre ; elle a 0ᵐ,08 à 0ᵐ,10 d'épaisseur ; elle est portée sur quatre pieds en chêne reliés entre eux à leur partie inférieure par des traverses de même bois assemblées à tenon

et à mortaise ; l'un des pieds de devant, celui de gauche ordinairement, est pourvu d'un étau de bois : la table est percée de trous ronds dans lesquels se placent les valets servant à maintenir les pièces de bois, lorsqu'on les travaille. A l'une de ses extrémités, cette table est percée d'un trou carré, dans lequel glisse à frottement forcé une tige carrée de bois, dont l'extrémité supérieure est armée d'un crochet en fer denté, contre lequel on fixe par un ferme coup de marteau les planches à blanchir, cor-

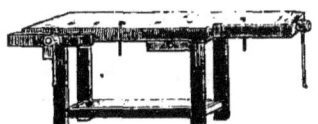

Fig. 2. — Établi à l'allemande.

royer et polir. Notre figure 2 représente un établi à l'*allemande*, avec lequel on n'emploie ni valet ni crochet pour travailler le bois ; ceux-ci sont remplacés par des tiges de fer carrées dont l'extrémité supérieure est terminée en crochet. — Les établis de menuisier sont mobiles, on peut les transporter partout où leur présence est nécessaire pour exécuter des travaux de quelque importance. — On nomme encore établis les tables fixes dont se servent les serruriers pour limer, polir et travailler le fer à l'ÉTAU. (Voy. ce mot.)

ÉTABLIR, *v. a.* — Ce mot a dans la langue des chantiers la même signification que dans le langage usuel ; mais il signifie en outre, tracer sur une pièce de bois, sur un bloc de pierre, les différentes coupes à leur faire subir, avant de les poser à la place définitive qui leur est assignée dans la construction.

ÉTABLISSEMENT, *s. m.* — En charpenterie, ce terme sert à désigner l'exécution pratique des principes théoriques qui s'appliquent au tracé, à la taille, à l'assemblage et à la pose des bois mis en œuvre dans une construction ; ainsi quand un charpentier ordonne à son *gâcheur* de procéder à l'*établissement* de la charpente du comble de telle maison, il lui indique d'un seul mot toutes ces diverses opérations. Eyère, dans son *Traité de la Charpente ci-*

vile, a parfaitement détaillé les opérations qui constituent l'*établissement* de la charpente en projet, à l'atelier et au chantier; aussi allons-nous les décrire d'après lui. Il divise ces opérations en cinq parties comprenant elles-mêmes des subdivisions : 1° le *tracé des épures*, 2° le *choix des bois et leur mise sur ligne*, 3° l'*établissement sur chantier*, 4° la *taille*, 5° la *pose*.

Pour exécuter ces différentes opérations on emploie les outils suivants : la *règle*, l'*équerre*, la *fausse équerre*, le *compas*, le *cordeau*, le *réglet*, la *jauge*, la *rainette*, le *trusquin*, les *niveaux à branches* et *de devers*, le *fil à plomb*.

1° LE TRACÉ DES ÉPURES consiste, après avoir dessiné l'épure sur le papier, à la porter en grand sur le terrain. (Voy. ÉPURE.)

2° Le CHOIX DES BOIS exige une grande connaissance, afin de faire le meilleur emploi des pièces suivant leurs dimensions et leur courbure; du reste, on les *met sur ligne* pour voir si elles satisfont aux conditions qu'on réclame d'elles. On appelle *mettre sur ligne* placer les bois sur l'épure tracée sur le terrain.

3° L'ÉTABLISSEMENT SUR CHANTIER comprend : le *piqué*, c'est-à-dire l'ensemble des procédés pour tracer les assemblages avec précision et netteté; la *contre-jauge*, qui sert à marquer, à l'aide du compas, du fil à plomb et du niveau, les points indiquant la place et la direction de la ligne d'assemblage; la *marque des bois*, qui a pour objet de graver à la rainette les signes conventionnels qui doivent servir à l'ajustement, à l'assemblage et à la pose; la *rencontre des bois*, opération qui a pour but de battre les lignes de contre-jauge, de tracer les mortaises et les tenons, de plomber et de repérer les lignes battues, ainsi que toutes les autres lignes d'établissement.

4° La TAILLE DE LA CHARPENTE, qui comprend l'exécution des tenons et des mortaises, des entailles et des coupes, et l'assemblage provisoire.

5° La POSE, qui comprend elle-même : le *triage des bois*, lequel s'opère au moyen des marques lorsqu'ils sont à pied d'œuvre ; le *levage*, à l'aide duquel on monte et on *met en place* la charpente. Ces trois opérations sont exécutées par un ouvrier nommé *gâcheur de levage*.

ÉTABLISSEMENTS DANGEREUX OU INSALUBRES. — D'après la loi, chacun est libre de créer sur son héritage tels établissements qu'il lui plaît; cependant cette liberté n'est que relative, car elle est subordonnée à la condition que ces établissements ne porteront atteinte ni à la sécurité publique ni à la tranquillité des voisins. Jusqu'au décret du 15 octobre 1810, aucune disposition législative ni même aucun règlement général n'avaient fixé la manière d'après laquelle les autorités locales devaient procéder pour autoriser ou refuser la création des établissements en question, car jusqu'en 1810 c'étaient les autorités locales qui en vertu de leurs pouvoirs exerçaient la surveillance et la haute police des manufactures. Comme le décret en question a une grande importance et donne avec beaucoup de renseignements utiles la division en trois classes des établissements dangereux, insalubres et incommodes, nous le reproduisons ci-après *in extenso* ; il ne comprend, du reste, que les quatorze articles suivants :

Art. 1er. — A compter de la publication du présent décret, les manufactures et ateliers qui répandent une odeur insalubre ou incommode ne pourront être formés sans une permission de l'autorité administrative ; ces établissements seront divisés en trois classes :

La première classe comprendra ceux qui doivent être éloignés des habitations particulières ;

La seconde, les manufactures et ateliers dont l'éloignement des habitations n'est pas rigoureusement nécessaire, mais dont il importe néanmoins de ne permettre la formation qu'après avoir acquis la certitude que les opérations qu'on y pratique sont exécutées de manière à ne pas incommoder les propriétaires du voisinage, ni à leur causer des dommages.

Dans la troisième classe seront placés les établissements qui peuvent rester sans inconvénient auprès des habitations, mais doivent rester soumis à la surveillance de la police.

Art. 2. — La permission nécessaire pour la formation des manufactures et des ateliers compris dans la première classe sera accordée avec les formalités ci-après, par un décret rendu en notre conseil d'État. Celles qu'exigera la mise en activité des établissements compris dans la seconde classe seront délivrées par les sous-préfets, qui prendront préalablement l'avis des maires.

Art. 3. — La permission pour les manufactures et fabriques de première classe ne sera accordée qu'avec les formalités suivantes :

La demande en autorisation sera présentée au préfet, et affichée par son ordre dans toutes les communes, à 5 kilomètres de rayon ; dans ce délai, tout particulier sera admis à présenter ses moyens d'opposition ; les maires des communes auront la même faculté.

Art. 4. — S'il y a des oppositions, le conseil de préfecture donnera son avis, sauf la décision au conseil d'État.

Art. 5. — S'il n'y a pas d'opposition, la permission sera accordée s'il y a lieu, sur l'avis du préfet et le rapport de notre ministre de l'intérieur.

Art. 6. — S'il s'agit de fabrique de soude, ou si la fabrique doit être établie dans la ligne des douanes, notre directeur général des douanes sera consulté.

Art. 7. — L'autorisation de former des manufactures et ateliers compris dans la seconde classe ne sera accordée qu'après que les formalités suivantes auront été remplies :

L'entrepreneur adressera d'abord sa demande au sous-préfet de son arrondissement, qui la transmettra au maire de la commune dans laquelle on projette de former l'établissement, en le chargeant de procéder à des informations *de commodo et incommodo*. Ces informations terminées, le sous-préfet prendra sur le tout un arrêté qu'il transmettra au préfet. Celui-ci statuera, sauf le recours à notre conseil d'État par toutes les parties intéressées. S'il y a opposition, il y sera statué par le conseil de préfecture, sauf le recours au conseil d'État.

Art. 8. — Les manufactures et ateliers ou établissements portés dans la troisième classe ne pourront se former que sur la permission du préfet de police à Paris et sur celle du maire dans les autres villes.

S'il s'élève des réclamations contre la décision prise par le préfet de police ou les maires, sur une demande en formation de manufacture ou d'atelier compris dans la troisième classe, elles seront jugées en conseil de préfecture.

Art. 9. — L'autorité locale indiquera le lieu où les manufactures et ateliers compris dans la première classe pourront s'établir, et exprimera sa distance des habitations particulières.

Tout individu qui ferait des constructions dans le voisinage de ces manufactures et ateliers, après que la formation en aura été permise, ne sera plus admis à en solliciter l'éloignement.

Art. 10. — La division en trois classes des établissements qui répandent une odeur insalubre ou incommode aura lieu conformément au tableau annexé au présent décret. Elle servira de règle toutes les fois qu'il sera question de prononcer sur les demandes en formation de ces établissements.

Art. 11. — Les dispositions du présent décret n'auront point d'effet rétroactif : en conséquence, tous les établissements qui sont aujourd'hui en activité continueront à être exploités librement, sauf les dommages dont pourront être passibles les entrepreneurs de ceux qui préjudicient aux propriétés de leurs voisins ; les dommages seront arbitrés par les tribunaux.

Art. 12. — Toutefois, en cas de graves inconvénients pour la salubrité publique, la culture, ou l'intérêt général, les fabriques et les ateliers de première classe qui les causent pourront être supprimés, en vertu d'un décret rendu en notre conseil d'État, après avoir entendu la police locale, pris l'avis des préfets, reçu la défense des manufacturiers et fabricants.

Art. 13. — Les établissements maintenus par l'article 11 cesseront de jouir de cet avantage, dès qu'ils seront transférés dans un autre emplacement, ou qu'il y aura une interruption de six mois dans leurs travaux. Dans l'un et l'autre cas, ils rentreront dans la catégorie des établissements à former, et ils ne pourront être remis en activité qu'après avoir obtenu, s'il y a lieu, une nouvelle permission.

Art. 14. — Nos ministres de l'intérieur et de la police générale sont chargés, chacun en ce qui les concerne, de l'exécution du présent décret, qui sera inséré au *Bulletin des lois*.

Les dispositions du décret qui précède ont été étendues par des ordonnances successives (ord. du 14 janvier 1815, 25 juin 1823, 9 février 1825, et 5 nov. 1826) à des établissements qui même en ne répandant pas d'odeur, offrent des dangers d'explosion ou d'incendie ou sont seulement d'une incommodité notable et continue. Nous devons dire encore que d'autres règles contenues dans le précédent décret ont été modifiées par le décret du 25 mars 1852, aux termes duquel les préfets doivent statuer sur l'autorisation des établissements insalubres de première classe, sans avoir à demander l'autorisation du *ministre de l'intérieur* ; d'ailleurs, ajoute ce décret (art. 2. et tableau 8 B, 8°), l'autorisation est donnée par le préfet « dans les formes déterminées pour cette nature d'établissement, et avec les recours existants aujourd'hui pour les établissements de deuxième classe. »

La formation des établissements dangereux ou insalubres est encore soumise pour des causes accessoires aux ordonnances suivantes que nous signalons à ceux de nos lecteurs qui désireraient les consulter : ordonnances des 14 janvier 1815, 15 juin 1818, 25 juin et 29 octobre 1823, 20 août 1824, 9 février 1825, 5 novembre 1826, 7 mai et 20 septembre 1828, 23 septembre 1829, 25 mars 1830, 31 mai 1833, 5 juillet 1834, 30 octobre 1836, 27 janvier et 30 novembre 1837 et 20 février 1838. Avant de donner la nomenclature des établissements insalubres, nous devons examiner quelques cas exceptionnels; ainsi le conseil d'État a jugé (arrêt du 17 septembre 1844) que les dispositions du décret de 1810 ne s'appliquent pas aux établissements exploités par l'administration quand ces établissements intéressent la sûreté et la défense du territoire, par exemple quand il s'agit d'une poudrerie militaire. En outre la fabrication privée des poudres détonantes et fulminantes a été placée sous un régime particulier (ord. du 30 oct. 1836). Pour les machines et chaudières à vapeur on a prescrit des règles spéciales (ord. du 22 mai 1843 et déc. du 25 juil. 1865) (Voy. FOURNEAU.) Il en a été de même pour les usines à gaz hydrogène (décr. 9 fév. 1867). Enfin ajoutons en terminant que pour la formation des établissements placés dans le rayon des douanes ou sur une rivière navigable, les règlements concernant celles-ci restent en vigueur et ne sont nullement abrogés par le décret de 1810.

NOMENCLATURE DES ÉTABLISSEMENTS INSALUBRES, DANGEREUX OU INCOMMODES, *classés par ordre alphabétique* (1).

Abattoirs publics (odeur et altération des eaux) (1re classe).

Absinthe (V. Distillerie) (2).

---

(1) Ce tableau est annexé au décret du 31 déc. 1866 ; il sert de règle toutes les fois qu'il s'agit de prononcer sur la demande de formation des établissements en question.

(2) Les renvois indiqués dans la présente nomenclature ne renvoient pas aux articles du Dictionnaire, mais à la nomenclature elle-même.

Acide arsénique (fabricat. de l') au moyen de l'acide arsénieux et de l'acide azotique :

1° Quand les produits nitreux ne sont pas absorbés (vapeurs nuisibles) (1re classe) ;

2° Quand ils sont absorbés (id.) (2e classe).

Acide chlorhydrique (product. de l') par décomposition des chlorures de magnésium, d'aluminium et autres :

1° Quand l'acide n'est pas condensé (émanations nuisibles) (1re classe) ;

2° Quand l'acide est condensé (émanations accidentelles (2e classe).

Acide muriatique. (V. Acide chlorhydrique.)

Acide nitrique (émanations nuisibles) (3e classe).

Acide oxalique (fabrication de l') :

1° Par l'acide nitrique :

a. Sans destruction des gaz nuisibles (fumée) (1re classe) ;

b. Avec destruction des gaz nuisibles (fumée accidentelle) (3e classe) ;

2° Par la sciure de bois et la potasse (fumée) (2e classe).

Acide picrique :

1° Quand les gaz nuisibles ne sont pas brûlés (vapeurs nuisibles) (1re classe) ;

2° Avec destruction des gaz nuisibles (id.) (3e classe).

Acide pyroligneux (fabricat. de l') :

1° Quand les produits gazeux ne sont pas brûlés (fumée et odeur) (2e classe) ;

2° Quand ils sont brûlés (id.) (3e classe).

Acide pyroligneux (purificat. de l') (odeur) (2e classe).

Acide stéarique (fabricat. de l') :

1° Par distillation (odeur et dangers d'incendie) (1re classe) ;

2° Par saponification (id.) (2e classe).

Acide sulfurique (fabrication de l') :

1° Par combustion du soufre et des pyrites (émanations nuisibles) (1re classe) ;

2° De Nordhausen par la décomposition du sulfate de fer (id.) (3e classe).

Acide urique. (V. Murexide.)

Acier (fabricat. de l') (fumée) (3e classe).

Affinage de l'or et de l'argent par les acides (émanations nuisibles) (1re classe).

Affinage des métaux aux fourneaux. (V. Grillage des minerais.)

Albumine (fabrication de l') au moyen du sérum frais du sang (odeur) (3e classe).

Alcali volatil (V. Ammoniaque.)

Alcools autres que le vin, sans travail de rectification (altération des eaux) (3e classe).

Id. (distillerie agricole) (id.) (3e classe).

Alcool (rectification de l') (dangers d'incendie) (2ᵉ classe).

Agglomérés ou briquettes de houille (fabricat. des) :

1° Au brai gras (odeur, dangers d'incendie) (2ᵉ classe) ;

2° Au brai sec (odeur) (3ᵉ classe).

Aldehyde (fabricat. de l') (dangers d'incendie) (1ʳᵉ classe).

Allumettes (fabr. des) avec matières détonantes et fulminantes (dangers d'explosion et d'incendie) (1ʳᵉ classe).

Alun. (V. Sulfate d'alumine.)

Amidonneries :

1° Par fermentation (odeur, émanations nuisibles et altérat. des eaux) (1ʳᵉ classe) ;

2° Par séparation du gluten et sans ferment. (altérat. des eaux) (2ᵉ classe).

Ammoniaque (fabricat. en grand de l') par la décomposition des sels ammoniacaux (odeur) (3ᵉ classe).

Amorces fulminantes (fabricat. des) (dangers d'explos.) (1ʳᵉ classe).

Appareils de réfrigération :

1° A ammoniaque (odeur) (3ᵉ classe) ;

2° A éther et autres liquides volatils et combustibles (dangers d'explos. et d'incendie) (1ʳᵉ classe).

Arcansons, résines de pin. (V. Résines.)

Argenture sur métaux. (V. Dorure et argenture.)

Arséniate de potasse (fabricat. de l') au moyen du salpêtre :

1° Quand les vapeurs ne sont pas absorbées (émanations nuisibles) (1ʳᵉ classe) ;

2° Quand elles sont absorbées (émanations accidentelles) (2ᵉ classe).

Artifices (fabriques des pièces d') (dangers d'incendie et d'explosion (1ʳᵉ classe).

Asphaltes bitumés, brais et matières bitumineuses solides (dépôt d') (odeur, dangers d'incendie) (3ᵉ classe).

Asphaltes et bitumes (trav. des) à feu nu (id.) (3ᵉ classe).

Ateliers de construction de machines et wagons. (V. Machines.)

Bâches imperméables (fab. des) :

1° Avec cuisson des huiles (dangers d'incendie) (1ʳᵉ classe) ;

2° Sans cuisson des huiles (id.) (2ᵉ classe).

Baleine (travaux des fanons de). (V. Fanons de baleine.)

Baryte (sulfate de) (décoloration du) au moyen de l'acide chlorhydrique à vases ouverts (émanations nuisibles) (2ᵉ classe).

Battage, cardage et épuration des laines, crins et plumes de literie (odeur et poussière) (3ᵉ classe).

Battage des cuirs (marteaux pour le) (bruit et ébranlement) (3ᵉ classe).

Battage et lavage (ateliers spéciaux pour les) des fils de laine, bourres et déchets de filature de laine et de soie dans les villes (bruit et poussière) (3ᵉ classe).

Battage des tapis en grand (id.) (2ᵉ classe).

Batteurs d'or et d'argent (bruit et poussière) (3ᵉ classe).

Battoir à écorce dans les villes (bruit et poussière) (3ᵉ classe).

Benzine (fabrique et dépôts de). (V. Huiles de pétrole, schiste, etc.)

Bitume et asphaltes (fabrique et dépôts). (V. Asphaltes bitumés, etc.)

Blanc de plomb. (V. Céruse.)

Blanc de zinc (fab. de) par la combustion du métal (fumées métalliques) (3ᵉ classe).

Blanchiment :

1° Des fils, des toiles et de la pâte à papier par le chlore (odeur, émanations nuisibles) (2ᵉ classe) ;

2° Des fils et tissus de lin, de chanvre et de coton par les chlorures (hyperchlorites) alcalins (odeur, altération des eaux) (3ᵉ classe) ;

3° Des fils et tissus de laine et de soie par l'acide sulfureux (émanations nuisibles) (2ᵉ classe).

Bleu de Prusse (fabrique de). (V. Cyanure de potass.)

Boues et immondices (dépôts des) et voiries (odeur) (1ʳᵉ classe).

Bougies de paraffine et autres d'origine minérale (moulage des) (odeur, dangers d'incendie) (3ᵉ cl.).

Bouillon de bière (distill. de). (V. Distilleries.)

Bourre. (V. Battage.)

Boutonniers et autres emboutisseurs de métaux par moyens mécaniques (bruit) (3ᵉ classe).

Boyauderie (travail des boyaux frais pour tous usages) (odeur, émanations nuisibles) (1ʳᵉ classe).

Boyaux et pieds d'animaux abattus (dépôts de). (V. Chair et débris.)

Brasseries (odeur) (3ᵉ classe).

Briqueterie avec four non fumant (fumée) (3ᵉ classe).

Briquettes ou agglomérés de houille. (V. Agglomérés.)

Brûleries des galons et tissus d'or et d'argent. (V. Galons.)

Buanderies (altération des eaux) (3ᵉ classe).

Café (torréfaction en grand du) (od. et fumée) (3ᵉ classe).

Caillettes et caillons pour la confection des fromages. (V. Chairs, débris, etc.)

Cailloux (four pour la calcination des) (fumée) (3ᵉ classe).

Calcination des cailloux. (V. Cailloux.)

Carbonisation des bois :

1° A l'air libre dans des établissements permanents et autre part qu'en forêt (odeur et fumée) (3ᵉ classe) ;

2° En vase clos { avec dégagement dans l'air des produits gazeux de la distillation (id.) (2ᵉ classe); avec combustion des produits gazeux de la distillation (id.) (3ᵉ classe).

Carbonisation des matières animales en général (odeur) (1ʳᵉ classe).

Caoutchouc (trav. du) avec emploi d'huiles essentielles ou de sulfure de carbone (odeur, dangers d'incendie) (2ᵉ classe).

Caoutchouc (applic. des enduits du) (dangers d'incendie) (2ᵉ classe).

Cartonniers (odeur) (3ᵉ classe).

Cendres d'orfévres (traitement des) par le plomb (fumées métalliques) (3ᵉ classe).

Cendres gravelées :

1° Avec dégagement de la fumée au dehors (fumée et odeur) (1ʳᵉ classe) ;

2° Avec combustion ou condensation des fumées (id.) (2ᵉ classe).

Céruse ou blanc de plomb (fab. de la) (éman.. nuisib.) (3ᵉ classe).

Chair, débris et issues (dép. de) provenant de l'abattage des animaux (odeur) (1ʳᵉ classe).

Chamoiseries (id.) (2ᵉ classe).

Chandelles (fabr. de) (odeur, dangers d'incendie) (3ᵉ classe).

Chantiers de bois à brûler dans les villes (émanations nuisibles, dangers d'incendie) (3ᵉ classe).

Chanvre (teillage et rouissage du) en grand. (V. Teillage et Rouissage.)

Chambre imperméable. (V. Feutre goudronné.)

Chapeaux de feutre (fabrique de) (odeur et poussière) (3ᵉ classe).

Chapeaux de soie et autres préparés au moyen d'un vernis (fab. de) (dangers d'incendie) (2ᵉ classe).

Charbons agglomérés. (V. Agglomérés.)

Charbon animal (fabrication ou revivificat. du). (V. Carbonisation des matières animales.)

Charbon de bois dans les villes (dépôts ou magasins de) (dangers d'incendie) (3ᵉ classe).

Charbon de terre. (V. Houille et Coke.)

Chaudronneries. (V. Forges de grosses œuvres.)

Chaux (fours à) :

1° Permanents (fumée, poussière) (2ᵉ classe);

2° Ne travaillant pas plus d'un mois par an (id.) (3ᵉ classe).

Chiens (infirmeries de) (odeur et bruit) (1ʳᵉ cl.).

Chiffons (dépôts de) (odeur) (3ᵉ classe).

Chlore (fabric. du) (id.) (2ᵉ classe).

Chlorure de chaux (fabric. du) :

1° En grand (id.) (2ᵉ classe) ;

2° Dans les ateliers fabriquant au plus 300 kilog. par jour. (odeur) (3ᵉ classe).

Chlorures alcalins, eau de javelle (fabr. des) (id.) (2ᵉ classe).

Chromate de potasse (fabr. du) (id.) (3ᵉ classe).

Chrysalides (ateliers pour l'extraction des parties soyeuses des) (id.) (1ʳᵉ classe).

Cire à cacheter (fabr. de la) (dangers d'incendie) (3ᵉ classe).

Cochenille ammoniac. (fab. de la) (odeur) (3ᵉ classe).

Cocons :

1° Traitement des frisons de cocons (altération des eaux) (2ᵉ classe) ;

2° Filature de cocons. (V. Filature.)

Coke (fabr. du) :

1° En plein air ou en fours non fumivores (fumée et poussière) (1ʳᵉ classe) ;

2° En fours fumivores (poussière) (2ᵉ classe).

Colle forte (fabrication de la) (odeur, altération des eaux) (1ʳᵉ classe).

Combustion des plantes marines dans les établissements permanents (odeur et fumée) (1ʳᵉ classe).

Construction (ateliers de). (V. Machines et Wagons.)

Cordes à instruments en boyaux (fabr. de.) (V. Boyauderie.)

Corroieries (odeur) (2ᵉ classe).

Coton et coton gras (blanchissage des déchets de) (altération des eaux) (3ᵉ classe).

Cretons (fabr. de) (odeur et dangers d'incendie) (1ʳᵉ classe).

Crins (teinture des). (V. Teinturerie.)

Crins et soies de porcs (préparation des) sans ferments). (V. aussi Soies de porc par ferment) (odeur et poussière) (2ᵉ classe).

Cristaux (fabr. de). (V. Verreries, etc.)

Cuirs vernis (fabr. de) (odeur et dangers d'incendie) (1ʳᵉ classe).

Cuirs verts et peaux fraîches (dépôt de) (odeur) (2ᵉ classe).

Cuivre (dérochage du) par les acides (odeur, émanations nuisibles) (3ᵉ classe).

Cuivre (fonte du). (V. Fonderies, etc.)

Cyanure de potass. et bleu de Prusse (fabr. de) :

1° Par la calcination directe des matières animales avec la potasse (odeur) (1ʳᵉ classe);

2° Par l'emploi des matières préalablement carbonisées en vases clos (odeur) (2e classe).

Cyanure rouge de potassium ou prussiate rouge de potasse (émanations nuisibles) (3e classe).

Débris d'animaux (dépôt de). (V. Chairs, etc.)

Déchets de matières filament (dépôt de) en grand dans les villes (dangers d'incendie) (3e classe).

Dégras ou huile épaisse à l'usage des chamoiseurs et des corroyeurs (fabr. de) (odeur, dangers d'incendie) (1re classe).

Dégraissage des tissus et déchets de laine par les huiles de pétrole et autres hydrocarbures (dangers d'incendie) (1re classe).

Dérochage du cuivre. (V. Cuivre.)

Distilleries en général, eaux-de-vie, genièvre, kirsch, absinthe et autres liqueurs alcooliques (dangers d'incendie) (2e classe).

Dorure et argenture sur métaux (émanations nuisibles) (3e classe).

Eau de javelle (fab. d'). (V. Chlorures alcalins.)

Eau-de-vie. (V. Distilleries.)

Eau-forte. (V. Acide nitrique.)

Eaux grasses (extraction, pour la fabrication du savon et autres usages, des huiles contenues dans les) :

1° En vases ouverts (odeur, dangers d'incendie) (1re classe);

2° En vases clos (id.) (2e classe).

Eaux savonneuses des fabriques. (V. Huiles extraites des débris d'animaux.)

Echaudoirs :

1° Pour la préparation industrielle des débris d'animaux (odeur) (1re classe);

2° Pour la préparation des parties d'animaux propres à l'alimentation (odeur) (3e classe).

Email (applicat. de l') sur les métaux (fumée) (9e classe).

Emaux (fabr. d') avec fours non fumivores (id.) (3e classe).

Encre d'imprimerie (fabr. d') (odeur, dangers d'incendie) (1re classe).

Engrais (fabr. des) au moyen de matières animales (odeur) (1re classe).

Engrais (dépôt d') au moyen des matières provenant de vidanges ou de débris d'animaux :

1° Non préparés ou en magasin non couvert (odeur) (1re classe) ;

2° Desséchés ou désinfectés et en magasin couvert, quand la quantité excède 25,000 kilogr. (id.) (2e classe) ;

3° Les mêmes, quand la quantité est inférieure à 25,000 kilogr. (id.) (3e classe).

Engraissement des volailles dans les villes (établissement pour l') (odeur) (3e classe).

Eponges (séchage et lavage des) (odeur et altération des eaux) (3e classe).

Equarrissage des animaux (odeur, émanations nuisibles) (1re classe).

Etamage des glaces (émanations nuisibles) (3e classe).

Ether (fabrication et dépôt d') (dangers d'incendie et d'explosion) (1re classe).

Etoupilles (fabr. d') avec matières explosives (dangers d'explosion et d'incendie) (1re classe).

Faïence (fabrique de) :

1° Avec fours non fumivores (fumée) (2e classe).

2° Avec fours fumivores (fumée accid.) (3e cl.).

Fanons de baleine (travaux des) (émanations incommod.) (3e classe).

Farine (moulins à). (V. Moulins.)

Féculeries (odeur) (altération des eaux) (3e classe).

Fer-blanc (fabrication du) (fumée) (3e classe).

Feutres et visières vernis (fabrique de) (odeur et dangers d'incendie) (1re classe).

Feutre goudronné (fabrique du) (odeur et dangers d'incendie) (2e classe).

Filature des cocons (ateliers dans lesquels la) s'opère en grand, c'est-à-dire employant au moins six tours (odeur, altération des eaux) (3e classe).

Fonderie de cuivre, laiton et bronze (fumées métalliques) (3e classe).

Fonderie en deuxième fusion (fumée) (3e classe).

Fonte et laminage du plomb, du zinc et du cuivre (bruit, fumée) (3e classe).

Forges et chaudronneries de grosses œuvres employant des marteaux mécaniques (fumée, bruit) (3e classe).

Formes en tôle pour raffin. (V. Tôles vernies.)

Fourneaux à charbon de bois. (V. Carbonisation du bois.)

Fourneaux (hauts) (fumée et poussière) (2e classe).

Fours pour la calcination des cailloux. (V. Cailloux.)

Fours à plâtre et fours à chaux. (V. Plâtre, Chaux.)

Fromages (dépôts de) dans les villes (odeur) (3e classe).

Fulminate de mercure (fabr. du) (dangers d'explosion et d'incendie) (1re classe).

Galipots ou résines de pin. (V. Résines.)

Galons et tissus d'or et d'argent (brûlerie en grand des) dans les villes (odeur) (3e classe).

Gaz d'éclairage et de chauffage (fabrication du):

1° Pour l'usage public (odeur, dangers d'incendie) (2° classe).

2° Pour l'usage particulier (id.) (3° classe).

Gazomètres pour l'usage particulier, non attenants aux usines de fabrication (id.) (3° classe).

Gélatine alimentaire et gélatine provenant des peaux blanches non tannées (fabr. de la) (odeur) (3° classe).

Générateurs à vapeur (régime spécial).

Genièvre. (V. Distilleries.)

Glaces (étamage des). (V. Etamage.)

Glace. (V. Appareils de réfrigération.)

Goudrons (usines spéciales pour l'élaboration des) d'origines diverses (odeur, dangers d'incendie) (1re classe).

Goudrons (traitement des) dans les usines à gaz où ils se produisent (id.) (2° classe).

Goudrons et matières bitumineuses fluides (dépôt de) (id.) (2° classe).

Goudrons et brais végétaux d'origines diverses (élaboration des) (id.) (1re classe).

Graisses à feu nu (fonte des) (id.) (1re classe).

Graisses pour voitures (fabr. des) (id.) (1re classe).

Grillage des minerais sulfureux (fumée, émanations nuisibles) (1re classe).

Guano (dépôt de) :

1° Quand l'approvisionnement excède 25,000 kilogr. (odeur) (1re classe) ;

2° Pour la vente au détail (id.) (3° classe).

Harengs (saurage des) (id.) (3° classe).

Hongroiries (id.) (3° classe).

Houille (agglomérés de). (V. Agglomérés.)

Huile de Bergues (fabr. de l') (V. Dégras.)

Huiles de pétrole, de schiste et de goudron, essences et autres hydrocarbures employés pour l'éclairage, le chauffage, la fabrication des couleurs et vernis, le dégraissage des étoffes et autres usages.

1° Fabrique et distillation et travail en grand (odeur et dangers d'incendie) (1re classe).

2° Dépôts (1) :

a. Substances très-inflammables, c'est-à-dire émettant des vapeurs susceptibles de prendre feu (2) à une température de moins de 35° :

1° Si la quantité emmagasinée est, même temporairement, de 1,050 litres ou plus (odeur et dangers d'incendie) (1re classe) ;

2° Si la quantité, supérieure à 150 litres, n'atteint pas 1,050 litres (id.) (2° classe).

b. Substances moins inflammables, c'est-à-dire n'émettant de vapeurs susceptibles de prendre feu qu'à une température de 35° et au-dessus :

1° Si la quantité emmagasinée est, même temporairement de 10,500 litres ou plus (odeur et dangers d'incendie) (1re classe) ;

2° Si, supérieure à 1,050 litres, elle n'atteint pas 10,500 litres (id.) (2° classe).

Huile de pieds de bœuf (fabrication d') :

1° Avec emploi de matières en putréfaction (odeur) (1re classe) ;

2° Quand les matières employées ne sont pas en putréfaction (id.) (2° classe).

Huile de poisson (fabrique d') (odeur, dangers d'incendie) (1re classe).

Huile épaisse ou dégras. (V. Dégras.)

Huile de résine (fabr. d'). (V. Résines, etc.)

Huileries ou moulins à huile (id.) (3° classe).

Huiles (épuration des) (id.) (3° classe).

Huiles essentielles ou essences de térébenthine, d'aspic et autres. (V. Huiles de pétrole, de schiste, etc.)

Huiles et autres corps gras extraits des débris des matières animales (extraction des) (id.) (1re classe).

Huiles extraites de schistes bitumineux. (V. Huiles de pétrole, de schiste, etc.)

Huiles (mélange à chaud ou cuisson des) :

1° En vases ouverts (odeur, dangers d'incendie) (1re classe) ;

2° En vases clos (id.) (2° classe).

Huiles rousses (fabr. des) par extraction de cretons et débris de graisses à haute température (id.) (1re classe).

Impressions sur étoffes. (V. Toiles peintes).

Jute (teillage du). (V. Teillage.)

Kirsch. (V. Distilleries.)

Laine. (V. Battage.)

Laiterie en grand dans les villes (odeur) (2° classe).

Lard (atelier à enfumer le) (odeur et fumée) (3° classe).

Lavage des cocons. (V. Cocons.)

Lavage et séchage des éponges. (V. Eponges.)

Lavoirs à houille (altération des eaux) (3° classe).

Lavoirs à laines (id.) (3° classe).

Lignites (incinération des) (fumée, émanations nuisibles) (1re classe).

Lin (teillage en grand du). (V. Teillage.)

---

(1) Le décret du 27 janvier 1872 contient des dispositions nouvelles en ce qui concerne les entrepôts ou magasins d'hydrocarbures.

(2) Il est sous-entendu à l'approche d'une lampe ou d'une bougie allumée, ou au contact d'une allumette enflammée.

Lin (rouissage du). (V. Rouissage.)

Liquides pour l'éclairage (dépôt de), au moyen de l'acool et des huiles essentielles (dangers d'incendie et d'explos.) (2° class e).

Liqueurs alcooliques (V. Distilleries.)

Litharge (fabr. de) (poussières nuisibles) (3° classe.)

Lustrage et apprêtage des peaux (1) (odeur) (3° classe.)

Machines et wagons (ateliers de constructions de) (bruit, fumée) (3° classe.)

Machines à vapeur. (V. Générateurs.)

Maroquineries (odeur) (3° classe.)

Massicot (fabr. du) (émanations nuisibles) (3° classe.)

Mégisserie (odeur) (3° classe.)

Mélanges d'huiles. (V. Huiles, etc.)

Ménageries (danger des animaux) (1re classe).

Métaux (ateliers de) pour construction de machines et appareils. (V. Machines.)

Minium (fabr. du) (émanations nuisibles) (3° classe).

Morues (sécheries des) (odeur) (2° classe).

Moulins à broyer le plâtre, la chaux, les cailloux et les pouzzolanes (poussière) (3° classe).

Moulins à huile. (V. Huileries.)

Murexide (fabr. de la) en vases clos par la réaction de l'acide azotique et de l'acide urique du guano (émanations nuisibles) (2° classe).

Nitrate de fer (fabrication du) :

1° Lorsque les vapeurs nuisibles ne sont pas absorbées ou décomposées (id.) (1re classe) ;

2° Dans le cas contraire (id.) (3° classe).

Nitro-benzine, aniline et matières dérivant de la benzine (fabr. de la) (odeur, émanations nuisibles et dangers d'incendie) (2° classe).

Noir des raffineries et des sucreries (revivification du) (émanations nuisibles, odeur) (2° classe).

Noir de fumée (fabr. du) par la distillation de la houille, des goudrons, bitumes, etc. (fumée, odeur) (2° classe).

Noir d'ivoire et noir animal (distillation des os ou fabrication du) :

1° Lorsqu'on n'y brûle pas les gaz (odeur) (1re classe) ;

2° Lorsque les gaz sont brûlés (odeur) (2° classe).

Noir minéral (fabrication du) par le broyage des résidus de la distillation des schistes bitumineux (odeur et poussière) (3° classe).

Oignons (dessication des) dans les villes (odeur) (2° classe).

Olives (confiserie des) (altération des eaux) (3° classe).

Olives (Tourteaux d'). (V. Tourteaux.)

Orseille (fabr. de l') :

1° En vases ouverts (odeur) (1re classe) ;

2° A vases clos en employant de l'ammoniaque à l'exclusion de l'urine (odeur) (3° classe).

Os (torréfaction des) pour engrais :

1° Lorsque les gaz ne sont pas brûlés (odeur et dangers d'incendie) (1re classe) ;

2° Lorsque les gaz sont brûlés (id.) (1re classe).

Os d'animaux (calcination des). (V. Carbonisation des matières animales.)

Os frais (dépôt d') en grand (odeur, émanations nuisibles) (1re classe).

Ouates (fabr. des) (poussière et danger d'incendie) (3° classe).

Papiers (fabricat. des) (dangers d'incendie) (3° classe).

Pâte à papier (préparation de la) au moyen de la paille et autres matières combustibles (altération des eaux) (2° classe).

Parchemineries (odeur) (3° classe).

Peaux de lièvre et de lapin. (V. Sécrétage.)

Peaux de mouton (séchage des) (odeur et poussière) (3° classe).

Peaux fraîches. (V. Cuirs verts.)

Perchlorure de fer par dissolution de peroxyde de fer (fabr. de) (émanations nuisibles) (3° classe).

Pétrole. (V. Huiles de pétrole, etc.)

Phosphore (fabricat. du) (dangers d'incendie) (1re classe).

Pileries mécaniques des drogues (bruit et poussière) (3° classe).

Pipes à fumer (fabr. des) :

1° Avec fours non fumivores (fumée) (2° classe) ;

2° Avec fours fumivores (fumée accidentelle) (3° classe).

Plantes marines. (V. Combustion des plantes marines.)

Plâtre (fours à) :

1° Permanents (fumée et poussière) (2° cl.) ;

2° Ne travaillant pas plus d'un mois (fumée et poussière) (3° classe).

Plomb (fonte et laminage du). (V. Fonte, etc.)

Poêliers, fournalistes, poêles et fourneaux en faïence et terre cuite. (V. Faïence.)

Poils de lièvre et de lapin. (V. Sécrétage.)

Poissons salés (dépôt de) (odeur incommode) (2° classe).

Porcelaine (fabr. de) :

1° Avec fours non fumivores (fumée) (2° classe) ;

2° Avec fours fumivores (fumée accid.) (3° classe).

Porcheries (odeur, bruit) (1re classe).

Potasse (fabr. de) par calcination des résidus de mélasses (fumée et odeur) (2ᵉ classe).

Potasse. (V. Chromate de potasse.)

Poteries de terre (fabr. de) avec fours non fumivores (fumée) (3ᵉ classe).

Poudres et matières fulminantes (fabr. de) (V. aussi Fulminate de mercure) (dangers d'explosion et d'incendie) (1ʳᵉ classe).

Poudrette (fabr. de) et autres engrais au moyen de matières animales (odeur, altération des eaux) (1ʳᵉ classe).

Poudrette (dépôt de). (V. Engrais.)

Pouzzolane artificielle (fours à) (fumée) (3ᵉ classe).

Protochlorure d'étain, ou sel d'étain (fabr. du) (émanations nuisibles) (2ᵉ classe).

Prussiate de potasse. (V. Cyanure de potass.)

Pulpes de pomme de terre. (V. Féculeries.)

Raffineries et fabr. de sucre (fumée, odeur) (2ᵉ classe).

Résines, galipots et arcansons (travaux en grand pour la fonte et l'épuration des) (odeur, dangers d'incendie) (1ʳᵉ classe).

Rogues (dépôts de salaisons liquides connues sous le nom de) (odeur) (2ᵉ classe).

Rouge de Prusse et d'Angleterre (émanations nuisibles) (1ʳᵉ classe).

Rouissage en grand du chanvre et du lin par l'action des acides, de l'eau chaude et de la vapeur (émanations nuisibles) (2ᵉ classe).

Sabots (atelier à enfumer les) par la combustion de la corne ou d'autres matières animales dans les villes (odeur et fumée) (1ʳᵉ classe).

Salaison et préparation des viandes (odeur) (3ᵉ classe).

Salaisons (ateliers pour les) et le saurage des poissons (odeur) (2ᵉ classe).

Salaisons (dépôts de) dans les villes (odeur) (3ᵉ classe).

Sang :

1° Ateliers pour la séparation de la fibrine, de l'albumine, etc. (odeur) (1ʳᵉ classe) ;

2° Dépôt de sang pour la fabrication du bleu de Prusse et autres industries (odeur) (1ʳᵉ classe).

3° Fabrication de poudre de sang pour la clarification des vins (odeur) (1ʳᵉ classe).

Sardines (fabr. de conserves de) dans les villes (odeur) (2ᵉ classe).

Saucissons (fabrication en grand de) (odeur) (2ᵉ classe).

Saurage des harengs. (V. Harengs.)

Savonneries (odeur) (2ᵉ classe).

Schistes bitumineux. (V. Huiles de pétrole, de schiste, etc.)

Séchage des éponges. (V. Éponges.)

Sécheries des morues. (V. Morues.)

Sécrétage de peaux ou poils de lapin et de lièvre (odeur) (2ᵉ classe).

Sel ammoniac ou sulfate d'ammoniaque (fabr. du) par l'emploi des matières animales (odeur, émanations nuisibles) (2ᵉ classe).

Sel ammoniac extrait des eaux d'épuration du gaz (fabr. spéciale du) avec le sulfate de soude (fumée, émanations nuisibles) (2ᵉ classe).

Sel de soude (fabr. du) avec le sulfate de soude (fumée, émanations nuisibles) (3ᵉ classe).

Sirop de fécule et glucose (fabr. de) (odeur) (3ᵉ classe).

Soie. (V. Chapeaux.)

Soie. (V. Filature.)

Soies de porc (préparation des) :

1° Par fermentation (odeur) (1ʳᵉ classe) ;

2° Sans fermentation. (V. Crins et soies de porc.)

Soude. (V. Sulfate de soude.)

Soudes brutes de varech (fabr. des) dans les établissements permanents (odeur et fumée) (1ʳᵉ classe).

Soufre (fusion ou distillation du) (émanations nuisibles et dangers d'incendie) (2ᵉ classe).

Soufre (pulvérisation et blutage du) (poussière et dangers d'incendie) (3ᵉ classe).

Sucres. (V. Raffineries et fabr. de sucre.)

Suif brun (fabr. du) (odeur et dangers d'incendie) (1ʳᵉ classe).

Suif en branches (fonderies de) :

1° A feu nu (odeur et dangers d'incendie) (1ʳᵉ classe) ;

2° Au bain-marie ou à la vapeur (odeur) (2ᵉ classe).

Suif d'os (fabr. du) (odeur, altération des eaux, dangers d'incendie) (1ʳᵉ classe).

Sulfate d'ammoniaque (fabr. du) par le moyen de la distillation des matières animales (odeur) (1ʳᵉ classe).

Sulfate de baryte. (V. Baryte.)

Sulfate de cuivre (fabr. du) au moyen du grillage des pyrites (émanations nuisibles et fumée) (1ʳᵉ classe).

Sulfate de mercure (fabr. du) :

1° Quand les vapeurs ne sont pas absorbées (émanations nuisibles) (1ʳᵉ classe) ;

2° Quand les vapeurs sont absorbées (émanations nuisibles) (2ᵉ classe).

Sulfate de peroxyde de fer (fabr. du) par le sulfate de protoxyde de fer et l'acide nitrique (nitro-sulfate de fer) (émanations nuisibles) (2ᵉ classe).

Sulfate de protoxyde de fer ou couperose verte par l'action de l'acide sulfureux sur la ferraille (fabrication en grand du) (fumée, émanations nuisibles) (3ᵉ classe).

Sulfate de soude (fabrication du) :

1° Par la décomposition du sel marin par l'acide sulfurique, sans condensation de l'acide chlorhydrique (émanations nuisibles) (1ʳᵉ classe) ;

2° Avec condensation complète de l'acide chlorhydrique (émanations nuisibles) (2ᵉ classe).

Sulfate de fer, d'alumine et d'alun (fabr. par le lavage des terres pyriteuses et alumineuses grillées du) (fumée et altération des eaux) (3ᵉ classe).

Sulfure de carbone (fabr. du) (odeur, dangers d'incendie) (1ʳᵉ classe).

Sulfure de carbone (manufactures dans lesquelles on emploie en grand le) (dangers d'incendie) (1ʳᵉ classe).

Sulfure de carbone (dépôts de). (Suivent le régime des huiles de pétrole.)

Sulfures métalliques. (V. Grillage des minerais sulfureux.)

Tabac (manufactures de) (odeur et poussière) (2ᵉ classe).

Tabac (incinération des côtes de) (odeur et fumée) (1ʳᵉ classe).

Tabatières en carton (fabrication des) (odeur et dangers d'incendie) (3ᵉ classe).

Taffetas et toiles vernies ou cirées (fabrication de) (odeur et dangers d'incendie) (1ʳᵉ classe).

Tan (moulins à) (bruit et poussière) (3ᵉ classe) ;

Tanneries (odeur) (2ᵉ classe).

Teintureries (odeur et altération des eaux) (3ᵉ classe).

Teintureries de peaux (odeur) (3ᵉ classe).

Terres émaillées (fabrique de) :

1° Avec fours non fumivores (fumée) (2ᵉ classe) ;

2° Avec fours fumivores (fumée accidentelle) (3ᵉ classe).

Terres pyriteuses et alumineuses (grillage des) (fumée, émanations nuisibles) (1ʳᵉ classe).

Teillage du lin, du chanvre et du jute en grand (poussière et bruit) (2ᵉ classe).

Térébenthine (distillation et travail en grand de la). (V. Huiles de pétrole, de schiste, etc.)

Tissus d'or et d'argent (brûleries en grand des). (V. Galons.)

Toiles cirées. (V. Taffetas et toiles vernies.)

Toiles (blanchiment des). (V. Blanchiment.)

Toiles grasses pour emballages, tissus, cordes goudronnées, papiers goud., cartons et tuyaux bitumés (fabr. de) :

1° Travail à chaud (odeur, dangers d'incendie) (2ᵉ classe) ;

2° Travail à froid (odeur, dangers d'incendie) (3ᵉ classe).

Toiles peintes (fabrication de) (odeur) (3ᵉ classe).

Toiles vernies (fabr. de). (V. Taffetas et toiles vernies.)

Tôles et métaux vernis (odeur, dangers d'incendie) (3ᵉ classe).

Tonnellerie en grand et opérant sur des fûts imprégnés de matières grasses et putrescibles (bruit, odeur et fumée) (2ᵉ classe).

Torches résineuses (fabrication de) (odeur et danger du feu) (2ᵉ classe).

Tourbe (carbonisation de la) :

1° A vases ouverts (odeur et fumée) (2ᵉ classe)

2° En vases clos (odeur) (2ᵉ classe).

Tourteaux d'olives (traitement des) par le sulfate de carbone (dangers d'incendie) (1ʳᵉ classe).

Tréfileries (bruit et fumée) (3ᵉ classe).

Triperie annexe des abattoirs (odeur et altération des eaux) (1ʳᵉ classe).

Tueries d'animaux (V. aussi Abattoirs publics) danger des animaux et odeur) (2ᵉ classe).

Tuileries avec fours non fumivores (fumée) (3ᵉ classe).

Urate (fabr. d'). (V. Engrais préparés.)

Vacheries dans les villes de plus de 5,000 habit. (odeur et écoulement des urines) (3ᵉ classe).

Varech. (V. Soude de varech.)

Vernis gras (fab. de) (odeur et dangers d'incend.) (1ʳᵉ classe).

Vernis à l'esprit-de-vin (fabr. de) (odeur et dangers d'incendie) (2ᵉ classe).

Vernis (ateliers où l'on applique le) sur les cuirs, feutres, taffetas, toiles, chapeaux. (V. ces mots.)

Verreries, cristalleries et manufactures de glaces :

1° Avec fours non fumivores (fumée et dangers d'incendie) (2ᵉ classe) ;

2° Avec fours fumivores (dangers d'incendie) (3ᵉ classe).

Viandes (salaisons de). (V. Salaisons.)

Visières et feutres vernis (fabrique de).(V. Feutres et visières.)

Voiries. (V. Boues et immondices.)

Wagons et machines (construction de). (V. Machines.)

Pour compléter cette nomenclature, nous devons y ajouter les industries suivantes, qui ont été annexées à celles qui précèdent par le décret du 31 janvier 1871 :

Amorces fulminantes pour pistolets d'enfants (fabr. d') (dangers d'explosion) (2ᵉ classe).

Bocards à minerais ou à crasses (bruit) (3ᵉ classe).

Ciments (fours à) :

1° Permanents (fumée, poussière) (2ᵉ classe) ;

2° Ne travaillant pas plus d'un mois par an, (id.) (3ᵉ classe).

Déchets des filatures de lin, de chanvre et de jute (lavage et séchage en grand des) (odeur et altération des eaux) (2ᵉ classe).

Ether (dépôts d') :

1° Si la quantité emmagasinée est, même temporairement, de 1000 litres ou plus (dangers d'incendie et d'explosion) (1ʳᵉ classe) ;

2° Si la quantité, supérieure à 100 litres, n'atteint pas 1000 litres (id.) (2ᵉ classe).

Graisses de cuisine (traitement des) (odeur) (1ʳᵉ classe).

Huiles de ressence (fabr. des) (odeur, altération des eaux) (2ᵉ classe).

Huiles lourdes créozotées (injection des bois à l'aide des), ateliers opérant en grand et d'une manière permanente (odeurs et dangers d'incendie) (2ᵉ classe).

Lavoirs à minerais en communication avec des cours d'eau (altération des eaux) (3ᵉ classe).

Os secs en grand (dépôts d') (odeur) (3ᵉ classe).

Peaux (planage et séchage des) (odeur) (2ᵉ classe).

Superphosphate de chaux et de potasse (fabr. du) (émanations nuisibles) (2ᵉ classe).

Un décret du 9 mai 1873 a réglementé à nouveau le commerce et la vente des huiles de pétrole et autres hydro-carbures ; mais comme ce décret se borne à classer les établissements en trois catégories suivant les quantités contenues dans les magasins et entrepôts, et que ce classement est susceptible de recevoir des modifications incessantes, nous nous dispensons de le reproduire.

ÉTAGE, *s. m.* — Espace compris entre le sol et un plancher, ou entre deux planchers. C'est aussi l'ensemble des pièces composant un ou plusieurs appartements situés à un même niveau dans un bâtiment. Les différents étages d'une maison sont desservis entre eux par un ou plusieurs escaliers.

ÉTAGE A REZ-DE-CHAUSSÉE, celui qui n'est élevé que d'une marche, ou seulement de quelques marches au-dessus de la chaussée d'une route, d'une rue, ou au-dessus d'une cour ou d'un jardin.

ÉTAGE SOUTERRAIN, étage généralement voûté, placé en contre-bas du sol. Aujourd'hui, grâce à l'emploi des planchers en fer, beaucoup d'étages souterrains ne sont pas voûtés, ce qui constitue une économie dans leur construction.

ÉTAGE CARRÉ, celui qui est formé par des murs perpendiculaires.

ÉTAGE DE COMBLE, celui qui est pratiqué dans les combles d'une maison ; on le nomme aussi *étage de lambris* ou *lambrissé*, parce qu'on établit des lambris pour dissimuler la pente du comble. On donne aussi à cet étage le nom de GALETAS. (Voy. ce mot.) On dit également, *étage mansardé*. (Voy. MANSARDE.)

LÉGISLATION. — On ne peut donner aux étages destinés à être habités une hauteur moindre de 2ᵐ, 60 ; dans les étages de comble, cette hauteur est mesurée dans le point le plus élevé du rampant. (Décret du 27 juillet 1859.)

ÉTAI, *s. m.* — Pièce de bois employée à un ÉTAYEMENT (Voy. ce mot), et qui, suivant la position qu'elle occupe ou le rôle qu'elle remplit, prend le nom de CHANDELLE, CONTRE-FICHE, ETRÉSILLON, etc. (Voy. ces mots.) Les étais doivent être en bois de brin ; ils peuvent être pris dans de vieux bois, c'est-à-dire dans des bois ayant déjà servi, mais à la condition qu'ils ne portent pas d'entailles. Le pluriel *étais* est employé quelquefois comme synonyme d'*étayement*.

ÉTAIE, *s. f.* — Terme de blason. Chevron qui n'a que la moitié de la largeur ordinaire.

ÉTAIN, *s. m.* — Métal d'un blanc gris rappelant celui de l'argent ; sa densité est de 7,29 ; il ressemble beaucoup au zinc, mais il s'en distingue par le cri particulier qu'il fait entendre quand on le plie en deux. Plus dur et plus ductile que le plomb, l'étain fond à 228°. Il existe de nombreuses variétés d'étain ; beaucoup renferment des matières étrangères, telles que du cuivre, du fer, du plomb et de l'arsenic ; l'une des plus estimées est celle qui se fabrique dans le canton de Cornouailles en Angleterre et, qu'à cause de cela on nomme *étain de Cornouailles*, et aussi *étain à la rose, au chapeau*, parce que quelques fabricants estampillent les étains de leur fabrication avec une marque simulant une rose ou un chapeau. Les étains de Cornouailles sont des *étains fins ;* ceux de Banca et de Malacca sont aussi assez estimés ; d'autres sortes, plus communes, sont dites, *étain à baguette, étain de broc, étain de plats, couverts* ou *vaisselle*. L'étain est fort peu employé dans les constructions, mais il sert surtout à étamer le fer, le cuivre et à faire des alliages]; amalgamé avec du mercure, il sert à l'étamage des glaces.

Quand on calcine à l'air libre le peroxyde d'étain, on obtient une substance connue dans le commerce sous le nom de *potée d'étain*, qui sert au polissage des marbres et autres matières dures.

ÉTALON. — Voy. ÉTELON.

ÉTAMAGE, *s. m.* — Action d'étamer ; résultat de cette opération, qui a pour objet de recouvrir la surface d'un métal facilement oxydable, particulièrement le fer et le cuivre, d'une couche d'étain, qui est beaucoup moins oxydable qu'eux. La tôle de fer étamée se nomme *fer-blanc*. Depuis quelques années, on étame également le fer avec du zinc ; ce dernier procédé se nomme *zincage*, ou plutôt *zingage*.

ÉTAMER, *v. a.* — Couvrir d'étain. Ce terme s'emploie surtout pour désigner une opération qu'on pratique sur les glaces pour en faire des miroirs. Il existe de nombreux procédés pour étamer les glaces ; le plus en usage consiste dans l'emploi d'un amalgame d'étain et de mercure qu'on fixe par divers moyens dont nous n'avons pas à parler ici. Ajoutons seulement qu'un nouveau mode d'étamage au nitrate d'argent, inventé par M. Lenoir, semble appelé à remplacer tous les autres, car il est plus expéditif, partant plus économique, et bien moins insalubre pour la santé des ouvriers miroitiers.

ÉTAMOIR, *s. m.* — En plomberie, c'est une palette de bois garnie de fer-blanc, sur laquelle les plombiers frottent leur fer à souder, pour l'essayer. — En vitrerie, c'est un petit ais de chêne recouvert de tôle et pourvu d'un petit manche pris dans le même morceau. Quand le vitrier est prêt à se servir du fer à souder, il fait fondre sur l'étamoir au contact du fer de la poix-résine et de la soudure ; il y promène en tous sens et à diverses reprises la pointe du fer à souder, qui se couvre ainsi d'une forte couche de soudure au moyen de laquelle il relie entre elles les lames de plomb qui enserrent les vitres. — Enfin, on nomme ainsi la plaque de bois sur laquelle le vitrier soude ses vitraux.

ÉTAMPE, *s. f.* — Outil avec lequel on estampe à froid ou à chaud un métal quelconque ; c'est une sorte de matrice en fer aciéré, qui sert à faire des moulures ou autres ornements au fer rougi. — C'est aussi un outil de serrurier destiné à river les boulons, ou qui lui sert à percer des trous. (Voy. ÉTAMPER.) Enfin, c'est un poinçon avec lequel on forme la tête des *clous d'épingle*.

ÉTAMPER, *v. a.* — Se servir de l'étampe. Quand on étampe un fer courbé pour y percer des trous, on nomme : *étamper gras*, percer les trous aux bords intérieurs du fer ; *étamper maigre*, les percer sur les bords extérieurs.

ÉTAMPEUR, *s. m.* — Ouvrier qui étampe.

ÉTANCHAGE ou ÉTANCHEMENT, *s. m.* — Ce terme peut avoir deux acceptions, qui au fond se rapportent au même objet : il est synonyme d'*épuisement ;* de plus, il sert à désigner l'ensemble des moyens ou des précautions employées pour s'opposer, dans un lieu donné, à l'envahissement des eaux. Ainsi on obtient l'*étanchage* d'une cave, susceptible d'être envahie par la crue d'une rivière ou d'une nappe d'eau souterraine, au moyen de voûtes renversées construites en matériaux hydrauliques et imperméables; ou bien à l'aide d'un massif de béton gras fortement comprimé. Ce massif est établi sur le sol de la cave et monte derrière les murs jusqu'à la hauteur supposée des plus hautes eaux. (Voy. CAVE.)

ÉTANCHE, *adj.* — Qui retient bien l'eau. Un baquet, un bassin qui ne fuient pas sont bien étanches. — Employée substantivement, comme quand on dit qu'une toiture est entretenue *à étanche d'eau*, cette expression signifie que la toiture dont il s'agit est si bien entretenue que l'eau ne la traverse pas. Étanche, substantif, est aussi synonyme d'ÉTANFICHE. (Voy. ce mot.)

ÉTANCHER, *v. a.* — Arrêter l'écoulement de l'eau. *Étancher* un bâtardeau, un fossé, un bassin, une citerne, etc., c'est les mettre complétement à sec.

ÉTANÇON, *s. m.* — Pièce de bois qui soutient un mur, un plancher qui menacent ruine, ou des terres dont on redoute l'éboulement. Dans un ÉTAYEMENT (Voy. ce mot), ce sont les pièces verticales. Au reste, ce terme et synonyme d'ÉTAI. (Voy. ce mot.)

ÉTANÇONNEMENT, *s. m.* — Action d'étançonner, résultat de cette opération. Ce mot est synonyme d'*étayement.*

ÉTANÇONNER, *v. a.* — Soutenir par des étançons un mur, une construction qui menacent ruine, et qu'on se propose de démolir ou de reprendre en sous-œuvre. Ce terme est synonyme d'*étayer.*

ÉTANFICHE, *s. f.* — Hauteur de plusieurs bancs de pierres qui, agglomérés entre eux, font masse dans une carrière. On dit aussi, mais très-rarement, *étanche.*

ÉTANG, *s. m.* — Amas d'eau stagnante plus ou moins profonde, et de peu d'étendue, sinon ce serait un *lac.* Les étangs sont *naturels* ou *artificiels;* les premiers sont formés dans des plis du terrain par les eaux de pluie ou de source; les seconds sont des réservoirs établis à l'aide de retenues ou de digues, dans une dépression naturelle ou artificielle du sol. Quand on crée des étangs artificiels pour faire de la pisciculture, ou obtenir simplement de grands réservoirs d'eau, on doit (cette mesure est élémentaire) choisir autant que possi-ble un sol imperméable, surtout un sol argileux; puis, à l'aide de chaussées construites sur un ou plusieurs côtés d'un sol en pente, on crée l'étang avec canal de décharge ou déversoir.

LÉGISLATION. — La loi du 15 avril 1829 (art. 30, § 2) considère comme étangs ou réservoirs les fossés, viviers et canaux privés, si leurs eaux cessent de communiquer naturellement avec les rivières. Chacun étant libre de former sur son fonds tel établissement qu'il lui plaît, sauf à se conformer aux lois et règlements administratifs, il s'ensuit que chacun a la faculté de créer sur son héritage un étang. Cependant Pardessus (t. 1er, n° 80) pense que la faculté de faire un étang pourrait être restreinte par l'autorité administrative dans les fonds où autrefois l'autorisation des officiers de justice était requise par l'usage. (Voy. Merlin, *Rép., Étang,* n° 1.) S'ils sont menacés de quelque accident par le fait de l'existence d'un étang, les voisins peuvent s'opposer à son établissement. Une fois établi, le propriétaire de l'étang est tenu de l'entretenir dans un bon état, afin de laisser toute sécurité et tranquillité à ses voisins, lesquels ont toujours le droit de le forcer à faire les réparations qu'ils jugeront utiles et indispensables à leur sécurité; et ces voisins ne sont pas tenus, pour agir, d'attendre que le mal ait eu lieu; il suffit que ce mal puisse être prévu. Dès qu'ils s'aperçoivent du mauvais état des digues, des chaussées, du canal déversoir, en un mot, d'un mauvais état quelconque, ils peuvent faire sommation au propriétaire de l'étang d'avoir à exécuter les réparations jugées nécessaires, et cela sans préjudice des dommages-intérêts pour les dégâts déjà occasionnés; mais le propriétaire de l'étang n'est pas responsable des dommages causés à ses voisins par des crues subites ou des débordements provenant de cas fortuit. (Toullier, t. 3, n° 138.) Dans le cas d'une inondation causée par manque d'entretien ou par suite d'une surélévation non autorisée d'une chaussée, le propriétaire, aux termes de l'art. 457 du Code pénal, est passible d'une réparation pénale; si l'inondation provenait d'une autre cause que la surélévation du déversoir, la pénalité ne serait plus appliquée d'après le Code pénal, mais d'après la loi du

28 septembre 1791 (titre 2, art. 15), qui dit que personne ne peut inonder le fonds de son voisin, ni lui envoyer volontairement ses eaux d'une manière nuisible. — Le propriétaire qui dessèche son étang conserve le droit de retenir l'eau de la source qu'il alimentait, car toutes les eaux qui tombent ou se *trouvent* sur un fonds appartiennent par droit d'ACCESSION (Voy. ce mot) au propriétaire de ce fonds, qui peut les réunir et en former un étang sur telle partie de son héritage qu'il lui plaît, à la condition de laisser la distance convenue et d'exécuter les travaux commandés et déterminés par les lois locales. Lorsque les eaux de l'étang n'ont pas leur source dans le fonds même de l'étang, le propriétaire de celui-ci peut bien encore en disposer, mais à la condition de les rendre à leur cours ordinaire (*Code civ.*, 644) et par la même voie, car un propriétaire d'étang ne peut écouler ses eaux sur un seul point du terrain inférieur qu'autant que cela existait auparavant et résultait de la pente naturelle des lieux. En agissant autrement, il pourrait priver d'eau un ou plusieurs de ses voisins et aggraver la servitude d'un autre, ce qui ne doit pas être. (Voy. SERVITUDE.)

ÉTAPE ou ÉTAPLE, *s. f.* — Sorte d'enclume du cloutier.

ÉTAPLIAU, *s. m.* — Chevalet de l'ardoisier, qui lui sert de siége dans les ardoisières.

ÉTAT DES LIEUX. — Acte ordinairement sous seing privé, fait en double expédition entre un propriétaire et un locataire ou fermier, qui contient la description détaillée de l'objet loué ou affermé. Si l'une des parties ne sait pas signer, cet acte, pour être valable, doit être fait devant notaire. Un état des lieux est également indispensable au propriétaire et locataire; au premier, pour la conservation pleine et entière de ses droits sur l'objet loué; au locataire, pour constater l'état dans lequel se trouve le même objet lors de la prise de possession. Les états des lieux sont dressés d'un commun accord entre le propriétaire et le locataire; ordinairement, ce sont les architectes des deux parties qui procèdent à la rédaction de cet acte, lequel est fait dans l'intérêt commun, et pour une part égale sauf convention contraire par chacune des deux parties, à raison de 3 fr. 50 le rôle, y compris la minute rédigée sur place, les deux expéditions ainsi que les vacations nécessitées par la vérification contradictoire. — Voici les deux articles du Code civil qui traitent de cette question :

Art. 1730. — S'il a été fait un état des lieux entre le bailleur et le preneur, celui-ci doit rendre la chose telle qu'il l'a reçue, suivant cet état, excepté ce qui a péri ou a été dégradé par vétusté ou force majeure.

Art. 1731. — S'il n'a pas été fait d'état des lieux, le preneur est présumé les avoir reçus en bon état de réparations locatives, et doit les rendre tels, sauf la preuve contraire.

Il résulte de ce dernier article que, même après la signature du bail, le locataire peut exiger du propriétaire ou un état des lieux, ou que les objets loués soient, s'ils sont détériorés, rétablis en état convenable.

ÉTAU, *s. m.* — Principal outil des ouvriers qui travaillent les métaux. C'est une espèce de presse verticale mordant avec ses deux *mâchoires* ou *mors* les objets à travailler ; on serre

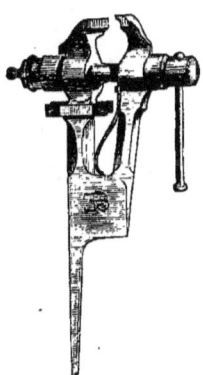

Fig. 1. — Étau à bride.

les mâchoires à l'aide d'une vis dont la tête est percée pour recevoir la *manivelle* ou tige de fer servant à serrer la *boîte de la vis*, boîte qui n'est autre que l'*écrou* lui-même. Un *res-*

sort placé entre les deux mâchoires sert à les écarter, quand on desserre la vis. L'étau est fixé à l'ÉTABLI (Voy. ce mot) au moyen d'une *bride*. Il y a divers genre d'étaux. Celui que montre notre fig. 1 est l'*étau à bride* du serrurier. L'intérieur des mâchoires est strié à la

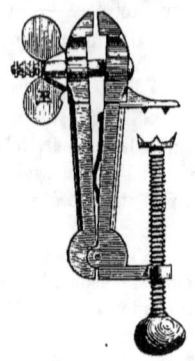

Fig. 2. — Étau à griffe ou à agrafe.

manière d'une lime, afin que les pièces saisies ne puissent glisser. Quand le serrurier termine des pièces fines, il insère dans les mâchoires des mors en plomb qui saisissent ces pièces sans les rayer. Il y a des *étaux tournants* et des *étaux à chaud;* ceux-ci, qui servent pour la

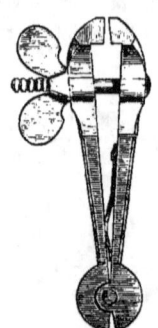

Fig. 3. — Étau à main.

forge, sont très-forts. L'*étau à griffe* ou *à agrafe* (fig. 2) affecte la même forme que l'étau ordinaire, mais au moyen de sa griffe on le fixe provisoirement à une planche, à une table ou à un établi. Enfin l'*étau à main* (fig. 3), ou *tenaille à vis*, est une forte pince qui permet de limer commodément de petites pièces. — Les sculpteurs sur bois se servent d'un outil nommé

étau parallèle, parce que les deux mâchoires avancent et reculent parallèlement au lieu d'être articulées en un point fixe; ils emploient

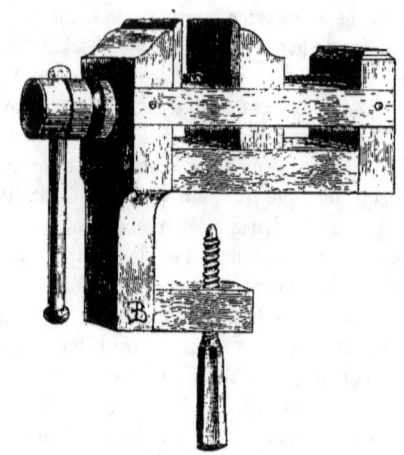

Fig. 4. — Étau du sculpteur sur bois.

également un étau à main en bois, que représente notre fig. 5.

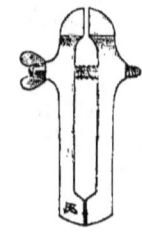

Fig. 5. — Étau à main du sculpteur sur bois.

ÉTAYEMENT, *s. m.* — Ensemble des pièces de bois nommées ÉTAIS (Voy. ce mot) qui servent à soutenir ou à appuyer provisoire-

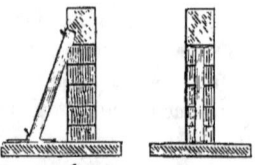

Fig. 1. — Étayement (profil et face).

ment soit une construction, soit des parties de construction qui menacent ruine. Par exemple, si dans un rez-de-chaussée on veut établir une ouverture de boutique en supprimant un trumeau entre deux fenêtres, on pratique un étayement qu'on nomme CHEVALEMENT. (Voy.

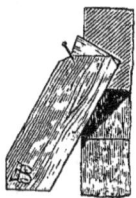

Fig. 2. — Étai fixé en place avec coin et rappointis.

ce mot et les figures qui l'accompagnent.) Après avoir *étrésillonné* les croisées de l'étage

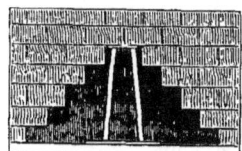

Fig. 3. — Étayement pour ouvrir une porte dans un mur.

situé au-dessus, on soutient la maçonnerie en passant un *filet* ou un poitrail qu'on pose sur

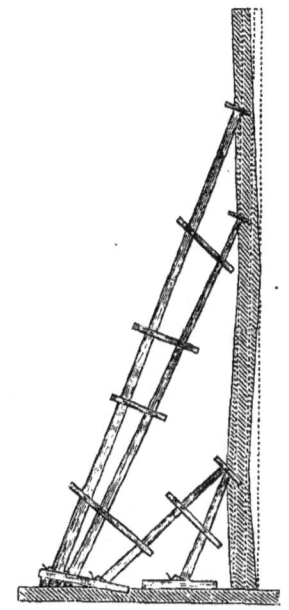

Fig. 4. — Étayement d'un mur menaçant ruine.

les jambages conservés. Les étais inclinés qu'on place dans les étayements sont arrêtés par le bas dans des couchis (fig. 1) et dans

le haut au moyen d'entailles, de coins et de rappointis, comme l'indique notre fig. 2. — Notre figure 3 représente un étayement qui permet d'ouvrir une petite porte dans un mur. Notre fig. 4 indique l'étayement d'un mur menaçant ruine : il est soutenu par deux contre-fiches et deux petits étais. Notre figure 5 représente l'étayement d'une fouille, cas qui se présente souvent quand on creuse des tran-

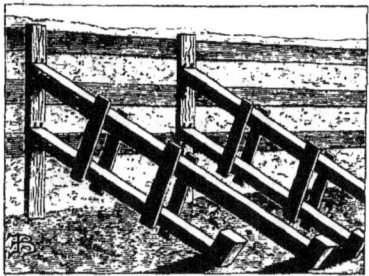

Fig. 5. — Étayement d'une fouille en pleine masse.

chées dans des terres légères et sablonneuses. (Voy. ETRÉSILLONNEMENT.)

ÉTEINDRE LA CHAUX. — C'est l'humecter avec une assez grande quantité d'eau, de manière à la réduire à l'état de pâte molle permettant de la mêler avec du sable pour en faire du mortier. La chaux dans cet état n'est plus de la *chaux vive*, c'est de la *chaux éteinte;* ce qui fait qu'on nomme cette opération *extinction de la chaux.* — En peinture, c'est affaiblir ou adoucir une teinte ou une couleur trop éclatante.

ÉTELON, *s. m.* — Toute épure de charpenterie projetée en vraie grandeur sur une surface plane, verticale ou horizontale. L'é-telon ne contient que les lignes strictement nécessaires au gâcheur et à ses hommes pour l'établissement de ses charpentes. (Voy. ÉPURE, ÉTABLISSEMENT.)

ÉTÊTER, *v. a.* — Couper la tête. Ainsi, par exemple, on étête les cailloux pour paver des cours, des écuries. On étête également des clous, etc.

ÉTIAGE, *s. m.* — Ligne du niveau moyen

des basses eaux d'un fleuve, d'une rivière, d'un canal, etc.

ÉTIBEAU ou ÉTIBOIS, *s. m.* — Petit billot sur lequel on fait à la lime la pointe du fil de fer ou de laiton qui doit passer dans un nouveau trou de la filière.

ÉTIRER LE FER, *v. a.* — Allonger le fer sur l'enclume en le forgeant à chaud et toujours dans le même sens. Quand le martelage est bien fait, cette opération améliore le fer en transformant son grain en nerf. — *Étirer le fil de fer,* c'est le calibrer en le faisant passer à la filière. L'opération qui a pour objet d'étirer le fer se nomme *étirage.*

ÉTOFFE, *s. f.* — Tôle obtenue par la soudure de feuilles de tôle de fer et d'acier commun.

ÉTOILES, *s. f. pl.* — Ornement peint, sculpté ou gravé, dont le nom indique la forme. Elles ont cinq, six, sept pointes, et quelquefois elles perdent leur type pour adopter celui

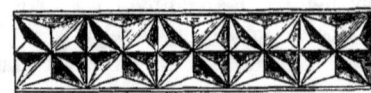

Fig. 1. — Étoiles décorant un bandeau, une moulure, etc.

de petits fleurons rayonnants, ou mieux de petits soleils. Dans l'architecture romane, on voit souvent des étoiles à quatre branches qui décorent les pieds-droits des arcs et les

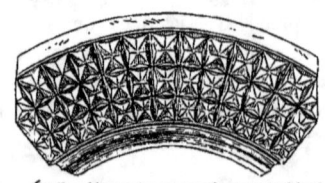

Fig. 2. — Étoiles décorant une arcade, une archivolte, etc.

archivoltes. (Voy. nos fig.) C'est probablement l'étoile à quatre branches qui, modifiée, est devenue l'ornement nommé VIOLETTE (Voy. ce mot) et qui figure sur les édifices bâtis depuis le commencement du XIIᵉ siècle

jusqu'au milieu du XIIIᵉ. — Au moyen âge et à l'époque contemporaine, les étoiles étaient et sont employées à la décoration des voûtes d'églises. On les dessine en or ou en argent sur un fond d'azur, pour symboliser la voûte céleste.

ÉTONNÉ, ÉE, *p. pas.* — Quand, par une commotion quelconque, une voûte, un mur, une construction, ont été lézardés ou ébranlés, on dit que cette voûte, ce mur, cette construction sont *étonnés.*

On dit qu'un outil *étonne* la pierre, quand sous les coups de cet outil la pierre s'effeuille pour ainsi dire à sa surface. Beaucoup d'architectes prétendent que la BOUCHARDE (Voy. ce mot) étonne la pierre ; nous ne partageons pas cette opinion. — En termes de lapidaire, l'*étonnure* est un éclat produit sur un diamant par l'outil du lapidaire ou du mineur.

ÉTOQUEREAUX, *s. m. pl.* — Chevilles de fer qui servent à fixer certaines pièces de serrurerie.

ÉTOQUERESSE, *s. f.* — Toute pièce de fer qui sert à en fixer ou à en contenir d'autres. Au pluriel, ce mot sert à désigner une corde de peu de longueur qu'on emploie sur les bateaux.

ÉTOQUIAUX, *s. m. pl.* — Espèce de petites équerres en fer qui servent dans une serrure à tenir réunis la cloison et le palastre. On nomme *étoquiaux à pattes* des pattes rondes vissées extérieurement sur certaines serrures anciennes et servant à les fixer sur les portes au moyen de vis. Ceux qui ont leur empatement moulure se nomment *étoquiaux à socle.*

ÉTOUPE *s. f.* — Partie grossière de la filasse; chanvre grossier dont se servent les charpentiers et les calfats pour boucher et fermer les joints existant entre deux pièces de bois. On fait également de l'étoupe en détordant les vieux torons des cordages.

ÉTOUPER, *v. a.* — Boucher avec de l'étoupe. On étoupe un bateau, un tonneau, un baquet, etc. — En termes de doreur, c'est appliquer une pièce, un morceau de feuille d'or sur un endroit doré qui manque d'étoffe ; c'est aussi presser avec un tampon les feuilles d'or, pour les obliger à prendre sur le mordant ou sur la colle.

ÉTRANGLEMENT, s. m. — État de ce qui est étranglé, rétréci en certains endroits. Les tuyaux de plomb et de terre cuite ont souvent des étranglements. — En hydraulique, c'est aussi l'endroit d'un canal, d'un aqueduc, où l'eau ne passe qu'avec peine. Quand les eaux sont très-calcaires, elles déposent dans les tuyaux des matières sédimenteuses qui occasionnent des étranglements. Il ne faut pas confondre ce mot avec ceux d'*étrécissement*, qui signifie l'action détrécir, rendre plus étroit, et d'*étrécissure*, qui indique l'état de ce qui est *étréci*.

ÉTREIGNOIR, s. m. — Instrument garni de clefs qui sert à serrer les écrous des pièces assemblées.

ÉTRÉSILLON, s. m. — Pièce de bois qu'on place entre deux murs qui poussent au vide, entre deux pieds-droits d'une baie pour la maintenir en place, quand on exécute des travaux en sous-œuvre au-dessus ou au-dessous de cette baie. Les étrésillons sont également employés dans les fouilles pour maintenir l'écartement des terres ; on les pose oblique-

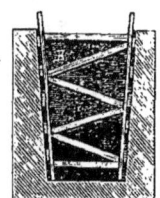

Fig. 1. — Étrésillons droits et obliques.

ment ou horizontalement contre des Dosses (Voy. ce mot) appuyées contre les parois d'une tranchée. Les étrésillons ne portent pas d'assemblages, ils entrent à force dans la position qu'ils occupent, soit à coups de maillet de fer, soit avec la pince. (Voy. l'article suiv.) Notre

figure 1 représente l'étrésillonnement d'une fouille avec des étrésillons obliques, et notre figure 2 indique la même opération faite avec des étrésillons horizontaux. — C'est aussi une pièce de bois qui sert d'appui ou d'arc-boutant à un mur qui déverse ; enfin c'est un bout de bois qu'on fait entrer de force entre

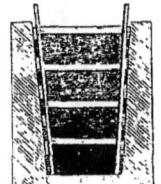

Fig. 2. — Étrésillons droits.

les solives d'un plancher pour en empêcher le déversement, en rendant les solives solidaires. Autrefois on entaillait les solives pour recevoir les étrésillons comme dans une rainure ; mais on a trouvé que les entailles affaiblissent les solives, et on n'en pratique plus. Les étrésillons servent également à retenir les lattes et le hourdis en plâtre.

ÉTRÉSILLONNEMENT, s. m. — Sorte d'étayement qui sert à maintenir les parois d'une fouille en tranchée ou une construction qui tend à pousser au vide. (Voy. ÉTAYEMENT

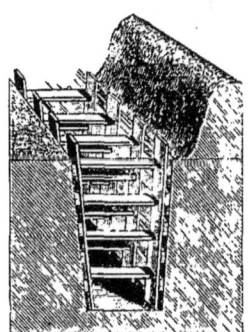

Fig. 1. — Étrésillonnement d'une fouille (élévation).

et CHEVALEMENT.) Notre figure 1 fait voir en perspective l'étrésillonnement d'une fouille, dont notre fig. 2 présente la coupe longitudinale. On chasse les étrésillons avec force à coups de maillet de fer, ou avec la pince, comme le représente notre figure 3. Quand la pince, après avoir décrit le quart de cercle, est arrivée au point *a*, l'étrésillon est en place au point *b*, et l'opération terminée.

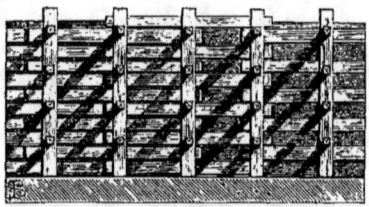

Fig. 2. — Étrésillonnement d'une fouille (coupe).

Quand on hourde les cloisons de distribution d'un appartement, on doit avoir soin d'étrésillonner les huisseries des portes, afin

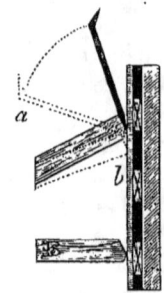

Fig. 3. — Pose des étrésillons.

que la force d'expansion du plâtre ne puisse faire rondir les cloisons et par suite les poteaux d'huisserie. Dans les cloisons en pans de bois on peut se dispenser d'étrésillonner, parce que les poteaux présentent une résistance suffisante pour éviter tout dérangement.

ÉTRÉSILLONNER, *v. a.* — Soutenir, étayer avec des étrésillons; maintenir au moyen d'étrésillons les parois d'une fouille en tranchée, ou une construction qui tend à pousser au vide.

ÉTRIER, *s. m.* — Pièce de fer méplat, coudée et contre-coudée à angle droit, dont on se sert pour soutenir une solive ou tout autre pièce de bois horizontale fixée sur une pièce plus importante. Notre figure 1 fera comprendre l'analogie de cette pièce avec les étriers de selle qui servent au cavalier à ap-

puyer ses pieds; l'un de ces étriers a ses pattes droites, l'autre les a *chantournées*. Notre figure 2 représente un chevêtre en fer dont l'extrémité est en forme d'étrier, ce qui lui

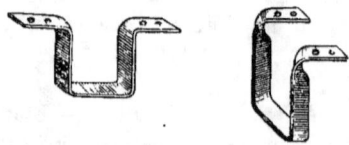

Fig. 1. — Étriers à pattes droites et à pattes chantournées.

permet de porter sur la solive d'ENCHEVÊTRURE. (Voy. ce mot et PLANCHER.) Notre figure 3 donne un autre genre d'étrier, en

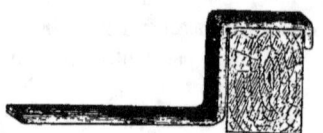

Fig. 2. — Étrier d'un chevêtre en fer.

forme d'U, qui sert à suspendre une pièce de bois à une autre. On place des étriers dans les planchers de charpente sous le collet des piè-

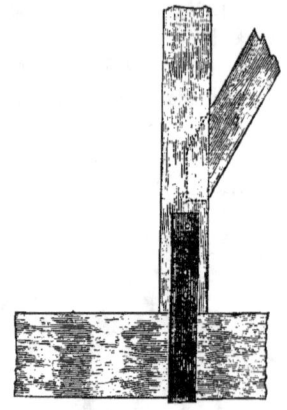

Fig. 3. — Étrier en forme d'U.

ces d'assemblage, pour soulager les tenons. Les extrémités des chevêtres portant des solives boiteuses portent également des étriers. On les fixe, en général, aux pièces de bois au moyen de *clous à bateau.*

ÉTRIÈRE (Jambe). — Voy. JAMBE.

ÉTRIERS ou JAMBIERS. — Voy. JAMBIERS.

ÉTRUSQUE (Art). — L'Étrurie était une vaste contrée située sur les côtes occidentales de l'Italie ; elle s'étendait de Lucques à Naples. La chaîne des Apennins la bornait à l'est ; à l'ouest elle était limitée par la Méditerranée, qui se nommait alors mer Intérieure, mer Tyrrhénienne. La Toscane actuelle formait le noyau central de l'Étrurie. D'où venaient les premiers habitants qui peuplèrent ce riche pays ? A cet égard plusieurs versions contradictoires sont en présence, car l'origine des Étrusques est, comme celle de beaucoup de peuples de l'antiquité, fort enveloppée d'obscurité. Nous espérons cependant, grâce aux travaux des érudits et des archéologues modernes, pouvoir déterminer cette origine, qui naguère était encore si controversée. Évidemment le peuple étrusque a eu ses historiens, mais les matériaux qui formaient l'histoire de l'Étrurie ne sont pas parvenus jusqu'à nous, ils ont péri avec ce peuple ; aussi n'est-ce que par les monuments existants et par quelques passages des historiens grecs et romains que nous avons pu reconstituer cette civilisation étrusque si avancée. Les écrivains de l'antiquité font venir de la Lydie les peuples primitifs de la Toscane, mais il faut dire que tous ces historiens ont plus ou moins copié Hérodote. Strabon (liv. 5, chap. 2), invoquant le témoignage d'Anticlide d'Athènes, affirme que « les premiers Pélasges colonisèrent Imbros et Lemnos et que quelques-uns, sous la conduite de Tyrrhénus, fils d'Atys, fils de Manès, roi de Lydie, allèrent s'établir en Italie. » Hérodote nous informe que ces Pélasges quittèrent leur pays, chassés par une affreuse disette, et abordèrent en Ombrie ; là, ils échangèrent leur nom de Lydiens contre celui de Tyrrhéniens pour honorer leur chef, celui qui avait dirigé l'émigration, Tyrrhénus. (Hér., liv. 1er, § 94.) M. Ottf. Müller, dans son *Histoire de l'Étrurie* (Die Etrusker, In trad., ch. 2, § 3, 5), croit aussi que les Étrusques viennent de l'Asie ; il pense que ce peuple, fuyant de la Béotie, parvint à Athènes, puis à Lemnos, à Imbros, dans l'île de Samothrace, à Scyros, et se fixa sur divers points de la mer Égée, où ils sont appelés tantôt Pélasges, tantôt Tyrrhéniens, et tantôt

Pélasges-Tyrrhéniens. C'est peut-être cette opinion du savant archéologue allemand qui a conduit son compatriote M. Mommsen à nier l'existence des Pélasges. Il semblerait donc, d'après ce qui précède, que les Étrusques ne seraient qu'une ramification de cette grande race pélasgique. — Denys d'Halicarnasse nous apprend que « les Tyrrhéniens sont regardés par les uns comme étrangers à l'Italie et par les autres comme *autochtones*, et qu'ils tirent leur nom des *tours* qu'ils furent les premiers à construire ; que de τυρσεις ou *turris*, on aurait fait *Tyrséniens* ou *Tyrrhéniens*. Lepsius (Ueber die Tyrrenischen Pelasger, p. 13-14) adopte cette opinion, qui, observons-le, n'est pas en contradiction avec la première, comme on serait tenté de le croire à première vue, puisque la ville de Tyrrha aurait été construite en Lydie par les Pélasges, et que ces murs devaient ressembler à ceux dont on retrouve des traces en Asie Mineure, en Grèce et en Italie. Une autre tradition prétend que Tyrrhénus était fils d'Hercule et d'Omphale la Lydienne (1). Un historien de la Lydie, Xanthus, ne mentionne pas la migration des Ly-

---

(1) Nous dirons à ce propos que la personnalité d'Omphale est très-hypothétique ; car Όμφαλὸς signifie *ombilic*, c'est-à-dire *centre*. Il existe en Grèce beaucoup de lieux nommés *Omphales*. « Ce fut dans les prairies d'Enna que Pluton ravit Proserpine. Cette prairie offre une surface plane de forme arrondie, bordée de précipices. Elle passe pour être le centre de l'île, c'est pourquoi quelques-uns la nomment l'Omphale de la Sicile. » (Diodore, V, iii.) De même que la Sicile, la Crète, avait son *Omphale* ; seulement le même auteur (Diod. V, lxx) explique autrement l'origine de ce mot. En Crète, dit-il, « les Curètes emportant Jupiter qui venait de naître, le cordon ombilical se détacha du nouveau-né et tomba sur les bords du fleuve Triton. Ce lieu fut nommé à cause de cela Όμφαλλον et le pays d'alentour Όμφαλὸς. » Dans la Lydie, sur un point inconnu il existait un *Omphale*, où les Hellènes se battirent avec les Pélasges ; ceux-ci triomphèrent de leurs ennemis et les obligèrent à fusionner avec eux. Il est probable que c'est ce fait qui a donné lieu à la fable d'Hercule filant aux pieds d'Omphale. D'après Pausanias, l'*Omphale* du Péloponèse se trouvait dans la province de Phliasie, d'abord province argienne et plus tard dorienne. Ajoutons, en terminant, que beaucoup de villes appelées *Médie* n'ont pas d'autre raison pour se nommer ainsi, que leur situation au milieu des terres et surtout des *champs sacrés* (*medius*, centre).

diens, mais il dit qu'Atys avait deux fils, Lydus et Torrhébus, qui se partagèrent le
royaume de leur père ; ils restèrent tous deux
en Asie ; Lydus devint roi des Lydiens, et
Torrhébus roi des Torrhèbes. Ne peut-on pas
supposer qu'une guerre survenue entre les
deux peuples voisins ait eu pour résultat l'ex-
pulsion des vaincus du pays qu'ils habitaient ?
Comme preuve de l'origine asiatique des Étrusques nous pourrions invoquer leur manière
d'écrire de droite à gauche, comme tous les
peuples de race sémitique ; mais nous n'insisterons pas outre mesure sur ce détail, car
il ne nous paraît pas assez concluant.

Au milieu de toutes ces versions, il serait
bien difficile de se former une opinion certaine
sur l'origine des Étrusques ; mais fort heureusement nous avons des guides sûrs pour
nous conduire à la vérité et nous permettre
d'affirmer que les Étrusques sont originaires
de l'Asie : ces deux guides sont les antiquités
et la religion étrusques. En effet, les antiquités découvertes à Tarquinies, à Vulci, à
Volterra, à Cœre, à Chiusi, présentent un caractère tout à fait oriental. Quant à la religion,
elle est incontestablement d'origine asiatique,
comme nous allons le voir. Les Étrusques
croyaient que l'Être suprême, le *Démiurge*,
avait mis six périodes, chacune de mille ans,
à créer le monde, et que successivement il
avait fait le ciel et la terre, le firmament, la
mer et les eaux, le soleil et la lune, les âmes
des animaux terrestres et aquatiques, enfin
l'homme. Au-dessous de l'Être suprême, il y
avait douze divinités secondaires. *Tina*, la
cause des causes, la *Nature*, avait un conseil
composé de six divinités mâles et de six divinités femelles, dont les noms propres, au dire
de Varron, étaient inconnus, et qu'on appelait
d'un nom générique *complices*, ou *consentes*.
Indépendamment des divinités générales, les
dieux, les contrées, les villes, les maisons, les
hommes avaient chacun leur démon ou génie,
qui portait un nom particulier. Parmi les divinités secondaires nous signalerons : *Tina* ou
Tinia, que nous avons déjà mentionné, *Mi-
nerfa* (Minerve), *Cupra* (Junon), *Apluns*
(Apollon), *Hinthia* (Proserpine), *Turms*, *Tu-
ran* (Hermès ou Mercure), *Sethlans* ou *Vul-*

canus (Vulcain), *Summanus* (Pluton) (Pline,
Hist. nat., II, 53, et XXIX, 14.) ; Saint Au-
gustin, *de Civ. Dei*, IV, 2 ; Cic., *de Divin*, I,
10) ; *Vejovis* (Amm. Marcell., XVII, 10 ; *Corp.
inscr. latin.*, t. Ier, no 807, p. 207) ; *Nortia*, et
Feronia (Tite-Live, I, 30 ; Denys d'Halicarnasse, III, 32 ; Strabon V, II, 9, § 39, p.
188). A propos de cette déesse, Varron affirme
que son nom est sabin (I, § 74) : Strabon
(*l. c.*) dit que la foi qu'elle inspirait était
si vive que ses adorateurs marchaient pieds
nus sur des charbons ardents et n'en éprou-
vaient aucune douleur. D'après Denys d'Halicarnasse (III, 32), il faudrait l'identifier avec
Proserpine, ou d'après Servius avec Junon.
(*Æneid.*, VII, 799.) — Les génies des dieux
se nommaient *pénates* ; ceux des hommes, *lares*.
Les âmes des morts se nommaient *mânes*.
Nous terminerons l'étude de la religion étrusque en citant quelques passages de l'ouvrage
de Noël des Vergers (1) qui résument d'une
manière remarquable la théogonie étrusque.
Il dit (t. 1er, p. 303) :

« D'après Apulée, qui, dans son traité du dieu
de Socrate (*de Deo Socratis*), parle de plusieurs traditions étrusques et semble avoir puisé à de bonnes
sources, l'âme dont on ne connaît pas le sort, et qui
ne peut être comptée ni parmi les *lares*, divinités
bienfaisantes, ni parmi les *larves*, âmes errantes
privées d'un séjour heureux, porte le nom de *mânes*.
Tandis que les lares et les pénates (ces derniers
considérés comme âmes humaines) ont quitté le
séjour des ténèbres, les mânes y restent confinés
et n'en sortent que trois jours par an (2) ; ils s'é-
lèvent du monde inférieur par une ouverture
(*mundus*) que refermait pendant le reste de l'année
la pierre des mânes (*lapis manalis*)..... Un rigorisme
cruel conduisait les Étrusques, ainsi qu'il arrive toujours, aux plus sombres superstitions. Si la doctrine
enseignée par des rituels faisait espérer que quelques âmes délivrées du monde inférieur pouvaient
remonter vers les dieux bienfaisants, c'était au prix

_____

(1) *L'Étrurie et les Étrusques*, 2 vol. in-8o et 1 vol. in-
fol. avec planches, Paris, 1862-64. C'est sans contredit
l'un des plus beaux ouvrages sur l'histoire de ce peuple.

(2) Ces trois jours sont cités par Ateius Capito,
d'après les livres pontificaux (Festus, S. V., *Mundus*) :
c'était le jour des *Vulcanalia*, ou le III des kalendes de
septembre, le III des nones d'octobre et le VI des ides
de novembre.

de cruelles expiations. A défaut de textes, nous le voyons sur les peintures ou les sarcophages des nécropoles étrusques. Des démons représentés sous des traits effrayants, armés d'épées ou de lourds marteaux, des furies, la torche à la main, poursuivent ou entraînent les âmes qui cherchent à leur échapper ou à les attendrir par leurs prières. Quelquefois les mauvais esprits lèvent leur arme comme pour frapper, tandis que la victime les implore à genoux ; puis, souvent, ce sont des génies, l'un blanc, l'autre noir, représentant les deux principes du bien et du mal, qui luttent entre eux pour la possession de l'âme en détresse, ou, attelés au même char, l'entraînent vers la porte du monde souterrain gardé par l'esprit du mal armé de son maillet, pour qu'elle soit jugée sans doute par le souverain de l'enfer (1).

« En résumé, dieux voilés, inconnus, habitant les profondeurs du ciel ; dieux créés et mortels, réglant l'ordre matériel de l'univers, parlant aux hommes et leur annonçant les arrêts du destin par la voix du tonnerre, le vol des oiseaux ou les entrailles des victimes ; esprits médiateurs et bienfaisants, chargés de veiller sur la création et sur l'homme qui peut, après la mort, entrer dans leurs phalanges ; dieux infernaux, avec leur nombreux cortège d'esprits des ténèbres, cherchant à entraîner ou à retenir dans le monde inférieur les âmes qui veulent s'en échapper pour remonter vers le principe divin dont elles sont émanées : telle est l'idée qu'on peut se former de la cosmogonie des Étrusques, d'après les textes ou les monuments qui nous restent. »

La religion a exercé une action très-sensible sur l'art de l'Étrurie, art qui n'a pas atteint par un développement originel le degré de perfection où il est arrivé. Il a subi, en outre, bien des influences étrangères, influences qui se sont reflétées d'une manière toute différente suivant le milieu où se sont produites les œuvres des artistes. Ainsi dans certains tombeaux étrusques les antiquités qu'on y retrouve ont un caractère oriental qui rappelle l'Assyrie et la Perse ; dans d'autres, au contraire, on reconnaît des principes d'ornementation empruntés à l'art grec primitif. Certains archéologues vont très-loin à cet égard ; ils prétendent que les plus beaux bijoux dits *étrusques* ne sont que les produits d'une civilisation beaucoup plus avancée que ne l'a jamais été celle de l'Étrurie, et ils attribuent les plus beaux monuments de ce genre aux Pélasges. Nous pensons que ces archéologues vont trop loin et qu'ils s'égarent, car nous sommes persuadé que les Étrusques ont atteint un degré de civilisation beaucoup plus élevé que les Pélasges. Nous ne fournirons qu'une preuve à l'appui de notre opinion, mais elle nous paraît décisive : c'est l'état d'avancement dans lequel se trouvait la marine étrusque ; et, comme le dit fort bien Noël des Vergers (ouvrage cité, livre 1er, p. 34), « la marine, alors même qu'elle est dans l'enfance, suppose un grand développement de forces, de hardiesse et le concours de plusieurs industries. Reconnaître que les Étrusques avaient su créer des abris sur les côtes découvertes ou les rades foraines de la Toscane ; qu'ils assemblaient les bois, les toiles, les métaux nécessaires à la construction ou à l'armement des galères tyrrhéniennes, qu'ils forgeaient les ancres ou les grappins redoutables dont on leur attribuait l'invention ; qu'ils allaient faire le commerce ou porter la terreur du nom toscan jusque dans les mers de l'Asie antérieure, c'est leur donner bien certainement la première place dans la civilisation italique. » Nous savons, d'ailleurs, que la marine des Étrusques faisait un grand commerce, et Aristote (*Polit.*, III, 9) nous apprend que les Carthaginois et les Étrusques avaient entre eux « des traités sur les alliances et les droits réciproques. »

C'est donc un fait établi, d'une manière incontestable, que la civilisation étrusque était très-avancée. En étudiant les diverses branches de l'art chez ce peuple, nous en fournirons de nouvelles preuves ; nous commencerons par l'architecture. Il existe peu de vestiges de celle-ci, parce que les Romains, après la conquête de l'Étrurie, ont détruit avec acharnement tous les monuments qui étaient comme des témoignages trop éclatants à leurs yeux de la richesse, de la force et du savoir des

_____

(1) Voyez, entres autres, le tombeau appelé *Grotta del Tifone*, et celui qu'on nomme *Grotta del Cardinale*, à Tarquinies, dont les peintures ont été en partie reproduites par Mr Gray (*Sep. of Etruria*), Micali (*Ant. pop. Ital.*), *Mon. ined. Inst. arch.* (t. 2, t. 5), Canina (*Ant. Etr. marit.*), etc. Cf. les descriptions données par M. Dennis (*Cemetries of Etruria*, t. 1, p. 302-328).

Étrusques. On considère néanmoins comme des édifices élevés par ce peuple, quoique rien ne soit moins prouvé, l'amphithéâtre de Sutri et le théâtre d'Adria. Quelques auteurs rangent aussi dans la même catégorie les amphithéâtres de Vérone, de Pouzzoles, de Pompéi et d'autres encore. Quant aux temples des Étrusques, il ne nous en reste point ; seulement Vitruve nous donne quelques renseignements à leur sujet. D'après cet auteur, le plan des temples était un rectangle allongé, dont le fond était occupé par trois niches ; celle du milieu était plus grande que les deux autres et renfermait la statue de la divinité. Les façades d'un même temple étaient semblables ; elles étaient décorées chacune d'un fronton orné d'acrotères en bronze ou en terre cuite. Si nous jugeons de leur décoration intérieure par les tombeaux peints qui nous restent, on peut supposer qu'elle était fort remarquable. D'ailleurs, pour nous faire une idée de l'architecture étrusque nous sommes bien obligés d'étudier leurs tombeaux ; ce sont les seuls monuments de pierre que nous ait légués cette civilisation. Il en existe un très-grand nombre, mais de styles différents. Les tombeaux de l'époque primitive rappellent une origine asiatique, ce sont de grands hypogées ; ceux d'une époque postérieure ont un caractère grec très-marqué, enfin ceux de la dernière époque sont presque romains dans leur forme. Suivant leur importance, les anciennes cités de

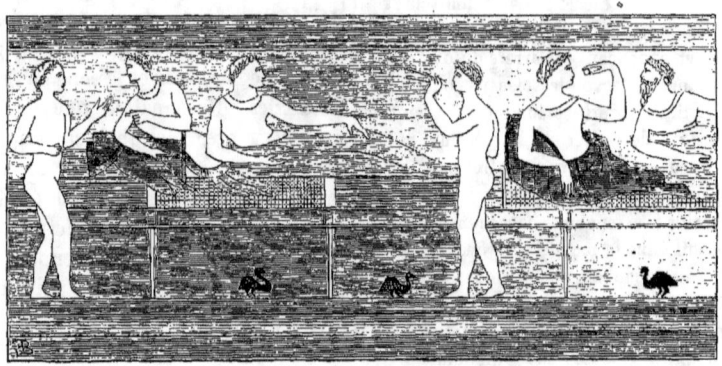

Fig. 1. — Tombeau étrusque à Tarquinies.

l'Étrurie possédaient des nécropoles renfermant des monuments funéraires en nombre plus ou moins considérable. On a découvert des tombeaux à Cœre, à Vulci, à Tarquinies, à Volterra, à Chiusi, à Bolsène, à Véies, à Cortone, à Norchia, à Castel d'Asso, à Toscanella, à Perugia, à Sutri et à Bomarzo. Souvent l'intérieur de ces tombeaux était peint, principalement à Tarquinies, à Volterra, à Chiusi et à Perugia. Malgré leur grande ancienneté, ces peintures ont conservé pour ainsi dire toute leur fraîcheur, ce qui prouve que les Étrusques comme les Égyptiens étaient de bons chimistes, du moins en ce qui concerne la fabrication des couleurs. Il convient d'ajouter toutefois que, cette décoration polychrôme étant complétement à l'abri de l'air et de la lumière, cette circonstance a pu en favoriser la conservation ; de plus, les Étrusques ne mélangeaient pas des couleurs différentes pour obtenir un nouveau ton ; ils n'employaient que des couleurs simples primitives, le blanc, le noir, le rouge, le bleu et le jaune ; elles étaient appliquées par teintes plates, sur un fond de stuc très-fin. Notre planche XXXV montre divers ornements étrusques à trois tons, dont les motifs, sauf quelques modifications, sont empruntés à *l'Ornementation usuelle*. Les sujets traités dans ces sortes de peintures représentent des épisodes religieux, le dégagement de l'âme après la mort et autres scènes de la vie extra-terrestre ; quelquefois cependant on y retrouve des représentations de la vie terrestre, par exemple un banquet ; notre figure 1 montre une peinture de ce dernier genre que nous avons dessinée d'après un tombeau de

Tarquinies. Ce doit être un banquet funèbre : ce qui nous confirme dans cette supposition, c'est qu'on aperçoit sous le lit des oies ; or on

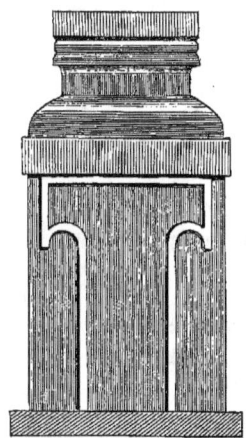

Fig. 2. — Tombeau étrusque à Vulci (1er type).

sait que cet oiseau est consacré à Cora ou Proserpine, ainsi que le rapporte Pausanias

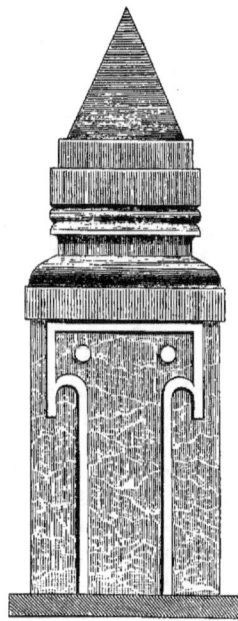

Fig. 3. — Tombeau étrusque à Vulci (2e type).

(IX, 39), d'après une tradition consacrée à Lebadie en Béotie. Selon les localités, le mode d'inhumation était différent. Ainsi dans les

tombeaux de Chiusi, de Volterra, de Perugia et de Toscanella, on retrouve des urnes, en marbre ou en terre cuite peinte, qui renferment des cendres, parce que dans ces villes on pratiquait l'incinération des cadavres ; au contraire, dans les hypogées de Cœre, de Vulci et de Tarquinies, les corps étaient embaumés, revêtus de riches habillements et couchés sur des banquettes ou même sur des lits de parade ; enfin à Bomarzo, à Norchia, à Castel d'Asso, les morts étaient enfermés dans des sarcophages tantôt fort simples, tantôt revêtus de peintures : on reconnaît bien ici les traditions et l'influence asiatiques. Nos figures 2, 3 et 4 montrent trois types de tombeaux de Vulci. Le tombeau représenté par la figure 3 ressemble beaucoup à celui de la fig. 2; mais,

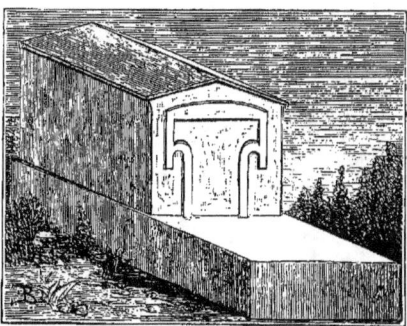

Fig. 4. — Tombeau étrusque à Vulci (3e type).

de plus que ce dernier, il est surmonté d'un pyramidion, qu'on a retrouvé à côté du monument; or, comme celui-ci porte à sa partie supérieure, de même que le pyramidion, des traces de scellement, tout fait supposer qu'ils formaient ensemble un tout complet. Notre figure 5 reproduit un monument de Norchia, perdu au milieu des broussailles et de la végétation ; nous l'avons dessiné, il y a déjà bien des années, et peut-être qu'à l'heure où nous écrivons, il serait fort difficile de reconnaître la place qu'il occupe.

Dans la nécropole de Cœre, nous devons mentionner trois tombeaux fort connus : ce sont ceux dits de la *Voûte plate*, des *Deux siéges* et le *Grand tombeau*. A Tarquinies, le tombeau le plus remarquable est celui qu'on nomme la

Grotta intaliata ou les *Tombeaux superposés.*
Tarquinies était la plus ancienne des douze
cités de l'Étrurie; sept cents ans avant Jésus-
Christ, elle devint le centre de l'art étrusque
par suite de l'arrivée d'un Corinthien nommé
Démarate (1) qui vint s'y établir avec plusieurs artistes grecs. La nécropole de Tarquinies est creusée dans le tuf, ce qui permettait
d'y pratiquer des salles souterraines. Généralement les grands tombeaux affectaient la
forme d'un tumulus circulaire, dont le soubassement était construit en pierres appareil-
lées supportant un monticule de terre conique;
cette forme rappelait le tombeau de Tantale
en Asie Mineure. — Les tombeaux des nécropoles étrusques ne nous ont pas seulement ré-
vélé le caractère de l'architecture et de la

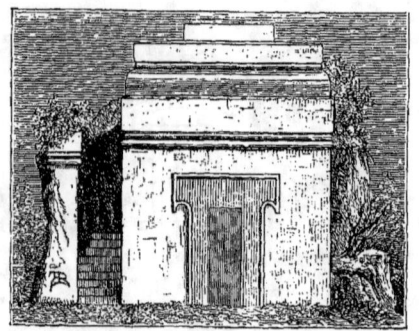

Fig. 5. — Tombeau étrusque à Norchia.

peinture chez ce peuple, ils nous ont encore
fourni les notions les plus intéressantes sur la
céramique, les armes, la bijouterie et autres
branches de la civilisation étrusque. Il nous
ont donné aussi une haute idée de leur philosophie et de leur religion. Ainsi la piété des
parents enfermait dans la tombe une quantité
d'objets et d'ustensiles qui composaient comme
un mobilier funéraire et qui indiquaient également le rang et la condition du défunt. L'enfant était inhumé avec ses jouets, la femme
avec ses bijoux, qui, disons-le en passant,
étaient d'un goût exquis et d'un travail déli-

cat; le guerrier avec ses armes. Aussi, comme
le dit Raoul-Rochette dans son *Cours d'archéologie* (1 vol. in-8°, Paris, 1828), « c'est dans
les asiles de la mort que se conservent, pour
se produire de siècle en siècle, presque tous les
éléments de nos connaissances; et nous ne saurions presque rien de l'antiquité sans les soins
religieux qu'elle eut des morts, et il faut bien
ajouter, sans l'intérêt profane qui nous fait
violer leurs asiles. »

Indépendamment des hypogées et des tombeaux, les Étrusques nous ont laissé des restes
de leurs murs, qui étaient faits en appareils
cyclopéens; on trouve des vestiges plus ou
moins importants de ces murs à Fiesole, à Cortone, à Volterra, à Arezzo et à Perugia. Romulus s'adressa aux Étrusques pour la construction des murs de Rome. Nous savons en outre
que les Étrusques étaient des ingénieurs capables, qu'ils firent de grands travaux hydrauliques pour se garantir des inondations: tels sont
l'émissaire du lac d'Albano, les canaux qui con-
duisaient les eaux du Pô dans les lagunes d'A
dria. Sous les ordres de Tarquin l'Ancien, ils
construisirent la *Cloaca maxima*, dont le projet
manquait certainement d'études, mais qui
pour l'époque était une œuvre remarquable.
(Voyez au mot ÉGOUT ce que nous disons de
la *Cloaca maxima*.)

« Les travaux des Étrusques comme le fait observer M. Noël des Vergers (*op. c.*, vol. 1, p. 310.)
ont un caractère de grandeur et d'utilité générale que l'on ne rencontre pas toujours chez les
peuples de l'antiquité qui ont laissé le plus de traces
de leur passage sur la terre. Ils ne taillaient pas
des obélisques ou des pyramides comme les Égyptiens, mais ils arrêtaient les inondations, creusaient
des canaux et emprisonnaient les fleuves. Dans les
Marennes comme dans le delta du Pô, nous les
avons vus contenir les eaux, assainir le terrain,
détruire par un véritable drainage les miasmes qui
résultent de l'humidité du sol sous un soleil ardent.
Partout ils opposaient à l'ennemi de solides murailles, à la fièvre leur système d'endiguements et
de canaux souterrains; partout ils animaient par
une culture florissante de vastes plaines, rendues
depuis la chute de l'Étrurie à la solitude et à la
mal'aria. »

Nous venons de voir que les Étrusques possédaient une architecture remarquable, qu'ils

---

(1) On prétend que Démarate était le père de Tarquin
l'Ancien, roi de Rome; lui-même était devenu un chef
d'Etat, un *lucumo*. Voyez au sujet de ce mot le Glossaire
de Fabretti (*Glossarium italicum*).

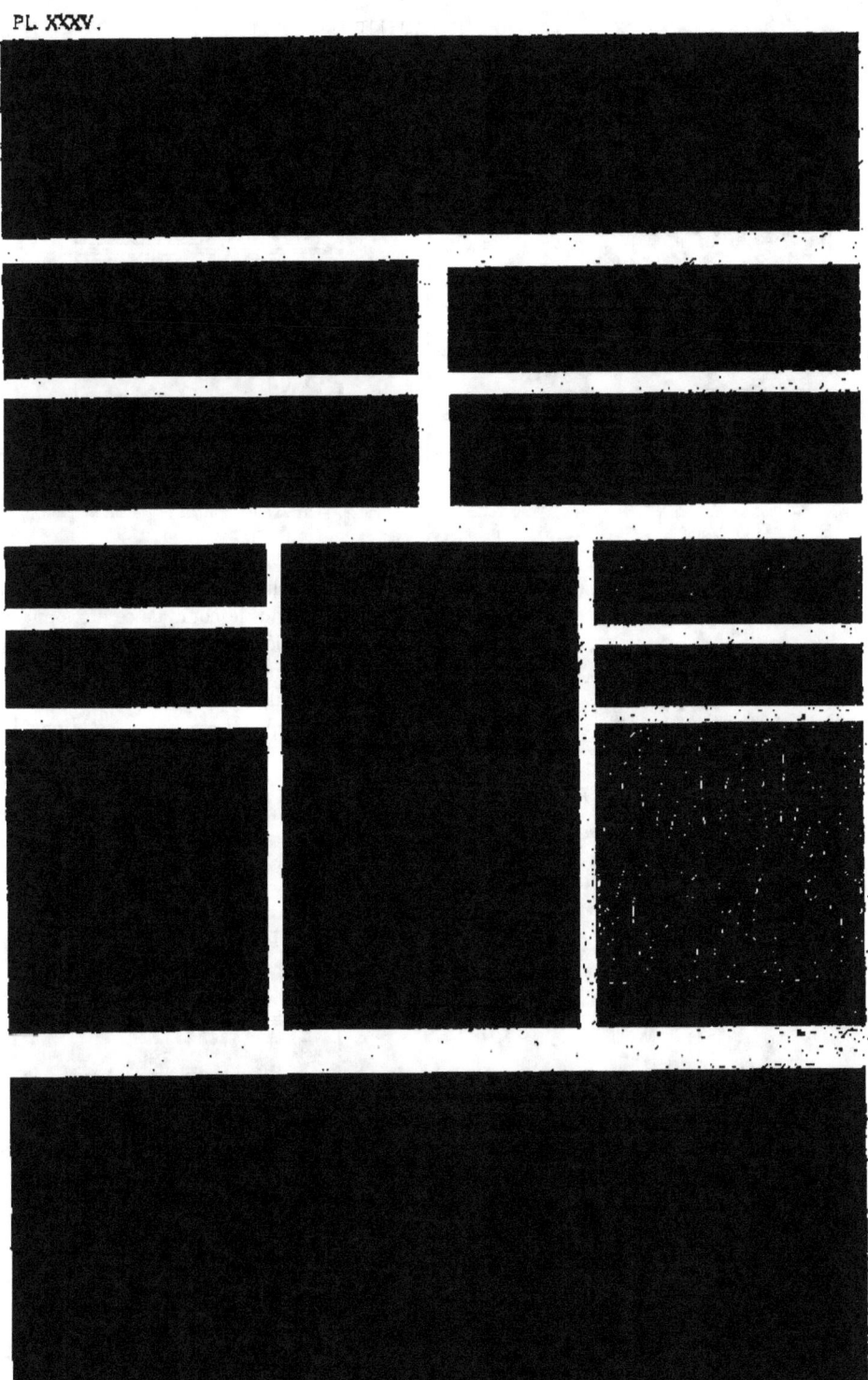

ÉTRUSQUE (ART)

étaient de bons ingénieurs ; si nous ajoutons qu'aucun peuple peut-être, pas même les Grecs, n'a poussé aussi loin l'art de modeler l'argile

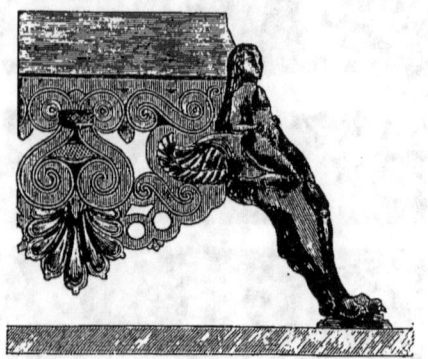

Fig. 6. — Pied d'un candélabre étrusque (musée du Vatican).

et de travailler les métaux, nous serons bien obligés de reconnaître qu'ils ont possédé une

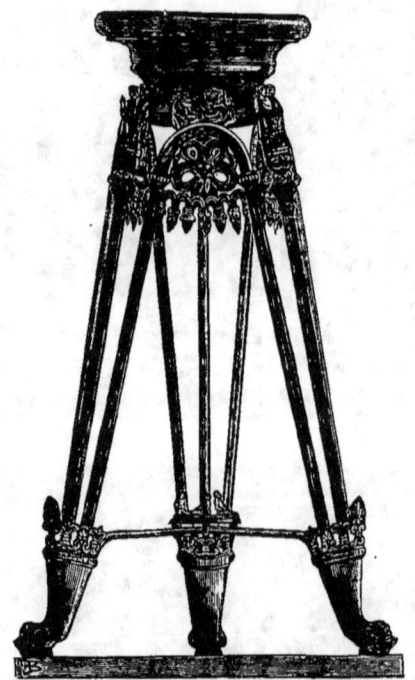

Fig. 7. — Trépied étrusque en bronze (musée du Vatican).

civilisation très-avancée et que ce peuple a été éminemment artiste. S'il subsistait encore quelques doutes à cet égard dans l'esprit du lecteur, nous espérons les dissiper en leur

conseillant d'étudier la céramique et l'orfévrerie étrusques, car c'est dans ces deux

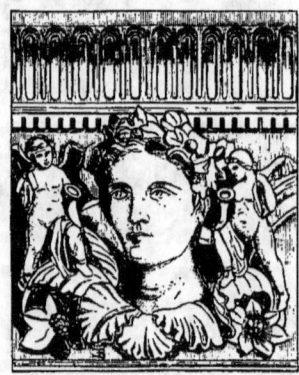

Fig. 8. — Terre cuite étrusque (musée du Vatican).

branches que les artistes de l'Étrurie brillent du plus vif éclat. Malheureusement, si nous avons donné dans le cours de ce dictionnaire quelques modèles, il en existe des milliers que nous ne saurions montrer ; en effet, c'est par centaines de mille qu'on peut compter aujourd'hui les vases peints et moulés, les bijoux, les candélabres, les boucliers, les trônes, les chars, les statuettes ; en un mot les curiosités de l'art étrusque. Il y a quelques années à peine tous ces objets d'art étaient réunis pêle-mêle dans les musées sous les noms d'antiquités égyptien-

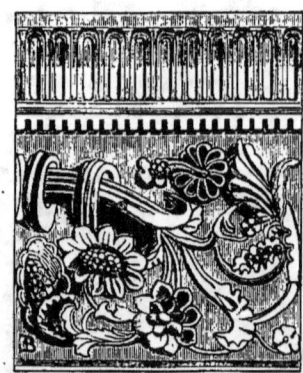

Fig. 9. — Terre cuite étrusque (musée du Vatican).

nes, grecques ou romaines ; aujourd'hui, grâce aux études historiques, on commence à débrouiller ce chaos, et l'on classe avec ordre les différentes nationalités. Au musée étrusque du Vatican, nous nous trouvons en présence de documents de premier ordre.

Ce musée, formé en 1837, ne contient pas

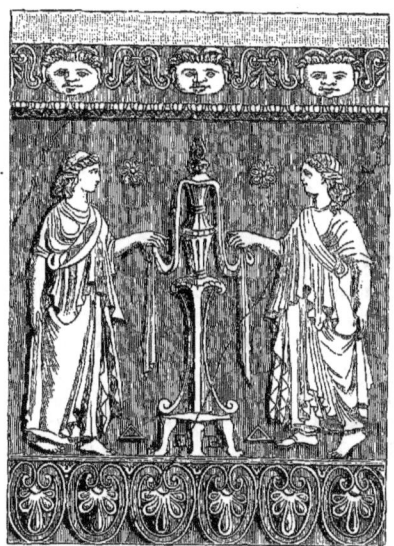

Fig. 10. — Terre cuite étrusque (musée du Vatican).

moins de treize chambres où sont entassés les monuments découverts depuis l'année 1829;

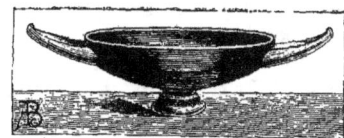

Fig. 11. — Coupe étrusque dite *kylix* (musée du Vatican).

malheureusement rien n'était encore catalogué en janvier 1877. Il s'y trouve des tombeaux, des

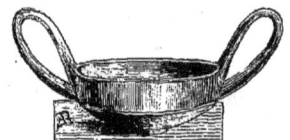

Fig. 12. — Coupe étrusque dite *kylix* (2ᵉ type)
(musée du Vatican).

urnes en albâtre et en terre cuite, des quantités de vases de la Sabine, de la Campanie, en terre jaune, rouge ou noire : c'est là que se trouve le beau vase de Vulci représentant Achille et Ajax jouant à la *morra*, ce qui prouve

l'antiquité de ce jeu, que pratiquent encore de nos jours tant d'Italiens au bas des marches de la Trinité du Mont, à Rome.

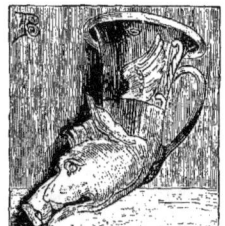

Fig. 13. — *Rython* étrusque (musée du Vatican).

C'est dans le musée étrusque du Vatican que se trouve, mais dans un état plus détérioré, le CANDÉLABRE représenté à ce mot par la figure 1, et dont notre figure 6 reproduit ici une partie de la base à plus grande échelle; dans le même musée se trouve le trépied de bronze que représente notre figure 7; enfin les trois magnifiques fragments en terre cuite reproduits dans nos fig. 8, 9 et 10. Dans une des salles des poteries, nous avons dessiné les deux coupes dites *kylix* (de κύλιξ, calice) que donnent les figures 11 et 12, ainsi que le *rython* (fig. 13). Les cornes de taureaux décorées de cercles d'or et d'argent donnèrent naissance au rython, qui était un verre à boire (ρεω, couler). — Nos fig. 14, 15 et 16 font

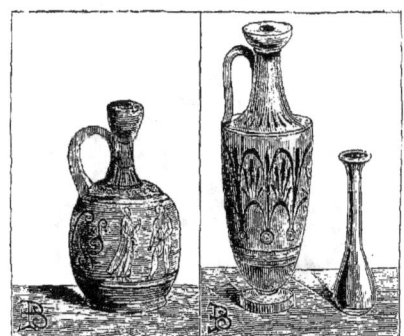

Fig. 14. — Vases lacrymatoires étrusques, *ampula* et *lekita*.

voir des vases lacrymatoires, *ampula* et *lekita,* ainsi que deux *œnochoes* provenant de divers musées. Au mot CHAPITEAU (fig. 19), nous avons donné un magnifique spécimen de l'art étrusque qui peut témoigner du savoir-faire des sculpteurs de l'Étrurie; c'est parmi les monuments céramographiques un des plus beaux que nous connaissions.

Nous avons encore des pièces fort remarquables au musée étrusque de Florence installé

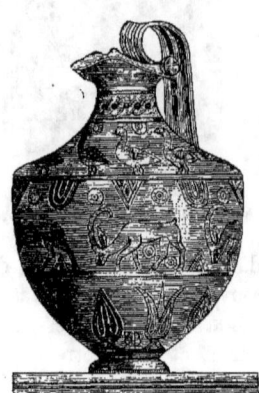

Fig. 15. — Œnochoes étrusque.

dans l'ancien couvent de San-Onofrio, *via Faënza*. Une partie de cette collection a été formée par Rosselini de 1827 à 1829, l'autre partie n'existe que depuis 1871. C'est là que se trouvent les plus beaux vases noirs de Chiusi avec ou sans reliefs. Il existe aussi de très-belles antiquités étrusques au musée de Naples;

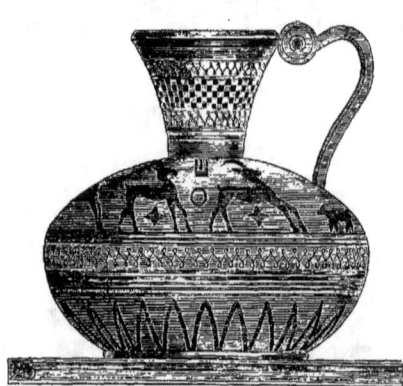

Fig. 16. — Œnochoes étrusque (2ᵉ type).

mais encore au mois de janvier 1877 les collections formaient un véritable capharnaüm, et beaucoup de bronzes exposés dans les vitrines ou plutôt sur les tablettes, comme de provenance gréco-romaine, sont positivement

étrusques, car le musée de la *piazza del Pigne* renferme beaucoup plus de bronzes étrusques qu'on ne le croit généralement.

BIBLIOGRAPHIE. — T. Dempster, *Etrusca regalis*, 2 vol. in-fol., Florence, 1723; du même, *de Etruria regali libri VII*, 2 vol. in-fol., Florence, 1723-24; — Gori et Passeri, *Museum etruscum*, 3 vol. in-fol., Florentiæ, 1737-43;—Fr. Gori, *Musei guarnacii antiqua monumenta etrusca*, etc., 1 vol. in-fol., Florentiæ, 1744;— Passerii, *Picturæ Etruscorum in vasculis,* 3 vol. gr. in-fol., Roma, 1767-75; — J. Micali, *Antichi monumenti per servire*, etc., 1 vol. in-fol., Florence, 1810;— Gosini, *Monumenti sepolcrali della Toscana*, 1 vol. in-fol., 1819; — François Inghirami, *Monumenti etruschi o di etrusco nome*, etc.,10 vol. in-4°, Florence, 1821-26; — Fea, *Dei sepolcrali edifizii della Etruria media, e in generale architettura toscania*, Fiesole, 1826; — Ottfried Muller, *Die Etrusker,* 2 vol. in-8°, Breslau, 1828; —L. Bonaparte, *Catalogo di scelte antichita Etrusche,* 1 vol. in-4°, Viterbe, 1829; — Dorow, traduit par Eyriès, *Voyage dans l'ancienne Étrurie*, 1 vol. in-4°, Paris, 1829; — Visconti, *Antichi monumenti sepolcrali discoperti nel ducato di ceri,* 1 vol. in-fol., Rome, 1836; — Ch. Promis, *le Antichita di Alba fucense*, etc., 1 vol. in-8°, Rome, 1836 ; — Carrina, *Descrizione di cere anticha,* 1 vol. in-fol., Rome, 1838; — Grifi, *Monumenti di cere anticha,* 1 vol. in-fol., Rome, 1841; — *Museum etruscum gregorianum,* 2 vol. in-fol., Rome, 1842 ; — Micali, *Monumenti inediti ad illustrazione della storia degli antichi popoli italiani,* 1 vol. in-8°, 1842 ; — Ed. Gerhart, *Etruskische Spiegel (Miroirs étrusques),* 4 vol. in-4°, Berlin, 1843-67; — Guillaume Abeken, *Mittelitalien vor den zeiten romischer Herschaft,* 1 vol. in-8°, Stuttgard et Tubingue, 1843; — L. Canina, *l'Antica Etruria marittina,* 4 vol. in-fol., Rome, 1746-51; — Noël des Vergers, *l'Étrurie et les Étrusques, ou Dix ans de fouilles dans les Maremmes toscanes,* 2 vol. in-8° et atl. in-fol., Paris, 1862-64;—J. G. Conestabile, *Pitture murali a fresca*, etc., 1 vol. in-4° et atlas in-fol. obl., Florence, 1865; — Raphaël Garruci, *Dichiarazione delle pitture Vulcenti,* in-4°, Rome, 1866; — Dᵣ F. Schlie, *Die Darstellungen des troischen Sagenkreises,* etc., 1 vol. in-8°, Stuttgart, 1868; —Crespellani, *Di un sepolcreto preromano a Savignano sul Panaro,* Modène, 1874; du même, *Del sepolcreto et degli altri monumenti antichi scoperti presso Bazzano,* Modène, 1875; — Gozzadini, *I. Sepolcreti etruschi di monte Avigliano,* etc., Bologne, 1875.

ÉTUDE, *s. f.* — Travail préparatoire d'une

construction, d'un projet quelconque. Si c'est la première idée d'un dessin jeté sur le papier, on ne dit pas étude, mais CROQUIS. (Voy. ce mot.)

ÉTUVAGE DES BOIS. — Opération qui consiste à sécher artificiellement les bois en les plaçant dans une étuve qu'on chauffe par un moyen quelconque, généralement par la vapeur. C'est une opération très-délicate, qui détériore souvent les bois au lieu de les conserver. On emploie cependant ce procédé avec avantage dans certaines industries, notamment pour la fabrication des voitures. Depuis quelques années, on pratique cette opération sur des bois de menuiserie et sur les frises de parquet; nous pensons que c'est là une mauvaise pratique, car pour les bois rien ne vaut la dessiccation naturelle.

ÉTUVE, s. f. — Local parfaitement clos et fortement chauffé dans lequel on soumet divers objets à une dessiccation artificielle. — C'est aussi un local dépendant d'un établissement de bains et où se prennent les bains de vapeur. Les bains modernes renferment des étuves; les thermes des anciens en possédaient également : on les nommait, suivant l'emplacement qu'ils occupaient, *sudatorium* ou *laconicum*. (Voy. BAINS et THERMES). Aux XVIIᵉ et XVIIIᵉ siècles, ce mot était synonyme de *bain*.

ÉTUVER, v. a. — Mettre à l'étuve des bois ou d'autres matériaux, pour les faire sécher ou dessécher.

EURYTHMIE, s. f. — Belle proportion d'un monument, d'un ensemble d'architecture. Ce mot qui vient du grec εὖ, *bien*, et ῥυθμὸς, *rhythme, cadence*, a passé de la langue musicale dans celle des architectes. On écrit aussi *eurhythmie*. Cette dernière orthographe même nous paraît la bonne, puisqu'elle rappelle mieux l'étymologie du mot; mais l'usage a prévalu d'écrire comme ci-dessus.

EUSTYLE, s. m. — Entre-colonnement de deux diamètres un quart, qui, d'après

Vitruve, est celui qui est le plus convenable. (Voy. ENTRE-COLONNEMENT.)

EUVILLE (PIERRE D'). — Roche d'excellente qualité, qui se débite à la scie sans dents et qui est surtout employée pour soubassement. On la nomme aussi *pierre de Lorraine*, comme la roche de *Lérouville* et de *Commercy* (Meuse).

ÉVALUATION, s. f. — Action d'évaluer. Appréciation ou estimation de la quantité d'un ouvrage qu'on ne peut ou qu'on ne veut pas métrer. La valeur relative et quantitative des légers ouvrages en plâtre et de la taille des pierres se détermine par des évaluations basées sur un travail de cette catégorie d'ouvrages, qu'on prend comme unité. On a introduit cette méthode dans le métré afin d'éviter la multiplicité des articles, qu'on peut alors réunir sous le même *timbre*, dès que ces ouvrages sont ramenés à la même nature. Dans les mémoires de maçonnerie, tous les ouvrages en plâtre sont réduits à une mesure commune nommée *légers ouvrages*; toutes les tailles de pierre sont également ramenées à une mesure commune dénommée *taille de pierre*. Pour cette mesure, c'est la taille des lits et joints sur pierre dure qui sert d'unité. Dans le règlement des mémoires, l'*évaluation* est le contraire de l'*estimation*, car celle-ci comprend les ouvrages estimés à prix d'argent.

ÉVALUER, v. a. — Fixer approximativement une quantité. L'importance quantitative d'un ouvrage s'*évalue*; son prix ou sa valeur s'*estime*. (Voy. l'art. ci-dessus.)

ÉVANTAIL, s. m. — Croisée dont la partie supérieure se termine en ovale, ou plus généralement en demi-cercle. — Les treillageurs nomment *évantail* la partie verticale qui ferme le haut d'un berceau de treillage.

C'est aussi un morceau de tôle ou de ferblanc que l'émailleur place entre lui et sa lampe, afin de n'être pas incommodé par la chaleur de celle-ci.

ÉVASEMENT, s. m. — Action d'évaser.

C'est aussi, en termes de fortification, le côté de l'embrasure qui regarde la contrescarpe; d'où, en construction, on dit, en parlant de l'embrasure d'une baie qu'on veut agrandir, qu'il faut lui donner plus d'*évasement*.

ÉVENT, *s. m.* — Altération d'une substance provoquée par son exposition à l'air. Ainsi le *plâtre qui a de l'évent* a perdu sa force, et peut même ne pas être bon à employer. Si une bonbonne d'essence ou d'alcool a de l'évent, le contenu en peut diminuer d'une manière considérable. — En termes de fondeur, on nomme *évents* ou *ventouses* des ouvertures faites sur les moules des pièces soumises au coulage. Ces évents servent à donner issue à l'air, au fur et à mesure que le métal fondu remplit le moule. — Quelquefois on emploie improprement ce terme comme synonyme de VENTILATEUR. (Voy. ce mot.)

ÉVENTER, *v. a.* — Altérer par l'exposition à l'air. On peut *éventer* du plâtre, du ciment; mais ce terme est surtout employé pour exprimer l'action de tirer avec une corde sur des matériaux dont on fait le montage, afin d'éviter les chocs de ceux-ci contre des murs, des échafauds, des corniches, etc. Le manœuvre qui est chargé d'*éventer*, se nomme *brayeur*, parce qu'il passe les *élingues* ou *brayers* sous les matériaux qu'il s'agit de monter.

ÉVERTIZON. — Voy. TOUR D'ÉCHELLE.

ÉVIDEMENT, *s. m.* — État de ce qui est évidé. — Partie de pierre jetée bas entre deux faces adjacentes. Il ne faut pas confondre l'évi-

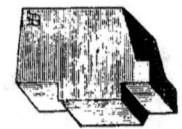

Pierre portant trois évidements.

dement et le refouillement (Voy. not. fig.): le premier ne comprend que deux faces, le second est toujours exécuté entre trois faces; l'évidement peut être fait à la pioche; tandis que le refouillement ne peut être pratiqué qu'à la masse et au poinçon. On fait des évidements pour tailler des harpes, crossettes, voussoirs, claveaux, ou des assises circulaires ou courbes. Les évidements sont de trois sortes, les *évidements simples sur le tas*, les *évidements simples sur le chantier*, enfin les *évidements avec déchet* faits sur le chantier; ceux-ci comprennent la valeur de la pierre avant son déchet et le temps nécessité pour jeter bas l'évidement, la taille des lits et joints, ainsi que le sciage, s'il a été nécessaire. Les évidements simples sur le tas ou le chantier n'ont d'autre valeur que celle du temps employé pour jeter bas la pierre.

En charpenterie, l'évidement est la partie de bois enlevée sur une pièce pour former moulure.

ÉVIDER, *v. a.* — Pratiquer un évidement. — C'est aussi sculpter les reliefs d'une façade, ajourer, c'est-à-dire tailler à jour quelque ouvrage de pierre, de marbre, de bois, etc.

ÉVIER, *s. m.* — Pierre creusée en forme de bassin, qui sert dans les laveries où dans les cuisines à laver la vaisselle. Le fond de cette pierre a une légère pente vers un orifice pourvu d'un conduit qui rejette au dehors les eaux de lavage. — C'est aussi un canal de pierre servant à l'écoulement des eaux dans une cour ou dans une allée de maison.

EXCAVATEUR, *s. m.* — Appareil qui permet d'exécuter mécaniquement des fouilles. L'excavateur est principalement employé pour creuser des canaux, et suivant la nature du terrain on applique des excavateurs de divers genres.

EXCAVATION, *s. f.* — Creux ou fouille obtenue par l'extraction des terres et qu'on pratique soit pour construire un bâtiment, soit pour faire des recherches dans le sol. Les excavations sont exécutées par divers procédés ayant entre eux beaucoup d'analogie et qui font partie des travaux de terrassements. Les parois des excavations portent le noms de *berges*; elles doivent être bien dressées et avoir un talus plus ou moins considérable selon la nature des terres; quelquefois même, dans les terrains friables, les berges sont étayées. Quand l'excavation a pour but de reconnaître la constitution du terrain, on la nomme *sonde*, ou *puits*, si elle est de grande dimension. Quand elle est étroite et allongée en forme de boyau, on la nomme *tranchée* ou *rigole*. Si elle est relativement considérable, on la nomme *fouille*. Il ne faut pas confondre les fouilles en excavation avec les fouilles en déblaiement. (Voy. Fouille.)

EXCAVER, *v. a.* — Pratiquer une excavation; exécuter une fouille en excavation, enfin creuser sous terre.

EXCENTRER, *v. a.* — Terme de tourneur. Déplacer le centre; faire varier le centre.

EXCENTRICITÉ, *s. f.* — Terme de géométrie. Distance du centre d'une ellipse à son foyer.

EXCENTRIQUE, *adj.* — Qui est en dehors du centre. Deux cercles sont excentriques quand leurs centres ne se rapportent pas; c'est-à-dire ne sont pas situés sur un même point. Des ellipses sont excentriques quand elles sont très-allongées; en effet, leur courbe est très-éloignée de leurs foyers ou centres. — Pris substantivement, ce terme sert à désigner : 1° un mandrin à l'aide duquel les tourneurs *excentrent* une pièce sans avoir à l'enlever du tour ; 2° en mécanique, toute pièce courbe qui sans être un cercle communique le mouvement à diverses machines : les tiroirs des machines à vapeur s'ouvrent et se ferment alternativement à l'aide d'un levier mis en mouvement par une excentrique.

EXCIPER, *v. n.* — Terme de jurisprudence. S'appuyer, s'autoriser d'un acte pour alléguer une exception, une fin de non-recevoir.

EXCIPIENT, *s. m.* — Substance ou matière qui sert à dissoudre ou à incorporer un liquide dans une matière quelconque, pour lui

donner une autre forme, une autre valeur ou une autre destination.

EXÉCUTION, *s. f.* — Action de passer d'un projet conçu et dessiné, à la construction. Le peintre, le sculpteur, le graveur, exécutent à peu près seuls les projets, esquisses, maquettes qu'ils ont conçus; il n'en est pas de même pour l'architecte, qui ne pourrait lui-même exécuter manuellement ses projets. Il est obligé d'employer de nombreux coopérateurs. Mais de ce que l'architecte ne met pas directement la main à la pâte (qu'on veuille bien nous permettre cette expression), il ne s'en suit pas qu'il ignore l'exécution matérielle de son œuvre. Au contraire, le véritable architecte, le *maître de l'œuvre*, comme on l'appelait autrefois, doit parfaitement connaître le maniement des outils et les moindres particularités de toutes les opérations manuelles qui se pratiquent sur son chantier, puisque à la rigueur il est obligé de diriger *ex professo* tous les nombreux ouvriers qu'il a sous la main, et qui peuvent lui demander des renseignements, des détails, des conseils sur la manière de travailler. — Quand un architecte a dressé ses avant-projets, et avant de se mettre à construire, il dessine ses projets à plus grande échelle, avec des détails cotés : ce sont ces plans qu'on nomme les *projets*, les *plans d'exécution* ; ils sont toujours cotés de manière à fournir aux ouvriers tous les renseignements utiles.

EXÈDRE, *s. m.* — Chambre qui servait dans les académies, les gymnases, à la discussion des thèses philosophiques, ou simplement à la

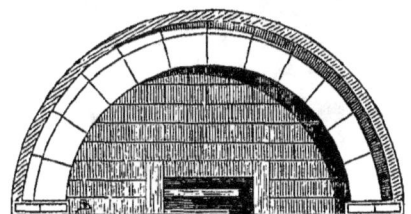

Fig. 1. — Plan d'un exèdre à Pompéi.

conversation des rhéteurs. C'était, d'après Vitruve, une salle large et spacieuse, quelquefois couverte (VI, 3, 8), quelquefois en plein air (VII, 9. 2). Les exèdres étaient souvent construits en forme d'abside circulaire (Plut., *Alcib.*, 17), ce qui permettait d'y placer des siéges dans une position commode pour la discussion. Les palestres, les thermes, les villas, de même que les belles maisons des villes, avaient presque toujours des exèdres dans lesquels les savants et les philosophes venaient converser. (Cic., *N. D.*, I, 16; Vitruve, V, 9. 2.)

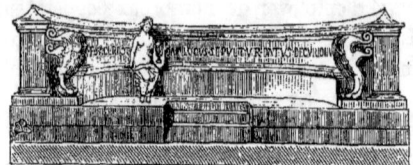

Fig. 2. — Exèdre à Pompéi (élévation).

Nos fig. 1, 2 et 3 reproduisent un exèdre de Pompéi qui se trouve sur la voie des Tombeaux (*strada di Sepolcri*). Nous avons, il y a déjà bien des années, relevé cette inscription qui est aujourd'hui presque détruite : MAMIAE. P. F. SACERDOTI. PVBLICÆ. LOCUS SEPVLTVR. DATVS. DECVRIONVM. DECRETO. — Nous avons restauré l'ensemble de ce monument, et nous y avons placé une figure pour mieux faire juger de ses proportions.

Les exèdres de ce dernier genre ont été imités, mais on les a toujours entourés de grilles; ce sont aujourd'hui de simples motifs de

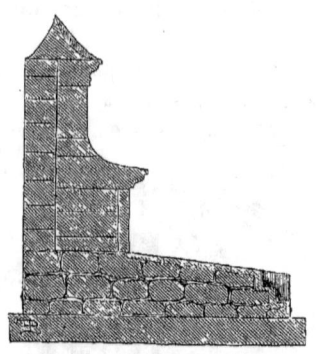

Fig. 3. — Exèdre à Pompéi (coupe).

décoration dans nos jardins publics, par exemple au jardin des Tuileries, à Paris. Il est fâcheux qu'on n'en crée point dans un but d'utilité; ils seraient très-certainement utilisés :

nous citerons comme preuve, à l'appui de notre affirmation, les exèdres qui couronnent chacune des piles du Pont-Neuf, qui en toute saison sont occupés.

EXERGUE, *s. m.* — Petit espace hors d'œuvre qu'on réserve sur une médaille pour y placer une date ou une inscription quelconque.

EXFOLIATION, *s. f.* — Maladie des arbres, qui soulève l'écorce et en occasionne la chute par feuillets minces et desséchés. Cette maladie altère le liber et par suite le bois, et lui donne une teinte particulière très-caractéristique.

EXHAUSSEMENT, *s. m.* — Surélévation d'un mur, d'un bâtiment. Quand l'exhaussement est pratiqué sur un mur mitoyen, il est soumis à des lois, à des règlements et à des coutumes auxquels on est tenu de se conformer. Comme cette question est intimement liée à celle du mur MITOYEN, nous en parlons à ce mot, auquel nous renvoyons le lecteur.

EXHAUSSÉ, ÉE, *v. a.* — Élever à une grande hauteur; faire un exhaussement. On exhausse un mur, un bâtiment. — Voy. MI-TOYEN (*Mur*).

EXHAUSSÉ (Arc). — Arc plein cintre dont le centre est situé au-dessus des impostes qui reçoivent sa retombée. (Voy. ARC, § *Arc en plein cintre.*)

EXOSTOSE, *s. f.* — Abcès, tumeur, dépôt ou excroissance qui se manifeste sur un arbre. Cette maladie des arbres provient d'un déplacement de la séve, et rend les bois qui en sont atteints impropres à tout emploi dans les constructions.

EXPERT, *s. m.* — On désigne sous ce nom celui qui, ayant la connaissance acquise de certaines choses, est commis en justice pour les vérifier ou en décider. L'expert sert à éclairer la conscience des juges dans certaines matières techniques où ceux-ci se trouvent incompétents. — L'architecte expert est un arbitre accrédité auprès du tribunal et commis par lui pour juger les contestations en matière de bâtiment. Il ne diffère des arbitres ordinaires qu'en ce que son intervention dans une affaire est forcée au lieu d'être amiable. Le président du tribunal choisit les experts, et l'on voit souvent dans ces fonctions des jeunes gens succéder à leur père sans avoir une expérience suffisante des affaires et de la profession. Il serait préférable que ces fonctions ne fussent conférées qu'après un certain stage, ou mieux qu'après un concours public, qui témoignerait de la capacité de l'impétrant. — Comme complément de cet article, nous renvoyons au suivant.

EXPERTISE, s. f. — Dans les contestations en matière de bâtiment, l'expertise est un arbitrage forcé ordonné par le tribunal; c'est une opération à laquelle se livrent des EXPERTS (Voy. ce mot), dont la mission est d'éclairer le juge sur des questions et des faits techniques qu'il ne peut connaître lui-même, n'ayant pas fait les études préalables nécessaires pour cela. Une expertise est, comme nous venons de le dire, un arbitrage, à cela près cependant que l'arbitre prononce une décision sur le fond de la question à lui soumise, tandis que l'expert exprime simplement un avis, auquel d'ailleurs le juge n'est pas tenu de se conformer. Le tribunal, s'il se croit compétent, c'est-à-dire s'il croit posséder des connaissances suffisantes pour apprécier l'objet de la contestation, peut refuser la nomination d'expert, l'expertise étant entièrement facultative pour le tribunal, qui peut ou non l'ordonner.

Avant de procéder à l'examen des faits qui leur sont soumis, les experts doivent prêter serment devant le juge-commissaire nommé par le jugement qui ordonne l'expertise. Cette formalité est indispensable à peine de nullité des opérations, à moins toutefois que les parties n'en dispensent les experts : ajoutons que cette dispense est presque toujours tacite. Le serment prêté, les experts commencent leurs opérations, et, quand elles sont terminées, ils déposent leur rapport. Nous allons, du reste, donner les articles du Code de procédure civile relatifs aux rapports des experts, la connais-

sance de ces articles étant indispensable aux architectes; les voici :

TITRE XIV. — DES RAPPORTS D'EXPERTS. [1]

302. — Lorsqu'il y aura lieu à un rapport d'experts, il sera ordonné par un jugement, lequel énoncera clairement les objets de l'expertise (1).

303. — L'expertise ne pourra se faire que par trois experts, à moins que les parties ne consentent qu'il soit procédé par un seul.

304. — Si, lors du jugement qui ordonne l'expertise, les parties se sont accordées pour nommer les experts, le même jugement leur donnera acte de la nomination.

305. — Si les experts ne sont pas convenus par les parties, le jugement ordonnera qu'elles seront tenues d'en nommer dans les trois jours de la signification; sinon, qu'il sera procédé à l'opération par les experts qui seront nommés d'office par le même jugement. — Ce même jugement nommera le juge-commissaire, qui recevra le serment des experts convenus ou nommés d'office : pourra néanmoins le tribunal ordonner que les experts prêteront leur serment devant le juge de paix du canton où ils procéderont (2).

306. — Dans le délai ci-dessus, les parties qui se seront accordées pour la nomination des experts en feront leur déclaration au greffe.

307. — Après l'expiration du délai ci-dessus, la partie la plus diligente prendra l'ordonnance du juge, et fera sommation aux experts nommés par les parties ou d'office, pour faire leur serment sans qu'il soit nécessaire que les parties soient présentes (3).

---

(1) Ordon., avril 1667, titre XXI.

ART. 8. — Les jugements qui ordonneront que les lieux et ouvrages seront vus, visités et toisés ou estimés par experts feront mention expresse des faits sur lesquels les rapports doivent êtres faits, du juge qui sera commis pour procéder à la nomination des experts, recevoir leur serment et rapport, comme aussi du délai dans lequel les parties devront comparoir par-devant le commissaire.

(2) Ordon., avril 1667, titre XXI.

Art. 9. — Si au jour de l'assignation une des parties ne compare pas ou qu'elle soit refusante de nommer [ou convenir d'experts, le commissaire en nommera d'office pour la partie absente ou refusante, pour procéder à la visitation avec l'expert nommé par l'autre partie ; et en cas de refus par l'une et l'autre des parties d'en nommer, le commissaire en nommera d'office ; le tout sauf à récuser ; et si la récusation est reconnue valable, il en sera nommé d'autres en la place de ceux qui pourront être récusés.

(3) Art. 10. — Le commissaire ordonnera par le procès-verbal de nomination des experts, le jour et l'heure de comparoir devant lui, et faire le serment ; ce qu'ils seront tenus de faire

308. — Les récusations ne pourront être proposées que contre les experts nommés d'office, à moins que les causes n'en soient survenues depuis la nomination et avant le serment.

309. — La partie qui aura des moyens de récusation à proposer sera tenue de le faire dans les trois jours de la nomination, par un simple acte signé d'elle ou de son mandataire spécial, contenant les causes de récusation et les preuves, si elle en a, ou l'offre de les vérifier par témoins ; le délai ci-dessus expiré, la récusation ne pourra être proposée et l'expert prêtera serment au jour indiqué par la sommation.

310. — Les experts pourront être récusés par les motifs pour lesquels les témoins peuvent être reprochés.

311. — La récusation contestée sera jugée sommairement à l'audience sur un simple acte et sur les conclusions du ministère public ; les juges pourront ordonner la preuve par témoins, laquelle sera faite dans la forme ci-après prescrite pour les enquêtes sommaires.

312. — Le jugement sur la récusation sera exécutoire, nonobstant l'appel.

313. — Si la récusation est admise, il sera d'office, par le jugement, nommé un nouvel expert ou de nouveaux experts à la place de celui ou de ceux récusés.

314. — Si la récusation est rejetée, la partie qui l'aura faite sera condamnée en tels dommages et intérêts qu'il appartiendra, même envers l'expert s'il le requiert, mais dans ce dernier cas il ne pourra demeurer expert.

315. — Le procès-verbal de prestation de serment contiendra indication, par les experts, du lieu et des jour et heure de leur opération. — En cas de présence des parties ou de leurs avoués, cette indication vaudra sommation. — En cas d'absence, il sera fait sommation aux parties, par acte d'avoué, de se trouver aux jour et heure que les experts auront indiqués.

316. — Si quelque expert n'accepte pas la nomination ou ne se présente point, soit pour le serment, soit pour l'expertise aux jour et heure indiqués, les parties s'accorderont sur-le-champ pour en nommer un autre à sa place ; sinon, la nomination pourra être faite d'office au tribunal. — L'expert qui, après avoir prêté serment, ne remplira pas sa mission, pourra être condamné par le tribunal qui l'avait commis, à tous les frais frus-

sur la première assignation ; et dans le même temps sera mis entre leurs mains l'arrêt ou jugement qui aura ordonné la visite, à quoi ils vaqueront incessamment.

tratoires, et même aux dommages et intérêts, s'il y échet.

317. — Le jugement qui aura ordonné le rapport, et les pièces nécessaires, seront remis aux experts ; les parties pourront faire tels dires et réquisitions qu'elles jugeront convenables : il en sera fait mention dans le rapport ; il sera rédigé sur le lieu contentieux, ou dans le lieu et aux jour et heure qui seront indiqués par les experts. — La rédaction sera écrite par un des experts et signée par tous : s'ils ne savent pas tous écrire, elle sera écrite par le greffier de la justice de paix du lieu où ils auront procédé.

318. — Les experts dresseront un seul rapport, ils ne formeront qu'un seul avis à la pluralité des voix. — Ils indiqueront néanmoins, en cas d'avis différents, les motifs des divers avis, sans faire connaître quel a été l'avis personnel de chacun d'eux.

319. — La minute du rapport sera déposée au greffe du tribunal qui aura ordonné l'expertise, sans nouveau serment de la part des experts : leurs vacations seront taxées par le président au bas de la minute, et il en sera livré exécutoire contre la partie qui aura requis l'expertise, ou qui l'aura poursuivie si elle a été ordonnée d'office.

320. — En cas de retard ou de refus de la part des experts de déposer leur rapport, ils pourront être assignés à trois jours, sans préliminaires de conciliation, par-devant le tribunal qui les aura commis, pour se voir condamner, même par corps s'il y échet, à faire ledit dépôt ; il y sera statué sommairement et sans instruction.

321. — Le rapport sera levé et signifié à l'avoué par la partie la plus diligente ; l'audience sera poursuivie sur un simple acte.

322. — Si les juges ne trouvent point dans le rapport les éclaircissements suffisants, ils pourront ordonner d'office une nouvelle expertise par un ou plusieurs experts qu'ils nommeront également d'office, et qui pourront demander aux précédents experts les renseignements qu'ils trouveront convenables.

323. — Les juges ne sont point astreints à suivre l'avis des experts, si leur conviction s'y oppose.

RÉCUSATION DES EXPERTS. — Peuvent être récusés comme experts, d'après l'article 283 du Code de procédure civile, les parents ou alliés de l'une ou de l'autre partie, jusqu'au degré de cousin issu de germain inclusivement ; les parents alliés au degré ci-dessus, si le conjoint est vivant ou si la partie ou l'expert en a des enfants vivants : en cas que le conjoint soit décédé et qu'il n'ait pas laissé de descendants, pourront être récusés comme experts les parents et alliés en ligne directe, les frères, beaux-frères, sœurs et belles-sœurs.

Pourront aussi être récusés, l'expert héritier présomptif ou donataire ; celui qui aura bu ou mangé avec la partie et à ses frais, depuis la prononciation du jugement qui a ordonné l'expertise ; les serviteurs et domestiques ; l'expert en état d'accusation, celui qui a été condamné à une peine afflictive ou infamante, ou même à une peine correctionnelle pour cause de vol.

DES HONORAIRES DE L'EXPERT. — Il est alloué aux experts, par vacation de trois heures, 8 francs pour le département de la Seine et 5 fr. dans les départements. — Le rapport des experts doit faire mention du nombre de vacations nécessitées par l'expertise. Quand l'expert est obligé de se transporter au delà de deux myriamètres, il touche les mêmes honoraires que pour les vacations ordinaires. Nous ne donnerons pas ici ce tarif, le lecteur le trouvera au mot ARCHITECTE, § *Vacations et frais de voyage* ; mais nous ajouterons qu'il est dû aux experts une vacation pour prestation de serment et une autre pour le dépôt de leur rapport. Moyennant ces taxes, tous les autres frais d'écriture, d'expédition, toisé, etc., sont à la charge des experts.

Les juges de paix et les tribunaux de commerce peuvent également nommer des experts et ordonner des expertises.

En matière administrative, l'expertise n'est pas soumise à des règles fixes et invariables ; ainsi la taxation des frais et honoraires des experts nommés par les conseils de préfecture est très-variable. On peut consulter à ce sujet une instruction du président du conseil de préfecture de la Seine du 22 juin 1868.

EXPLOITATION DES CARRIÈRES. —
Voy. CARRIÈRE, § *Législation et Jurisprudence.*

EXPLOSION, *s. f.* — Action d'éclater avec un bruit instantané. Une explosion peut être déterminée par une inflammation, une fermentation, ou une tension considérable de la va-

peur. Une fuite de gaz dans une pièce fermée peut amener à un moment donné une explosion terrible, si on pénètre dans cette pièce avec une lampe allumée. — En plomberie, les ouvriers ont à craindre divers genres d'explosions fort dangereuses ; ainsi quand les plombiers ajoutent dans du plomb fondu des plombs qui sont mouillés, il se produit une explosion qui est due au dégagement de la vapeur d'eau. Les gaziers ont l'habitude de souder leurs tuyaux de plomb avec une lampe à alcool ; or, si celui-ci n'est pas très-pur et contient des substances qui peuvent obstruer l'orifice de sortie de la vapeur alcoolique, qui ne s'enflamme plus, le récipient qui contient l'alcool fait explosion : nous avons vu, sur un de nos chantiers, un ouvrier aveuglé par ce genre d'explosion.

EXPOSITION, *s. f.* — Action d'exposer, de mettre sous les yeux du public des tableaux, des statues, des dessins ou autres objets. Les expositions exercent sans contredit sur l'art et l'industrie une grande influence. L'idée des expositions d'art et d'industrie, telles qu'on les comprend aujourd'hui, est toute moderne. C'est en 1798 que la France inaugura, la première en Europe, une exhibition industrielle. A vrai dire, ce n'était qu'un embryon d'exposition. Elle eut lieu au Champ de Mars et ne dura que trois jours. Il ne s'y présenta que 110 exposants, qui reçurent 23 récompenses, et quelques jours après la clôture personne n'en parla plus. D'autres expositions eurent lieu en 1801, 1802, 1806, 1819, 1823, 1827, 1834, 1844. Les expositions que nous venons de mentionner eurent un caractère tout local : ce ne fut guère que Paris et les départements limitrophes qui y prirent part, malgré l'appel adressé à toute la France ; mais à partir de la onzième exposition, celle de 1849, c'est le pays tout entier qui répondit à ces manifestations du génie national.

Parallèlement aux expositions d'art et d'industrie, il existait des expositions purement artistiques, ce qu'on nomme les salons, organisées antérieurement à l'année 1798.

Nous venons de voir que la France avait organisé la première exposition industrielle ; mais les autres nations suivirent bientôt son

exemple : citons l'exposition de Saint-Pétersbourg en 1829, celle de Vienne en 1835,
celle de Berlin en 1844.

La France, toujours à l'affût du progrès,
ingénieuse et chercheuse plus que toute autre
nation, put s'apercevoir dès 1849 que les expositions faites jusqu'alors avaient certainement profité à tous ; mais, avec l'esprit intuitif
qui la caractérise, elle pensa avec raison que,
si toutes les nations pouvaient ensemble figurer dans un même local, l'art et l'industrie
tireraient un immense profit de l'examen et de
la comparaison des produits internationaux.
C'est cette pensée qui devait bientôt donner
naissance aux expositions universelles et consacrer le grand principe de la solidarité des
nations. Mais ici, comme en bien d'autres cas,
l'idée française fut reprise par l'Angleterre, à
qui revient l'honneur d'avoir inauguré la première exposition universelle en 1851. La seconde eut lieu à Paris en 1855, la troisième à
Londres en 1862, la quatrième à Paris en 1867,
la cinquième à Vienne en 1873, la sixième à
Londres en 1874, la septième à Philadelphie
en 1875, la huitième à Paris en 1878. Comme
le montre cette rapide nomenclature, les expositions universelles tendent à devenir de
plus en plus fréquentes. Disons en terminant
que le plan adopté pour l'exposition de 1878
dans le Champ de Mars nous paraît être le
plus commode et le plus pratique, car pour ce
genre de construction, élevé si rapidement,
les formes rectangulaires sont préférables aux
courbes. Pour obtenir de grandes portées, il
faut employer la fonte et le fer ; or, avec les
formes courbes, la fabrication se complique,
car il faut presque à chaque travée changer
de moule, ce qui n'a pas lieu quand les plans
sont rectangulaires.

EXPROPRIATION, *s. f.* — Action de dé-
posséder par voie légale un propriétaire de
son immeuble. Toutes les propriétés sont in-
violables; la loi ne fait que deux exceptions à
ce principe. La première s'applique, d'après
l'article 2092 du Code civil, aux biens du débiteur qui peuvent être saisis et vendus pour
payer les dettes de celui-ci : c'est l'*expropriation forcée* ou *saisie immobilière*. La deuxième

exception existe en faveur de l'État, qui a toujours à l'égard du propriétaire le droit de l'exproprier pour cause d'intérêt public légalement constaté et moyennant indemnité préalable : c'est ce qu'on nomme *expropriation
pour cause d'utilité publique*. Nous n'avons à
nous occuper que de cette dernière. Nul
peut être contraint de céder sa propriété hors
le cas énoncé ci-dessus ; ce principe a été reconnu par toutes les constitutions, par celles
de 1791, 1814, 1830, 1848 et 1852. Cette matière a été successivement régie par les lois
des 28 pluviôse an VIII, du 16 septembre 1807,
du 8 mars 1810, et du 7 juillet 1833. Ces lois
ont été abrogées par celle du 3 mai 1841, pro-
mulguée le 6 mai de la même année, et qui
aujourd'hui règle seule la matière.

L'expropriation pour cause d'utilité publique
s'opère par autorité de justice. (Loi du 3 mai
1841, art. 1er.) Cependant un immeuble peut
passer de la propriété privée dans le domaine
public sans intervention de l'autorité judiciaire et sans règlement préalable de l'indemnité, par exemple pour les *alignements*, pour les
chemins vicinaux et la fixation des *rivières navigables*, ainsi que pour les *rivages de la mer*.
(Voy. *Lois d'expropriation*, par Daffry de la
Monnoye, p. 5.) Le même auteur ajoute que
l'indemnité préalable ne s'applique pas aux
servitudes légales créées sur des propriétés
privées à raison de leur voisinage immédiat de
certains travaux et de certaines natures de
biens ou d'établissements publics.

Les tribunaux ne peuvent prononcer l'expropriation qu'autant que l'utilité en a été
constatée et déclarée dans les formes prescrites
par la loi de 1841. Ces formes consistent :

1° Dans la loi ou l'ordonnance qui autorise
l'exécution des travaux pour lesquels l'expropriation est requise ;

2° Dans l'acte du préfet désignant les localités
ou territoires sur lesquels les travaux doivent
avoir lieu, lorsque cette désignation ne résulte
pas de la loi ou de l'ordonnance. (Art. 2.) —
Tous les grands travaux publics ne peuvent
être exécutés qu'en vertu d'une loi, qui n'est
rendue qu'après une enquête administrative,
laquelle a lieu dans les formes déterminées par
un règlement d'administration. (Art. 3.)

Telles sont les dispositions préliminaires de l'expropriation.

Examinons maintenant les principales mesures relatives à l'expropriation, et analysons brièvement les articles de la loi déjà citée.

Les plans parcellaires des terrains ou des édifices dont la cession est jugée nécessaire sont levés et dressés par les gens de l'art ; ces plans, qui doivent indiquer les noms des propriétaires, tels qu'ils sont inscrits sur la matrice des rôles, sont déposés, pendant huit jours, à la mairie de la commune où les propriétés sont situées, afin que chacun puisse en prendre connaissance. (Art. 4 et 5.)

Les huit jours ne commencent à courir qu'à dater de l'avertissement, qui est donné collectivement aux parties intéressées, de prendre connaissance du plan déposé à la mairie. — L'avertissement est publié à son de trompe ou de caisse dans la commune et affiché sur la porte de la mairie. Une insertion est faite dans l'un des journaux de l'arrondissement, et, s'il n'en existe aucun, dans l'un des journaux du département. (Art. 6.)

Le maire certifie ces publications et affiches, il mentionne dans un procès-verbal qu'il ouvre à cet effet, et que les parties qui comparaissent sont requises de signer, les déclarations et réclamations faites verbalement, et y annexe celles qui lui sont transmises par écrit. (Art. 7.)

A l'expiration du délai de huitaine, une commission se réunit au chef-lieu de la sous-préfecture. Cette commission, présidée par le sous-préfet de l'arrondissement, est composée de quatre membres du conseil général ou du conseil d'arrondissement désignés par le préfet, du maire de la commune où les propriétés à exproprier sont situées, et de l'un des ingénieurs chargés de l'exécution des travaux. La présence de cinq membres est nécessaire pour que les délibérations de la commission soient valables. Les propriétaires à exproprier ne peuvent faire partie de ladite commission, laquelle reçoit pendant huit jours les observations des propriétaires et les appelle dans son sein toutes les fois qu'elle le juge convenable. Les opérations doivent être terminées dans le délai de dix jours, après quoi

le procès-verbal est immédiatement adressé au préfet par le sous-préfet. Dans le cas où lesdites opérations ne sont pas terminées dans le délai de dix jours, le sous-préfet doit transmettre dans les trois jours son procès-verbal au préfet, ainsi que les documents recueillis. (Art. 8 et 9.)

Enfin le préfet, en conseil de préfecture, est chargé de statuer définitivement, ou d'ordonner qu'il soit procédé à nouveau à tout ou partie des formalités prescrites, et sauf l'approbation de l'administration. Le titre III de la loi s'occupe de l'expropriation et de ses suites quant aux priviléges, hypothèques et autres droits réels. Le titre IV du règlement des indemnités se compose de trois chapitres dont le premier traite des mesures préparatoires, le second du jury spécial chargé de régler les indemnités, et le troisième des règles à suivre pour la fixation des indemnités. Les titres V, VI et VII de la même loi traitent du payement des indemnités et des dispositions diverses et exceptionnelles.

BIBLIOGRAPHIE. — De Caudaveine et Théry, *Traité de l'expropriation pour cause d'utilité publique*, 1 vol. in-8°, Paris, 1841 ; — Homberg. *Guide des expropriations*, in-8°, 1842 ; — Gand, *Traité général de l'expropriation pour cause d'utilité publique*, etc., 1 vol. in-8°, 1842 ; — Herson, *Manuel de l'expropriation*, etc., 1 vol. in-8°, Paris, 1843 ; — Debray, *Manuel de l'expropriation*, etc., 1 vol. in-8°, 1844 ; — Armand Blanche, *de l'Expropriation*, etc., 1 vol. in-8°, 1852 ; — Desprez-Rouveau, *Guide des expropriés pour cause d'utilité publique*, 1 vol. gr. in-18, Paris, 1854 ; — Delaleau et Jousselin, *Traité de l'expropriation pour cause d'utilité publique*, 2 vol. in-8°, Paris, 1864 ; nouv. éd. par Amb. Rendu, Paris, 1858 ; — De Peyronny et Delamarre, *Commentaire théorique et pratique des lois d'expropriation pour cause d'utilité publique*, 1 vol. in-8°, Paris, 1860 ; — Daffry de la Monnoye, *Lois de l'expropriation pour cause d'utilité publique*, 1 vol. in-8°, Paris, 1866 ; — Amb. Rendu, *Dictionnaire des constructions et de la contiguïté*, v° *Expropriation*, 1 vol. in-8°, Paris, 1875.

EXTINCTION DE LA CHAUX. —

Transformation de la chaux vive en chaux éteinte ou *hydrate de chaux* (1).

_____

(1) Vitruve (VII, 2) prétend que la chaux qui n'est

On peut procéder à cette opération de quatre manières : 1° par la *fusion*, 2° par *immersion*, 3° par *aspersion*, et 4° par *extinction spontanée*.

EXTINCTION PAR FUSION. — C'est le procédé le plus généralement employé. Cette extinction se fait dans des bassins imperméables qui se construisent d'après différents systèmes. Après avoir déposé la chaux vive ou en pierre dans le bassin, et après avoir parfaitement réglé l'épaisseur de la couche, on y fait arriver de l'eau par un moyen quelconque jusqu'à la hauteur de la couche de chaux. Celle-ci l'absorbe vite et commence à *fuser*, c'est-à-dire qu'elle se gonfle, se boursoufle et se délite en faisant entendre un crépitement. Cette opération dégage de la chaleur et des vapeurs : on dit alors que la chaux *foisonne*; après quoi elle se réduit en une sorte de bouillie épaisse d'une grande finesse et très-blanche. Suivant la nature de la chaux, cette série de phénomènes se produit plus ou moins rapidement. De toutes les diverses qualités de chaux, c'est la chaux grasse qui donne lieu le plus rapidement et de la manière la plus caractéristique à tous ces phénomènes; dans les chaux très-maigres, au contraire, ils sont peu sensibles. Donc, en règle générale, on peut conclure que plus une chaux s'éteint vite avec crépitement et chaleur marquée, plus celle-ci possède les propriétés qui distinguent les chaux grasses.

Quand on noie la chaux, il faut avoir soin d'introduire l'eau dans les bassins sans discontinuité; toute addition tardive troublerait l'effervescence.

Dans les chantiers, c'est ordinairement le soir qu'on procède à l'extinction de la chaux, de sorte que toute la nuit elle accomplit son travail de fusion; le lendemain, c'est-à-dire après quatorze ou quinze heures, elle est déjà

très-ferme et ne peut être coupée qu'avec une pelle tranchante.

Aussitôt après son extinction, on doit avoir soin de garantir la chaux de la pluie et du soleil; on recouvre à cet effet le bassin avec des planches.

EXTINCTION PAR IMMERSION. — On réduit la chaux en morceaux de la grosseur d'un œuf ordinaire, puis on les jette dans un panier à claire-voie que l'on plonge dans l'eau, et on l'y maintient jusqu'à ce que la surface de l'eau commence à bouillonner; alors on le retire, on le laisse égoutter, puis on verse la chaux humectée dans des tonneaux ou dans des caisses de bois que l'on ferme avec soin. Dans ces conditions, la chaux se réduit en poudre, et il suffit d'y mêler de l'eau pour la transformer en pâte au moment de s'en servir. Ce procédé a l'avantage de procurer de la chaux éteinte plus facile à conserver avec toutes ses qualités.

EXTINCTION PAR ASPERSION. — Cette méthode est pratiquée par les paveurs, par les maçons de campagne et même dans les chantiers où l'on ne veut avoir qu'un peu de chaux pour terminer un travail. Elle consiste à placer la chaux dans une enceinte circulaire formée avec du sable, et à ne jeter sur cette chaux que la quantité d'eau strictement nécessaire; puis on la recouvre en rabattant sur elle le sable du batardeau : la chaleur se concentre dans ce milieu, facilite la division de la matière, accélère l'extinction et permet de conserver la chaux éteinte pendant de longs jours sans craindre qu'elle ne s'évente.

EXTINCTION SPONTANÉE. — Cette extinction, qui est le plus souvent la conséquence d'accident ou de circonstances particulières, résulte de l'absorption par la chaux de l'humidité de l'air. Quand on se trouve dans ce cas, il faut se hâter d'ajouter de l'eau pour terminer l'opération, sans quoi on s'exposerait à voir se gâter les matériaux en pure perte.

EXTRACTION DES PIERRES. — Voy. CARRIÈRE.

EXTRADOS, *s. m.* — Surface convexe et extérieure d'un arc ou d'une voûte dans leur

---

pas éteinte depuis longtemps occasionne des crevasses dans les murs. Pline (XXXVI, 28) nous dit que de son temps on étouffait la chaux et qu'on ne l'éteignait pas à grande eau; et il ajoute qu'une loi interdisait l'emploi de toute chaux qui n'était pas éteinte depuis trois ans : *Intrita* (calx) *quoque pro vetustior, eo melior... ne recentiore trima uteretur redemptor.*

forme régulière ; c'est l'opposé de la surface intérieure, qu'on nomme *douelle* ou *intrados*.

EXTRADOSSEMENT, *s. m.* — Disposition des arcs par laquelle l'extrados suit une direction concentrique et parallèle à l'intrados. Cette manière d'appareiller les arcs, qui est aussi la plus rationnelle, a été pratiquée à toutes les époques, et ce n'est qu'au xvi° siècle que l'*appareil à crossettes,* dit *florentin,* a fait son apparition. Dans celui-ci les arcs ne sont pas extradossés.

EXTRADOSSER, É, ÉE, *v. a.* — Faire l'extrados d'une voûte. On le dit aussi des arcs dont la surface extérieure ou *extrados* est régulière et concentrique à l'intrados. Avant le xvi° siècle les arcs furent toujours *extradossés.* Ce n'est qu'à partir du xvii° siècle qu'on peut dire que l'abandon du système si rationnel de l'extradossement devint complet.

EXTRAIRE, *v. a.* — Tirer une chose d'un lieu où elle se trouve. On extrait du plomb, du charbon, de la mine ; de la tourbe d'une tourbière ; de la pierre ou du marbre d'une carrière, etc.

EXTRA-MUROS, *adv.* — Locution latine qui signifie *hors les murs* et qui s'est introduite dans la langue architectonique. Ainsi on dit indifféremment : Saint-Paul hors les Murs, ou Saint-Paul *extra-muros,* Saint-Laurent *extra-muros.*

EXTRA-RÉFRACTAIRE, *adj.* — On dit qu'un minerai, une terre, sont extra-réfractaires, quand ils sont réfractaires à un très-haut degré.

F

F, consonne, sixième lettre de l'alphabet, ayant la forme du *digamma* des Éoliens. Quand les Latins se servirent de ce signe grec, ils lui conservèrent dans le principe sa valeur phonétique; à la même époque, ainsi qu'on peut le vérifier par les médailles, ils s'en servirent pour remplacer le φ des Grecs : ainsi, ils écrivaient *triunfus* pour *triumphus*. Dans le langage épigraphique, F a de nombreuses significations; on l'emploie, pour l'abréviation de *filius, familia, frater, Flavius, Flaminius, Fabricius, fecit*, etc. Les Romains marquaient de cette lettre les esclaves qui étaient repris après s'être échappés de la maison de leur maître. On imprimait ce caractère (*character*) sur le front de l'esclave au moyen d'un fer rougi au feu. En France, il y a cinquante à soixante ans à peine, les galériens condamnés aux travaux forcés à perpétuité étaient également marqués à l'épaule des lettres T. F. — Dans la numération du moyen âge, la lettre F valait 40; surmontée d'un trait ($\overline{\text{F}}$), 4,000; de deux traits ($\overline{\overline{\text{F}}}$), 40,000.

FABRIQUE, *s. f.* — Ce terme, qui vient du latin *faber* (ouvrier, artisan), est employé comme synonyme de *manufacture*. Nous n'avons pas à nous occuper de ce mot entendu dans ce sens; mais il sert aussi à désigner des hypogées, petits temples, arcades, péristyles, arcs de triomphe, tours, ponts, cabanes, chaumières, ruines, etc., qui figurent dans la décoration d'un jardin paysager, d'un beau parc d'agrément. Le XVIIᵉ et le XVIIIᵉ siècle ont beaucoup employé ce genre de décoration. Avant sa destruction et sa transformation en square public, un jardin remarquable par ses belles et nombreuses fabriques, c'était le *Parc de Monceaux*, à Paris. — Diderot, dans son salon de 1765, donne à ce mot une significa-tion presque tombée en désuétude : ce serait, d'après cet auteur, une construction dont la principale décoration consisterait dans la disposition de l'appareillage. « La grande *fabrique* des tours de Notre-Dame, dit-il, malgré la multitude infinie, etc. »

FAÇADE, *s. f.* — Paroi ou surface verticale qui fait face à celui qui la regarde. Sous ce rapport un monument peut avoir plusieurs façades; mais ce mot s'emploie d'une manière générale pour désigner la face antérieure ou principale d'un monument. C'est sur celle-ci que se trouve la porte principale d'entrée ; c'est sur la façade principale que l'architecte déploie le luxe de la décoration et tout ce qui peut donner du caractère au monument, ou du moins caractériser sa destination. De là le rapprochement fait par beaucoup d'auteurs entre la façade d'un édifice et le front humain, rapprochement qui a fait donner le nom de *frontispice* à la façade principale des édifices. Les bâtiments isolés possèdent, outre la façade principale, une façade postérieure située derrière celle-ci, et des façades latérales placées sur les côtés ou sur les murs pignons, ou en retour sur le bâtiment principal. Nous venons de dire que les façades comportent dans leur composition un certain déploiement de décoration architecturale; aussi trouve-t-on chaque style et chaque époque de l'art parfaitement caractérisés sur les façades des édifices, aussi bien que par les distributions et les décorations intérieures. Le lecteur trouvera à différents articles de ce dictionnaire des motifs de façades. Au mot ESCALIER notamment, ainsi qu'à MAISON, nous avons donné de petites façades de l'époque de la renaissance française. Notre planche XXXVI montre une façade sur cour d'une maison du même style, qui fut bâtie à

Moret en 1523, par ordre de François Ier. Elle a été dessinée par l'éminent architecte Vaudoyer, telle qu'elle existait en 1825, et c'est à l'obligeance de M. Vaudoyer fils que nous devons de pouvoir la mettre sous les yeux de nos lecteurs. Cette maison de Moret fut vendue

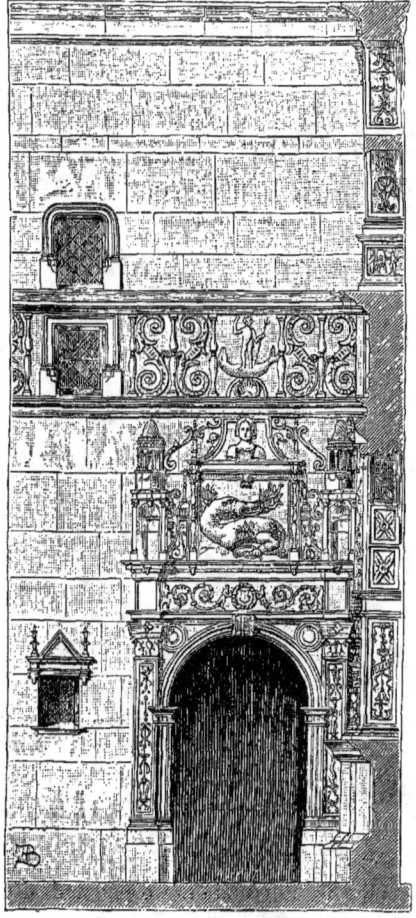

Arrachement de la façade sur la porte d'entrée.

en 1826 à un particulier qui la fit démolir avec le plus grand soin et en numéroter toutes les pierres, afin de pouvoir la reconstruire à Paris cours la Reine, à l'angle de la rue Bayard, où on peut la voir encore aujourd'hui. Ce petit édifice forme un carré parfait. Il se compose de deux étages. La façade principale est décorée de trophées et de sept médaillons qui représentent Louis XII, Anne de Bretagne,

François II, Marguerite de Navarre, Henri II, Diane de Poitiers et François Ier. La sculpture de ces médaillons est attribuée à Jean Goujon. Sur la façade postérieure, on lit une inscription latine. — Notre bois dans le texte montre un arrachement de la façade sur la porte d'entrée située sur le mur en retour indiqué à gauche dans notre planche XXXVI. — On voit représentée en couleur dans notre planche XXXVII, dessinée d'après M. Huguelin, architecte, une façade d'une maison du XVIe siècle, en pan de bois, qui existe encore à Strasbourg. (Voy. MAISON.)

LÉGISLATION. — Les façades des maisons de Paris, d'après certaines lois et ordonnances, sont soumises à diverses conditions obligatoires que nous allons analyser brièvement.

L'ordonnance du 1er novembre 1844, contenant les dispositions réglementaires de la grande voirie sur la hauteur des bâtiments et de leurs combles, ainsi que l'arrêté du 15 juillet 1848, sont à quelque chose près reproduits par le décret du 27 juillet 1859; aussi nous bornerons-nous à transcrire ce dernier décret, lequel réglemente d'une manière générale et absolue la hauteur des maisons, combles et lucarnes.

TITRE Ier. — DE LA HAUTEUR DES BATIMENTS.

Section Ire. — De la hauteur des façades des bâtiments bordant les voies publiques.

Art. 1er. — La hauteur des façades des maisons bordant les voies publiques, dans la ville de Paris, est déterminée par la largeur légale de ces voies publiques. Cette hauteur mesurée du trottoir ou du pavé, au pied des façades des bâtiments, et prise, dans tous les cas, au milieu de ces façades, ne peut excéder, y compris les entablements, attiques et toutes les constructions à plomb du mur de face, savoir :

11^m,70 pour les voies publiques au-dessous de 7^m,80 de largeur ;

14^m,60 pour les voies publiques de 7^m,80 et au-dessus, jusqu'à 9^m,75 ;

17^m,55 pour les voies publiques de 9^m,75 et au-dessus.

Toutefois dans les rues ou boulevards de 20 mètres et au-dessus, la hauteur des bâtiments peut être portée jusqu'à 20 mètres, mais à la charge par les constructeurs de ne faire, en aucun cas, au-dessus

L'Hôse d'après Huguin.

Fig. 60.

FAÇADE D'UNE MAISON DE STRASBOURG (XVIᵉ S.)

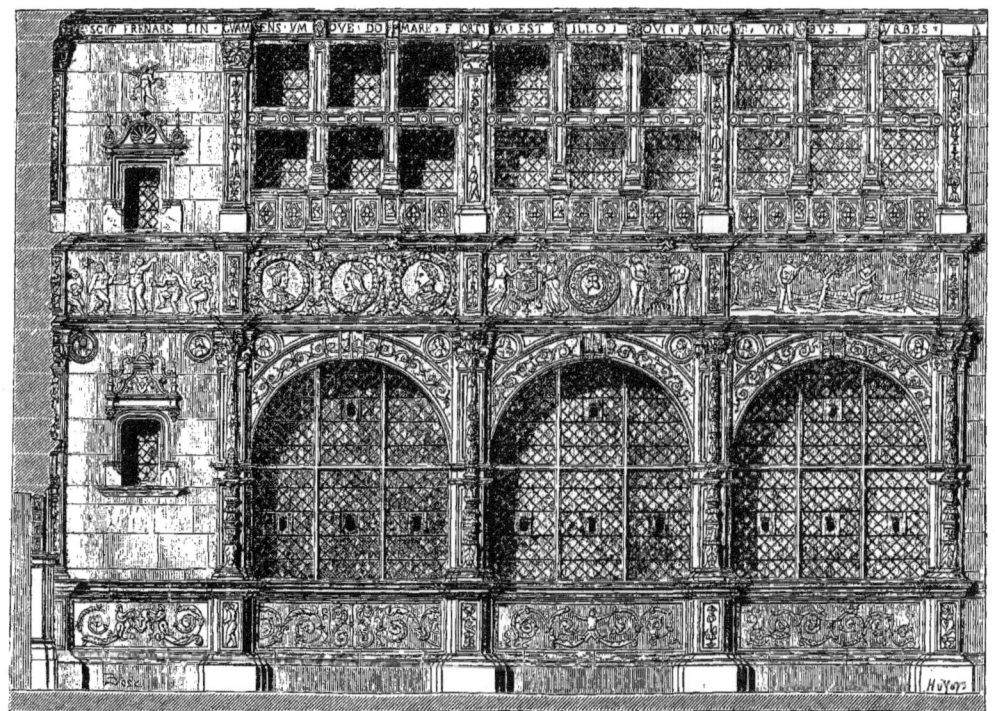

Planche XXXVI. — Façade de la maison dite *de Moret* (renaissance française).

du rez-de-chaussée, plus de cinq étages carrés, entre-sol compris.

Art. 2. — Les façades qui seront construites sur la voie publique, soit en retraite de l'alignement, soit à fruit, ou de toute autre manière, ne peuvent être élevées qu'à la hauteur déterminée pour les maisons construites à l'alignement.

Art. 3. — Tout bâtiment situé à l'encoignure de deux voies publiques d'inégale largeur peut, par exception, être élevé, du côté de la rue la plus étroite, jusqu'à la hauteur fixée pour la plus large.

Toutefois cette exception ne s'étendra, sur la voie la plus étroite, que jusqu'à concurrence de la profondeur du corps de bâtiment ayant face sur la voie la plus large, soit que ce corps de bâtiment soit simple ou double en profondeur.

Cette disposition exceptionnelle ne peut être invoquée que pour les bâtiments construits à l'alignement déterminé pour les deux voies publiques.

Art. 4. — Pour les bâtiments autres que ceux dont il est parlé en l'article précédent, et qui occupent tout l'espace compris entre deux voies d'inégale largeur ou de niveau différent, chacune des deux façades ne peut dépasser la hauteur fixée en raison de la largeur ou du niveau de la voie publique sur laquelle chaque façade sera située.

Toutefois, lorsque la plus grande distance entre les deux façades n'excède pas 15 mètres, la façade bordant la voie publique la moins large ou du niveau le plus bas, peut, par exception, être élevée à la hauteur fixée pour la rue la plus large ou du niveau le plus élevé.

Section II. — De la hauteur des bâtiments situés en dehors des voies publiques.

Art. 5. — Les bâtiments situés en dehors des voies publiques, dans les cours et espaces intérieurs, ne peuvent excéder, sur aucune de leurs faces, la hauteur de 17m,55, mesurée du sol.

L'administration peut toutefois autoriser, par exception, des constructions plus élevées pour des besoins d'art, de science ou d'industrie.

Dans ces cas exceptionnels, elle fixe les dimensions, la forme et le mode de ces surélévations.

Section III. — De la hauteur des étages.

Art. 6. — Dans tous les bâtiments, de quelque nature qu'ils soient, il ne peut être exigé, en exécution de l'article 4 du décret du 26 mars 1852, une hauteur d'étage de plus de 2m,60.

Pour l'étage dans le comble, cette hauteur s'applique à la partie la plus élevée du rampant.

TITRE II. — DES COMBLES.

Section Ire. — Des combles au-dessus des façades élevées au maximum de hauteur légale.

Art. 7. — Le faîtage du comble ne peut excéder une hauteur égale à la moitié de la profondeur du bâtiment, y compris les saillies et corniches.

Le profil du comble, sur la façade du côté de la voie publique, ne peut dépasser une ligne inclinée à 45 degrés, partant de l'extrémité de la corniche ou de l'entablement.

Art. 8. — Sur les quais, boulevards, places publiques, et dans les voies publiques de 15 mètres au moins de largeur, ainsi que dans les cours et espaces intérieurs en dehors de la voie publique, la ligne inclinée à 45 degrés dans le périmètre indiqué ci-dessus peut être remplacée par un quart de cercle dont le rayon ne peut excéder la hauteur fixée par l'art. 7.

La saillie de l'entablement sera laissée en dehors du quart de cercle.

Art. 9. — Les combles des bâtiments situés à l'angle d'une voie publique de 15 mètres au moins de largeur et d'une voie publique de moins de 15 mètres, peuvent, par exception, être établis sur cette dernière voie suivant le périmètre déterminé par l'art. 8, mais seulement dans la même profondeur que celle fixée par l'art. 3.

Art. 10. — Dans les cas prévus par les trois articles précédents, les reliefs des chéneaux, membrons, ne doivent pas excéder la ligne inclinée à 45 degrés, partant de l'extrémité de l'entablement, ou le quart de cercle qui, dans le cas prévu par l'art. 8, peut remplacer cette ligne.

Art. 11. — Les murs dossiers et les tuyaux de cheminées ne pourront percer la ligne rampante du comble qu'à 1m,50, mesurés horizontalement du parement extérieur du mur de face, ni s'élever à plus de 0m,60 au-dessus du faîtage.

Art. 12. — La face extérieure des lucarnes doit être placée en arrière du parement extérieur du mur de face donnant sur la voie publique et à une distance d'au moins 0m,30. Elles ne peuvent s'élever, compris leur toiture, à plus de 3 mètres au-dessus de la base des combles. Leur largeur ne peut excéder 1m,50 hors œuvre.

Les jouées de ces lucarnes doivent être parallèles entre elles.

Les intervalles auront au moins 1m,50, quelle que soit la largeur des lucarnes.

La saillie de leurs corniches, égouts compris, ne doit pas excéder 0m,15.

Il peut être établi un second rang de lucarnes en se renfermant dans le périmètre déterminé par les articles 7 et 8.

Section II. — Des combles au-dessus des façades élevées à une hauteur moindre que la hauteur légale.

Art. 13. — Les combles au-dessus des façades qui ne seraient pas élevées au maximum de hauteur déterminé dans le titre Ier peuvent dépasser le périmètre fixé par l'art. 7 ; mais ils ne doivent pas toutefois, ainsi que leurs chéneaux, membrons, lucarnes et murs de dossier, excéder le périmètre général des bâtiments, fixé, tant pour les façades que pour les combles, par les dispositions du titre Ier et de la première section du présent titre.

Art. 14. — Les dispositions du présent titre sont applicables à tous les bâtiments placés ou non sur la voie publique.

TITRE III. — DISPOSITIONS TRANSITOIRES.

Art. 15. — Les murs de face, les combles, les lucarnes dont l'élévation et la forme excèdent actuellement celles ci-dessus prescrites, ne peuvent être réconfortés ni reconstruits qu'à la charge de se conformer aux dispositions qui précèdent.

Toutefois, l'interdiction de réconforter les bâtiments situés en dehors des voies publiques, dans les cours et les espaces intérieurs, ne sera appliquée à ces bâtiments, qu'à l'expiration d'un délai de vingt ans, à partir de la promulgation du présent décret.

TITRE IV. — DISPOSITIONS DIVERSES.

Art. 16. — Les dispositions du présent décret ne sont pas applicables aux édifices publics.

Art. 17. — Les dispositions des règlements, ordonnances et autres actes qui seraient contraires au présent décret sont et demeurent rapportées.

Un décret relatif aux rues de Paris, en date du 26 mars 1852, promulgué le 6 avril de la même année, oblige de tenir constamment en bon état de propreté la façade des maisons. « Elles seront grattées, repeintes ou badigeonnées au moins une fois tous les dix ans, sur l'injonction qui sera faite au propriétaire par l'autorité municipale. — Les contrevenants seront passibles d'une amende qui ne pourra excéder 100 francs. »

Enfin une circulaire du préfet de la Seine, en date du 5 octobre 1855, adressée aux commissaires-voyers de Paris, leur enjoint de tenir la main, en certains cas, à ce que les corniches et bandeaux des maisons contiguës se raccordent autant que possible afin de ne pas nuire au grand effet architectonique résultant de cette symétrie dans les lignes des façades. Nous trouvons qu'ici l'administration a été beaucoup trop loin ; aussi un grand nombre d'architectes s'affranchissent-ils de cette prétention exorbitante, car il n'appartient ni à un arrêté préfectoral ni même à un décret d'établir une pareille réglementation ; pour que les propriétaires fussent tenus de se soumettre à cette prétention administrative, il faudrait « ou qu'une loi spéciale eût investi l'administration du droit de l'imposer; ou que les propriétaires l'eussent acceptée bénévolement par une convention écrite. » C'est ce qui a lieu lorsque, dans les contrats de vente des terrains qui appartiennent à la ville, l'acquéreur accepte une clause qui l'oblige à donner à l'immeuble qu'il se propose de construire les mêmes lignes principales de façades, de manière que les balcons continus, les corniches et les toits soient autant que possible sur les mêmes plans. Mais il faut cette clause expresse, sans quoi le propriétaire est libre de s'opposer aux prétentions de l'administration et d'adopter telles formes architectoniques qu'il lui plaira. Ainsi jugé en conseil d'État, 11 novembre 1859, et 19 juin 1863.

FACE, *s. f.* — Moulure plate et peu saillante. Telles sont les moulures d'une architrave, d'un bandeau, d'un larmier. — Dans une construction, on nomme *murs de face* les murs extérieurs.

FACETTE, *s. f.* — Petite face. Quand on taille les pierres, les bossages principalement, en pointe de diamant, les petites surfaces planes se nomment *facettes*.

FAÇON, *s. f.* — Main-d'œuvre. Les *travaux à façon* sont ceux dont on ne paye que la main-d'œuvre, soit que tous les matériaux aient été fournis aux ouvriers, soit que la nature de l'ouvrage ne comporte que de la main-d'œuvre ; par exemple, les démolitions, les hachements, transports, sciage, taille et piquage des pierres, emmétrages, etc. — *Objet de façon*, objet exécuté spécialement pour le lieu qu'il occupe.

FAÇONNER, *v. a.* — Travailler un objet, lui donner une physionomie, un caractère qu'il n'avait pas avant d'être travaillé.

FAIENCE, *s. f.* — Poterie de terre, ou terre cuite vernissée ou émaillée. Les premières faïences ont été fabriquées au XIIᵉ siècle, d'après les uns en Italie, à Faenza, d'après les autres en Allemagne. Nous croyons que les deux opinions sont erronées : la faïence existe depuis une très-haute antiquité, puisqu'on a retrouvé dans les ruines de Persépolis des carreaux émaillés. (Voy. *Ninive et l'Assyrie*, par A. Thomas.) La faïence a été employée aux XVIᵉ et XVIIᵉ siècles au pavement des édifices ainsi qu'au revêtement des murs. L'architecture arabe et celle de la Perse ont employé les faïences avec profusion pour les revêtements, et cela dès les Vᵉ et VIᵉ siècles. De nos jours, les faïences décoratives commencent à orner les façades de certaines maisons, surtout des villas ; on les emploie aussi pour décorer les salles de bains, les cabinets d'aisances, et dans les cuisines pour les revêtements des murs au-dessus des fourneaux et des pierres d'évier. On l'emploie beaucoup moins en pavement, car on ne peut pas marcher sans danger sur les carreaux émaillés, qui sont très-glissants ; on leur préfère des carreaux en terre cuite brute, des dallages en pierre et en marbre, des mosaïques, des carreaux en grès cérame, etc. On utilise la faïence pour les poêles de construction et les calorifères, ainsi que pour les baies de cheminées. (Voy. Carreau, Carrelage et Revêtement.)

FAIENCÉ, ÉE, *adj.* — Il se dit de peintures, d'enduits qui se couvrent de craquelures, de fentes, de gerçures semblables à celles que l'on voit sur les plaques de faïence. Les enduits faits avec des ciments de mauvaise qualité *se faïencent* toujours.

FAIENCIER, *s. m.* — Fabricant, marchand de faïence. Il existait anciennement une corporation de faïenciers, qui avait reçu en 1601 ses statuts de Henri IV ; vers 1700, cette corporation s'adjoignit celle des verriers, des émailleurs et des patenôtriers.

FAILLE, *s. f.* — Solution de continuité dans des couches de stratification. Ainsi, dans les carrières de pierre, les failles causent beaucoup de déchet, car les pierres qui portent des failles doivent être exclues d'une bonne construction, comme étant de mauvaise qualité.

FAISANDERIE, *s. f.* — Local servant à élever des faisans. Il y en a de deux genres : les petites et les grandes faisanderies. — La petite faisanderie ressemble beaucoup aux pouleries ou poulaillers ; seulement la cour doit être plus spacieuse et couverte d'un grillage à mailles serrées pour empêcher les faisans de s'envoler ou les oiseaux de proie et autres ennemis de s'introduire dans l'intérieur. — Les grandes faisanderies, créées dans des parcs en forêt, comprennent de cinq à six hectares, sont entourées de bonnes et solides clôtures de bois, et possèdent un ou plusieurs hangars fermés du côté du nord. Le taillis doit être assez épais pour procurer aux faisans de l'ombre pendant les chaleurs de l'été et un abri pendant la mauvaise saison. L'enceinte de la faisanderie doit contenir des genévriers, des cornouillers, des mérisiers à grappes, des fusains et des groseillers, des framboisiers, des ronces, des sureaux, des mûriers, des épines blanches et autres fruits à baies, qui procurent aux faisans une nourriture saine et abondante. Il est indispensable de faire passer à travers la faisanderie un filet d'eau courante.

FAISCEAU, *s. m.* — *Colonne en faisceau*, réunion de plusieurs colonnes accolées les unes aux autres et formant une sorte de pilier, dont les faces, au lieu d'être planes, sont formées de parties cylindriques. Les colonnes en faisceau ont été employées dès une haute antiquité : l'Égypte avait adopté plusieurs types de piliers ainsi agencés ; les uns comptaient quatre colonnes, d'autres cinq ou six, d'autres enfin un plus grand nombre. Le style d'architecture qui a le plus largement utilisé les colonnes en faisceau, c'est sans contredit celui du moyen âge, et nous devons reconnaître que les architectes de l'époque ogivale ont su tirer un excellent parti décoratif des colonnettes en faisceaux serrés par des BAGUES, des ANNELETS et ANNELURES. (Voy. ces mots.) Si les faisceaux se voient rarement dans les églises avant le XIIᵉ siècle, en revanche leur emploi devient général dans le XIIIᵉ siècle.

FAITAGE, *s. m.* — Ce terme sert à désigner à la fois la pièce de charpente, la portion de couverture, ainsi que l'ornement, quand il en existe un, qui forment le sommet ou arête supérieure d'un comble ; l'ornement cependant

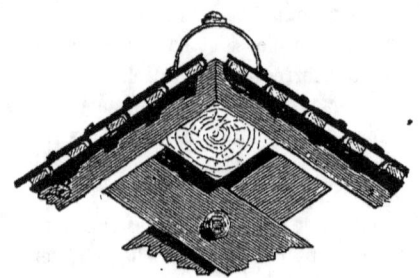

Fig. 1. — Faîtage en tuile Montchanin.

porte plutôt le nom de CRÊTE, ou, si ce sont des tuiles, de FAITIÈRES. (Voy. ces mots.)

En charpenterie, le faîtage, qu'on nomme aussi *faîte*, est une pièce carrée, délardée suivant l'inclinaison du rampant ; elle est supportée de distance en distance par les fermes et reçoit la tête des chevrons. Les pièces composant un cours de faîtage sont assemblées soit au moyen d'entailles à mi-bois ou en sifflet, soit à tenon et mortaise (Voy. ENTAILLE) ; elles sont rendues solidaires par des plates-bandes en fer fixées au droit des joints. Le

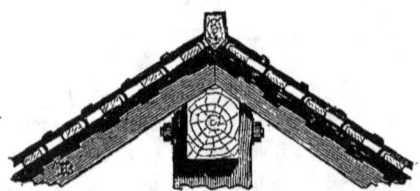

Fig. 2. — Faîtage en zinc.

faîtage s'assemble soit dans les murs pignons, soit dans les poinçons de deux fermes contiguës d'une même couverture, et sert à les réunir. Les chevrons s'appuient sur le faîtage, comme le montrent nos figures 1, 2, 3. Dans notre croquis (fig. 1), on voit un faîtage recouvert en tuiles *Montchanin* ; les chevrons, comme dans l'exemple suivant, s'ajustent bout à bout sur le faîtage. Notre croquis (fig. 2) montre un faîtage en zinc. Dans notre figure 3, le faîtage est un fer double T ; les chevrons sont reliés par une armature boulonnée ; le sommet du faîtage est un fort boudin en zinc ou en plomb. Aujourd'hui, pour les couvertures des halles et marchés, les faîtages sont construits comme celui que représente notre figure 4. Deux fers à T sont réunis à leur sommet par de fortes équerres en fer ri-

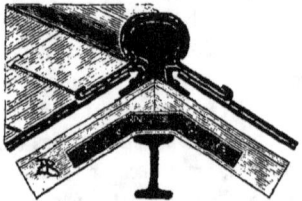

Fig. 3. — Faîtage avec fer double T.

vées d'une part sur les fers à T et d'autre part sur un sabot qui supporte un faîtage en bois. Les fers à T portent un fort voligeage qu'on recouvre de zinc, comme l'indique notre fi-

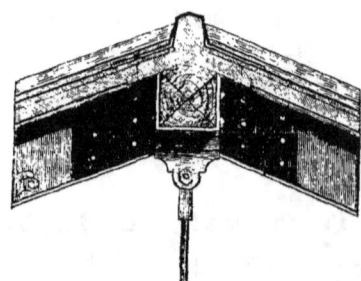

Fig. 4. — Faîtage employé pour les couvertures des halles et marchés.

gure. Le poinçon du faîtage est situé sous le sabot.

En couverture, le faîtage se compose, comme nous venons de le voir, de feuilles de plomb ou de zinc disposées de diverses façons, ou bien d'une suite de tuiles faîtières juxtaposées ou assemblées qu'on fixe à l'aide de clefs, ainsi qu'on le verra à l'article suivant. — C'est aussi un cordon de plomb posé sur le sommet d'un comble et embrassant les tables des deux versants du toit. Le même cordon, placé dans les angles du comble, se nomme ARÊTIER. (Voy. ce mot.)

FAITE, *s. m.* — Sommet du comble d'un édifice. Comme synonyme de *faîtage*, ce terme sert à désigner la pièce de bois, généralement horizontale, qui réunit les deux extrémités supérieures des poinçons de fermes.

SOUS-FAITE, *s. m.* — Pièce de bois parallèle au faîte et qui s'y relie par des entretoises.

FAITIÈRE, *s. f.* — Tuile courbe qui sert à recouvrir le faîtage d'un comble à deux égouts. Il existe de nombreuses variétés de faî-

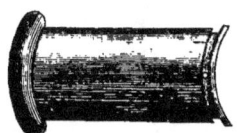

Fig. 1. — Faîtière à emboîtement.

tières; les plus simples sont des demi-cylindres mesurant de 0ᵐ,45 à 0ᵐ,50 de longueur.

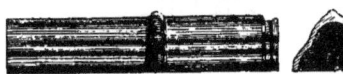

Fig. 2. — Grande faîtière à emboîtement et pannetonnée.

On les pose à sec ou à bain de mortier, suivant les localités; dans les pays où le plâtre

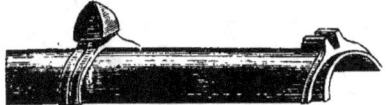

Fig. 3. — Faîtière à clef (1ᵉʳ type).

est de bonne qualité, on les scelle au plâtre et l'on forme un bourrelet sur leurs joints : c'est la *crête*, tandis que le filet longitudinal se nomme EMBARRURE. (Voy. ce mot et la fig. qui l'accompagne.)

Depuis quelques années, la fabrication des faîtières a pris une grande extension; on en fait à emboîtement et à nervures, à recouvrement, à clef avec crêtes ordinaires ou rapportées; on fabrique également des faîtières pour

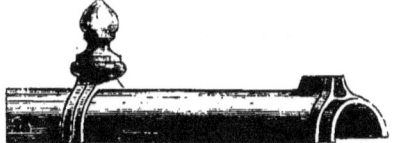

Fig. 4. — Faîtière à clef (2ᵉ type).

chaperons de murs à un et à deux égouts. L'explication des figures fera bien saisir en quoi consistent ces divers genres de tuiles faîtières. Notre figure 1 montre une grande faîtière unie percée dans l'emboîtement et

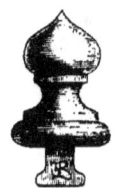

Fig. 5. — Clef de faîtière.

pannetonnée. — La figure 2 présente une grande faîtière également percée dans son emboîtement et pannetonnée; mais, au lieu d'être unie, sa face est contournée comme l'indique la coupe à droite. Les figures 3 et 4 font voir des faîtières à clef; quand les tuiles sont emboîtées, elles sont maintenues par une

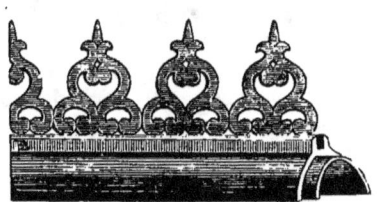

Fig. 6. — Faîtière fleuronnée.

clef qui s'engage dans une rainure. L'inspection de la clef (fig. 5) fait comprendre ce genre de jonction, pour lequel on emploie également des crêtes ou fleurons, comme le montrent les figures 6, 7, 8 et 9; ce qui a fait donner à ces tuiles le nom de *faîtières*

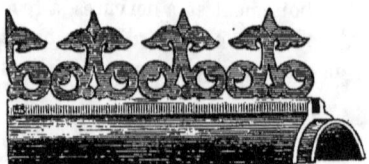

Fig. 7. — Faîtière fleuronnée.

fleuronnées : elles mesurent 0^m,20 de largeur sur 0^m,50 de longueur et pèsent de 12 à 14

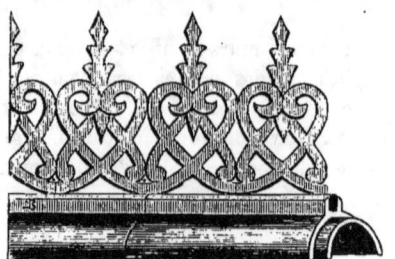

Fig. 8. — Faîtière fleuronnée.

kilogrammes avec le fleuron, tandis que sans cet ornement leur poids n'est que de 9 kilo-

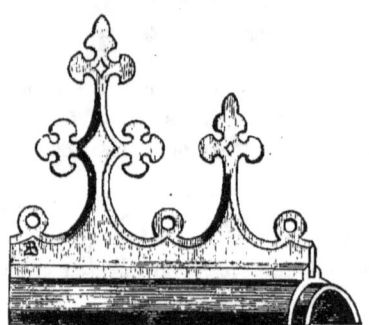

Fig. 9. — Faîtière fleuronnée.

grammes à 9 kilogr. 500. La faîtière représentée par notre figure 9 est d'un bel effet

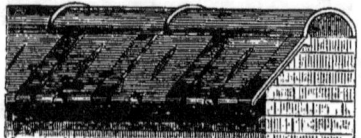

Fig. 10. — Faîtière à un versant.

décoratif; le petit fleuron mesure 0^m,50 de hauteur, tandis que le grand atteint 0^m,70.

On fabrique également des faîtières pour remplacer les chaperons des murs : nos figures 10,

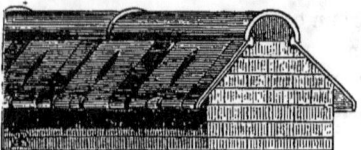

Fig. 11. — Faîtière à deux versants.

11 et 12 en représentent divers types à un et à deux versants. Ce genre de tuiles se fabrique en grand à Paris, en Bourgogne et dans la Nor-

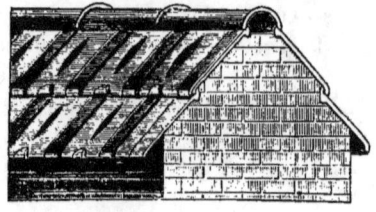

Fig. 12. — Faîtière à deux versants et à deux rangs de tuiles.

mandie; les plus importantes usines sont celles

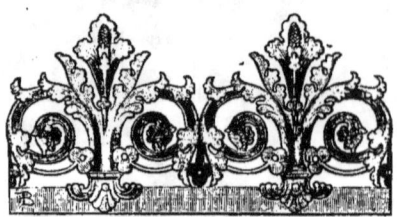

Fig. 13. — Faîtière en plomb.

de Muller et Cie, la grande tuilerie de Montchanin en Bourgogne, et celle de Fresne-d'Ar-

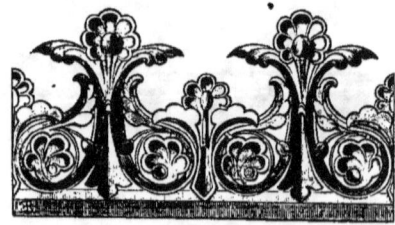

Fig. 14. — Faîtière en plomb.

gences dans le Calvados. — Dans certaines localités, les marchands de tuiles accordent six faîtières par chaque mille de tuiles, et chaque faîtière compte pour six tuiles ordinaires.

Dans l'industrie du bâtiment on nomme aussi *faîtières* des crêtes en zinc, en plomb, comme celles que représentent nos figures 13 et 14.

FANAL, *s. m.* — Les fanaux de cimetière, qu'on nomme aussi *lanternes des morts,* sont généralement de petites colonnes creuses, des phares minuscules destinés à éclairer les cimetières ou leurs abords. Pendant le moyen âge, ces édicules funéraires étaient très-répandus ; ils servaient, dit-on, à chasser les revenants et les esprits de ténèbres, dont la superstition de cette époque peuplait les cimetières et les lieux circonvoisins. Ces tourelles étaient élevées sur quatre ou cinq marches, et avaient quelquefois à leur base un autel. Du centre du toit, conique ou pyramidal, descendait une chaîne à laquelle était suspendue une lanterne dont la clarté rayonnait au dehors par des ouvertures pratiquées au sommet de la colonne. Il existe, ou du moins il existait encore il y a quelques années, des fanaux de cimetière du XIIe et du XIIIe siècle à Montaigu dans le Puy-de-Dôme, au bourg de Château-Larche et à Antigny dans la Vienne, à Felletin dans la Creuse, à Saint-Georges de Ciron et à Estrées dans l'Indre, à Mauriac dans le Cantal, à Fenioux dans la Charente-Inférieure, et dans d'autres localités.

FANTON, *s. m.* — Tringle de fer carrée que l'on emploie comme *paillasse* ou *carcasse,* pour soutenir ou supporter des travaux en plâtre. On emploie les fantons dans le hourdis des planchers comme remplissage. On nomme encore ce fer *côte de vache* et *carillon ;* mais il faut observer que le carillon est un fer laminé, tandis que le fanton est un fer refendu. On écrit aussi, mais à tort, *fenton.*

FARDIER, *s. m.* — Véhicule à deux roues employé pour le transport des bois de charpente. Des épars assemblés à tenons et à clef réunissent deux limons horizontaux ; les bois sont fixés au-dessous de l'essieu, qui, par un mécanisme spécial, se déplace à volonté, suivant la longueur des pièces à transporter. (Voy. DIABLE et TRIQUE-BALLE.)

FARINE FOSSILE, *s. f.* — Argile, espèce de chaux carbonatée pulvérulente, à laquelle on attribue de singulières propriétés. « On fait aussi, dit M. Th. Château (*Tech. du bât.,* t. 2, p. 287) avec une sorte d'argile appelée *farine fossile* des briques qui jouissent de la propriété d'être plus légères que l'eau, d'être tout à fait réfractaires et de conduire si mal la chaleur qu'une des extrémités d'une brique étant portée à la température rouge, on peut tenir l'autre entre ses doigts ; on peut enfermer de la poudre dans une de ces briques et l'entourer de feu sans qu'il y ait détonation. » Il est bien entendu que nous ne garantissons nullement l'exactitude des faits cités par M. Château; nous ne connaissons pas la farine fossile.

FARINEUX, SE, *adj.* — Ce terme s'applique aux mauvais vernis, qui n'adhèrent pas à la peinture, de sorte qu'en frottant les surfaces qui sont recouvertes de ces vernis, ceux-ci se détachent et tombent en poussière farineuse. Les peintures en détrempe maigres, celles qui manquent de colle ou qui sont appliquées sur des murs humides sont également *farineuses.* Il en est de même des peintures à l'huile trop chargées d'essence de térébenthine.

FASCE, *s. f.* — Ce terme est synonyme de bande en architecture et en blason. (Voy. BANDE.)

FASCINAGE, *s. m.* — Réunion de *fascines.* (Voy. le mot suivant.)

FASCINE, *s. f.* — Espèce de fagots formés à l'aide de branchages liés entre eux par des vergettes de bois. On emploie les fascines dans les travaux de fortification pour retenir les terres, faire des épaulements, abriter des embrasures. Les fascines servent aussi dans l'architecture hydraulique pour arrêter le glissement des terrains, retenir les terres dans les tranchées, particulièrement sur le bord des canaux, des fleuves et des rivières. (Voy. ÉPI et TUNE.)

FAUBOURG, *s. m.* — Partie d'une ville qui est en dehors de son périmètre, de ses murs, de son enceinte.

LÉGISLATION. — D'après l'article 663 du Code civil, chacun peut contraindre son voisin, dans les villes et faubourgs, à contribuer aux constructions et réparations de la clôture faisant séparation de leurs maisons, cours et jardins « assis ès dites villes et faubourgs ». Pour qu'une ville soit réputée telle, il faut qu'elle possède plus de 2,000 habitants. C'est ce qu'on nomme la *cloture forcée* (Voy. CLOTURE et MUR).

FAUCILLON, *s. m.* — Petite lime fine qui sert à évider le panneton des clefs. — C'est

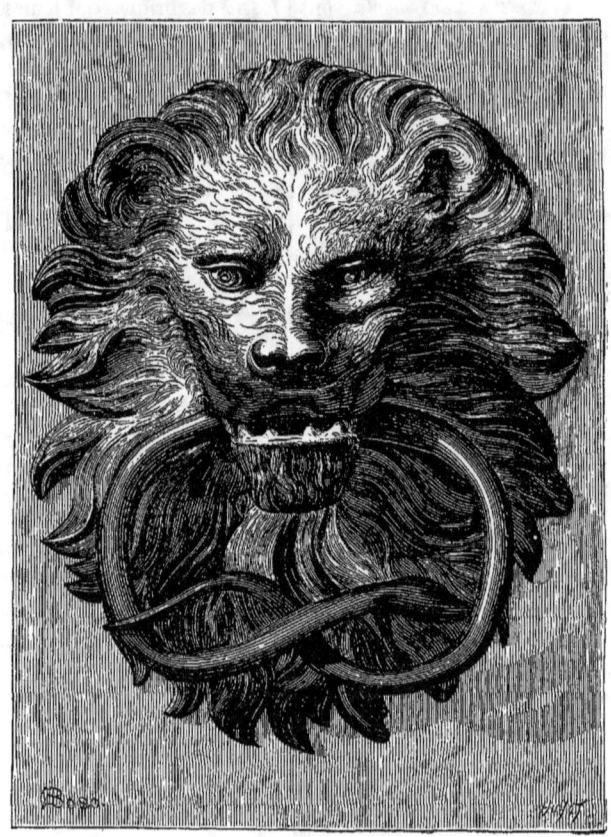

Fig. 1. — Tête de lion (bronze florentin).

aussi un petit cran fait au rouet d'une serrure, et qui correspond à une échancrure pratiquée sur le panneton, à plomb de celle du rouet.

FAUCONNEAU, *s. m.* — Pièce de bois horizontale, traverse qu'on place au haut d'une machine ou d'un engin servant à élever des fardeaux. Cette traverse possède à chacune de ses extrémités une poulie sur laquelle passe le câble servant à élever le fardeau.

FAUNE, *s. f.* — Ensemble des animaux d'un pays. L'étymologie de ce mot est tirée du nom d'une divinité champêtre chez les Romains, le dieu *Faune*, qui tenait de l'animalité par ses goûts de luxure et aussi par sa forme. En effet, les faunes de l'antiquité avaient des oreilles longues, velues et pointues, des jambes et des pieds de bouc, une petite queue au bas de l'épine dorsale, et quelquefois des glandes ou loupes comme les chevreaux sous le menton, et des cornes sur le front. C'est un dieu faune qui avait soigné l'enfance de Bac-

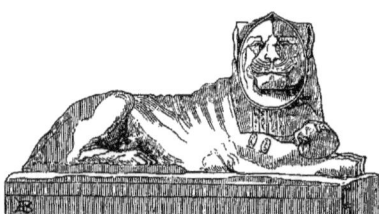

Fig. 2. — Lion égyptien.

chus. La description que nous venons de donner du faune peut également s'appliquer au satyre, car l'usage a confondu aujourd'hui sous ce terme générique de faune les satyres ainsi que les ægipans.

De même que l'architecture a une FLORE (Voy. ce mot) très-variée, de même la faune architecturale renferme de nombreux types, variables suivant les pays et les époques de l'art, absolument comme l'on voit les animaux vivants d'une contrée ne pas ressembler, ou du moins n'être pas tout à fait identiques à ceux d'une autre région. Pour se convaincre de ce fait, le lecteur n'a qu'à jeter les yeux sur nos figures, et il verra aisément que si les lions romains, égyptiens, étrusques, florentins et du

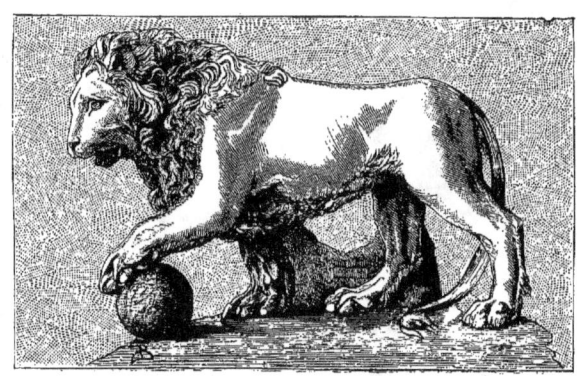

Fig. 3. — Lion de Florence en marbre blanc.

moyen âge ont entre eux des ressemblances, ils présentent aussi des caractères très-tranchés. Par cela même l'archéologue qui connaît bien la faune architecturale des divers peuples, à diverses époques, possède un moyen d'information et d'investigation qu'on aurait tort de négliger : c'est pourquoi nous avons cru, dans un dictionnaire, devoir donner ce terme avec

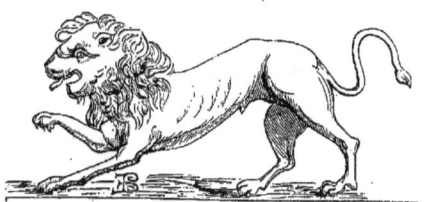

Fig. 3 bis. — Lion étrusque.

des exemples ; ce qu'aucun de nos devanciers n'a jamais fait.

A BOUTON (Voy. ce mot, fig. 2 et 3), nous

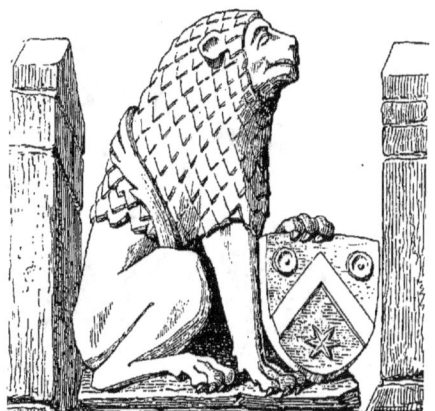

Fig. 4. — Lion de l'époque ogivale.

avons donné deux têtes de lion en bronze qui ont un caractère tout différent ; l'un provient d'une des portes de Saint-Marc à Venise, et l'autre d'une porte de Notre-Dame à Aix-la-

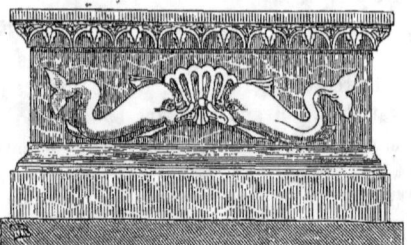

Fig. 4 *bis*. — Dauphin (musée de Biscari).

Chapelle. Le CHAPITEAU (Voy. ce mot, fig.

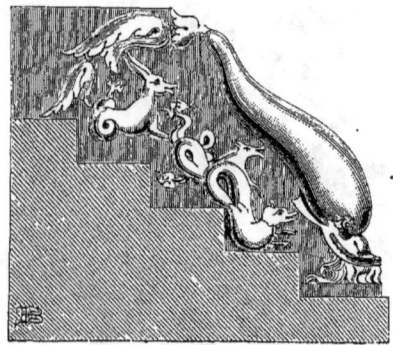

Fig. 5. — Dauphin d'après un croquis de Caristie.

18) de la colonne de Juillet donne également

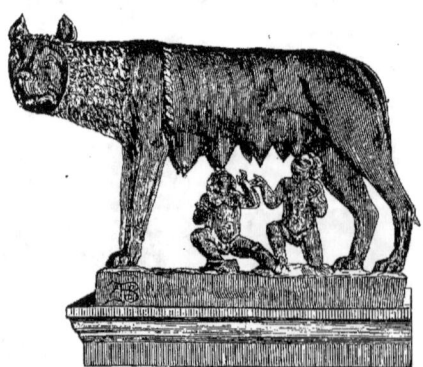

Fig. 6. — Louve romaine (musée du Capitole).

une tête de lion qui ne ressemble pas à celles qui précèdent ou qui suivent. Nos figures 1, 2 et 3 donnent aussi des têtes de lion qui toutes ont beaucoup de caractère, mais qui sont loin

de se ressembler. La figure 1 offre un bronze florentin du XVIᵉ siècle qui représente un lion tenant dans sa gueule une anguille ; la figure 2 représente un lion égyptien, la figure 3 le célèbre lion de Florence qui se trouve en avant de la *Loge des Lances*, sur la *piazza della*

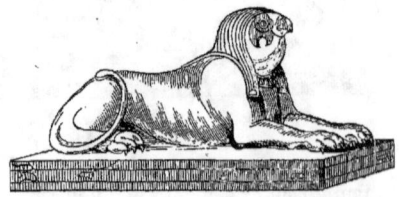

Fig. 7. — Lion à tête d'oiseau (faune égyptienne).

Signoria ; et la figure 3 *bis* un lion d'après une peinture murale de Vulci. Notre figure 4

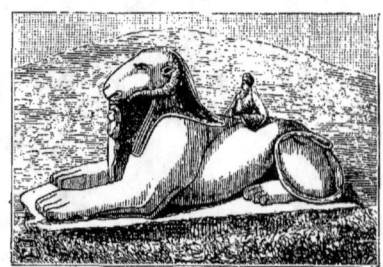

Fig. 8. — Lion avec tête de bélier (faune égyptienne).

reproduit un lion de la faune gothique, qui était très-riche et très-variée. C'est un lion d'un type très-caractérisque ; il soutient les armoiries de Robert de Jolivet, trentième abbé de l'abbaye du Mont-Saint-Michel en Mer (1). Nos figures 4 *bis* et 5 représentent des

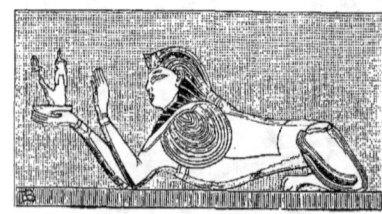

Fig. 9. — Sphinx égyptien.

dauphins ; après le lion, c'est peut-être l'animal

(1) Nous avons dessiné cette figure d'après l'ouvrage de notre confrère M. Ed. Corroyer, *l'Abbaye du Mont-*

qui a été le plus reproduit. On voit dans la fig. 6, la louve du musée du Capitole, allaitant Romulus et Rémus; elle est sculptée dans une pierre noire, espèce de basalte ou de marbre noir. Nos figures 7, 8, 9 et 10 présentent des

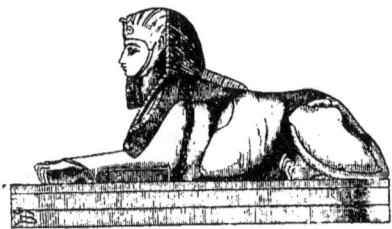

Fig. 10. — Sphinx égyptien.

animaux de la faune égyptienne, dont quelques-uns portent une tête humaine ou celle d'une divinité symbolisée par un oiseau. Nous

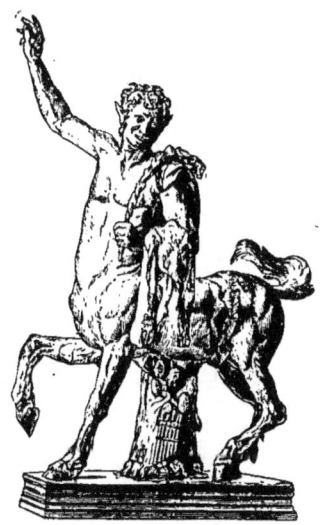

Fig. 11. — Centaure (musée du Capitole).

devons dire à ce propos que souvent, en effet, la faune antique mêle la figure humaine à l'animal; le centaure, par exemple, est d'une représentation très-fréquente. Celui de notre figure 11 provient du musée du capitole à Rome. Ce type a été créé en Grèce, où les montagnards thessaliens de l'époque pélasgique,

―――――

·Saint-Michel et ses abords, 1 vol. in-8°, avec de nombreuses gravures, Paris, 1877.

cavaliers consommés alors que le reste du pays ignorait entièrement l'usage de monter à cheval, durent passer pour de véritables monstres dans l'esprit des peuples voisins de la Thessalie. Le dauphin a également été mêlé avec la forme humaine. Notre figure 12 représente

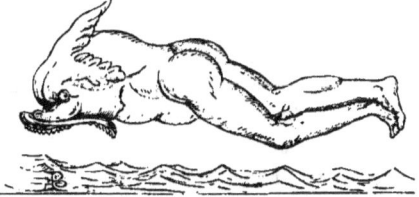

Fig. 12. — Corps humain à tête de dauphin.

un corps d'homme surmonté d'une tête de dauphin; nos figures 13 et 14 un sanglier et un HIP-

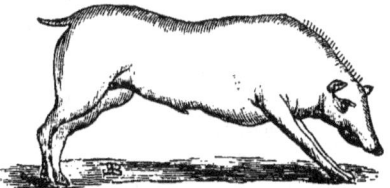

Fig. 13. — Sanglier étrusque (d'après une peinture).

POGRIFFE (Voy. ce mot) de la faune étrusque, d'après des peintures murales de Vulci. Le mi-

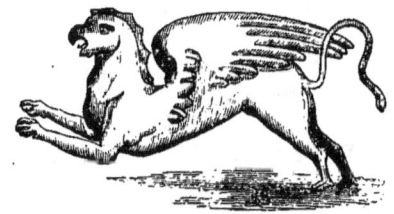

Fig. 14. — Hippogriffe étrusque.

notaure était aussi un animal fabuleux qui portait sur un corps d'homme la tête d'un taureau.

FAUSSE AIRE, s. f. — Avant de *jeter l'aire* d'un plancher, on remplit, avec des gravois ou d'autres matériaux grossiers, les intervalles entre les solives; c'est ce remplissage qu'on nomme *fausse aire*.

FAUSSE ALETTE, s. f. — Partie d'un

pied-droit situé en arrière corps d'un mur ou d'un pied-droit et qui porte une arcade ou une plate-bande.

FAUSSE BAIE, *s. f.* — Baie feinte ayant pour objet d'établir la symétrie dans la décoration ou de former à elle seule une décoration. On indique les fausses baies soit par un évidement de la maçonnerie, soit par des panneaux figurés par des moulures taillées dans la pierre, *traînées* en plâtre, ou par des moulures en bois rapportées ; d'autrefois, elles sont simplement imitées en peinture.

Suivant l'ouverture qu'elles rappellent, les fausses baies prennent le nom de *fausse arcade, fausse porte*, etc. Ajoutons que le mot *fausse porte* a été aussi employé dans le sens de PoTERNE. (Voy. ce mot.)

FAUSSE BRAIE, *s. f.* — Terme de fortification. — Avant l'invention de la poudre à canon, on nommait *braie* une construction avancée (barbacane ou avant-mur) qui masquait et défendait une porte. Dès l'apparition de l'artillerie, la *braie* fut remplacée par une enceinte basse qui s'élevait du milieu du fossé ; c'est cette enceinte qu'on nomme *fausse-braie*. Les progrès de l'artillerie ont fait abandonner la fausse braie, qui n'offrait que peu de résistance ; on l'a remplacée par des CAPONNIÈRES (Voy. ce mot) et des *demi-revêtements*, qui servent à renforcer les *courtines*, les *faces* et les *flancs* d'un bastion.

FAUSSE CLEF. — Voy. CROCHET (fig. 1).

FAUSSE-COUPE, *s. f.* — En maçonnerie, c'est un joint de tête oblique par rapport à la douelle d'une voûte. On dit aussi qu'une plate-bande est en *fausse-coupe* quand les joints des claveaux sont seulement à plomb en parement sur une petite profondeur et que le reste des joints est obliqué suivant une autre coupe. — En charpenterie et en menuiserie, c'est un assemblage qui n'est d'équerre dans aucun sens. — En résumé, la *fausse-coupe* est un assemblage qui n'est tracé régulièrement qu'à l'extérieur, afin de satisfaire la vue, et qui prend à l'intérieur telle forme qu'on

juge la plus convenable pour assurer la solidité de l'ouvrage.

FAUSSE DORURE, *s. f.* — Imitation par un procédé quelconque de la dorure véritable.

FAUSSE ÉQUERRE. — Voy. ÉQUERRE.

FAUSSE LANGUETTE ou **DOUBLE LANGUETTE**, *s. f.* — Cloison mince en plâtre, que l'on établit dans un tuyau de cheminée, soit pour en diminuer la largeur, soit pour établir un conduit de ventilation, soit pour y renfermer un tuyau de poêle. Il ne faut pas confondre la fausse languette avec la languette proprement dite, qui est de plusieurs sortes. (Voy. au mot COFFRE ce que nous disons à ce sujet.)

FAUSSE POUTRE, *s. f.* — Poutre simulée par un moyen quelconque, mais généralement au moyen de planches minces assemblées en forme de caisse allongée que l'on rapporte sur un plafond uni pour y figurer des compartiments et le décorer.

FAUTE, *s. f.* — Crevasse qui s'est produite dans un tuyau de conduite en plomb.

FAUX ACACIA. — Voy. ROBINIER.

FAUX ALBATRE. — Voy. ALABASTRITE.

FAUX ATTIQUE, *s. m.* — Attique simulé, attique interposé. (Voy. ATTIQUE.)

FAUX CHEVÊTRE. — Voy. CHEVÊTRE et ENCHEVÊTRURE.

FAUX COMBLE, *s. m.* — Partie supérieure d'un comble brisé. (Voy. COMBLE.)

FAUX FOND, *s. m.* — Plaque de fer ou de cuivre, ordinairement circulaire, rapportée sur le palastre d'une serrure, et sur laquelle la broche est rivée. Quand le faux fond a une forte saillie et qu'il est mouluré, on le nomme *faux fond en cul-de-lampe*.

FAUX FRAIS, *s. m. pl.* — Frais, dépenses accidentelles qui ne figurent pas sur les mémoires des entrepreneurs, mais qui cependant doivent entrer en ligne de compte dans la composition des prix, si l'on établit un *sous-détail*. — Les faux frais d'un entrepreneur comprennent le loyer, l'impôt des patentes, la fourniture des outils et des équipages, l'entretien du matériel, l'éclairage, les pourboires qui ne sont pas compris dans le prix des matériaux, les frais de bureau, les indemnités aux ouvriers pour accidents ou blessures, etc. La série de prix de la ville Paris alloue 20 pour 100 pour les faux frais applicables aux déboursés de main-d'œuvre.

FAUX JOUR, *s. m.* — Baie percée dans une cloison, qui éclaire en *second jour*, ou en *faux jour*, puisqu'elle ne donne pas le jour direct. On éclaire de cette façon des passages, des dégagements, des cabinets de toilette, en un mot des pièces secondaires.

FAUX LIAIS. — Voy. Liais.

FAUX LIMON, *s. m.* — Pièce de bois entaillée de façon à recevoir l'assemblage des marches d'un escalier. On place des faux limons dans les baies de croisées ou contre la paroi d'une cloison trop faible pour porter les marches d'un escalier. (Voy. Escalier.)

FAUX PLANCHER, *s. m.* — Solivage ou chevronnage placé au-dessous d'un plancher ou d'un comble pour en diminuer la hauteur dans une pièce d'appartement, ou dans l'étage supérieur pour cacher le comble. Les solives ou chevrons sont lambrissés de plâtre ou de menuiserie.

FAUX (Porte-a-), *s. m.* — Tout corps de bâtiment qui est hors d'aplomb, soit par vétusté, soit par vice de construction ou de malfaçon. Quelquefois le *porte-à-faux* provient d'un affaissement dans le terrain sur lequel la fondation a été assise. Un des porte-à-faux les plus curieux dans ce genre est la *Torre pendente* (tour penchée) de Pise. — Indépendamment des porte-à-faux dans la construction des bâti-

ments, on a l'habitude d'en exécuter dans les détails de construction. Les yeux sont souvent habitués à ce dernier genre. Ainsi beaucoup de balcons en pierre ne reposent ni sur des supports debout ni sur des consoles : ils ne tiennent en place que par un artifice, c'est-à-dire que les queues des pierres sont engagées dans les murs de maçonnerie. L'abus de ce genre de porte-à-faux, s'il est moins périlleux quand il est employé en charpenterie, n'en affecte pas moins péniblement la vue. Beaucoup d'étages, de combles portent à faux. Dans les théâtres, les galeries et les loges portent à faux. Le moyen âge et la renaissance ont beaucoup usé du porte-à-faux. Les anciennes maisons de bois, dans le nord de la France, avaient la plupart de leurs étages en encorbellement, c'est-à-dire en porte-à-faux. Les culs-de-lampe de tourelles construits soit en encorbellement, soit en voussoirs taillés pour former des trompes, sont également des porte-à-faux.

FAUX (Porter à), *loc. adv.* — On le dit d'un corps qui ne porte pas sur son point d'appui : un mur qui n'est pas d'aplomb *porte à faux*. — On le dit également d'une partie de construction qui porte en saillie et par encorbellement, comme certains balcons ou le retour d'angle d'un entablement. On dit qu'un pilastre, une colonne, un pilier, portent à faux, lorsqu'ils sont placés au-dessus d'un vide.

FAYENCÉ, ÉE. — Voy. Faiencé.

FÈCES, *s. f. pl.* — Dépôts solides ou seulement pâteux qui se forment par suite du repos dans les Camions (Voy. ce mot), ou pots de couleur et de vernis. Il se forme également des *fèces* dans les barils d'huile et dans les boîtes de vernis. — On emploie quelquefois à tort comme synonyme le mot *lie*, qui exprime un fond de substance liquide qui n'est plus bon à employer.

FÉCINE ou FACINE, *s. f.* — Rouleau de paille tressée que les ouvriers couvreurs attachent sous leurs échelles pour les empêcher de glisser, et préserver de rupture les tuiles et les ardoises qui portent les échelles. ●

FELDSPATH, *s. m.* — Silicate double d'alumine et de potasse qui entre dans la composition des roches granitiques.

FEMELLE, *s. f.* — Partie d'une ferrure brisée qui porte deux charnons : c'est la femelle de la partie qui n'en porte qu'un. C'est aussi un morceau de fer plat dans lequel on a pratiqué un trou pour recevoir le mamelon de la bourdonnière ou le pivot de l'équerre supérieure d'un vantail de porte. La femelle est encastrée soit dans une plate-bande en pierre, soit dans le haut du portail d'une porte cochère. En résumé, la femelle remplit le même office dans le haut de la porte que la crapaudine dans le bas. (Voy. CRAPAUDINE.)

FENDERIE, *s. f.* — Machine servant à la fabrication des FANTONS (Voy. ce mot) des *côtes de vache*. Ce sont deux cylindres armés de couteaux d'acier qui fendent le fer en baguettes. — On nomme aussi *fenderie* le local où est installée cette machine.

FENDEUR, *s. m.* — Ouvrier qui est employé à la taille des pavés.

FENDIS, *s. m. pl.* — Ardoises brutes obtenues directement du RÉPARTON. (Voy. ce mot.)

FENDRE, *v. a.* — Diviser un pavé en deux parties. Le fendre sur *sa chair*, c'est le diviser sur sa largeur ; le fendre sur *son large* ou sur *son fort*, c'est diviser un pavé plus long que large en deux parties égales sur sa largeur.

FENESTRATION, *s. f.* — Répartition des fenêtres sur une façade de bâtiment.

FENÊTRE, *s. f.* — Baie pratiquée dans un mur pour éclairer, aérer et ventiler l'intérieur des édifices.

Ce terme sert également, mais à tort, pour désigner le châssis vitré qui sert à fermer cette ouverture et qu'on nomme aussi *croisée*. Cependant, à les considérer dans leur stricte signification, ces deux termes, *fenêtre* et *croisée*, ne sont pas synonymes ; le premier désigne spé-

cialement l'ouverture ou baie, le second le châssis en menuiserie ou en métal qui sert de clôture. (Voy. CROISÉE.) Les fenêtres peuvent être en arcade, en œil-de-bœuf ou rectangulaires, percées dans les murs à angle droit ou ébrasées, soit à l'intérieur, soit à l'extérieur. —

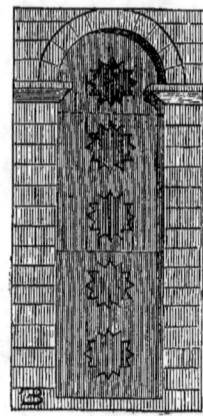

Fig. 1. — Fenêtre avec pierres percées en étoiles.

Il nous est bien difficile de savoir comment les anciens éclairaient leurs temples, car nous ne possédons à ce sujet que des éléments et des documents fort incomplets. La cella des tem-

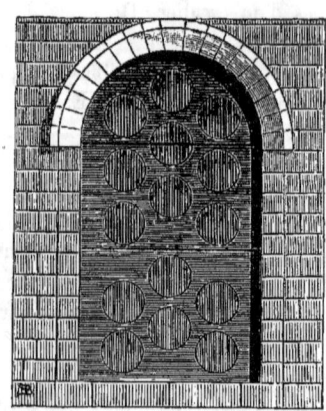

Fig. 2. — Fenêtre avec pierres percées de trous circulaires.

ples de petite dimension était éclairée par la porte, qui souvent était surmontée d'un *hypæthrum*, espèce de fenêtre grillagée. (Vitruve, IV, 6, 11.) Quant aux maisons, elles ne possédaient sur la rue que de petites fenêtres très-étroites et placées immédiatement au-dessous du plafond, de sorte que de l'intérieur de la maison on ne pouvait voir dans la rue. Ces fenêtres étaient fermées au moyen de grilles de bronze, ou de pierres *spéculaires*, c'est-à-dire assez transparentes pour laisser passer la lumière. — Voy. SPÉCULAIRE (*Pierre*).

lique antique, soit un *oculus* ou œil-de-bœuf (fig. 3), soit deux fenêtres latérales, soit enfin une grande baie circulaire à meneaux massifs et rayonnants. Les fenêtres romanes sont de

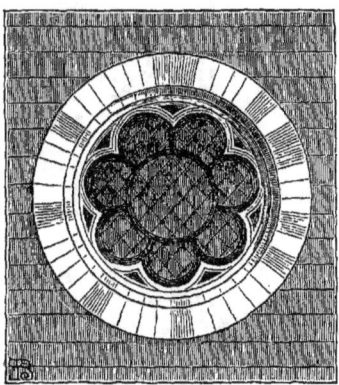

Fig. 3. — Fenêtre en *oculus*, ou œil-de-bœuf.

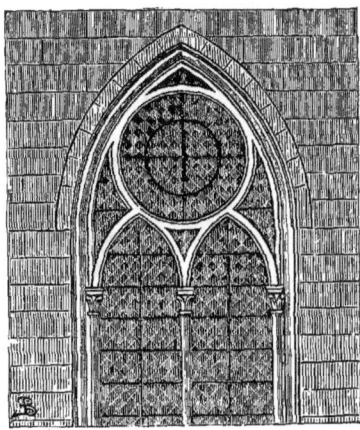

Fig. 5. — Fenêtre de l'époque ogivale.

Les basiliques primitives étaient dépourvues de fenêtres; plus tard elles en reçurent sur la façade principale, et enfin sur les façades latérales. Du reste, à cette époque reculée, les grandes fenêtres ne consistèrent, pour ainsi dire qu'en un groupe de petits jours réunis et inscrits dans une baie figurée : c'étaient des

simples baies percées dans la construction et dont le cintre est décoré d'une archivolte. — La fenêtre romane en arcade peut présenter une forme demi-circulaire, surbaissée ou tri-

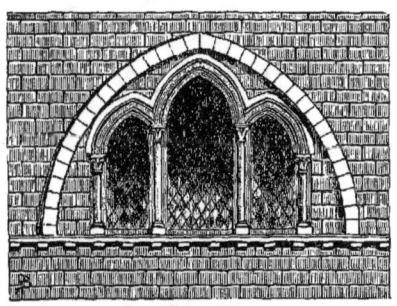

Fig. 4. — Fenêtres inscrites dans un arc ogival.

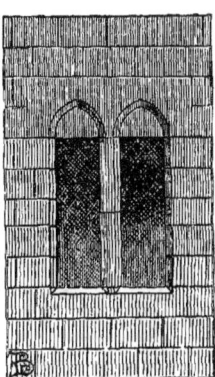

Fig. 6. — Fenêtre géminée de l'époque ogivale.

sortes de CLAUSTRA (Voy. ce mot) dont les ouvertures affectaient la forme de carreaux, d'étoiles (fig. 1), ou de cercles (fig. 2). Des pierres spéculaires fermaient ces trous, et tamisaient la lumière.

Sur les façades romanes, on rencontre soit trois fenêtres de front, comme dans la basi-

lobée. Le fer à cheval ne se rencontre guère que dans des baies secondaires.

Les fenêtres peuvent être réunies par groupes de deux ou de trois, de dimensions pareilles ou inégales, inscrites dans un arc ogival (fig. 4); elles peuvent aussi ne pas être inscrites dans un arc, et figurer dans un système d'arcatures extérieures, soit continues, soit alternées. Il en est de même de l'œil-de-bœuf. Il est assez rare, du moins en France, de trouver celui-ci employé isolément dans le système général de fenestra-

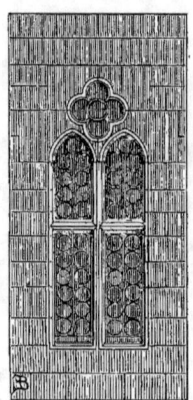

Fig. 7. — Fenêtre de l'époque ogivale
avec œil-de-bœuf quadrilobé.

tion d'une église ; mais il est souvent combiné avec la fenêtre à arcade, soit qu'il en surmonte le sommet (fig. 5), soit qu'il alterne avec elle. — On ne voit guère l'œil-de-bœuf seul que sur les façades principales, où il s'étend et s'agran-

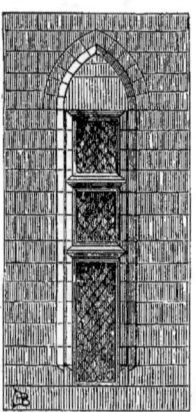

Fig. 8. — Fenêtre simple à deux séparations.

dit de manière à occuper une grande partie de la façade : il prend alors le nom de ROSE. (Voy. ce mot.)

La fenêtre simple, à arcade pointue, paraît avec l'arc ogival ; elle est d'abord aiguë, sur-haussée ou trilobée, rarement à tiers-point ou

lancéolée, quelquefois à contre-courbure. — Ce premier type de fenêtre ogivale est simple, ou géminé (fig. 6) ; quelquefois il est surmonté d'un œil-de-bœuf quadrilobé (fig. 7). Dans ce

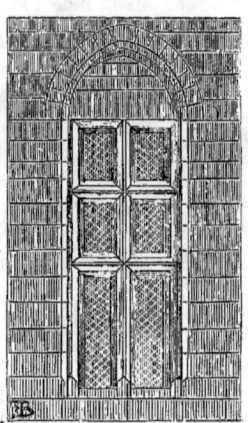

Fig. 9. — Fenêtre à deux croisillons.

dernier exemple le meneau porte un croisillon. Ce premier type renferme encore la fenêtre simple avec deux croisillons (fig. 8) ; la fenêtre double sous la même arcade (fig. 9) ; la fenêtre carrée simple avec croisillon (fig. 10) ; la même

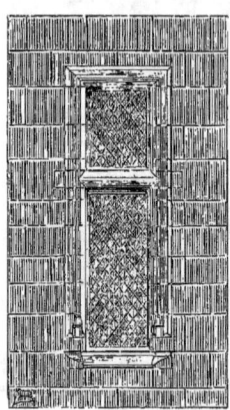

Fig. 10. — Fenêtre simple avec une séparation.

fenêtre double (fig. 11), qu'on exécute égale-ment en charpente dans les maisons en pan de bois (fig. 12). Cette croisée se voit dans une maison d'Yville (Seine-Inférieure). Quand la fenêtre prend de plus grandes proportions, les meneaux circulaires du sommet se multiplient (fig. 13); enfin, ne suffisant plus ni aux besoins de l'ornementation, ni à la solidité de châssis vitrés d'une grande étendue, ces meneaux se ramifient dans leur intérieur, d'abord

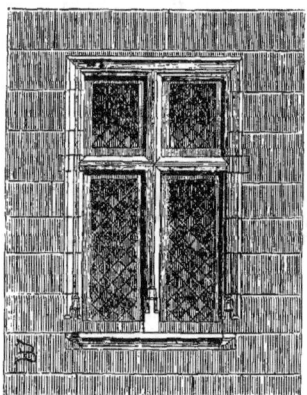

Fig. 11. — Fenêtre avec croisillon.

en découpures lobées ou segments, le plus souvent au nombre de six ou de trois, puis en combinaisons des plus variées, mais toujours engendrées par des courbes circulaires et

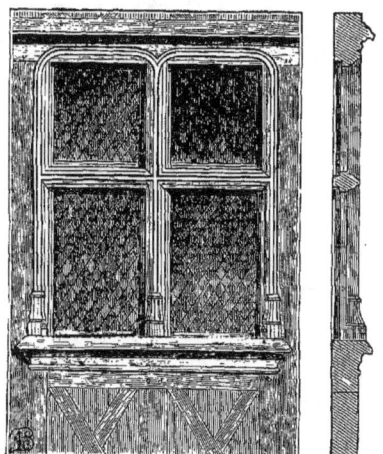

Fig. 12. — Fenêtre double en charpente.

rayonnantes. Telles sont les transformations que subit la fenêtre ogivale depuis une date avancée du XIIᵉ siècle jusqu'à la fin du XIIIᵉ, époque où elle prend le nom de fenêtre rayonnante. — Au XIVᵉ siècle, cette fenêtre s'élargit encore, de manière à envahir souvent tout l'es-

pace compris entre les contre-forts, passant de l'arcade ébrasée à l'arcade surbaissée sans jamais s'arrêter (fait assez curieux) à la courbe intermédiaire, au plein cintre. Pendant cette époque les meneaux s'évident de plus en plus en véritable dentelle de pierre; ils conservent

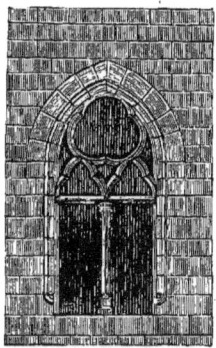

Fig. 13. — Fenêtre à meneaux.

le cercle comme courbe génératrice de toutes leurs ramifications supérieures, avec cette différence néanmoins que ce n'est plus le cercle en repos, mais souvent les projections du cercle en mouvement. — Voy. OGIVALE et FRANÇAISE (*Architecture*).

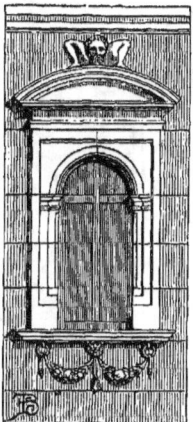

Fig. 14. — Fenêtre du XVIᵉ siècle, à Orléans.

Vers le commencement du XVᵉ siècle une importante révolution s'accomplit dans la forme et la combinaison des meneaux, qui deviennent des plus bizarres et des plus tourmentés; ils sont alors renfermés dans une arcade surbaissée ordinairement en anse de panier, et ces dispo-

sitions nouvelles marquent l'époque de transition entre le moyen âge et la renaissance. Ce
ne sont que triangles ou quadrilatères curvi-

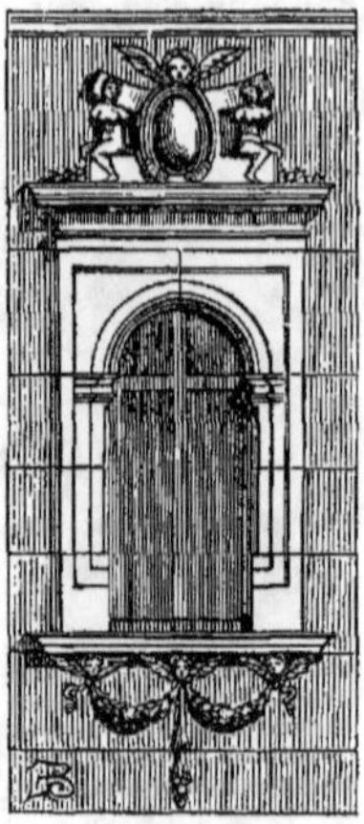

toujours décorées avec un art et un goût exquis, et revêtent les plus belles proportions. Si
l'art de fondre le verre en grandes pièces ne

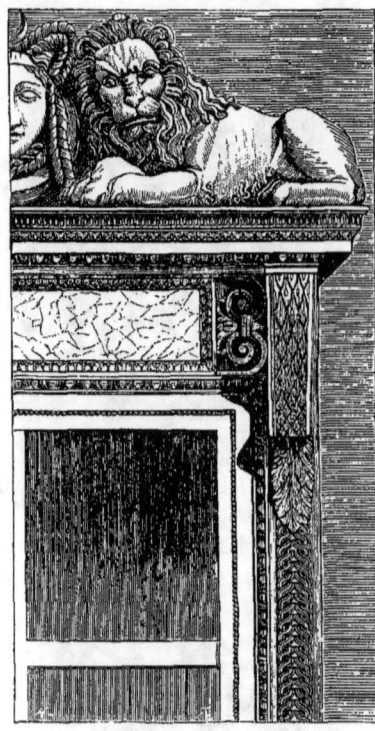

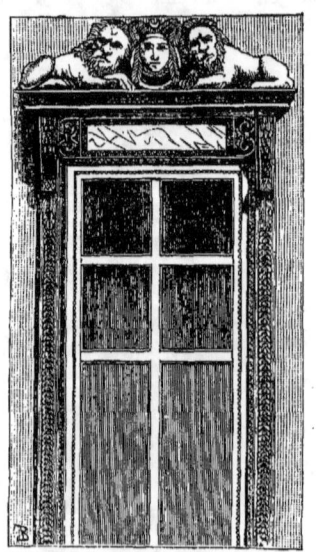

Fig. 15. — Fenêtre du XVIᵉ siècle, à Orléans.

lignes, ou autres courbes composées finissant
en pointe et présentant quelque analogie avec
une flamme droite ou renversée, ce qui a fait

Fig. 17. — Détail de la fenêtre représentée fig. 16.

progresse pas, nous n'avons pas à le regretter,
car les verriers de la renaissance, avec des tons

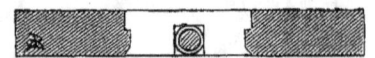

Fig. 18. — Fenêtre avec colonne remplaçant le meneau.

très-simples (deux ou trois verts et quelques
jaunes et rouges), créent les petits vitraux qui

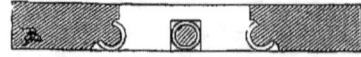

Fig. 19. — Fenêtre avec demi-colonnes engagées
et une pour meneau.

Fig. 16. — Fenêtre du XVIᵉ siècle au Louvre, à Paris.

donner au style du XVIᵉ siècle le nom de *style
flamboyant*. — La renaissance revient aux
formes classiques. Les fenêtres sont franchement carrées ou plein cintre, mais elles sont

donnent tant d'échelle à l'architecture, et tout
cela forme un ensemble merveilleux. Le lecteur,
en jetant les yeux sur notre planche XXXVIII
représentant une fenêtre de l'église de Nogent-

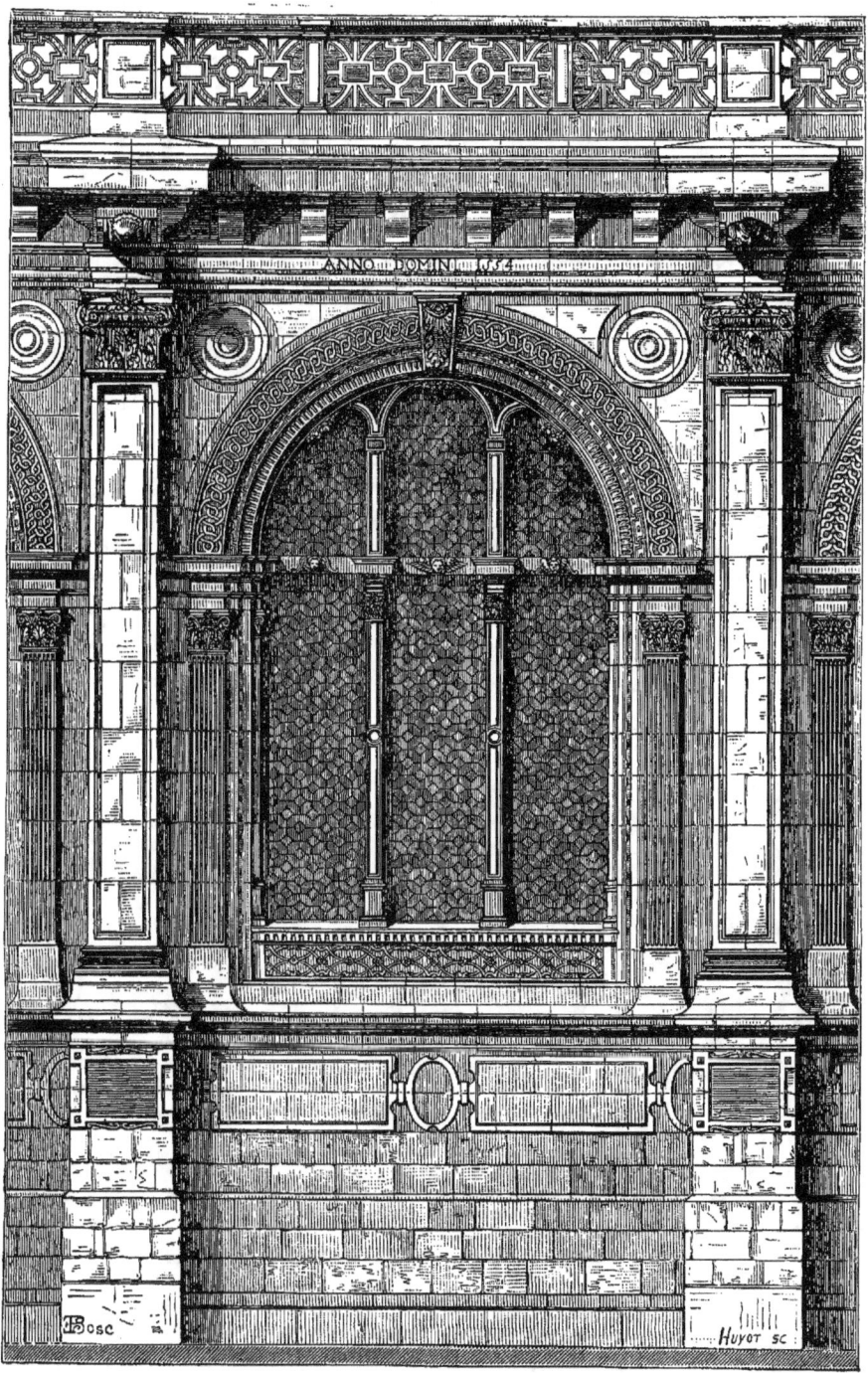

Planche XXXVIII. — Fenêtre à l'église de Nogent-sur-Seine.

sur-Seine, ne pourra se défendre de partager notre sentiment à cet égard. Au mot ENTRE-LACS, on trouvera des détails à grande échelle de l'ornementation de cette admirable fenêtre. Nos figures 14 et 15 montrent deux fenêtres du XVI⁰ siècle d'une maison d'Orléans; une

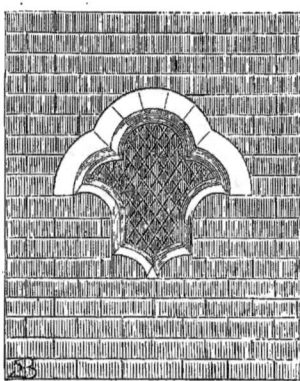

Fig. 20. — Fenêtre trilobée.

des fenêtres de la même époque du Louvre, à Paris, est représentée dans une partie de son ensemble (fig. 16), et dans un détail à plus grande échelle (fig. 17). — Pendant le XVI⁰ siècle, comme pendant les époques précé-

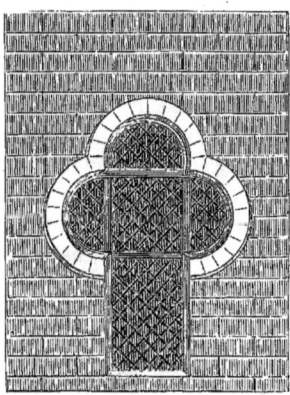

Fig. 21. — Fenêtre trilobée.

dentes, beaucoup de fenêtres géminées, au lieu d'un meneau, avaient une colonne isolée entre deux tableaux (fig. 18), ou bien une colonne également isolée entre deux colonnes engagées (fig. 19). — Aujourd'hui notre architecture moderne utilise tous les genres de

fenêtres; nous ne les énumérerons pas, mais nous donnerons quelques spécimens qu'on utilise dans des cas particuliers. Nos figures 20 et 21 montrent deux types de fenêtres trilobées, qu'on emploie dans les salles de bains,

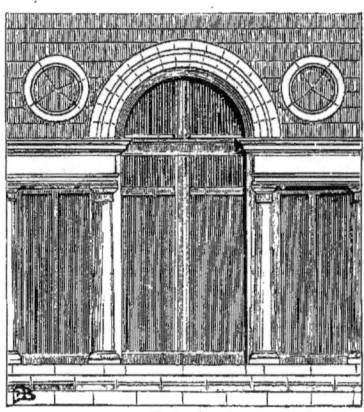

Fig. 22. — Fenêtre pour atelier.

les fumoirs, les petits pavillons pittoresques. Notre figure 22 offre un genre de fenêtre qui convient pour ateliers de dessinateur, d'architecte, de graveur, dans lesquels on désire beau-

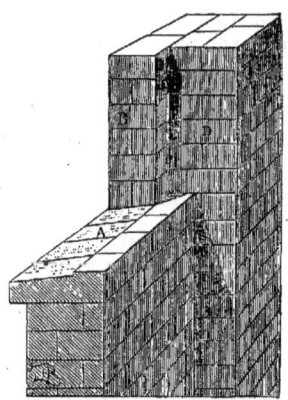

Fig. 23. — Détail d'une fenêtre: A, appui; B, tableau; C, feuillure; D, ébrasement.

coup de jour. Enfin notre figure 23 fera comprendre les noms et la place respective de diverses parties d'une fenêtre : en A, on voit l'appui, en B le tableau, en C la feuillure, en D l'ébrasement. — Suivant la forme qu'elles ont ou la place qu'elles occupent dans les constructions, les fenêtres portent différents noms, qui se comprennent d'ailleurs, sans qu'il soit nécessaire de les expliquer ; ainsi il existe des fenêtres carrées, cintrées, d'angle, à balcon, des fenêtres rondes, ovales, enfin des portes-fenêtres, ainsi dénommées parce qu'elles remplissent cette double fonction. (Voy. Lucarne.) — Pour la législation et la jurisprudence de ce mot, voyez Vues.

FENIL, *s. m.* — Local dans lequel on serre le foin ; magasin à fourrages, dans une exploitation rurale. Lorsque les fenils sont placés au-dessus de hangars, d'écuries ou d'étables, il faut que les planchers qui supportent les fourrages soient bien faits, afin que ce qui se trouve sous les hangars ne soit pas détérioré ou sali par la poussière, afin aussi que les émanations des écuries et des étables ne communiquent pas une mauvaise odeur aux fourrages. Les planchers des fenils doivent être construits avec beaucoup de solidité, car où on emmagasine de grandes quantités de fourrages ils ont à supporter un poids considérable. Suivant sa qualité, sa siccité et son foulage, le poids d'un mètre cube de foin varie de 60 à 90 kilogrammes ; pour un même volume, la paille pèse de 16 à 18 pour cent de moins. Voici l'emplacement nécessaire au logement des foins ; les chiffres que nous donnons ci-dessus sont adoptés pour les magasins à fourrages de l'État :

1000 quintaux métriques (100,000 kilogr.) de foin en bottes exigent 860 m. cubes.
—   —   — entassés en magasins (en vrague), 460 mètres cubes.
—   —   — en balles ficelées comprimées à la presse hydraulique, 143 mètres cubes.

Généralement, on double ces chiffres pour avoir la capacité totale des fenils, car il faut réserver de la place pour la manipulation des fourrages et ne pas élever ceux-ci au-dessus des entraits de fermes.

Pour les détails complémentaires, nous renvoyons le lecteur à notre *Traité des constructions rurales.*

FENTON. — Voy. Fanton.

FER. *s. m.* — Métal d'un gris bleuâtre, ayant une odeur et une saveur *sui generis.* De tous les métaux, c'est sans contredit le plus employé dans toutes les branches de l'art et de l'industrie, principalement dans l'art de bâtir. La création des chemins de fer a aussi considérablement augmenté la consommation de ce métal. A cause de tous ses nombreux emplois, le fer mérite d'être considéré comme le plus précieux des métaux. N'est-il pas d'ailleurs la cause indirecte de la fortune et de la prospérité modernes, puisqu'il fournit le soc, qui donne le pain, et l'outil de l'ouvrier, qui crée la richesse, le bien-être et le confortable ?

Le fer sert aussi à fabriquer des objets de clouterie. Il fournit des ocres et des poudres colorantes employées dans la peinture du bâtiment, le bleu dit *de Prusse*, des rouges, etc.

Le fer, quand il est pur, est très-malléable, surtout quand il est chauffé au rouge ; il est ductile, flexible et très-tenace. C'est le plus tenace des métaux : un fil de $0^m,002$ de diamètre et long de 4 mètres peut porter sans se rompre une charge de près de 250 kilogrammes ; cependant c'est un métal assez léger, puisque sa pesanteur spécifique n'est que de 7,780. — Le fer se laisse facilement entamer par les outils en acier trempé, ce qui permet de le travailler, de le tourner et de le polir. Chauffé jusqu'au rouge blanc, c'est-à-dire à une température de 950 degrés, il se soude avec lui-même. Quand on le bat sur l'enclume dans cet état, il produit une masse de petites étincelles très-lumineuses, il s'enflamme même, parce qu'il s'empare de l'oxygène de l'air. Ces étincelles fournissent un peroxyde de fer noir en forme de globules et de lamelles, que les forgerons nomment *battitures.* — Le fer est naturellement grenu, et la qualité s'en reconnaît à un grain fin, serré et brillant. Le battage transforme ce grain en nerf, mais seulement à une faible profondeur. La cassure d'un bon fer présente un nerf tordu assez long, ce que les ouvriers nomment *chair.* Le fer est inaltérable à la température ordinaire dans un air sec, mais à l'humidité il se recouvre d'une poussière jaune brunâtre (*rouille*) qui est un hydrate d'oxyde de fer ; dans cet état on dit que le fer est *oxydé*, il augmente alors de volume et fait souvent éclater les pierres dans les constructions. On ne peut remédier à cet inconvénient que d'une manière imparfaite (car la rouille perce toujours) en enduisant les fers soit avec des substances grasses, soit avec des substances résineuses. Les fers qui ne sont que forgés sont moins susceptibles de s'oxyder que ceux qui sont limés. Les fers noyés dans le mortier s'oxydent moins que ceux noyés dans le plâtre. On préserve encore le fer de la rouille en l'étamant avec de l'étain et du zinc : on obtient alors des fers-blancs et des fers zingués ; mais ce ne sont là que des palliatifs, de plus ou moins de durée, surtout pour les fers zingués, car le zinc lui-même s'oxyde également.

DIVERSES QUALITÉS DU FER. — Les fers se divisent en fers *mous* et *doux* et en fers *durs*. Quels que soient leurs qualités et leurs défauts, ils se subdivisent en fers *forts, tendres, métis, rouverains* et *aigres*, etc. — Les fers mous se plient à froid, ils ont la texture nerveuse. Le fer mou et tenace peut se plier et se redresser à plusieurs reprises à chaud et à froid, ce qui fait dire aux ouvriers qu'il se laisse plier comme du plomb ; le nerf du fer mou est toujours clair. Le fer aigre et mou est cassant à froid ; mais il se plie bien à chaud, et le travail de la forge l'améliore beaucoup. Les fers durs, au contraire, à cassure grenue ou lamellaire, perdent difficilement cette contexture à la forge. Le fer dur et fort se plie bien à froid et à chaud ; le fer dur et aigre, qu'on nomme aussi *fer tendre*, casse à froid et à chaud. Ces fers doivent être rejetés des constructions ; ils possèdent au plus haut degré le défaut de se transformer de nerf en grain, quand ils sont soumis pendant un laps de temps plus ou moins long à des vibrations fréquentes. Du reste, cet inconvénient n'est pas particulier à ce genre de fer ; les meilleurs subissent les mêmes effets quand ils se trouvent soumis à des vibrations souvent répétées. Les constructeurs doivent tenir compte de ce phénomène dans la construction des ponts, des tours, des phares et des édifices exposés à des vibrations de tout genre, même de celles qui sont dues au roulement des voitures.

Le *fer rouverain* bouillonne au feu, et par suite se brûle et se casse aisément ; mais il se travaille assez bien à froid. Il s'égrène sous l'action du marteau, défaut qui est dû à la présence d'une petite quantité de soufre et d'arsenic qu'il renferme ; la plus faible partie de soufre le rend même insoudable.

Le *fer de roche* est assez doux et se travaille bien à froid ; le fer *demi-roche* est moins dur et se comporte de même.

Le *fer cendreux* est mal épuré, et paraît piqué de petits points lorsqu'il a été limé.

Le *fer corrompu* est un fer qui, ployé à chaud, se casse dans sa moitié.

Le *fer écru* est mal corroyé, ou brûlé et mêlé de crasse.

Le *fer écroui* est celui qui, martelé à froid, est devenu sec et cassant ; on lui rend sa tenacité en le faisant *recuire*.

Enfin le fer *pailleux* est celui dont toutes les parties ne sont pas soudées suffisamment et qui contient des *pailles* ou *fils*, qui se lèvent.

Les pièces forgées présentent également des défauts qui doivent les faire exclure des constructions ; ce sont tantôt des *criques* ou fentes transversales, des *travers* ou fentes longitudinales, produites par les coups du martinet ; des *doublures*, ou solutions de continuité, bouchées par des crasses noires qui tachent les doigts ; en général, les solutions de continuité ne sont dues qu'à des scories que l'action du marteau pilon n'a pas chassées de la *loupe*.

ESSAIS DU FER. — Dans les usines et dans les forges, on essaie les fers par *percussion* et par *flexion*.

Pour le premier essai, et pour les barres de petites dimensions, un ouvrier les prend à la main, les soulève et les projette avec force contre un bloc de fer ou contre une enclume à table étroite ; cette opération les plie, puis on les replie au marteau. Les grosses barres de fer sont placées sur deux appuis solides et assez distants l'un de l'autre ; puis, avec une grosse masse à pène étroit, on frappe dans le milieu de la barre ; on la plie et on la replie : elle ne doit point casser. Les fers qui résistent à ces essais sont réputés bons. M. Demanet, dans son *Cours de construction*, prétend que, lorsque les essais ont été faits comme nous venons de le rapporter, on doit stipuler dans le contrat « l'angle suivant lequel les barres sont pliées et repliées, le nombre des épreuves de ce genre qu'elles devront subir sans manifester d'altération, le poids et la forme des marteaux et des moutons, la hauteur de chute de ces derniers. Il est bon, en outre, de désigner le nombre de barres sur cent qui seront soumises aux épreuves. » Nous pensons que ces stipulations sont inutiles, car le fabricant de fer doit livrer son fer absolument bon pour l'usage auquel il est destiné. — On fait également l'essai des fers au moyen d'un effort de traction déterminé à raison de tant de kilogrammes par millimètre carré de section transversale des barres; quant aux charges de compression, les barres s'écrasent sous des efforts qui varient, suivant les qualités du fer, entre 22 et 28 kilogrammes par millimètre carré.

En général, on reconnaît la qualité d'un bon fer à sa cassure fibreuse, inégale, peu compacte, à sa teinte grisâtre; au contraire, si cette cassure est blanchâtre, brillante et cristalline, on se trouve en présence d'un fer tendre et cassant; on doit le rejeter comme mauvais.

FERS DU COMMERCE. — Sous le rapport de leur forme, les fers sont connus dans le commerce sous les dénominations suivantes :

Fers dits marchands plats, de 0ᵐ,040 à 0ᵐ,160 sur 0ᵐ,010 et au-dessus.

— — méplats de 0ᵐ,025 à 0ᵐ,040 sur 0ᵐ,015 et au-dessus.

— — carrés de 0ᵐ,025 à 0ᵐ,118 sur 0ᵐ,025 à 0ᵐ,116.

— de petite forge, plats de 0ᵐ,035 à 0ᵐ,030 sur 0ᵐ,008 à 0ᵐ,009.

— — méplats de 0ᵐ,025 à 0ᵐ,030 sur 0ᵐ,009 à 0ᵐ,020.

— martinets ronds de 0ᵐ,010 à 0,ᵐ100 de diamètre.

— carillons de 0ᵐ,010 à 0ᵐ,020 au carré.

— bandelettes de 0ᵐ,015 à 0ᵐ,040 sur 0ᵐ,005 à 0ᵐ,007.

— fenderie, verges de 0ᵐ,005 à 0ᵐ,025 sur 0ᵐ,006 à 0ᵐ,014.

— aplatis pour carrosserie de 0ᵐ,040 à 0ᵐ,070 sur 0ᵐ,006 et au-dessus.

— aplatis pour cuves de 0ᵐ,025 à 0ᵐ,090 sur 0ᵐ,003 à 0ᵐ,008.

Les autres fers spéciaux sont : les *fers platinés*, de *bandages*, *fer à maréchal*, *fer demi-lame*, en barres carrées plates, rondes ou diverses autres sections, mais de dimensions inférieures à celles des fers marchands; — les *fers spattés*, qui sont en bandelettes étirées au laminoir, dont l'épaisseur est très-faible relativement à la largeur : ces fers ne se vendent qu'en bottes ; — les *fers cornettes*, *fers plats*, *fers coursons*, qui sont des vergettes polygonales; — les *fers fendus*, vergettes carrées de diverses grosseurs, mais ayant rarement plus d'un centimètre, tels sont les *fers carillons*, les *côtes de vache*, les *fantons* : ils se vendent également par bottes; — les *fers feuillards* ou *demi-feuillards*.

On trouve aussi dans le commerce les *fers étirés*, sous une très-grande variété de formes ; on les nomme *fers spéciaux*, ce sont : les *fers à équerre* ou *cornières*, les *fers à T simples* ou *doubles*, les *fers à moulure, petit bois, à vitrages, à châssis, fers à croix, rails*, en U, etc. — On distingue encore, dans les fers étirés en fil, les *fils de fer* ou *fils d'archal*, et le *fer laminé en feuille*, la *tôle*. (Voy. FIL et TÔLE.) Nous donnons ci-dessous deux tableaux dressés par Flachat et qui indiquent le poids des fers ronds et carrés pour 1 mètre de longueur.

TABLEAU DU POIDS DES FERS RONDS PAR MÈTRE DE LONGUEUR.

Diamètre.	Poids.	Diamètre.	Poids.	Diamètre.	Poids.	Diamètre.	Poids.
mill.	kilogr.	mill.	kilogr.	mill.	kilogr.	mill.	kilogr.
2	0,024	27	4,461	52	16,546	77	36,288
3	0,055	28	4,797	53	17,188	78	37,228
4	0,098	29	5,146	54	17,843	79	38,189
5	0,158	30	5,507	55	18,510	80	39,162
6	0,220	31	5,880	56	19,189	81	40,147
7	0,300	32	6,266	57	19,881	82	41,144
8	0,392	33	6,664	58	20,584	83	42,154
9	0,496	34	7,064	59	21,300	84	43,176
10	0,612	35	7,496	60	22,028	85	44,210
11	0,740	36	7,930	61	22,769	86	45,256
12	0,881	37	8,377	62	23,521	87	46,315
13	1,034	38	8,836	63	24,286	88	47,386
14	1,199	39	9,307	64	25,063	89	48,469
15	1,377	40	9,790	65	25,853	90	49,563
16	1,566	41	10,286	66	26,654	91	50,271
17	1,768	42	10,794	67	27,468	92	51,791
18	1,983	43	11,314	68	28,294	93	52,923
19	2,209	44	11,846	69	29,133	94	54,607
20	2,448	45	12,391	70	29,983	95	55,258
21	2,698	46	12,948	71	30,846	96	56,393
22	2,962	47	13,517	72	31,721	97	57,574
23	3,237	48	14,098	73	32,548	98	58,644
24	3,525	49	14,692	74	33,508	99	59,970
25	3,824	50	15,296	75	34,119	100	61,190
26	4,136	51	15,916	76	35,343	»	»

Côté.	Poids.	Côté.	Poids.	Côté.	Poids.	Côté.	Poids.
mill.	kilogr.	mill.	kilogr.	mill.	kilogr.	mill.	kilogr.
1	0,008	29	6,550	57	25,303	85	56,208
2	0,031	30	7,009	58	26,199	86	57,600
3	0,070	31	7,484	59	27,110	87	58,947
4	0,125	32	7,975	60	28,036	88	60,310
5	0,195	33	8,481	61	28,979	89	61,689
6	0,280	34	9,003	62	29,937	90	63,088
7	0,382	35	9,540	63	30,911	91	64,486
8	0,498	36	10,093	64	31,900	92	65,918
9	0,631	37	10,662	65	32,884	93	67,358
10	0,779	38	11,246	66	33,925	94	68,815
11	0,942	39	11,806	67	34,960	95	70,287
12	1,121	40	12,461	68	36,012	96	71,774
13	1,316	41	13,092	69	37,079	97	73,262
14	1,526	42	13,738	70	38,161	98	74,776
15	1,752	43	14,400	71	39,259	99	76,330
16	1,994	44	15,078	72	40,373	100	77,880
17	2,251	45	15,771	73	41,502	101	79,445
18	2,523	46	16,479	74	42,647	102	81,026
19	2,811	47	17,204	75	43,806	103	82,623
20	3,115	48	17,944	76	44,983	104	84,235
21	3,485	49	18,699	77	46,176	105	85,863
22	3,769	50	19,470	78	47,382	106	87,506
23	4,120	51	20,257	79	48,605	107	89,164
24	4,486	52	21,059	80	49,843	108	90,839
25	4,868	53	21,876	81	51,097	109	92,529
26	5,265	54	22,710	82	52,367	110	94,235
27	5,677	55	23,559	83	53,632	»	»
28	6,106	56	24,423	84	54,952	»	»

FER (Gros). — Les fers de bâtiment, ou *gros fers*, sont ceux dont le travail se réduit à celui de la forge. On leur a donné ce nom pour les distinguer des fers employés aux ouvrages de serrurerie ou de quincaillerie et à la ferrure des menuiseries, et qu'on appelle *petits fers*. Les gros fers entrent dans la construction elle-même et servent à en consolider ou à en relier toutes les parties, comme les chaînes, les tirants, les ancres, les harpons, les plates-bandes, les étriers, les barres de trémies, les ceintures, les chevêtres en fer, les grosses équerres, les liens et corbeaux en fer, les aiguilles, les paratonnerres, etc. Sont également considérés comme fers à bâtiment les fers à T pour planchers, les poitrails, les filets et les combles et pans en fer.

FER A CHEVAL. — On fait des *escaliers en fer à cheval.* (Voy. **ESCALIER**.) Il existe également des *arcs en fer à cheval.* (Voy. **ARC**, tome 1er, page 120.)

FER CONTRE-COUDÉ. — Fer forgé et travaillé qui est replié en forme de coude, comme le montre notre figure 1.

FER CREUX. — Ce sont des tôles soudées et étirées au banc en forme de tube. Ce genre de tubes, dont l'emploi était assez restreint

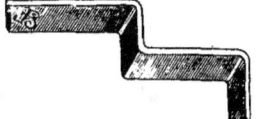

Fig. 1. — Fer contre-coudé.

il y a quelques années, se répand de jour en jour ; on fait avec des fers creux des rampes, des grilles, des balcons, etc.

FER BATTU. — Fer mince embouti à l'aide du martelage. On fabrique ainsi toutes sortes d'objets.

FER-BLANC. — Tôle étamée assez employée autrefois dans les travaux de bâtiment, mais dont le zinc a restreint l'emploi.

FER GALVANISÉ. — Fer recouvert d'une couche de zinc, ce qui retarde son oxydation.

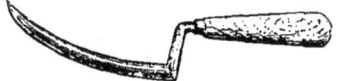

Fig. 2. — Fer à joints.

FER A JOINTS. — Outil qui sert au maçon à faire les joints. Il y en a de deux sortes : l'un

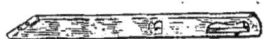

Fig. 3. — Fer à ravaler.

sert à creuser les joints (fig. 2), l'autre à ravaler (fig. 3).

FERS D'OUTILS. — On emploie pour blanchir, raboter et corroyer le bois de nombreux

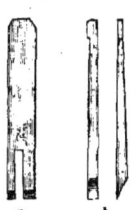

Fig. 4. — Fers de bouvet, double et renforcé.

outils qu'on nomme *bouvet, rabot, guillaume, varlope*, etc.; tous ces outils sont munis de fers aciérés qu'on nomme simplement *fers*. Notre figure 4 fait voir en *a* un fer de bouvet double ou à fourche ; en *b*, de face et de profil,

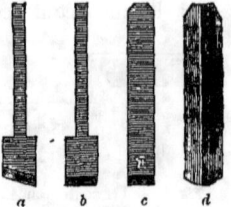

Fig. 5. — Fers de guillaume.

un fer de bouvet *renforcé* et *dégraissé* pour parqueteur. Notre fig. 5 montre en *a* un fer

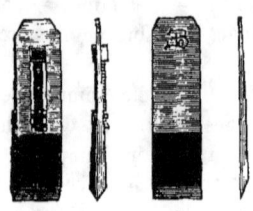

Fig. 6. — Fers de rabots.

de guillaume à araser ; en *b*, un fer de guillaume simple ; en *c*, un fer d'outil à moulure ;

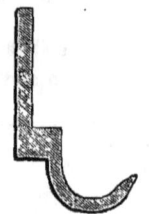

Fig. 7. — Fer simple à gouttière.

en *d*, un fer de gueule-de-loup. Notre fig. 6 donne en *a*, de face et de profil, un fer de rabot

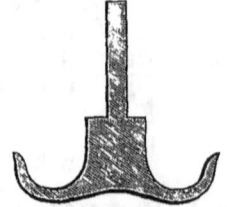

Fig. 8. — Fer double à gouttière.

monté à vis longue ; en *b*, également de face et de profil, un fer de rabot ordinaire.

FER A GOUTTIÈRE. — Depuis quelques années, on fait pour les châssis de combles et de mansardes, pour les serres, des fers qui portent gouttière ; ces fers sont simples ou doubles, comme le montrent nos figures 7 et 8.

FERS A RÉPARER. — Outils employés par le doreur pour faire la réparure. (Voy. DORURE.) Les principaux de ces outils sont : le *fer à refendre*, la *spatule*, le *coup fin* et le *gros coup*.

FER A ROUET. — Voy. ROUET.

FER A SOUDER. — Voy. SOUDURE, ATTELLES, GAZ.

FERME, *s. f.* — Assemblage de pièces de bois, de bois et fer, ou de fer, destiné à sup-

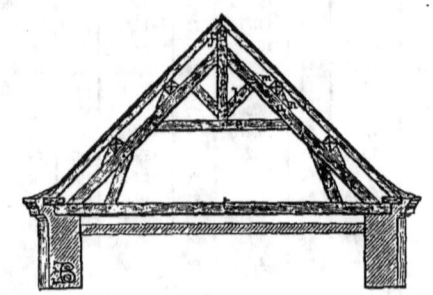

Fig. 1. — Ferme en charpente.

porter la couverture d'un hangar, d'un édifice, d'un bâtiment quelconque, quand les murs

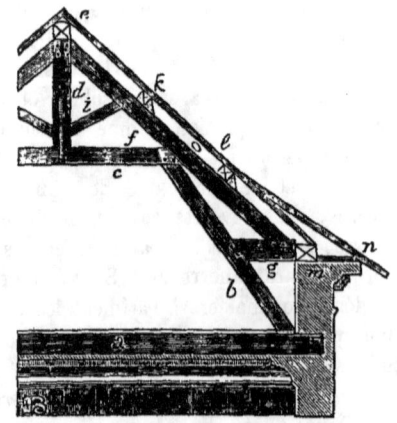

Fig. 2. — Détails d'une ferme en charpente.

pignons sont trop écartés pour soutenir les pannes et le faîtage d'un comble.

Une ferme se compose généralement de deux arbalétriers *a* (fig. 1), dont le pied repose sur les extrémités d'un entrait ou tirant *t*, destiné à en empêcher l'écartement, et dont le sommet s'appuie sur un poinçon *p*, qui porte, mais sans trop s'appuyer, sur un sous-entrait *e*. Une ferme possède encore des liens *l*, des jambes de force *j*, qui s'opposent au fléchissement des

ves des divers éléments qui concourent à la construction de ces ouvrages.

Nos figures 3 et 4 représentent des fermes pour *combles brisés*, ou *combles à la Mansart* ; celles-ci, au lieu d'arbalétriers, ont des jambes de force qui s'assemblent par leur sommet dans l'entrait de la brisure des combles, et par leur pied dans l'entrait remplissant l'office de pou-

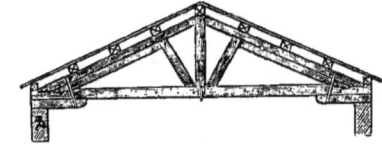

Fig. 5. — Ferme à grande portée avec semelles et liens en fer.

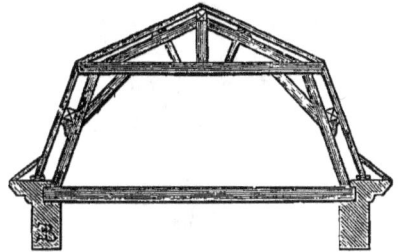

Fig. 3. — Ferme pour combles brisés (1er type).

arbalétriers, quand ils ont une assez grande portée.

Ce sont les fermes qui reçoivent les pannes *m*, retenues par des coins *n*, et le faîtage *f*, sur lequel on pose les chevrons *c*. Les combles en APPENTIS (Voy. ce mot) sont composés de demi-fermes. — Les fermes sont parfois beaucoup plus compliquées. Notre figure 2 montre la moitié d'un spécimen où entrent d'autres

tre. Ces deux fermes, qui à première vue ont entre elles beaucoup d'analogie, diffèrent cependant comme forme générale, si on les examine de près. Dans la figure 3, la hauteur du plancher à la ferme proprement dite est plus

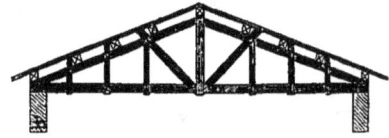

Fig. 6. — Ferme à grande portée toute en bois (14m).

élevée ; les jambes de force sont des pièces de bois plus faibles que celles de la figure 4, aussi les liens sont-ils beaucoup plus longs ; enfin la

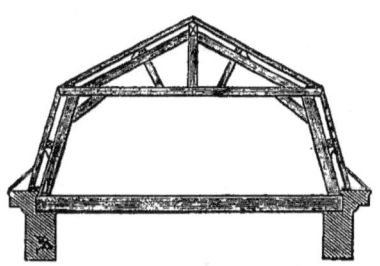

Fig. 4. — Ferme pour combles brisés (2e type).

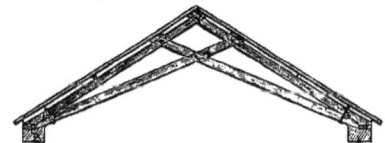

Fig. 7. — Ferme à entrait retroussé.

éléments de construction. On peut voir en *a* l'entrait, en *b* des jambes de force qui soutiennent le sous-entrait *c*, relié au poinçon *d* par un étrier en fer ; en *e* se trouve le faîtage ; en *f*, l'arbalétrier ; en *g*, un blochet ; en *k*, les pannes ; en *l*, les chevrons ; en *m*, la plateforme ; en *n*, les coyaux. Nous pensons que l'examen attentif de ces deux figures fera comprendre facilement les autres, sans qu'il soit nécessaire de les surcharger de lettres indicati-

force des bois est très-différente dans les deux systèmes de ferme. Dans notre figure 5, on voit une ferme à grande portée, elle mesure environ 14 mètres. Le poinçon est moisé, les deux arbalétriers sont doubles dans les deux tiers inférieurs, et, au sommet des arbalétriers servant de doublures, il y a deux aisseliers qui portent sur l'entrait. Une semelle à chaque extrémité de l'entrait diminue la portée effective de celui-ci ; enfin des brides en fer relient fortement ensemble la semelle, l'arbalétrier, sa doublure et l'entrait.

La figure 6 est un autre exemple de ferme en bois à grande portée. Des moises relient les arbalétriers avec l'entrait; elles montent jusqu'au chevronnage et servent à retenir les pannes.

Dans certaines constructions, par exemple

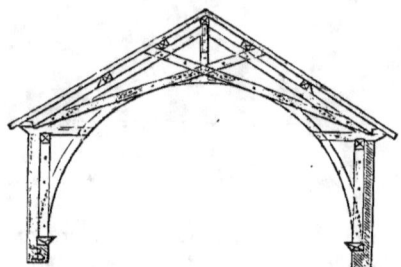

Fig. 8. — Ferme à grande portée (13 à 14ᵐ).

pour des magasins, entrepôts, granges, remises, hangars, etc., comme on a souvent besoin d'avoir sous les fermes beaucoup de hauteur, on en

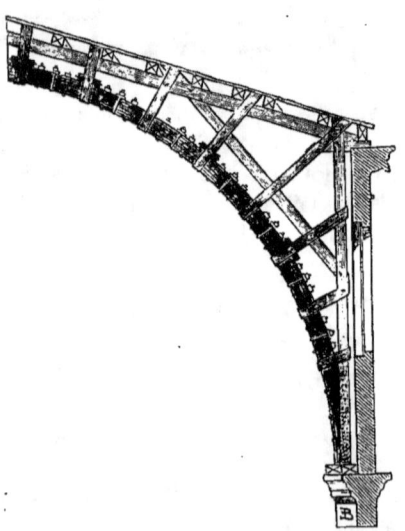

Fig. 9. — Détail d'une ferme à grande portée.
(Système du colonel Emy.)

construit avec entrait retroussé : c'est une espèce de double arbalétrier, comme l'indique notre fig. 7. Mais ce genre de ferme ne peut pas supporter de lourdes couvertures ; aussi quand les fermes à entrait retroussé sont des-

tinées à recevoir de fortes charges ou qu'elle doivent être d'une grande portée, on les construit en croix de Saint-André moisées, et on

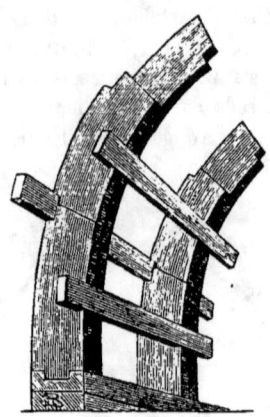

Fig. 10. — Fermes à la Philibert Delorme.
(Pieds de deux fermes liernées.)

les réconforte par des bois courbes, comme le fait voir notre figure 8.

C'est pour satisfaire aux mêmes données qu'on fait des fermes telles qu'en représente notre figure 9. Ici l'entrait est supprimé, et les arbalétriers sont remplacés par une courbe obtenue à l'aide de bois flexibles, superposés les uns aux autres comme les lames d'acier qui forment les ressorts de voiture ; des boulons à écrou réunissent ces lames entre elles ; quant à la courbe, elle est maintenue par des moises.

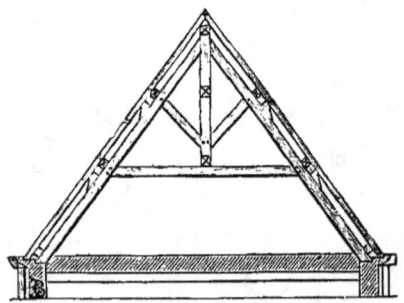

Fig. 11. — Ferme pour combles très-élevés (1ᵉʳ type).

Ce système de ferme a été imaginé par le colonel Emy. Un système analogue de ferme a été inventé par Philibert Delorme et porte son nom. Des planches sont reliées les unes aux autres au moyen de clous; on donne à ces planches la forme des fermes qu'on veut obtenir ; on relie ensemble celles-ci au moyen de

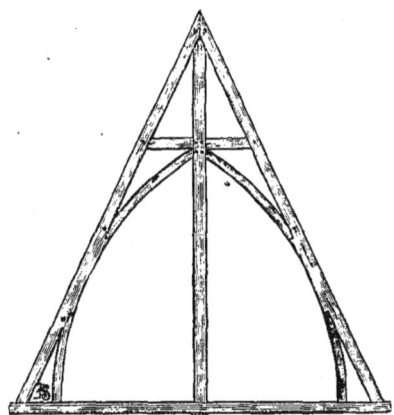

Fig. 12. — Ferme pour combles très élevés (2ᵉ type).

liernes, ou tringles de bois qu'on engage de force dans des mortaises. Notre fig. 10 montre le pied de deux fermes engagées dans une plateforme et reliées par des liernes. Le système imaginé par Philibert Delorme peut rendre de grands services pour la construction des dômes et coupoles, parce que les fermes ainsi construites n'exercent, pour ainsi dire, aucune poussée latérale sur les murs qui leur servent d'appui. Nos figures 11 et 12 offrent des modèles de fermes pour combles très-élevés.

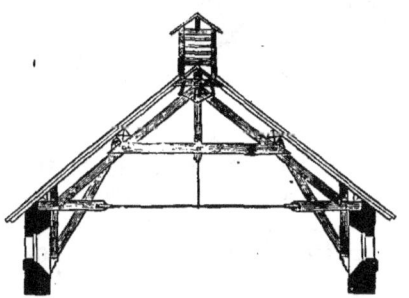

Fig. 13. — Ferme économique avec lanternon
(entrait bois et fer).

Le type de la fig. 12 est d'un fréquent emploi dans les couvertures du style Louis XIII. La fig. 13 montre une ferme mixte très-économique, portée sur des corbeaux en pierre ; l'entrait est remplacé par une tige de fer reliée à la charpente par des étriers. Notre figure 14 donne le croquis de la moitié d'une ferme tout en

fer ; notre figure 15, l'assemblage à grande échelle d'une partie de ferme en fer fort en usage aujourd'hui pour les marchés de ville. C'est l'extrémité de la partie en surélévation qui aboutit au faîtage et qui donne de l'air dans le haut du comble.

Notre figure 16 montre une ferme tout en

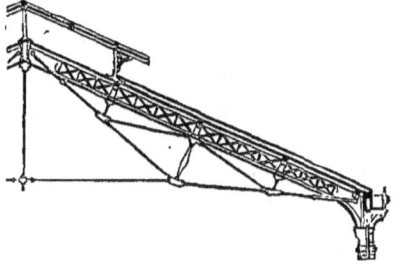

Fig. 14. — Ferme en fer pour combles de halles et marchés.

fer pour un comble à la Mansart ; on peut y voir en A les pannes engagées dans les arbalétriers ; en B, c'est-à-dire au faîtage, ceux-ci sont réunis par des plaques de jonction. Il se

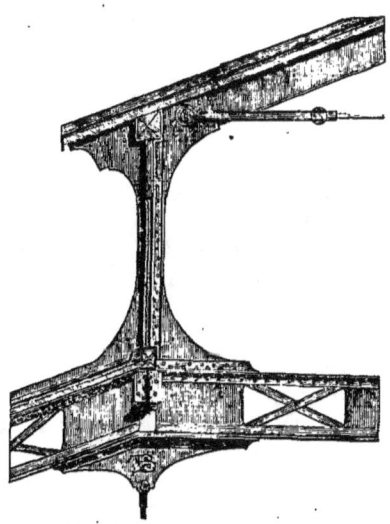

Fig. 15. — Détail de la ferme en fer représentée par la fig. 14.

trouve également de celles-ci en C, sur l'entrait de brisis ou supérieur, et sur l'entrait inférieur faisant fonction de solives pour le plancher ; en D on voit les solives du faux-plancher du comble de brisis ; enfin, dans notre figure, à droite, on voit un montant qui relie les deux entraits et supporte le faux-comble.

— Nous allons donner les poids des fers de ce genre de ferme, qui devrait être aujourd'hui adoptée pour tous les édifices publics de quelque importance.

POIDS DE LA FERME EN FER DE NOTRE FIGURE 16.

2 arbalétriers de 6ᵐ,60 en fer en I de 0ᵐ,18,
  à 20 kil. le mètre, soit.............   264 kil. 00
1 entrait supérieur de 13ᵐ,40 en fer en I de
  de 0ᵐ,14, à 14 kil. le mètre, soit......   187 kil. 60
1 entrait inférieur de 16ᵐ,60 en fer en I de
  0ᵐ,18. à 20 kil. le mètre, soit........   332 kil. 00
2 montants de 3ᵐ,70 en fer en I de 0ᵐ,14,
  à 14 kil. le mètre, soit..............   103 kil. 60
1 plaque de faîtage de 0ᵐ,50 en fer sur
  0ᵐ,10, à 11 kil. le mètre, soit........   5 kil. 50
6 plaques de jonction de 0ᵐ,80, soit 4ᵐ,80
  en fer sur 0ᵐ,10 à 11, kil. le mètre, soit.   52 kil. 80
Boulons d'assemblage........ ....   15 kil. 00

            Total....... .....   960 kil. 50

Nous ajouterons, comme renseignements complémentaires, qu'un comble construit avec des fermes comme celles que nous venons de décrire donne comme poids et comme prix, au au mètre superficiel, les chiffres suivants :

Désignation des éléments qui entrent dans la construction d'un comble.	Poids.	Prix (unité)	Prix du mètre superficiel.
Fermes au mètre superficiel.	9 kil. 365	À 0 fr. 67 le kil.	6 fr. 27
Pannes — —	6 kil. 290	À 0 fr. 53	3 fr. 33
Entrait inférieur........	4 kil. 170	À 0 fr. 24	1 fr. 00
Entrait supérieur ou faux plancher...............	6 kil. 870	À 0 fr. 43	2 fr. 95
TOTAUX..........	26 kil. 695		13 fr. 55

FERME. — Ensemble des bâtiments qui composent une exploitation rurale. — Voy. RURALE (*Architecture*).

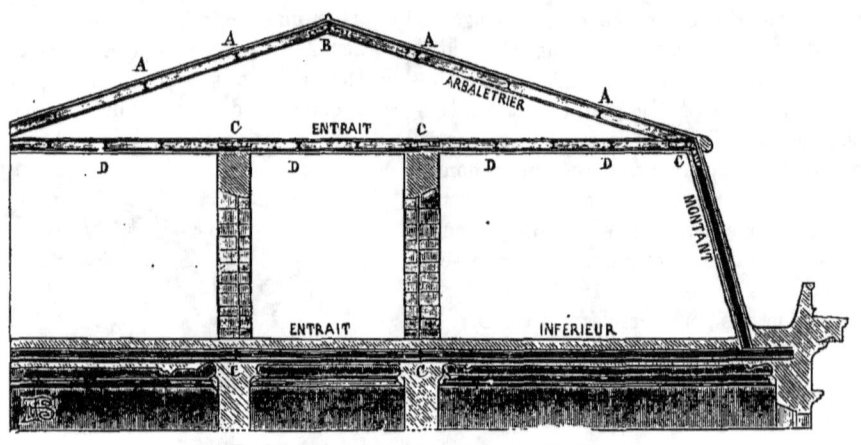

Fig. 16. — Ferme en fer pour combles à la Mansart.

FERMER, *v. a.* — C'est poser le dernier rang de voussoirs d'une voûte, la clef d'un arc ou d'une plate-bande ; établir sur les pieds-droits d'une baie une arcade, une plate-bande ou un linteau.

FERMETTE, *s. f.* — Ferme de petite dimension, de peu d'importance, d'un travail peu compliqué.

FERMETURE, *s. f.* — Ce terme s'applique à des objets de nature bien différente : ainsi un linteau, un arc, sont la fermeture d'une baie ; une clef est la fermeture d'un arc ; une pierre

percée de trous circulaires, ou bien une mitre, sont la fermeture d'une souche de cheminée. Mais il faut surtout comprendre sous cette dénomination les divers engins ou systèmes employés pour assurer la clôture des baies, telles que portes, volets, serrures, verrous, loquets, espagnolettes, etc. Ce terme s'applique même à une partie d'une serrure. Ainsi, quand une serrure n'a qu'un pène, elle est à une fermeture ; lorsqu'elle en a deux, elle est à deux fermetures. C'est aussi l'ouverture dans laquelle entre l'auberon d'une *serrure à bosse*.

FERMOIR, *s. m.* — Outil du maçon qui lui

sert à terminer et à finir dans ses moindres détails les moulures en plâtre. Il existe plusieurs

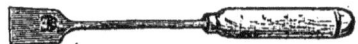

Fig. 1. — Fermoir à nez carré.

genres de fermoirs, mais les trois principaux sont : le *fermoir ordinaire* ou *à nez carré* (fig. 1),

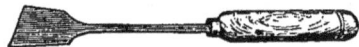

Fig. 2. — Fermoir à nez rond.

le *fermoir à nez rond* (fig. 2), le *fermoir angulaire* (fig. 3).

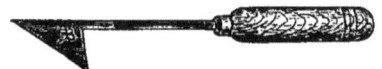

Fig. 3. — Fermoir angulaire.

En menuiserie et en charpenterie, c'est un gros ciseau emmanché dans un manche de bois,

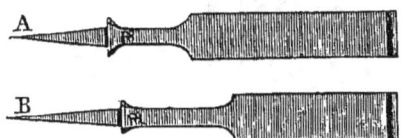

Fig. 4. — Fermoir du parqueteur.

et qui affecte plusieurs formes. Nous donnons, en A et en B (fig. 4), deux fermoirs pour par-

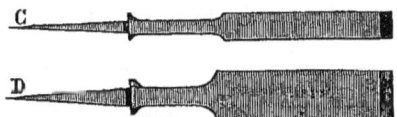

Fig. 5. — Fermoirs du menuisier.

queteurs ; en C et D (fig. 5), deux fermoirs de menuisier ; en E et F (fig. 6), deux fermoirs de

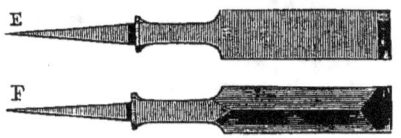

Fig. 6. — Fermoirs du charpentier.

charpentier : celui en F se nomme aussi *fermoir bedâne ;* enfin il existe également des *fermoirs à douille.*

FERRAILLE, *s. f.* — Débris de fer, rognures et bouts de fer, neuf ou vieux.

FERREMENTS, *s. m. pl.* — On désigne sous ce nom tous les gros fers employés dans le bâtiment, tels que chaînes, ancres, équerres étriers, plates-bandes, armatures, etc.

FERRER, *v. a.* — Garnir de ferrures, poser des ferrures. On ferre les portes et les fenêtres en posant les fiches, gonds ou charnières, crémones ou espagnolettes, verrous, serrures, etc.

FERRETTE D'ESPAGNE, *s. f.* — Pierre sanguine d'Espagne.

FERREUR, *s. m.* — Ouvrier serrurier qui pose les ferrures destinées à consolider, renforcer ou garnir les ouvrages de menuiserie : portes, croisées, persiennes, volets, etc.

FERRONNERIE, *s. f.* — Art industriel qui consiste dans le travail du fer à la forge, à l'étampe et au marteau. Pendant le moyen

Grille sur les murs de la porte Dauphine, au palais de Fontainebleau.

âge, cet art était très-avancé et tenu en très-grande considération. A cette époque, les bons ferronniers étaient de véritables artistes. Le XVIe siècle a produit également de belle ferronnerie. Notre figure, qui représente une partie de la grille des murs de la porte Dauphine au palais de Fontainebleau, peut en témoigner. Aujourd'hui que le goût s'est modifié et que les moyens mécaniques se sont substitués complétement au travail manuel, l'art de la ferronnerie a sensiblement décliné, et, comme d'un autre côté les fers employés dans le bâtiment sont pour la plupart dissimulés, on comprend qu'ils ne peuvent plus avoir la même valeur artistique qu'autrefois.

FERRURE, *s. f.* — Ensemble des pièces de métal qui consolident ou garnissent les ouvrages de menuiserie ou de charpente. Ces pièces se divisent en *gros fers* et en *petits fers*, ou articles de quincaillerie. Pour les premiers nous renverrons le lecteur au mot FER. Les seconds comprennent les *équerres, fiches, broches, charnières, paumelles, pentures* et tous les systèmes de *fermetures*, quels qu'ils soient. Dans l'architecture du moyen âge, on appelle *ferrures de porte* ou *pentures* des ornements en fer forgé qui décoraient les portes des églises et autres édifices, et qui figuraient ordinairement des ENROULEMENTS. (Voy. ce mot.)

Les ferrures de ce genre ne remontent pas plus haut que le XIe siècle, et celles de cette époque sont empreintes d'un singulier caractère de barbarie. Au XIIe siècle un véritable progrès se réalise, enfin au XIIIe nous voyons se déployer une grande habileté dans ce genre de travail : les pentures des portes de la cathédrale de Paris en sont un témoignage. — L'usage des ferrures a été en partie abandonné au XVe siècle, par suite de l'application de la sculpture sur bois à la décoration des portes.

FESTONS, *s. m. pl.* — Ornement d'architecture qui affecte des formes diverses, mais toutes plus ou moins ondulées ; ce sont des guirlandes, des ornements peints ou sculptés. Dans le langage vulgaire, on nomme improprement *festons* des CONTRE-ARCATURES.

(Voy. ce mot, ARCATURE, GUIRLANDE et ORNEMENTS.)

FEU DE PORT. — Lanterne à feu rouge, destinée à indiquer l'entrée d'un port. Cette lanterne est tantôt placée au haut d'une tourelle, tantôt sur un grand candélabre.

FEUILLAGES, *s. m. pl.* — Ensemble décoratif composé de feuilles ; ce sont des orne-

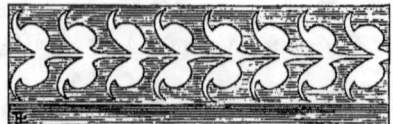

Fig. 1. — Bordure or sur fond vert d'une faïence de la renaissance (musée du Louvre).

ments peints ou sculptés qu'on applique à la décoration intérieure ou extérieure des édifices. On emploie tour à tour les feuilles d'a-

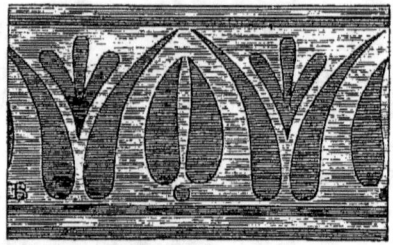

Fig. 2. — Bordure peinte sur un vase antique (musée du Louvre).

canthe, d'olivier, de laurier, de persil, de ciguë, de chêne, de lierre, de houx, et d'autres plantes de la famille des mauves, des conifères, des palmiers, etc. Nos figures 1, 2, 3, 4 montrent

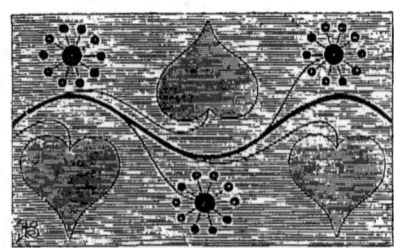

Fig. 3. — Bordure peinte sur un vase antique (musée du Louvre).

diverses applications de feuillages à la décoration. Ces exemples sont tirés de la Flore conventionnelle de la *Grammaire élémentaire de dessin* publiée par notre confrère M. Cernesson. Les styles d'architecture de presque toutes les époques ont employé les feuillages en décoration, souvent en les mélangeant à des fleurs. (Voy. FLORE.)

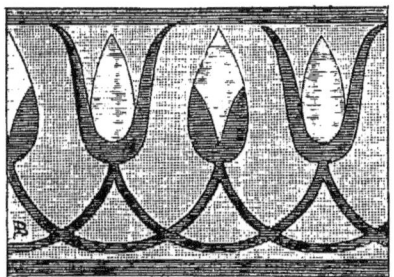

Fig. 4. — Bordure peinte sur un vase antique (musée du Louvre).

FEUILLARD, *adj.* — Fers très-minces, et que, d'après leur dimension et leur épaisseur, on divise en trois classes.

FEUILLARD (Ruban), *s. m.* — Ruban de fer, de tôle, de feuillard, employé dans diverses industries.

FEUILLE, *s. f.* — En technologie, de même que dans le langage usuel, le nom de *feuille* s'applique à tout objet dont l'étendue en sur-

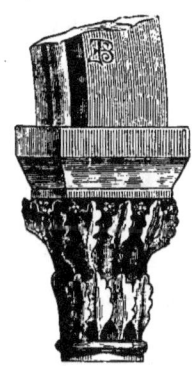

Fig. 1. — Feuilles de chêne décorant un chapiteau.

face est considérable par rapport à l'épaisseur, qui est faible : ainsi on dit, une *feuille* de tôle, de cuivre, de zinc, de verre; à l'égard du plomb on dit plutôt *table*, comme pour les marbres.

En menuiserie, on nomme *feuilles* les volets des persiennes et de fermeture de boutiques, les panneaux de menuiserie employés pour les

parquets. Les *feuilles de parquet* sont formées

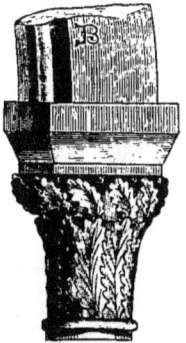

Fig. 2. — Feuilles de chêne et de fougère décorant un chapiteau.

généralement d'un bâti d'encadrement avec des remplissages.

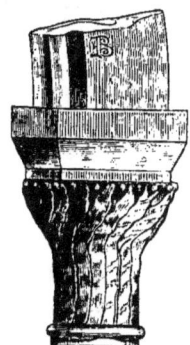

Fig. 3. — Feuilles de fougère décorant un chapiteau.

En serrurerie, on donne le nom de *feuille de*

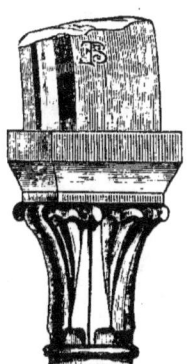

Fig. 4. — Feuilles de sagittaire décorant un chapiteau.

sauge à une petite lime demi-ronde très-plate.

En architecture, les feuilles constituent un

ornement dans la composition duquel il entre des feuilles d'arbres et principalement de plan-

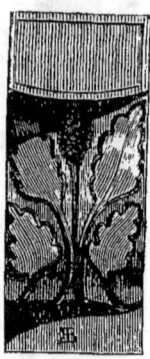

Fig. 5. — Feuilles d'une aroïdée décorant un corbeau.

tes. Nos figures 1, 2, 3, 4 représentent des feuilles de diverses espèces décorant des chapiteaux du XIIe siècle qui proviennent de l'église collégiale et du château de Neuchâtel en Suisse. Nous les avons dessinées d'après des fragments qui se trouvent déposés dans le musée de cette ville. La figure 5 est la représentation d'un corbeau décoré de feuilles et du fruit d'un *arum*. Ce corbeau se trouve au château de Neuchâtel. On donne aux feuilles différents noms ; on nomme :

FEUILLES D'ANGLE, celles qui décorent l'angle d'un cadre, d'un panneau, d'une voussure, d'un larmier, d'une corniche, etc. ;

FEUILLES D'EAU, des feuilles simples, sans découpures ni dentelures, telles que les feuilles de nénufar, de renoncule aquatique, de sagittaire, etc. ;

FEUILLES DENTÉES OU DENTELÉES, celles qui ont leurs bords découpés en dents ou dentelures ;

FEUILLES GALBÉES, celles qui ne sont qu'ébauchées, c'est-à-dire simplement épannelées pour recevoir ultérieurement des refends et de

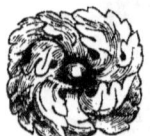 

Fig. 6. — Feuilles tournantes composant des roses tournantes.

la sculpture ; beaucoup de chapiteaux de théâtres et d'amphithéâtres anciens ont leurs feuilles

simplement galbées : nous en connaissons des exemples notamment aux amphithéâtres d'Arles, de Nîmes, de Flavien à Rome, etc.;

FEUILLES TOURNANTES, celles qui tournent soit autour d'une baguette, comme le spécimen que nous avons donné au mot CANNELURE (fig. 10) ; soit autour d'un point ou d'un corps quelconque, ainsi qu'on le voit dans les roses tournantes représentées par notre fig. 6. (Voy. FLORE.)

FEUILLER, *v. a.* — Traîner une *feuillure,* sur du plâtre ; pousser une feuillure sur une planche ou une pièce de bois. (Voy. FEUILLURE.)

FEUILLÉ, ÉE, *adj.* — Pourvu d'une feuillure ; porteur d'une feuillure.

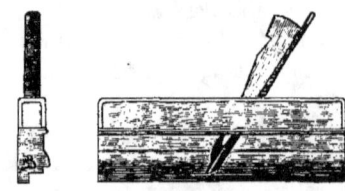

Fig. 1. — Feuilleret ordinaire.

FEUILLERET, *s. m.* — Sorte de bouvet ou de rabot qui porte un conduit servant à

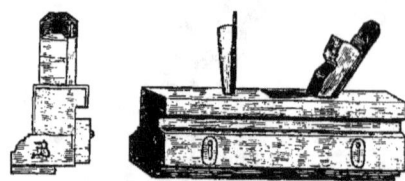

Fig. 2. — Feuilleret à coulisse à joue et repos mobile.

l'appuyer contre le bois. Cet outil à fût est employé par les menuisiers, les ébénistes et les

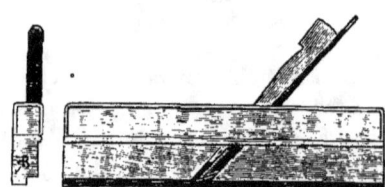

Fig. 3. — Feuilleret pour parqueteur.

parqueteurs ; il sert à pousser des feuillures, des rainures et des languettes. Il existe plusieurs genres de feuillerets qui ont des fers différents ; la figure 1 donne, de face et de profil, le *feuilleret ordinaire ;* la fig. 2, le *feuil-*

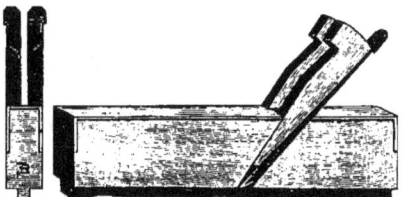

Fig. 4. — Feuilleret double pour parqueteur.

leret à coulisse à joue et repos mobile ; la fig. 3, le *feuilleret pour parqueteur,* servant à pousser une rainure à droite ou à gauche d'une frise ; enfin la fig. 4 montre, de face et de profil, un *feuilleret double pour parqueteur.*

FEUILLET, *s. m.* — Bois du commerce classé dans les bois d'échantillons. Les feuillets sont des planches minces qui servent à faire des panneaux de menuiserie et autres ouvrages. Le *feuillet de chêne* a 2 mètres de longueur, sur 0^m,013 de largeur et 0^m,013 d'épaisseur.

Le *feuillet de sapin de Lorraine* porte 3^m,57 de long. 0^m,32 de largeur et 0^m,013 d'épaisseur.

Le *feuillet de sapin du Nord* a 2 mètres de longueur, 0^m,22 de largeur, et 0^m,013 d'épaisseur.

FEUILLETÉ, ÉE, *p. p.* — On le dit d'une pierre qui se sépare par écailles ou feuillets.

FEUILLURE, *s. f.* — Entaille ou évidement rectangulaire pratiqué dans le tableau

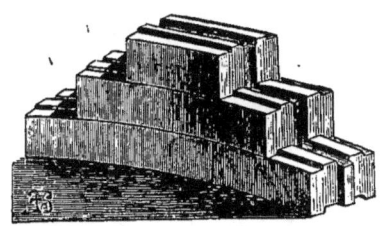

Fig. 1. — Mur courbe construit en briques à feuillure.

d'une baie pour y loger le bâti dormant. On pratique des feuillures dans les pieds-droits et dans le linteau d'une arcade qui les surmonte.

On a d'ailleurs appliqué la feuillure à toute sorte de matériaux, notamment à des briques droites ou courbes. Nos figures représentent un mur courbe construit en briques de ce

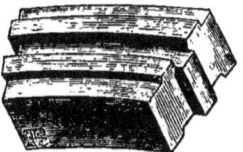

Fig. 2. — Brique à feuillure courbe.

genre, ainsi que deux types de ces briques.

En menuiserie, c'est aussi une entaille pratiquée dans le bois, parallèlement à son fil, et de manière à ce que cette entaille puisse affleurer ou non une autre pièce. Généralement

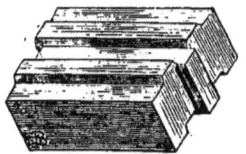

Fig. 3. — Brique à feuillure droite.

les feuillures sont faites à mi-bois, dans les bâtis de porte ou de croisée ainsi que dans les poteaux. On se sert quelquefois du mot *battée* comme synonyme de feuillure.

FEUILLURE (Contre-). — La contre-feuillure est une feuillure rapportée en sens contraire à la feuillure.

FIBREUX (Fer). — On le dit d'un fer qui, au lieu de montrer une cassure grenue, montre des nerfs ou fibres. (Voy. Fer.)

FICHAGE, *s. m.* — Opération qui consiste à remplir de mortier les joints des pierres de taille, au moyen d'un outil nommé *fiche.* Pour exécuter ce travail, on commence par établir au niveau du joint à *ficher* une petite tablette soutenue d'une manière quelconque, et sur laquelle on dépose le mortier à ficher. Un ouvrier, muni d'une fiche, introduit du mortier sous la pierre, avec les dents de cet outil, par un mouvement continu de va-et-vient. Les dents de l'outil non-seulement saisissent le mortier, mais encore elles le font pénétrer entre les joints. Un garçon, au moyen d'une truelle, s'oppose à la sortie du mortier que la fiche dans son mouvement ramène toujours au dehors en petite quantité, quand l'ouvrier tire l'outil à lui ; le même garçon dépose également, chaque fois que cela est nécessaire, du mortier sur la planchette. Ce mode de poser les pierres de taille est le plus fréquemment employé surtout à Paris. Cependant il présente des inconvénients pour les joints horizontaux, car les dents de la fiche ne chassent le mortier qu'en le comprimant quelquefois outre mesure, ce qui peut, dans certains cas, faire fendre ou éclater la pierre. Pour les joints verticaux, le fichage n'a aucun inconvénient. Il ne faut pas confondre le fichage et le *coulage*. — Les paveurs opèrent également le fichage des pavés, mais pour introduire seulement du sable entre leurs joints.

FICHE, *s. f.* — Outil du maçon qui lui sert pour le *fichage* des pierres ; on le nomme *fiche à mortier*. C'est une lame de fer dentée (fig. 1) et emmanchée. Les dents de cet outil,

Fig. 1. — Fiche du maçon.

en pressant le mortier, le font pénétrer dans les joints des pierres. — Les paveurs, pour introduire le sable entre les joints des pavés, se servent de deux fiches pourvues de longs manches ; l'une, unie (fig. 2), est employée

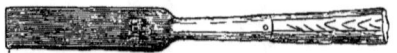

Fig. 2. — Fiche du paveur.

pour l'introduction du sable fin ; l'autre, dentée (fig. 3), sert pour le gravier.

Les fiches sont aussi des objets de quincaillerie qui font l'office de gonds ou de charnières, et qui servent à suspendre les vantaux de porte et de fenêtre. Il existe des fiches de plusieurs genres ; le modèle le plus connu est dit *à bouton* ou *à broche* : il se compose (fig. 4)

de deux ailes en fer qui sont mortaisées, l'une dans le bâti dormant *d*, qui représente une partie du tableau intérieur de la baie, et l'autre dans le châssis mobile *c*. On nomme ce genre de fiche *à broche*, parce qu'une broche réunit les deux charnons de la fiche, de sorte

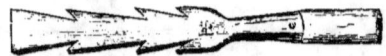

Fig. 3. — Fiche à dents du paveur.

qu'en retirant la broche on peut déposer à volonté les châssis des croisées sans enlever le bâti dormant. — Les *fiches à vase, à boule et à chapelet*, maintenant peu employées, sont remplacées par la *fiche chanteau*, espèce de paumelle en tôle à boule, qui sert à ferrer les

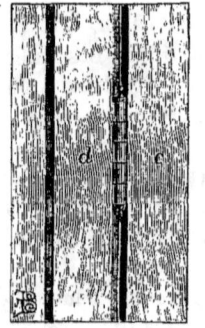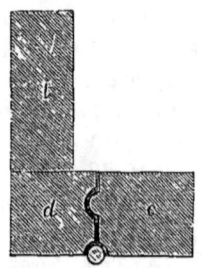

Fig. 4. — Fiche des portes et fenêtres.

châssis, les portes et les fenêtres. Les *fiches rivées*, de *brisure* ou *à nœuds*, servent à ferrer les feuillets des volets. — *Fiche* désigne aussi la quantité dont un pieu ou une palplanche sont descendus dans le sol. — Enfin on nomme *fiche d'arpenteur* une tringle de fer appointée d'un bout et contournée de l'autre bout en anneau, qui sert dans les opérations d'arpentage.

FICHER, É, ÉE, *v. a.* — Remplir de mortier les joints des pierres de taille, à l'aide d'un outil appelé *fiche*. On pratique cette opération comme nous l'expliquons au mot FICHAGE. (Voy. ce mot.)

FICHEUR, *s. m.* — Maçon qui fiche des pierres de taille.

FIER, *adj.* — Se dit d'une pierre à grain fin et trop sec, qui s'éclate aisément sous les coups du ciseau.

FIL, *s. m.* — Veine tendre et terreuse, ou petite fente qui se rencontre assez fréquemment dans la pierre et dans le marbre. Dans les chantiers on doit rejeter comme défectueuses les pierres qui ont des *fils.* — En menuiserie et en charpenterie, on dit qu'un bois est employé *de fil,* quand les fibres du bois sont disposées suivant la longueur de l'ouvrage.

Fil d'archal. — Fil de cuivre, fil de fer, fil de laiton; en un mot, tous les fils métalliques.

Fil a plomb. — Instrument qui sert à vérifier si des travaux ou des objets sont bien verticaux, ou *à plomb.* Il se compose d'un

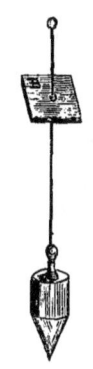

Fil à plomb.

poids cylindrique terminé en cône (Voy. notre fig.), suspendu par son axe à un cordeau ou à un fil très-fort.

Fil de fer. — Fil étiré à la filière et qui a de nombreux usages dans l'industrie. Les serruriers emploient le fil de fer pour les cordons de tirage et de sonnette; les treillageurs pour lier les lattes qu'ils emploient dans leurs travaux. Les uns et les autres se servent de *fil de fer recuit,* c'est-à-dire d'un fil de fer qui a été réchauffé après son écrouissage, opération qui lui donne une grande souplesse et le rend propre à réunir et fixer des objets comme le ferait une corde.

FILARDEUX, SE, *adj.* — Pierre de taille ou marbre qui contient des *fils.* Ces pierres sont exclues des constructions comme défectueuses; les ouvriers les nomment aussi pierres *fileuses.* Les pierres dures du bassin de Paris sont très-souvent filardeuses.

FILE, *s. f.* — Pièces d'une construction placées en ligne droite. On le dit de pieux, de palplanches, de colonnes, etc.

FILER, *v. n.* — Tracer et peindre des lignes droites à l'aide d'une règle et d'un petit pinceau dit *pinceau à filer* ou *filoir.* (Voy. BROSSE.) Les peintres en décor qui font des panneaux, des joints, des encadrements, etc., se nomment *fileurs.*

FILET, *s. m.* — Petite moulure rectangulaire de peu de hauteur, qui sert à séparer de plus fortes moulures galbées; on dit aussi *listel.* Aucune moulure n'est d'un emploi plus étendu et plus fréquent que le filet; tous les styles de toutes les époques l'ont utilisé : on ne saurait d'ailleurs s'en passer. La face du filet est tantôt verticale, tantôt inclinée, tantôt brisée en forme de coin (Voy. MOULURE.) — En menuiserie, le filet est une moulure de même forme qu'en architecture, mais en outre on y donne ce nom à une petite tringle très-étroite en bois de placage. — En charpenterie, c'est une pièce de bois ou un *cours* de pièces solidement assemblées; c'est un petit poitrail. On fait aujourd'hui des filets en fer; ils sont composés de deux fers à double T réunis par des brides et maintenus étrésillonnés par des croisillons en fer. — En couverture, c'est un solin de plâtre ou de mortier qui maintient arrêtées des tuiles ou des ardoises sur le bord d'un pignon ou au sommet d'une couverture ou d'un appentis adossé à un mur. — En serrurerie, c'est un ornement fait sur l'épaisseur d'un bouton, et qui a la forme d'un congé ; c'est encore la partie saillante en spirale d'une vis. Ces filets sont angulaires, arrondis ou carrés; ils sont de deux sortes : *à double pas* et *taraudés.* La vis à double pas se fait à la lime, la vis taraudée à la filière simple ou double. L'espace qui sépare deux filets ou deux révolutions de la vis se nomme *pas.* — Pour la jurisprudence de ce mot, voy. MITOYEN (*Mur*).

FILETAGE, *s. m.* — Action de fileter.

FILETER, É, ÉE, *v. a.* — Faire sur le tour, ou à l'aide d'une filière, le taraudage d'une vis; l'ouvrier qui l'exécute se nomme *fileteur*.

FILEUR, *s. m.* — Peintre en décor qui ne fait ordinairement que les filets, c'est-à-dire les imitations d'encadrements, de panneaux et de joints de pierres.

FILIÈRE, *s. f.* — Outil en acier (fig. 1) destiné à étirer le métal en fil; c'est aussi un autre outil percé de trous taraudés qui sert à

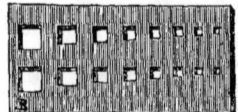

Fig. 1. — Filière.

faire des pièces à vis; c'est encore une plaque d'acier ronde ou allongée (fig. 2) qui permet de déterminer la grosseur d'un fil de fer. Cette

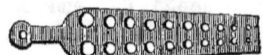

Fig. 2. — Filière ou jauge.

dernière est une espèce de jauge; aussi la nomme-t-on *filière-jauge*. — Il existe également des filières pour pratiquer des vis sur

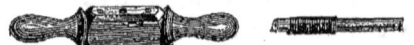

Fig. 3. — Filière à bois.

les pièces de bois. Notre figure 3 montre cette filière, et à droite une baguette taraudée. — Au pluriel, ce terme désigne des veines ou crevasses verticales qui coupent les bancs de pierres dans une carrière.

FILLEULES, *s. f.* — Ancien terme de jurisprudence remplacé aujourd'hui par ceux de *témoins*, de *garants*. (Voy. BORNE.)

FILOIR, *s. m.* — Petit pinceau servant à filer. (Voy. BROSSE.)

FILOTIÈRE, *s. f.* — Bordure d'un panneau de vitrail.

FILTRAGE, *s. m.* — Action de filtrer. Ensemble des procédés employés pour filtrer les eaux, c'est-à-dire pour les dépouiller des matières qu'elles tiennent en suspension et qui troublent leur limpidité. Pour les usages domestiques et culinaires, on emploie de petits filtres dits *fontaines à filtre*. Mais quand les quantités d'eau à filtrer sont considérables, on emploie des moyens en rapport avec l'effet à obtenir; encore, pour les distributions d'eaux filtrées dans les villes, ne peut-on arriver à fournir les quantités nécessaires qu'à l'aide de puissantes machines à vapeur. Nous ne décrirons ici que les appareils moyens, car les

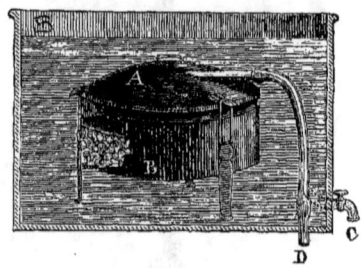

Fig. 1. — Filtre à aspiration.

fontaines filtrantes sont connues de tout le monde, et le filtrage des eaux de villes est tellement complexe que l'étude n'en peut être abordée que dans des traités spéciaux.

Les filtres moyens sont de deux sortes; on en fabrique *à aspiration* et *à pression*. Nous donnons (fig. 1) un filtre à aspiration, d'une grande simplicité, qu'on peut placer dans toute espèce de réservoir. Pour en assurer le fonctionnement, il suffit de réunir le filtre au robinet ou au tuyau de sortie au moyen d'un tube. Dans ce système, le filtrage s'opère de bas en haut; l'eau, par la pression qu'elle exerce sur le fond du filtre, pénètre, après avoir traversé la portion B, dans le haut du filtre, A; un robinet C permet la sortie de l'eau en ce point, et un tuyau D sert de colonne descendante pour fournir de l'eau aux divers étages d'une maison. Si, au contraire, un filtre de ce genre est placé dans un puits, une citerne ou un réservoir, souterrain, il suffit, pour élever l'eau au moyen d'une pompe, de raccorder le tuyau d'aspiration avec le filtre pour que toute l'eau aspirée soit filtrée.

Notre fig. 2 montre un filtre à pression. L'eau arrive par le tuyau A, pénètre dans le récipient en B, se filtre en traversant la partie C, et arrive clarifiée en D. Le robinet E sert pour la distribution. Comme cette sorte de filtre

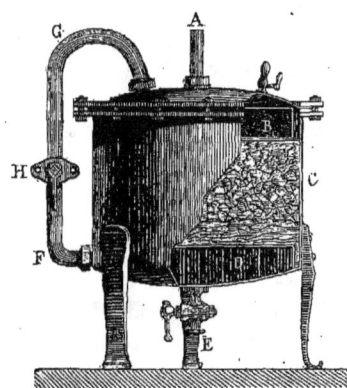

Fig. 2. — Filtre à pression.

peut se poser sur des conduites d'eau d'une ville, si, à un moment donné, dans un incendie, par exemple, on veut immédiatement de l'eau non filtrée, on ouvre le robinet à manette H; l'eau passe alors par le tuyau G, et arrive en D pour sortir en E. Suivant le diamètre de l'appareil, ce filtre peut débiter jusqu'à 4,000 litres d'eau filtrée à l'heure. Ces filtres à pression peuvent être installés facilement partout; on les place généralement dans les caves, parce que là on n'a pas à redouter les variations de température; en hiver l'eau ne peut geler dans les tuyaux, et en été elle s'y rafraîchit.

FISSILITÉ, *s. f.* Qualité de ce qui se fend. Les blocs ardoisiers de bonne qualité sont *fissiles*, c'est-à-dire se séparent facilement par feuillets.

FISSURE, *s.f.* — Petite fente, petite crevasse qui se produit dans un mur, dans un terrain.

FISSURER, *v. a.* — Diviser par fissures. —

FISSURER (SE) (*v. réfl.*). Se diviser par fissures. Un mur se fissure, puis des crevasses et des déchirures s'y produisent.

FISTULE, *s. f.* — Maladie des arbres qui attaque les fibres du bois, et dans laquelle la séve s'écoule sur le bois et l'altère. Ce mot a comme synonymes *dépôt, abcès, écoulement de séve, gouttière.* (Voy. BOIS, § *Maladies des bois.*)

FIXER, *v. a.* — Rendre fixe, arrêter à l'aide de clous, de vis ou de toute autre manière, un objet quelconque. On fixe les châssis à tabatière à l'aide de crochets, les bâtis dormants à l'aide de pattes, une grille au moyen de scellements, etc.

FLACHE, *s. f.* — Dépression ou portion concave de la surface des bois de charpente ou de menuiserie, résultant de la difformité du tronc de l'arbre. — Par extension, on donne aussi le nom de flâche à toute dépression ou concavité d'une surface quelconque, telle que le parement d'une pierre, d'un mur, la surface d'un enduit, d'un pavement, etc. — Les flâches, quand elles ne sont pas trop fortes, sont tolérées dans les bois de brin, dont un équarrissage à vive arête diminuerait beaucoup la force et la résistance; elles doivent au contraire, être rigoureusement interdites, si faibles qu'elles soient, dans les pièces de bois refait ou à vive arête, et dans la menuiserie assemblée et parementée. — Une pierre flâcheuse sur son parement ne peut être acceptée qu'autant que le ravalement fera disparaître la flâche. Quand celle-ci existe sur un des lits, elle peut diminuer la stabilité du bloc; mais pour les joints verticaux la flâche est sans inconvénient, pourvu toutefois qu'elle se trouve éloignée des arêtes. Les moellons flâcheux, tels qu'ils sortent de la carrière, doivent, à cause de la mauvaise assiette qu'ils prendraient, être exclus de la maçonnerie des murs en élévation; il convient de les réserver pour les massifs et les blocages, ou bien il faut faire disparaître les flâches en les soumettant au *smillage* et au *piquage*.

FLACHEUX, SE, *adj.* — *Bois flâcheux,*

c'est-à-dire présentant des dépressions qu'on nomme *flâches*. (Voy. l'art. ci-dessus.) Ce qualificatif ne s'applique guère qu'au bois; cependant on dit quelquefois, *pierre flâcheuse, fer flâcheux*, etc.

FLAMBOYANT(Style).—De même qu'on a appelé *gothique fleuri* le style ogival tertiaire, à cause de la profusion de sa décoration, de même on lui donne aussi le nom de *style* ou *gothique flamboyant* à cause du grand nombre de pinacles et autres membres d'architecture pyramidaux qu'il comporte, mais surtout en raison de la forme des lobes et de ses *réseaux*, qui imitent jusqu'à un certain point la figure de flammes, tant les nervures des meneaux et des roses de croisées sont contournées. Quelque fondée que puisse paraître cette dénomination, nous pensons qu'on doit lui préférer celle de style ogival tertiaire comme plus rationnelle. — Voy. CLASSIFICATION, et FRANÇAISE (*Architecture*).

FLAMME, *s. f.* — Pièce de faïence que les fumistes placent au-dessus du chapiteau de la colonne des poêles en faïence, comme décoration et pour cacher à la vue le coude du tuyau de tôle qui conduit la fumée dans la cheminée.

FLANC, *s. m.* — Paroi, façade ou côté latéral d'un objet, d'un bâtiment, d'un bastion, etc. Souvent le mot *flanc* est remplacé par celui de JOUÉE. (Voy. ce mot.)

FLANQUER, *v. a.* — En termes de fortification, ce mot se dit d'une fortification qui en voit une autre de flanc : un bastion flanque une courtine. — Appliqué à l'architecture, ce terme sert à désigner des ornements disposés symétriquement sur une façade : des pilastres flanquent l'encoignure d'un bâtiment

FLÉAU, *s. m.* — Barre de fer méplate qui s'étend sur les deux vantaux d'une porte cochère ou charretière, et qu'on fait mouvoir au moyen d'un boulon passant dans son axe. Le fléau est arrêté soit au moyen d'un verrou, soit par un moraillon qui entre dans une ser-

rure à bosse ou à auberonnière, saillante sur l'un des vantaux ou entaillée dans le bois de l'un d'eux. Le fléau de persienne affecte la forme d'une poignée d'espagnolette; il est monté sur platine et se ferme dans un support. Le fléau de façon est fait avec plus de soin et de recherche que le précédent, qui n'est qu'un objet de quincaillerie; il porte une vis à tête de violon.

En vitrerie, le fléau est une espèce de crochet, formé de tringles de bois plates assemblées carrément et arasées, qui sert au transport des verres à vitre, quand le vitrier va en poser au dehors et en certaine quantité. Le bas du fléau est souvent en forme de tiroir où le vitrier serre son mastic, sa boîte à clous, ses couteaux et autres outils.

FLÈCHE, *s.f.* — C'est dans un arc ou segment de cercle la droite qui, passant par le milieu de l'arc, est perpendiculaire à la corde. Dans un arc en plein cintre, la ligne joignant les naissances et passant par le centre de la courbe, de même que la flèche, égale à la demi-ouverture de l'arc, portent le nom de rayon. Dans un arc en ellipse ou en anse de panier, la flèche est égale à la moitié de l'axe de l'ellipse perpendiculaire à celui qui se trouve sur la ligne des naissances. La longueur de la flèche est une des dimensions au moyen desquelles on peut calculer le développement de l'intrados des arcs segmentaires. — On a donné le nom de flèche, dans les ponts en charpente, à la pièce verticale qui se trouve dans une position analogue. C'est pour le même motif qu'on a quelquefois appelé *flèche* le *poinçon* des fermes de comble.

FLÈCHE DE CLOCHER. — Pyramide en bois ou en pierre qui surmonte ordinairement un clocher et le termine. Quelquefois la flèche se dresse directement du toit. (Voy. CLOCHER.)

A leur origine, les flèches furent des pyramides quadrangulaires fort basses; au XIe siècle c'était même leur disposition générale. Ce fut au XIIe siècle que les constructeurs montrèrent presque tout à coup une hardiesse plus grande, conservant encore, il est vrai, la forme carrée dans les églises peu importantes, mais la remplaçant aussi assez souvent par la forme octogonale. Dans les églises de grandes dimensions, les architectes de cette époque élevèrent des flèches empreintes d'un singulier caractère de puissance et de grandeur, qui atteignirent quelquefois plus de 100 mètres au-dessus du sol. C'est aussi à cette même époque que les imbrications et les contre-imbrications apparurent pour décorer les flèches des clochers. Ces flèches étaient souvent

Au XIVe siècle, l'ornementation devient plus riche, les imbrications disposées par zones se maintiennent, mais les surfaces laissées entre elles sont occupées par des trèfles et des quatre-feuilles ; les arêtiers se garnissent de crosses ou crochets, et pour la première fois les flèches ont à leur naissance une balustrade ajourée. Au XVe siècle, les flèches abandonnent tout à fait les types jusqu'alors en usage ; elles con-

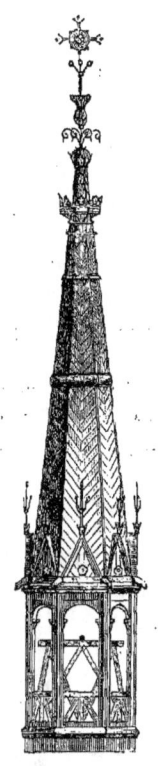

Fig. 1. — Flèche octogonale (1er type).

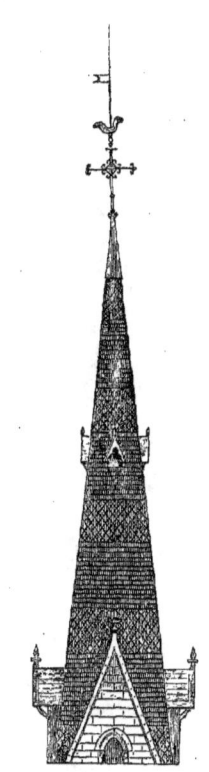

Fig. 2. — Flèche quadrangulaire.

garnies à leur naissance de clochetons, qu'on avait vus déjà apparaître à l'état rudimentaires dès le siècle précédent. Les clochetons servaient à racheter la différence de formes existant entre le clocher carré et la flèche polygonale. — L'architecture ogivale, qui modifia si profondément toutes les dispositions adoptées avant elle, n'apporta pas de changements bien remarquables dans les flèches. Leur aspect général au XIIIe siècle fut le même que vers la fin du XIIe, seulement les arcs changèrent de nature et les clochetons se multiplièrent.

servent bien encore les clochetons, mais en les isolant totalement et en ne s'y rattachant que par de petits arcs-boutants qui franchissent l'espace assez considérable existant entre la balustrade qui couronne la tour et la base de la pyramide, à laquelle ces arcades percées à jour donnent une extrême légèreté. Les flèches de la dernière période de l'architecture ogivale sont peut-être moins imposantes que celles de la première, parce que leurs lignes sont trop compliquées, mais elles ont un rare degré d'élégance et elles s'élèvent à une très-grande hauteur. A l'époque de la renaissance, les flèches sont pour ainsi dire supprimées ; ce sont plutôt des tours, composées ordinairement d'ordres ou de tourelles superposées et terminées en amortissements. Parmi les flèches les plus belles ou les plus hardies, nous devons mentionner celles de Strasbourg (142 mètres de hauteur), d'Amiens, de Rouen (148^m,50)(1), de Chartres, de Notre-Dame de

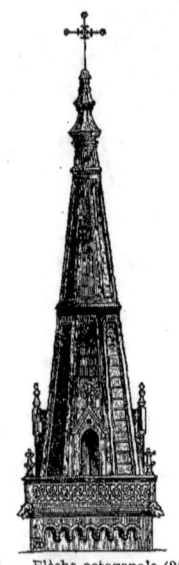

Fig. 3. — Flèche octogonale (2e type).

Paris et de la Sainte-Chapelle du Palais ; celles d'Orléans, de Mende, de Honfleur, de Than, de Senlis, des cathédrales d'Anvers et de Fribourg, etc. Nos figures donnent trois types de flèches employés fréquemment dans les églises modernes. On donne encore ce nom à l'extrémité de certains mâts décoratifs, tels qu'on en

(1) Cette flèche mesure :

Du sol de l'église à la partie supérieure de la
   corniche de la tour de pierre . . . .   65^m,07
La partie en fonte au-dessus de cette corniche,
   non compris 12 mètres en contre-bas dans
   l'intérieur de la tour . . . .   83^m,43

                 Total . . . . . 148^m,50

Pour plus de détails sur cette flèche, voyez *Congrès archéologique de France*, XLIIe session, pages 379 et suiv. — La plus haute des pyramides d'Égypte ne s'élève qu'à 146 mètres.

voit, par exemple, à Venise devant l'église Saint-Marc et devant le palais Morosini. Les flèches de mâts sont souvent en bronze doré ou en fer forgé ou estampé.

FLÈCHE. — Pièce de bois de charronnage que portent les binards, les diables et autres véhicules employés sur les chantiers.

FLÈCHES DE PONT. — Longues pièces de bois portant à leur extrémité antérieure les chaînes de fer qui servent à lever ou abaisser un pont-levis.

FLÉCHIÈRE, *s. f.* — Plante aquatique ou semi-aquatique, dont la feuille, en forme de fer de lance ou de flèche, entre dans l'ornementation de l'architecture romane et romano-byzantine. (Voy. FEUILLE, fig. 4.)

FLEURI (STYLE GOTHIQUE). — On a souvent nommé *gothique fleuri* le style ogival tertiaire (XVe et XVIe siècles) à cause de l'excessive richesse de son ornementation, absolument comme on a appelé *roman fleuri* le style roman du XIIe siècle. — Voy. CLASSIFICATION, et FRANÇAISE (*Architecture*).

FLEURON, *s. m.* — Petit ornement isolé dont le nom indique que le prototype était une fleur. Cet ornement existe de toute antiquité, car les architectes de l'Orient l'ont employé dans les monuments les plus anciens de l'As-

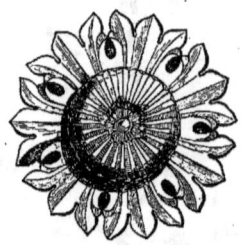

Fig. 1. — Fleuron du tailloir des chapiteaux.

syrie, de la Babylonie et de l'Égypte. Dans l'architecture antique, c'était une petite rose épanouie, placée au centre du tailloir du chapiteau corinthien ou composite. Quelquefois le fleuron était une fleur de tournesol, ou même il était remplacé par une pomme de pin.

A l'époque ogivale, le fleuron empruntait sa

décoration au règne végétal; il y avait les *fleurons cruciféres*, ceux dont la fleur avait quatre feuilles; les *fleurons lancéolés*, ceux dont les

Fig. 2. — Fleuron du tailloir des chapiteaux.

feuilles étaient à lobes lancéolé; senfin les *fleurons détachés*, ceux qui représentaient des ani-

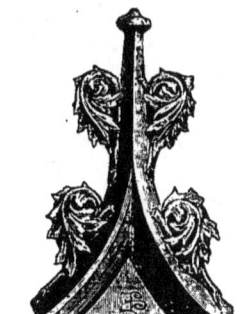

Fig. 3. — Extrémité d'un fronton improprement dénommé fleuron.

maux isolés ou d'autres sujets de fantaisie qui ne se liaient pas directement à l'architecture.

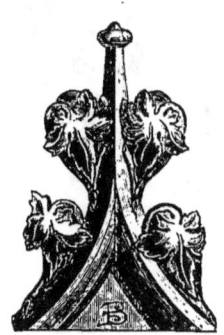

Fig. 4. — Extrémité d'un fronton pseudo-fleuron.

En termes de blason, c'est un ornement qui figure sur les couronnes. Les feuilles d'ache et de persil qui décorent les couronnes ducales se nomment *fleurons refendus*.

Les fleurons servent souvent d'amortissement aux frontons des arcs en accolade, et beaucoup d'archéologues donnent le nom de

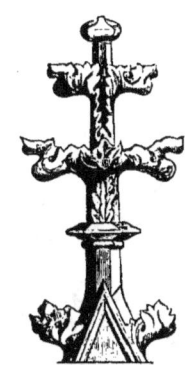

Fig. 5. — Fleuron de fronton (amortissement).

fleuron à l'extrémité supérieure des frontons eux-mêmes (Voy. nos fig. 3 et 4), tandis que ce n'est que l'extrémité, l'amortissement qui est le véritable fleuron (fig. 5).

FLEURONNÉ, ÉE, *p. pass.* — Orné ou décoré de fleurons.

FLEURS. — Voy. FLORE ARCHITECTURALE.

FLEUVES. — Voy. RIVIÈRES.

FLEXION (RÉSISTANCE A LA). — Voy. RÉSISTANCE DES MATÉRIAUX.

FLIPOT, *s. m.* — Tringle de bois fort mince; bois aminci en forme de coin sur sa longueur, que l'on fait entrer de force comme remplissage dans les vides existants sur les bois ouvrés, notamment dans les panneaux de portes ou de lambris, entre des frises ou des feuilles de parquet, etc.

FLORE (ARCHITECTURALE). — La flore architecturale est l'ensemble des végétaux employés par les architectes à l'ornementation et à la décoration des édifices. Les trois parties principales qui avec la tige et les racines constituent le végétal, c'est-à-dire les feuilles, les fleurs et les fruits ou les graines, ont tour à tour ou simultanément concouru à l'ornementation ; mais elles n'ont pas été employées toutes au même degré. Les feuilles par leur nature même ont été d'une application plus fréquente et plus étendue : en effet, avec elles l'architecte n'avait pas à chercher longtemps une

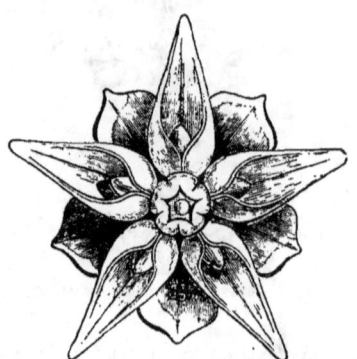

Fig. 1. — Fleur de l'asclépias de Douglas.

forme architectonique, car la plupart des feuilles peuvent convenir à cet usage sous la forme où la nature nous les présente ; puis viennent les fleurs, et enfin les fruits.

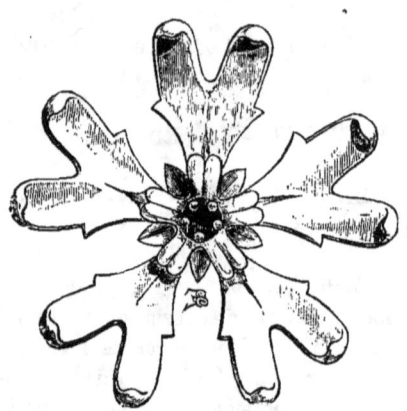

Fig. 2. — Fleur de la lychnis de Calcédoine.

Les feuilles employées à la décoration ou susceptibles de l'être avantageusement sont celles de la vigne, du lierre, du chêne, de l'acanthe, de la sagittaire, du fraisier, de l'épinard, du houblon, des fougères, de l'érable, de la mauve, du figuier, du chardon, de l'olivier, du liseron, du persil, de la ciguë, du tulipier, de la bardane, de la betterave, de la rhubarbe, de la renoncule aquatique, de la ronce, du né-

nufar, du chou frisé, de certaines cucurbitacées, du houx, du laurier, du platane, du sycomore, etc., etc., car il faut bien nous arrêter, la nature étant inépuisable. (Voy. FEUILLE.)

Les fleurs sont aussi très-nombreuses, et si

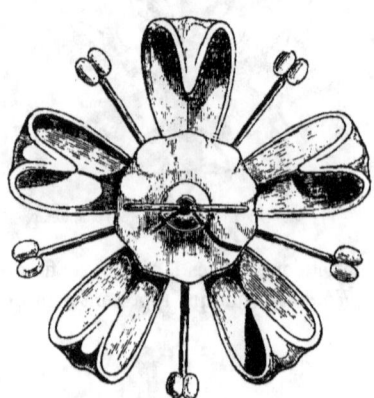

Fig. 3. — Fleur de l'angélique officinale.

elles ne sont pas d'un emploi aussi fréquent dans les différents styles d'architecture, notamment avant le moyen âge, dans le style roman, c'est que beaucoup de fleurs ne se prêtent pas immédiatement, c'est-à-dire telles que la nature

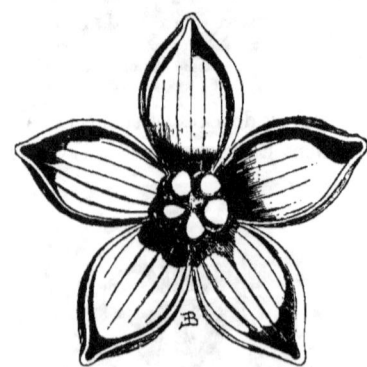

Fig. 4. — Fleur du concombre cultivé.

les a créées, à la décoration ; il faut quelques études pour créer une fleur architectonique, et un grand artiste moderne, notre confrère M. Ruprich-Robert (1), a montré d'une façon péremptoire que la fleur peut se prêter au moins aussi bien, si ce n'est mieux que les autres par-

(1) Voir sa *Flore ornementale*, à laquelle nous avons emprunté nos figures.

ties de la plante, à la décoration architecturale.

Pour s'en convaincre, le lecteur n'a qu'à jeter les yeux sur nos figures 1, 2, 3, 4, 5 et 6. Du reste, la fleur se régularise d'une façon merveilleuse et s'allie à l'ornement mieux que

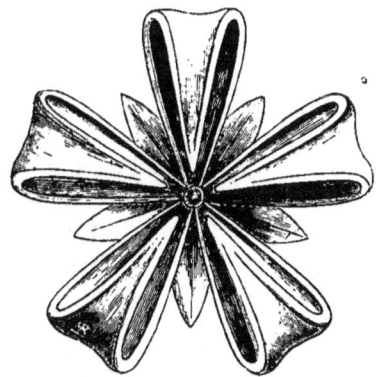

Fig. 5. — Fleur de l'astranse élevée.

les fruits et aussi bien que la feuille, et fournit par son exécution en peinture et en sculpture un des beaux éléments décoratifs. Il est bien évident que toutes les fleurs ne sauraient se

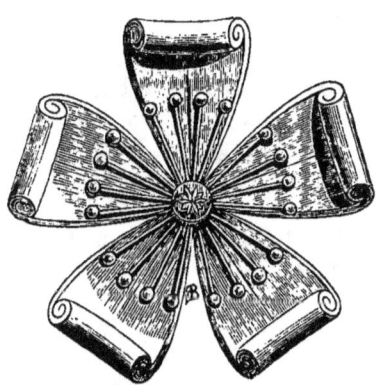

Fig. 6. — Fleur de la dionée attrape-mouche.

prêter à ce rôle; mais il en existe un très-grand nombre dont la corolle est régulière et formée de pièces largement et nettement accusées, or celles-ci offrent à la sculpture un caractère monumental. — L'antiquité n'a imité qu'un petit nombre de fleurs, des fleurs consacrées pour ainsi dire, le lotus, le nénufar, quelques cyclamens et quelques orchidées. Mais le moyen âge et surtout l'art moderne ont mis à contribution tout ce que la flore indigène et

exotique a de plus riche et de plus varié ; ce sont les roses, les mauves, les renoncules, la fritillaire, quelques liliacées, des solanées, des primulacées, des crucifères, des dalhias, des pervenches, des narcisses, des crocus, des lauriers roses, etc.

Enfin, parmi les fruits, la flore architecturale s'est approprié le raisin, le pavot, les glands, le datura, la pomme de pin, et surtout les épis de graminées et de céréales.

FLORENTINE (ARCHITECTURE). — Voy. TOSCANE (*Architecture*).

FLOTTAGE DES BOIS. — Voy. BOIS, § *Flottage*.

FLOTTÉ, *p. pas.* — *Bois flotté*, bois qui a été immergé dans l'eau par le flottage ; *traverses flottées, panneaux flottés*, traverses et panneaux qui ont subi la même opération.

FLOTTEUR, *s. m.* — Appareil composé d'une masse métallique vide (boule, lentille, etc.) pouvant flotter sur l'eau. Les flotteurs

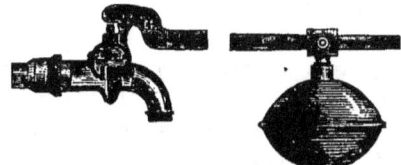

Fig. 1. — Flotteur agissant sur un clapet.

sont reliés par une tringle métallique aux robinets d'alimentation d'un bassin ou d'un réservoir. Dans la figure 1, on voit un flotteur qui ferme un clapet, lorsque l'eau s'élève ;

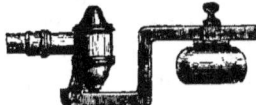

Fig. 2. — Flotteur à boîte.

quand l'eau du réservoir descend, la boule ou flotteur baisse, et la pression de l'eau relève le clapet et permet au robinet de remplir le réservoir à niveau. La figure 1 représente la coupe d'un robinet où l'on voit le clapet soulevé, parce que le flotteur baisse; la figure 2 montre un flotteur fermant l'ouverture d'une boîte cylindrique, derrière laquelle se trouve le robinet d'alimentation; notre fig. 3 représente un

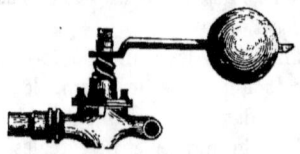

Fig. 3. — Flotteur à vis hélicoïdale.

flotteur qui se meut autour d'une vis hélicoïdale : dans ce système, le robinet distributeur est entièrement dans l'eau; quand le liquide du réservoir s'abaisse, le flotteur tourne, arrive à la fin de la vis et ouvre le robinet.

FLUTE, *s. f.* — On dit qu'une entaille est en *flûte* ou en *sifflet*, quand elle est en biseau. (Voy. SIFFLET.)

FOISONNEMENT, *s. m.* — Augmentation de volume qu'acquiert la chaux en passant de l'état de chaux vive à celui de chaux en pâte. — Cette augmentation varie suivant la nature de la chaux et suivant le procédé employé pour son EXTINCTION. (Voy. ce mot.) Le procédé par immersion est celui qui favorise le plus le foisonnement. Les chaux grasses pour 1,00 en volume de chaux vive donnent, 2,00, 2,50 et jusqu'à 3,00 de chaux éteinte; les chaux maigres ne fournissent que 1,50 et quelquefois 1,25 seulement; les chaux hydrauliques, 1,48 à 1,61 quand elles ont été éteintes par fusion, et 1,75 à 1,86 quand elles l'ont été par immersion.

Quand on opère des déblais, les terres en se réduisant en petits fragments *foisonnent* aussi, car l'ameublissement qu'on leur fait subir pour les rendre susceptibles d'être enlevées à la pelle augmente leur volume. Ce foisonnement varie suivant la nature des terres, mais il est à peu près de 0,1 pour les terres légères, de 0,127 pour les terres moyennes, et de 0,167 pour les terres fortes très-compactes.

Ainsi, quand on aura à exécuter le déblaiement d'une masse de terre végétale de 50 mètres cubes par exemple, on devra s'attendre à

emporter environ 55 mètres cubes. L'inverse du foisonnement, c'est le TASSEMENT. (Voy. ce mot.)

FOISONNER, *v. n.* — Augmenter de volume; fournir une masse plus considérable. Lors de leur extinction, les chaux grasses foisonnent plus que les chaux maigres; les déblais des terres augmentent aussi de volume par leur *foisonnement.*

FOLIOT, *s. m.* — Petite pièce de fer ou de cuivre formant bascule à deux branches et qui fait mouvoir le pène demi-tour d'une serrure. Cette pièce est chantournée des deux bouts, une broche carrée la traverse, et c'est cette broche qui reçoit à ses extrémités un bouton qui fait mouvoir le pène d'une serrure ou d'un bec-de-cane.

FONÇAGE, *s. m.* — Action d'enfoncer. On dit, le fonçage des pieux. Il ne faut pas confondre ce mot avec *forage*, action de forer, de percer. Ainsi on dit, le forage d'un puits.

FONCET, *s. m.* — Plaque de fer qui couvre une serrure. Elle peut être fixée au *palastre* soit au moyen de pattes, soit au moyen de tenons. Elle porte d'un côté le canon de la clef, s'il y a lieu, et de l'autre la garniture. Elle est découpée d'une entrée.

FONÇOIR, *s. m.* — Gros marteau de forge dont la paume est tranchante.

FOND, *s. m.* — Partie d'un corps creux la plus éloignée de la surface : fond d'un bassin, d'une cuve, d'une niche, etc. C'est aussi la partie basse ou postérieure d'un meuble : le fond d'une bibliothèque, d'une armoire, etc. — En peinture, on appelle couches de fond les premières couches qui doivent en recevoir d'autres; l'*impression* est la première couche de fond; puis viennent les *couches de teinte.* — En menuiserie, on nomme *fond de parquet,* ou simplement *parquet,* les bâtis ou panneaux disposés pour recevoir une glace.

FOND (A, et De), *loc. adv.* — Dans les travaux de terrassement, *mettre une fouille,* ou une excavation *à fond*, signifie la pousser jusqu'à la profondeur déterminée. On dit qu'une fouille est *à fond*, quand elle est arrivée au *bon sol*, ou *bon fond*. L'expression *porter de fond* veut dire reposer sur la fondation. Ainsi un pan de bois appartenant à un étage élevé *porte de fond*, lorsqu'à tous les étages inférieurs, et jusque dans les fondations, se trouvent exactement au-dessous de lui d'autres pans de bois ou murs. On dit également, dans le même sens, *monter de fond*. Une cloison, un mur, un pan de bois montent de fond, lorsqu'ils reposent directement sur les fondations ; une cloison en *porte à faux* ne *monte pas de fond*.

FONDATIONS, *s. m. pl.* — Ensemble des travaux nécessaires pour asseoir solidement une construction. Ce sont ordinairement de simples maçonneries cachées dans le sol ou dans les eaux.

Dans l'art de bâtir, il n'existe pas d'ouvrages qui pour leur bonne exécution réclament plus d'étude et plus de soin que les fondations. En effet, la stabilité des constructions dépend surtout de la résistance que présente la base qui les supporte, et dès lors il est évident que si les fondations d'un édifice viennent à fléchir, ses diverses parties suivront ce mouvement et se disloqueront ; les moindres malfaçons peuvent produire les mêmes effets et donner lieu par la suite à des travaux difficiles et dispendieux. Aussi, avant de jeter les fondations d'une construction, est-il très-important de connaître la nature du terrain sur lequel on fonde. Des fouilles pratiquées dans le voisinage, le creusement d'un puits, peuvent faire connaître la nature du sol ; mais de plus, dans les divers cas, il est indispensable de s'assurer si les couches naturelles du terrain s'étendent au loin et sont identiques.

Les anciens apportaient le plus grand soin à l'établissement des fondations de leurs édifices. Ceux de leurs monuments qui subsistent encore, ainsi que les préceptes formulés par Vitruve, peuvent en témoigner. De nos jours, cette partie des constructions est aussi l'objet d'une attention spéciale. — On divise les fondations en deux grandes classes : la première comprend les *fondations aériennes*, ou *sur le sol*, l'autre les *fondations hydrauliques*, ou établies *dans l'eau* ou *sous l'eau*. La première classe comporte plusieurs subdivisions motivées par les différences de nature du terrain sur lequel on exécute les fondations. — Nous avons dit un peu plus haut qu'un principe fort important à suivre avant de fonder, c'était d'examiner scrupuleusement le terrain. Une loi qui ne souffre pas d'exception, c'est de fonder sur un sol incompressible, c'est-à-dire qui ne se tasse pas sous la charge des constructions. Si le terrain n'est pas tel par sa nature, il faut par des moyens artificiels le rendre solide et résistant. — En général, les terrains dont on dispose sont ou tout à fait *solides*, ou *médiocres*, c'est-à-dire légèrement compressibles, ou *mauvais*. Celui qui est généralement regardé comme incompressible, c'est d'abord le roc, puis le tuf, un sol pierreux, un sable compacte, enfin une argile dure. Le sol médiocre se compose de terres sablonneuses, ou autres peu homogènes dans leur constitution. Les mauvais sols sont : la terre végétale, la tourbe, la terre vaseuse, le sable mouvant, l'argile molle et enfin les terres rapportées.

Dans les bons terrains, pas de difficulté pour fonder ; les travaux consistent à niveler le plus régulièrement possible le fond de la rigole ou tranchée, afin d'y établir la première assise des matériaux, sur un lit de sable, et sur une couche de mortier, ou mieux de béton.

Dans un sol médiocre, c'est-à-dire légèrement mais uniformément compressible, on peut procéder comme il vient d'être dit, mais on doit augmenter la hauteur de la couche de béton et donner plus de largeur au mur de fondation. Quand le terrain n'a pas toute l'homogénéité nécessaire, on est quelquefois obligé d'établir un GRILLAGE (Voy. ce mot) en charpente, sur lequel on assoit la maçonnerie, ce qui n'empêche pas de couler immédiatement sur ce grillage un massif de béton. (Voy. BÉTONNAGE.) Enfin, dans les mauvais terrains, on emploie les procédés les plus divers pour rendre le fond résistant. Un des principaux moyens, c'est le *pilotage*, lequel consiste à battre des pilotis ; mais ce procédé coûteux et long ne convient que dans les terres mouillées ; il est inapplicable dans les terres *jectisses*; il présente en outre des inconvénients. (Voy. PILOTIS.) Il vaut mieux employer le bétonnage de la manière suivante. Après avoir creusé à la profondeur voulue une rigole de 0ᵐ,90 à 1 mètre de large, on nivelle le fond, sur lequel on étend une couche de sable de rivière, que l'on com-

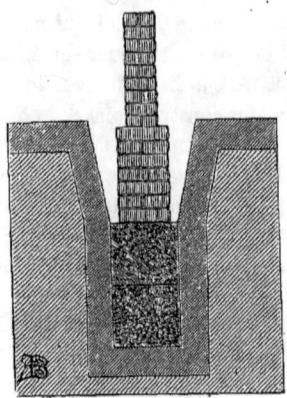

Fig. 1. — Fondations sur sable et béton.

prime en inondant la rigole : cette couche de sable varie de 0ᵐ,80 à 1 mètre de hauteur; on coule sur ce sable un massif de 0ᵐ,80 à 1 mètre de béton fait avec une bonne chaux hydraulique (fig. 1), et peu de jours après on peut élever les

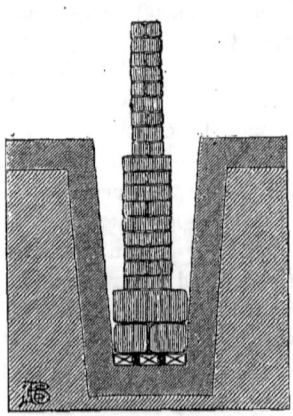

Fig. 2. — Fondations sur madriers.

assises sur ce massif et poser les LIBAGES. (Voy. ce mot.) On fait aussi des fondations sur madriers (fig. 2.) Nous venons de dire « peu de jours après »; en effet, il faut laisser un certain laps de temps entre le coulage du béton et sa

mise en charge, afin qu'il puisse faire prise. Ce laps de temps varie entre trois et quatre jours, suivant que la température est plus ou moins chaude et sèche. Même dans les fortes chaleurs de l'été, un bon constructeur humectera une ou deux fois dans le jour son massif de béton. Ce moyen d'établir des fondations est excellent; il est aujourd'hui d'un usage général.

Dans certaines parties de l'Alsace, où les bois ne sont pas d'un prix élevé, quand on veut

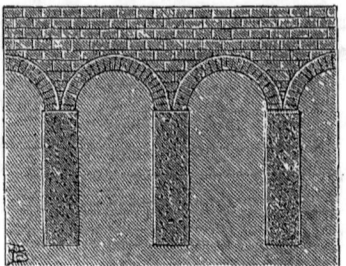

Fig. 3. — Fondations sur puits en béton.

fonder dans un terrain vaseux, voici comment on procède pour rendre ce terrain solide et résistant. On appointe de fortes perches, des rondins de 0ᵐ,08 à 0ᵐ,10 de diamètre et on les enfonce dans le sol côte à côte et très-serrés; cette opération fait remonter la vase au-dessus de ces petits pieux; on l'enlève au fur et à mesure qu'elle se produit. On obtient ainsi un sol artificiel assez résistant, surtout si entre ces ron-

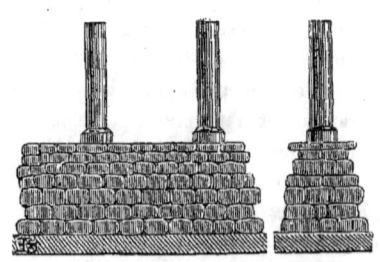

Fig. 4. — Fondations pour colonnes en fonte, face et profil.

dins on a pu faire pénétrer du gravillon. — Une autre méthode assez ingénieuse, pour fonder dans les terrains vaseux et tourbeux, consiste à remplir la rigole de sable fin, qui est une substance incompressible. — Une autre méthode encore consiste dans l'emploi de pilotis en sable ou en béton qu'on exécute de la manière suivante : on enfonce dans le sol mou des pieux en bois appointés de 2 mètres de longueur qu'on arrache au moyen d'une chèvre à bicoqs (Voy. CHÈVRE); puis on remplit le vide laissé par le pieu avec du sable ou du béton : on arase le tout avec une couche de sable

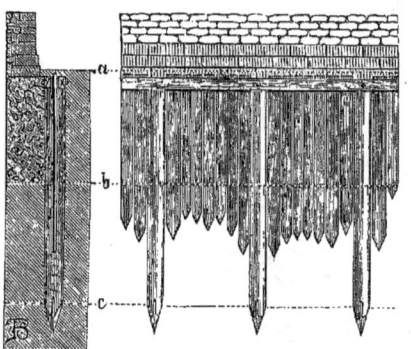

Fig. 5. — Fondations sur pilotis avec palplanches : *c*, bon sol; *b*, ligne du bétonnage; *a*, niveau du sol.

ou de béton suivant que les pilotis sont eux-mêmes de sable ou de béton, puis on établit les assises en maçonnerie. Lorsque le sable sur lequel on fonde paraît trop meuble, on obtient un bon résultat en l'arrosant avec un lait de chaux épais ; on obtient ainsi une sorte de béton de sable.

Quelquefois un mauvais sol n'a pas une grande profondeur. On peut alors descendre jusqu'au bon sol pour n'élever que des piles,

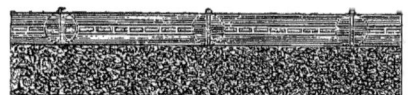

Fig. 6. — Plan des fondations sur pilotis avec palplanches au niveau de la ligne *b* de la figure 5.

sur lesquelles on jette des arcs destinés à porter les murs; d'autres fois, on creuse des puits dans lesquels on coule du béton, et ces cylindres de béton sont reliés entre eux à leur partie supérieure par des arcs, comme le fait voir notre figure 3. La figure 4 fait voir de face et de profil de simples fondations pour les colonnes en fonte.

Un terrain qui présente d'assez grandes difficultés, c'est celui qui est formé par du sable bouillonnant, c'est-à-dire celui qui découvert devient en quelque sorte fluide par l'eau d'une source qui le traverse. Un moyen de fonder sur ce sable, c'est de faire la maçonnerie par petites parties et de se servir d'un mortier très-hydraulique. Avant toute chose, il faut s'enfoncer le moins possible dans ce sable et il ne faut donner à la rigole que la largeur des assises. La première de ces assises doit être faite de forts libages, et, avant de les placer, il est bon de répandre sur le sol de la chaux hydraulique en poudre, ou mieux du ciment de Vassy. Quand le sable est très-bouillonnant un, moyen avantageux consiste à couvrir le fond de la rigole d'une forte toile imperméable et de couler très-promptement dessus un massif de bon béton.

En général, il faut apporter beaucoup de soin dans l'établissement des fondations; il faut employer d'excellents mortiers peu mouillés et bien corroyés, et rejeter totalement le plâtre. Comme pierres, on doit employer la meulière, ou, à défaut de celle-ci, de bons moellons; ces pierres doivent être hourdées à bain de mortier et serrées au marteau. Il ne faut pas faire de la maçonnerie de blocage, mais il faut la dresser entre lignes, c'est-à-dire la parementer grossièrement. Le système de blocage est très-défectueux, bien qu'il ait été presque uniquement employé dans les constructions antiques ; il ne présentait pas alors d'inconvénients, attendu la supériorité des mortiers. Quant aux encoignures, elles demandent encore plus de soin, s'il se peut, que le reste; il faut y employer des matériaux plus durs, en forme de parallélipipède, et les poser en liaison avec les autres parties de la construction. Il est nécessaire aussi d'empêcher l'humidité d'arriver dans les murs en fondation, parce que de proche en proche cette humidité s'élève dans les murs en élévation. (Voy. HUMIDITÉ.)

Les fondations de la seconde classe, c'est-à-dire, les fondations hydrauliques, varient beaucoup comme procédés de construction ; on peut cependant les ramener à deux systèmes bien tranchés, l'ancien et le moderne.

Le premier emploie presque exclusivement

le Batardeau (Voy. ce mot), que l'on vide à l'aide de puissantes machines, ce qui permet de jeter les fondations à sec. Cette méthode exige non-seulement une grande dépense de temps et d'argent, elle a de plus l'inconvénient de ne pas rendre étanche le bâtardeau, quand il s'y trouve des sources de fond. Toutefois ce système rend encore des services, et on ne

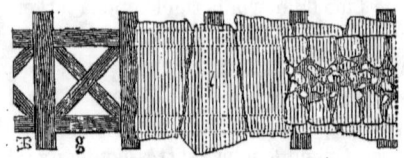

Fig. 7. — Plan des fondations sur pilotis au-dessus du gril, *g* : *l*, libages ; *m*, moellons.

saurait l'abandonner, parce que dans bien des cas il est impossible d'en adopter un autre. Notre figure 5 montre de face et de profil des fondations sur pilotis avec palplanches : en *a* se trouve le sol ; en *b*, la ligne où s'arrête le bétonnage retenu par les palplanches ; en *c*, le bon sol. La figure 6 représente le plan de cette fondation au niveau de la ligne *b* de la figure 5.

La figure 7 montre en *g* le grillage des madriers sur lequel portent des pierres *l*, formant libages, qui supportent elles-mêmes, avec une

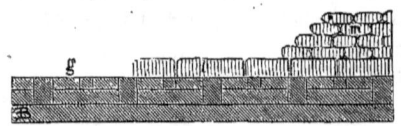

Fig. 8. — Élévation des fondations sur pilotis au-dessus du gril, *g* : *l*, libages ; *m*, moellons.

retraite de chaque côté, un mur en moellon. Notre figure 8 fait voir l'élévation du plan précédent : en *g* se trouve le gril, en *l* les libages, et en *m* le mur en moellon. Enfin la figure 9 montre la coupe d'un mur de quai pour la dérivation projetée du Danube à Vienne ; entre les palplanches, on y voit un massif en béton de 3 mètres de largeur qui est protégé par un enrochement.

On doit aussi ranger dans le même système les fondations par enrochement, procédé plus généralement en usage pour les constructions

faites dans la mer, et qui consiste à couler de fort quartiers de roche à l'endroit où l'on veut bâtir. La mer au bout de quelques mois remplit de sable, de limon, de coquillages, les interstices qui existent entre les pierres, de manière qu'elles se trouvent ainsi liées naturellement et ne forment, pour ainsi dire, qu'un seul corps très-compacte. Une fois cette base établie solidement, on élève au-dessus un massif de maçonnerie hourdée. Les matériaux mêlés avec le mortier se déposent sur l'enrochement, au moyen de caisses dont le fond mobile s'ouvre par un mécanisme particulier, et dépose ces blocs le plus près possible de l'enrochement ; on évite ainsi que le mortier ne se délave pendant le trajet dans l'eau. Ce procédé, qu'on

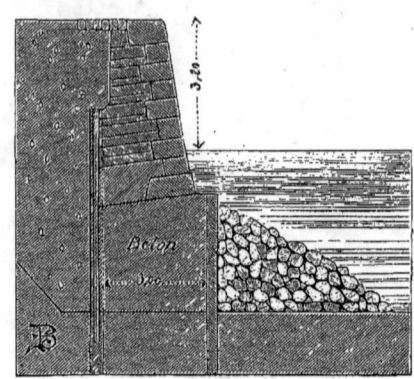

Fig. 9. — Murs de quai sur une partie du Danube dérivé à Vienne.

appelle aussi *à pierres perdues* est très-employé pour la construction des *môles* et des *jetées*.

Le nouveau système de fondations dans l'eau est celui du béton immergé, système supérieur en tous points, pour les ouvrages hydrauliques, aux autres moyens que nous avons donnés ci-dessus. Dans ce genre de fondations, on commence par draguer le sol jusqu'au vif ; cette opération préalable est indispensable. L'immersion du béton se fait à la *trémie*, espèce de long canal en bois, ou à l'aide de caisses en fer dont le fond s'ouvre, au moment voulu, par un mécanisme particulier. Nous ne décrirons pas ici ce système, puisque nous l'avons fait aux mots Béton et Bétonnage, où nous renvoyons le lecteur.

JURISPRUDENCE. — Un jugement du maître général des bâtiments, en date du 29 octobre 1685, règle encore aujourd'hui la construction des murs en fondation. — Par application des articles 1382 et suivants du Code civil, celui qui descend ses fondations plus bas que celles du voisin qu'il joint immédiatement, celui-là est responsable du préjudice qu'il cause ou peut causer à son voisin ; car, d'après l'article sus visé, celui qui cause un dommage à autrui est obligé de le réparer. — Pour un mur de clôture, on ne peut exiger plus d'un mètre de fondation dans des terrains ordinaires, et capables de supporter la charge d'un mur de 3ᵐ,25 ou 2ᵐ,60 de hauteur, selon les localités. (*Manuel des lois du bât.*, p. 21. Voy. également Fournel, vᵒ *Fondations*; Goupy, sur Desgodets, art. 194, nᵒ 22, p. 135, et Frémy-Ligneville, p. 172, nᵒ 856.)

Le copropriétaire d'un mur mitoyen peut, s'il le juge nécessaire, descendre les fondations de ce mur plus bas qu'elles ne le sont ; mais il doit obtenir l'autorisation et le consentement de son copropriétaire. La partie nouvelle du mur lui appartient exclusivement ; il est donc seul chargé de son entretien, de même qu'il garantit le voisin de tout préjudice à cet égard ; mais la loi réserve à ce dernier la faculté d'acquérir la mitoyenneté du nouvel ouvrage. L'un des copropriétaires d'un mur mitoyen peut requérir de son voisin de reprendre en sous-œuvre et porter jusqu'au bon sol le mur mitoyen qui ne serait pas fondé sur le bon et solide fond. D'après Fournel (vᵒ *Fondations*), la sûreté publique étant intéressée à l'exécution de ce travail, aucune fin de non-recevoir ne serait accueillie pour dispenser l'autre copropriétaire du paiement de sa part des frais dudit travail. Les fondations des jambes étrières doivent comprendre au moins un rang de libages au-dessous du sol à rez-de-chaussée.

FONDEMENTS. — Voy. FONDATIONS.

FONDERIE. — Voy. ÉTABLISSEMENTS DANGEREUX, INSALUBRES OU INCOMMODES.

FONDIS, *s. m.* — Éboulement souterrain qui se produit sous une construction, sous une carrière. On le nomme aussi *cloche*. Quand le fondis possède un trou par lequel le jour perce dans son intérieur, on nomme cette cavité *fondis à jour*. Quand on néglige de laisser des piliers dans les carrières, il s'y produit souvent des fondis.

FONDOIR, *s. m.* — Bâtiment qui, dans un abattoir, sert à fondre la graisse et les snifs. En général, ce bâtiment est isolé des autres à cause des dangers d'incendie qu'il présente.

FONDS. — Voy. SOL.

FONTAINE, *s. f.* — Construction, ou système hydraulique destiné à fournir de l'eau à la population d'une ville ou d'un quartier. Cette construction contient quelquefois un vaste réservoir d'alimentation, d'autrefois une simple cuvette ; enfin, le plus souvent, une simple conduite vient aboutir à un ajutage de forme variable qui apporte l'eau dans une vasque, une coquille, un bassin, etc. — Les fontaines sont en général des constructions utiles, cependant beaucoup sont créées uniquement en vue de l'embellissement des villes ; on peut dire, il est vrai, que même pour cet usage leur utilité, quoique indirecte, n'en est pas moins incontestable, car elles répandent la fraîcheur en été, et contribuent ainsi à l'assainissement des villes.

Dans l'antiquité, où les sources et les fontaines naturelles furent l'objet d'un culte religieux, on construisit avec un soin extrême des édifices destinés à recueillir l'eau et à la distribuer. (Voy. CHATEAU-D'EAU.) Souvent même, auprès de la source, on érigeait soit un temple en l'honneur de la divinité protectrice de cette source, soit un édifice nommé *nymphæum*, parce qu'il était consacré aux nymphes. Tels sont près de Rome, la nymphée dite *grotte d'Egérie*, et à Nîmes celle dite *temple de Diane*. (Voy. NYMPHÉE.)

Le beau fleuve qui traverse Paris, la Seine, avait un temple dédié à la déesse *Sequana*; il était situé aux sources mêmes du fleuve, là où s'élève aujourd'hui le monument moderne des sources de la Seine (1). Le culte des sources était tellement enraciné dans les mœurs des Gaulois que, lors de l'introduction du christianisme dans notre pays, les évêques eurent beaucoup de peine à faire oublier le culte des eaux. Et de même que la nouvelle religion avait transformé les monuments CELTIQUES (Voy. ce mot) en monuments chrétiens, de même elle plaça de nombreuses sources sous l'invocation des saints, ne pouvant arracher le peuple à des superstitions qui avaient dans son cœur de si profondes racines. À cette époque, comme de nos jours, on attribuait à certaines sources des cures merveilleuses, et ceux qui se croyaient

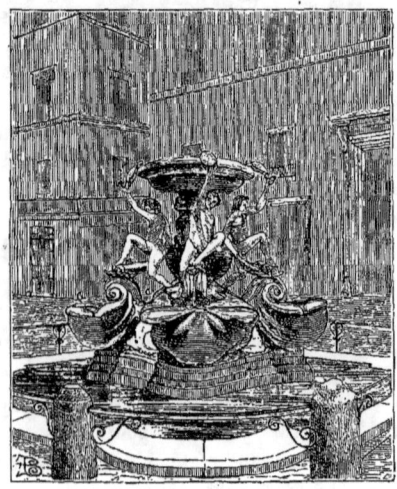

Fig. 1. — Fontaine des Tortues, à Rome.

guéris offraient, aux dieux et aux nymphes des fontaines, des *ex-voto*, qui ont souvent servi à élucider des questions d'art, de science et d'histoire ; ces *ex-voto* se nommaient *stipes*. (Cf.

Suétone, *Aug.*, 57 ; Senec., *Natur. quæst.*, IV, 2 ; Pline le Jeune, *Epistol.*, VIII, 8.) (1).

Notre pays était peuplé de sources miraculeuses. Ne pouvant mentionner ici même les plus connues, nous nous bornerons à citer un seul fait qui pourra témoigner de l'attachement du peuple à ces croyances. M. Joach.

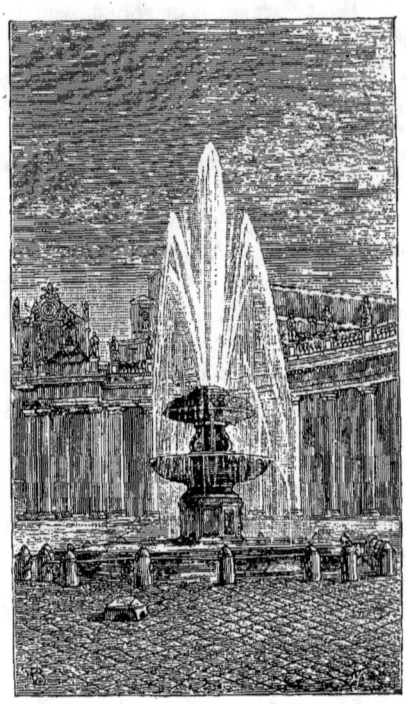

Fig. 2. — Fontaine de la place Saint-Pierre, à Rome.

Michel (*Causeries sur Fécamp, Yport, Etretat*, etc., 1 vol. in-18, Fécamp, 1857) raconte la légende que voici et qui nous paraît caractéristique : « Une petite rivière, dit-il, objet d'un culte idolâtrique, coulait au milieu des bois, lorsqu'un moine de Picardie, dont le nom a été donné à un grand nombre d'églises, saint Valery, vint fonder un établissement religieux dans la vallée étroite et sans profondeur où se sont groupées les maisons de Saint-Valery-en-Caux. Comme, malgré les prédications du bonhomme, les habitants continuaient à adorer

---

(1) Par une délibération du conseil municipal de Paris, en date du 18 août 1865, et avec le concours du conseil général de la Seine, il a été élevé un monument sur l'emplacement des sources dites *la Douix*, situées sur le chemin de Saint-Germain-la-Feuille à la ferme des Vergerots (Côte-d'Or). Ce monument consiste en une simple grotte, dans le fond sombre de laquelle se détache une statue de la Seine, en pierre de Chauvigny, due au ciseau du statuaire Jouffroy. Au-dessous de cette statue couchée sur un socle et accoudée sur une urne, les eaux de différentes sources pénètrent en murmurant dans la grotte et se réunissent dans un petit bassin, à la sortie duquel elles reprennent leur cours naturel.

---

(1) Cf. aussi P. Marchi, *Stipe tributata alle divinità delle acqua Apollinari, scoperta al cominciare* del 1852, broch., Roma, 1853.

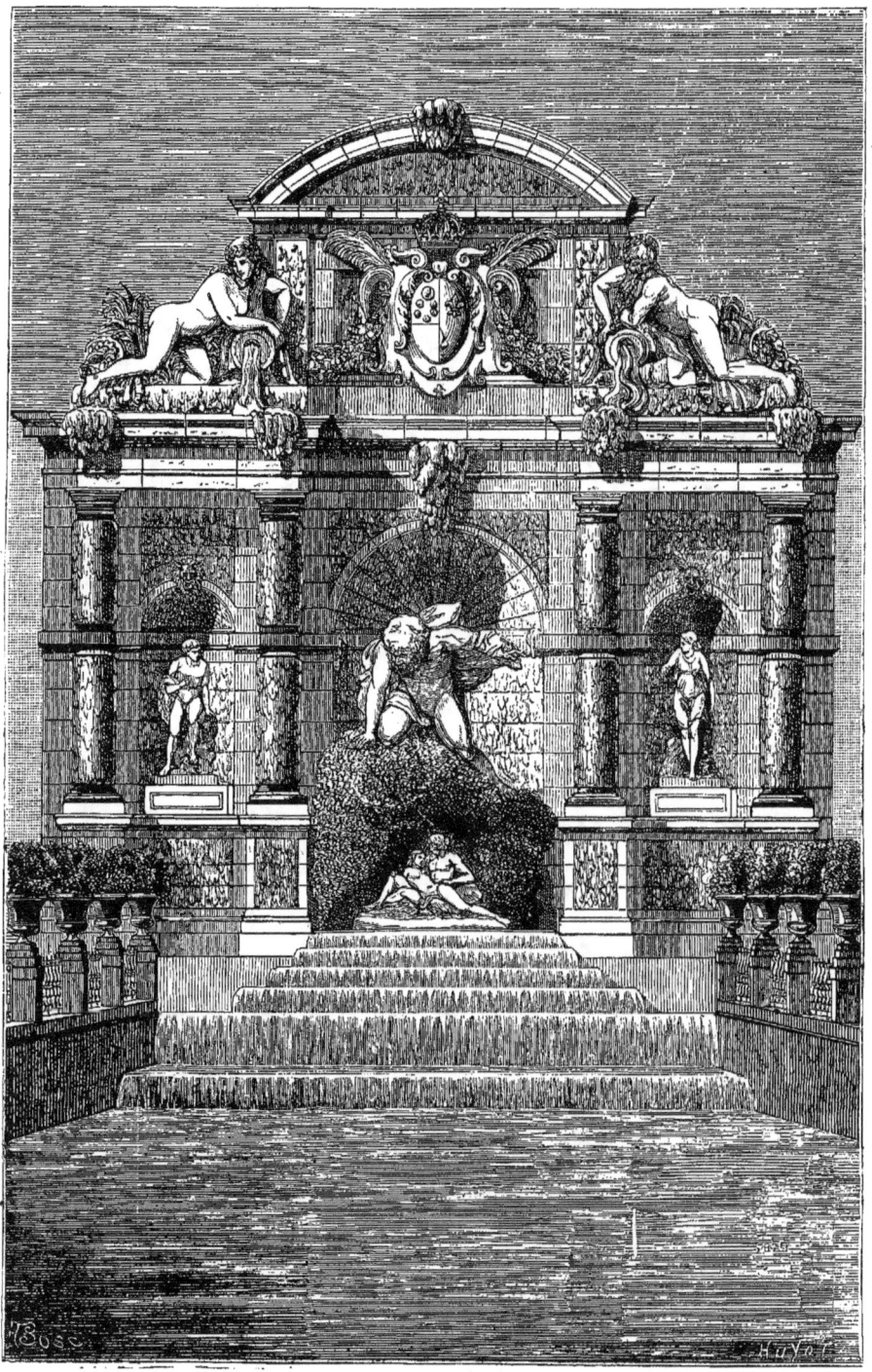

Planche XXXIX. — Fontaine de Médicis jardins du Luxembourg, à Paris.

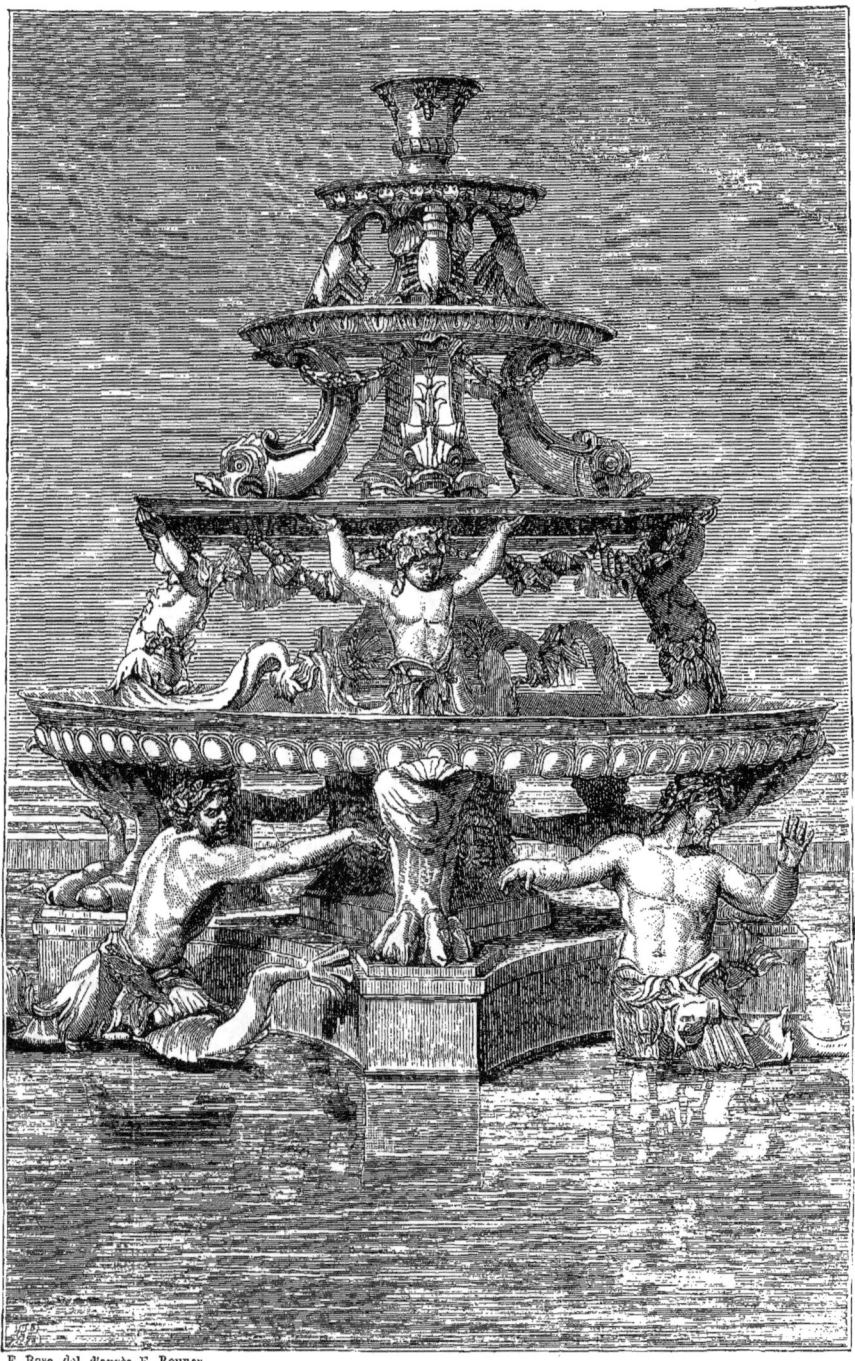

E. Bosc, del. d'après E. Rouyer.

Planche XL. — Fontaine en plomb, jardins de Versailles.

les bois et les eaux courantes, il s'avisa d'un excellent moyen pour supprimer la partie aquatique de leur culte : il enfonça un grand nombre de balles de laine dans la source de la rivière et la boucha si bien que depuis onc elle ne coula. »

Beaucoup de villes de la Grèce possédaient au moins une fontaine célèbre, consacrée à quelque divinité. Nous savons, d'après Pausanias, qu'à Mégare il en existait une bâtie par Théagène, qu'à Corinthe celle de Pyrène se composait de trois petites grottes qui déversaient leur eau dans un vaste bassin ; une autre, celle dite *de Bellérophon*, représentait Pégase

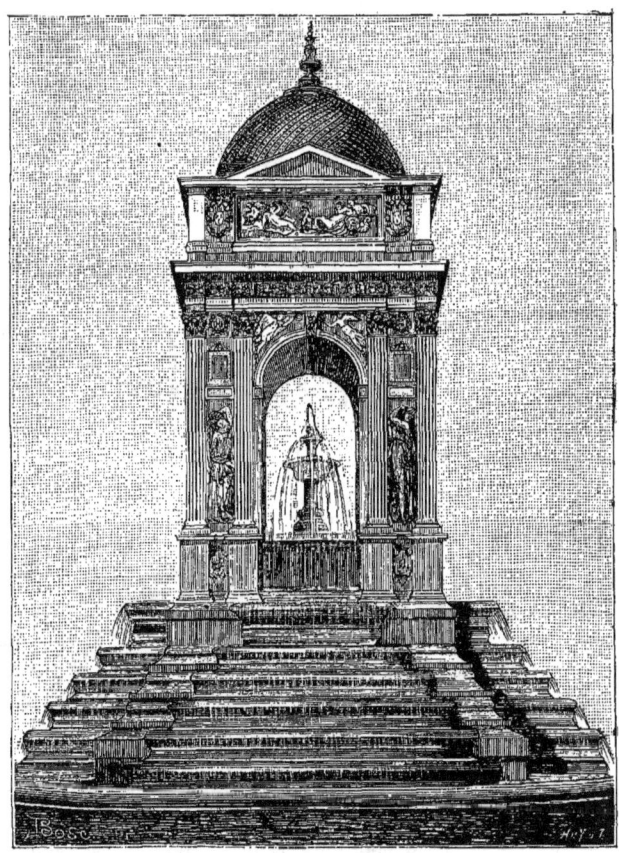

Fig. 8. — Fontaine des Innocents, à Paris.

frappant du pied et faisant ainsi jaillir une source. La Rome antique devait posséder de nombreuses fontaines ; et, puisque Agrippa fit creuser sept cents lacs et construire trente châteaux d'eau (Pline, *Hist. nat.*, XXXVI, 24, 9), il est probable que pendant son édilité il érigea également un grand nombre de fontaines. C'est peut-être à cause de cette multiplicité même que les auteurs anciens n'en font pas mention, parce qu'ils n'y attachaient aucune importance.

Aujourd'hui la capitale de l'Italie ne possède que des fontaines modernes, dont quelques-unes sont fort remarquables. Notre figure 1 représente la fontaine des Tortues (*tartarughe*), qui est l'œuvre de Giacomo della Porta ; les quatre statues d'adolescents en bronze ont été ciselées par le Florentin Taddeo Landini. Cette fontaine a été érigée vers 1585. — Sur la place de Termini se trouve la *Fontanone dell' acqua felice*, construite sous Sixte-Quint par

Dominique Fontana ; l'eau fournie à cette fontaine provient de Colonna près du mont Albain, c'est-à-dire que la prise d'eau est à 33 kilomètres de la fontaine. Un monument très-connu, c'est la *fontaine Trévi*, alimentée par l'eau qu'amène l'*aqua Virgo*, aujourd'hui *aqua Vergine*. Cet aqueduc, construit par Agrippa pour ses thermes, a été plusieurs fois restauré, et un pape (Nicolas V) amena en 1453 à la fontaine qui nous occupe une ramification principale dont les trois bouches firent changer le nom ancien en celui de *Trivio*, d'où par corruption, on fit *Trévi*. Cet aqueduc, qui fournit 150,242 mètres cubes d'eau, et suivant quelques auteurs jusqu'à 155,271 mètres cubes, alimente également les fontaines de la place d'Espagne et celles des places Navone et Farnèse. — Sur la place Saint-Pierre, devant la basilique de ce nom, se trouvent deux fontaines qui ont une gerbe d'eau remarquable. Notre figure 2 représente une de ces fontaines. — Sur la place Barberini s'élève la fontaine du *Triton*, ainsi nommée parce que le Bernin y a représenté un triton jouant de la conque ; non loin de là, se trouvent, *via delle Quatra-fontane*, quatre fontaines adossées aux quatre encoignures des maisons du carrefour formé par l'intersection de la rue du Quirinal et des Quatre-Fontaines. Citons enfin la *Fontana Paolina*, qui se trouve sur la route escarpée qui conduit à la porte Saint-Pancrace. Cette fontaine se compose de trois grandes arcades supportant un entablement et un grand couronnement en attique. Ces grandes arcades sont flanquées de deux arcades plus petites, en forme de niche, portant le même entablement et, au-dessus de celui-ci, un amortissement en aileron qui accote le couronnement central. Des colonnes d'ordre ionique supportent l'entablement et séparent les arcades d'où s'échappent de vastes nappes d'eau qui tombent avec fracas dans un bassin où des mascarons placés dans les niches vomissent un énorme jet d'eau. Ce qui frappe surtout de surprise dans les fontaines de Rome, c'est la grande quantité d'eau qu'elles débitent. Il n'a rien moins fallu que l'ancienne puissance romaine pour rassembler, conduire et distribuer ces rivières dont les eaux sont encore aujourd'hui un bienfait pour

la Rome moderne. (Voy. ce que nous disons à ce sujet à l'article EAU.)

Paris possède également de nombreuses fontaines, nous citerons parmi celles qui méritent une mention particulière :

Les *fontaines de la place de la Concorde*, érigées vers 1840 sur les plans de l'architecte Hittorff, auteur des fontaines des Champs-Elysées.

La *fontaine de la rue de Grenelle-Saint-Ger-*

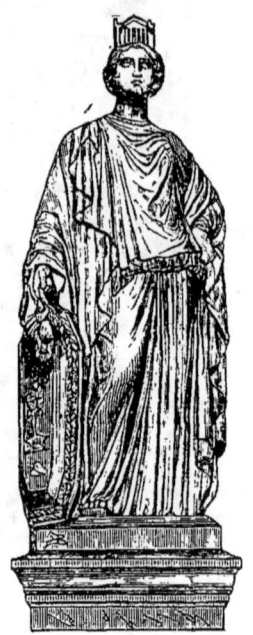

Fig. 4. — Statue de la ville de Nîmes.

main, dont Bouchardon exécuta, en 1739, en même temps que les dessins et les statues de marbre blanc, les bas-reliefs qui ont tant de grâce et de style.

La *fontaine Molière*, adossée à la maison formant l'angle de la rue Richelieu et de la rue Molière. Ce monument, élevé par souscription nationale, sur les dessins de Visconti, est d'un effet très-décoratif ; il est construit en pierre ; la statue en bronze du grand écrivain a été ciselée par Seurre, et Pradier a sculpté en marbre blanc les deux muses accoudées au piédestal de la statue de Molière.

La *fontaine des Innocents*, qui depuis sa création a subi trois transformations, a été

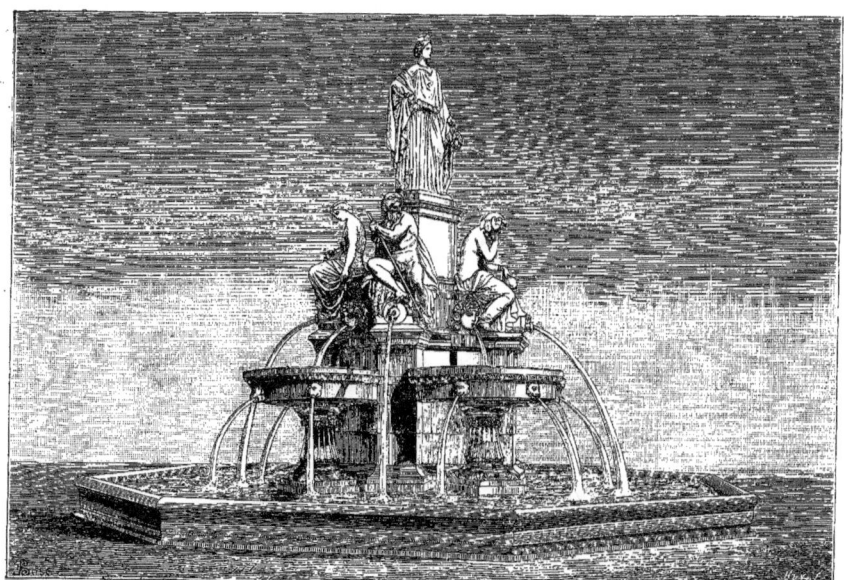

F. Bosc, d'après Ch. Questel.

Planche XLI. — Fontaine de l'Esplanade à Nîmes.

dessinée en 1550 par Pierre Lescot, et Jean-Goujon en a exécuté les fines sculptures. A son origine, elle était adossée à l'angle des rues Saint-Denis et aux Fers : elle n'avait que trois façades. Elle fut restaurée en 1780 ; cinq ans après, trois architectes, Poyet, Legrand et Molinos, la transportèrent au milieu d'un marché créé sur l'emplacement du cimetière et de l'église des Innocents, et on lui donna une quatrième façade. Enfin en 1860, cette fontaine, démontée, reconstruite et restaurée, fut placée au milieu du square des Innocents, où l'on peut aujourd'hui la voir et en apprécier la valeur ar-

toscan qui portent trois niches : deux petites et une grande au milieu. Le tout est surmonté d'un attique et d'un fronton cintré.

L'ensemble de la construction est décoré de stalactites. Les deux avant-corps sont couronnés de deux statues couchées, l'une représentant une naïade, sculptée par Ramey, l'autre un fleuve, sculptée par Duret. Le magnifique groupe d'Acis et de Galatée, ainsi que le Polyphème, sont dus à un de nos plus grands sculpteurs modernes, M. A. Ottin. Dans le fronton on voit agrafé le blason des Médicis ; c'est un champ d'or à cinq tourteaux de gueules, chargé de

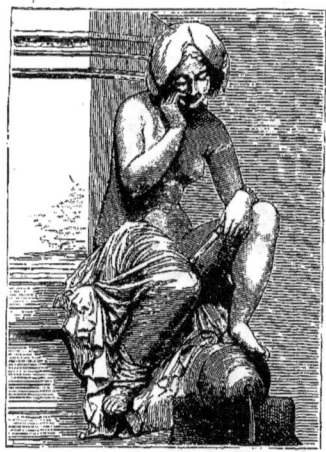

Fig. 5. — Fontaine de Nîmes.

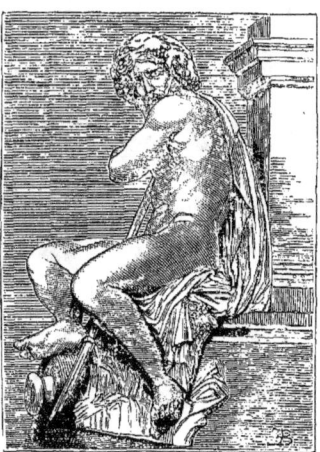

Fig. 6. — Statue du Gard.

tistique. La forme de cette fontaine, que représente notre figure 3, est celle d'un petit édicule quadrangulaire porté sur un soubassement très-élevé. Chaque face a un fronton triangulaire. Au mot BAS-RELIEF nous avons donné deux des figures de nymphes qui ornent une des faces de cette fontaine.

La *fontaine du Luxembourg* est un type de fontaine créé dans le but de décorer le fond d'une allée de jardin ; car ce fut là sa destination première. Au commencement du XVIIe siècle, Marie de Médicis ayant demandé à son architecte Jacques Debrosse de lui construire un palais dans le style toscan, Debrosse construisit le palais et dessina les jardins du Luxembourg ; il érigea également la fontaine que montre notre planche XXXIX. Elle se compose de deux avant-corps formés par des colonnes d'ordre

France en chef. A propos de ce blason, nous rapporterons ici une légende et une tradition. D'après la légende, le chevalier français Evrard de Médicis, compagnon de Charlemagne, aurait pendant la guerre contre les Lombards reçu sur son bouclier tout doré un coup d'une masse armée de six boules de fer qui y laissa des empreintes sanglantes. Ce serait un géant qui aurait asséné ce coup au chevalier, mais celui-ci serait sorti vainqueur de la lutte. La tradition populaire, qui nous paraît plus vraisemblable, et qui a cours encore aujourd'hui à Florence, prétend que ces boules rouges représentent simplement des pilules qui rappelleraient l'origine de la fortune des Médicis, fortune acquise dans un grand commerce d'exportation et de droguerie ; car à cette époque les droguistes vendaient également des produits pharmaceutiques.

Citons encore, parmi les fontaines de Paris, la fontaine de la place Saint-Sulpice, la fontaine Cuvier, la fontaine de la place Louvois, en face de la Bibliothèque nationale; la fontaine Saint-Michel, dont les travaux de sculpture sont remarquables et qui sont signés Duret, Barre, Guillaume, Gumery et Jacquemart.

Notre planche XL représente une fontaine en plomb des jardins de Versailles. Nous l'avons dessinée d'après une photographie et l'ouvrage de notre camarade Eugène Rouyer, *l'Art architectural en France.*

Notre planche XLI montre une des plus belles fontaines de France; elle a été érigée à Nîmes, place de l'Esplanade, d'après les dessins de M. Charles Questel, membre de l'Institut, qui a bien voulu nous fournir tous les documents nécessaires pour notre publication. Notre figure 4 représente la ville de Nîmes, notre figure 5 la personnification de la fontaine de

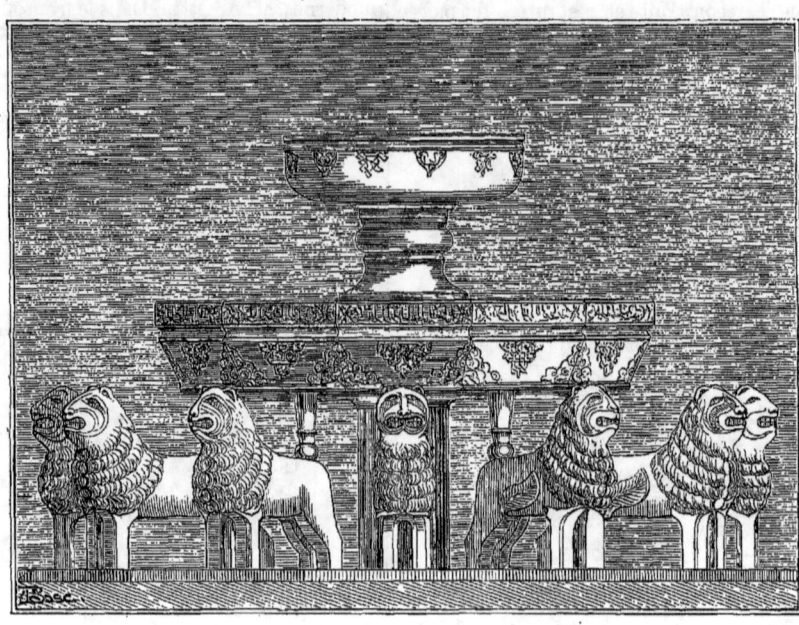

Fig. 7. — Fontaine des Lions, cour de l'Alhambra, à Grenade.

Nîmes, et notre figure 6 celle du Gard, c'est-à-dire du fleuve qui donne son nom au département dont Nîmes est le chef-lieu.

Notre fig. 7 est la reproduction d'une fontaine moresque, dite *fontaine des Lions*, dans la cour de l'Alhambra. Notre planche XLII représente une fontaine arabe du Caire qui sert aussi d'abreuvoir, car dans cette ville chaque quartier a ses abreuvoirs publics, les uns consistant en un simple bassin, les autres ne possédant qu'une petite niche ou arcade, d'autres enfin ressemblant à un édifice circulaire ou revêtant la forme d'une porte monumentale. Telle est celle que montre notre planche. Elle fut bâtie « par un certain personnage nommé Abd-er-Rahman Kiaia; elle est située dans le quartier El-Souhar, près Bab-el-Tourbeh. » (*Archit. arabe ou monuments du Caire*, par Coste, 1 vol. gr. in-fol., Paris, 1837.) — Notre figure 8 montre un type de fontaine à colonne surmontée d'une statue, type très-usité en Suisse : cette fontaine se voit à Fribourg; nous l'avons dessinée d'après l'ouvrage de M. Boussard sur les fontaines publiques.

Suivant la forme que revêtent les fontaines ou l'emplacement qu'elles occupent, on leur donne différents noms. On nomme :

FONTAINE COUVERTE, celle qui affecte la forme d'un petit édicule couvert, du milieu duquel l'eau s'échappe : telle est la fontaine des Innocents (fig. 6);

FONTAINE DÉCOUVERTE, celle qui est isolée,

Pl. XLII.

Itiline del d'après Coste

FONTAINE ARABE

dont les eaux forment la principale décoration, comme la fontaine de Nîmes, celle en plomb à Versailles, celles de la place Saint-Pierre à Rome, etc. ;

FONTAINE EN GROTTE, celle qui représente une grotte, comme le monument des sources de la Seine ; ou qui est enfoncée dans un espace en forme de grotte ;

FONTAINE EN BUFFET, celle qui a la forme

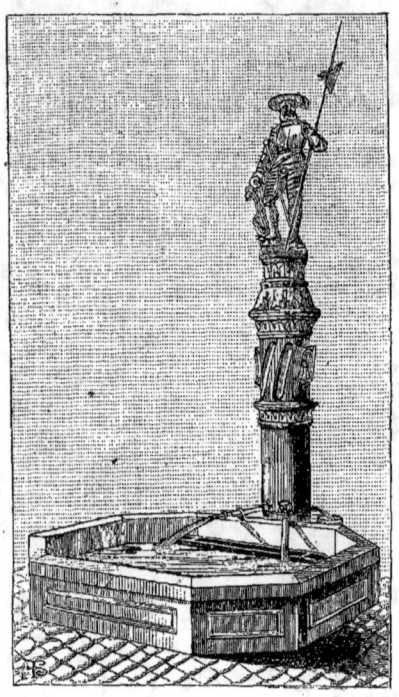

Fig. 8. — Fontaine à Fribourg (Suisse).

d'un buffet, et qu'à cause de cela on nomme BUFFET D'EAU (voy. ce mot, où nous avons donné une fontaine de ce genre qui se trouve au grand Trianon);

FONTAINE EN NICHE, celle qui est construite en forme de grande niche, et d'où l'eau s'échappe et tombe en nappes dans des bassins superposés, comme la fontaine du Luxembourg;

FONTAINE EN SOURCE, celle dont l'eau sort d'un rocher, comme si c'était une source naturelle : par exemple, la fontaine Saint-Michel et la grande cascade du bois de Boulogne, à Paris;

FONTAINE MARINE, celle dont la décoration se compose de congélations, de stalactites et

de figures aquatiques, telles que naïades, tritons, dauphins, etc. ;

FONTAINE RUSTIQUE, celle qui a des bossages rustiques, comme la fontaine de Médicis au Luxembourg, décrite ci-dessus ; ou qui renferme dans sa décoration des coquillages, rocailles, pétrifications, stalactites, etc.;

FONTAINE EN CASCADE, celle qui a un grand volume d'eau tombant en cascade ou en nappes déchirées dans une suite de bassins, comme la cascade de Saint-Cloud, celle construite au Trocadéro, lors de l'exposition universelle de 1878 : au mot CASCADE, nous avons donné le château d'eau de Marseille, qui est une fontaine en cascade;

FONTAINE D'ANGLE ou D'ENCOIGNURE, celle qui est adossée à un pan coupé, comme la fontaine Molière et la fontaine Saint-Michel à Paris, les Quatre-Fontaines à Rome, etc. ;

FONTAINE ISOLÉE, celle qui n'est attachée à aucun édifice ou bâtiment environnant : dans ce genre nous donnons (fig. 9 et 10) une

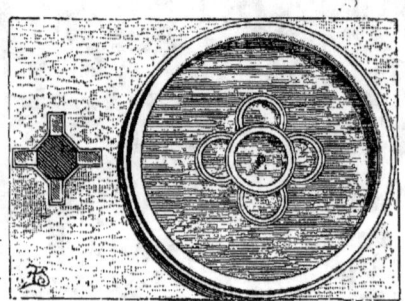

Fig. 9. — Plan d'une fontaine isolée (villa Montmorency, à Auteuil-Paris).

fontaine isolée construite dans un carrefour de la villa Montmorency à Auteuil-Paris, et que nous avons dessinée d'après nature; le plan (fig. 9) montre une grande vasque ayant au-dessous d'elle quatre vasques de moindre dimension, enfin un grand bassin; la figure 10 montre en perspective l'élévation de cette fontaine isolée;

FONTAINE EN RENFONCEMENT, celle dont la chute d'eau est dans une grotte ou dans une niche, c'est-à-dire, en un mot, qui n'est pas au niveau du parement de son premier plan.

JURISPRUDENCE. — D'après les articles 688, 689, 691 et d'autres du Code civil, le droit de puiser de l'eau à la fontaine d'autrui, d'y laver du linge, d'y abreuver des animaux, etc., est une servitude discontinue et non apparente qui ne peut s'acquérir que par titre ; cependant l'article 643 du Code civil admet que « le propriétaire d'une source ne peut en changer le cours lorsqu'il fournit aux habitants d'une commune, village ou hameau, l'eau qui leur est nécessaire ; mais si les habitants n'en ont pas acquis ou *prescrit* l'usage, le propriétaire peut réclamer une indemnité, laquelle est réglée par experts.» On voit donc par cet article que les habitants peuvent acquérir par prescription le droit de puiser de l'eau à une source

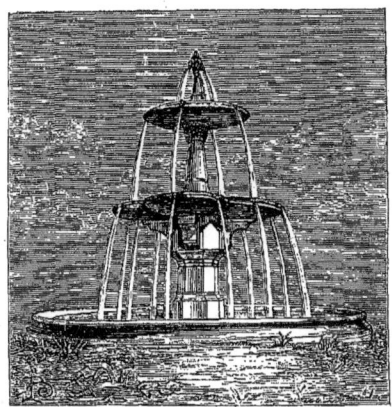

Fig. 10. — Fontaine isolée (villa Montmorency).

et par suite à une fontaine alimentée par une source qui serait dans les conditions ci-dessus spécifiées ; du reste, quand un particulier ne peut prouver son droit de propriétaire sur une fontaine, elle est réputée appartenir à la commune, pourvu toutefois que les habitants aient fait des actes de possession de ladite fontaine. (C. Pau, 14 mars 1831.) Les eaux des fontaines publiques communales à l'usage des habitants sont imprescriptibles. (Voy. Dalloz, *Jur. génér., Presc. civ.*) La surveillance et la police des eaux de fontaine sont du domaine administratif. Dans les communes, les maires peuvent donc prendre légalement des arrêtés, et chacun est tenu de s'y conformer sous les peines de police. (Voy. Eau et Servitude.)

FONTAINE. — Au moyen âge on désignait ainsi une pièce d'orfévrerie qu'on plaçait dans les grands repas au milieu de la table, en guise d'ornement ; du sommet de la fontaine jaillissait un filet d'eau parfumée ; des robinets placés dans le bas donnaient du vin et des liqueurs.

FONTAINERIE, *s. f.* — Une des branches de la construction qui s'occupe de l'établissement et de l'entretien des fontaines, des réservoirs, des pompes, des ajutages, en un mot, de toutes ces constructions hydrauliques.

FONTAINIER, *s. m.* — Ouvrier qui s'occupe de la construction et de l'entretien des fontaines, pompes et machines hydrauliques, de la conduite et de la distribution de l'eau, ainsi que des travaux de plomberie qui en dépendent ; ce qui fait que généralement on désigne ces ouvriers sous le nom de *plombiers-fontainiers*, par opposition aux *plombiers-gaziers* et *plombiers-couvreurs* qui s'occupent, les premiers, des travaux du gaz, et, les seconds, de ceux de la couverture.

Dans les grandes villes, où l'approvisionnement et la distribution de l'eau constitue un service important, l'administration municipale organise ordinairement un service de fontainiers habiles et expérimentés, qui se compose d'inspecteurs, de conducteurs, de piqueurs et d'ouvriers placés sous la direction d'un ingénieur hydraulicien.

FONTAINIER (Mastic de). — Voy. Mastic.

FONTE, *s. f.* — La fonte de fer est un composé de fer et de carbone (carbure de fer), ce qui lui donne de la fusibilité et permet son moulage. Sa densité est de 7,2 en moyenne, et son point de fusion varie entre 1100 et 1200 degrés. On distingue de nombreuses variétés de fonte ; les quatre principales sont la *blanche*, la *grise*, la *truitée*, et la *noire*, variétés qui se subdivisent en *fontes douces, aigres, malléables*, etc. On obtient ces différentes qualités par les mêmes procédés de fusion, mais en traitant des minerais différents. — La fonte blanche est en général très-brillante ; sa couleur blanc d'argent passe au gris par une infinité de nuances ; elle est lamelleuse, fibreuse ou rayonnée. La fonte grise possède aussi l'éclat métallique; sa couleur va du gris clair au gris foncé, sa contexture est souvent grenue. La fonte truitée est à la fois blanche et grise, elle participe aux qualités et aux défauts de ses deux congénères; sa cassure présente des taches grises sur fond blanc, ce qui lui donne une apparence tachetée; enfin la fonte noire n'est, à vrai dire, qu'une fonte grise très-foncée. — De toutes les fontes, la grise est la plus employée, parce que sa fluidité est plus considérable que celle des autres fontes, ce qui permet un moulage plus facile; de plus, elle prend un retrait moins considérable en se refroidissant; enfin elle est moins aigre, moins cassante que la fonte blanche, ce qui permet de la limer. Même refondue, la fonte grise conserve toutes les propriétés qu'elle avait avant la fusion, pourvu toutefois qu'on la laisse refroidir lentement. On emploie avec beaucoup d'avantage la fonte grise pour couler toutes les pièces qui doivent résister à la pesanteur, à la percussion et à la pression. La fonte blanche est surtout employée à la fabrication du fer. Les fontes livrées dans le commerce sont dites de deuxième et de troisième fusion, parce qu'on les fond au *cubilot* afin de les purifier. On fait en fonte un grand nombre d'objets employés dans les constructions, tels que colonnes, balcons, rampes, balustres, plaques pour dallage, etc.; on l'emploie également à la charpente des combles, à la construction des ponts, des écluses et dans certaines parties des gares de chemins de fer. Avec une matière spéciale connue sous le nom de *fonte malléable*, on fabrique des objets de quincaillerie en grand nombre; du reste, cette substance a presque autant de malléabilité que le fer, elle s'étend à froid sous le marteau, se soude à elle-même à chaud, ainsi qu'avec le fer et l'acier.

FONTS BAPTISMAUX, *s. m. pl.* — A l'origine du christianisme, le baptême s'administrait dans une cuve ou piscine placée au centre d'un édifice nommé BAPTISTÈRE. (Voy. ce mot.) Vers le VIIIe ou le IXe siècle, alors que les évêques n'étaient plus seuls en possession du droit de baptiser, le nombre des baptistères devenant insuffisant, et le baptême par aspersion remplaçant celui par immersion,

on fit des piscines d'une dimension moindre; c'étaient, pour ainsi dire, des cuves élevées audessus du sol. On les plaça à l'intérieur des églises et près de la porte principale, ou bien dans le narthex ou à l'entrée du collatéral nord. Les fonts les plus anciens dont on puisse déterminer l'âge avec quelque certitude ne sont pas antérieurs au XIe siècle, et même ceux de cette époque sont fort rares. Ceux des siècles suivants sont beaucoup plus communs et présentent une assez grande variété dans leur disposition, leur forme et leur décoration, suivant la nature des matériaux employés à leur construction : on a fait des fonts baptismaux en pierre, en grès, en granit, en marbre, en basalte, en plomb et en cuivre. — La

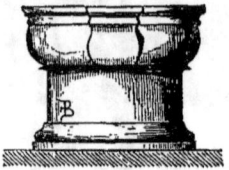

Fig. 1. — Fonts baptismaux monopédiculés.

cuve des fonts ne fut pas toujours portée par un support ou *pédicule;* assez souvent elle était cylindrique et présentait quelque ressemblance avec la margelle des puits.

Les fonts qui affectent cette forme sont généralement les plus anciens. La renaissance, il est vrai, a créé des fonts de ce dernier genre ; mais leur ornementation et les détails de la sculpture sont si riches et si fins qu'on ne saurait un seul instant les confondre avec ceux dont nous venons de parler et qui remontent au delà du Xe ou XIe siècle. Ajoutons cependant qu'au XIVe siècle on voit encore de ces cuves sans pied, de forme octogonale et décorés d'ornements alors en usage.

Les fonts pédiculés furent *monopédiculés* (à un seul pied) (fig. 1) ou *polypédiculés* (à plusieurs pieds). On appelle aussi ce dernier genre à *pédicule composé*, c'est-à-dire formé d'un support central et de trois, quatre ou cinq supports disposés aux angles de la cuve. Pendant le roman primaire et secondaire, ces pédicules, simples d'abord et analogues à une colonne courte à fût cylindrique ou polygonal, étaient posés sur une base, et la cuve constituait, pour ainsi dire, le chapiteau de la colonne. Pendant l'époque ogivale, les pédicules des fonts baptismaux s'enrichirent successivement avec les styles primaire, secondaire et tertiaire. Cette

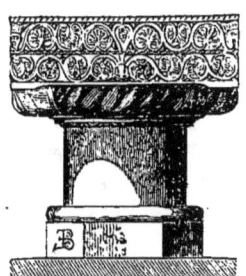

Fig. 2. — Fonts baptismaux monopédiculés (école romane rhénane).

dernière période nous a laissé des exemples de pédicules très-remarquables. A partir du XVIᵉ siècle, les pédicules acquirent une grande importance et devinrent presque aussi larges que la cuve qu'ils supportaient. — La forme de la cuve elle-même a beaucoup varié ; elle fut d'abord ronde à l'intérieur, tandis que son contour extérieur affectait la forme du cercle, du carré, de l'hexagone et de l'octogone circonscrits. L'intérieur de la cuve fut rarement polygonal, bien que nous en possédions quelques spécimens du XVᵉ siècle. Vers la fin de ce même siècle, on commença à diviser les fonts en deux parties par une petite cloison ; alors ces cuves devinrent ovales ou prirent la forme d'une navette ; elles affectèrent aussi, mais plus rarement, une forme *polylobée*. Ce sont surtout les fonts en métal de la fin du moyen

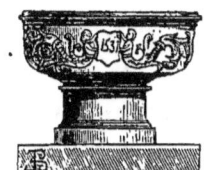

Fig. 3. — Fonts baptismaux du XVIᵉ siècle (église de Montmartre, à Paris).

âge qui adoptèrent cette dernière forme ; on en voit un exemple dans l'église cathédrale de Louvain, de l'époque ogivale.

La décoration des cuves de fonts baptismaux se composa de moulures, d'arcatures et de réseaux aveugles, de feuillages, d'arabesques ou de sujets en rapport avec leur destination. Au mot CABLE le lecteur peut voir les fonts de l'église de Chérenc décorés de têtes et d'un câble. Nous donnons ici (fig. 2) d'autres fonts qui portent la même décoration, avec deux rangs de palmettes superposés. La décoration de ces

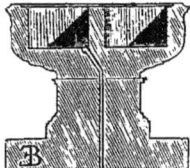

Fig. 4. — Coupe des fonts baptismaux de la fig. 3.

fonts monopédiculés est évidemment de l'école romane rhénane. Nos figures 3, 4 et 5 montrent différents types dont les légendes indiquent l'époque à laquelle ils appartiennent. Celui que représente notre figure 5 est polypé-

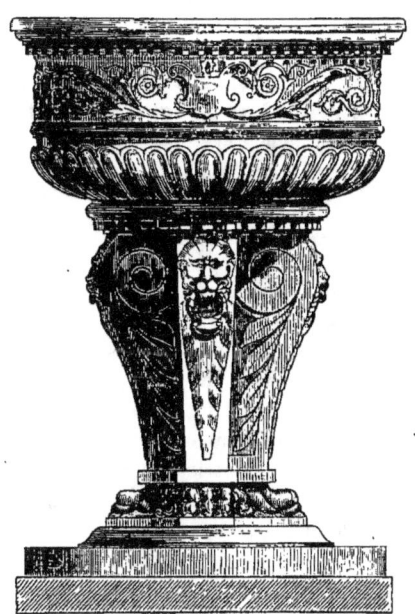

Fig. 5. — Fonts baptismaux polypédiculés du XVIᵉ siècle.

dicule ; il se trouve dans l'église paroissiale de Saint-Sauveur le Vicomte (Manche) : nous l'avons dessiné d'après notre confrère M. Ruprich-Robert. — Le couvercle qui couvre les fonts est une innovation relativement assez récente. Cet accessoire, qui a perdu de nos jours de son importance, constitue assez souvent dans la période tertiaire du moyen âge et pendant la renaissance une sorte de petit édicule superposé au principal. Dans ce cas, les couvercles étaient alors soulevés par un support en fer ajouré et richement travaillé, support fixé à la muraille voisine et dont le mouvement pivotant permettait le déplacement du couvercle.

FORAGE, *s. m.* — Action de forer, ce terme s'applique surtout aux opérations employées pour creuser des puits.

FORCE, *s. f.* — Dans la langue technique ce mot a des significations très-nombreuses; nous donnerons celles qui sont les plus usitées. En général, la *force* est une puissance de résistance; ainsi on dit la force d'une poutre, pour dire non-seulement son épaisseur, mais le degré de résistance qu'elle peut fournir dans certaines positions. On nomme *force portante* la résistance qu'une pièce de fer ou de bois peut présenter à l'écrasement dirigé dans le sens de sa longueur; *force tirante*, la résistance que présente la même pièce si elle est tirée par ses deux extrémités; enfin *force transverse*, la résistance au *cisaillement*. (Voy. RÉSISTANCE.)— En mécanique, on appelle *force* un mécanisme quelconque. On nomme *force de cheval* la force qu'il faut dépenser pour élever à 1 mètre de hauteur en une seconde un poids de 75 kilogr. : c'est l'unité de force, comme le gramme est l'unité de poids, le mètre l'unité de longueur, etc.; *force morte*, celle qui est neutralisée par une raison quelconque; *force vive*, celle qui agit, qui est en action; *force d'inertie*, une force passive; *force motrice*, celle qui communique le mouvement.

FORCE (Jambe de). — Voy. JAMBE.

FORCER, *v. a.* — Fausser, doubler, rompre, briser. On force une porte pour pénétrer dans une enceinte, une clef en essayant d'ouvrir maladroitement une serrure.

FORÉE (CLEF). — Clef dont la tige creuse ou *canon* lui permet de recevoir la broche d'une serrure; c'est le contraire de la clef BÉNARDE. (Voy. ce mot.)

FORER, É, ÉE, *v. a.* — Percer un objet quelconque, par un moyen quelconque, mais principalement avec une forerie ou un foret. On *fore* également des puits; d'où l'expression *forage des puits.*

FORERIE, *s. f.* — Appareil de diverses formes qui sert au serrurier à percer des pièces de fer.

FORET, *s. m.* — Outil en acier qui sert à percer. Il y a plusieurs genres de forets; les deux principaux sont : le *foret ordinaire*, qui est fixé dans une boîte qu'il traverse de part en part et qu'on nomme *boîte du foret :* c'est autour de celle-ci que s'enroule la corde de l'ARCHET (Voy. ce mot), à l'aide duquel on

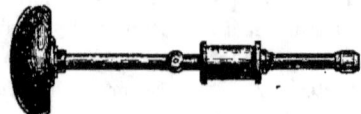

Porte-foret à conscience.

produit le mouvement de va-et-vient qui fait fonctionner le foret; le *foret à conscience*, dont l'outil s'emmanche dans une boîte qui porte à son extrémité la paume d'un vilebrequin. (Voy. notre fig.) Il y a encore le *foret en langue d'aspic, à teton*, etc. On nomme aussi, mais à tort, *forets* certaines mèches d'acier de VILEBREQUIN. (Voy. ce mot.)

FORFAIT (MARCHÉ A). — Voy. MARCHÉ.

FORGE, *s. f.* — Usine où l'on fabrique le fer, atelier où se trouvent des forges, fourneaux servant au serrurier à chauffer le fer pour le travailler. On nomme *forge portative, volante* ou *de campagne*, une forge en fer qu'on peut transporter dans des bâtiments en construction ou dans les lieux où sa présence est nécessaire; *forge portative à plateau*, celle qu'on peut transporter et dont le plateau peut tourner à volonté : telle est la forge représentée par notre figure; *forge double*, celle qui a deux foyers. On appelle *maître de forge* l'industriel

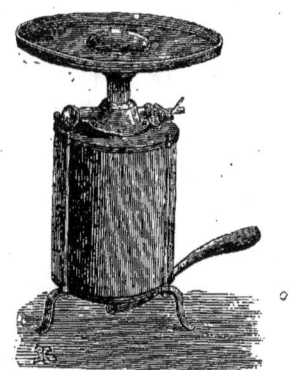

Forge portative à plateau tournant.

qui est propriétaire ou directeur d'une usine à fabriquer le fer ou la fonte.

LÉGISLATION. — Celui qui veut établir une forge est obligé par la loi de construire un CONTRE-MUR. (Voy. ce mot, où nous donnons la législation à cet égard.)

FORGE DE PLOMBIER. — Table de pierre, ordinairement en liais, sur laquelle les plombiers battent et dressent le plomb à froid, à l'aide du maillet.

FORGEABLE, *adj.* — Qui peut être forgé. Certaines fontes sont forgeables, d'autres ne le sont pas : la fonte blanche, par exemple.

FORGER, *v. a.* — Travailler le fer au marteau. On peut *forger à froid*, c'est-à-dire battre le fer sans le chauffer ; on forge aussi le fer (c'est le cas le plus ordinaire) après l'avoir rendu malléable en le chauffant au feu jusqu'au rouge ou jusqu'au blanc. Ce travail exige beaucoup d'habitude pour chauffer le métal au point et lui faire atteindre son plus haut degré de malléabilité sans brûler le métal, ce qui retirerait au fer sa ténacité et sa cohésion. Les pièces les mieux forgées sont celles qui l'ont été avec le moins de chauffe possible ; donc les pièces forgées avec une seule chauffe sont les meilleures.

Voici comment on forge : un contre-maître ou principal forgeron tient la pièce de fer rouge sur l'enclume, et, devant lui, un ou plu-

sieurs frappeurs martèlent tour à tour le métal. Le principal forgeron, armé d'un marteau à main, trace, par des coups diversement appliqués, la forme que doit prendre le métal sous le marteau ou *frappoir* des frappeurs. Par le martelage on opère la soudure des pièces de fer d'une manière si parfaite qu'on ne peut distinguer le point de jonction, qui d'ailleurs présente autant et peut-être plus de solidité que le reste du métal. On tranche le fer en le forgeant, car cette opération ne se fait à froid que dans des cas particuliers ; par exemple, les fers à T sont tranchés à froid. — On façonne le fer à l'étampe en le forgeant ; tous les objets de ferronnerie ancienne, si remarquables par leur richesse et la perfection de leur travail, ont été exécutés au marteau et terminés à la lime. Depuis l'introduction de la FONTE (Voy. ce mot) dans les constructions, l'emploi du fer forgé a beaucoup diminué ; autrefois, au contraire, tous les ouvrages de ferronnerie se faisaient au marteau, et les forgerons du moyen âge étaient d'excellents artistes, si nous en jugeons par les beaux travaux qu'ils nous ont laissés, tels que pentures, heurtoirs, ancres, grilles, etc. Ce n'est, du reste, que par une longue pratique qu'on devient un bon forgeron, comme chacun le sait et comme le disait avant nous l'adage latin : *Fit faber fabricando*. Ajoutons, en terminant, que l'art de forger les métaux a repris dans ces dernières années une extension considérable, et que nous possédons aujourd'hui des forgerons qui ont presque autant d'habileté et de savoir que ceux du moyen âge et de la renaissance. (Voy. GRILLE.)

FORGERON, *s. m.* — Ouvrier qui travaille le fer à la forge. (Voy. l'article précédent.)

FORGETS (ROCHE FINE DES). — Calcaire d'un grain fin et extrêmement dur qu'on tire des carrières de l'Isle-Adam. La hauteur du banc varie de $0^m,45$ à $0^m,60$, et le poids du mètre cube est d'environ 2,390 kilogr.

FORJETÉ, ÉE, *part. passé.* — Ce verbe ne s'emploie qu'à ce temps. On dit qu'un mur est *forjeté* quand il se jette en dehors : c'est tout simplement la traduction latine du mot.

FORME, *s. f.* — Lit de poussier ou de très-fines recoupes de pierres, qui sert à dresser de niveau l'aire d'un plancher pour y poser un carrelage ; c'est aussi une couche de sable d'une épaisseur plus ou moins forte répandue sur un sol qu'on va paver ; c'est encore le couchis en bois qu'on pose sur les cintres employés à la construction des voûtes ; enfin on nomme ainsi un libage tiré des ciels d'anciennes carrières.

En vitrerie, la *forme* est une garniture de vitrail d'église qui se compose de plusieurs panneaux ou compartiments.

FORMERET (Arc). — Arcs ou nervures des voûtes qui sont bandés parallèlement à l'axe du berceau. Les arcs formerets reçoivent la retombée des voûtes à leur intersection avec un mur vertical, par exemple dans les bas-côtés des églises. Dans celles de style ogival, les arcs qui réunissent les piliers séparant la nef des collatéraux sont des arcs formerets, aussi bien que ceux qui les reproduisent, pour ainsi dire, sur le mur parallèle au collatéral. Les derniers sont généralement incomplets, puisqu'ils sont engagés dans les murs. Comme on le voit par ce qui précède, l'arc formeret est le contraire de l'Arc doubleau. (Voy. ce mot.)

FORT, *s. m.* — Caserne fortifiée, enceinte fortifiée qui contient des magasins et des dépôts de poudre, de munitions et de vivres, ainsi que des logements pour les soldats, et quelquefois des magasins à fourrages et à grains ; c'est en un mot une petite place fortifiée. Un fort est isolé, ou détaché, quand il a son enceinte complète ; dans ce cas il sert à défendre un défilé, le passage d'un fleuve ou d'une rivière, les approches d'un port ou d'une ville. Il y a des forts à cornes ou à couronne, à double couronne, etc. — Voy. Militaire (*Architecture*).

FORT (Mettre une pièce de charpente sur son). — C'est la placer de manière à ce qu'elle présente le plus de résistance possible : par exemple, si une poutre a plus de hauteur que de largeur, on la pose de champ ; si elle est courbe, la partie convexe doit être placée en dessus, quand cette poutre doit être chargée.

FORT-CUIT, TE, *adj.* — Ce qualificatif s'applique aux matériaux fabriqués à l'aide du feu, et pour lesquels on a dépassé le terme d'une bonne cuisson. Le *fort-cuit* est l'opposé du *gras-cuit* ; il se dit surtout en parlant des objets en terre cuite, tels que briques, tuiles et carreaux.

Les pièces de céramique fort-cuites sont très-sonores, déjetées, fendillées, et ont subi une vitrification plus ou moins avancée. A l'égard des tuiles, le fendillement est l'inconvénient le plus grand d'une cuisson exagérée ; pour les briques et surtout pour les carreaux, qui exigent un dressage parfait, c'est le gauchissement et la vitrification qui sont les défauts à éviter. Toutes les pièces fort-cuites doivent être rejetées des chantiers de construction.

FORTERESSE, *s. f.* — Place fortifiée ou place de guerre. La loi divise les forteresses françaises en trois classes : la première classe comprend celles dont l'enceinte est construite sur un polygone de douze côtés ou plus ; la deuxième classe, celles dont l'enceinte est comprise entre sept et douze côtés ou fronts ; enfin la troisième, celles dont l'enceinte a moins de huit fronts. Les États qui n'ont pas de frontières défendues par des obstacles naturels, fleuves, rivières, gorges, montagnes, ont de nombreuses forteresses sur la limite de leur territoire. — Voy. Fortifications et Militaire (*Architecture*).

FORTIFICATIONS, *s. f. pl.* — Ouvrages de défense, ou ensemble des ouvrages de défense revêtus ou non de maçonnerie qu'on élève sur un terrain, autour d'une ville, et qui permettent à une armée de se défendre contre un ennemi supérieur en nombre. L'art des fortifications embrasse à la fois l'attaque et la défense. Or, les moyens employés dans l'attaque faisant varier nécessairement les moyens employés dans la défense, c'est en vertu de ce principe absolu de l'art des fortifications que chaque époque a eu, pour ainsi dire, son mode de fortifier. L'art de la fortification est très-ancien, car nous trouvons les premières villes fortifiées à l'origine même de la civilisation. (Voy. Acropole.)

Les premières fortifications furent très-simples, et les obstacles opposés à l'assaillant des plus rudimentaires et des plus grossiers. On éleva d'abord des palissades avec des branchages entrelacés, en avant ou en arrière desquels on creusait des fossés afin d'augmenter la hauteur de l'obstacle; puis on construisit des fortifications toutes en bois, enfin au bois on substitua la pierre : ainsi commencèrent les enceintes des villes. (Voy. ENCEINTE.) Les murailles furent couronnées de créneaux, et les portes furent défendues par de hautes tours que reliait entre elles un chemin de ronde. Indépendamment de ces fortifications à demeure et faites pour durer, on construisait des camps retranchés dans les guerres que les peuples se livraient entre eux. Nous lisons dans les *Commentaires* de César (*de Bello Gallico*, VII, 23) que les Gaulois faisaient entrer dans leurs fortifications de la terre, des poutres et des pierres; que ce genre de fortification était bon, puisque le bois et la terre amortissaient les coups de bélier, et que la terre et les pierres empêchaient d'incendier ces murailles. Ce genre d'appareil se nommait *maceria*. (Voy. APPAREIL, fig. 17.) — Nous savons par les auteurs anciens que les villes de Ninive, de Babylone, de Persépolis, d'Ecbatane, étaient fortifiés. Les murs de Ninive avaient, dit-on, 100 pieds de haut et possédaient une largeur suffisante pour permettre à trois chariots de front de les parcourir. Les murs de Babylone étaient plus larges encore; quant à la ville de Persépolis, son système de fortification comprenait trois murs distincts constituant autant d'enceintes différentes; enfin Ecbatane possédait sept enceintes. Les Grecs et les Romains construisirent leurs fortifications, à peu de chose près, comme les peuples plus anciens qui les avaient précédés dans cet art. Les Romains empruntèrent aussi beaucoup aux Étrusques, et nous savons que Romulus traça les murs de Rome selon les rites de l'Étrurie. — Voy. ÉTRUSQUE (*Art*).

La fortification ne changea guère au moyen âge, du moins dans ses éléments essentiels; les ingénieurs militaires de l'époque, qui étaient presque toujours des architectes, se contentèrent de rendre plus difficile l'accès des portes, en rapprochant les tours et en créant des ponts mobiles qui se levaient au moyen de herses (1). Les mêmes ingénieurs introduisirent un élément nouveau dans la fortification : ce fut la construction du château, ou citadelle, qui commandait les murailles et qui lui-même était commandé par un DONJON. (Voy. ce mot.) Un exemple curieux de fortifications de la fin de l'époque ogivale, c'est l'abbaye du Mont-Saint-Michel en Mer. Notre figure 1 montre l'état actuel d'un pont fortifié de cette abbaye. Il est situé dans la cour de l'église et

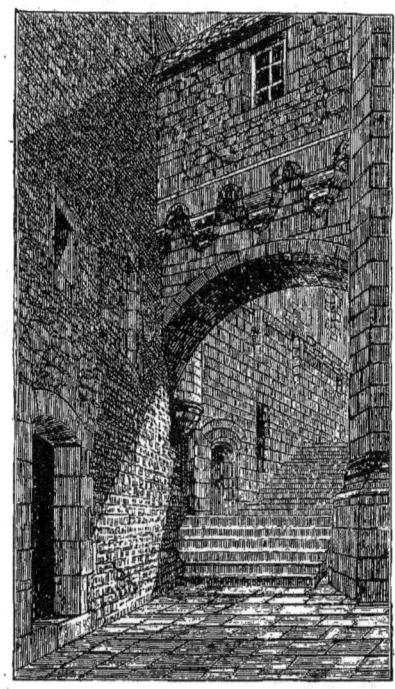

Fig. 1. — Pont fortifié dans la cour de l'église
(abbaye du Mont-Saint-Michel en Mer).

sert à mettre en communication, par l'église basse, les bâtiments du sud avec ceux de la Merveille, situés au nord. Nous donnons, d'après une photographie, une vue perspective de ce pont, prise de la porte sud de la salle des

(1) A Pompéi, nous avons vu à la porte d'Herculanum les coulisses de la herse qui servait à fermer cette porte, car, comme nos lecteurs le savent, il existait au-dessus des portes de ville des herses suspendues à l'aide de cordes et de chaînes de fer. Végèce nous apprend (*de Re milit.*, liv. 4, ch. 4) que si des ennemis, s'aventurant jusque près d'une porte de ville, s'avisaient d'y entrer, la herse s'abaissait et leur coupait la retraite.

Gardes. Notre figure 2 fait voir l'état actuel de la porte dite *du Roi*, qui fait partie des remparts du XVe siècle : cette vue a été prise de la porte de la Barbacane. Ce bois a été emprunté à l'ouvrage de notre confrère M. Ed. Corroyer, architecte du monument (1).

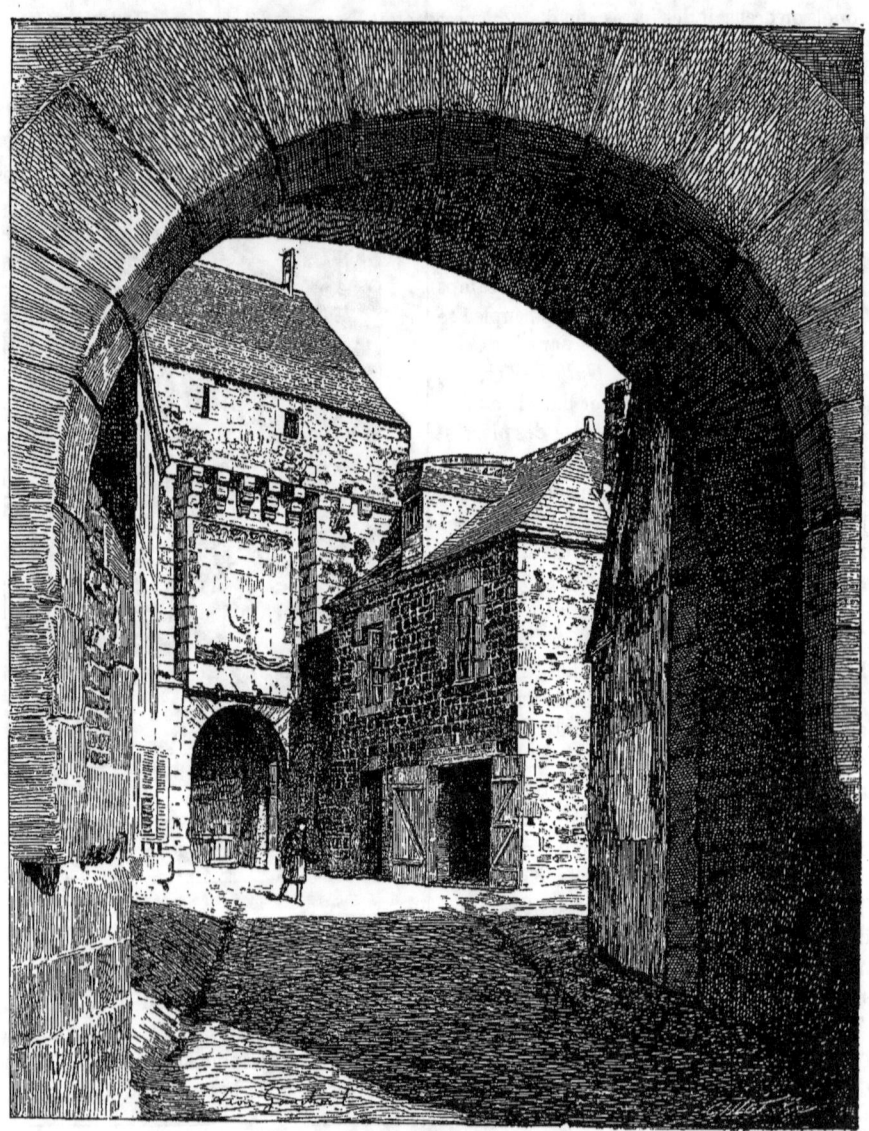

Fig. 2. — Remparts du XVe siècle du Mont-Saint-Michel en Mer (porte du Roi).

A la fin du XVIe siècle, ou plutôt dans les premières années du XVIIe siècle, par suite de l'emploi des armes à feu, une révolution radicale s'accomplit dans l'art de fortifier les places de guerre. C'est de la fin du XVIe siècle que datent les bastions; alors les hautes mu-

(1) *Description de l'abbaye du Mont-Saint-Michel et de ses abords*, 1 vol. in-8° de 434 p., avec 134 grav., Paris, 1877.

railles et les tours disparaissent, les créneaux et les merlons firent place aux sacs à terre, les bretèches furent remplacées par les courtines ; enfin tout un système d'engins et de fortifications fut inventé et perfectionné, inventions et perfectionnements qui se poursuivent encore de nos jours. Les pièces de canon modernes de gros calibre et à très-longue portée menacent même d'une transformation prochaine le système actuel des fortifications. Dans quelques années, les murs de ville, qui entravent et gênent beaucoup les grands mouvements et transbordements des troupes autour d'une place, seront probablement remplacés par une ceinture de forts isolés qui protégeront d'une manière plus efficace les places fortes, sans être une entrave pour leurs habitants. — Voy. MILITAIRE (Architecture).

FORTIN, s. m. — Petit fort de campagne qui sert à couvrir un camp, une position, un défilé, ou même à favoriser une retraite. Les fortins sont des ouvrages construits à la hâte, en vue d'une durée plus ou moins limitée.

FORUM, s. m. — Vaste place qui, chez les Romains, servait à la tenue des marchés, et sur laquelle on apportait les denrées, comme l'indique l'étymologie du mot (φορά, action de porter ; φορεῖν, apporter). Le forum était donc un lieu analogue à l'agora des Grecs. (Voy. AGORA.)

Dans son sens primitif, ce terme désignait un espace découvert qu'on laissait devant une tombe ; c'était le vestibule d'un sépulcre, comme le dit Cicéron (de Legib., II, 24) : Forum, id est vestibulum sepulcri. (Spon, Miscellanea, 291.) Destiné à servir de marché, le forum consistait en une grande place sur laquelle les marchands de la ville étalaient leurs marchandises et les gens de la campagne leurs denrées. Dans les villes de peu d'importance, il n'existait qu'un seul forum ; dans les grandes villes, au contraire, il y en avait plusieurs, sur chacun desquels on vendait des produits différents ; on en comptait jusqu'à huit à Rome : nous en parlerons bientôt.

Dans la ville gréco-romaine de Pompéi, il existait au moins deux forums. Le forum boa-

rium, marché aux bestiaux, découvert en 1754, mais qui est aujourd'hui recouvert, s'étend en face de l'amphithéâtre, entre celui-ci et la porte Sarno. C'était sans doute le forum venale, la contre-partie du forum civile que nous allons décrire. Pompéi possède-t-elle d'autres forums ? on l'ignore : les auteurs anciens n'en parlent point, et les fouilles exécutées actuellement embrassent à peine la moitié de cette ville antique.

Le forum civile de Pompéi est sans contredit le plus complet de tous ceux que nous a légués l'antiquité ; il est situé dans la partie septentrionale de la ville, et son origine remonte au delà de ceux de Rome. Notre figure 1 montre le plan de ce forum et de ses abords. L'entrée principale se trouve en A (au bas du plan) : c'est un grand arc (fornix), qui sert d'entrée. En B se trouve un temple corinthien ; en C, la prison publique (carcer publicus), dans laquelle on a retrouvé, lors des fouilles, deux prisonniers avec des fers aux pieds. En D nous voyons, séparé en deux parties par un mur, un long édifice dont on n'a jamais déterminé la destination d'une façon positive : l'opinion la plus accréditée prétend que c'était un grenier public (horreum). Au-dessus, en E, est le temple de Vénus, la protectrice de la ville ; en F, la basilique, dont nous avons donné le plan et une restauration au mot BASILIQUE. En G, H, I, en face du forum proprement dit, se trouvent trois édifices à peu près semblables, qu'on nomme les Curies, espèces de tribunaux civils et commerciaux ; l'un, G, aurait servi de prétoire au consul, le second, H, d'ærarium, et le troisième, I, de second prétoire. A gauche de ces trois édifices se trouve un portique triangulaire qu'on a appelé le forum triangulaire. Ce portique servait-il de succursale au grand forum, ou bien était-il affecté à une classe particulière d'individus ? il est difficile actuellement de se prononcer à cet égard.

Il existe, en K, un édifice carré ayant une entrée sur la rue, dont la destination est inconnue. Ce local servait-il à des changeurs, à la réunion d'un corps d'état spécial ? on l'ignore complètement. Vis-à-vis, en L, il existe un portique terminé en abside, tandis que la partie antérieure, qui fait face au forum, con-

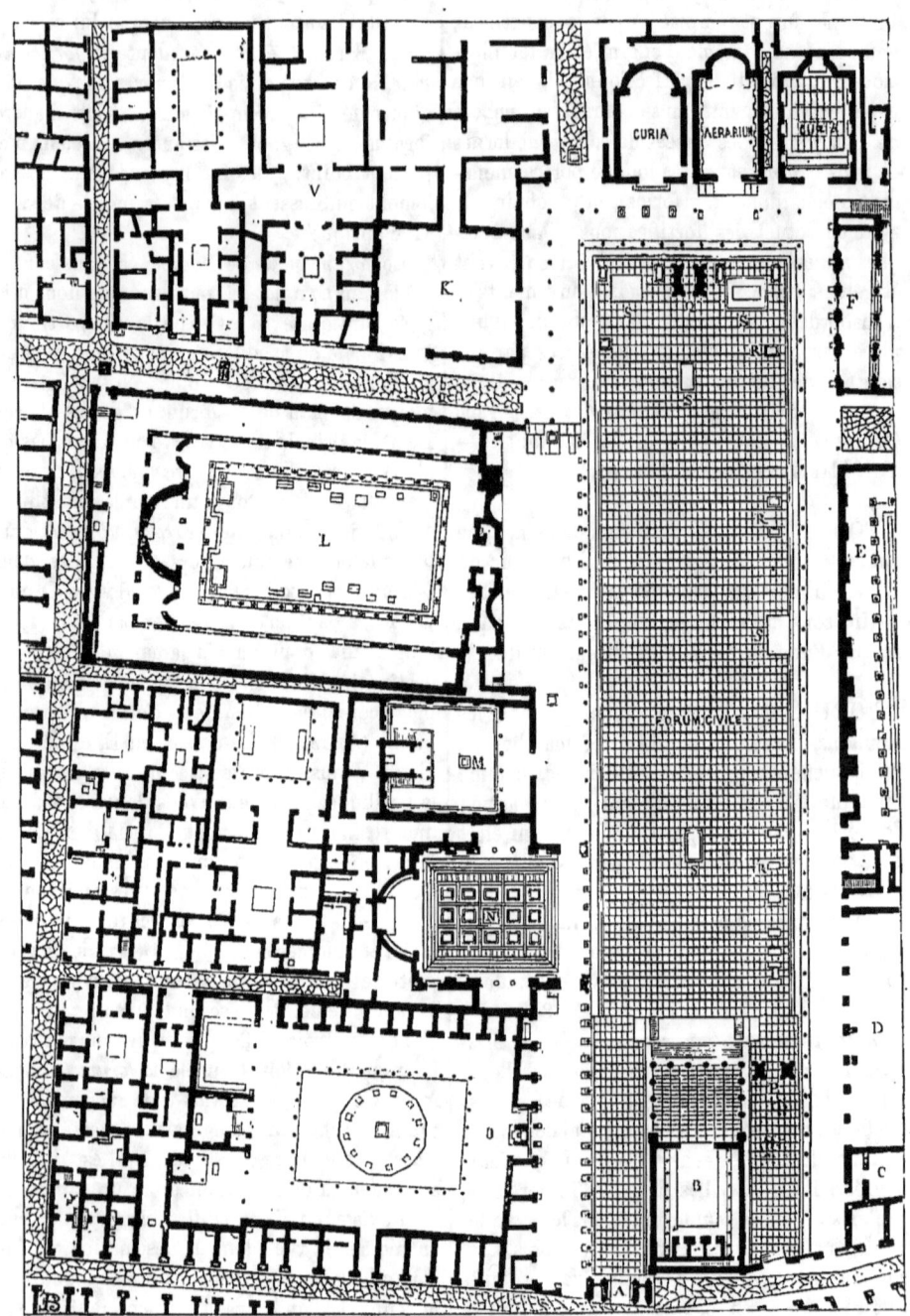

Planche XLIII. — Plan du forum de Pompéi.

siste en un vestibule spacieux affectant la forme spéciale nommée *chalcidicum*, CHALCI-DIQUE. (Voy. ce mot.)

Toutes ces constructions avaient été érigées aux frais d'une Pompéienne, nommée Euma-chia. Vis-à-vis du temple de Vénus, il existe, en M, un temple de Mercure ou de Quirinus, et en N un édifice avec une large tribune demi-circulaire, qu'on suppose avoir été une salle de réunion pour les *Augustales*, ou bien une maison commune pour le sénat de Pompéi (*senaculum*). Derrière ces deux bâtiments se trouve la maison d'un foulon (*fullonica*). Sur le devant de notre plan, en face du temple co-rinthien B, il y a une magnifique construc-tion avec des dépendances, dont on ne peut préciser l'usage. Les uns y voient un panthéon, à cause des douze piédestaux rangés en cercle autour d'un autel central : ces piédestaux au-raient porté les statues des douze principales

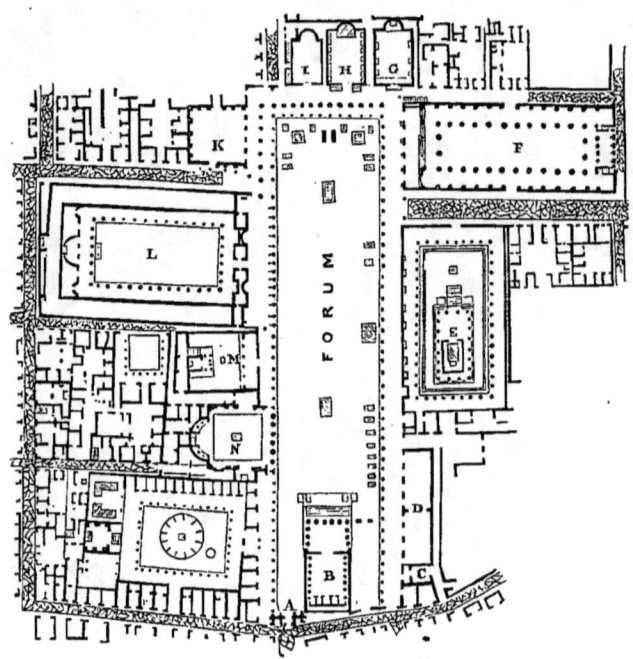

Fig. 1. — Plan du forum de Pompéi.

divinités (*dii magni*); d'autres archéologues supposent que c'était tout simplement une salle de banquet dépendant de l'édifice des *Augustales*. Les ornements et les sujets de peinture qui décorent les murs donnent à cette dernière supposition beaucoup de vraisem-blance.

Notre figure 2 montre l'élévation du fo-rum de Pompéi, tel que nous l'avons dessiné sur place, en janvier 1877, et notre plan-che XLIII montre à plus grande échelle le plan restauré du même forum. — Hercula-num avait également un forum, mais de moin-dre importance.

A Rome, il y eut de nombreux forums; au siècle d'Auguste ou sous ses successeurs, on y comptait, entre autres : le forum romain, celui de César ou *Julium*, le forum d'Auguste, les forums *Boarium*, *Cupedinis*, *Olearium*, *Olito-rium*, *Pistorium*, *Piscarium*, de Nerva ou fo-rum *Transitorium*, et de Trajan. Nous allons passer rapidement en revue ces divers forums.

Le FORUM ROMAIN est situé entre le Capi-tole et le Palatin. Son pavé, près de la colonne de Phocas, est à 12 mètres au-dessus du niveau de la mer et à 7 mètres au-dessus de celui du Tibre, et cependant la plus petite inondation le recouvrait entièrement et l'eau ne s'écoulait que très-lentement, malgré la *Cloaca maxima*, qui avait été construite par Tarquin pour dessécher la vallée située entre les monts Capitolin et Palatin. — La basilique Julia séparait en deux le forum romain : la partie comprise entre les deux voies Sacrées était le forum de l'est, le *comitium* (Festus, v. *Statua*); le forum du sud était situé entre le *Vicus jugarius* et le *Vicus tuscus*. Sous Auguste et sous Tibère, c'était une grande place irrégulière, couverte à droite et à gauche de monuments. (Voy. Denys

d'Halicarnasse, III, 67 ; Cicéron, Salluste, Tite-Live et Plutarque, *passim*.) La partie de l'est (le *comitium*) mesurait 215 mètres de longueur sur 75 mètres de largeur moyenne ; sa forme était celle d'un trapèze ayant 60 mètres au sommet et 90 mètres à la base. Les principaux monuments étaient, à l'ouest : le *tabularium* du peuple (Voy. TABULARIUM) ; tout près de la porte *Pandona*, c'est-à-dire plus à l'ouest, la citadelle, les temples de la Fortune *primigenia* et de la Fortune *obsequens*, érigés par Tatius

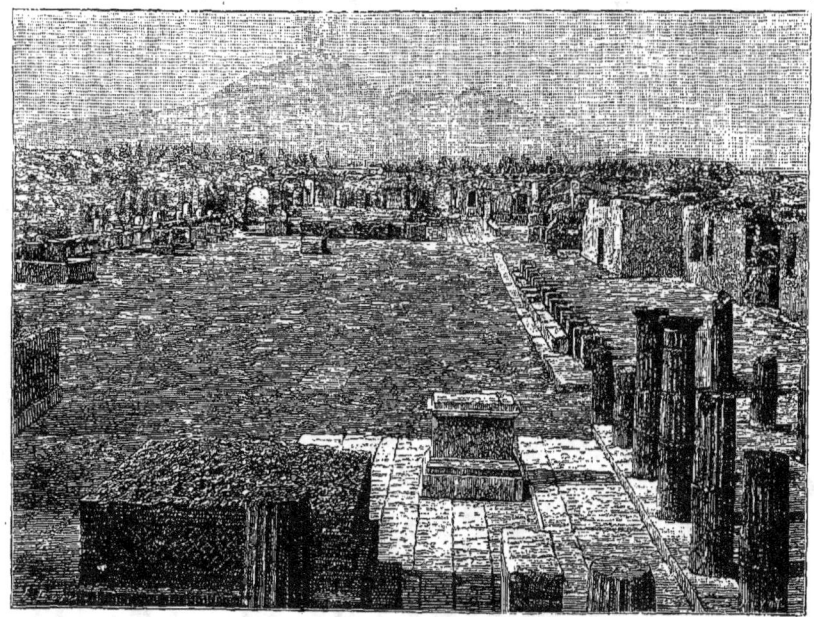

Fig. 2. — État actuel du forum de Pompéi.

(Plutarque, *Fort. Rom.*, p. 279), la curie *Kalabra*, le temple de Junon *moneta* (Canina, *Tempio di Giove capitolino*, p. 22). Entre la curie et le tabularium se trouvaient les cent marches (Tacite, *Hist.*, III, 71), qu'on aperçoit dans le plan de Rome, gravé sur le marbre, qui est au musée du Capitole (Bellori, *Iconogr. vet. Romæ*, tab. 4). A l'est du forum sud, après la basilique Julia, nous voyons le temple du *divus Julius*, la *Regia* du pontife Maxime : *Habitavit [Cæsar] post pontificatum maximum, in sacrâ viâ, domo publicâ* (Suétone, *Cæs.*, 46); l'atrium du temple de Vesta, le temple de Castor, au milieu du bois de Vesta.

Au-dessus de la voie Sacrée, en nous dirigeant de l'est à l'ouest, nous rencontrons le temple de Rémus ou de Rome, le *Vulcanal* (Denys d'Halicarnasse, II, 50), la *Græcostasis*, la curie Julia, les Sept tavernes, enfin la basilique Émilia ou Émilienne, que montre également le plan de Rome gravé conservé au musée du Capitole (Voy. BASILIQUE, fig. 1).— Aujourd'hui l'emplacement de ce forum s'appelle *Campo vaccino* (champ aux bestiaux).

Le Forum romain, dont notre planche XLIII *bis* montre une restauration, devint insuffisant sous César, parce que les citoyens, ne pouvant plus guerroyer au dehors, cherchèrent dans les

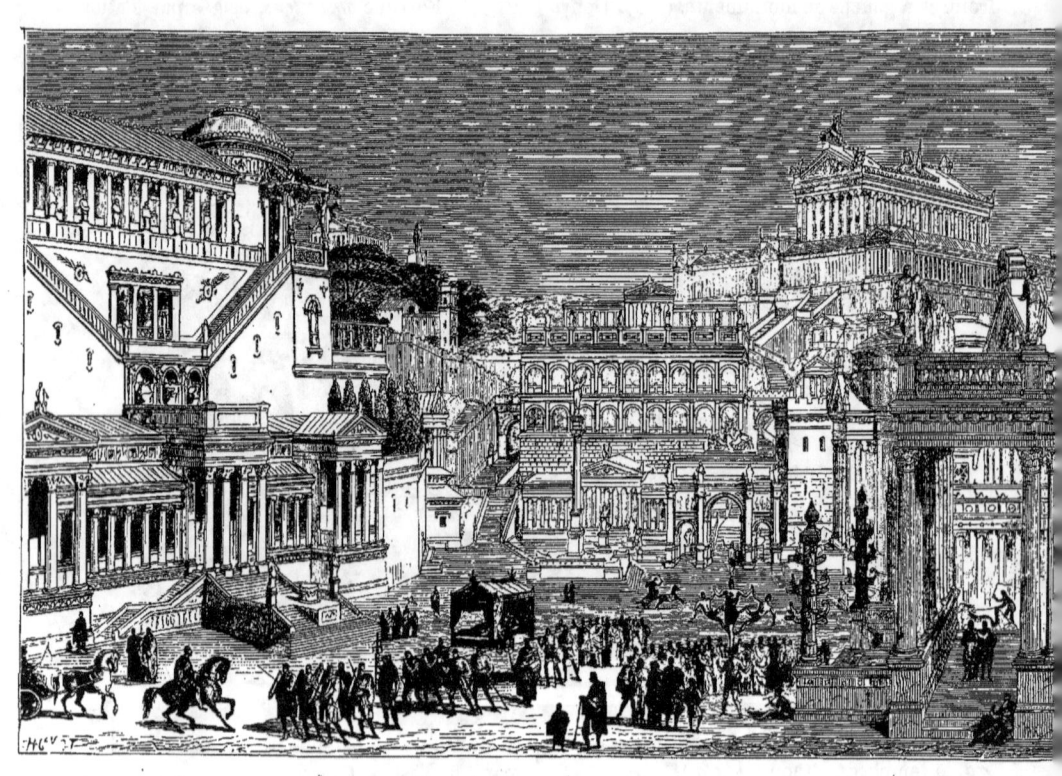

Planche XLIII *bis*. — Vue du Forum romain restauré.

luttes de la tribune et du barreau un aliment à leur activité inquiète ; aussi, le nombre des procès et par suite des plaideurs augmentant chaque jour, César résolut-il de construire un nouveau forum, afin de faciliter une plus prompte expédition des affaires. C'était la belle époque qui justifiait les paroles de Cicéron : « *Cedant arma togæ.* » (*De Officiis*, I, 22.)

Le FORUM DE CÉSAR ou JULIUM, élevé au pied du Quirinal, passait pour le plus beau de tous ceux qui furent construits dans la suite à Rome. Ce n'était pas, comme les autres, un forum plus ou moins enclavé dans des maisons particulières ou dans des édifices publics, c'était un monument bâti sur un plan régulier, qui ne renfermait qu'un temple, celui de Vénus *genitrix*. Il avait fallu consacrer des sommes énormes à l'expropriation des maisons nécessaires à l'emplacement de ce monument. (Nicolas de Damas, *Vita Cæs.*, 22.) Ces sommes ne s'élevaient pas à moins de cent millions de sesterces, près de 28 millions de notre monnaie. Si on ajoute les sommes affectées à la construction, on arrivera à un chiffre de près de 40 millions de notre monnaie, chiffre énorme pour cette époque.

En avant du temple, et au milieu de la place, on voyait la statue équestre de César en bronze doré. Un fragment de Gniphon (Appien, *Bell. civ.*, II, 78, 102, ; Tite-Live, II, 27 ; le même, II, 8) nous apprend que le dictateur avait dédié le temple de son forum à Vénus *genitrix* par suite d'un vœu. Il avait promis à la déesse, la veille de la bataille de Pharsale, de lui bâtir un temple à Rome, s'il remportait la victoire. Ce temple était tout en marbre blanc ; les socles du perron supportaient deux belles statues grecques qui avaient servi elles-mêmes de supports à la tente d'Alexandre. (Pline, XXXIV, 8.)

Sous Auguste, le nombre des plaideurs augmentant encore, ce prince, à l'exemple de César, fit bâtir un nouveau forum, auquel il donna son nom.

Le FORUM D'AUGUSTE était situé au nord du forum romain, entre la basilique Émilienne et le Capitole. C'était un parallélogramme de 133m,40 de longueur sur 118m,50 de largeur ; il était entouré de murs sur trois de ses côtés ; le quatrième côté consistait en un portique parallèle à une rue qui longeait la basilique Émilienne ; les murs de droite et de gauche étaient occupés par des tavernes, au devant desquelles passait une colonnade qui faisait le tour de la place ; un grand hémicycle, construit dans l'axe du forum et sur le mur du fond, servait de tribunal. Au milieu du forum d'Auguste se trouvait le temple de Mars vengeur, dont on voit aujourd'hui trois colonnes encore debout. (Voy. notre fig. 3.) Auguste avait fait le vœu d'élever ce temple lorsqu'il prit les armes contre les meurtriers de César. Le temple fut inauguré le 12 mai de l'an 2 av. J.-C. et reçut l'épée de César qu'Auguste y suspendit lui-même. (Suétone, *Vitell.*, 8.) Le portique qui régnait dans ce forum était décoré des statues des citoyens illustres. L'une d'elles représentait un guerrier au casque surmonté d'un corbeau, parce que pendant une guerre avec les Gaulois ce soldat, d'après la légende, avait eu pour auxiliaire, dans un combat singulier contre un Gaulois de taille gigantesque, un corbeau qui avait crevé les yeux de son adversaire. (Tite-Live, VII, 26 ; Aulu-Gelle, IX, 11 ; Florus, I, 13.) Aujourd'hui le forum d'Auguste est occupé par un couvent de femmes de l'*Annunziata*. On voit encore environ 150 mètres des restes du mur en péperin à côté du temple, surtout lorsqu'on traverse l'*arco de Pantani* (arc des Marais), arc qui se voit sur notre fig. 3.

Le FORUM BOARIUM (marché aux bœufs) était situé près du Vélabre. A côté de l'église de Saint-Georges du Vélabre, dite aussi *basilica Sempronia* (Melchiorri, *Guida metodica di Roma*, p. 301), parce que cette église est bâtie sur les restes de la basilique construite par Sempronius vers l'an 683 (Tite-Live, XLIV, 16), s'élève un petit arc de triomphe (*Arcus Argentarius*) que les marchands du *forum boarium* érigèrent en l'honneur de Septime-Sévère, de sa femme et de ses fils ; c'est ce même arc qu'on nomme l'arc de *Janus quadrifrons*. Ovide (*Fastes*, VI, 447) le place près du Cirque maxime : *Magno juncta celeberrima area circo*, et il a raison ; mais il se trompe lorsqu'il ajoute que ce forum avait tiré son nom d'un taureau d'airain qu'on y voyait. Tacite (*Ann.*, XII, 24) parle également de ce taureau, et Pline (XXXIV, 2) nous informe que ce même taureau avait été apporté de l'île d'Égine. Piranesi (*Antich. rom.*, t. 1er, tav. 21) nomme à tort ce même arc l'*arc de Stertinius*.

Dans le *forum boarium*, indépendamment de l'arc, du taureau et de la basilique dont nous venons de parler, il y avait trois petits temples : celui de la Fortune vierge, bâti par Servius (Plut., *Quæst. rom.*, p. 135 ; Ovide, *Fastes*, VI, 569) ; celui de la Pudicité patricienne, dont on ne connaît pas le fondateur, mais qui existait déjà en l'an 458, ou même

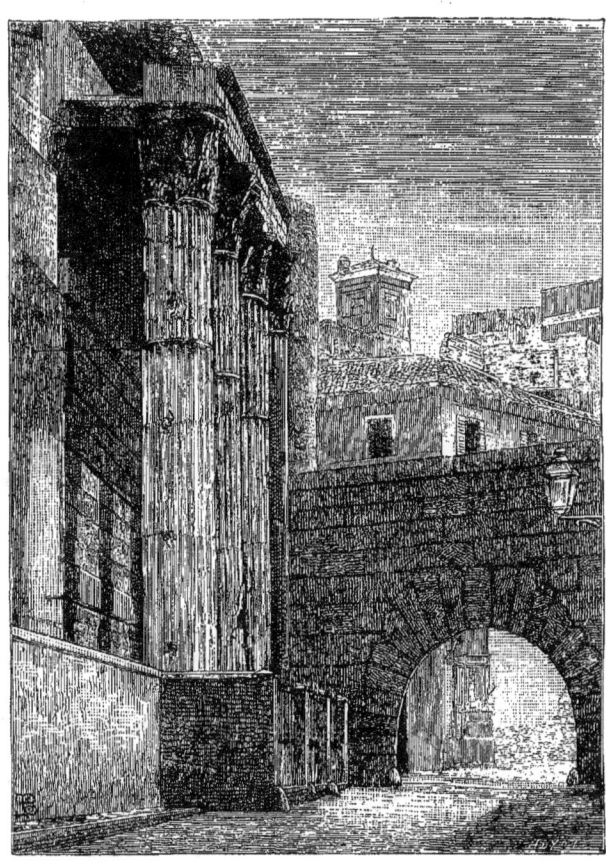

Fig. 3. — Forum d'Auguste.

456 de Rome (Tite-Live, X, 23) ; enfin, un petit temple circulaire fort ancien, bâti par un personnage tout à fait inconnu, un certain Marcus Hersennus. (Serv., *in Æn.*, VIII, 363 ; Tite-Live, X, 23 ; Pline, X, 29, et XXXIV, 4 ; Macrobe, *Saturn.*, III, 6.) Le *forum boarium* était traversé par le quartier des *Vélabres*, qui se divisait lui-même en deux parties, le *Vélabre mineur*, tout près du Tibre, et le *Vélabre majeur*, situé au delà de la *via Carmentale*. (Cf. Plutarque, *Romul.*, 5 ; Tite-Live, XXVII, 37 ; Prop., IV, 9, 6.) — En l'an 526, on enterra vivants dans le *forum boarium* un Gaulois et une Gauloise, un Grec et une Grecque, parce que les oracles sibyllins avaient déclaré que les Gaulois et les Grecs devaient s'emparer du territoire romain. (Plut., *Marcell.*, 3.) L'oracle fut accompli et le malheur détourné, puisque par ce sacrifice on avait fait prendre possession aux Gaulois et aux Grecs du territoire

romain, la terre où reposaient les morts leur appartenant. (Tite-Live, XXII, 57 ; Plut., *Quest. Rom.*, p. 144 ; Dion, *fragm.* ; Val., 12.)

Le FORUM CUPEDINIS ou MACELLUM CUPEDINIS était situé dans le haut de la voie Sacrée (Varron, V, 152) ; c'était le marché aux mets recherchés, là s'étalaient les morceaux les plus friands et les plus délicats en viande, poisson, gibier, etc. (Varr., V, 146 et s. ; Térence, *Eunuch.*, II, 3 ; Festus, V, *Cupes.*) A l'extrémité de la voie Sacrée, à l'entrée du Subure (*Mart.*, VII, 31, et X, 94), il existait un second marché aux fruits, où l'on ne vendait que des primeurs à des prix très-élevés. (Lucil., *fragm.*, V, 3 ; Varron, *de Re rustica*, I, 2 ; Ovide, *Art. am.*, II, 264.)

Le FORUM OLEARIUM, marché aux huiles, dont Plaute (*Captiv.*, III, 1, 29) nous fait connaître l'existence, était situé dans les Vélabres : *Omnes compacto rem agunt, quasi in Velabro olearii* ; probablement dans le Vélabre inférieur, c'est-à-dire dans le voisinage du Tibre, pour la facilité des arrivages. Mais ce n'est là qu'une simple conjecture, car nous ne savons absolument rien sur ce forum.

Le FORUM OLITORIUM, marché aux légumes, se tenait en dehors de la porte *Carmentale*, près du théâtre de Marcellus, au bas et à l'extrémité du versant méridional du mont Capitolin ; vis-à-vis de ce forum il y avait trois petits temples contigus, celui de la Piété et celui de l'Espérance, et le troisième dédié à Junon *matuta* (Tite-Live, XXIV, 47 ; XXV, 7 ; V, 19 ; Ovide, *Fastes*, VI, 477 et 479.) Vers le milieu du Cirque maxime il existait un marché aux graines légumineuses, telles que petits pois, lupins, pois chiches (*cicer*), fèves, etc. Ce dernier légume lui avait fait donner le nom de *porticus fabaria* (portique aux fèves). Du même côté du cirque, mais à son extrémité, était situé le marché aux racines, l'*area radicaria*. Enfin, dans le même quartier de l'Aventin, se trouvait le FORUM PISTORIUM, ou marché au pain (Cicer., *in Piso.*, 27), forum bien inférieur aux autres en importance, parce qu'on vendait beaucoup de pain dans les boulangeries (*pistrinæ*), ou même parce qu'on le portait à domicile. (*Digest.*, XIV, 3 ; I, 5, 9.) A côté du *forum olearium*, et joignant presque le *fo-rum boarium*, se trouvait le FORUM PISCARIUM, ou marché aux poissons, qui, d'après Plaute (*Curcul.*, IV, 1, 13), était, comme le *forum cupedinis*, le rendez-vous des gourmands et des gloutons, que ne rebutait point l'odeur des immondices qu'on sortait du ventre des poissons, immondices qu'on rencontrait à chaque pas. (Columelle, VIII, 17.)

Le FORUM SUARIUM, marché aux porcs, se trouvait, suppose-t-on, au bas du Quirinal, près de la *via della Dataria*.

Le FORUM DE NERVA, commencé par Domitien, fut terminé par Nerva, qui lui donna son nom ; on l'appelait aussi *forum transilorium, forum pervium*, ou forum transitoire, parce qu'une voie principale le traversait et aboutissait au Quirinal. Comme le fond était occupé par un temple de Minerve (*Pallas*), on le nomma aussi *forum Palladium*. Paul V fit démolir ce temple pour ériger avec les marbres qui en provinrent la fontaine Pauline, que l'on voit aujourd'hui sur le Janicule. Ce forum était dans la huitième région de la ville, à l'est de celui de César. Il subsiste encore quelques parties des murs d'enceinte avec deux colonnes corinthiennes à moitié ensevelies et une architrave richement décorée dont les bas-reliefs de la frise représentent les arts appliqués. Ces ruines se voient à l'angle oriental du carrefour de la *via Alessandrina* et de la *via della Croce-Bianca*. Primitivement c'était un long parallélogramme dont les portiques étaient formés par des colonnades d'ordre corinthien, avec pilastres adossés aux murs d'enceinte.

Le FORUM DE TRAJAN (*forum Trajani*) était le plus beau forum de Rome ; il était situé à l'extrémité nord de la huitième région, entre les monts Capitolin et Quirinal, à côté du forum d'Auguste. Il renfermait une agglomération d'édifices tous plus remarquables les uns que les autres et dont Apollodore de Damas fut l'architecte. Le forum proprement dit formait une grande place quadrangulaire de près de 124 mètres de côté, élargie en hémicycle sur deux de ses côtés. Le mur circulaire du sud-est se voit encore aujourd'hui en partie dans la cour de la maison portant le n° 6 de la *via della Salita del-grillo*. Deux arcs de triomphe donnaient accès à ce forum, qui renfermait, outre des tavernes sur deux côtés à l'usage des marchands, une basilique, une bibliothèque publique et un temple. La basilique occupait le fond de la place dans toute sa largeur; venait ensuite la bibliothèque, divisée par une cour en deux corps de bâtiment. Au milieu de cette cour s'élevait la colonne Trajane, de 43 mètres d'élévation, et mesurant 3^m,60 de diamètre à la base et 3^m,30 au sommet du fût, haut de 27 mètres. Tout autour de ce fût règne une spirale de 1 mètre de hauteur et dont le développement atteint 200 mètres, spirale composée de bas-reliefs représentant les exploits de Trajan dans sa guerre contre les Daces. Un

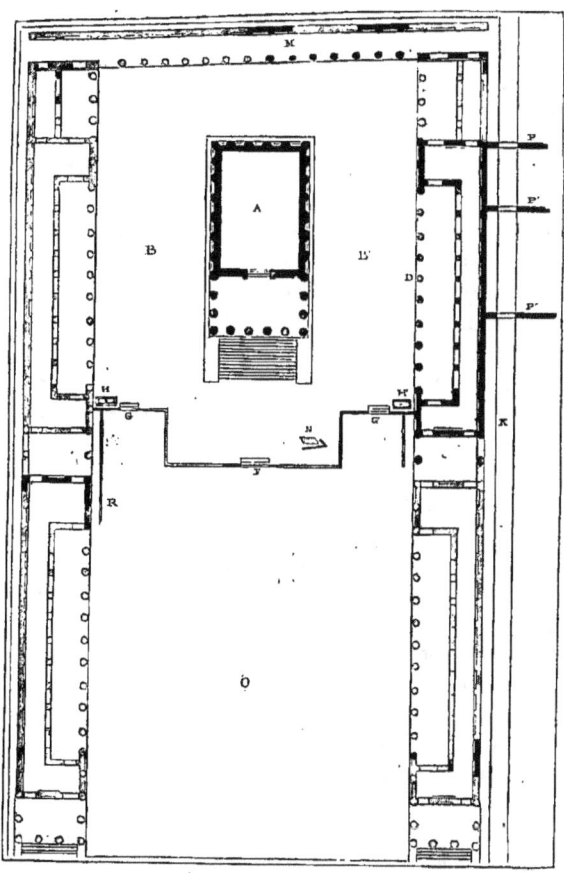

Fig. 4. — Plan du forum romain de Nîmes.

escalier de 185 marches, pratiqué à l'intérieur, conduit jusqu'au sommet de la colonne, qui portait la statue de Trajan, remplacée aujourd'hui encore par celle de saint Pierre. A la suite de la cour de la bibliothèque, il en existait une plus grande, dans l'axe de laquelle se trouvait un temple consacré à Trajan par Adrien. Apollodore de Damas avait créé là une des œuvres les plus remarquables de l'architecture romaine, car ce forum, tout en marbre blanc avec des colonnes en granit gris, avait, grâce à ses belles proportions, un aspect des plus grandioses, rehaussé encore, s'il se peut, par la finesse des sculptures. Le lecteur pourra se faire une idée de la beauté de celles-ci en jetant les yeux sur la planche XXXII, qui représente l'entablement du forum de Trajan. (Voy. ENTABLEMENT, t. 2, p. 159.)

Le FORUM DE VESPASIEN, fort peu connu était probablement une simple place située devant l'amphithéâtre Flavien, ou Colisée.

A l'exemple de Rome, presque toutes les villes de l'empire avaient leur forum ; il en était de même dans les colonies. Ainsi Nîmes avait un forum dont la *Maison carrée* était le centre. Notre figure 4 montre le plan de ce forum. En A on voit le temple, en B l'enceinte sacrée, en D des bases de colonnes encore debout, en F un escalier principal, en G des escaliers secondaires, en K un égout qui recevait les eaux du forum, en H de petits autels, en M le portique du fond, en N une mosaïque, en O la première enceinte, en P, P', des murs ayant appartenu à divers édifices dépendants du forum, en R deux caniveaux qui auraient servi, dit-on, à recueillir le sang des victimes. Les parties grises de notre plan sont restaurées, les noires seules subsistent. — Arles avait également son forum, et, chose à remarquer, c'est encore sur cette place que se traitent les affaires et que se louent chaque jour les ouvriers ruraux sans travail.

En résumé, nous voyons que les forums avaient deux destinations différentes : les uns servaient à la vente des denrées, les autres aux assemblées publiques. C'est à ceux-ci qu'on donnait les plus vastes proportions, car dans leur enceinte se concentraient pour ainsi dire la vie et le mouvement du peuple ; le Romain était toujours au forum pour y apprendre les nouvelles, causer politique, traiter des affaires importantes, et peut-être se livrer à des opérations de bourse ou tout au moins de banque. Vitruve (V, 12) nous apprend, en effet, qu'il existait dans les forums des comptoirs de changeurs, de banquiers et d'usuriers. Le taux du change était même affiché dans le voisinage des forums. Cicéron (*pro Quint.*, 4) nous dit que ce taux était affiché publiquement sur le soubassement du temple de Castor, qui se présente de flanc sur la partie de la voie Sacrée la plus fréquentée pour venir au forum. Le peuple vivant pour ainsi dire toujours dans ces lieux, il ne faut pas s'étonner que les empereurs se soient efforcés de rivaliser entre eux pour décorer les forums avec magnificence. Pline (VII, 38, et XXXV, 4, 11) nous apprend que celui de César était orné de peintures, de même que le forum romain.

FORUM VINARIUM. — On nommait ainsi une grande halle renfermant les pressoirs pour extraire le jus du raisin. (Caton, *de Re rusticâ*, 18 ; Varro, *de Re rusticâ*, I, 54.)

FORUM D'UN CAMP. — C'était la partie de la place du prétoire, du côté de l'*augural* (Tacite, *Ann.*, II, 13 ; XV, 30), qui était affectée au *marché du camp ;* le légat ou propréteur y dressait sa tente.

FORUM DE VULCAIN. — Ancien nom donné à la solfatare de Naples. Sur une éminence des environs de Pouzzoles il existe des crevasses (Strabon, V, p. 246) appelées par les auteurs anciens *soupiraux* ou *fosses de Charon : Spiracula vocent, alii charoneas scrobes.* (Pline, II, 93.) On les nomme aussi *forum de Vulcain.*

FORURE, *s. f.* — Trou percé dans la tige d'une clef à l'aide du foret ou autrement, et dans lequel doit passer la broche de la serrure. La clef est *forée à jour* quand la forure atteint toute la longueur de la tige.

FOSSE, *s. f.* — En général, ce mot désigne toute cavité creusée dans la terre et destinée à divers usages ; en effet, les fosses peuvent servir de réservoir, de citerne, de bassin, de cloaque, etc. C'est aussi une sorte d'auge en maçonnerie qui sert à fondre le plomb pour les tables et les tuyaux fabriqués avec ce métal.

FOSSE A CHAUX. — Cavité qui sert à éteindre la chaux et à la conserver une fois éteinte. (Voy. EXTINCTION.) Généralement, le fond et les parois des fosses à chaux sont formées de planches provenant du déchirage des bateaux.

LÉGISLATION. — On ne peut adosser une fosse à chaux contre un mur mitoyen sans y construire un contre-mur dans les conditions déterminées par la coutume de la localité (*Code civil*, art. 662 et 664 ; 19 août 1831, C. de Bordeaux), parce que les fosses à chaux contiennent une substance *corrosive, susceptible d'engendrer l'humidité* ou *capable d'endommager le mur.* (Voy. CONTRE-MUR ; Lepage, t. 1er, p. 122 et suiv. ; Desgodets, *Cout. de Paris*, art

188, 191, 192 ; Pardessus, *Servitudes*, n°s 199, 200; et Fournel, *Contre-mur*.)

FOSSE D'AISANCES. — Réservoir étanche destiné à recueillir les matières fécales. On doit autant que possible construire les fosses d'aisances loin des puits, des citernes et autres réservoirs d'eau, et les placer en contre-bas des caves, afin d'éviter des infiltrations et des dégagements de gaz dans des locaux où ils pour-

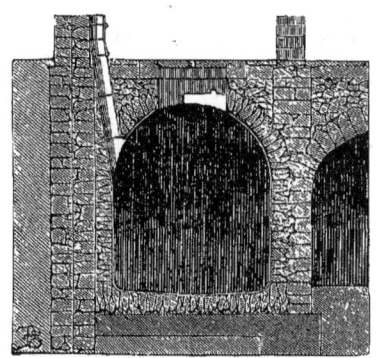

Fosses d'aisances fixes, de même niveau que les caves.

raient nuire. — Les fosses d'aisances sont *fixes* ou *mobiles*; les premières sont, pour ainsi dire, des cuves étanches en maçonnerie et construites à demeure. Anciennement on construisait des fosses fixes à fond perdu, c'est-à-dire qui laissaient les liquides s'infiltrer dans le sol; aujourd'hui on délaisse de plus en plus ce genre de fosse comme présentant des dangers pour la salubrité. Les fosses mobiles se composent d'appareils susceptibles d'être transportés. (Voy. l'art. suivant.)

FOSSES MOBILES. — Appareils en bois ou en métal, ordinairement en zinc, destinés à recevoir les matières fécales. Ces appareils peuvent être déplacés et transportés, ce qui permet d'en substituer de nouveaux à ceux qui sont pleins.

On nomme *fosses mobiles inodores* des tonneaux de bois cerclés en fer qui reçoivent, sur un point de leur paroi verticale, un tuyau de chute d'aisances. Ces tuyaux sont soigneusement lutés sur le tonneau à l'aide de terre glaise, ce qui fait qu'ils donnent moins d'odeur que d'autres systèmes.

Les fosses mobiles peuvent utiliser un système diviseur et filtrant, c'est-à-dire opérer la séparation des matières solides et des liquides : les premières restent dans un appareil nommé *tinette*, tandis que les liquides sont envoyés dans les égouts. Notre figure montre une tinette élevée sur un petit mur, (on les place aussi sur de petites échelles en fer); on y voit le tuyau conduisant les eaux vannes à l'égout. La même tinette reçoit les eaux d'un urinoir ou d'un cabinet de toilette. Sur le tuyau conduisant à l'égout,

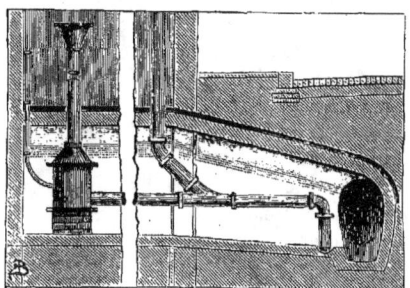

Fosses mobiles.

et pratiqué sous la chaussée de la rue, vient s'embrancher un conduit des eaux ménagères; le tout aboutit à un siphon placé près de l'égout. (Voy. SIPHON.)

LÉGISLATION ET JURISPRUDENCE. — L'article 193 de l'ancienne *Coutume de Paris* et deux ordonnances, l'une du 24 sept. 1819 et l'autre du 23 octobre 1819 (cette dernière remplacée par celle du 23 octobr. 1850), exigent que chaque maison soit pourvue de fosses d'aisances suffisantes et proportionnées au nombre de personnes appelées à s'en servir, afin qu'il ne soit pas nécessaire de les vider trop souvent. Une ordonnance en date du 1er déc. 1853 a étendu cette obligation aux communes rurales du ressort de la préfecture de police de la Seine.

Nous allons donner *in extenso* les ordonnances du 24 sept. 1819 et du 23 octobre 1850, parce qu'à elles deux elles fournissent tous les renseignements concernant la construction des nouvelles fosses, les réparations à faire aux anciennes et la destruction de celles hors de service, ainsi que d'autres renseignements. Voici d'abord l'ordonnance du 24 septembre 1819 :

SECTION PREMIÈRE. — DES CONSTRUCTIONS NEUVES.

Art. 1er. — A l'avenir, dans aucun bâtiment public ou particulier de la ville de Paris et de leurs dépendances, on ne pourra employer, pour fosses d'aisances, des puits, puisards, égouts, aqueducs ou carrières abandonnées, sans y faire les constructions prescrites par le règlement.

Art. 2. — Lorsque les fosses seront placées sous le sol des caves, ces caves devront avoir une communication immédiate avec l'air extérieur.

Art. 3. — Les caves sous lesquelles seront construites les fosses d'aisances devront être assez spacieuses pour contenir quatre travailleurs et leurs ustensiles, et avoir au moins deux mètres de hauteur sous voûte.

Art. 4. — Les murs, la voûte et le fond des fosses seront entièrement construits en pierres meulières, maçonnées avec du mortier de chaux maigre et de sable de rivière bien lavé.

Les parois des fosses seront enduites de pareil mortier lissé à la truelle.

On ne pourra donner moins de trente à trente-cinq centimètres d'épaisseur aux voûtes et moins de quarante-cinq à cinquante centimètres aux massifs et aux murs.

Art. 5. — Il est défendu d'établir des compartiments ou divisions dans les fosses, d'y construire des piliers, et d'y faire des chaînes ou des arcs en pierres apparentes.

Art. 6. — Le fond des fosses d'aisances sera en forme de cuvette concave. — Tous les angles intérieurs seront effacés par des arrondissements de vingt-cinq centimètres de rayon.

Art. 7. — Autant que les localités le permettront, les fosses d'aisances seront construites sur un plan circulaire, elliptique ou rectangulaire.

On ne permettra point la construction de fosses à angles rentrants, hors le seul cas où la surface de la fosse serait au moins de quatre mètres carrés de chaque côté de l'angle ; et alors il serait pratiqué, de l'un et de l'autre côté, une ouverture d'extraction.

Art. 8. — Les fosses, quelle que soit leur capacité, ne pourront avoir moins de deux mètres de hauteur sous clef.

Art. 9. — Les fosses seront couvertes par une voûte en plein cintre, ou qui n'en différera que d'un tiers de rayon.

Art. 10. — L'ouverture d'extraction des matières sera placée au milieu de la voûte, autant que les localités le permettront.

La cheminée de cette ouverture ne devra point excéder un mètre cinq centimètres de hauteur, à moins que les localités n'exigent impérieusement une plus grande hauteur.

Art. 11. — L'ouverture d'extraction, correspondant à une cheminée d'un mètre cinquante centimètres au plus de hauteur, ne pourra avoir moins d'un mètre en longueur sur soixante-cinq centimètres en largeur.

Lorsque cette ouverture correspondra à une cheminée excédant un mètre cinquante centimètres de hauteur, les dimensions ci-dessus spécifiées seront augmentées de manière que l'une de ces dimensions soit égale aux deux tiers de la hauteur de la cheminée.

Art. 12. — Il sera placé en outre à la voûte, dans la partie la plus éloignée du tuyau de chute et de l'ouverture d'extraction, si elle n'est pas dans le milieu, un tampon mobile, dont le diamètre ne pourra être moindre de cinquante centimètres. Ce tampon sera en pierre, et encastré dans un châssis en pierre garni, dans son milieu, d'un anneau en fer.

Art. 13. — Néanmoins ce tampon ne sera pas exigible pour les fosses dont la vidange se fera au niveau du rez-de-chaussée, et qui auront sur ce même sol des cabinets d'aisances avec trémie ou siége sans bonde, et pour celles qui auront une superficie moindre de six mètres dans le fond et dont l'ouverture d'extraction sera dans le milieu.

Art. 14. — Le tuyau de chute sera toujours dans le milieu.

Son diamètre intérieur ne pourra avoir moins de vingt-cinq centimètres, s'il est en terre cuite, et de vingt centimètres, s'il est en fonte.

Art. 15. — Il sera établi, parallèlement au tuyau de chute, un tuyau d'évent, lequel sera conduit jusqu'à la hauteur des souches de cheminées de la maison ou de celles des maisons contiguës, si elles sont plus élevées.

Le diamètre de ce tuyau d'évent sera de vingt-cinq centimètres au moins ; s'il passe cette dimension, il dispensera du tampon mobile.

Art. 16. — L'orifice intérieur des tuyaux de chute et d'évent ne pourra être descendu au-dessous des points les plus élevés de l'intrados de la voûte.

SECTION II.

DES RECONSTRUCTIONS DES FOSSES D'AISANCES DANS LES MAISONS EXISTANTES.

Art. 17. — Les fosses actuellement pratiquées

dans des puits, puisards, égouts anciens, aqueducs ou carrières abandonnées, seront comblées ou reconstruites à la première vidange.

Art. 18.— Les fosses situées sur le sol des caves, qui n'auraient point de communication immédiate avec l'air extérieur, seront comblées à la première vidange, si l'on ne peut établir cette communication.

Art. 19. — Les fosses actuellement existantes dont l'ouverture d'extraction, dans les deux cas déterminés par l'art. 11, n'aurait pas et ne pourrait avoir les dimensions prescrites par le même article, celles dont la vidange ne peut avoir lieu que par des soupiraux ou des tuyaux, seront comblées à la première vidange.

Art. 20. — Les fosses à compartiments ou étranglements seront comblées ou reconstruites à la première vidange, si l'on ne peut pas faire disparaître ces compartiments et étranglements et qu'ils soient reconnus dangereux.

Art. 21. — Toutes les fosses des maisons existantes, qui seront reconstruites, le seront selon le mode prescrit par la Iʳᵉ section du présent règlement.

Néanmoins le tuyau d'évent ne pourra être exigé que s'il y a lieu à reconstruire un des murs en élévation au-dessus de ceux de la fosse, ou si ce tuyau peut se placer intérieurement ou extérieurement sans altérer la décoration des maisons.

Section III.

Des réparations des fosses d'aisances.

Art. 22. — Dans toutes les fosses existantes, et lors de la première vidange, l'ouverture d'extraction sera agrandie, si elle n'a pas les dimensions prescrites par l'art. 11 de la présente ordonnance.

Art. 23. — Dans toutes les fosses dont la voûte aura besoin de réparations, il sera établi un tampon mobile, à moins qu'elles ne se trouvent dans le cas d'exception prévu par l'art. 13.

Art. 24. — Les piliers isolés, établis dans les fosses, seront supprimés à la première vidange, ou l'intervalle entre les piliers et les murs sera rempli en maçonnerie, toutes les fois que le passage entre ces piliers et les murs aura moins de soixante-dix centimètres de largeur.

Art. 25. — Les étranglements existant dans les fosses et qui ne laisseraient pas un passage de soixante-dix centimètres au moins de largeur, seront élargis à la première vidange, autant qu'il sera possible.

Art. 26. — Lorsque le tuyau de chute ne communiquera avec la fosse que par un couloir ayant moins d'un mètre de largeur, le fond de ce couloir sera établi en glacis jusqu'au fond de la fosse, sous une inclinaison de 45 degrés au moins.

Art. 27. — Toute fosse qui laisserait filtrer ses eaux par les murs ou par le fond sera réparée.

Art. 28. — Les réparations consistant à faire des rejointoiements, à élargir l'ouverture d'extraction, placer un tampon mobile, rétablir des tuyaux de chute ou d'évent, reprendre la voûte et les murs, boucher ou élargir des étranglements, réparer le fond des fosses, supprimer des piliers, pourront être faites suivant les procédés employés à la construction première de la fosse.

Art. 29. — Les réparations consistant dans la reconstruction entière d'un mur, de la voûte ou du massif du fond des fosses d'aisances, ne pourront être faites que suivant le mode indiqué ci-dessus pour les constructions neuves.

Art. 30. — Les propriétaires des maisons dont les fosses seront supprimées en vertu de la présente ordonnance seront tenus d'en faire construire de nouvelles, conformément aux dispositions prescrites par les articles de la Iʳᵉ section.

Art. 31. — Ne seront pas astreints aux constructions ci-dessus déterminées les propriétaires qui, en supprimant leurs anciennes fosses, y substitueront les appareils connus sous le nom de *fosses mobiles inodores*, ou tous autres appareils que l'administration publique aurait reconnus par la suite pouvoir être employés concurremment avec ceux-ci.

Art. 32. — En cas de contravention aux dispositions de la présente ordonnance, ou d'opposition de la part du propriétaire aux mesures prescrites par l'administration, il sera procédé dans les formes voulues, devant le tribunal civil, suivant la nature de l'affaire.

Art. 33. — Le décret du 10 mars 1809 concernant les fosses d'aisances dans Paris est et demeure annulé.

Voici l'ordonnance du 24 octobre 1850 qui a remplacé celle du 23 octobre 1819 :

Art. 1ᵉʳ. — Aucune fosse d'aisances ne pourra être construite, reconstruite ou réparée, sans déclaration préalable à la préfecture de police.

Cette déclaration sera faite par le propriétaire ou l'entrepreneur qu'il aura chargé de l'exécution des ouvrages.

Dans le cas de construction ou de reconstruction, la déclaration devra être accompagnée du plan de la fosse à construire ou à reconstruire et de celui de l'étage supérieur.

Art. 2. — Seront dispensées de la formalité de la déclaration les reconstructions et réparations que prescriront les architectes de l'administration lors de la visite des fosses à la suite de la vidange.

Art. 3. — L'établissement des appareils des fosses mobiles reste soumis aux formalités et conditions énoncées aux articles 28, 29 et suivants de l'ordonnance du 5 juin 1834 (1).

Art. 4. — Il est défendu de combler les fosses d'aisances ou de les convertir en caves sans en avoir obtenu la permission du préfet de police.

Art. 5. — Il est interdit aux propriétaires et entrepreneurs d'extraire ou faire extraire par leurs ouvriers ou tous autres les eaux vannes et matières qui se trouveraient dans les fosses.

Cette extraction ne pourra être faite que par les entrepreneurs de vidanges.

Art. 6. — Il leur est également interdit de faire couler dans la rue les eaux claires et sans odeur qui reviendraient dans la fosse après la vidange, a moins d'y être spécialement autorisés.

Art. 7. — Tout propriétaire faisant procéder à la réparation ou à la démolition d'une fosse, ou tout entrepreneur chargé des mêmes travaux, sera tenu, tant que dureront la démolition et l'extraction des pierres, d'avoir à l'extérieur de la fosse autant d'ouvriers qu'il en emploiera à l'intérieur.

Art. 8. — Chaque ouvrier travaillant à la démolition ou à l'extraction des pierres sera ceint d'un bridage dont l'attache sera tenue par un ouvrier placé à l'extérieur.

Art. 9. — Les propriétaires et entrepreneurs sont, aux termes des lois, responsables des effets des contraventions aux quatre articles précédents.

Art. 10. — Toute fosse, avant d'être comblée, sera vidée et curée à fond.

Art. 11. — Toute fosse destinée à être convertie en cave sera curée avec soin, les joints en seront grattés à vif et les parties en mauvais état réparées conformément aux dispositions prescrites par les articles 5, 6, 7 et 8.

Art. 12. — Si un ouvrier est frappé d'asphyxie en travaillant dans une fosse, les travaux seront suspendus à l'instant, et déclaration en sera faite dans le jour à la préfecture de police.

Les travaux ne pourront être repris qu'avec les précautions et les mesures indiquées par l'autorité.

Art. 13. — Tous les matériaux provenant de la démolition des fosses d'aisances seront immédiatement enlevés.

Art. 14. — Les fosses neuves reconstruites ou réparées ne pourront être mises en service et fermées qu'après qu'un architecte de la préfecture de police en aura fait la réception et aura délivré un permis de fermer.

Art. 15. — Pour l'exécution des dispositions de l'article précédent, il devra être donné avis à la préfecture de police de l'achèvement des travaux, savoir : pour les fosses neuves, par une déclaration écrite et déposée au bureau de la petite voirie, et pour les fosses reconstruites ou réparées d'après les indications des architectes de l'administration, par la remise au même bureau du bulletin laissé par l'architecte qui a prescrit les travaux.

Art. 16. — Tout propriétaire qui aura supprimé une ou plusieurs fosses d'aisances pour établir des appareils quelconques en tenant lieu, et qui, par suite, renoncerait à l'usage desdits appareils, sera tenu de rendre à leur première destination les fosses d'aisances supprimées ou d'en faire construire de nouvelles.

Art. 17. — Il est enjoint à tous propriétaires, locataires et concierges de faciliter aux préposés de l'administration toute visite ayant pour but de s'assurer de l'état des fosses et de leurs dépendances.

Art. 18. — L'ordonnance précitée du 23 octobre 1819 est rapportée.

Art. 19. — Les contraventions seront constatées par des procès-verbaux ou rapports qui seront transmis sans délai à la préfecture.

Art. 20. — Les commissaires de police, l'architecte commissaire de la petite voirie, l'inspecteur général de la salubrité et les autres préposés de la préfecture de police sont chargés de l'exécution de la présente ordonnance.

Pour compléter les renseignements juridiques et administratifs concernant les fosses d'aisances nous devons donner une partie des titres IV et V de l'ordonnance de police en date du 1er décembre 1853 (1) qui traitent de la vidange des fosses, de l'établissement des appareils des fosses mobiles, du service et de la construction desdits appareils, ainsi que des dispositions relatives aux entrepreneurs de fosses. Tous ces renseignements peuvent être d'une utile application dans un grand nombre de localités. Voici ces titres :

---

(1) Voir plus loin ce que nous disons sur les fosses mobiles et leurs appareils.

(1) Cette ordonnance a été prise en vue des communes rurales du ressort de la préfecture de police.

DE LA VIDANGE DES FOSSES D'AISANCES.

Art. 48. — Il est enjoint à tous propriétaires de maisons de faire procéder sans retard à la vidange des fosses d'aisances lorsqu'elles seront pleines.

Aucune vidange ne pourra être faite que par un entrepreneur dûment autorisé.

Art. 49. — Nul ne pourra exercer la profession d'entrepreneur de vidanges sans être pourvu d'une permission du maire de la commune.

Cette permission ne sera délivrée qu'après qu'il aura été justifié par le demandeur : 1° qu'il possède les voitures, chevaux, tinettes, tonneaux, seaux et autres ustensiles nécessaires au service des vidanges ; 2° qu'il est muni des appareils de désinfection dont l'administration aura prescrit l'emploi ; 3° et qu'il a pour déposer ses voitures, appareils et ustensiles, pendant le temps où ils ne sont pas employés aux opérations de la vidange, un emplacement convenable, situé dans une localité où l'administration aura reconnu que ce dépôt peut avoir lieu sans inconvénient.

Art. 50. — La vidange ne pourra avoir lieu que pendant la nuit. — Les voitures employées à ce service, chargées ou non chargées, ne pourront circuler dans l'intérieur des communes que pendant le temps qui aura été déterminé par les maires de ces communes.

Toutefois l'extraction des matières ne pourra commencer, du 1er octobre au 31 mars, avant neuf heures du soir, et du 1er avril au 30 septembre, avant dix heures du soir, ni se prolonger, du 1er octobre au 31 mars, au delà de huit heures du matin, et du 1er avril au 30 septembre, au delà de sept heures du matin.

Art. 51. — Toute voiture employée au transport des matières fécales portera devant et derrière un numéro d'ordre, et sera munie sur le devant d'une lanterne qui devra être allumée pendant la nuit et porter, sur le verre le plus apparent, le numéro d'ordre de la voiture.

Chaque voiture portera en outre une plaque indiquant le nom et la demeure du propriétaire.

Les maires assigneront à chaque entrepreneur de vidanges la série des numéros d'ordre affectés à ses voitures, et détermineront les dimensions que devront avoir les numéros, tant sur les voitures que sur les lanternes.

Art. 52. — Les entrepreneurs faisant usage de tonnes seront tenus d'en fermer les bondes de déchargement au moyen d'une bande de fer transversale fixée à demeure à la tonne par l'une de ses extrémités, et fermée à l'autre par un cadenas.

Les écrous et rondelles soutenant la ferrure seront rivés à l'intérieur des tonnes.

L'entonnoir de décharge sera fermé de manière à prévenir toute éclaboussure.

Il est interdit d'employer au service de la vidange et de faire circuler des tonnes dont les bondes de déchargement ne seraient point fermées de la manière prescrite par le présent article.

Les cadenas apposés aux tonnes ne pourront être ouverts et refermés qu'à la voirie par la personne préposée à cet effet.

En conséquence, il est interdit aux entrepreneurs de confier la clef desdits cadenas à aucune autre personne.

Art. 53. — Il sera placé une lanterne allumée en saillie sur la voie publique, à la porte de la maison où devra s'opérer une vidange, et ce préalablement à tout travail et à tout dépôt d'appareils sur la voie publique.

Art. 54. — On ne pourra ouvrir aucune fosse d'aisances sans prendre les précautions nécessaires pour prévenir les accidents qui pourraient résulter du dégagement ou de l'inflammation des gaz qui y seraient renfermés. — Lorsque l'ouverture sera nécessitée par un motif autre que celui de la vidange, l'entrepreneur en donnera avis dans le jour à la mairie.

Art. 55. — La vidange d'une fosse d'aisances ne pourra avoir lieu sans que préalablement il en ait été fait, par écrit, une déclaration à la mairie, la veille ou le jour même de la vidange, avant midi.

Cette déclaration énoncera le nom de la rue et le numéro de la maison, les noms et demeures du propriétaire et de l'entrepreneur de vidanges, enfin le nombre des fosses à vider dans la même maison.

Art. 56. — Lorsque l'entrepreneur n'aura pu trouver l'ouverture de la fosse, il ne pourra en faire rompre la voûte qu'en vertu d'une permission du maire ; l'ouverture devra avoir les dimensions prescrites par l'article 12 de la présente ordonnance (1).

Art. 57. — Les propriétaires et locataires ne devront pas s'opposer au dégorgement des tuyaux. En cas de refus de leur part, la déclaration en sera faite par l'entrepreneur à la mairie.

Art. 58. — L'entrepreneur fournira chaque ate-

---

(1) Ces dimensions sont données dans l'article 11 de l'ordonnance du 24 septembre 1819. (Voy. ci-dessus.)

lier d'au moins deux brigades et d'un flacon de chlorure de chaux concentré, dont il sera fait usage au besoin pour prévenir les dangers d'asphyxie.

Art. 59. — Il ne pourra être employé à chaque atelier moins de quatre ouvriers dont un chef.

Art. 60. — Il est défendu aux ouvriers de se présenter sur les ateliers en état d'ivresse. Il leur est également défendu de travailler à l'extraction des matières, même des eaux vannes, et de descendre dans les fosses, pour quelque cause que ce soit, sans être ceints d'un bridage.

La corde du bridage sera tenue par un ouvrier placé à l'extérieur. Nul ouvrier ne pourra se refuser à ce service. Il est défendu aux entrepreneurs et chefs d'atelier de conserver sur leurs travaux des ouvriers qui seraient en contravention aux dispositions ci-dessus.

Art. 61. — Pendant le temps du service, les vaisseaux, appareils et voitures doivent être placés dans l'intérieur des maisons toutes les fois qu'il y aura un emplacement suffisant pour les recevoir. Dans le cas contraire, ils seront rangés et disposés au devant des maisons où se feront les vidanges, de manière à nuire le moins possible à la liberté de la circulation.

Art. 62. — Les matières provenant de la vidange des fosses seront immédiatement déposées dans les récipients qui doivent servir à les transporter aux voiries. Ces vaisseaux seront, en conséquence, remplis auprès de l'ouverture des fosses, fermés, lutés et nettoyés ensuite avec soin à l'extérieur avant d'être portés aux voitures ; toutefois, les eaux vannes seront extraites au moyen d'une pompe.

Il est expressément interdit de faire couler les eaux vannes ou de jeter des matières solides sur la voie publique ou dans les égouts.

Art. 63. — Après le travail de chaque nuit, et avant de quitter l'atelier, les vidangeurs seront tenus de laver, de nettoyer les emplacements qu'ils auront occupés. — Il leur est défendu de puiser de l'eau avec les seaux employés aux vidanges.

Art. 64. — Le travail de la vidange de chaque fosse sera continué à nuits consécutives, en sorte que la vidange, interrompue à la fin d'une nuit, devra être reprise au commencement de la nuit suivante.

Lorsque les ouvriers auront été frappés du plomb (asphyxiés), le chef d'atelier suspendra la vidange et l'entrepreneur sera tenu de faire, dans le jour, à la mairie, sa déclaration de suspension de travail.

Il ne pourra reprendre le travail qu'avec les pré-

cautions et mesures qui lui seront indiquées suivant les circonstances.

Art. 65. — Aucune fosse ne pourra être allégée sans l'autorisation du maire. — Il est défendu aux entrepreneurs de laisser des matières au fond des fosses et de les masquer de quelque manière que ce soit.

Art. 66. — Les fosses doivent être entièrement vidées, balayées et nettoyées. — Les ouvriers vidangeurs qui trouveront dans les fosses des effets quelconques, et notamment des objets pouvant indiquer ou faire supposer quelque crime ou délit, en feront la déclaration, dans le jour, soit au maire, soit au commissaire de police.

Art. 67. — Il est défendu de laisser dans les maisons, au delà des heures fixées pour le travail, des vaisseaux ou appareils quelconques servant à la vidange des fosses d'aisances. Les vaisseaux ou appareils contenant des matières, qui y seraient trouvés au delà desdites heures, seront, aux frais de l'entrepreneur, immédiatement enlevés d'office et transportés à la voirie.

Art. 68. — Néanmoins toutes les fois que, dans l'impossibilité momentanée de se servir d'une fosse d'aisances, il sera reconnu nécessaire de placer dans la maison des tinettes, ou tonneaux, le dépôt provisoire de ces vaisseaux pourra, sur la demande écrite du propriétaire ou du principal locataire, être autorisé par le maire ou le commissaire de police.

Ces appareils devront être enlevés aussitôt qu'ils seront pleins ou que la cause qui aura nécessité leur placement aura cessé.

Art. 69. — Hors le temps du service, les tonnes, les tinettes et tonneaux ne pourront être déposés ailleurs que dans des emplacements agréés à cet effet par le maire.

Les articles suivants du titre IV, section Ire, traitent du réparage de la fosse vidée, de la manière d'enlever les eaux qui reviendraient dans la fosse et de l'autorisation nécessaire pour la fermeture de ladite fosse, qui, si elle était fermée sans autorisation, serait ouverte de nouveau aux jour et heure indiqués par une sommation adressée au propriétaire.

La section II du titre IV, de la même ordonnance du 1er décembre 1853, traite du service des fosses mobiles. Il y est dit qu'en remplacement des fosses mobiles, on ne pourra établir que des appareils approuvés par le préfet de police ; que nul ne pourra exercer la profession d'entrepreneur de fosses mobiles que s'il est pourvu d'une permission du maire de la commune, permission qui ne sera délivrée qu'après que le demandeur aura justifié :

1° Qu'il a les voitures, chevaux et appareils nécessaires au service des fosses mobiles ;

2° Qu'il a pour déposer les voitures et appareils, lorsqu'ils ne sont point en service, un emplacement convenable, agréé à cet effet par le maire.

Il y est dit également qu'il est expressément défendu à toute personne qui n'est pas pourvue d'une permission d'entrepreneur de fosses mobiles de s'immiscer en quoi que ce soit dans le service desdites fosses, de poser ou faire poser des appareils ; que dans aucun cas ces appareils ne peuvent être posés ou supprimés par un entrepreneur autorisé sans déclaration préalable, qu'enfin :

Art. 81. — Les appareils devront être établis sur un sol rendu imperméable jusqu'à 1 mètre au moins au pourtour des appareils, autant que les localités le permettront et disposés en forme de cuvette.

Les caveaux où se trouvent les appareils devront être constamment pourvus d'une échelle qui permette d'y descendre avec facilité et sans danger.

Les trappes qui fermeront l'ouverture de ces caveaux seront construites solidement et garnies d'un anneau en fer destiné à en faciliter la levée.

Il sera pris les dispositions nécessaires pour que les eaux pluviales et ménagères ne puissent pénétrer dans le caveau.

Pour ce qui concerne les fosses communes à plusieurs propriétaires et la construction du contre-mur, voyez Maison, Contre-mur, Réparation.

Pour ce qui est du curement des fosses, l'article 1756 du Code civil dit que, de même que celui des puits, il est à la charge du bailleur, s'il n'y a clause contraire.

FOSSE A FUMIER. — Voy. Fumière.

FOSSE A PURIN. — Voy. Fumière.

FOSSE A PIQUER. — Sur les voies ferrées, on nomme *fosses à piquer le feu*, des fossés longs et rectangulaires qui se trouvent en tête des grandes gares et qui pendant l'arrêt des trains permettent de piquer le feu et de nettoyer la grille et le cendrier des locomotives, ainsi que de renouveler les approvisionnements de charbon du tender.

FOSSE A VISITER. — Comme la précédente fosse, celle-ci se trouve également sur les voies ferrées, ou dans les remises de dépôt des locomotives des chemins de fer. Ces fosses servent à la visite et au graissage des parties du mécanisme qu'on ne pourrait aborder autrement ; un graisseur y descend pendant l'ar-

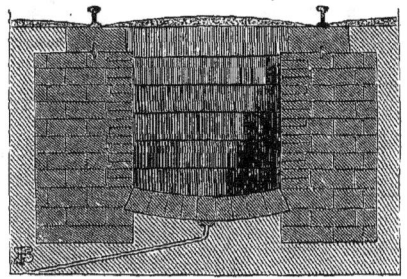

Fosse à visiter.

rêt du train et visite en dessous les locomotives et leur tender. (Voy. notre fig.) Dans les remises de dépôt des locomotives, elles servent à vider le foyer des locomotives ainsi que l'eau des chaudières ; dans les remises et ateliers, ces mêmes fosses servent pour le nettoyage des voitures des voyageurs, des fourgons et autres véhicules, ainsi que pour serrer le montage sur essieux et à faire les réparations et autres travaux qu'on ne pourrait exécuter sous les voitures ou de côté.

FOSSÉ, s. m. — Excavation longue et étroite, rigole, sorte de tranchée, servant de limite, de clôture, à un terrain placé le long d'une route et destiné à recueillir les eaux pluviales. — C'est aussi une excavation pratiquée autour des ouvrages de fortification pour en défendre l'approche. De là vient qu'on distingue les fossés : en *fossés de clôture*, qui peuvent être ou non mitoyens, comme nous allons le voir dans le présent article, § *Jurisprudence* ; en *fossés d'assainissement, de décharge, d'irrigation, de fortification*, etc.

Les fossés peuvent être revêtus ou non de maçonnerie, avoir ou n'avoir pas de radiers. Quand ils sont revêtus de maçonnerie, les parois sont verticales ou à peu près ; dans le cas contraire, elles sont inclinées suivant un angle de 45 degrés, afin de prévenir l'éboulement des terres.

Les anciens, sauf pour leurs camps, ont peu employé les fossés dans leurs ouvrages militaires, la hauteur et l'extrême solidité de leurs

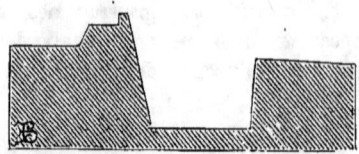

Fig. 1. — Fossé à fond de cuve.

remparts leur paraissant une garantie suffisante contre les efforts des assiégeants. Pendant le moyen âge le fossé a été beaucoup employé, et depuis on s'en est toujours servi, dans l'art des fortifications, comme d'un auxiliaire indispensable. — Les fossés sont ou ne sont pas remplis d'eau, suivant la position qu'ils occupent. — On nomme *escarpe* le côté du fossé qui forme le pied du mur, et *contrescarpe* le côté opposé au mur. La section de ces fossés varie, suivant que l'escarpe et la contrescarpe, ou seulement l'une des deux, sont

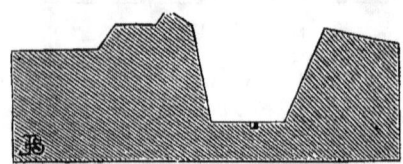

Fig. 2. — Fossé de l'enceinte de Paris.

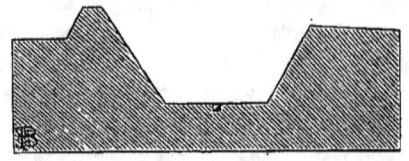

Fig. 3. — Fossé sans revêtement de maçonnerie.

ou ne sont pas revêtues de maçonnerie. Quand les parois des fossés ne sont pas revêtus de maçonnerie, elles sont inclinées. Le fossé que représente la fig. 1, dit *à fond de cuve*, a son escarpe et sa contrescarpe revêtues en maçonnerie, et ses parois n'ont que le fruit ordinaire

de tous les murs de soutènement ; celui que montre la figure 2, qui est celui de l'enceinte actuelle de Paris, a son escarpe seule revêtue. Si aucune des deux parois n'est revêtue, la section du fossé affecte la forme qu'on peut voir dans la fig. 3, ou dans la figure 4, laquelle donne le profil du fossé creusé autour de Paris sous le règne du roi Jean, au pied de l'enceinte dont Philippe-Auguste avait entouré Paris.

JURISPRUDENCE ET LÉGISLATION. — Les propriétés rurales peuvent être bornées ou séparées entre elles au moyen d'un fossé séparatif ; les fossés qui existaient avant la promulgation du Code civil sont régis suivant les us et coutumes en vigueur lors de leur établissement ; car, comme le dit l'article de ce code,

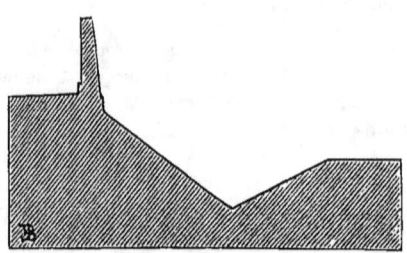

Fig. 4. — Fossé creusé autour de l'enceinte de Paris sous le roi Jean.

« la loi ne dispose que pour l'avenir, elle n'a point d'effet rétroactif. »

Art. 666. — Tous fossés entre deux héritages sont présumés mitoyens, s'il n'y a titre ou marque du contraire.

Art. 667. — Il y a marque de non-mitoyenneté lorsque la levée ou le rejet de la terre se trouve d'un côté seulement du fossé.

Art. 668. — Le fossé est censé appartenir exclusivement à celui du côté duquel le rejet se trouve. (Voy. la fig. 5.)

Art. 669. — Le fossé mitoyen doit être entretenu à frais communs. (Voy. la fig. 6.)

Dans beaucoup de localités, les usages ou la coutume fixaient une certaine largeur, que le propriétaire d'un fossé séparatif devait laisser pour prévenir les éboulements, entre le bord de son fossé et l'héritage voisin. Cette largeur, qui est très-variable, porte le nom de *berge*, *rejet*, *répare*, *porte-rouelle*, *pas de cheval* ; elle est assez généralement d'un pied (0m,33). A

Paris, l'usage est de donner au *pas de che-val* 0ᵐ,50 ; en Normandie, la *répare* ou *porte-rouelle* était, suivant Fournel (vᵒ *Fossé*), de deux pieds. Partout où des usages existent à l'égard des fossés, on doit les respecter, car une jurisprudence constante donne raison aux cou-

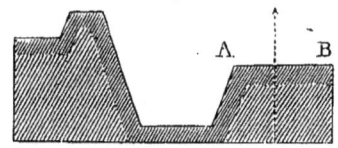

Fig. 5. — Fossé appartenant à un seul propriétaire, A ; B, voisin.

tumes locales à cet égard. (Cass., 11 avril 1848; id., 3 juillet 1849 ; Demolombe, t. 11, nᵒ 464; Duccaurroy et Bonnier, t. 2, nᵒ 304.)

De quelque manière que soit fait un fossé qui touche deux propriétés contiguës, sans au-tre objet intermédiaire, il appartient toujours au maître indiqué par les titres. Mais, à défaut de titre, les articles 667 et 668 du Code civil cités ci-dessus décident que le fossé est censé appartenir exclusivement au propriétaire sur le fonds duquel se trouve la berge des terres. Ainsi, dans notre figure 5, le fossé appartient au propriétaire A : la ligne ponctuée indique la séparation des héritages A et B, et l'espace situé entre A et la ligne ponctuée est le *pas de cheval.* — « Pour entendre cette disposition, dit Lepage (t. 1ᵉʳ, p. 213), il faut se rappeler que, quand les ouvriers creusent un fossé, ils rejettent sur les bords la terre qu'ils en retirent. Or, si cette terre est totalement sur un des bords du fossé (fig. 5), on en conclut qu'il a

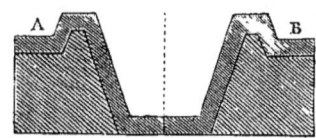

Fig. 6. — Fossé mitoyen : A, propriétaire de gauche; B, propriétaire de droite.

été tracé entièrement sur l'héritage où les ter-res ont été jetées ; par conséquent, on regarde le fossé comme appartenant uniquement au maître de cet héritage........ Si en creusant le fossé les terres ont été jetées en partie sur un bord, et en partie sur l'autre (comme l'indique

notre fig. 6), c'est une présomption que ce fossé est mitoyen ; car alors le rejet des terres n'est pas d'un côté seulement, et cette présomp-tion de droit est une preuve, tant qu'elle n'est pas démentie par des titres. »

Si l'on ne rencontre aucune trace de rejet des terres, on décide pareillement que le fossé est mitoyen, tant que le contraire n'est pas prouvé. A défaut de titre, la seule marque de la propriété d'un fossé est le rejet des terres d'un seul côté : donc, s'il n'existe d'aucun côté, on peut supposer que d'un commun accord les propriétaires ont reporté respectivement sur leur héritage les parties de terre extraite du fossé. Mais le rejet de terre provenant du cu-rage et existant dans un côté en nature de forêt n'est pas une preuve de la propriété du fossé, surtout si l'autre côté est en nature de terre cultivée, car le produit du curement, quoi-que ayant été rejeté également sur cette berge, peut avoir disparu par les usages de la culture. (C. de Paris, 13 juin 1863 ; *Gazette des Trib.*, nᵒ du 21 juin 1863.)

Le propriétaire exclusif d'un fossé, quoique ce fossé joigne sans moyen l'héritage voisin, a le droit de le combler ; il est seul aussi tenu de l'entretenir, et, quand il le fait curer, les terres, boues et immondices provenant du curement sont rejetées sur son terrain. Il ne peut rien planter sur un pied du bord (*pas de cheval*) du côté opposé, quoique lui appartenant, parce qu'il n'est pas permis de faire des plantations aussi proches de l'héritage de son voisin ; il ne peut non plus abandonner sur ce même bord son bétail, lequel pourrait occasionner des dégâts sur le terrain du voisin, ce qui fe-rait encourir au propriétaire du bétail des dom-mages-intérêts pour le préjudice causé par ses animaux.

Sauf la preuve du contraire, les arbres qui se trouvent sur les berges ou dans les fossés appartiennent au propriétaire de ce fossé; si le fossé est mitoyen les arbres appartiennent au propriétaire de la berge nourricière, en vertu de l'article 552 du Code civil, qui dit que la propriété du sol emporte la propriété du dessus et du dessous. — Un fossé mitoyen une fois établi, l'un des copropriétaires peut-il combler la moitié du fossé qui lui appartient ?

Non, si l'utilité publique ou les besoins de l'agriculture s'y opposent. Mais, dans le cas où l'intérêt public n'est pas en jeu, ce droit existe-t-il encore? L'avis des jurisconsultes est partagé à cet égard. D'après Desgodets, Lepage, Fournel, Duranton et Daviel, on peut obtenir le partage du fossé pour reprendre la part qu'on y a fournie. D'autres auteurs soutiennent la thèse contraire, estimant, à tort selon nous, qu'il est de l'essence de la mitoyenneté « de constituer une indivision nécessaire dont l'un des copropriétaires ne peut sortir que du consentement de l'autre ou par abandon. » (Angers, 1er juin 1836 ; Duvergier, sur Toullier, t. 2, n° 227, note A, etc.)

Sauf le cas où l'existence d'un fossé est d'intérêt public, ou bien si ce même fossé sert aux deux voisins, soit comme irrigation, soit même comme simple bornage, sauf ces deux cas, disons-nous, tout copropriétaire d'un fossé séparatif ou de clôture peut faire ABANDON (Voy. ce mot) au voisin de son droit de mitoyenneté, afin de s'affranchir des frais d'entretien et de curage; mais, une fois l'abandon accompli, il ne peut plus rentrer dans son ancien droit, quand bien même il voudrait racheter à prix d'argent la portion abandonnée : car, dit Lepage (t. 1er, p. 217), « par suite de l'abandon, l'objet qui était possédé en commun appartient en totalité et irrévocablement au propriétaire par qui l'abandon a été accepté. Celui-ci est absolument dans le même cas que si le fossé avait originairement été fait sur son propre fonds. Or, comme nous l'avons observé plus haut, le propriétaire exclusif d'un fossé n'est pas tenu d'en céder la mitoyenneté, quoique ce fossé touche sans moyen l'héritage voisin. L'obligation de céder la moitié d'une clôture n'est imposée que quand la séparation est un mur. Mais quand le fossé est de telle nature qu'on n'a pas la faculté de le détruire, l'un des propriétaires ne peut pas forcer l'autre à s'en charger seul, même en lui abandonnant la mitoyenneté. »

L'annotateur de Desgodets pense que, même dans le cas où le fossé contient de l'eau dormante, l'un des propriétaires ne peut pas forcer l'autre à accepter l'abandon, lorsqu'il est impossible de le supprimer sans faire un tort notable aux terres adjacentes; car celui à qui l'abandon serait fait ne serait pas libre de combler ce fossé. (Lepage, *loc. cit.*)

Toutes les contestations qui peuvent s'élever à l'occasion des fossés sont de la compétence des tribunaux civils ; l'autorité administrative n'est compétente que pour rapporter les arrêtés municipaux qui avaient ordonné indûment le curage ou le comblement d'un fossé. (C. d'État, 13 juin 1858.)

FOSSÉ D'IRRIGATION. — Fossé servant à irriguer, à arroser les terres. Ces fossés se creusent généralement dans le sol ; cependant on les fait en maçonnerie quand ils sont établis

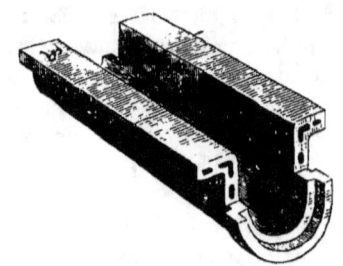

Fig. 7. — Fossé d'irrigation pour les eaux d'égout
(système Doulton).

au-dessus du sol. On fait aujourd'hui des fossés en grès Doulton pour utiliser les eaux d'égout à l'arrosage des terres. Notre figure 7 montre ce type de fossé, dont les bouts se réunissent les uns aux autres par emboîtement.

FOUÉE, *s. f.* — Fagot fait sur le chantier de construction. L'expression *faire une fouée*, employée par les ouvriers, signifie ramasser des abouts de bois de 0m,50 à 0m,60 pour en faire un fagot de bois à brûler.

FOUET, *s. m.* — Corde à nœuds légère dont on se sert pour les travaux de réparations des clochers. — On nomme aussi *fouet* l'ouvrier verrier qui range les objets de verre dans le four.

FOUETTER, *v. a.* — Jeter à l'aide d'un balai du plâtre clair entre le lattis d'un lambris ou d'un plafond, afin de pouvoir l'enduire ensuite; c'est encore jeter du plâtre ou du mortier par aspersion, pour exécuter des panneaux de crépi, qu'on laisse tels quels ou qu'on ravale.

FOUGÈRE, *s. f.* — Plante qui comprend plusieurs variétés et dont les feuilles, très-ornementales, sont employées dans la flore architecturale. (Voy. FLORE.) — En charpenterie et en menuiserie, on nomme *assemblage à brins de fougère* les pans de bois dont les pièces sont assemblées diagonalement ; *parquet en fougère,* celui dont les frises, disposées diagonalement, rappellent la disposition des feuilles de certaines fougères.

FOUILLE, *s. f.* — Ce terme s'applique à la fois au travail d'extraction des terres et au résultat même de ce travail, c'est-à-dire à l'excavation faite dans un terrain pour extraire des matériaux ou pour jeter les fondations d'une construction quelconque. Les fouilles se font par *déblaiement* ou par *excavation ;* on leur donne le nom de *sonde,* de *tranchée,* de *rigole,* suivant les conditions dans lesquelles elles sont faites. Suivant la nature du terrain et les dimensions à donner aux fouilles, on les exécute de diverses manières ; aussi distingue-t-on : les *fouilles en excavation* ou *fouilles couvertes,* c'est-à-dire *souterraines,* qui exigent des travaux de soutènement des terres au fur et à mesure de leur avancement ; les *fouilles en rigole,* c'est-à-dire qui ne mesurent que 0^m,90 à 1m. de large, vrais *fossés,* dont l'étroitesse leur a valu leur nom (*en rigole*), mais qu'il faut *étrésillonner* quand elles sont profondes ; les *fouilles par abatage,* qui consistent en tranchées horizontales pratiquées au-dessous d'une masse de terre, qu'on abat ensuite par blocs, à l'aide de tranchées verticales ou cheminées. Ces dernières ne peuvent être faites que dans des terrains assez fermes, car dans les terres trop meubles ou légères elles seraient d'une exécution impossible. Du reste, elles présentent toujours de grands dangers, aggravés encore par l'imprudence des ouvriers ; aussi, quoique ce mode soit très-expéditif, ne doit-on l'employer qu'avec beaucoup de circonspection.

On nomme *fouille en pleine masse* une excavation assez considérable dans laquelle on ne laisse subsister aucun terre-plein ; généralement les fouilles pour les constructions privées sont ainsi faites. Les *fouilles dans l'eau* ou *sous l'eau* sont celles qui s'exécutent dans des terrains vaseux ou aquifères, ou qu'on pratique dans l'eau. La *fouille en sous-œuvre* est celle qu'on fait pour la reprise de murs en fondation, par exemple, murs qu'on veut descendre à une plus grande profondeur. Enfin, on appelle *fouilles de roche, de maçonnerie, de tuf,* etc., des fouilles pratiquées dans des roches ou de vieilles maçonneries ; on les exécute à la masse et au poinçon, et souvent même on est obligé de faire sauter des quartiers de roche ou de maçonnerie avec de la poudre de mine.

On exécute également des fouilles pour des recherches archéologiques, fouilles pour lesquelles le mode de procéder est subordonné à la nature des investigations qu'on se propose, à celle de l'édifice enfoui, ainsi qu'à d'autres conditions particulières trop nombreuses pour que nous puissions nous y arrêter, ce qui fait qu'on pratique ce genre de fouilles de manières très-différentes suivant les cas. Dans certaines circonstances, on peut se contenter de creuser des puits ou de simples tranchées sur l'emplacement d'un édifice entièrement recouvert de terre et dont on ignore la configuration et l'étendue ; ces tranchées doivent être poussées diagonalement à l'axe supposé de l'édifice, afin d'obtenir avec le moins de frais possible le plus grand nombre de points de contact. Dans d'autres cas, on dégage seulement le pied des murs (*déchaussement*) dont on suit les contours, et qu'on isole de cette façon par une tranchée. Dans d'autres cas enfin, on opère le déblaiement en masse, quand on a reconnu que le monument méritait d'être entièrement déblayé. Mais quelle que soit la façon de procéder, les terres doivent toujours être attaquées avec précaution, surtout quand il s'agit d'édifices dont les murs n'ont pas beaucoup d'épaisseur et qui sont souvent dans un mauvais état de conservation.

JURISPRUDENCE. — D'après l'article 552, tout propriétaire peut faire dans son terrain toutes les fouilles qu'il lui plaira et « en tirer tous les produits qu'elles peuvent fournir, sauf les modifications résultant des lois et règle-

ments relatifs aux mines et des lois et règlements de police. » Il doit aussi prendre telles
précautions que le voisin ne puisse souffrir de
ces travaux de fouilles, et avoir soin de respecter les servitudes légales. — D'après l'ordonnance de police du 8 août 1829 (chap. 4,
sect. 1ʳᵉ), il est défendu à qui que ce soit, dans
Paris, de faire aucune fouille ni tranchée dans
le sol de la voie publique sans une autorisation
spéciale du préfet de police. — Si quelqu'un
fouille par inadvertance dans le terrain de son
voisin, il est tenu de réparer le préjudice à
lui causé et de lui restituer les objets et matériaux par lui enlevés ou d'en payer la valeur,
parce que (art. 1382 et suiv. du *Code civil*) « tout
fait quelconque de l'homme qui cause à autrui
un dommage oblige celui par la faute duquel
il est arrivé à le réparer. »

La loi du 28 sept. et 6 oct. 1791, sect. VI,
art. 1ᵉʳ, impose aux propriétaires voisins des
routes l'obligation de supporter les fouilles et
l'extraction des matériaux nécessaires à la
construction, à l'établissement et à l'entretien
desdites routes. Enfin la loi du 28 pluviôse
an VIII, art. 4, édicte que les conseils de préfecture sont compétents, sauf pourvoi en conseil d'État, pour juger les contestations et dif-
férends qui s'élèvent relativement aux fouilles
et extractions de matériaux faites dans les propriétés riveraines des routes pour le service de
celles-ci.

FOUILLER, É, ÉE, *v. a.* — Pratiquer
dans le sol des excavations, soit pour en
extraire des matériaux, soit pour y jeter les
fondations d'un édifice. Terre *fouillée* est
synonyme de terre piochée. En sculpture, les
parties *fouillées* sont celles qui sont fortement
évidées.

FOUILLOT. — Ce mot est synonyme de
FOLIOT (Voy. ce mot), qui est plus usité.

FOULÉE, *s. f.* — Ce terme est, pour ainsi
dire, synonyme de *giron de marche,* car la
ligne de foulée dans un escalier est la ligne
que l'on foule aux pieds en montant ou en
descendant un escalier quand on s'appuie sur
la main-courante; en somme, c'est bien le

giron de la marche, puisque c'est le milieu de
celle-ci. (Voy. ESCALIER et GIRON.)

FOUR, *s. m.* — Construction en maçonnerie qui sert à la calcination ou à la cuisson
de diverses substances, telles que la pierre
calcaire, les pierres à plâtre, les briques, tuiles,
faïences, etc.

Les *fours à chaux* se nomment aussi *chau-
fours,* d'où le terme de *chaufournier* pour désigner le fabricant de chaux ou le maître
du four à chaux. Les fours à calciner la
pierre à chaux sont *à feu discontinu* ou *à feu
continu;* ces derniers sont les plus usités, on
les nomme également fours *à feu constant.* Les
fours à feu discontinu sont ceux qu'on laisse
s'éteindre quand la pierre calcaire est transformée en chaux; puis, quand le tout est refroidi, on défourne. Les fours à feu continu
sont de deux genres : ceux qui affectent la
forme d'un tronc de cône renversé, et dans
lesquels le calcaire est mélangé avec le combustible; ceux dans lesquels le combustible brûle dans un foyer, et dont la flamme
traverse une sorte de cheminée qui renferme
le calcaire et sert en même temps de tirage
pour le foyer. Il faut ordinairement cinq à
six jours de cuisson pour transformer le calcaire en chaux, c'est-à-dire 120 à 144 heures,
car le foyer est entretenu nuit et jour. Les
fours à chaux contiennent environ 80 mètres
cubes de pierre. Nous ne nous étendrons pas
plus au long sur ce sujet, car il existe aujour-
d'hui des traités spéciaux fort bien faits pour
la fabrication de la chaux et du plâtre, de la
brique et des tuiles; nous nous contenterons
d'y renvoyer le lecteur désireux d'approfondir
ces études.

FOUR DE BOULANGER. — Les fours pour la
cuisson du pain ou de la pâtisserie se construisent à hauteur d'appui, sur plan elliptique
ou circulaire. Ils sont recouverts d'une *voûte*
de briques ou de tuileaux, qu'on nomme *chapelle* ou *dôme.* L'*âtre,* c'est-à-dire la surface
horizontale sur laquelle on fait le feu, est pavé de grands carreaux de terre. Au devant
se trouve l'ouverture du four ou *bouche,* qui
est précédée elle-même d'une tablette saillante en pierre, nommée *autel.* Les conduites

22

d'air, quand on en établit dans un four, s'appellent *ouras*. Dans l'antiquité, les fours de boulangers ressemblaient beaucoup aux nôtres, surtout en élévation, comme on peut en juger par celui de Pompéi que montre notre figure ; on y voit aussi des meules pour moudre le blé. — On nomme encore *fours* des coffres en tôle, fermés par une porte de tôle ou de fonte, qui se trouvent à proximité des foyers, dans les poêles en faïence ou dans les fourneaux de cuisine. Les mêmes coffres dans les poêles de salle à manger se nomment *étuves*, ou *chauffe-assiettes*. (Voy. FOURNEAU.)

LÉGISLATION. — D'après l'article 674 du Code civil, « celui qui veut construire un four contre un mur, mitoyen ou non, est obligé de laisser la distance prescrite par les règlements et usages particuliers sur ces objets, ou à faire les ouvrages prescrits par les mêmes règlements et usages pour éviter de nuire au voisin. »

La *Coutume de Paris* (art. 190) dit à cet égard : « Qui veut faire forge, four et fourneau contre un mur mitoyen doit laisser demi-pied (0ᵐ, 16) de vuide et intervalle entre-deux du mur de four et forge et doit être le dit mur d'un pied d'épaisseur (0ᵐ,32). » Le vide doit être ouvert par les côtés « pour empêcher, par le moyen de l'air passant entre les deux murs, que le mur mitoyen ne souffre de la chaleur et

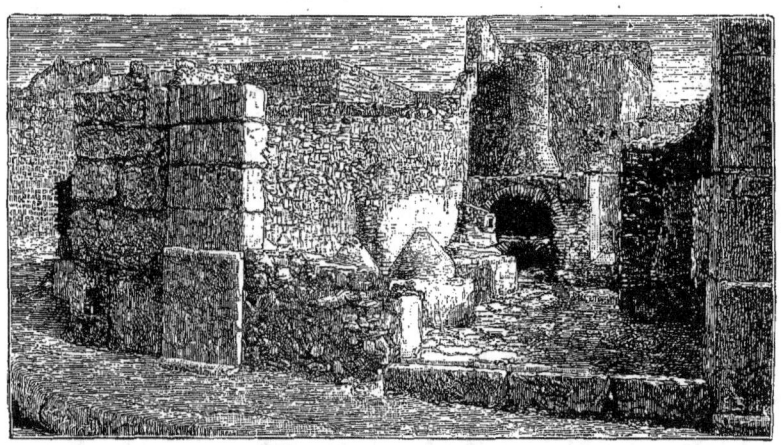

Four du boulanger, à Pompéi.

n'en soit endommagé. » (Goupy, sur Desgodets, p. 107.)

Pour les fours de boulangers, pâtissiers, potiers de terre, affineurs, teinturiers et autres, qui font un feu continu, on doit laisser 0ᵐ,32 de vide ouvert sur les côtés et le dessus. — « Aux fours des potiers de terre et autres grands fours et fourneaux où le feu est ardent et continuel, il est à propos que leurs tuyaux par où sort la fumée, soient isolés des murs mitoyens et qu'il y ait un vuide entre la languette ou contre-mur du derrière des tuyaux et le mur mitoyen jusqu'à la hauteur où la chaleur du feu peut monter. » (Goupy, *ibid.*, p. 108.) Mais le même auteur ajoute en note que cela ne se pratique guère, parce que l'isolement du tuyau « occuperait beaucoup de

place dans les pièces qui sont au-dessus. » Néanmoins, si la chaleur causée par lesdits tuyaux devient un danger, ou n'est même qu'une simple incommodité pour le voisin, celui-ci a le droit d'exiger de faire cesser cette chaleur, car il n'est permis à personne de causer préjudice ni inconvénient à autrui.

Le vide laissé entre un contre-mur et un mur se nomme TOUR DU CHAT. — Voy. ce mot, CONTRE-MUR et MITOYEN (*Mur*).

FOURBIR, *v. a.* — En technologie, ce mot est synonyme de BRUNIR. (Voy. ce mot.) C'est donner du brillant à un métal à l'aide du *brunissoir*.

FOURCHETTE, *s. f.* — Point sur lequel

les petites noues de lucarne joignent la pente du comble; c'est pourquoi on nomme aussi ce point *reprise de noue.* — En construction, on désigne aussi sous le nom de *fourchette* toute pièce, surtout en fer, qui affecte la forme d'une fourchette à deux dents. Bien souvent les tirants des combles en bois et en fer sont terminés en fourchette.

FOURCHU, UE, *adj.* — Comme dans le langage usuel, ce mot s'applique en technologie à tous les objets recourbés en forme de fourche, mais on l'applique surtout au pène à deux têtes des serrures de sûreté; beaucoup de *rossignols* ou CROCHETS (Voy. ce mot) sont fourchus.

FOURGON, *s. m.* — Barre de fer, ordinairement crochue ou recourbée, qui sert à attiser le feu. (Voy. ATTISOIR.)

FOURNEAU, *s. m.* — Construction en maçonnerie, ou appareil destiné à contenir du feu et qui sert à cuire ou chauffer des ali-

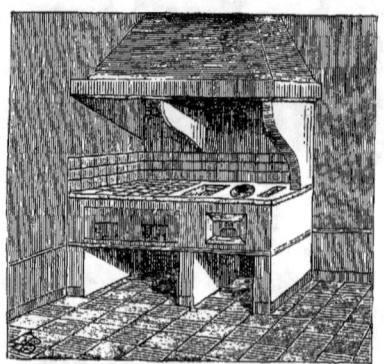

Fig. 1. — Fourneau de cuisine au charbon de bois.

ments, à fondre certaines substances, ou à traiter certaines matières industrielles.

Les fourneaux de cuisine, anciennement nommés fourneaux potagers, se composent généralement, comme le montre la figure 1, d'une surface carrelée en partie, en faïence. La moitié de cette surface est occupée par des trous de réchauds, l'autre partie forme un âtre qui a sa destination particulière. Le dessous de cette espèce d'aire est creux et terminé infé-

rieurement par une autre aire en plâtre, carrelée en carreaux ordinaires, et qui reçoit les cendres des réchauds. Cette partie inférieure, qu'on nomme *paillasse,* est isolée du sol de la cuisine par trois jambages en plâtre ou en briques. C'est dans les compartiments formés par ces jambages qu'on loge des caisses à charbon roulant sur des galets. Des ceintures en fer, des fantons ou côtes de vache, et autres ferrements, entrent dans la construction de ces fourneaux et leur donnent beaucoup de solidité. Ces fourneaux sont surmontés d'un manteau et d'une *hotte* en plâtre, qui reçoit et conduit dans le tuyau de la fumée les produits gazeux de la combustion. — Sous le nom de *fourneaux économiques,* on fabrique des fourneaux en tôle et en fonte qui remplacent avec avantage les fourneaux de construction. On en fait même de fort grands pour les établissements tels que lycées, casernes, pensionnats, hospices, etc.; ces fourneaux sont chauffés au charbon de terre. Enfin, depuis vingt ans en-

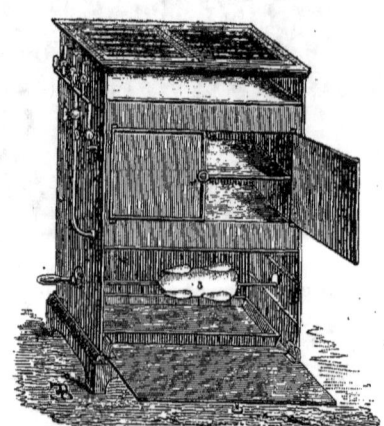

Fig. 2. — Fourneau de cuisine à gaz.

viron, on fait des fourneaux de cuisine chauffés au moyen du gaz d'éclairage; tel est celui que montre notre figure 2, dans lequel un jeu de robinets permet d'allumer à volonté les grilles et les fours à pâtisserie ou à rôtir.

FOURNEAU D'APPEL. — Petit fourneau qu'on place dans de grandes cheminées pour en échauffer l'air et augmenter leur tirage. Ces fourneaux servent aussi à renouveler l'air et à assainir les locaux, pourvus de gaînes de ventilation, où fonctionnent les fourneaux d'appel.

FOURNEAU DE CALORIFÈRE. — Synonyme de *foyer*, seul employé aujourd'hui.

FOURNEAUX (HAUTS). — Sortes de fours dont la forme intérieure ressemble à deux cônes tronqués d'inégale hauteur réunis par leur base. Le cône inférieur n'a guère que le tiers du cône supérieur. Ces fours sont construits en briques réfractaires et servent à fondre le minerai de fer.

FOURNEAUX DE CHAUDIÈRE A VAPEUR. — Foyer de construction dans lequel brûlent les combustibles destinés à chauffer et vaporiser l'eau des bouilleurs.

LÉGISLATION. — Les fourneaux ordinaires sont à quelque chose près assujettis à la même législation que les FOURS (Voy. ce mot) ; mais il existe une législation spéciale pour les fourneaux des machines à vapeur, elle est contenue dans le titre II du décret du 25 janvier 1865. Nous donnerons les dix articles de ce décret qui s'appliquent à la construction des fourneaux en question :

Art. 10. — Les chaudières à vapeur destinées à être employées à demeure ne peuvent être établies qu'après une déclaration au préfet du département. Cette déclaration est enregistrée à sa date. Il en est donné acte.

Art. 11. — La déclaration fait connaître :

1° Le nom et le domicile du vendeur des chaudières ou leur origine ;

2° La commune et le lieu précis où elles seront établies ;

3° Leur forme, leur capacité et leur surface de chauffe ;

4° Le numéro du timbre exprimant en kilogrammes par centimètre carré la pression effective maximum sous laquelle elles doivent fonctionner ;

5° Enfin le genre d'industrie et l'usage auxquels elles sont destinées.

Art. 12. — Les chaudières sont distinguées en trois catégories. Cette classification est basée sur la capacité de la chaudière et sur la tension de la vapeur.

On exprime en mètres cubes la capacité de la chaudière avec ses tubes bouilleurs ou réchauffeurs, mais sans y comprendre les surchauffeurs de vapeur ; on multiplie ce nombre par le numéro du timbre augmenté d'une unité. Les chaudières sont dans la première catégorie, quand le produit est plus grand que quinze ; dans la deuxième, si ce même produit surpasse cinq et n'excède pas quinze ; dans la troisième, s'il n'excède pas cinq.

Si plusieurs chaudières doivent fonctionner ensemble dans un même emplacement, et si elles ont entre elles une communication quelconque, directe ou indirecte, on prend pour former le produit, comme il vient d'être dit, la somme des capacités de ces chaudières.

Art. 13. — Les chaudières comprises dans la première catégorie doivent être établies en dehors de toute maison et de tout atelier surmonté d'étages. N'est point considérée comme un étage au-dessus de l'emplacement d'une chaudière une construction légère dans laquelle les matières ne sont l'objet d'aucune élaboration nécessitant la présence d'employés ou ouvriers travaillant à poste fixe.

Dans ce cas, le local ainsi utilisé est séparé des ateliers contigus par un mur ne présentant que les passages nécessaires pour le service.

Art. 14. — Il est interdit de placer une chaudière de première catégorie à moins de 3 mètres de distance du mur d'une maison d'habitation appartenant à des tiers.

Si la distance de la chaudière à la maison est plus grande que 3 mètres et moindre de 10 mètres, la chaudière doit être généralement installée de façon que son axe longitudinal prolongé ne rencontre pas le mur de ladite maison, ou que s'il le rencontre, l'angle compris entre cet axe et le plan du mur soit inférieur au sixième d'un angle droit.

Dans le cas où la chaudière n'est pas installée dans les conditions ci-dessus, la maison doit être garantie par un mur de défense.

Ce mur en bonne et solide maçonnerie a au moins 1 mètre d'épaisseur en couronne. Il est distinct du parement du fourneau de la chaudière et du mur de la maison voisine et est séparé de chacun d'eux par un intervalle libre de $0^m,30$ de largeur au moins. — Sa hauteur dépasse de 1 mètre la partie la plus élevée du corps de la chaudière, quand il est à une distance de celle-ci comprise entre $0^m,30$ et 3 mètres. Si la distance est plus grande que 3 mètres, l'excédant de hauteur est augmenté en proportion de la distance, sans toutefois excéder 20 mètres.

Enfin la situation et la longueur du mur sont combinées de manière à couvrir la maison voisine dans toutes les parties qui se trouvent à la fois au-dessous de la crête dudit mur, d'après la hauteur fixée ci-dessus, et à une distance moindre que 10 mètres d'un point quelconque de la chaudière.

L'établissement d'une chaudière de première catégorie à la distance de 10 mètres ou plus des maisons d'habitation n'est assujetti à aucune condition particulière. — Les distances de 3 mètres et de 10 mètres fixées ci-dessus sont réduites respectivement à 1^m,50 et 5 mètres, lorsque la chaudière est enterrée de façon que la partie supérieure de ladite chaudière se trouve à 1 mètre au moins en contre-bas du sol du côté de la maison voisine.

Art. 15. — Les chaudières comprises dans la deuxième catégorie peuvent être placées dans l'intérieur de tout atelier, pourvu que l'atelier ne fasse pas partie d'une maison habitée par des personnes autres que le manufacturier, sa famille et ses employés, ouvriers et serviteurs.

Art. 16. — Les chaudières de troisième catégorie peuvent être établies dans un atelier quelconque même lorsqu'il fait partie d'une maison habitée par des tiers.

Art. 17. — Les fourneaux des chaudières comprises dans les deuxième et troisième catégories sont entièrement séparés des maisons d'habitation appartenant à des tiers ; l'espace vide est de 1 mètre pour les chaudières de la deuxième catégorie, et de 0^m,50 pour les chaudières de la troisième.

Art. 18. — Les conditions d'emplacement établies par les articles 14 et 17 ci-dessus cessent d'être obligatoires lorsque les tiers intéressés renoncent à s'en prévaloir.

Art. 19. — Le foyer des chaudières de toute catégorie doit brûler sa fumée.

FOURNIL, *s. m.* — Local dépendant d'une boulangerie ou d'une habitation rurale, et dans lequel se trouve le four à cuire le pain. Quelquefois le fournil sert de pétrin ; mais souvent celui-ci se trouve être une pièce à part qui longe le four, et qu'on nomme *gloriette*.

FOURNITURES, *s. f. pl.* — Objets et matières qui concourent à l'exécution d'un bâtiment sans entrer dans sa construction même. — Par extension, on donne ce nom aux matériaux mêmes de la construction. Sont également des fournitures, les objets de quincaillerie. Les fournitures forment l'une des bases qui permettent d'établir le salaire des entrepreneurs ; quand dans une construction ceux-ci ne fournissent aucune espèce de matériaux (*fournitures*), ils ne reçoivent pour salaire que le prix de la façon et de leur bénéfice.

FOURREAU, *s. m.* — Gaîne ou étui, tuyau en cuivre, en fer, en tôle, qui sert à protéger, à garantir des objets ou des matières plus délicates. Par exemple, quand on perce un mur pour y faire passer des cordons de tirage, des fils de sonneries électriques, des tuyaux de plomb, on fait passer ordinairement ces objets dans un fourreau. La tige d'une bascule de sonnette, qui traverse un gros mur, passe également dans un fourreau. — Dans un corps de pompe, on nomme *fourreau* un tuyau de cuivre rouge rapporté au haut de celui-ci pour y faire suite et servir, pour ainsi dire, de réservoir à l'eau montante.

FOURRER, *v. a.* — Placer des fourrures, garnir de plâtre ou de mortier le dessous des faîtières pour les affermir et les assujettir à leur place.

FOURRURE, *s. f.* — Petite pièce de bois ou tringle, qu'on rapporte contre des menuiseries ou des charpentes pour redresser une surface, compléter une épaisseur donnée, appuyer un lambris, combler un vide ou caler des pièces de charpente ; en un mot, la fourrure est en menuiserie et en charpenterie ce que le renformis est dans les travaux de maçonnerie. — On fixe des fourrures sous les marches d'un escalier en bois, afin de pouvoir y clouer le lattis ; sur un plancher, pour y poser le parquet, lorsqu'il n'y a pas assez de place pour des lambourdes ; au contraire, quand celles-ci sont trop basses pour s'araser à une hauteur voulue, on surélève les lambourdes en y clouant des fourrures.

En serrurerie, la fourrure est une languette de métal qu'on emploie pour racheter des différences de hauteur dans un ajustage.

FOYER, *s. m.* — Espace compris entre les jambages, le contre-cœur et l'âtre d'une CHEMINÉE. (Voy. ce mot.) Autrefois les foyers avaient une grande capacité, de sorte qu'ils consommaient beaucoup de combustible, et, comme ils absorbaient beaucoup d'air, toute la chaleur sortait par le tuyau de cheminée. Aujourd'hui on a considérablement réduit l'ouverture des foyers ; on les a rétrécis en y posant des briques de champ, ce qui a permis d'encadrer leur entrée par des pièces de faïence blanche ou décorée. Cette entrée des foyers est aussi pourvue d'un rideau mobile en tôle qui sert à augmenter ou à diminuer le tirage de la cheminée, suivant qu'on l'abaisse ou qu'on l'élève; on peut même en abaissant totalement le rideau éteindre le feu dans les foyers. C'est aussi, dans les appareils de chauffage, la partie dans laquelle brûle le combustible. — On nomme *foyers ouverts* les cheminées, et *foyers fermés* ou *clos*, les poêles, les calorifères, etc. — Nous ne nous occuperons ici que des foyers de cheminées, et nous renverrons le lecteur, pour les autres genres de foyers, aux mots CALORIFÈRE, POÊLE, etc.

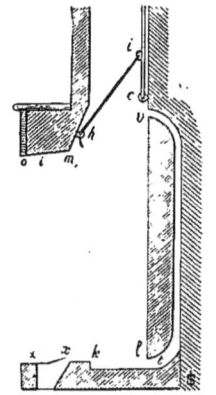

Fig. 1. — Coupe du foyer Gauger.
Échelle de 0ᵐ,02 p. mètre.

Les premiers foyers bien compris remontent à l'année 1624, où l'architecte Savot fit pour le Louvre une cheminée qui marque le premier progrès accompli dans le chauffage domestique. En effet, la cheminée de Savot utilise pour la première fois des bouches de chaleur qui sont alimentées par une prise d'air passant sous l'âtre et sur la plaque du fond du foyer. Seulement cet air est pris dans la pièce même où se trouve la cheminée; mais l'isolement complet du foyer constitue un premier progrès admis qui ne sera jamais plus délaissé.

Dès 1713, Gauger construisit plusieurs genres de foyer, on peut les ramener tous à un type unique, dont notre fig. 1 donne la coupe : c'est la trappe du soufflet; *x*, son ouverture,

quand celui-ci fonctionne; *k*, *l*, le cendrier, et au-dessous la cavité qui règne sous l'âtre; *o*, *i*, *m*, le dessous horizontal de la tablette; *e*, la trappe qui est à l'entrée du tuyau de cheminée; *h*, le crochet qui la tient ouverte; *v*, *t*, l'épaisseur de la caisse derrière laquelle il y a

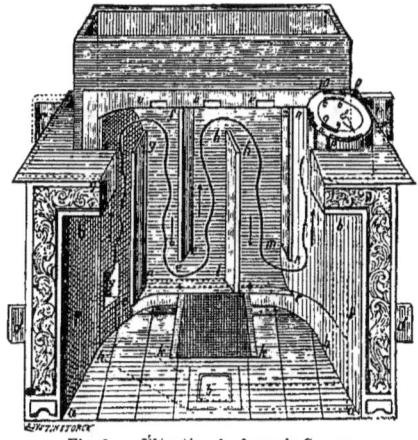

Fig. 2. — Élévation du foyer de Gauger.

un espace vide. — La figure 2 montre l'élévation de la cheminée; on a supprimé la tablette et une partie de la traverse, pour laisser voir le système : *a*, *a*, *h*, est l'âtre; *z*, le soufflet avec son châssis; *h*, *z*, le canal pour con-

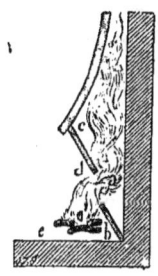

Fig. 3.
Foyer de Pensylvanie
(1ᵉʳ type).

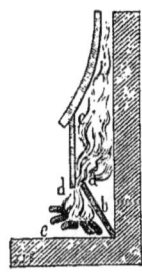

Fig. 4.
Foyer de Pensylvanie
(2ᵉ type).

duire l'air jusque dans le tambour; *k*, le cendrier; *c*, *g*, *f*, *h*, *l*, *m*, *n*, les languettes attachées sur le fond de la caisse; la ligne noire qui serpente montre le chemin que parcourt l'air dans les cinq séparations; *d*, *d*, indique les amorces des prises d'air extérieur; *r r*, sont les bouches de chaleur. — Nos figures 3 et 4 montrent les foyers dits *de Pensylvanie*, inventés par

Franklin. Le premier type (fig. 3) se compose de deux plaques de fer *b*, *d*; en *e*, *b*, se trouve le combustible; l'ouverture *a* est d'une largeur suffisante pour laisser passer la fumée dans le conduit *c*. La fig. 4 montre un second type, où les deux plaques de fer *b*, *d*, sont posées différemment et l'ouverture de la fumée, *a*, plus étroite. Dans ces deux modèles domine la préoccupation d'établir un foyer qui envoie le plus possible de chaleur rayonnante dans la pièce et ne laisse tout juste qu'une fente étroite pour le

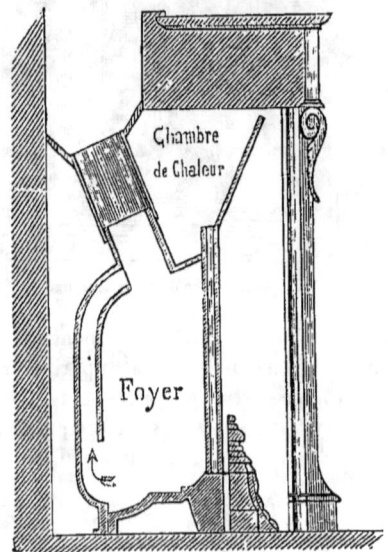

Fig. 5. — Foyer Mousseron (coupe).

passage de la fumée. Après les foyers *Franklin*, on a créé de nombreux types, que nous ne ferons que nommer pour arriver au foyer *Mousseron*, qui est pour le moment un des foyers les mieux compris, et que nous décrirons. Les autres foyers imaginés après Franklin sont ceux d'Hébrard, de Montalembert, de Rumford, de Bronzac, de Joly, de Cordier, de Fondet, de Gaillard et Haillot, etc., etc. (1).

FOYER MOUSSERON. — Ce foyer est un appareil en fonte dont la section horizontale el-

_____

(1) Dans notre *Traité théorique et pratique du chauffage et de la ventilation*, nous avons décrit et figuré tous ces foyers, p. 50 et suiv. 1 vol. in-8°, Paris, 1875.

liptique est terminée à la partie supérieure par une surface en voûte ellipsoïde. La surface intérieure de cet appareil est percée dans son axe vertical de deux ouvertures, dont l'une, celle d'en haut, est réunie à celle d'en bas par une canalisation en fonte en saillie derrière l'appareil et formant conduit simple ou double en raison du combustible qu'on se propose de brûler dans le foyer. Notre figure 5 montre la coupe du foyer *Mousseron* et en fait comprendre la construction. On y voit que les conduits sont terminés à la partie supérieure du foyer par une emboîture destinée à recevoir le tuyau en tôle qui doit pénétrer dans la conduite de la fumée.

FOYER. — Partie d'une cheminée située audevant des jambages et au niveau de l'âtre. On la pave avec des carreaux de terre cuite ordinaires ou émaillés, ou bien c'est une grande plaque de marbre d'un seul morceau, ou formé de plusieurs morceaux de différentes couleurs. Dans ce dernier cas, le foyer est dit *à compar-*

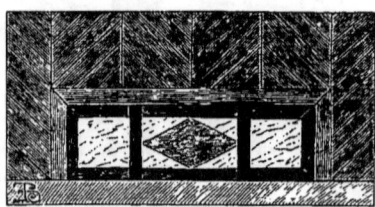

Fig. 6. — Foyer en marbre.

timents. Notre figure 6 en montre un spécimen de ce dernier genre.

FRAISE, *s. f.* — Outil en acier qui affecte diverses formes ; tantôt c'est une pyramide

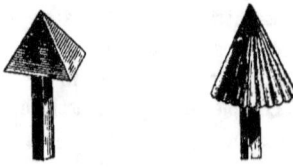

Fraises.

quadrangulaire, tantôt un cône strié. (Voy. notre fig.) Les fraises servent aux serruriers à évaser les trous pratiqués dans les fers pour y loger des vis, de manière que la tête de celles-ci affleure le niveau de la pièce qui les porte. Dans ce cas, la vis est dite *fraisée*.

On donne encore ce nom à une scie circulaire qui sert à scier les bois et même les métaux, ou à repasser les dents des roues d'engrenage.

FRANÇAISE (ARCHITECTURE).

FRANÇAISE (ARCHITECTURE). — Pour donner dans un article une idée de l'architecture française, nous devons esquisser très-sommairement l'histoire de l'art monumental en France, depuis Clovis jusqu'à nos jours. En effet, ce n'est qu'après la bataille de Tolbiac (495) que l'établissement des Francs dans la Gaule est un fait accompli. Antérieurement, l'histoire de la Gaule embrasse deux périodes, la première qui s'étend de l'an 1600 à 120 avant J.-C. et la seconde de l'an 50 avant J.-C. à l'an 500 de notre ère, c'est-à-dire qui finit à l'époque de la fondation de la nationalité française. Pendant la première période, ou période de la *Gaule indépendante*, il a existé un art dont nous parlons à son rang. — Voy. GAULOIS (*Art*).

Pendant la seconde période, ou période *gallo-romaine*, cette même contrée posséda une architecture remarquable que nous étudions également à son rang. — Voy. ROMAINE (*Architecture*).

Dans le présent article, nous ne pouvons traiter que de l'*architecture française* proprement dite, que nous divisons aussi en deux périodes ; la première embrasse l'*architecture du* V^e *siècle à la fin du* XVe *siècle*, et la

---

(1) Nous ne pouvons espérer, et nous n'avons jamais eu cette prétention, d'indiquer dans un article les nombreux monuments d'architecture qui couvrent le sol français ; mais le lecteur les trouvera mentionnés à peu près tous dans les quatre volumes du dictionnaire.

Nous appellerons plus particulièrement son attention sur la nomenclature des différentes écoles d'architecture qui existaient en France pendant la première moitié du XIIe siècle, nomenclature qui figure dans le présent article. Nous signalerons également à nos lecteurs les articles suivants, qui complètent l'étude des monuments qui ont existé ou qui existent encore sur le sol français : CELTIQUES et HISTORIQUES (*Monuments*), RENAISSANCE et ROMAINE (*Architecture*).

seconde comprend l'*architecture de la renaissance* et celle des *temps modernes*.

Ire PÉRIODE (*de 500 à 1600 ap. J.-C*). — Les Francs, en s'établissant dans la Gaule, adoptèrent l'art et la religion des Gallo-Romains. Les évêques, qui avaient facilité à Clovis la conquête de la Gaule et qui avaient confiance en sa protection, y élevèrent des chapelles dans le style latin. Jusqu'au VIIIe siècle ces édifices présentent un caractère assez barbare et la plupart même sont construits en bois ; aussi presque tous ont-ils péri, et nous ne les connaissons que par les écrits ou les descriptions de Fortunat de Poitiers ou de Grégoire de Tours. — Les monuments mérovingiens sont extrêmement rares, et encore parmi ceux qu'on considère comme tels quelques-uns sont-ils réellement postérieurs à l'époque qu'on leur assigne. On admet cependant comme ayant été élevées au Ve ou au VIe siècle l'église de Saint-Jean de Poitiers, celle de Savinières, dont la façade serait du VIe siècle ; comme monuments du VIIe siècle, Saint-Martin d'Angers, l'église de Saint-Jean à Saumur, la Basse-Œuvre de Beauvais, les églises de Cravant (Indre-et-Loire) ; enfin la crypte de Jouarre, élevée, dit-on, par Odon, disciple de saint Colomban, au VIIe siècle. — Les monuments de l'époque mérovingienne portent tous plus ou moins l'empreinte de l'architecture romaine, et l'un d'eux, la crypte de Jouarre, possède des marbres inconnus alors dans notre pays; aussi peut-on supposer, sans crainte de se tromper, que les colonnes et les chapiteaux de cette crypte proviennent d'un monument romain, probablement d'un temple, qui aurait été construit antérieurement dans le voisinage de la crypte en question. Ce fait n'a rien de bien surprenant; on a souvent constaté qu'un nouveau culte, en pénétrant dans un pays, détruisait les temples de la religion détrônée et en employait les matériaux pour construire l'édifice consacré à la divinité nouvelle.

Avec Charlemagne (742-814) apparaît l'architecture dite CAROLINGIENNE (Voy. ce mot), laquelle constitue un véritable progrès sur l'architecture des Francs Mérovingiens, d'autant plus que celle-ci était tombée dans une décadence complète pendant l'époque de troubles et d'anarchie qui marque le règne des derniers Mérovingiens. Charlemagne, le « grand Karle », comme le nomment plusieurs historiens, aussitôt après son avénement, donna toute son attention à la culture des lettres et des arts, car il n'ignorait pas que ceux-ci aident puissamment à relever un pays et à fonder une grande nation. Il savait fort bien que ce n'est que par une instruction bien organisée qu'on peut espérer de civiliser un peuple et de transformer ses instincts grossiers. Malheureusement, Charlemagne ne put trouver dans son pays les éléments nécessaires à une pareille transformation, parce que, depuis la chute de l'empire romain en Occident, l'ancienne Gaule ne possédait plus de littérateurs ni d'artistes. Il lui fallut donc recourir à l'étranger. Il emprunta à l'Angleterre l'illustre Alcuin, l'un des maîtres de l'école d'York, et l'Irlandais Clément ; à l'Italie Pierre de Pise et le diacre Paul, Théodulfe, Leidrade, Paulin d'Aquilée et Paul Wanefried. Charlemagne forma une sorte d'académie, dite *l'École palatine,* dans laquelle chaque membre en entrant échangeait son nom contre celui d'un personnage illustre de l'antiquité. Quand il prenait place dans cette assemblée, le grand Karle ne se nommait plus que David, en mémoire du *saint roi.*

Ce fut surtout de l'Orient que Charlemagne tira ses artistes. L'empire de Byzance venait de traverser une période de grande prospérité, lorsqu'au VIIIe siècle un empereur byzantin, Léon l'Isaurien, ancien soldat de fortune, rêva le titre de réformateur, et, pour arriver à son but, ne trouva rien de mieux que de se mettre à la tête des *iconoclastes,* ou briseurs d'images. Non-seulement l'Isaurien ordonna de détruire les peintures et les sculptures, mais il persécuta à tel point les artistes qu'ils ne trouvèrent d'autre salut que dans la fuite et dans l'exil. Une grande partie de ces maîtres se réfugièrent en Italie, d'où Charlemagne les fit venir et les installa dans sa capitale en les comblant de travaux, de richesses et d'honneurs. C'est ce qui explique l'empreinte si évidente du style byzantin dans les œuvres artistiques et dans les monuments des bords du Rhin et de certaines provinces de la France.

Charlemagne entretint également des relations suivies avec Haroun-al-Raschid, calife de Bagdad et le souverain magnifique de ces populations arabes, pleines de séve et de vie, qui possédaient déjà des écoles célèbres dans les sciences, les lettres et les arts, et à qui l'on doit l'architecture si originale et si remarquable qui s'inspira, sans les copier, des arts persan et byzantin. A l'aide de ces divers éléments réunis par Charlemagne, on vit se produire dans les pays soumis à sa domination une architecture propre, qui n'était ni l'art architectural romain, ni celui de Byzance, de Bagdad ou de Cordoue, mais qui participait à la fois de toutes ces origines et qui donna naissance à un art nouveau, le romano-byzantin, précurseur de l'art roman.

Par la puissante impulsion qu'il donna aux sciences, aux lettres et aux arts, surtout à l'architecture, Charlemagne mérita bien le titre de rénovateur des lettres et des arts.

Nous venons de dire qu'il donna surtout une forte impulsion à l'architecture, mais il faut ajouter que, suivant le climat et les circonstances locales, cette architecture varia dans ses formes et dans ses procédés de construction, ce qui est inévitable dans un empire d'une vaste étendue. Aussi les monuments des bords du Rhin diffèrent-ils dans leur style de ceux des bords de la Méditerranée.

Charlemagne fit élever dans sa capitale d'Aix-la-Chapelle l'église cathédrale; il en jeta les fondements en 796, et ce fut Ansigis, abbé du couvent de Fontenelle (plus tard Saint-Vandrille), qui dirigea la construction. Quelques années après, l'empereur vit la foudre briser la boule d'or qui couronnait le faîte du toit et les débris de celle-ci aller tomber sur la maison de l'évêque contiguë à l'église. (Éginhard, *Vie de Charles,* ch. 32.) Le biographe et secrétaire intime de Charlemagne, Éginhard, nous apprend aussi (*Ibidem,* ch. 26) que ce prince, « orna (sa basilique) d'or et d'argent, de candélabres, de grilles et de portes d'airain massif, et qu'il fit venir de Rome et de Ravenne les marbres et les colonnes qu'on ne pouvait se procurer ailleurs. » Des artistes grecs coopérèrent, dit-on, à l'édification de Notre-Dame d'Aix-la-Chapelle, qu'en 881 les

Normands transformèrent en écurie. C'est ainsi, du reste, que ces sauvages guerriers, dans les fréquentes invasions qu'ils firent en France, dévastèrent de nombreux monuments, qui furent restaurés en partie sous le règne de Charles le Chauve, auquel on doit en outre un grand nombre de nouveaux édifices. Charlemagne construisit également à Aix-la-Chapelle le palais impérial et divers autres monuments, aujourd'hui ruinés ou complétement détruits. Il rebâtit entièrement les villes de Nimègue et d'Ingelheim, près de Mayence. Il fit construire les arches du grand pont de cette dernière ville, ainsi que des palais et des églises à Waltorf. Il ne reste maintenant aucune trace de ces édifices. On cite encore comme appartenant à la même époque les églises de Sainte-Croix à Saint-Lô, de Vermanton, d'Orcival, d'Issoire, de Saint-Nectaire, de Nantua, de Sainte-Bénigne à Dijon (1), ainsi que les abbayes de Fontenelle et de Tournus.

Dans le midi de la France, on ne put, même sous la puissante influence carolingienne, se résoudre à abandonner totalement les traditions romaines, et elles se retrouvent encore très-accusées jusque dans les monuments du XIIᵉ siècle. Nous pourrions même dire que de nos jours les architectes du bassin du Rhône et des bords de la Méditerranée n'ont pas complétement oublié ces traditions et qu'ils construisent encore souvent d'après les données et les principes établis par les constructeurs romains.

Dans notre pays, il subsiste peu de restes de l'architecture carolingienne. On considère cependant comme tels le porche de Notre-Dame des Doms à Avignon (Voy. *Gallia Christiana*, Ecclesia Avenionensis, t. 1ᵉʳ, p. 803); l'oratoire de Saint-Sauveur d'Aix en Provence, celui de Saint-Restitut, la chapelle de Saint-Gabriel à Tarascon, l'abside de Saint-Quenin de Vaison, l'église de Cavaillon, la crypte et une partie de l'église d'Apt (2) (Vaucluse). Quelques archéologues ont prétendu que cette église et beaucoup d'autres monuments carolingiens du midi de la France avaient été détruits par les Sarrasins. Ce fait ne paraît pas probable car les engins de guerre à cette époque n'étaient pas assez puissants pour détruire tant de monuments qui couvraient le sol méridional : ils ont pu ruiner bien des édifices, incendier les combles, démolir des clochers ou des voûtes; mais, même après les invasions sarrasines, beaucoup de monuments sont restés debout, par exemple les monuments romains dans les mêmes contrées. On considère encore comme monuments carolingiens certaines portions de la basilique de Saint-Martin d'Angers, de l'église de Germiny-les-Prés, dans le Loiret; dans le Dauphiné, quelques portions des églises de Saint-André le Bas et de Saint-Pierre; dans le Poitou, l'église de Saint-Généroux, surtout son abside; à Paris, le soubassement du clocher de Saint-Germain des Prés, ainsi qu'une partie de la crypte de Saint-Denis près Paris. Il y a vingt ans à peine, il eût été très-difficile de pouvoir affirmer que les monuments que nous venons de mentionner appartenaient à la période carolingienne; mais aujourd'hui, grâce aux sigles et tailles lapidaires (*marques de tâcherons*), que l'on retrouve sur presque tous les monuments de cette époque, on peut, sans crainte de se tromper, leur assigner leur véritable origine. Du reste, les monuments que nous venons d'énumérer rappellent tous plus ou moins, par leur mode de construction ou par certaines parties de leur décoration, l'abbaye de Lorsch et divers édifices d'Aix-la-Chapelle, ville qui était le centre d'où rayonnait l'art carolingien, et d'où maîtres et ouvriers partaient par équipes pour chercher du travail au loin, quand ils n'en avaient plus sur place.

Trente ans seulement après la mort de Charlemagne, son vaste empire se partagea en trois royaumes : France, Italie, Germanie. Bientôt d'un nouveau partage se forment sept royaumes, dont chacun comprend plusieurs subdivisions. C'est ainsi que la France forme

---

(1) Quelques auteurs prétendent que cette église ne fut érigée que sous Charles le Chauve et à la même époque que Saint-Corneille de Compiègne.

(2) Cf. pour cette église *Histoire d'Apt*, p .66, par l'abbé

Rose (un vol. in-8°, 1820), et *Gallia Christiana*, t. 1ᵉʳ, p. 357.

vingt-neuf provinces, et nous voyons presque chacune d'elles adopter un style particulier d'architecture, qui dans le principe s'éloigne peu des types jusqu'alors connus, mais qui vers la première moitié du XIIᵉ siècle différera assez d'une province à l'autre pour constituer des écoles d'architecture distinctes, comme nous le verrons bientôt. Dès le VIIIᵉ siècle, il existait dans les couvents de véritables écoles d'architecture, puisque nous voyons Charlemagne rétablir celles des villes épiscopales et des monastères, par exemple les écoles de Ferrières, de Fulde, de Reichnau et de Saint-Vandrille.

Nous voici à la veille de l'an mille, de cette fameuse date qui devait voir s'accomplir la fin du monde.

Les populations, terrifiées par l'approche du cataclysme annoncé, abandonnaient leurs biens au clergé et aux moines, afin de se faire là-haut des protecteurs nombreux et puissants et de mériter l'entrée dans le royaume des cieux. Ces dons de biens et d'argent ainsi faits aux églises étaient d'autant plus considérables et plus multipliés qu'on approchait du jour redouté. Si les moines recevaient toutes ces donations sans joie apparente, elles n'en furent pas moins la source de la puissance et des richesses de l'Église au moyen âge. Il faut bien aussi le dire, le désintéressement des donateurs était peu méritoire dans la croyance où ils étaient que le monde allait finir.

Le premier jour de l'an mille s'écoula, puis la première semaine, puis les premiers mois de l'année, et la catastrophe prédite ne se réalisa point ; mais le clergé et les moines étaient devenus fort riches, et, disons-le, ces richesses devaient profiter à l'architecture : en effet, à partir de l'an 1003, on relève les basiliques et les églises, et de pays à pays, de province à province, de ville à ville, on rivalise de zèle, à qui déploiera le plus de grandeur et de richesse. Les monastères se réparent, s'agrandissent et se décorent comme à vue d'œil ; dès ce moment nous voyons poindre les deux grandes époques du moyen âge français, la première qui s'étend du XIᵉ au XIIIᵉ et nous donne le *roman*, et la seconde qui, du XIIIᵉ siècle au milieu du XVIIᵉ, embrasse les divers styles de *l'architecture ogi-*

vale, c'est-à-dire le style *primaire* ou *en lancette*, le style *secondaire* ou *rayonnant*, enfin le style *tertiaire*, *fleuri* ou *flamboyant*.

Ce n'est qu'à partir de ce moment que commence la véritable civilisation en France, et cependant, comme le fait remarquer Guizot (*Hist. de la civil. en France*), « c'est à cette époque que toute unité disparaît sur notre territoire. Ainsi le disent tous les livres, ainsi le démontrent tous les faits. C'est l'époque où prévaut complétement le régime féodal, c'est-à-dire le démembrement du peuple et du pouvoir. Au XIᵉ siècle, le sol que nous appelons français est couvert de petits peuples, de petits souverains, à peu près étrangers les uns aux autres, à peu près indépendants les uns des autres. L'ombre même d'un gouvernement central, d'une nation générale, semble avoir disparu. »

Dès le Xᵉ siècle, les anciennes écoles s'inspirent toutes plus ou moins des traditions de l'Orient, traditions dont la richesse se prêtait merveilleusement au luxe qu'on déployait alors dans les églises. Plus tard, au XIIᵉ siècle, saint Bernard dans ses prédications s'élève avec tant de force contre le luxe des églises qu'il est peut-être permis de lui attribuer la scission architectonique qui se produisit à cette époque de l'art. En effet, tandis que l'école de Cluny renchérit, si c'est possible sur la magnificence de l'art oriental, les moines de Cîteaux procèdent au contraire avec une extrême simplicité et la plus grande sobriété dans les ornements ; ils fuient avec une sorte d'affectation la richesse décorative si recherchée des moines de Cluny. L'école de Cîteaux, en étudiant avec soin les formes architectoniques, et en substituant une sévérité de bon goût à une décoration exubérante, prépara l'avénement du style ogival, qui, simple à son origine, devait à son tour, après deux ou trois siècles, adopter une si riche ornementation et nous donner le style fleuri et flamboyant. (Voy. CLASSIFICATION.)

Mais à partir de Hugues Capet une ère de paix et de prospérité commence pour la France, et dure près de deux siècles. Sous Louis VI les communes s'affranchissent, l'architecture civile fait son apparition avec les hôtels de ville et leurs beffrois, monuments qui marquent dans l'état social et politique une révolution importante. Sous Robert le Pieux, mort en 1030, l'architecture brille d'un vif éclat. Ce prince donna des sommes importantes à Morard, abbé de Saint-Germain des Prés pour rebâtir sur une plus vaste échelle l'église de son abbaye (1). A cette époque furent restaurées les églises de Sainte-Geneviève à Paris, rebâtie sur son ancien emplacement, de Saint-Philibert de Tournus en Bourgogne, qui subsiste encore; celle de la Marche, près la Charité-sur-Loire; à Orléans, les églises de Saint-Pierre et Saint-Aignan et Notre-Dame de Bonne-Nouvelle; à Senlis, Saint-Rieul; à Poitiers, Saint-Hilaire; à Autun, Saint-Cassian; à Étampes, l'église de Notre-Dame; à Vitry, celle de Saint-Marc; dans la forêt d'Iveline, Saint-Léger. On attribue également à Robert les églises de Saint-Nicolas des Champs à Paris, et tout auprès de la capitale, l'église Notre-Dame des-Champs; l'église de Fleury, aujourd'hui Saint-Benoît sur Loire; celle de Saint-Ursin à Bourges. D'après Félibien (*Architect.*, t. 4, p. 192), Robert aurait bâti plusieurs palais et châteaux en divers lieux; malheureusement, Félibien ne donne pas d'autres explications. A cet égard nous savons seulement que ce prince fit bâtir les murs d'enceinte avec tours des villes d'Épernon et de Montfort, et que c'est aussi sous son règne que fut élevée la célèbre tour d'Ivry en Normandie. — Parmi les principaux monuments du XIᵉ siècle, il convient de ranger l'église de Morienval (Oise); l'Abbaye-aux-Hommes, l'Abbaye-aux-Dames, l'église de Saint-Nicolas, à Caen; celles de Saint-Loup, près Bayeux, et de Saint-Georges de Bocherville; l'église de Pavilly, près Rouen, et celle de Saint-Julien de cette dernière ville; l'église de Graville-l'Eure, dont la date de construction est très-incertaine. Dans le midi de la France, nous ne connaissons guère que l'église de Montmajour, celle de Sainte-Croix,

près d'Arles, et peut-être une partie de la cathédrale de Nîmes, qui datent de cette époque.

Nous voici arrivés au XIIᵉ siècle : l'architecture et les arts sont toujours entre les mains des moines, parce que seuls ils possèdent encore des écoles, des armées de travailleurs et de grandes richesses, toutes choses indispensables pour bâtir d'une manière grande et durable. — L'influence de l'école clunienne avait fait beaucoup de bien, et par elle on avait de plus en plus abandonné les anciens procédés de construction des Romains; ces procédés avaient disparu d'autant plus rapidement que les moines possédaient de nouveaux modes de construire plus logiques, moins dispendieux, d'un usage plus commode et offrant plus de solidité. En effet, il ne faut pas oublier que, vers la fin du Xᵉ siècle, le bénédictin Gerbert, né en Auvergne, et célèbre par l'étendue de son savoir avait déjà donné une grande impulsion aux sciences et aux arts; il avait répandu surtout dans les monastères de son ordre la connaissance des mathématiques, qu'il avait étudiées chez les Arabes, ce qui avait permis aux moines d'aborder l'art de la coupe des pierres et de substituer celles-ci au bois dans la construction des églises. La plupart de celles qui furent bâties au Xᵉ siècle étaient de bois, et cela s'explique facilement par la raison que l'art de la charpente, quoique difficile, est bien moins compliqué que celui de la coupe des pierres. Cette transformation de l'art est fort bien décrite par M. Château (*Histoire de l'arch. en France*, p. 135), quand il dit : « Suivons rapidement la marche que les moines constructeurs adoptèrent pour opérer la réforme architecturale qui signala le XIᵉ et le XIIᵉ siècle. Ils commencèrent par se poser deux lois fixes : satisfaire strictement au besoin, aussi bien dans l'ensemble que dans les détails, et ne jamais sacrifier la solidité des bâtiments à l'apparence de la richesse. Partant de ces sages principes, ils élevèrent des édifices non pas avec le système de blocage ni avec les grands blocs de pierre de taille employés par les Romains, mais ils adoptèrent un petit et un moyen appareil de moellon pour les murs simples; pour les points d'appui principaux, pour les murs qui devaient pré-

---

(1) Elle s'appelait primitivement abbaye Saint-Vincent; elle avait été bâtie en 550, sous Childebert, petit-fils de Clovis, par l'architecte évêque saint Germain de Paris, qu'il ne faut pas confondre avec saint Germain d'Auxerre, en l'honneur duquel fut bâtie l'église Saint-Germain l'Auxerrois.

senter une grande résistance, ils bâtirent des parements en pierre de taille servant de revêtement à un blocage, et afin de relier les diverses parties de la construction, ils noyèrent dans ces massifs de blocages des charpentes placées longitudinalement entre les deux parements du massif. » Comme on peut le voir par cette citation, nous nous trouvons en face de véritables constructeurs, qui raisonnent leur système de construction, et qui ne se contentent pas de bâtir d'après des conseils que des anges donnent en songe, comme nous le

racontent de nombreuses légendes. Les principes une fois fortement formulés, chaque province adopte un genre particulier d'architecture, et forme vers la première moitié du XIIᵉ siècle des écoles distinctes, ainsi divisées et délimitées dans la notice explicative de la carte archéologique rédigée par la Commission des monuments historiques (séances du 9 avril, 8 juin et juillet 1875). Nous avons ajouté à cette notice les principaux édifices élevés par ces écoles, lesquelles sont au nombre de treize ; les voici :

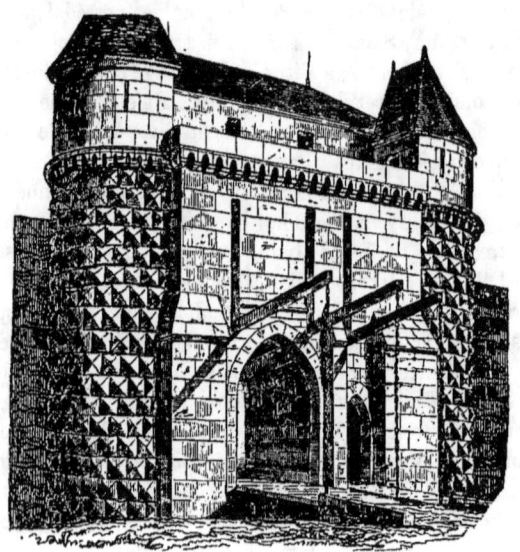

Fig. 1. — Porte Saint-Jean, à Provins.

I. ÉCOLE DE L'ILE-DE-FRANCE. — Ses limites suivent le cours de l'Eure, de Chartres à Pont-de-l'Arche ; s'étendent jusqu'à la mer vers Dieppe, passent par Beauvais, remontent le cours de l'Oise jusque près de Saint-Quentin ; passent par Laon, Château-Thierry, Provins, Nogent-sur-Seine ; touchent à Sens, descendent à Montargis et à Orléans. L'influence de cette école se fait sentir au delà de Chartres jusqu'à Nogent-le-Rotrou, au delà d'Orléans jusqu'à Bourges, au delà de Nogent-sur-Seine jusqu'à Troyes.

Les *principaux monuments* érigés sur le territoire occupé par cette école sont : la crypte de Saint-Avit à Orléans, les églises de Germiny-

les-Prés, de Saint-Benoît sur Loire, de Morienval, de Notre-Dame de Mantes, de Notre-Dame de Senlis, de Notre-Dame de Melun ; l'église et la sainte-chapelle de l'ancienne abbaye de Saint-Germer ; les fortifications de Provins, dont notre figure 1 montre la porte Saint-Jean, bâtie au XIVᵉ siècle ; les églises de Poissy, de Coudun, de l'ancien prieuré de Saint-Leu d'Esserent, de Bagneux, de Bougival, de Juziers, de Vernouillet, de Nesles, de Tracy-le-Val et de Saint-Waast de Longmont, de Mareil-Marly, de Notre-Dame d'Etampes, de Saint-Julien le Pauvre, dont notre fig. 2 représente un chapiteau du XIIᵉ siècle ; les églises de Saint-Pierre de Montmartre à Paris, de l'ancienne abbaye de Saint-Nicolas-Saint-Laumer, les églises de Brie-Comte-Robert, de Notre-Dame de Laon ; les anciennes abbayes de Saint-Jean aux Bois, de Saint-Martin aux Bois et des Vaux-de-Cernay ; les églises de Saint-Sulpice de Favières, d'Arcueil, de Belloy, de Gonesse, l'ancienne abbaye d'Ourscamp ; la

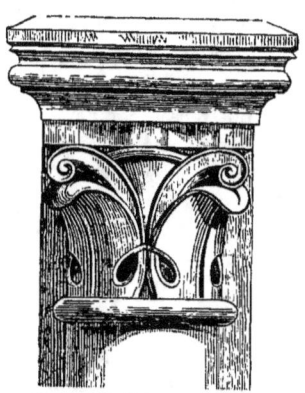

Fig. 2. — Chapiteau à l'église Saint-Julien le Pauvre, à Paris.

Sainte-Chapelle du Palais, à Paris, et les chapelles des châteaux de Saint-Germain en Laye et de Vincennes.

II. ÉCOLE CHAMPENOISE. — Ses limites suivent le cours de la Seine, de Bar-sur-Seine à Nogent-sur-Seine ; s'étendent jusqu'à l'Aisne en passant à Essonnes, puis remontent le cours de l'Aisne jusqu'à Rethel, de là vont chercher la Meuse à Mouzon, la remontent jusqu'à Commercy, englobent Toul, passent à Neufchâteau, Chaumont, Bar-sur-Seine. L'influence de cette école s'étend jusqu'à Sens à l'ouest, jusqu'à Metz à l'est, et au delà de Nancy, Blamont, Mirecourt et Langres au sud. Pendant le XIIIᵉ siècle, cette école conserve un caractère local, tout en adoptant le nouveau style de l'Ile-de-France.

Principaux monuments. — Les églises de Saint-Remi à Reims, de l'ancienne abbaye de Montiérender, de Vignory ; les églises de Blécourt, de Rieux, de Mont-devant-Sassey, d'Isomes, d'Orbais, de Saint-Urbain à Troyes, de l'ancienne abbaye de Mouzon, de Maisons-sous-Vitry ; la salle synodale de Sens, la chapelle sépulcrale d'Aviath, enfin la chapelle de Saint-Gilles à Troyes.

III. ÉCOLE BOURGUIGNONNE. — Ses limites passent par Joigny, Cosne, Nevers ; remontent la Loire jusqu'à Roanne, passent par Lyon et Belley, suivent le cours du Rhône jusqu'à Genève et Lausanne ; de là vont chercher le cours de la haute Saône, passent à l'ouest de Belfort, à Remiremont, Epinal, Langres, Mussy-sur-Seine et Joigny. L'influence de l'école bourguignonne s'étend, au nord, jusqu'à Sens, Bar-sur-Seine, Chaumont, Saint-Dié ; à l'est, jusqu'à Épinal et Besançon, Nantua, Chambéry ; à l'ouest, jusqu'à Moulins et Cosne-sur-Loire. Pendant le XIIIᵉ siècle, cette école conserve un caractère local, tout en adoptant le nouveau style de l'Ile-de-France.

Principaux monuments. — Les églises de l'ancienne abbaye de Sainte-Madeleine à Vézelay, de l'ancienne abbaye de Saint-Philibert à Tournus, de l'ancienne abbaye de Charlieu, de l'ancien prieuré de Paray-le-Monial ; les églises de Châteauneuf, de Saint-Laurent en Brionnais et de Semur en Brionnais, de Montréal, de Notre-Dame de Beaune (ancienne collégiale), de Saint-André de Bage, de l'ancien prieuré de Saint-Eusèbe à Auxerre, de Notre-Dame de Semur (Côte-d'Or), de Saint-Père sous Vézelay, d'Appoigny, de Saint-Thibault, enfin l'ancienne chartreuse de Dijon, qui possède un curieux monument du XIVᵉ siècle (1396), dit *le Puits de Moïse,* dont les sculptures sont dues au ciseau du Hollandais Claux Slute. (Voy. PUITS.)

IV. ÉCOLE RHÉNANE. — L'influence de cette école s'étend jusqu'à Verdun, en remontant le cours de la Meuse ; suit le cours de la haute Saône en passant par Vesoul, pour gagner Besançon ; remonte le Doubs et s'étend jusqu'à la frontière à l'ouest de Bâle.

Principaux monuments. — Les églises cathédrales de Besançon, de Verdun ; l'abbaye de Saint-Vane et la citadelle de Verdun. — Les autres monuments de l'école rhénane ne font plus partie du territoire français depuis 1871.

V. ÉCOLE DU POITOU. — Ses limites descendent le Cher, la Loire, jusqu'au-dessus de Tours, et suivent une ligne indécise de Tours aux côtes de la Vendée ; puis, de la côte se dirigeant au-dessus de Surgères vers Melle et

Charroux, remontent la Charente, la Vienne ; passent au nord de Limoges, au sud de Bourganeuf, d'Aubusson, et vont rejoindre le Cher. L'influence de l'école du Poitou s'étend à l'ouest et au nord jusqu'à Nantes, Cholet, Chinon, Tours, Saint-Genou, Salbris ; à l'est, jusqu'à Nevers, Saint-Menoux, Montluçon ; au sud, jusqu'à Ussel, Tulle et Brive.

Principaux monuments. — Les églises de Neuvy-Saint-Sépulcre, de Notre-Dame de Poi-

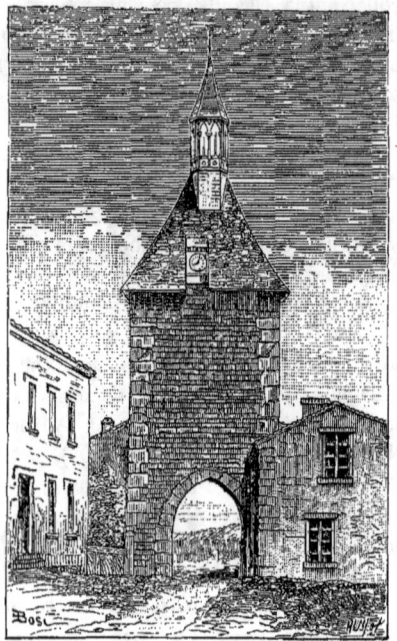

Fig. 3. — Beffroi de Charroux (XIIIᵉ siècle).

tiers, de l'ancienne abbaye de Saint-Genou, de l'ancien prieuré de Saint-Désiré, dont l'abside est de la fin du XIᵉ siècle, la nef du XIIᵉ et la crypte du Xᵉ et peut-être du IXᵉ siècle ; l'église abbatiale de Fontgombault, édifice du XIIIᵉ siècle ; le beffroi de Charroux, de la première moitié du XIIIᵉ (fig. 3) ; la partie de l'ancien monastère de Saint-Ursin, à Bourges, qui date de la première moitié du XIIᵉ siècle, et qui présente une curieuse juxtaposition des styles gallo-romain et byzantin ; enfin, bien qu'elle du commencement du XVIᵉ siècle, la date chapelle du château de Thouars.

VI. École de Saintonge. — Elle a beau-

coup de rapport avec celle du Poitou, mais elle ne peut cependant être confondue avec elle ; ses limites passent au nord de la Charente, de la Rochelle à Civray, Rochechouart, Angoulême, Montmoureau ; traversent la rivière d'Isle, la Dordogne vers Libourne, la Garonne à Loupiac, et enveloppent le Médoc. L'influence de cette école s'étend, au nord, jusqu'à Nontron ; au sud, en remontant la Garonne, jusqu'au Mas-d'Agenais.

Principaux monuments. — Les églises de Surgères, de Gensac, de Fenioux, de Saint-Michel d'Entraigues, de Lesterps, de l'ancienne abbaye de Montmoreau.

VII. École du Périgord. — Les limites de cette école suivent une ligne s'étendant de Ribérac à Brantôme ; passent à Saint-Yrieix ; elles vont joindre la Vézère au-dessous de Brive, suivent le cours de cette rivière jusqu'à son embouchure, traversent la Dordogne sur ce point, se dirigent sur Aiguillon et suivent le cours de la Garonne. L'influence de cette école s'étend, au nord, jusqu'à Angoulême, Limoges ; à l'est, jusqu'à Tulle, Brive, Souillac, Cahors ; au sud, jusqu'à Agen et aux rives de l'Adour.

Principaux monuments. — L'église de l'ancienne abbaye de Brantôme, dont le clocher isolé, bâti sur un roc escarpé qui longe l'église, est du milieu du XIᵉ siècle ; les églises de Loupiac de Cadillac ; le monument sépulcral de Sarlat, bâti en 1280, qui est un des plus curieux édifices de ce genre ; les anciennes fortifications et le pont fortifié de Valentré, à Cahors.

VIII. École auvergnate. — Ses limites remontent la Dordogne, un peu au-dessus de Souillac, jusqu'à Orcival ; de là elles se dirigent sur Moulins, en passant par Ébreuil et Saint-Pourçain ; remontent la Loire, de Decize au Puy ; suivent le cours de la Trueyre, vont rejoindre Rodez, et descendent l'Aveyron jusqu'à Villefranche. L'influence de l'école auvergnate s'étend, au nord, jusqu'à Nevers ; à l'est, jusqu'aux rives du Rhône, mais sans dépasser l'Ardèche ; au sud, jusqu'à Toulouse ; à l'ouest, jusqu'à Agen et aux rives de la Vézère, Ussel, Néris et Bourbon-l'Archambault.

Principaux monuments. — Le cloître de la cathédrale du Puy, un des plus anciens que nous possédions en France, et dont la construction remonte en partie au X° siècle : il ne reste aujourd'hui qu'une des anciennes galeries du monument primitif, car au XI° siècle ce cloître fut reconstruit sur trois de ses côtés; l'église de Saint-Nectaire, celle d'Orcival, celle de Chatel-Montagne ; celles de Saint-Saturnin (Puy-de-Dôme), de Saint-Julien à Brioude, de Saint-Michel d'Aiguilhe au Puy, et la cathédrale du Puy ; mentionnons enfin le monument sépulcral de Chambon, édifice du XII° siècle, et une croix en lave à Royat, mais qui date du commencement du XVI° siècle ; les ruines du château de° Bourbon-l'Archambault, auquel a été annexé au XV° siècle un curieux moulin fortifié.

IX. ÉCOLE LANGUEDOCIENNE. — Ses limites remontent le Gers, s'étendent le long des Pyrénées et jusqu'à l'Aragon ; au nord, elles suivent une ligne qui, au-dessus d'Agen, longe l'Aveyron jusqu'à Saint-Antonin, puis va joindre le Tarn à Albi, remonte cette rivière et suit le cours de l'Hérault. L'influence de cette école s'étend, au nord, jusqu'à Montpezat, Vareins, Rodez, Marvejols, Mende ; à l'est, elle passe quelque peu sur la rive gauche de l'Hérault ; à l'ouest, elle se prolonge jusqu'à Bayonne ; au sud, jusqu'à l'Aragon.

Principaux monuments (époque romane). — L'église de l'ancienne abbaye de Saint-Sernin à Toulouse : c'est sans contredit le plus vaste édifice du XII° siècle qui existe dans le midi de à France ; les églises de Lescars, du Mas-d'Agenais, de Saint-Sabin à Villefranche-du-Queyran, de Saint-Aventin ; celles des anciennes abbayes de Conques et de Moissac, ainsi que le cloître de cette dernière, formé des fragments d'un monument du XII° siècle dont la disposition primitive a été conservée lors de la reconstruction des bâtiments claustraux vers le commencement du XII° siècle, quelques années avant l'époque où l'abbaye de Moissac se soumit à la règle de Cîteaux ; l'ancienne église abbatiale de Saint-Martin de Canigou ; celle de Thines (Ardèche), qui présente un curieux mélange de l'architecture auvergnate et provençale ; le cloître d'Elne, l'église abbatiale de Fontfroide, près Narbonne, ainsi que les remparts et le château de Carcas-

sonne, la tour et le pont d'Orthez ; l'hôtel de ville de Saint-Antonin (Tarn-et-Garonne), édifice du milieu du XII° siècle : il servait de halle à rez-de-chaussée ; sous la tour, qui faisait office de beffroi, existait un passage pour une voie publique. Parmi les monuments de l'*époque ogivale* appartenant à l'école languedocienne, nous mentionnerons : le couvent des Jacobins à Toulouse, un des plus beaux exemples de construction en briques du moyen âge, et dont l'église, bâtie vers la fin du XIII° siècle, présente une disposition assez curieuse : elle se compose d'un seul vaisseau divisé en deux nefs par une rangée de longues colonnes, nommée *épine*, posées dans l'axe de ce vaisseau ; les églises de Saint-Nazaire, à Carcassonne, et de l'ancienne abbaye de Simorre ; dans le cloître de l'église Saint-Salvy, à Albi, un tombeau de la seconde moitié du XIII° siècle ; enfin l'église de l'ancienne abbaye d'Aubazine, construite au XIII° siècle et que nous rattachons à l'architecture languedocienne, quoiqu'elle participe à la fois de l'architecture de l'Auvergne, de celle du Périgord et de celle du Languedoc, et présente, pour ainsi dire, le cachet de celle d'une école mixte.

X. ÉCOLE PROVENÇALE. — Ses limites suivent une ligne qui, de Vienne, se dirige d'un côté sur Privas, Uzès, Alais, Montpellier, et de l'autre va rejoindre le Rhône à Vienne, passe par Saint-Chef, de là descend le long de la vallée du Rhône, franchit la Drôme, joint la Durance à Sisteron, et se dirige sur Fréjus par Digne. Son influence s'étend, au nord, jusqu'à Lyon ; à l'ouest, jusqu'aux sources de la Loire et de l'Allier, pour se diriger en ligne droite jusqu'à Béziers ; à l'est, jusqu'à Grenoble, Gap et le bas Var.

Principaux monuments. — L'ancienne église de Saint-Pierre, à Vienne; celle de Saint-Gabriel (Bouches-du-Rhône), édifice du IX° siècle, remarquable par ses détails copiés sur les monuments romains du Bas-Empire, et qui est l'œuvre des maîtres ès pierres PONCIVS et VGO, artistes carolingiens auxquels est due la construction de nombreux édifices religieux dans la Provence, le Comtat et le Dauphiné : les appareils des murs et des voûtes de cette église sont couverts de sigles, de pointillés de tout genre, de tailles en fougères, ou autres marques de tâcherons (Voy. MARQUE) ; — l'église abbatiale de Saint-Martin d'Ainay, celles des anciennes abbayes de Saint-Trophime à Arles, dont notre figure 4 montre le portail, et de Thoronet dans le Var ; les églises de Bourg-Saint-Andéol et de Sainte-Marie, et l'ancienne église abbatiale de Saint-Gilles (Gard). N'oublions pas de mentionner le cloître de Saint-Trophime et celui de l'ancienne abbaye de Montmajour à Arles, ainsi que les églises de Sainte-Marthe à Tarascon, de Saint-Restitut (Drôme), de Champagne (Ardèche), de Saint-Bernard à Romans (an-

église à une seule nef, qui possède un clocher de l'époque carolingienne, dont le premier étage forme chapelle, et qui est l'œuvre d'un maître ès pierres nommé SALARDVS ; le palais des papes (fig. 6) et les remparts d'Avignon, ainsi que la tour de Philippe le Bel à Villeneuve-lez-Avignon (fig.7), remarquable défense, qui fermait le pont Saint-Benézet du côté du Languedoc, en face des défenses de la ville d'Avignon.

XI. ÉCOLE PICARDE. — Cette école, peu

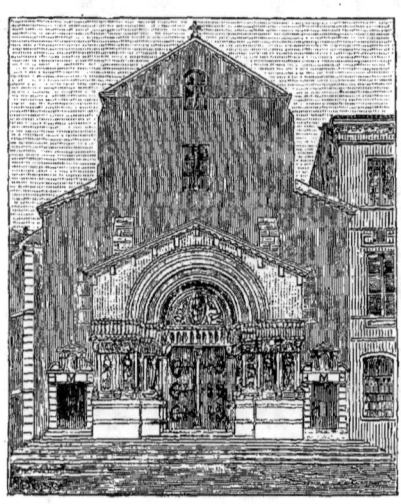

Fig. 4. — Portail de l'église de Saint-Trophime d'Arles.

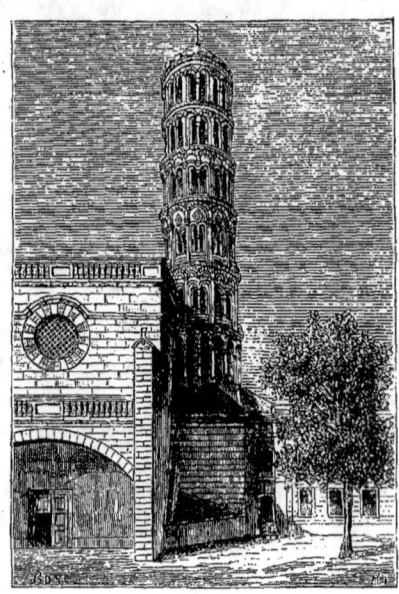

Fig. 5. — Campanile de Saint-Théodorit, à Uzès.

cienne collégiale); celle de Saint-Laurent à Grenoble, avec sa crypte ancienne du VIIe siècle ; le campanile de l'église Saint-Théodorit, à Uzès (Gard), ancienne cathédrale, détruite en 1611. Cette tour, qui a un faux air de la tour penchée de Pise, *torre pendente*, est dénommée par les habitants du pays sous le nom pittoresque de *Tour fénestrelle*, qui signifie, tour remplie de fenêtres. La hauteur *actuelle* de cette tour, mesurée depuis sa base jusqu'au sommet de la toiture, est de 39m, 85 environ. Le bas de la tour, établi sur un soubassement carré, est engagé dans des constructions adjacentes, que nous croyons aujourd'hui démolies ; la cathédrale de Viviers,

caractérisée, suit le cours de la Somme, s'étend dans les Flandres, au nord ; elle se fait sentir au sud jusqu'à Beauvais, puis jusqu'aux rives de l'Aisne vers Réthel ; on en trouve aussi des traces sur la Meuse, au-dessous de Mézières.

Principaux monuments. — L'église de Lillers, dans le Pas-de-Calais, est le seul monument du XIe siècle qui se soit conservé à peu près intact au milieu des guerres qui pendant le moyen âge ont désolé la Picardie.

XII. ÉCOLE NORMANDE. — Ses limites suivent la rive gauche de la Seine, d'Évreux jusqu'à Rouen ; de là elles se dirigent au nord vers la côte ; d'Évreux, elles remontent l'Iton, descendent la Sarthe jusqu'à Alençon, passent à Domfront, Vire, Avranches, et atteignent la baie du Mont-Saint-Michel. L'influence de cette école se fait sentir, au nord, jusqu'à Dieppe ; au sud, jusqu'à Chartres, Nogent-le-Rotrou, Mamers ; à l'ouest, jusqu'à Mortain, Dol et Dinan. Pendant le XIIIe siècle, cette école conserve un caractère local tout en adoptant le nouveau style.

Principaux monuments. — L'église de la Trinité à Caen (ancienne Abbaye-aux-Dames), celle de Saint-Étienne, ou l'Abbaye-aux-Hommes ; les églises de Saint-Loup hors Bayeux, de Saint-Nicolas à Caen, de Notre-Dame du Pré au Mans, d'Ouistreham, d'Autheuil, de Bernières, de l'ancienne abbaye d'Eu ; celle de Langrune, de Tours, la cathédrale d'Évreux, dont la restauration malheureuse a été poursuivie malgré les plus vives et les plus justes réclamations (1) ; l'ancienne abbaye de Hambye (Manche), dont la fondation remonte à l'an 1145, et qui était, comme beaucoup d'autres abbayes, entourée de murs dont une partie est encore debout. Ajoutons que la Normandie possède aussi de remarquables édifices de la renaissance, parmi lesquels nous mentionnerons l'église de la Ferté-Bernard (Sarthe), dont la piscine est couronnée par un DAIS (Voy. ce

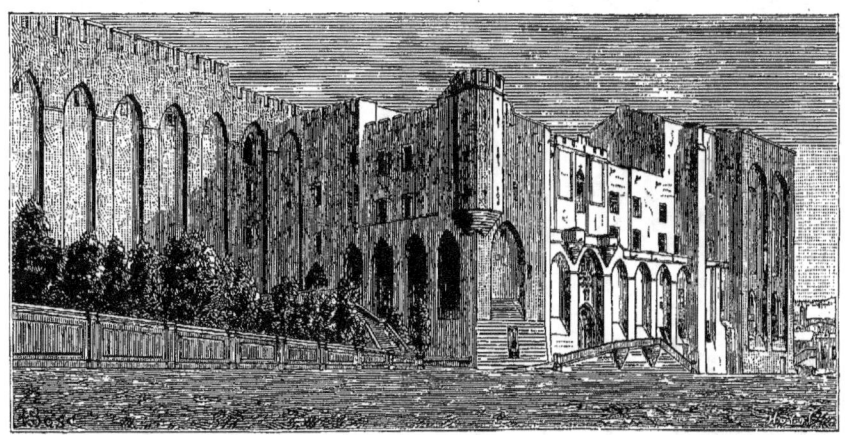

Fig. 6. — Palais des papes à Avignon.

mot), que nous avons donné en son lieu ; l'église de Tillières (Eure), dont nous avons aussi reproduit à son rang une CARIATIDE (Voy. ce mot) qui se voit au portail méridional ; l'église Sainte-Catherine à Honfleur (Calvados), entièrement exécutée en charpente, et dont le campanile est complétement isolé de l'église ; enfin le château de Falaise, donjon normand du XIIe siècle, composé de bâtiments quadrangulaires juxtaposés.

XIII. ÉCOLE ANGEVINE. — Ses limites sont mal définies ; elles passent, au nord, du Mans à Mayenne et à Fougères, suivent le cours de la Vilaine, remontent la Loire, traversent ce fleuve vers Nantes, englobant Saumur et Chemillé ; passent à Tours et à Blois, pour remonter, à l'est de Meung, à Nogent-le-Rotrou. — L'influence de l'école angevine s'étend, à l'est, jusqu'à Chartres, Châteaudun, Beaugency ; au sud, elle longe les bords de la Loire, en s'en éloignant vers Cholet ; à l'ouest, elle s'éteint en Bretagne ; au nord, elle se fond, entre Avranches, Alençon et Mortagne, avec l'école normande.

Principaux monuments. — La cathédrale du Mans, commencée au XIe siècle et continuée aux XIIe et XIIIe ; dans la même ville, l'église abbatiale de Notre-Dame de la Couture, et l'ancienne abbaye du même nom, qui sert aujourd'hui de préfecture, de bibliothèque, de

(1) Les principales réclamations relatives à cette affaire sont consignées dans le tome 42e des *Congrès archéologiques de France* (pages 383 à 501).

musée; l'église Notre-Dame du Pré ; la chapelle romane de Saint-Nicolas à Fougères, et dans la même ville les restes d'un vieux château élevé par Raoul II, sire de Fougères, sur l'emplacement d'une ancienne forteresse prise et détruite en 1166 par Henri II, roi d'Angleterre ; le château de Vitré (Ille-et-Vilaine), élevé sur l'emplacement d'un château du xie siècle ; l'abbaye du Mont-Saint-Michel, fondée au viiie siècle, dont l'église romane a été commencée en 1020 et achevée dans les premières années du xiie siècle ; l'église abba-

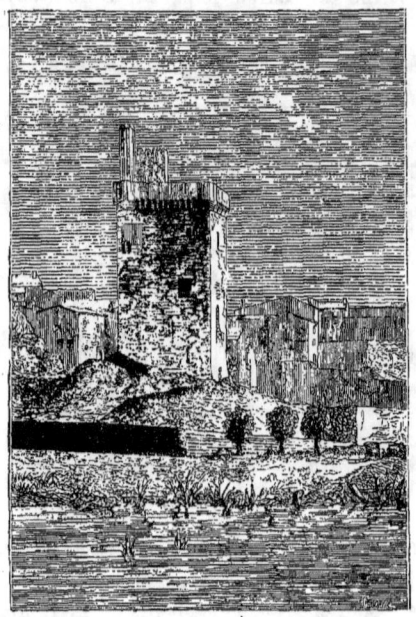

Fig. 7. — Tour de Philippe le Bel, à Villeneuve-lez-Avignon.

tiale et l'abbaye de Saint-Julien à Tours ; la cathédrale et les églises de Saint-Martin et de Sainte-Perpétue, également à Tours ; le château féodal de Montreuil, près Saumur.

La Bretagne ne paraît pas posséder, au xiie siècle, une école particulière, car l'architecture de cette province subit alors les influences du Poitou et de la Normandie, et même du Languedoc ; ainsi l'église Saint-Sauveur de Dinan, édifice du xiie siècle et reconstruit en partie au xve, appartient, par l'ensemble de son architecture et par ses détails, à l'école languedocienne.

L'île de Corse ne présente aucune trace d'architecture du xiie siècle ; d'ailleurs, elle ne paraît pas avoir subi d'autre influence que celle de la Provence et de la côte génoise.

Dès le milieu du xiiie siècle, la plupart des écoles que nous venons d'énumérer ont disparu, pour adopter le style de l'Ile-de-France. Pendant le xiiie siècle, les écoles qui conservent un caractère local, tout en adoptant le nouveau style, sont celles de Bourgogne, de Champagne et de Normandie.

Avec le xiiie siècle, nous entrons dans la plus remarquable époque du moyen âge. C'est le xiiie siècle qui, avec des artistes tels que Robert de Luzarches, Pierre de Montereau, Jean de Chelles, Eudes de Montreuil, Robert de Coucy, Erwin de Steinbach, c'est le xiiie siècle, disons-nous, qui éleva les cathédrales de Paris, de Reims, d'Amiens, de Rouen, de Strasbourg, la Sainte-Chapelle du Palais, les chapelles des châteaux de Vincennes et de Saint-Germain en Laye. L'esprit d'association n'est plus le partage exclusif des moines et du clergé, il se manifeste en dehors des congrégations tout à fait religieuses, devenues, du reste, impuissantes à suffire aux nouveaux travaux qu'on leur demande de toutes parts. M. Daniel Ramée (*Histoire générale de l'architecture*, p. 882) fait très-bien comprendre ce nouvel état des choses. « L'art, dit-il, fut jusqu'au xiie siècle le domaine exclusif du clergé et des moines. Mais dès que les villes s'émancipèrent et qu'une bourgeoisie ou tiers état commença à se constituer, les prêtres se sécularisèrent et les moines se relâchèrent de leur règle. Une quantité d'ouvriers de bâtiment s'était formée parmi les frères convers des monastères. Avec le temps ces ouvriers devinrent indépendants. En dehors des églises, un grand nombre de constructions d'un genre inconnu auparavant étaient à élever : les prêtres et les moines ne purent plus suffire à ces travaux, et ils furent de plus incapables de résoudre les nouveaux problèmes que faisait naître l'architecture de l'époque. Les constructeurs laïques formés antérieurement parmi les frères convers des couvents purent s'émanciper et travailler en ne se soumettant plus à leurs maîtres, qu'ils surpassèrent même dans leur art. L'édification des portes de ville, de ponts, de beffrois, de châteaux, d'hôpitaux, de fortifications, d'hôtels de ville, etc., étaient en dehors des attributions du sacerdoce, auquel il était de plus interdit, dès 1157, de s'occuper de constructions séculières. (Martène et Durand, *Thesaur.*, IV, p. 1248 et 1350.) Les difficultés et les conditions impérieuses qu'imposait la technique des nouvelles constructions embarrassèrent les ecclésiastiques, et ils durent se retirer souvent devant les embarras qu'elles leur suscitèrent. La science des gens d'Église n'était plus à la hauteur des exigences de l'époque. Vers la fin du XIIᵉ siècle il se forma des architectes, des tailleurs de pierre et des maçons capables, qui se réunirent en une corporation spéciale quand leur nombre devint considérable. Un des plus anciens exemples de l'emploi d'un laïque dans la construction d'un monument du culte est celui d'Enselin, chargé en 1133, par un évêque de Wurzbourg, de réparer et d'orner une église : *curam magisterium in reparanda et ornanda ecclesia* (Schnaase, *Hist. des arts du dessin*, t. 4, 1ʳᵉ partie, p. 300, note 1ʳᵉ). En 1258, Étienne Boileau, prévôt de Paris sous Louis IX (Joinville, *Hist. de saint Louis*, coll. Michaud et Poujoulat, t. 1ᵉʳ, p. 320), fit dresser les statuts ou règlements sur les arts et métiers de Paris. On y trouve les maçons au nombre des autres corporations. Ils formaient donc un corps séparé, séculier, ne relevant que de l'autorité royale. » Au reste, la corporation des tailleurs de pierre de Paris faisait remonter son origine jusqu'à Charles Martel.

Ainsi nous voyons que le mouvement rénovateur qui venait de s'accomplir en architecture à la fin du XIIᵉ siècle et au commencement du XIIIᵉ était exclusivement laïque ; il convient de rappeler aussi que le système de voûte adopté par les architectes laïques commanda forcément tous les points d'appui intérieurs pour soutenir ces mêmes voûtes, colonnes et colonnettes, piliers et massifs. Ce même système de voûte amena aussi les hauts contreforts extérieurs, ainsi que les arcs-boutants pour contre-buter ces mêmes voûtes, auxquelles on donna la forme ogivale, en tiers-point,

en lancette, qui leur permit d'exercer un minimum de poussée. Comme on le voit, c'est ce nouvel élément de construction, la voûte, qui crée et caractérise l'architecture ogivale tout entière ; et puisque les architectes laïques sont les inventeurs et les propagateurs de ce nou-

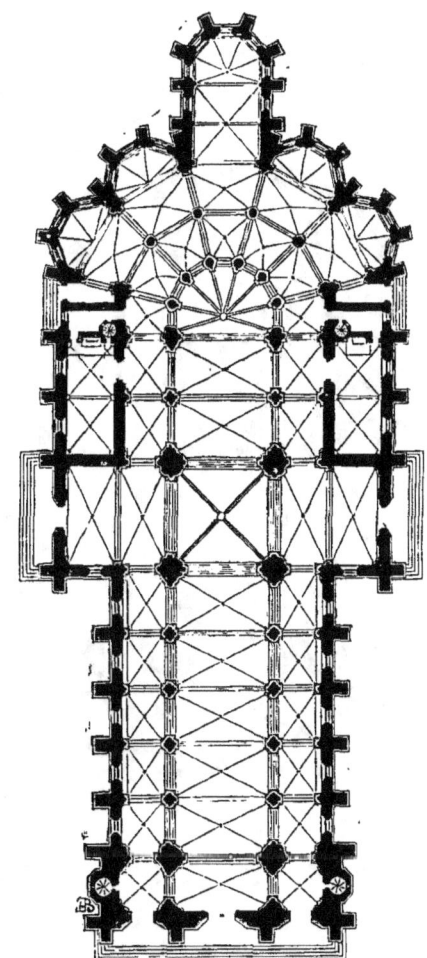

Fig. 8. — Plan-type d'une église du XIIIᵉ siècle.

veau mode de construction, ce sont bien ces mêmes artistes qui ont créé l'architecture ogivale. Voilà un point bien établi ; mais il reste à déterminer dans quel pays ce style a reçu ses premières applications : c'est ce que nous avons développé au mot OGIVALE (*Architecture*), où nous renvoyons le lecteur.

Dès son apparition le style ogival excita

un vif enthousiasme, aussi se répandit-il avec une extrême rapidité chez tous les peuples européens. Il n'y a rien de surprenant dans un pareil fait, car il est dans l'ordre naturel des choses que la science unie à l'art l'emportera toujours sur l'art seul. Or les architectures romaine et romane, qui précédèrent le style ogival, n'étaient guère remarquables que par leur côté artistique. Évidemment celles-ci possèdent bien dans leur structure des procédés scientifiques; mais ces procédés sont des plus élémentaires, et leur véritable attrait, leur principal caractère consistent surtout dans l'emploi de ces grandes masses de matériaux qui produisent certainement un très-grand effet.

Tout autre est le caractère de l'art ogival. Ses édifices et les proportions de ceux-ci sont imposants; mais, de plus, la disposition des matériaux, leur agencement sont très-raisonnés, ils sont calculés avec une économie et une science

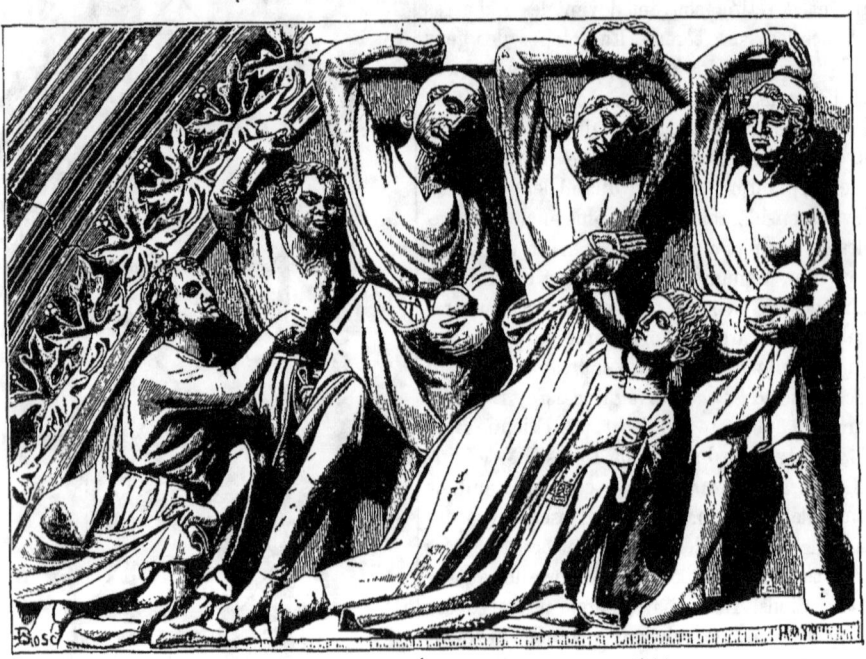

Fig. 9. — Lapidation de saint Étienne (sculpture du XIIIᵉ siècle).

telles qu'on ne sait ce qu'on doit le plus admirer de l'art infini ou de la science parfaite qui ont présidé aux belles constructions de cette époque. C'est surtout pendant le XIIIᵉ siècle, période la plus remarquable du moyen âge, que l'on peut observer les qualités distinctives que nous venons de signaler. C'est pendant cette période que les architectes ont résolu bien des difficultés de construction; c'est alors qu'ils ont étudié avec grand soin la silhouette de leurs édifices et qu'en décorateurs habiles ils ont tiré un excellent parti des effets de perspective et du jeu de la lumière et des ombres. C'est pendant cette période qu'on transforme la tour lourde et massive des clochers en une flèche élégante, et que les contre-forts eux-mêmes sont rendus plus légers, plus élancés, par l'addition de niches, de pinacles et de clochetons. Le plan des églises du XIIIᵉ siècle est très-remarquable, la nef est élancée, large, et souvent les collatéraux ne servent pour ainsi dire que de dégagements; seule l'abside est entourée de chapelles rayonnantes, dont la plus importante, celle du centre, est réservée au culte de la Vierge. Notre figure 8 montre le type, nous pourrions dire la *charge*, d'une église du XIIIᵉ siècle : il a été imaginé par Lassus et nous le reproduisons d'après les *Annales ar-*

chéologiques (vol. I, p. 5). Les sculptures extérieures et intérieures sont très-remarquables, comme on peut le voir par nos figures. La lapidation de saint Étienne (fig. 9) existe sur le tympan de la porte de Notre-Dame de Paris. Au mot TYMPAN, nous donnons l'ensemble de ce beau morceau de sculpture. Nos figures 10, 11, 12, 13 et 14 montrent des spécimens de sculpture intérieure appliquée aux corniches, aux clefs et aux retombées de voûtes. Ils proviennent de l'église de Saint-Jean au Bois;

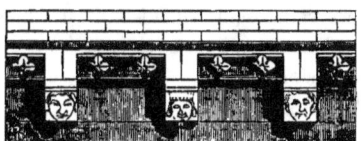

Fig. 10. — Corniche du chœur de Saint-Jean au Bois.

nous avons reproduit nos dessins d'après les *Annales archéologiques* (vol. XXIII, p. 156).

Au milieu du XIIIᵉ siècle, on étudia, beaucoup mieux qu'on ne l'avait fait jusque-là, la canalisation des eaux pluviales qui frappaient les immenses toitures des églises. Antérieurement, ces eaux s'écoulaient directement des larmiers de corniche; ceux de la nef envoyaient leurs eaux sur les toitures rampantes des bas-côtés, qui les rejetaient au pied des murs. Ce système défectueux de canalisation entretenait dans les fondations une humidité constante, laquelle remontait dans les murs

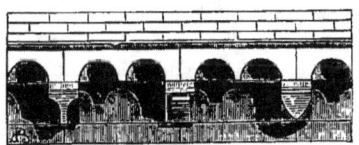

Fig. 11. — Corniche du transept de Saint-Jean au Bois.

des collatéraux. Pour remédier à cet état de choses, les architectes s'y prirent de la façon suivante. Comme les arcs-boutants montaient généralement jusqu'au haut des murs de la nef, ils se servirent des rampants de ceux-ci pour y établir des canalisations, des chéneaux, qui, une fois arrivés à la pile du contre-fort, la traversaient et venaient aboutir à des gargouilles. Celles-ci, rejetant les eaux loin des murs de

l'édifice, représentaient parfois la partie supérieure du corps humain, mais surtout des grotesques, des animaux fantastiques, des monstres bizarres, qui, par leur multiplicité et la position qu'elles occupaient dans l'édifice,

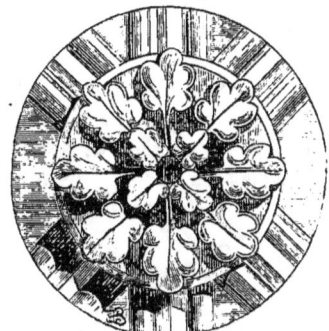

Fig. 12. — Clef de voûte dans la nef.

produisaient de puissants effets. — C'est encore pendant le XIIIᵉ siècle qu'on multiplie sur les corniches des édifices, et comme couronnement, des balustrades aveugles ou ajourées. Les balustres ou colonnettes de celles-ci sont rem-

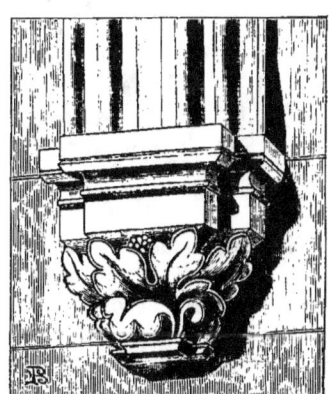

Fig. 13. — Cul-de-lampe sous la retombée des voûtes dans le chœur.

placées par des trèfles, des fleurs de lis, des rinceaux, des quatre-feuilles ou des ARCATURES. (Voy. ce mot.)

Les travaux exécutés à l'extérieur des églises ne font pas négliger l'ornementation intérieure; en effet, c'est pendant le XIIIᵉ siècle que leur richesse décorative atteint à son apogée; c'est en ce moment qu'on voit l'or, l'argent et les couleurs envahir la voûte des églises, les pendentifs, les colonnes, les pilastres et les faisceaux des colonnettes, et cela à tel point que l'œil ne peut apercevoir aucune partie du vaisseau des églises qui ne soit revêtue de peintures. Les vitraux eux-mêmes par leur brillante coloration et leur richesse éclatante contribuent encore d'une manière considérable à l'ornementation intérieure. On peut se rendre compte de la beauté de celle-ci en voyant les restaurations modernes de quelques cathédrales, en admirant surtout l'intérieur de la Sainte-Chapelle du Palais à Paris, dont nous avons donné une travée au mot ÉGLISE (Pl. XXVII). Vers la fin du XIII° siècle, l'art ogival commence à décliner d'une manière peu sensible

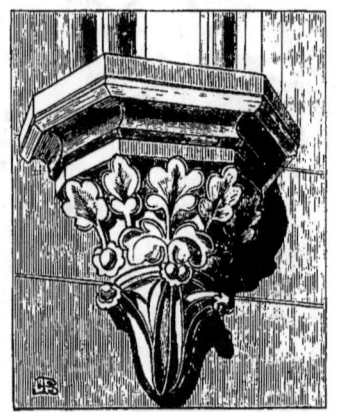

Fig. 14. — Cul-de-lampe sous la retombée des voûtes dans la nef.

il est vrai, mais qui devient de plus en plus évidente pendant le XIV° siècle. Telle est la destinée des œuvres humaines, toute période brillante amène après elle un temps d'arrêt bientôt suivi de décadence.

Nous ne donnerons pas la nomenclature des principaux monuments du XIII° siècle, car le plus grand nombre de ceux-ci ne furent terminés que dans les siècles suivants : nous ferions donc presque un double emploi, puisque nous donnons un peu plus loin la nomenclature des monuments du XIV° siècle, et souvent nous indiquons l'époque à laquelle ces édifices ont été commencés. — Le XIV° siècle, exagérant les qualités de l'art ogival, tomba dans l'abus. Les changements survenus dans le style sont, comme nous venons de le dire, peu sensi-

bles ; il est en effet bien difficile de préciser, dans beaucoup de monuments, les parties qui datent de la fin du XIII° et des premières années du XIV° siècle ; mais ce qui est bien certain, c'est que les architectes de ce dernier siècle diminuent considérablement la force des points d'appui, ils augmentent la portée des vides, les fenêtres deviennent de véritables claires-voies (*clerestory*), les moulures et les nervures apparaissent avec profusion, mais les profils, au lieu d'être fermes et vigoureux, sont mous par la multiplicité même des membres qui les composent ; quant à l'ornementation, elle est tellement surchargée qu'elle arrive à la confusion, et l'œil ne retrouve au milieu de toute cette exubérance aucun repos, car aucune surface lisse ne fait valoir par son contraste les ornements, les refouillements et les sculptures. — C'est au XIV° siècle qu'on ajoute les chapelles le long des murs des collatéraux : c'est là une des modifications typiques et caractéristiques, car auparavant l'abside seule possédait des chapelles ; enfin la chapelle de la Vierge prend de telles proportions qu'elle forme pour ainsi dire à elle seule une petite église séparée. Cette dernière transformation est très-sensible, par exemple, à l'église abbatiale de Saint-Ouen ainsi qu'à celle de Coutances. — Nous devons ajouter que, dans le midi de la France, les églises commencées en style roman, même à la fin du XIII° siècle, sont terminées en style ogival pendant le XIV°. — Si nous résumons les caractères distinctifs de l'architecture ogivale du XIV° siècle, nous voyons que le plan des églises a peu changé : dans une superficie donnée, il offre une plus grande surface, parce que les points d'appui sont plus faibles et qu'il possède des chapelles dans les bas-côtés, mais celles-ci ont leur structure particulière. Les portails sont à peu près semblables à ceux du siècle précédent, sauf que leurs tympans, au lieu d'être décorés de sculptures et de bas-reliefs, sont ajourés au moyen de ROSES (Voy. ce mot) extrêmement ouvragées et ornées de beaux vitraux. — Quant à la sculpture, les motifs en sont puisés plus particulièrement dans la flore indigène. Cette ornementation végétale avait pris naissance à l'époque de rénovation qui signala le XII° siècle ; les plantes choisies par les sculpteurs sont d'abord fort simples au XIIIᵉ siècle, puis ils utilisent des feuilles plus compliquées, plus finement découpées, enfin au XIVᵉ la décoration végétale est excessivement tourmentée, ce ne sont que feuilles frisées, chiffonnées, fortement enroulées. (Voy. FLORE et FEUILLES.)

Les crosses ou crochets sont répandus à profusion sur les clochers, clochetons, rampants de pignon de GABLES (Voy. ce mot), ou frontons. Les dais ou couvre-chefs, comme le dit Bâtissier (*Hist. de l'art monumental*, page 519), « affectent deux formes principales : ce sont de petites voûtes à nervures, taillées sous une sorte de chapiteau prismatique dont les faces sont décorées d'ogives et de trèfles dans le goût de l'époque, et figurent même des enceintes fortifiées ; ou bien, comme ceux du siècle précédent, ils offrent une espèce d'édicule à gables en pendentifs et à arcades tréflées surmontées de tours, de clochers ou de constructions imitant un château, le tout sculpté dans un bloc de pierre. La décoration de ces édicules, le style du feuillage dont ils sont ornés et la forme des petites fenêtres qui y sont figurées sont des indices suffisants pour en faire apprécier l'âge. » Les supports ou culs-de-lampe qui portent les statues, placées ou non sous les dais, sont ornés de figures bizarres ; ce sont des monstres, des caricatures de moines, des animaux chimériques, qui symbolisent les vices opposés aux vertus des saints ou des martyrs que représente la statue supportée par ces culs-de-lampe encorbellés. La statuaire du XIVᵉ est maniérée, elle est plus léchée et plus finie que celle du siècle précédent ; le statuaire est pour ainsi dire trop sur son œuvre, il ne se recule pas assez pour la voir de loin : c'est pourquoi les travaux de ces sculpteurs sont bien finis, bien *propres*, vus de près, mais de loin ils manquent totalement d'effet décoratif.

Parmi les œuvres principales du XIVᵉ siècle nous mentionnerons : un type d'église fort simple, celui de Saint-Ouen à Rouen, commencée d'après les uns en 1310, en 1318 seulement d'après autres, et terminée en 1515 ; un autre type, au contraire, qui est un chef-d'œuvre de grâce, de légèreté et d'équilibre,

c'est la nef de Saint-Urbain à Troyes (Aube), dont les transsepts ont été terminés en 1314 ; le portail nord de la cathédrale de Paris ; la Bastille de Paris commencée le 22 avril 1370 et démolie le 14 juillet 1789 ; l'église de Boulogne près Paris (1319) ; la chapelle du château de Vincennes et l'église Saint-Séverin à Paris ; l'hôtel du duc de Bourgogne qui fut successivement la résidence de Jean-sans-Peur, des princes de Gondi et du cardinal de Retz, et dont il ne reste aujourd'hui qu'une tour dite *de Jean-sans-Peur*, que nous donnons au mot TOUR ; le chœur et la nef de l'église Saint-Pierre de Caen (1304 ou 1305), ainsi que la tour, le chœur et l'abside de Saint-Étienne de Caen (1316-1342) ; le grand portail de la cathédrale de Bayeux (Calvados) ; l'église de Villart (Somme) (1342) ; l'église abbatiale de la Chaise-Dieu ; l'église Saint-Jacques de Dieppe, commencée vers 1260 ; l'église de Saint-Jacques, à Compiègne ; le portail de la cathédrale de Bourges (1324) ; l'église de Tréguier (Côtes-du-Nord) ; la Sainte-Chapelle de Riom (1382) ; la nef de la cathédrale d'Auxerre ; une partie de Notre-Dame de l'Épine, près Châlons-sur-Marne, de Notre-Dame de Metz, de Toul, une grande partie des nefs des cathédrales de Perpignan (1324-1461), de Meaux, de Tours ; l'église Sainte-Cécile d'Alby (1277-1476) ; plusieurs portions de la cathédrale de Coutances faites vers 1375 ; la cathédrale de Rodez (Aveyron). Enfin on considère encore comme des monuments du XIVᵉ siècle : la tour Saint-Sernin à Toulouse, l'église Saint-Nizier à Lyon, celle de Saint-Didier et des Dominicains à Avignon, une partie du palais des papes dans cette dernière ville, une grande partie de Sainte-Marthe à Tarascon (Bouches-du-Rhône), l'église de Saint-Florentin en Bourgogne, enfin les chapelles latérales de la cathédrale de Narbonne, dont la double ceinture de créneaux remplace les balustrades sur les chapelles. Cette ceinture de créneaux réunit les culées des arcs-boutants, qui sont eux-mêmes terminés en forme de petites tours.

Nous voici au XVᵉ siècle, c'est-à-dire à l'époque où nous approchons de plus en plus du déclin total de l'art ogival. La fin du

XIVᵉ siècle avait été pour la France une époque de crise qui avait porté un coup fatal à sa prospérité. Le XVᵉ siècle s'annonce sous des dehors encore plus tristes et plus lugubres. Sous Charles VII, les Anglais, ravageant notre pays, portent partout le fer et le feu, c'est-à-dire la ruine et la désolation. Il ne fallut rien moins que le dévouement et l'héroïsme d'une vierge sublime, de Jeanne d'Arc, pour relever le moral de nos armées et chasser définitivement du territoire les Anglais, qui conservèrent une seule ville, Calais. Cette femme véritablement inspirée, illuminée même selon d'autres, mais en tout cas illuminée sublime, sauva notre pays d'une destruction certaine. Cependant les conséquences mêmes de cette époque désastreuse eurent un résultat heureux, celui d'unir tous les Français et de constituer une nation forte. M. Henri Martin a résumé d'une façon tout à fait remarquable le fait que nous venons d'avancer : « La guerre des Anglais, dit notre grand historien, a eu pour conséquence immédiate de révéler la France à elle-même comme corps politique. En luttant contre l'envahisseur, la France du XVᵉ siècle a vu le génie même de la France lui apparaître dans une vision sublime ; comme le prophète devant l'ange du Seigneur, elle est restée éblouie, et n'a compris qu'à demi ; pourtant, le bras d'en haut, en la touchant, lui a communiqué des puissances inconnues. Avant la guerre des Anglais, la nationalité n'était qu'un sentiment profond déjà, mais flottant et vague ; après la guerre, elle est une force constituée, ayant d'elle-même une notion, sinon complète, au moins très-vigoureuse et très-déterminée, et l'on peut affirmer qu'il n'a pas encore existé dans le monde un groupe d'hommes aussi considérable, occupant un territoire aussi étendu, que l'on ait pu considérer comme étant au même degré une véritable nation. »

On comprend qu'au milieu des calamités de la guerre et des ruines qu'elle entraîne à sa suite, les arts en général et l'architecture en particulier fussent peu prospères. Cependant un patriote, Jacques Cœur, l'argentier de Charles VII, après avoir rendu à son pays des services signalés dans la politique et dans l'ad-

ministration, s'efforça également de donner une grande impulsion à l'architecture, et c'est dans ce but qu'il commença la construction de son célèbre hôtel de Bourges (1443-1451), connu sous le nom de la *maison de Jacques Cœur*, et qui devint pour ainsi dire le point de départ d'une nouvelle évolution en architecture, qu'on a appelée plus tard architecture civile et domestique. La maison du célèbre argentier sert aujourd'hui d'hôtel de ville.

Passons aux traits caractéristiques de l'architecture ogivale tertiaire. Le fait sans contredit le plus saillant consiste dans l'emploi de ses immenses frontons ou gables décorés de crochets, couronnant le portail des églises ; ces frontons s'abaissent successivement au fur et à mesure qu'on avance vers le XVIᵉ siècle, ce ne sont plus alors que des accolades. Quelquefois les portails sont abrités sous des porches, comme à Saint-Germain l'Auxerrois de Paris, par exemple. Quant au portail lui-même, son ouverture est large, ses voussures divisées par des nervures en zones, dont quelques-unes, celles du sommet, sont assez larges pour recevoir des statues portées par des supports et couronnées de dais ; comme au siècle précédent, le tympan est ajouré ; souvent, dans son axe, il abrite sous un dais une ou plusieurs statues. Derrière celles-ci de magnifiques vitraux éclairent l'intérieur de l'église. Au contraire, si le tympan ne possède pas de statues, il est traversé dans sa partie inférieure par une galerie surmontée d'une grande rose.

Le sommet des fenêtres de l'époque ogivale tertiaire affecte aussi à l'origine une ogive très-aiguë, qui se transforme à la fin du XVᵉ siècle en accolade ; quant aux façades latérales des églises, elles sont absolument semblables, sauf leur moulurage, à celles du siècle précédent ; ajoutons cependant que les meneaux des fenêtres sont très-tourmentés, imitant des flammes, ce qui justifie le nom de *style flamboyant* donné au style ogival tertiaire.

Si nous examinons l'intérieur des églises de cette époque, nous voyons que le plan est le même à peu de chose près que celui du XIVᵉ siècle, mais la décoration est bien différente ; les piliers affectent toute sorte de formes, mais ils sont décorés de nervures ondulées ou en spirale qui les couvrent presque depuis leur base jusqu'au sommet des voûtes, lesquelles portent des clefs pendantes très-saillantes et très-ouvragées, ce qui fait qu'elles ont l'aspect d'un réseau, d'un filet formé par mille nervures entre-croisées. Certes, ce genre de voûtes est fort riche et leurs sculptures sont parfois admirablement travaillées et refouillées, mais ce n'est plus de l'art ; cette exubérance décorative commence à sentir la décadence, et cependant il faut aux artistes qui exécutent de pareils tours de force une grande somme de talent et surtout de patience. Du reste, cette surcharge de décoration détruit le bel effet des magnifiques perspectives que possèdent les voûtes si simples des nefs des XIIIᵉ et XIVᵉ siècles. Ce qui brise encore la perspective dans les églises du XVᵉ siècle, ce sont les clôtures de pierre ou de bois, ainsi que les jubés, qui séparent le chœur des collatéraux ; il est vrai que ces jubés sont parfois de vrais chefs-d'œuvre de sculpture. — L'architecture privée du XVᵉ siècle est beaucoup moins riche que l'architecture religieuse : c'est pour ce motif peut-être qu'elle produit un plus grand effet et qu'elle revêt un caractère éminemment artistique ; aussi beaucoup de palais, de châteaux et de maisons, bien que richement sculptés, peuvent compter parmi les œuvres remarquables produites par l'architecture française ; comme preuve à l'appui, nous citerons la maison de Jacques Cœur à Bourges, l'hôtel de Cluny à Paris.

Voici la nomenclature des principaux monuments du XVᵉ siècle ; nous les classons autant que possible suivant l'ordre de leur ancienneté : Porte sud du portail de l'église de Mantes (1405) ; église de Saint-Léonard de Fougères, en Bretagne (1406-1440) ; de Saint Nonat de Penmarch, en Bretagne (1408) ; chœurs de Saint-Remi à Reims, de Saint-Gervais (1420) de Saint-Merry à Paris ; église Notre-Dame de l'Épine, près Châlons-sur-Marne (1419) ; église du Folgoat (Finistère), terminée en 1419 : cet édifice renferme un superbe jubé de pierre ; une grande partie de la cathédrale de Quimper (1424), de l'église de Caudebec (1426) ; la nef de la cathédrale de Troyes (Saint-Pierre), terminée

en 1429 ; le chœur de l'église du Mont-Saint-Michel, reconstruit sur celui du XIᵉ siècle vers 1521, et qui ne fut terminé qu'en 1450, ou même 1452, suivant quelques auteurs ; la tour dite *de Berland* à Bordeaux (1430) ; la cathédrale de Nantes (Saint-Pierre) (1434) ; le porche en façade et quelques portions de Saint-Germain l'Auxerrois de Paris (1434) ; l'église de Saint-Esprit de Rue (Somme) (1440), celle de Saint-Jean du Doigt, près Morlaix (Finistère) (1440) ; le portail et une grande partie de la cathédrale de Toul (1447) ; une partie de l'église de Thann (ancien département du Haut-Rhin) (1455) ; la maison de Jacques Cœur à Bourges, construite probablement vers 1445 ou 1447 ; une grande partie de Notre-Dame de Saint-Lô, entre autres portions le portail et une des flèches, qui durent être construites vers 1465 ; la cathédrale de Moulins, commencée en 1468, mais qui est encore inachevée, malgré les travaux considérables exécutés par notre confrère Eugène Millet ; l'église de Poix (Somme) (1470) ; l'église Saint-André à Bordeaux, ainsi que le beffroi de Saint-Michel de Bordeaux (1472) ; la Sainte-Chapelle d'Aigueperse (1474) ; la tour centrale de la cathédrale de Bayeux (1479-1481) ; la tour méridionale de la cathédrale de Metz (1478-1481) ; l'un des transsepts de l'église Saint-Remi de Reims (1482) ; une grande partie de la cathédrale d'Évreux, dont une restauration ou plutôt une reconstruction moderne des plus fâcheuses a complétement détruit le caractère : la partie datant du XVᵉ siècle avait été construite de 1464 à 1480 ; Notre-Dame de Dammartin (Seine-et-Marne) (1480) ; l'avant-portail d'un transsept de la cathédrale de Rouen (1487), dont la tour sud ne fut terminée qu'en 1507, bien que commencée vers 1485 ou même 1484 ; une partie de l'église Saint-Vincent dans la même ville ; l'église des Cordeliers à Nancy (1484).

Pour terminer cette nomenclature des édifices du XVᵉ siècle, il ne nous reste plus qu'à énumérer ceux construits postérieurement à l'année 1490 ; ce sont : une des tours de Notre-Dame de Mantes (1492), la chapelle de l'Observance à Lyon (1493) ; la cathédrale de Saint-Flour (Cantal), dont on ne saurait préciser l'époque définitive de la construction ; l'église de Notre-Dame de Louviers, ainsi que le portail de la cathédrale de Toul, terminé en 1496 ; enfin l'hôtel de ville d'Orléans, terminé en 1498.

Pendant la première moitié du XVIe siècle, les édifices conservent les principaux caractères architectoniques de l'époque précédente. Les nouvelles modifications de notre architecture ne portent guère que sur des détails ; par exemple, les ornements des balustrades et des corniches sont plus évidés, plus refouillés que dans les siècles précédents. Dans l'architecture religieuse, la peinture et la dorure qui couvraient les voûtes et les nefs des églises s'étendent jusque sur les statues et les bas-reliefs. Les travaux accessoires en pierre, en marbre, en bois, tels que jubés, grilles de clôture, stalles, panneaux de menuiserie, sont extrêmement riches, et la finesse de la sculpture qui décore ces travaux n'est dépassée que par l'abondante profusion de ces sculptures.

Signalons un fait caractéristique de l'architecture du XVIe siècle, c'est que bien souvent les sculptures renferment des inscriptions et des devises françaises ou latines quelquefois hébraïques, ainsi que des emblèmes, qui sont gravées ou sculptées soit dans des cartouches, soit dans de petits panneaux représentant des cuirs, des parchemins, des banderoles, etc. Nous citerons comme exemple curieux d'inscription, ces deux vers gravés dans la frise de la maison de Moret, dont nous avons donné la façade à ce mot (Voy. planche XXXVI, p. 241, vol. II) :

Qui scit frenare linguam, sensumque domare,
Fortior est illo qui frangit viribus urbes.

Les demeures royales portaient souvent les emblèmes et la devise des souverains qui les avaient élevées : ainsi le château de Chambord montre en nombreux spécimens la devise de François Ier, une salamandre avec cette légende : *Nutrisco et extinguo ;* au château de Blois, on peut voir aussi celle de Louis XI, un porc-épic avec ces mots : *Cominus et eminus.* Au mot CHEMINÉE (vol. I, p. 427), le lecteur peut voir une cheminée de la maison dite *des*

trois frères Lallemand à Bourges (planche XXII), dans la corniche de laquelle on aperçoit le porc-épic de Louis XI. — Nous devons également signaler un excellent usage pratiqué par les architectes d'alors, c'est que presque toujours ils inscrivaient dans un cartouche, ou de toute autre façon, l'époque à laquelle ils avaient exécuté un travail. C'est grâce à cela qu'on a pu déterminer d'une façon précise l'âge de piscines, de fonts baptismaux, de fontaines, etc. Bien souvent des ancres maintenant des tirants, des terres cuites émaillées ou d'autres détails architectoniques, nous ont également indiqué la date certaine de la construction des édifices sur lesquels ils existent.

La renaissance française nous vient bien de l'Italie ; c'est bien ce pays qui inspira nos artistes et fut leur initiateur. L'expédition de Charles VII, qui parcourut l'Italie jusqu'au détroit de Messine, pour s'emparer du royaume de Naples, ne nous donna aucun résultat matériel, mais le parcours de nos troupes à travers la péninsule ouvrit de larges horizons à nos artistes, et, comme le dit notre historien Michelet, « le contraste de ce qu'était notre civilisation, notre éducation artistique, en égard à celle des Italiens, avait tellement frappé nos soldats victorieux, qu'ils étaient éblouis, presque intimidés de la nouveauté des objets. Devant ces tableaux, ces églises de marbre, ces vignes délicieuses peuplées de statues, ces belles filles couronnées de fleurs qui venaient, les palmes en mains, leur apporter les clefs des villes, ils restaient muets et comme frappés de stupeur. On voit donc que si la folle équipée de Charles VII n'eut aucun résultat matériel, elle nous conduisit à la découverte de l'Italie, » dont nous ne soupçonnions pas les richesses artistiques. Cette folle entreprise, ainsi que plus tard l'expédition de Louis XII, firent connaître à nos compatriotes les monuments de l'antiquité, de même que les édifices élevés par les Brunelleschi, les Michelozzi, les Alberti et par d'autres encore. Mais nos artistes surent si bien s'assimiler le style italien, ils y apportèrent des changements si considérables qu'ils créèrent une renaissance française, tout autre que la renaissance italienne, mais qui ne lui cédait ni en goût, ni en originalité, ni en gracieuse élégance.

Les bords de la Loire furent le berceau de la renaissance française primitive ; un peu plus tard il se forma une autre école à Rouen ; de là cette magnifique architecture rayonna dans tout le pays. Suivant la localité où elle s'implanta, elle s'harmonisa et s'allia plus ou moins au style local ; dans certaines contrées, elle subsista concurremment avec l'architecture ogivale, qui ne disparut guère que vers le milieu du XVIIe siècle.

Nous ne donnerons pas ici de plus longs détails, puisque nous traitons seulement de l'architecture française, mais nous renver-

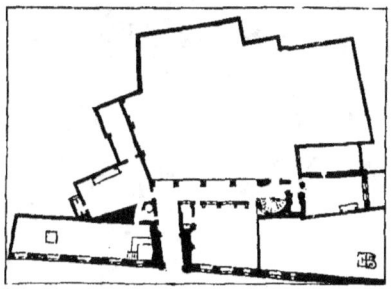

Fig. 15. — Plan de l'hôtel d'Alluye, à Blois.

rons le lecteur au mot RENAISSANCE (*Architecture*), qui complète pour ainsi dire le présent article. Pour l'instant nous nous bornerons à l'énumération des principaux édifices de la renaissance française, que nous diviserons en deux périodes : la première qui s'étend de 1498 à 1550, et la seconde qui va jusqu'à l'avénement de Louis XIII (1610).

Les monuments de la première période sont : l'aile orientale du château de Blois, construite sous Louis XII ; l'hôtel de ville d'Orléans (1498) ; le château de Gaillon (1508) ; l'hôtel Cujas et celui des frères Lallemand à Bourges (1515) ; l'hôtel de ville de Beaugency (1526) ; une partie de la façade septentrionale du château de Blois, ainsi qu'une portion sur la cour François Ier faisant face au midi (1524 ou 1526) ; le château de Chambord (1526) ; la porte Dorée au château de Fontainebleau (1528) ; la façade de l'église Saint-Michel de Dijon (1537) ; au château de Fon-

tainebleau, le pavillon formant la façade orientale de la cour du Cheval Blanc, commencé en 1540, probablement par « Me Pierre Chambiges, maistre des œuvres du roy au bailliage de Sens. — En 1540, il faisait des travaux à Fontainebleau et à Saint-Germain en Laye (1). »

Signalons encore parmi les monuments de la première période de la renaissance française : l'église Saint-Étienne du Mont à Paris, commencée vers 1517, mais dont le chœur ne fut achevé qu'en 1537 ; l'église Saint-Eustache commencée en 1532, celle de Saint-Merry commencée en 1530 et terminée seulement en 1610 ; le château d'Écouen, dont le connétable de Montmorency avait confié la construction à Jean Bullant en 1541 ; enfin diverses maisons, parmi lesquelles celles de Diane de Poitiers et d'Agnès Sorel à Orléans.

N'oublions pas de mentionner une œuvre importante, l'hôtel d'Alluye, à Blois, dont nos figures 15, 16, 17, ainsi que notre planche XLIV, montrent les divers aspects en géométral. Nous avons dessiné ces vues d'après les dessins originaux de Léon Vaudoyer, que M. Vaudoyer fils a bien voulu nous communiquer. — Cet hôtel, construit sous Louis XII et François Ier, fut terminé vers l'année 1508. Florimond Robertet, ministre et secrétaire des finances, fut son premier propriétaire ; le cardinal de Guise l'occupa en 1588, lors des états généraux tenus à Blois (2).

Les principaux monuments de la deuxième période sont : le chœur de l'église de Montargis (1550) ; le château d'Anet, que Henri II donna à Diane de Poitiers comme témoignage d'affection et qui fut commencé en 1548 ; Philibert Delorme, obligé de conserver certaines

(1) Adolphe Berty, *les Grands Architectes français de la Renaissance* (p. 142-143). Dans une note des mêmes pages du même auteur nous lisons : « Dans le manuscrit des comptes de Saint-Germain en Laye (f° 570), il est fait allusion aux marchés passés « avec feu Me Pierre Chambiges, en son vivant maître des œuvres de maçonnerie de la ville de Paris », lesquels marchés avaient été conclus en 1539 quant aux travaux de Saint-Germain, et le 22 septembre 1541 quant à ceux de la Muette. »

(2) L. de la Saussaye, *Blois et ses environs*, 1 vol. in-8°, Paris, 1862.

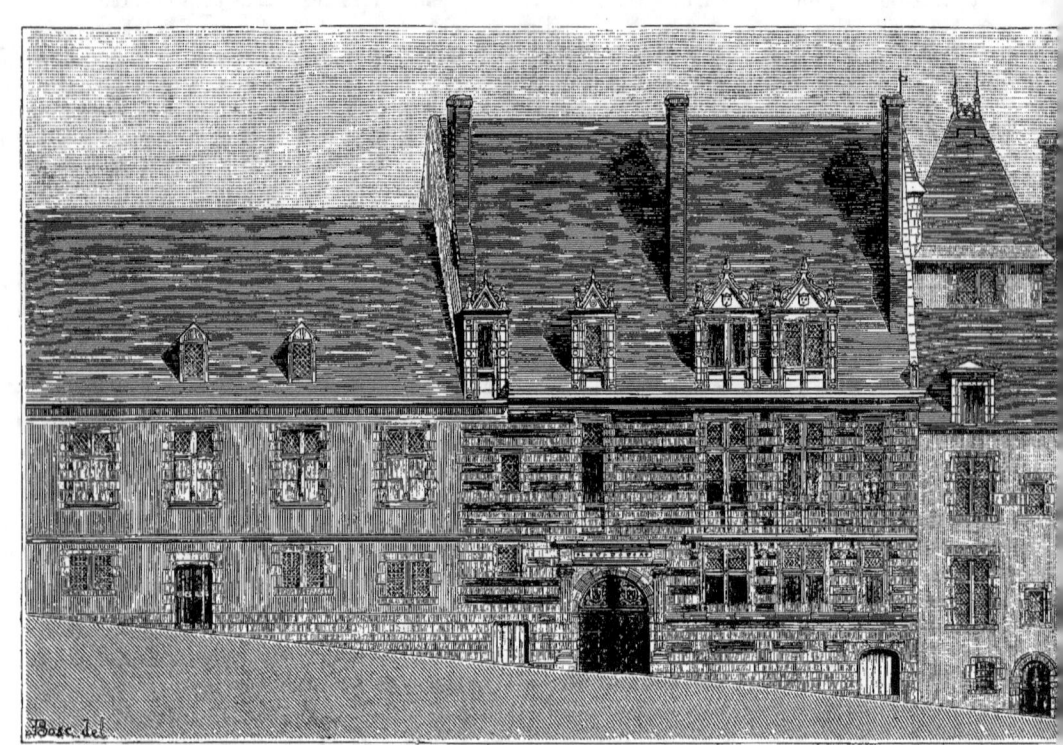

Planche XLIV. — Façade principale de l'hôtel d'Alluye, à Blois.

parties de l'ancien château, fut très-gêné pour faire ce qu'il aurait voulu; il s'en plaint lui-même dans un de ses livres dans les termes suivants : « L'architecte, dit-il, aura la seule charge et le crédit de faire ce qu'il voudra ; car s'il a un compagnon ou un autre qui l'observe, ou qui veuille se mesler d'ordonner, il ne sçaura jamais rien qui vaille; je l'ay veu et expérimenté au chasteau d'Anneth, auquel lieu pour me laisser faire ce que j'ay voulu en conduisant le bastiment neuf, je lui ay pro-prement accomodé la maison vieille qui estait chose autant difficile et fâcheuse qu'il est impossible d'excogiter. Bref j'ay faict ce qui m'a semblé bon, et de telle sorte et telle disposition que j'en laisse le jugement à tous bons esprits qui auront veu le lieu et entendu la sujection et contrainte que s'y présentait à cause de viels bastiments. » De grandes parties du château d'Anet sont détruites, mais on peut encore voir aujourd'hui, dans la cour de l'École nationale des beaux-arts à

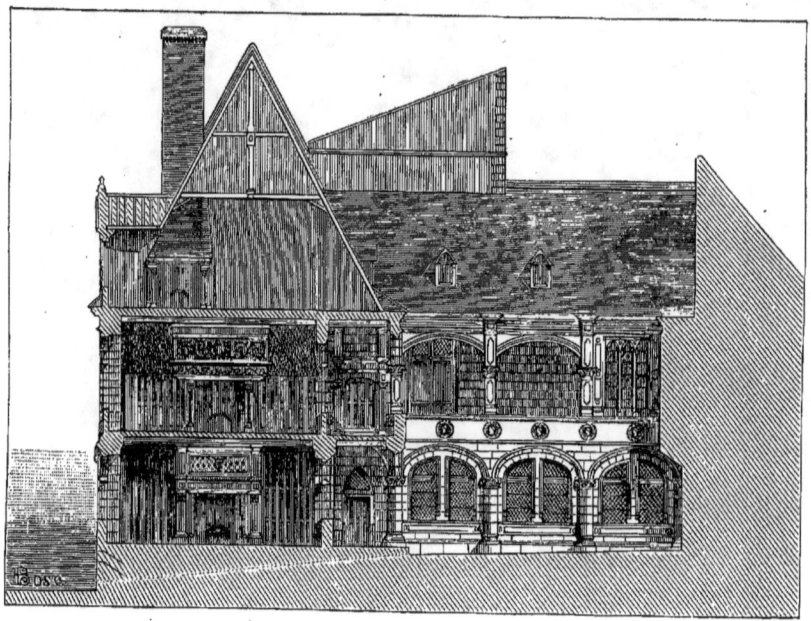

Fig. 16. — Coupe de l'hôtel d'Alluye, à Blois.

Paris, un portail à trois ordres, dorique, ionique et corinthien, superposés, lequel portail provient du château d'Anet. Le Louvre, reconstruit vers 1546 par Pierre Lescot, qui érigea la partie de la façade sud-est de la cour à partir de l'escalier de Henri II. C'est au rez-de-chaussée de ce bâtiment que se trouve là grande salle des Cariatides de Jean Goujon. Pierre Lescot fit aussi la portion des bâtiments en retour d'équerre qui s'étendent jusqu'au vestibule d'entrée de la cour situé en face du pont des Arts. Sont également de la deuxième période une partie du château des Tuileries, commencé en 1564 par Philibert Delorme et continué par Jean Bullant; mais l'œuvre de ces deux maîtres fut modifiée sous Henri IV, Louis XIII et Louis XIV; l'arc de l'ancienne rue de Nazareth, aujourd'hui démoli et reconstruit au Musée municipal de la ville de Paris; l'hôtel Carnavalet, qui lui-même date de cette époque; l'hôtel de Bretonvilliers; au Louvre, le pavillon de l'Horloge ainsi que la petite galerie perpendiculaire à la Seine (1567); l'hôtel de ville de Paris, incendié en 1871, qui avait été commencé en 1553 par Dominique Cortone, dit *le Boccador*, dont les travaux furent continués en 1559, puis sous Henri IV, et qui ne fut terminé seulement que par les agrandissements exécutés par M. Lesueur, membre de l'Institut, sous le gouvernement de Louis-Philippe ; la galerie Henri II, au château de Fontainebleau. En somme, la période de la renaissance qui s'étend de 1550 à l'avénement de Henri III est sans contredit la plus brillante ; mais sous ce prince l'art architectural est arrivé à une période de décadence profonde, décadence amenée par les guerres de religion qui se termi-

nèrent par cet horrible fait historique qu'on nomme la Saint-Barthélemy. Les travaux exécutés sous Henri III sont aussi peu considérables; ils furent faits par le successeur de Jean Bullant, Baptiste Ducerceau, le fils de Jacques Androuet Ducerceau, l'auteur de livres remarquables sur l'architecture et dont le plus connu : les *Excellents Bâtiments de France* (1), « offre un immense intérêt archéologique, » dit Ad. Berty (*les Grands Architectes français*

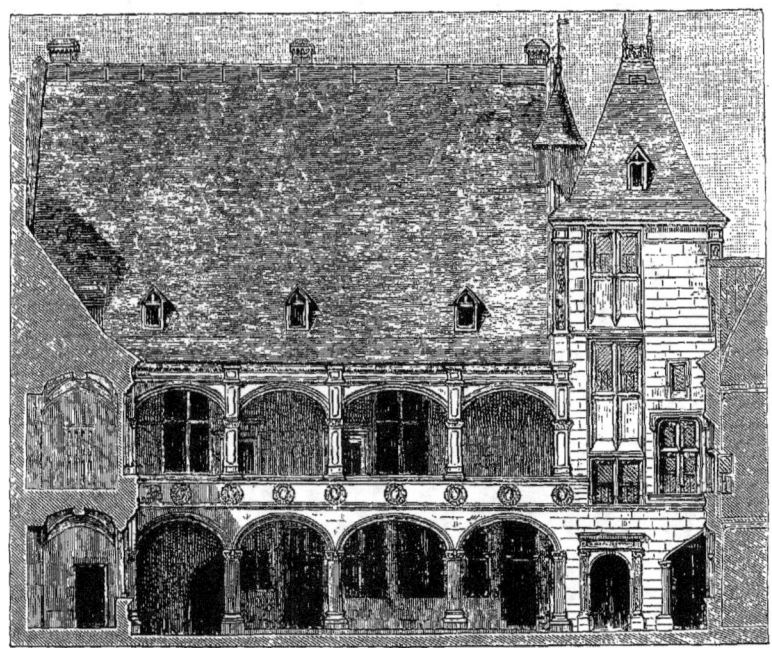

Fig. 17. — Hôtel d'Alluye, à Blois (façade sur la cour).

de la Renaissance, page 102), « car presque tous les monuments reproduits sont détruits ou du moins fort mutilés. Il semble avoir eu un grand succès. »

Jean-Baptiste Ducerceau, en sa qualité d'architecte du roi, dirigea toutes les constructions de la couronne : il commença le Pont-Neuf, qui ne fut terminé que par Henri IV ; il édifia l'hôtel du duc de Sully, qu'on peut voir encore aujourd'hui, rue Saint-Antoine, 143, à Paris, et qui porta successivement les noms d'hôtel Boigelin et de Turgot.

Après la mort de Catherine de Médicis (1589), l'architecture décline; elle entre dans

une nouvelle phase sous Henri IV, Louis XIII

(1) Cet ouvrage de Ducerceau comporte deux volumes dédiés à Catherine de Médicis. Le premier comprend les châteaux royaux du Louvre, de Vincennes, de Chambord, de Boulogne ou Madrid, de Creil, de Coucy, de Folembray (près de Chauny), de Montargis, de Saint-Germain en Laye et de la Muette; puis les châteaux particuliers de Vallery (près Fontainebleau), de Verneuil (près Senlis), d'Ancy-le-Franc, de Gaillon et de Maime (près d'Ancy-le-Franc).—Le second volume renferme les châteaux royaux de Blois, d'Amboise, de Fontainebleau, de Villers-Coterets, de Charleval (près des Andelys), des Tuileries, de Saint Maur les Fossés et de Chenonceaux; puis les châteaux particuliers de Chantilly, d'Anet, d'Écouen, de Dampierre, de Challuau (près Fontainebleau), de Beauregard et de Bury (près de Blois).

et Marie de Médicis. Henri IV, ayant terminé ses guerres avec les ligueurs, songea à
encourager les arts et surtout l'architecture,
qui sous ce prince prit un caractère de force
et de robuste vigueur qu'elle n'avait pas eu
jusque-là. Les artistes de cette époque s'occupèrent surtout de la décoration intérieure
des édifices ; ils la firent moins brillante que
celle qu'avaient créée leurs prédécesseurs, mais
l'ornementation de l'époque de Henri IV,
pour être calme et sévère, n'en possède pas
moins un caractère de grandeur imposante, une
richesse de bon aloi, enfin une harmonie d'ensemble très-remarquable. Le principal et pour

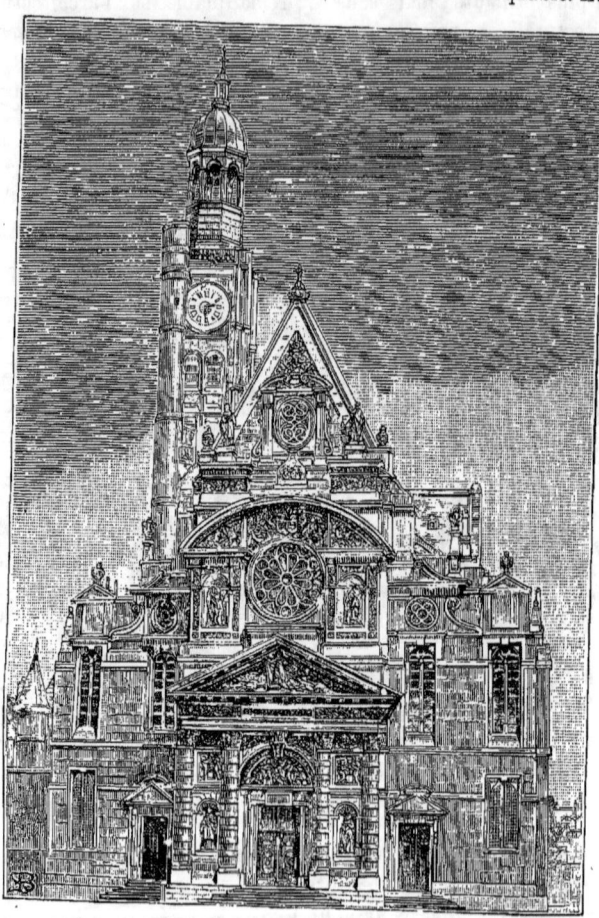

Fig. 18. — Portail de l'église Saint-Etienne du Mont, à Paris.

ainsi dire le seul architecte du roi fut Étienne
Dupérac, natif de Bordeaux, qui avait étudié
son art en Italie, et, comme les grands architectes de la renaissance, il était peintre,
sculpteur et même écrivain, puisqu'il nous a
aissé deux ouvrages d'architecture, dont l'un
est dédié à Marie de Médicis. Le roi confia à
Dupérac la direction des travaux de Fontainebleau ; c'est à cet artiste que l'on attribue
la décoration de la galerie de Diane, de la galerie des Cerfs et de celle des Chevreuils, aujourd'hui détruite. Il est probable qu'il recons-
truisit la chapelle de la Trinité. Les autres
principaux monuments du règne de Henri IV
sont : à Fontainebleau, la porte Dauphine ou
baptistère de Louis XIII, à l'entrée de la cour
Ovale, le portique de la cour des Fontaines et
tous les bâtiments de la cour des Cuisines ; au

Louvre, la galerie du bord de l'eau, depuis le jardin de l'Infante jusqu'au magnifique guichet construit par M. Lefuel, membre de l'Institut : cette portion du Louvre a été refaite en partie par l'illustre Duban ; le château neuf de Saint-Germain en Laye et l'hôpital Saint-

Louis, dont la première pierre fut posée le 18 juillet 1607, ont été également construits sous Henri IV. Marie de Médicis avait fondé en 1602 l'hôpital de la Charité. Henri IV s'occupa également de travaux d'édilité ; il fit réparer les aqueducs de Belleville et des Prés-

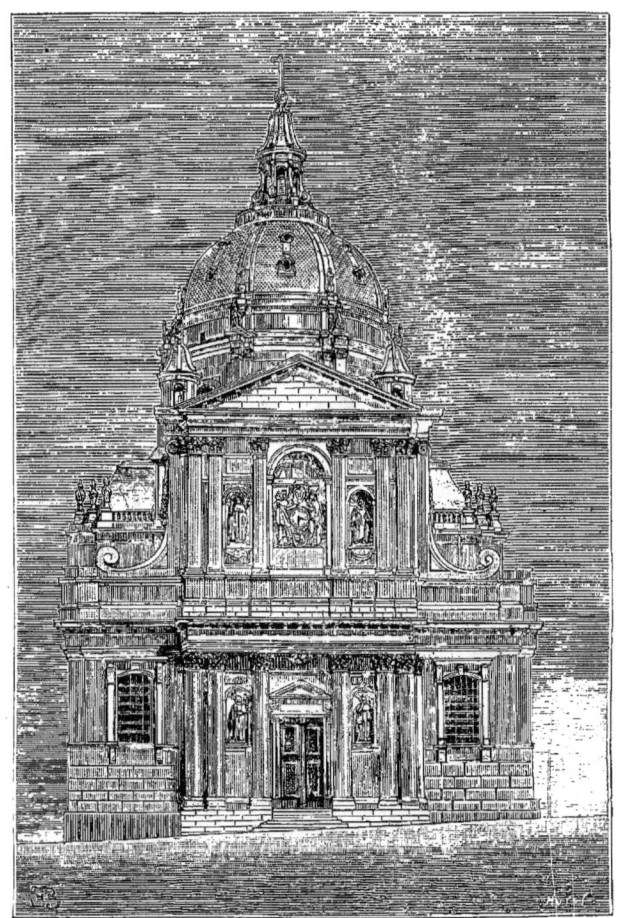

Fig. 19. — Portail de l'église de la Sorbonne, à Paris.

Saint-Gervais, ainsi que les portes d'enceinte de Paris, un grand nombre de fontaines ; il créa la place Dauphine (1608), la place Royale, aujourd'hui place des Vosges, qui, commencée en 1605 par Nicolas de Châtillon, ne fut terminée que sous Louis XIII ; il projetait également de créer dans le Marais une vaste place en hémicycle dont le diamètre aurait occupé à peu près la ligne des boulevards compris entre

la Bastille et le Cirque d'hiver. Cette place, qui devait s'appeler *place de France*, aurait compris huit ou dix rues rayonnant dans des directions différentes ; malheureusement le poignard de Ravaillac (14 mai 1610) enraya cette entreprise. Pendant sa régence, Marie de Médicis fit construire quelques monuments, le portail de l'église Saint-Étienne du Mont (1610) (fig. 18), la façade de l'église Saint-

Gervais, enfin un monument considérable et sans contredit le plus complet, le palais du Luxembourg, qu'elle voulut ériger dans le goût italien et faire autrement beau que l'hôtel de Soissons, construit par Catherine de Médicis (1). Pour mettre son projet à exécution, Marie de Médicis acheta en 1612 l'hôtel du duc de Luxembourg et ses dépendances, et, pour donner un vaste développement aux jardins qu'elle rêvait, elle fit l'acquisition d'une ferme et des terres appartenant aux chartreux, à l'Hôtel-Dieu et à divers propriétaires particuliers. Marie de Médicis choisit pour son architecte Salomon Debrosse, neveu de Jacques

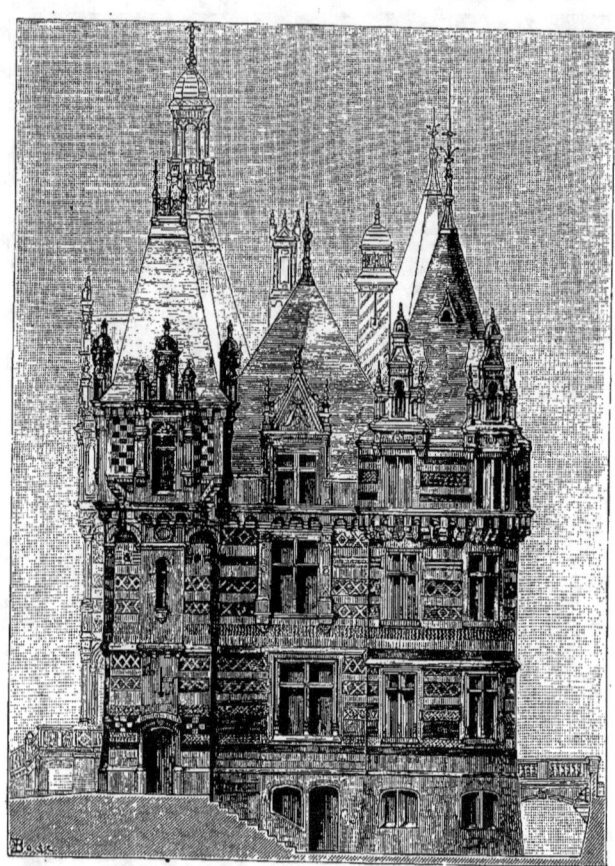

Fig. 20. — Château d'Auffay, façade latérale.

Androuet Ducerceau. On ne connaît rien de la vie de Debrosse, on ne sait où il avait étudié l'architecture, ni surtout comment il avait obtenu la protection de Marie de Médicis. Nous nous plaisons à croire que ce fut son seul mérite qui lui fit obtenir un aussi haut emploi. Toujours est-il qu'il se montra un artiste de valeur et qu'il exerça sur l'architecture de son temps une salutaire influence en faisant prévaloir un classicisme de bon aloi qui, disons-le, porta les derniers coups à l'architecture ogivale expirante. Ce fut cet artiste qui contribua au développement de l'architecture dite JÉSUITIQUE. (Voy. ce mot.)

Les principaux monuments construits sous

(1) Cet hôtel occupait l'emplacement de la halle au blé; il n'en reste aujourd'hui que la colonne servant d'observatoire à Catherine de Médicis, qui s'occupait alors d'astrologie.

Louis XIII sont : la salle des Pas-Perdus, au Palais de justice de Paris (1622), restaurée en grande partie par M. Duc, membre de l'Institut; et M. Daumet, en 1877-78, une partie du Louvre (1624), notamment dans la cour, le dôme de l'Horloge, l'aile occidentale, le pavillon de l'angle nord-ouest et une partie de l'aile septentrionale; le pavillon en brique et pierre qui forme le centre de la cour de Marbre au palais de Versailles (1627); l'église Saint-Paul-Saint-Louis, rue Saint-Antoine, construite par le jésuite Derand, auteur d'un traité sur l'*Architecture des voûtes* (1); enfin le collége de la Sorbonne (1629), dont l'église ne fut terminée qu'en 1635 : notre figure 19 montre le portail de cette église. — Nous résumant sur l'architecture de l'époque de Henri IV et de Louis XIII, nous dirons que ce qui la caractérise, c'est cet assemblage parfois heureux de briques et de pierres en bossages, lesquels bossages sont parfois très-lourds par une imitation malheureuse de l'architecture toscane, surtout de l'architecture florentine des Médicis. Ce qui caractérise encore l'architecture de cette époque, c'est une recherche des effets pittoresques polychrômes par l'alliance de la brique, de la pierre et de l'ardoise, effets qui auraient eu une tout autre puissance si les architectes de cette époque eussent employé, comme on l'avait fait un siècle auparavant et comme on le fait aujourd'hui, des terres cuites émaillées. De nos jours l'architecture Louis XIII est en faveur, et nos architectes contemporains savent en tirer un excellent parti, comme nos lecteurs peuvent en juger par notre figure 20, qui montre une restauration du château d'Auffay (Seine-Inférieure) projetée par M. Jules Reboul. Nous avons dessiné ce bois d'après le dessin original que notre confrère avait envoyé au salon de 1877.

Pendant la première moitié du XVIIe siècle, sous l'administration des Richelieu et des Mazarin, l'architecture perd beaucoup de sa grâce et de son élégance, elle devient lourde et massive; c'est le moment où l'on crée l'*ordre colossal,* qui partant du pied de l'édifice s'élève jusqu'à sa corniche. Les Tuileries, le collége des Quatre-Nations, aujourd'hui l'Institut, la Sorbonne et le Val-de-Grâce peuvent témoigner des transformations survenues dans l'architecture que nous venons de décrire.

Pendant la seconde moitié du XVIIe siècle, alors que Louis XIV règne seul en souverain maître, l'architecture semble sortir des hésitations de la précédente période. Il ne pouvait en être autrement avec un ministre aussi énergique que Colbert, qui, lui, ne sait pas ce que c'est que l'hésitation et qui tranche, avec une autorité toute royale toutes les questions, y compris les questions d'art. Il réglemente celles-ci absolument comme les questions administratives; et afin de maintenir l'architecture dans des données certaines et positives, il crée en 1677 l'Académie d'architecture, dont les huit premiers membres furent Blondel, Bruant, Gittard, Levau, Lepautre, Mignard, d'Orbay et Félibien. Il commande ensuite en 1682 à Desgodets le relevé et la publication des édifices de Rome antique; il nomme Lebrun premier peintre du roi et directeur de l'Académie de peinture : dès lors il n'est plus permis à un artiste d'avoir une opinion, il lui faut marcher dans l'ornière que lui trace le puissant directeur de l'Académie, qui devient, comme le dit L. Vitet (*Études sur les Beaux-Arts en France*), « pendant plus d'un quart de siècle l'arbitre et le juge suprême de toutes les idées d'artiste, le dispensateur de tous les types, le régulateur de toutes les formes : c'est d'après ses modèles que les enfants dessinent dans les écoles; c'est lui qui donne aux sculpteurs le dessin de leurs statues; les meubles ne peuvent être ronds, carrés ou ovales, que sous son bon plaisir, et les étoffes ne se brochent que d'après les cartons qu'il a fait tracer sous ses yeux. Il est vrai qu'il résulta de cette prodigieuse unité d'organisation une espèce de grandeur extraordinaire, un spectacle imposant, dont tous les yeux furent éblouis. » Certes il y a beaucoup de vérité dans cette peinture, mais il y a également de l'exagération. Quoique partisan de la liberté dans l'art, nous sommes bien

---

(1) *L'Architecture des voûtes, ou l'Art des traits et coupe des voûtes*, etc., par le R. P. FRANÇOIS DERAND, de la compagnie de Jésus, 1 vol. in-fol. de 458 pages, avec de nombreuses planches, Paris, 1543.

obligé de reconnaître que l'unité de style de l'époque de Louis XIV est due à cette forte centralisation. Avouons, du reste, qu'à cette époque il n'existait pas un architecte capable de lutter avec autorité, partant avec avantage, avec Lebrun; donc le génie de cet artiste a donné raison à son despotisme artistique. Dans une époque toute récente, nous avons vu que la centralisation administrative dont Paris a été le théâtre pendant près de vingt ans n'a produit que des œuvres de valeur très-diverses et n'ayant entre elles aucune corrélation de style. Les principaux monuments construits sous Louis XIV sont : le château de Versailles et l'église des Invalides construits par J. Hardouin-Mansard, dont notre figure 21, montre la façade; l'hôtel des Invalides avait été bâti par Bruant; la colonnade du Louvre, dont Louis XIV posa la première pierre le 17 octobre 1665 : cette œuvre considérable ne fut achevée qu'en 1670; l'observatoire de Paris, commencé en 1667 et terminé en 1672, par Claude Perrault, qui fit également la chapelle du château de Sceaux; la porte Saint-Denis, par Blondel; les constructions de Marly, de Trianon, de Sèvres, de Saint-Cloud, dont Lepautre dessina la cascade. Louis XIV s'ennuyait mortellement à Versailles, Mansard lui créa Trianon; mais bientôt le roi prit ce lieu en désaffection, c'était trop près de Versailles; aussi, dans les dernières années de sa vie, le grand roi voulut se faire ermite. Il voulait fuir l'étiquette et le cérémonial de la cour, c'est dans ce but qu'il chargea Hardouin-Mansard de lui construire, au milieu des bois de Louveciennes et de Saint-Germain, l'ermitage royal de Marly. Le même architecte avait bâti au commencement de sa carrière le château de Clagny pour la Montespan; ce fut l'origine de sa fortune, car cette puissante dame présenta Mansard au roi, qui le nomma dès lors son architecte; le dernier ouvrage de cet artiste fut la chapelle du château de Versailles. Les autres monuments érigés sous le règne du grand roi, sont : la porte Saint-Martin par Bullet, élève de Blondel; l'église Saint-Roch, commencée par Jacques Lemercier 1653 : le portail ne fut fait que par Robert de Cotte (1736); les bâtiments de Saint-Cyr, aujourd'hui l'école militaire; Notre-Dame des Victoires, commencée par Pierre Lemuet en 1656, et terminée seulement en 1738 ou 1739 par Bruant; les églises de Saint-Thomas d'Aquin (1683) de Saint-Sulpice (1646), dont le portail, œuvre de Servandoni, qui avait obtenu ce travail au concours, ne fut terminé qu'en 1745; l'église Saint-Louis, en l'Ile commencée en 1664 par Levau, qui avait fourni un plan de l'église Saint-Sulpice. L'énumération très-succincte que nous venons de faire des monuments élevés sous Louis XIV peut donner cependant une idée du mouvement architectural de cette époque. Nous ajouterons que les particuliers à Paris et dans les provinces élevèrent des demeures si belles et en si grand nombre, qu'on peut bien dire que jamais l'architecture n'a été aussi florissante en France que sous le règne de Louis XIV; mais, pour rendre hommage à la vérité, nous devons dire aussi que jamais, à aucune époque, on ne gaspilla des sommes aussi considérables dans les constructions. — Cependant, malgré cette forte impulsion donnée à l'architecture, elle va bientôt et rapidement décliner. Avec le grand roi s'éteignent les idées de grandeur et les fastueuses dépenses; les nobles sont fatigués de l'esclavage que leur avait imposé le despotisme royal; les bourgeois et le peuple s'efforcent, de leur côté, de sortir de la famine et de la misère dans lesquelles les avaient plongés les ruineuses fantaisies royales. C'est sous l'empire de ces idées qu'une forte réaction va se produire sous la régence et sous Louis XV. Certes, il se construit encore quelques beaux monuments, nous allons bientôt les énumérer; mais l'architecture du xviiie siècle va se ressentir de l'impression générale qui existe dans les esprits, on ne voudra plus faire grand, somptueux et dispendieux, mais joli, coquet et bon marché. Nous allons entrer dans une époque pendant laquelle les distributions intérieures sont plus commodes, mais les décorations extérieures et surtout intérieures, de même que l'ameublement, sont bizarres, étriqués, contournés, et revêtent insensiblement cette tournure singulière qui aboutira au *style Pompadour, rocaille,* ou *rococo,* qui fait fureur à un moment donné et qui de France envahit les principaux pays de l'Europe. Le créateur du genre *rocaille* fut un élève de deux Italiens, Borromini et Guarini, un certain Oppenord, qui éleva le portail de Saint-Sulpice qui se trouve en face la rue Palatine. Il ne faut plus alors chercher dans l'architecture de grandes lignes, car l'architecte de cette époque semble rechercher, au contraire, les ressauts, les décrochements, les lignes contournées et tourmentées. Mais d'autre part, comme les mœurs sont dissolues, que la vie est facile et sensuelle, on étudie fort les commodités intérieures ; aussi l'on crée le confort, tout à fait nconnu auparavant. Un architecte d'alors, qui à cause de ses écrits eut quelque réputation, Pierre Patte, dépeint assez bien dans un de ses ouvrages (1) les bons côtés, les côtés pratiques de l'architecture Louis XV, tout en critiquant celle de Louis XIV. « C'est, dit-il, l'art de la distribution des bâtiments ; rien ne nous a fait tant d'honneur que cette invention. Avant ce temps on donnait tout à l'extérieur et à la magnificence. A l'exemple des bâtiments antiques et de ceux de l'Italie qu'on prenait pour modèles, les intérieurs étaient vastes et sans aucune commodité. C'étaient des salons à double étage, de spacieuses salles de compagnie, des salles de festin immenses, des galeries à perte de vue, des escaliers d'une grandeur extraordinaire ; toutes ces pièces étaient placées sans dégagements au bout les unes des autres : on était logé uniquement pour représenter, et l'on ignorait l'art de se loger commodément et pour soi. Toutes ces distributions agréables que l'on admire aujourd'hui dans nos hôtels modernes, qui dégagent les appartements avec tant d'art, ces escaliers dérobés, toutes ces commodités recherchées qui rendent le service des domestiques si aisé et qui font de nos demeures des séjours délicieux et enchantés, n'ont été inventés que de nos jours. »

Les principaux monuments construits depuis la fin du règne de Louis XIV (1715) jusqu'à la révolution, c'est-à-dire pendant le XVIII° siècle, sont : le palais Bourbon, construit en 1722 par Lassurance, en collaboration d'un Italien nommé Giardini ; les magnifiques écuries du château de Chantilly, commencées en 1719 par Aubert et terminées en 1735 ; le château de Choisy, l'hôtel de ville de Rennes ; la salle des États de Bourgogne, construite par J. A. Gabriel, qui antérieurement (ce fut son premier travail) avait achevé la cour du Louvre. Cet architecte éleva le troisième étage sur l'aile destiné à cacher la hauteur des constructions de la façade de Perrault. Le même artiste commence en 1752 l'École militaire, qu'il termine en 1758 ; il construit en 1755 le château de Compiègne et les bâtiments du gardemeuble de la place Louis XV, aujourd'hui place de la Concorde. Dès 1708, Robert de Cotte termine la chapelle de Versailles et le dôme des Invalides (Voy. notre fig. 21) commencés, comme nous l'avons déjà dit, par Mansard, son oncle ; de Cotte fit également vers la même époque la colonnade ionique du grand Trianon ; en 1764 Contant d'Ivry commence l'église de la Madeleine ; Servandoni, *le Florentin*, érige, comme nous l'avons dit précédemment, le portail de Saint-Sulpice, qu'il termina vers 1755 ; il fit et décora dans la même église la chapelle de la Vierge ; l'hôtel des Monnaies, par J. Antoine (1771) ; l'École de médecine, par Jean Gondouin (1760 à 1789) ; le pont de Neuilly, par Perronnet (1747) ; le pont de la Concorde 1787 ; le théâtre de l'Odéon, par Peyre et de Wailly (1789). En 1764, Soufflot commence le Panthéon (fig. 22), qui fut terminé par Rondelet, et l'École de droit de Paris, la fontaine de la rue de l'Arbre-Sec ; à Lyon, Soufflot avait construit l'Hôtel-Dieu, la salle de spectacle et l'hôtel du Change. En 1769, Chalgrin commence Saint-Philippe du Roule, qui n'est achevé qu'en 1784 ; le même artiste termine les bâtiments du Collège de France et reconstruit en 1777 les deux tours du portail de

---

(1) *Monuments érigés en France à la gloire de Louis XIV*, précédés, etc., 1 vol. in-fol., 57 pl., Paris, 1765. Ce même architecte a encore laissé : *Essai sur l'architecture théâtrale, ou de l'ordonnance*, etc., 1 vol. in-8°, Paris, 1782 ; *Discours sur l'architecture, où l'on fait voir*, etc., 1 vol. in-8°, Paris, 1754 ; *Description du théâtre de la ville de Vicence en Italie*, 1 vol. in-4°, avec planches, Paris, 1780 ; *Etudes d'architecture en France et en Italie, première suite*, etc., 1 vol. in-fol. fig., Paris, 1755 ; *Mémoires sur les objets les plus importants de l'architecture*, 1 vol. in-4°, fig., Paris, 1769 ; *Mémoire sur la construction de la coupole projetée pour couronner la nouvelle église Sainte-Geneviève à Paris*, 1 vol. in-4, fig., Amsterdam, 1770.

Saint-Sulpice. Signalons, en terminant, le théâtre de Bordeaux, les trois galeries autour du jardin du Palais-Royal et le Théâtre-Français, construits par l'architecte Louis ; enfin la halle au Blé, construite vers la fin du règne de Louis XV par Lecamus de Mézières, dont la coupole en fer et en cuivre a été reconstruite en 1811, car la première, en charpente, avait été détruite par un incendie.

Sous Louis XVI, on bâtit peu de monuments, la misère est beaucoup trop grande pour permettre un pareil luxe. Sous la pre-

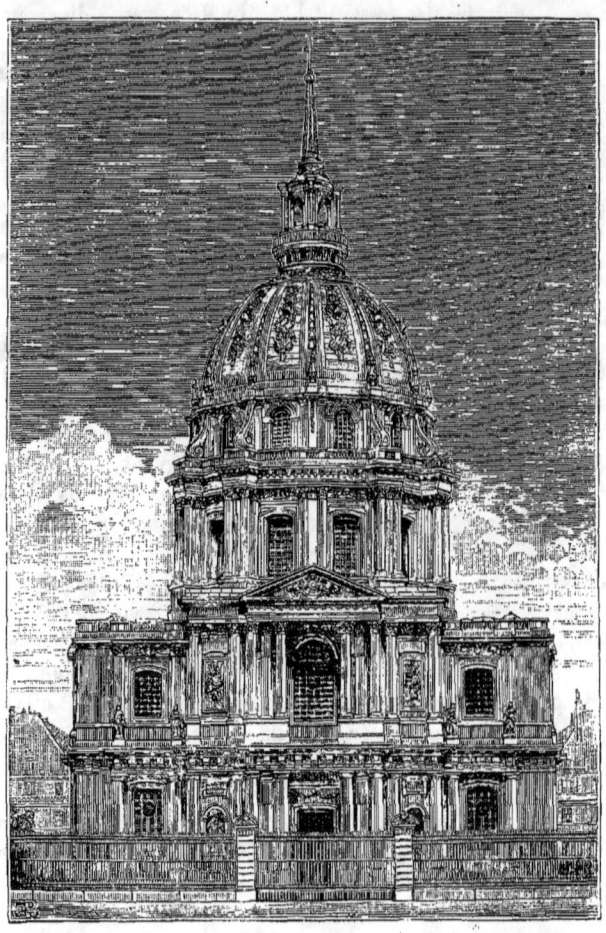

Fig. 21. — Façade de l'église des Invalides.

mière république, les ressources de la France suffisent à peine pour solder les armées destinées à repousser l'invasion étrangère; elle ne peut donc construire, mais elle prend des mesures pour assurer la conservation des œuvres d'art; nous voyons même qu'en décembre 1791 et en février 1792 l'Assemblée nationale vote des crédits pour continuer et achever les travaux du Panthéon. La Convention va plus loin, elle décrète, en avril 1793, deux ans d'emprisonnement contre quiconque mutilera les statues et autres œuvres d'art exposées dans les jardins ou autres lieux publics. — Sous le premier empire, l'architecture comme les autres arts suivit les traditions antiques, on ne jurait alors que par les Grecs et les Romains; des artistes tels que Louis David, Percier et Fontaine contribuèrent singulièrement au mouvement que nous signalons; le premier comme grand organisateur des fêtes patriotiques votées par la Convention, les seconds en dessinant pour les industriels de Paris des bijoux, des ameublements et des meubles, des papiers peints, des étoffes qui se répandirent dans toute l'Europe. Les indienneurs eux-mêmes imprimaient sur leurs tissus, d'après les dessins de Percier et Fontaine, les monuments de Rome et ceux du Paris classique, la colonnade du Louvre, le Panthéon et d'autres encore. Bientôt après, Percier et Fontaine sont nommés architectes de l'empereur, et ils continuent en cette

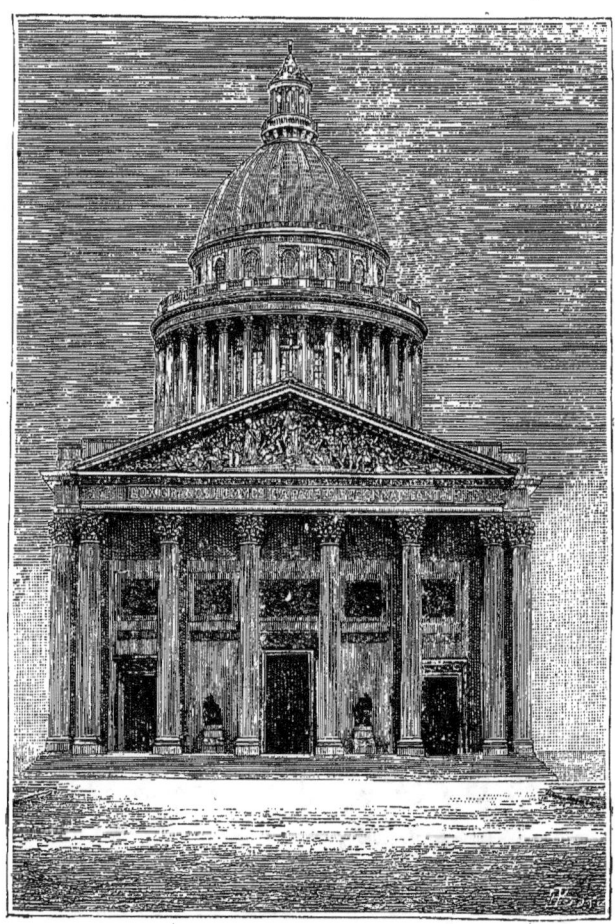

Fig. 22. — Façade du Panthéon de Paris.

qualité la galerie nord du Louvre, c'est-à-dire sur la rue de Rivoli, jusqu'à la hauteur de la rue Richelieu; ils élèvent également, en 1808, à l'entrée des Tuileries, l'arc du Carrousel; un autre architecte, Poyet, construit en 1807 le péristyle de la Chambre des députés. Un décret de 1806 ordonne l'érection de l'arc de triomphe de l'Étoile, en souvenir des victoires remportées par les armées françaises: Raymond et Chalgrin étudient un projet; mais, ne pouvant s'entendre, Chalgrin emploie son influence pour être chargé seul de l'exécution; il réussit, se met à l'œuvre, mais il meurt en 1811, et Goust, son inspecteur, le remplace et dirige les travaux jusqu'en 1814. A partir de cette époque le monument reste abandonné jusqu'en 1823, époque à laquelle Louis XVIII rendit une ordonnance en faveur de son achèvement, et l'architecte Huyot est chargé d'étudier un projet, lequel est rejeté par le ministre, comme étant trop dispendieux. Alors une commission composée de Debret, Fontaine, de Gisors et Labarre, est chargée de terminer le monument; mais, hélas! cette commission, ne put conduire son œuvre que jusqu'à l'imposte décorée de grecques, parce qu'un changement de ministère étant survenu, Huyot est réintégré dans ses fonctions; il poursuit l'œuvre de ses devanciers

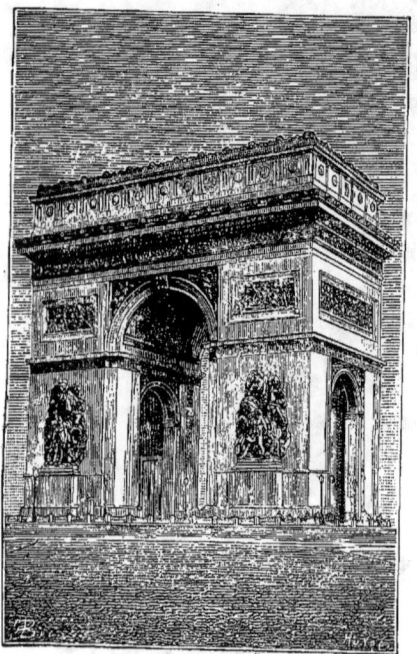

Fig. 23. — Arc de triomphe de l'Étoile, à Paris.

jusqu'à l'entablement, quand Abel Blouet est chargé des travaux, qu'il termine vers 1836, époque de l'inauguration du monument. Cet arc de triomphe (fig. 23) est sans contredit le plus beau qui existe au monde, soit par ses proportions, soit par sa belle décoration sculpturale, et laisse bien loin derrière lui les monuments analogues construits par le peuple romain. — Le régime impérial érigea également en 1806 la colonne de la Grande Armée, qu'on a toujours

assimilée à tort à la colonne Trajane, puisque cette dernière en marbre blanc ne peut ressembler en rien à une colonne de bronze. Les auteurs de la colonne de la place Vendôme sont Lepère et Gondouin. La Restauration, fort occupée à réparer les désastres de l'invasion, fit très-peu de monuments; elle continua, comme nous venons de le voir, l'arc de triomphe de l'Étoile et construisit la bourse de Paris, qui se tenait auparavant dans la cour du Palais de justice. La bourse de Paris fut commencée par Brongniart, continuée par Labarre et terminée en 1827. Le gouvernement de Juillet fut assez partisan des constructions, mais, sauf un monument, la colonne de Juillet (Voy. le mot CHAPITEAU, où nous avons parlé de cette œuvre), il ne produisit rien de bien remarquable; il contruisit l'hôtel des Affaires étrangères, le palais de la Cour des comptes, la fontaine Molière; il termina la Madeleine, l'arc de triomphe de l'Étoile et divers autres monuments; cependant l'impulsion donnée à l'architecture, sous le gouvernement de Louis-Philippe, exerça une certaine influence en province, et quelques grandes villes élevèrent un certain nombre de monuments, lycées, bourses, collèges, théâtres, etc. La république de 1848 décréta l'achèvement du Louvre (28 avril 1848); une ère de grands travaux et de prospérité allait s'ouvrir, lorsque l'empire fut proclamé. L'empereur inaugura son avénement par de grands travaux qui, bien dirigés, auraient pu exercer une heureuse influence sur notre architecture contemporaine. Malheureusement, à cette époque les questions d'art étaient fort secondaires. Ce qui préoccupait surtout le gouvernement impérial, c'était la question politique et sociale; aussi dans la direction des travaux publics et dans celle des beaux-arts, partout enfin où la présence d'un grand artiste eût été nécessaire, on plaça un administrateur dévoué au gouvernement; de là tant de méprises et de mécomptes dont nous avons été témoins. Nous sommes trop près de l'architecture contemporaine pour pouvoir en parler avec calme et impartialité, aussi dispenserons-nous de porter un jugement sur l'œuvre de nos confrères; nous nous bornerons, en terminant cet article, à citer les noms des architectes contemporains les plus connus et qui, à ce titre, ont joué un rôle dans l'histoire architecturale de notre époque ; ce sont : Percier, Fontaine, Chalgrin, Vavin, Lepère, Huyot, Huvé, Achille Leclère, Debret, Rondelet, Caristie, Lassus, Blouet, Lebas, Visconti, Hittorff, de Gisors, Duban, Vaudoyer, Labrouste, Baltard, Callet, Duc, Lesueur, Questel, Lefuel, Garnier, Vaudremer, Ballu, Bailly, Abadie, Léonce Reynaud, Ruprich-Robert, Eug. Millet, Espérandieu, Cendrier, Rolland, Lesoufaché, Destailleurs, Levicomte, Coste, Uchard, Godebœuf, Ancelet, Daumet, Ginain, Calliat, Diet, Davioud, Feuchères, Rohault de Fleury, de Perthes, Sédille, Hermant, Bourgerel, Bœswilwalld, Dainville, Coquart, Armand, Aymard Verdier, Viollet-le-Duc, etc., etc.

FRANC-BORD, s. m. — Bande de terre, espace de terrain laissé libre sur les bords d'un fleuve, d'une rivière, d'un canal.

FRANCHE (PIERRE). — La pierre la plus parfaite qu'on puisse tirer d'une carrière. — C'est encore une pierre de dureté moyenne d'un grain fin et serré, et qui ne contient pas de vide dans sa contexture.

FRASILS, s. m. pl. — Sorte d'escarbilles, cendres ou crasses chargées de houille.

FRÊNE, s. m. — Suivant son espèce, qui ne comprend pas moins de trente variétés, le frêne est un arbre de première ou de seconde grandeur ; sa hauteur varie de 14 à 42 mètres. Son bois, susceptible d'un beau poli, est blanc, ferme et liant, veiné longitudinalement de teintes jaunâtres. Il est peu propre à la charpenterie, mais il est employé dans les pièces de charronnage et surtout pour montures de scies, sergents, presses, et pour faire des maillets. Dans certaines contrées, on fait des voliges de frêne qui employées en couverture sont d'un bon usage. — D'après Rondelet, la résistance du frêne à l'écrasement est, par centimètre carré, de 610 kilogrammes pour le bois dans un état ordinaire de siccité, et de 658 kilogr. pour le bois très-sec. Sa résistance à la traction dans le sens des fibres est de 12 kilogr. par

millimètre carré ; sa limite d'élasticité est de 57 kilogr. Sa pesanteur spécifique, suivant sa variété, va de 0,764 à 0,787.

FRESQUE (PEINTURE A). — Genre de peinture dont les couleurs, détrempées à l'eau, sont appliquées sur un enduit encore frais et s'y incorporent. Ce terme nous vient de l'italien *fresco*, frais. Anciennement, comme Félibien par exemple au XVIIe siècle, on écrivait *fraisque*. Par extension, on désigne encore sous ce terme les peintures murales exécutées *à l'encaustique* ou *à la cire, à l'huile*, ou par la *stéréochromie*. — Ce genre de peinture a été sans contredit le plus anciennement employé. On en retrouve des exemples dans quelques monuments de l'Inde, dans certains temples et hypogées égyptiens, dans des débris d'antiquités retrouvés à Ninive et à Babylone, dans les tombeaux étrusques de Vulci, de Cœré et Tarquinies. Quelques passages de Pausanias nous permettent de croire que les Grecs auraient connu la peinture à fresque ; d'après cet auteur, Polygnote aurait ainsi décoré le Pœcile d'Athènes et le Lesché de Delphes. (Voy. LESCHÉ.) Cependant il est bien difficile de rien affirmer à cet égard. puisque nous savons aujourd'hui que les Grecs n'ont pas utilisé seulement dans les travaux décoratifs des peintures à fresque ; ils connaissaient également les peintures à l'huile, au miel, à l'œuf et surtout à l'ENCAUSTIQUE. (Voy. ce mot.) On ne saurait avoir de doute à cet égard puisque nous lisons dans Pline (liv. XXXVI, § 64), « qu'il est certain qu'Agrippa, dans les thermes qu'il éleva à Rome, peignit à l'encaustique les enduits de mortier de chaux et de marbre pilé ; dans d'autres édifices il employa le stuc comme ornements : *Agrippa cerle in thermis quas Romæ fecit figlinis opus encausto pinxit, in reliquiis albaria adornavit.* » D'autre part, Pline le Jeune nous apprend (*lib. V, litt.* 8), que sa maison de Rome « était peinte dans ses murs et jusque dans ses plafonds d'oiseaux perchant sur des branchages : *Incidentesque ramis aves imitata pictura.* »

Les édifices religieux de notre pays furent de bonne heure décorés de fresques, même sous les rois mérovingiens, puisque le roi Childebert Ier, quand il eut bâti Saint-Germain des Prés, dans la première moitié du VIe siècle, en fit couvrir les murailles de peintures. Postérieurement, nous devons mentionner les fresques de Saint-Jean de Poitiers, qui datent peut-être du IXe et même du VIIIe siècle ; celles du porche de Notre-Dame des Doms à Avignon, également de la même époque, mais dont il est bien difficile de déterminer l'âge précis ; celles de l'église de Saint-Loup de Naud (Seine-et-Marne) et de la crypte de la cathédrale d'Auxerre (Yonne), du Xe siècle ; celles de l'église de Saint-Savin, de la première moitié du XIe siècle. On peignit beaucoup à fresque pendant le moyen âge et la renaissance, et, comme nous le verrons bientôt, les maîtres italiens excellèrent dans ce genre. Les fresques des monuments français les plus curieuses, peintes après le XIe siècle, sont celles de la chapelle du Liget (Indre-et-Loire), qui date du XIIe siècle ; celles qui décorent le dortoir de l'abbaye de Saint-Martin des Vignes, à Soissons ; celles de la salle capitulaire des Templiers, à Metz ; celles du réfectoire de l'ancienne abbaye de Charlieu (Loire) et de l'église haute de la Sainte-Chapelle du Palais à Paris, du XIIIe siècle ; celles de la crypte de la cathédrale de Limoges, de l'ancienne abbaye Saint-Aubin (aujourd'hui la préfecture d'Angers) ; les fresques de l'église de Saint-Philibert de Tournus (Saône-et-Loire), qui datent du XIIIe et du XIVe siècles ; celles de la cathédrale de Clermont (Puy-de-Dôme), du XIVe siècle. Dans l'intérieur de l'église de Notre-Dame des Doms à Avignon, il existe des fresques du XIVe siècle attribuées à Simone Memmi ; dans la même ville, au palais des papes, les peintures de la chapelle Saint-Jean, de l'école du Giotto (XIVe siècle), et celles de la chapelle Saint-Martial, du XVe et attribuées à Thadeo Gaddi et à Giattino, sont également du XVe siècle ; les fresques de l'église des Célestins à Avignon et de la cathédrale d'Autun. Citons enfin comme fresque du XVe siècle l'œuvre importante exécutée sur les voûtes de la chapelle de l'hôtel de Jacques Cœur à Bourges. Avec le XVIe siècle, les fresques se multiplient en si grand nombre qu'il n'est pas possible d'en aborder même une nomenclature succincte ; nous nous bornerons à

signaler les plus importantes, ce sont : les plafonds du palais de Fontainebleau par le Primatice, ceux de Versailles par Lebrun, la coupole du Val-de-Grâce par Mignard, celle des Invalides par J. Jouvenet et Delafosse.

L'Italie est la terre classique de la fresque, on en retrouve partout dans les églises, les campo santo, les hôpitaux et les palais. Parmi les plus belles du moyen âge, nous citerons en première ligne les fresques du Giotto et du Cimabue exécutées sur les murs du couvent et de l'église de Saint-François d'Assise ; à Florence, celle du Giotto au palais *Vecchio*, au *Bargello*, et surtout les magnifiques fresques qui couvrent les murs d'une chapelle de *Santa-Croce* et qui représentent à droite l'histoire de saint Jean l'Évangéliste et à gauche celle de saint Jean-Baptiste. Signalons enfin les innombrables fresques, qui s'effacent tous les jours et que l'on restaure médiocrement, du campo santo de Pise, et qui ont pour auteurs André Orcagna et son frère Bernardo, Pietro et Ambrosio Lorenzetti de Sienne, Andrea da Firenze, Antonio Veniziana, Spinella Aretino, Francesco Volterra, Pietro di Puccino, Benozzo Gozzoli de Florence, et Buffalmacco. Toutes ces peintures ont été exécutées vers la fin du XIVe siècle. Parmi les fresques les plus remarquables de la renaissance, nous citerons la grande page du *Jugement dernier*, exécutée par Michel-Ange à la chapelle Sixtine : malheureusement cette œuvre s'efface et dépérit tous les jours et il ne restera bientôt que la copie de Sigalon qui se trouve à l'École des beaux-arts (1) ; la Cène peinte par Léonard de Vinci sur les murs d'un ancien réfectoire d'un couvent de Milan transformé aujourd'hui en caserne de cavalerie : ce chef-d'œuvre a été autant altéré par des restaurations malheureuses que par les ravages du temps ; les loges de Raphaël au Vatican, qui ont également subi des restaurations fâcheuses. (Voy. LOGGIA, où nous donnons une perspective de ces loges.) Mais les fresques de Raphaël qui sont de beau-

---

(1) Voir ce que nous disons à ce sujet, page 442, année 1876, des *Nouvelles archives de l'art français*, à propos de notes biographiques sur Xavier Sigalon, 1 vol. in-8°, Paris, 1876.

coup les plus importantes sont celles exécutées dans les chambres (*stanze*) du Vatican, et qui renferment les chefs-d'œuvre que tout le monde connaît et qui s'appellent, la chambre de l'Incendie du bourg, la chambre de l'École d'Athènes ou de la Signature, qui contient les quatre compositions suivantes : 1° *la Dispute du Saint Sacrement*, 2° *l'École d'Athènes*, 3° *le Parnasse*, 4° *la Jurisprudence;* la chambre d'Héliodore; la chambre de Constantin. Mais les fresques les plus appréciées de ce maître et qui réunissent à la fois la fraîcheur, la grâce et la vigueur, sont sans contredit les admirables peintures de la Farnésine (palais Chigi), qui représentent la fable de Psyché et le triomphe de Galatée. Citons, en terminant l'historique des fresques célèbres, celle qui représente les Sibylles dans l'église de Santa-Maria della Pace ; celles exécutées par Lanfranc dans la coupole de Saint-André de la Vallée ; celle du Corrège dans la coupole octogone de la cathédrale de Parme, qui représente l'assomption de la Vierge : c'est la dernière œuvre de ce maître, qui l'a exécutée de 1526 à 1530, elle a été fort endommagée par l'humidité; enfin les fresques peintes par les frères Zucchero dans le palais de Caprarola, qui représentent l'histoire de la maison de Farnèse.

PRATIQUE. — Il existe aujourd'hui trois principaux procédés pour peindre à fresque : 1° la peinture sur fond de mortier ; 2° la peinture à l'encaustique ou à la cire ; 3° la stéréochromie ou peinture siliceuse. Les deux premiers procédés étaient connus des anciens et des maîtres du XVIᵉ siècle, le troisième est tout à fait moderne.

La peinture à fresque sur fond de mortier consiste à nettoyer le mur à peindre, à l'humecter fortement avec de l'eau et à y appliquer une ou deux couches de crépi de mortier, composé d'excellente chaux hydraulique et de pouzzolane. Dans les pays qui ne possèdent pas de pouzzolane, on la remplace par un sable assez gros pour produire une surface rugueuse capable de retenir le second enduit, qui est fait de chaux hydraulique et de sable très-fin. Cet enduit, qui doit avoir une faible épaisseur et présenter une surface lisse, devient peu d'instants après son application assez ferme pour résister à une faible pression. C'est alors qu'on peut décalquer à l'aide d'un poncif le trait du dessin de la partie à peindre ; il est bien entendu que le second enduit est appliqué partiellement au fur et à mesure du besoin de l'artiste. Dans tous les cas, la surface revêtue de cet enduit ne doit pas atteindre des proportions trop considérables, car le peintre doit la couvrir et la terminer dans une seule et même journée. — Les anciens n'opéraient pas tout à fait de même, le mortier qu'ils employaient se composait de deux parties de sable et d'une partie de chaux éteinte à l'air. Leur mortier ne contenait que l'eau strictement nécessaire pour opérer la liaison ; quant à la chaux son extinction devait être complète, car sans ces deux conditions il pouvait se produire des boursouflures et des gerçures. Ensuite, dans les fresques anciennes, le trait était gravé sur l'enduit, de sorte qu'en peignant le peintre ne pouvait s'égarer, tous les contours de ses dessins étant ainsi fortement arrêtés. Dans les peintures de Pompéi et d'Herculanum, on voit encore très-nettement le trait gravé dont nous parlons. Pour peindre à fresque sur fond de mortier, on ne doit employer, naturellement, que les couleurs que la chaux et la lumière ne peuvent altérer.

La peinture à fresque ou *à la cire à l'encaustique* est de beaucoup plus compliquée, mais aussi elle est d'une solidité et d'une durée remarquables ; voici comment on procède : après avoir dégradé et gratté à vif les joints des pierres, on prépare les surfaces comme pour les peintures ordinaires, c'est-à-dire qu'on les dresse au grès, qu'on égrène à la pierre ponce, qu'on époussète ; ces opérations préliminaires exécutées, on étend sur les surfaces à peindre une solution très-étendue de sublimé corrosif (deutochlorure de mercure), afin de détruire tous les germes de végétation qui pourraient exister sur la pierre, les mortiers ou les enduits ; on dessèche alors le mur à l'aide d'un réchaud à main ; quand ce mur est assez chaud c'est-à-dire quand sa surface a atteint un degré de chaleur tel qu'on ne peut y appliquer la main, on l'imbibe avec un enduit composé des substances suivantes égales en poids : cire, essence de térébenthine, huile de lin, vernis à l'ambre très-étendu ; on ajoute à ces ingrédients une demi-partie de poix blanche, un huitième de partie de litharge (protoxyde de plomb) et de SAVON MÉTALLIQUE. (Voy. ce mot.) — Le mur une fois imbibé de cet enduit, on y applique, alors qu'il est encore chaud, une première couche de couleur ou *impression*, composée de blanc de céruse avec un dixième de son poids de minium et mélangé avec un deuxième enduit composé de deux parties d'essence de térébenthine, deux parties d'ambre très-étendu, une partie de cire et d'une partie d'huile volatile de résine distillée; on laisse sécher le tout pendant un laps de temps plus ou moins long, six ou huit jours au plus suffisent ordinairement. On procède alors, s'il y a lieu, au bouchage des joints dégradés et des trous provenant des aspérités de la pierre ; on emploie pour cet objet un enduit ou mastic composé de trois parties de blanc de céruse impalpable, une partie de blanc d'Espagne, 400 grammes d'huile de lin et une portion variable de vernis copal; on doit tenir ce mastic assez liquide, car la présence du vernis le durcit rapidement; quand ce mastic est sec, il est assez dur pour permettre de lisser la surface avec d'un mastic à base de céruse qu'on applique à l'aide d'une truelle. Cette dernière préparation une fois sèche on applique à la brosse une couche générale de blanc broyé et délayé avec une deuxième impression ou couche composée de trois parties et demie d'essence de térébenthine, une partie de cire, un quart de partie de blanc de baleine et autant de naphte. On fait fondre ces ingrédients au bain marie dans un vase de terre vernissée. On laisse sécher la couche générale un laps de temps plus ou moins long suivant la température ; puis on étend une deuxième couche de cette dernière préparation, qu'on tamponne successivement alors qu'elle est entièrement fraîche. Cette dernière opération a pour but de *grainer* la surface, ce qui permet aux peintres de peindre plus rapidement.

La *stéréochromie* ou *peinture siliceuse* a été imaginée par le Dr J. Fuchs, de Munich, qui a écrit un mémoire sur son invention. Ce mémoire a été traduit en français par un en-

trepreneur de peinture de Paris, Léon Dallemagne, et l'analyse très-brève que nous donnons ci-dessous a été rédigée à l'aide de cette traduction. — Fuchs désigne ce genre de peinture (*stéréochromie* de στερέος, solide, durable, et χρῶμα, couleur), et il entend par là définir la méthode de peindre dans laquelle *le verre soluble sert à lier les couleurs et les fonds*. Le mur sur lequel il s'agit de peindre étant donné, on y applique un *premier crépi* ou *sous-fond*, lequel est fait au moyen de mortier de chaux ordinaire et de sable fin, ou plutôt de grain moyen, qu'on a eu soin de bien laver avant son emploi. On doit faire un mortier maigre, car un mortier gras n'absorberait que très-difficilement le verre soluble. Le crépi une fois appliqué, on le laisse bien sécher; du reste, son exposition à l'air lui fait absorber de l'acide carbonique, ce qui le transforme en semi-carbonate de chaux. Quand le crépi est bien sec, on emploie le verre soluble pour le fortifier et lui donner une grande adhérence au mur. On répète plusieurs fois cette opération, jusqu'à ce qu'on juge que la saturation est complète, en ayant soin, bien entendu, de laisser sécher suffisamment entre chaque saturation. Il existe quatre espèces de verre soluble : le *silicate de potasse*, le *silicate de soude*, le *silicate à fixer*, le *silicate double de potasse* et *de soude*; c'est celui-ci qu'on emploie de préférence. Lorsque le premier crépi est bien fixé et bien saturé de verre soluble, on applique un deuxième crépi ou sur-fond. Celui-ci se compose de chaux éteinte à l'air, de sable calcaire ou de quartz bien lavé, d'un grain moyen, qu'on fixe avec de l'eau de pluie sur le premier crépi. On remplace ce sur-fond par un mortier de verre soluble qui se compose des substances suivantes : poudre de marbre, poudre de dolomie et sable de quartz avec chaux réduite en poudre par l'air. Il est également bon d'ajouter aux deux premières poudres un peu de cette chaux ou une faible proportion de blanc de zinc, afin de lier plus sûrement et plus solidement le verre soluble qu'on applique ensuite. Le rapport quantitatif du verre se détermine pour ainsi dire de lui-même, puisqu'il ne faut y ajouter que ce qui est nécessaire pour donner à l'ensemble la

consistance qui convient à un mortier ordinaire. Si ce mortier est partout appliqué par
couches égales et uniformes, la surface est
bien égalisée, et, une fois sèche, elle est dure
comme de la pierre. Les surfaces étant ainsi
préparées, il ne reste plus qu'à peindre, mais
avec des couleurs spéciales. On n'admet par
exemple aucune couleur organique, parce que
toutes pâlissent tôt ou tard.

Il faut également rejeter le cinabre, parce
que dans la lumière il pousse au noir. Les couleurs doivent être broyées le plus finement
possible ; elles doivent être de la plus grande
pureté, et surtout ne pas contenir des matières
qui ne puissent se combiner avec le verre soluble. Les couleurs sont simplement appliquées
avec de l'eau pure, et l'on humecte fréquemment le mur avec de l'eau pour en chasser
l'air que pourraient contenir les fonds, on favorise ainsi l'adhérence des couleurs. On doit humecter avec modération et éviter, autant que
possible, d'atteindre les parties déjà peintes,
car si l'eau les atteignait, cette atteinte diminuerait l'éclat des couleurs. Les peintures
achevées, il ne reste plus qu'à fixer convenablement les couleurs, ce qui se fait avec le *verre
soluble à fixer*. Il suffit de l'étendre d'une demi-
partie d'eau ; mais comme les couleurs n'a-
dhèrent que faiblement et qu'on ne peut employer un pinceau, on fait jaillir le verre soluble à fixer sous forme de pluie ; aujourd'hui
même on emploie pour cet usage un appareil
spécial, un vaporisateur qui envoie le verre
soluble sous forme de poussière très-divisée.—
Ce dernier genre de peinture à fresque a sur
les autres procédés jusqu'ici employés les avantages suivants : 1° le peintre est maître de ses
matériaux ; 2° il peut à son gré interrompre
et reprendre son ouvrage un temps plus ou
moins long ; 3° il peut faire à son œuvre toutes les retouches qu'il désire tant qu'il n'a pas
fixé ses couleurs ; 4° enfin, les peintures faites
par ce procédé peuvent être vues dans leur ensemble, et cela où qu'on soit placé, à droite, à
gauche ou de face, car elles ne miroitent point.

FRETTE, *s. f.* — Ornement de l'époque
romane qui présente quelque analogie avec
les grecques, méandres, chevrons, bâtons rom-

pus, avec lesquels on les confond souvent. On
nomme *frette crénelée* ou *rectangulaire*
(fig. 1), celle qui court horizontalement
en décrivant des brisures à angle droit.
On la nomme crénelée parce qu'elle rappelle

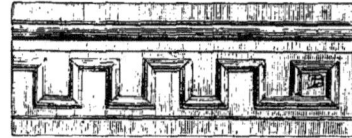

Fig. 1. — Frette crénelée.

par sa forme les créneaux de l'architecture
militaire. On a souvent employé les frettes à
la décoration des bandeaux, des moulures et
des archivoltes, surtout dans l'architecture ro-

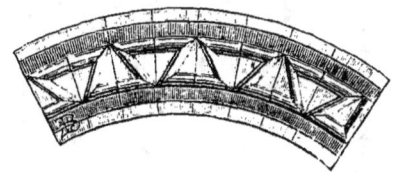

Fig. 2. — Frette triangulaire.

mane, en Normandie et en Angleterre. —
Voy. ROMANE (*Architecture*).

La frette décrit souvent des triangles ou
des trapèzes ; dans le premier cas, on la qualifie

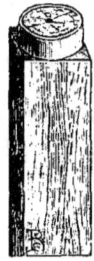

Fig. 3. — Frette de pilotis.

quelquefois de *triangulaire* (fig. 2), et on la
confond avec les BATONS rompus, qui n'affectent pas tout à fait la même forme, (Voy. ce
mot et les fig. qui l'accompagnent) ; dans le
second cas, on la qualifie de *frette diminuée*.

Les frettes sont aussi des anneaux ronds,
carrés, ou affectant d'autres formes polygo-

nales, formés à l'aide de fers méplats de 0^m,04 à 0,^m05 de hauteur sur 0^m,006 d'épaisseur, et dont les deux bouts sont fortement soudés, ou réunis au moyen de clavettes ou de boulons. On emploie les frettes pour empêcher les pièces de bois de se fendre longitudinalement par suite d'un poids ou d'efforts considérables qu'elles ont à supporter, comme les têtes des pieux et des pilotis, par exemple (fig. 3). Afin d'obtenir des frettes un maximum d'effet, leur serrage et leur juxtaposition doivent être énergiques et parfaits ; c'est dans ce but qu'on les pose à chaud.

FRETTER, *v. a.* et *v. n.* — Poser des fret-

tes, orner et décorer à l'aide de frettes. (Voy. le mot précédent.)

FRIGIDARIUM, *s. m.* — Mot latin francisé, qui sert à désigner une salle des thermes anciens dans laquelle on prenait le bain froid. C'était une des salles les plus importantes, elle se faisait remarquer par ses vastes proportions et par la richesse de sa décoration. Le centre en était occupé par une grande piscine ou *baptisterium*, dans laquelle on pouvait se livrer à la natation. Autour du frigidarium, on disposait ordinairement des niches ou *cellæ*, dans lesquelles les baigneurs pouvaient se reposer ; de larges ouvertures met-

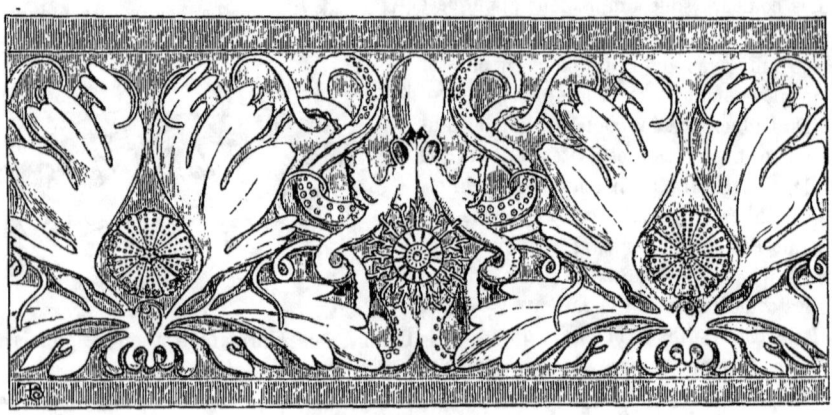

Fig. 1. — Frise d'entablement.

taient cette salle en communication avec d'autres et avec des vestibules. (Voy. GYMNASE, HYPOCAUSTE et THERMES.)

FRISAGE, *s. m.* — Treillage qui, au lieu d'être construit avec des lattes, est fait avec des bois minces.

FRISE, *s. f.* — Partie lisse ou sculptée, plane ou bombée de l'entablement, comprise entre l'architrave et la corniche. L'étymologie de ce mot dérive, suivant les uns, de l'italien *fregio* ; suivant d'autres, du mot *phrigjus*, qui lui aurait été donné parce que les Phrygiens la constituèrent telle que nous connaissons aujourd'hui ce membre d'architecture. Les Grecs l'appelaient ordinairement ζωοφόρος, à cause des représentations d'animaux qui

figuraient dans sa décoration ; c'est pourquoi les Romains désignaient aussi la frise par le terme de *zoophorus*.

Du reste, comme le lecteur peut en juger par nos figures, l'ornementation des frises peut être extrêmement variée. Nous donnons (fig. 1) une frise artistement composée au moyen d'une pieuvre (poulpe de mer), de plantes marines et d'un crustacé nommé *oursin*. Notre figure 2 emprunte son ornementation à la flore. Ces deux dessins sont tirés de la *Flore ornementale* de M. Ruprich-Robert. Nos fig. 3 et 4, composées par M. Duc, proviennent du Palais de justice de Paris.

On croit, c'est même une opinion assez généralement reçue, que dans les ordres d'architecture la frise correspond à la place qu'occupèrent dans le principe les abouts de solives du plancher, abouts que l'art a transformés en Triglyphes. (Voy. ce mot.) — La frise, dit Scamozzi, doit toujours être d'aplomb sur l'extrémité supérieure de la colonne et répondre à la première face de l'architrave, sur laquelle posent les solives qui forment le plancher. — Suivant l'ordre d'ar-

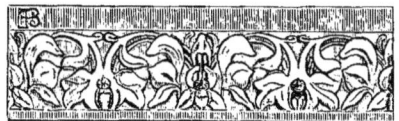

Fig. 2. — Frise d'un bandeau.

chitecture auquel elles appartiennent, les frises varient dans leur proportion et dans leur ornementation. La frise de l'ordre toscan n'existait pour ainsi dire pas chez les anciens, parce que les poutres posées sur l'architrave avaient tant de saillie qu'elles formaient la corniche ; plus tard, on coupa le bout de ces poutres, et

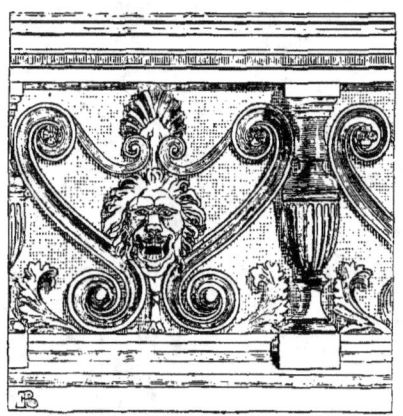

Fig. 3. — Frise du Palais de justice, à Paris.

l'on fit une frise lisse, placée entre le listel de l'architrave et le talon du larmier de la corniche. Sa hauteur est, suivant Vitruve, d'un module et deux parties. La frise dorique ornée de triglyphes n'est, comme nous venons de le dire, que l'imitation de ces abouts de solives, qui faisaient saillie au dehors. Cette saillie était enduite de substance résineuse en vue de la conservation des bois, et sur sa face on avait creusé de petits canaux ou *glyphes*, pour ciliter l'écoulement des eaux qui pouvaient

la frapper. L'espace compris entre chaque solive se nomme Métope (Voy. ce mot) ; il fut d'abord uni, mais il ne tarda pas à se couvrir d'ornements, et surtout de sujets détachés, tels que bucranes, boucliers, ou même de bas-reliefs. La frise dorique est la seule qui soit ornée de triglyphes et qui ait par conséquent conservé la trace de son origine. Les frises ioniques, corinthiennes et composites sont lisses ou ornées. La frise composite surtout reçut le plus souvent des ornements sculptés, dont la richesse était en rapport avec celle qui caractérise cet ordre. Au mot Entablement, le lecteur trouvera des frises fort riches ; nous donnons ici (pl. XLV) des frises de monuments romains qui sont d'une grande richesse et d'un beau caractère ; la première provient probablement des anciens thermes de Nîmes, la seconde existe sur le temple dit de la *Maison-Carrée*. La hauteur des frises doriques, ioniques, corinthiennes et composites est d'un module et demi. La frise reçoit souvent sur la face principale du monument des inscriptions, ornements ou symboles appelés à indiquer la destination de l'édifice.

Dans l'architecture romane et ogivale, la frise proprement dite n'existe pas, cependant les constructeurs de l'époque ogivale nommaient frises des bandeaux décorés de sculptures.

On nomme également frise toute surface plane horizontale et continue, ornée de peintures et de sculptures, quand bien même elles ne feraient point partie d'une ordonnance d'architecture. Ce moyen si facile de créer des lignes ornées a été d'un fréquent usage aux époques même où les ordres n'étaient pas employés, dans l'architecture du moyen âge par exemple.

On nomme aussi *frise de placard* celle qui se trouve au-dessus d'une porte à placard entre le chambranle et la corniche ; *frise bombée*, celle qui présente une saillie courbe, telle qu'il en existe dans les ordres ionique et composite ; *frise fleuronnée*, celle qui est ornée de feuillages et de rinceaux, d'enroulements et autres motifs ayant pour principe une décoration végétale ; *frise historiée*, celle qui est chargée de sujets allégoriques, religieux ou au-

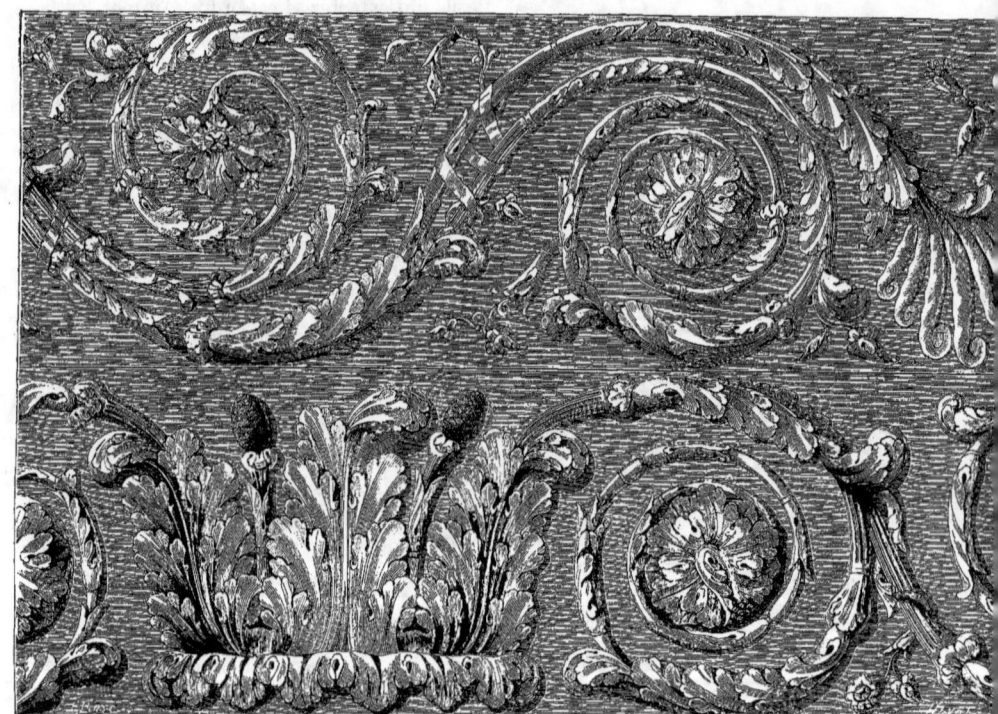

Planche XLV. — Frises d'entablement (architecture romaine).

tres; *frise symbolique*, celle qui porte des symboles, attributs ou emblèmes.

En menuiserie, on nomme frise une partie étroite et longue formant un panneau horizontal, ainsi on dit *frise de lambris*, *frise de porte*; une pièce de bois de 0m,08 à 0m,10 de largeur qu'on pose avec les feuilles de parquet auxquelles elle sert de cadre.

En serrurerie, ce mot indique l'espace compris entre deux traverses du haut d'un balcon, d'une rampe d'appui, d'une grille. Cet espace peut être rempli de divers ornements, rinceaux, postes, enroulements, etc.

Dans l'architecture navale, on nomme frise un ornement sculpté placé soit sur la dunette, l'éperon ou toute autre partie d'un vaisseau.

Enfin, dans la décoration des jardins, on nomme *frise de parterre* une plate-bande de gazon, une bordure de buis ou de lierre droite et taillée à la cisaille. (Voy. ORDRES, ENTABLEMENT.)

FRISONS, *s. m. pl.* — Rognures de tôle.

FRITE, *s. f.* — Mélange à chaud de différentes substances qui servent à faire le verre. — Au pluriel ce terme sert à désigner, dans certaines usines, les scories du charbon.

FRONT, *s. m.* — Terme de perspective

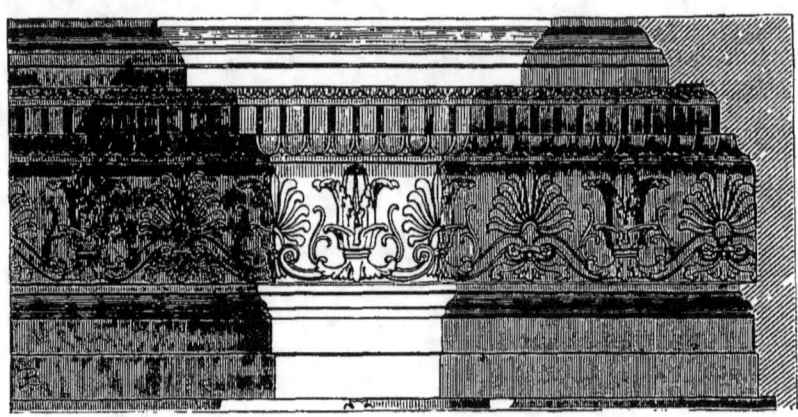

Fig. 4. — Frise d'entablement au Palais de justice, à Paris.

sous lequel on désigne la projection orthographique d'un objet sur le plan parallèle au tableau. — Ce terme est aussi quelquefois employé comme synonyme de façade.

FRONTEAUX, *s. m. pl.* — Petits frontons qui servent de couronnement à des niches, à des croisées. Au mot NYMPHÉE (intérieur du nymphée de Nîmes) le lecteur pourra voir des fronteaux triangulaires et circulaires au-dessus de niches.

FRONTISPICE, *s. m.* — Principale façade d'un édifice. C'est aussi une composition qui orne l'entête d'un livre. Beaucoup d'architectes ont composé des frontispices; nous donnons un type de frontispice, composition remarquable, de l'illustre Duban pour son ami L. Vaudoyer. Ce frontispice (pl. XLV *bis*) représente un souvenir de jeunesse de trois grands artistes, auquel on pourrait donner pour titre « les illusions de Ronciglione ». Voici comment Charles Blanc, dans son beau livre *les Artistes de mon temps*, raconte avec son charme habituel le fait qui a donné lieu à cette composition : « Vingt fois Duban, Duc et Vaudoyer avaient disputé ensemble avec cette chaleur, cette vivacité que les jeunes gens apportent dans leurs débats, surtout quand ils sont une pure gymnastique de l'esprit. Arrivés à Ronciglione, petite ville des États de l'Église, ils s'arrêtèrent à une auberge et bientôt, animés par le vin d'Orviéto, ils recommencèrent une de leurs éternelles disputes sur le passé et sur l'avenir de leur art ; Duc entrevoyait des horizons magnifiques ; il pressentait une rénovation de l'architecture, et il s'abandonnait aux illusions du bel âge. Vaudoyer, homme de sens critique et de sens pratique, gaulois spirituel et avisé, pour n'être pas d'ailleurs du même avis que son ami Duc, Vaudoyer se raillait de lui et traitait de chimères ses aspirations. Il prévoyait qu'à la poésie du rêve succéderait la prose des réalités, et qu'il faudrait bientôt descendre du portique d'Octavie au mur mitoyen. Duban était juge des coups ; mais il inclinait vers le poëte. » Et c'est bien des années après que Duban songeant à cette scène fit deux beaux dessins pour en perpétuer le souvenir ; il en donna un à son ami Vaudoyer, c'est celui que nous reproduisons, et un autre à son ami Duc.

FRONTON, *s. m.* — Membre d'architecture, ordinairement triangulaire, ou en forme de segment de cercle, qui couronne une ordonnance d'architecture. Ce terme, dérivé du latin *frons*, est ainsi dénommé à cause de son analogie avec le front humain, qui est la partie la plus apparente et la plus caractéristique de la face humaine, de même que le fronton est la partie principale et essentielle et la plus saillante d'un monument. — Le fronton tire son origine de l'existence des combles à deux

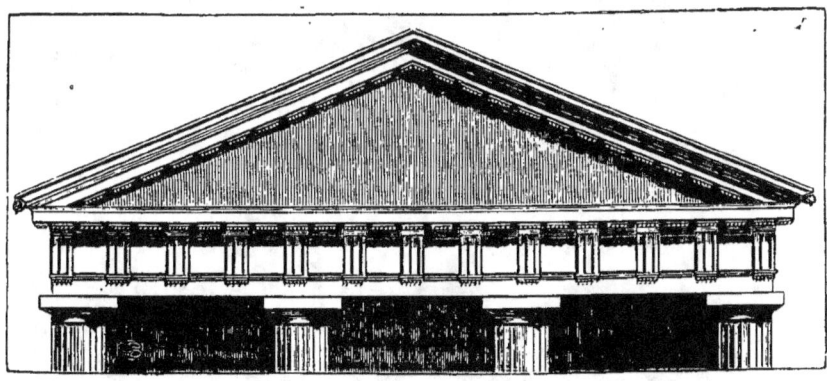

Fig. 1. — Fronton du temple d'Hercule à Cori.

versants ; c'est pourquoi il n'a fait son apparition qu'avec l'architecture grecque et romaine. En effet, les architectures hindoue, égyptienne, assyrienne et autres, dans lesquelles les couvertures à pentes sont remplacées par des couvertures plates ou en terrasse, n'avaient pas éprouvé la nécessité de créer le fronton pour cacher les pignons des édifices. Au contraire, dans les temples rectangulaires des Grecs et des Romains, la couverture à deux versants réclamait la présence du fronton, aussi ces édifices en possédèrent deux, l'un sur la face antérieure et l'autre sur la face postérieure. L'emploi des voûtes adoptées par l'architecture romaine créa le fronton à segment de cercle afin de cacher la forme de ces voûtes, quand elles se trouvaient accusées à l'extérieur des édifices. — Les Grecs donnaient au fronton le nom d'ἀετὸς et les Romains celui de *fastigium* ; au mot AETOS, où nous renvoyons le lecteur, nous donnons les motifs qui avaient justifié chez ces peuples ces dénominations. A l'origine, les frontons étaient exclusivement réservés pour les temples, les maisons des particuliers ne pouvaient posséder cette décoration ; la première exception fut faite en l'honneur de César : il est vrai qu'après sa mort il devint un demi-dieu. Il arriva bientôt au fronton ce qui arrive à toutes les inventions humaines, l'habitude d'en user amena l'abus, et bien qu'on connût l'origine du fronton et dans quel but il avait été créé, c'est-à-dire pour remplir une fonction utilitaire, celle de cacher les versants des toitures, les Romains n'hésitèrent pas à en placer partout : c'était tellement de mise (à la mode, dirions-nous aujourd'hui) que Cicéron (*de Orat.*

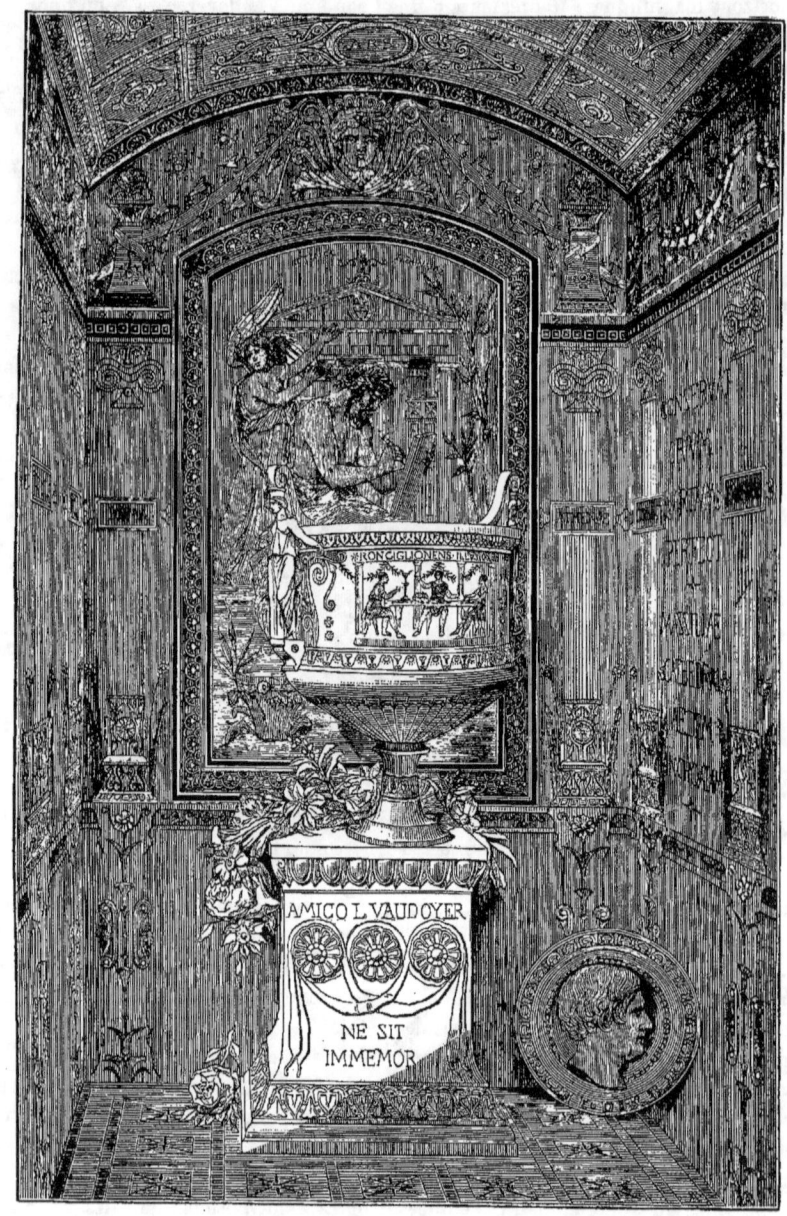

Planche XLV *bis*. — Les illusions de Ronciglione.

lib. III) nous informe que si ses contemporains « avaient eu à bâtir un temple dans l'Olympe, où il ne saurait y avoir de la pluie, à coup sûr ils lui auraient donné un fronton. »

De l'usage abusif du fronton naquirent les FRONTEAUX (Voy. ce mot) qu'on adossa à profusion dans l'intérieur des édifices, et que même on appelle simplement *frontons*.

Quand le fronton devint un membre essentiel de l'architecture, on chercha à lui donner des proportions basées sur son origine et sur son importance; c'est-à-dire que l'inclinaison des rampants fut calculée selon le degré de pente approprié au climat. Cette même pente servit ensuite de base pour fixer une hauteur proportionnelle avec l'ensemble de la façade que le fronton était appelé à couronner. En effet, dans les monuments antiques, le rapport de la hauteur à la longueur du fronton varie dans l'architecture grecque de huit jusqu'à six, et dans l'architecture romaine de six jusqu'à quatre : c'est ce dernier rapport de quatre en longueur qui prédomine dans le très-beau fronton romain que montre notre figure 1. Il provient du temple d'Hercule à Cori, construit pendant l'époque de la république. Cette latitude dans les proportions s'explique par les différences qui peuvent exister entre les édifices par rapport au nombre des colonnes, à la masse des façades, à l'ordre d'architecture employé, aux emplacements des édifices, enfin au caractère particulier de chacun d'eux. Malgré toutes ces considérations, Vignole et ses contemporains ont tracé des règles fixes pour déterminer l'inclinaison des frontons. Ce tracé méthodique, que nous donnons dans notre figure 2, s'applique à deux frontons; l'un A, D, B, communément employé, est qualifié de *fronton romain;* l'autre A, C, B, de *fronton grec.* Quant au fronton courbe, il ne serait, selon ces auteurs, autre chose que l'arc A, D, B lui-même, qui détermine le fronton triangulaire, la courbe A, D, B a son centre au point E, ce point est déterminé par une demi-circonférence ayant A O pour rayon ; la courbe A, C, B a son centre en H, ce point est déterminé par un arc ayant A ou A comme centre et A, B ou B, A pour rayon. Les frontons sont susceptibles de recevoir des ornements et une

décoration. Les premiers sont les moulures formant son encadrement, qui offrent ordinairement du simple au composé la même gradation que les ordres d'architecture. En effet, comme dans chaque ordre les moulures de la corniche forment la base du fronton et que ces moulures suivent en partie les rampants pour former les encadrements sur les trois côtés, il s'ensuit que ces moulures ne sont autres que celles des ordres qui supportent le fronton lui-même. Chez les Romains, sauf de rares exceptions, de même que chez les modernes, les moulures rampantes des frontons sont complétement identiques aux moulures horizontales de la corniche. Chez les Grecs,

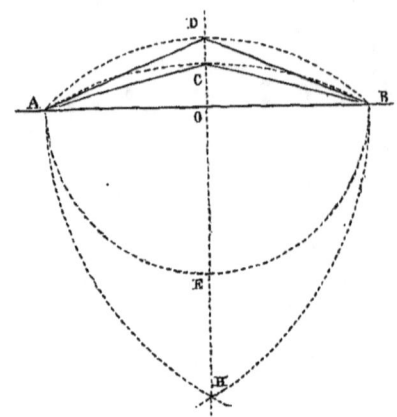

Fig. 2. — Tracé des frontons.

au contraire, la même identité n'existe pas ; ils paraissaient même ériger en principe de ne pas donner aux corniches rampantes le même profil qu'aux corniches horizontales, ce qui dans certains cas était très-logique; ainsi, par exemple les mutules dans les frontons doriques, les modillons dans les frontons corinthiens et les denticules dans les frontons ioniques, sont un véritable contre-sens dans les parties rampantes des frontons, dès qu'il est reconnu ou du moins admis que ces ornements représentent des bouts des forces, des chevrons, lesquels ne sauraient exister en cet endroit. Cette dernière observation ne nous appartient pas en propre, Vitruve (lib. IV, cap. II) l'avait formulée ainsi : «Les constructeurs anciens n'ont pas approuvé l'existence des mutules et des denticules dans les frontons ; ils ont préféré faire les corniches unies, parce que ni les *forces,* ni les *chevrons* ne peuvent être supposés apparents dans la partie du comble qui compose le fronton. En effet, ce sont ces forces et ces chevrons qui forment au contraire la partie latérale du toit ainsi que sa pente. Enfin, ils n'ont point cru pouvoir faire avec raison dans la représentation ce qui n'a pas lieu dans la réalité, se fondant sur ce que leur ouvrage devait être l'expression de la vérité, et ils n'ont jamais approuvé que ce qu'ils pouvaient soutenir et expliquer par des raisons plausibles et véritables. »

Un mode de décoration des frontons consiste à placer des sculptures dans le champ de leur TYMPAN. (Voy. ce mot.) Ces sculptures sont ou de simples ornements en bas-relief ou bien des figures en bas et même en haut relief et de ronde bosse. Le choix du genre de décoration à adopter pour les tympans des frontons varie selon le caractère de l'édifice et sa plus ou moins grande richesse. Ainsi on conçoit parfaitement que, si la sculpture se trouve placée à une grande hauteur, des figures de haut relief et même de ronde bosse y produiront un tout autre effet que de simples bas-reliefs; nous devons ajouter aussi que les figures disposées sur un seul plan, ainsi que l'ont pratiqué les sculpteurs de l'antiquité, sont celles qui conviennent le mieux à la décoration des frontons, et, comme le dit Quatremère de Quincy (*Dict. d'arch.*, v° *Fronton*), « toute la composition étant restreinte généralement à un seul plan et astreinte à se conformer, dans les positions et les dimensions des figures, à l'inclinaison progressive des pentes du fronton, elle n'aurait pu se prêter à un ensemble tel qu'on serait porté à l'entendre, où toutes les figures participeraient à un motif commun d'action ou d'idée. — Le genre de ces sortes de compositions nous est complétement démontré par deux monuments parvenus jusqu'à nous. Le premier et le plus ancien est le temple d'Égine, dont les statues tombées de leurs frontons ont été retrouvées au commencement de ce siècle, puis restaurées à Rome, et se trouvent aujourd'hui au musée de Munich. On voit par la recomposition qu'on en a

faite que le sujet était la guerre de Troie. Une figure de Minerve en pied occupait le milieu du fronton sous l'angle. Toutes les postures des combattants vont peu à peu s'accommoder par leur position aux deux pentes jusqu'à celles des angles inférieurs qui sont représentées mortes et étendues au gré de l'espace. » Évidemment cet exemple choisi par Quatremère de Quincy est très-remarquable comme groupement et ajustement des personnages dans un tympan. Au mot ENTABLEMENT le lecteur pourra voir (pl. XXX), une partie de ce fronton d'après la magnifique restauration de notre confrère Charles Garnier (1), et au mot TYMPAN nous donnons l'ensemble de la composition. — Les tympans, même dans de très-beaux monuments de l'antiquité, ne furent point décorés de sculptures, notamment dans les temples de la Concorde à Agrigente, de Thésée à Athènes, et dans ceux de Pestum et de Ségeste. (Voy. TEMPLE.) — Le moyen âge modifia considérablement la forme et l'ornementation des frontons, et même par les nouvelles proportions qu'il donna à ce membre d'architecture, il en fit pour ainsi dire un motif nouveau auquel elle donna le nom de GABLE. (Voy. ce mot.) Il le décora de jours, de crochets, de clochetons, de bouquets et de fleurons, qui dans beaucoup de monuments produisent le meilleur effet décoratif.

La renaissance primitive suivit les mêmes errements que le moyen âge, mais bientôt, reprenant la tradition antique, elle n'admet plus dans ses œuvres pour un temps que le fronton classique; bientôt cependant celui-ci subit lui-même de profondes modifications qui donnent naissance à des frontons nouveaux qui reçurent les dénominations suivantes :

FRONTON A JOUR, celui dont le tympan est plus ou moins évidé, ordinairement par un œil-de-bœuf, pour laisser passer le jour, afin d'éclairer les locaux situés derrière le fronton ; dans les monuments publics ces œils-de-bœuf sont occupés par le cadran d'une horloge.

---

(1) Notre éminent confrère a publié une étude sur le temple de Jupiter Panhellénien à Égine dans la *Revue archéologique* (15e année).

FRONTON A PANS, celui dont la corniche supérieure forme trois parties en pans coupés.

FRONTON BRISÉ, celui dont les rampants sont coupés ou recourbés et terminés par un ressaut ou un profil quelconque.

FRONTON DOUBLE, FRONTON TRIPLE, ceux qui sont composés de plusieurs frontons enclavés les uns dans les autres : au gros pavillon du Louvre, par exemple, il en existe trois l'un dans l'autre.

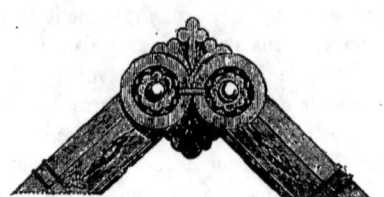

Fig. 3. — Fronton de rive en terre cuite (1er type).

FRONTON CIRCULAIRE, celui dont le couronnement, au lieu d'être triangulaire, est formé par un segment de cercle ; il existe des frontons circulaires au Panthéon d'Agrippa (*Santa-Maria Rotunda*) à Rome, au nymphée de Nîmes, dit *temple de Diane*, et dans divers édifices de Balbec et de Palmyre. (Voy. NYMPHÉE.) Mais en général les frontons circulaires ne couronnent que des niches de portes et de fenêtres intérieures, cependant on peut voir des frontons circulaires à l'extérieur des monuments, notamment à l'église Saint-Gervais à Paris.

Fig. 4. — Fronton de rive en terre cuite (2e type).

FRONTON ENTRECOUPÉ, celui dont le sommet est coupé, tronqué pour recevoir une niche, un cartel, un piédestal supportant un buste ou tout autre objet.

FRONTON A ENROULEMENTS, celui dont les corniches rampantes se terminent à leur sommet par des volutes juxtaposées.

FRONTON SANS RETOUR, ou FRONTON GLISSANT, celui dont la base ne se profile pas aux bas de ses rampants.

FRONTON SANS BASE, celui dont la corniche inférieure ou de base est supprimée, ou bien est retournée d'équerre sur des colonnes ou des pilastres : ce dernier genre peut être entièrement privé de base dans son milieu, ou bien pourvu de ressauts.

FRONTON SURMONTÉ, celui dont le sommet est très-aigu.

FRONTON SURBAISSÉ, celui au contraire dont le sommet forme un angle très-obtus.

En charpente, on nomme *fronton* la pièce de bois mouluré ou sans moulures qui couronne les lucarnes.

En couverture, on nomme *fronton de rive* des tuiles moulurées (Voy. nos figures 3 et 4) qui ornent, décorent ou protègent les bords ou *rives* d'un toit en forme de pignon.

FROTTAGE, *s. m.* — Opération qui consiste à encaustiquer les pavements et les parquets. Après le *replanissage* des parquets, les peintres leur donnent une couche d'encaustique et exécutent le *frottage*. On pratique la même opération sur les pavements en terre cuite après leur mise en couleur, et sur les mosaïques de terre cuite ou de marbre pour leur donner du lustre. Le frottage des carreaux, parquets et pavements clôt la série des travaux de peinture, qui sont eux-mêmes les derniers exécutés dans une construction.

FROTTER, *v. a.* — En dorure, c'est passer un linge neuf et sec sur la dernière couche d'assiette sur laquelle l'or doit rester mat. (Voy. DORURE.)

En peinture, c'est, après avoir encaustiqué un pavement, un parquet, passer par un moyen quelconque une brosse rude pour faire briller le bois ou le carreau.

FROTTIS, *s. m.* — Couleur légère et transparente qu'on applique sur une autre pour obtenir soit une vive coloration, soit pour éteindre un ton, soit pour tout autre motif.

FRUIT, *s. m.* — Inclinaison des faces d'une

construction qui existe du dehors au dedans, c'est le contraire du *surplomb* ou *contre-fruit*. Celui-ci est un indice de malfaçon ou d'état périclitant de la bâtisse, le fruit au contraire est un gage de stabilité ; dans notre figure le mur A possède du surplomb dans le bas et du fruit dans le haut : c'est un mauvais mur qui doit être démoli ; le mur B possède du surplomb, et le mur C du fruit. — Toutes les constructions doivent avoir du fruit, mais qui doit être en rapport avec la hauteur et le

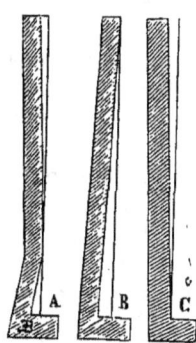

A, surplomb et fruit ; B, surplomb ; C, fruit.

genre du bâtiment et de la maçonnerie. Trop de fruit pourrait être préjudiciable à la stabilité d'une construction. Anciennement, au XVIIe et au XVIIIe siècle, on a même abusé du fruit dans beaucoup de bâtiments.—Les murs de revêtement et de soutenement, au contraire, peuvent avoir un fruit considérable, suivant la nature et la hauteur des terres dont ils ont à maintenir la poussée.

Dans l'ornementation et la décoration, on emploie beaucoup de fruits, notamment dans la composition des GUIRLANDES et des CHUTES. (Voy. ces mots.)

FRUITERIE, *s. f.*, ou **FRUITIER**, *s.m.* — Local dans lequel on conserve les fruits. Le meilleur fruitier est sans contredit une cave bien sèche, et assez profonde pour conserver une température constante variant entre huit et dix degrés centigrades au-dessus de zéro ; il est essentiel que la température ne s'abaisse pas au-dessous de trois ou quatre degrés au-dessous de zéro. On peut facilement obtenir ce résultat au moyen de soupiraux bien établis et pourvus de volets, afin de pouvoir fermer la cave hermétiquement pendant les grands froids. — On peut aussi utiliser pour fruitier un sous-sol ou un rez-de-chaussée assez bas et obscur, pourvu que les murs en soient assez épais et supportent une voûte. Dans de pareilles conditions on a de suffisantes garanties contre les variations de la température extérieure. Les fruitiers situés au rez-de-chaussée doivent être pourvus de doubles portes et de doubles fenêtres. Ce qu'il faut surtout combattre dans un fruitier, c'est l'humidité, qui occasionne la perte des fruits. — Quel que soit le local choisi pour une fruiterie, on doit toujours le garnir de tablettes en bois de chêne qu'on incline légèrement de derrière en avant, afin de faciliter l'écoulement des eaux ou liquides que les fruits gâtés fournissent. Nous ne pouvons ici entrer dans de plus grands détails, nous renvoyons ceux de nos lecteurs qui désireraient de plus longs développements à notre *Traité des constructions rurales* (1 vol. in-8° jésus de 509 pages, orné de 576 fig. dans le texte, Paris, 1875).

FRUSTE, *adj.* — On donne cette qualification à toute sculpture, moulure ou autre saillie analogue, dont les reliefs, usés par le temps ou endommagés par des mutilations, ont perdu une partie de leur saillie ou de leur relief primitif.

FUITE, *s. f.* — Trou ou fissure par laquelle peuvent s'échapper des liquides ou les eaux d'un aqueduc, d'un canal, d'un tuyau de plomb, etc. On bouche les fuites d'eau à l'aide de mastic, de ciment, ou de soudures dans les tuyaux de plomb.

FUIE.—Voy. COLOMBIER et PIGEONNIER.

FUIR, ou **FUIT**, *v. n.* — On dit qu'un outil fuit, lorsqu'en le poussant on ne le tient pas assez ferme, de manière qu'il se dérange de sa place. On dit, *fuir en dedans* ou *en dehors*, selon que l'outil se dérange dans l'un ou l'autre sens. Ce terme n'est employé que par les menuisiers ; nous avouons ne pas le connaître ; nous avons emprunté sa définition à

Pernot (*Diction. des mots techniques employés dans la construction*).

FUMÉE, *s. f.* — Tout le monde sachant ce que c'est que la fumée, nous n'avons pas à définir ce terme, nous ne nous en occupons qu'au point de vue juridique. — A moins d'une servitude établie, le propriétaire d'un immeuble moins élevé que celui de son voisin ne peut diriger ou laisser diriger vers la maison dudit voisin la fumée provenant de la sienne, de manière à ce que cette fumée puisse lui nuire ou même l'incommoder d'une manière trop considérable. Toutefois on n'est recevable dans sa plainte qu'autant qu'il s'agit d'une fumée épaisse provenant de fours, forges, fourneaux ou cuisines et autres lieux dans lesquels on fait des feux considérables et d'une certaine durée.

Au contraire, on ne serait pas recevable dans sa plainte, s'il ne s'agissait que d'une fumée légère telle que celle qui se dégage des foyers ordinaires. (Voy. Fournel, v° *Fumée* ; Toullier, t. 2, n. 145.)

FUMIÈRE, *s. f.* — Terme sous lequel on désigne tout emplacement servant à déposer le fumier. On doit établir les fumières le plus près possible des écuries et des étables. Dans les grandes exploitations rurales, on place généralement au nord, derrière le logement des animaux, une cour pour les fumiers, et c'est dans celle-ci qu'on installe la volaille ou basse-cour. — Le fumier fermenté et bien décomposé est reconnu aujourd'hui comme le meilleur et le plus actif ; c'est pourquoi on place les fumières à l'air libre, parce que les influences atmosphériques activent la fermentation, mais on a soin dans leur établissement de remplir les conditions suivantes : 1° l'emplacement choisi pour le dépôt des fumiers doit être assez vaste pour que l'amoncellement du fumier atteigne à peine au maximum deux mètres de hauteur ; 2° il ne faut laisser rien perdre du liquide provenant du fumier (*purin*), il faut au contraire le recueillir dans une fosse étanche, afin de pouvoir à l'aide d'une pompe arroser le tas de fumier, quand c'est nécessaire ; 3° il ne faut laisser couler ou

tomber sur ce tas d'autres eaux que celles des pluies ; 4° les fumières doivent être divisées en plusieurs compartiments, de telle sorte que l'ancien fumier ne soit pas recouvert par le nouveau ; 5° enfin, il faut que l'emplacement choisi permette l'approche des voitures et que le sol soit assez résistant pour que les chevaux n'aient pas de trop grands efforts à faire pour enlever une charge ordinaire. Ces conditions générales satisfaites, on construit les fumières de deux façons, ou sur le sol, ce sont des aires étanches, ou dans le sol, ce sont des fosses ou trous à fumier. Pour la construction des fumières et fosses à purin et pour de plus amples détails nous renverrons le lecteur à notre *Traité des constructions rurales* (1).

LÉGISLATION. — On ne peut, même contre un mur mitoyen, adosser du fumier, faire un trou à fumier, établir une fumière sans établir un contre-mur d'au moins 0m,22 d'épaisseur.

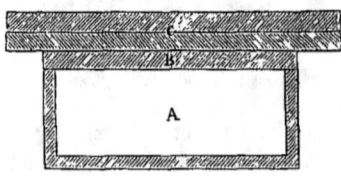

A, fumière ; B, contre-mur ; C, mur mitoyen.

(Voy. notre fig. En A se trouve le trou à fumier ou fumière ; en B, le contre-mur de 0m,22 ; en C, le mur mitoyen. — Ce contre-mur sert non-seulement de garantie contre la poussée exercée par le fumier, mais encore empêche les infiltrations de porter préjudice au voisin. — L'autorité municipale peut défendre par un arrêté tout dépôt de fumier non-seulement le long de la voie publique, mais même sur les emplacements qui joignent immédiatement cette voie. (*Cod. pén.*, 471, n. 15.) — Un maire ne peut autoriser un particulier à faire un dépôt de fumier sur la voie publique, car toute personne incommodée par ce voisinage peut non-seulement réclamer devant le juge de paix, qui condamnera le délinquant à l'enlèvement du fumier et aux dommages-intérêts s'il y a

---

(1) 1 vol. in-8° jésus de 509 pages, avec 576 figures intercalées dans le texte ou hors texte, Paris, 1875.

lieu, mais le demandeur peut encore exercer des poursuites en simple police contre le contrevenant. — Dans une cour assujettie à la servitude de vue en faveur d'une maison voisine, le propriétaire de ladite cour ne pourrait y mettre ses fumiers sous les fenêtres du voisin.

FUMIFUGE, *adj.* — Qui aide la fumée à fuir : tels sont les appareils qu'on place sur les tuyaux de cheminée dans le but d'augmenter leur tirage. (Voy. ABAT-VENT, CHAMPIGNON, GUEULE-DE-LOUP, LANTERNON, MITRE, VENTILATEUR.)

FUMISTE, *s. m.* — Ouvrier ou entrepreneur qui s'occupe de travaux de fumisterie, c'est-à-dire de la construction et de l'entretien des appareils de CHAUFFAGE. (Voy. ce mot.)

FUMISTERIE, *s. f.* — On comprend sous cette dénomination tous les travaux ayant pour objet la construction, la fabrication, l'entretien et le fonctionnement des appareils de chauffage, tels que foyers, calorifères de tout genre et de tout système, fours, fourneaux, poêles, etc.

FUMIVORES (APPAREILS). — Appareils qui dévorent la fumée, c'est-à-dire qui brûlent les gaz qui se dégagent d'un foyer quelconque ; il existe des cheminées fumivores, des fourneaux fumivores, etc.

FUNÉRAIRES (MONUMENTS). — Monuments élevés à la mémoire des morts et pour en perpétuer le souvenir. Les premières sépultures humaines consistèrent sans doute dans de simples fosses dans lesquelles on enfouissait les cadavres. La terre provenant de l'excavation, rejetée sur cette fosse, forma une petite éminence qui indiquait un lieu de sépulture : tel dut être le premier monument funéraire, l'origine du *tumulus*, le prototype du genre. Il est bien évident que, même à l'origine de l'existence humaine sur la terre, beaucoup d'hommes ne furent pas enterrés et durent être dévorés par des bêtes fauves. Il est bien évident aussi que des grottes naturelles durent servir de tombes aux hommes dans des temps très-reculés ; comme preuves à l'appui, nous citerons le *troglodyte* découvert à Menton par M. Rivière, notre collègue à la Société d'antropologie, troglodyte qui se trouve aujourd'hui au Muséum·d'histoire naturelle de Paris. — La durée éphémère du tumulus, que la pluie et le vent ne devaient pas tarder à faire disparaître, le désir de signaler à la postérité un homme remarquable, enfin l'ostentation durent provoquer des rapports de terre souvent très-considérables. Plus tard les mêmes sentiments firent placer sur la tombe des morts illustres d'énormes quartiers de roc et des blocs amoncelés ; de là l'usage qui amena chez des peuples très-anciens, principalement chez les Celtes, la création de certains monuments dits CELTIQUES. (Voy. ce mot.) — L'inhumation directe dans le sein de la terre ne fut pas toujours le seul mode usité ; dès la plus haute antiquité, des peuples ensevelirent leurs morts dans des coffres ou SARCOPHAGES (Voy. ce mot), d'autres les embaumèrent et les conservèrent chez eux, d'autres enfin les brûlèrent. A ces divers usages répondirent divers monuments funéraires ; après le tumulus la stèle dut bien vite faire son apparition ; après le sarcophage, les cippes et les urnes funéraires, dans lesquels on recueillait les cendres des morts. Les cippes et les urnes étaient faits soit avec des pierres de prix, marbres, onyx, albâtre, soit en terre cuite, soit en verre, soit en bronze. Les urnes étaient placées soit dans la terre elle-même, soit dans des monuments de pierre, soit dans des *columbaria*, soit dans des salles funéraires. Après ces monuments, nous trouvons les HYPOGÉES (Voy. ce mot) et les tombeaux creusés dans le roc, enfin les tombeaux construits sur le sol et abritant un caveau funéraire, dans lequel on plaçait le cercueil des morts. Ce dernier genre de monument se distingue par une variété infinie de types, tels que : aiguilles, obélisques, pyramides, tours, édicules spéciaux, chapelles, etc.; il se distingue également par la magnificence de ses décorations, souvent enfin par la grandeur de ses proportions, telle est la grande pyramide d'Égypte, le monument le plus élevé du monde.

FUSAROLLE, *s. f.* — Petit membre

d'architecture, astragale taillé en forme de collier ou de chapelet à grains oblongs (olives, graines de laurier, barillets, etc.) entremêlés de

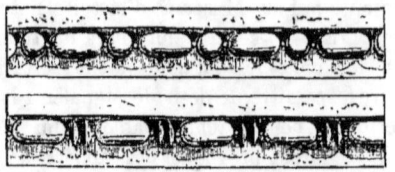

Chapelet à perles et olives.

perles. (Voy. notre fig.). Quelques auteurs anciens, et même modernes, Quatremère de Quincy entre autres, écrivent *Fusarole*.

FUSEAU, *s. m.* — Barreau d'un balcon, d'une rampe, figurant une colonnette FUSE-LÉE. (Voy. ce mot.)

FUSÉE (CHAUX). — Chaux éteinte à l'air humide et qui se trouve être réduite en poudre, tandis que la chaux éteinte à l'aide de l'eau se trouve à l'état pâteux.

FUSELÉE (COLONNE). — Colonne dont le fût affecte la forme d'un fuseau; en termes de blason, se dit de l'écu chargé de fuseaux ou fusées.

FUSER, *v. n.* — Se déliter, tomber en poussière. La chaux fuse après son immersion dans l'eau. En peinture, on dit qu'une couleur fuse, quand elle n'est pas bien détrempée et laisse des nuances.

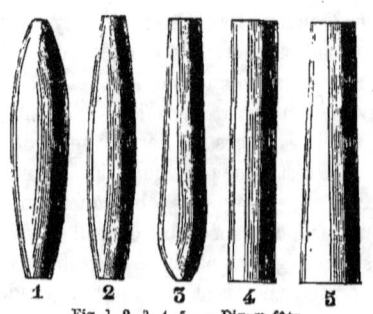

Fig. 1, 2, 3, 4, 5. — Divers fûts.

FUT, *s. m.* — Partie principale de la colonne comprise entre la base et le chapiteau. Quelquefois les fûts, surtout à l'époque ro-

maine, portent dans le bas un cavet et dans le haut l'astragale du chapiteau; mais aussi même dans l'antiquité le cavet était pris dans

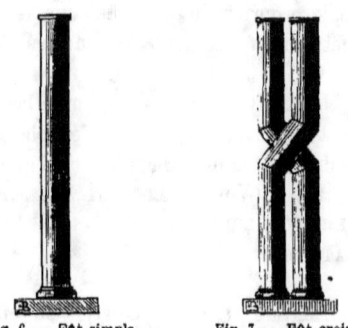

Fig. 6. — Fût simple.   Fig. 7. — Fût croisé.

la base et l'astragale faisait partie du chapiteau. Le fût des colonnes est ordinairement

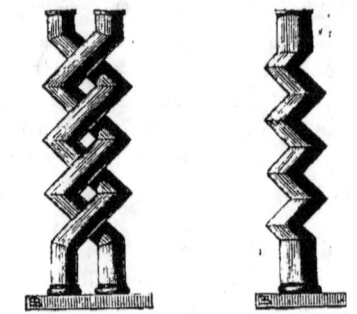

Fig. 8. — Fût entrelacé.   Fig. 9. — Fût brisé.

cylindrique et légèrement renflé en fuseau au tiers de sa hauteur. Les proportions, la décora-

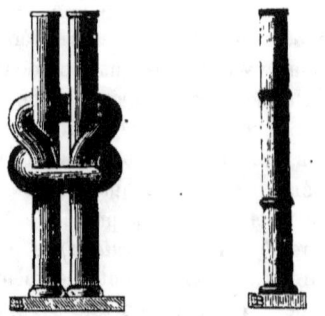

Fig. 10. — Fût noué.   Fig. 11. — Fût annelé.

tion et la forme elle-même du fût varient suivant les ordres d'architecture. (Voyez OR-DRES.) — Nous n'avons parlé jusqu'ici que des fûts des ordres classiques, qui présentent toujours en plan ou section horizontale un cercle parfait, mais on peut dessiner des fûts de colonne autrement, par exemple leur section peut être ovale; il existe également des fûts fuselés (fig. 1), c'est-à-dire en forme de

frés, le centre de la gaufrure peut porter des glands (fig. 14), ou une pointe de diamant (fig. 15), ou être simplement à tête de diamant (fig. 16); chevronnés ou contre-chevronnés (fig. 17), tordus, rubanés, imbriqués, contre-imbriqués, nattés (fig. 18), godronnés, fret-

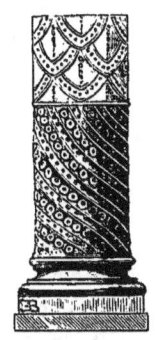

Fig. 12. — Fût orné de rudentures et d'imbrications.   Fig. 13. — Fût strié ou rudenté en spirale et imbriqué.

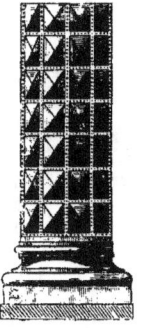 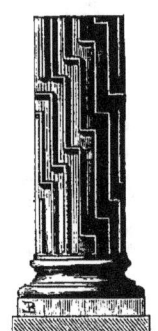

Fig. 16. — Fût orné de pointes de diamant.   Fig. 17. — Fût contre-chevronné.

fuseau; renflés (fig. 2), dont les diamètres supérieur, inférieur et du milieu sont inégaux, le premier étant le plus petit et le dernier le plus grand; en balustre (fig. 3), cylindriques (fig. 4), coniques (fig. 5). — Sous le rapport de

tés, chargés d'enroulements et de courbes (fig. 19 et 20), d'entrelacs, d'animaux ou de personnages rampants autour de lùi, ou d'une figure humaine engagée; ils peuvent même être remplacés par des figures humaines (CARIATIDES). (Voy. ce mot.) Les fûts peuvent

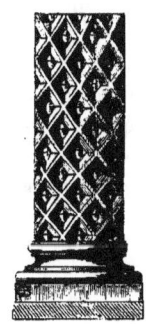 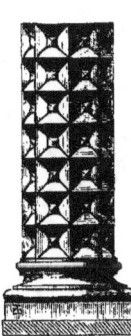

Fig. 14. — Fût gaufré avec glands au centre de la gaufrure.   Fig. 15. — Fût gaufré avec pointes de diamant au centre de la gaufrure.

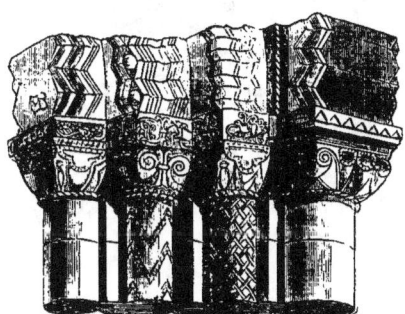

Fig. 18. — Fûts unis, chevronnés, nattés (église de Saint-Pierre, à Northampton).

sa disposition, disent les *Instructions* du comité des arts et monuments, le fût peut être simple (fig. 6), croisé (fig. 7), entrelacé (fig. 8), brisé (fig. 9), noué (fig. 10), annelé (fig. 11); sous le rapport de leur surface, les fûts peuvent être lisses, cannelés avec ou sans rudentures (fig. 12), verticalement, horizontalement ou en spirale (fig. 13), losangés, striés, gau-

être torses, en hélice; ils peuvent également affecter d'autres formes plus ou moins bizarres. L'usage de décorer les fûts est très-ancien, puisque notre figure 21, qui représente un fût décoré d'enroulements et de chevrons, provient de la porte des Lions à Mycènes; ces colonnes reposaient sur une base circulaire composée 'un socle et d'un tore orné. — Quant à leur construction, elle peut se composer de tam-

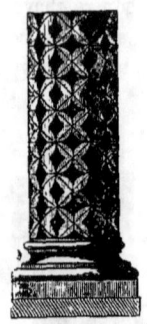
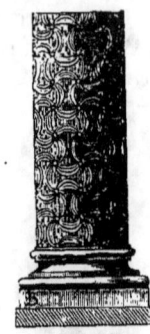

Fig. 19. — Fût orné
de courbes (1er type).

Fig. 20. — Fût orné
de courbes (2e type).

bours, lesquels peuvent faire partie des assises d'un mur, quand les colonnes sont engagées

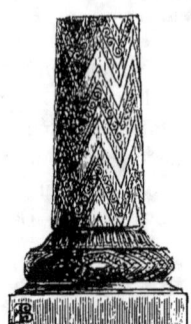

Fig. 21. — Fût orné de chevrons et d'enroulements.

(Voy. COLONNE), enfin, les fûts sont souvent monolithes.

Ce terme sert encore à désigner la colonne qui supporte un candélabre, *fût de candélabre.*; la monture en bois d'un outil de menuisier, d'où l'expression *outil à fût*, par opposition à l'outil qui n'en possède pas : un rabot est *un outil à fût*; enfin, on nomme *fût* une sorte de vilebrequin pouvant recevoir des mèches de différents numéros, lequel vilebrequin sert à percer à l'aide d'une machine à forer.

FUTÉE ou MASTIC. — Les menuisiers désignent sous ce terme un mastic fait avec du blanc d'Espagne et de l'ocre jaune broyé avec de l'huile de lin. Ils emploient la *futée* pour boucher les trous, les fentes et les joints des bois, ainsi que pour cacher les nœuds vicieux et les défauts du bois, et quelquefois ceux de l'ouvrage. Pour les travaux de menuiserie destinés à être peints à la détrempe, comme la futée à l'huile ferait tache, ils remplacent l'huile par de la colle claire ; enfin, pour les travaux communs, ils composent une futée avec de la pierre de Saint-Leu réduite en poudre, à laquelle ils ajoutent un peu de brique pilée : ils délaient ces deux substances dans de la colle, de manière à obtenir une pâte analogue au mastics de vitriers.

Pour certains travaux de menuiserie, tels que lambris, portes de placards ou autres, les menuisiers emploient à chaud un autre genre de futée qui se compose de blanc d'Espagne ou de Meudon, d'ocre jaune, qu'on verse peu à peu dans un vase placé sur le feu qui contient deux parties de cire jaune et une partie de suif.

G

G. — Septième lettre et cinquième consonne de l'alphabet; dans les abréviations des inscriptions romaines G peut signifier *Gracchus, Gaius, Gellius, gens, genus* et *genius, gloria*, etc.; chez les Romains G égale 400, et surmonté d'un trait horizontal, 4,000.

GABARIT, *s. m.* — Modèle découpé qui sert à exécuter un travail d'après le profil de ce modèle. Le gabarit sert aussi à vérifier si un travail exécuté présente bien la forme extérieure qu'il doit avoir. Le gabarit est un patron, un modèle en vraie grandeur.

GABION, *s. m.* — Panier fabriqué au moyen de brindilles et de vergettes de bois flexible et qui sert dans les chantiers au transport des terres et de menues pierrailles. — Dans l'architecture militaire, le gabion ne possède pas de fond et sa forme est cylindrique. On emploie les gabions pour faire des épaulements, pour dresser les faces des embrasures et pour d'autres services. On les remplit de terre et on les superpose sur deux ou plusieurs rangs.

GABLE, *s. m.* — Mot anglais, mais d'origine française, qui signifie *pignon*. On désigne ainsi dans l'architecture du moyen âge le couronnement d'un mur pignon, d'un portail, d'une fenêtre; dans ces deux derniers cas ce terme est synonyme de *fronton*, mais il ne s'applique, bien entendu, qu'aux frontons surélevés de l'époque ogivale, qui sont tantôt ajourés, tantôt pleins, et dont les rampants sont unis ou décorés de crochets ou crosses et dont le sommet est orné d'un bouquet, panache ou fleuron; quelquefois ils sont terminés par un acrotère surmonté d'une statue. Les gables firent leur apparition vers la fin du XIIᵉ siècle, et la renaissance française utilisa ce genre de décoration.

GACHAGE, *s. m.* — Action de délayer dans l'eau le plâtre ou le ciment avant leur emploi. — Gâchage du plâtre, mélange d'eau et de plâtre ayant pour but de faire reprendre à celui-ci rapidement et en une seule fois l'eau qu'il renfermait avant sa cuisson. Par suite de ce mélange, le plâtre se transforme en pâte, ce qui permet de l'employer comme mortier. Il se prend bientôt après son emploi en une masse solide qui acquiert presque instantanément une dureté plus ou moins grande suivant la qualité de la matière et la manière dont il a été gâché. La proportion d'eau à mélanger au plâtre dépend de l'énergie et de la promptitude plus ou moins grande de la solidification qu'on désire obtenir, c'est-à-dire suivant qu'il doit être gâché *clair* ou *serré*. En général, pour le plâtre au panier (Voy. PLATRE), qui se gâche serré, la proportion d'eau est de 75 pour 100 de plâtre. Pour le plâtre au *sas*, qui se gâche clair, la proportion d'eau, qui est variable, est généralement de 20 pour 100 plus forte que celle du plâtre; au delà de 120 pour 100 d'eau on n'obtient que du *plâtre noyé*, tel que celui dont on fait usage pour les COULIS (Voy. ce mot) où l'on a besoin d'un mortier extrêmement liquide. Gâché suivant des proportions convenables, 100 de plâtre en poudre donnent en volume 115 à 120 de mortier. — Pour opérer le gâchage du plâtre, le garçon maçon commence par verser l'eau dans l'auge, deux seaux pour un *voyage*, un seau et demi pour deux *truellées*, un seau pour *une*, et un demi-seau pour une *demi-truellée*, un quart de seau pour une *poignée*, et un huitième seulement quand le maçon commande de gâcher *gros comme un œuf*. Ensuite, au moyen d'une pelle, il répand le plâtre dans l'auge, le plus uniformément possible, jusqu'à ce qu'il atteigne franchement ou dépasse quelque peu le niveau de l'eau, s'il doit gâcher serré ; autrement, il conserve au-dessus du plâtre une épaisseur d'eau qui varie du quart au sixième de la hauteur totale, s'il doit gâcher clair. Il convient d'observer que, le plâtre gâché serré faisant promptement prise, et que, le plâtre clair laissant plus de temps pour son emploi, le garçon doit tenir compte, en gâchant, de la distance qui sépare le gâchoir du compagnon dont il fait le service. Il doit faire varier en conséquence la proportion d'eau qu'exige le plâtre serré, afin de ne pas apporter au maçon du mortier ayant déjà commencé à *couder*, qui ne pourrait être employé convenablement. — Le plâtre et l'eau une fois mélangés, le garçon place l'auge sur sa tête en l'affermissant au moyen d'un coussinet de chiffons roulés, qui s'appelle *rond* ou couronne. Il tâche, en l'apportant au maçon, de l'agiter le moins possible. Celui-ci, à l'aide de sa truelle qu'il tient de la main droite, brasse le mélange dans tous les sens, tandis que de la main gauche il écrase les *mottes*, afin d'obtenir un mélange bien homogène. Si le plâtre est gâché trop clair, le maçon le laisse un peu *couder*, puis il l'utilise promptement, car, une fois que le plâtre a commencé à *couder*, il prend, c'est-à-dire qu'il durcit bien vite. Le plâtre doit être gâché serré pour les hourdis, les aires, les augets, les pigeonnages et autres ouvrages qui nécessitent un plâtre dans toute sa force et d'une prise rapide. Pour les gobetages, enduits, traînages des moulures, etc., il doit être gâché clair ; enfin, pour les coulis, on ne peut se dispenser de le noyer, aussi dans ce cas n'obtient-on qu'un mortier long à prendre. Les truelles en cuivre sont les seules qu'on emploie pour les travaux en plâtre. On ne gâche pas le mortier, on le broie et on le corroie ; mais on gâche les ciments.

GÂCHAGE DU CIMENT DE VASSY ET DE POUILLY. — Le gâchage du ciment est une opération délicate qui contribue, quand elle est bien faite, à la solidité des travaux ; mal faite, elle amène leur ruine. Le gâchage du ciment doit être fait à force de poignet et non à force d'eau ;

aussi l'ouvrier gâcheur doit-il être laborieux et ne pas plaindre sa peine, car c'est de lui que dépend la bonne ou mauvaise exécution des travaux. On gâche le ciment à l'aide d'une truelle mince de fer ou d'acier pourvue d'un long manche, dans une grande auge rectangulaire qui n'a que trois côtés. Le gâcheur place cette auge de façon que le fond soit un peu plus bas que sa ceinture ; il a autour de lui tout ce qui lui est nécessaire, eau, sable, ciment : à l'aide d'une sébile en bois, il mesure la quantité de sable et de ciment qui lui sont nécessaires pour faire une gâchée. Le volume des matières (environ 5 à 6 litres) est mélangé à sec à l'aide de la truelle, il en fait une traînée du côté ouvert de l'auge qui se trouve devant lui, et derrière ce petit barrage il verse en une seule fois l'eau nécessaire au gâchage. Il agite le tout avec la truelle, il le pousse dans un angle de l'auge, puis il ramène cette pâte par petites parties qu'il écrase et qu'il comprime avec force. Tout le mélange doit passer et repasser sous la truelle au moins deux ou trois fois. On reconnaît que le mélange et la trituration sont bien faits, quand le mortier relevé en un petit tas a un aspect *luisant* et pour ainsi dire *huileux*.

GACHE, *s. f.* — Pièce de fer, très-souvent doublement coudée en équerre, que l'on fixe sur le bâti ou le chambranle d'une porte. La gâche est destinée à recevoir le pêne d'une serrure, d'un verrou, d'une targette, d'un bouton à bascule, d'une crémone, d'une espagnolette, etc. Il existe des gâches de différents systèmes : la *gâche à pointes*, qui porte deux branches droites en pointe à l'aide desquelles on l'implante dans le bois ; la *gâche encloisonnée*, qui porte une cloison, laquelle reçoit le pêne ; la *gâche de répétition*, qui affecte la même forme que la serrure qu'elle accompagne : souvent celle-ci a un rebord, ce qui fait qu'on la nomme aussi *gâche à rebord* ; la *gâche à mentonnet*, qui porte un mentonnet ; la *gâche coulante*, qui se place à fleur d'un ébrasement et dans laquelle glisse le pêne ; la *gâche à rouleau*, celle qui porte un petit rouleau mobile qui facilite l'entrée du pêne ; la *gâche à pattes* ou *gâche d'épaisseur*, formée d'un fer plat

coudé et contre-coudé à ses deux extrémités :
on la fixe à l'aide de vis ; la *gâche droite*,
plaque de fer, ordinairement carrée, qu'on
arase dans une pièce de bois ; la *gâche à soupape*, dont l'ouverture se bouche à l'aide d'une
soupape à ressort. Enfin, en serrurerie, on
nomme *gâche* les pièces de métal (fonte ou
bronze) qui reçoivent les extrémités d'une
crémone de croisée, ou bien encore les plaques
de fer percées d'une mortaise carrée qui reçoivent les crochets d'une espagnolette.

GACHER, *v. a.* — Mélanger une matière
terreuse avec de l'eau dans des proportions
déterminées par l'expérience. — On gâche du
plâtre, du ciment ; mais on broie, on mélange
et l'on corroie du mortier. — *Gâcher serré*,
signifie gâcher épais ; dans le cas contraire, on
dit *gâcher clair*.

GACHETTE, *s. f.* — Petite pièce de serrurerie qui est fixée au palastre d'une serrure
sous le pêne, auquel elle sert d'arrêt à l'aide
d'un ressort.

GACHEUR, *s. m.* — Maître ouvrier charpentier. — Ouvrier qui prépare le mortier
de plâtre ou le mortier de ciment. En terme
de mépris, signifie *ouvrier maladroit*, qui perd
et abîme les fournitures que son patron lui
confie pour son travail.

GACHIS, *s. m.* — Sorte de mortier bâtard
fait avec du plâtre, du ciment et de la chaux.

GACHOIR, *s. m.* — Local qui dans un
chantier de construction sert à préparer le
mortier, surtout le mortier de plâtre et de
ciment. Les gâchoirs doivent être à proximité
du lieu où l'on emploie le plâtre, afin d'éviter
aux garçons chargés de l'approvisionnement
des compagnons un trajet trop considérable,
ce qui occasionnerait une perte de temps et
quelquefois des mortiers à prise rapide, tels
que les ciments. Le gâchoir doit être abrité
contre la pluie et contre les rayons du soleil,
car la pluie pourrait détériorer les marchandises et le soleil dessécher trop rapidement
les mortiers. Il doit, en outre, être tenu dans

un état complet de propreté. Dans les gâchoirs
à plâtre, où cette matière est mise en tas, on
doit éviter de répandre de l'eau, car le plâtre
absorberait l'humidité et s'éventerait assez
rapidement.

GAIAC, *s. m.* — Bois d'Amérique très-
dense, et par conséquent très-dur, avec lequel
on fait des galets de roulettes. Ce bois, susceptible d'un beau poli, se travaille au tour ;
dans certains pays, on en fait des dents de
roues dentées et des roues de poulies et de
moufles.

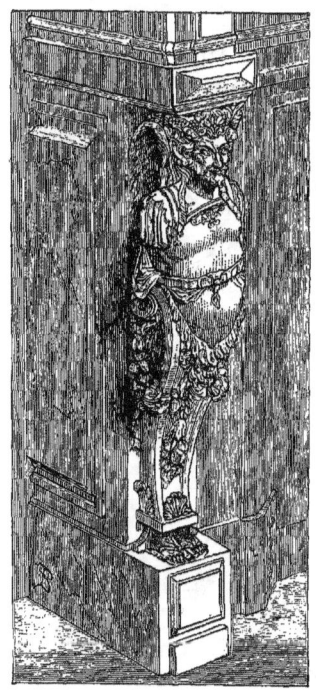

Fig. 1. — Gaine d'une cheminée renaissance du château
de Villeroi (musée du Louvre).

GAINE, *s. f.* — Support de forme quadrangulaire, qui s'évase de bas en haut et qui
sert à porter un buste : le corps est censé renfermé dans un étui, une gaine ; aussi voit-on
souvent que les sculpteurs ont laissé sortir les
pieds de la statue par le bas : telle est la gaine
représentée par notre figure 1, qui provient
d'une cheminée de la renaissance qui se
trouve au musée du Louvre. — Quatremère

de Quincy (*Dict. d'arch.*) explique d'une façon assez curieuse, sinon véridique, d'où proviendrait l'origine de ce terme de gaine. « Ce nom leur vient, dit cet auteur, de leur forme, laquelle ressemble à celle de la *gaine* d'un couteau qui se termine en pointe. Voilà sans doute l'origine de ce nom moderne. Quant à celle de la chose, elle remonte à une haute antiquité, s'il est vrai que les gaines soient une imitation des *termes* grecs ou *hermès*, lesquels paraissent dérivés de la forme des momies égyptiennes. — Les Égyptiens, n'ayant

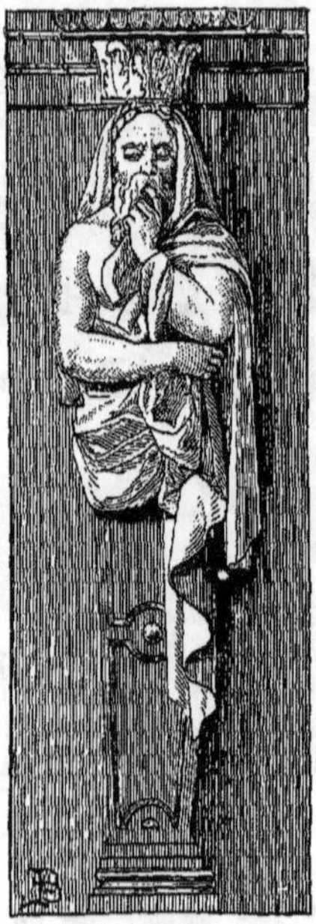

tion du corps. » Et le même auteur ajoute, avec quelque apparence de raison, que la forme de beaucoup d'idoles égyptiennes n'est autre que celle d'une gaine de momie. Les Grecs, qui avaient des communications avec l'Égypte, auraient donc emprunté leur hermès à ce pays. — Comme on peut le voir par ce qui précède, la gaine aurait une origine fort ancienne ; toujours est-il qu'à partir du XVIIe siècle et pendant le XVIIIe, jusqu'à nos

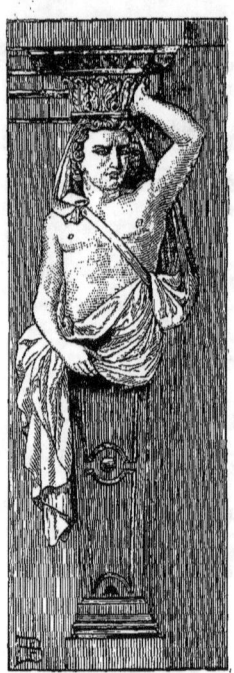

Fig. 2. — Gaine au tribunal de Commerce
(fronton de la façade principale).

Fig. 3. — Gaine au tribunal de Commerce
(façade principale).

point connu l'imitation véritable du corps humain dans leur sculpture, empruntèrent très-naturellement la forme que l'habitude de l'inhumation des corps leur avait rendue familière. On sait qu'ils les enfermaient, après les avoir embaumés, dans des caisses de bois et quelquefois de marbre richement ornées de peintures, d'hiéroglyphes et de dorure. Cette forme de caisse se faisait sur celle du corps, et en répétant fidèlement la configuration générale, celle au moins de ses contours. Ce fut ainsi qu'elle devint dans la sculpture imitative de ce pays un équivalent de l'imita-

jours, l'usage des statues supportées par des gaines a été en faveur. Nous donnons, figures 2 et 3, des statues en gaine provenant du tribunal de Commerce de Paris. Notre figure 4 représente une gaine en forme de console provenant de la grande cour vitrée du même édifice. Nous les avons dessinées d'après des photographies qu'a bien voulu nous communiquer M. Bailly, membre de l'Institut, architecte du monument. Enfin on emploie des gaines terminées en figures pour la décoration des jardins. Nous donnons dans notre figure 5 la représentation de l'Hiver par Stodtz ; dans notre figure 6, celle du Printemps, due au ciseau

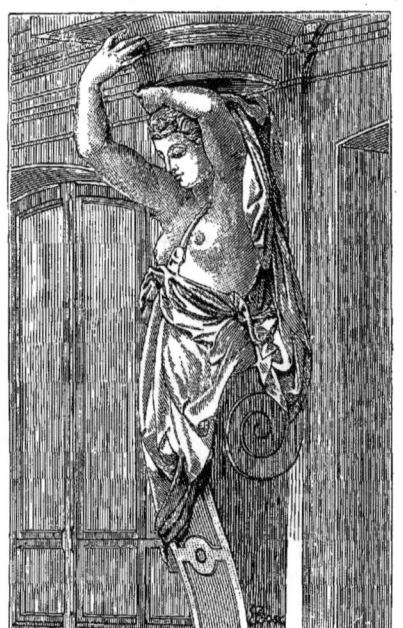

Fig. 4. — Gaine de la grande cour vitrée
du tribunal de Commerce.

de G. Coustou : ces deux gaines décorent le

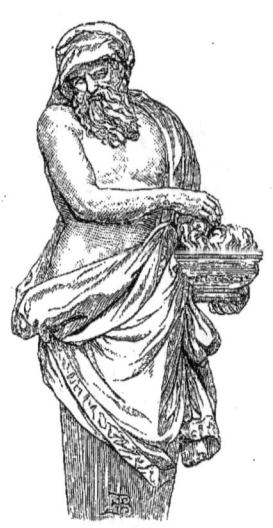

Fig. 5. — L'Hiver, par Slodtz.

jardin des Tuileries, elles sont dans le rond-
point du grand bassin. — On fait beaucoup

usage des gaines dans les musées, bibliothèques, galeries, pour supporter des bustes. (Voy. Hermès, Termes, Scabellon.)

GALANDAGE, *s. m.* — Construction en

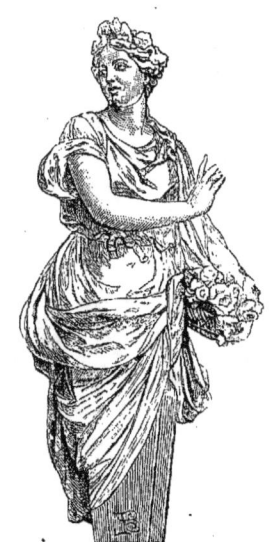

Fig. 6. — Le Printemps, par G. Coustou.

pan de bois dont les vides sont remplis avec des briques posées de champ. On emploie les galandages pour établir des cloisons de distribution, ou pour construire des communs ou des bâtiments de peu d'importance.

GALBE, *s. m.* — Ce terme, qui provient de l'italien *garbo* (bonne grâce), sert à exprimer une inflexion, une courbure, le contour arrondi d'un objet quelconque, mais principalement du fût d'une colonne, de la corbeille d'un chapiteau, de la panse d'un vase ou d'un balustre, de la courbure d'un dôme ou d'une coupole, etc.

GALBÉ, ÉE, *adj.* — Qui a du galbe. On dit qu'une colonne est *galbée*, lorsqu'au lieu d'avoir un fût cylindrique, elle est renflée dans son milieu et que ses extrémités sont diminuées d'après des règles fixes. (Voy. l'art. précédent.)

GALÈRE, *s. f.* — Long rabot de 0ᵐ,60

de long, dont se servent les charpentiers pour refaire les bois de charpente et les dresser à

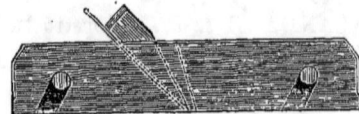

Fig. 1. — Galère (élévation).

vives arêtes. Ce rabot, que nos figures montrent en projection verticale et horizontale,

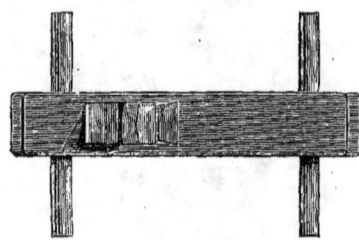

Fig. 2. — Galère (plan).

est manœuvré par deux hommes, à l'aide des deux chevilles qui traversent de part en part la galère.

GALERIE, *s. f.* — Pièce beaucoup plus longue que large qui, dans les palais, les châteaux, les hôtels, sert à réunir plusieurs appartements. Comme les galeries sont spacieuses et situées en général au milieu de salons et de salles qui y débouchent, elles servent pour les fêtes et les réceptions. A cause de cela, elles sont richement décorées, les plafonds sont formés par des voûtes ornées de caissons et de peintures, les portes et les lambris sont peints et dorés et souvent couverts de sculptures ; enfin les galeries renferment des tableaux, des meubles de prix, des vitrines renfermant des curiosités et des objets d'art, de sorte que souvent ce mot de galerie sert à désigner des collections d'art qui sont quelquefois de véritables musées particuliers.

Dans les églises, on nomme *galeries* des locaux pratiqués au-dessus des voûtes des collatéraux : ces galeries sont éclairées par des baies, par des arcatures ou par d'autres genres d'ouvertures donnant sur la nef principale ; tantôt les galeries n'existent que sur les bas-

côtés, tantôt elles se prolongent tout autour du chœur, dans ce cas un étroit passage, une sorte de balcon ou TRIFORIUM (Voy. ce mot) contournant les transsepts, sert à relier les galeries de la nef et celles qui pourtournent le chœur. Beaucoup d'églises possèdent des galeries aussi larges que les collatéraux au-dessus desquels elles sont construites, surtout jusqu'au XIIIᵉ siècle ; mais à partir de cette époque, et pendant les XIVᵉ et XVᵉ siècles, les galeries ne

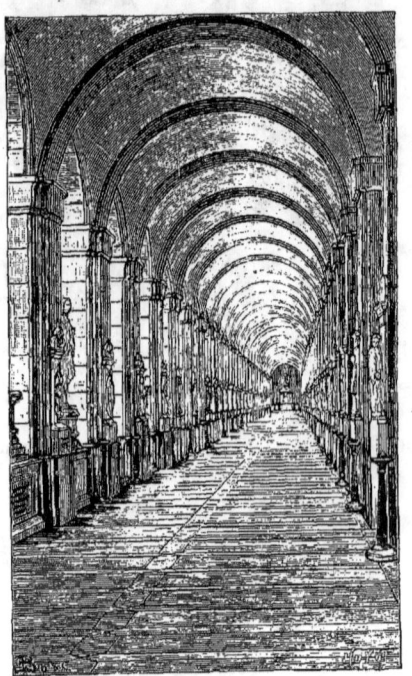

Galerie du Campo-Santo de Gênes.

sont plus que d'étroits passages auxquels on ne peut donner que le nom de triforium. Enfin, dans beaucoup d'églises, les galeries sont seulement simulées par la décoration sculpturale ou peinte. A l'extérieur des églises, il existe également des galeries qui sur les façades passent au-dessus et au-dessous des roses ; d'autres galeries sont pratiquées au-dessus au sommet des murs, elles sont quelquefois construites en encorbellement : ces galeries sont destinées à donner accès dans les combles pour visiter les charpentes, elles servent également pour exécuter les réparations nécessaires des couvertures. Ce terme sert encore à désigner des passages étroits et souvent vitrés qui servent à réunir deux corps de bâtiment, ou bien des promenoirs de même genre construits sur la face de certains édifices, ou bien encore des couloirs souterrains pratiqués dans des châteaux forts ou ailleurs ; par exemple, dans les hypogées et les pyramides de l'Égypte, il existe des galeries ; en Italie, beaucoup de Campo-Santo possèdent des portiques ou des galeries. Notre figure montre une des galeries du Campo-Santo de Gênes. — Les égouts, les tunnels sont également des galeries souterraines. — Dans les villes, on nomme *galeries* de grands passages vitrés qui sont bordés de boutiques, telles sont les galeries du Palais-Royal, Véro-Dodat, à Paris ; on nomme encore ce genre de galeries *passages*. Dans les mines et dans les carrières, on nomme *galeries d'extraction* les conduits souterrains qui servent à l'exploitation des mines et des carrières.

Dans les théâtres modernes, on nomme *galeries* les balcons pourtournant la salle de spectacle, balcons placés en avant des loges.

En plomberie, on nomme *galerie*, des ornements courants en plomb et surtout en zinc estampés ou découpés, qu'on emploie pour la décoration des serres, des auvents, des marquises, des passages couverts ou découverts et pour d'autres locaux.

Jurisprudence. — On peut établir une galerie ou promenade à couvert contre un mur mitoyen et l'appuyer contre et dessus. Néanmoins elle ne peut faire saillie sur le voisin ni avoir vue chez lui, à moins de servitude acquise.

GALET, *s. m.* — Disques épais, en acier, en fer, en bois de gaïac, en corne qui servent à divers emplois. On les utilise pour les caisses à bois dans les cuisines, pour les roulettes de meubles ; certaines portes par exemple celles des écuries et des granges, roulent souvent sur des galets. Les galets ont un profil convexe ou concave ; quand ils sont évidés en forme de gorge, ils sont dits *galets à gorge*. — On désigne encore sous ce terme les cailloux des bords de la mer, dont quelques-uns servent à fabriquer du ciment. (Voy. Cailloux.)

GALETAS, *s. m.* — Étage supérieur d'un édifice. Les galetas sont généralement pris dans les combles ; ils sont éclairés soit par des lucarnes, des tabatières, des œils-de-bœuf, des chatières ou des chiens assis.

GALGAL, *s. m.* — Monument des Celtes fait en pierres brutes. — (Voy. Celtiques (*Monuments*).

GALIPOT, *s. m.* — Substance résineuse, fournie par le pin maritime, qui entre dans la fabrication des vernis communs. On reconnaît la présence du galipot dans les vernis en mouillant une surface enduite de ce vernis. L'eau fait bleuir cette surface.

GALLES, *s. f. pl.* — Excroissances rondes parfaitement sphériques qui viennent au-dessous des feuilles de certains arbres ou arbustes, principalement d'un chêne qui produit la *noix de galle*. Ces excroissances sont déterminées par la piqûre de certains insectes.

GALLO-ROMAINE (Architecture). — Voy. Romaine (*Architecture*) et Gaulois (Art).

GALONS, *s. m. pl.* — Ornement, ou plutôt partie d'un ornement de l'époque romane qui consiste en une suite de demi-perles réparties sur des ornements sculptés. On trouve des galons sur les frettes, les chevrons, les filets, les dents de scie, sur les torons des moulures sculptées en forme de câble, sur les bandelettes contournées en méandres. On en voit encore sur des cercles, des enroulements, des torsades, mais surtout sur des feuilles. Les ornements chargés de galons sont dits *galonnés*, mais on peut aussi les dire *perlés*.

GALVANISATION, *s. f.* — Opération qui consiste à recouvrir d'une mince couche de zinc des objets en fer, afin de les préserver de l'oxydation. Cette opération serait mieux dénommée sous le terme de *zincage*. On galvanise la tôle, le fil de fer, etc., en les plongeant dans un bain de zinc fondu, après les avoir préalablement décapés. Pour les objets abrités dans l'intérieur des locaux, le zincage est efficace et protecteur; pour ceux exposés aux intempéries de l'air, pour les tuyaux de tôle, par exemple, la galvanisation est complétement sans effet ; nous la croyons même mauvaise, car la couche de zinc est vite attaquée, il se forme un oxyde de zinc qui absorbe avidement l'humidité et l'eau, de sorte que nous ne craignons pas d'affirmer que les tuyaux de tôle zingués sont au moins aussi promptement détériorés par l'oxydation que s'ils n'avaient pas été galvanisés.

GALVANOPLASTIE, *s. f.* — Art d'appliquer une couche métallique sur un objet quelconque à l'aide de la pile galvanique. On utilise la galvanoplastie pour dorer, argenter et surtout bronzer les métaux. Les fontaines en fonte, les candélabres de nos places publiques et de nos rues sont bronzés par ce procédé, qui leur donne l'apparence du bronze.

A l'aide de la galvanoplastie, on fabrique aujourd'hui, à un prix relativement peu élevé, de véritables objets d'art; par exemple, on tire directement des modèles en terre glaise exécutés par les sculpteurs, des chapiteaux, des bustes, des statues, qui nécessitaient autrefois des frais de modèle considérables.

GARANTIE, *s. f.* — Obligation d'indemniser d'un préjudice éprouvé. Les architectes et les entrepreneurs encourent, vis-à-vis des propriétaires pour lesquels ils construisent, des responsabilités dont ils doivent *garantie*. (Voy. ARCHITECTE et ENTREPRENEUR.)

GARÇON, *s. m.* — Dans certaines industries du bâtiment, le *manœuvre*, *aide* ou *apprenti*, se nomme *garçon*. Les maçons, couvreurs, plombiers, briqueteurs, rocailleurs, paveurs et carreleurs nomment *garçon* leur aide; chez les charpentiers, le garçon se nomme *lapin*; chez le serrurier *apprenti*.

GARDE (MAISON DE). — Maison destinée au logement d'un garde, soit dans les forêts, soit sur les lignes de chemins de fer.

GARDE-CORPS ou **GARDE-FOU**, *s. m.* — Balustrade en pierre, en fer, en fonte, en bois à hauteur d'appui (0^m,90 à 0,^{m}95), qu'on établit sur les bords d'un endroit dangereux, pour empêcher les personnes qui passent de tomber. On établit des garde-corps le long des quais, des ponts, des terrasses, des fossés, etc.

GARDE-ROBE, *s. f.* — Pièce d'un appartement qui sert à serrer les robes, les vêtements et le linge : telle était anciennement la signification de ce mot, qu'on n'emploie plus aujourd'hui que pour désigner un appareil spécial qu'on place dans les siéges d'aisances. Ces appareils ferment hermétiquement par des palettes, clapets, siphons, etc., et empêchent les gaz qui se dégagent des fosses d'aisances d'arriver dans les water-closets et de là dans les appartements. Il existe de nombreux modèles de garde-robe ; nous donnerons un type dit *système Rogier-Mothes*, qu'on peut appli-

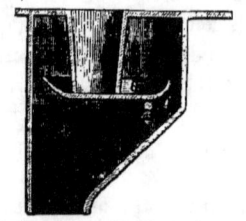

Garde-robe (système Rogier-Mothes).

quer aux siéges d'appartement et aux latrines. Il se compose (Voy. notre figure qui montre la coupe de cet appareil), il se compose, disons-nous, d'un récipient de forme conique dont le bas est fermé par une valve, laquelle bascule autour d'un pivot C. La valve est maintenue fermée par un poids lourd qu'on aperçoit à l'arrière du pivot. Le poids des matières tombant dans le cône pèse sur la valve, qui s'ouvre pour les rejeter dans le tuyau de chute; cette opération accomplie, le poids de la valve et son contrepoids la ramènent dans sa position première. On fait aujourd'hui des garde-robes anglaises avec effet d'eau dont les cuvettes sont ovales : c'est actuellement le meilleur modèle. On nomme *garde-robes demi-anglaises* celles dans lesquelles un bouchon remplace la valve et qui ne possèdent pas d'effet d'eau.

GARDES, *s. f. pl.* — Ce mot est synonyme

de GARNITURE.(Voy. ce mot.) Ancien mot de jurisprudence remplacé aujourd'hui par *témoin, garant.* (Voy. BORNE.)

GARDIEN, *s. m.* — Dans les travaux de construction, surtout dans ceux qui sont faits pour le compte de l'État, un homme est chargé d'interdire l'entrée des chantiers aux étrangers, de maintenir le bon ordre et d'empêcher la sortie des matériaux; c'est ce qu'on nomme le gardien de jour; il reçoit de l'administration pour laquelle on construit des appointements mensuels. Dans les mêmes chantiers, il existe un gardien de nuit qui est chargé de garder les matériaux et les approvisionnements, les constructions et les outils. Le même gardien est chargé de l'entretien de l'éclairage exigé par les ordonnances de police. On prend souvent à Paris pour gardiens de nuit et quelquefois de jour des anciens militaires invalides, auxquels on alloue 3 fr. à 3 fr. 50 par nuit. Cette dépense incombe à l'entrepreneur de maçonnerie à qui son cahier des charges impose le gardiennage de jour et de nuit.

GARE, *s. f.* — Emplacement servant à se garer. Il existe des gares d'embarcations sur les quais et dans les ports. Sur les voies ferrées, il existe plusieurs genres de gare; la principale, la *gare de tête*, se trouve aux points extrêmes de la ligne; dans les grandes villes, celle-ci se divise en *gare d'arrivée* et en *gare de départ;* sur les voies où il existe des bifurcations, il y a des *gares d'embranchement;* enfin, dans les stations intermédiaires, il y a des gares plus ou moins importantes suivant la localité desservie; enfin, il y a les *gares de marchandises,* qui servent à recevoir et à expédier les marchandises. Nous n'insisterons pas davantage sur ce sujet, car la facilité et la fréquence des voyages font que chacun sait parfaitement les dispositions et les aménagements principaux de cet édifice utilitaire.

GARENNE, *s.f.* — Endroit destiné à nourrir et à élever des lapins. Il existe plusieurs genres de garenne.

La *garenne artificielle,* d'un usage très-fré-

quent, consiste à établir dans un lieu sain et bien situé, c'est-à-dire dans un lieu sec à l'abri des inondations, une enceinte fermée par des murs de 2 mètres de hauteur portant sur une fondation de 0,^{m}90 de profondeur. On trace ordinairement sur le terrain un rectangle d'une dimension en rapport avec le nombre de lapins qu'on veut élever. Il faut environ 10 mètres carrés pour une hase et ses petits jusqu'à l'âge de l'engraissement.

La *garenne libre* comprend quelques hectares de bois dans son enceinte; celle-ci est formée par des haies ou des palissades. Les lapins vivent dans ces garennes en liberté comme à l'état sauvage; seulement, pendant l'hiver, on doit fournir quelque nourriture aux lapins, qui pourraient ne pas trouver toute celle qui leur serait nécessaire.

La *garenne ouverte* est située au milieu des bois; elle n'est close que par de simples fossés ou par des obstacles naturels, tels que rochers, ruisseaux, petite rivière ou canal d'irrigation. Une garenne de ce genre est un véritable fléau pour l'agriculture, car les lapins sortent constamment de leur domaine pour aller fourrager dans les terres d'autrui, de sorte que la garenne ouverte ne rapporte guère à son propriétaire que de nombreux procès.

JURISPRUDENCE. — Que les garennes soient ouvertes ou fermées, leurs propriétaires sont responsables des dommages que les lapins peuvent causer sur les terres et les propriétés voisines. Les bois et les forêts, par rapport aux lapins qui s'y trouvent, et par conséquent au dommage qu'ils peuvent causer, sont assimilés aux garennes. Le propriétaire d'un bois peut le transformer en garenne : dans ce cas, les lapins qu'il y élève, tant qu'ils ne sortent point de son bois, sont sa propriété exclusive, ils sont immeubles par destination; mais si ses lapins passent dans une autre garenne, ils deviennent la propriété de celle-ci, à moins qu'ils n'y aient été attirés par dol, fraude ou artifice. (*Code civ.,* 564.) — Nous venons de voir que chacun est libre de transformer son bois en garenne, mais nous devons ajouter, à la condition toutefois que cet établissement ne puisse nuire ou porter un réel préjudice aux héritages voisins. Dans ce cas, les propriétaires desdits héritages pourraient s'opposer à l'établissement de la garenne ou même en demander la suppression. L'action à intenter dans ce cas est du ressort des tribunaux ordinaires. (Voy. Fournel, v°. *Garenne*, p. 141.) Au contraire, dans la revendication de dommages-intérêts, l'action peut être portée devant le juge de paix ou devant le tribunal d'arrondissement, suivant l'importance du préjudice et le chiffre des dommages-intérêts. Enfin, en dehors de ce droit de réclamer réparation du préjudice causé, les propriétaires voisins des garennes peuvent tuer, prendre et emporter comme gibier les lapins qui se trouveraient sur leur terrain sans y avoir été attirés par dol, fraude ou artifice. Ils peuvent même les tuer avec un fusil et sans être munis d'un permis de chasse, telle est du moins la jurisprudence établie par les cours d'Agen et de Rouen à propos des dévastations commises par des pigeons. (Agen, 21 juillet 1852 ; Rouen, 14 février 1845.)

GARGOUIE, *s. f.* — Partie d'une poutre qui n'a qu'une faible saillie située en arrière d'un poteau sur lequel la poutre vient se reposer et s'y engager au moyen d'un tenon; la gargouie n'est donc que l'extrémité de ce tenon.

GARGOUILLE, *s. f.* — Pierre creusée en forme de gouttière, quelle que soit la place et la position qu'elle occupe dans les constructions. Il existe différents genres de *gargouille*,

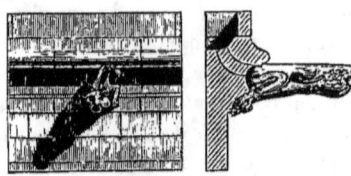
Fig. 1. — Gargouille (face et profil).

mais ce terme s'applique principalement aux dégorgeoirs saillants en pierre (fig. 1) que le moyen âge et la renaissance ont employés pour rejeter loin des murs d'un édifice les eaux pluviales qu'on laissait auparavant croupir le long des murs. Les artistes de l'époque ogi-

vale ont donné très-souvent aux gargouilles la forme d'un dragon ailé, voici pourquoi : d'après une vieille légende qui remonterait jusqu'au temps du fameux roi Dagobert, un

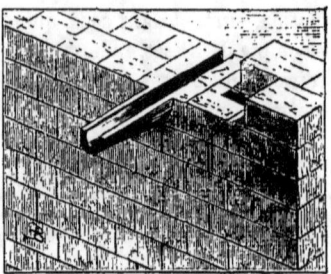
Fig. 2. — Gargouille traversant un mur.

horrible dragon, né du limon des eaux à la suite d'un vaste débordement de la Seine, au-

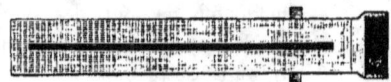
Fig. 3. — Gargouille droite en fonte.

rait dévasté le pays et porté partout la désolation. Un évêque, saint Romain, paraît-il,

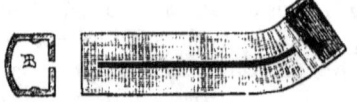
Fig. 4. — Gargouille coudée en fonte (plan et coupe).

aurait tué ce monstre, qui s'appelait *Gargouille*. Telle est l'origine du nom donné aux figures

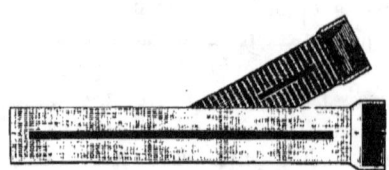
Fig. 5. — Gargouille avec un branchement.

fantastiques créées par les sculpteurs, les *imagiers*, comme on les nommait alors, de l'époque ogivale. — On emploie également des gargouilles saillantes, lorsque les eaux d'un évier passent au travers d'un mur ; ces gargouilles, étant disposées comme le montre notre figure 2, empêchent les eaux de s'introduire dans les joints des pierres et des moellons, qu'elles pourriraient. On donne encore ce nom aux dalles de pierre creusées en cuvette sur lesquelles s'écoulent les eaux ménagères; aux trous ornés d'un mascaron par lequel sort l'eau d'une fontaine, d'une cascade ou bien par le-

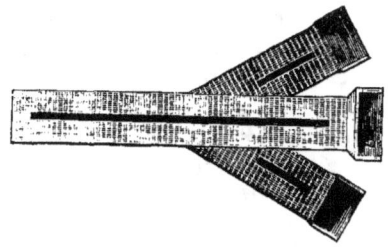

Fig. 6. — Gargouille avec un branchement double.

quel, dans la cymaise d'une corniche, s'écoulent les eaux des petits canaux ou GOULOTTES. (Voy. ce mot.) Dans ce cas, le mascaron représente souvent la tête ou simplement le mufle d'un

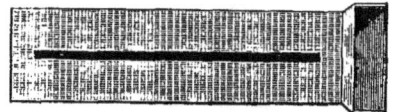

Fig. 7. — Gargouille double.

lion. C'est aussi un canal formé de petits murs en maçonnerie avec fond pavé, ou une rigole creusée dans une pierre et portant rainure et recouverte d'une dalle. On nomme aussi ces deux

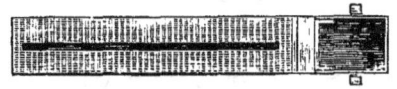

Fig. 8. — Gargouille à sabot.

types de gargouille CANIVEAU. (Voy. ce mot.) Ce sont encore de petites rigoles dans un jardin dans lequel l'eau coule de bassin en bassin, ou des cordons de pierre sur lesquels sont assis, au moyen d'une légère entaille, des tuyaux de conduite ; enfin ce sont des canaux en fonte placés sous les trottoirs qui présentent différentes formes droites (fig. 3), coudées (fig. 4), avec un branchement simple (fig. 5), ou double (fig. 6). Quand des gargouilles en

fonte se trouvent à la rencontre de deux tuyaux de descente, on fait des gargouilles beaucoup plus larges qu'on nomme à cause de cela gargouilles doubles (fig. 7); enfin on fait des gargouilles dites *à sabot*, parce que leur tête, au lieu d'être rectangulaire, affecte une forme courbe qui présente quelque analogie avec la pointe d'un sabot : nos figures 8 et 9 montrent de face et de profil ce dernier type, dans lequel on voit, en A, des ailettes ou taquets qui servent à arrêter et à maintenir ces canaux

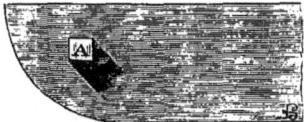

Fig. 9. — Coupe montrant le profil d'une gargouille à sabot.

de fonte dans une position voulue. La surface des gargouilles en fonte est ordinairement striée, afin de prévenir le glissement de la chaussure des passants.

GARGOUILLER ou ÉGRISER, *v. a.* — Terme de marbrier. C'est frotter, pour les dresser et les rendre unis, un corps rond, une surface cylindrique, telle que le fût d'une colonne, avec de l'eau et du grès, au moyen d'une pierre concave taillée suivant la surface convexe à polir.

GARNIS, *s. m. pl.* — Fragments ou forts éclats de pierres, de moellons, de briques, employés au garnissage des murs. Les garnis doivent toujours être durs et autant que possible de forme plate. On emploie des garnis sur les reins d'une voûte, derrière un mur de terrasse, entre le revêtement et les boutisses d'un gros mur. — Dans un chantier bien conduit, on doit recueillir avec soin et réunir en dépôt tous les fragments de matériaux pouvant servir de garnis, on ne doit jamais briser des moellons ou des briques pour s'en procurer. Un maître compagnon actif et capable doit veiller à ce que ses *limousinants* (on nomme ainsi les ouvriers qui mettent en œuvre le moellon) soient bien approvisionnés de garnis, afin qu'ils n'aient pas à briser et à rompre des matériaux d'é-*chantillon*, ce qui est préjudiciable aux intérêts de son patron. Dans un but de dépréciation ou en terme de mépris, on dit de moellons de trop petit échantillon que ce sont des *garnis*, absolument comme dans un cas analogue on dit de petites pierres de taille que ce sont des *carrotins*.

GARNIR, *v. a.* — En termes de fumisterie, c'est revêtir de briques ou de carreaux réfractaires et de terre à four les parois d'un poêle de construction ou d'un foyer. En termes de carreleur, c'est mettre des tuileaux entre les COLOMBINS (Voy. ce mot) d'un carreau. En termes de couvreur, c'est affermir les tuiles faîtières au moyen de tuileaux et de plâtre. En termes de serrurerie, c'est placer des garnitures dans une serrure.

GARNISSAGE, *s. m.* — Remplissage, au moyen de *garnis* et de mortier, des interstices de la *limousinerie*. Le *garnissage* est aussi appelé BLOCAGE (Voy. ce mot); d'où les expressions, *maçonnerie de blocage* et *maçonnerie de remplissage*.

GARNITURE, *s. f.* — Ce terme a de très-nombreuses significations; dans beaucoup de corps d'état, comme nous allons le voir, il ne s'emploie qu'au pluriel. — En couverture et en plomberie, ce terme sert à désigner l'ensemble de diverses parties qui constituent la couverture d'un toit, telles que ardoises, tuiles, lattes, voliges, plomb et zinc. Les fontainiers désignent sous ce terme de garniture les divers éléments qui entrent dans la confection d'un piston de pompe, tels que cuir, chanvre, frette en cuivre ou en fer.

En fumisterie, les *garnitures* sont les briques, les carreaux et la terre à four qui servent à GARNIR (Voy. ce mot) les parois intérieures des poêles de construction et des cheminées. Sous ce même terme, les paveurs entendent le sable et le mortier qu'ils mettent entre les joints des pavés; les treillageurs, les lattes qui forment remplissage des vides et compartiments que forment les bâtis.

Enfin, en serrurerie, ce terme a de nombreuses significations, il est synonyme de *gardes*. Les garnitures sont la principale sûreté, défense des serrures; elles empêchent, dans une certaine mesure, l'emploi de crochets ou fausses clefs. Il existe divers genres de garnitures, elles sont *droites*, *cintrées*, *baroques*; les pièces qui les composent sont : les *rouets*, les *rouets croisés*, les *bouterolles*, les *planches*, les *pleines croix*. Suivant la manière dont elles sont fabriquées, on les dit *brasées*, quand elles sont de tôle mince et soudée au cuivre sur le palastre; *repassées au crochet* ou *écurées*, quand elles sont en tôle forte soudée au cuivre comme les premières, mais de plus passées sur le tour; *garniture tournée*, celle qui est évidée sur le tour dans un seul bloc de fer; enfin, on nomme *garniture à l'infini* celle tournée qui porte de nombreux évidements.

GARROT, *s. m.* — Petite pièce de bois en forme de gaîne de poignard qui passe dans l'axe des cordelettes qui servent à tendre la lame d'une scie. Le garrot sert à tordre les cordelettes et à les maintenir dans cet état. (Voy. SCIE.)

GAUCHE (SURFACE). — On dit qu'une surface est *gauche* quand les lignes qui la limitent ne sont pas toutes dans un même plan. — Le dressage d'une surface gauche ou l'action qui consiste à mettre tous ses points dans un même plan s'appelle *dégauchissement*, d'où l'expression DÉGAUCHIR. (Voy. ce mot). On dit d'un ouvrage en bois qui se déforme, qu'il *gauchit*; d'où le terme *gauchissement*, qui exprime l'action de gauchir.

GAUDE, *s. f.* — Petite plante qui, séchée, est d'un jaune serin, et qui donne par infusion une teinte que les peintres emploient pour mettre les parquets en couleur jaune.

GAUDRON. — Voy. GODRON.

GAUFRÉ, *s. m.* — Les gaufrés, ou ornements gaufrés, sont particuliers à l'époque romane, bien qu'on en retrouve quelques spécimens fort rares sur des monuments anciens. Ils diffèrent des ornements *alvéolaires* par leur figure, qui ne présente que quatre côtés au lieu de six. Ces ornements (fig. 1) reproduisent en creux la même forme que les diamants et têtes de clous donnent en relief; ils décorent des plinthes, des bases, des tailloirs,

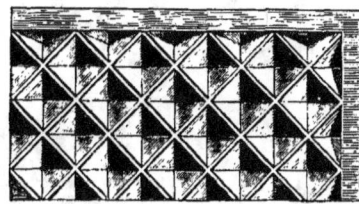

Fig. 1. — Ornement gaufré.

des bandeaux, des archivoltes et même des fûts de colonnes. Par extension, on nomme *gaufré*

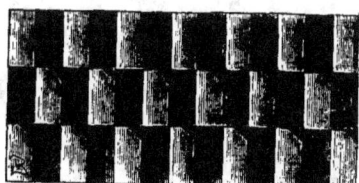

Fig. 2. — Ornement gaufré.

un ornement *guivré,* mais dont les faces, au lieu d'être arrondies en boudin, sont angulaires (fig. 2).

GAULOIS (ART). — Comme celle de tous les grands peuples, l'origine des Gaulois est enveloppée d'obscurité. Depuis bientôt soixante ans, deux écoles professent sur l'ethnographie gauloise des opinions fort opposées, et les historiens et archéologues suivent des courants contraires. L'ancienne école historique, à la tête de laquelle se trouve M. Amédée Thierry, prétend que les Gaulois ne sont qu'une ramification de la branche celtique ; la nouvelle école archéologique, et anthropologique, pourrions-nous dire, considère les Celtes et les Gaulois comme deux races complètement distinctes et qui n'ont jamais possédé ni la même organisation sociale ni la même organisation religieuse, n'ayant enfin ni le même aspect, ni les mêmes mœurs, ni les mêmes procédés artistiques, et, suivant elle, les Celtes et les Gaulois n'auraient peut-être pas parlé la même langue. Dans cette nouvelle école, nous trouvons des savants, tels que M. Alexandre Bertrand,

qui, dans des documents remarquables (1), apporte à tous les problèmes que soulèvent les questions celtiques et gauloises, sinon des solutions, au moins des témoignages et des observations qui donnent à réfléchir et qui font entrevoir dans un avenir peu éloigné des solutions à peu près certaines. Dans son *Archéologie celtique* (voir la note ci-dessous), M. A. Bertrand croit fermement à la dualité des *Galates* (Gaulois) et des Celtes. Il dit (page 250) : « Évidemment la première question à poser avant d'aborder un problème de cet ordre est celle-ci : Jusqu'à quel point le groupe à examiner est-il homogène ? Dans quelles limites et dans quel sens ? Cette question, je me la suis adressée du jour où j'ai dû aborder l'étude des populations gauloises. J'ai cru reconnaître d'abord, ainsi que je l'ai publié déjà, la dualité des Galates et des Celtes. Je crois plus fermement que jamais à la réalité de cette dualité. » Malgré cette quasi-assurance donnée par M. Bertrand, on se demandera longtemps encore si ces *Galls* (*Galli*), qui apparaissent vers le Vᵉ siècle avant notre ère dans une partie de l'Europe, on se demandera, disons-nous, si ces *Galls* sont un rameau détaché du vieux tronc celtique, ou bien s'ils n'ont rien de commun avec lui. En l'état actuel de la science ethnique, la question nous paraît bien difficile à résoudre ; aussi laisserons-nous à d'autres le soin d'éclairer ce point obscur et difficile, nous bornant à constater des faits qui nous paraissent certains, à savoir que nos véritables ancêtres, ceux qui ont précédé les Francs dans notre pays, sont les Gaulois, originaires de la haute Asie. Les tribus gauloises pénètrent en Europe par la vallée du Danube, où elles séjournent un laps de temps plus ou moins long, et laissent derrière elles comme une traînée, puis elles occupent des territoires plus ou moins étendus. Ces tribus se répandent de la vallée du Danube sur les péninsules hellénique et italique jusqu'aux rives du Tibre; elles pénètrent enfin en Gaule, où elles occupent prin-

---

(1) M. A. Bertrand a réuni en volume les mémoires et documents en question. (Voir la BIBLIOGRAPHIE, à la fin du présent article.)

Pl. XLVI.

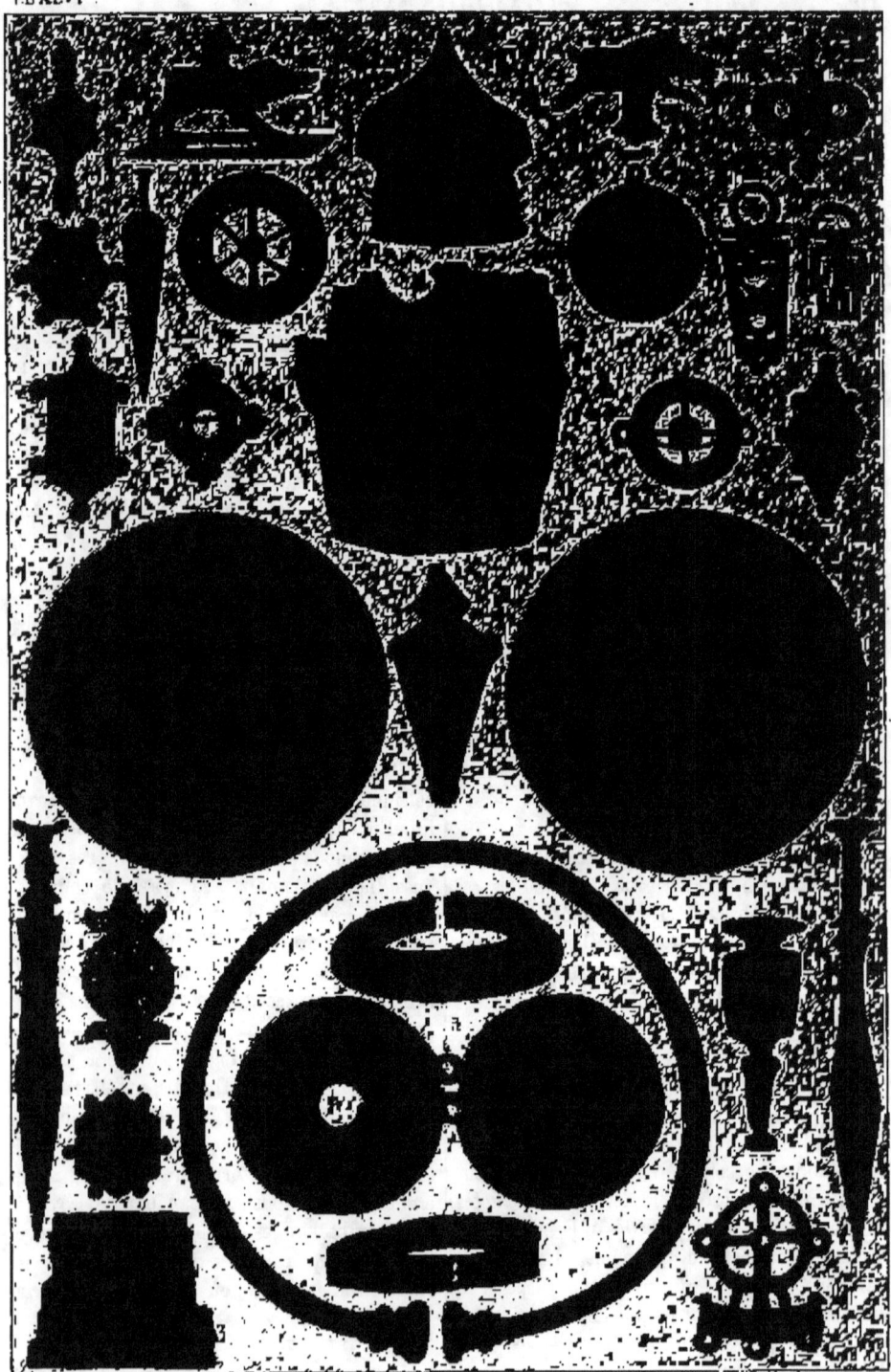

E. Bose del

Beg. inth.

GAULOIS : ART J. Bronzes, Emaux.

cipalement les régions de l'est et du centre, les vallées de la Saône, de la haute Seine, de la Meuse, de la Moselle et du Rhin. L'époque de la première invasion gauloise a été fort discutée; beaucoup de savants même ont constaté une erreur assez considérable commise par Tite-Live à ce sujet dans son livre V, ch. XXXIV (1); nous n'avons pas à nous occuper de ces questions qui, bien qu'ayant une grande importance au point de vue historique, sont d'un intérêt secondaire relativement à l'art gaulois. Qu'il nous suffise de dire qu'un fait est bien constaté, c'est la pluralité des invasions gauloises', qui transforment l'ère celtique en ère gauloise. — Les Gaulois, bien qu'ayant quelques idoles représentant des dieux *topiques*, ne construisent pas de temples, et, comme leurs demeures sont des tentes ou des cabanes, ils ne possèdent pas d'architecture. Les Gaulois primitifs, qui campaient sous des tentes, avaient une existence nomade; ils ne possédaient que des troupeaux et de l'or, c'est-à-dire des biens facilement transportables. Plus tard ils se réunissent dans des *oppida*, qui étaient des centres d'occupation et quelquefois de résistance. Ces *oppida* ou *places fortifiées* étaient construites sur des plateaux élevés, qu'ils entouraient de fortifications en terre ou de murs composés de terre et de pierres, ou de terre, de pierres ou de poutres (*maceria*). (Voy. APPAREIL, fig. 16 et 17, et OPPIDUM.) — Les seuls monuments sacrés qu'ils élèvent, suivant peut-être en cela la tradition celtique, ce sont de grandes pierres qui affectent diverses formes ou qu'ils disposent de différentes manières. On les nomme *monuments mégalithiques*, ou CELTIQUES. (Voy. ce mot.)

Indépendamment de ces grandes pierres, les Gaulois élevaient à des *divinités topiques*, c'est-à-dire à des divinités locales, des cippes et des autels. Le musée de Toulouse possède neuf autels qui sont dédiés, un à la *Mère des*

dieux, deux à la déesse *Lahé*, deux au dieu *Sexarbor*, un sixième au dieu *Edélat*, un septième au dieu *Léhérenne*, un huitième au dieu *Mars-Léhérenne*, le neuvième au dieu *Baserte*. Ce dernier a été trouvé à Basert (Haute-Garonne), c'est-à-dire dans la localité dont il était le protecteur. Dans le même musée, on peut voir aussi seize petits autels votifs. Il existe également des autels gaulois au musée d'Autun. La plupart de ces monuments sont visibles par leurs moulages au musée des antiquités nationales de Saint-Germain.

Aux divinités gauloises qui précèdent on peut ajouter les noms des dieux suivants : *Baicorix, Abelion, Hercule Toltandossus, Ju-*

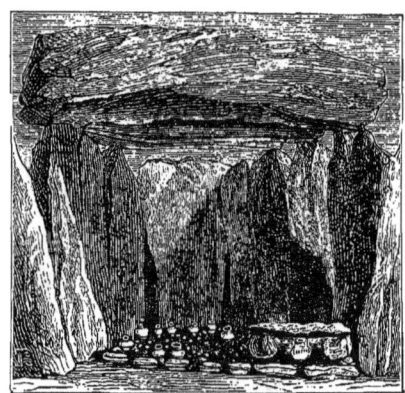

Fig. 1. — Intérieur d'un monument celtique montrant la disposition des poteries dans une sépulture.

piter gaulois (*Dis pater*), qui porte souvent un pot ou une bourse à la main, ce qui veut dire sans doute qu'il est maître de la vie et de la destinée; enfin *Teutatès*, dieu du commerce et conducteur des âmes des morts aux enfers. Ce dieu remplissait donc auprès des hommes les mêmes fonctions que le *Thoth* des Égyptiens, l'*Hermès* des Grecs ou *Mercure* des Latins. Quand il porte un javelot, on le considère comme dieu de la guerre. Telle est l'esquisse de la mythologie gauloise, que de nouvelles et incessantes découvertes permettront de reconstituer un jour, sinon entièrement, au moins en grande partie.

Si les Gaulois n'ont pas d'architecture, l'ensemble de leurs ustensiles, de leurs bijoux, de leurs armes, constitue un art véritable, dont

(1) Ceux de nos lecteurs qui voudraient étudier ce point historique trouveront une savante étude de M. d'Arbois de Jubainville insérée dans le *Bulletin de la Société des antiquaires de France* (livraison octobre-décembre 1875).

les traces n'ont pas entièrement disparu de notre pays, puisque l'ornementation gauloise se retrouve en partie reproduite par les broderies bretonnes modernes ; pour s'en con-

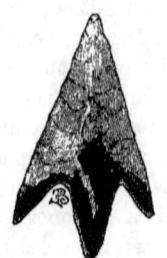

Fig. 2. — Pointe de flèche en silex.

vaincre, le lecteur n'a qu'à comparer les monuments d'art gaulois que nous donnons ici avec les broderies bretonnes reproduites par notre planche XLVII en couleur. Jusqu'à ces

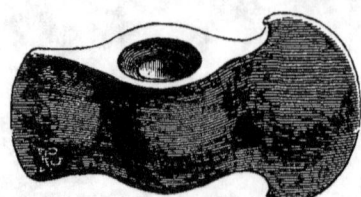

Fig. 3. — Hache en silex (profil).

dernières années on avait refusé aux Gaulois un art qui leur appartînt en propre. Mais des fouilles pratiquées depuis environ quinze ans ont démontré, d'une manière évidente, que

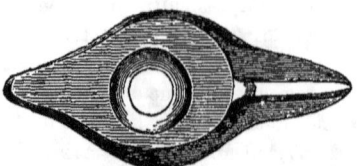

Fig. 4. — Hache en silex (projection horizontale).

l'art gaulois existe réellement, et nous reconnaissons avec M. A. Bertrand que « l'invasion gauloise du IVᵉ au vᵉ siècle avant notre ère a introduit chez nous l'usage des armes de fer et un art *sui generis* très-accentué. » (Ouv. cité, page 416.) Mais hâtons-nous d'ajouter que beaucoup d'objets retrouvés dans les sépultures gauloises ne sont pas des œu-

vres gauloises, car dans les *tumuli*, qui sont généralement des tombes des chefs guerriers, on voit des trophées rapportés quelquefois de lointains pays, lesquels étaient beaucoup plus avancés en art et en civilisation que la Gaule. Comme preuves à l'appui du fait que nous

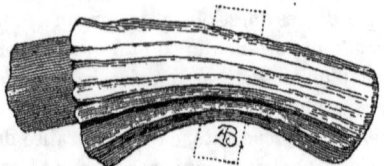

Fig. 5. — Hache emmanchée dans un bois de cerf (dolmen d'Argenteuil).

venons d'avancer, nous citerons le vase étrusque de Grœcwyl, le casque de Berru, que nous donnons plus loin (fig. 26 *bis*), et celui d'Amfreville, qui portent l'empreinte du style oriental, enfin tant d'autres objets trouvés dans cinquante et quelques cimetières de la Marne ; car la région classique de l'ère gauloise c'est l'est de la Gaule. Nous trouvons les

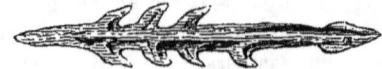

Fig. 6. — Harpon barbelé en os.

monuments de l'art gaulois, dans les sépultures, rangés comme le montre notre figure

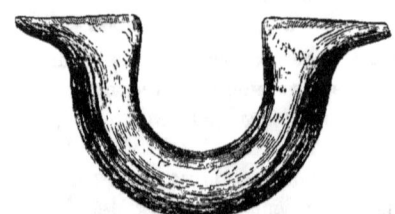

Fig. 6 bis. — Objet en bois de renne trouvé dans la grotte du *Placard* (Charente).

1, et ici nous devons distinguer l'inhumation et l'incinération, car ces deux modes étaient également usités ; mais les archéologues modernes sont tous à peu près d'accord pour reconnaître que les vrais Gaulois (*Galls*, *Galatès*, *Galli*) inhumaient leurs morts, « tandis que dans les pays *galatiques* les incinérations appartenaient peut-être aux groupes celtiques mêlés sur tant de points aux Galates. » (P. 399, note 1, Bertrand, ouv. cité.) On trouve dans les sépultures gauloises les objets suivants, que nous classerons par catégories.

I. SILEX TAILLÉS. — Poinçons ou aiguilles, pointes de flèche (fig. 2) et de javelot, grat-

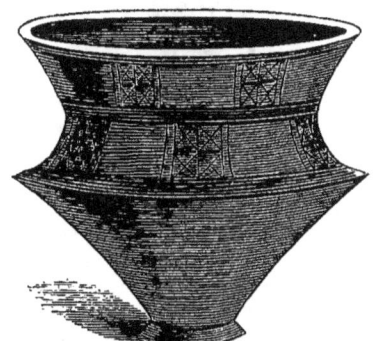

Fig. 7. — Urne gauloise.

toirs de diverses formes; hachettes et haches (fig. 3 et 4); les uns ont leur tête arrondie et taillée en biseau, d'autres ont une double tête, d'autres sont emmanchés (fig. 5). Cette dernière, emmanchée dans un bois de cerf, provient du dolmen d'Argenteuil (Seine-et-

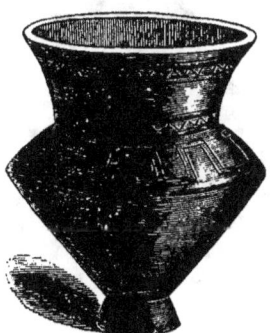

Fig. 8. — Poterie gauloise avec frettes et dents de scie.

Oise), qui a été fouillé par les soins de notre confrère et ami Louis Leguay, qui a découvert dans le même dolmen des pointes de flèche et des pointes de lance en silex, des pendeloques, des grains de colliers en quartz rose et divers autres objets qui sont aujourd'hui déposés dans le musée de Saint-Germain. — Les haches de forme arrondie, comme celles représentées

par nos figures 3 et 4, ne se trouvent pas en France, mais en Angleterre; enfin on trouve aussi, en silex taillé, des couteaux.

II. Os. — Aiguilles, outils pointus en os de renne uni ou sculpté, cuillers à recueillir la moelle, pendeloques, harpons, unis ou barbelés (fig. 6), sifflets.

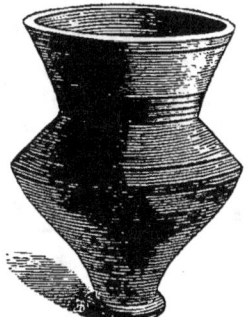

Fig. 9. — Poterie gauloise.

Dans la grotte dite du Placard, commune de Vilhonneur (Charente), M. A. de Maret a entrepris des fouilles dans lesquelles, au milieu de beaucoup d'objets, il en a trouvé un en bois de renne tout à fait inconnu, représenté par notre figure 6 bis. Voici comment M. A. de Maret s'exprime au sujet de cet objet (1) : « J'attirerai particulièrement l'attention des archéolo-

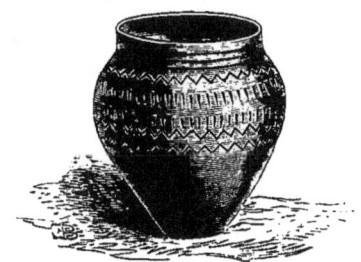

Fig. 10. — Poterie gauloise ornée.

gues sur des objets dont jusqu'à présent je n'ai pas trouvé les similaires dans les collections ou les ouvrages que j'ai pu examiner. Ce sont des objets en bois de renne, arrondis,

(1) Bulletin monum. (5° série, t. 6, 44° de la collection, page 43.)

lisses, ayant la forme de croissants terminés par des pointes effilées qui s'échappent horizontalement à droite et à gauche (fig. 6 *bis*). Le musée de Saint-Germain ne possède aucun spécimen de ce genre, et je ne saurais déterminer l'usage de ces objets. Je serais cependant tenté d'y voir des ornements destinés à

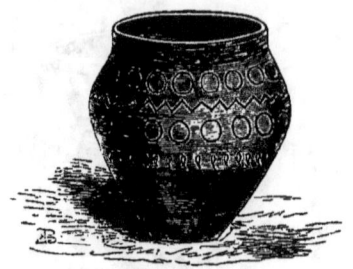

Fig. 11. — Poterie gauloise d'un dolmen d'Angleterre.

être fixés par leurs extrémités sur des vêtements de cuir. J'en ai trouvé sept, dont deux sont ornés de quelques rayures. » Nous avons montré le dessin ci-dessus à des archéologues très-compétents dans les questions préhistoriques, entre autres à MM. de Mortillet, Louis Leguay, de Laurière et Hamy ; aucun d'eux

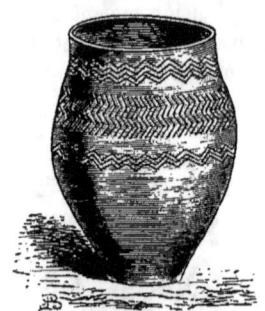

Fig. 12. — Poterie gauloise.

n'a pu nous dire à quoi avait pu servir l'objet représenté par notre figure 6 *bis*.

III. Céramique. — Poteries de toutes formes (fig. 7 à 14), amphores, urnes, vases, gobelets (fig. 13) et coupes. Ces poteries sont arrangées dans les dolmens, surtout en Normandie et en Angleterre, comme le montrent nos figures 1 et 14. — Il existe au musée de Saint-Germain plus de cinq cents vases gaulois ; nous en avons vu également de très-

beaux spécimens dans la collection de M. Frédéric Moreau, l'heureux archéologue qui a découvert et fouillé le cimetière franco-mérovingien de Caranda.

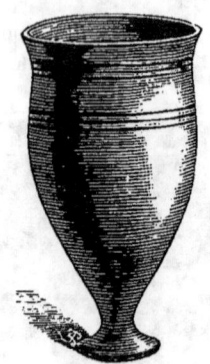

Fig. 13. — Gobelet gaulois.

IV. Bronze. — Armes (épées (fig. 15), poignards), fibules (fig. 16, 17), rasoirs, torques (fig. 18). De ces torques, les uns sont unis ; ils sont formés par des baguettes rondes terminées à leurs extrémités soit comme le montre notre figure 18, soit par un autre genre d'ornementation. D'autres torques semblent for-

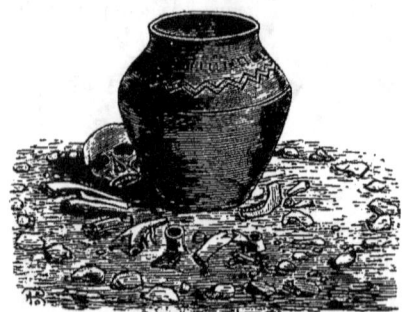

Fig. 14. — Poterie gauloise au milieu de débris divers.

més par des tiges carrées auxquelles on aurait fait subir une torsion en sens contraire ; d'autres enfin, plus riches, sont composés d'une suite de boules ou plutôt d'ampoules décorées d'ornements semblables à celui représenté par notre figure 18 *bis* ; on trouve rarement des torques en argent et en or, cependant nous en avons vu dans quelques collections de rares spécimens. Les Grecs, au contraire, même dans les temps anciens, n'avaient guère que des col-

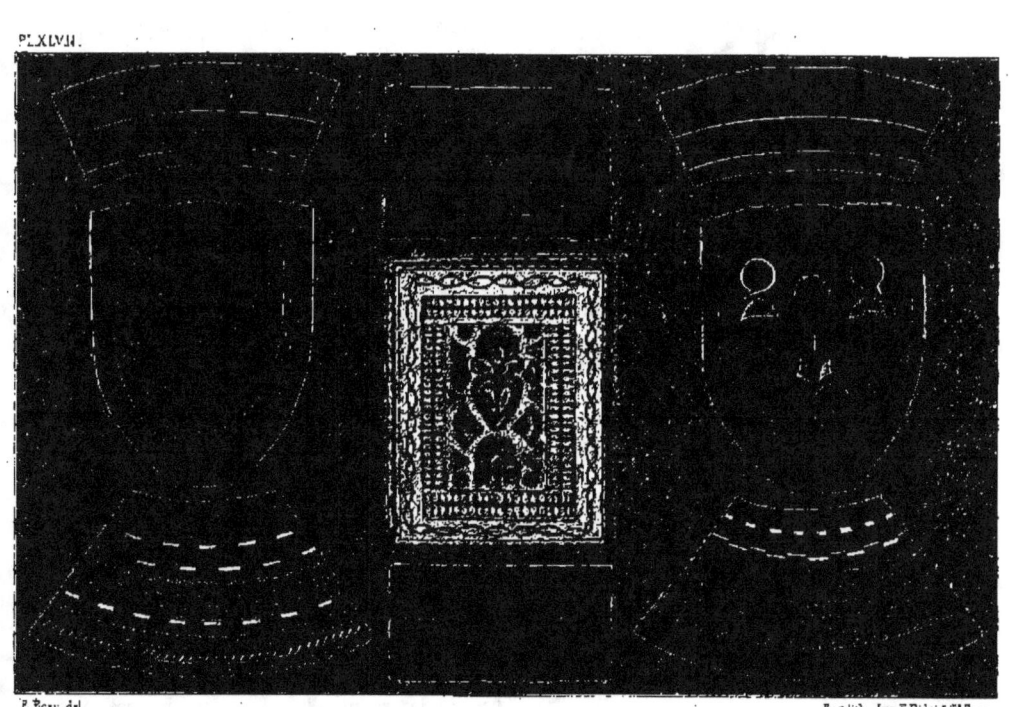

E.Beau,del.

Reg lith. Imp.F.Didot&C⁵,Paris.

GAULOIS (ART.)   Broderies Bretonnes.

liers en or (Polybe, lib. II; cf. Suidas, v° Μα-
νίακης; Schol. ad Theocr. XI, μάννος; Hesch.,
v° ὅρμοι), et souvent en or massif, comme le

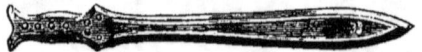

Fig. 15. — Épée gauloise.

dit Diodore (V, 17), κρίκοι παχεῖς ὀλόχρυσοι
(colliers pesants d'or massif). Parmi les objets

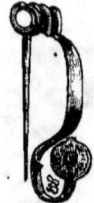

Fig. 16. — Fibule en bronze.

en bronze, on trouve encore assez fréquemment
des extrémités d'enseignes (ce sont sur-

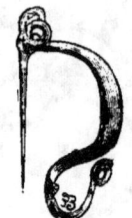

Fig. 17. — Fibule en bronze.

tout des sangliers (fig. 19); des haches simples
(fig. 20), et des haches portant des douilles ser-

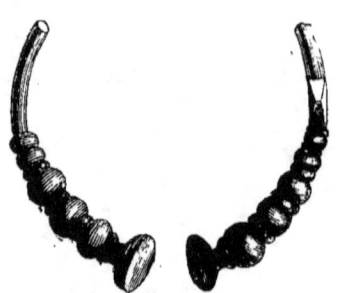

Fig. 18. — Extrémité d'un torque.

vant à les assujettir à leur manche (fig. 21), ou
bien servant à les suspendre en guise d'*ex-voto*;
des bagues, anneaux de pieds, bracelets (fig.

22), demi-bracelets, plaques décoratives (fig.
23) : ce petit écusson, placé au haut d'un fourreau d'épée, porte trois têtes d'un caractère

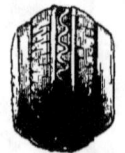

Fig. 18 *bis.* — Ornementation d'un torque.

assez barbare, qui, d'après M. Morel (1), « ressemblent à celles qui figurent sur le bas-relief
provenant de l'ancien oppidum d'Entremont
près d'Aix, lequel est regardé par M. de Mortillet comme un des plus anciens spécimens de
l'art gaulois »; bossettes ou cocardes placées

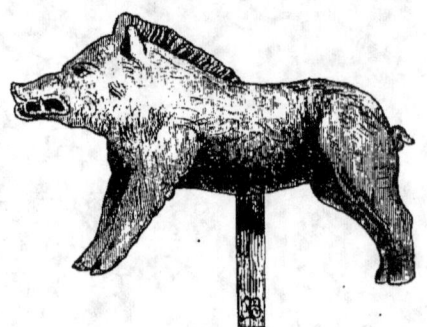

Fig. 19. — Enseigne gauloise en bronze, au 1/4
(musée de Saint-Germain).

sur le fronteau des chevaux, boucles, boutons,
rondelles ou plaques métalliques qui recouvrent les points d'attache des diverses pièces
de harnachement, aiguilles, petits rubans

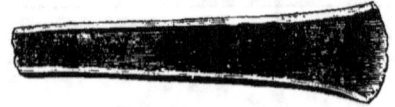

Fig. 20. — Hache en bronze.

cuillers ou puisoirs, seaux ; enfin des agrafes
de divers genres (fig. 24, 25 et 26). Un cer-

(1) *Découvertes de sépultures gauloises au cimetière de
Marson*, 1 brochure avec album oblong, Châlons-sur-
Marne, 1875. Nos figures, de 7 à 9 et de 22 à 25, sont
tirées de cet album.

tain nombre d'objets en bronze sont émaillés. Parmi les objets en bronze trouvés dans les

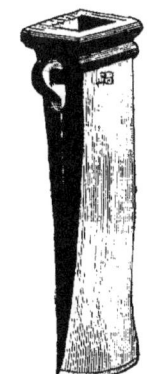

Fig. 21. — Hache en bronze avec douille.

sépultures gauloises, beaucoup n'appartien-

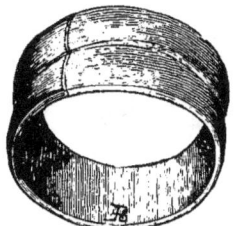

Fig. 22. — Bracelet de jeune fille.

nent pas à l'art gaulois comme nous venons

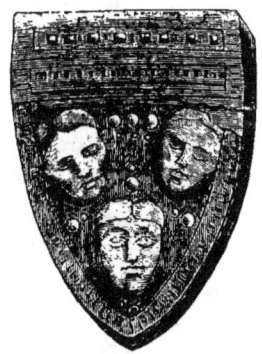

Fig. 23. — Plaque en bronze décorant un fourreau d'épée.

de le dire, tels sont, par exemple (fig. 26 *bis*), le casque de Berru (1), que nous donnons res-

tauré, qui a certainement une origine orientale très-caractérisée ; le casque du musée du

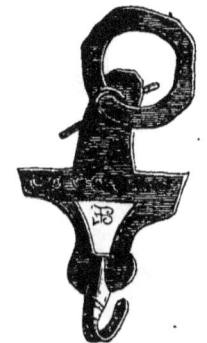

Fig. 24. — Agrafe en bronze.

Louvre, qui se trouve dans le haut de notre planche XLVI en couleur, qui est d'origine

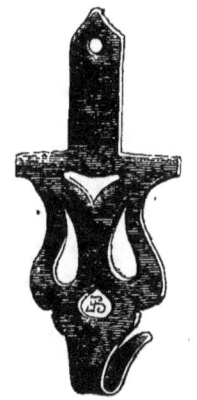

Fig. 25. — Agrafe en bronze.

grecque ; les anses du seau étrusque trouvé à Monceau-Laurent, commune de Magny-Lam-

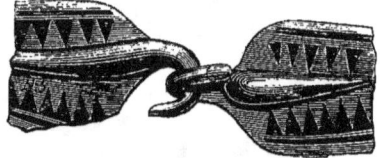

Fig. 26. — Agrafe de torque.

bert (Côte-d'Or) (fig. 28 *bis*). — Cette der-

(1) M. Édouard Barthélemy a fourni des détails sur les fouilles de Berru qui sont consignés dans le tome 85 des *Mémoires de la Société des antiquaires de France*.

nière figure est tirée de l'ouvrage déjà cité de M. A. Bertrand.

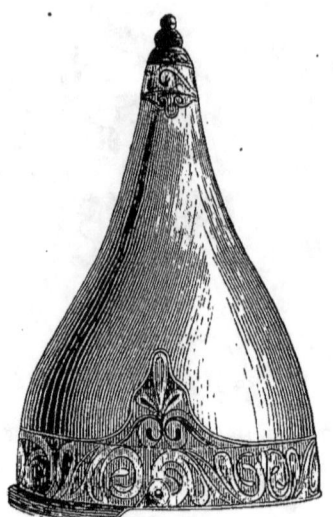

Fig. 26 *bis*. — Casque oriental de Berru.

Mais un casque dont l'origine est très-certainement gauloise, c'est celui représenté par

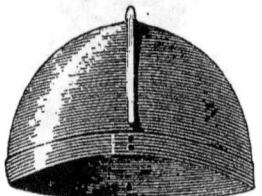

Fig. 27. — Casque gaulois (face).

nos figures 27, 27 *bis* et 28, qui est placé au musée de Saint-Germain. Il a été trouvé, en

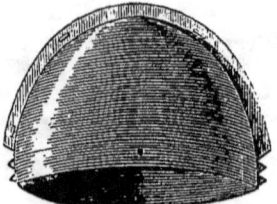

Fig. 27 *bis*. — Casque gaulois (profil).

1860, dans le petit bras de la Seine qui traverse Paris, dans la partie située entre le pont de l'Archevêché et le Petit-Pont. Voici la description que notre collègue Louis Leguay a don-

née de ce casque à la Société d'anthropologie (séance du 23 déc. 1864) (1) : « Deux plaques

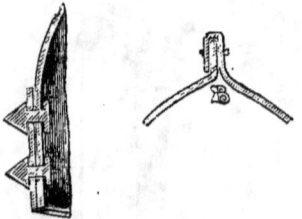

Fig. 28. — Détails montrant l'assemblage du casque.

en bronze de très-faible épaisseur forment cette pièce. Planées et cintrées au marteau,

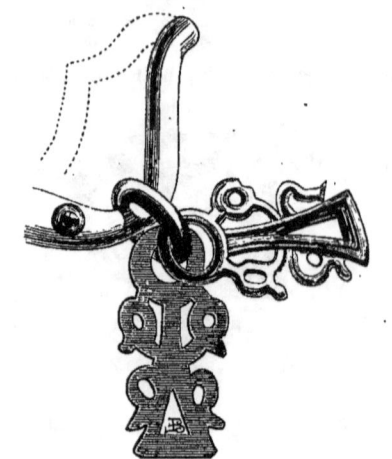

Fig. 28 *bis*. — Anse étrusque d'un seau trouvé à Monceau-Laurent commune de Magny-Lambert (Côte-d'Or).

elles ont reçu une forme demi-sphérique, et elles se terminent au sommet par un relief enlevé sur le bord circulaire dont l'un d'eux, beaucoup plus large que l'autre, est rabattu

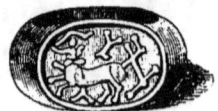

Fig. 29. — Bague en bronze (musée de Saint-Germain).

sur le premier en forme d'agrafe ou de pince

---

(1) Voir le *Bulletin de la Société d'anthrop.*, t. 5, page 947.

réunissant les deux pièces sur tout le pourtour où elles se touchent. — Afin de maintenir cet assemblage, des agrafes en fil de laiton passent au travers de trous pratiqués dans ce relief. »

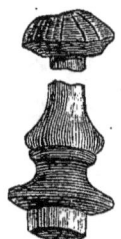

Fig. 30. — Objet en bronze dont la tête est émaillée.

Le bord du casque formant bandeau est consolidé par deux pattes rapportées l'une sur l'autre et maintenues par quatre clous à tête conique et rivés intérieurement ; notre figure 28 montre en grand le détail de cet assemblage, ainsi que celui du sommet du casque. Dans

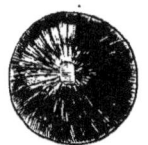

Fig. 31. — Bouton en bronze émaillé.

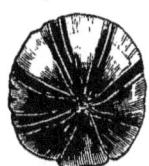

Fig. 32. — Bouton en bronze émaillé.

notre planche en couleur, au-dessous du casque se trouve une cuirasse du musée d'artillerie nouvellement installé à l'hôtel des Invalides, dont

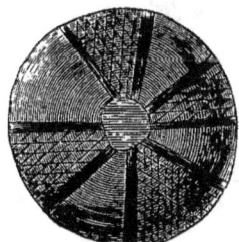

Fig. 33. — Bronze émaillé.

il est bien difficile de dire le style, les uns la disent gauloise, d'autres grecque ; enfin au-dessous du casque se trouvent deux boucliers gaulois restaurés, un *torque* ou collier, et divers bronzes émaillés, mais qui sont peut-être mérovingiens, car il est bien difficile d'en dé-

terminer l'âge. Notre fig. 29 montre une bague gauloise en bronze, grandeur naturelle, qui se trouve au musée de Saint-Germain.

V. FER. — Presque tous les objets que nous venons d'énumérer dans la classe du bronze existent également en fer.

VI. VERRE ET ÉMAUX. — Bagues, verres,

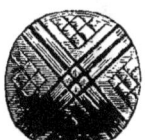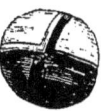

Fig. 34. — Émaux gaulois.

bouteilles, petits cruchons, etc., colliers avec perles de verre fondues intercalées avec de l'ambre, bronze émaillé, etc. (Voy. nos figu-

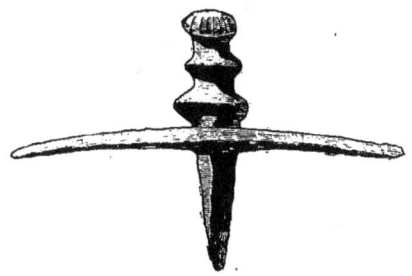

Fig. 35. — Garde d'épée émaillée.

res 30 à 37.) — Sur le mont Beuvray, dans l'ancienne Bibracte, l'*oppidum maximæ auctoritatis* de César (1), à vingt-cinq kilomè-

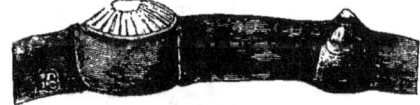

Fig. 36. — Bronze orné de clous émaillés (trouvé en Alsace).

tres d'Autun (2), on a découvert, en 1867,

(1) Dans ses *Promenades au musée de Saint-Germain*, M. G. de Mortillet (page 50) pose cette question, sans oser la résoudre ; mais doit-on en conclure que c'est bien la Bibracte de César ? La question peut encore être discutée. En définitive, M. de Mortillet inclinerait au contraire pour la négative.

(2) La découverte des émaux de Beuvray a été l'objet d'un mémoire imprimé par la Société des antiquaires de France (t. 33, 1872.)

des fabriques d'émaillerie gauloise très-complètes; car, comme le disent les auteurs de la brochure *l'Art de l'émaillerie chez les Éduéens* (1), « on n'avait pas seulement

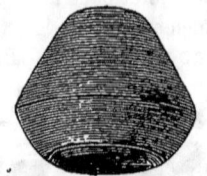

Fig. 37. — Meule à polir les émaux.

mis à jour quelques échantillons isolés, mais tout un centre de fabrication, dont les ateliers, comme dans certaines fouilles de Pompéi, n'auraient paru fermés que de la veille, si

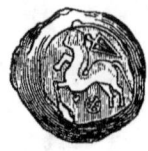

Fig. 38. — Monnaie gauloise (musée de Saint-Germain).

l'état d'altération d'un grand nombre d'objets n'eût témoigné d'un long séjour au sein de la terre.

« Les ustensiles gisaient pêle-mêle, les fours

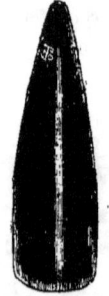

Fig. 39. — Hache gauloise en jadéite.

étaient encore remplis de charbons; à côté de

specimens complétement terminés, on en voyait d'autres à peine ébauchés, d'autres en pleine fabrication, l'un même encore enveloppé de terre cuite (page 5). » Plus loin,

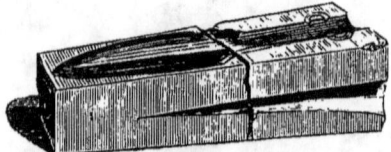

Fig. 40. — Moule ayant servi à la fonte de pointes de lance en bronze.

MM. Bulliot et Henri de Fontenay nous informent que l'émail dans ces fabriques se présente sous trois formes : à l'état brut en

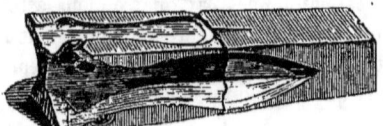

Fig. 41. — Moule ayant servi à la fonte de haches et de pointes de lance.

petits cuboïdes, à l'état de pellicules ou calottes vitreuses, et enfin à l'état de bavures ou de rognures. On a trouvé dans l'ancien oppidum des bronzes gravés et émaillés; la décou-

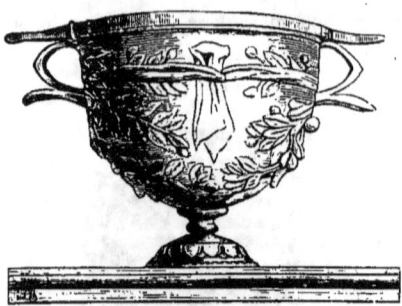

Fig. 42. — Coupe en argent dite *vase d'Alise*, au 1/3.

verte la plus importante est un pommeau de bronze, assez bien dessiné, dont l'intérieur est creux. La plupart des objets trouvés au mont Beuvray sont aujourd'hui au musée de Saint-Germain en Laye, exposés dans une vitrine spécialement affectée à l'émaillerie gauloise; car on a trouvé dans diverses parties de la France des échantillons analogues

---

(1) *L'Art de l'émaillerie chez les Éduens avant l'ère chrétienne*, par J. G. Bulliot et Henry de Fontenay, brochure in-8° de 44 pages, accompagnée de 8 planches, — Paris, 1875, extrait des *Mémoires de la Société éduenne* (nouvelle série), t. 4. Nos figures 30 à 37 sont tirées de cette brochure.

à ceux dont nous venons de parler (1). — Les objets émaillés servaient surtout à décorer les harnais des chevaux, ce qui était le plus grand luxe des Gaulois. Les Celtes et les Phrygiens avaient aussi la réputation de fabriquer des harnachements très-luxueux, puisque nous lisons dans Philostrate (*Vie des sophistes*, XXX), qu'un sophiste de Laodicée, Polémon, était blâmé « de se faire traîner sur un char attelé de deux chevaux aux freins d'argent et garnis d'ornements phrygiens et celtiques » : αὐτός δ'ἐπί ξεύγους ἀργυροχαλίνου Φρύγιου τίνος ἤ Κελτικοῦ πορεύοιτο.

VII. MONNAIES. — Les Gaulois frappaient des pièces de monnaie de bronze, d'argent et d'or ; au début de leur civilisation, ils se contentent de copier plus ou moins bien le type de monnaies des pays qu'ils traversent. Les

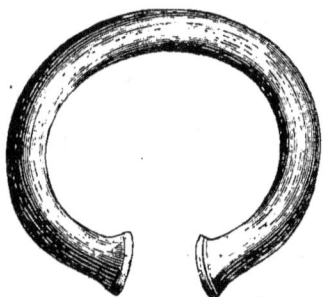

Fig. 43. — Bracelet ou lingot d'or.

plus anciennes monnaies frappées en Gaule sont des monnaies massaliotes. Dans leur invasion en Grèce et en Macédoine, les Gaulois firent un riche butin de monnaies d'or nommées *philippes*, parce qu'elles avaient été frappées par Philippe, père d'Alexandre le Grand ; elles représentaient au droit la tête d'Apollon, au revers une Victoire conduisant un bige avec le nom de ΦIΛIΠΠΟΥ. — Les Gaulois contrefirent les *statères* macédoniens, ils eurent trois groupes principaux de monnaies : les gallo-grecques, dont les légendes étaient grecques ; les gallo-romaines, dont les légendes étaient latines ; enfin les monnaies véritable-

ment *gauloises*, qui ne portaient pas de légendes, mais seulement les représentations symboliques suivantes : le cheval libre, symbole de l'indépendance (fig. 38) ; le même animal au repos symbolisait la richesse. Le bœuf était considéré comme le symbole des travaux des champs. Suivant la localité où elles étaient frappées, ces mêmes monnaies portaient une roue, un triangle, un croissant, un cercle, un pentagone, etc. Sur quelques médailles on retrouve des noms de chefs. On peut voir, par exemple, au musée de Saint-Germain, deux statères qui portent le nom de Vercingétorix ; l'un vient de Poinsat en Auvergne, où en 1840 on a trouvé une suite de médailles avec le chef gaulois ; l'autre provient d'Alise. On voit également dans le même musée : une drachme avec ces deux mots en légende, DARIADIARILOS ; deux bronzes, un avec cette légende BVCIOS, provenant d'Alise, et l'autre provenant de Beuvray, portant DIAVCOS, que quelques numismates expliquent par *Divitiacus*. Dans les fossés d'Alise on a trouvé de nombreuses pièces de monnaies gauloises (487 environ) ; elles appartenaient à vingt-quatre peuples des Gaules ; parmi ces médailles 60 portent le nom de ESPANACTUS, chef arverne qui se soumit aux Romains, 51 ans avant notre ère, et servit dans les légions romaines.

VIII. OBJETS DIVERS. — Dans ce paragraphe nous réunissons des objets divers qui n'ont pu figurer dans les divisions précédentes ; ce sont des colliers faits avec les perles en terre cuite entremêlées de dents de loup ; des bracelets en lignite : ces derniers n'ont, d'après M. Bertrand, jamais dépassé les limites de l'ancienne Gaule ; des rondelles en feuilles d'or estampées tântôt roulées en grains pour former des perles, tantôt employées en revêtement ou en applique ; des objets en diorite, en jade (fig. 39), en jadéite, des bois de cerf, des anneaux en schiste, des petites rondelles en coquilles d'*unio* ou moules d'eau douce ; des moules en pierre ayant servi à couler des haches et des pointes de lance en bronze (fig. 40 et 41) ; enfin un chef-d'œuvre de l'art gaulois, une coupe en argent trouvée dans les fouilles d'Alise-Sainte-Reine (Côte-d'Or), et qu'à cause de cela on nomme *vase d'Alise* (fig. 42). Cette belle coupe est au musée

(1) Ces échantillons sont inscrits sous les nᵒˢ 22,009 et 22,201 du catalogue du musée de Saint-Germain.

des antiquités nationales de Saint-Germain, dans la première salle, dite *du Trésor*, dans laquelle on peut voir deux bracelets en or massif d'une forme très-ordinaire (fig. 43) et qui ont chacun un poids identique d'environ une valeur de 1,000 francs, ce qui fait que M. Alex. Bertrand suppose que ce sont des lingots qui affectaient cette forme dans le commerce de l'or.

IX. ÉPIGRAPHIE GAULOISE. — Les monuments d'épigraphie gauloise sont extrêmement rares ; les plus connus ont été trouvés à Bourges, à Dijon, à Nevers (1), à Alise, à Autun, à Nîmes et à Paris. Bien des archéologues ont cru voir, et nous sommes assez porté à le croire, des noms gaulois gravés au sommet ou à la base de boucliers gaulois représentés sur les grands trophées qui décorent les deux faces de l'arc de triomphe d'Orange. Voici les noms qu'on pouvait lire il y a quinze ou seize ans et dont plusieurs ont peut-être disparu aujourd'hui : SACROVIR, VDILLVS, BODVAÇVS, OSRE, VAVE, AV OT DACVRD. — A Paris, M. Robert Mowat a découvert une inscription gauloise gravée sur un bloc quadrangulaire de pierre provenant des travaux de la Sainte-Chapelle du Palais. Dans une lettre adressée à l'Académie des inscriptions et belles-lettres, et lue dans la séance du 10 août 1877 par M. de Saulcy, M. Mowat informe la savante compagnie « que cette inscription en six lignes a été déchiffrée par lui de la manière suivante :

> BRATRONOS
> NANTONICN
> EPADATEXTO
> RIGI, LEVCVLLO
> SVIOREBELOCI
> TÒE

Le mot *bratronos*, formé sur le modèle de *patronus*, de *matrona*, paraît dérivé d'un mot

qui aurait pour congénères l'ancien irlandais *brathir* et le vieux cornique *broder*, signifiant frère (anglais : *brother*). Dans la formation du mot *nantonicn*, on distingue le nom de *nautonius*, donné par une inscription de la Grande-Bretagne, et allongé par le suffixe filiatif *i-cnos*, comme dans *oppianicnos*, *toutissicnos*. Les mots *epad* et *atex origi* appartiennent à la numismatique des Arvernes et des Pictones. Enfin le *leucullo* paraît être le diminutif du nom d'un peuple gaulois, les *Leuci*. Quant au surplus de l'inscription, j'avoue ne pouvoir y trouver la matière du moindre rapprochement à faire avec quelque autre texte connu. Dans la séance du 17 août de la même année, M. Léopold Hugo propose de lire la fin du texte épigraphique de la manière suivante : ATEXTORIGI, LEVCVLOSV. BELLOC. TOE. Quoi qu'il en soit, il est certain que l'inscription ne renferme aucun mélange de mots latins, et l'on est ainsi en droit d'affirmer qu'elle est gauloise d'un bout à l'autre. « C'est donc un nouveau texte à ajouter au très-petit nombre de ceux de cet idiome que l'on possède jusqu'à présent. »

Cette inscription lapidaire est au musée de Cluny. Ajoutons qu'aujourd'hui les *Celtistes* ne connaissent guère que cent ou cent dix mots gaulois (1).

Nous résumant sur ce qui précède, nous dirons que pour ceux qui considèrent les *Celtæ* et les *Galli* comme un seul et même peuple, la période gauloise s'étendrait de 1500 ans à 120 ans avant notre ère, c'est-à-dire comprendrait près de 1400 ans; pour d'autres archéologues,

---

(1) Voici ces inscriptions :

BUSCILLASOSIOLEGASITINALIXIEMAGALU

(Bourges.)

DOIROS, SEGOMARI | IERU. ALISANU

qu'on traduit

Doiros Segomari (filius) | fecit alisanu

(musée de Dijon). Inscrip. sur le manche d'une petite patère en métal :

AUDE | CAMULOS | TOUTIS | SICNOS | IERU

qu'on traduit

Aude camulus Toutissimi filius fecit

(Nevers.)

GARTAB... ILLANOUIAKOS DEDE | MATREBONAM MAUSIKABOBRATOUDE

(Inscription de Nîmes.)

(1) Cf. à ce sujet les travaux de Belloguet, Dr Siegfried, Stokes, Monin, etc. (*Revue archéologique*, avril 1858, année 1867, et *passim*).

et nous sommes de ce nombre, qui considèrent les *Celtæ* et les *Galli* comme deux rameaux différents, dont le premier est beaucoup plus ancien que le second, la période ou plutôt l'ère celtique commencerait vers 1550 avant notre ère et prendrait fin environ 450 ans avant l'ère vulgaire, c'est-à-dire que la civilisation celtique aurait parcouru un espace de 1100 ans. Il ne nous reste plus qu'à étudier le laps de temps qui s'est écoulé jusqu'à l'époque de la conquête des Gaules par César (59 av. J.-C.), ce qui nous conduira jusqu'au commencement de la période gallo-romaine. La Gaule occidentale, formée en partie de colonies grecques, s'était accrue rapidement surtout après la chute de Carthage. Marseille (*Massalia*) avait bénéficié en partie du commerce de l'ancienne rivale de Rome et à l'époque qui nous occupe, Alexandrie d'Égypte pouvait seule rivaliser, sinon surpasser Marseille ; mais, comme le fait observer Henri Martin (*Hist. de France*), l'empire massaliote, malgré ses richesses, manquait de bases solides ; « presque borné aux murailles de la métropole et des colonies, il n'était pour ainsi dire que posé au bord du continent gaulois. » Aussi Massalia voulait-elle s'avancer dans les terres aux dépens des Celto-Ligures, qui prirent l'offensive pour résister à ceux dont ils craignaient l'invasion. Les Massaliotes, ne se sentant pas en état de résister avec avantage, appelèrent à leur secours les légions romaines, qui s'empressèrent de venir à l'aide des colonies grecques. Elles écrasèrent les ennemis de Massalia et abandonnèrent bien à celle-ci le littoral; mais, sous prétexte d'empêcher dorénavant de nouveaux soulèvements, les légions romaines se fixèrent dans l'intérieur des terres et fondèrent Aix (*Aquæ Sextiæ*), ainsi appelée du nom de son fondateur Sextius et des eaux minérales qui se trouvaient sur son emplacement (123 av. J.-C.). — Dès ce jour, les Romains étaient entrés dans la Gaule ; ils ne devaient en sortir qu'à la chute de leur puissance. En effet, quelques années après, les légions romaines battirent les Allobroges; mais les Cimbres et les Teutons se liguèrent avec les Helvètes pour dévaster la Gaule centrale, et trois armées romaines qui furent lancées contre eux furent

successivement battues. Rome appela alors Marius d'Afrique, et ce général écrasa les hordes barbares. Près de cent mille hommes furent faits prisonniers ou restèrent sur le champ de bataille et engraissèrent tellement la terre de leur dépouille mortelle que ce lieu fut nommé depuis *Champ pourri*, nom qui a subsisté encore jusqu'à nous, car une partie du territoire d'Aix en Provence se nomme aujourd'hui *Pourrières*.

La grande victoire de Marius sauva peut-être la puissance romaine, qui n'aurait pu sans doute résister à une quatrième victoire des Helvètes; mais ce qui est certain, c'est que le succès de Marius fit pénétrer plus avant dans la Gaule la domination romaine. Aussi quand César se fit donner, quelques années après, le proconsulat des Gaules pour cinq ans (58 ans av. J.-C.), la terreur du nom romain facilita singulièrement la tâche de ce soldat, d'autant que le Gaulois, de même que le Français de nos jours, passait très-rapidement de l'exaltation au découragement; c'est surtout cette faiblesse de caractère qui fit les succès de César. La conquête une fois solidement établie, Auguste s'efforça d'imposer à la Gaule la civilisation romaine. Il commença par la construction de nombreux monuments dans les colonies méridionales, dans celles où l'influence de l'art grec se faisait le plus ressentir et qu'il fallait enrayer pour y substituer l'art romain. Les quelques ruines qui nous restent du temple de Vernègues, près d'Aix, sont suffisantes pour nous montrer en France la transition de l'art grec à l'art romain. A défaut d'autres monuments, on peut encore constater combien l'influence grecque était visible dans le midi de la Gaule, en consultant les stèles, les autels, les petits tombeaux et les objets de bronze et en terre cuite que renferment les musées de nos villes méridionales, telles que Marseille, Arles, Nîmes, Montpellier, Narbonne et Toulouse. Nous retrouvons encore des traces de cette transition dans quelques autres monuments romains. Ainsi il est bien évident pour nous que certaines moulures de l'amphithéâtre d'Arles et une partie de celles de l'amphithéâtre de Nîmes décèlent, par la finesse de leur profil, la délicatesse du goût hellénique. Pendant la période gallo-romaine, les Romains construisent en Gaule des monuments de toute sorte, des cippes funéraires, des autels, des tombeaux, celui de Pilate près de Vienne, de Saint-Remy, l'antique *glanum*, le tombeau de Vaison près d'Orange (*Aurentiacum*), les tombeaux de la famille de Sextius à Aix, le fondateur de cette ville. Ils construisent aussi des monuments d'utilité publique, tels que des ponts, des routes, des aqueducs, des murs et des portes de ville, des bains et des thermes, enfin des monuments commémoratifs ou décoratifs ou pour les jeux du peuple, tels que colonnes, arcs de triomphe, théâtres et amphithéâtres. Comme nous ne pouvons énumérer ici les nombreux monuments érigés par les Romains dans les Gaules, nous renverrons le lecteur aux articles suivants : AMPHITHÉATRE, AQUEDUC, ARC-DE-TRIOMPHE, FORUM, PONT, THERMES, THÉATRE et à ROMAINE (*Architecture*).

BIBLIOGRAPHIE. — E. Desor, *le Bel Age du bronze en Suisse*, 1 vol. grand in-folio avec 6 planches, Genève, 1874; du même, *les Palafittes ou Constructions lacustres du lac de Neuchâtel*, 1865; du même, *Tumulus des Favergettes;* — *Mémoires de la Société éduenne*, t. III et IV, nouvelle série; — *Publications de la Société d'agriculture, commerce, sciences et arts de la Marne*, années 1875, 1876; — Max de Ring, *Tombes celtiques de l'Alsace*, trois fascicules in-folio avec atlas, 1759-1870; — *Revue archéologique* (nouvelle série), vol. III, 1861, page 1; — *Bulletin de la Société des monuments de l'Alsace*, 1858; — *Bulletin de la Société des antiquaires de France*, oct. déc., 1875, dans le 4° vol., 4° série et *passim*; — J. G. Bulliot et Henry de Fontenay, *l'Art de l'émaillerie chez les Éduens*. 1 vol. in-8°, Paris, 1875; — Morel, *Découvertes de sépultures gauloises au territoire de Marson*, 1 vol. in-8°, avec atlas, Châlons-sur-Marne, 1875; — E. Castagné, *Oppidum gaulois de Murcens, d'Uxellodunum et de l'Impernal*, 1 vol. in-8°, Tours, 1876; — Alexandre Bertrand, *Archéologie celtique et gauloise*, 1 vol. in-8°, Paris, 1876; — Morel, *Cimetière gaulois de Somme-Bionne* (Marne), page 86, dans le *Congrès archéologique de France*, XLIII° session, 1875, 1 vol. in-8°, Paris, 1876; — Lionel Bonnemère, *Voyage à travers les Gaules* (56 av. J.-C.), 6 vol. in-8° (*sous presse*).

GAUTIER, *s. m.* — Vanne de déchargeoir; c'est aussi une vanne d'arrêt qu'on établit sur divers points de petites rivières où le flottage se fait à bois perdu.

GAZ, *s. m.* — Fluide aériforme. Il existe un grand nombre de corps gazeux, dont quelques-uns sont susceptibles d'être liquéfiés sous une haute pression. La plupart des gaz sont délétères, soit parce qu'ils sont irrespirables, soit parce qu'ils agissent sur les organes à la manière des poisons. Aussi, pour éviter les dangers que les gaz peuvent apporter dans nos habitations, il est indispensable de prendre certaines mesures pour assurer une ventilation complète des locaux habités. (Voy. VENTILATION.) Les seuls gaz qui puissent nous incommoder dans nos demeures sont : l'*oxyde de carbone*, qui est toxique, et l'acide carbonique, qui est irrespirable. Ces deux gaz se produisent dans nos foyers, surtout quand on brûle du bois, et si nos cheminées n'effectuent pas un bon tirage, ces fluides peuvent nous incommoder d'une façon très-appréciable. Si les fosses d'aisances d'une maison ne sont pas pourvues de ventilateurs, il se dégage, par l'orifice des siéges, deux gaz délétères, l'*hydrogène sulfuré* et le *gaz ammoniac*. Mais le gaz qui est de beaucoup le plus dangereux dans nos habitations, c'est l'*hydrogène bicarboné* ou gaz d'éclairage. Ce gaz, qui est irrespirable, est souvent très-mal épuré et répand, pendant sa combustion dans l'air ambiant, des dégagements d'*hydrogène sulfureux*, qui affectent d'une façon désagréable les voies respiratoires et qui noircissent les dorures, les peintures et toute la décoration ainsi que les objets d'art qui ornent nos demeures. De plus le gaz d'éclairage mêlé avec l'air produit un mélange explosible qui détone au contact d'un corps enflammé introduit dans un local fermé. Non-seulement ces explosions peuvent occasionner des incendies, mais amener encore la mort des personnes qui sans s'en douter ont provoqué ces explosions. Voilà pourquoi on doit éviter de rechercher les fuites de gaz à l'aide de bougie allumée ou de tout autre corps enflammé. On voit donc qu'il est urgent d'établir une ventilation énergique dans les locaux éclairés ou chauffés au gaz, afin de prévenir tout accident. Aujour-d'hui l'usage du gaz est tellement répandu, que chacun sait s'en servir sans avoir à redouter des accidents; du reste, les règlements et ordonnances de police, que nous donnons à la fin du présent article, recommandent toutes les mesures de précaution à employer pour éviter tout danger.

HISTORIQUE. — Le premier essai d'éclairage au gaz a été fait à Paris en 1816, dans le passage des Panoramas; mais ce ne fut que quelques années plus tard, après des essais faits en grand au Palais-Royal et aux abords du Luxembourg, qu'une société sérieuse (Pauwels et Cie) se constitua en 1820, et créa une usine dans le haut du faubourg Poissonnière. On établit dans cette usine un petit gazomètre de 8,000 mètres cubes, monstre énorme pour l'époque, qui attira de très-vives critiques à son inventeur Pauwel, qui, à cause de cet appareil, fut traité de fou par les éclaireurs à l'huile qui commençaient à s'inquiéter de l'éclairage au gaz. Aujourd'hui, les ingénieurs les plus raisonnables construisent des gazomètres de 50 et 60,000 mètres cubes, et ne sont pas pour cela traités comme Pauwel. L'honneur de la découverte du gaz d'éclairage revient à un ingénieur français, Philippe Lebon; mais les Anglais revendiquent cette grande invention pour un de leurs compatriotes, Murdoch. Dans tout cela, il existe un fait certain, incontestable, c'est que l'Anglais Murdoch fit des applications industrielles importantes, nous le voulons bien, mais il ne commença ses expériences qu'en 1790 ou 1791, c'est-à-dire quatre ou cinq ans plus tard que Lebon, qui dès 1786 avait fait paraître son thermo-lampe. Malheureusement les travaux de notre compatriote furent brusquement arrêtés, car Lebon fut lâchement assassiné, et jamais on n'a pu connaître les auteurs de ce crime, ni la cause qui l'avait motivé. Notre malheureux compatriote avait prévu tous les avantages de sa découverte, il les avait même fait valoir dans un prospectus daté de 1801. On pouvait y lire : « Ce principe aériforme peut voyager à froid dans une cheminée d'un pouce carré, dans l'épaisseur des plafonds ou des murs, même dans du taffetas gommé, pourvu que l'extrémité du tuyau soit en métal. En un clin d'œil, vous faites passer la flamme d'une pièce dans une autre, ce que vous ne pouvez faire avec les cheminées ordinaires. Pas d'étincelles, de cendres ou de suie ; point de magasin de combustible lourd à monter. Le jour, la nuit, lumière et chaleur sont là sous la main, sans domestiques. La chaleur peut revêtir la forme de palmettes, de fleurs ou de festons : toute position lui est bonne ; elle ira, si vous le voulez, cuire vos mets, elle les réchauffera même sur vos tables, séchera votre linge, chauffera l'eau de vos bains. Vous pouvez la diriger, lui commander, la faire paraître et disparaître, elle vous obéira comme ne le fera jamais le domestique le plus docile. » On voit, malgré le style un peu emphatique du prospectus rédigé en 1801, la justesse des idées exposées par Lebon. — Malgré ces données et ces prévisions, le premier essai de chauffage au gaz ne date que de 1837 ; cet essai est consigné dans le *Traité d'éclairage au gaz*, par Merle. L'appareil d'alors était une sorte de fourneau affectant la forme d'un petit meuble à compartiments hermétiquement fermés et chacun de ces compartiments était pourvu d'un bec de gaz qui correspondait à une cheminée commune ; « malgré celle-ci, dit Merle, la flamme est bleue, ce qui indique une chaleur incomplète du gaz, » et par conséquent une certaine somme de chaleur perdue. Ce fourneau était trop nouveau et surtout trop imparfait pour être adopté par le public. Aussi la tentative avorta-t-elle complétement. Il nous faut arriver en 1846 pour trouver un essai, cette fois satisfaisant. Ainsi donc il n'avait pas fallu moins de trente années, de 1816 à 1846, pour arriver à utiliser le gaz d'éclairage au chauffage. Nous ajouterons que ce n'est guère que depuis environ quinze ans que ce genre de chauffage s'est réellement acclimaté parmi nous.

PRATIQUE. — Le gaz d'éclairage est un carbure d'hydrogène que l'on obtient par la distillation de bois de pin, de résines, de corps gras, de la tourbe, mais surtout de la houille. On place celle-ci dans des longues cornues en terre réfractaire ou en fonte que l'on chauffe dans des fours; les produits de la distillation sont envoyés dans des *condensateurs*, enfin dans des *épurateurs*. L'épuration est une opération très-importante, car les gaz bien épurés brûlent avec une flamme brillante, ne donnent pas de fumée et ne dégagent pas d'hydrogène sulfureux. Le gaz épuré est propre à la consommation, il est emmagasiné dans une immense cloche nommée GAZOMÈTRE (voy. ce mot); de là il est dirigé dans des conduites de distribution qui amènent le gaz aux *orifices* ou *becs*, nommés *brûleurs*. Nous ne donnerons pas cs différents genres de becs qui ont été imaginés par de nombreux inventeurs pour perfectionner

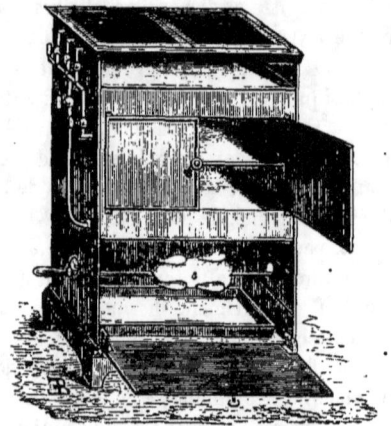

Fig. 1. — Fourneau de cuisine à gaz.

l'éclairage, nous dirons seulement que l'ancien bec dit *papillon* a été remplacé par des becs dits *de Manchester*, et nous nous occuperons immédiatement de l'application du gaz aux usages culinaires. Nous dirons tout d'abord que la cuisine au gaz, vu le prix élevé du gaz (il est en France, en moyenne, de 0 fr. 35 le mètre cube), ne peut convenir qu'à de petits ménages, où les fourneaux ne fonctionnent qu'un laps de temps fort court avant les repas, et comme annexe dans les grandes cuisines, pour fournir rapidement à un moment donné de l'eau chaude ou un supplément de fourneau dans un moment de presse, comme dans certains restaurants et cafés à l'heure des repas. Notre figure 1 montre un fourneau de cuisine à gaz qui a son sommet converti en réchaud pouvant faire fonctionner trois ou quatre plats; au-dessous il existe un four, et dans le bas une rôtissoire. Les brûleurs employés affectent des

formes différentes. Notre figure 2 montre un modèle imaginé par M. Bengel : le gaz arrive par le raccord en olive B, terminé par un petit orifice injecteur qui, en projetant le gaz dans le tube S, le mêle au point O à l'air extérieur

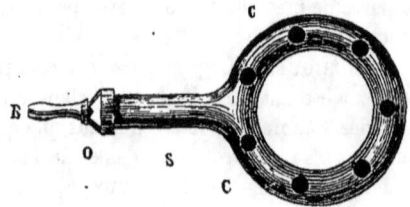

Fig. 2. — Brûleur Bengel.

qui se mélange au gaz quand il brûle par les orifices de sortie C, C; dans ce brûleur les flammes brûlent comme des chandelles. Dans notre figure 3 (brûleur Jacquet), les trous de sortie du gaz sont plus petits et plus rapprochés, leurs

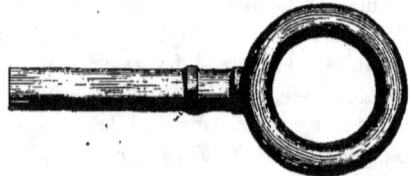

Fig. 3. — Brûleur Jacquet.

flammes convergent au centre du brûleur, qui, au-dessous du tube abducteur en avant de la couronne et en dessous, possède un orifice pour aspirer l'air. Notre figure 4 montre un deuxième brûleur Bengel ; notre figure 5, un

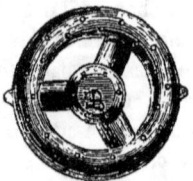

Fig. 4. — Brûleur Bengel.

brûleur Martin à double couronne, qui produit par conséquent une vive chaleur. Notre figure 6 représente le brûleur Marini, dans lequel le gaz arrive par le tube B, terminé en olive ; au point O, le gaz se mêle à l'air libre par une disposition de la pièce O, qui est percée de petits trous, le gaz mélangé à l'air s'élève en S, et brûle ainsi fort bien dans la couronne C. Enfin, notre figure 7 fait voir un modèle de

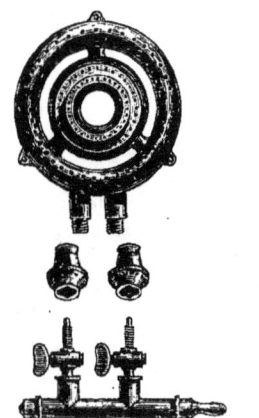

Fig. 5. — Brûleur Martin à double couronne.

brûleur dit *à champignon*; l'air nécessaire à la combustion est absorbé par les trous pratiqués dans le mamelon qui supporte le champi-

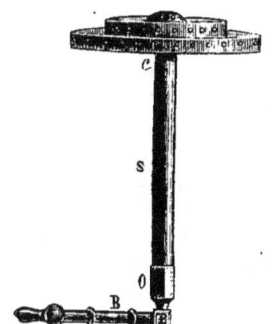

Fig. 6. — Brûleur Marini.

gnon. Depuis l'invention des brûleurs à air, le gaz ne noircit plus les récipients qu'il est appelé à chauffer. — Aujourd'hui le gaz est

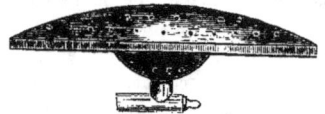

Fig. 7. — Brûleur champignon.

employé dans plus de cent industries différentes dont nous n'avons pas à parler ici; mais nous dirons que beaucoup d'industries se servent

de fers à souder chauffés au gaz. Notre figure 8 montre un fer à souder pour plombier-zingueur; les clicheurs emploient un fer analogue

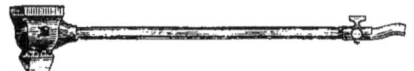

Fig. 8. — Fer à souder pour plombier-zingueur.

pour les travaux de monture; notre figure 9 montre un fer à souder pour fixer au plomb les vitraux. Un des points importants dans la consommation du gaz, c'est d'obtenir une pression régulière et constante; on le comprend sans qu'il soit nécessaire d'insister, puisque, si

Fig. 9. — Fer pour fixer au plomb les vitraux.

la pression est faible, le gaz fourni n'est pas suffisant; si elle est trop élevée, il se produit une dépense de gaz souvent en pure perte. Pour

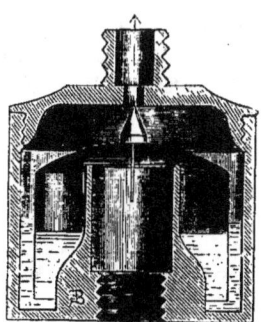

Fig. 10. — Régulateur de pression dit *rhéomètre Giroud*.

remédier à cet inconvénient, on a construit de nombreux régulateurs de pression; celui qui pour le moment nous paraît fournir les meilleurs résultats, c'est le rhéomètre Giroud, que représente notre figure 10. Cet appareil consiste en une petite cloche légère en cuivre nikelé qui porte à sa partie supérieure un cône. Elle est percée d'un petit trou. La cloche repose dans une cuvette en cuivre formant gorge qui contient de la glycérine. La cuvette est coiffée par un chapeau en cuivre percé dans son centre d'un trou dans lequel peut s'engager le cône de la cloche; ce chapeau est pourvu, au-dessus du trou, d'une vis sur laquelle on raccorde tel appareil qu'on désire. On comprend facilement le jeu de l'appareil, l'orifice de la cloche est percé d'un diamètre qui correspond à une pression de 25 à 30 millimètres, tandis que la pression moyenne est de 20 millimètres. Si la pression est plus forte que celle timbrée sur le chapeau de l'appareil, la cloche se soulève, le cône bouche le trou ménagé dans le chapeau et diminue ainsi l'orifice d'écoulement ; cette diminution est d'autant plus considérable que la pression est plus forte. On comprend donc que le débit est constant. Enfin on a utilisé le gaz pour faire fonctionner des moteurs ; les plus connus sont le moteur Lenoir (appareil horizontal) et le moteur Langen et Otto (appareil vertical).

Disons, en terminant la partie technique de cet article, que nous espérons bien (la cherté du charbon aidant) que, dans un avenir prochain, on trouvera un moyen économique et pratique de fabriquer l'hydrogène pur (1), qui présente de grands avantages sur l'hydrogène bi-carboné.

Nous terminerons cet article en donnant les extraits des arrêtés du 18 février 1862 et 2 avril 1868, concernant les conduites et appareils d'éclairage et de chauffage par le gaz à l'intérieur des bâtiments et habitations.

Arrêté du 2 avril 1868. — Art. 1er. — Nul ne pourra établir dans Paris à l'intérieur des bâtiments et des habitations un ou plusieurs appareils destinés à l'éclairage ou au chauffage par le gaz, ni faire usage d'appareils déjà installés, en augmenter ou en modifier notablement la forme ou les dimensions sans en avoir, au préalable, demandé et obtenu l'autorisation du préfet de la Seine. La demande signée de la personne intéressée devra, s'il s'agit de travaux à effectuer, indiquer le nom et la demeure de l'appareilleur qui en sera chargé. — La permission sera délivrée au nom du signataire de la demande ; celui-ci devra, en cas de cession des lieux où le gaz sera employé, informer l'administration du nom de son successeur.

(1) Voir ce que nous disons à ce sujet dans notre *Traité de chauffage et de ventilation*, page 125, 1 vol. in-8°, Paris, 1875, et notre conférence faite à la Société centrale des architectes le 29 janvier 1875, 1 brochure in-8°, Paris, 1875.

Art. 2. — Aucun appareil ne pourra être mis en service avant la délivrance d'une autorisation écrite du préfet de la Seine ou de son délégué. Toutefois si la demande ne s'applique qu'à l'usage du gaz avec des appareils déjà installés et vérifiés, un accusé de réception de cette demande tiendra lieu d'autorisation. Dans les autres cas, l'autorisation ne sera accordée qu'après la réception définitive des travaux par les agents du service municipal, après l'accomplissement des formalités qui seront énumérées ci-après.

Art. 3. — L'exécution des travaux sera soumise à la surveillance des agents de l'administration, qui donneront, s'il en est besoin, au pétitionneur et à son appareilleur les indications nécessaires pour que les ouvrages soient mis en état de réception.

Dès que les travaux seront terminés, et trois jours au moins avant qu'il soit fait usage du gaz, le consommateur ou son appareilleur devra en faire parvenir l'avis au bureau de l'éclairage de l'arrondissement où ces travaux ont été entrepris, pour qu'il puisse être procédé à la réception des appareils. — Le pétitionnaire et son appareilleur seront prévenus 24 heures au moins à l'avance du jour et de l'heure de la visite de l'agent du service de l'éclairage chargé de la réception. — Cet agent visitera d'abord la canalisation et les appareils, afin de reconnaître s'ils sont établis conformément aux dispositions du présent arrêté ; il s'assurera, ensuite, qu'aucune fuite n'existe ; cette dernière vérification sera faite au moyen du compteur, sur lequel aura été adapté un manomètre ; le tout aux frais de l'appareilleur. — Dans le cas où l'agent aura constaté que les appareils et la canalisation satisfont aux conditions réglementaires et que le manomètre ne révèle aucune fuite, il délivrera immédiatement une permission provisoire d'éclairage qui sera valable pour quinze jours, et il pourra être fait sans nouveau délai usage du gaz. — Lorsqu'il existera des fuites peu importantes, mais que les conduites et appareils, sans satisfaire cependant à toutes les conditions réglementaires, ne présenteront pas de danger pour l'emploi momentané du gaz, il pourra être délivré, par l'inspecteur principal de l'éclairage, une permission de tolérance d'une durée égale à celle qui sera nécessaire pour mettre en état les conduites et appareils. A l'expiration du délai accordé, une nouvelle visite sera faite à la diligence du consommateur, pour procéder, s'il y a lieu, à la réception définitive.

S'il existe enfin des fuites importantes et des défectuosités dangereuses dans les conduites ou appareils, il sera sursis à la délivrance de toute permission, et l'agent dressera procès-verbal de sa visite. — Le consommateur et l'appareilleur seront mis en demeure de signer ce procès-verbal, et d'y ajouter les observations qu'ils jugeront à propos de présenter. — Il sera statué par l'administration, qui, le cas échéant, fera connaître au pétitionnaire les travaux qu'il devra faire exécuter afin de rendre possible la réception des appareils installés.

Après l'achèvement des travaux requis, il sera procédé, s'il y a lieu, à la réception dans les formes ci-dessus indiquées.

Art. 4. — Le robinet extérieur de tout branchement sera placé à l'entrée du bâtiment dans l'épaisseur du mur, et renfermé dans un coffre disposé de telle sorte que le gaz qui s'y introduirait ne puisse s'échapper qu'en dehors du bâtiment. Ce coffre sera fermé par une porte de métal, dont les agents du service de l'éclairage et les compagnies auront seuls la clef. Cette porte sera pourvue d'un appendice disposé de telle sorte que le consommateur ne puisse pas ouvrir le robinet pour faire circuler le gaz sans l'action préalable des compagnies, mais de manière, cependant, qu'il lui soit possible d'user du gaz à volonté ou d'en arrêter l'introduction, dès qu'il aura été mis à sa disposition par les compagnies ; celles-ci lui remettront une clef à cet effet.

Art. 5. — Un robinet principal sera établi intérieurement à l'origine de la distribution, pour donner aux consommateurs du gaz la faculté d'intercepter l'introduction du gaz dans les appareils de distribution malgré l'ouverture du robinet extérieur.

Art. 6. — Les compteurs qui mesurent la consommation du gaz devront être conformes aux modèles approuvés par l'administration. Avant qu'ils soient mis en service, l'exactitude de leur débit sera vérifiée par les agents de l'administration, qui apposeront un poinçon destiné à constater le résultat favorable de la vérification. — Les compteurs seront, d'ailleurs, toujours placés dans des lieux d'un accès facile et parfaitement aérés.

Art 7. — Les tuyaux de conduite et autres appareils servant à la distribution et à la consommation du gaz, doivent rester apparents, sauf les exceptions relatives à la traversée des plafonds, planchers, murs, pans de bois, cloisons, placards, espaces vides, intérieurs quelconques. Toutes les fois que les tuyaux seront ainsi dissimulés, ils devront être placés dans un manchon continu en fer forgé ou en cuivre. Ce manchon sera ouvert à ses deux extrémités et dépassera d'un centimètre au moins les parements des murs, cloisons, planchers, etc., dans lesquels il sera encastré. Le diamètre intérieur

de ce manchon aura, au moins, un centimètre de plus que celui du tuyau qu'il enveloppera. Le manchon pourra toutefois être supprimé :

1° Dans les murs en pierre de taille, lorsque le tuyau ne traversera des murs ou des cloisons que sur une longueur de moins de 0m, 20 ;

2° Derrière les glaces, panneaux, etc., pourvu qu'il existe entre les murs et les panneaux un espace libre suffisant pour l'aération.

Si un tuyau est placé suivant son axe dans un mur, une cloison, un plafond, un parquet ou un plancher, le manchon du tuyau devra être terminé par un appareil à cuvette, assurant la ventilation de l'espace libre entre le tuyau et son manchon. — L'appareil de ventilation pourra comporter soit un tuyau droit enfermé dans un manchon, soit un tuyau à courbure ; mais dans ce dernier cas, le diamètre extérieur de l'ouverture de la boîte de ventilation devra avoir au moins 0m, 07, et sa profondeur ne pourra dépasser les deux tiers de ce diamètre. La partie courbe du tuyau devra avoir au moins 0m,10 de rayon et le centre de cette courbe devra se trouver sur le plan passant par le fond de la cuvette parallèlement à la surface du plafond. — Le raccord soutenant l'appareil à gaz devra être vissé à la cuvette et non fondu avec elle. — Les tuyaux de conduite et de distribution devront être construits en métal de bonne qualité autre que le zinc et parfaitement ajustés.

Art. 8. — Chaque brûleur devra être muni d'un robinet d'arrêt dont les canillons seront disposés de manière à ne pouvoir être enlevés de leurs boisseaux, même par un violent effort. — Un taquet sera placé de manière à arrêter le canillon dans une position verticale, lorsque le robinet sera fermé.

Art. 9. — La ventilation ne sera pas obligatoire dans les salons, salles à manger, salles de billard, chambre à coucher de maîtres ni dans les appartements munis de cheminées d'appel spéciales prenant l'air à la partie supérieure des pièces à ventiler, et débouchant au-dessus de la toiture. Mais cette exception ne s'étendra pas aux arrière-boutiques, soupentes, entre-sols et sous-sols, en communication directe et permanente avec les boutiques, magasins, bureaux ou ateliers.

Art. 10. — L'administration, après avoir entendu les intéressés, déterminera, dans chaque cas, le mode de ventilation à adopter pour les pièces, salles ou ateliers, occupant un espace de 1,000 mètres cubes, en tenant compte de la disposition des lieux, de l'importance de la consommation du gaz et des moyens de ventilation existants, déjà, pour d'autres besoins que ceux de l'éclairage.

Art. 11. — Les montres, placards et autres espaces fermés, contenant des brûleurs ou traversés par des conduites, et les caissons renfermant les compteurs, lorsqu'il en est établi, devront être ventilisés par deux ouvertures de 50 centimètres carrés, au moins, chacune. — Ces ouvertures seront placées, l'une dans la partie haute, l'autre dans la partie basse du local à ventiler, et devront communiquer, autant que possible, l'une avec l'intérieur, l'autre avec l'extérieur des locaux éclairés. — Dans le cas où cette dernière disposition serait impraticable et où les deux ouvertures seraient établies à l'intérieur, la superficie de chacune devra être portée à un décimètre carré.

Art. 12. — L'administration fera visiter les installations de gaz par ses agents chaque fois qu'elle le jugera convenable. Dans leurs visites, ces agents s'assureront du bon état de toutes les parties des appareils et des conduites, et constateront, au moyen du manomètre adapté au compteur, s'il n'y a pas de fuite. — En cas de contravention et sur le vu du procès-verbal dressé par ses agents, l'administration fera au besoin suspendre l'emploi du gaz et prescrira les mesures nécessaires pour arrêter les fuites et réparer les conduites et les appareils.

La recherche des fuites par le flambage est formellement interdite, même en plein air ou dans les lieux parfaitement ventilés.

Art. 13. — Les directeurs de théâtres et autres établissements faisant usage de compteurs de 100 becs et au-dessus, seront tenus de s'assurer journellement, avant l'allumage, de l'état de leur appareil d'éclairage ; le résultat constaté sera inscrit, chaque jour, sur un registre qui devra être présenté à toute réquisition des agents de l'éclairage. Si des fuites sont révélées, elles seront aussitôt recherchées et étanchées.

Art. 14. — Les contraventions aux dispositions du présent arrêté seront constatées par des procès-verbaux qui seront déférés aux tribunaux compétents, sans préjudice des mesures administratives auxquelles ces contraventions pourront donner lieu, notamment la suppression des branchements particuliers, lesquels, dans ce cas, ne seront rétablis que sur une nouvelle autorisation. — Les poursuites pour infraction aux dispositions précédentes seront dirigées, à défaut de la déclaration prescrite par le paragraphe 2 de l'article 1er, contre ceux qui auront formé la demande ou obtenu l'autorisation exigée par le même article, nonobstant tout changement de propriétaire ou locataire.

Nous donnons ci-après quelques articles de l'arrêté du 18 février 1852 qui complètent le règlement donné ci-dessus.

Art. 3. — Les compagnies d'éclairage et de chauffage par le gaz ne pourront délivrer du gaz à la consommation que sur la présentation qui leur sera faite de l'autorisation prescrite.

Art. 4. — Aucun branchement ne pourra être établi sur une des conduites que la compagnie parisienne d'éclairage et de chauffage par le gaz est autorisée à poser sur la voie publique sans une autorisation spéciale. Les robinets des branchements devront être placés dans les soubassements des maisons ou boutiques ou dans l'épaisseur des murs. Les robinets existants sous la voie publique seront supprimés aux frais de qui de droit au fur et à mesure de la réfection des trottoirs et du pavé.

Art. 18. — Toute personne voulant employer du gaz, pour mettre des machines en mouvement, ou voulant en faire usage d'une manière intermittente, devra isoler ses prises de gaz de la canalisation de la rue par un régulateur gazométrique dont les dimensions seront déterminées par l'administration.

Art. 19. — La compagnie qui aura reçu avis d'un accident sera tenue d'envoyer immédiatement sur les lieux et d'en informer aussitôt le directeur de la voie publique.

Nous donnerons maintenant des instructions bonnes à suivre relativement à l'éclairage et au chauffage par le gaz, ainsi que les précautions à prendre dans l'emploi du gaz.

Pour que l'emploi du gaz n'offre aucun inconvénient, il importe que les becs n'en laissent échapper aucune parcelle sans être brûlée. On obtiendra ce résultat, pour l'éclairage, en maintenant la flamme à une hauteur modérée ($0^m,08$ au plus), et en la contenant dans une cheminée en verre de $0^m,20$ de hauteur ; un régulateur de pression, permettant de régler automatiquement la dimension des flammes, rendra de réels services et diminuera la consommation. Les lieux éclairés ou chauffés, nous l'avons déjà dit, doivent être ventilés avec soin, même pendant l'interruption de la consommation, c'est-à-dire qu'il doit être pratiqué, dans chaque pièce, des ouvertures communiquant avec l'air extérieur, par lesquelles le gaz puisse s'échapper en cas de fuite ou de non-combustion. Ces ouvertures, au nombre de deux, devront, autant que possible, être placées l'une en face de l'autre; la première immédiatement au-dessous du plafond, et la seconde au niveau du plancher. Sans cette précaution, le gaz pourrait s'accumuler dans les appartements et occasionner de graves accidents. Les robinets doivent être graissés intérieurement, de temps à autre, afin d'en faciliter le service et d'en éviter l'oxydation. Pour l'allumage, il est essentiel d'ouvrir, d'abord, le robinet principal, et de présenter la lumière successivement à l'orifice de chaque bec, au moment même de l'ouverture de son robinet, afin d'éviter tout écoulement de gaz non brûlé. Pour l'extinction, il convient d'abord de fermer chacun des brûleurs et ensuite le robinet principal intérieur qui est ordinairement au-dessus du compteur. En tenant ce robinet fermé, dès qu'on ne fait plus usage du gaz, on est à l'abri de tout accident. — Dès qu'une odeur de gaz donne lieu de penser qu'il existe une fuite, on peut, dans beaucoup de cas, déterminer le point où elle se trouve, en étendant, avec un linge ou un pinceau, un peu d'eau de savon sur les tuyaux; là où il y a fuite, il se forme une bulle, et, pour empêcher l'écoulement du gaz, il suffit de boucher le trou avec un peu de cire molle, en attendant de pouvoir y pratiquer une réparation plus sérieuse et complète le plus tôt possible. Dans tous les cas, il convient d'ouvrir les portes et les fenêtres, pour établir un courant d'air, et de fermer les robinets intérieurs et extérieurs; de plus, on doit aussitôt en donner avis à son appareilleur. *On ne doit jamais rechercher une fuite par le flambage, c'est-à-dire en approchant une flamme du lieu présumé de la fuite;* malheureusement beaucoup le font par imprudence, et c'est ce qui occasionne le plus d'accidents. — Dans le cas où, soit par imprudence, soit accidentellement, une fuite de gaz aurait été enflammée, il conviendra pour l'éteindre de fermer le robinet de prise extérieur. Il arrive souvent que, par suite de contre-pentes dans les tuyaux de distribution, les condensations s'accumulent dans les points bas et interceptent, momentanément, le passage du gaz dont l'écoulement devient intermittent; les becs situés au delà de la portion engagée s'éteignent; puis, si le gaz, par l'effet d'une augmentation de pression, par-

vient à franchir cet obstacle, il s'échappe du lieu sans brûler et se répand dans les appartements, où il devient une cause de grands dangers. Pour prévenir ces dangers, il importe d'établir à tous les points bas des moyens d'écoulement pour ces condensations : ce sont des bouts de tuyaux fermés par le bas au moyen d'une virole en cuivre; on les nomme *purgeurs, reniflards, réservoirs de condensation*, etc. Lorsqu'on exécute dans les rues des travaux d'égout, de pavage, de trottoirs ou de pose de conduites, on fera bien de s'assurer que les branchements qui fournissent le gaz ne sont point endommagés ni déplacés par ces travaux.

GAZOMÈTRE, s. m. — Appareil servant à emmagasiner, à mesurer le gaz. Il se compose d'une immense cuve cylindrique, de maçonnerie ou formée avec des plaques de fonte, qui est remplie d'eau, et d'une cloche cylindrique en tôle, dont le sommet est suspendu par des chaînes en fer portant des contre-poids, lesquelles chaînes passent dans des poulies de renvoi. Quand le gaz arrive de l'épurateur, il remplit la cloche ; et comme il exerce une forte pression, il la soulève, et suivant sa hauteur on sait le nombre de mètres cubes de gaz qu'elle contient. Il existe divers genres de gazomètre.

GAZON, s. m. — Motte de terre portant de l'herbe verte courte et touffue, enlevée d'un pré au moyen d'une bêche. Le gazon sert à faire des *gazonnements*, à couvrir des talus, des bords de plates-bandes, dans les jardins paysagers, à orner les bords des rivières artificielles, des pièces d'eau, etc.

GÉLATINE, s. f. — Substance extraite par l'ébullition de diverses matières animales, telles que peaux, rognures de parchemin, os, etc. La gélatine est employée par les peintres pour détremper leurs couleurs et faire des encollages.

GÉLIVES (PIERRES). — Pierres qui, exposées à l'air, absorbent l'humidité et se fendent et se délitent sous l'action de la gelée. On reconnaît qu'une pierre est gélive en trempant un échantillon de celle-ci dans une dissolution de sulfate de soude. On expose cet échantillon à l'air, et, quand il est sec et que l'eau qu'il contenait est entièrement évaporée, le sulfate de soude, cristallisant à l'intérieur de la pierre, la fait éclater. Sur le chantier, les ouvriers disent aussi, *pierres gélisses.*

GÉLIVURES, *s. f. pl.* — Défauts du bois qui altèrent sa qualité. Les gélivures sont des fentes longitudinales causées par la gelée.

GEMELLES, *s. f. pl.* — Pièces de bois plates et flexibles que les ouvriers des bâtiments appliquent sur les montants de leurs échelles pour les fortifier. Ce terme est surtout employé dans la marine, car les marins acclampent les mâts pour les fortifier. Aussi ce mot à pour synonyme *clams.* (Voy. ACCLAMPER.)

GEMINÉ, ÉE, *adj.*— Baie formée par deux arcades, deux fenêtres réunies entre elles par un meneau, une colonne, une colonette. (Voy. ARCADE, fig. 1 et 2.)

GÉNÉRATRICE, *s. f.* — Ligne qui engendre; on dit qu'un plan vertical a pour génératrice une ligne verticale qui se meut dans ce sens. L'adjectif *générateur, génératrice,* est moins usité; on dit cependant qu'un point qui se meut est le générateur d'une ligne.

GÉNIES, *s. m. pl.* — Figures symboliques représentant des enfants ailés, ayant quelquefois au-dessus du front une flamme droite. Les génies dont le bas du corps est terminé par des rinceaux sont dits *fleuronnés.*

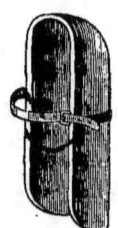

Genouillère du bitumier.

GENOUILLÈRE, *s. f.*—En serrurerie, c'est une sorte de brisure, c'est encore une pièce brisée qui s'ajuste dans les foliots de serrure et qui fait ouvrir simultanément une double

porte. — C'est aussi une enveloppe de cuir (Voy. not. fig.) qui épouse la forme du genou, et que les bitumiers et les couvreurs emploient en travaillant pour se garantir les genoux contre tout frottement qui à la longue pourrait les blesser. Les ramoneurs qui grimpent dans les cheminées emploient des genouillères en cuir souples.

GÉOMÉTRAL, LE, *adj.* — Qui offre les formes, les dimensions et les proportions relatives, exactes; les architectes étudient les plans, coupes et élévations d'un bâtiment en projection *géométrale,* ou *orthogonale,* car ces deux termes sont presque synonymes.

GÉOMÉTRIE, *s. f.* — Science qui traite de la mesure des lignes, des surfaces, des volumes; cette science est indispensable aux constructeurs, puisqu'elle est la base de leur art. On nomme bien *géomètre,* celui qui s'occupe de géométrie, ou qui sait cette science; mais on applique principalement ce terme à l'homme qui mesure les terrains, à l'*arpenteur.*

GERBE, *s. f.* — Faisceau formé par plusieurs jets d'eau qui, jaillissant pressés et serrés à côté les uns des autres, affectent la forme d'une gerbe. Beaucoup de pièces d'eau sont décorées de gerbes. Ce terme est synonyme de *girande* et *girandole.*

GERCÉ, ÉE, *adj.* — Fendu, crevassé, faïencé fortement. Un enduit, une peinture sont gercées. Les bois, par suite d'une maladie particulière ou par une forte gelée, peuvent être gercés; dans ce cas, les fentes se nomment *gerces,* et non GERÇURES. (Voy. le mot suiv.)

GERÇURES, *s. f.* —Fendillements, fentes qui se produisent dans les enduits ou les peintures mal faits ou qui ont séché trop rapidement. — Fentes qui existent sur la surface du fer. — Un acier trop brusquement trempé peut aussi porter des traces de gerçures.

GERSEAU, *s. m.* — Corde qui sert à suspendre une poulie, ou à la fixer en place; c'est aussi la corde qui serre le moufle d'une poulie.

GÈSE, *s. m.* — Terme d'antiquité. Espèce de dard inventé par les Gaulois et employé plus tard par les Romains.

GIRANDE, *s. f.* — Réunion de plusieurs tuyaux qui lancent de l'eau qui retombe en GERBE. (Voy. ce mot.)

GIRANDOLE, *s. f.* — Chandelier à plusieurs branches. — En termes de fontainier, ce mot est synonyme de GERBE et de GIRANDE. (Voy. ces mots.)

GIRON, *s. m.* — Portion de la marche d'un escalier sur laquelle on pose le pied ; on nomme *giron droit* les marches qui ont la même largeur sur toute leur longueur; *giron triangulaire*, la même surface dans les *marches dansantes*. — En termes de blason, c'est un triangle qui a une pointe comme les marches dansantes ou triangulaires, laquelle pointe finit au cœur de l'écu. Quand celui-ci porte plusieurs girons, ils sont alternativement de couleur et de métal.

GIRONNÉ, ÉE, *adj.* — Ce terme s'applique à divers objets; en construction, on nomme *marches gironnées* les marches des quartiers tournants dans les escaliers ronds ou ovales; *tuiles gironnées, ardoises gironnées,* celles qui sont plus étroites d'un côté que d'un autre : on les emploie dans les combles en pyramide. — En termes de blason, on dit qu'un écu est *gironné* quand il est divisé en plusieurs parties triangulaires dont les pointes s'unissent au centre de l'écu.

GIROUETTE, *s. f.* — Feuille de tôle, de zinc ou de cuivre, taillée en forme de banderole, d'animal fantastique ou autrement, posée sur une tige à pivot mobile et qui sert à indiquer la direction des vents. On place des girouettes sur le faîtage, les poinçons et les épis des constructions, en un mot sur les sommets les plus élevés. Les anciens, qui connaissaient les girouettes, les nommaient *anémoscopes*. Le moyen âge fit un grand usage des girouettes ; il les décora richement; souvent à cette époque elles portaient le blason du propriétaire du château ou du manoir qu'elles surmontaient ; c'étaient des girouettes armoriées. Fréquemment, sur la lance ou tige des girouettes sont assemblées en angle droit quatre tiges de fer qui portent des lettres indiquant les points cardinaux.

GIROUETTÉ, ÉE, *adj.* — Qui porte une girouette, surmonté d'une girouette ; des épis, des faîtages peuvent être girouettés. — En termes de blason, il se dit d'un écu qui porte également des girouettes.

GITES, *s. m. pl.* — Pièces de bois qui concourent à former le tablier d'un pont tournant; poutrelles qui soutiennent les madriers d'une plate-forme en bois ; ce mot autrefois était également employé pour désigner les solives d'un plancher.

GLACE, *s. f.* — Feuille de verre blanc très-pur, qui remplace les feuilles de verre dans leurs diverses applications. Quand les glaces sont revêtues de *tain* (amalgame d'étain et de mercure, ou d'argent et de mercure), on les utilise pour la décoration des appartements; on fait encore des glaces dépolies, striées, cannelées qu'on utilise dans des locaux où l'on veut de la lumière et cependant qu'on veut mettre à l'abri de regards indiscrets. Dans l'industrie des glaces dépolies, on fabrique aujourd'hui à l'aide du spath-fluor de véritables objets d'art qui représentent des fruits, des fleurs, le tout admirablement modelé. — En menuiserie, on nomme *panneaux à glace* des panneaux de porte et de lambris qui affleurent le bâti, ou qui, sans affleurer celui-ci, ne sont pas moulurés.

GLACER, *v. a.* — Passer à l'aide d'une brosse sur un travail de peinture une couche de couleur légère et transparente, de manière à ne pas cacher la couche primitive de peinture. On *glace*, ou l'on passe des *glacis*, pour *éteindre* des couleurs ou harmoniser les tons.

GLACIÈRE, *s. f.* — Local, pratiqué généralement sous terre, qui sert à conserver la glace, afin d'en avoir pendant les chaleurs de l'été. Il existe, comme nous allons le voir, divers genres de glacière; mais quel que soit le mode de construction adopté, toute glacière doit être placée au nord et n'avoir qu'une seule ouverture pratiquée dans la même orientation. Le terrain sur lequel on veut construire une glacière doit être exempt de toute humidité; il devra être, autant que possible perméable, car sa perméabilité lui permettra d'absorber rapidement l'eau provenant de la

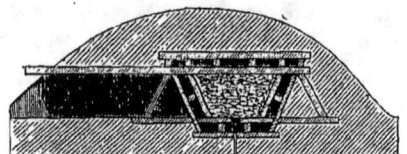

Fig. 1. — Glacière hors de terre.

fonte de la glace. Enfin, s'il n'est pas exposé aux inondations, ce terrain réunira les conditions les plus favorables à la bonne conservation de la glace. La croupe d'une montagne ou d'une colline exposée au nord, si elle n'est pas trop humide ou trop argileuse, sera

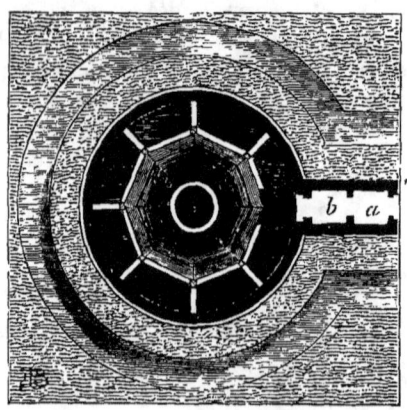

Fig. 2. — Glacière souterraine.

un endroit favorable pour la construction des glacières. On devra toujours les établir loin des puits, mares, fumiers, fosses d'aisances et autres lieux pouvant donner de l'odeur ou de l'humidité.

GLACIÈRE HORS DE TERRE. — Ce genre de glacière (fig. 1) est très-simple et très-économique; la dépense de construction s'élève à

200 francs et quelquefois moins, si le bois et la main-d'œuvre sont à bas prix dans la localité. Cette glacière peut être carrée ou de forme polygonale; elle consiste en un double châssis en charpente; l'espace vide compris entre les deux châssis est ordinairement rempli de charbon de bois pilé, qui est, comme chacun

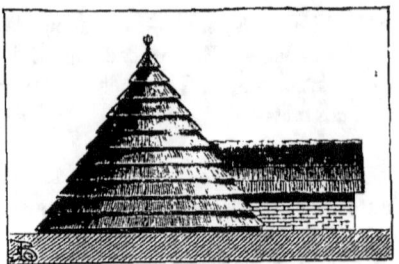

Fig. 3. — Glacière recouverte de chaume (profil).

sait, mauvais conducteur de la chaleur. La porte est pratiquée sur l'un des côtés, celui qui est précédé d'un petit couloir fermé lui-même par une seconde porte. Cette glacière est abritée sous une motte ou tumulus en terre, qu'on peut planter d'arbres ou recouvrir d'une calotte de chaume, comme dans le type suivant.

GLACIÈRES SOUTERRAINES. — Nos fig. 2, 3, 4, montrent le plan et les élévations d'une glacière souterraine. Le plan (fig. 2) com-

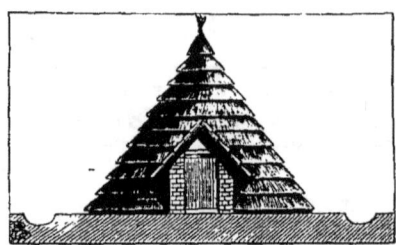

Fig. 4. — Glacière recouverte de chaume (face).

prend un petit couloir b, a, fermé au moyen de trois portes. Cette glacière est circulaire; sauf le mur noir, qui est en maçonnerie, tout le reste est en charpente; dans le milieu se trouve un puisard dont l'orifice est couvert d'une grille. Les fig. 3 et 4 font voir de profil et de face cette glacière, qui est recouverte de chaume. Cette couverture peut abriter une glacière semblable à celle que montre en coupe notre figure 5.

Nous avons dit précédemment que ce qu'il fallait surtout obtenir dans la construction d'une glacière, c'était la plus grande sécheresse possible. Aussi, pour se débarrasser de l'humidité, on est obligé dans certains pays d'aérer la partie supérieure des glacières au moyen d'un ventilateur spécial, représenté par notre figure 6, qui permet la sortie des vapeurs

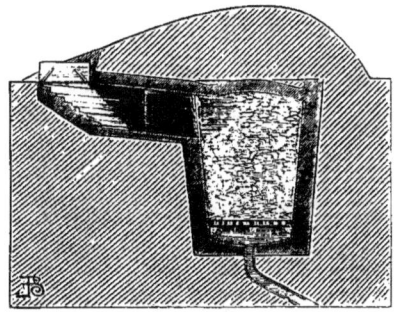

Fig. 5. — Coupe d'une glacière souterraine.

qui se dégagent des parois de la construction, sans que l'air extérieur puisse atteindre la glace. Voici comment on procède à la pose de cet appareil : on perce la partie supérieure de la toiture et dans ce trou on établit un tuyau en poterie, ou un tube de bois formé de quatre planchettes assemblées. Ce tuyau débouche donc au sommet de la toiture intérieure, mais

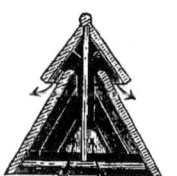

Fig. 6. — Ventilateur de glacière.

il est recouvert lui-même d'un chapeau ou abri. (Voy. notre fig.) Les glacières pourvues de ces ventilateurs ont leur porte percée de trous. Un tirage s'établit de ces trous à la cheminée d'aération et débarrasse l'intérieur de la glacière de toute humidité. Quoique ces ventilateurs puissent dans certains pays rendre de bons services, nous recommandons de ne les employer qu'à la dernière extrémité,

car il est toujours dangereux de ventiler les glacières ; on ne doit user de ce moyen qu'en cas d'insuccès complet des méthodes ordinaires.

Nous terminerons cet article en faisant les recommandations suivantes : éviter l'humidité, s'en préserver par tous les moyens, car c'est elle qui est la pierre d'achoppement pour la conservation de la glace ; ne pénétrer dans les glacières que le matin et le soir ; n'ouvrir une seconde porte qu'après avoir fermé la première ; quand le temps est sec et froid, on fera bien d'ouvrir les glacières, afin de renouveler l'air intérieur et chasser l'humidité ; n'user de ventilateur qu'avec une extrême prudence ; enfin n'enfermer la glace qu'après s'être assuré du complet assèchement de la maçonnerie de la glacière.

GLACIS, *s. m.* — En maçonnerie, c'est une pente douce exécutée en blocages soit pour servir de décharge à un bassin, soit pour faciliter l'écoulement des eaux pluviales. Revêtement en gazon d'un terrain dépendant d'une fortification. — En peinture, c'est donner une légère couche de couleur transparente pour glacer un travail. (Voy. GLACER.)

GLAISE, *s. f.* — Nom vulgaire de l'argile commune, laquelle sert à faire des corrois destinés à rendre étanches les bassins, réservoirs, étangs et rivières artificiels. Les glaises de qualité supérieure servent à fabriquer des briques, des tuiles, des carreaux et autres poteries. Suivant leur qualité, la densité des glaises varie ; elles pèsent depuis 1760 jusqu'à 1650 le mètre cube. Les sols glaiseux sont en général peu compressibles ; on peut y élever dessus les fondations d'un édifice, mais on doit toujours le faire avec de grandes précautions, et dans bien des cas on doit employer des *pilotages* et des *grils*. Dans les terrains inclinés, par exemple, on doit avoir soin d'obvier au glissement de la maçonnerie, que le sol glaiseux favorise très-souvent.

GLAISER, *v. a.* — Faire un corroi de glaise ; pétrir avec les pieds ou fouler avec un pilon, ou par tout autre instrument, de la glaise.

— Préparer par un moyen quelconque la glaise.

GLAISIER, *s. m.* — Ouvrier employé à extraire la glaise, ou bien ouvrier qui prépare et travaille la glaise.

GLISSIÈRE, *s. f.* — Plaque en fonte de fer employée dans diverses constructions, notamment dans celle des ponts métalliques; dans ceux-ci les glissières servent de coussinets entre leurs piles et leur tablier.

GLOBE, *s. m.* — Cylindres creux en terre cuite employés dans le hourdis des planchers; souvent leur surface est striée, afin de faciliter le *grippement* du plâtre. — On nomme à tort *globe ailé* un ornement égyptien qui décore souvent le dessus des portes des palais et des temples. Cet ornement se nomme *disque ailé;* il symbolise la marche du soleil dans le ciel. (Voy. Naville, *Mythe d'Horus.*)

GLORIETTE, *s. f.* — Petit pavillon de repos construit dans un parc; c'est aussi une petite pièce, située près du four ou du fournil, dans laquelle l'ouvrier boulanger travaille la pâte à faire le pain.

GLYPHES, *s. m.* — Tout trait gravé en creux, tout canal creusé dans un ornement d'architecture. (Voy. TRIGLYPHES.)

GLYPTIQUE, *s. f.* — Art de graver sur les pierres fines.

La glyptique a passé dans l'antiquité par trois grandes phases principales. Dans la première, on se contente de graver de l'écriture sur des pierres plus ou moins dures devant servir de marques ou de cachets à des hauts dignitaires, à des prêtres ou à des rois. Cette première période de la glyptique embrasse les deux plus grandes sinon les deux plus anciennes civilisations, celles de l'Égypte et de l'Assyrie. Au début de la seconde période, nous trouvons la Phénicie, la Grèce primitive et l'Étrurie; avec ces peuples la glyptique commence à devenir un art véritable qui pendant la troisième période atteint son apogée, en Grèce au siècle

de Périclès, et à Rome sous le règne d'Auguste. Mais tandis que les Grecs recherchent surtout la pureté de la forme et des contours, ainsi que la beauté des traits et des lignes, les Romains s'occupent surtout de faire valoir les riches couleurs et la transparence des pierres fines; ce sont là deux aspirations qui caractérisent parfaitement le génie particulier de ces deux peuples : l'un poursuit l'idéal par la poésie qu'il met dans son œuvre, l'autre recherche la richesse et l'éclat comme le desideratum suprême de son art. — Suivant leur degré de dureté, on divise généralement les pierres en dix groupes principaux, ce sont :

1° Le talc, — ⎫
2° Le gypse, ⎭ qui se rayent à l'ongle;

3° Le spath calcaire, ⎫
4° Le spath-fluor, ⎬ qui se coupent au ciseau;
5° L'apatite, ⎭

6° Le feldspath, ⎫
7° Le quartz, ⎪ qui se travaillent au touret et à
8° La topaze, ⎬ la poudre de corindon;
9° Le corindon, ⎭

10° Le diamant, qui se travaille au touret et avec sa propre poudre.

(Voy. PIERRES, § *Pierres précieuses.*)

GLYPTOTHÈQUE, *s. f.* — Collection de pierres gravées; ce mot est synonyme de *dactyliothèque.*

GNEISS, *s. m.* — Variété de granite composé de feldspath et de mica qui lui donne une apparence rubanée. Une autre variété, dans laquelle le mica est remplacé par le talc ou l'amphibole, se nomme *gneiss talqueux* ou *amphibolique.*

GNOMON, *s. m.* — Style ou longue aiguille de fer ou de bronze scellée dans un cadran solaire qui indique l'heure par la projection de son ombre sur le cadran; d'où le terme *gnomonique,* qui sert à désigner l'art de tracer les cadrans solaires.

GOBETAGE, *s. m.* — Plâtre au panier fin, gâché très-clair et projeté avec un balai de bouleau sur les lattis et pièces de charpente devant être crépies et enduites. Anciennement, on pratiquait le gobetage sur oute sorte d'ouvrages, avant d'y appliquer le crépi; aujourd'hui on a reconnu que dans bien des cas, ces gobetages étaient parfaitement inutiles et on ne les utilise que pour les lattis jointifs et pour les autres pièces de charpente sur lesquelles le plâtre n'adhère que difficilement. — Pour faire un gobetage, le maçon fait gâcher très-clair son plâtre, et, après l'avoir remué en tous sens, il trempe dans l'auge son balai, puis il le secoue fortement sur la surface à gobeter; il renouvelle plusieurs fois cette opération jusqu'à l'épuisement de son auge. L'application du plâtre par ce procédé donne une surface formée par une infinité de gouttelettes, ce qui facilite au plus haut point l'adhérence du plâtre et des enduits subséquents. Un mètre carré de gobetage sur lattis jointif exige environ $0^m,008$ de plâtre et 15 minutes d'un maçon et son aide.

GOBETER, v. a. — Faire un gobetage; jeter un gobetage.

GOBINEAU, s m. — Parties de carreau moins grandes que la *pointe* ou *moitié*, qui servent à faire le long d'un mur le raccordement d'un carrelage, c'est-à-dire à remplir les vides.

GOBRIOLE, s. f. — Morceau de bois ordinairement rond sur lequel on monte les principales parties d'un vase de treillage. (Pernot, *Dict. des mots techniques de la construction.*)

GODET, s. m. — Petit vase plat en porcelaine, servant aux architectes à délayer l'encre de Chine et des couleurs à l'eau. — En maçonnerie, on nomme *godets* de petites cuvettes ou bassins faits sur les joints verticaux des pierres pour y infiltrer des coulis, quand les joints sont trop serrés pour être *fichés*. On fait usage également de godets pour des joints horizontaux, notamment pour couler les dalles de pavement. — En plomberie, le godet est une petite gouttière pratiquée sur les chéneaux pour rejeter l'eau au dehors, quand il n'y a ni gargouille ni tuyan de descente. Enfin les paveurs donnent ce nom au ressaut que fait un pavé de caniveau.

GODRON, s. m. — Ornement consistant en une suite de renflements; il reproduit en relief les canaux et cannelures (fig. 1). C'est

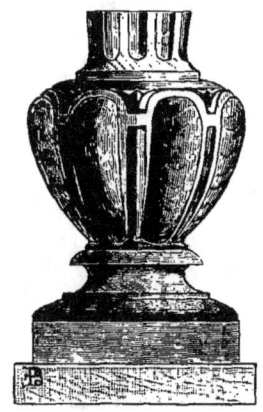

Fig. 1. — Godrons sur une panse de balustre en bois.

encore un ornement qui affecte la forme d'une goutte de suif courbe, telle que le montre notre figure 2. Les godrons ont été employés à

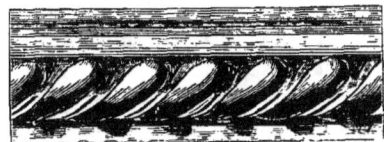

Fig. 2. — Godrons inclinés en gouttes de suif renversées.

toutes les époques, mais surtout à l'époque romane; on les trouve alors sur la corbeille des chapiteaux cubiques (fig. 3), sur des bénitiers,

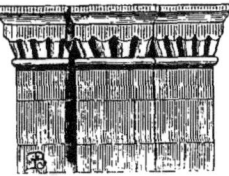

Fig. 3. — Godrons décorant des chapiteaux de pilastres.

sur des cymaises, sur des tailloirs, sur des fûts de colonnes, etc. Quelques vieux auteurs ont aussi écrit *gaudron*.

GODRONNÉ, ÉE, adj. — Décoré de godrons; présentant la forme de godrons. Les figures 3 et 4 ci-dessus et ci-dessous montrent un pilier et un bénitier décorés de godrons.

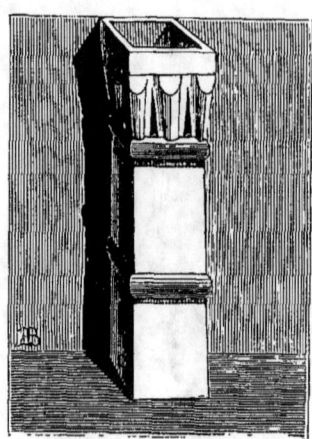

Fig. 4. — Godrons décorant un bénitier.

GOMME, *s. f.* — Substance visqueuse et transparente qui découle de certains arbres. — *Gomme-résine*, produit végétal qui participe à la fois de la gomme et de la résine et qu'on extrait par incision de certains arbres; parmi ce dernier genre, la *gomme laque*, qui se distingue par sa couleur rouge, sert à la fabrication ou, du moins, entre dans la composition des vernis. — La *gomme-gutte*, qui est également une *gomme-résine*, fournit une couleur jaune d'un ton brillant très-employé en aquarelle; enfin la *gomme élastique*, qu'on obtient par incision du *ficus elastica*, sert à effacer sur le papier les traits formés par les crayons de graphite.

GOND, *s. m.* — Pièce de fer qui porte le mamelon ou goujon qui entre dans l'œil d'une

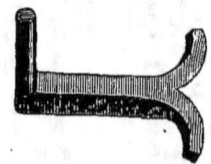

Fig. 1. — Gond à pivot et à scellement.

paumelle, d'une penture ou d'une ferrure analogue (fig. 1). Lorsque la penture n'est pas à œil mais à crochet, le gond, au lieu d'être à pivot, est

évidé; on le nomme *gond à œil* (fig. 2). Il existe d'autres genres de gonds, ce sont : les *gonds à pointe*, dont la tige, terminée en pointe, lui permet d'être implantée dans le bois; les *gonds à scellement*, dont la tige est terminée en queue de carpe, afin de pouvoir la sceller dans la maçonnerie (fig. 1 et 2); les *gonds à écrou*, dont la tige est terminée de façon à recevoir un écrou ; les *gonds à pattes*, dont la tige aplatie est coudée d'équerre : on la fixe sur le bois au moyen de vis; les *gonds à repos*, qui ont au bas de leur mamelon une saillie propre à recevoir l'épaisseur

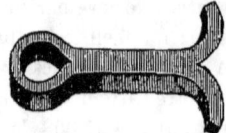

Fig. 2. — Gond à œil et à scellement.

du nœud ou de l'œil de la penture. Enfin, dans commerce de la quincaillerie, il existe des petits *gonds à vis*, dont la tige taraudée peut être vissée dans le bois; ces petits gonds, qu'on nomme *clous à crochet* ou simplement *crochets*, sont aussi à pointe, à vis, et portent quelquefois une embase; l'extrémité opposée est arrondie en forme de petite boule. — Les scellements des gonds se font au plâtre à l'aide de tuileaux bien serrés, quelquefois au plomb. Les premiers s'évaluent en *légers*, et les seconds se paient à la pièce.

GONDOLE, *s. f.* — Rigole pavée. Ce terme est aussi synonyme de CASSIS. (Voy. ce mot.)

GORGE, *s. f.* — Grande moulure concave employée dans des conditions diverses et qui formait au moyen âge la partie principale des corniches (fig. 1). On la décorait de feuillages de rinceaux, de crosses ou crochets, de fruits et même d'animaux fantastiques. Les moulures à gorge furent moins employées au XVI° et au XVII° siècle, mais elles reparurent au XVIII° siècle. Aujourd'hui cette moulure est très-employée ; on l'applique à des bandeaux, à des cadres, à des chambranles, et en menuiserie à toute sorte de moulure ; l'outil qui sert à pousser cette moulure en menuiserie se nomme *outil à* *gorge* (fig. 2). Quand cette moulure est très-petite, on la nomme *gorget*. Dans les travaux faits en plâtre, on fait des *plafonds* dits *à gorge*, parce qu'une large moulure affectant ce profil décore le plafond.

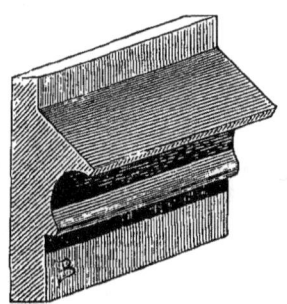

Fig. 1. — Profil à gorge.

En serrurerie, ce terme sert également à désigner une moulure creuse, mais on donne surtout ce nom à la pièce présentant la forme de deux branches courbes rapportées sur le grand ressort d'une serrure. Le MUSEAU (Voy. ce

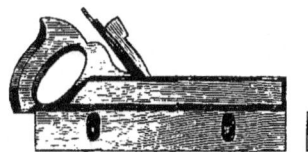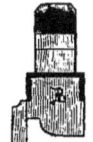

Fig. 2. — Outil à gorge (joue mobile).

mot) de la clef soulève en même temps qu'il accroche les barbes du pêne. Les serrures ainsi construites se nomment *serrures à gorge*. — C'est aussi la rainure pratiquée sur la roue d'une poulie.

En charpenterie, on nomme *gorge d'amaigrissement* une entaille pratiquée à angle aigu dans une pièce de bois.

Dans l'architecture militaire, on dit qu'un *ouvrage est à gorge*, quand il n'est pas fortifié du côté de la place. C'est aussi l'entrée d'une fortification du côté de la place; on dit, la *gorge* d'un bastion, d'une redoute. La ligne qui va de l'angle de la courtine au centre du bastion se nomme *demi-gorge*.

GORGE-FOUILLE, *s. f.* — Espèce de

bec-de-canc, dont l'extrémité du fer est recourbée et arrondie. (Littré, *Dictionn.*)

GORGERIN, *s. m.* — Partie du chapiteau dorique comprise entre l'astragale et les annelets ou filets inférieurs. On le nomme aussi *colarin*. Ordinairement les gorgerins sont lisses, mais souvent aussi ils sont décorés de rosettes isolées ou d'autres ornements. Certains chapiteaux ioniques ont aussi un gorgerin.

GORGET, *s. m.* — Petite moulure concave qui est un diminutif de la GORGE. (Voy. ce mot.)

GOTHIQUE, *adj.* — Qui appartient aux Goths. On applique improprement ce terme à un style d'architecture, dérivé du roman, qui a été créé à la fin du XIe et au commencement du XIIe siècle. Nous venons de dire que ce terme est tout à fait impropre pour désigner cette architecture; en effet, les Goths ne sont pour rien dans la création de ce style, que l'on nomme aujourd'hui avec plus de raison *style ogival*. — Voy. OGIVALE (*Architecture*). — Cette épithète de gothique commença à être employée par les architectes de la renaissance, surtout en Italie, qui considéraient cette architecture comme un produit de la barbarie; dans la bouche de ces artistes, ce mot était réellement un terme de mépris, qui peu à peu fut accepté dans son sens littéral, et on supposa que c'était réellement les Goths qui avaient créé ou inventé le style dit *gothique*, opinion insoutenable aujourd'hui et qui devrait être complétement abandonnée.

GOUDRON, *s. m.* — Matière visqueuse, noirâtre, à demi fluide, d'une odeur forte et pénétrante; on l'obtient par la distillation de diverses substances. On distingue deux variétés principales de goudron : le goudron *minéral* et le goudron *végétal*. Le premier s'obtient par la distillation de la houille ou de la tourbe (1); il était inconnu avant l'éclairage

(1) Voir ce que nous disons du goudron de tourbe page 181 de notre *Traité complet de la tourbe*, un vol. in-8° avec figures dans le texte, Paris, 1870.

au gaz (1840) ; à cette époque, on ne savait qu'en faire et on le brûlait pour chauffer les cornues à gaz. Aujourd'hui il a de nombreux emplois, et dans les constructions il sert à faire des toitures économiques et à enduire des bois. Le goudron végétal s'obtient comme le précédent par la distillation, mais on le tire des bois de pin et de sapin qui ne peuvent plus fournir par incision des résines ou de la térébenthine. Ce produit est préférable pour les couvertures, parce qu'il ne corrode pas les bois comme le fait le goudron minéral ; aussi l'emploie-t-on exclusivement à son congénère pour enduire les bois des constructions rustiques et calfater les navires et les bateaux. Les goudrons servent à fabriquer les papiers, cartons, toiles et feutres goudronnés qui sont aujourd'hui d'un usage si fréquent pour recouvrir les hangars et les constructions économiques. Les goudrons minéraux servent à enduire les bois des pieux et pilotis, etc. (Voy. COUVERTURE, § *Couvertures économiques*.) — Avec le goudron on fabrique aussi une composition, dite *glu marine* qui est un bon *hydrofuge*, mais sur lequel on ne peut pas peindre, car la peinture se colore de taches jaunâtres.

GOUDRONNAGE, *s. m.* — Le goudronnage, ou application du goudron, se fait à l'aide d'une brosse ou fort pinceau. Avant d'employer le goudron, on le fait bouillir sur un feu doux pendant une heure environ, pour chasser les matières les plus volatiles, puis on peut enduire les pièces qu'on veut conserver.

GOUGE, *s. f.* — Ciseau dont la partie

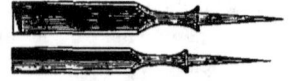

Fig. 1. — Gouges du menuisier.

inférieure et le taillant sont demi-cylindriques. Divers corps d'état emploient diverses formes de gouges. Notre figure 1 montre deux gouges du menuisier ; notre figure 2, une gouge à tête plate du tailleur de pierre, sur laquelle il frappe avec un maillet de bois, et la figure 3,

la gouge à tête pointue du tailleur de pierre, sur laquelle il frappe avec une masse en fer. Notre figure 4 représente une gouge de maçon,

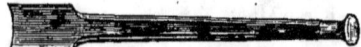

Fig. 2. — Gouge du tailleur de pierre, à tête plate.

qui sert à creuser des gorges et des cannelures dans la pierre tendre, après les avoir tracées

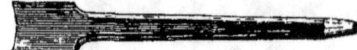

Fig. 3. — Gouge du tailleur de pierre, à tête pointue.

avec le ciseau denté (fig. 5) ; tandis que nos figures 6 et 7 montrent deux genres de gouges

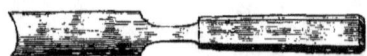

Fig. 4. — Gouge de maçon, pour creuser les gorges.

à plâtre : l'une sert à faire les cannelures, les gorges ou les godrons, l'autre (fig. 7) ; les

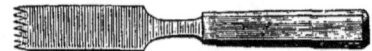

Fig. 5. — Ciseau denté du maçon.

arêtes vives. Les maçons qui travaillent au plâtre ont une infinité de gouges de tous les

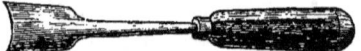

Fig. 6. — Gouge à plâtre, pour godrons, etc.

modèles et de toutes les grosseurs. Enfin les charpentiers emploient deux principales formes

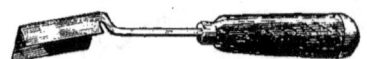

Fig. 7. — Gouge à plâtre pour arêtes vives.

de gouge ; l'une sert à creuser les canaux et cannelures : celle-ci ressemble aux gouges du menuisier, mais elle est beaucoup plus forte ; l'autre modèle, qui est tout en fer, sert à tracer et amorcer les trous qui doivent être percés à la tarière.

GOUGER, *v. a.* — Se servir de la gouge; commencer à la gouge, ou avec un ciseau dit *langue de carpe,* le trou d'une pièce qu'on veut percer à la tarière. (Voy. le mot. précéd.)

GOUJAT, *s. m.* — Manœuvre, aide qui sert le maçon.

GOUJON, *s. m.* — Petit morceau de fer ou de bronze à section ronde ou rectangulaire qu'on introduit entre les parements de joint de deux pierres pour les réunir, ou du moins pour prévenir leur glissement. On réunit ainsi les tambours d'une colonne. Quand on emploie du fer, les goujons en s'oxydant augmentent de diamètre et font éclater la pierre. Dans l'antiquité, et surtout dans le moyen âge, on a beaucoup employé ce mode de relier ensemble les pierres. — On donne aussi ce nom à un petit tenon cylindrique employé pour les lames de persienne; on nomme aussi ce dernier, *tourillon.*

GOULETTE, *s. f.* — Pierre plate placée au fond d'un four à chaux où l'on brûle du charbon de bois. Dans une autre acception, ce mot est synonyme de GOULOTTE. (Voy. le mot suivant.)

GOULOTTE, *s. f.* — Petite rigole, petit caniveau creusé sur la cymaise d'une corniche, afin de faciliter l'écoulement des eaux pluviales par les gargouilles. — Petit canal taillé sur des tablettes de pierre ou de marbre légèrement inclinées. Ce canal est interrompu de distance en distance par des petits bassins qui affectent la forme d'une coquille qui laisse échapper des jets d'eau. Dans ce sens on dit aussi, mais très-rarement, *goulette.*

GOULUES, *s. f. pl.* — Espèce de tenailles ou d'étampes, à l'aide desquelles les serruriers-forgerons fabriquent des boutons, globes ou fleurons fermés pour l'ornementation de certaines pièces de serrurerie. On dit indifféremment tenailles *goulues,* ou substantivement, *les goulues.*

GOUPILLE, *s. f.* — Petite broche ou che-

ville de fer cylindrique ou légèrement conique qui sert à arrêter les différentes pièces d'un ouvrage de serrurerie. Quelquefois la goupille sert de clavette. Les enroulements d'une grille, d'une rampe d'escalier, les boutons de serrures portent goupilles, ou sont goupillés.

GOUPILLER, *v. a.* — Garnir de goupilles; assembler un ouvrage de serrurerie avec des goupilles.

GOUPILLON, *s. m.* — Aspersoir employé pour le service de la forge.

GOUSSES, *s. f. pl.* — Enveloppes de légumineuses que l'architecture a employées comme motif d'ornementation. Souvent les chapiteaux coniques portent des gousses au-dessus de leurs volutes.

GOUSSET, *s. m.* — Ce terme désigne des objets fort différents. En maçonnerie, c'est une petite languette en plâtre qui enveloppe le bout d'une panne qui pénètre dans l'intérieur d'un tuyau de cheminée; c'est aussi, dans une cheminée, une languette oblique placée entre le manteau des costières et son fond. Ce gousset a pour but de conduire l'air

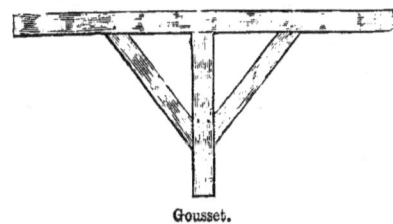

Gousset.

de la ventouse placée sous la traverse du chambranle, afin d'activer la combustion ou augmentant le tirage ou l'ascension de la fumée. — En charpente, on nomme *gousset* une pièce de bois posée diagonalement dans une enrayure, ou qui entre dans la composition d'une ferme ou d'une demi-ferme d'arêtier. (Voy. not. fig.) Les goussets s'assemblent également dans l'entrait et le demi-entrait. — En menuiserie, on nomme *goussets,* de petites consoles en bois formées d'un montant et d'une traverse ; quelquefois ceux-ci portent une travérse.

GOUTTEREAUX ou **GOUTTEROTS** (Murs). — Murs qui portent les gouttières ; ces murs sont le contraire des Murs Pignons. (Voy. ce mot.)

GOUTTES, *s. f. pl.* — Ornements en forme de petits cônes tronqués, généralement situés sous les soffites des corniches doriques, ou audessous des triglyphes. (Voy. not. fig.) Dans ce cas, les gouttes présentent aussi la forme de petites pyramides. (Voy. Ordres, Glyphes, Triglyphes, etc.) Autrefois on employait

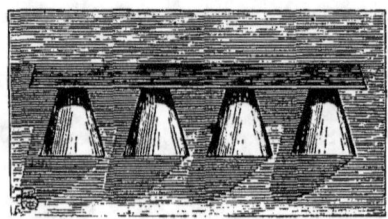

Gouttes.

comme synonymes de ce terme les mots *clochettes, campanes, larmes*. — En menuiserie, on nomme *goutte d'eau*, ou simplement *goutte*, un outil à fût qui sert à traîner, sous les battants des croisées, la petite gorge nommée *jet d'eau* qui s'oppose à l'infiltration de l'eau entre le battant mobile et la pièce d'appui.

GOUTTIÈRE, *s. f.* — Petit canal ordinairement en métal, placé sous l'égout d'un comble, afin de recevoir les eaux pluviales et les diriger ensuite dans des tuyaux de descente. On emploie généralement du zinc n°s 14 ou 16, parce qu'ils sont forts et résistants ; le n° 12 est déjà bien faible, et souvent le poids de l'eau fait fléchir des gouttières construites avec le zinc de ce dernier numéro. Les gouttières (Voy. nos fig.) sont suspendues à l'aide de crochets qu'on scelle de distance en distance sous l'égout du comble ; suivant le poids de l'eau que les gouttières ont à supporter, on pose les crochets à 0^m,80, 0^m,70 et même 0,^{m}65 de distance les uns des autres. On a soin de donner aux

gouttières une pente convenable pour faciliter l'écoulement des eaux vers la bouche des tuyaux de descente. Les gouttières sont un progrès sur les Gargouilles (Voy. ce mot) ; mais elles ont l'inconvénient de s'engorger très-facilement. De plus, elles produisent un effet disgracieux sur les façades des édifices qui en sont pourvus ; aussi les chéneaux sous le rapport décoratif sont-ils préférables. Les gouttières sont aujourd'hui exclusivement employées pour les constructions économiques ; elles présentent l'avantage de coûter beaucoup moins que les chéneaux et, en outre,

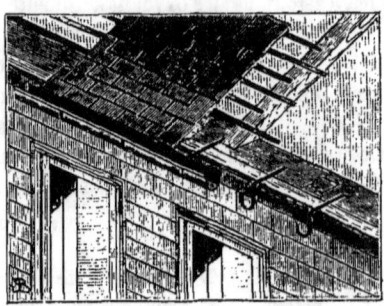

Fig. 1. — Gouttière en place.

avec elles on n'a pas à craindre les infiltrations qui se produisent souvent avec des chéneaux mal établis. — Au pluriel, ce terme sert à désigner des trous qui se produisent sur les grosses branches et sur les troncs des arbres et qui laissent s'écouler la séve. Les bois

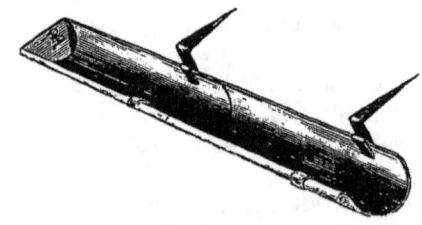

Fig. 2. — Gouttière avec ses pattes d'attache ou crochets.

portant des gouttières ne peuvent être employés comme bois de construction, parce qu'ils pourriraient rapidement.

Jurisprudence. — L'article 23 (section 14) de l'ordonnance du 24 décembre 1823 relative aux saillies porte :

Les gouttières saillantes seront supprimées en totalité dans le délai d'une année à partir de la publication de la présente ordonnance. Il ne sera perçu aucun droit de petite voirie pour les tuyaux de descente qui seront établis en remplacement des gouttières saillantes supprimées dans ce délai.

Une ordonnance de police en date du 30 novembre 1831 admet l'existence des gouttières, mais elle réglemente leur construction. Voici les articles concernant ce sujet :

Art. 1er. — Dans le délai de quatre mois à partir de la publication de la présente ordonnance, les propriétaires des maisons bordant la voie publique, et dont les eaux pluviales des toits y tombent directement, seront tenus de faire établir des chéneaux ou des gouttières sous l'égout de ces toits afin d'en recevoir les eaux qui seront conduites jusqu'au niveau du pavé de la rue au moyen des tuyaux de descente appliqués le long des murs de face avec 16 centimètres au plus de saillie (art. 3, titre XI, de la loi du 16-24 août 1790).

Les gouttières ne pourront être qu'en cuivre, zinc ou tôle étamée, et soutenues par des corbeaux en fer.

Les tuyaux de descente ne pourront être établis qu'en fonte, cuivre, zinc, plomb ou tôle étamée, et retenus par des colliers en fer à scellement. — Une cuiller en pierre devra être placée sous le dauphin de ces tuyaux.

Art. 2. — Il ne sera perçu aucun droit de petite voirie pour les chéneaux, gouttières, tuyaux de conduite ou cuiller destinés à l'écoulement des eaux pluviales, et qui seront établis dans le délai fixé par l'article précédent, conformément à la délibération du conseil municipal *de la ville de Paris*, en date du 25 de ce mois.

GRADIN, *s. m.* — Petite marche ou degré qui dans les théâtres, les cirques, les amphithéâtres, servent de sièges. Dans les amphithéâtres, les théâtres et les cirques de l'antiquité, les gradins étaient en pierre ou en marbre, et de distance en distance leur hauteur était divisée en deux pour former un escalier (Voy. notre fig.) ; l'espace séparé par ce genre d'escalier se nommait *cuneus* (coin). (Voy. AMPHITHÉATRE.) Dans nos établissements modernes qui possèdent ce genre de sièges, ils sont formés de planches supportées par des charpentes.

Les gradins sont encore des tablettes for-

mant supports, qu'on emploie à divers usages, par exemple, dans les serres, à supporter des pots de plantes ou de fleurs.

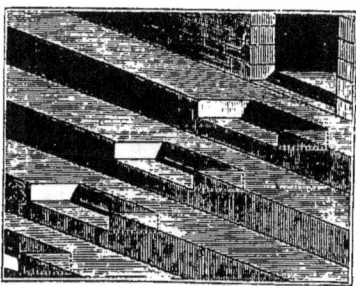

Gradins.

GRADINE, *s. f.* — Ciseau dentelé employé par les tailleurs de pierre et par les sculpteurs. On distingue la *gradine à grains d'ogre*, qui porte six dents, et celle à quatre dents, nommée *gradine plate*. Ce ciseau sert à enlever les aspérités laissées sur la pierre par le travail du poinçon. Il existe des gradines pour la pierre tendre et pour la pierre dure ; on frappe sur leur tête soit avec un maillet de bois, soit avec une massette en fer.

GRAILLON, *s. m.* — Débris de marbre provenant du travail du sculpteur.

GRAIN, *s. m.* — Petites parties ou molécules d'un corps qui, serrées les unes à côté des autres en grand nombre, constituent ce corps. Les pierres, les métaux sont formés de grains plus ou moins serrés, plus ou moins denses, d'où l'expression *densité*, servant à désigner le poids spécifique des corps. — On nomme aussi *grains* des petits corps sphériques (minerai, pyrite de fer) qu'on emploie comme garnissage dans les trous des scellements faits au plomb, et même, par extension, on applique ce terme à de menus débris de ferraille ; mais, en général, on dit plutôt, *grenaille*.

GRAIN D'ORGE, *s. m.* — Ce terme est employé par divers corps d'état. En charpenterie, c'est un assemblage latéral à biseau de madriers ; c'est aussi une sorte de feuillure, également à biseau, pratiquée sur les faces latérales d'une solive d'enchevêtrure, afin de recevoir l'extrémité des lattis sur lequel on jette l'aire en plâtre d'un plancher; enfin, c'est une sorte de feuillure pratiquée à la face latérale et supérieure d'une poutre d'un plancher à la française, afin de recevoir les abouts des solives.

En menuiserie, c'est une cannelure triangulaire pratiquée dans les moulures des chambranles des portes, les plafonds des corniches, etc. On donne aussi ce nom à l'outil qui sert à pousser cette cannelure, à un assemblage de parquet dit *assemblée à gain d'orge*. En serrurerie, c'est un outil en acier dont la tige est carrée et qui a son extrémité terminée en pointe; on monte cet outil notamment sur la machine à raboter.

Enfin les tourneurs donnent ce nom à un outil à fût ou à manche; le premier se nomme *mouchette*, et le second *biseau*.

GRAINE D'AVIGNON. — Graine fournie par le *nerprun* et qui donne, par l'ébullition et son mélange avec une solution d'alun et de craie, le *stil de grain*. C'est une couleur d'un jaune serin employé comme la gaude pour mettre les parquets en couleur.

GRAISSE, *s. f.* — Virole de cuivre, petit disque ou petit cube de cuivre que l'on rapporte ou que l'on introduit dans une pièce de fer au point où elle porte un tourillon, afin d'adoucir le frottement. — *Boîte à graisse*, petite boîte servant aux ouvriers à graisser les clous, les vis, ou tous objets, afin de faciliter leur introduction dans le bois ou le fer.

GRAISSER, *v. a.* — En termes de marbrier, c'est enduire de mastic gras les agrafes et goujons de fer, afin de les préserver de la rouille; en termes de plombier, *graisser les moules à toile*, c'est y passer du suif fondu, afin que le plomb y coule plus rapidement et ne brûle pas la toile.

GRAISSOIR, *s. m.* — Morceau de drap enduit de graisse dans lequel les plombiers frottent leur plane, pour la rendre plus lisse, avant de la passer dans leur couche de sable.

GRAND-ANTIQUE. — Voy. MARBRE.

GRAND-MILLE. — Les paveurs désignent sous ce terme onze cent vingt-deux pavés qu'on vend pour un mille; tandis que le mille ordinaire ne compte que mille vingt pavés.

GRANGE, *s. f.* — Bâtiment d'exploitation agricole destiné à engranger les gerbes, à battre le blé et enfermer la paille ou les fourrages. — Pendant le moyen âge, les granges étaient élevées comme annexes des abbayes, et souvent, quand elles n'étaient pas enfermées dans leur enceinte, elles étaient parfois fortifiées. Leur plan était généralement de forme rectangulaire divisé en trois nefs, ou en deux seulement par une épine de colonnes (fig. 1).

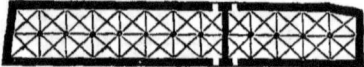

Fig. 1. — Plan d'une grange du moyen âge.

Un côté servait à enfermer les gerbes, et l'autre à la circulation; ce long vaisseau était parfois divisé transversalement par un mur, comme on le voit dans notre figure 1. Dans ce cas, la plus petite portion servait à serrer les grains. Les granges, avec leurs contre-forts,

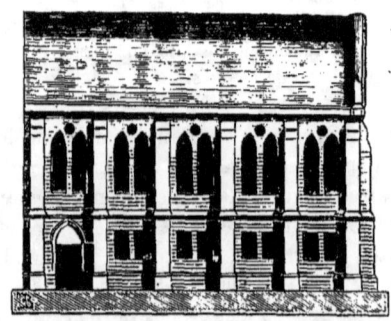

Fig. 2. — Partie d'une grange du moyen âge.

leurs baies et leur toiture élevée, ressemblaient à de véritables églises, comme on peut en juger par notre figure 2, qui montre une ancienne grange du XIII° siècle aujourd'hui démolie.

Les exigences modernes ont nécessité des aménagements et des dispositions particulières que nous ne pouvons indiquer ici que d'une façon très-sommaire. — On doit choisir comme emplacement une exposition fraîche et sèche, suivant les pays. Le nord-est présente beaucoup d'avantages; on doit leur donner des dimensions en rapport avec les récoltes à emmagasiner, ainsi qu'une grande hauteur, afin que les voitures chargées puissent y pénétrer et les traverser au besoin. Les portes doivent avoir cinq et six mètres d'élévation. Aujourd'hui même dans certaines contrées les voitures chargées de gerbes atteignent parfois près de sept mètres de hauteur; on voit donc qu'il est bien difficile de poser des règles fixes au sujet de la hauteur des portes. On devra établir à droite et à gauche des passages un plancher saillant assez élevé pour y décharger directement les gerbes de la voiture. Il est utile également de construire un grenier partiel pour effectuer sans déplacement le dépôt des grains après le battage ; enfin il convient d'établir dans l'intérieur des granges une bonne ventilation, afin de chasser l'humidité. Quand on emploie la vapeur pour faire fonctionner la machine à battre, on doit enfermer le générateur de la vapeur dans un petit local, afin de prévenir tout danger d'incendie. Pour des détails techniques très-complets, nous renvoyons le lecteur à des ouvrages spéciaux, notamment à notre *Traité des constructions rurales,* où nous avons donné de nombreux types de granges en plan, coupe et élévation.

GRANIT ou GRANITE, *s. m.* — Le granit est une roche siliceuse très-dure à structure cristalline; il est composé de quartz, de feldspath et de mica, et, suivant que l'une de ces substances domine plus ou moins dans sa composition, le granit possède telle ou telle autre teinte. Quand c'est le feldspath qui prédomine considérablement, la roche prend le nom de granit porphyroïde. La résistance que les granits possèdent les rende d'un emploi très-utile dans la plupart des parties d'une construction; mais lorsque la distance du lieu d'exploitation rend cette matière trop dispendieuse, on l'emploie utilement à des ouvrages spéciaux.

En France, les granits les plus estimés sont tirés de la Normandie. Ils proviennent des carrières de Flamanville près Cherbourg et de diverses localités des environs de Vire (Calvados), tels que Saint-Pois, Saint-Sever, le Gast, Coulouvray, Ville-Dieu, Saint-Clair, et surtout de Sainte-Honorine-la-Guillaume (Orne). — Le granit de Flamanville ou de Cherbourg présente un mélange de grains blancs rose et gris; ceux de Vire et de Saint-Honorine sont d'un gris foncé ou bleuâtre, ou d'un ton jaunâtre. Ceux qui présentent ce dernier ton sont généralement de qualité inférieure ; tels sont ceux de Reville près Cherbourg. — L'aspect blanchâtre et feuilleté des granits sont des signes caractéristiques d'une qualité inférieure ; tels sont ceux des environs d'Alençon, de Saint-Brieuc, de Dinan et de Saint-Malo. Il existe des gisements de granit dans un grand nombre de localités en France; mais les gisements de beaucoup les plus importants sont en Bretagne, en Normandie, en Auvergne, dans les Vosges, les Pyrénées et les Alpes. On en trouve également en Bourgogne, mais les granits de cette contrée sont plus tendres, ou du moins sont moins durs que ceux des régions plus septentrionales. Leur couleur tire sur le rouge. Dans le Gard, au-dessus d'Anduze, il existe aussi des gisements de granit ; on en trouve aussi en Angleterre, en Allemagne, en Danemark, en Wurtemberg, en Suède, en Russie, en Finlande, au Brésil et au Mexique.

Malgré la distance qui sépare les carrières de granit de Paris, on emploie avec avantage dans cette ville les granits de Normandie et de Bourgogne; on les utilise principalement pour des bordures et des dalles de trottoirs, pour des bouches d'égout, des marches d'escaliers, des bornes, des auges, des cuillers, etc. On taille ordinairement ces pierres à la carrière, à cause de la moindre valeur de la main-d'œuvre et aussi pour diminuer le poids de transport de tous les déchets d'abatage et de taille. Dans les localités où le granit est commun, on l'emploie comme pierre à bâtir ; les gros éclats font d'excellents moellons; brisés en petits morceaux, ils fournissent de très-bons matériaux pour l'établissement des chaussées empierrées. — Beaucoup d'édifices de Normandie et de Bretagne sont entièrement construits en granit ; on peut en voir à Coutances, à Saint-Malo, à Granville, à Avranches et à Caen ; l'abbaye du Mont-Saint-Michel est également construite avec ce matériau. Le granit est employé aussi pour la construction de grands travaux publics, tels que jetées, ports de mer, bassins à flot, ponts, phares, écluses, etc.

Certains granits sont susceptibles de recevoir un beau poli ; ils fournissent alors ce qu'on nomme le *marbre dur*. Leur prix de revient à Paris varie, suivant la qualité, de 190 francs à 250 francs le mètre cube pour les gros blocs, et de 160 fr. à 170 pour la dalle à un seul parement. Le poids moyen du mètre cube est d'environ 2,700 kilogrammes ; on extrait le granit au moyen de coins en acier ; on le taille avec des pics, des pointerolles et des marteaux.

GRAPIERS, *s. m. pl.* — Parties de calcaire trop cuites ou incomplétement cuites, qui ne délitent pas lors de l'extinction de la chaux où ils se trouvent. On doit les rejeter parce qu'à la longue ils absorberaient l'humidité de l'air et en cristallisant ils produiraient des fentes dans les mortiers où ils sont employés. On nomme aussi les grapiers, *biscuits*, *incuits* et *rigauds*.

GRAPHOMÈTRE, *s. m.* — Instrument servant à mesurer les angles sur le terrain, et par conséquent employé pour le lever des plans. Le graphomètre, dont l'étymologie signifie *j'écris la mesure* (γράφω et μέτρον), est une sorte de rapporteur qui rend les mêmes services que l'équerre d'arpenteur, mais le maniement du graphomètre est plus commode et les résultats plus précis ; aussi l'emploie-t-on de préférence pour les opérations compliquées. — Cet instrument (Voy. notre figure), monté sur un pied brisé à trois branches, se meut sur un genou qui facilite sa mobilisation. Il se compose d'un demi-cercle en cuivre divisé comme le RAPPORTEUR (Voy. ce mot) en 180 degrés et quelquefois en 360 demi-degrés, lorsque ce demi-cercle est assez grand pour obtenir cette subdivision. Ce demi-cercle est muni de deux *alidades*, l'une fixe, dirigée sur le diamètre

qu'on nomme ligne de foi, et l'autre mobile sur le point de centre ; enfin les graphomètres portent une boussole qui permet de s'orienter. — Quand on veut mesurer un angle, on pose l'instrument au sommet de l'angle. On s'assure de l'horizontalité du rapporteur à l'aide du *niveau d'eau* à bulle d'air. (Voy. NIVEAU D'EAU.) On dirige le diamètre ou ligne de foi vers le jalon ou signal qui indique la direction d'un des côtés de l'angle, puis on fait tourner l'alidade mobile jusqu'à ce que ses pinnules soient dans l'alignement du signal qui marque

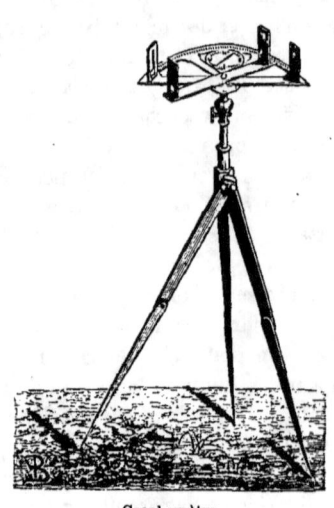

Graphomètre.

la direction du second côté. Le chiffre indiqué sur le limbe par l'alidade est l'ouverture de l'angle cherché. Pour tracer sur le terrain un angle, on opère inversement, c'est-à-dire qu'après avoir indiqué un des côtés de l'angle sur un alignement voulu, on pose l'instrument au point qui deviendra le sommet de l'angle, puis on fait mouvoir l'alidade, jusqu'à ce qu'elle arrive au degré correspondant à l'angle cherché ; c'est dans cette direction qu'on place le signal qui permettra de tracer l'angle sur le terrain.

GRAS. — En général, les ouvriers appliquent cette épithète à toute forme plus grande que la place qu'elle doit occuper ; ainsi en maçonnerie, une pierre a *du gras*, quand elle est trop forte pour remplir la place qui lui est destinée ; en charpenterie, une pièce a *du gras*, si elle est plus forte que de raison, soit dans sa totalité, soit dans l'une de ses parties. Enfin on nomme *mortier gras* celui qui est chargé en chaux.

GRAS-CUIT. — Épithète ou qualification qu'on donne aux objets de céramique qui ne sont pas assez cuits ; c'est l'expression opposée à *fort-cuit*, qui est trop cuit. — Les briques, tuiles ou carreaux *gras-cuits* ne sont pas, en général, aussi colorés que ceux qui sont suffisamment cuits. Ils rendent sous le choc d'un objet en fer un son sourd, presque nul, sont de pâte tendre, et se brisent sous le moindre effort. Ils sont très-sensibles aux agents atmosphériques, absorbent l'humidité et se délitent facilement.

GRASSE (Pierre). — Pierre humide et sujette par conséquent à être détruite par la gelée.

GRATTAGE, *s. m.* — Opération dont le nom indique suffisamment le but; lorsque la matière sous-jacente est entièrement mise à nu, on dit que le grattage a été fait *à vif*. — En général, le grattage est un travail préparatoire qu'on exécute avant de procéder à d'autres travaux; par exemple, avant l'application du badigeon de l'impression, et l'exécution des ravalements sur la vieille pierre. On pratique également le grattage avant de *silicatiser* les pierres. (Voy. Silicatisation.)

En peinture, le grattage est une opération qui a pour but d'enlever à l'aide du *grattoir* les vieilles couches de peinture; quand celles-ci sont à l'huile, on commence par les brûler à l'aide d'un réchaud ou d'une lampe à gaz ou à esprit-de-vin. Pour les surfaces planes, le grattage ne présente aucune difficulté; pour les parties moulurées, il faut, au contraire, opérer avec beaucoup de soins.

En menuiserie, on exécute le grattage pour dresser, unir et affleurer les planches et les bois d'un planchéiage et d'un plancher parqueté. Les parqueteurs qui exécutent ce travail sont nus, ils ne portent qu'un pantalon de toile avec des Genouillères (Voy. ce mot),

et ils grattent le bois mouillé courbés sur leurs genoux.

GRATTE-FONDS, *s. m.* — Outil en fer employé pour le ravalement des murs en pierres de taille; il en existe de formes très-variées qui épousent le contour des moulures, des gorges, etc. Certains gratte-fonds sont unis, mais le plus grand nombre est à dents; on les nomme aussi Grattoirs. (Voy. ce mot.)

GRATTER, *v. a.* — Pratiquer un grattage; mais ce terme s'emploie surtout dans le sens de dégrader avec un bâton les joints d'un pavage afin de voir les pavés qui ont des joints trop larges, afin de les remplacer.

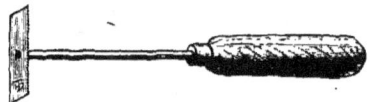

Fig. 1. — Grattoir carré et dentelé à une branche.

GRATTOIR, *s. m.* — Instrument servant

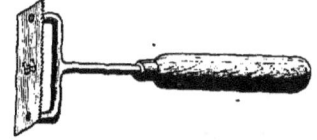

Fig. 2. — Grattoir carré et dentelé à deux branches.

à gratter et qui sert à plusieurs corps d'état.

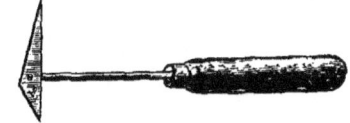

Fig. 3. — Grattoir triangulaire uni.

— Les maçons emploient des grattoirs en

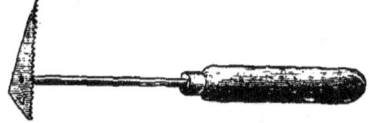

Fig. 4. — Grattoir triangulaire dentelé.

acier; ils sont carrés et dentelés, unis, dentelés

à une (fig. 1) ou deux branches (fig. 2) triangulaires, à lame rivée unie (fig. 3) ou dentelée (fig. 4) ; ils sont coudés, à nez carré (fig. 5),

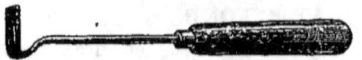

Fig. 5. — Grattoir coudé à nez carré.

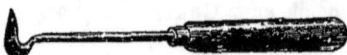

Fig. 6. — Grattoir coudé à nez angulaire.

angulaire (fig. 6), demi-ronds à deux branches

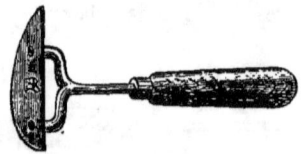

Fig. 7. — Grattoir demi-rond à deux branches et uni.

unis (fig. 7) ou dentelés (fig. 8), à feuille de

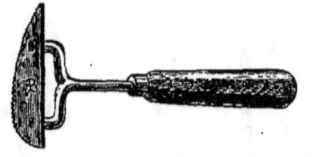

Fig. 8. — Grattoir demi-rond à deux branches et dentelé.

sauge unis (fig. 9) ou dentelés (fig. 10), etc. —

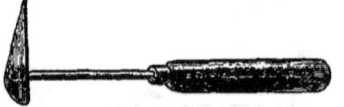

Fig. 9. — Grattoir à feuille de sauge uni.

Les peintres se servent également de grattoirs

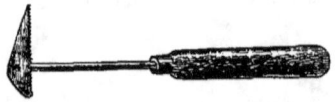

Fig. 10. — Grattoir à feuille de sauge dentelé.

pour gratter les murs et les plafonds, afin de les préparer à recevoir les premières couches de peinture (fig. 11). — Les plombiers se servent de grattoirs pour aviver leur plomb à l'endroit où ils veulent pratiquer une soudure ;

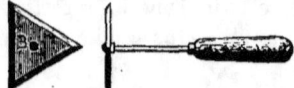

Fig. 11. — Grattoir triangulaire du peintre.

souvent les plombiers emploient comme grattoirs de vieilles limes triangulaires dont ils ont supprimé les dents en les passant sur la meule.

GRAVATAGE, *s. m.* — Pelletage des gravois. — Cette locution, usitée principalement sur les chantiers de démolitions, signifie aussi nettoyage des planchers d'un bâtiment neuf.

GRAVATER, *v. a.* — Pelleter, enlever des gravois.

GRAVATIER, *s. m.* — Entrepreneur qui se charge du transport des terres et des gravois aux Décharges publiques. (Voy. ce mot.) Les gravatiers effectuent également tout autre genre de transport au tombereau ; ils sont souvent entrepreneurs de terrassements. — On nomme encore *gravatier* l'ouvrier qui enlève les gravois et décombres.

GRAVATS. — Ce terme est synonyme de *gravois*, qui est beaucoup plus usuel. (Voy. Gravois.)

GRAVELAGE, *s. m.* — Construction ou chargement d'une chaussée au moyen du gravier.

GRAVIER, *s. m.* — Gros sable mêlé à de petits cailloux. Le gravier sert à faire et charger des chaussées de gravelage et d'empierrement, à sabler les allées des jardins et des parcs ; enfin, bien lavé, le gravier entre dans la confection des bétons et des mortiers. Le poids moyen d'un mètre cube de gravier est de 1,400 kilogr.

GRAVOIS, *s. m. pl.* — Débris de pierraille, de plâtre gâché, de mortier, de plâtras et autres résidus analogues provenant de la construction ou de la démolition d'un édifice, et qu'on emporte généralement dans des tombereaux aux décharges publiques. — Dans tous les travaux produisant des gravois, l'entrepreneur de maçonnerie est tenu d'en débarrasser l'intérieur des bâtiments, mais il lui est tenu compte du nettoyage et de l'enlèvement des gravois. On lui donne généralement des bons, qu'il porte sur ses *attachements écrits*. — La descente des gravois se fait à la hotte ou au moyen de coulisses en bois, rarement par un simple jet à la pelle, car cela produit une poussière à laquelle les voisins peuvent s'opposer. — D'après les règlements de police (ordonnance du 8 août 1829, relative à la sûreté et à la liberté de la circulation sur la voie publique), on ne peut dans les villes déposer des gravois sur la voie publique sans l'autorisation du commissaire de police, et encore ce ne doit être que pendant le moment du chargement au tombereau. Dans tous les cas, la voie publique doit être parfaitement nette à la fin de la journée. L'autorisation de déposer des gravois sur la voie publique n'est accordée qu'aux maisons et chantiers de constructions dans lesquels un tombereau ne peut pénétrer. Le gravatier qui se charge de l'enlèvement des gravois doit veiller à ce que ses charretiers *n'enfaîtent* (ne chargent) pas trop leur tombereau, parce que tout gravois qui pendant son transport tombe sur la voie publique peut faire condamner à une amende l'entrepreneur gravatier.   •

GRAVURE. *s. f.* — Genre de sculpture, ornements sculptés, qui ont peu de profondeur ; les hiéroglyphes, certaines arabesques, les inscriptions sont faites en gravure.

GREC (Art). — La Grèce a occupé et occupera longtemps encore une grande place dans l'histoire de l'art, surtout à cause du magnifique caractère de son architecture. Aussi donnerons-nous à cet article d'assez longs développements, qui permettront au lecteur de se faire une idée du génie grec. Nous examinerons successivement la situation et l'étendue topographique de la Grèce, sa my-

thologie, sa religion, sa civilisation et ses mœurs ; nous donnerons sa chronologie d'après Clinton ; nous étudierons son élégante architecture, ce que pouvait être sa peinture, ce qu'était sa sculpture ; nous donnerons enfin la nomenclature de ses artistes, architectes, peintres et sculpteurs, ainsi que la bibliographie des principaux ouvrages qui traitent des arts de la Grèce.

I. Situation et étendue topographique de la Grèce. — La Grèce est une contrée située au sud-est de l'Europe. En la restreignant aux pays uniquement occupés par la race hellénique, la Grèce ancienne était bornée au nord par les monts Acrocérauniens et Cambuniens, au sud par la Méditerranée, à l'est par la mer Égée, à l'ouest par la mer Ionienne, que Strabon surnomme mer de Sicile. Par les nombreuses découpures de ses côtes, c'était de tout l'ancien monde le pays qui offrait le plus de facilités au développement du commerce et de la marine, et comme le dit Strabon (liv. X, p. 465), « un pays devant lequel s'ouvraient des routes sans nombre. »

Ce qui est fort juste, car ses côtes échancrées présentent un contour qui a plus de 5,000 kilomètres ; quant à sa superficie, elle présente un développement de 5,139 lieues carrées. — La Macédoine, située au nord des monts Cambuniens, bien qu'ayant des rois grecs, n'était pas de la race des Hellènes.

II. Mythologie et religion. — Du XIVᵉ au XIᵉ siècle avant notre ère, c'est-à-dire pendant les *temps héroïques*, la Grèce n'a pour ainsi dire pas de dieux, ce sont des *héros :* ils se nomment Minos, Bellérophon, Persée, Hercule, Thésée, etc.; c'est la religion de l'*anthropomorphisme.* Un peu plus tard les Hellènes prennent pour dieux Zeus (Ζεῦ πατήρ, Jupiter) ; Junon ou Dionée, qui est le féminin de Ζεύς, c'est-à-dire la déesse par excellence : on l'appelait aussi la maîtresse ; Poseidon ou Neptune, Vesta (Ἥρα, Ἑστία), Hermès ou Mercure, Pallas, Athéné ou Minerve, mais tous ces dieux avaient les qualités et surtout les défauts des hommes : ils étaient sensibles à la joie et à la douleur, ils étaient passionnés, colères, haineux, violents, quelquefois même misérables, puisque plusieurs, comme Apollon et Neptune, furent esclaves de Laomédon ; Vulcain et le terrible Mars le furent également. Ils pouvaient même dans les batailles recevoir des blessures. Homère (*Iliade*, v. 364 et suiv.) nous informe en effet que, devant Troie, Vénus, Mars, Pluton, Junon furent blessés par de simples mortels. Aussi ces dieux ressemblent tellement aux hommes que souvent ils sont en rivalité à propos des villes qu'ils protégent, car chaque dieu a ses villes préférées. Minerve protége Athènes, Junon Argos ; à cette époque elle n'était pas encore la femme de Jupiter, c'était une vierge céleste ; Cérès professe ses mystères à Éleusis, c'est là et non ailleurs qu'elle instruit ses initiés ; Apollon rend ses oracles à Delphes, Bacchus s'enivre à Thèbes ; quant à Vénus, c'est dans les îles de Cypre et de Cythère qu'elle aime à prendre ses ébats et à favoriser ses adorateurs. On comprendra facilement qu'une religion qui prêtait aux dieux toutes les faiblesses humaines ne pouvait avoir sur les mortels une grande influence ; aussi les prêtres et les prêtresses avaient placé à côté des dieux les Destins et les Furies : par les premiers on expliquait toutes les choses inexplicables ; la formule *sic fata voluere* était souvent dans la bouche des prêtres. Quant aux Furies vengeresses, elles exécutaient tous les châtiments qu'il plaisait aux dieux d'infliger aux hommes. De sorte que si les Grecs n'avaient qu'une connaissance vague de ce qui se passait dans la vie future, soit aux champs Élyséens, soit aux enfers, ils redoutaient au contraire et grandement les Furies, ces exécutrices sombres et inexorables des ordres célestes. En effet, ces déifications terribles du remords avaient la réputation de poursuivre les malfaiteurs non-seulement pendant leur vie, mais même après leur mort. Ainsi donc, à défaut d'une morale saine et sincère, la religion grecque agissait sur les imaginations en les frappant de terreur, et les impies et les sacriléges avaient toujours devant les yeux ces terribles mégères aux cheveux entrelacés de serpents tenant d'une main une torche et de l'autre un fouet dont les lanières étaient des couleuvres. On voit par là que si les hommes ne craignaient que fort peu

les dieux, ils redoutaient en revanche les exécuteurs de leur justice ; cette pensée se retrouve sans cesse dans les écrits des anciens. Hésiode (v. 213) dit aux rois : « Songez à ces vengeances, car trente mille génies, ministres de Jupiter, ont les yeux fixés sur les actions des hommes, et la Justice, vierge immortelle, est assise à côté du maître des dieux. » — Cinq siècles plus tard, Hérodote (VI, 86) reproduit sous une autre forme la même pensée. La Pythie, consultée à propos d'un dépôt qu'un Spartiate avait l'intention de nier, lui dit : « Songe, misérable, que du faux serment naît un fils sans nom, sans mains, sans pieds, qui d'un vol rapide fond sur le parjure et ne le quitte point qu'il l'ait détruit, lui, sa maison et toute sa maudite race. » — En somme la religion des anciens Grecs est fort obscure ; les dieux et les déesses deviennent de plus en plus nombreux avec le temps, puisque les Grecs déifièrent leurs propres penchants bons ou mauvais, tandis qu'à l'origine les plus anciens habitants de la Grèce, les Pélasges venus d'Asie en Europe, n'avaient guère que onze divinités principales. Ce n'est que postérieurement qu'on ajouta à celles-ci des divinités de deux ordres : celles provenant des colonies de Phénicie, de Phrygie et de Syrie et d'autres contrées ; ensuite les divinités que nous pourrions nommer *autochthones*, parce qu'elles naquirent dans diverses contrées, telles qu'en Thessalie, en Béotie, à Samos, à Rhodes et ailleurs.

III. CIVILISATION ET MŒURS. — Les anciens Grecs se disaient *autochthones* ; de là sans doute l'usage des femmes d'Athènes de porter dans leur chevelure, comme ornements, des cigales d'or pour témoigner que la population d'Athènes était comme la cigale sortie du sol qu'elle habitait. Nous ne pouvons en vouloir aux Grecs d'avoir éprouvé un tel sentiment ; ils ont imité en cela bien des peuples de l'antiquité, qui se sont tous vantés plus ou moins de leur ancienne origine. Il est, du reste, difficile d'admettre et surtout de prouver qu'il existe une communauté d'origine entre les différentes peuplades de la Grèce. Cette agglomération de tribus arriva bien un jour à posséder un air de famille : ainsi les Athéniens, les Béotiens, les Lacédémoniens, quoique d'un tempérament différent, étaient bien frères; ils étaient bien issus d'une même race, ils parlaient bien, à quelques variétés près dans le dialecte, la même langue; cependant ils étaient loin d'être d'accord sur leur origine; et en cela ils avaient bien raison, car nous connaissons aujourd'hui, sans pouvoir affirmer les époques chronologiques, qu'il y a eu plusieurs émigrations en Grèce. Avant cette époque les habitants primitifs du pays se nommaient *Pélasges*. Nous ne pouvons rien affirmer des faits qui se sont accomplis avant et pendant l'époque héroïque, car la fable et la légende se mêlent à l'histoire; mais nous commençons à voir plus clair pendant cette époque et surtout pendant l'époque historique. Or, en nous maintenant sur ces premiers terrains, nous savons que vers le milieu du XVᵉ siècle avant notre ère (nous le verrons au paragraphe de la chronologie), des Égyptiens, des Phéniciens et des Phrygiens étaient venus s'établir sur les côtes de la Grèce, et que ces émigrations furent presque simultanées : elles avaient été provoquées à la suite de collisions survenues à propos de successions dynastiques; dans ces cas, le parti vaincu n'avait qu'un moyen de se soustraire aux rigueurs du vainqueur, c'était de partir, de s'expatrier. Or les historiens s'accordent pour nous informer que les principales colonies étrangères, conduites par Cécrops et Danaüs, s'établirent l'une dans l'Attique, l'autre dans l'Argolide, et que Cadmus, Phénicien d'origine, fonda Thèbes en Béotie. D'autre part, nous savons que Pélops le Phrygien conquit l'Apia et dénomma cette presqu'île le *Péloponèse;* mais déjà la population avait été pour ainsi dire renouvelée par une autre race, celle des Hellènes, qui donna son nom au pays tout entier et fut appelé depuis l'*Hellade*, laquelle comprit quatre subdivisions, celle des Achéens, des Ioniens, des Éoliens et des Doriens. Ici se termine l'âge de formation de la Grèce. Si maintenant nous analysons la civilisation et les mœurs, nous voyons que dans les premiers âges ces mœurs étaient fort simples. L'esclavage n'existait pour ainsi dire que de nom, car les esclaves étaient traités par leurs maîtres comme de simples serviteurs de nos jours; quant à la

femme, elle était honorée et respectée. Les hommes qui voulaient se marier achetaient bien encore leur femme à leur beau-père, puisque nous voyons (*Iliade*, IX, v. 146) Agamemnon dire à Achille qu'il lui donnera en mariage une de ses filles et cela sans exiger des présents; mais enfin les femmes ne sont pas séquestrées comme elles le seront plus tard dans une sorte de harem, le *gynécée*. Elles vont et elles viennent librement par la ville, et s'occupent des travaux manuels. Les filles de roi, comme Nausicaa par exemple, vont à la fontaine pour y puiser elles-mêmes de l'eau; Andromaque panse et donne à manger aux chevaux d'Hector; Hélène et Pénélope filent le lin et la laine, tissent des étoffes et exécutent des broderies. Quel était l'état des arts à cette époque? Hésiode et Homère nous apprennent qu'on entr'ouvrait le sein de la terre avec une charrue dont le soc en bois avait été durci au feu, que le raisin était écrasé grain par grain d'abord à la main, ensuite entre deux grosses pierres, puis foulé au pressoir. La nourriture ne consistait qu'en légumes, en gâteaux d'orge, en poisson frais ou salé; quant au pain de froment (1) et à la viande fraîche, les Grecs n'en mangeaient que les jours où ils offraient des sacrifices aux dieux. Ils travaillaient le bronze, rarement le fer; leur outillage devait être des plus primitifs; cependant nous lisons dans Homère (*Odyss.*, v. 234) qu'ils possédaient la vrille, le rabot, la hache et le niveau. On se demande même comment ils construisaient les vaisseaux et ce que pouvait bien être la marine qui avait servi pour l'expédition de Troie et celle des Argonautes. Tel était l'état de la civilisation et des mœurs à l'époque héroïque, et cependant c'est de cet état rudimentaire que vont sortir dans quelques siècles une civilisation des plus raffinée et des arts si perfectionnés qu'aucun peuple n'a jamais pu surpasser

---

(1) D'après Moreau de Jonnès (*Statist. des peuples de l'Ant.*, t. I, p. 441), l'orge et le froment cultivés en Grèce sont les mêmes variétés qu'on retrouve dans les tombeaux des rois égyptiens. Ces deux céréales sont donc originaires d'Orient. Le seigle et l'avoine, originaires du Nord, ne paraissent pas avoir été cultivés en Grèce.

les Grecs dans le domaine de l'architecture et de la sculpture.

Nous ne suivrons pas cette civilisation à travers les siècles, le cadre de ce dictionnaire ne peut comporter de pareils développements; mais nous parlerons de la civilisation et des mœurs de la Grèce au siècle de Périclès, afin de faire comprendre les changements survenus entre l'époque que nous venons de parcourir et celle dans laquelle nous allons entrer.

Dès le commencement de la guerre du Péloponèse, les Athéniens devinrent tout différents de ce qu'avaient été leurs pères. Tout ce que le législateur avait fait jusque-là pour conserver les bonnes mœurs, tout cela avait été détruit en quelques années, car les conquêtes des Athéniens leur avaient donné des richesses considérables, une puissante marine et un commerce florissant. De cette prospérité naquit un luxe effréné qui amena bientôt une dissolution inconcevable dans les mœurs. Les courtisanes se multiplièrent dans l'Attique et dans toute la Grèce. (Xenoph., *Hist. Græc.*, lib. 5, p. 549; Isocr., *de Pace*, t. I, p. 368; Diodore de Sicile, lib. 14, p. 319.) Périclès, témoin de ce qui se passait, corrompait le peuple pour le gouverner plus aisément, et, suivant, l'expression de Plutarque (*in Pericl.*, t. I, p. 158), il amollissait les Athéniens par une succession rapide de fêtes et de jeux. Il fut admirablement secondé dans sa tâche par une célèbre courtisane, Aspasie, née à Milet en Ionie. Cette femme osa former une société de courtisanes pour la seconder dans son œuvre de dissolution. (Plut., *in Pericl.*, p. 165.) Les poëtes comiques eurent beau se déchaîner contre elle (Cratin., Eupol., *ap. Plut. in Pericl.*, p. 165), Aspasie n'en réunissait pas moins dans sa maison la meilleure et la plus brillante société d'Athènes, qui, pour nous servir d'une expression moderne, donnait le ton à toute la Grèce. C'est alors que la frugalité des ancêtres fut remplacée par les mets les plus recherchés : Aristophane nous en donne la nomenclature; l'ameublement fut des plus riches et l'usage des bains et des parfums, au lieu d'être considéré comme un moyen d'entretenir la propreté et la santé, fut recherché par la mollesse, l'oisi-

veté et la luxure. De ce temps-là, comme dans notre temps, on remarqua le luxe effréné des femmes, et la toilette d'une Grecque était une affaire si considérable que Plaute la compare à l'équipement d'une galère. Enfin, si nous ajoutons que sous Périclès les femmes employaient le fard, se teignaient les cheveux et les sourcils, se servaient de toutes sortes d'onguents et de parfums, et d'essences de l'Arabie, qu'elles possédaient de riches boudoirs dans lesquels elles figuraient avec les plus riches toilettes et les plus belles parures, nous pourrons bien conclure que la civilisation grecque était semblable sinon plus avancée que la nôtre.

IV. CHRONOLOGIE GRECQUE. — Avant d'étudier l'architecture grecque et les arts qui s'y rattachent, nous donnerons, d'après l'Anglais Clinton (1), la chronologie grecque, afin de rappeler à la mémoire de nos lecteurs les grandes périodes qui délimitent l'histoire des Grecs.

Premières populations tartares et aryennes en Grèce, suivies des races sémitiques sur les côtes et dans les îles. Les Pélasges (race mêlée de Tatars et d'Aryens)................. 3000 à 2000
INACHUS, roi d'Argos.......... 1986 ou 1856
OGEN, OGYGÈS, OCÉANUS dans l'Attique pélasgique........................... 1750
DANAUS...................., 1600 ou 1571
CÉCROPS, roi de l'Attique (contemporain d'Aménophis III)........... 1582 ou 1550
CADMUS le Phénicien.................. 1500
La guerre pour chasser les Orientaux (Sémites).
Tétrapole ionique en Attique........... 1420
PÉLOPS (contemporain d'Aménemha, roi de la XIXᵉ dynastie) (2)........... 1300
THÉSÉE. — Expédition contre les Argonautes •........................ 1250
Les Sept contre Thèbes.... 1230 à 1225
Fin de la guerre contre les Orientaux.... 1200
Guerre de Troie............. de 1194 à 1184
Migrations thessalienne et éolienne....... 1124
Migration dorienne. — Établissement de l'esclavage en Grèce................. 1104

(1) Clinton (Henry), *Fasti hellenici* (Oxford, 1827-1830-1834, 3 vol. in-4°). Nous avons apporté quelques modifications dans le travail de Clinton.

(2) Il existe plusieurs rois égyptiens qui portent ce nom. Cf. à ce sujet Paul Pierret (*Dict. d'archéologie égyptienne*, 1 vol. in-12, Paris, 1875).

EURYSTHÈNES et PROCLÈS, rois de Sparte... 1072
CODRUS, roi d'Athènes, sa mort.......... 1068
Migrations des Ioniens de Grèce en Asie. 1044
HOMÈRE écrit l'Iliade. — Prise de Samo-
thrace................................. 1000
Thérogonie d'Hésiode, Panhellènes....... 900
LYCURGUE, le législateur................. 884
Première olympiade................... 776
Première construction du temple d'Éphèse. 768
PHEIDON introduit en Grèce les monnaies,
les poids et mesures..................... 748
Trésor de Myron à Olympie. — La colonne
ionique............................... 648
DRACON le législateur................... 624
AMASIS le Philhellène (1), roi d'Égypte
(XXVIᵉ dynastie)..................... 570
PISISTRATE (premier règne)............. 568
Papyrus connu des Grecs............... 565
PISISTRATE (second règne). Incendie du
temple de Delphes................... 548
PISISTRATE (troisième règne). Pythagore à
Crotone............................... 540
ESCHYLE le poëte (sa naissance)......... 525
PINDARE le poëte (sa naissance)......... 522
PYTHAGORE (sa mort)................... 499
SOPHOCLE le poëte (sa naissance)......... 495
Bataille de Marathon................... 490
HÉRODOTE l'historien (sa naissance). ES-
CHYLE (son premier succès).......... 484
Bataille des Thermopyles; incendie d'A-
thènes par les Perses; EURIPIDE (sa nais-
sance)................................. 480
SOPHOCLE, son premier succès........... 468
HÉRODOTE lit les œuvres de SOPHOCLE aux
jeux Olympiques................... 458
PÉRICLÈS, administrateur de la république. 444
Commencement de la guerre du Péloponèse. 431
PÉRICLÈS (sa mort). PLATON (sa naissance). 429
HÉRODOTE (sa mort)................... 408
EURIPIDE (sa mort)................... 406
Fin de la guerre du Péloponèse......... 403
ARISTOTE (sa naissance)............... 384
ARISTOTE vient à Athènes............... 368
Bataille de Mantinée................... 362
MAUSOLE (sa mort)................... 353
Bataille de Chéronée................... 338
ALEXANDRE traverse l'Hellespont........ 334

ARISTOTE revient à Athènes............ 334
DINOCRATE. — Fondation d'Alexandrie... 332
DARIUS (sa mort)..................... 330
DÉMOSTHÈNE et ARISTOTE (leur mort).... 322
ACRAGAS se soumet aux Romains........ 262
ARCHIMÈDE (sa mort)................. 212
PERSÉE combat les Romains........... 171
MUMMIUS incendie Corinthe. — La Grèce
province romaine................... 146

V. ARCHITECTURE. — On a dit et on a répété bien souvent que l'architecture a été la mère et pour ainsi dire l'initiatrice des autres arts qu'elle a précédés. Jamais ce fait ne s'est montré avec plus d'évidence chez un peuple que chez les Grecs. Au début de leur civilisation, les premières constructions ne sont guère que des travaux militaires, des murs d'enceinte; plus tard, sous les Pisistratides, l'architecture devient assez florissante, car ces tyrans ne craignirent pas de faire de grandes constructions, afin de ruiner le peuple pour le gouverner plus facilement; mais elle n'atteint son plus beau développement que sous la république, sous Périclès. La grande liberté laissée aux artistes à cette époque fut sans aucun doute la cause première des splendeurs monumentales de la Grèce. La sculpture ne se développa que bien après l'architecture, mais avec Phidias elle atteint à son apogée; enfin la peinture ne brilla d'un vif éclat que sous Alexandre avec Zeuxis et son école. Telle a été la marche générale des arts dans la Grèce. Nous allons maintenant étudier les différentes phases de l'architecture avec quelques développements; nous traiterons ensuite, mais brièvement, de la sculpture et de la peinture.

Les premiers habitants de la Grèce, les Pélasges (mélange de Tatars et d'Aryens), n'ont exécuté que des constructions dites *pélasgiques* ou *cyclopéennes*, ce sont en général des murs et des enceintes de villes, des silos, quelques tombeaux et des canaux souterrains. Les ACROPOLES (Voy. ce mot) sont de beaucoup les constructions les plus importantes; nous en avons parlé en son rang; quant aux canalisations, une des plus anciennes, qui paraît remonter à une très-haute antiquité, c'est un canal créé dans le but de déverser le trop-plein des eaux de la ville de Phénéos dans les

---

(1) Amasis fut surnommé le *Philhellène* parce qu'il donna l'hospitalité aux Grecs à Naucratis, dans le nome Saïte. Ce roi couvrit l'Égypte de beaux monuments; il construisit un sanctuaire à Isis, érigea trois colosses de granit devant le temple de Ptaph et agrandit le temple de Saïs. Amasis avait usurpé le trône à Apriès.

gouffres situés au pied des montagnes où le Ladon prenait sa source. (Pausanias, liv. 8, ch. 14, p. 627.) Mais le sentiment du beau, la recherche et le goût n'ont rien à voir dans ces travaux de défense et d'utilité publique, ils n'appartiennent pas à l'architecture proprement dite, ce ne sont que des travaux lourds et massifs dans lesquels l'art n'intervient que d'une manière tout à fait secondaire. L'architecture qui présente un beau caractère, l'architecture vraiment digne de ce nom, ne fait son apparition en Grèce qu'en 768, c'est-à-dire avec la construction du premier temple d'Éphèse ; mais nous ne connaissons les travaux d'art de cette époque que par les livres des auteurs anciens ; et nous devons ajouter encore que ces témoignages sont souvent fort obscurs. Ce n'est guère qu'à partir des Pisistratides, c'est-à-dire 568 ans avant l'ère vulgaire, que nous commençons à démêler le vrai du faux et à nous faire une idée assez nette de l'architecture grecque. Néanmoins, dans la suite de notre travail, nous nous servirons d'éléments beaucoup plus anciens, quand ceux-ci nous permettront de corroborer certains faits. Ainsi, par exemple, il résulte des livres d'Homère que l'art grec déjà à cette époque se ressent d'une influence orientale, et cependant les Grecs ont toujours nié leur parenté avec l'Orient, et se sont toujours attribué tous les mérites de leur art. Or nous savons aujourd'hui, et cela d'une manière certaine, irréfutable, grâce aux découvertes archéologiques, que l'influence orientale africaine et asiatique a prédominé surtout dans leur architecture. Il ne pouvait en être autrement, puisque les plus anciens habitants de la Grèce étaient venus de l'Inde par l'Asie Mineure et les îles de l'Archipel ; ultérieurement, c'est-à-dire 1104 ans avant J.-C., une migration dorienne arrive en Grèce également de l'Orient, bien que ne suivant pas la même route. En effet, les Doriens (οἱ Δωριεῖς, les lanciers) pénètrent dans cette contrée par le Caucase, c'est-à-dire par le nord de l'Europe, par les rives septentrionales du Pont-Euxin (mer Noire). — Du reste, tout le monde reconnaît la corrélation qui existe entre l'architecture grecque et l'architecture égyptienne ; auprès d'Épi-

daure et d'Argos, il existe même des débris de pyramides qui par leur structure rappellent celles de l'Égypte ; les monuments de Mycènes, surtout la porte des Lions, les pierres sculptées provenant de Mycènes (1) qui sont au *British Museum*, ainsi que les tombeaux archaïques et les vases qu'ils contiennent, tout cet ensemble démontre la filiation, la parenté de l'art grec avec l'art oriental. M. Guigniaut (*Notes à Creuzer*, t. II, p. 1063-4) reconnaît cette influence, « caractérisée, dit-il, dans ces représentations d'animaux fabuleux, de chasses, de combats fantastiques, ces ornements bizarres formés de plantes et accompagnés de symboles évidemment asiatiques, que l'on remarque sur une classe entière de vases peints les plus anciens et sur beaucoup d'autres objets d'art ciselés et gravés que l'on a découverts dans les tombeaux d'Étrurie... La chimère, les gorgones, les centaures et les griffons, le sphinx femme et lion, le cheval ailé Pégase, que l'on vient de retrouver tous deux parmi les sculptures assyriennes de Nimroud, sont des emprunts de ce genre, passés des traditions sur les monuments, quelquefois aussi des monuments dans les traditions. Les plus vieilles monnaies grecques, celle d'Égine, de Corinthe, d'Athènes, remontant aux premières olympiades, offrent dans leurs types symboliques la trace de ces emprunts faits à l'Asie Mineure à la Phénicie, à l'Assyrie. »

Les monuments de la haute Asie, et principalement de l'Assyrie, qui fut en contact avec les Lydiens, nous fournissent encore des preuves de l'influence orientale sur l'art grec. Ce point une fois bien établi, nous ne nous occuperons plus que des éléments qui entrent dans la composition de l'architecture. — Les Grecs ont employé la colonne et le pilier comme *support* et le linteau et la plate-bande comme traverse ; ils n'ont jamais employé l'arcade. Leur ordre le plus ancien, le dorique, est comme le pilier et la plate-bande une importation étrangère ; ils ont beau dire que l'inventeur de ce type columnaire de l'âge

---

(1) Cette ville a été fondée 1500 ans av. J.-C. Voy. les origines de Mykêne (Mycènes) dans V. Grote, *Hist. de la Grèce*, trad. de Sadous, t. I, p. 106.

héroïque aurait été Dorus ou Dôros, fils d'Hellen, auquel on attribuait le temple primitif de Junon Argienne, nous ne pouvons croire en ceci les Grecs, puisque nous trouvons le prototype du dorique grec dans le tombeau de Beni-Hassan en Égypte, tombeau d'une époque très-ancienne, tandis que l'ordre dorique ne fit son apparition en Grèce qu'au XIIᵉ siècle avant notre ère. On doit donc reléguer au nombre des fables ce que Vitruve (IV, I, 3) nous raconte à ce sujet, surtout quand il ajoute que « ce prince fit bâtir à Argos un temple de Jupiter qui présenta par hasard toutes les dispositions de l'ordre dorique et qui servît dans la suite de modèle aux architectes grecs. » Certes, on prétend que le hasard fait beaucoup de choses, mais nous nous refusons à croire qu'il puisse créer un ordre d'architecture si beau et si parfait. N'est-il pas plus simple d'admettre que les Grecs l'avaient imité d'un autre peuple ? Cette supposition ne leur ôte pas le mérite d'avoir perfectionné et même singulièrement amélioré un type d'architecture. Ce qui prouve encore que le type dorique n'est pas né *par hasard* et tout d'un coup, c'est qu'au VIᵉ siècle le fût de la colonne est excessivement renflé, il est même assez étranglé au-dessous des annelets du chapiteau ; mais au fur et à mesure que l'architecture progresse et se perfectionne, le renflement de la colonne (εὐταξίς) s'amoindrit et finit presque par disparaître à la belle époque, au siècle de Périclès : ainsi au Parthénon il n'est que de $\frac{1}{548}$ de la hauteur totale du fût de la colonne. Nous devons encore reléguer au nombre des fables une opinion fort accréditée qui prétend que les beaux temples grecs ne sont que la reproduction des premiers édifices en bois construits en Grèce. Vitruve (l. IV, c. II) a le premier développé cette théorie, qui a été acceptée trop facilement par beaucoup d'auteurs modernes. Or les règles de la construction, le bon sens, l'originalité des Grecs, tout en un mot rend inadmissible une pareille supposition ; elle a été réfutée par de nombreux auteurs, et cette théorie a été reléguée avec tant d'autres au nombre des fables . Notre confrère Charles Chipiez (*Histoire critique des ordres grecs*, p. 207 et suiv.) a parfaitement démontré, selon nous, que les formes des membres du temple dorien ne peuvent s'expliquer par l'imitation des éléments qu'on retrouve dans les constructions en bois. Après avoir cité les maisons en bois de la vallée du Xanthe et avoir établi, à l'aide des travaux de Felow et Ch. Texier, l'invariabilité des constructions chez les habitants de la vallée du Xanthe, il conclut que ces cabanes, de types très-différents, offrent un aspect qui au premier abord paraît avoir quelque similitude avec celui d'un temple. Un prodomos les précède et quelquefois un pterôma les entoure. Mais, construites en maçonnerie, en bois, et d'une manière rudimentaire et

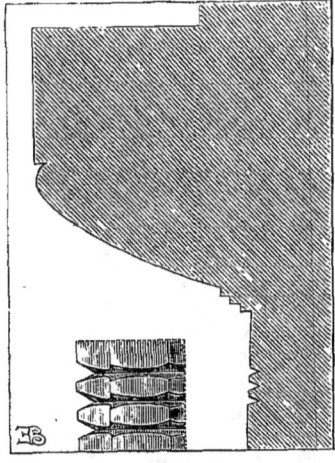

Fig. 1. — Profil d'un chapiteau dorique avec un détail des annelets.

quelque peu sauvage, elles sont uniformément couvertes en terrasses.

Il est donc inutile d'y chercher le principe du fronton ; l'art du charpentier y est resté étranger. Aucune pièce de bois n'est unie par des assemblages.

Nous avons dit un peu plus haut que la colonne était le support vertical ; nous ajouterons ici que ce support présente le plus de résistance à la pression perpendiculaire dans un moindre volume possible. Dans les monuments de la belle époque, la colonne (στύλος) repose sur un soubassement (στερεοβάτης) qui sert pour ainsi dire de socle à l'édifice. Dans ces conditions, si la colonne était de même largeur dans toute sa hauteur, elle paraîtrait par le fait d'une illusion d'optique plus large à son sommet qu'à sa base; c'est pourquoi tous les architectes ont pratiqué vers le haut de la colonne une diminution, et celle-ci est d'autant plus considérable que la colonne est plus haute. Cet amincissement est très-caractérisé dans certains types égyptiens. En outre, le renflement a pour objet de détruire un effet plus singulier encore, celui de la concavité; car chacun sait qu'un corps vertical très-élevé, et limité par une ligne droite, paraît concave sur ses côtés. Les colonnes doriques offrent

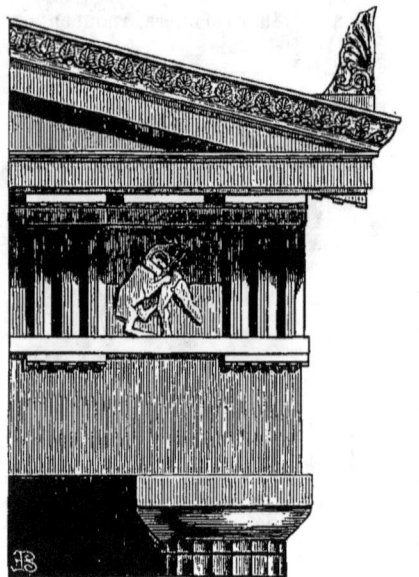

Fig. 2. — Entablément du temple de Thésée, à Athènes.

encore une particularité, celle d'être cannelées *à vive arête* dans toute leur hauteur. Le nombre des cannelures est variable; le type canonique, comme au temple de Corinthe, en compte vingt. A Assos nous n'en trouvons que douze, seize à Syracuse, et jusqu'à vingt-quatre au grand temple de Pestum. Ces cannelures ont pour objet de diminuer la lourdeur de la colonne, tout en leur donnant une grande fermeté. Nous retrouvons également des cannelures dans les fûts de colonnes de l'Égypte et de la Perse. Les Grecs taillaient la cannelure sur place, au moins certains édifices semblent en témoigner. Bâtissier (*Hist. de l'art monumental*, p. 162) nous informe que dans les

temples de Némésis à Rhamnunte, le portique de Cérès à Éleusis, le temple de Délos, les cannelures ne sont indiquées qu'au haut des colonnes; ce qui prouve qu'on ne les taillait que sur place et que ces édifices n'ont pas été terminés. Généralement les colonnes doriques ne portent pas de base; nous ne connaissons que trois exemples de bases placées sous les colonnes de cet ordre, au temple de Jupiter à Agrigente, au pronaos du temple de Minerve à Syracuse, ainsi qu'à celui du petit temple de Pestum. Quant à la hauteur totale des colonnes doriques, les plus courtes que l'on connaisse, comme au temple de Minerve à Syracuse, à Corinthe et à Ségeste, elles ont un peu plus de quatre diamètres; au contraire, au temple de Thésée, au Parthénon, aux propylées d'Athènes, elles ont cinq diamètres et demi de hauteur. — Le chapiteau dorique se compose d'un tailloir (πλίνθος), d'une ÉCHINE (Voy. ce mot) ordinairement lisse, quelquefois décorée d'oves comme au temple de Jupiter Panhellénien à Égine, et l'astragale est remplacée

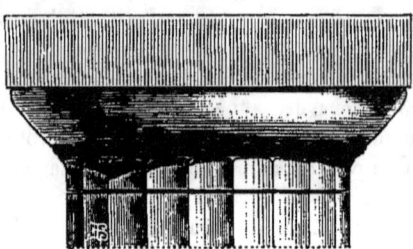

Fig. 3. — Chapiteau du temple de Thésée, à Athènes.

par trois ou cinq annelets ou listels (δακτύλιοι) qui entourent le fût; le gorgerin ou colarin du chapiteau n'est pas orné, seulement les cannelures du fût arrivent jusqu'aux listels, et une simple rainure sépare le chapiteau du fût de la colonne. (Voy. ORDRES.)

Dans les quatre volumes de ce Dictionnaire le lecteur trouvera de nombreux spécimens de l'art grec, notamment aux mots ACROPOLE, CHAPITEAU, ENTABLEMENT, LAMPES, PATÈRE, TEMPLE, VASES, etc.; mais nous ne saurions terminer l'histoire du chapiteau dorique sans présenter aux lecteurs quelques exemples. Notre figure 1 montre le profil d'un chapiteau dorique avec un détail des annelets à une assez grande échelle ; notre figure 2, l'entablement du temple de Thésée à Athènes, qui fut bâti vers l'an 465 avant l'ère vulgaire ; la figure 3, un chapiteau du même temple à grande échelle ; la figure 4, l'entablement du temple de Sé-geste, qui n'a jamais été terminé. Ce temple est *hexastyle* et *périptère*, c'est-à-dire qu'il a six colonnes sur sa façade et qu'il est entouré d'un péristyle. La figure 5 fait voir à grande échelle un chapiteau de ce temple. Notre plan-che en couleur XLVIII montre divers dé-

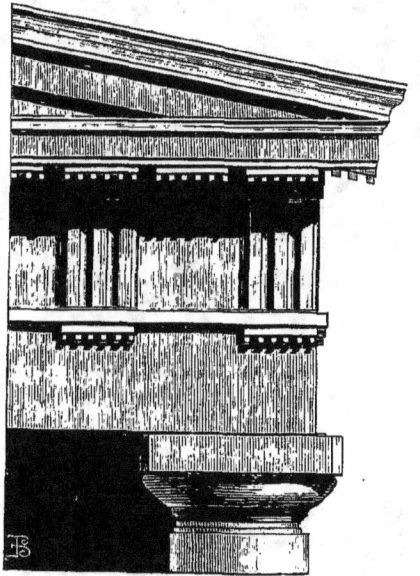

Fig. 4. — Entablement du temple de Ségeste.

tails de l'art grec de la belle époque, ce sont : l'entablement du temple de la Victoire aptère, un chapiteau des propylées d'Éleusis, le pa-nicule ou amortissement qui couronne l'édi-cule élevé en l'honneur du chorége Lysicrates, enfin diverses figures ainsi que des vases grecs.

Passons à la colonne ionique. Vitruve (IV, 1, 7) nous apprend qu'elle fit son apparition après la colonne dorique; elle serait d'origine orientale ; les Ioniens d'Asie, ayant voulu élever un temple (probablement celui de Diane d'Éphèse, nous allons le voir bientôt), imitè-rent dans cette nouvelle construction les proportions plus sveltes de la femme (c'est toujours Vitruve qui parle). Que dès le prin-

cipe ils donnèrent huit diamètres à la hau-teur de la colonne, qu'ils y ajoutèrent une base qui représentait la chaussure ; qu'ils décorèrent les chapiteaux de volutes figurant des cheveux nattés et enroulés, qu'enfin ils exécutèrent le long des fûts des cannelures pour rappeler les plis des vêtements de la femme. La comparaison de Vitruve peut être fort gracieuse, mais elle n'est pas juste; car d'après cet auteur beaucoup d'archéologues ont dit que si l'ordre ionique est femelle, l'ordre dorique est mâle; or rien n'est plus faux, car dans la nature généralement le mâle n'est pas plus petit que la femelle ; or, le dorique n'ayant que quatre ou cinq diamètres de hauteur et l'ionique un minimum de huit, il s'ensuivrait, si la comparaison de Vitruve était juste, que l'homme aurait la taille moitié moins élevée que celle de la femme, ce qui est faux. Il ne faut donc attacher aucune importance au dire de Vitruve. Ce que nous pouvons affirmer, c'est

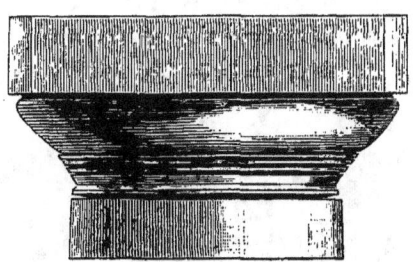

Fig. 5. — Chapiteau du temple de Ségeste.

qu'en Grèce l'ordre ionique remonte à une très-haute antiquité, puisque Pausanias ap-plique cette épithète d'*ionique* à l'une des salles du trésor de Myron, édifice construit dans l'Hellade avant la fondation du deuxième tem-ple d'Éphèse. Pline (XXXVI, 56, 2), de son côté, nous informe que cet ordre fut appliqué pour la première fois au temple de Diane d'É-phèse. Or ce premier temple fut construit vers l'an 580 avant l'ère vulgaire. — Vitruve donne sur cet ordre des notions beaucoup plus pré-cises que sur l'ordre dorique. — Le fût des colonnes ioniques est cannelé, mais les canne-lures, au nombre de vingt-quatre, ne sont pas séparées par une vive arête, mais par une côte plate nommée *canne*. Leur courbe est plus ou

ART GREC

moins concave; elle décrit souvent un demi-cercle. La cannelure ionique était connue des Assyriens; M. Place (*Ninive et l'Assyrie*, pl. 34) a découvert à Ninive une stèle quadrangulaire dont les quatre faces portent des cannelures ioniques. (Voy. ORDRES et TEMPLE.) On retrouve l'ordre ionique dans un grand nombre d'édifices, aux temples d'Érecthée et de Minerve Poliade à Athènes, au temple de Minerve à Priène, au petit temple des bords de l'Illysus dans l'Attique, au temple de Junon à Samos et dans beaucoup d'autres monuments.

L'ordre corinthien a été appliqué en Grèce à un petit nombre d'édifices, à la tour des Vents et au monument choragique de Lysicrates à Athènes, à quelques tombeaux de l'île de Théra; enfin, dans les ruines du temple d'Apollon à Bassæ, on a découvert un chapiteau corinthien qui devait appartenir à une colonne isolée située au milieu du temple. Tels sont les seuls vestiges de la colonne corinthienne en Grèce.

TEMPLES. — Les premiers temples de la Grèce furent en bois, ensuite ils furent de bois et recouverts de métal, puis de bois et de pierre, enfin ils furent bâtis en pierre ou en marbre. Leur situation et leur orientation étaient déterminées suivant les divinités auxquelles ils étaient consacrés. Mercure avait son temple au forum; Hercule, au gymnase; Cérès, en rase campagne. Jupiter, Junon et Minerve possédaient leur sanctuaire sur les points les plus élevés de la cité; Esculape avait le sien sur des collines isolées; et Mars, Vénus et Vulcain, les gardiens de la cité, avaient leur temple situé auprès des portes de la ville. Le temple proprement dit, ναὸς, occupait un rectangle allongé; il était souvent entouré d'une enceinte sacrée, ἱερὸν. Au-devant du temple proprement dit, il existait un autel sur lequel on immolait les victimes, et l'espace qui entourait celui-ci se nommait τέμενος. Suivant ses dispositions architectoniques, le temple portait différents noms. (Voy. TEMPLE.)

Pour les autres monuments, nous renvoyons le lecteur aux mots ACADÉMIE, AMPHITHÉATRE, THÉATRE, ODÉON, etc.

Pour nous résumer sur l'architecture grecque, nous dirons que les Grecs surent s'appro-prier admirablement les matériaux de l'art oriental; dans le domaine de l'ornementation, ils empruntent bien à cet art certaines combinaisons de lignes, des germes de décoration, mais ils régularisent tout, ornements, colonnes, profils, filets, moulures, architrave, entablement, et ils établissent des principes invariables qui président à la création de ces divers éléments de l'architecture; ils étudient tous ces détails avec tant de finesse et de goût, ils font passer tant de leur originalité, tant de leur personnalité dans leur sœuvres, qu'ils créent un style original qui leur est propre et qui plus tard sera copié par de nombreuses générations. La conquête de la Grèce par les Romains porta un coup fatal à son art, surtout à son architecture, qui, fusionnant avec celle des vainqueurs, créa le style gréco-romain, dont nous parlons au mot ROMAINE (*Architecture*).

VI. PEINTURE. — Aucune œuvre peinte par des artistes grecs n'est parvenue jusqu'à nous. Pour en parler, nous sommes donc obligés de recourir aux traditions et aux opinions inscrites dans les auteurs anciens, et de juger ce que pouvait être la peinture grecque de la belle époque par les peintures beaucoup plus récentes des villes gréco-romaines ensevelies sous les laves et les cendres du Vésuve. Il est bien difficile d'assigner une date aux commencements de la peinture en Grèce; on peut supposer, avec quelque apparence de raison, que cet art dans son début fut intimement lié à la céramique, à la sculpture, à l'architecture; il resta un laps de temps considérable avant de s'élever au niveau de la sculpture. A en juger par quelques lignes de Cicéron, il semblerait que les premiers tableaux furent monochromes et qu'ultérieurement on employa plusieurs couleurs. « Les modernes, dit-il, l'emportent par la variété et le charme du coloris; et cependant le plaisir, le ravissement que nous causent à première vue leurs ouvrages, n'est pas de longue durée, tandis que les teintes sombres, dures et presque sauvages des anciennes peintures nous attachent et nous enchantent à un point que je ne saurais dire. » Il est probable que, dans les peintures que nous appellerons *hyper-*

antiques, les personnages devaient être disposés à la suite des uns des autres comme dans les bas-reliefs, et qu'à cette époque la correction du dessin était la plus grande, la seule préoccupation des artistes, qui négligeaient complétement la couleur ; la peinture devait remplacer souvent dans les monuments les bas-reliefs ; elle dut rester longtemps stationnaire, puisque nous savons que Polygnote, qui vivait aux temps de Cimon, trouva presque dans l'enfance l'art de peindre, et ce fut lui, Micon et Panænus qui transformèrent cet art et créèrent la peinture d'histoire, puisque dans les travaux que Polygnote exécuta sur les murs de la Lesché de Gnide et du Pœcile d'Athènes il avait représenté des scènes de l'Odyssée et la lutte des Grecs avec les Perses. Jusqu'à Apollodore il paraît que les artistes grecs peignaient sans se préoccuper des effets de la perspective et du parti avantageux qu'on pouvait en tirer. Ce fut cet artiste qui accomplit le premier cette révolution en peinture et qui créa de nombreux artistes, car vers la fin de son siècle, c'est-à-dire vers la fin du vᵉ siècle, il existait de nombreuses écoles rivales, dont les plus connues étaient l'école d'Ionie, l'école de Sicyone et l'école attique. Zeuxis et Parrhasius étaient les chefs de la première école. A la tête de l'école de Sicyone, de beaucoup la plus célèbre et la plus avancée, se trouvait Pamphyle, qui eut pour élève et successeur, au commencement du ivᵉ siècle, Apelles, le plus célèbre peintre de l'antiquité, le créateur de la *Vénus Anadyomène*.— Les procédés de peindre des anciens étaient de deux sortes : ils connaissaient la peinture à la cire (*encaustique*) et la peinture à FRESQUE. (Voy. ce mot.) — Sous Alexandre le Grand, la peinture prit un grand essor ; on créa même un nouveau genre, la *mosaïque*, qui fut d'abord exécutée sur le sol, puis ensuite sur les murs, où encaustiquée elle simulait de magnifiques peintures. On donne comme mosaïque de cette époque la célèbre mosaïque de Pompéi, connue sous le nom de *Bataille d'Arbelles*, que la plupart de nos lecteurs ont sans doute admirée dans le musée national de Naples. Lors de la conquête de la Grèce par les Romains, tous les tableaux que

nous nommons aujourd'hui de chevalet furent transportés à Rome, et tout le monde se rappelle l'anecdote du général romain Mummius qui, traitant avec un entrepreneur de transports, lui dit de bien prendre ses mesures pour ne pas détériorer les tableaux, sans quoi il le condamnerait à les refaire.

VII. SCULPTURE. — Si les sculpteurs grecs ont atteint dans leurs œuvres un niveau si élevé, ils le doivent sans aucun doute à la mythologie de leur pays, qui présentait à leur imagination les types les plus divers. On retrouve, en effet, dans les divinités de la Grèce tous les types, depuis la beauté idéale la plus pure et la plus parfaite jusqu'à la laideur la plus caractérisée et la plus sensuelle. Tous les auteurs de l'antiquité s'accordent à dire que les Grecs au début de leur civilisation n'eurent d'autres statues que celles des dieux, lesquelles étaient enfermées dans des sanctuaires et complétement inaccessibles à la vue de tous, les dieux ne se mettant en communication qu'avec les prêtres. Aussi, dans ces temps primitifs, les idoles étaient des images et des représentations grossièrement sculptées dans un tronc d'arbre, dans un bloc de pierre. Plus tard, quand les dieux parurent aux yeux de la foule soit au devant de leur temple, soit dans les places publiques, leurs statues furent si belles, si parfaites dans leurs formes, que le peuple n'adorait plus la divinité elle-même, mais sa représentation.—Dans l'antiquité, l'art du sculpteur comprit de bonne heure la *statuaire*, le *bas-relief*, la *céramique*, et la *toreutique*, ou l'art de repousser et de ciseler les métaux. Les plus anciennes œuvres de sculpture dont il soit fait mention sont celles qui d'après Homère existaient sur le bouclier d'Achille. Nous supposons que ces œuvres n'étaient pas aussi parfaites que le dit le poëte, qui ne les décrivait sans doute que d'après sa belle et vaste imagination ; sans cela, même dans les temps primitifs, la toreutique aurait atteint son apogée, ce qui évidemment ne peut pas être, puisque les sculpteurs n'avaient alors que des instruments tout à fait imparfaits. Le véritable ouvrage des temps héroïques, le plus ancien qu'il existe, est le couronnement de la porte de Mycènes, qui représente deux lions debout s'appuyant par leurs pattes de devant sur une colonne. Euripide (*Herc. en cour.*, v. 948) nous apprend que les murs de Mycènes avaient été bâtis d'après la règle phénicienne; on peut donc en conclure que les lions de la porte de Mycènes sont le morceau de sculpture grecque le plus ancien qu'il existe jusqu'à ce jour. Les premières statues des Grecs, les idoles, ressemblaient beaucoup à celles des Égyptiens; elles en possédaient la roideur, l'immobilité; leurs yeux étaient à peine ouverts, ou portaient le caractère d'une grande fixité; les bras et les mains étaient collés le long du corps; les jambes étaient réunies, souvent même elles disparaissaient comme dans une gaîne qui ne laissait dépasser à son extrémité que les pieds. Tel était, en général, le caractère de l'art hiératique de la première période sculpturale chez les Grecs. Pendant une seconde période, c'est-à-dire pendant près d'un siècle (de 560 à 440 environ), l'art se vulgarise de plus en plus; nonseulement il se fonde des écoles qui se disputent les prix, mais de contrée à contrée, de cité à cité, le peuple se passionne pour les belles œuvres de la sculpture, qui se modernise pour ainsi dire en rejetant les formes froides du passé, de la sculpture égyptienne. C'est alors qu'on délaisse le bois et qu'on taille les belles statues et les bas-reliefs dans le marbre; on ajoute à celles-ci l'or, l'ivoire et les pierres de couleurs, pour relever encore les beautés plastiques de la sculpture; enfin la sculpture grecque, dans une troisième époque, sous le siècle de Périclès, brille du plus vif éclat avec Phidias, chef de l'école attique, et Polyclète, chef des écoles de Sicyone et d'Argos; et leurs continuateurs, Lysippe, Praxitèle, Scopas, Polyclès et d'autres encore. — Aujourd'hui les principaux musées possèdent des œuvres des sculpteurs grecs, surtout de la dernière période, c'est-à-dire de la belle époque.

VIII. ARTISTES GRECS. — Nous donnons ci-dessous la liste des artistes grecs, architectes, peintres et sculpteurs, et nous mettons en regard le siècle pendant lequel ils ont vécu. Pour beaucoup, il est bien difficile de préciser l'époque de leur existence, surtout antérieurement aux ve et ive siècles; quand nous ne connaissons que le nom d'un artiste, sans connaî-

tre le siècle où il a vécu, nous remplaçons le chiffre par un point d'interrogation.

ARCHITECTES.

	Siècles av. J.-C.
Agamèdes de Thèbes	Xe
Agatharque, architecte scénique	ve
Antimachide	vie
Antistate	vie
Archias	ve
Calleschros	ve
Callias d'Arade, architecte-mécanicien	iiie
Callicratès	ve
Carpion	ve
Chersiphron de Cnosse	ive
Corœbus	ve
Dinocratès	ive
Diognète de Rhodes, architecte et mécanicien	iiie
Epimaque » »	iiie
Eupalinus	viiie
Gitiadas	ixe
Hippodame de Milet	ve
Ictinius	ve
Mandroclès	ve
Memnon	vie
Mnésiclès	ve
Métagène de Cnosse	ive
Métagène de Xypète	ve
Phéax	ve
Philon	iiie
Phyteus	ive
Porinus	vie
Rœcus, fondeur et architecte	viie
Satyrus	ive
Sostrate de Cnide	iiie
Spintharus	vie
Trophonius	?
Xenoclès	ve

PEINTRES.

Aglaophon	ve
Alcimaque	vie
Alcisthène, femme peintre	vie
Androcide	ive
Antidote	vie
Antiphile	ive
Apelles	ve
Apollodore d'Athènes	ive
Arcesilaüs de Paros	ve
Aristarète, femme peintre	ive
Aristocle de Cydone	viiie
Aristolaüs	ive
Aristophon	ive
Asclépiodore	ive
Brietes	ve
Bularque	viiie
Caladès	ive
Calliclès	ive

	Siècles av. J.-C.		Siècles av. J.-C.
Calypso, femme peintre.	IV°	Bryaxis	IV°
Céphisodore	III°	Bupalus de Chio.	VI°
Charmadas.	IX°	Callistèle	V°
Cimon	VIII°	Callon d'Égine.	IV°
Cléophante	IX°	Callon d'Elis.	V°
Cydias de Cynthos.	IV°	Canachus de Sicyone.	IV°
Démophile d'Himère.	V°	Canthare de Sicyone	V°
Denys de Colophon.	V°	Céphisodore	III°
Dinias.	IX°	Céphisodote d'Athènes.	IV°
Echion, peintre et statuaire.	IV°	Cléarque de Rhegium.	IV°
Evenor d'Éphèse.	V°	Cléon de Sicyone.	V°
Eubule.	IV°	Critias, dit *Nesiôte* ou l'insulaire.	V°
Eumare.	IX°	Daméas de Crotone.	IV°
Euphranor, peintre et statuaire.	IV°	Damias de Clitore.	V°
Eupompe de Sicyone.	IV°	Damophon.	VI°
Euxénidas de Sicyone.	IV°	Dédale de Sicyone.	VI°
Gorgasus de Sicile.	IV°	Denys de Rhegium	V°
Hygiemon.	IX°	Dibutade de Corinthe.	VII°
Irène, femme peintre.	IV°	Dinomène.	IV°
Lysippe d'Égine.	V°	Dinon.	V°
Mechaupane, élève de Pausias.	IV°	Dipœnus.	VI°
Micon d'Athènes.	V°	Dontas.	VI°
Néseas.	V°	Daryclidas.	VI°
Nicanor de Paros.	V°	Échion, peintre et statuaire.	IV°
Nicias d'Athènes.	IV°	Eludas.	V°
Nicomaque.	IV°	Euchyr de Corinthe.	VII°
Nicophane.	IV°	Eudocus.	?
Pamphile de Macédoine.	IV°	Euphranor, peintre et statuaire.	IV°
Panœnus.	V°	Euphronide.	IV°
Parrhasius d'Éphèse.	IV°	Euthychide.	III°
Pausias.	IV°	Euthycratès.	III°
Pauson.	V°	Glaucias d'Égine.	V°
Phryllas.	V°	Glaucus de Messane.	V°
Protogène.	IV°	Gorgias, statuaire.	V°
Théomneste.	IV°	Hégésias d'Athènes.	V°
Thérique, peintre et statuaire.	IV°	Hypathodore.	IV°
Timagoras.	V°	Iade.	III°
Timanthe.	IV°	Ion.	III°
Timarète, femme peintre.	V°	Lahippe.	III°
Zeuxis d'Héraclée	IV°	Léocharès	IV°
		Lycius	V°
		Lysippe de Sicyone.	IV°

SCULPTEURS.

		Lysistratès.	IV°
		Malas de Chio.	VI°
		Medon	VI°
Agéladas.	V°	Mélas.	VI°
Agoracrite.	V°	Menechmé de Naupacte.	VI°
Alcamène.	V°	Milciade.	VI°
Alexis de Sicyone.	V°	Myrmécide de Milet, sculpteur en ivoire.	V°
Anaxagore d'Égine.	V°	Nancyde.	IV°
Angelion.	VI°	Onatos d'Égine.	V°
Antiphane d'Argos.	V°	Patrocle de Crotone.	IV°
Archémus.	VI°	Pérélius.	V°
Aristide.	V°	Phidias.	V°
Aristocle de Sicyone.	IV°	Phradmon.	V°
Aristomède de Thèbes.	V°	Phrynon.	V°
Aristogiton.	IV°	Polyclès d'Athènes.	IV°
Asopodore d'Argos.	V°	Polyclète d'Argos.	V°
Athénis.	VI°	Pyromaque	III°
Athénodore de Clitore.	V°		

	Siècles av. J.-C.
Pythagore de Rhegium.	vᵉ → Vᵉ
Pythodore de Thèbes.	VIᵉ
Scopas de Paros.	IVᵉ
Scyllis.	VIᵉ
Silanion	IVᵉ
Simon d'Égine.	Vᵉ
Smilis.	VIᵉ
Socrate de Thèbes	Vᵉ
Soïdas	VIᵉ
Somis	Vᵉ
Sophronisque, père de Socrate le philosophe.	Vᵉ
Sostrate de Chio.	IVᵉ
Sthenis.	IVᵉ
Stomius.	Vᵉ
Tectée.	IVᵉ
Téléphane de Phocée.	IVᵉ
Théoclès.	VIᵉ
Théodore de Samos, fondeur et architecte.	VIIᵉ
Timarque.	IIIᵉ
Timothée.	IVᵉ
Tisicratès.	IIIᵉ
Zeuxis de Sicyone.	IIIᵉ

BIBLIOGRAPHIE. — Leroy, *les Ruines des plus beaux monuments de la Grèce,* 1 vol. in-fol., Paris, 1758 (il y a trois éditions de cet ouvrage) ; Hugues dit d'Hancarville, *Recherches sur les arts de la Grèce,* 3 vol. in-8°, Londres, 1785 ; Stieglitz, *die Baukunst der alten,* 1 vol. in-8°, Leipzig, 1796 ; J. Stuart et Revett, *the Antiquities of Athens measured and delineated,* 4 vol. gr. in-fol., Londres, 1762-1816 ; Society of dilettanti, *Ionionian antiquities,* 1 vol. in-fol., Londres, 1769 ; Mitford (W.), *the History of Greece,* 3 vol. in-4°, Londres, 1784-1797 ; Bernard Olivieri, *Vedute degli avanzi dei monumenti antichi delle due Sicilie,* 1 vol. in-fol., Rome, 1795 ; Williams Wilkins, *the Antiquities of magna Græcia,* 1 vol. in-fol., Cambridge, 1807 ; Society of dilettanti, *the United antiquities of Attica,* un vol., in-fol. Londres, 1817 ; John Spencer Stanhope, *Olympia or topographie illustrative,* etc., 1 vol. in-fol., Londres, 1824 ; Meiners, *Histoire des arts de la Grèce,* 5 vol. in-8°, Paris, 1798 ; Winckelmann, *Histoire de l'art dans l'antiquité,* 3 vol. in-4°, Paris, 1802 ; Lebrun, *Théorie de l'architecture grecque et romaine,* 1 vol. in-fol., Paris, 1807 ; J. G. Legrand, *Monuments de la Grèce,* 1 vol. in-fol., Paris, 1808 ; Choiseul-Gouffier, *Voyage pittoresque de la Grèce,* 2 vol. in-fol., Paris, 1782-1809 ; 2ᵉ éd., 3 vol. in-fol., 1841 ; Mannert, *Geographie der Griechen und Römer,* 10 vol. in-8°, Nuremberg, 1792-1825 ; Delagardette, *les Ruines de Pestum ou de Posidonia,* 1 vol. in-fol., Paris, an VII ; Stieglitz, *Archäologie der baunkunst der Griechen und Römer,* 3 vol. in-8°, Weimar, 1801 ; Pouqueville, *Voyage en Morée, à Constantinople et en Al-* banie, 3 vol. in-8°, Paris, 1805 ; Aikin Ed., *Essay on the doric order of architecture,* 1 vol. in-fol., London, 1810 ; Ouwaroff, *Essais sur les mystères d'Eleusis,* 1 vol. in-8°, Pétersbourg, 1816 ; Hubsek, *Ueber griechische Architecture,* 1 vol. in-4°, 1822 ; 2ᵉ éd., 1824 ; Dodwel (E.), *Classical and topographical Tour through Greece during the years,* 1801, 1805 and 1806, 2 vol. in-4°, London, 1819 ; Pouqueville, *Voyage de la Grèce,* 5 vol. in-4°, Paris, 1820-1822 ; 2ᵉ éd., 6 vol. in-8°, Francfort, 1826-27 ; Leake, *the Topography of Athens,* etc., 2 vol. in-8°, London, 1821 ; 2ᵉ éd., 1841 ; Gell (W.), *Narrative of a journey in the Morea,* 1 vol. in-8°, London, 1823 ; Clavier (E.), *Histoire des premiers temps de la Grèce depuis Inachus jusqu'à la chute des Pisistratides,* 3 vol. in-8°, Paris, 1822 ; Harris and Angell, *Sculptured metopes discovered amongst the ruins of the ancient city of Selinus in Sicily,* 1 vol. in-fol., London, 1826 ; Papeworth, *Essay on grecian architecture,* comme préface de son édition des œuvres de Chambers, 1 vol. in-4°, London, 1826 ; J. Hittorff et L. Zanth, *Architecture antique de la Sicile,* etc., 1 vol. gr. in-fol., Paris, 1826 ; 2ᵉ éd., 1870 ; Inwood (W.), *the Erechtheion of Athens,* etc., 1 vol. in-fol., London, 1827 ; Woods (J.) *Letters of an architect from French, Italy and Greece,* 2 vol. in-4°, London, 1828 ; Lobeck (Ch. Aug.), *Aglaophamus seu de theologiæ mysticæ Græcorum causis,* 1829 ; Cockerell, W. Kinnard, *Antiquities of Athens and other places in Greece,* etc., supplément aux *Antiquités d'Athènes,* de Stuart et Revett (voir ci-dessus), un vol. in-fol., Londres, 1830 ; Bronsted (P.-O.), *Voyages dans la Grèce,* etc., 1 vol. in-4°, Paris, 1830 ; Luynes (duc de) et Debacq, *Métaponte,* 1 vol. in-fol., Paris, 1833 ; Stackelberg (O. M. baron de), *la Grèce, vues pittoresques et topographiques,* 1 vol. in-fol., Paris, 1834 ; Serradifalco (Ducadi), *Antiquita della Sicilia,* 5 vol. in-fol., Palerma, 1834-1842 ; Dodwel (E.), *Views and descriptions of Cyclopian or Pelagic Remains in Greece and Italy,* etc., 1 vol. in-fol., London, 1834 ; Ross, E. Schaubert et Christian Hansen, *Die Akropolis von Athen nach den neusten Ausgrabungen,* etc., 1 vol. in-fol., Berlin, 1839 ; A. Blouet, Ravoisié, etc., *Expédition scientifique en Morée,* etc., 3 vol. in-fol., Paris, 1835 ; Müller (K. O.), *de Munimentis Athenarum,* etc., 1 vol. in-4°, Gœttingue, 1836 ; Thirlwal (C.), *History of Greece,* 8 vol. in-8°, London, 1835 ; John (J. A.), *the History of the manners and customs of ancien Greece,* 3 vol. in-8°, London, 1840 ; Buchon (J. A.), *la Grèce continentale et la Morée,* etc., 1 vol. in-18, Paris, 1840 ; Mure of Caldwel (W.), *Journal of a Tour through Greece,* 2 vol. in-8°, London, 1842 ; Finlay, *Greec under the romans,* etc., 1 vol. in-8°, London, 1844 ; Grote (George), *History of Greece,*

12 vol. in-8°, London, 1846 ; Laborde (Léon de), *le Parthénon, documents pour servir à une restauration*, 1 vol. in-fol., Paris, 1848 ; Penrose, *an Investigation of the principles of athenian Architecture*, 1 vol. in-fol., London, 1851 ; Eug. Piot, *l'Acropole d'Athènes*, 1 vol. in-fol., Paris, 1853 ; Ernest Beulé, *l'Acropole d'Athènes*, 2 vol. in-8°, Paris, 1853-54 ; du même, *Études sur le Péloponèse*, 1 vol. in-8°, Paris, 1855 ; E. Pococke, *India in Greece, or truth in mythology*, etc., 1 vol. in-8°, London, 1856 ; Em. Burnouf, *D'Athènes à Corinthe*, 1 vol. in-8°, Paris, 1856 ; C. R. Cockerell, *Architectural antiquities of the temple of Jupiter Panhellinninus*, etc., 1 vol. in-fol., London, 1860 ; Edouard Falkener, *Ephesus and the temple of Diana*, 1 vol. gr. in-8°, Londres, 1862 ; Ch. Botticher, *Die Tektonik der Hellen*, 1 vol. in-fol., Berlin, 1862 ; Émile Gebhart, *Praxitèle, essai sur l'histoire de l'art et du génie des Grecs*, etc., un vol. in-8°, Paris, 1864 ; Auguste Aurès, *Étude des dimensions du Parthénon*, etc., 1 vol. in-8° et atlas, Nîmes, 1867 ; J. Overbeck, *Die antiken schrift quellen zur geschichte der bildenden Künste bei den Greechen*, 1 vol. in-8°, Leipzig, 1868 ; Beulé, *Histoire de l'art grec avant Périclès*, 1 vol. in-8°, Paris, 1868 ; Tuckerman, *Das Odeum des Herodes Atticus und der Regilla in Athen*, etc., 1 vol. in-fol., Bonn, 1868 ; A. Michaelis, *Der Parthenon*, 1 vol. in-8° et atlas in-fol., Leipzig, 1870-71.

GRÉCO-ROMAINE (Architecture). — Voy. Romaine (*Architecture*).

GRECQUE, *s. f.* — Ornement particulier,

Fig. 1. — Grecques (1er type).

composé de lignes droites horizontales et ver-

Fig. 2. — Grecques (2e type).

ticales qui s'entrelacent, mais qui restent toujours parallèles. (Voy. nos fig.) Cette dénomination ne nous paraît pas juste, car les Grecs

ne sont pas les inventeurs de cet ornement, d'autres peuples l'avaient employé ; du reste,

Fig. 3. — Grecques (3e type).

ce terme a pour synonyme celui de Méandres. (Voy. ce mot.)

Fig. 4. — Ornement composé avec des grecques.

GRÊLE, *adj.* — Se dit en général d'un objet qui n'a pas d'ampleur, une partie d'architecture qui a quelques-uns des membres qui la composent trop faibles. Une architecture *grêle* est celle dont le style est maigre, pauvre, étroit.

GRELET, *s. m.* — Petit marteau de maçon.

GRELICHONNE, *s. f.* — Truelle en fer employée par les maçons et les cimen-

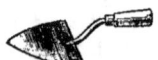

Fig. 1. — Grelichonne à pointe.

tiers ; les unes sont à pointe ou en forme de cône dont les côtés sont courbes, les autres

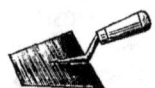

Fig. 2. — Grelichonne en forme de trapèze.

affectent une forme trapézoïdale. (Voy. nos figures.) Quelques auteurs disent aussi, *guerluchonne*.

GRELOT, *s. m.* — Petite sphère creuse en cuivre, et en partie fendue, qui contient un grain ou une balle de métal, ordinairement de fonte, qui sert à faire résonner cette sphère quand on l'agite par un moyen quelconque. Les grelots remplacent les sonnettes d'appartement et sont employés dans les sonneries électriques au lieu de timbres.

GRENAILLE DE FER. — Petits grains de fer, débris de petits bouts de fer qui servent, conjointement avec le plomb ou le soufre, à sceller les tiges ou des barreaux de fer dans la pierre.

GRENIER A FOIN. — Voy. Rurales (*Constructions*).

GRENOUILLE, *s f.* — On dit en serrurerie, en quincaillerie, qu'un objet est en *cuisse de grenouille*, quand il affecte la forme de la cuisse de ce batracien.

GRÈS, *s. m.* — Le grès est une roche composée de grains de sable siliceux ou quartzeux de différentes grosseurs, agglutinés ensemble par un ciment naturel quartzeux ou calcaire; d'où par suite on le divise en *grès siliceux, grès calcaire, grès argileux.*

Le *grès siliceux*, ou *psammite*, possède une dureté extrême; il est formé de grains fins parsemés quelquefois de paillettes de mica; on l'emploie rarement comme pierre à bâtir, mais très-souvent pour le pavage des voies publiques. On rencontre principalement le psammite dans les terrains silurien, devonien et houiller, ce qui fait qu'on nomme quelquefois ce dernier *grès houiller, grès des houillères.*

Les *grès calcaires* présentent divers degrés de dureté en raison de l'abondance et du plus ou moins de fermeté de l'agglomérat qui en réunit les grains; les grès de cette espèce, dits aussi *grès tendres*, sont d'une formation trop récente pour avoir atteint le degré de perfection désirable; leur résistance à l'écrasement est si faible qu'on ne peut les employer comme pierre à bâtir; ils ne servent ordinairement qu'à affûter les outils des tailleurs de pierre, et quelques-uns, d'un grain plus fin, les

outils du menuisier, ou bien à faire du sablon dont se servent les scieurs de pierre. Le grès sert aussi à grèser les pierres, les façades des édifices, c'est-à-dire à les passer au grès, ce qui leur donne un bel aspect. Mais on ne doit grèser que les façades neuves. Les grès durs, au contraire, sont employés assez souvent dans les pays où les pierres calcaires font défaut. On s'en sert principalement pour parapets de ponts, pour garde-fous, balcons et autres ouvrages analogues. Ces grès sont généralement blancs, quelquefois gris; ils se trouvent en bancs continus ou en grosses masses isolées au milieu d'un sablon fin et mobile qui, suivant le cas, a servi à leur formation, ou bien qui provient de leur décomposition. Ils se débitent assez facilement. Il existe en France et à l'étranger beaucoup de localités dans lesquelles on exploite le grès; dans les environs de Paris, les grès les plus connus sont ceux qui proviennent de Fontainebleau, Montbuisson, Palaiseau, Pontoise, Belloy, Sceaux, Bel-Air, Lacave, Lozaire, Orsay et Train. Les grès de ces carrières se divisent en *roche dure* et en *roche franche*. Les premiers servent aux pavages des rues et des routes très-fréquentées; on les débite en cubes de 0m,22 d'arête, que l'on désigne sous le nom de *gros pavé, pavé d'échantillon, pavé de ville*. La roche franche sert à faire des pavages de cours et autres locaux intérieurs. On divise les blocs de 0m,22 en deux ou en trois; ainsi refendus, ils fournissent des pavés, dits de *petit échantillon*, qui ont 0m,07 ou 0m,11 d'épaisseur sur 0m,22 de côté, ou bien des pavés ayant 0m,11 en hauteur, 0m,11 en largeur, sur 0m,07. — Le fendage des pavés est un travail très-pénible, et aussi dangereux que celui de la taille et du piquage des grès. Ce travail se fait à la tâche; il exige des ouvriers forts et habiles, car le COUPERET (Voy. ce mot et la figure qui l'accompagne) qui sert au fendage pèse 25 kilogrammes. Un ouvrier très-habile débite jusqu'à quatre cents gros pavés dans sa journée de dix heures.

Le *grès argileux* se trouve par bancs, comme le calcaire; on l'emploie beaucoup comme pierre à bâtir dans le sud de la France, à Genève et à Florence. On le désigne sous le nom de *mollasse*, ce qui témoigne du peu de dureté que possède ce matériau, qui, assez mou au sortir de la carrière, acquiert à l'air une certaine dureté; cependant certaines qualités de *mollasses* s'égrènent à la gelée; aussi est-il prudent de ne les employer qu'un an après leur extraction. Le grès argileux est généralement gris, d'un gris s'approchant du vert; il est très-employé en Italie, surtout à Florence, à Livourne et à Naples; on le désigne sous le nom de *mocigno, pietra serena, pietra morte, pietra forte*. Celui des environs de Florence provient des carrières de Fiesole, de Monte-Rifaldi. On est frappé de la conformité de sa teinte, soit qu'on le voie à Genève, à Livourne, à Florence ou à Naples; il est bien entendu que nous ne voulons parler que de celui employé dans les constructions neuves, car dans les constructions anciennes, au palais Pitti par exemple, il est difficile par un temps sec de distinguer sa couleur verdâtre. — Tous les grès renferment des débris fossiles particuliers aux terrains auxquels ils appartiennent, ce qui sert à les classer avec certitude dans les terrains silurien, devonien, houiller, pénéen, de trias, jurassique, etc. — Les grès les plus employés à l'étranger sont : en Angleterre, le vieux grès rouge (*old red sandstone*) et le nouveau grès rouge (*new red sandstone*); en Allemagne, le nouveau grès rouge des Anglais (*roth Pleiningen*), les grès du keuper, qui se divisent en keuper inférieur moyen et supérieur. Ce terme est synonyme de trias (terrain secondaire). La cathédrale de Cologne est construite avec du keuper supérieur de Schalaydorf et de Stuttgart; les

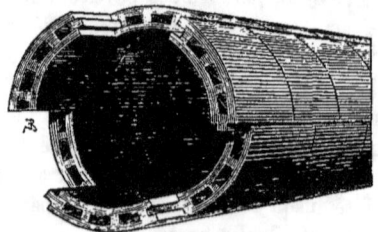

Fig. 1. — Égout en grès.

autres grès allemands sont : le grès dit *de Stubensandstein*, le grès de Kœnigstein, etc.

GRÈS, *s. m.* — Poteries vernissées, qu'on

emploie dans les constructions pour différents usages. Ainsi on fait aujourd'hui des égouts entièrement en grès (fig. 1), ou bien on utilise

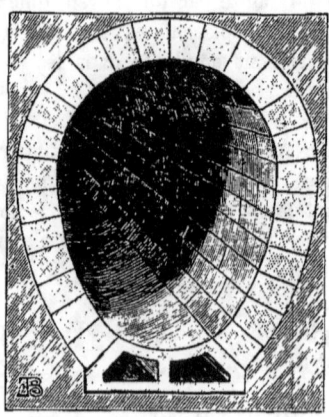

Fig. 2. — Égout avec radier en grès.

le grès seulement pour des radiers (fig. 2). Nos figures 3 et 4 montrent à plus grande échelle

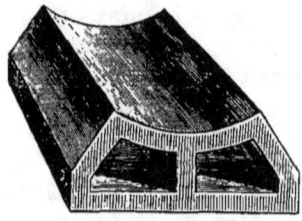

Fig. 3. — Radier en grès (1er type).

d'autres radiers. Enfin on fait de fortes briques creuses en grès, qu'on place au-dessus des murs en fondation pour intercepter l'hu-

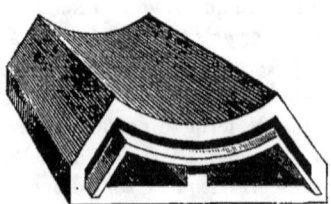

Fig. 4. — Radier en grès (2e type).

midité et l'empêcher d'envahir les murs. Notre figure 5 montre des briques de ce genre.

GRESIÈRE, *s. f.* — Carrière où l'on ex- .

ploite le grès; l'ouvrier qui travaille dans ces carrières se nomme *grésier*.

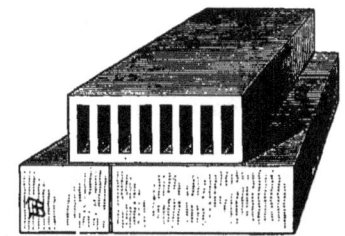

Fig. 5. — Blocs en grès pour intercepter l'humidité.

GRÉSILLER, *v. a.* — Façonner avec le grésoir ou CAVOIR (Voy. ce mot) les bords des pièces de verre auxquelles le trait du diamant a laissé des *barbes.* — On dit aussi, *égruger*, *égriser*, *grèser* et *groiser*.

GRÉSILLER (SE), *v. réfl.* — Terme de serrurier. Se dit du fer qui, sous l'action du feu, ou par suite de son contact avec des produits sulfureux, principalement les houilles, se met en petits grumeaux.

GRÉSOIR, *s. m.* — Synonyme de CAVOIR. (Voy. ce mot.)

GRESON, *s. m.* — Réunion de petits cailloux agglutinés à l'aide d'un ciment naturel. Ce mot est synonyme de POUDINGUE. (Voy. ce mot.)

GRESSERIE, *s. m.* — Carrière d'où l'on extrait le grès. Dans cette acception ce terme est synonyme de *grèsière;* mais il est surtout employé pour désigner une construction dans laquelle le grès a été mis en œuvre; ainsi on dit : ce pont, cette tour, ce tunnel, sont faits de *gresserie*. Les ouvrages de gresserie sont employés pour des œuvres qui doivent résister aux intempéries de l'air. — On nomme *grèsier* l'ouvrier qui emploie le grès.

GRÈVE, *s. f.* — Espèce de gravier, gros sable de rivière qui entre dans la composition des mortiers.

GRIFFE, *s. f.* — Ornement de l'époque ro-

mane et de l'époque ogivale, qui, dans les bases de colonnes, sert à racheter les angles de la plinthe que les tores laissent à découvert. Des griffes, qu'on nommait aussi anciennement

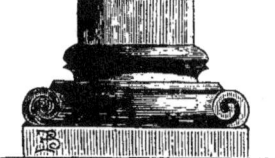

Fig. 1. — Griffes à la base d'une colonne.

pattes et *empattements*, affectent la forme de griffes et de pattes d'animaux ou de feuillages

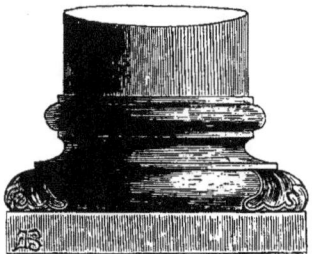

Fig. 2. — Griffes à la base d'une colonne.

enroulés. (Voy. nos fig. 1 et 2.) Dans une église d'Angleterre, nous avons vu des griffes représentant des pieds humains chaussés d'un soulier pointu, dit *soulier à la poulaine*.

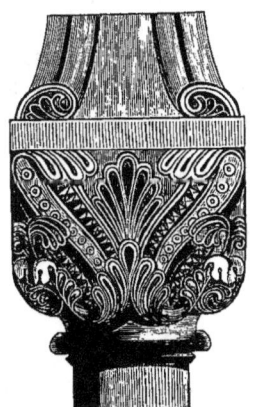

Fig. 3. — Griffes servant d'amortissement à une retombée.

Les griffes servent aussi quelquefois d'amortissement à des retombées d'arcades, de nervures, etc., comme le montre notre fig. 3.

En maçonnerie, c'est un outil (fig. 4) qui a trois ou quatre longues dents recourbées, et qui sert à remuer et diviser le béton quand on le fabrique.

En serrurerie, c'est un outil dont la tête est en forme de fourchette qui sert à saisir, à cou-

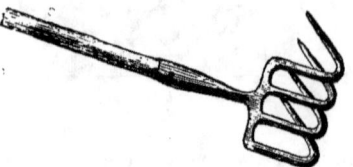

Fig. 4. — Griffe à béton.

der et contourner le fer ; c'est aussi une petite fourchette à pointe, à patte, ou à scellement, et quelquefois à vis, qui sert à retenir les cordes des châssis à tabatière. — Enfin on donne quelquefois ce nom à un outil nommé *tire-joints*.

GRIFFON, *s. m.* — Animal fabuleux, moitié lion et moitié aigle, dont l'antiquité a largement usé comme motif de décoration ; on voit, en effet, figurer cet animal comme support de table (à Pompéi, par exemple), comme base de candélabre, comme ornement de frise mêlé à des feuillages. Un des plus beaux griffons de l'antiquité romaine est celui qui figure dans la frise du temple d'Antonin et de Faustine, à Rome, et que nous donnons dans notre planche XLIX. Au mot GUIRLANDE, le lecteur trouvera un autel antique dans la décoration duquel figurent également deux griffons.

GRIGNARD, *s. m.* — Espèce de grès fort dur. — Gypse cristallisé qui se trouve interposé dans certaines pierres à plâtre.

GRIL OU GRILLAGE, *s. m.* — Assemblage des racinaux moisant les têtes des pieux d'un pilotis. (Voy. MOISES.) Quand le pilotage d'un sol compressible est terminé, on cloue sur leur tête de forts madriers qui s'entre-croisent à angle droit. L'ensemble de ces madriers réunis forme ce qu'on nomme un *gril*

ou un grillage. Dans les travaux hydrauliques importants, au lieu de madriers comme pièces horizontales, on emploie des *longrines* ou *chapeaux* qui s'emboîtent à mortaise sur les tenons des pieux. (Voy. notre fig.) Ces longrines sont croisées à angle droit, et ordinairement en dessus, par d'autres pièces de même équar-

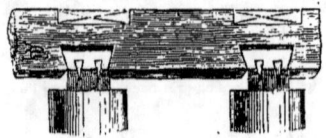

Longrines s'emboîtant à mortaise sur la tête des pieux de pilotis.

rissage assemblées à mi-bois. On nomme les premières *traversines* ou *racinaux*. Quelquefois les traversines sont moins fortes que les longrines ; elles sont alors encastrées dans celles-ci, comme le montre notre figure.

En termes de serrurerie, on nomme *grillage* un treillis en fil de cuivre, ou plus ordinairement en fil de fer, formé par des mailles en losange, tressées sur des cadres en bois ou en fer nommés *panneaux*, exécutés à la demande de l'emplacement qu'ils doivent occuper. On emploie les grillages pour protéger les châssis vitrés, les couvertures en verre, et pour établir des compartiments, faire des séparations, des volières, etc. Les vues dites *jours de servitudes* doivent êtres grillagées. (Voy. SERVITUDES, JOURS et VUES.) Les grillages sont fixés sur les barreaux des grilles avec des *fils de fer cuit*, nommés *liens*.

GRILLAGEUR, *s. m.* — Ouvrier serrurier qui fait sa spécialité de fabriquer des grillages en fil de fer.

GRILLE, *s. f.* — Barreaux assemblés dans des traverses et servant de clôture. Ordinairement, c'est un ouvrage de serrurerie composé de barreaux de fer parallèles montants, reliés entre eux et maintenus dans cette position par des traverses ou un bâti en fer. Telle est la grille ordinaire, qu'on utilise pour fermer des jardins publics, des squares, des portes et des fenêtres. Les grilles simples sont posées sur

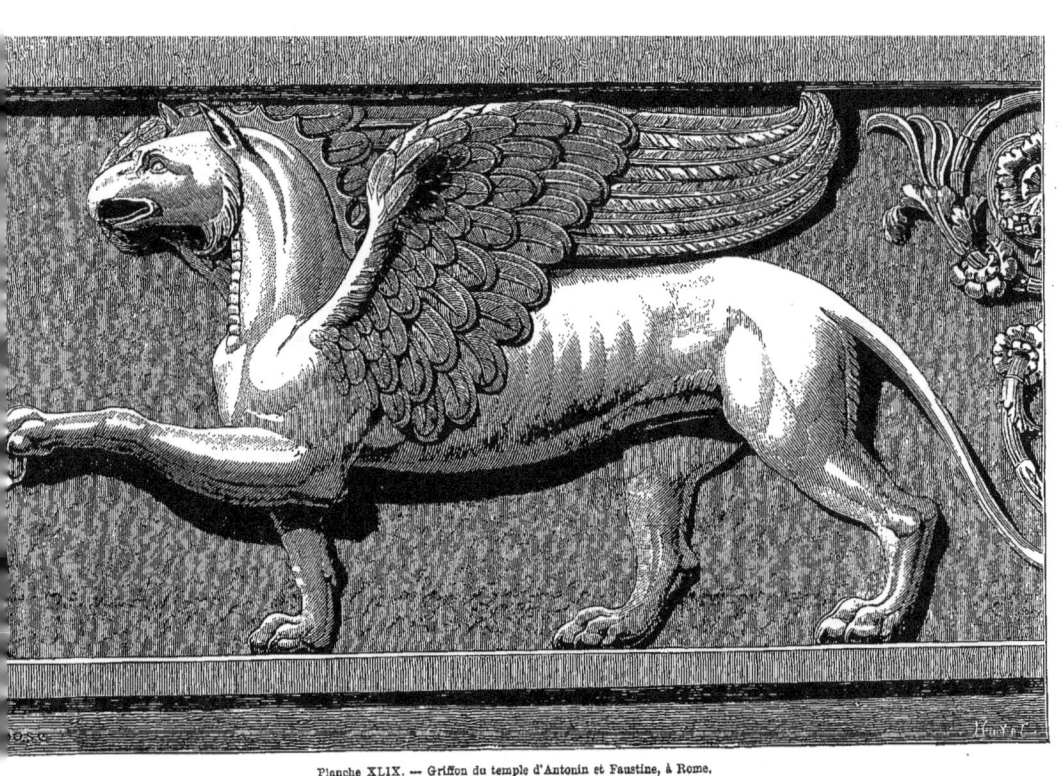

Planche XLIX. — Griffon du temple d'Antonin et Faustine, à Rome.

un bahut ou mur d'appui; les barreaux sont en fer rond ou carré et portent à leur extrémité des lances, des espontons ou des pommes de pin. Les grilles servent à établir des clôtures aussi bien que la pierre et le bois; mais elles présentent sur ces matériaux un avantage, celui de ne pas borner la vue et d'avoir plus des plus variés. Nous donnons (fig. 1) une partie des grilles de la cathédrale de Bourges exécutées d'après le type ancien. Notre figure est faite d'après un dessin qu'a bien voulu

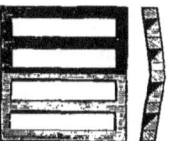

Fig. 2. — Grille d'égout concave.

nous confier notre confrère M. Bailly, de l'Institut, architecte du monument. — En général, les monuments publics qui ont des cours sont fermés par des grilles, lesquelles souvent possè-

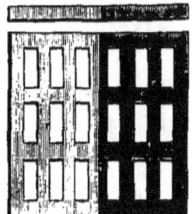

Fig. 3. — Grille d'égout convexe.

dent une ou plusieurs portes. Nous donnons, fig. 5, la grille de la porte d'honneur de la cour du Mai du Palais de justice de Paris, qui est une œuvre d'art remarquable. Son bâti est formé

Fig. 1. — Grille à la cathédrale de Bourges.

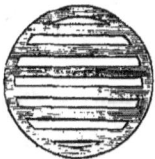

Fig. 4. — Grille circulaire pour fourneau ou foyer de poêle, etc.

de légèreté et d'élégance; en outre, ces ouvrages sont susceptibles de recevoir un beau travail, puisqu'on y peut employer des fers forgés, ouvrés à la lime et au marteau; on peut également faire entrer dans leur ornementation des ornements en tôle et bronze estampés ou repoussés au marteau, avec lesquels on dessine des fruits, des feuillages, des rinceaux, des guirlandes et d'autres ornements par deux pilastres d'ordre ionique qui supportent une magnifique corniche dont la frise est ornée d'enroulements. Nous l'avons dessinée d'après un relevé que nous avons exécuté pour la direction des travaux d'architecture de la ville de Paris, alors que nous étions architecte attaché au service de cette direction. Les portes-grilles peuvent avoir des soubassements en tôle ou en fonte ornée; on les ferme à l'aide de crémones à poignée ou à serrure, ou au moyen d'espagnolettes ou de de verrous.

On utilise encore les grilles pour *soupiraux*, pour *égouts;* ces dernières sont souvent concaves, parce qu'elles aboutissent à des cuvettes (fig. 2). Dans les rues de beaucoup de villes, on emploie un modèle renforcé, tel que celui représenté par notre fig. 3, qui permet de supporter les plus lourdes charges; elles sont légèrement convexes, parce qu'on les place au milieu des chaussées bombées; elles servent à aérer les égouts. Pour les fourneaux de cuisine, pour les réchauds, pour les poêles lyonnais, on utilise des grilles circulaires sem-

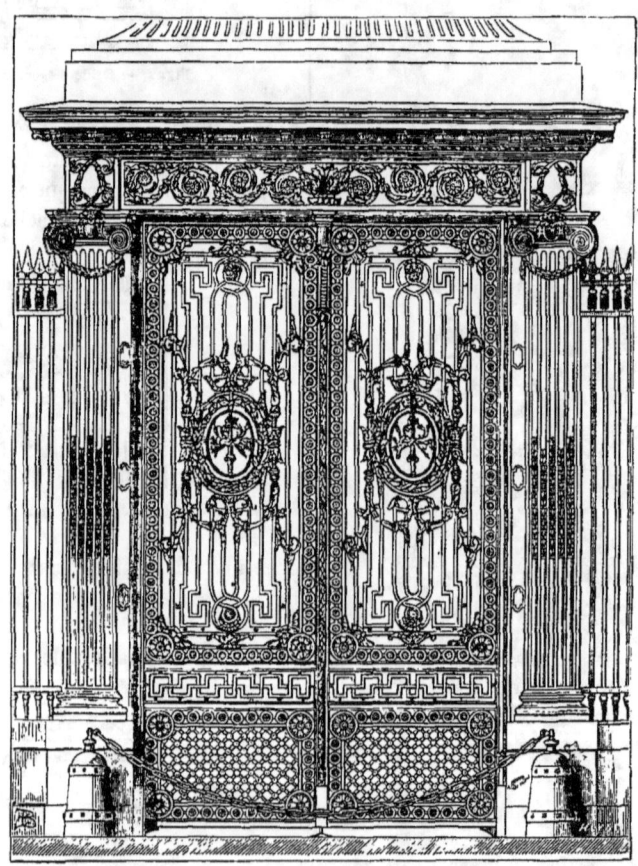

Fig. 5. — Grille de la porte d'honneur au Palais de justice de Paris.

blables à celle représentée par notre figure 4. On nomme grille de caniveau une sorte de grillage faite de longues pointes rivées sur une traverse, et qui s'oppose à ce que les rats d'égouts pénètrent dans les maisons par les caniveaux débouchant dans les rues. Enfin, on nomme grille à charbon, grille à coke, une coquille en fonte unie ou ornée qu'on place dans un foyer de cheminée, et dans laquelle on brûle de la houille ou du coke.

GRIOTTE, *s. f.* — Marbre tacheté de rouge, de brun et de blanc. La griotte la plus connue est celle de Flandre. La griotte d'Italie, bien qu'elle ne provienne pas de ce pays, mais du département de l'Aude, est un marbre très-estimé. En général, les marbres connus sous la dénomination générique de *griottes* sont tous de couleur sombre. (Voy. MARBRE.)

GRIS, *s. m.* — Couleur secondaire obtenue

par un mélange de blanc et de noir avec une légère addition de bleu. On décore souvent les salons avec des gris à plusieurs tons, auxquels on ajoute des filets de couleurs très-pâles s'harmonisant avec le gris.

GRISAILLE, *s. f.* — Genre de peinture monochrome ordinairement grise; de là l'étymologie de son nom. On utilise ce genre de peinture pour simuler sur les murs des bas-reliefs, des frises sculptées ou d'autres ornements supposés en pierre ou en plâtre. La peinture à la cire et celle appelée FRESQUE (Voy. ce mot) sont les plus propres à employer pour ce genre de peinture utilisé souvent comme *trompe-l'œil*. On exécute également des grisailles pour la décoration des vitraux.

GRISARD, *s. m.* — Espèce de peuplier dit *peuplier grisard*, qui donne un excellent bois de menuiserie et qu'on emploie surtout pour panneaux de portes et pour lambris; ce bois est très-blanc, tacheté de gris (de là son nom), facile à travailler, susceptible d'un beau poli, qu'on obtient à l'aide de la pierre *ponce* et de la *peau de chien*. Il prend parfaitement la peinture, et donne d'excellents résultats pour les peintures mates.

GRISÉ, ÉE, *p. pas.* — Se dit d'un ouvrage de serrurerie qui a été seulement *limé en gros*, au lieu d'avoir été *meulé*. Les platines de verrous, de loqueteaux, de targettes, sont seulement grisées.

GROS, *adj.* — En charpenterie, ce terme est synonyme d'équarrissage, lorsque la pièce de bois auquel on l'applique a sa largeur et son épaisseur égales entre elles.

GROS-BANC, *s. m.* — Plâtre de moyenne qualité qui se trouve être le sixième banc de la carrière à plâtre.

GROS-BATTANT, *s. m.* — Bois d'échantillon en chêne qui porte 0^m,32 de largeur sur 0^m,11 d'épaisseur. C'est un bois du commerce.

GROS-BLANC, *s. m.* — Mastic fait avec du blanc de Bougival et de la colle, qu'on emploie dans la dorure en détrempe pour les rebouchages. (Voy. DORURE.)

GROS-DUR, *s. m.* — Plâtre de bonne qualité qui dans la carrière se trouve placé comme banc au-dessous du *petit dur* et du *toisé*, et au-dessus de la *ceinture* et du *gros gris*.

GROSSE-ÉCALE ou **PAVÉ BATARD**, *s. f.* — Pavé qui n'est pas d'*échantillon*, c'est-à-dire qui porte des dimensions qui ne sont pas du commerce.

GROS FERS, *s. m. pl.* — On désigne sous ce terme générique tous les fers du bâtiment qui se payent au kilogramme au lieu d'être payés en évaluation. Ils sont employés au gros œuvre de la construction; ce sont les fers étirés ou simplement travaillés à la forge, tels que *fer à T*, *linteaux*, *chaînes*, *tirants*, *ancres*, *chevêtres*, *bandes de trémies*, *plates-bandes*, *ceintures*, *étriers*, *liens*, *armatures*, *brides simples*, *frettes*, *chapeaux*, *cales*, *semelles*, *coins*, etc.

GROS GLANDEUX, *s. m.* — Une des meilleures qualités de plâtre, lequel, s'il était employé pur, aurait trop d'énergie; aussi a-t-on le soin, avant sa cuisson, de le mélanger dans le four avec des pierres à plâtre provenant d'autres bancs.

GROS GRIS, *s. m.* — Plâtre de qualité très-médiocre.

GROS ŒUVRE, *s. m.* — Voy. ŒUVRE.

GROS-PÊNE, *s. m.* — Pêne dormant d'une serrure de sûreté.

GROSSE, *s. f.* — Synonyme de douze douzaines. Les serruriers, par exemple, disent: une grosse de vis, une grosse de charnières, de pitons, de vis, etc.; mais ils ne disent jamais: une grosse de clous, de pointes, parce que ces objets se vendent au kilogramme.

GROTESQUES, *s. m. pl.* ou *f.* — Se dit des arabesques qui imitent celles qu'on a trou-

vées dans les édifices anciens ensevelis sous
terre, dans les grottes. De là l'étymologie de
ce mot, qui dès lors devrait avoir deux *t*. —
Par extension, on désigne sous ce terme des
figures ridicules et bouffonnes, telles qu'on en
retrouve sur les murs de Pompéi et qui représentent des acteurs avec des masques. Pendant
le moyen âge les sculpteurs ou imagiers ont
employé beaucoup de grotesques pour la décoration des frises, des tympans et des voussures
de portails. Beaucoup de grotesques ont servi
de culots, d'autres ont été utilisés comme amortissements, ou bien ont reçu la retombée des
nervures de voûtes, ou bien ont décoré des
corbeaux, des abouts de poutres, etc.; dans
ces derniers emplois, on nomme aussi ces figures MARMOUSETS. (Voy. ce mot.)

GROTTE, *s. f.* — Caverne naturelle, ou
creusée de main d'homme. Mais ce terme, en
architecture, sert surtout à désigner un bâtiment dont l'extérieur est décoré de stalactites, de vermiculures, de bossages, de rustiques, etc. En général, c'est une construction
d'un caractère lourd et massif, mais qui peut
posséder un beau caractère, quand il est créé
par un artiste de valeur. Au XVII° et au
XVIII° siècle, ce genre de construction était
fort goûté; aujourd'hui on n'utilise guère les
grottes que pour des serres froides ou oran-
geries et pour des salles à manger d'été.

GROUPE, *s. m.* — Réunion de plusieurs
figures en peinture et en sculpture, tellement
rapprochées que l'œil peut en embrasser l'ensemble. En sculpture, il existe des groupes
célèbres : celui de Laocoon, trouvé dans les
thermes de Titus; celui du taureau Farnèse,
qui est au musée de Naples. Ce groupe, taillé
dans un seul bloc de marbre, qui mesure
4^m,25 de hauteur sur 3^m,70 de largeur, est,
dit-on, l'œuvre de deux artistes grecs, Apol-
lonius et Thauriscus. Pline, qui fait mention
de ce groupe, nous informe que de Rhodes il
fut transporté à Rome par Asinius Pollinus.
Il fut trouvé à Rome dans les thermes de Caracalla, avec la statue de l'Hercule Farnèse et
celle de Flora; ce magnifique groupe a été
transporté à Naples en 1786. Les Dioscures et

les lutteurs sont également des groupes fort
connus.

GRUAU, *s. m.* — Petite grue servant à
enlever les fardeaux. (Voy. l'art. suivant.)

GRUE, *s. f.* — Appareil de levage servant
à déplacer et à soulever des fardeaux. Il existe

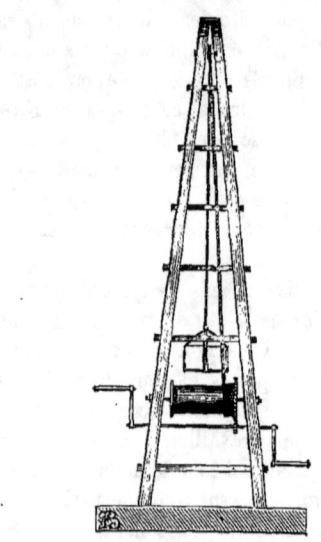

Fig. 1. — Grue à bras pour le montage des matériaux.

plusieurs genres de grues; les unes sont fixes,
les autres mobiles; elles se manœuvrent à bras

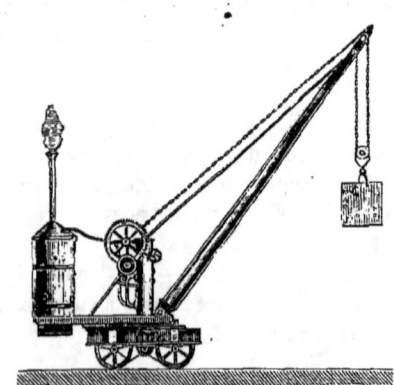

Fig. 2. — Grue sur chariot
mise en mouvement par la vapeur.

d'homme ou à l'aide de la vapeur; on les distingue en grues à pivot, grues roulantes, grues

ou trenils à chariot, etc. Nous donnons dans nos figures les deux types les plus distincts et les plus usuels. Celui représenté par notre figure 1 est formé par un bâti qui porte une flèche, un treuil et ses accessoires. Notre figure 2 montre une grue à vapeur montée sur un chariot roulant sur des rails. Ce genre est très-employé sur les quais pour le chargement des bateaux et des navires. C'est une grue de ce genre qu'on emploie sur les quais de la Seine pour décharger les pierres à bâtir qui arrivent par bateaux. — Une des plus fortes grues que nous ayons vu fonctionner se trouvait à l'exposition universelle de 1878; cette grue, construite par un ingénieur de Nantes, ne pesait pas moins de 35 tonnes, avait une volée de 7^m,50, elle pouvait donc déposer des fardeaux de 8 à 10 tonnes à 15 mètres de l'endroit d'où elle les avait enlevés.

GRUGEOIR, *s. m.* — Voy. CAVOIR.

GRUGER, *v. a.* — Ce terme est usité en sculpture et en marbrerie. C'est briser avec un marteau à pointes de diamant des matières plus dures que la pierre ou le marbre sur lequel on travaille et qu'on ne pourrait entamer à l'aide d'un outil tranchant. Ce marteau spécial se nomme *marteline*.

GRUME (BOIS EN). — Dans le commerce des bois, on désigne ainsi les bois coupés de longueur seulement ébranchés, mais non équarris. Les bois en grume portent ou ne portent pas d'écorce; ils servent à faire des constructions rustiques. — Voy. RURALES (*Constructions*).

GUÉRITE, *s. f.* — Petit réduit servant de refuge à un soldat en faction, à un garde dans un poste d'observation, etc. On fait des guérites en bois et en maçonnerie; les unes peuvent être transportées, ce sont des meubles; les autres font partie intégrante de la construction, elles font saillie sur les murs, ou sont encastrées à demi ou entièrement dans ceux-ci. Généralement, les guérites sont placées à rez-de-chaussée; mais souvent aussi, dans les constructions militaires, on en trouve à diverses hauteurs. Quand elles couronnent une construction, elles ont la forme de petites tours souvent encorbellées; on en voit souvent aux angles des fronts des fortifications. On les nomme aussi ÉCHAUGUETTES. (Voy. ce mot.)

GUETTE, *s. f.* — Pièce de bois inclinée qui entre dans la composition d'un pan de bois. La guette n'est inclinée que d'environ trois fois son épaisseur; si elle est inclinée davantage, elle change de nom et s'appelle DÉCHARGE. (Voy. ce mot.)

GUETTON, *s. m.* — Ce terme est synonyme de TOURNISSE. (Voy. ce mot.)

GUEULARD, *s. m.* — Ouverture d'un foyer de calorifère, d'un haut fourneau : c'est par là qu'on charge l'appareil de combustible.

GUEULE-DE-LOUP, *s. f.* — Ce terme désigne, en général, un assemblage de deux pièces dans le sens de leur épaisseur; l'une de ces pièces est concave et l'autre convexe.

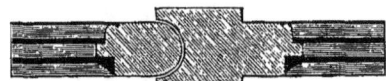

Fig. 1. — Gueule-de-loup.

En menuiserie, c'est un genre particulier de fermeture qu'on applique aux battants de croisées et de portes cochères (fig. 1); la concavité existant dans le bâti ouvrant reçoit la partie convexe (noix) du bâti opposé. Par ex-

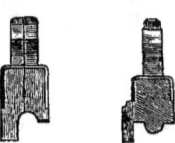

Fig. 2. — Outil à fût pour gueule-de-loup.

tension, on applique ce nom à l'outil à fût qui sert à obtenir ces surfaces. Notre figure 2 montre de profil ces deux outils.

En fumisterie, c'est un tuyau en tôle qui porte à son extrémité un chapeau coudé et mobile autour d'un axe. Ce chapeau porte une flèche qui prend la direction que le vent lui imprime, de sorte que la fumée sort de ce tuyau dans la direction du vent, ce qui fait appel dans le tuyau de la cheminée. Cet appareil a donc l'avantage d'augmenter le tirage des cheminées et d'empêcher le refoulement de la fumée dans le tuyau par suite d'un vent violent. C'est à cause de cela qu'on nomme aussi les gueules-de-loup ABAT-VENT. (Voy. ce mot et les fig. qui l'accompagnent.)

GUEUSE, *s. f.* — Saumon de fer fondu, gros lingot de fonte non purifiée, qui sont traités soit pour faire du fer ou de la fonte.

GUICHET, *s. m.* — Petite porte pratiquée dans l'un des vantaux d'une porte cochère (fig. 1). Le guichet sert au service des piétons et dispense d'ouvrir la grande porte pour leur livrer passage. Notre figure 2 montre un détail à grande échelle de la ferrure haute du guichet ; notre fig. 3, les ferrures basses du

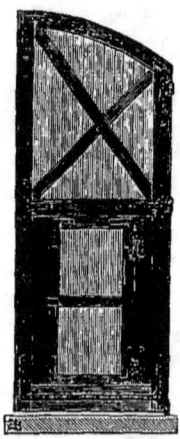

Fig. 1. — Guichet dans une porte cochère.

guichet et de la porte cochère. — Pendant le moyen âge, l'entrée des villes, des manoirs, des châteaux, des monastères, comprenait deux portes : une grande, destinée au passage des voitures, des charrettes et des chevaux, et l'autre, à côté, plus petite, à l'usage des piétons ; on nommait cette dernière guichet ou POTERNE. (Voy. ce mot.) Lorsqu'il existait un fossé devant ces portes, les guichets possé-

daient, comme les grandes portes, un pont-levis spécial, mais qui s'embranchait sur le

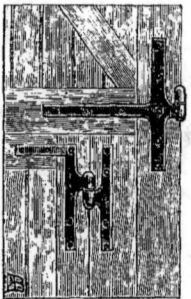

Fig. 2. — Ferrure haute d'un guichet de porte.

grand. (Voy. PORTE.) — Par extension, on nomme *guichets* de grandes portes monumen-

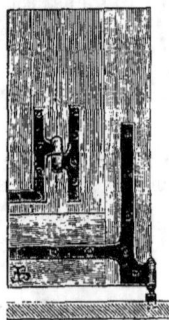

Fig. 3. — Ferrure basse d'un guichet de porte.

tales servant à pénétrer dans les grandes cours d'honneur des palais, des châteaux ou des mo-

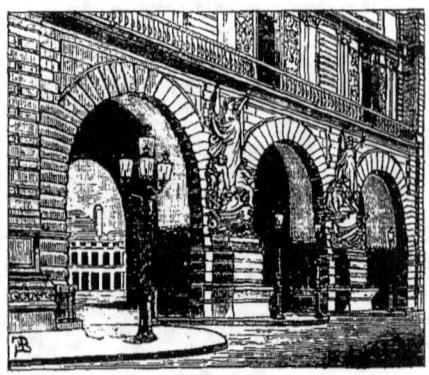

Fig. 4. — Guichet du Louvre.

numents publics ; tels sont, par exemple, les nouveaux guichets du Louvre construits par

M. Lefuel, membre de l'Institut, que montre notre fig. 4. Ces magnifiques portes sont décorées de superbes groupes, dont on peut juger par notre figure 5 qui représente l'un d'eux.

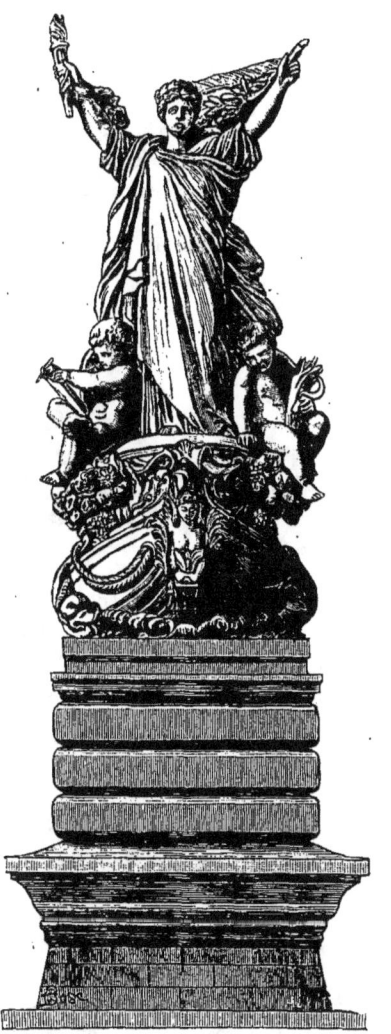

Fig. 5. — Groupe décorant le guichet du Louvre.

On nomme encore *guichet* une ouverture pratiquée dans une porte à une hauteur convenable, et qui permet soit de communiquer au dehors sans ouvrir la porte, par exemple dans les prisons, dans les administrations, etc., ou bien de voir les visiteurs avant d'ouvrir la porte. Quand ces guichets sont très-petits, on les nomme *judas;* ils se composent ordinai-

rement de plaques de fer ou de cuivre perforées (fig. 6), ou de petites grilles artistement travaillées. Ces judas sont fermés du côté de l'intérieur au moyen d'une petite plaque en

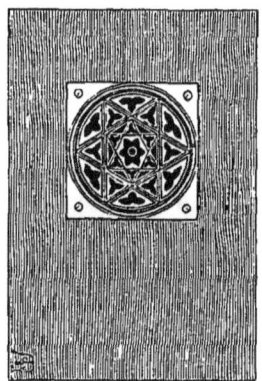

Fig. 6. — Guichet ou judas.

tôle portant charnière d'un côté, et de l'autre un loqueteau ou un verrou.

GUIDAS ou **GUINDEAU,** *s. m.* — Synonyme de CABESTAN. (Voy. ce mot.)

GUIDE, *s. m.* — Câbles ou tringles en fer qui, dans les appareils de montage, servent à guider et maintenir dans une position voulue les matériaux dont on opère le montage.

En menuiserie, c'est la partie saillante d'un outil à fût qui sert à l'appuyer contre le bois que l'on travaille. — Les fontainiers nomment guide l'armature sur laquelle est monté le coulisseau du piston de la cuvette des garde-robes.

GUIDEAU, *s. m.* — Appareil en forte charpente servant à augmenter, dans un port, la force et la puissance des *chasses* qu'on opère pour purger ce port des alluvions ou autres dépôts. Les guideaux servent également à diriger le courant de chasse.

GUIDE-LIME, *s. m.* — Appareil servant aux apprentis serruriers à limer le fer convenablement. Cet appareil (Voy. notre fig.) se compose d'une fourchette glissant dans un poteau soutenu par des contre-fiches, le tout bâti sur deux semelles en croix. A l'aide d'une vis de pression, on maintient la fourchette à une hauteur désirée. Pour se servir de cet appareil, l'ouvrier le place derrière lui et de-

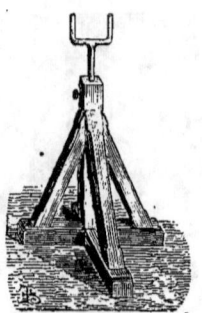

Guide-lime.

vant l'étau ; puis, avec une lime pourvue d'un long manche qui glisse sur la fourchette, il s'exerce à limer. Comme le guide ne lui permet pas de monter ou de descendre, il s'habitue à limer d'aplomb et horizontalement.

GUIGNAUX ou GUIGNEAUX, *s. m. pl.* — Petites pièces de bois assemblées entre les chevrons d'un comble afin de livrer passage à une souche de cheminée ; ils font le même office dans le comble que les chevêtres dans le plancher.

Ce sont encore de petits bouts de bois scellés sur le haut d'un mur de face, et destinés à relier et tenir en bascule les moellons formant la masse saillante d'un entablement. Enfin, ce sont des espèces de COYAUX (Voy. ce mot), des petits bouts de bois placés en pente entre le pied d'un comble et le haut d'un mur. Ces bois reçoivent une couche de plâtre en pente qu'on recouvre de plomb pour former chéneau, dans un endroit où l'on ne pourrait placer un chéneau ordinaire.

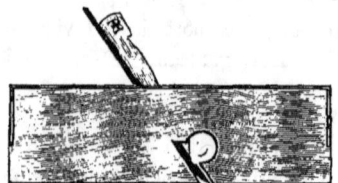

Fig. 1. — Guillaume ordinaire ou de fil.

GUILLAUME, *s. m.* — Espèce de rabot en bois dur et armé d'une petite lame d'acier.

Cet outil est employé par les tailleurs de pierre pour exécuter des moulures sur pierre tendre ; le maçon à plâtre s'en sert également pour rectifier des *cueillies* d'angles des arêtes et des

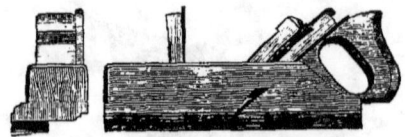

Fig. 2. — Guillaume à plate-bande.

moulures. Il en existe de plusieurs formes et dimensions.

Les charpentiers, les menuisiers, les rampistes, les fabricants d'ivoire, de caisses de

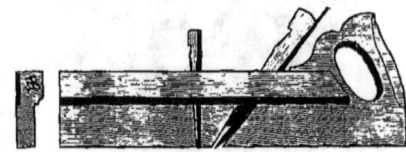

Fig. 3. — Guillaume à araser les lames de persiennes.

pianos et de voitures emploient également des guillaumes ; ils s'en servent surtout pour atteindre, parfaire et polir le fond des arêtes creuses à angle droit ; aussi cet outil affecte

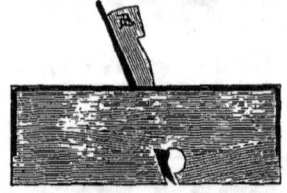

Fig. 4. — Guillaume demi-debout ou debout.

des formes extrêmement variables. — Le *guillaume ordinaire* (fig. 1), ou *guillaume de fil*, a son fer plus large à sa partie inférieure qu'à sa tête ; il est logé dans une entaille in-

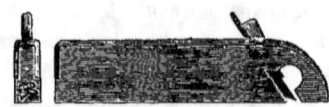

Fig. 5. — Guillaume bas.

clinée de 50 degrés par rapport à sa semelle. Le *guillaume à plate-bande* (fig. 2), qui est à poignée et qui porte, comme on peut le voir en coupe, une joue mobile qu'on nomme *guide* ou *conduit;* quand il possède sur le devant de

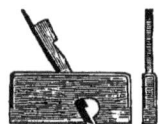

Fig. 6. — Guillaume pour les travaux en ivoire.

la plate-bande un second fer pour former filet, il est dit aussi *à grain d'orge :* c'est le cas de celui représenté par notre figure 2. Le *guil-*

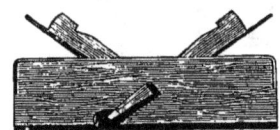

Fig. 7. — Guillaume pour caisses de pianos.

laume à araser les lames de persienne (fig. 3), le *guillaume demi-debout* ou *debout* (fig. 4), le *guillaume bas* de forme (fig. 5), le *petit guil-*

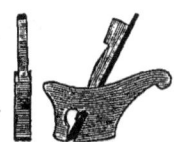

Fig. 8. — Guillaume pour caisses de pianos.

laume sans semelle d'acier pour travailler l'ivoire (fig. 6), le guillaume pour fabricants de caisse de pianos (fig. 7) et pour rampistes (fig. 8).

GUILLOCHIS, *s. m.* — Ornements en sculpture, mais surtout en peinture, composés de traits et de lignes qui s'entre-croisent dans un certain ordre et qui se reproduisent avec symétrie.

GUILLOTINE, *s. f.* — Une fenêtre est dite *à guillotine,* quand, au lieu de s'ouvrir verticalement, elle s'ouvre horizontalement, c'est-à-dire qu'étant à coulisse sa partie inférieure s'élève par des contre-poids et reste maintenue dans cette position, à moins qu'on n'exerce une pesée sur le bord inférieur du châssis vi-

tré pour le ramener dans sa position première, c'est-à-dire pour refermer la fenêtre. En Angleterre, on emploie beaucoup ce genre de fenêtre, surtout dans les constructions rurales.

GUIMBARDE, *s.f.* — Outil à fût qui sert à fouiller des fonds que le rabot ne pourrait atteindre parallèlement à la face de l'ouvrage.

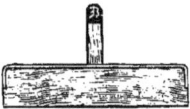
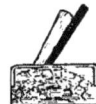

Fig. 1. — Guimbarde ordinaire.

Cet outil se manœuvre avec les deux mains, une de chaque bout. Le fer se meut parallèlement au côté long de l'instrument; on dirait un rabot dont le fer serait inversement placé.

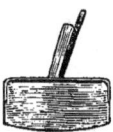

Fig. 2. — Guimbarde à creuser..

(Voy. nos figures.) Il existe des guimbardes, *ordinaires,* à mouchette, *garnies de fer* et pour fabricants de chaises; ceux qui servent à ce corps d'état affectent la forme d'une WAS-TRINGUE. (Voy. ce mot.) — C'est aussi un grand chariot à quatre roues.

GUIMBÉ, ÉE ou **GUIMPÉ,** *p. p.* — En menuiserie on nomme *doucine guimbée,* ou *guimpée,* celle dont la baguette est plus élevée que le bas du devant du talon ou bouvement.

GUINDA. — Altération de GUINDEAU. (Voy. ce mot.)

GUINDAGE, *s. m.* — Action d'élever, de hisser, de *guinder* un fardeau. — Ensemble de poulies mouflées, de cordages, en un mot équipage nécessaire pour *guinder.* (Voy. le mot suivant.)

GUINDEAU, *s. m.* — Grand treuil, tandis que le petit treuil se nomme *vireveau.*

GUINDER, *v. a.* — Lever un fardeau en haut par le moyen d'une machine, tirer les cordages des poulies mouflées pour élever un fardeau.

GUINGUIN, *s. m.* — Petit panneau de parquet. Terme d'atelier de menuiserie.

GUIRLANDE, *s. f.* — Ornement en forme

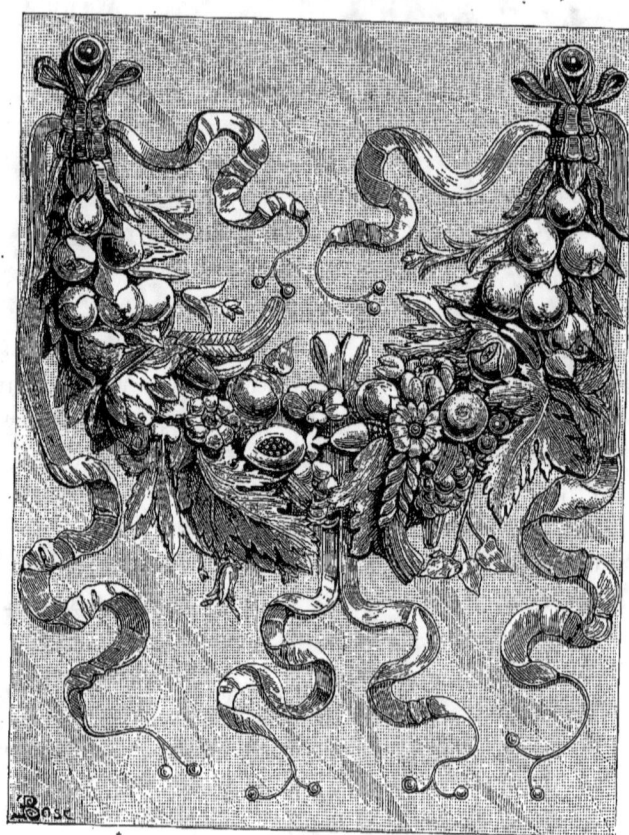

Fig. 1. — Guirlande avec fruits et fleurs.

de festons employé dans la décoration, surtout

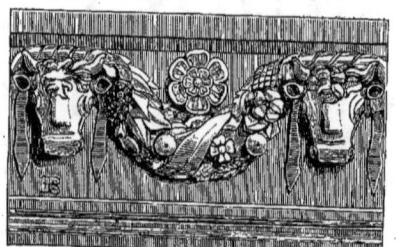

Fig. 2. — Guirlande du temple de Vesta, à Tivoli.

et des fruits. Tantôt un seul de ces éléments

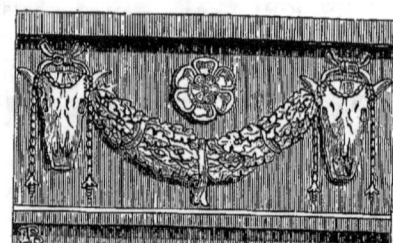

Fig. 3. — Guirlande formée avec des feuilles de chêne.

dans la décoration architecturale. Les guirlandes sont faites avec des feuilles, des fleurs

concourt à leur formation, tantôt c'est un mélange des trois. Les guirlandes sont isolées,

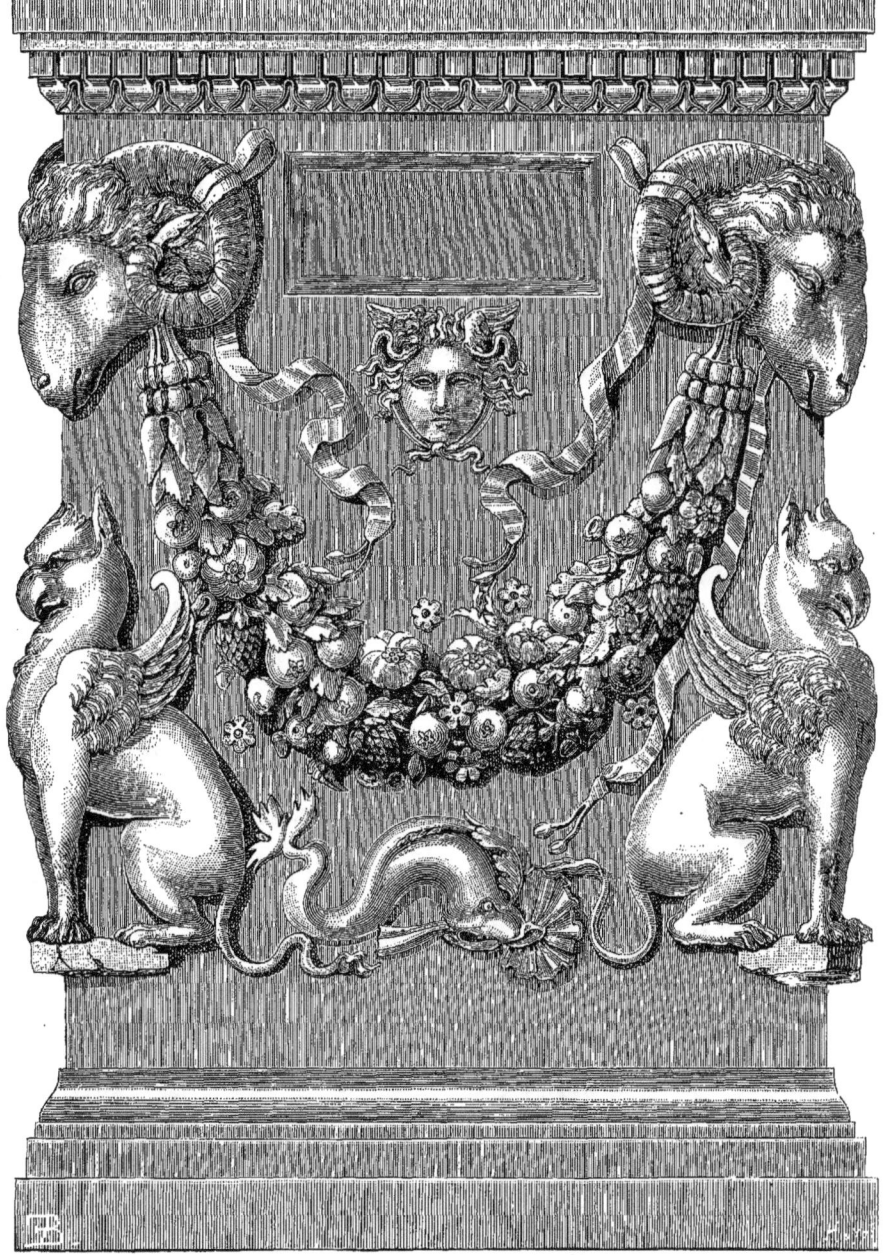

E. Bosc del.

Planche L. — Guirlande sur un autel antique (art romain).

ou bien elles courent d'une manière continue sur les monuments, tant à leur intérieur qu'à leur extérieur, surtout dans les frises des entablements. L'antiquité a fait un large emploi des guirlandes, surtout dans la décoration des temples ; elles étaient souvent mêlées à des BUCRANES (voy. ce mot), et l'espace laissé vide par la courbe que décrit la guirlande était comblé par un fleuron. Notre figure 1 montre une guirlande avec des fleurs, des feuilles et des fruits ; elle est attachée à l'aide de rubans flottants à deux clous. Une guirlande très-connue et d'une belle composition est celle du temple de Vesta, à Tivoli (fig. 2), dans laquelle on voit liés et parfaitement unis ensemble des fleurs et des fruits. Notre figure 3 montre une guirlande faite en feuille de chêne ; enfin notre planche L montre un autel antique de la villa Borghèse, à Rome : c'est un morceau de sculpture très-remarquable. La renaissance a remis en honneur ce genre d'ornementation, qui a été employé sans interruption jusqu'à nos jours ; on peut même dire que le premier empire a abusé de la guirlande, car à cette époque Percier et Fontaine en ont glissé sur les monuments, sur les meubles, sur les objets d'orfévrerie, enfin partout où une surface lisse en permettait l'emploi. (Voy. LAURIER.)

GUITARES, s. f. pl. — Pièces courbées de charpente, assemblées en vue de soutenir un petit toit en saillie pour protéger des lucarnes et même des fenêtres contre la pluie. Souvent les portes rustiques qui servent d'entrée aux cours des fermes sont protégées par un petit auvent formé par des guitares.

GYMNASE, s. m. — Lieu dans lequel les Grecs se livraient aux exercices du corps, tels que la lutte, le pugilat, la course, la natation, etc. Ce terme est dérivé de γυμνάσιον, de γυμνός, nu, parce que, pour se livrer à certains exercices, la lutte, la natation, par exemple, les jeunes gens et les hommes se mettaient nus. Dans l'origine les gymnases n'étaient qu'un terrain libre entouré de murs ; l'intérieur de ce terrain, de cette place, était divisé en plusieurs cours, lesquelles étaient affectées chacune à un exercice différent. Tel était, se-

lon Pausanias, l'ancien gymnase d'Élis (Pausanias, liv. 6, c. 24) : c'était un simple agora. Plus tard, les gymnases se transformèrent, surtout quand l'architecture eut acquis un grand développement ; on les construisit avec beaucoup d'élégance ; les murs de leurs portiques et de leurs salles principales furent couverts de peintures : ils servirent alors non-seulement pour les exercices du corps, pour la gymnastique, mais encore pour ceux de l'esprit ; car les philosophes, les rhéteurs et les sophistes y donnaient rendez-vous à leurs disciples, et des conversations s'engageaient dans les exèdres sur toutes les questions littéraires et scientifiques. On trouva alors dans les gymnases des salles couvertes, des promenades ombragées, des galeries, des portiques et des colonnades, des bains, en un mot toutes les commodités capables de satisfaire les goûts raffinés et luxueux de ceux qui fréquentaient ce genre d'établissements, qui étaient essentiellement grecs et qui n'avaient d'approchant chez les Romains que les THERMES. (Voy. ce mot.) Toutes les villes de la Grèce qui avaient quelque importance possédaient un gymnase ; on les plaçait en général hors de la ville, près d'un bois autant que possible. Voici ce que Platon (Leg., 1, VI) conseille relativement à leur aménagement intérieur : « Si dans le voisinage du gymnase il se trouve un bois ou quelque champ consacré à la divinité, on fera bien d'y faire passer des ruisseaux pour les arroser et les embellir pendant les chaleurs de l'été. » Athènes possédait trois gymnases (Ulpian, in Timocra., p. 820) : l'ACADÉMIE (Voy. ce mot), qui à son origine n'était qu'un simple marécage dans le Céramique ; le Lycée, auquel on arrivait après avoir traversé l'Illissus (Xénophon, Hist. græc., liv. 2, p. 476), et le Cynosarges, situé sur la colline de ce nom (Démosthène, in Leptin., p. 791 ; Tite-Live, liv. 31, c. 24 ; Diogène Laërt., liv. 6, § 12). Primitivement on ne recevait dans ce dernier que les enfants illégitimes. (Démosthène, in Aristocr., p. 760 ; Plut., in Themistocl., t. 1er, p. 112.) Les enfants commençaient fort jeunes, dès l'âge de sept ans, à s'exercer dans les gymnases. (Axioch, apud Plat., t. 3, p. 336 ; Platon, de Republ., liv. 3, t. 2, p. 402 ; Lucian.

de Gymnas., t. 2, p. 898.) Vitruve (liv. 5, c. 2) donne la description de ce genre d'édifice, qui, d'après cet auteur, aurait possédé une cour en forme de rectangle allongé dont le pourtour mesurait deux stades, ce que les Grecs appellent δίαυλος. Cette cour était environnée de portiques et de bâtiments. Sur trois de ses côtés il existait des salles spacieuses où les philosophes et les rhéteurs discutaient avec leurs disciples. (Platon, *Euthyp.*, t. 1er, p. 2; Isocrat., *Panath.*, t. 2, p. 191; Demet., *de Elocut.*, c. 3; Lucian., *Dialog. mortuor.*, t. 1er, p. 329.) Sur le quatrième côté on

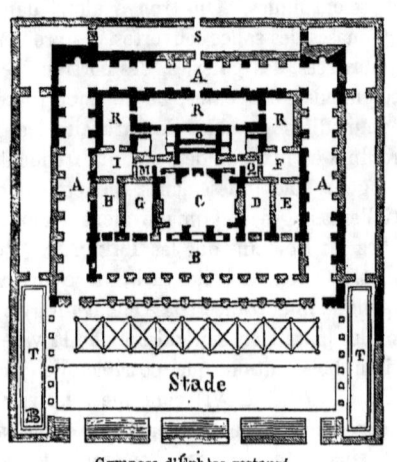

Gymnase d'Éphèse restauré.

trouve des pièces pour les bains et les autres exercices qui s'accomplissaient dans les gymnases. Malheureusement, cette narration de Vitruve est fausse; les gymnases dont il nous reste des ruines nous prouvent que l'architecte romain avait décrit ce genre d'édifice d'après son imagination et non *de visu;* car les restes de gymnases retrouvés à Ephèse, à Hiérapolis et à Alexandrie en Troade, bien que fort incomplets, montrent qu'ils ont été construits tous les trois d'après un principe général qui ne s'accorde pas avec celui énoncé par Vitruve; car dans les trois spécimens en question le corps de l'édifice est au centre même du plan, ce qui supprime l'*area* ou cour centrale. C'est, du reste, ce même parti qui a été adopté par les architectes romains pour la construction des thermes, qui ont été cons-

truits, cela paraît aujourd'hui incontestable, d'après les gymnases grecs, comme il est facile de s'en convaincre en comparant les plans de ces deux genres d'édifices. Examinons les divers locaux qui se trouvaient dans les gymnases. (Voy. notre figure restaurée : les parties grises indiquent les restaurations, et les parties noires les restes existants encore à Éphèse.) Il y avait des portiques simples, A, A; un double, en face du midi, B, afin que la pluie chassée par le vent ne pût pénétrer à l'intérieur. A l'extrémité des portiques simples latéraux se trouvaient les exèdres (ἐξέδραι). Dans le portique double il existait au milieu un grand exèdre, C, l'*éphœbée* (ἐφηβεῖον), ou école des éphèbes, lequel avait à sa droite le *coryceum*, D (κωρυκεῖον), ou jeu de paume; venait ensuite le *conisterium*, E (κονίστηριον), ou salle dans laquelle on se frottait de poudre; enfin il y avait les bains froids, G, (λούτρα), les bains tièdes, *tepidarium*, H (χλίαρον), les bains chauds I (λούτρα θέρμα), la salle de transudation (*concamerata, sudatio*), le *laconicum*, O, ou fourneau (λακωνικόν) et l'*éléothésium*, M (ἐλαιοθέσιον), salles dans lesquelles on s'oignait d'huile. La partie essentielle du gymnase était le stade, garni de siéges ou de gradins sur l'un des côtés pour les spectateurs; vis-à-vis se trouvait une promenade ombragée, une sorte de pergole (*hypœthrœ, ambulationes*, παραδρομίδες) plantée d'arbres, placée devant le stade; enfin devant le stade il y avait en T, T, deux xystes. En R, R, R se trouvent trois grandes pièces dont il n'a pas été possible de déterminer la destination. (Voy. THERMES, HYPOCAUSTE, LACONICUM.)

GYNÉCÉE, *s. m.* — Partie de la maison grecque qui était exclusivement réservée aux femmes : c'était le *harem* des habitations modernes des Turcs; on le nommait en latin *gynæceum*, de γυναικεῖον, γυναικωνῖτις. La situation du gynécée a donné lieu anciennement à de longues discussions; il paraît certain aujourd'hui qu'à l'époque homérique les appartements des femmes étaient situés au premier étage, tandis qu'après la guerre de Péloponèse, le gynécée fut placé à la partie postérieure de la maison, derrière les appartements des hommes, qui occupaient le devant de la maison. (Voy. MAISON.)

GYPSE, *s. m.* — Sulfate de chaux naturel, pierre à plâtre, qui, après avoir été soumis à la calcination prend le nom de *plâtre*, et jouit alors de propriétés remarquables qui lui donnent une place importante parmi les matériaux de construction. — Le gypse ne fait point effervescence avec les acides; il se trouve ordinairement par bancs ou par grandes masses dans le sein de la terre, d'où on doit l'extraire. L'extraction se fait à ciel ouvert et présente une grande analogie avec l'exploitation des autres pierres calcaires. Beaucoup de localités possèdent des carrières à plâtre, beaucoup en sont privées; quant à sa qualité, elle est extrêmement variable d'une contrée à une autre. Dans les pays où la pierre à plâtre est abondante on emploie dans les constructions, comme moellons, les blocs provenant des bancs les plus durs; mais le peu de résistance que ce matériau présente à la charge ainsi qu'aux intempéries de l'air doit le faire exclure des constructions de quelque importance, et son emploi ne peut être avantageux que dans des bâtiments temporaires et économiques.

Les départements de la Seine, de Seine-et-Oise, sont en France ceux dans lesquels le gypse se trouve en grande abondance et fournit des produits très-estimés. Le plâtre de Paris provient des carrières de Pantin, de Montmartre, de Belleville, de Ménilmontant, de Charonne et de Montreuil; celui de Pantin passe pour un des meilleurs. On exploite aussi des carrières de gypse entre Choisy-le-Roi et Villejuif, à Bagneux, à Châtillon, à Sannois et dans d'autres localités. Sous le rapport de la contexture, on distingue quatre variétés principales de gypse : le *gypse filamenteux*, qui se subdivise en *gypse feuilleté, gypse strié*; la *sélénite*, dont on fait du plâtre de choix pour les sculpteurs; l'ALABASTRITE (Voy. ce mot); enfin, le *sulfate de chaux calcarifère*, ou pierre à plâtre ordinaire. Indépendamment des éléments constitutifs du sulfate de chaux (eau, 22; acide sulfurique, 46; chaux, 32; argile, 3), le sulfate de chaux calcarifère contient environ 12 pour 100 de carbonate de chaux, ce qui le rend éminemment propre à être employé en mortier. Sous le rapport du gisement, le gypse reçoit les dénominations suivantes : *souchet, bousineux, toisé, gros dur, petit dur, ceinture, gros gris, petit glandeux, gros glandeux*, etc.

H

H. — Huitième lettre de l'alphabet. Sa forme provient de l'*êta* grec (H, η). Comme signe abréviatif sur les monuments antiques l'H peut signifier *homo, heros, hœres, hora, hic, habet, honor, Hercules, Hadrianus, Hostilius.* Hos peut signifier *hospes, hostis, honos.* — Dans la numération romaine, l'H vaut 200 ; surmontée d'un trait horizontal (H̄), elle vaut 200,000. Chez les Grecs, H égale 8 ; anciennement elle désignait 100, comme esprit rude du mot ἡκατόν, cent.

HABILLOT, *m. s.* — Morceau de bois qui sert à accoupler les coupons dans les trains de bois flotté.

HABILLURE, *s. f.* — Point de jonction d'un treillage. Ce joint est ordinairement fait en flûte.

HABITATION. — Voy. MAISON.

HACHARD, *s. m.* — Ciseau du forgeron, qui lui sert à couper le fer.

HACHE, *s. f.* — Instrument en fer ou en acier trempé qui sert à travailler et façonner le bois. Dans les travaux du bâtiment, ce sont surtout les charpentiers qui se servent de la hache ; il en existe plusieurs modèles, qui sont : la *cognée,* la *doloire,* ou *épaule de mouton* ; l'*esselte,* qu'on nomme aussi HERMINETTE (Voy. ce mot) ; la petite *hache à main,* etc.

En termes d'arpentage, on appelle *hache* la partie d'un terrain qui est enclavé de trois côtés dans un héritage contigu.

HACHEMENT, *s. m.* — Ce terme s'applique à la fois au fait et au résultat de l'opération qui consiste à couper, à piocher à coups de hachette une surface, afin de la rendre rugueuse, *grignarde* (comme disent les ouvriers), pour faciliter l'adhérence du plâtre ou du mortier. Ce terme est souvent pris comme synonyme de BUCHEMENT. (Voy. ce mot.) On pratique des hachements sur la pierre, le bois et autres surfaces, pour y appliquer un enduit. — En évaluation de légers, le hachement seul vaut 0,08 sur les surfaces verticales, et 0,125 sur les voûtes, plafonds ou lambris ; le simple *piquage,* qui n'est qu'un hachement incomplet, se compte moitié de l'évaluation précédente.

HACHER, *v. a.* — Faire un hachement, piocher à coups de hachette une surface unie ou un vieil enduit, afin de faciliter l'adhérence d'un nouveau mortier. Ce terme est presque synonyme de BUCHER. (Voy. ce mot et HACHEMENT.)

En charpenterie, c'est dégrossir un pièce de bois avec une hache ; c'est aussi ébaucher avec le *fermoir* la rive d'une planche que l'on varlope après le hachement.

HACHEREAU, *s. m.* — Petite hache.

HACHETTE, *s. f.* — Marteau de maçon à tête carrée (Voy. notre fig.) et dont la panne

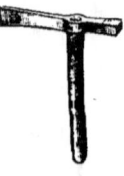

Hachette.

verticale est tranchante : ce marteau peut donc servir à la fois à frapper ou à couper et tailler. Le maçon se sert de la hachette pour ébousiner, équarrir et smiller les moellons, les asseoir sur leur lit, hacher et démolir les vieux ouvrages en plâtre, pour couper les lattes de longueur, les clouer, enfoncer et retirer les chevillettes, gratter à vif les crevasses et exécuter d'autres travaux. Comme on peut en juger par ce qui précède, le maçon a constamment sa hachette à la main, il ne saurait s'en passer. Il existe divers genres de hachette : la grosse, la petite, celle à deux taillants, soit dirigés dans le même sens, soit en sens contraire ; celle-ci sert plus spécialement aux fumistes et aux carreleurs; on la nomme aussi DÉCINTROIR. (Voy. ce mot et la fig. qui l'accompagne.) On donne encore ce nom à la *laye* qui sert à piquer les moellons, au couperet du paveur. (Voy. COUPERET.) Dans quelques localités, les ouvriers disent *hachotte*.

HACHURES, *s. f. pl.* — Signes parallèles et rapprochés mis dans un champ quelconque pour le distinguer des parties adjacentes. Dans les dessins d'architecture, les sections ou coupes, quand elles ne sont point teintées, peuvent être hachées. Dans tous les dessins ha-

Fig. 1. — Hachures simples.

chés, les hachures doivent être toujours dirigées obliquement suivant un angle de 45 degrés environ par rapport à la verticale. Cette disposition est toute conventionnelle, mais elle est si généralement admise qu'on est pour ainsi dire tenu de s'y conformer. Dans les pro-

Fig. 2. — Hachures composées.

jets des architectes, les parties à exécuter et à détruire s'indiquent par des hachures différentes. Sur le tas, c'est-à-dire sur le chantier, les hachures se font soit avec la pierre noire (ardoise molle), soit avec la sanguine ou avec des pinceaux et de la couleur. On se sert aussi, dans différents cas, d'autres hachures conventionnelles pour tenir lieu de couleurs; ce sont les hachures héraldiques, qui sont surtout employées dans la sculpture ou dans la gravure monumentale, afin de distinguer la couleur des émaux. Ces hachures conventionnelles indiquent, quand elles sont *horizontales*, le bleu ; *verticales*, le rouge ; *diagonales* ou *obliques* de *gauche à droite* (la droite en blason est à la gauche du spectateur), pourpre violet; *obliques* de *droite à gauche*, sinople (vert) (fig. 1); *horizontales* et *verticales croisées*, noir; *diagonales croisées*, sanguine ; *diagonales croisées de verticales*, orange ; enfin l'or ou le jaune s'indique par le *pointillé* (fig. 2). (Voy. BLASON.)

HAIE, *s. f.* — Clôture rustique faite au moyen d'arbrisseaux épineux ou d'arbustes verts, vivants et en pleine végétation ou simplement de branchages entrelacés; les premières se nomment *haies vives*, les secondes *haies sèches, haies mortes.* Ce genre de clôture est surtout employé pour fermer les propriétés rurales, où il sert concurremment avec les fossés. Dans ce cas, on peut planter les haies de diverses manières, soit dans le milieu du fossé, soit sur l'un des bords, soit sur l'une de ses parois. Voici quelques arbustes assez généralement employés pour faire des haies vives : l'aulne (*aulnus glutinosa*), l'ajonc épineux (*ulex spinosus*), le houx (*ilex aquifolium*), sureau (*sambuceus nigra*), le saule (*salix alba*) l'épicéa (*abies excelsa*), la sapinette (*abies cærulea*), le genévrier ou cèdre de Virginie (*juniperus virginiana*), le genévrier commun (*juniperus communis*), le nerprun cathartique (*rhamnus cathartica*), enfin diverses variétés de cyprès, telles que le cyprès pyramidal (*cupressus fastigiata*), à gros fruits (*macrocarpa*), funèbre ou de la Chine (*funebris vel Sinensis*).

JURISPRUDENCE. — La haie sèche ou morte est considérée comme un simple mur ; aussi peut-elle être plantée sur la limite extrême du terrain qu'elle a mission de clore; la haie vive, au contraire, ne peut être établie que d'après certains us et coutumes déterminés par des règlements et le Code civil, dont voici un article:

Art. 170. — Toute haie qui sépare des héritages est réputée mitoyenne, à moins qu'il n'y ait qu'un seul des héritages en état de clôture ou s'il n'y a titre ou possession suffisante du contraire.

Au mot Arbre, le lecteur trouvera les articles 671, 672 et 673, complétant la législation du mot *haie*.

Il résulte de la législation sur les haies : que le voisin a le droit de faire arracher une haie qui n'est pas plantée dans les limites réglementaires, la distance se mesure à partir de la ligne passant par l'axe de l'arbre ou de l'abrisseau jusqu'à la limite séparative des deux héritages ; que la propriété exlusive d'une haie comporte nécessairement la propriété exclusive de 0^m, 50 de terrain mesuré du centre de la haie ; que le propriétaire d'une haie vive ne peut y laisser croître des arbres à haute tige que dans le cas où cette haie se trouve éloignée de deux mètres au moins de l'héritage voisin. (Voy. Arbre.) Les haies mitoyennes sont entretenues à frais communs ; l'un des intéressés peut contraindre l'autre à contribuer aux frais d'entretien, et ce dernier ne peut s'en affranchir que par l'Abandon (Voy. ce mot), qui pour lui est une faculté imprescriptible. (Demolombe, t. 2, n°s 478, 479 et 480 ; Lepage, t. 1, p. 220 à 224 ; Desgodets, art. 210, § 15.) L'abandon est consenti par acte public et suivant les us et coutumes ; il n'existe aucune analogie entre les murs et les haies en ce qui concerne l'abandon. (Voy. à ce sujet Lepage, tome 1, p. 223 et 224 ; Desgodets, *ut suprà*, et Pardessus, n° 185.)

HALAGE (Chemin de).—Espace de terrain pour le service et les besoins de la navigation que les riverains de tous cours d'eau navigables ou flottables doivent fournir à titre de servitude légale. L'État paye une indemnité au propriétaire du cours d'eau assujetti à cette servitude.

Jurisprudence. — Le chemin de halage est dû au long des fleuves même dans les parties où les marées se font sentir ; l'obligation de fournir le chemin de halage se limite, et cela d'une manière expresse, aux cours d'eau navigables ou flottables ; aucun règlement administratif ne peut étendre cette servitude à un cours d'eau non navigable ni flottable : ainsi jugé en conseil d'État, le 15 déc. 1853 (j. p., *jur. administ.*, p. 174, 1853. — Le chemin de halage doit être constamment libre de

tout obstacle, à peine de 500 francs d'amende envers le contrevenant. (Ord. de 1669, art. 7, tit. 28 ; décret du 22 janvier 1808, art. 1 ; Pardessus, *Servitudes*, t. 1er, § 139.) Le chemin de hallage doit avoir au minimum une largeur de 8 mètres, et encore le riverain ne peut planter arbres, haies ou clôtures qu'à la distance de 10 mètres ; il résulte donc de cette clause (art. 7, tit. 28 de l'ordonnance de 1669) que la servitude s'étend presque jusqu'à une distance de 10 mètres ; nous disons « presque », parce qu'en effet ce n'est que dans des cas exceptionnels qu'on fait usage des deux mètres en sus des 8 mètres de halage effectif. Or, sur ces deux mètres tout propriétaire est libre de cultiver des fourrages, luzerne, blé, etc. Le long des fleuves et rivières où les bateaux ne se tirent que d'un côté, ce n'est que sur ce côté qu'est exigible la servitude du chemin de halage ; la rive opposée n'est assujettie qu'à fournir seulement un marchepied, lequel ne mesure que 1^m,32, et la défense d'élever arbre, haie ou clôture ne s'étend qu'à une distance de 3^m,30.(Ordonnances de 1669 et de 1672.) On mesure la largeur de ce marchepied et du chemin de halage à partir du haut de la berge « où arrive le dernier flot, quand le cours d'eau coule à pleins bords, sans crue extraordinaire. » (Ordonnances de 1681, l. 4, art. 1er du tit. 7.)

HALEMENT, *s. m.*—Nœud d'attache pratiqué sur un câble.

HALER, *v. a.* — Attacher un fardeau avec un halement, et, par extension, câbler et enlever ce fardeau.

HALLE, *s. f.* — Ce terme, qui nous vient de l'anglais, signifie *salle* ; mais aujourd'hui il s'applique exclusivement aux marchés couverts, tandis qu'anciennement ce terme était employé pour désigner un marché en plein air. Les halles modernes servent à emmagasiner et à vendre certaines denrées et certaines marchandises ; de là les noms divers de halle au poisson, halle à la viande, halle au blé, halle au drap, au cuir, aux toiles, etc. Quand de grandes halles, dans les villes importantes, servent à vendre toutes sortes de denrées, fruits, viandes, légumes, poissons, charcuterie, tripes, etc., on les nomme halles centrales, parce qu'elles sont situées dans le centre des villes; telles sont, par exemple, les halles centrales de Paris, construites par Baltard et Callet. Aujourd'hui, grâce au fer et à la fonte, on construit des halles sur un type très-élégant et très-élevées. Anciennement elles affectaient, dans bien des villes du Nord, un grand caractère, bien que construites en maçonnerie et en charpente. Nos figures 2 et 3 montrent la coupe et l'élévation d'un type de

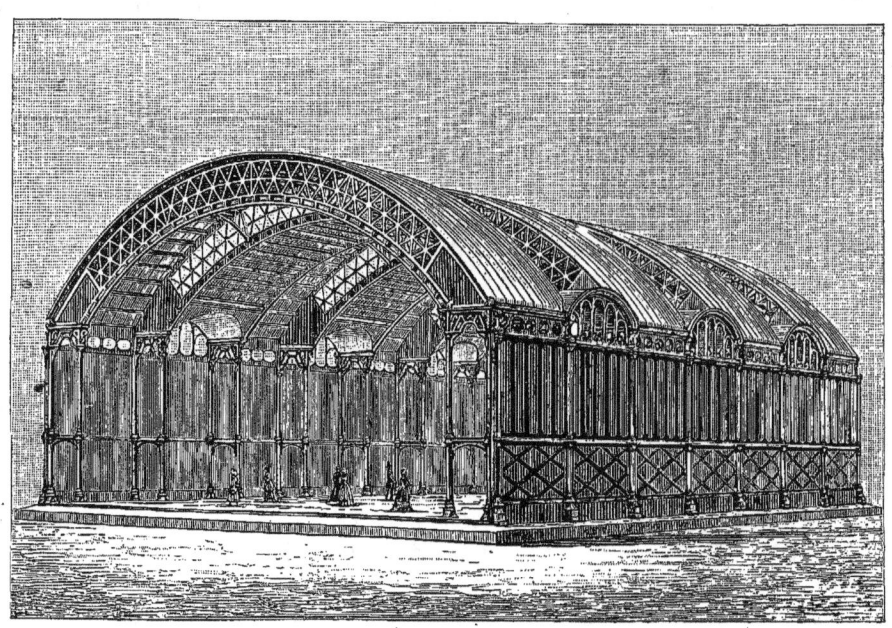

Fig. 1. — Grande halle en fer (système de L. A. Boileau, architecte).

halle en maçonnerie assez répandu autrefois en Belgique et en Hollande. — Les grandes halles en fer présentent l'inconvénient de donner en été une chaleur insupportable et en hiver un froid excessif, par suite des grandes surfaces vitrées employées en couverture. En outre, le jour qui tombe verticalement est souvent fort désagréable pour la vue et peut détériorer les marchandises. Pour obvier à cet inconvénient notre confrère M. Boileau a imaginé un mode de couverture (fig. 1) qui donne des jours tels que ceux qui éclairent les ateliers de statuaires,

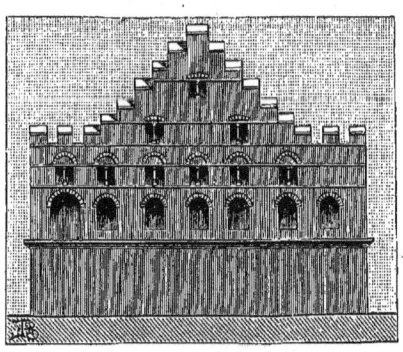

Fig. 2. — Coupe d'une halle ancienne.

Fig. 3. — Halle belge (façade postérieure).

qui sont des plus favorables surtout pour galeries d'exposition. Dans le système imaginé par notre confrère les fermes figurent des arcs, mais en réalité elles font fonction de poutres courbes en treillis, mais indéformables. Elles portent simplement sur des montants en fonte qui complètent le système de contreventement transversal, sans le secours de tirants ou entraits qui dans les grandes perspectives sont souvent d'un effet désagréable. Sur la longueur, les mêmes fermes portent alternativement en haut et en bas, par travées, des parties de couvertures et de plafonds cintrés au moyen de solives ou chevrons qui s'y attachent, de sorte que les vitrages transversaux et verticaux insérés dans les fermes laissent passer la lumière comme nous l'avons dit ci-dessus. Dans les docks, entrepôts et gares de chemins de fer, on donne le nom de *halle* à toute espèce de hangar ouvert ou fermé. — Les halles et marchés sont soumis, relativement aux précautions à prendre contre l'incendie, à des règlements administratifs que le lecteur trouvera au mot INCENDIE.

HAMEÇON, *s. m.* — Outil du serrurier qu'on nomme plutôt ARCHET. (Voy. ce mot.)

HAMPE, *s. f.* — Manche d'un pinceau.

HANGAR, *s. m.* — Construction, ouverte ou fermée, composée de *fermes* supportant une couverture. Ces fermes sont portées par des piliers, piles ou colonnes en pierre ou en fonte, ou par des poteaux en bois. Les hangars servent de magasin, de lieu de dépôt, d'abri ou d'atelier; suivant l'usage auquel ils sont destinés, ils présentent un caractère de construction provisoire. Dans ces dernières années, cette construction économique a été très-employée; aussi a-t-on perfectionné d'une façon très-remarquable la structure des hangars. L'industrie des chemins de fer a contribué dans une large mesure à généraliser l'emploi du hangar et à en perfectionner la construction. Au mot FERME le lecteur trouvera des types parfaits de charpente à grande et à moyenne portée, permettant de construire des hangars de toute sorte; mais nous devons observer que, ce genre de bâtiment étant exposé aux dan-

gers de l'incendie, on devra, autant que possible, n'employer que des matériaux incombustibles. — Quand les hangars sont adossés contre des murs et qu'ils sont formés par une suite de demi-fermes, portant d'un côté sur des piles, colonnes ou piliers, et de l'autre côté dans des murs sur des corbeaux en pierre, on les nomme hangars *appentis*, ou mieux encore simplement APPENTIS. (Voy. ce mot.)

HAPPER, *v. a.* — Terme de dorure; c'est saisir avec un outil nommé *palette* la feuille d'or pour l'appliquer sur l'objet à dorer. (Voy. DORURE.)

HARAS, *s. m.* — Établissement destiné à l'élevage et à l'entretien des étalons et des juments dans le but de propager et surtout d'améliorer la race chevaline. Un établissement de ce genre comprend des écuries, des boxes, des jumenteries et des poulineries, des parcs ou des paddocks, souvent une piste d'entraînement (Voy. ÉCURIES), enfin des bâtiments d'administration.

HARDERIE, *s. f.* — Sulfate de fer ayant subi une préparation spéciale et employé par les émailleurs.

HAREM, *s. f.* — Appartements des femmes dans la maison turque, qui correspond au GYNÉCÉE (Voy. ce mot) de la maison grecque de l'antiquité.

HARPE, *s. f.* — Pierres saillantes réservées pour servir d'amorce à un bâtiment à

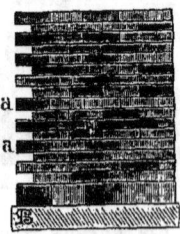

a, a, harpes.

construire ultérieurement. Les harpes *a, a,* servent à liaisonner entre elles deux constructions. (Voy. notre fig.) On les nomme aussi *naissances, pierres d'attente*. On applique encore ce terme aux saillies latérales des pierres de taille faisant chaîne sur un mur, à celles d'une jambe étrière, etc.; de là l'expression *jeter harpes*. *Déharper* signifie tout le contraire; c'est placer des pierres en retraite les unes sur les autres à la manière de gradins.

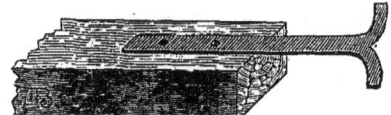

Fig. 1. — Harpon pour scellement d'un about de poutre dans un mur mitoyen.

HARPON, *s. m.* — Pièce de fer méplat ou plate-bande de fer chantournées qui servent à

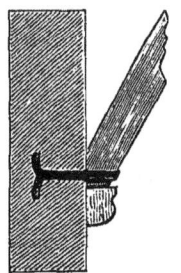

Fig. 2. — Harpon maintenant une portée sur un corbeau en pierre.

relier deux pièces de charpente : par exemple, une solive, des poteaux corniers, avec

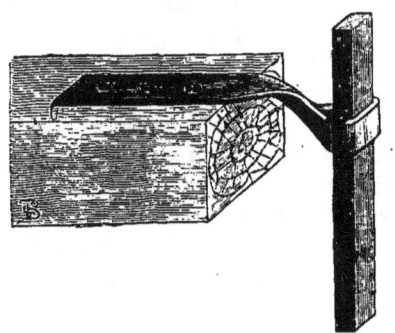

Fig. 3. — Harpon pour scellement d'un about de poutre avec ancre.

des pans de bois. Quand les harpons s'appliquent à des pièces de bois, on les termine par un talon ; s'ils aboutissent à un mur, leur extrémité est à scellement ou à queue de carpe. (Voy. nos figures 1 et 2.) On garnit d'un harpon l'about ou scellement des pièces de bois lorsqu'on ne peut percer un mur dans toute son épaisseur (fig. 1) : par exemple, quand il s'agit d'opérer dans un mur mitoyen, ou bien pour maintenir une portée sur un corbeau (fig. 2); quand on ne peut faire usage d'un tirant avec ancre, ou visse un harpon à œil sur l'extrémité de la pièce de bois (fig. 3).

HARPONNER, *v. a.* — Rendre solidaires ou agrafer deux parties d'une construction à l'aide de harpons; c'est aussi armer d'un harpon une pièce de charpente (fig. 1 et 3).

HASTER, *v. a.* — Couder très-légèrement un fer ; c'est aussi donner à un objet la forme d'une pique, d'une lance (*hasta*, haste). *Haster* le sommet d'une grille, c'est garnir de lances l'extrémité des barreaux qui la composent.

HATÉE, *s. f.* — Barre de fer coudée et contre-coudée d'équerre.

HATURE, *s. f.* — C'est une plaque de fer en forme de triangle posée en saillie sur une serrure, et qui aboutit soit à un verrou, soit à la tête d'un pêne ; c'est une sorte de verrou dormant; c'est encore un crochet employé par les serruriers pour forcer une serrure. (Voy. CROCHET, fig. 1.)

HAUBAN, *s. m.* — Cordages servant à maintenir une grue, une chèvre ou toute autre machine destinée à élever des fardeaux. Les haubans doivent être faits de cordages de bonne qualité et d'une force suffisante; du reste, dans le commerce, ce cordage spécial se vend sous le nom de hauban; c'est une *chaussière* de 0^m,034 de diamètre à quatre torons ayant chacun dix fils. Les haubans doivent être amarrés à des points très-solides; ils ne doivent pas former à l'horizon un angle de plus de 35 à 40 degrés. Celui des haubans d'une chèvre qui est placé à l'opposé de ceux qui supportent la charge, et destiné à prévenir le renversement de la machine, se nomme *contre-hauban*.

HAUTE-BORNE, *s. f.* — Dénomination vulgaire de certains monuments CELTIQUES. (Voy. ce mot.)

HAUTEUR, *s. f.* — Dimension verticale d'un objet, tandis que sa largeur est horizontale. Du reste, ce mot est employé dans des acceptions très-diverses. Par exemple, on dit qu'un bâtiment est arrivé *à hauteur*, lorsqu'il est complétement arasé et prêt à recevoir le le comble ; un étage est *à hauteur*, lorsque les murs en sont montés jusqu'au niveau du plancher supérieur. On dit aussi, pour désigner le point de départ des voussoirs d'une voûte, qu'on est arrivé à la *hauteur des naissances ;* quand les voûtes sont construites, on appelle ce même point *hauteur de retombée* des voûtes. On dit également *hauteur d'assise, de marche, d'appui, de plancher ;* la première porte de 0^m,30 à 0^m,60, la troisième mesure 1 mètre environ, la dernière indique la hauteur d'un étage ordinaire, qui varie donc suivant la localité où l'on emploie cette expression.

La hauteur des édifices publics est très-variable suivant la destination de ces édifices et le caractère qu'on veut leur donner ; il n'y a à cet égard aucune théorie, aucun principe à formuler, c'est affaire de goût et de convenance. Au contraire, dans la plupart des grandes villes, la hauteur à donner aux maisons est subordonnée à des règlements administratifs. — A Paris, la hauteur des façades de maison, la disposition à donner à leurs combles, ont été déterminées par déclaration du roi en date du 10 avril 1783, par des lettres patentes du 25 août 1784, par des décrets en date des 14 décembre 1789, 16-24 août 1790 et 19-22 juillet 1791, par un arrêté en date du 15 juillet 1848 ; enfin par un décret en date du 27 juillet 1859. Nous avons donné ce décret *in extenso* au mot FAÇADE, où nous renvoyons le lecteur qui désirerait des renseignements sur la hauteur à donner aux façades, aux étages et aux combles. — En serrurerie, on dit qu'une clef est forée d'une ou de deux *hauteurs*, quand la profondeur de sa forure mesure une ou deux fois l'épaisseur de la serrure ; qu'une gâche encloisonnée est d'une hauteur ou d'une hauteur et demie, quand sa profondeur est égale à la longueur du pêne, ou à une longueur et demie dudit pêne.

HAUT-FOURNEAU. — Voy. FOURNEAU.

HAUT-RELIEF. — Voy. RELIEF et BAS-RELIEF.

HAVET, *s. m.* — Outil de fer dont l'extrémité est recourbée en crochet et qui est employé par les ardoisiers.

HAYVE ou HÈVE, *s. f.* — Garnitures en forme de nervure pratiquées vers le milieu des pannetons des clefs à bout, des serrures bénardes, et destinées à empêcher la clef de dépasser la seconde entrée, ou l'entrée opposée. Quelques ouvriers disent aussi, mais à tort, *have.*

HÉBERGE, *s f.* — Terme de jurisprudence (Coutume de Paris) qui sert à désigner la portion d'un mur mitoyen occupée par un propriétaire, tant en largeur qu'en hauteur.

HÈLEMENT, *s. m.* — Action d'appeler, mais de fort loin. Dans la marine, des matelots de deux bâtiments se hèlent en mer de fort loin. Dans les grands chantiers de construction, chaque compagnon, dans le but de correspondre facilement avec son garçon, a l'habitude de héler ; surtout quand le GACHOIR (Voy. ce mot) est éloigné de son travail. Aussi, dans la crainte que sa voix ne puisse se confondre avec celle d'autres ouvriers, il baptise son garçon d'un nom spécial, mais facile à prononcer en criant. Ces noms ou sobriquets sont empruntés, et quelquefois avec beaucoup d'à-propos, soit au physique, soit au caractère des garçons. Ce sont aussi parfois des expressions en vogue, populaires, souvent triviales, mais toujours fort drôles, comme le lecteur pourra en juger par les suivantes, les plus fréquemment employées : Voltigeur, Monte-au-Ciel, l'Éveillé, l'Endormi, l'Écureuil, la France, la Rose, Flambard, Cabrion, Cascaret, Gringalet, Court-d'Argent, Sans-Souci, Turco, etc. Quand un chantier fonctionne avec beaucoup d'activité, ces hèlements vifs et entre-croisés, qui se succèdent sans interruption, produisent un effet vraiment pittoresque et qui ne manque pas de charme; car on voit l'homme aux

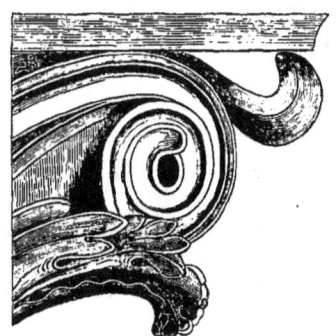

Fig. 1. — Hélice d'angle de la corbeille d'un chapiteau (profil).

prises avec le travail, c'est-à-dire accomplissant sa destinée, son devoir. Dans certaines contrées, les compagnons, au lieu de héler ainsi, se servent parfois d'un sifflet; mais l'expérience a prouvé, alors même que chacun emploie une notation particulière, que ce moyen ne vaut pas le hèlement. Cependant les charpentiers emploient avec succès le sifflet, pour leurs appels et leurs commandements.

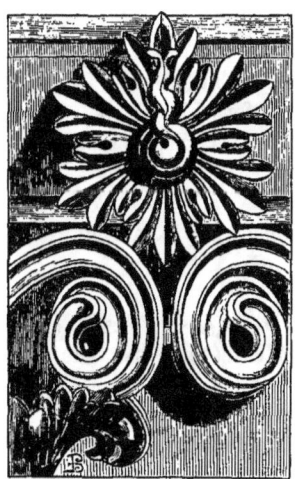

Fig. 2. — Hélices centrales de la corbeille d'un chapiteau.

HÉLICE, *s. f.* — Courbe tracée sur un cylindre droit ou légèrement conique, à base circulaire, de manière à couper ses génératrices à des intervalles égaux entre eux et sous un angle constant. L'hélice a reçu de nombreuses applications. Les escaliers construits dans une cage ronde ou autour d'un noyau sont dits

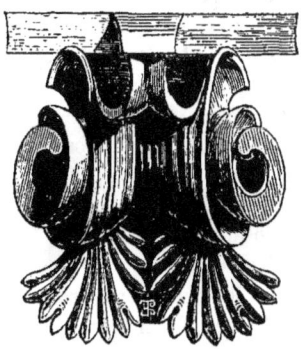

Fig. 3. — Hélice d'angle (face).

à hélice, les vis, les tiges taraudées sont également à hélice. — Au pluriel, ce terme est employé par certains auteurs comme synonyme de *caulicoles;* ce qui n'est pas tout à fait exact, car dans les chapiteaux corinthiens et composites on ne peut appliquer cette expression qu'aux volutes placées sous le tailloir. (Voy. nos figures.)

HÉMATITE, *s. f.* — Minerai de fer oxydé, rouge ou brun comme couleur, et qui sert aussi à faire des BRUNISSOIRS. (Voy. ce mot.)

HÉMICYCLE, *s. m.* — Partie intérieure d'une abside, d'une grande niche ou d'un monument quelconque, qui affecte la forme d'un demi-cercle. La partie occupée par les spectateurs dans les théâtres de l'antiquité était en hémicycle. Les EXÈDRES (Voy. ce mot), à cause de leur forme, sont également dénommés hémicycles.

HEMI-SPÉOS. — Voy. TEMPLE.

HÉRIDELLE, *s. f.* — Modèle d'ardoise, usité en France, qui mesure $0^m,108$ de largeur sur $0^m,380$ de hauteur; son épaisseur moyenne est de $0^m,003$; le poids du mille de l'héridelle est de 500 kilogrammes.

HÉRISSON, *s. m.* — Un mur est dit terminé *en hérisson*, quand sa partie supérieure est terminée par des briques, des moellons plats posés de champ, de manière que les uns dépassent les autres.

En fumisterie, le hérisson est un instrument formé d'une tige de fer garnie de lames d'acier longues et flexibles, qui sert à ramoner à la corde les conduits de cheminée trop étroits pour livrer passage à un petit ramoneur.

En serrurerie, c'est un assemblage de longues pointes de fer qu'on pose sur des grilles ou dans certains locaux pour empêcher les voleurs d'escalader ces grilles ou d'accéder dans ces locaux.

En mécanique, c'est une roue motrice verticale, dont les dents sont formées par de fortes chevilles ou mentonnets.

HÉRITAGE, *s. m.* — Ce qui vient par voie de succession ; mais on désigne plus particulièrement sous ce terme les immeubles réels, tels que terrains, terres et maisons. Les héritages peuvent être frappés de SERVITUDES. (Voy. ce mot.)

HERMÈS, *s. m.* — Ce terme est synonyme de Mercure, divinité païenne. — En sculpture, ce terme signifie une gaîne portant une tête de Mercure. L'*Hermès Trismégiste*, c'est-à-dire Hermès trois fois grand, est un personnage auquel on attribuait une très-haute antiquité.

HERMINE, *s. f.* — C'est une des deux fourrures du BLASON. (Voy. ce mot.)

HERMINETTE, *s. f.* — Hache de charpentier qu'on nomme aussi *erminette* ; il en existe de diverses formes, mais en général elle

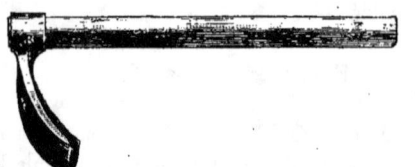

Fig. 1. — Herminette à gouge sans tête.

affecte la forme d'une large gouge, car l'herminette sert à doler, à polir et surtout à creuser les bois ; les unes (fig. 1) sont sans tête,

les autres (fig. 2) portent d'un côté une tête de marteau ; notre figure 3 représente une herminette très-employée par les charpentiers

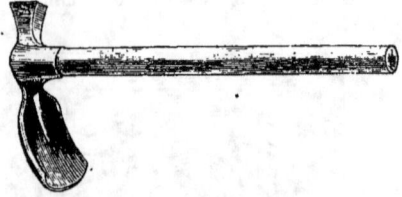

Fig. 2. — Herminette à gouge et à tête.

du midi de la France et par ceux d'Italie, elle se manœuvre d'une seule main à la façon d'un marteau ; enfin il existe des herminettes à ci-

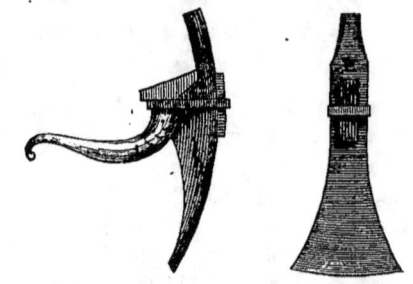

Fig. 3. — Herminette du sud de la France (profil et face).

seau et à cognée qui travaillent sur le bois comme ces deux outils : on nomme quelquefois la première *ébauchoir*.

HERMINITE, *s. f.* — Terme de blason ; se dit d'un fond blanc tacheté de noir avec un point rouge dans chaque tache noire.

HÉROON, *s. m.* — Terme d'antiquité ; monument élevé à la mémoire d'un héros ou d'une héroïne.

HERPE, *s. f.* — Pièce de bois recourbée qui sert à lier l'éperon au navire, et, par extension, l'ornement sculpté qui décore la herpe à plat-bord. C'est aussi une sorte de crible à trémie en plan incliné.

HERSE, *s. f.* — Sorte de grille, servant de contre-porte, armée de pointes de fer par le bas. Les herses glissent dans des rainures verticales ; elles étaient suspendues à une corde ou à une chaîne qu'on pouvait lâcher à propos et brusquement pour fermer un passage et intercepter ainsi toute communication. Tous les châteaux étaient munis de herses, qui étaient disposées de telle sorte qu'une fois tombées il était impossible de les faire remonter sans être maître des étages supérieurs. Notre figure montre la porte de Moret, près Fontainebleau, qui date du XIIIe siècle; on aperçoit dans le fond de cette porte la herse à moitié soulevée.

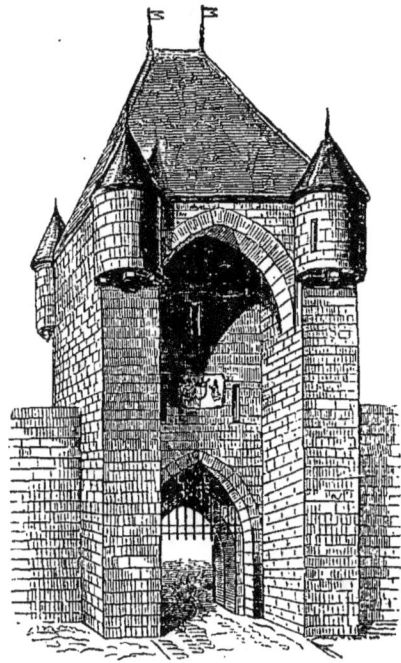

Porte de Moret, près de Fontainebleau (XIIIe siècle).

— Les herses étaient connues des Romains; ils les nommaient *cataractæ*. (Tite-Live, XXVII, 28 ; Vegèce, *Mil.*, IV, 4.) Dans plusieurs portes antiques à Rome, à Tivoli et à Pompéi, on voit distinctement les coulisses dans lesquelles jouait la herse. Dans l'antiquité, on employait également les herses pour fermer les ponts qui possédaient à leur tête des portes ou des arcs de triomphe. — On nomme *herses d'attrape* des herses posées les dents en l'air au milieu d'un chemin pour en interdire le passage.

En charpente, on nomme herse une épure tracée sur le sol, représentant la projection d'un comble ; toutes les pièces sont indiquées sur cette épure, qui sert à en tracer la coupe et l'assemblage. On nomme *herses de croupe* les pièces de bois qui se croisent dans la charpente d'un pavillon carré. Les charpentiers nomment aussi herse une corde servant à attacher les poulies.

HÊTRE, *s. m.* — Grand arbre de la famille des amentacées (*fagus sativa*, L.). Son bois, à fibres serrées de couleur fauve claire, a la propriété de durcir quand on le chauffe au feu. Ce bois n'est guère employé que pour des charpentes secondaires, mais il est d'un excellent usage pour les charpentes hydrauliques. On l'emploie en menuiserie et pour faire des bâtis de machines, des établis et des fûts d'outil.

HEURT, *s. m.* — Partie d'une conduite trop élevée relativement à son niveau de pente. C'est aussi le point le plus élevé d'une voie ou d'une route, où les eaux se partagent ; dans cette dernière acception, on dit aussi *heurte*.

HEURTOIR, *s. m.* — Assemblage en charpente destiné à amortir des chocs. Dans les gares de chemin de fer, il existe trois genres de heurtoirs qui varient peu dans leur construction ; ce sont : les *heurtoirs* pour voies de garage ou de service, les *heurtoirs* placés aux extrémités des voies principales, enfin les *heurtoirs* de quai des marchandises.

En architecture hydraulique, le *heurtoir* est une pièce de bois longue et presque carrée, qu'on pose au pied de la plate-forme d'une écluse.

En serrurerie, c'est une pièce de bronze ou de fer de forme extrêmement variée, qui sur une porte d'entrée de maison sert à frapper, afin de se faire ouvrir ; dans cette dernière acception, on dit plutôt *marteau de porte*. (Voy. MARTEAU.)

HÈVE. — Voy. HAYVE.

HEXAGONAL, ALE, *adj.* — Qui se rapporte à l'hexagone. Ainsi on dit : terrain hexagonal, figure hexagonale, pyramide hexagonale, c'est-à-dire un terrain, une figure, qui ont six côtés, une pyramide dont la base est formée par un hexagone. (Voy. le mot suivant.)

HEXAGONE, *adj.* — Qui a six angles et six côtés.

Subs. — Figure composée de six angles et de six côtés.

HEXAGONE RÉGULIER, celui qui a ses angles et ses côtés égaux. Le côté de l'hexagone régulier étant égal au rayon de cercle qui lui est circonscrit, il est facile de construire cette figure, puisqu'il suffit de porter six fois de suite le rayon de cercle sur la circonférence. Quand on veut construire un hexagone régulier dont on a un côté, voici comment on procède : on trace (Voy. notre fig.) une perpendiculaire A B, puis avec une ouverture de compas égale au côté de l'hexagone, qui, on le sait, est un rayon de cercle, on trace du point A comme centre la corde D C ; ensuite du point O, obtenu comme centre du cercle, on trace le cercle A D B C A ; du point B ainsi obtenu, on trace l'arc F O E ; puis joignant successivement les points A, D, F, B, etc., on

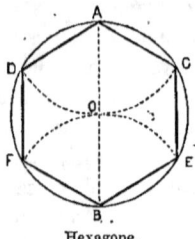

Hexagone.

obtient le polygone régulier, à six côtés, dit *hexagone*. Cette figure, qui peut toujours se juxtaposer d'une manière indéfinie, comme le triangle, le carré, le pentagone, l'octogone, est fréquemment employée dans la composition de beaucoup d'ornements.

HEXASTYLE, *adj.* — Ordonnance présentant six colonnes de front; ainsi on dit, portique, temple, ordonnance, etc., hexastyle. (Voy. TEMPLE.)

HIE, *s. f.* —Voy. DAME.

HIEMENT, *s. m.* — Enfoncement de pavés à l'aide d'une *hie* ou *dame*, de pieux à l'aide du *mouton*. — Ce terme sert aussi à désigner le bruit que fait une machine qui élève un lourd fardeau. Enfin c'est un mouvement qui se produit dans une charpente par suite d'un effort horizontal.

HIÉROGLYPHES, *s. m. pl.* — Signes gravés en creux sur les pierres d'anciens monuments ou sur des rochers. Beaucoup de peuples ont employé des hiéroglyphes, mais celui qui en a fait l'usage le plus large et le

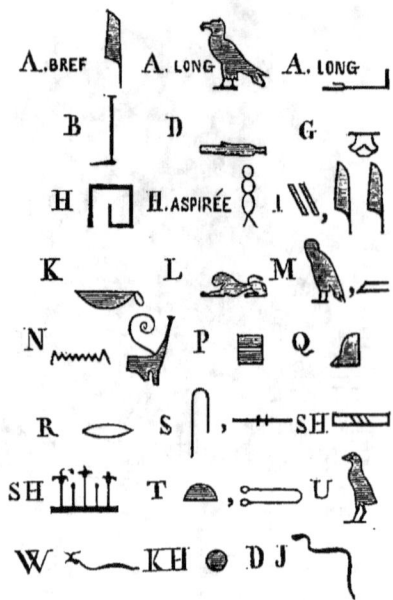

Fig. 1. — Alphabet hiéroglyphique.

plus remarquable, c'est sans contredit le peuple égyptien. L'étymologie de ce mot (ἱερὸς, sacré, et γλυφή, gravure, ciselure, de γλύφειν, sculpter, graver, entailler) signifie donc, gravure, sculpture sacrée. Les caractères hiéroglyphiques sont de deux ordres : les uns ne représentent que des *signes d'idées*, les autres sont de véritables *lettres*. On est aujourd'hui persuadé que cette écriture est d'une très-haute antiquité, et qu'elle a peu varié de sa signification première, puisque les hiéroglyphes des monuments qui remontent à trente ou quarante siècles avant l'ère vulgaire ne diffèrent pas d'une manière sensible de ceux qu'on retrouve gravés sur les monuments contemporains du siècle d'Auguste. Bien que l'étrangeté des hiéroglyphes ait frappé les anciens, il paraît à peu près certain, comme nous venons de le voir, qu'ils n'en connaissaient pas la signification. On peut à la rigueur excuser leur ignorance à cet égard, puisqu'ils considéraient ces signes comme complétement *idéographiques*. Les uns le sont, il est vrai ; on les subdivise même en si-

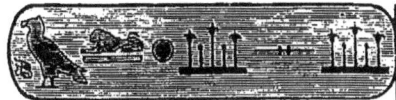

Fig. 2. — Cartouche d'Artaxercès.

gnes *figuratifs*, tels sont, par exemple, une étoile, un lion, un chacal, qui figuraient de simples images, et en signes *symboliques*, au contraire, qui exprimaient des idées abstraites qu'il n'était pas possible d'indiquer autrement que par des images allégoriques ou conventionnelles. Ajoutons que les signes *figuratifs* ou *symboliques* pouvaient être lus également comme des mots phonétiques ; enfin ces derniers peuvent représenter soit une simple articulation, soit plusieurs articulations donnant un son complet, c'est-à-dire une syllabe entière. Il résulte de ce qui précède, que le *hiéroglyphisme* peut fournir et fournit en effet une sorte d'*alphabet* et un *syllabaire*. Notre figure 1 montre un

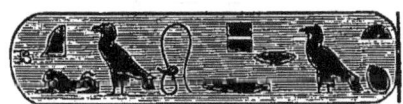

Fig. 3. — Cartouche de Cléopâtre.

alphabet non dans le sens strict que nous attachons aujourd'hui à ce mot, mais une suite de lettres voyelles, consonnes et doubles lettres ; nous avons formé ce tableau à l'aide de divers auteurs, nous aurions pu y ajouter des doubles lettres en plus grand nombre, car il y a, d'après la liste de Bunsen, cent vingt signes de sons et peut-être plus de trois mille cinq cents caractères hiéroglyphiques. Nous avons groupé les signes de notre figure 1 suivant un ordre qui se rap-

proche le plus de notre alphabet, en ajoutant les trois doubles lettres SH, W, KH, DJ, qui se retrouvent le plus fréquemment dans les inscriptions. A l'aide de ce tableau, le lecteur pourra lire le cartouche d'Artaxercès (fig. 2),

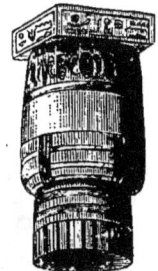

Fig. 4. — Chapiteau égyptien avec hiéroglyphes.

qui en égyptien s'écrit *Atakhshssh*. Notre figure 3 montre le cartouche d'une des six reines nommées Cléopâtre, dont la plus célèbre à cause de sa beauté fut Cléopâtre VI.

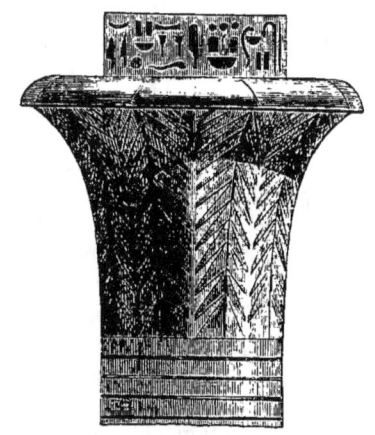

Fig. 5. — Chapiteau avec hiéroglyphes (temple d'Apollinopolis).

Les Égyptiens ont couvert d'hiéroglyphes non-seulement les murs des temples, les OBÉLISQUES (Voy. ce mot), les piliers et les colonnes, mais encore les chapiteaux et les bases de celles-ci, comme on peut le voir par nos figures 4, 5 et 6. — Passons maintenant aux moyens employés pour lire cette écriture. Nous avons dit précédemment que les anciens ne se sont pas préoccupés du déchiffrement de ces signes ; il ne faut pas s'étonner de ce fait, puisque Diodore de Sicile et Ammien Marcellin, les deux seuls auteurs de l'antiquité qui en aient fait mention (à notre connaissance du moins), considéraient les hiéroglyphes comme exprimant simplement des idées, des symboles; il nous faut arriver jusqu'à Clément d'Alexandrie pour trouver un auteur qui soupçonne, mais sans s'en expliquer d'une manière bien claire, que les signes égyptiens pourraient bien avoir une valeur phonétique. Il reconnaît ce-

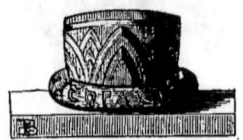

Fig. 6. — Base de colonne égyptienne avec hiéroglyphes.

pendant « qu'on apprenait d'abord l'écriture *démotique,* puis l'écriture hiératique, enfin l'écriture hiéroglyphique. Les auteurs modernes se sont donc occupés les premiers de cette étude, et la gloire du déchiffrement des hiéroglyphes appartient tout entière à un de nos compatriotes, à l'illustre Champollion. Avant lui le P. Kircher avait soutenu en 1652, dans son *Œdipus Ægyptiacus* (1), que les hiéroglyphes étaient des signes purement *idéographiques.* Zoëga (2), près d'un siècle et demi après Kircher, croit s'apercevoir que les signes relevés sur les monuments dépassent à peine 8 à 900, et commence à soupçonner que la plus grande partie de ces signes pourrait bien avoir une valeur phonétique. Mais ce qui fit faire un grand pas à la lecture hiéroglyphique, c'est la découverte faite, pendant l'expédition française d'Égypte en 1799, de l'inscription de Rosette (3), gravée sur du granit. Cette pierre, aujourd'hui au *British Museum,* porte sur l'une de ses faces trois inscriptions superposées; deux sont en égyptien, la troi-

(1) *Œdipus Ægyptiacus, hoc est universalis hieroglyphicæ veterum doctrinæ temporum injuria abolitæ, instauratio,* 3 tomes en 4 vol. in-fol., 1652-54.

(2) *De Origine et usu obeliscorum,* 1 vol. in-fol., Romæ, 1797.

(3) Ville de la basse Égypte, sur la rive gauche de la branche occidentale du Nil, à 50 kilomètres d'Alexandrie. Rosette est l'ancienne *Bolbitinum.*

sième est en grec. Des deux inscriptions égyptiennes, la première est en caractères hiéroglyphiques, la seconde en caractères démotiques ou populaires; car nous devons dire qu'envisagés au point de vue de la forme, les signes égyptiens se divisent, comme le supposait Clément d'Alexandrie, en trois sortes d'écriture, connues sous les noms d'*hiéroglyphique,* de *hiératique* et de *démotique.* La première (hiéroglyphique) était l'écriture sacrée, c'est-à-dire la seule employée sur les monuments pour

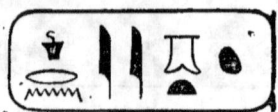

Fig. 7. — Cartouche de Bérénice.

écrire l'histoire civile, religieuse ou militaire. Pour se servir de cette écriture, il fallait posséder une assez grande connaissance du dessin; aussi inventa-t-on, pour ceux qui ne savaient pas dessiner, l'écriture *hiératique* ou sacerdotale, qui comportait des signes abréviatifs et d'une exécution plus facile et partant plus commode. Cette écriture, comme l'indique son nom, était surtout employée par les prêtres, qui s'en servaient pour tout ce qui avait rapport aux affaires de la religion. Cette écriture possédait

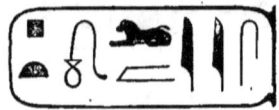

Fig. 8. — Cartouche de Ptolémée.

bien moins de signes que la première et beaucoup plus que l'écriture *démotique, démocratique* ou *populaire,* qu'on nommait aussi *épistolographique.* Ce dernier genre d'écriture servait pour tous les usages ordinaires de la vie. Nous venons de dire que c'est la *pierre de Rosette* qui a fait faire un grand pas à la lecture des inscriptions égyptiennes : en effet, un grand nombre de savants ont travaillé sur ce texte; Silvestre de Sacy, le premier, détermina la place et la limite qu'occupaient les noms propres, mais sans pouvoir même les analyser. Cette détermination était, du reste, relativement facile, puisque les trois inscriptions de la pierre exprimaient un seul et même décret rendu à Memphis en l'honneur de Ptolémée Épiphane ; dès lors, les noms propres affectant une forme à peu près semblable dans les écritures égyptiennes, la place de ces noms pouvait être indiquée approximativement par la lecture du texte grec. Young reconnut que les noms propres étaient encadrés dans un cartouche, comme ceux d'Artaxercès et de Cléopâtre, représentés par nos fig. 2 et 3 ; et sur douze signes qu'il étudia dans les noms de Bérénice et de Ptolémée, il arriva à déterminer la valeur de cinq. Nous donnons (fig. 7 et 8) ces deux noms, les premiers déchiffrés d'une langue que certains savants lisent aujourd'hui presque couramment, absolument comme un bon musicien déchiffre à première vue un morceau de musique. Enfin Champollion se met à l'œuvre, et comme il aborde cette étude avec une parfaite connaissance de la langue copte, qui n'est que l'ancienne langue égyptienne écrite avec des caractères du grec ancien, il arrive à trouver la clef des hiéroglyphes. La première inscription qui le guide dans son travail était gravée sur la base de l'obélisque de Philœ ; elle se trouvait traduite au dessous en grec. Il y vit que le nom de Cléopâtre possédait cinq lettres qui se trouvaient également dans le nom de Ptolémée, inscrit sur la pierre de Rosette. Sur le grand temple d'Esnéh, Champollion lit les noms de Septime-Sévère, de Géta et de Caracalla, et à force de soin et de travail il arrive à dresser des tableaux comparatifs qui lui révèlent le système et la méthode graphiques des Égyptiens, il reconnaît qu'un certain nombre de figures sont purement phonétiques ; il dresse une table de celles-ci qui ne comprend pas moins de 260 ou 270 figures que d'autres égyptologues portèrent ultérieurement jusqu'à 320. Telle est l'origine d'une des plus belles découvertes linguistiques de notre époque. — Nous ne donnerons pas ici une bibliographie des ouvrages traitant des hiéroglyphes égyptiens, ce serait presque faire un double emploi avec la bibliographie que nous donnons à la suite du mot ÉGYPTIEN (*Art*), aussi nous bornerons-nous à renvoyer le lecteur pour cet objet à ce mot.

HIÉRON, *s. m.* — Enceinte sacrée qui,

chez les Grecs, renfermait le temple, les bois sacrés, les habitations des prêtres. Dans les temps primitifs de la Grèce, le hiéron consistait simplement en une enceinte formée par des murs cyclopéens, au milieu de laquelle se trouvait une pierre brute servant d'autel ; tel était le hiéron de Dodone. L'étymologie de ce mot vient de ἱερὸν, sacré.

HIPPODROME, *s. m.* — Chez les Grecs, ce terme (ἱππόδρομος) signifie une arène destinée à la course des chevaux et des chars, par opposition au stade (*stadium*), qui servait pour courir à pied. Les GYMNASES (Voy. ce mot) renfermaient souvent des hippodromes dans lesquels les jeunes Grecs apprenaient à monter à cheval. Comme on peut le voir, cet établissement correspondait chez nous à ce que nous nommons *école d'équitation* (Plaut., *Bacch.*, III, 27) ; tandis que le grand hippodrome, qui servait aux courses de chars et de chevaux, correspondait au cirque romain. (Voy. CIRQUE.) Il existait cependant quelques différences entre

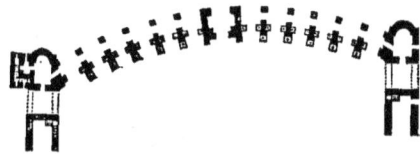

Fig. 1. — Stalles dans un cirque romain.

ces deux édifices de l'antiquité, dont la plus importante consistait dans la disposition des stalles pour les chevaux. Dans le cirque romain (fig. 1), ces stalles étaient disposées en segment de cercle ; dans l'hippodrome grec (fig. 2), ces mêmes locaux étaient disposés sur deux côtés curvilignes affectant ensemble la forme d'un cône dont la base appuierait sur les murs C de la colonnade, tandis que le sommet serait situé dans l'axe de l'arène. Il reste fort peu de vestiges d'hippodromes ; nous ne connaissons une partie de leurs principales dispositions que par la description que Pausanias (VI, 20, 7) nous a laissée de celui d'Olympie, que reproduit notre figure 2 tirée de Gell (*Itinerary of Morea*, p. 36) et que nous avons dessinée d'après Rich (*Dict. des ant. grec. et rom.*), d'après lequel nous donnons une brève analyse de l'hippodrome. L'ensemble du plan de l'hippodrome se nommait ἄφεσις et répondait pour la situation, non pour l'arrangement, à l'*oppidum* d'un cirque romain. Cette disposition particulière était due à Cléotas (Pausanias, *loc. cit.*) et venait de la nécessité d'avoir un grand nombre de stalles. La méthode suivante était adoptée pour que ceux qui étaient les plus près de la pointe n'eussent aucun avantage sur ceux qui étaient derrière eux. Une corde ou barre distincte (καλώδιον, ὕσπληγξ) était tendue comme une barrière sur le devant de

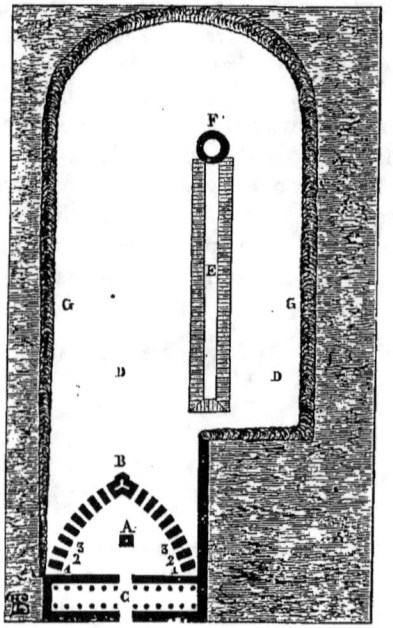

Fig. 2. — Hippodrome grec.

chaque stalle ; et quand les courses allaient commencer, les deux cordes qui fermaient les stalles éloignées de chaque côté, 1, 1, étaient lâchées ensemble, de sorte que les deux chars du bout sortaient les premiers ; arrivés au niveau des deux stalles suivantes, 2, 2, on les ouvrait pareillement, et ainsi de suite jusqu'à ce que tous les chars fussent parvenus sur la même ligne que la pointe de la proue B, d'où ils partaient ensemble et de front. Dans notre figure, A est l'espace compris entre les stalles, au milieu duquel on voit un petit autel provisoire sur lequel se trouve un aigle de bronze ;

B, la pointe ou éperon de l'ἄφεσις, appelé ἔμβαλον par Pausanias ; C, la colonnade (στόα) ; D, D, l'arène (δρόμος) ; E, la barrière, la *spina* des Romains : c'était une simple levée de terre ; F, la borne que tournaient les chars (νύσσα, καμπτήρ, *meta*) ; G, G, était l'espace occupé par les spectateurs. — De nos jours, on nomme *hippodromes, cirques*, des édifices dans lesquels on exécute des exercices équestres ou autres spectacles analogues. On les construit de différentes manières, et sous notre climat ils sont presque toujours couverts.

HIRONDE (A QUEUE D'). — On nomme assemblage *à queue d'hironde*, un assemblage dont le tenon affecte la forme d'une queue d'hirondelle. (Voy. nos fig.)

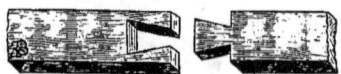

Fig. 1. — Queue d'hironde.

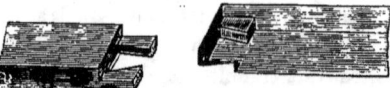

Fig. 2. — Queue d'hironde à mi-bois.

HIRONDELLE ou **RONDELLE**, *s.f.* — Rond de fer plat et mobile qui entoure l'essieu d'une roue. C'est aussi un rond de tôle rapporté au pourtour d'un tuyau et légèrement incliné, afin de rejeter les eaux et les empêcher de s'écouler le long de ce tuyau.

HISTORIÉ, ÉE, *part. pass.* — Orné, enjolivé de petits ornements. Se dit de toutes les parties architecturales, telles que moulures, gorges, chapiteaux, frises, qui sont couvertes d'ornements fins et délicats. Les divers membres de l'architecture française de la renaissance sont souvent très-historiés.

HISTORIQUES (MONUMENTS). — Monuments qui appartiennent à l'histoire d'un pays. Il y a cinquante ans à peine qu'en France les plus beaux monuments pouvaient être l'objet de réparations maladroites qui non-seulement pouvaient détruire leur style, mais encore les ruiner. Les municipalités, les conseils de fabriques, les administrations pouvaient même, si bon leur semblait, démolir partiellement ou totalement les plus beaux édifices. C'est ainsi que bien des monuments de l'architecture française ont disparu de notre sol, dont ils étaient le plus bel ornement, et qui seraient aujourd'hui, que l'on comprend mieux la valeur des œuvres d'art, l'objet d'une respectueuse admiration. Mais heureusement que des hommes de grande valeur protestèrent par la plume et par la parole contre un pareil état de choses et firent tant et si bien qu'ils obtinrent du gouvernement l'institution d'une commission chargée de classer et de conserver les monuments qui par la beauté de leur architecture, leur mérite ou leurs souvenirs historiques, méritaient d'être conservés. Cette commission, instituée par arrêté du 29 septembre 1837, se composait de M. Vatout, directeur des bâtiments civils, président, et de MM. Leprévost, L. Vitet, de Montesquiou, baron Taylor, Caristie, Duban, et Prosper Mérimée, secrétaire. Cette commission devait rechercher les édifices à la conservation desquels il fallait subvenir d'urgence; elle devait aussi préparer les circulaires invitant les préfets à veiller à la conservation des monuments dignes d'intérêt; elle eut en outre pour mission de préparer une première liste des monuments historiques français. Cette liste comprenait plus de deux mille monuments. L'impulsion était donnée : de nombreuses sociétés s'organisent en province et signalent à la commission les monuments qui méritent son attention, et le travail devient si important qu'aux huit membres précédemment nommés on ajoute MM. Charles Lenormant, de l'Institut, de Golbery, de Sade et Denis, députés. La commission, ainsi augmentée, donne une nouvelle impulsion à son œuvre, de sorte que onze ans après la création de l'œuvre, le rapporteur, M. Mérimée, pouvait dire dans son rapport du 28 février 1848 :

Les efforts remarquables que dans toute la France on a faits, depuis plusieurs années, pour conserver et réparer les édifices anciens, efforts auxquels la commission s'est associée de tout son pouvoir, ont eu pour résultat de prolonger indéfiniment la durée de quelques monuments qui font la gloire du pays, et, ce qui est non moins important, de former un grand nombre d'artistes et d'ouvriers habiles. Dans les travaux de restauration, mécaniciens, charpentiers, tailleurs de pierre, maçons, serruriers, forgerons trouvent non-seulement l'occasion d'employer leurs bras et leur intelligence, mais encore de perfectionner leurs connaissances et de s'élever au rang d'artistes.

Depuis cette époque la commission a toujours fonctionné régulièrement ; les travaux de restauration entrepris et terminés par les architectes des monuments historiques sont considérables et sont en général bien dirigés. Nous devons avouer cependant, pour rendre hommage à la vérité, que quelques-uns ont été justement critiqués parce que certains architectes préfèrent trop souvent démolir et refaire là où une simple restauration serait très-suffisante.

Voici la liste des monuments historiques répandus sur le sol français ; ils sont classés par ordre alphabétique pour chaque département. Les monuments qui portent ces deux lettres, P. P., sont des propriétés particulières. — Ajoutons qu'aux mots FRANÇAISE, OGIVALE, ROMAINE, ROMANE et RENAISSANCE (*Architecture*), le lecteur trouvera les époques auxquelles ont été construits la plupart des monuments indiqués ci-après.

AIN.

BELLAY. — Fragments antiques.

BRIORD. — Château (inscriptions mérovingiennes).

BROU, près Bourg-en-Bresse. — Église et tombeaux.

IZERNORE. — Temple antique.

NANTUA. — Église (portail).

SAINT-ANDRÉ DE BAGÉ. — Église.

SAINT-PAUL DE VARAX. — Église (portail).

VIEUX. — Aqueduc romain.

AISNE.

AUBENTON. — Église (portail).

BRAINE. — Église Saint-Yved.

CERSEUIL. — Église (tombeaux antiques).

COUCY. — Château.

ESQUÉHÉRIES. — Église.

ESSOMMES. — Église.

FÈRE-EN-TARDENOIS. — Château, P. P.

LA FERTÉ-MILON. — Château ; église (vitraux).

LAON. — Palais de justice (ancien évêché); chapelle des Templiers; église Notre-Dame; église Saint-Martin; porte de Soissons.

LAVAQUERESSE. — Église.

MARLE. — Église.

MÉZY-MOULINS. — Église.

NOUVION-LE-VINEUX. — Église.

PRÉMONTRÉ. — Abbaye, P. P.

ROYAUCOURT. — Église Saint-Julien.

SAINT-MICHEL, près Hirson. — Église (chœur).

SAINT-QUENTIN. — Église (anc. collégiale); hôtel de ville.

SOISSONS. — Arcades de l'abbaye Notre-Dame; cathédrale; clochers et cloître de l'abbaye de Saint-Jean des Vignes; crypte de l'abbaye Saint-Médard; église Saint-Pierre au Parvis; théâtre romain, dans le séminaire.

VAUCLERC. — Grange de l'abbaye.

VERMAND. — Camp romain; baptistère, dans l'église.

VILLERS-COTTERETS.— Restes du château de François Ier..

ALLIER.

BIOZAT. — Église.

BOURBON-L'ARCHAMBAULT. — Château; église.

CHANTELLE. — Abbaye.

CHATEL-MONTAGNE. — Église.

COGNAT. — Église.

EBREUIL. — Église.

HURIEL. — Église.

LA PALISSE. — Château, P. P.

MEILLERC. — Église.

MOULINS. — Cathédrale (vitraux et tableaux); mausolée du duc de Montmorency, dans la chapelle du lycée; vieux château.

NÉRIS. — Monuments antiques; église.

SAINT-DÉSIRÉ. — Église.

SAINT-MENOUX. — Église.

SAINT-POURÇAIN. — Église.

SOUVIGNY. — Ancienne église Saint-Marc, P. P.; église paroissiale.

Toulon. — Église.

VEAUCE. — Église.

VICQ. — Église (crypte).

YGRANDE. — Église.

ALPES (BASSES-).

ALLOS. — Église.

BARCELONNETTE. — Tour de l'Horloge.

CÉRESTE. — Pont romain.

DIGNE. — Église Notre-Dame.

GRÉOULX. — Château.

MANOSQUE. — Église (clocher).

RIEZ. — Chapelle circulaire; colonnes antiques.

SENEZ. — Ancienne cathédrale.

SEYNE. — Église.

SIMIANE. — Rotonde.

SISTERON. — Église; restes de l'ancienne enceinte.

ALPES (HAUTES-).

CHORGES. — Temple romain, transformé en église.

EMBRUN. — Ancienne cathédrale.

LAGRAND. — Église.

TALLARD. — Chapelle du château.

ALPES-MARITIMES.

CIMIEZ. — Arènes.

ILE-SAINT-HONORAT. — Château.

LA TURBIE. — Ruines de la tour d'Auguste.

VENCE. — Ancienne cathédrale.

ARDÈCHE.

BOURG-SAINT-ANDÉOL. — Église; bas-relief mythriaque.

CHAMPAGNE. — Église.

CRUAS. — Église.

MAZAN. — Église de l'ancienne abbaye.

MELAS. — Église; baptistère.

THINES. — Église.

TOURNON. — Église.

VIVIERS. — Église (clocher); maison de chevaliers, P. P.

ARDENNES.

ATTIGNY. — École dite la Mosquée; église.

BRAUX. — Église.

MOUZON. — Église.

RETHEL. — Église Saint-Nicolas.

SAINT-VAUBOURG. — Église.

TUGNY. — Château.

VERPEL. — Église.

VOUZIERS. — Église (portail).

ARIÉGE.

FOIX. — Château.

LARROQUE-D'OLMES.— Église.

MIREPOIX. — Église; ruines du château.

MONTSÉGUR. — Ruines du château.

SABART. — Chapelle.

SAINT-LIZIER. — Cloître.

UNAC. — Église.

AUBE.

ARCIS-SUR-AUBE. — Église.

BAR-SUR-AUBE. — Église Saint-Maclou; église Saint-Pierre.

BÉRULLES. — Église.

CHAOURCE. — Église.

CHAPPER. — Église.

ERVY. — Église (vitraux).

FOUCHÈRES. — Église.

L'HUITRE. — Église.

MONTIÉRAMEY. — Église.

MUSSY-SUR-SEINE. — Église.

NOGENT-SUR-SEINE. — Église Saint-Laurent.

RICEY-BAS. — Église.

ROSNAY. — Église.

RUMILLY-LEZ-VAUDES. — Église.

SAINT-ANDRÉ. — Église (portail).

TROYES. — Cathédrale; chapelle Saint-Gilles (en pan de bois); église de la Madeleine (jubé); église Saint-Jean; église Saint-Martin ès Vignes (vitraux); église Saint-Nizier; église Saint-Pantaléon; église Saint-Urbain; hôtel de Marizy, P.P.; hôtel de Mauroy, P.P.; hôtel de Vauluisant, P.P.; maison de l'Élection, P.P.

VILLEMAUR. — Église (jubé).

VILLENAUXE. — Église.

AUDE.

ALET. — Restes de l'ancienne cathédrale.

CARCASSONNE. — Fortifications de la Cité; église Saint-Nazaire.

FONTFROIDE (Cne de Narbonne). — Cloître, P. P.

MONTRÉAL. — Église Saint-Vincent.

NARBONNE. — Église Saint-Just; église Saint-Paul; hôtel de ville (ancien archevêché).

RIEUX-MINERVOIS. — Église.

SAINT-HILAIRE, près Limoux. — Église et cloître.

SAINT-PAPOUL. — Église et cloître.

AVEYRON.

BELMONT. — Église de l'ancienne abbaye.

BONNEVAL, près Espalion. — Ruines de l'abbaye, P. P.

BOURNAZEL. — Château.

CONQUES. — Église Sainte-Foy.

NAUT. — Église.

PERSE. — Église.

RODEZ. — Cathédrale; maison ancienne.

SILVANÈS. — Abbaye.

VILLEFRANCHE. — Ancienne abbaye.

BOUCHES-DU-RHONE.

AIX. — Bains dits *de Sextius;* camp d'Entremont; cathédrale Saint-Sauveur et cloître; église Saint Jean; maison de la renaissance.

ARLES. — Amphithéâtre; chapelle des Porcelets-aux-Aliscamps; chapelle Sainte-Croix de Montmajour; colonne dite *de Saint-Lucien;* ancienne abbaye de Montmajour; ancienne église Saint-Jean (musée); église basse Saint-Césaire; église et cloître Saint-Trophime; église Saint-Honorat des Aliscamps; monuments des Aliscamps; obélisque; restes du palais de Constantin; théâtre romain; tour dite *de la Trouille.*

CORDES. — Grotte celtique.

LES BAUX. — Château; murailles; maisons.

LES SAINTES-MARIES. — Église.

MARSEILLE. — Caves de Saint-Sauveur (constructions romaines); église de l'abbaye de Saint-Victor; église de la Major (1); église Notre-Dame du Rouet; halle Puget; hôtel de ville; maison de Puget; souterrains de Saint-Victor.

SAINT-CHAMAS. — Pont Flavien.

SAINT-GABRIEL, près Tarascon. — Église; tour.

SAINT-REMY. — Arc de triomphe; mausolée antique; maison du Planet.

SALON. — Église Saint-Laurent; murailles et fragments romains.

SILVACANE. — Ancienne abbaye.

TARASCON. — Château; église Sainte-Marthe.

VERNÈGUES. — Tombeaux antiques; temple de la Maison-Basse.

CALVADOS.

ASNIÈRES. — Église.

ANDRIEU. — Église.

BAYEUX. — Cathédrale; chapelle du séminaire; tapisserie de la reine Mathilde.

BERNIÈRES. — Église.

BRETTEVILLE-L'ORGUEILLEUSE. — Église.

BRICQUEVILLE. — Église.

CAEN. — Ancienne salle du Collége; église de la Trinité (ancienne Abbaye-aux-Dames); église Notre-Dame; église Saint-Étienne (ancienne Abbaye-aux-Hommes); église Saint-Gilles; église Saint-Jean; église Saint-Pierre; église Saint-Nicolas; hôtel d'Escoville; maison des Gendarmes; maison de la renaissance.

CAMPIGNY. — Église.

COLLEVILLE. — Église.

---

(1) Une partie a été démolie pour fournir du terrain pour la construction de la nouvelle cathédrale.

CULLY. — Église.

DOUVRES. — Église.

ETREHAM. — Église.

FALAISE. — Château ; église Saint-Gervais ; église Saint-Jacques.

FERVACQUES. — Château.

FONTAINE-HENRI. — Église ; château, P. P.

FORMIGNY. — Église.

GUÉRON. — Église.

HONFLEUR. — Église Sainte-Catherine (en pans de bois).

LANGRUNE. — Église.

LASSON. — Château.

LE BREUIL. — Église.

LE FRESNE-CAMILLY. — Église.

LISIEUX. — Église Saint-Pierre.

LOUVIÈRES. — Église.

MAIZIÈRES. — Église.

MARIGNY. — Église.

MATHIEU. — Église.

MOUEN. — Église.

NORREY. — Église.

OUISTREHAM. — Église.

RYES. — Église.

SAINT-CONTEST. — Église.

SAINT-GABRIEL. — Ruines du prieuré.

SAINT-GERMAIN-DE-LIVET. — Château de Livet.

SAINT-LOUP-HORS-BAYEUX. — Église.

SAINT-PIERRE-SUR-DIVE. — Église.

SAINTE-MARIE-AUX-ANGLAIS. — Église.

SASSY. — Église.

SECQUEVILLE-EN-BESSIN. — Église.

THAON. — Église.

TOUQUES. — Église.

TOUR, près Bayeux. — Église.

VIERVILLE. — Église.

VIEUX-PONT-EN-AUGE. — Église.

VIRE. — Église.

VOUILLY. — Église.

CANTAL.

BRAGEAC. — Église.

BRENDONS. — Église.

MAURIAC. — Église Notre-Dame des Miracles.

MONSALVI. — Église.

SAINT-CERNIN. — Église (boiseries).

SAINT-MARTIN-VALMEROUX. — Église.

TOURNEMIRE. — Château d'Anjony, P. P.

VILLEDIEU. — Église.

YDES. — Église.

CHARENTE.

ANGOULÊME. — Cathédrale ; chapelle Saint-Ge-lais (aujourd'hui démolie par l'architecte de la cathédrale) ; château.

AUBETERRE. — Église.

BARBÉZIEUX. — Château.

BROSSAC. — Lacou Dausena (restes d'une villa romaine).

CHALAIS. — Château.

CHARMANT. — Église.

CHATEAUNEUF. — Église.

CONFOLENS. — Église Saint-Barthélemy.

ESSÉ. — Monument celtique.

GENSAC. — Église.

LA COURONNE. — Abbaye, P. P.

LA ROCHEFOUCAULD. — Château, P. P.

LESTERPS. — Église.

MONTBRON. — Église.

MONTMOREAU. — Église.

MOUTHIERS. — Église.

PLASSAC. — Église.

RIOUX-MARTIN. — Église.

ROULLET. — Église.

SAINT-AMANT-DE-BOIXE. — Église.

SAINT-FOST. — Monuments celtiques.

SAINT-MICHEL-D'ENTRAIGUES. — Église.

TORSAC. — Église.

CHARENTE-INFÉRIEURE.

AULNAY. — Église Saint-Pierre.

EBÉON. — Pyramide.

ECHILLAIS. — Église.

ESNANDES. — Église.

FÉNIOUX. — Église ; lanterne des Morts.

JONZAC. — Ancien château.

LA JARNE. — Monument celtique.

LA ROCHELLE. — Hôtel de ville.

LE DOUHET. — Aqueduc.

MARENNES. — Église.

MOËZE. — Église.

RÉTAUX. — Église.

SAINT-DENIS-D'OLERON. — Église.

SAINTE-GEMME. — Église.

SAINTES. — Arc romain ; amphithéâtre romain (restes) ; église Saint-Eutrope ; ancienne église Sainte-Marie des Dames ; église Saint-Pierre.

SAINT-ROMAIN-DE-BENET. — Tour de Pire-Longe.

SURGÈRES. — Église.

TAILLEBOURG. — Château.

THÉZAC. — Église.

CHER.

AINAY-LE-VIEL. — Château, P. P.

AUBIGNY-VILLE. — Château ; église.

BOURGES. — Cathédrale ; collection archéologique du musée ; église Saint-Bonnet (vitraux) ; hôtel Cujas ; hôtel de Jacques Cœur ; hôtel des frères Lallemand ; porte Saint-Ours (à la préfecture).

CHARLY. — Eglise ; tombe d'un chevalier, dans le cimetière.

CHATEAUMEILLANT. — Église.

CONDÉ. — Église.

CULAN. — Château de Croï.

DREVANT. — Ruines romaines.

DUN-LE-ROI. — Église.

INEUIL. — Église.

JARS. — Église.

LA CELLE-BRUÈRE. — Église.

LE NOYER. — Château du Boucard, P. P.

LES AIX-D'ANGILLON. — Église.

MEHUN-SUR-YÈVRE. — Château ; église.

MEILLANT. — Château, P. P.

NOIRLAC, près Saint-Amand. — Abbaye.

PLAIN-PIED. — Église.

SAINT-AMAND-MONT-ROND. — Église.

SAINT-PIERRE-DES-ÉTIEUX. — Église.

SAINT-SATUR. — Église.

SANCERRE. — Château.

CORRÈZE.

ARNAC-POMPADOUR. — Eglise.

AUBAZINE. — Église.

BEAULIEU. — Église.

BRIVES-LA-GAILLARDE. — Église Saint-Martin.

MEYMAC. — Église.

NAVES. — Arènes de Tintinac.

SAINT-ANGEL. — Église.

SAINT-CYR-LA-ROCHE. — Église.

SAINT-ROBERT. — Église.

SÉGUR. — Chapelle.

TULLE. — Cathédrale.

TURENNE. — Tour de César.

UZERCHE. — Église.

MOUSTIER-VENTADOUR. — Château de Ventadour.

CORSE.

APPRICIANI. — Statue antique.

BELVEDERE-CAMPOMORO. — Stantare.

BONIFACIO. — Église Saint-Dominique.

CAURIA. — Stazzona.

CERVIONI. — Église Sainte-Christine.

CYROSSA. — Stantare et Stazzona.

LA CANONICA. — Église.

LURI. — Tour de Sénèque.

MURATO. — Église Saint-Michel ; église Saint-Césaire.

RIZZANESE. — Stantare.

SAINT-FLORENT. — Église.

SAN-GAVINO. — Stantare.

TALLANO. — Stantare.

TARAVO. — Stazzona.

COTE-D'OR.

AIGNAY-LE-DUC. — Église.

ARNAY-LE-DUC. — Église et porte de l'ancien prieuré.

BEAUNE. — Église Notre-Dame ; hôpital.

BOURBILLY, près Semur. — Château, P. P.

BUSSY-LE-GRAND. — Château de Bussy-Rabutin, P. P.

CHATILLON-SUR-SEINE. — Église Saint-Vorle (peintures).

CUSSY. — Colonne romaine.

DIJON. — Ancienne Chartreuse et Puits de Moïse ; cathédrale Saint-Bénigne ; château ; église Notre-Dame ; église Saint-Etienne ; ancienne église Saint-Jean (aujourd'hui marché) ; église Saint-Michel (façade) ; église Saint-Philibert ; hôtel des Ambassadeurs d'Angleterre ; palais des ducs de Bourgogne.

EPOISSE. — Château, P. P.

FLAVIGNY. — Église.

FOISSY. — Église (tabernacle).

FONTAINE-FRANÇAISE. — Monument commémoratif.

FONTENAY. — Abbaye, P. P.

MEURSAULT. — Église.

MONTBARD. — Château, P. P.

PAGNY. — Chapelle.

PLOMBIÈRES. — Église.

ROUVRES. — Église.

SAINT-SEINE. — Église.

SAINT-THIBAULT. — Église.

SAINTE-SABINE. — Église.

SAULIEU. — Église.

SEMUR. — Château ; église.

THIL-CHATEL. — Église.

THOISY-LA-BERCHÈRE. — Château, P. P.

VERTAULT (canton de Laignes). — Ruines de *Landunum*.

COTES-DU-NORD.

CHATELAUDREN. — Prieuré de Notre-Dame du Tertre (peintures).

CORSEUL, près Dinan. — Ruines romaines dites *temple de Mars*.

DINAN. — Église Saint-Sauveur ; remparts.

KÉRITY. — Ruines de l'abbaye de Beauport, P. P.

LAMBALLE. — Église Notre-Dame.

LANLEFF. — Église (très-ruinée).

LANNION. — Église Saint-Pierre (crypte).

LEHON. — Ruines du prieuré.

MONTCONTOUR. — Église (vitraux).

PLÉDRAN. — Camp vitrifié de Péran.

QUINTIN. — Monuments celtiques.

SAINT-BRIEUC. — Tombeau de saint Guillaume, dans la cathédrale.

SAINT-LÉON (commune de Merléac). — Chapelle Saint-Jacques.

TONQUÉDEC. — Château.

TRÉGUIER. — Ancienne cathédrale et cloître.

CREUSE.

BÉNÉVENT. — Église.

BOUSSAC. — Château (tapisseries).

CHAMBON. — Église Sainte-Valérie.

CHÉNÉRAILLES. — Tombeau de Barthélemy de la Place, dans l'église.

EVAUX. — Thermes antiques ; église.

LA SOUTERRAINE. — Église.

SAINT-PIERRE DE FURSAC. — Église (vitraux).

DORDOGNE.

BEAUMONT. — Église.

BIRON. — Chapelle du château.

BOURDEILLES. — Château.

BRANTOME. — Abbaye.

BUSSIÈRE-BADIL. — Église.

CADOUIN. — Cloître.

CERCLES. — Église.

DOMME. — Porte des Tours.

HAUTEFORT. — Château, P. P.

JUMILLAC-LE-GRAND. — Château, P. P.

MAREUIL. — Château, P. P.

MONTPAZIER. — Église.

PÉRIGUEUX. — Amphithéâtre ; cathédrale ; église de la Cité ; tour de Vésone ; tour Mataguerre ; château Barrière, P. P.

SAINT-ASTIER. — Château.

SAINT-AVIT-SÉNIEUR. — Église.

SAINT-CYPRIEN. — Église.

SAINT-JEAN DE COLE. — Église.

SAINT-PRIVAT. — Église.

SARLAT. — Ancienne cathédrale ; chapelle sépulcrale.

DOUBS.

BESANÇON. — Cathédrale ; église et cloître Saint-Vincent ; porte Noire ; palais Granvelle.

COURTEFONTAINE. — Église.

MANDEURE. — Ruines romaines.

MONTBENOIT. — Cloître de l'abbaye ; stalles de la renaissance et bas-reliefs, dans l'église.

MORTEAU. — Église de l'ancien prieuré.

ROULLANS. — Chapelle d'Aigremont.

SEPT-FONTAINES. — Ancienne église abbatiale.

DROME.

CHABRILLAN. — Église.

DIE. — Ancienne cathédrale ; porte Saint-Marcel.

GRIGNAN. — Château ; église.

LACHAU. — Église Notre-Dame de Calma.

LA GARDE-ADHÉMAR. — Église.

LÉONCEL. — Église.

ROMANS. — Église Saint-Bernard.

SAINT-MARCEL-LEZ-SAUZET. — Église.

SAINT-RESTITUT. — Église.

SAINT-PAUL-TROIS-CHATEAUX. — Ancienne cathédrale.

TAIN. — Taurobole.

VALENCE. — Cathédrale ; le Pendentif.

EURE.

APPEVILLE, dit ANNEBAULT. — Église.

BEAUMESNIL. — Château.

BEAUMONTEL. — Église (tour).

BEAUMONT-LE-ROGER. — Restes de l'ancienne abbaye.

BERNAY. — Ancienne église de l'Abbaye (aujourd'hui halle au blé) ; église Notre-Dame de la Couture (vitraux).

BOISNEY. — Église.

BROGLIE. — Église.

CHAMBRAY-SUR-EURE. — Château, P. P.

CHATEAU-GAILLARD (aux Andelys). — Ruines.

CONCHES. — Église.

EVREUX. — Cathédrale ; église Saint-Taurin ; tour de l'Horloge.

FONTAINE-LA-SORET. — Église.

GAILLON. — Château.

GISORS. — Église ; château (tour du Prisonnier).

HARCOURT. — Château ; église ; chapelle de l'Hospice.

IVRY-LA-BATAILLE. — Obélisque.

LE BEC-HELLOUIN. — Abbaye (tour).

LE GRAND-ANDELY. — Église.

LE PETIT-ANDELY. — Église.

LOUVIERS. — Église Notre-Dame.

NÉAUFLES-SAINT-MARTIN. — Donjon.

PACY-SUR-EURE. — Église.

PONT-AUDEMER. — Église Saint-Ouen (vitraux).
PONT-DE-L'ARCHE. — Église; abbaye de Bon-Port.
QUILLEBEUF. — Église.
RUGLES. — Église (tour).
SAINT-LUC. — Église.
SERQUIGNY. — Église (portail).
TILLIÈRES. — Église.
THIBOUVILLE. — Église.
VERNEUIL. — Église de la Madeleine; donjon; remparts; maison de la renaissance.
VERNON. — Église; tour des Archives.

EURE-ET-LOIR.

ANET. — Château, P. P (1).
ALLUYES. — Château, P. P.
BONNEVAL. — Église.
BROU. — Maison de bois, P. P.
CHANGÉ. — Monuments celtiques et oppidum gaulois.
CHARTRES. — Ancien Hôtel-Dieu; ancienne église de Loëns; ancienne église Saint-André; cathédrale; église Saint-Aignan; église Saint-Pierre; maison du Médecin; porte Guillaume.
CHATEAUDUN. — Château, P. P.
COURTALAIN. — Château, P. P.
DREUX. — Église Saint-Pierre; hôtel de ville.
GALLARDON. — Église.
MAINTENON. — Aqueduc; château, P. P.
MARBOUÉ. — Mosaïque.
MIGNIÈRES. — Chapelle des Trois-Maries.
MONTIGNY-LE-GANNELON. — Château, P. P.
NOGENT-LE-ROI. — Église.
NOGENT-LE-ROTROU. — Tombeau de Sully.
SAINT-LUBIN-DES-JONCHERETS. — Église (verrières).
SAINT-PIAT. — Sarcophage, dans l'église.
SOREL. — Château.
VILLEROY. — Château, P. P.

FINISTÈRE.

CARHAIX. — Aqueduc.
CROZON. — Monuments celtiques.
DAOULAS. — Chapelle Sainte-Anne.
GOUÉZEC. — Monuments celtiques.
GOULVEN. — Église.
GUERLESQUIN. — Prétoire.
LAMBADER. — Église.
LANMEUR. — Crypte.

LE FOLGOET. — Église Notre-Dame.
LOCRONAN. — Église.
LOCTUDY. — Église.
PENMARC'H. — Église.
PLEYBEN. — Église; calvaire.
PLOBANNALEC. — Monuments celtiques.
PLOGASTEL-SAINT-GERMAIN. — Église.
PLOMELIN. — Monuments celtiques.
PLOUGONVELIN. — Ruines de l'abbaye de Saint-Mathieu.
PONT-CROIX. — Église.
POULLAN. — Monuments celtiques.
QUIMPER. — Cathédrale; chapelle épiscopale; église de Loc-Maria.
QUIMPERLÉ. — Église Sainte-Croix.
SAINT-JEAN-DU-DOIGT. — Église.
SAINT-POL-DE-LÉON. — Ancienne cathédrale; église de Notre-Dame de Creizker.

GARD.

AIGUES-MORTES. — Remparts; tour de Constance.
BEAUCAIRE. — Chapelle Saint-Louis; château.
GALLARGUES. — Tour et pont romain.
NIMES. — Amphithéâtre; cathédrale (façade); château d'eau (castellum divisorium); porte d'Auguste; porte de France; Maison-Carrée; nymphée (temple de Diane); thermes antiques; tour Magne.
REMOULINS. — Pont du Gard.
SAINT-GILLES. — Église; maison romane.
UZÈS. — Tour de l'ancienne cathédrale (Saint-Théodorit), dite Campanile ou tour Fénestrelle.
VILLENEUVE-LEZ-AVIGNON. — Château, dit fort Saint-André; ruines de l'église de la Chartreuse et fresque de l'école du Giotto; église Saint-Pons et tableaux; tombeau d'Innocent VI et tableau dans la chapelle de l'hôpital; tour dite de Philippe le Bel.

GARONNE (HAUTE-).

MONTSAUNÈS. — Église.
SAINT-AVENTIN. — Église.
SAINT-BERTRAND-DE-COMMINGES. — Ancienne cathédrale.
SAINT-GAUDENS. — Église.
SAINT-JUST-DE-VALCABRÈRE. — Église.
TOULOUSE. — Capitole; cathédrale; église et couvent des Jacobins; église du Taur; église Saint-Sernin et Manécanterie; collége Saint-Raymond; hôtels et maisons.

---

(1) Notre confrère M. Bourgeois a retrouvé, le 23 mars 1877, le fameux crypto-portique de Philibert Delorme.

VALCABRÈRE. — Église Saint-Just.
VENERQUE. — Église.

GERS.

AUCH. — Cathédrale (verrières et chœur).
BASSOUÉS. — Tour.
BIRAN. — Tour gallo-romaine.
CONDOM. — Ancienne cathédrale.
FLEURANCE. — Église (façade et vitraux).
LOMBEZ. — Église.
SAINT-LARY. — Tour gallo-romaine.
SIMORRE. — Église.

GIRONDE.

AILLAS. — Église.
AVENSAN. — Église.
BAZAS. — Église Saint-Jean (ancienne cathédrale).
BÉGODAN. — Église.
BLANQUEFORT. — Château.
BLASIMONT. — Église Saint-Nicolas.
BORDEAUX. — Cathédrale; église Saint-Bruno; église Sainte-Croix; église Sainte-Eulalie; église Saint-Michel; église Seurin; tombeau de Michel Montaigne, dans la chapelle du collége; restes de l'amphithéâtre, dit *palais Gallien*.
BOUILLAC. — Église.
CADILLAC. — Château.
CORDOUAN. — Phare.
GAILLAN. — Église.
LA LIBARDE. — Église.
LA RÉOLE. — Église Saint-Pierre.
LA SAUVE. — Église.
LÉOGNAN. — Église.
LOUPIAC-DE-CADILLAC. — Église.
MÉRIGNAC. — Tour de Veyrines.
MOULIS. — Église.
PETIT-PALAIS. — Église Saint-Pierre.
PONTDAURAT. — Église.
PUJOLS. — Église; monuments celtiques.
RAUZAN. — Château.
RIONS. — Enceinte murale.
SAINT-DENIS DE PILES. — Église.
SAINT-ÉMILION. — Église.
SAINT-MACAIRE. — Église.
SAINT-MICHEL. — Église.
SAINT-VIVIEN. — Église (abside).
SAINTE-FERME. — Église.
VERTHEUIL. — Église.
UZESTE. — Église.

HÉRAULT.

AGDE. — Ancienne cathédrale.
BÉZIERS. — Église Saint-Nazaire.
CASTRIES. — Église.
CELLENEUVE. — Église Sainte-Croix.
CLERMONT. — Église Saint-Paul.
ESPONDEILHAN. — Église.
LODÈVE. — Église Saint-Fulcran (ancienne cathédrale).
MAGUELONE. — Ancienne église, P. P.
PIGNAN. — Abbaye de Vignogoul.
PUISSALICON. — Tour romane.
SAINT-GUILHEM-DU-DÉSERT. — Église.
SAINT-PARGOIRE. — Église.
SAINT-PONS-DE-THOMIÈRES. — Église.
SAINT-THIBÉRY. — Pont romain.
VILLENEUVE-LEZ-MAGUELONE. — Église.
VILLEVEYRAC. — Abbaye de Valmagne, P. P.

ILLE-ET-VILAINE.

COMBOURG. — Château.
DOL. — Ancienne cathédrale.
ESSÉ. — Monuments celtiques.
FOUGÈRES. — Château.
LANDÉAN. — Celliers.
LANGON. — Chapelle de Sainte-Agathe.
MONTAUBAN. — Église.
REDON. — Église Saint-Sauveur.
VITRÉ. — Château; église.

INDRE.

ARDENTES. — Église Saint-Martin.
CHATEAU-GUILLAUME (commune de Lignac). — Château, P. P.
CHATILLON-SUR-INDRE. — Église.
CIRON. — Colonne creuse ou lanterne des Morts.
DÉOLS. — Tombeau de saint Sudre dans l'église Saint-Étienne; tour de l'ancienne abbaye.
ESTRÉE. — Colonne creuse ou lanterne des Morts.
FONTGOMBAULT. — Ruines de l'abbaye.
GARGILESSE. — Église.
ISSOUDUN. — Église (vitraux); tour Blanche; arbre de Jessé, dans la chapelle de l'hôpital.
LA CHATRE. — Église (vitraux).
LEVROUX. — Église.
LINIEZ. — Monuments celtiques.
MÉOBECQ. — Église.
MÉZIÈRES-EN-BREME. — Église.
MONTCHEVRIER. — Monuments celtiques.
NEUVY-SAINT-SÉPULCRE. — Église.

NOHANT-VIC. — Église (peintures).
SAINT-GENOU. — Église.
SAINT-MARCEL. — Église.
SAINT-PLANTAIRE. — Monuments celtiques.

INDRE-ET-LOIRE.

AMBOISE. — Château; église Saint-Denis et tombeau de Philibert Babou ; camp romain ; maison habitée par Léonard de Vinci.
AZAY-LE-RIDEAU. — Château, P. P. ; église.
BEAULIEU. — Église.
BLÉRÉ. — Chapelle de l'ancien cimetière.
CANDES. — Église.
CHAMPIGNY. — Chapelle, P. P.
CHANTELOUP. — Pagode.
CHENONCEAUX. — Château, P. P. ; église.
CHINON. — Abbaye de Saint-Mesme; ruines du château.
CORMERY. — Tour romane.
LANGEAIS. — Château, P. P. ; église.
LE LIGET. — Chapelle.
PLESSIS-LEZ-TOURS (commune de la Riche). — Restes du château.
LOCHES. — Château; église Saint-Ours ; hôtel de ville ; tour Saint-Antoine.
LUYNES. — Aqueduc.
METTRAY. — Monuments celtiques.
MONTRÉSOR. — Église.
PARÇAY-MESLAY. — Ferme de Meslay, P. P.
PREUILLY. — Église.
RIVIÈRE. — Église.
ROCHECORBON. — Tour carrée, dite la Lanterne.
SAINT-MARS. — Pile.
SAINTE-CATHERINE–DE–FIERBOIS. — Église.
TOURS. — Cathédrale. — Tours et cloître de l'abbaye de Saint-Martin ; caves de l'archevêché ; église Saint-Julien ; maison dite de Tristan; murailles romaines à l'archevêché.
USSÉ. — Château, P. P.
VERNOU. — Église.

ISÈRE.

GRENOBLE. — Cathédrale; monuments dans la cathédrale; église Saint-Laurent (crypte).
MARNANS. — Église.
SAINT-ANTOINE, près Saint-Marcellin. — Église.
SAINT-CHEF. — Église.
VIENNE. — Aiguille; église Saint-André-le-Bas; église Saint-Maurice; église Saint-Pierre (aujourd'hui musée); escaliers antiques; temple d'Auguste et de Livie.
VIZILLE. — Château de Lesdiguières, P. P.

JURA.

D'AX. — Église Saint-Paul.
HAGETMAU. — Église (crypte); restes d'un château des Grammont.
LE MAS-D'AIRE (commune d'Aire-sur-l'Adour). — Église.
SAINT-SEVER. — Orgues de l'église.
SORDES. — Église.

LOIR-ET-CHER.

BLOIS. — Château ; église Saint-Nicolas-Saint-Laumer; fontaine de Louis XII; hôtel d'Alluye, P. P. ; tour d'Argent, P. P. ; maison de Denis Dupont.
CELLETTERS. — Château de Beauregard, P. P.
CHAMBORD. — Château, P. P.
CHAUMONT. — Château, P. P.
CHEVERNY. — Château, P. P.
COUR-SUR-LOIRE. — Église.
COUTURE. — Château de la Poissonnière, où naquit Ronsard.
FAVEROLLES. — Église de l'ancienne abbaye d'Aigues-Vives, P. P.
FOUGÈRES. — Château, P. P.
LA FERTÉ-IMBAULT. — Chapelle Saint-Thaurin.
LASSAY. — Église.
LAVARDIN. — Château; église.
MESLAND. — Église.
MONTOIRE. — Chapelle Saint-Gilles, P. P.; château.
MONTRICHARD. — Église Notre-Dame de Nanteuil.
NOURRAY. — Église.
ROMORANTIN. — Église; porte d'Orléans.
SAINT-AIGNAN. — Chapelle Saint-Lazare, P. P.
SELLES-SAINT-DENIS. — Chapelle Saint-Genoux.
SELLES-SUR-CHER. — Église.
SUÈVRES. — Église Saint-Lubin.
THÉSÉE. — Murailles romaines.
TROO. — Église; ancien prieuré de Notre-Dame des Marchais.
VENDOME. — Église de la Trinité; ruines du château; ancienne porte (aujourd'hui hôtel de ville).

LOIRE.

AMBIERLE. — Église.
BOURG-ARGENTAL. — Église.
CHARLIEU. — Abbaye.
LA BÉNISSONS-DIEU. — Église.

MONTBRISON. — Église Notre-Dame ; salle de la Diana (plafond).

POUILLY-LES-NONAINS. — Château de Boisy, P. P.

SAINT-ROMAIN-LE-PUY. — Restes du prieuré.

LOIRE (HAUTE-).

BEAUZAC. — Église (crypte).

BRIOUDE. — Église Saint-Julien.

CHAMALIÈRES. — Église.

CHANTEUGES. — Église et cloître.

CISTRIÈRES-LAMANDY. — Église.

LA CHAISE-DIEU. — Église et cloître.

LANGEAC. — Monuments celtiques.

LAVAUDIEU. — Église et cloître.

LAVOUTE-CHILHAC. — Église.

LE MONASTIER. — Église.

LE PUY. — Cathédrale et cloître ; baptistère, dit *temple de Diane ;* bâtiments de l'université de Saint-Maïeul ; église Saint-Jean ; église Saint-Laurent ; église Saint-Michel-d'Aiguilhe.

POLIGNAC. — Château.

RIOTORD. — Église.

SAINT-DIDIER-LA-SEAUVE. — Église.

SAINT-ÈBLE. — Monument celtique de Rougeac.

SAINT-PAULIEN. — Église.

SAINTE-MARIE-DES-CHAZES. — Église.

SAUGES. — Église (tour).

VIEILLE-BRIOUDE. — Monument celtique de Sauvagnac.

LOIRE-INFÉRIEURE.

BATZ. — Chapelle de Notre-Dame du Mûrier.

CHATEAUBRIANT. — Château, P. P.

CLISSON. — Château, P. P.

GUÉRANDE. — Église.

LE CROISIC. — Chapelle Saint-Goustan.

NANTES. — Cathédrale ; château ; église Saint-Jacques.

OUDON. — Tour de l'ancien château.

SAINT-GILDAS-DES-BOIS. — Église.

LOIRET.

BEAUGENCY. — Église Notre-Dame (ancienne église abbatiale) ; église Saint-Étienne ; hôtel de ville ; tour de César.

CHATEAUNEUF. — Tombeaux dans l'église.

CLÉRY. — Église Notre-Dame.

FERRIÈRES. — Église.

GERMINY-DES-PRÉS. — Église.

GIEN. — Ancien château (aujourd'hui palais de justice) ; maisons du XVIe siècle.

LA CHAPELLE-SAINT-MESMIN. — Église.

LORRIS. — Église ; hôtel de ville.

MEUNG. — Église.

MONTBOUY. — Amphithéâtre de Chenevière.

PUISEAUX. — Église.

ORLÉANS. — Cathédrale ; ancien hôtel de ville (aujourd'hui musée) ; église Saint-Aignan (crypte) ; chapelle Saint-Jacques ; crypte de Saint-Avit, dans le séminaire ; maison dite *de Diane de Poitiers ;* maison dite *d'Agnès Sorel ;* hôtel Grossat (aujourd'hui hôtel de ville) ; maison dite *de François Ier ;* salle des thèses de l'ancienne université d'Orléans ; maisons de la renaissance.

SAINT-BENOIT-SUR-LOIRE. — Église.

SAINT-BRISSON. — Église.

SULLY-SUR-LOIRE. — Château, P. P.

YÈVRE-LE-CHATEL. — Souterrains du château ; église.

LOT.

ASSIER. — Église ; château, P. P.

CAHORS. — Cathédrale ; enceinte fortifiée ; maison dite *de Henri IV ;* pont Valentré.

CASTELNEAU-BRENTENOU. — Château, P. P.

FIGEAC. — Ancien hôtel de ville ; chapelle Notre-Dame de Pitié ; église Saint-Sauveur ; obélisques ; maison, rue Ortabadia.

GOURDON. — Église.

LE MONTA. — Église ; château du Monta, à Saint-Laurent, près Saint-Céré.

ROCAMADOUR. — Église.

SOUILLAC. — Église.

LOT-ET-GARONNE.

AGEN. — Cathédrale.

AIGUILLON. — Tours, dites *Tourasse* et *Pire-Longe.*

BONAGUIL. — Château.

GAVAUDUN. — Tour de l'ancien château.

LE MAS-D'AGENAIS. — Église.

MARMANDE. — Église et cloître.

MEZIN. — Église.

MOIRAX. — Église.

MONCRABEAU. — Restes de la villa romaine de Bapteste.

MONTFLANQUIN. — Ruines romaines.

MONSEMPRON. — Église.

NÉRAC. — Château ; mosaïques et ruines romaines.

VILLEFRANCHE. — Restes de l'église de Saint-Sabin.

XANTRAILLES. — Château.

LOZÈRE.

LANGOGNE. — Église.

LANUÉJOLS. — Tombeau romain.

MENDE. — Cathédrale.

MAINE-ET-LOIRE.

ANGERS. — Abbaye de la Trinité; ancienne église Saint-Martin, P. P.; cathédrale; château; église de Ronceray; église Saint-Serge; hôtel Pincé; ancien Hôtel-Dieu; palais des Marchands, P. P.; palais épiscopal; restes du cloître Saint-Aubin, dans la préfecture; tapisseries, dans la cathédrale; tour Saint-Aubin.

BAGNEUX, près Saumur. — Monument celtique.

BEAULIEU. — Église.

BÉHUARD. — Église.

BRÉZÉ. — Château.

BRISSAC. — Château.

CANDÉ. — Maison de Rabelais.

CHEMILLÉ. — Église (tour).

CUNAULT. — Église.

DISTRÉ. — Château de Pocé.

DOUÉ. — Amphithéâtre; ruines de l'église Saint-Denis.

ECUILLÉ. — Château du Plessis-Bourré.

FONTEVRAULT. — Église abbatiale; statues des Plantagenets.

GENNES. — Église Saint-Eusèbe; église Saint-Vétérin.

LES PONTS-DE-CÉ. — Château.

LION-D'ANGERS. — Église (nef et transsept).

MONTREUIL-BELLAY. — Église; château.

MONTSOREAU. — Château.

PONTIGNÉ. — Château.

PUY-NOTRE-DAME. — Église.

SAINT-GEORGES-CHATELAISON. — Église.

SAINT-FLORENT-LE-VIEL. — Chapelle.

SAUMUR. — Chapelle Saint-Jean; château; église Notre-Dame de Nantilly; église Saint-Pierre.

SAVENNIÈRES. — Église.

TRÈVES. — Église; tour; chapelle Saint-Macé, P.P.

MANCHE.

AVRANCHES. — Pierre monumentale et fragments provenant de l'ancienne cathédrale.

BOUILLON. — Monument celtique (menhir de Vaumoisson).

BRETTEVILLE. — Monument celtique.

BRICQUEBEC. — Château.

CARENTAN. — Église.

CARNEVILLE. — Monuments celtiques (menhirs et dolmens).

CERISY-LA-SALLE. — Monuments celtiques (menhirs).

COUTANCES. — Aqueduc; cathédrale; église Saint-Pierre.

FLAMANVILLE. — Monument celtique.

HAMBYE. — Ruines de l'abbaye.

LA HAYE-D'ECTOT. — Monuments celtiques.

LA HAYE-DU-PUITS. — Restes de l'ancien château.

LE MONT-SAINT-MICHEL. — Abbaye et remparts.

LES PIEUX. — Monument celtique (cromlec'h).

LESSAY. — Église.

LESTRE. — Église Saint-Michel.

MARTIGNY. — Église.

MARTINVAST. — Monument celtique (dolmen).

MORTAIN. — Église.

PÉRIERS. — Église.

QUERQUEVILLE. — Église.

QUINÉVILLE. — La Grande Cheminée.

SAINT-GERMAIN-SUR-AY. — Monuments celtiques (dolmens).

SAINT-JEAN-LE-THOMAS. — Ruines du château fort.

SAINT-LO. — Église Sainte-Croix; église Notre-Dame.

SAINT-PIERRE-DE-SEMILLY. — Restes du château de Semilly.

SAINT-PIERRE-ÉGLISE. — Monument celtique (menhir).

SAINT-SAUVEUR-LE-VICOMTE. — Abbaye; château.

SAINTE-MARIE-DU-MONT. — Église.

SAINTE-MÈRE-ÉGLISE. — Église.

THORIGNY. — Château.

TOURLAVILLE. — Monuments celtiques.

VALOGNES. — Ruines romaines d'*Alauna*.

VAUVILLE-SUR-MER. — Monument celtique.

MARNE.

AVENAY. — Église.

BOUILLY. — Église.

CAUROY. — Église.

CHALONS. — Cathédrale; église Notre-Dame; église Saint-Alpin; église Saint-Jean.

CHEMINON-LA-VILLE. — Église.

DORMANS. — Église.

ÉPERNAY. — Église.

LA CHEPPE. — Camp romain.

LÉPINE. — Église Notre-Dame.

MAISONS-SOUS-VITRY. — Église.

MARGERIE. — Église.

MAURUPT. — Église.

MONTMORT. — Château; église.

ORBAIS. — Église.

REIMS. — Cathédrale; église Saint-Remi; hôtel de ville; maison des Ménétriers; mosaïques; tombeau de Jovin, dans le musée; porte de Mars.

RIEUX. — Église.

SAINT-AMAND. — Église.

SOMMEPY. — Église.

VERTUS. — Église.

MARNE (HAUTE-).

BLÉCOURT. — Église.

BOURBONNE-LES-BAINS. — Église.

CEFFONDS. — Église.

CHAUMONT. — Chapelle du collége; église Saint-Jean-Baptiste.

ISOMES. — Église.

LANGRES.— Arc de triomphe; cathédrale; ancienne église Saint-Dizier (aujourd'hui musée).

MOELAIN. — Église Saint-Aubin.

MONTIÉRENDER. — Église.

TROIS-FONTAINES. — Ancienne église abbatiale, P. P.

VASSY. — Église.

VIGNORY. — Église.

VILLARS-SAINT-MARCELLIN. — Église (crypte).

MAYENNE.

AVESNIÈRES. — Église.

CHATEAU-GONTIER. — Église Saint-Jean.

ÉVRON. — Église; chapelle Saint-Crépin.

JAVRON. — Église.

JUBLAINS.— Enceinte romaine.

LA ROE. — Église de l'ancienne abbaye.

LAVAL. — Ancienne abbaye de Saint-Martin; château; église de la Trinité.

LASSAY. — Château, P. P.

OLIVET. — Tombeaux de l'abbaye de Clermont.

SAINTE-SUZANNE.— Camp des Anglais; monuments celtiques des Erves; remparts.

SAINT-OUEN-DES-TOITS. — Château.

MEURTHE-ET-MOSELLE.

BLAMONT. — Restes du château.

BLENOD-LEZ-TOUL. — Église.

GERMINY. — Château.

JŒUF. — Hypogée.

LAITRE-SOUS-AMANCE. — Église.

LONGUYON. — Église.

LONGWY. — Camp romain de Titelberg.

MARTINCOURT. — Château de Pierrefort.

MINORVILLE. — Église.

NANCY. — Chapelle des Cordeliers et tombeaux des ducs de Lorraine; ancien palais ducal; colonne de l'étang Saint-Jean; peinture de l'église Saint-Epvre.

OLLEY. — Église.

PONT-A-MOUSSON. — Église.

PRÉNY. — Château.

SAINT-NICOLAS-DU-PORT. — Église.

TOUL. — Ancienne cathédrale; église Saint-Gengoult.

VAUDÉMONT. — Ancien château.

MEUSE.

AVIOTH. — Église; lanterne des Morts.

ETAIN. — Église.

HATTON-CHATEL. — Calvaire.

LACHALADE. — Église de l'ancienne abbaye.

LIGNY. — Tour du Luxembourg.

MONT-DEVANT-SASSEY. — Église.

NAIX. — Ruines de *Nasium.*

REMBERCOURT-AUX-POTS. — Église.

SAINT-MIHIEL. — Sépulcre.

MORBIHAN.

CARNAC. — Monuments celtiques.

CRACH. — Monuments celtiques.

ELVEN. — Tours (ruines du château de Largouët).

ERDEVEN. — Monuments celtiques.

GUERN. — Église de Notre-Dame de Quelven.

HENNEBONT. — Église.

JOSSELIN. — Château, P. P.; tombeau de Clisson, dans l'église Notre-Dame.

ILE-AUX-MOINES (L'). — Monuments celtiques.

ILE-D'ARZ (L'). — Église.

ILE-DE-GAVRINNIS (L'). — Monuments celtiques.

ILE-LONGUE (L'). — Monuments celtiques.

KERNASCLÉDEN. — Église.

LE FAOUET. — Église Saint-Fiacre (jubé).

LOCKMARIAKER. — Monuments celtiques.

PLOERMEL. — Église.

PLOUHARNEL. — Monument celtique.

SAINT-GILDAS-DE-RHUIS. — Église.

SARZEAU. — Château de Sucinio.

NIÈVRE.

CLAMECY. — Église Saint-Martin.

CORBIGNY. — Église.

COSNE. — Église Saint-Aignan.

DECISE. — Église Saint-Aré (chœur et crypte).

DONZY. — Église.

GARCHIZY. — Église.

LA CHARITÉ. — Église Sainte-Croix.

NEVERS. — Cathédrale; chapelle du couvent des sœurs de la Charité; église Saint-Étienne; église Saint-Pierre (peintures à fresque); ancien palais ducal; porte du Croux.

PRÉMERY. — Église.

SAINT-HONORÉ. — Thermes romains.

SAINT-PARIZE-LE-CHATEL. — Église et crypte.

SAINT-SAULGE. — Camp romain; église.

SAINT-RÉVÉRIEN. — Église.

TANNAY. — Église.

VARZY. — Église.

VILLARS (Cne de Biches). — Ruines romaines.

NORD.

BAVAY. — Ruines romaines.

BERGUES. — Beffroi.

CASSEL. — Hôtel de ville.

COMINES. — Beffroi; château.

CYSOING. — Pyramide.

DENAIN. — Pyramide.

DOUAI. — Hôtel de ville et beffroi.

DUNKERQUE. — Église Saint-Éloi; beffroi (ancienne tour Saint-Éloi).

FAMARS. — Ruines romaines.

LILLE. — Église Saint-Maurice; hôtel des Templiers; porte de Paris; restes du palais Rihour.

SAINT-AMAND-LES-EAUX. — Façade et tour de l'ancienne église abbatiale.

SARS-POTERIE. — Monument celtique, dit *Pierre-de-dessus-Bise.*

SOLRE-LE-CHATEAU. — Église; monument celtique, dit *Pierre Martines.*

OISE.

ACY-EN-MULCIEN. — Église.

AGNETZ. — Église.

ALLONNE. — Église (clocher); ancienne maladrerie de Saint-Lazare, P. P.

ANGICOURT. — Église.

ANGY. — Église.

BARON. — Église.

BEAUVAIS. — Ancien palais épiscopal (aujourd'hui palais de justice); cathédrale; église de la Basse-Œuvre; église Saint-Étienne.

BURY. — Église (ancien prieuré).

CHAMBLY. — Église Notre-Dame.

CAMBRONNE-LEZ-CLERMONT. — Église.

CHAMPLIEU. — Restes gallo-romains de temple; théâtre; hypocauste.

CHELLES. — Église.

CLERMONT. — Hôtel de ville.

COMPIÈGNE. — Église Saint-Antoine; église Saint-Jacques; hôtel de ville.

CREIL. — Ancienne église Saint-Évremond.

CRÉPY-EN-VALOIS. — Restes de l'église Saint-Thomas.

ERMENONVILLE. — Église.

ÈVE. — Église (flèche et vitraux).

FONTAINE-LES-CORPS-NUS. — Ruines de l'abbaye de Chaalis.

LA VILLETERTRE. — Église.

MAIGNELAY. — Église.

MELLO. — Église (ancienne collégiale).

MOGNEVILLE. — Clocher de l'ancienne église.

MONTAGNY. — Église.

MONTAGNY-SAINTE-FÉLICITÉ. — Église.

MONTATAIRE. — Église (ancienne collégiale).

MORIENVAL. — Église.

NANTEUIL-LE-HAUDOUIN. — Église (portail fortifié).

NOGENT-LES-VIERGES. — Église.

NOYON. — Ancienne cathédrale; salle capitulaire et cloître; hôtel de ville.

OURSCAMPS (commune de Chiry). — Ruines de l'abbaye, P. P.

PIERREFONDS. — Château; église.

PLAILLY. — Église.

RULLY. — Église.

SAINT-CLÉMENT (commune de Morienval). — Église.

SAINT-GERMER. — Église et chapelle.

SAINT-JEAN-AUX-BOIS. — Église.

SAINT-LEU-D'ESSERENT. — Église; restes de l'ancienne abbaye, P. P.

SAINT-MARTIN-AUX-BOIS. — Église.

SENLIS. — Arènes; ancienne cathédrale; église Saint-Frambourg (ancienne collégiale), P. P.; église Saint-Vincent; ancien château royal, P. P.

THIERS. — Ruines du château.

TRACY-LE-VAL. — Église.

TRIE-LE-CHATEAU. — Église; hôtel de ville.

VERBERIE. — Église.

VILLERS-SAINT-PAUL. — Église.

VILLERS-SUR-COUDUN. — Église.

ORNE.

ALENÇON. — Église Notre-Dame; restes de l'ancien château.

ARGENTAN. — Château (aujourd'hui palais de justice); église Saint-Martin (verrières).

AUTHEUIL. — Église.

CHAMBOIS. — Donjon, P. P.; église.

DOMFRONT. — Église Notre-Dame sous l'Eau; ruines du donjon.

LONLAY-L'ABBAYE. — Église.
MORTRÉE. — Château d'O, P. P.
SÉEZ. — Cathédrale.

PAS-DE-CALAIS.

AIRE-SUR-LA-LYS. — Église.
ARRAS. — Beffroi.
BÉTHUNE. — Beffroi.
BOULOGNE. — Parties anciennes de la crypte de l'église Notre-Dame.
DOUVRIN. — Triptype, dans l'église.
LILLERS. — Église.
SAINT-OMER. — Église Notre-Dame ; tour de l'ancienne abbaye de Saint-Bertin.

PUY-DE-DOME.

AIGUEPERSE. — Église (chœur) ; Sainte-Chapelle.
AUGEROLLES. — Église.
BILLOM. — Église Saint-Cerneuf.
CHAMALIÈRES. — Église.
CHAMBON. — Église ; monument sépulcral.
CHAURIAT. — Église.
CLERMONT. — Cathédrale ; église Notre-Dame du Port ; restes d'une villa romaine au sommet du Puy-de-Dôme (1).
DORAT. — Église.
ENNEZAT. — Église.
GERGOVIA. — Vestiges de constructions antiques.
HERMENT. — Église.
ISSOIRE. — Église Saint-Paul.
MAILHAT (commune de la Montgie). — Église.
MANGLIEU. — Église.
MONTFERRAND. — Église ; maisons anciennes.
MONTAIGU-EN-COMBRAILLES. — Église ; lanterne des Morts.
MOZAC. — Église et reliquaires.
ORCIVAL. — Église Notre-Dame.
PLAUZAT. — Église.
RIOM. — Ancien hôtel de ville ; beffroi ; église Saint-Amable ; maisons du XVIᵉ siècle ; Sainte-Chapelle.
ROYAT. — Église ; croix.
SAINT-HILAIRE-LA-CROIX. — Église.
SAINT-NECTAIRE. — Église ; monuments celtiques.
SAINT-SATURNIN. — Église.
THIERS. — Église du Moûtier ; église Saint-Genès.
THURET. — Église.

---

(1) On a retrouvé ces restes en creusant les fondations de l'observatoire construit aujourd'hui au sommet du Puy-de-Dôme.

VIC-LE-COMTE. — Sainte-Chapelle (chœur de l'église moderne).
VIRLET. — Église de l'ancienne abbaye de Belle-Aigue.
VOLVIC. — Église.

PYRÉNÉES (BASSES-).

BAYONNE. — Cathédrale et cloître.
BIELLE. — Mosaïques romaines.
COARRAZE. — Château.
LEMBEYE. — Église.
LESCAR. — Église.
MONTANER. — Tour.
MORLAAS. — Église.
NAY. — Église ; maison de Jeanne d'Albret. (Voy. MAISON.)
OLORON. — Église Sainte-Croix ; église Sainte-Marie (ancienne cathédrale) ; château.
ORTHEZ. — Tour Moncade (voir celle-ci au mot TOUR) ; vieux pont. (Voy. PONT.)
PAU. — Château.
PONDOLY (commune de Jurançon). — Mosaïques et restes de constructions romaines. (Voy. MOSAÏQUE et THERMES.)
SAINT-ENGRACE. — Église.

PYRÉNÉES (HAUTES-).

AGOS (commune de Vielle-Aure). — Chapelle.
IBOS. — Église.
LUZ. — Église.
SAINT-SAVIN. — Église.

PYRÉNÉES-ORIENTALES.

ARLES-LES-BAINS. — Cloître.
CASTEL. — Ancienne église Saint-Martin de Canigou.
CÉRET. — Pont sur le Tech.
CODALET. — Restes de l'ancienne abbaye de Saint-Michel de Cuxa.
CORNEILLA-EN-CONFLENT. — Église.
COUSTOUGES. — Église.
ELNE. — Église et cloître.
MARCEVOL. — Église.
MONASTIR-DEL-CAMP. — Ancien prieuré, P. P.
PERPIGNAN. — chapelle du Château ; église du Vieux-Saint-Jean ; loges des Marchands ; restes du palais des ducs d'Aragon, dans la citadelle.
PLANÈS. — Église.
SERRABONA (commune de Boule-Ternère). — Église de l'ancienne abbaye.
VILLEFRANCHE DU CONFLENT. — Église ; maisons anciennes.

RHONE.

BELLEVILLE-SUR-SAONE. — Église.

BONNANT ET CHAPONOST. — Restes de l'aqueduc du mont Pila.

CHATILLON-D'AZERGUES. — Église.

ILE-BARBE (L') (commune de Saint-Rambert). — Antiquités ; ruines de l'église.

LYON. — Ancienne manécanterie ; cathédrale ; conserve d'eau, dite *les Bains romains*, dans le nouveau séminaire ; église Saint-Martin d'Ainay ; église Saint-Irénée ; église Saint-Nizier ; église Saint-Paul ; église Saint-Pierre (portail).

SAINTE-COLOMBE. — Ruines romaines.

SALLES. — Église.

VILLEFRANCHE. — Église.

SAONE (HAUTE-).

CHAMBORNAY-LEZ-BELLEVAUX. — Église.

FAVERNY. — Église.

LUXEUIL. — Ancien hôtel de ville, ou Maison-Carrée ; église et restes du cloître de l'ancienne abbaye ; maisons des XVe et XVIe siècles ; thermes.

MEMBREY. — Ruines et mosaïques romaines.

MONTIGNY-LEZ-CHERLIEUX. — Ruines de l'abbaye de Cherlieux, P. P.

SAONE-ET-LOIRE.

ANZY. — Église.

AUTUN. — Cathédrale ; fontaine Saint-Lazare ; portes d'Arroux et Saint-André ; temple de Janus ; théâtre romain ; Sainte-Chapelle ; restes de l'ancien réfectoire des chanoines, dans le jardin de l'évêché.

AUXY. — Monument celtique.

BOIS-SAINTE-MARIE. — Église.

BRANCION. — Église.

CHALON. — Église Saint-Vincent.

CHAPAIZE — Église.

CHATEAUNEUF. — Église.

CLUNY. — Ancienne abbaye ; église Notre-Dame ; anciennes maisons.

CORMATIN. — Château.

COUHARD. — Pyramide.

ÉPINAC. — Chapelle de l'ancien prieuré du Val-Saint-Benoît.

GOURDON. — Église.

MACON. — Tour de l'église Saint-Vincent (ancienne cathédrale).

PARAY-LE-MONIAL. — Église ; maison Jaillet.

PERRECY-LES-FORGES. — Église.

SAINT-GERMAIN DE BOIS. — Église.

SAINT-LAURENT EN BRIONNAIS. — Église (chœur et clocher).

SAINT-MARCEL. — Église de l'ancienne abbaye.

SEMUR EN BRIONNAIS. — Église.

SENNECEY-LE-GRAND. — Église (peintures).

SULLY. — Château.

TOURNUS. — Église Saint-Philibert.

SARTHE.

BAZOUGES. — Église.

LA BRUÈRE. — Église (vitraux).

LA FERTÉ-BERNARD. — Église ; ancienne porte (aujourd'hui hôtel de ville).

LE MANS. — Cathédrale ; église Notre-Dame de la Couture ; église Notre-Dame du Pré ; école communale de dessin ; maisons anciennes ; tour de l'enceinte romaine ; poterne.

SAINT-CALAIS. — Église.

SOLESMES. — Église de l'ancien prieuré.

VIVOIN. — Église.

SAVOIE.

AIME. — Ancienne église Saint-Martin.

AIX-LES-BAINS. — Temple romain, dit *de Diane.*

SAINT-PIERRE DE CASTILLE. — Abbaye d'Haute-Combe.

SAVOIE (HAUTE-).

ABONDANCE. — Ancienne abbaye.

SAINT-GERVAIS. — Inscription romaine.

SEINE.

ARCUEIL. — Restes d'aqueduc romain ; église ; maison de la renaissance.

BAGNEUX. — Église.

BOULOGNE. — Église ; restes de l'abbaye de Longchamp.

CHARENTON. — Pavillon d'Antoine de Navarre.

NOGENT-SUR-MARNE. — Église.

PARIS. — Cathédrale ; cloître des Carmes-Billettes ; colonne de l'ancien hôtel de Soissons (halle au blé) ; restes de l'hôtel de la Tremouille, à l'École nationale des beaux-arts ; église Saint-Étienne du Mont (Voy. son portail *supra*, page 369, tome II) ; église Saint-Eustache ; église Saint-Germain des Prés ; église Saint-Germain l'Auxerrois ; église Saint-Germain de Charonne ; église Saint-Gervais ; église Saint-Julien le Pauvre ; église et réfectoire de l'ancien prieuré de Saint-Martin des Champs (aujourd'hui Conservatoire des arts et métiers, salle des machines et bibliothèque); église Saint-Merry; église Saint-Séverin; église Saint-Pierre de Montmartre; façade des maisons de la place des Vosges et de la place Vendôme; façade du château d'Anet, à l'École nationale des beaux-arts; fontaine de la rue de Grenelle; fontaine des Innocents (Voy. dans ce volume, page 299); galerie Mazarine à la Bibliothèque nationale (peintures de Romanelli); hôtel de Beauvais; hôtel Carnavalet (aujourd'hui musée municipal); hôtel de Clisson (porte); hôtel de Cluny; hôtel des Invalides (Voy. dans le présent volume la façade de l'église, p. 375, fig. 21); hôtel Lambert; hôtel de Mayenne; hôtel Pimodan; hôtel de Sens; hôtel de Soubise; hôtel de Sully; hôtel Zamet; maison de François Ier, transportée de Moret au Cours-la-Reine (Voy. dans le présent volume, planche XXXVI, p. 241); maison, rue Hautefeuille, no 9; maison place des Vosges, no 14 (peintures); ministère de la Marine et ancien Garde-Meuble; palais de l'Institut; palais de justice; palais du Luxembourg; porte Saint-Denis; porte Saint-Martin; portique du château Gaillon, à l'École nationale des beaux-arts; Sainte-Chapelle, dont nous avons donné une travée dans le présent volume, page 112, planche XXVII; thermes de Julien; tour de Jean-sans-Peur (Voy. sa représentation au mot TOUR, tome IV); tour Saint-Jacques la Boucherie; tour et réfectoire de l'ancienne abbaye de Sainte-Geneviève; Val-de-Grâce.

SAINT-DENIS. — Église abbatiale.

SAINT-MAUR. — Église.

SURESNES. — Église.

VINCENNES. — Château.

VITRY. — Église.

SEINE-ET-MARNE.

BRIE-COMTE-ROBERT. — Église; restes de la chapelle de l'ancien Hôtel-Dieu.

CHAMPIGNY. — Église (crypte).

CHAMPEAUX. — Église et tombeaux.

CHATEAU-LANDON. — Église.

CHELLES. — Monument de Chilpéric.

COURPALAY. — Château de la Grange-Bléneau.

DONNEMARIE. — Église.

FERRIÈRES. — Église.

FONTAINEBLEAU. — Château.

FONTENAY-TRÉSIGNY. — Ruines du château du Vivier.

JOUARRE. — Crypte et croix, dans l'ancien cimetière.

JUILLY. — Tombeau du cardinal de Bérulle, dans la chapelle du collége.

LA CHAPELLE-LA-REINE. — Porte, dans la sacristie de l'église.

LA CHAPELLE-SUR-CRÉCY. — Église; monument celtique.

LARCHANT. — Église.

LOUAN. — Ruines du château de Montaiguillon.

MAINCY. — Château de Vaux-Praslin, P. P.

MEAUX. — Cathédrale; bâtiment de la maîtrise; palais épiscopal.

MELUN. — Cloître Saint-Sauveur; église Notre-Dame.

MONTCEAUX. — Restes du château.

MONTEREAU. — Église.

MORET. — Église; porte de ville. (Voy. au mot HERSE cette porte.)

NANTOUILLET. — Château.

NEMOURS. — Église.

OISSERY. — Tombeau de la famille des Barres, dans l'église.

OTHIS. — Église.

PROVINS. — Cloître des Cordeliers; croix sépulcrale; église Sainte-Croix; église Saint-Ayoul (transsept); église Saint-Quiriace; grange aux Dîmes; tour dite de César; porte Saint-Jean. (Voy. ci-dessus cette porte, tome II, p. 349, fig. 1.)

RAMPILLON. — Église.

ROZOY. — Église.

SAINT-CYR. — Église.

SAINT-LOUP DE NAUD. — Église.

VILLENEUVE-LE-COMTE. — Église.

VOULTON. — Église.

SEINE-ET-OISE.

ATHIS-MONS. — Église (clocher).

BEAUMONT-SUR-OISE. — Église.

BELLOY. — Église.

BOUGIVAL. — Église.

CARRIÈRES-SAINT-DENIS. — Rétable, dans l'église.

CHAMPAGNE. — Église.

CHAMPMOTTEUX. — Tombeau du chancelier de l'Hôpital, dans l'église.

CORBEIL. — Église Saint-Spire.

DEUIL. — Église.

ÉCOUEN. — Château; église.

ÉTAMPES. — Église Notre-Dame; église Saint-Basile; tour Guinette.

GASSICOURT. — Église.

GONESSE. — Église.

HARDRICOURT. — Église (clocher).

HOUDAN. — Église.

JUZIERS. — Église.

LA FERTÉ-ALEPS. — Église.

LA QUEUE-EN-BRIE. — Tour de l'ancien château.

LA ROCHE-GUYON. — Ruines du vieux château, P. P.

LIMAY. — Église (clocher).

LONGPONT. — Restes de l'église de l'ancienne abbaye.

LOUVRES. — Hôtel de ville.

LUZARCHES. — Église (clocher).

MAGNY-LES-HAMEAUX. — Tombe de l'ancienne abbaye de Port-Royal des Champs.

MAISONS-SUR-SEINE. — Château; moulin.

MANTES. — Église; fontaine.

MAREIL-EN-FRANCE. — Église.

MAREIL-MARLY. — Église.

MARLY-LA-VILLE. — Abreuvoir.

MONTFORT-L'AMAURY. — Église; porte du cimetière et ancien cloître; ruines du château.

MONTLHÉRY. — Restes de l'ancien château.

MONTMORENCY. — Église.

MORIGNY. — Restes de l'ancienne abbaye.

NESLES. — Église.

POISSY. — Église.

PONTOISE. — Église Saint-Maclou.

PRESLE. — Pierre Turquaise, dans la forêt de Carnelle.

RICHEBOURG. — Église.

ROYAUMONT (commune d'Asnières-sur-Oise). — Abbaye, P. P.

RUEIL. — Église.

SAINT-GERMAIN EN LAYE. — Château Vieux et restes du Château Neuf; grotte du pavillon Henri IV.

SAINT-OUEN-L'AUMONE. — Ruines de l'abbaye de Maubuisson.

SAINT-SULPICE DE FAVIÈRES. — Église.

TAVERNY. — Église.

THIVERVAL. — Église.

TRIEL. — Église.

VERNOUILLET. — Église.

VERSAILLES. — Palais et dépendances.

VÉTHEUIL. — Église.

SEINE-INFÉRIEURE.

ANGERVILLE-L'ORCHER. — Église.

ARQUES. — Ruines du château; église.

AUMALE. — Église.

AUZEBOSC. — Église.

BRAQUEMONT, près Dieppe. — Cité des Limes, P. P.

CAUDEBEC-EN-CAUX. — Église.

DARNETAL. — Tour de Carville.

DIEPPE. — Château; église Saint-Jacques.

DUCLAIR. — Église.

FÉCAMP. — Église de l'ancienne abbaye.

ELBEUF. — Vitraux, dans les églises Saint-Étienne et Saint-Jean.

ÉTRÉTAT. — Église.

EU. — Collége (chapelle); église.

GOURNAY-EN-BRAY. — Église.

GRAVILLE-SAINTE-HONORINE. — Église.

HARFLEUR. — Église.

HOUPPEVILLE. — Église.

JUMIÉGES. — Ruines de l'ancienne abbaye, P. P.

LE BOURG-DUN. — Église.

LE MONT-AUX-MALADES (commune de Mont-Saint-Aignan). — Église.

LE PETIT-QUEVILLY. — Chapelle de l'ancienne léproserie de Saint-Julien des Chartreux.

LE TRÉPORT. — Église.

LILLEBONNE. — Château, P. P.; église; théâtre romain (restes).

LONGUEVILLE. — Château, P. P.

MESNIÈRES. — Château, P. P.

MONTIVILLIERS. — Église.

MOULINEAUX. — Église.

ROUEN. — Aitre Saint-Maclou; bureau des Finances, P. P.; cathédrale; cloître Sainte-Marie (aujourd'hui musée); donjon de l'ancien château de Philippe-Auguste, ou tour dite *de Jeanne d'Arc*; église Saint-Gervais; église Saint-Godard; église Saint-Maclou; église Saint-Ouen, et chambre aux Clercs; église Saint-Patrice; église Saint-Vincent; fontaine de Lisieux; hôtel du Bourgthéroulde, P. P.; monument de Saint-Romain, dit *la Fierte*; palais de justice; la grosse tour de l'Horloge.

SAINT-JEAN D'ABBETAT. — Crypte de l'église.

SAINT-MARTIN DE BOSCHERVILLE. — Église; salle capitulaire et restes du cloître de l'ancienne abbaye de Saint-Georges.

SAINT-VALERY EN CAUX. — Chapelle.

SAINT-VICTOR-L'ABBAYE. — Église.

SAINT-WANDRILLE. — Chapelle Saint-Saturnin, P. P.; restes de l'ancienne abbaye, P. P.

SAINTE-GERTRUDE (commune de Maulévrier). — Église.

SAINTE-MARGUERITE-SUR-MER. — Mosaïques romaines, P. P.

TANCARVILLE. — Château, P. P.

VALLIQUERVILLE. — Église.

VALMONT. — Chapelle dite *des Six-Heures*, P. P.

VARENGEVILE-SUR-MER. — Manoir d'Ango, P. P.

YAINVILLE. — Église.

DEUX-SÈVRES.

AIRVAULT. — Église; pont de Vernay.

BOUGON. — Monument celtique.

BRESSUIRE. — Église.

CELLES. — Église.

CHAMPDENIERS. — Église.

JAVARZAY. — Ruines du château; église.

MARNES. — Église.

MELLE. — Église Saint-Hilaire.

MÉNIGOUTE. — Chapelle.

NIORT. — Château.

OYRON. — Église et tombeaux.

PARTHENAY. — Église Notre-Dame de la Couldre; église Saint-Laurent.

PARTHENAY-LE-VIEUX. — Église.

SAINT-GÉNÉROUX. — Église.

SAINT-JOUIN-LEZ-MARNES. — Église.

SAINT-MAIXENT. — Église.

THOUARS. — Château; église Saint-Laon.

VERRINES-SOUS-CELLES. — Église.

SOMME.

ABBEVILLE. — Église Saint-Wulfran (ancienne collégiale).

AILLY-SUR-NOYE. Tombeau de Jean Haubourdin, dans l'église.

AIRAINES. — Église Notre-Dame.

AMIENS. — Cathédrale; porte Montre-Écu.

ATHIES. — Portail de l'église.

BEAUVAL. — Église.

BERTHAUCOURT-LES-DAMES. — Église de l'ancienne abbaye.

BOVES. — Restes du château.

DAVENESCOURT. — Tombeau de Jean de Hangest, dans l'église.

DOINGT. — Monument celtique.

DOMART. — Maison des Templiers (hôtel de ville actuel).

DOULLENS. — Église Saint-Martin (sépulcre).

FOLLEVILLE. — Château; église.

GAMACHES. — Église.

HAM. — Château; église (crypte).

L'ÉTOILE. — Camp romain.

LIERCOURT. — Camp romain.

MONTDIDIER. — Tombeau de Raoul de Crépy, dans l'église Saint-Pierre.

NAMPS-AU-VAL. — Église.

PICQUINY ET LA CHAUSSÉE-TIRANCOURT. — Camp romain de Tirancourt.

RAMBURES. — Château, P. P.

ROYE. — Église Saint-Pierre (portail et vitraux).

RUE. — Chapelle du Saint-Esprit.

SAINS. — Tombeaux, dits *des Trois-Martyrs*, dans l'église.

SAINT-GERMAIN SUR BRESLE. — Tombeau dans l'église.

SAINT-RIQUIER. — Église de l'ancienne abbaye.

TILLOLOY. — Église.

TARN.

ALBI. — Cathédrale; église Saint-Salvy; archevêché; maison des Viguiers.

BURLATS. — Église.

CORDES. — Maison du Grand-Veneur.

GAILLAC. — Église Saint-Michel.

SORÈZE. — Église.

TARN-ET-GARONNE.

AUVILLAR. — Église.

BEAULIEU (commune de Ginals). — Ancienne église, P. P.

BEAUMONT-DE-LOMAGNE. — Église.

BRUNIQUEL. — Château (ruines).

CAUSSADE. — Église (clocher).

MOISSAC. — Église et cloître.

MONTPEZAT. — Église.

SAINT-ANTONIN. — Hôtel de ville.

VAREN. — Église.

VAR.

FRÉJUS. — Baptistère; cathédrale et cloître; restes de monuments romains.

HYÈRES. — Église Saint-Louis; ruines du château.

LE CANNET-DU-LUC. — Église.

LE LUC. — Église.

LE THORONET. — Ancienne abbaye.

SAINT-MAXIMIN. — Église.

SALLIÈS-VILLE. — Église.

SIX-FOURS. — Église.

VAUCLUSE.

APT. — Ancienne cathédrale; ancien cimetière.

AVIGNON. — Ancien hôtel des monnaies; cathédrale; chapelle et pont Saint-Bénezet; église Saint-Pierre; palais des papes (Voy. *suprà*, tome II, p. 354, fig. 6); ruines romaines; tombeau de Jean XXII (Jacques d'Euse), dans la cathédrale ; tour de l'ancien hôtel de ville ; remparts ; restes du couvent des Célestins.

CADENET. — Vasque antique, dans l'église.

CAROMB. — Église.

CARPENTRAS. — Ancien palais du légat (aujourd'hui palais de justice) ; arc antique, dans la cour du palais de justice ; église Saint-Siffrein (ancienne cathédrale) ; Hôtel-Dieu.

CAVAILLON. — Arc antique ; ancienne cathédrale et cloître.

GORDES. — Abbaye de Senanque.

LE THOR. — Église.

MALAUCÈNE. — Chapelle du Groseau.

MONTEUX. — Porte Neuve.

ORANGE. — Arc antique, dit de Marius (Voy. sa représentation, tome I, page 130, fig. 3) ; cirque et théâtre antique.

PERNES. — Église et crypte ; tour de l'ancien château et peintures du XIVe siècle.

VAISON. — Amphithéâtre (restes) ; pont romain ; ancienne cathédrale et cloître, chapelle Saint-Quentin.

VALRÉAS. — Église.

VAUCLUSE. — Église.

VÉNASQUE. — Baptistère.

VENDÉE.

CURSON. — Église (crypte).

FONTENAY-LE-COMTE. — Église.

FOUSSAIS. — Église.

LE BOUPÈRE. — Église.

MAILLEZAIS. — Église ; ruines de l'abbaye.

NIEUL-SUR-L'AUTISE. — Église et cloître de l'ancienne abbaye.

POUZAUGES. — Château.

VOUVANT. — Église.

VIENNE.

ANTIGNY. — Fresques dans l'église.

CHARROUX. — Restes de l'ancienne abbaye ; beffroi du XIIIe siècle. (Voy. sa représentation, tome I, page 233, fig. 4.)

CHATEAU-LARCHER. — Lanterne des Morts.

CHAUVIGNY. — Châteaux ; église Notre-Dame ; église Saint-Pierre.

CIVRAY. — Église Saint-Nicolas.

FONTAINE-LE-COMTE. — Église.

GENÇAY. — Château.

LIGUGÉ. — Monastère.

LUSIGNAN. — Église.

MONTMORILLON. — Ancienne église Notre-Dame ; chapelle octogonale de la Maison-Dieu.

MONTREUIL-BONNIN. — Restes du château.

NOUAILLÉ. — Église.

POITIERS. — Ancienne tour (la poudrière) ; restes des Arènes ; cathédrale ; église Saint-Hilaire ; église de Montierneuf ; église Notre-Dame ; église Saint-Porchaire ; église Sainte-Radegonde ; monument celtique ; palais de justice ; temple de Saint-Jean.

SAINT-SAVIN. — Église.

VIENNE (HAUTE-).

BOISSEUIL. — Ruines du château.

LE DORAT. — Église.

LIMOGES. — Cathédrale.

ROCHECHOUART. — Château ; église.

SAINT-JUNIEN. — Église.

SAINT-LÉONARD. — Église.

SAINT-YRIEIX. — Église.

SOLIGNAC. — Église.

VOSGES.

DOMRÉMY. — Maison de Jeanne d'Arc.

ÉPINAL. — Église Saint-Maurice.

ÉTIVAL. — Église de l'ancienne abbaye.

GRAND. — Amphithéâtre et temple.

MÉDONVILLE. — Église.

MOYENMOUTIER. — Église.

YONNE.

ANCY-LE-FRANC. — Château, P. P.

APPOIGNY. — Église.

AUXERRE. — Ancien palais épiscopal (aujourd'hui préfecture) ; beffroi (Voy. sa représentation, tome I, page 234, fig. 3) ; église Saint-Étienne ; église Saint-Germain ; église Saint-Pierre.

AVALLON. — Église.

CHABLIS. — Église.

CHASTELLUX. — Château, P. P.

CHITRY. — Église.

CIVRY. — Église.

JOIGNY. — Sépulcre, dans l'église.

MAILLY-LE-CHATEAU. — Église.

MONTRÉAL. — Église.

MOUTIERS. — Église.

PONTAUBERT. — Église.

PONTIGNY. — Église.

SAINT-FARGEAU. — Château ; église.

Saint-Florentin. — Église.

Saint-Julien-du-Sault. — Église (verrières).

Saint-Père-sous-Vézelay. — Église.

Saint-Sauveur. — Tour de l'ancien château, P. P.

Sainte-Magnance. — Tombeau, dans l'église.

Sens. — Cathédrale; église de l'hôpital; église Saint-Savinien; salle synodale; façade et porte de l'archevêché.

Tanlay. — Château, P. P.

Tonnerre. — Chapelle de l'hôpital (ancienne salle des malades); crypte de Sainte-Catherine, sous la halle; église Saint-Pierre (portail).

Vallery. — Tombeau du prince de Condé, dans l'église.

Vermenton. — Église (clochers).

Vézelay. — Église de la Madeleine; remparts.

Villeneuve-sur-Yonne. — Église; portes et restes de l'enceinte.

ALGÉRIE.

DÉPARTEMENT D'ALGER.

Alger. — Archevêché; maison de Dar-Souf (cour d'assises); tombeau de la Chrétienne (entre Alger et Cherchell).

Cherchell. — Aqueduc.

Tipaza. — Ruines de monuments antiques.

DÉPARTEMENT DE CONSTANTINE.

Announa. — Arc de triomphe.

Batna. — *Schola des optiones* de la légion IIIe Augusta.

Biskra. — Restes des thermes (El-Hamman).

Constantine. — Aqueduc; Medracen (grande pyramide, située entre Constantine et Batna).

Djimila. — Arc de triomphe.

El-Kantara. — Pont romain.

Guelma. — Théâtre; thermes.

Khémissa. — Théâtre; *curia* ou *forum*.

Lambessa. — Arc de triomphe de Commode et de Septime Sévère; *curia*, dite *Capitole*, et les deux arcs à l'est du monument; palais des légats; nymphée; prétoire; temple d'Esculape.

Markouna. — Les deux arcs de triomphe.

M'daourouch. — Château (Ksar).

Philippeville. — Théâtre.

Tébessa. — Arc de triomphe; petit temple ou Maison-Carrée; basilique (Knésia); porte Neuve.

Timegad. — Arc de triomphe; bordj; Capitole; théâtre.

Zana. — Arc de triomphe; porte du temple de Diane.

DÉPARTEMENT D'ORAN.

Mansoura, près Tlemcen. — Ruines de la mosquée et du minaret.

Oran. — Minaret du campement.

Sidi-Bou-Médine, près Tlemcen. — Mosquée.

Tlemcen. — Grande mosquée; mosquée de Sidiaboul-Hacen; mosquée de Sidi-el-Hallouy, hors les murs; marabout de Sidi-Brahim; mosaïque de la porte M'dersa Tachfinya.

Enfin nous possédons en Italie, à Rome, un monument historique qu'il ne faut pas oublier: c'est la *villa Médicis*, qui est l'école ou plutôt l'académie de France, et dans laquelle les peintres, sculpteurs, architectes et graveurs, grands prix de l'École nationale des beaux-arts, vont étudier leur art et s'y perfectionner.

HIVERNAGE, *s. m.* — Laps de temps pendant lequel on interrompt les travaux dans les chantiers de construction. Autrefois il était d'usage, vers le commencement de novembre, de suspendre les travaux et de couvrir de paille et de terre les maçonneries inachevées, pour empêcher la gelée de les détériorer. Aujourd'hui, on n'interrompt les travaux que dans les très-grands froids, et même, sous le climat de Paris, les hivers sont assez doux pour permettre constamment l'ouverture des chantiers, d'autant que, pour les travaux urgents, si l'hiver est trop rigoureux, on enferme les chantiers sous des bâches et des charpentes légères.

HOCHE, *s. f.* — Petits montants de bois scellés dans les murs en construction, qui permettent de tendre des *lignes* ou cordeaux qui servent à constater l'épaisseur desdits murs.

HOMME DE VILLE, *s. m.* — Ouvrier serrurier qui fait en ville, c'est-à-dire à domicile, les petits travaux d'entretien et de réparation.

HONGUETTE. — Voy. Hoquette.

HONORABLE, *adj.* — On nomme *colonne honorable* une colonne élevée en l'honneur d'un homme illustre. — En blason, on nomme *pièces honorables* les pièces principales et ordinaires de l'écu qui, en leur juste étendue, peuvent occuper le tiers du champ.

HONORAIRES, *s. m. pl.* — Rétributions que l'on donne aux personnes qui exercent une profession qualifiée d'honorable, telles que les médecins, les avocats, les architectes. Pour les honoraires de ce dernier corps d'état, voy. ARCHITECTE, § *Honoraires.*

HOPITAL. — Voy. HOSPITALIERS (*Bâtiments*).

HOQUETTE, *s. f.* — Ciseau carré du sculpteur, qui se termine en pointe et qui lui sert à dégrossir les blocs.

HORIZONTAL, *adj.* — Qui est parallèle à l'horizon. Une ligne, un plan sont horizontaux quand ils sont perpendiculaires au fil à plomb.

HORLOGE, *s. f.* — Instrument destiné à marquer les heures, c'est-à-dire à mesurer la marche du temps. Dans l'antiquité, il existait trois sortes d'horloge. La plus ancienne fut probablement le *cadran solaire*, c'est-à-dire un instrument qui, à l'aide d'une aiguille fixe projetant une ombre sur une surface, indiquait ainsi la marche du soleil, c'est-à-dire la fuite du temps : la tour des Vents à Athènes était un véritable cadran solaire. Ce genre de cadran avait le défaut de ne marcher qu'avec le soleil et par conséquent ne pouvait fournir l'heure que d'une manière discontinue ; aussi les anciens inventèrent-ils deux autres genres d'horloge : l'un, nommé *sablier*, fonctionnait à l'aide du sable ; l'autre, nommé *clepsydre*, à l'aide de l'eau.

L'*horloge mécanique*, c'est-à-dire fonctionnant sans soleil, sans sable et sans eau, mais par un mécanisme spécial mis en action par des poids et des engrenages, communiquant le mouvement à un régulateur, est d'invention moderne ; elle parut au Xe siècle ; ce serait même un pape, Sylvestre II, qui en aurait fait la découverte. Ces premières horloges marquaient le temps, mais ne sonnaient pas les heures, car les rouages de la sonnerie

ne firent leur apparition qu'au XIIe siècle ; on en trouve la première mention dans une compilation des *Usages de l'ordre de Cîteaux*, parue vers 1120.

Quelle marche suivit l'horlogerie au XIIIe siècle, nous l'ignorons ; mais nous savons qu'au XIVe on commença à faire des horloges monumentales en Italie, puis en Allemagne. En 1344 ou même 1343, Jacques Dondi plaça sur la tour du palais de Padoue une horloge qui émerveilla ses contemporains ; en effet, cette horloge marquait, outre les heures, le cours du soleil, les révolutions des planètes, les phases de la lune, les mois et les fêtes de l'année. Son fils, Jean Dondi, exécuta également, pour la bibliothèque de Jean Galéas Visconti, une horloge qui était une véritable merveille et lui valut le surnom d'*Horologius.*

La première horloge monumentale construite à Paris fut celle la tour du palais de justice ; Charles V la commanda à un Allemand du nom de Henri de Vic, qui appliqua dans son travail les principes de l'horlogerie moderne, c'est-à-dire un régulateur, un échappement et un poids pour moteur ; comme cette horloge n'était remontée que tous les huit à dix jours, on fit la tour très-élevée, afin de donner un grand développement aux cordes des poids. Au XVIe siècle, Germain Pilon avait exécuté la décoration du cadran, qui fut détruit au XVIIIe siècle ; le cadran moderne a été restauré sous la direction de M. Duc. Parmi les horloges célèbres qui exécutent de véritables tours de force en mécanique, on cite particulièrement celles de Strasbourg, de Lyon, de Caen, de Lille, de Metz, d'Auxerre, de Sens, de Dijon, primitivement à Courtray ; enfin celle de Berne, qui est l'œuvre de Gaspard Bruner et qui exécute des mouvements de mécanique assez curieux et compliqués : à chaque heure un coq chante, un fou frappe avec deux petits marteaux sur deux cloches, tandis qu'un personnage assis sur un trône tourne la tête en ouvrant une large bouche et baisse d'une main un sceptre et de l'autre un sablier autant de fois que frappent les marteaux ; devant ce roi défilent des ours dans toutes sortes de poses et de costumes, car à Berne l'ours joue un grand rôle. Beaucoup d'horloges mécaniques possèdent des CARILLONS et des JACQUEMARTS. (Voy. ces mots.)

Les horlogers formaient anciennement une corporation qui avait pour patron le grand saint Éloi ; en 1483, Louis XI avait donné à cette corporation des statuts qui furent confirmés par lettres patentes de François Iᵉʳ, Henri II, Charles IX, Henri IV ; le brevet d'horloger coûtait 54 livres et la maîtrise 900 livres ; on ne pouvait les obtenir qu'après huit ans d'apprentissage.

HORS-D'ŒUVRE, *s. m.* — En architecture, en peinture et en sculpture, on désigne sous ce terme tout ce qui ne fait pas partie du sujet principal et qui pourrait être supprimé sans inconvénients.

HOSPICES. — Voy. HOSPITALIERS (*Bâtiments*).

HOSPITALIERS (BATIMENTS). — Sous ce terme générique, nous désignons et nous décrivons tous les bâtiments qui servent de refuge ou de retraite aux pauvres malades ou infirmes, aux enfants abandonnés, en un mot à tous ces malheureux qui sont logés, nourris et soignés par la charité publique : ces bâtiments comprennent les *hôpitaux* et les *hospices*. Dans le même article, nous traitons des ambulances, parce que ces constructions provisoires sont de véritables hôpitaux destinés non aux pauvres, mais aux militaires blessés sur les champs de bataille; si nous réunissons dans le présent article les ambulances, c'est que nous les considérons comme les hôpitaux de l'avenir, au moins pour tous les malades ayant à subir des opérations chirurgicales.

Si une question mérite une étude sérieuse et suivie, c'est sans contredit celle qui a pour objet la construction des bâtiments hospitaliers. Depuis de longues années, on discute cette grave question ; on a pratiqué de nombreuses expériences ; on a même posé de nombreux problèmes qui sont loin d'être tous résolus, et, malgré une somme considérable de travaux, la question a peu progressé. Il y a quelques années encore, on ignorait tous les bienfaits de la ventilation, mais depuis vingt ans ses énormes avantages sont reconnus.

Nous allons ici passer en revue les divers bâtiments hospitaliers.

I. HÔPITAUX. — L'hôpital est un ensemble de bâtiments affectés au traitement des malades pauvres, pour la guérison de certaines maladies, soit pour pratiquer des opérations chirurgicales.

Historique. — Les hôpitaux, tels qu'ils existent chez nous, étaient inconnus des anciens. Ils n'apparaissent guère qu'au moyen âge et prennent le nom d'*Hôtel-Dieu;* ils font partie de fondations religieuses et sont presque toujours bâtis dans le voisinage des cathédrales, ou du moins des églises paroissiales. — Nous devons dire cependant qu'avant cette époque, sous Antonin, par exemple (85 à 160 ans après J.-C.), cet empereur avait fait construire tout près du temple d'Esculape à Epidaure un édifice destiné à recevoir des *malades* et des femmes en couches. « En effet, dit Pausanias (livre 18, chap. 27), les conservateurs du temple voyaient avec peine que les femmes n'avaient aucun abri pour faire leurs couches et que les malades mouraient en plein air. » On voit donc par cette citation qu'il serait peut-être téméraire d'affirmer que les anciens n'ont pas eu des édifices semblables à nos hôpitaux, ou du moins en tenant lieu. — Isidore d'Alexandrie (1) et saint Jérôme (331 à 420 ap. J.-C.) emploient les premiers le mot νοσοκομεῖον (νόσος, maladie, et κομέω, je soigne). Ce dernier nous apprend qu'une riche dame romaine, une certaine Fabiola, avait fondé, vers 380, un hôpital dans lequel on recevait les malades, « qui jusque-là gisaient abandonnés dans les rues et sur les places publiques. » Un peu après, Justinien (483 à 527) emploie (*Code*, 1, 2, 19 et 20) le mot *nosocomium.* Ces quelques citations tendent à prouver que dans le Iᵉʳ siècle il existait au moins un hôpital, et que dès le IVᵉ siècle les hôpitaux deviennent plus nombreux.

---

(1) Isidore d'Alexandrie, surnommé l'*Hospitalier*, né en Égypte vers 318, avait été chargé par Athanase de diriger les travaux d'un hospice pour les voyageurs pauvres. Il mourut à Constantinople, le 15 janvier 404.

Pendant les XIe, XIIe et XIIIe siècles, il se fonde de nombreux hospices ou hôpitaux, car à cette époque la distinction moderne qui existe aujourd'hui entre ces deux termes n'existait pas encore. Nous voyons aussi que les établissements nommés *maladreries*, *ladreries* et *léproseries* sont fort nombreux au XIIIe siècle ; rien qu'en France il existait à cette époque deux mille léproseries, et dix-neuf mille en Europe (1).

A l'origine, ces fondations consistent en l'abandon d'un local, d'une maison plus ou moins importante, avec ou sans donation de rente. On conçoit que dans ces locaux, qui n'étaient pas appropriés à leur nouvelle destination, la mortalité devait être considérable. A Paris, un des premiers hôpitaux construits spécialement pour cet usage a été sans doute l'*Hôtel-Dieu*, qui fut fondé, paraît-il, par Landry, 28e évêque de Paris, vers l'an 660. Cet hôpital fut ensuite agrandi par Philippe-Auguste et par le cardinal Duprat (2), en 1535, et doté par Louis IX, Henri IV, Louis XIV et Louis XV.

II. L'HÔPITAL MONUMENTAL et LES PETITS HÔPITAUX. — Doit-on construire de grands ou de petits hôpitaux ? C'est là un point important, et nous pouvons dire immédiatement que la question a reçu une solution très-certaine : c'est que le grand hôpital, l'*hôpital monumental*, puisqu'il faut l'appeler par son nom, a été reconnu comme ne donnant pas d'aussi bons résultats au point de vue de l'hygiène que les petits hôpitaux. Ce résultat est affirmé par les travaux des chirurgiens et des médecins les plus éminents qui sont à la tête des services des hôpitaux de Paris (3). Nous ajouterons que quelques chirurgiens, désespérant de posséder jamais des hôpitaux aussi salubres que l'habitation privée, ont proposé une réforme

radicale, celle de supprimer les hôpitaux et de leur substituer l'assistance et les soins à domicile. C'était de beaucoup la meilleure solution, mais il faut songer qu'il y aura toujours des malades qu'il sera impossible de traiter chez eux, soit parce qu'ils sont sans domicile, soit parce qu'ils cherchent autant une maison de refuge et de protection que des soins médicaux. Nous voulons parler en dernier lieu des femmes qui vont dans les maternités. — C'est pourquoi il faut chercher à réaliser dans les hôpitaux eux-mêmes, soit par leur disposition, soit par leur construction ou leur dimension, les conditions les plus favorables à leur salubrité, car nous pensons qu'il s'écoulera encore un laps de temps assez long avant que des institutions de secours plus parfaites que celles que nous possédons actuellement puissent permettre l'assistance à domicile. — Jusqu'à ce jour les deux conditions que les hygiénistes ont réclamées avec raison comme indispensables, c'est la pureté de l'air et son renouvellement. (Voy. VENTILATION.) Or ces conditions sont plus faciles à obtenir dans les petits hôpitaux que dans les grands, c'est pourquoi l'*hôpital monumental* est condamné par tous les hygiénistes sans exception.

III. HÔPITAUX FLOTTANTS. — L'impérieuse nécessité de donner aux hôpitaux de l'air neuf et venant de loin a fait que quelques hygiénistes ont demandé de construire les hôpitaux non-seulement sur les bords des fleuves et des rivières, mais sur leur cours, sur les lits mêmes de ces fleuves. L'idée a pu paraître originale, bizarre même de prime abord ; elle a, comme tout progrès véritable, trouvé des détracteurs ; mais nous sommes persuadé qu'avec le temps elle fera son chemin. Un des promoteurs des hôpitaux flottants, le Dr Rochard, en a démontré tous les avantages, et il a combattu victorieu-

---

(1) Voir à ce sujet l'intéressant ouvrage de Labourt : *Recherches sur l'origine des ladreries, maladreries et léproseries*.

(2) Du Breuil, *le Théâtre des antiquités de Paris*, 1612, tome I, page 74.

(3) Nous avons étudié les travaux suivants : Bouchardat, *Notice sur les hôpitaux, hospices civils et secours à domicile de la ville de Paris* ; B. Sarazin, *Essai sur les hôpitaux* ; *Essai sur les hôpitaux de Londres* ; H. Jacq-

met, *Des hôpitaux et des hospices, des conditions que doivent présenter ces établissements au point de vue de l'hygiène et des intérêts des populations* ; A. Motard, *Traité d'hygiène générale* ; Le Fort, *Des maternités* ; Tarnier, *Hygiène des hôpitaux* ; Husson, *Statistique médicale des hôpitaux de Paris*, 1861 et 1862, Lauth, *Annales d'hygiène*, 2e série, tome XXVI ; enfin les divers auteurs que nous citons dans le courant de cet article et ceux indiqués à la bibliographie qui le termine.

sement, selon nous, toutes les objections sérieuses qu'on opposait à ce genre d'hôpital (1). L'argument capital qu'on oppose contre cette création, c'est que l'humidité provenant de l'évaporation de l'eau péut exercer une funeste influence sur les malades et les blessés ; or, en l'étudiant un moment, cette objection tombe d'elle-même, car, à moins d'une sécheresse complète qui mette à nu le lit d'un fleuve ou certaines parties de ce lit, il n'y a rien à redouter. Les statistiques mêmes tendent à prouver que, malgré les constructions mal comprises de l'ancien Hôtel-Dieu de Paris, aujourd'hui démoli, la mortalité y était moins grande qu'à Beaujon et même à Lariboisière, cet hôpital modèle qu'on a toujours cité comme le type le plus perfectionné du genre ; or, la salubrité de l'ancien Hôtel-Dieu n'était due en très-grande partie qu'à une ventilation régulière et abondante obtenue par le courant du fleuve. Ce précieux avantage a été reconnu et constaté par des hommes éminents. En effet, nous lisons dans un mémoire présenté à l'Académie en 1756 et intitulé : *Observations intéressantes concernant le service de l'Hôtel-Dieu,* par Dehoc, Fontrina, Cochu, Dejan, Baron, Belleteste, Payen et Meinjault, de la faculté de Paris, nous lisons, disons-nous, à l'article de salubrité de l'air, le passage suivant : « Le courant d'air qui traverse tous les bâtiments de l'Hôtel-Dieu en suivant le cours de la rivière, est un avantage de la position de cet hôpital, qui peut en quelque sorte balancer les autres inconvénients de cette même position au centre de la ville ; mais pour ne *rien perdre de ce précieux avantage,* il serait nécessaire de donner toute attention à ce qui est capable d'infecter l'air... » Les hôpitaux flottants sont encore susceptibles d'acquérir une plus ou moins grande extension et de suppléer à l'insuffisance des bâtiments hospitaliers ; en effet, en temps d'épidémie, on peut toujours ajouter des bâtiments supplémentaires. — Il n'est pas de marin ayant passé par Londres qui ne connaisse le *Dreadnought ;* c'est un

hôpital flottant situé sur la Tamise au-dessous de Londres, et qui, depuis les guerres du premier empire, est ouvert aux malades de toutes les marines marchandes du monde. On parle toutes les langues dans ce vaste capharnaüm, où des milliers de matelots ont retrouvé la santé. Le premier bâtiment qui a servi à cet usage s'appelait le *Dreadnought (le Sans-Crainte),* et c'est le nom perpétuel qu'on donne aux vaisseaux qui se succèdent et se transforment ainsi en hôpital.

HOSPICES. — L'hospice (*hospitium*) est un établissement, une maison de refuge dans lequel on reçoit des enfants, des vieillards, des infirmes et des aliénés ; on nomme aussi certains de ces établissements *asiles.* Ces édifices possèdent le même caractère d'architecture que celui des hôpitaux, mais leurs dispositions intérieures varient suivant leur destination. En général, on doit trouver dans ces établissements de vastes dortoirs, de grandes salles de réunion, des préaux, des cours spacieuses, enfin des jardins ; les bâtiments doivent être bien orientés et construits de façon à ne pas se porter ombre réciproquement. Un type d'asile bien compris, comme ensemble et comme aménagement, c'est l'hopice des aliénés de Sainte-Anne, construit à Paris par M. Charles Questel, de l'Institut. Notre planche LI en montre une vue perspective, que nous avons dessinée d'après un dessin original qu'a bien voulu nous confier notre vénéré maître, tandis que notre planche LII en montre le plan, que nous reproduisons d'après le *Moniteur des architectes.* La légende explicative placée au-dessous de ce plan suffit à en faire apprécier l'heureux aménagement et les grandioses proportions.

IV. AMBULANCES. — Les ambulances sont des établissements hospitaliers volants formés près des corps ou des divisions d'armée pour en suivre les mouvements et destinés à assurer les premiers secours aux blessés et aux malades ; ce sont aussi des *hôpitaux provisoires* créés près du théâtre de la guerre pour y recevoir également les malades et les blessés. Ces dernières ambulances sont de deux sortes : les unes sont établies dans des bâtiments déjà existants qu'on approprie le mieux possible à leur nouvelle destination ; les autres sont des bara-

---

(1) Le Dr Rochard a lu à ce sujet deux mémoires à la Société de chirurgie de Paris, le premier dans la *séance du 7 février* 1872, et le second dans la *séance du 26 juin* 1872.

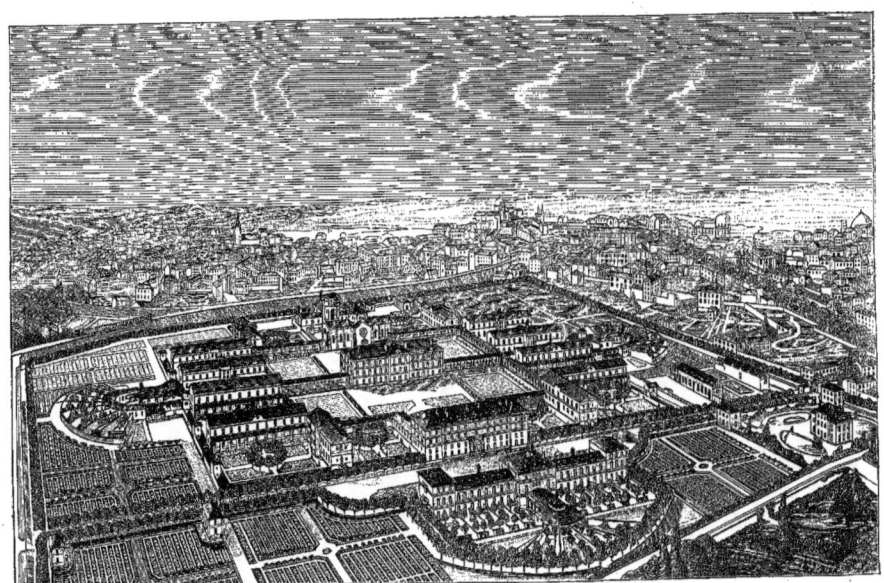

Ernest Bocc, d'après Ch. Questel.

Planche LI. — Vue à vol d'oiseau de l'asile Sainte-Anne, à Paris, construit par M. Ch. Questel.

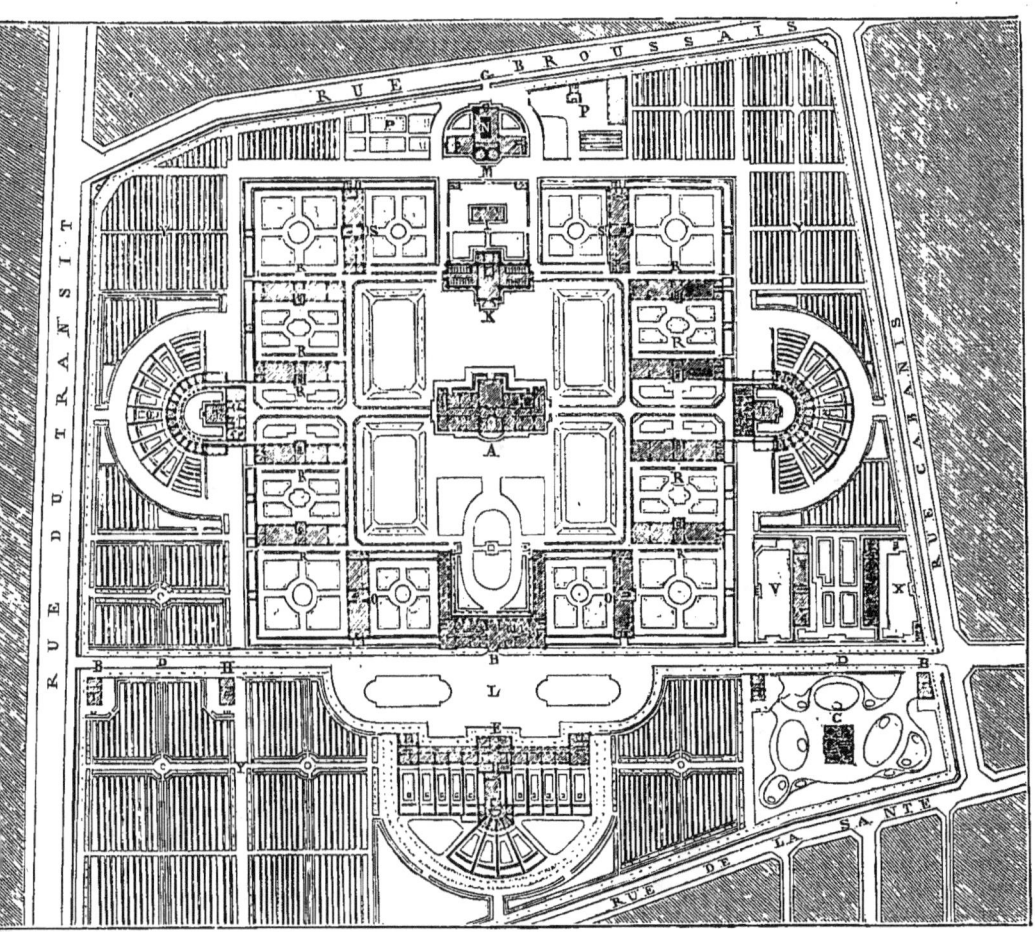

Ernest Bosc del.

Planche LII. — Plan de l'asile Sainte-Anne, à Paris.

LÉGENDE.

A, Bâtiment des services généraux.
B, Entrées de l'asile et pavillons des concierges.
C, Logement du directeur.
D, Avenue.
E, Bureau central d'admission.
H, Logements des jardiniers.
I, Parloirs en aile du bâtiment central devant L, qui est le bâtiment d'administration.

K, Chapelle.
L, Dépôt des morts et autopsie.
M, Réservoirs.
N, Buanderies.
O, Infirmeries.
P, Séchoir à air libre.
P', Dépôt des combustibles.

Q, Quartier des agités.
R, Quartier des paisibles et des demi-paisibles.
S, Quartier des faibles.
T, Bains.
V, Ateliers.
X, Écuries et remises.
Y, Cultures.

quements construits uniquement pour cet usage. — L'origine des ambulances n'est pas aussi moderne qu'on le croit généralement; nous savons, par exemple, que les Romains en campagne avaient des terrains réservés pour les hommes et les chevaux malades; nous voyons ensuite que, lors de la peste de 1681, les états de Metz « avaient fait construire à neuf (et ce d'une voix unanime) la *cour des Gélines,* non comme une ferme, telle qu'elle était auparavant, mais de manière à pouvoir contenir commodément ceux des bourgeois qui seraient attaqués par la contagion; ce qui fut exécuté magnifiquement aux dépens de la cité. Chaque malade y avait sa petite chambre à part, et tous étaient soignés avec exactitude par des personnes commises et payées par la ville. » (*Histoire générale de la ville de Metz, par les moines bénédictins.*)

Dans l'*Opuscule ou traictés divers et curieux en médecine,* par François Ranchin, publié en 1640, nous trouvons plusieurs passages qui ont trait aux ambulances; ainsi nous voyons, page 196, le chapitre XXXVII, intitulé: *Des ais, bois, clovs pour faire des hvttes,* et dans le corps de ce chapitre, nous lisons ce qui suit:

C'est vne matière à laqvelle pev de gens pensent et qvi me semble néanmoins nécessaire, et av général et avx particuliers. — Il est tovt certain qve le plvs sovvent les hospitaux, ny les maisons champestres ne svffisent pas povr recevoir les malades et les infects, et il est expédient de faire des hvttes et de pierre et de bois, à cevx qui ne trovvent pas de logements; mesme parfois, comme qvand il favt faire sortir tovt le pevple povr désinfecter vne ville, le pvblic fait faire vne grande qvantité de hvttes povr le loger. C'est povrqvoi les svpérievrs doivent obliger les particvliers qvi ont des moyens de faire provision de certaines qvantités d'ais, clovs et de bois povr faire des hvttes en cas de besoins... Povr les maistres charpentiers, il s'en trovve tovjovrs povr dresser des hvttes, mais tovs ne les sçavent pas faire; les vns les vevlent simples, les avtres dovbles, povr devx personnes ou vne à chaqve loge et la favt covvrir de tvyles svr les ais affin qve la plvye covle mievx, et bien joindre ov covvrir avec des listeavx les entre-devx des ais, affin qve le vent n'entre pas... Il y a d'avtres hvttes qve l'on fait en galerie qvi contiennent qvatre chambres de chaqve costé. Novs en fismes faire

cent mes compagnons et moy, lorsque novs désinfectasme la ville de Montpellier.

Dans le chapitre suivant, Ranchin ajoute:

Dans vne ville bien policée, ovtre les hospitavx qvi sont povr les malades, et les avtres lievx qvi servent à la retraite des infects, il favt qve les magistrats et les consvls des villes, ayent des maison povr retirer cevx qui sortent des hospitavx, après estre gvéris de la peste povr y faire qvarantaine.

Ces citations montrent d'une façon évidente que non-seulement l'origine des ambulances remonte au XVIIe siècle, mais encore qu'il y avait à cette époque plusieurs manières de les disposer.

Plus tard, en 1812, Belle et Hennen, lors de la campagne d'Espagne, établirent des ambulances volantes. D'après Malgaigne (*Bulletin de l'Acad. de méd.,* 1862, page 198), lorsque les alliés entrèrent dans Paris en 1814, l'administration hospitalière, ne sachant où loger ses blessés, transforma deux abattoirs inachevés, n'ayant ni portes ni fenêtres, en hôpitaux qui reçurent plus de six mille blessés. C'est là qu'on put remarquer que tandis que la mortalité atteignait 1 sur 5 à 9 pour les Français et de 1 sur 7 à 13 pour les étrangers, dans les hôpitaux improvisés, c'est-à-dire dans les abattoirs, ce chiffre n'était plus que de 1 sur 9 à 13 pour les Français et 1 sur 10 à 19 pour les étrangers. — Le chirurgien Brugman, qui construisit en 1815 des ambulances volantes, en obtint les meilleurs résultats pour le traitement de la pourriture d'hôpital et pour combattre certaines maladies inflammatoires. Enfin, lors de la campagne d'Orient en 1853, les Français construisirent à Varna, et cela pour la première fois, un grand *hôpital sous toile,* une ambulance complète. Quelques années après, ce genre d'hôpital prit une grande extension, et M. Krauss, en Hongrie, pratiqua des expériences qui, quoique nombreuses, réussirent presque toutes. (*Das Zerstreungs system,* Wien, 1861.) Depuis lors, la tente a été employée dans les guerres du Schleswig-Holstein, de la Bohême, de l'Amérique et dans la malheureuse campagne de 1870-71, et comme toujours les tentes ont donné d'excellents résultats ; les médecins et les chirurgiens en réclament aujourd'hui dans les jardins des hôpitaux civils, comme salles-annexes pour les opérés et même pour certains malades (1).

Dans le début, on a exposé en plein air les malades et les opérés avec une grande prudence, sinon avec timidité, et seulement dans le cas d'encombrement extrême; mais à la suite de toutes sortes d'expériences, le traitement à l'air libre a été érigé en système, parce qu'on a reconnu que l'air sans cesse renouvelé, l'air neuf, joint à la douce chaleur du soleil, exerçait la plus salutaire influence sur la cicatrisation des plaies et amenait leur prompte guérison. En outre, dans les jardins les malades éprouvent, en face de la lumière et de la verdure, une satisfaction et un contentement qui réagissent sur le physique. Le moral allant mieux, l'air vif aidant, l'appétit revient, et avec lui le rétablissement complet. Les améliorations dues à cet état de choses sont si évidentes, qu'en Allemagne et en Suisse, pour faire bénéficier les malades des avantages de l'air pur et de la lumière, on glisse pendant les bonnes heures du jour leurs lits sur des terrasses abritées par des auvents. L'hôpital-tente, étant érigé en système, a été amélioré : de la tente simple, on est arrivé à la tente à doubles parois, ensuite au baraquement en bois et toile, enfin au baraquement tout en bois, sur un socle en briques ; ce dernier genre, dit *hôpital temporaire*, est sans contredit l'*hôpital de l'avenir*, celui qui remplacera l'hôpital monumental, qui, nous devons l'avouer, est un véritable *établissement insalubre*, un *dépôt anticipé des morts*.

V. HOPITAUX TEMPORAIRES. — Le peuple américain, qui passe avec raison pour un peuple pratique, a transformé en hôpitaux permanents un certain nombre d'ambulances

construites lors de la guerre de Sécession; et, quoique ces hôpitaux de bois soient brûlés tous les cinq à six ans, le prix de revient d'un lit varie entre 450 et 550 francs au maximum. Ce système d'hôpital temporaire offre en outre l'avantage de *brûler la contagion*, comme le disent les Américains dans leur langage pittoresque. En France, les lits de malades atteignent dans les hôpitaux un prix beaucoup plus élevé, qui varie pour la province de 8 à 12,000 francs, et pour Paris de 20 à 25,000 ; dans le magnifique établissement de l'hospice Sainte-Anne, dont nous avons donné ci-dessus le plan et une vue perspective, le prix de revient d'un lit est d'environ 24,000 francs; tandis qu'à l'Hôtel-Dieu de Paris, par suite de circonstances très-fâcheuses, 450 lits coûtent près de 40 millions, soit environ 90,000 francs le lit, ce qui est un chiffre quatre fois plus élevé que la moyenne. — Dès tentatives pour établir des hôpitaux-baraques, des *hôpitaux temporaires*, ont été faites à Paris ; mais jusqu'ici la routine administrative empêche ce système de prévaloir, de sorte que notre pays est encore à espérer des essais qui ailleurs ont été couronnés de succès, et cependant beaucoup de nos chirurgiens ont réclamé à cet égard des réformes qu'ils considèrent comme indispensables.

BIBLIOGRAPHIE. — Larrey, Michel Lévy, *Bull. de l'Acad. de médecine*, 1861-62 ; — E. Parker, *Effects of tents on Erysipelas and hospital gangrene. Army medical reports*, 1862 ; — Miss Florence Nightingale, *Notes on hospitals*, London, 1863, third edit; — Hammond, *A Treatise on hygiene with special reference to the military service*, Philadelphia, 1863; du même, *A Manual of practical hygiene*, 1863 ; — Dr Ed. Rose, *Annalen der Charite krankenhaüser zu Berlin*, Bd. XII, H. I, 1864 ; — Joseph Barnes, surgeon general U. S., army circular n° 6, *Report on the extent and nature of the material available for the preparation of a medical and surgical history of the rebellion*, Philadelphia, 1865 ; — Dr Fisher, *Charite annalen*, Bd. XIII, H. I, Berlin, 1865 ; — T. Gallard, *Aération, ventilation et chauffage des salles de malades dans les hôpitaux*, br. in-8°, Paris, 1865 ; — F. H. Hamilton, *A Treatise on military surgery and hygiene*, New-York ; *United States sanitary commission*, 2 vol., New-York, 1865 ; — Dr E. H. Esse

---

(1) La tente est adoptée dans un grand nombre de villes d'Allemagne et de Suisse; à Francfort-sur-le-Mein, à l'hôpital militaire ; à Berlin, à l'hôpital Béthunien, à la Charité, à la clinique du professeur Langenbeck, au lazaret de la garnison, à l'hôpital catholique, etc. ; à Gottingen, à Kiel, à Calsruhe, à Cologne et dans d'autres villes.

Die Krankenhäuser ihre Einrichtung und Verwaltung, Berlin, 1868 ; — Documents of the U. S. sanitary commission, 2 vol., New-York, 1868 ; — G. Chantreuil, Études sur quelques points d'hygiène hospitalière, broch. in-8°, Paris, 1868 ; — Vorschriften betreffend Krankenzeltebaracken, und Desinfektionverfahren in den Lazarethen, Berlin, 1870 ; — Demoget et Brossard, Étude sur les ambulances temporaires, Paris, 1871 ; — D¹ F. Rochard, Hôpital sur l'eau, broch. in-8°, Paris, 1872 ; — D¹ J. Grange, Projet d'ambulance permanente de perfectionnement, broch. in-8°, Paris, 1872 ; — F. Jœger et Sabouraud, architectes, Études sur les hôpitaux-baraques, broch. in-8°, Paris, 1872 ; — Ernest Bosc, Études sur les hôpitaux et les ambulances, dans l'Encyclopédie d'architecture, Paris, 1876.

HOTEL-DIEU. — Voy. HOSPITALIERS (Bâtiments).

HOTTE, s. f. — Partie inférieure ou naissance d'un tuyau de cheminée, qui affecte la forme d'une pyramide tronquée. (Voy. notre fig.). Souvent la hotte est incomplète, c'est-à-

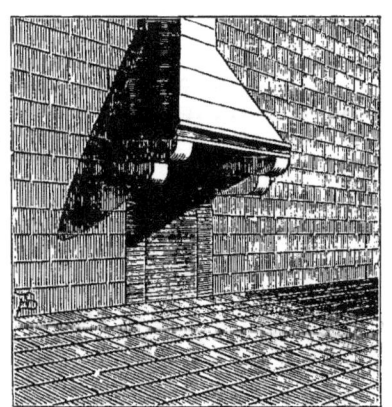

Hotte de cheminée.

dire ne figure qu'une portion de pyramide. Aujourd'hui les cheminées de cuisine, celles qui servent à des usages industriels et les fourneaux de cuisine possèdent seuls des hottes, dans le but de recueillir la fumée et de la diriger dans le tuyau de cheminée ; au moyen âge et à la renaissance, toutes les cheminées avaient des hottes. On en place aussi quelquefois au devant des fours. — On nomme aussi hotte ou hoste, une cuvette qui reçoit les eaux des cuisines ou des combles ; c'est aussi une sorte de panier qu'on porte sur le dos à l'aide de bretelles et qui sert dans les chantiers de construction à de nombreux corps d'état. Les couvreurs et les maçons se servent de la hotte soit pour monter des matériaux, soit pour descendre des gravois. Le contenu d'une hotte se nomme hottée ; celui qui porte la hotte, hotteur ; et transporter à la hotte se dit hotter.

HOTTEREAU, s. m. — Espèce de hotte grossièrement faite.

HOUE, s. f. — Sorte de rabot ou broyon pour corroyer le mortier ; c'est aussi une pelle de fer recourbée, pourvue d'un manche, qui sert à fouiller la terre ; enfin, les charpentiers désignent sous ce nom le tréteau sur lequel on place des pièces de bois pour les scier de long.

HOUILLE, s. f. — Charbon fossile, improprement dénommé charbon de terre. La houille sert pour les chauffages domestiques et industriels. Sur les chantiers, la houille est brûlée dans les locomobiles employées comme moteurs. — On nomme calcaire houiller une pierre grise très-foncée, plus ou moins compacte, qu'on extrait au-dessus des bancs de houille.

HOUPETTE, s. f. — Ciseau carré et pointu de petite dimension, employé par le sculpteur pour fouiller et refouiller les fonds des feuillages et autres ornements.

HOURD, s. m. — Ouvrage de défense de l'architecture du moyen âge ; c'était une sorte de galerie en charpente qu'on posait au sommet des courtines et des tours. Le hourd était une sorte de bretèche continue (Voy. BRETÈCHE) ; ils étaient de deux sortes : les uns étaient mobiles, on les plaçait seulement en temps de guerre ; les autres étaient à demeure, on hourdait ces derniers en maçonnerie comme les pans de bois, et leur couverture était faite en ardoise. On employait les hourds dans les siéges pour augmenter la hauteur des tours et pour suppléer à l'insuffisance des couronne-ments. Dans beaucoup de forteresses anciennes, des trous ou des corbeaux, disposés dans la maçonnerie de distance en distance, parais-sent avoir servi à soutenir ces échafauds, qu'on nommait anciennement *hurdel*, en latin *hurdicium* et en Languedoc *corseras ;* le verbe *hurdare* exprime l'action d'employer ce moyen de défense.

HOURDAGE, *s. m.* — Exécution des ou-vrages de maçonnerie faits à bain de mor-tier, de plâtre ou de ciment, comme les li-mousineries, les bandes de trémies, le maçon-nage des planchers pleins, pans de bois, cloi-sons, murs de bassins et de fosses, etc. Pour tous les hourdages en général, le maçon doit employer le plâtre le plus gros possible, qui doit être gâché serré. — Pour les pans de bois, l'ouvrier, après avoir latté sur les deux faces, pose à sec, dans l'épaisseur du pan de bois, des plâtras, des éclats de pierres, de briques, etc., qui se trouvent maintenus par des lattes ; puis il remplit tous les vides entre ces matériaux avec du plâtre, en ayant soin de dresser la surface avec la main, de manière à affleurer le lattis ; le crépi qu'il fait ensuite complète le dressage des parements et les pré-pare à recevoir l'enduit. Pour les hourdages et renformis de niches, avant-corps, bandes de trémies, etc., les plâtras et garnis doivent être posés à bain de plâtre ; comme dans les cloisons légères il n'existe pas une épais-seur suffisante pour poser des plâtras entre les lattis, on a l'habitude de hourder plein.

Pour faire le hourdis d'une cloison, on a soin de l'étrésillonner à l'aide de planches maintenues par des pièces de bois inclinées ; on applique le plâtre par la face restée libre, les planches retiennent le plâtre liquide, faci-litent sa prise prompte et servent en même temps à dresser le hourdis sur la face où elles sont appliquées.

Il arrive souvent que l'ouvrier mêle, par économie, de la MUSIQUE (Voy. ce mot) au plâtre. Pour les cloisons ou pour les pans de bois intérieurs, tant que la quantité de mu-sique mélangée au plâtre ne dépasse pas un huitième, son emploi ne présente pas d'incon-vénient ; mais on ne doit pas utiliser ce mé-lange pour les pans de bois et en général pour tous les hourdis faits à l'extérieur. Dans le cas où l'on fait usage de *musique*, le prix de l'ou-vrage diminue proportionnellement à la quan-tité employée.

HOURDER ou **HOURDIR,** *v. a.* — Faire un hourdage, exécuter un hourdi, c'est-à-dire liaisonner des matériaux, tels que moellons, briques, etc., au moyen de plâtre, de mortier ou de ciment. C'est aussi faire le garnissage de poteaux et de traverses ou de solives com-posant un pan de bois ou un plancher. (Voy. HOURDAGE.)

HOURDIS, *s. m.* — Résultat du travail obtenu à l'aide du HOURDAGE (Voy. ce mot) ; construction exécutée à bain de mortier, de plâtre ou de ciment. Les massifs et en géné-ral tous les travaux de limousinerie, les ban-des de trémies, la maçonnerie des planchers pleins, celle des pans de bois et des cloisons, sont des *hourdis*. Dans les chantiers, on em-ploie les mots *hourdis* et *hourdage* comme sy-nonymes, quoiqu'il existe réellement entre ces deux termes la distinction que nous avons été obligé d'établir.

HOURDIR. — Voy. HOURDER.

HOUSSETTE, *s. f.* — Petite serrure de coffre, de boîte, d'une fabrication assez rudimentaire, qui ferme ces coffres et ces boîtes quand on laisse retomber leur cou-vercle.

HOUSSON, *s. m.* — Voy. HOUX.

HOUX, *s. m.* — Le houx commun (*ilex aquifolium*, Linné) est un arbre à feuilles per-sistantes, luisantes et armées de piquants, dont le bois sert à faire des manches d'outils, tels que haches, cognées, marteaux, etc.

HOYAU, *s. m.* — Sorte de pioche pointue et tranchante, employée à défoncer les terres. Les terrassiers se servent du hoyau pour exé-cuter des fouilles.

HUILE, s. . — Matière liquide, généralement grasse, qu'on extrait des fruits de certains arbres ou de certaines plantes, de certains minéraux et de certains animaux ; de là trois grandes divisions distinctes, huiles végétales, minérales, animales. — Les peintres emploient différentes sortes d'huiles, pures ou mélangées à d'autres substances, qui par leur exposition à l'air ont la propriété de se transformer en une sorte de résine. La plus employée en peinture est celle de lin, qui est très-siccative, c'est-à-dire qui durcit rapidement ; elle sert d'excipient à beaucoup de matières colorantes. On emploie aussi l'huile de lin seule, soit à chaud ou à froid, ou mélangée avec de la litharge, sur les plâtres crus appelés à supporter l'humidité, sur des bois qu'on veut seulement vernir sans les peindre ; enfin, les peintres emploient aussi l'huile d'œillette, l'huile de noix ; mais, quelle que soit la variété d'huile employée, elle doit toujours être de la meilleure qualité, car c'est d'elle surtout que dépend non-seulement la beauté, mais encore la solidité de l'ouvrage.

HUILE DE TÉRÉBENTHINE. — Voy. ESSENCE.

HUILE (Peinture à l'). — Voy. PEINTURE.

HUISSERIE, s.f. — Encadrement qui, dans les cloisons, circonscrit et forme les baies des

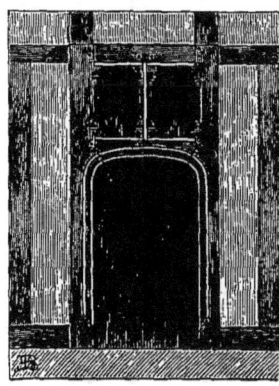

Huisserie faite à la demande.

portes. Une huisserie se compose de deux poteaux et d'un linteau ou traverse ; ces pièces sont généralement en bois refait, portent feuillure pour recevoir les portes et sont quelquefois moulurées. Les huisseries sont en bois de charpente, sauf dans les cloisons de distribution, où les bois ont $0^m,08$ sur toutes leurs faces et sont fournis par le menuisier ; elles ont ordinairement la même épaisseur que les cloisons et l'enduit de celles-ci en affleure les parements. Les bâtis dormants qu'on rapporte au droit des baies pratiquées dans les pans de bois peuvent être considérés comme des huisseries. Autrefois les poteaux et le linteau étaient faits exactement à la demande et restaient apparents. Nous en donnons ici un spécimen qui date du XVIᵉ siècle. Par le soin et la précision qu'à cette époque on apportait dans la construction des pans de bois, on obtenait une plus grande solidité qu'avec des bâtis posés après coup.

HUMIDITÉ, s. f. — État d'un corps chargé d'eau. — L'humidité dans les constructions est un véritable fléau, car elle détériore les matériaux et les objets qu'elle atteint, et rend insalubres les locaux où elle séjourne. L'humidité peut provenir de diverses causes ; il est souvent difficile de s'en garantir. Aussi, après avoir étudié ses effets, nous indiquerons les moyens de la chasser ou tout au moins de la combattre dans les bâtiments anciens où elle existe, et les moyens de la prévenir dans les constructions à ériger. L'humidité provient généralement des fondations, qui peuvent absorber de l'eau pour diverses causes ; de là, par l'effet de la capillarité, elle traverse les matériaux et s'élève dans les murs, qu'elle salpêtre, en produisant des effets désastreux ; elle détruit, en effet, les mortiers, désagrége les matériaux, produit des soufflures sur les enduits, qui se détachent des murs, enfin l'humidité abrège d'une façon très-appréciable la durée des constructions. A ces inconvénients déjà si considérables il faut ajouter celui non moins grave de la fâcheuse influence que l'humidité des murs exerce sur la santé des personnes et les maladies qu'elle peut provoquer. On a exécuté de nombreuses expériences et tenté beaucoup d'essais pour obvier aux inconvénients de l'humidité, et nous devons avouer que tous les palliatifs qu'on a proposés sont loin d'être efficaces, surtout ceux appliqués en vue de chasser l'humidité, dans les anciennes constructions ; on fait usage trop souvent de remèdes pour ainsi dire temporaires, tels que enduits en ciment, enduits hydrofuges, hydroplastiques, de Candelot, de Kulmann, de Devilliers, etc. Tous ces moyens sont des palliatifs de courte durée. Le mieux est, si le bâtiment a des caves, d'y établir des ventouses d'aération assez puissantes pour assécher les caves et par suite les murs, ce qui coupe le mal dans sa racine. Un autre moyen de sécher les murs en fondation consiste à faire une saignée horizontale dans les murs et d'y intercaler des matériaux imperméables ; les grandes briques creuses en grès vernissé Doulton, par exemple, peuvent dans bien des cas enrayer l'humidité des vieux murs. Cette opération est délicate et assez dispendieuse, mais on ne doit pas hésiter à l'employer en vue de remédier aux graves accidents que traîne à sa suite une humidité prolongée. — D'autres fois l'humidité provient d'une autre cause : par exemple, les constructions aux bords de la mer ou des lacs sont sujettes à absorber de l'eau ; dans ce cas, pour protéger la pierre ou les enduits, on peut appliquer à l'extérieur des murs des peintures siliceuses, qui donnent d'assez bons résultats. Du reste, la silicatisation des pierres tendres, des bétons, agglomérés et autres matériaux, est un très-bon procédé de conservation et un excellent préservatif contre l'humidité, et il est très-fâcheux qu'on n'utilise pas plus fréquemment la silicatisation des matériaux.

Dans les constructions qu'on se propose d'ériger, quand on a un terrain très-humide, la première chose à faire c'est de le drainer (Voy. DRAINAGE), surtout si le sol est argileux et par suite imperméable. Il faut ensuite établir les fondations dans de bonnes conditions, employer d'excellents matériaux hydrauliques. (Voy. FONDATIONS.) On doit aussi construire des caves, qu'on doit largement aérer à l'aide de nombreux soupiraux ; plus ces derniers seront de grande dimension et mieux ils satisferont au but à poursuivre, c'est-à-dire, chasser l'humidité des murs en fonda-

tion. On a proposé encore d'autres moyens par exemple, quand les murs d'une construction sont arrivés à 1 mètre au-dessus du sol, on couvre l'arase avec de bons libages qu'on peut asseoir sur une couche de ciment, et qu'on fait descendre le long des parois intérieures jusque sur les reins des voûtes ; on peut même sur celles-ci étaler une chape en béton ou en asphalte qui s'arrête au droit des murs ; enfin on complète le système de préservation par l'emploi à rez-de-chaussée de parquets de carreaux ou dalles posés sur bitume ou sur ciment et se raccordant avec la couche régnant sur l'arase. On a préconisé aussi le moyen qui consiste à intercaler une couche d'asphalte entre des assises de pierre : ce procédé ne sert à rien, puisque, par suite de la pression, l'asphalte est tellement comprimé qu'avec un jour de chaleur on la voit s'écouler entre les pierres. Nous avons vu de nos propres yeux le fait que nous avons signalé dans plusieurs bâtiments, notamment dans une partie des constructions des Archives nationales à Paris. Un bon moyen, mais qui est assez dispendieux, c'est d'employer des tables de plomb au lieu et place d'asphalte ; mais, nous nous plaisons à le répéter en terminant cet article, l'un des meilleurs et des plus économiques, c'est d'employer les fortes briques creuses en grès vernissé de Doulton.

HUTTE, *s. f.* — Voy. CABANE.

HYALOTECHNIE, *s. f.* — Art de travailler le verre.

HYALOTECHNIQUE, *adj.* — Qui a rapport à l'hyalotechnie.

HYDRATE, *s. m.* — Combinaison d'un oxyde métallique et de l'eau : par exemple, l'hydrate de chaux, qui est de la chaux éteinte.

HYDRATÉ, ÉE, *part. pas.* — Qui contient de l'eau. *Chaux hydratée*, chaux éteinte, qui est le contraire de la chaux anhydre, de la chaux vive ; c'est la chaux hydratée qui, avec une addition d'eau, entre dans la fabrication des mortiers.

HYDRAULICIEN, s. m. — Ingénieur qui s'occupe d'hydraulique.

HYDRAULICITÉ, s. f. — Propriété particulière à certains matériaux, qualité des mortiers hydrauliques : l'hydraulicité des ciments.

HYDRAULIQUE, s. f. — Science, art qui s'occupe des moyens de conduire, de distribuer et d'élever les eaux.

HYDRAULIQUE, adj. — Qui se meut au moyen de l'eau; qui a rapport au mouvement de l'eau. Ce terme s'applique à une infinité d'objets : *presse* hydraulique, *bélier* hydraulique, *mortier* hydraulique, *chaux* hydraulique, etc., etc. — On désigne sous le nom d'*architecture hydraulique* celle qui s'occupe des constructions sous l'eau, ou du mouvement de l'eau dans des tuyaux pour élever et distribuer les eaux, soit dans une ville pour les usages journaliers, soit pour décorer des places et des jardins. La construction, la disposition et la décoration des fontaines tiennent particulièrement aux connaissances hydrauliques; mais on donne surtout ce nom d'*architecture hydraulique* à cette partie de l'art de bâtir qui consiste à élever sur pilotis tous les genres de travaux, tels que ponts, digues, jetées, murs de quai, ports, phares, canaux de navigation, écluses, grottes, etc.

HYDROGRAPHE, s. m. — Celui qui est versé dans l'hydrographie, c'est-à-dire dans la science qui enseigne à mesurer et à connaître la mer, comme la géographie enseigne à mesurer et à connaître la terre. Ce substantif est employé comme adjectif : par exemple, quand on dit, *ingénieur hydrographe*.

HYDROMÉCANIQUE, adj. — Où l'eau est employée comme transmission de force, de puissance : *presse hydromécanique*, presse qui fonctionne à l'aide de l'eau.

HYDROSCOPE, s. m. — Celui qui exerce l'art de découvrir ou de rechercher les sources.

HYGIÈNE, s. f. — L'hygiène est en rapport direct avec la construction et la disposition des bâtiments, qui exigent un ensemble de conditions trop nombreuses pour être développées ici; mais le lecteur trouvera dans divers articles de ce dictionnaire, notamment aux mots, CHAUFFAGE, DRAINAGE, HUMIDITÉ, VENTILATION, ainsi que dans la description de certaines constructions, telles que ABATTOIRS, ÉCOLES, HOSPITALIERS (*Bâtiments*), BAINS, THERMES, etc., les notions indispensables pour obtenir des édifices satisfaisant à l'hygiène et à la salubrité. (Voy. SALUBRITÉ.)

HYGROMÈTRE, s. m. — Instrument de physique qui sert à mesurer le degré d'humidité contenue dans l'atmosphère. Ce terme a pour synonyme celui d'*hygroscope*.

HYGROMÉTRIQUE, adj. — Qui est sensible aux changements d'humidité de l'air. Beaucoup de matériaux de construction sont hygrométriques, la chaux, le plâtre, le bois, un grand nombre de pierres, etc.

HYPÆTHRUM. — Voy. HYPÈTHRE.

HYPERBOLE, s. f. — Courbe plane telle qu'en menant d'un quelconque de ses points des rayons à deux points fixes nommés *foyers*, la différence de ces rayons est constante. L'hyperbole est la ligne qui résulte de la section d'un cône par un plan parallèle à l'axe du cône, ou oblique sur une génératrice, et qui rencontre les deux nappes. On nomme *hyperbole équilatère* celle dont les axes sont égaux. Un plan perpendiculaire à l'axe du cône qui ne rencontrerait qu'une nappe donnerait pour section un *cercle;* s'il était parallèle à une ligne intermédiaire passant entre le plan perpendiculaire et le plan parallèle à une génératrice, la section serait une *ellipse*.

HYPERBOLOÏDE, adj. et subs. — Dans le premier cas, ce terme signifie, *qui se rapproche de l'hyperbole;* dans le second cas, c'est un solide engendré par la révolution d'une hyperbole autour de son axe.

HYPERTHYRON, *s. m.* — Terme d'antiquité qui signifie, *au-dessus de la porte* (ὑπερθύριον, de ὑπέρ, au-dessus, et θύρα, porte). C'était un membre d'architecture composé d'une frise et d'une corniche portées par des consoles et placées au-dessus du linteau d'une porte. (Vitruve, IV, 6, 4.) Souvent ce couronnement de porte n'avait pas de consoles, comme on peut le voir dans les deux exemples que nous donnons au mot suivant, à propos de l'*hypèthre*.

HYPÈTHRE, *s. m.* — Ce terme s'applique à divers moyens d'éclairer les temples anti-

bats considérables, débats qui sont loin d'être épuisés, comme nous allons le voir. — Si nous analysons l'étymologie de ce mot ὕπαιθρον, nous trouvons qu'il signifie ὑπὸ, sous, et αἴθρα, *ciel découvert*, de même radical que αἰθήρ, *éther*. Ce terme, appliqué à un temple, signifierait donc, en traduisant mot à mot, *temple à ciel découvert*; mais dans ce cas l'*atrium* de la maison pompéienne serait un véritable *hypèthre*, et cependant aucun auteur ancien, que nous sachions du moins, n'a jamais appliqué ce terme à la cour de la maison grecque ou gréco-romaine : ce qui peut laisser supposer jusqu'à un certain point que le temple ancien grec ou

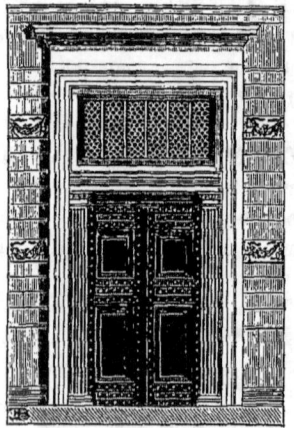

Fig. 1. — Hypèthre (panthéon d'Agrippa).

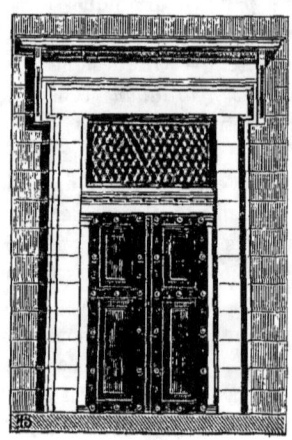

Fig. 2. — Hypèthre (temple d'Hercule, à Cori).

ques. L'un des moyens, généralement admis par tous les archéologues, consistait dans l'emploi d'une sorte de fenêtre grillagée placée au-dessus de la porte même du temple. (Vitruve, IV, 6, 1.) Nos figures 1, 2 et 3 présentent trois hypèthres provenant de divers monuments. On aperçoit dans ces portes l'HYPERTHYRON (Voy. ce mot) et, au-dessus du linteau ou imposte de la porte, l'*hypèthre*. Ce genre d'éclairage pour le temple de petite dimension, pour le *templum in antis*, par exemple, était très-suffisant, mais il était tout à fait insuffisant pour les temples de dimensions moyennes et surtout pour les grands temples. Il existait donc dans l'antiquité d'autres modes d'éclairer les temples. Cette simple affirmation a donné lieu depuis longtemps déjà à des dé-

romain n'a jamais été éclairé à la manière de la maison antique.

Un second mode d'éclairer les petits temples consistait à supprimer la porte fermant la baie d'entrée; le petit temple *tétrastyle* de Sélinonte, qu'on suppose dédié à Empédocle, était éclairé de cette façon.

Un troisième mode consistait dans la suppression totale du mur de la façade de la cella; l'édifice ne présentait sur sa face que la colonnade du portique; le temple *tétrastyle* de la Victoire Aptère à Athènes offre un exemple de ce système d'éclairage. On conçoit très-bien que ces trois modes suffisaient parfaitement pour l'éclairage des petits temples; mais si nous nous occupons des grands temples, la question se complique; cependant, même pour ceux-ci, un fait est indiscutable, c'est que dans les temples primitifs exécutés en bois un certain nombre de métopes servaient de fenêtres, comme on peut le voir par ce passage d'Euripide, où Oreste sollicite Pylade d'enlever pendant la nuit la statue de Diane Taurique, en se glissant entre les triglyphes :

Ὄρα δὲ γ' εἴσω τριγλύφων ὅποι κενὸν
Δέμας καθεῖναι.

Dans un autre passage du même auteur, on

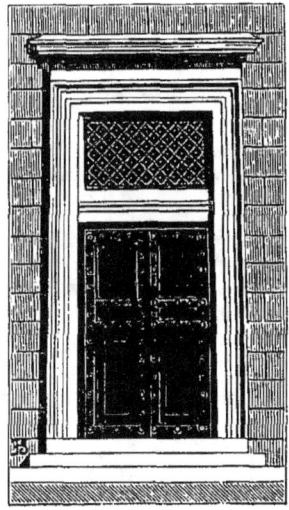

Fig. 3. — Hypèthre (temple de Vesta, à Tivoli).

retrouve la même idée reproduite sous une autre forme :

Κεδρωτὰ παστάδων ὑπὲρ τέρεμνα Δωρικάς τε
Πέφευγα τριγλύφους.

Il est bien évident que ce genre d'éclairage ne pouvait être pratiqué que sur les temples construits en bois qui n'avaient pas de portiques sur leurs faces latérales; il était tout à fait impraticable dans ceux élevés ultérieurement en pierre et en marbre, car les corniches doriques, très-saillantes, projetaient sur les métopes une ombre portée qui aurait empêché un jour tant soit peu lumineux d'arriver dans l'intérieur de la cella, surtout si nous tenons compte de l'épaisseur des murs, parfois assez considérable.

Du reste, dans les temples existants on n'a jamais trouvé des métopes transformées en fenêtres ; et comme dans les façades latérales des temples on n'a jamais rencontré, sauf dans des cas exceptionnels, par exemple, pour éclairer des escaliers ou des couloirs, on n'a jamais rencontré, disons-nous, de fenêtres, les auteurs, relativement à l'éclairage des temples se sont divisés en deux camps; les uns, tels que Spon et Welber, l'architecte Perrault, Winckelman, Barthélemy, Stuart, Chandler et Ross, ont déclaré que les temples étaient complétement obscurs; les autres, que l'intérieur des grands temples était entièrement découvert, que seules les galeries latérales supportaient une couverture. Nous pensons que ceux qui se rejettent dans ces partis extrêmes se trompent également, parce qu'il existait des temples éclairés de diverses manières, et que certains pouvaient être entièrement obscurs et n'être éclairés que par des lampes ou des candélabres : tels étaient les temples souterrains, les cryptes, les antres dans lesquels on rendait des oracles. Voilà un premier point acquis à la discussion; un second point nous paraît également certain, c'est que d'autres temples n'étaient éclairés que par la porte, le passage suivant de Vitruve peut, du moins, le faire supposer : *Valvarum adspectus obstruitur columnarum crebitale, ipsaque signa obscurantur.* L'architecte romain se plaint donc que les entre-colonnements trop étroits (dans les temples *pycnostyles* et *systyles*, par exemple) *amaigrissent* l'ouverture des portes et *obscurcissent* les frises de la cella; car évidemment, sous un ciel aussi brillant que celui de l'Italie, Vitruve ne peut pas parler des frises qui pourraient exister sous le portique,- celles-là étaient toujours suffisamment éclairées. Un autre passage de Vitruve (III, 1) nous informe que le temple hypèthre doit satisfaire à cinq conditions (1) :

---

(1) *Hypæthros vero decastylos est in pronao et postico. Reliqua omnia habet quæ dipteros, sed interiore parte columnas in altitudine duplices remotas a parietibus ad circulationem, ut porticus peristyliorum. Medium autem sub divo est sine tecto, aditusque valvarum est utraque parte in pronao et postico.*

« Il doit avoir dix colonnes au *pronaos* et au *posticum*. Pour le reste il est semblable aux grands temples qui sont *diptères;* mais dans l'intérieur de la cella les colonnes sont superposées et éloignées des murs pour faciliter la circulation, comme le portique des péristyles. L'espace compris au milieu de la cella (entre les deux portiques de l'intérieur, sans doute) est *à ciel ouvert* et sans couverture : *medium autem sub divo est, sine tecto ;* l'accès par des portes existe de chaque côté, soit dans le pronaos, soit dans le posticum. » Malheureusement, un passage de Varron (*de Lingua Lat.,* V, 66), contredit Vitruve, en nous apprenant ce qui témoigne « de l'antiquité du nom de Jupiter, anciennement *Diovis, Diespiter,* c'est-à-dire Dieu le père, d'où ce dieu a été nommé plus tard *Dius* et *Divos,* d'où les expressions *sub Divo, Dius fidius,* et pourquoi le *dieu du jour* était adoré en plein air, aussi le toit de son temple était percé, afin de voir le *divum,* c'est-à-dire le ciel (1). » Nous voici donc en présence d'un temple dont le toit seul était percé, ce qui semblerait indiquer que le temple hypèthre n'était pas éclairé directement, comme l'atrium par exemple. Comment donc concilier les deux textes de Vitruve et de Varron? Mais ce qui est encore plus surprenant, c'est que Vitruve donne des armes un peu plus loin contre ce qu'il vient de dire, puisqu'il ajoute : « Il ne s'en trouve aucun exemple à Rome : *Hujus autem exemplar Romæ non est.* » M. Quatremère de Quincy (*Dict. d'archil.,* v° *Hypæthre*) croit pouvoir expliquer cette contradiction apparente de Vitruve, il dit :

Dans le passage dont il s'agit (celui dont nous avons donné une partie, page 537, note 1), Vitruve, assignant les rangs aux différents genres de temples, selon la progression architecturale d'ordonnance, de richesse et de grandeur, place en premier le temple *in antis,* puis le prostyle, ensuite l'amphiprostyle, le périptère, le pseudodiptère, le diptère, enfin l'*hypæthre.* Ce dernier n'est ainsi placé dans son échelle progressive que comme réunissant le plus des propriétés assignées à chacune des autres catégories. Mais lorsqu'il a voulu citer un exemple, il s'est trouvé fort en peine d'en citer un seul à Rome, et nous allons voir qu'il n'a pu le citer non plus ailleurs.

Qu'on réunisse, en effet, les cinq conditions de son *hypæthre,* savoir, *d'être décastyle, diptère à deux rangs l'un au-dessus de l'autre de colonnes intérieures, d'avoir le milieu de la cella découvert, et ses deux portes dégageant immédiatement sur le pronaos et le posticum.* Eh bien ! si cet ensemble de données était nécessaire pour former l'*hypæthre* de Vitruve, dont, selon lui, Rome ne fournissait pas d'exemple, voyons si les deux autres citations répondent à sa règle. *Sed Athenis octostylos in* (suivant d'autres, *et in*) *templo Jovis Olympii.*

Il y a sans doute plus d'une interprétation de ce passage. Si l'on veut qu'il s'agisse du temple de Jupiter Olympien à Athènes, commencé sous Pisistrate, il est certain qu'il ne fut achevé que très-longtemps après, sous Adrien, et que dès lors il dut rester sans couverture. Alors la notion de Vitruve serait sans application. S'il s'agit du temple à Olympie, on sait aujourd'hui qu'il était simplement hexastyle, et beaucoup de raisons veulent qu'il ait eu une couverture. Si on affecte les mots *Athenis octostylos* au temple de Minerve, cette notion contredit le système de l'*hypæthre,* qui selon Vitruve, doit être décastyle.

Et se résumant, Quatremère pense qu'on ne doit regarder ce que Vitruve dit du *temple hypæthre* que comme une notion systématique, selon laquelle il se sera plu à ranger dans un ordre progressif d'étendue et de dispositions architectoniques tous les temples.

Après les diverses hypothèses qui précèdent, nous devons examiner un troisième parti d'éclairer les temples, et qui consistait à ouvrir dans la couverture des temples une sorte de lanterne qui pouvait affecter diverses formes, mais particulièrement la forme circulaire ; cette manière d'éclairer les temples anciens ne répugne pas à la raison, pour deux motifs: premièrement, parce que le panthéon d'Agrippa à Rome (1) est actuellement éclairé de cette

---

(1) Voici le texte de Varron : « *Hoc idem magis ostendit antiquius Jovis nomen; nam olim* DIOVIS *et* DIESPITER *dictus, id est,* DIES PATER. *A quo dei dicti, qui inde et* DIUS *et* DIVOS, *unde sub* DIVO, DIUS FIDIUS. *Itaque inde ejus perforatum tectum, ut ea videatur divum, id est cœlum.* »

---

(1) L'ouverture centrale placée au sommet du panthéon est d'environ 51ᵐ, 50 cent. carrés ; le diamètre de

façon, nous ne pouvons donc mettre en doute ce nouveau mode d'éclairage; ensuite nous savons par Plutarque que l'immense, cella du temple d'Eleusis était éclairée par une ouverture pratiquée dans le sommet du temple; il nommait cette ouverture ὀπαῖον. Voici ce que dit Plutarque à ce sujet : « Coræbus commença la construction du temple d'Eleusis ; il éleva le rang des colonnes inférieures et posa les architraves. Après sa mort, Métagènes de Xipète ajouta la frise et le rang des colonnes supérieures, et enfin Xénoclès de Chlolarge termina le temple et construisit l'*ouverture du couronnement* : ἐκ-ἰρύφωσε ὀπαῖον τοῦ ἀνακέορον. » Or ce mot ὀπαῖον s'applique à l'œil, qui est considéré comme l'ouverture et en quelque sorte comme la fenêtre par laquelle nous voyons; or l'*opaion* du temple était l'œil du monument, c'était par là qu'il voyait le ciel; du reste, aujourd'hui encore on donne ce même nom à un genre particulier de fenêtre (œil-de-bœuf), et dans l'Italie et le midi de la France on donne ce nom d'œil-de-bœuf à une tuile en verre placée dans la couverture d'une construction, lequel œil sert à éclairer les parties rampantes des combles. Sans vouloir faire un rapprochement que beaucoup de nos lecteurs ne voudront sans doute pas admettre, ne pourrait-on pas supposer que les tuiles du milieu de la *cella* portaient incrustés dans leur milieu des petits morceaux de verre, lesquels placés en grand nombre auraient pu fournir ainsi un jour suffisant pour éclairer l'intérieur du temple. Winckelman rapporte bien (t. 3, p. 207, éd. Carlo Féa) qu'il a assisté à Pompéi à la découverte de fragments de verre qui mesurent environ 0^m,30 carrés. Le musée de Berlin possède des spécimens de verre antique assez épais qui auraient très-bien pu avoir servi à cet usage. Enfin dans les couvertures en marbre certaines dalles auraient pu être remplacées par des pierres SPÉCULAIRES.(Voy. ce mot.) Pausanias (III, 26, 1), dans sa description du temple d'Ino à Thalames en Laconie, applique ce terme à l'espace découvert

d'un HIÉRON (Voy. ce mot); il s'exprime ainsi : « Κατὰ δὲ τὴν ὁδὸν ἱερόν ἐστιν Ἰνοῦς καὶ μαντεῖον... Χαλκᾶ δὲ ἕστηκεν ἀγάλματα ἐν ὑπαί- θρῳ τοῦ ἱεροῦ τῆς τε Πασιφάης καὶ Ἡλίου τὸ ἕτε- ρον· αὐτὸ δὲ τὸ ἐν τῷ ναῷ σαφῶς μὲν οὐκ ἦν ἰδεῖν ὑπὸ τῶν στεφανωμάτων, χαλκοῦν δὲ καὶ τοῦτο εἶναι λέγουσι. » Ce qui signifie : « Sur ce chemin se trouve l'*hiéron* et l'oracle d'Ino... Dans la partie à *ciel ouvert* (*découverte*) de l'hiéron, il y a deux statues en bronze debout : l'une d'elles est celle de la *Paphienne* (Vénus Aphrodite), l'autre celle du Soleil. Quant à la statue même d'Ino, elle est dans le *naos*, et tellement masquée par les couronnes, qu'on ne peut la voir; on la dit également de bronze. »

L. Ross, qui rejette complétement le système hypéthral pour l'éclairage des temples, prétend que ce terme sert à désigner « en général » l'espace découvert d'un agora, d'un gymnase, d'un hiéron ou enclos sacré. (Cf. *Journal des savants*, 1846, p. 721.)

BIBLIOGRAPHIE. — *Mémoires de l'Institut*, tome III, p. 66 (Acad. des inscript. et belles-lettres) ; — F. Hermann, *Die hypœtral tempel desalterthums*, Gœttingen, 1844 ; — F. Bœtticher, *Der hypœtral tempel*, Potsdam, 1847 ; — *Revue archéologique*, 4° année, p. 593; — E. Falkener, *On the hypœthron of greek temples*, London, 1861 ; — J. I. Hittorff et Zanth, *Recueil des monuments de Ségeste et de Sélinonte*, 1 vol. in-4° avec atlas in-fol.; Paris, 1870.

HYPOCAUSTE, *s. m.* — Disposition particulière du sous-sol des bâtiments civils des Romains qui permettait de chauffer les chambres ou les salles de ces bâtiments. C'est principalement dans les bains et les maisons d'habitation qu'on retrouve ce mode de chauffage, qui remplissait dans l'antiquité le même office que nos calorifères dans les constructions modernes. L'usage des hypocaustes remonte à une très-haute antiquité, en Chine du moins, et il n'a été abandonné qu'à l'époque de l'adoption générale des cheminées, c'est-à-dire vers le x° siècle. — Dans la Gaule, où pendant l'hiver les froids étaient souvent rigoureux, toutes les maisons de ville et de campagne avaient des hypocaustes ; celles même de pays

---

l'ouverture au sommet de la voûte est d'environ 8 mè- tres, la surface totale du monument est d'environ 1,465 mètres carrés.

beaucoup plus méridionaux n'en étaient pas
dépourvues, puisqu'on en voit beaucoup à Pompéi dans des ruines qui ne peuvent appartenir
à des constructions balnéaires. Dans les thermes et les bains, les hypocaustes échauffaient
l'intérieur du *tepidarium*, ainsi que les gradins
supportant des vases ou chaudières d'airain
qui fournissaient l'eau chaude et l'eau tiède.
C'est même cette destination qui fait que, par
un préjugé encore trop répandu, bien des
personnes considèrent comme des *bains* les
ruines dans lesquelles on retrouve des hypocaustes : ceux qui appartiennent réellement à
des établissements balnéaires sont beaucoup
plus importants; ils possèdent, en outre, des
dipositions caractéristiques que ne possèdent
point les hypocaustes des habitations; enfin
l'importance des constructions qui les avoisinent ou celles qui sont situées au-dessus d'eux
font encore facilement reconnaître à quel genre
d'édifices ils appartiennent. — En général,
l'hypocauste consiste en un espace vide très-
peu élevé ménagé sous l'aire ou le pavement
des salles, lequel pavement était supporté et
isolé du sol par de nombreux petits piliers
équidistants et souvent symétriquement placés; c'est au milieu d'eux que circulaient la
flamme et la fumée provenant des combustibles qu'on introduisait dans une sorte de foyer
précédant l'hypocauste.

Quand il n'existait pas de foyer, les combustibles brûlaient sous l'hypocauste même.
Ces piliers, de forme carrée, étaient presque
tous construits en briques; cependant on en retrouve (aux thermes de Titus, par exemple)
qui sont en pierre affectant la forme de cylindres ou petites colonnes. Une bouche située
à l'extrémité d'un petit couloir servait à l'introduction du combustible dans le four ou
fournaise; généralement, le four était placé
auprès de la salle nommée *vasarium* (Vitruve,
V,10,1 et 2), parce qu'elle contenait les vases de
cuivre contenant l'eau et qu'on nommait *millaria*, parce qu'ils contenaient mille mesures
d'eau; le dessous de ces chaudières (*millaria*)
était chauffé par un foyer commun ou *unique*, car, d'après les restes d'hypocaustes, qui
subsistent, nous pouvons dire que c'était
un seul et même foyer qui chauffait le système

de vases, comme le lecteur peut s'en assurer
en jetant les yeux sur nos figures. Nous devons
avouer que ce passage de Vitruve est assez
obscur : *Testudines alveorum* (y est-il dit) *ex
communi hypocausi calefacientur*. La flamme
sortant de la fournaise circulait au milieu
des piliers et échauffait le pavement des salles;
la fumée s'échappait par une série de tuyaux
en terre cuite qui tapissaient les parois de la
la chambre située au-dessus de l'hypocauste
et y portaient une douce chaleur. Notre fig. 1
montre une disposition d'un pareil hypocauste.
Aucune communication n'existait et ne devait
exister entre la chambre et l'hypocauste. La
bouche de la fournaise, tout à fait semblable

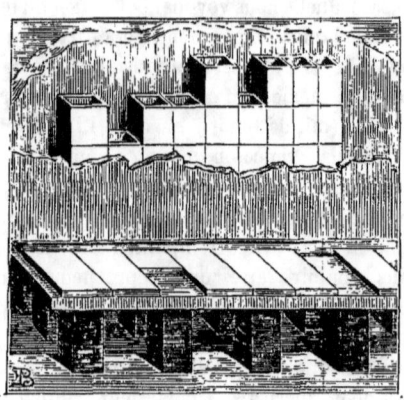

Fig. 1. — Hypocauste avec tuyau adossé au mur.

pour la forme à celle de nos fours à cuire le
pain, s'ouvrait toujours à l'extérieur du bâtiment, dans un petit réduit comparable à un
fournil, ou dans une cour basse qu'on nommait *propnigeum;* c'est dans celle-ci que se te-
naient les *fornacatores* ou esclaves chargés du
service de l'hypocauste et de l'entretien du feu.
On a prétendu que ces esclaves devaient jeter
de temps en temps dans l'hypocauste des boules de métal enduites de térébenthine ou de
substances résineuses, pour chauffer les points
éloignés de la fournaise, et que ces boules ou
globes lancés à l'extrémité de l'hypocauste
revenaient près de l'entrée, parce que l'aire
était en pente. Nous pensons qu'il ne faut ajouter aucune créance à cette observation, qui ne
peut avoir aucune portée pratique, car une
boule de métal, enduite de substances rési-

neuses, ne pouvait fournir une flamme de longue durée et par suite une chaleur utile ; du reste, la flamme et la fumée donnaient une chaleur suffisante, très-considérable même, puisqu'il était souvent nécessaire de la tempérer par des moyens de ventilation, comme nous allons le voir bientôt. A quoi donc pouvait servir cette pente ? Vitruve prétend qu'elle facilitait la circulation de la flamme sous le sol ; nous pensons plutôt que cette pente servait à régulariser la chaleur ; en effet, plus le soussol s'éloignait de la fournaise, plus il devait s'élever près de la paroi supérieure, car la flamme chauffe plus que les gaz et la fumée qui seuls arrivaient à l'extrémité de l'hypocauste, c'est-à-dire à la partie haute ; cette pente servait encore au nettoyage : on conçoit très-bien que si, à un moment donné, on jetait le contenu de vases d'eau pour laver l'aire de l'hypocauste, l'eau devait revenir vers la porte de la fournaise ; enfin cette pente permettait aux produits de la combustion, qui auraient pu se condenser sur les parois de l'hypocauste, d'être ramenés par une pente naturelle vers le foyer incandescent, où ces produits venaient brûler, ce qui fournissait non-seulement un nouvel aliment au foyer, mais qui encore avait pour effet de rendre la fumée plus légère et partant moins incommode. — La bouche et les parois intérieures de l'hypocauste, et généralement toutes les parties qui pouvaient avoir à subir l'action du feu, étaient construites en brique comme les piliers et hourdés comme eux de terre à four. Le sol de l'hypocauste était ormé d'une couche de terre à four étendue sur une chape de béton ou d'enrochement, il était pavé de briques ou de tuiles plates (*tegulæ*) retournées ; c'est sur ce pavement que s'élevaient les piliers, hauts d'environ 0^m,50, construits en briques carrées de 0^m, 18 de côté. La forme, la dimension, le degré de cuisson et la nature de l'argile de ces briques leur étaient toutes spéciales, on ne les employait pas pour d'autres constructions ; aussi lorsque, dans les fouilles d'exploration opérées au milieu de ruines antiques, on retrouve ces sortes de briques, on peut être assuré qu'on se trouve en présence de débris d'hypocauste.

Nous devons encore signaler un indice en-core plus caractéritisque, ce sont les débris de tuyaux conducteurs de la fumée ou de la chaleur, qu'on voit dans notre figure 1, et de ceux dont nous parlons un peu plus loin. Les piliers sont presque toujours équidistants, mais leur espacement varie d'un hypocauste à

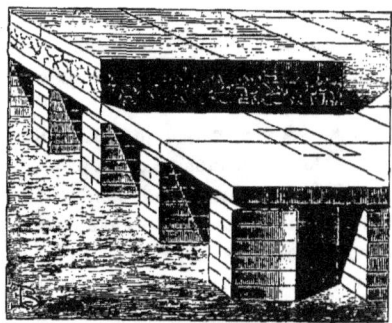

Fig. 2. — Hypocauste avec le sol de la salle située au-dessus de lui.

l'autre ou d'un pays à un autre. Quelquefois ces piliers sont surmontés d'une brique plus grande mesurant 0^m,22 de côté, comme on peut le voir par notre figure 12 ; ces briques forment une espèce de chapiteau, d'encorbelle-

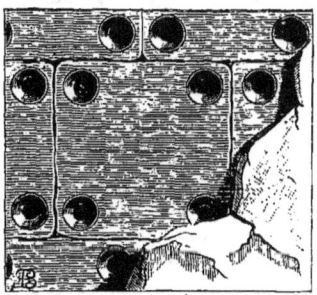

Fig. 3. — Briques fixées à l'aide d'une goupille en bronze.

ment, qui a pour mission de soulager la portée des grandes briques formant le plafond de l'hypocauste. Ces dernières, de très-grandes dimensions, mesurent souvent 0^m,70 de côté sur une épaisseur de 0^m,05 à 0^m,06 seulement ; c'est sur ces larges briques qu'on étendait une couche de béton qui formait l'aire de la salle et que recouvraient de riches dallages ou de belles mosaïques. Cette disposition est représentée par notre figure 2.

Nous trouvons dans un ouvrage anglais (1) un exemple assez curieux et très-rare de fixer les briques au-dessus des piliers au moyen de goupilles métalliques. Notre figure 3 montre le dessus des briques dépouillé d'une partie de l'enduit ou de la mosaïque ; notre figure 4, montre la coupe de cette même figure. — Les tuyaux de terre cuite qui de l'hypocauste donnaient ascension à la fumée étaient, comme nous l'avons déjà dit, répartis sur les parois de la salle ; mais tous ces tuyaux n'étaient pas uniquement destinés à l'ascension de la fumée ; nous savons positivement que le plus grand nombre avait une autre fonction : ceci est prouvé, car, dans les hypocaustes qu'on a découverts, beaucoup de tuyaux renfermaient encore de la suie, et un

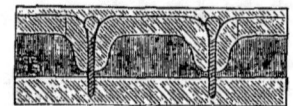

Fig. 4. — Coupe de la fig. 3.

plus grand nombre, situés côte à côte de ceux-ci, n'en contenaient pas de traces, ils n'avaient jamais servi à cet usage. En effet, parmi ces derniers, les uns servaient à amener de la chaleur, les autres servaient probablement à la ventilation. Les premiers étaient fermés par une brique mince, à leur sommet et à leur base, qui aboutissait directement dans le plafond de l'hypocauste. Cette brique s'opposait à l'introduction de la fumée, mais elle permettait à l'air enfermé dans le conduit de s'échapper et par suite de chauffer la pièce qu'il traversait. Si ces tuyaux étaient au contraire employés pour la ventilation, l'extrémité seule qui donnait dans l'hypocauste était fermée, l'extrémité supérieure était ouverte ; et comme ils étaient percés de petits orifices ronds ou carrés sur l'une de leurs faces, l'air vicié de la chambre s'échappait par ces tuyaux situés sur la paroi la plus chaude de la chambre, tandis que ceux situés sur une paroi moins chaude amenaient de l'air extérieur en

(1) *The History of art of Warming*, etc., by Walter Bernam, 2 vol. in-12, London, 1845.

filets très-minces, de sorte qu'il s'établissait un va-et-vient très-peu sensible, mais appréciable au point de vue de la ventilation. Du reste, l'évacuation de l'air vicié était encore facilitée par la manœuvre du registre, appelé *clypeus*, qui se trouvait au sommet de la voûte des étuves, comme Vitruve a eu soin de nous en informer. Notre figure 5 montre un spécimen de ces tuyaux en poterie, de forme carrée, et dont les faces striées au moulage facilitent le grippement du stuc sur leur surface ; à gauche, nous avons un tuyau entier et à

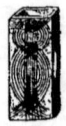

Fig. 5. — Tuyaux en poterie des hypocaustes.

droite, un bout servant pour les raccords. Un passage d'une lettre de Sénèque (Ep. 90) fait mention de ces tuyaux ; il y est dit « que la chaleur à l'aide de ces tuyaux pourtourne les étuves et les chauffe également et en même temps, soit dans le haut, soit dans le bas : *impressos parietibus tubos per quos circumfunderetur calor, qui ima simul et summa foveret æqualiter*.—Les tuyaux n'étaient pas seulement employés verticalement, mais dans une posi-

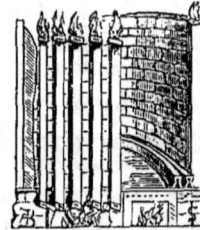

Fig. 6. — Laconicum de l'église Sainte-Cécile, à Rome.

tion horizontale, comme semblerait l'indiquer le dessin du *laconicum* de l'église Sainte-Cécile à Rome, que reproduit notre figure 6. On nommait *laconicum* l'extrémité en hémicycle d'une chambre thermale du *caldarium* ; ce terme correspond à celui de πυριατήριον, chez les Grecs (Martial, VI, 43, 16). Cependant Dioné (LIII, 27), en parlant des thermes d'Agrippa et de la chambre appelée *laconicum*, dit aussi que c'est un gymnase, puisque les Lacédémoniens, au temps où ils étaient célèbres pour les exercices exécutés nus, la nommaient ainsi : Τοῦτο δὲ τὸ πυριατήριον τὸ Λακωνικὸν κατεσκεύασε. Λακωνικὸν γὰρ τὸ γυμνάσιον ἐπειδή περ οἱ Λακεδαιμόνιοι γυμνάσθαι τε ἐν τῷ τότε χρόνῳ, καὶ λιπαρασκεῖν μᾶλλον ἐδοκοῦν, ἐπεκάλεσε. Or, comme le dit Nibby (*Roma nella anno* MDCCCXXXVIII, *Part.* II, *antica*, p. 754), cette définition est imparfaite et obscure et confond une partie avec la totalité : « Definizione imperfecta ed oscura, e che confonde una parte col tutta. » (Voy. THERMES.)

Dans les maisons autres que celles des riches particuliers ou des grands personnages, les hypocaustes étaient souvent très-bas et d'une importance très-secondaire ; du reste, ils n'étaient pas toujours disposés de manière à présenter une réunion de piliers, comme nous venons de le voir ; le feu partant de la bouche ou foyer était porté au centre de la chambre par un conduit faisant le prolongement de la bouche, et de là rayonnait sur divers points par d'autres conduits à l'extrémité desquels s'élevaient des tuyaux pour l'ascension de la fumée et de la chaleur. Cette disposition est assez rare et ne se trouve que dans les constructions romaines postérieures au IVᵉ siècle de l'ère vulgaire. Dans un chauffoir romain

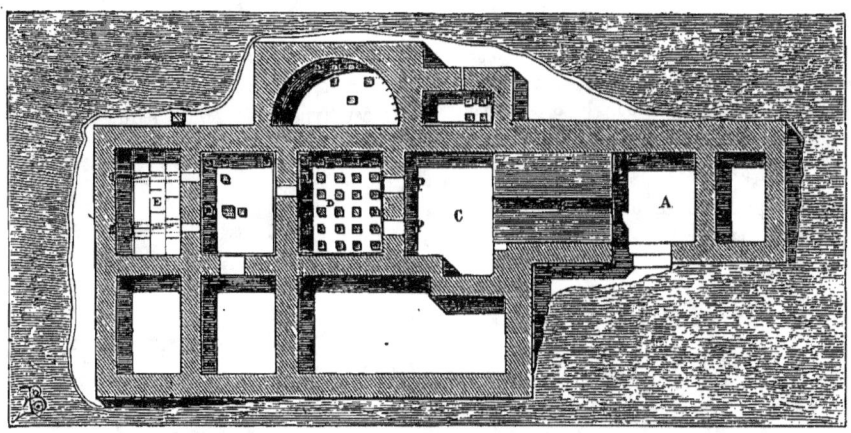

Fig. 7. — Plan de l'hypocauste au lieu dit *la Carrière-du-Roi.*

découvert à Uriage (Isère) en 1844, il existe une disposition assez curieuse : ce chauffoir possède deux planchers à deux hauteurs différentes ; un seul foyer, placé en dehors du chauffoir au-dessus de lui, possède quatre cheminées ou conduits amenant la flamme ou l'air chaud sous le plancher supérieur. — Il existe sur divers points de l'Europe des restes très-nombreux d'hypocaustes ; les plus connus en France se voient à Saintes (1), à Lillebonne ; dans les environs de Compiègne (Oise), de 1862 à 1865, on a découvert trois hypocaustes : l'un est situé au lieu dit *le Mont-Berny*, à gauche de la route d'Attichy ; le second faisait partie des thermes de Champlieu et a été exploré au mois de juin 1877 par les membres du *Congrès archéologique de France ;* enfin le troisième a été découvert en dernier lieu dans la forêt même de Compiègne, dans le canton de la Garenne, au lieu dit *la Carrière-du-Roi*, situé sur la droite de la route de Compiègne, à Villers-Cotterets, près de Saint-Jean. M. le général Morin a adressé au sujet de cet hypocauste un mémoire à l'Académie des inscriptions et belles-lettres (1), et c'est à cette communication que nous avons emprunté la description suivante et les figures qui l'accompagnent.

Un foyer carré A (fig. 7), précédé d'une petite

____

(1) Voir l'ouvrage sur les *Antiquités de Saintes* par Chaudruc de Crazannes.

(1) Ce mémoire a été inséré dans le tome VIII (2ᵉ partie, 1ʳᵉ série) des mémoires de l'Acad. des inscrip. et belles-lettres.

cour de dépôt, recevait le combustible. Au delà du foyer, un passage B à parois verticales, dans lequel on pouvait aussi introduire un peu de bois pour aider au tirage.... Ce passage débouchait sous le sol de la première salle C, appelée *sudatorium*, de dimensions plus ou moins considérables, selon l'importance de l'établissement, et séparée de la suivante D, par un mur de refend dont la partie dépendante du sous-sol ne laissait pour le passage des gaz chauds que

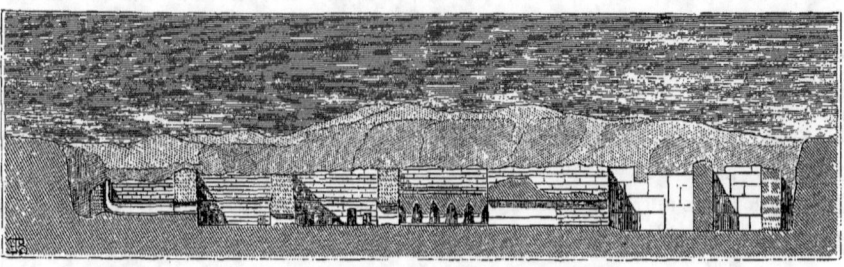

Fig. 8. — Coupe de l'hypocauste de la *Carrière-du-Roi*.

deux orifices P, P. Plus loin la salle D, nommée *tepidarium*, était également limitée par un mur de refend, dont la fondation dans le sous-sol n'offrait plus, dans les trois établissements cités, qu'un ou deux passages aux gaz sous le plancher.

Notre figure 8 montre la coupe de cet hypocauste; la figure 9, le plan à plus grande

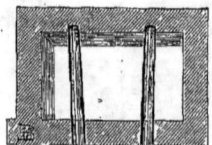

Fig. 9. — Pièce E du grand plan (fig. 7).

échelle de la pièce E (Voy. fig. 7), qui présente un exemple assez curieux de chauffage : en effet, cette pièce était chauffée uniquement par deux conduits de cheminée qui servaient

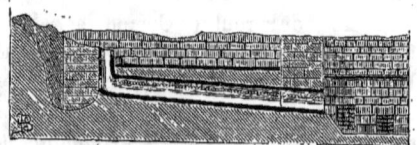

Fig. 10. — Coupe de la pièce E.

à l'émission de la fumée de l'hypocauste; la figure 10 montre la coupe de cette pièce parallèlement au conduit de la fumée. — A Paris, vers 1844, on a découvert près de Notre-Dame, dans l'ancienne rue de Constantine, un hypocauste appartenant à une ancienne habitation romaine; notre figure 11 montre le plan de cet hypocauste, dans lequel on aperçoit un

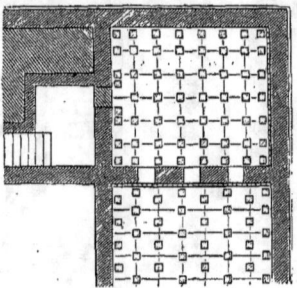

Fig. 11. — Plan de l'hypocauste de Paris.

petit escalier qui conduit devant le *præfurnium*; la coupe de ces restes antiques est représentée par notre figure 12 : on y voit que les piliers sont surmontés d'une brique plus large

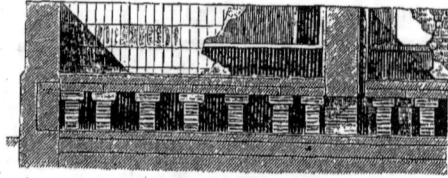

Fig. 12. — Coupe de l'hypocauste de Paris.

formant encorbellement pour diminuer, comme nous l'avons dit précédemment, la portée des briques formant le plafond de l'hypocauste. — En Italie il existe un grand nombre de ces appareils de chauffage, mais l'un des plus curieux se trouve peint sur l'un des murs des thermes de Titus à Rome; notre figure 13 représente cette peinture, dans laquelle on voit un genre tout particulier d'hypocauste suspendu, du moins en partie, et qui expliquerait le mot de Vitruve si difficile à interpréter.

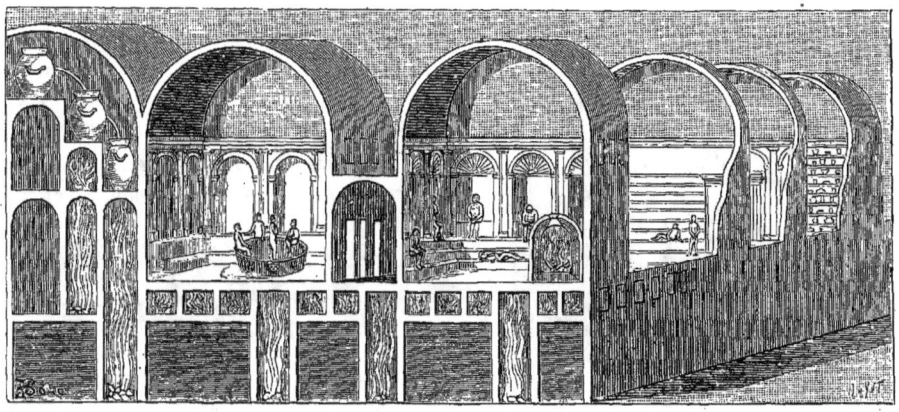

Fig. 13. — Peinture des thermes de Titus à Rome, montrant un hypocauste.

« Le sol des étuves doit être *suspendu* : *suspensuræ caldarium ita sunt faciendæ.* » Or

La même peinture nous montre l'intérieur de thermes : dans le coin à gauche nous voyons le *vasarium*, la seconde chambre est le bain,

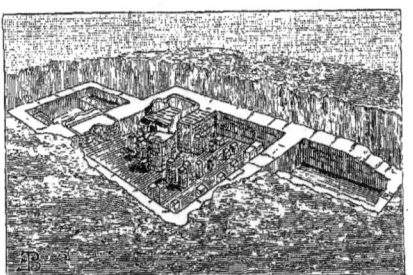

Fig. 14. — Vue générale de l'hypocauste de Wheatley.

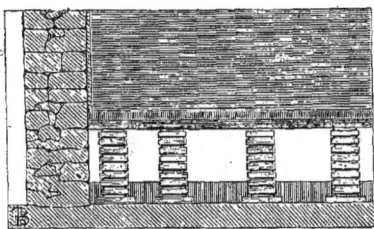

Fig. 16. — Partie de coupe de l'hypocauste de Wheatley.

tous les hypocaustes connus reposent sur des piliers et ne sont pas suspendus, à moins qu'il

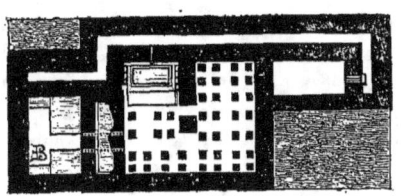

Fig. 15. — Plan général de l'hypocauste de Wheatley.

aille interpréter ce mot de *suspensura* comme qualifiant l'isolement du sol de ces étuves; dans ce cas, tous rempliraient cette condition

la troisième l'*étuve*, avec son *tesludo*; dans l'angle à droite, par la face latérale, nous voyons le *tepidarium*, ensuite le *frigidarium*, enfin l'*clæothesium*, avec tous les pots et vases contenant les huiles et les parfums à l'usage des baigneurs. — Nos figures 14, 15 et 16 montrent une vue générale, un plan et une partie de la coupe de l'hypocauste d'une villa romaine découverte à Wheatley, près d'Oxford, en Angleterre; nous donnons ces croquis d'après l'*Archeological Journal* de Londres (vol. II, p. 351).

Les hypocaustes ne servaient pas seulement à échauffer des étuves et de l'eau; dans certaines habitations, ils servaient encore à chauffer l'eau d'une baignoire, et celle contenue dans la baignoire elle-même, qui dans ce cas était en pierre, en marbre ou en mortier hydraulique; notre figure 17 montre la coupe d'une petite salle de bains découverte dans

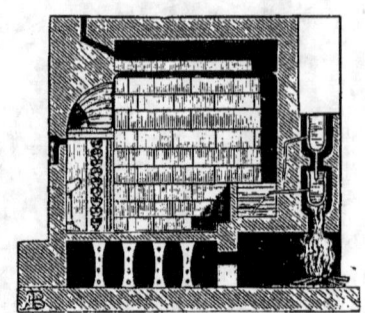

Fig. 17. — Hypocauste, dans une villa près de Tusculum.

une villa près de Tusculum. La petite baie cintrée, à droite de notre figure, est la bouche de la fournaise (*præfurnium*, προπνίγεον); on y voit également les vases d'eau chaude et d'eau tiède qui alimentent le bain. (Voy. THER-MES.)

HYPOGÉE, *s. m.* — Ce terme, qui, par son étymologie même (ὑπόγειον), signifie *cons-truction souterraine*, pourrait s'appliquer à toutes celles qui se trouvent dans ce cas, aux caves, aux celliers, aux tunnels, aux fosses d'aisances, par exemple : c'est ce sens que lui attribue Vitruve (VI, 8); mais on donne plus particulièrement ce nom aux excavations sou-terraines (Pétr., *Sat.*, III) que les anciens pratiquèrent à diverses époques et dans divers pays pour y déposer les corps de leurs morts. Les grands hypogées ressemblent souvent à un quartier de ville qui aurait été engloutie sous la lave d'un volcan. Ils sont quelquefois à deux étages construits de main d'homme, ou simplement excavés dans le roc, le tuf, ou dans tout autre sol permettant des excavations so-lides. Il existe encore aujourd'hui des hypo-gées chez divers peuples; on considère comme un monument de ce genre le tombeau des Sci-pions, creusé dans le flanc d'une montagne, et trouvé pendant l'année 1780 par les frères Sassi, propriétaires d'une vigne située presque la dernière à gauche de la voie Appienne, proche

de la porte Saint-Sébastien : *Che è la penul-tima a sinistra dell'Appia prima di giungere a la porta S. Sebastiano.* (Antonio Nibby, *Ro-ma, parte II. Antica*, p. 562.) Près du mont Albano, au lieu dit *Palazzuola*, on voit un assez vaste hypogée, qui a quelque analogie avec celui des Scipions. L'un des hypogées les plus connus des environs de Rome est celui dit *des Nasons*, qui a été découvert au XVIIe siècle sur la voie Flaminia. (Cf. Bellori, *Sepolcro de Nasoni*, 1 vol. in-fol., Roma, 1780.)

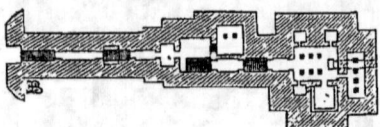

Fig. 1. — Hypogée de Biban-el-Molouk (plan).

En Étrurie, il existe des hypogées à Castel d'Asso, à Norchia, à Bormazzo, à Toscanella, à Vulci et à Tarquinies. Dans cette dernière ville les fouilles ont mis à jour plus de cinq cents hypogées; c'est donc une des plus vastes nécropoles connues; certains hypogées présen-tent un plafond en forme de voûte pyrami-dale, tandis que d'autres, au contraire, ont des plafonds plats formés par de larges plates-ban-

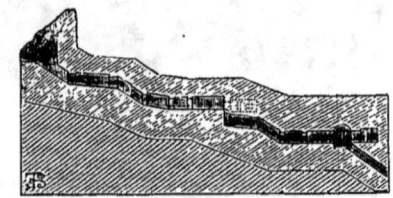

Fig. 2. — Coupe longitudinale d'une partie de l'hypogée de Biban-el-Molouk.

des séparées par des caissons rectangulaires, le tout creusé dans le roc; dans l'un de ces hypogées, quatre lourds piliers équidistants, placés à l'intersection des plates-bandes, sou-tiennent ces voûtes à caissons sculptés. En Sardaigne, surtout aux environs de Bornova, de Busachi, de Giave et d'Itri, il existe des grottes taillées dans les parois des collines; on en voit également en Sicile, surtout dans la vallée d'Espica. Mais là où les hypogées sont en grand nombre et d'une magnificence sans égale, c'est en Égypte; c'est même grâce à ces monuments, fermés depuis tant de siècles, que nous avons pu dans ces temps modernes nous faire une idée de l'art, de la puissance, de la civilisation des égyptiens, civilisation qui se perd dans la nuit des temps. Grâce à la multitude des objets d'art, des gravures, des peintures, des sculptures, des inscriptions et des manuscrits trouvés dans les hypogées, nous avons pu reconstituer l'antiquité égyptienne presque tout entière. Quoique des figures à petite

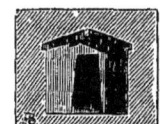

Fig. 3. — Coupe sur le couloir
de l'hypogée de Biban-el-Molouk.

échelle ne puissent faire comprendre l'importance de ces vastes monuments, nous avons cependant jugé à propos de mettre sous les yeux de nos lecteurs quelques croquis à l'aide desquels ils pourront se faire une idée de l'irrégularité et de l'étendue de ces édifices curieux à tant de titres. Nos figures 1, 2, 3, 4, montrent une partie de l'hypogée de Biban-el-Molouk, qui renferme plusieurs sépultures, entre autres celle de Ménephtah Ier, chef de la XIXe

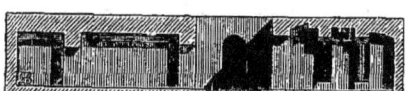

Fig. 4. — Coupe longitudinale sur une partie du couloir
de l'hypogée de Biban-el-Molouk.

dynastie. Notre figure 1 montre le plan d'une partie de cet hypogée, dans lequel on aperçoit des couloirs et des escaliers, de petites et de grandes pièces carrées ou rectangulaires. C'est dans la plus vaste chambre, celle qui possède six piliers et à laquelle les inscriptions donnent le nom de *Salle dorée*, que reposait, dans un énorme sarcophage en granit rose, la momie de Ménephtah Ier. A la suite de cette vaste chambre il en existe d'autres, dont l'une figure sur notre plan (elle possède six piliers); elle servait à la sépulture de quelques amis ou familiers de Ménephtah qui, pendant leur vie, avaient sollicité l'honneur de reposer auprès

de leur maître. Notre figure 2 montre une partie de la coupe longitudinale de l'hypogée; la figure 3, une coupe transversale sur le couloir; notre figure 4, une coupe longitudinale sur une partie de ce même couloir; enfin, notre figure 5, le plan d'un deuxième type d'hypogée

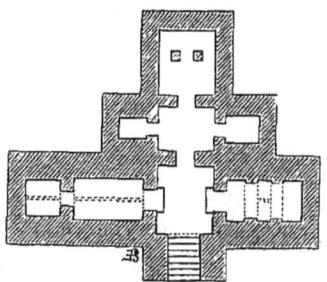

Fig. 5. — Plan d'un hypogée (2e type).

dont les chambres sont distribuées les unes par rapport aux autres avec une grande symétrie. Il existe des hypogées remarquables à Beni-Hassan, à Berschè, à Karnac; mais l'un des plus beaux et des plus riches comme décoration était celui de Biban-el-Molouk, que les Égyptiens appelaient *Biban-Ourou*, ce qui signifie *vallée des rois*, parce que c'était une vallée très-aride encaissée par de hauts rochers taillés à pic, que les rois des XVIIIe, XIXe et XXe dynasties avaient choisie pour leur sépulture. Champollion le jeune donne dans ses *Lettres sur l'Égypte* une description très-curieuse de la porte d'entrée de l'hypogée de Biban-el-Molouk, c'est pourquoi nous la reproduisons en partie; il dit :

Le bandeau de la porte d'entrée est orné d'un bas-relief qui n'est au fond que la préface ou plutôt le résumé de toutes les décorations des tombes pharaoniques. C'est un disque jaune au milieu duquel est le soleil à tête de bélier, c'est-à-dire le soleil couchant, entrant dans l'hémisphère inférieur et adoré par le roi à genoux. A la droite du disque, c'est-à-dire à l'orient, est la déesse Nephthys (1), et à la gauche, à l'occident, la déesse

_____

(1) Cette déesse est sœur d'Isis. La tradition en fait l'épouse de Set, aussi la voit-on à côté de ce Dieu. Il existe au Louvre, dans la salle des antiquités égyptiennes (salle des Dieux), un petit monument où l'on voit Set et Nephthys. Cette déesse à figure humaine joue un grand

Isis, occupant les deux extrémités de la course du dieu dans l'hémisphère supérieur. A côté du soleil dans le disque, on a sculpté un scarabée, qui est ici, comme ailleurs, le symbole de la régénération ou des renaissances successives. — Le sens général de cette composition se rapporte au roi défunt; pendant sa vie, semblable au soleil dans sa course de l'orient à l'occident, le roi devait être le vivificateur, l'illuminateur de l'Égypte, et la source de tous les biens physiques et moraux nécessaires à ses habitants.

Le Pharaon mort fut donc encore naturellement comparé au soleil se couchant et descendant vers le ténébreux hémisphère inférieur, qu'il doit parcourir pour renaître de nouveau à l'orient, et rendre la lumière et la vie au monde supérieur (celui que nous habitons), de la même manière que le roi défunt devait renaître aussi, soit pour continuer ses transmigrations, soit pour habiter le monde céleste et être absorbé dans le sein d'Ammon, le père universel.

On nomme également les hypogées, *syringes* : *Sunt et sringes subterranei quidam et flexuosi*, dit Ammien Marcellin (XXII, 15). Suidas définit la *syringe* (ἡ ἐπιμήκης διώρυξ), un fort long souterrain.

HYPOSCENIUM. — Terme d'antiquité qui sert à désigner le mur situé au devant de la scène d'un théâtre; ce mur séparait donc l'orchestre de la scène; il était ordinairement décoré de colonnes et de statues.

rôle funéraire, parce que, d'après la tradition, elle avait assisté sa sœur Isis dans la résurrection d'Osiris. —

HYPOSTYLE, *adj.* — Salle, pièce, appartement dont le plafond est soutenu par des colonnes; c'est la traduction littérale du grec ὑπό, dessous, sous, et στύλος, colonne.

HYPOTÉNUSE, *s. f.* — Dans un triangle, c'est le côté opposé à l'angle droit. Dans tout triangle rectangle le carré de l'hypoténuse est égal au carré des deux autres côtés.

HYPOTHÉCAIRE, *adj.* — Qui a droit d'hypothèque : créance hypothécaire, créancier hypothécaire, inscription hypothécaire.

HYPOTHÈQUE, *s. f.* — Droit réel qui grève les immeubles, et qui les suit en quelque main qu'ils passent. Les hypothèques sont affectées à la sûreté d'une dette, d'une obligation contractée. L'article 2114 du Code civil définit l'hypothèque, un droit réel sur les immeubles affectés à l'acquittement d'une obligation.

HYPOTRACHELIUM. — Vitruve (III, 3, 12, et IV, 7) applique ce mot à la partie de colonne que nous nommons aujourd'hui GORGERIN. (Voy. ce mot.)

HYPSOMÉTRIE, *s. f.* — Art de mesurer la hauteur d'un lieu, quelle que soit sa position, par des nivellements, des observations barométriques ou des opérations de géodésie.

HYPSOMÉTRIQUE, *adj.* — Qui a rapport à l'hypsométrie.

I.

I. — Neuvième lettre de l'alphabet et troisième voyelle. Dans la numération romaine, I vaut 1, et, jusqu'au nombre quatre, représente autant d'unités qu'il est répété de fois ; mis devant V et X, il se retranche de ces deux nombres (IV = 4 ; IX = 9) ; mais placé devant C et devant M, il exprime : IIC, 200 ; IIIC, 300 ; IIM, 2,000, IIIM ; 3,000. I, mis après V et X, s'additionne avec ces nombres ainsi : VI = 6 ; XI = 11 ; XII = 12, etc. — Dans la numération grecque, I = 10. — En épigraphie, dans les inscriptions latines, I peut signifier : *In, Invictus, Inferi, Injustus* et *Imperator*, etc. Comme en latin, l'*i* peut quelquefois être consonne, lorsqu'il est placé devant une voyelle ; il peut être écrit, *Ianus* pour *Janus*, *Iustus* pour *Justus*, *Iure* pour *Jure*, *Iujusrandum* pour *Jusjurandum*.

IATRION, *s. m.* — Terme d'antiquité. Local dans lequel le médecin donnait ses consultations, pansait les plaies et pratiquait des opérations chirurgicales.

ICHNOGRAPHIE, *s. f.* — D'après son étymologie, ce terme signifie littéralement *trace écrite* (ἰχνογραφία, de ἴχνος, trace, vestige, et γράφειν, écrire). C'est un plan horizontal dressé par un architecte pour servir de guide aux ouvriers. (Vitruve, I, 2.) Chez les Romains, ce terme servait également à désigner une carte représentant le plan d'une ville.

ICONOGRAPHIE *s. f.* — Partie de l'archéologie qui s'occupe de la description des monuments de la statuaire. Telle est la signification étymologique de ce mot, qui vient de εἰκών, image, et γράφειν, écrire ; mais, dans un sens plus restreint, ce terme sert à désigner la description des images des dieux ou des personnes illustres représentées par des bustes, des statues, des médailles, des camées, des intailles et même des peintures. Enfin,

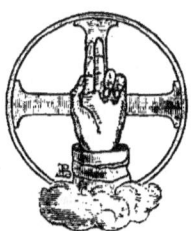

Fig. 1. — Dieu le Père.

dans ces derniers temps, on a étendu la signification de ce mot ; on l'emploie pour désigner

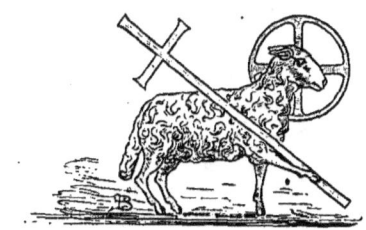

Fig. 2. — Dieu le Fils.

gner jusqu'à divers symbolismes représentant des mythes, des croyances de diverses religions

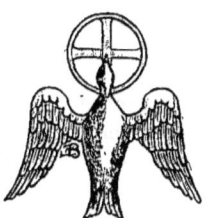

Fig. 3. — Le Saint-Esprit.

anciennes ou modernes. Ainsi, dans l'iconographie chrétienne, on représente la Trinité : Dieu le Père, le Fils et le Saint-Esprit, par une main nimbée croisée (fig. 1), par un agneau nimbé croisé et portant la croix (fig. 2), et par une colombe nimbée croisée (fig. 3).

IÉRON. — Voy. HIÉRON.

IF, *s. m.* — Arbre toujours vert, à fruits rouges, à petites feuilles luisantes et d'un vert foncé, qui fut employé par les anciens pour la sculpture et la charpenterie. Ce bois est pour ainsi dire incorruptible, parce que sa séve détruit tous les germes des parasites qui prennent naissance et qui vivent dans d'autres bois. — Aujourd'hui le bois de l'if n'est guère employé que dans les travaux de marqueterie ; quant à l'arbre lui-même, il sert à la décoration des jardins et des parterres dits *à la française*, parce qu'il se prête par la taille à toutes sortes de formes. En effet, les jardiniers en forment des pyramides, des cônes, des étagères, etc. (Voy. JARDIN.) — On nomme aussi *if* un appareil d'illumination qui représente un éclairage en cône ou en pyramide ; c'est un poteau qui supporte des tablettes étagées de façon à recevoir des lampions et qui affectent les différentes formes que les jardiniers donnent aux ifs ; de là le nom de cet appareil.

ILE, ILOT. — Groupe de maisons formé par la circonscription des rues. C'est aussi un fonds de terre enclavé entre deux bras d'un cours d'eau, ou un fonds de terre entouré d'eau, soit qu'il se trouve dans un étang, dans un lac ou dans la mer.

JURISPRUDENCE. D'après les articles 560, 561, 562 et 563, les îles, les îlots et atterrissements qui se forment dans les lits des fleuves ou des rivières navigables ou flottables appartiennent à l'État, s'il n'y a titre ou prescription contraire. Au mot ATTERRISSEMENT, où nous renvoyons le lecteur, nous avons donné une partie de la législation et de la jurisprudence concernant les îles et les îlots, notamment les articles 556, 557, 558 et 559 du Code civil ; nous n'avons donc pas à revenir ici sur ce sujet.

ILLUMINATIONS, *s. f. pl.* — Action d'illuminer à l'occasion d'une fête, d'une réonissance publique ou privée.

JURISPRUDENCE. — Quand un arrêté municipal ordonne aux riverains de rues et places publiques d'illuminer, ceux-ci ne sont pas tenus à cette obligation s'il s'agit seulement d'une fête ou d'une réjouissance ; mais si cet arrêté a été fait dans un intérêt d'ordre et de sécurité publique, les riverains sont obligés de se conformer à l'arrêté municipal.

IMAGERIE, *s. f.* — Nom que l'on donnait au moyen âge à toutes sortes de sculptures sur pierre ou sur bois qui représentaient des scènes dans lesquelles figuraient des hommes ou des animaux. Nous donnons dans nos figure 1 et 2 des spécimens de l'imagerie du

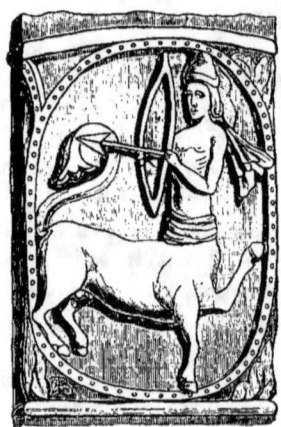

Fig. 1. — Le Sagittaire (époque romane).

XIᵉ siècle, c'est-à-dire de l'époque romane secondaire ; notre figure 1 représente le Sagittaire du cloître de Saint-Aubin, à Angers ; notre figure 4, un fragment du grand bas-relief du portail d'Autun, qui représente une des scènes du jugement dernier : la pesée des âmes ; on y voit l'archange Saint-Michel qui exerce une pression pour faire pencher la balance de son côté et sauver ainsi des âmes, malgré les efforts des démons qui voudraient, au contraire, les entraîner de leur côté pour livrer des victimes aux flammes de l'enfer, qui sont symbolisées par une chaudière ardente. Les artistes qui s'occupaient d'imagerie se nommaient *imagiers* ou *tailleurs d'ymaiges* (1),

(1) Dans la préface du livre de maistre Antoine Belin,

ils formaient deux corporations distinctes : la première ne travaillait que pour les objets religieux, elle faisait surtout des statues; la deuxième corporation travaillait pour tout le

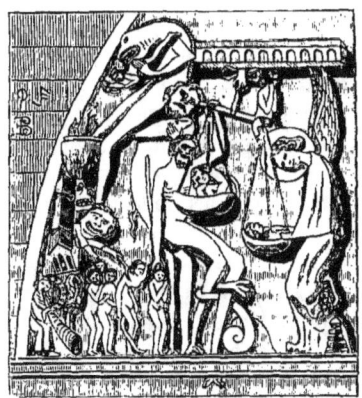

Fig. 2. — Imagerie du XIᵉ siècle (époque romane).
(Portail d'Autun).

monde, elle sculptait plutôt des reliefs que de la statuaire, elle dorait, elle argentait, elle peignait en monochrome ou à plusieurs couleurs.

IMARET, *s. m.* — Hôtellerie turque où les élèves de différentes écoles prennent leurs repas; les pauvres y reçoivent également des vivres gratuitement. Le premier imaret fut inauguré à Nicée (ancienne Insik) par le sultan Orkhan Iᵉʳ, qui fit à cette occasion de grandes dépenses. Les édifices fondés et entretenus aux frais de l'Etat étaient avant la guerre de 1877-78 assez nombreux dans les principales villes de l'empire turc.

IMBREX. — Terme d'antiquité. Tuile faîtière faite pour recevoir la pluie, *imber;* de là son nom. Sa forme est demi-cylindrique, tandis que la *tegula* est une tuile plate. L'*imbrex*

Lyonnais, publié en 1540, nous trouvons ce terme de tailleurs d'ymaiges :

Oublier point ne veulx aucunement
Contre pointiers et tailleurs d'ymaiges
Et tissotiers lesquels pareillement
Par ces patrons acquerront héritages.

était destinée à couvrir les faîtages ainsi que la jonction de deux tuiles plates; elle est légèrement conique, afin de faciliter son emboîtement. Retournées et emboîtées les unes

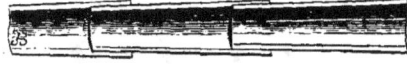

Imbrex supinus.

dans les autres, ces tuiles formaient une sorte de rigole que les anciens employaient beaucoup dans les travaux agricoles, ainsi que pour conduire l'eau dans les NYMPHÉES. (Voy. ce mot.) Les tuiles ainsi disposées, retournées sur le dos, étaient nommées *imbrex supinus*. (Columell., *de Re rust.*, IX, 13, 6, et II, 2, 9.) (Voy. notre fig.)

IMBRICATION, *s. f.* — Ornement affectant la disposition et la forme des écailles de poisson, ou de tuiles plates arrondies et superposées pour former une toiture. L'emploi de cet ornement remonte à une haute antiquité; les monuments anciens nous en présentent de

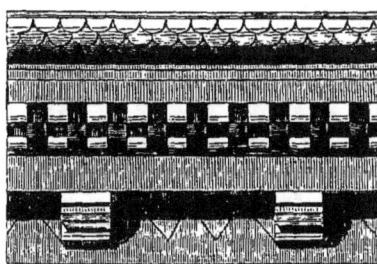

Fig. 1. — Corniche romane composée d'imbrications,
de billettes, de modillons.

nombreux exemples sur les fûts de colonnes (Voy. FUT), sur leurs bases, sur les couvercles de sarcophages, sur les mosaïques, etc. — A l'époque romane, les imbrications ont concouru à l'ornementation des bases et des fûts de colonnes, des tailloirs de chapiteaux, des clochetons, des flèches, des clochers, des corniches (fig.1). Pendant l'époque romane, cet ornement est arrondi, plus tard il devient ogival et polylobé; il était très-employé aux XIIᵉ, XIIIᵉ et XIVᵉ siècles; aujourd'hui il n'est guère utilisé qu'à la décoration des couvertures en plomb ou en ardoise. Notre figure 2 montre un deuxième type d'imbrications ajourées pratiquées dans un appui. Les écailles en creux se nomment CONTRE-IMBRICATION. (Voy. ce mot.)

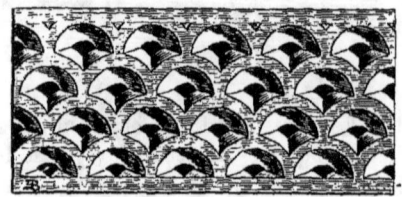

. Fig. 2. — Imbrications ajourées pratiquées dans un appui.

IMBRIQUÉ, ÉE, *p.-pas.* — Posé à la manière des imbrications ou écailles, décoré d'imbrications.

IMBUE, *s. f.* — Première couche de peinture à l'huile appliquée sur des bois spongieux ou sur des plâtres crus. C'est aussi le vernis qui a été absorbé après son application sur des peintures trop chargées en essence. Ce terme est dans certains cas synonyme d'IMPRESSION. (Voy ce mot.)

IMMERSION DES BOIS. — Voy. BOIS, § *Immersion.*

IMMEUBLES, *s. m. pl.* — Biens non meubles, du latin *immobilis*, c'est-à-dire biens qui ne peuvent être transportés, cachés ou détournés.

JURISPRUDENCE. — On distingue 1° les immeubles par nature, 2° les immeubles par destination, 3° les immeubles par fiction, par la loi, par coutume, en un mot les immeubles par l'objet auquel ils s'appliquent.

LES IMMEUBLES PAR NATURE sont les biensfonds, les bâtiments, les récoltes pendantes, et les fruits des arbres sur pied.

LES IMMEUBLES PAR DESTINATION sont des choses qui, bien que mobilières, sont considérées comme incorporées à un immeuble auquel elles appartiennent; tels sont, dans l'industrie agricole, tout l'outillage et les apparaux nécessaires à l'exploitation agricole, les semences, les chevaux, mules et mulets, les pigeons des colombiers, les ruches à miel, les la-

pins des clapiers et des garennes, les poissons des étangs, les engrais, pailles et fumiers produits par l'exploitation, les cuves, presses, pressoirs, chaudières, alambics, tonnes et tonneaux, cuviers, etc., les objets scellés dans les murs. A Paris, l'usage ou plutôt la coutume considère comme immeubles par destination, les glaces sur les cheminées, celles qui sont incrustées dans des parquets faisant corps avec la menuiserie, et même celles qui par leur position se font pendant, bien qu'elles ne soient pas dans un parquet tenant à la menuiserie, enfin les statues dans les niches.

Les IMMEUBLES PAR NATURE peuvent être constitués par un office, des rentes constituées, des rentes sur l'État, des obligations de chemin de fer garanties par l'État, et même des actions de certaines banques; celles de la banque de France faisant partie d'un bien dotal peuvent être considérées comme immeubles par fiction.

Les immeubles dans aucun cas ne peuvent être considérés comme marchandises.

IMMISSARIUM. — Terme d'antiquité. Bassin, auge, réservoir, récipient quelconque construit au-dessus du sol et pouvant contenir une certaine provision d'eau fournie soit directement par un aqueduc, soit par un *castellum*, CHATEAU D'EAU. (Voy. ce mot.)

L'*immissarium* (Vitruve, VIII, 6, 1) est le contraire de la citerne, qui est bâtie au-dessous du sol.

IMMONDICES, *s. f. pl.* — Ordures, saletés, débris, détritus provenant de halles et de marchés, boues.

JURISPRUDENCE. — L'article 475, n° 8, du Code pénal punit d'une amende de 6 francs jusqu'à 10 francs, sans préjudice des dommages-intérêts qui peuvent être demandés, ceux qui auraient jeté des pierres ou autres corps durs ou des immondices contre les maisons, édifices et clôtures d'autrui, ou dans les jardins ou enclos, et ceux aussi qui auraient volontairement jeté des corps durs ou des immondices sur quelqu'un. Outre cette amende, le contrevenant pourra être condamné à trois jours d'emprisonnement. Celui qui aura jeté involontairement des immondices sur autrui encourt une amende de 1 fr. à 5 francs, outre la réparation du dommage causé. — Des arrêts de la Cour de cassation (entre autres ceux du 31 mars 1848 et du 12 avril 1850) ont confirmé comme légaux et obligatoires les arrêtés municipaux qui interdisent aux habitants de s'immiscer en quoi que ce soit dans l'enlèvement des immondices des villes au préjudice des adjudicataires de ces immondices. Autrefois la police des villes faisait enlever elle-même les boues et les immondices; aujourd'hui ce sont des adjudicataires qui procèdent à cet enlèvement, mais sous la surveillance de l'autorité administrative. Un arrêt de la même cour, en date du 16 mars 1843, a décidé que le simple fait de barbouiller avec des immondices l'intérieur de la maison d'autrui constitue la contravention prévue par l'article 475, n° 8, du Code pénal susvisé. — La manière et les heures de déposer des ordures et des immondices sur la voie publique sont réglées par des arrêtés municipaux, qui interdisent également d'effectuer ces dépôts au devant de la maison d'autrui ou de les jeter dans les rivières.

IMPASTATION, s. f. — Mélange de plusieurs matières pétries ensemble et réunies par un liant quelconque, qui durcit à l'air; le stuc, par exemple, est une *impastation*.

IMPERMÉABLE, adj. — Qui ne se laisse pas pénétrer par l'eau. Un terrain imperméable est celui qui ne laisse pas écouler l'eau qu'il reçoit. On peint les façades en plâtre des maisons, les bois et d'autres substances, pour les rendre imperméables et par suite moins susceptibles d'être détériorées par l'humidité. Les couvertures en carton bitumé, en feutre goudronné, sont dites *imperméables*.

IMPLANTATION, s. f. — Opération qui consiste à tracer sur le terrain les principaux murs d'un bâtiment pour implanter celui-ci. Pour implanter une construction, on commence par tracer les rigoles des fouilles, après avoir déterminé auparavant l'alignement principal ainsi que les cotes de nivellement. Ce tracé se fait sur le terrain à l'aide de cordeaux qu'on dirige et qu'on maintient à l'aide de piquets suivant les alignements des murs, et par des écartements conformes aux cotes et aux indications marquées sur les plans. Ces cordeaux déterminent les limites de la fouille et servent de guide pour établir les fondations des murs. Quand ceux-ci sont arrivés à la hauteur du sol des caves, le chef d'atelier place les broches pour ériger les murs de face et ceux de refend qui servent ordinairement de pieds-droits aux voûtes. Sur l'arase des fondations, il trace les baies des portes, et il fait commencer la pose des marches de l'escalier des caves. — Dans cette première implantation des fondations, le chef d'atelier ne saurait apporter trop de soin et d'aptitude. Il devra bien observer la valeur et la position des cotes indiquées sur les plans de l'architecte; il devra également vérifier à nouveau la pose des lignes lorsqu'elle est terminée, quelque attention qu'il ait apportée à suivre les indications du plan. Les fausses encoches qui peuvent exister sur les broches doivent être enlevées avec soin, afin que les ouvriers ne soient pas exposés à commettre des erreurs et placer leurs lignes en dedans. Sans ces précautions, il pourrait arriver que les murs supérieurs se trouvent en partie en porte-à-faux sur les murs inférieurs. Les murs des caves arrivés à hauteur du rez-de-chaussée, on procède de même pour élever chaque étage.

IMPLUVIUM, s. m. — Bassin peu profond, carré ou de forme rectangulaire allongée, suivant la proportion de l'atrium au milieu duquel il se trouvait placé. L'impluvium recevait les eaux pluviales qui tombaient par le *compluvium*, c'est-à-dire par l'ouverture pratiquée dans le toit. (Varro, V, 161; Festus, s. v.; Plaut., Amph., V, 1, 59; Cicero, Verr., II, 1, 23; Tite-Live, XLIII, 13.) Au mot ATRIUM, le lecteur trouvera, soit dans nos figures noires, soit dans la planche en couleur, des *compluvia* de diverses formes.

IMPOSTE, s. f. — Membre d'architecture uni ou mouluré qui couronne le pied-droit d'une arcade, qui reçoit la retombée d'un arc et de son archivolte (fig. 1). Son importance et sa richesse varient suivant le caractère de l'édifice, suivant aussi l'ordre d'architecture auquel il appartient; l'imposte est tantôt un simple bandeau, parfois une corniche simple, parfois une corniche richement moulurée et décorée d'ornements. Ce membre, propre à l'architecture romaine, se retrouve encore dans l'archi-

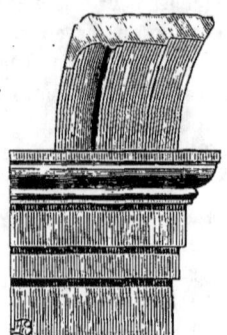

Fig. 1. — Imposte.

tecture romaine, mais avec des modifications.

L'imposte est dite *cintrée*, quand elle suit une courbure quelconque, celle d'une niche, d'une tourelle, etc.; elle est encore cintrée,

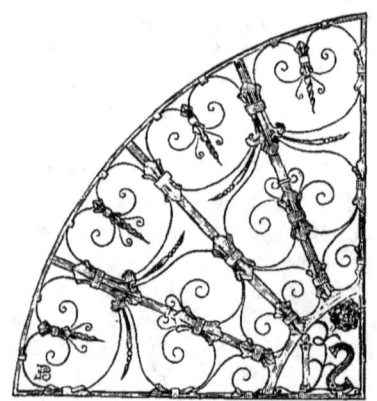

Fig. 2. — Imposte en fer, à Saint-Nicolas des Champs.

quand, servant de bandeau à une arcade, elle se retourne et forme archivolte.

L'imposte est dite *coupée*, quand elle est interrompue par une colonne, un pilastre engagé dans le pied-droit commun à deux arcades; on la nomme aussi imposte *interrompue*.

L'imposte est dite *mutilée*, quand sa saillie a été diminuée, afin de ne pas excéder le nu d'un dosseret, d'un pilastre, d'une colonne, etc.

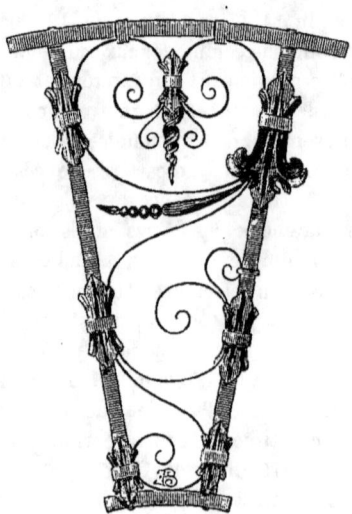

Fig. 3. — Détail de l'imposte fig. 2.

— En menuiserie, on nomme imposte la partie supérieure et dormante d'une baie quelconque, porte, croisée, châssis, et cela quelle que soit la forme de la partie supérieure de la baie,

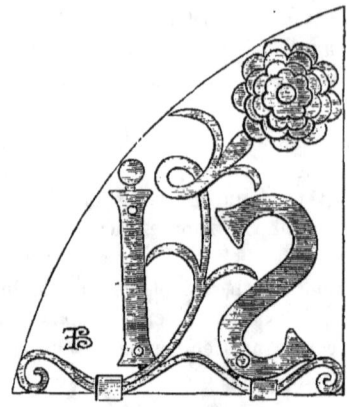

Fig. 4. — Détail de l'imposte fig. 2.

qu'elle soit cintrée, carrée, en arcade, en ogive, etc. Dans les monuments antiques grecs et romains, l'imposte se nommait HYPÈTHRE. (Voy. ce mot.)

En serrurerie, on donne ce nom à la grille qui ferme l'ouverture supérieure d'une baie.

Nos figures 2, 3 et 4 représentent la moitié de l'imposte de la porte de l'église de Saint-Nicolas et Saint-Jean des Champs à Paris ; notre fig. 4 montre même les initiales (S. I.) de ce saint, tandis que dans l'autre panneau de l'imposte on y voit celles de saint Nicolas (S. N.). Cette imposte est un beau spécimen de la ferronnerie de la fin du XVIᵉ siècle.

IMPRESSION, *s. f.* — Première couche de peinture à l'huile qu'on étend sur les bois, la fonte et le fer, pour les soustraire à l'influence des agents atmosphériques. La couche d'impression est avant tout une peinture préparatoire ; en général ou emploie la céruse et l'huile de lin pour le bois, et le minium pour le fer. Il est important d'imprimer, dès leur arrivée sur l'atelier, les bois destinés à rester apparents et qui doivent être peints ultérieurement. Pour les fers, la question est controversée : certains architectes prétendent que, lorsque la rouille a commencé à les attaquer, l'impression est plus solide ; d'autres, au contraire, sont d'avis qu'on doit imprimer les fers même avant leur entrée dans le chantier, c'est-à-dire chez le serrurier, afin de les soustraire à la rouille : nous partageons complètement cette manière de voir, car, si un commencement de rouille ne présente pas d'inconvénient pour les fers cachés dans l'épaisseur des maçonneries, il n'en est pas de même pour ceux qui doivent rester apparents ; en effet, dès qu'une couche de rouille assez sensible s'est formée sur la surface des fers, malgré la peinture, celle-ci progresse et finit par détruire et ronger la couleur, aidée dans son œuvre de destruction par l'humidité de l'air, qu'un fer oxydé absorbe toujours plus avidement qu'un fer qui ne le serait pas.

IMPRIMER, *v. a.* — Donner une couche d'impression, c'est-à-dire étendre avec une brosse une couche de couleur à l'huile sur du bois ou sur des fers.

INCARNAT (MARBRE). — Il existe dans le département de l'Aude deux sortes de marbres incarnats ; l'un, dit *incarnat rouge* ou *grand incarnat*, est un marbre qui a de gran-des parties rouges et blanches ; l'autre, dit *incarnat turquin*, est d'une variété qui ressemble au précédent, mais qui a de plus des taches gris-bleu. Le prix de ces deux marbres sur la carrière varie de 250 à 300 fr. le mètre cube. (Voy. MARBRES.)

INCENDIE, *s. m.* — Chacun sait ce que ce terme signifie ; nous n'avons donc pas à le définir ; mais nous devons donner les ordonnances et les règlements de police qui prescrivent diverses mesures relatives aux précautions à prendre pour conjurer les incendies. Le gouvernement et l'administration ont édicté, à diverses époques, des lois, des arrêtés et des ordonnances ; nous nous bornerons à signaler la dernière ordonnance prise par la préfecture de police le 15 septembre 1875, car elle embrasse dans son ensemble tout ce qui l'a précédé, c'est-à-dire les lois des 16-24 août 1790 et 19-22 juillet 1791, l'arrêté du gouvernement du 12 messidor an VIII (1ᵉʳ juillet 1800), l'ordonnance du 25 mars 1828 concernant les magasins de détaillants de fourrages, les ordonnances de police des 24 novembre 1843 et 11 décembre 1852, la délibération du Conseil d'hygiène publique et de salubrité du département de la Seine, délibération en date du 9 avril 1875, ainsi que l'instruction qui lui fait suite et relative aux tuyaux de fumée, enfin les articles 471 et 475 du Code pénal. — Voici cette ordonnance du 15 septembre 1875 :

TITRE Iᵉʳ.

DISPOSITION COMMUNE AUX FOYERS DE CHAUFFAGE ET AUX CONDUITS DE FUMÉE.

Art. 1ᵉʳ. — Toutes les cheminées et tous les autres foyers ou appareils de chauffage fixes ou mobiles, ainsi que leurs conduits ou tuyaux de fumée, doivent être établis et disposés de manière à éviter les dangers de feu et à pouvoir être visités, nettoyés facilement et entretenus en bon état.

TITRE II.

ÉTABLISSEMENT DES CHEMINÉES OU AUTRES FOYERS FIXES ET DE POÊLES ET AUTRES FOYERS MOBILES.

Art. 2. — Il est interdit d'adosser les foyers de

cheminées, les poêles, les fourneaux et autres appareils de chauffage à des pans de bois ou à des cloisons contenant du bois.

On doit toujours laisser entre le parement extérieur du mur entourant ces foyers et lesdits pans de bois ou cloisons un isolement ou une charge de plâtre d'au moins 0m,16.

Les foyers industriels et ceux d'une importance majeure doivent avoir des isolements ou charges de plâtre proportionnés à la chaleur produite et suffisants pour éviter tout danger de feu (voir art.1er).

Art. 3. — Les foyers de cheminées et de tous appareils fixes de chauffage, sur plancher en charpente de bois, doivent avoir au-dessous, des trémies en matériaux incombustibles. — La longueur des trémies sera au moins égale à la largeur des cheminées, y compris la moitié de l'épaisseur des jambages ; leur largeur sera de 1 mètre au moins, à partir du fond du foyer jusqu'au chevêtre. — Cette prescription s'applique également aux autres appareils de chauffage.

Art. 4. — Les fourneaux potagers doivent être disposés de telle sorte que les cendres qui en proviennent soient retenues par des cendriers fixes construits en matériaux incombustibles et ne puissent tomber sur les planchers. — Ces fourneaux doivent être surmontés d'une hotte, si le conduit de fumée n'aboutit pas au foyer.

Art. 5. — Les poêles mobiles et autres appareils de chauffage également mobiles doivent être posés sur une plate-forme en matériaux incombustibles dépassant d'au moins 0m,20 la face de l'ouverture du foyer. Ils devront de plus être élevés sur pieds de telle sorte que, au-dessus de la plate-forme, il y ait un vide de 0m,08 au moins.

TITRE III.

ÉTABLISSEMENT, ENTRETIEN ET RAMONAGE DES CONDUITS DE FUMÉE FIXES ET MOBILES.

Art. 6. — Les conduits de fumée faisant partie de la construction et traversant les habitations doivent être construits conformément aux lois, ordonnances et arrêtés en vigueur.

Toute face intérieure de ces tuyaux doit être à 0m,16 au moins, des bois de charpente. — Quant aux conduits de fumée mobiles, en métal ou autres existant dans le local où est le foyer et aux conduits de fumée montant extérieurement, ils doivent être établis de façon à éviter tout danger de feu, ainsi qu'il est dit en l'article 1er. Ils doivent être dans tout leur parcours, à 0m,16 au

moins, de tout bois de charpente, de menuiserie et autres. — Les conduits de chaleur des calorifères et autres foyers sont soumis aux mêmes conditions d'isolement que les conduits de fumée.

Art. 7. — Tout conduit de fumée traversant les étages supérieurs ou les habitations doit avoir une section horizontale ou capacité suffisante pour l'importance du foyer qu'il dessert. — Tout conduit de foyer industriel doit, autant que possible, être à l'extérieur ; mais dans le cas contraire, et si le tuyau traverse les habitations, il doit avoir des dimensions telles ou être construit de telle sorte que la chaleur ne puisse le détériorer ou être la cause d'une incommodité grave et de nature à altérer la santé dans les habitations. — Les conduits de fumée des fourneaux en fonte des restaurateurs, traiteurs, rôtisseurs, charcutiers et ceux des fours de boulangers, pâtissiers et des autres grands fours, ceux des forges, des moufles, des calorifères chauffant plusieurs pièces, doivent notamment être établis dans ces conditions particulières.

Art. 8. — Tout conduit de fumée doit, à moins d'autorisation spéciale, desservir un seul foyer et monter dans toute la hauteur du bâtiment sans ouverture d'aucune sorte dans tout son parcours. En conséquence, il est formellement interdit de pratiquer des ouvertures dans un conduit de fumée traversant un étage, pour y faire arriver de la fumée, des vapeurs ou des gaz, ou même de l'air.

§ 2. — ENTRETIEN DES CONDUITS DE FUMÉE.

Art. 9. — Les conduits de fumée fixes ou mobiles doivent être entretenus en bon état. — A cet effet, les conduits de fumée fixes en maçonnerie doivent toujours être apparents sur une de leurs faces au moins, ou disposés de façon à pouvoir être facilement visités ou sondés. — Tout conduit de fumée brisé ou crevassé doit être de suite réparé, et refait au besoin.

Après un feu de cheminée, le conduit de fumée où le feu se sera déclaré devra être visité dans tout son parcours par un architecte ou un constructeur et sera, au besoin, réparé ou refait. — Les tuyaux mobiles doivent toujours être apparents dans toutes leurs parties.

§ 3. — RAMONAGE.

Art. 10. — Il est enjoint aux propriétaires et locataires de faire nettoyer ou ramoner les cheminées et tous tuyaux conducteurs de fumée assez fréquemment pour prévenir les dangers de feu.

Les conduits et tuyaux de cheminées ou de foyers

ordinaires dans lesquels on fait habituellement du feu doivent être nettoyés et ramonés tous les deux mois au moins.

Art. 11. — Il est défendu de faire usage du feu pour nettoyer les cheminées, les poêles, les conduits et tuyaux de fumée quels qu'ils soient. — Le nettoyage des cheminées, ne se fera par un ramoneur que si ces cheminées et leur tuyau ont partout un passage d'au moins 0^m,60 sur 0^m,25. — Le nettoyage des cheminées et tuyaux ayant une dimension moindre se fera soit à la corde avec hérisson ou écouvillon, soit par tout autre instrument bien confectionné ou tout autre mode accepté par l'administration.

Art. 12. — Il nous sera donné avis des vices de construction des cheminées, poêles, fourneaux et calorifères qui pourraient occasionner un incendie. — Il nous sera aussi donné avis du mauvais état, de l'insuffisance ou du défaut de ramonage de tout conduit de fumée qui pourraient, par suite, faire craindre soit un feu de cheminée, soit une incommodité grave et pouvant occasionner l'altération de la santé des habitants.

TITRE IV.

COUVERTURE EN CHAUME, JONC, ETC.

Art. 13. — Aucune couverture en chaume, jonc, ou autre matière inflammable ne pourra être conservée ou établie sans notre autorisation.

TITRE V.

FOURS, FORGES, FOYERS D'USINES A FEU, FOURS DE BOULANGERS ET DE PATISSIERS, ATELIERS DE CHARRONS, CARROSSIERS, MENUISIERS, ETC.

Art. 14. — Les fours, les forges et les foyers d'usines à feu, non compris dans la nomenclature des établissements classés, lesquels sont soumis à des règlements spéciaux, ne pourront être établis dans l'intérieur de Paris, sans une déclaration préalable à la préfecture de police. — Le sol, le plafond et les parois des locaux où ils seront construits ne pourront être en bois apparent.

Art. 15. — L'exploitation des fournils et fours de boulangers et de pâtissiers (1) est soumise aux prescriptions suivantes :

1° Les fournils devront être indépendants des lo-

cations et habitations voisines et en être séparés par des murs en moellons ou en briques d'une épaisseur suffisante ; les locaux où ils seront installés seront d'un accès facile ;

2° Les fours seront isolés de toute construction et leurs tuyaux disposés ou construits comme il est dit à l'article 7 ;

3° Le bois de provision devra toujours être disposé en dehors du fournil, dans un lieu où il ne puisse présenter aucun danger d'incendie ;

4° Le bois destiné à la consommation du jour ne pourra, soit avant, soit après sa dessiccation, être laissé dans les fournils que s'il est placé dans une resserre en matériaux incombustibles fermant hermétiquement avec une porte en fer. — Les arcades situées sous les fours ne pourront être affectées à cet usage qu'autant qu'elles seront fermées également par une porte en fer, à demeure, posée en retraite à 0^m,10 de la face du four ;

5° Les escaliers desservant les fournils seront en matériaux incombustibles ;

6° Les soupentes et resserres et toutes autres constructions établies dans les fournils, ainsi que les supports de pannetons, les étouffoirs et coffres à braise, seront aussi en matériaux incombustibles ;

7° Les pétrins et les couches à pain seront revêtus extérieurement de tôle, quand ils se trouveront placés à moins de 2 mètres de la bouche du four. Dans le même cas, les glissoirs à farine seront construits en métal avec fourreau en peau ;

8° Les tuyaux à gaz, dans les fournils, devront être en fer ou en cuivre et non en plomb.

Art. 16. — Les forges doivent être construites suivant les lois et coutumes. Elles doivent, de plus, être sous une hotte. Leur tuyau doit être disposé et construit comme il est dit à l'article 7.

Les charrons, carrossiers, menuisiers et autres ouvriers qui travaillent le bois et le fer, sont tenus, s'ils exercent les deux professions dans la même maison, d'y avoir deux ateliers entièrement séparés par un mur, à moins que, entre la forge (1) et l'endroit où l'on travaille ou bien où l'on dépose des bois, il y ait une distance de 10 mètres au moins. (Voy. CONTRE-MUR.)

Art. 17. — Dans tous les ateliers où il y aura des fourneaux (2) dits *Sorbonnes*, ces fourneaux

---

(1) Voir au mot FORGE, ce qui est relatif à la législation de ce mot.

(2) Voir à ce mot, la législation qui le concerne, ainsi que celle relative aux fourneaux des chaudières à vapeur.

---

(1) Pour ce qui concerne la législation de ces FOURS, voy. ce mot (page 338).

seront établis sous des hottes en matériaux incombustibles. — L'âtre sera entouré d'un mur en briques de 0m,25 de hauteur au-dessus du foyer, et ce foyer sera disposé de manière à être clos pendant l'absence des ouvriers par une fermeture en tôle.

Dans ces ateliers, ainsi que dans ceux qui sont mentionnés à l'article précédent, les copeaux seront enlevés chaque soir.

TITRE VI.

ENTREPOTS, MAGASINS ET DÉBITS DE MATIÈRES COMBUSTIBLES OU INFLAMMABLES, THÉATRES, SALLES DE SPECTACLE, ÉTABLISSEMENTS ET LIEUX PUBLICS.

Art. 18. — Les magasins et entrepôts de charbon de terre, houille et autres combustibles minéraux, les débits de bois de chauffage, de charbons et de tous autres combustibles, les magasins de marchands de paille et de fourrages en gros ne pourront être formés dans Paris sans notre autorisation. — On ne pourra entrer avec de la lumière dans les magasins de fourrages en gros.

Art. 19. — Tous les magasins de détaillants de paille et de fourrages ne peuvent être ouverts qu'après une déclaration à la préfecture de police. Ils ne devront être établis ni dans les boutiques, ni dans les soupentes y attenant. Il n'y aura dans ces magasins ni bois de construction apparent, ni foyer ni tuyau de cheminée. On ne pourra y entrer avec de la lumière.

Art. 20. — Il est interdit d'entrer avec de la lumière dans les établissements, magasins, caves et autres lieux renfermant des spiritueux et en général des matières dégageant des gaz ou des vapeurs inflammables, à moins que cette lumière ne soit renfermée dans une lampe de sûreté de Davy. — Les caves et les magasins renfermant des spiritueux ou des matières dégageant des gaz ou des vapeurs inflammables devront être suffisamment ventilés, au moyen d'une ouverture ménagée dans la partie inférieure de la porte d'entrée et d'une autre ouverture opposée à la première. Cette seconde ouverture sera pratiquée dans la partie supérieure de la cave ou du magasin. Il est défendu d'entrer dans les écuries et dans les étables avec de la lumière non renfermée dans une lanterne.

Art. 21. — Il est défendu de rechercher les fuites de gaz avec du feu ou de la lumière. (Voy. GAZ.)

Art. 22. — La vente des matières d'artifice, le tir des armes à feu et des feux d'artifice, la con-servation, le transport et la vente des capsules et des allumettes fulminantes auront lieu conformément aux règlements spéciaux relatifs à ces matières.

Art. 23. — Les lieux publics de réunion, tels que les théâtres, les salles de bal, les cafés-concerts, etc., ne pourront, à moins d'une autorisation spéciale, être chauffés autrement que par des bouches à air chaud et être éclairés autrement que par le gaz ou par des lampes à huile, mais non à l'huile minérale.

Art. 24. — Il est expressément défendu de brûler de la paille sur aucune partie de la voie publique, dans l'intérieur des abattoirs, des halles et marchés, dans les cours, les jardins et terrains particuliers et d'y mettre en feu aucun amas de matières combustibles.

Art. 25. — Il est interdit de fumer dans les salles de spectacle, sous les abris des halles, dans les marchés, et en général dans l'intérieur de tous les monuments et édifices publics placés sous notre surveillance. — Il est également défendu de fumer dans les magasins et autres endroits renfermant des spiritueux, ainsi que des matières combustibles inflammables ou fulminantes.

Art. 26. — Il n'est point dérogé par la présente ordonnance aux dispositions relatives aux dangers d'incendie qui se trouvent contenues dans les règlements spéciaux concernant les halles et marchés (Voy. HALLE), les abattoirs, les ports et berges, les salles de spectacle, etc. — Les établissements classés et les locaux contenant des produits spécialement réglementés, restent soumis aux conditions particulières que leur imposent les règlements en vigueur.

TITRE VII.

EXTINCTION DES INCENDIES.

Art. 27. — Aussitôt qu'un feu de cheminée ou un incendie se manifestera, il en sera donné avis au plus prochain poste de pompiers et au commissaire de police du quartier.

Art. 28. — Il est enjoint à toute personne chez qui le feu se manifesterait d'ouvrir les portes de son domicile à la première réquisition des sapeurs-pompiers et de tous agents de l'autorité.

Art. 29. — Les propriétaires ou locataires des lieux voisins du point incendié seront obligés de livrer, au besoin, passage aux sapeurs-pompiers et aux agents de l'autorité appelés à porter des secours.

Art. 30. — Les habitants de la rue où se manifestera l'incendie et ceux des rues adjacentes tiendront les portes de leurs maisons ouvertes et laisseront puiser de l'eau à leurs puits, pompes et robinets de concession pour le service de l'incendie.

Art. 31. — En cas de refus de la part des propriétaires et des locataires de déférer aux prescriptions des trois articles précédents, les portes seront ouvertes à la diligence du commissaire de police et, à son défaut, de tout commandant de détachement de sapeurs-pompiers.

Art. 32. — Il est enjoint aux propriétaires et principaux locataires des maisons où il y a des puits, des pompes et autres appareils hydrauliques, de les entretenir en bon état de service. Les puits devront être constamment garnis de cordes, de poulies et de seaux.

Art. 33. — Les propriétaires, gardiens et détenteurs de seaux, pompes, échelles, etc., qui se trouveront soit dans les édifices publics, soit chez des particuliers, seront tenus de déférer aux demandes du commandant de détachement des sapeurs-pompiers et des commissaires de police qui les requerront de mettre ces objets à leur disposition.

Art. 34. — Les porteurs d'eau à tonneaux rempliront leurs tonneaux, chaque soir, avant de les remiser, et les tiendront pleins toute la nuit. — Au premier avis d'un incendie, ils y conduiront leurs tonneaux pleins d'eau (1).

Art. 35. — Les gardiens des pompes et réservoirs publics seront tenus de fournir l'eau nécessaire pour l'extinction des incendies.

Art. 36. — Toute personne requise pour porter secours en cas d'incendie, et qui s'y serait refusée sera poursuivie ainsi qu'il est dit en l'article 475 du Code pénal.

Art. 37. — Les maçons, charpentiers, fumistes, couvreurs, plombiers et autres ouvriers seront tenus, à la première réquisition, de se rendre au lieu de l'incendie, avec leurs outils ou agrès, mais ils ne travailleront que d'après les ordres du commandant du détachement des sapeurs-pompiers ; faute par eux de déférer à cette réquisition, ils seront poursuivis devant les tribunaux conformément audit article 475.

_____

(1) Il sera accordé une gratification à chacun des porteurs d'eau arrivés les premiers au lieu de l'incendie avec leurs tonneaux pleins. Cette gratification sera : de 12 francs pour le premier arrivé ; de 6 francs pour le second.

En cas d'incendie, les porteurs d'eau sont autorisés à puiser à toutes les fontaines indistinctement.

Ils seront payés de leur travail à raison de 0fr. 35 par hectolitre d'eau fournie.

Art. 38. — Tous les propriétaires de chevaux seront tenus, au besoin, de les fournir pour le service des incendies, et le prix du travail de ces chevaux sera payé sur mémoires certifiés par le commissaire de police ou le colonel des sapeurs-pompiers.

Art. 39. — Il est enjoint à tous marchands voisins de l'incendie de fournir, sur la réquisition du commissaire de police ou du commandant de détachement de sapeurs-pompiers, les flambeaux et terrines nécessaires pour éclairer les travailleurs ainsi que le combustible destiné au service des pompes à vapeur. — Le prix des fournitures faites sera payé sur des mémoires certifiés ainsi qu'il est dit à l'article précédent.

TITRE VIII.

DISPOSITIONS GÉNÉRALES.

Art. 40. — Les ordonnances de police des 24 novembre 1843 et 11 décembre 1852, concernant les incendies, ainsi que celles du 25 mars 1828, concernant les magasins de détaillants de fourrages, sont rapportées.

Art. 41. — Les contraventions à la présente ordonnance seront constatées par des procès-verbaux qui nous seront transmis pour être déférés, s'il y a lieu, aux tribunaux compétents. Il sera pris, en outre, suivant les circonstances, telles mesures d'urgence qu'exigera la sûreté publique.

Les architectes, les entrepreneurs de bâtiments et les ouvriers sont tenus de se conformer aux règlements de police sur la construction des cheminées, fours, forges et fourneaux ; sans cela, en cas d'incendie par suite du vice de construction, ils encourent de graves responsabilités ; les propriétaires et les locataires ont également des responsabilités réciproques. Nous ne pouvons qu'attirer sur ces points l'attention de nos lecteurs, mais il ne nous est pas possible d'effleurer même cette question extrêmement compliquée, car les cas qui peuvent se présenter sont très-nombreux ; aussi nous renverrons nos lecteurs à des ouvrages spéciaux, et nous dirons en terminant que bien des personnes qui se croient en toute sécurité relativement aux dommages que peut leur occasionner un incendie, parce qu'elles sont assurées à des compagnies, éprouvent de graves déboires lors des règlements de compte, car il existe dans les contrats d'assurance tant de clauses restrictives que bien souvent l'assuré partiel se trouve absolument dans le même cas que celui qui ne serait pas du tout assuré. Aussi, avant de signer une police d'assurance, on fera toujours bien de consulter des hommes compétents, notamment les architectes, les avocats et les notaires.

INCERTUM (OPUS). — Voy. APPAREIL, fig. 10.

INCIDENCE (ANGLE D'). — Angle compris entre le rayon tombant sur un plan et la perpendiculaire tirée sur le plan au point d'incidence ; c'est aussi l'angle sous lequel un rayon de lumière rencontre le plan sur lequel il doit se réfléchir. — En termes de géométrie, l'incidence est la rencontre d'une ligne ou d'une surface avec une ligne ou une autre surface.

INCLINAISON, s. f. — Comme dans la langue usuelle, ce mot en technologie est synonyme de *pente*.

INCORPORATION, s. f. — Action d'incorporer. L'incorporation d'un mur dans un autre se nomme CONTRE-MUR. (Voy. ce mot.)

INCORPORER, v. a. — Réunir plusieurs corps en un seul, un corps à un autre. — En peinture, c'est mélanger plusieurs substances à l'aide d'un liant quelconque, huile, vernis, essence.

INCORRUPTIBLE, adj. — Qui a la propriété de ne pas se corrompre. Certains bois sont dits *incorruptibles*, parce qu'ils ne pourrissent qu'à la longue : l'if, le cèdre, le bois de châtaignier, par exemple, sont dans ce cas. Bien des charpentes d'églises de style ogival sont encore en très-bon état ; elles paraissent entièrement neuves, parce qu'elles sont faites en bois de châtaignier.

INCRUSTATION, s. f. — Revêtement de murs en maçonnerie par des carreaux minces. On incruste des plaques de marbre, des dalles de pierre, des faïences dans des murs. — On nomme également *incrustation*, l'introduction d'une matière riche à l'état de pâte, de lame mince, dans une surface faite avec une substance moins précieuse. Par exemple, on incruste dans des marbres, de la nacre, du lapis-lazuli, du malachite et du corail, pour les décorer et y dessiner des ornements ; des lames d'argent ou d'or sur des ouvrages de bronze, des feuillets de bois précieux sur des bois communs, des pâtes colorées ou des émaux dans des pièces de bronze cloisonnées ; enfin aujourd'hui, à l'aide de scies mécaniques, on découpe des marbres de couleurs différentes, et les pleins de l'un servent à remplir les vides de l'autre. (Voy. MARQUETERIE.)

INCRUSTER, v. a. — Faire des incrustations ; substituer dans un mur, à l'aide de carreaux, de la bonne pierre, après avoir enlevé par refouillement la mauvaise.

INCUITS. - - Voy. BISCUITS et GRAPIERS.

INDE ou INDIGO, s. m. — Couleur bleue qu'on extrait de la plante indigo, et qui est employée dans la peinture à la détrempe.

INDEMNITÉS, s. f. pl. — Compensation d'une nature quelconque qu'on accorde à quelqu'un pour l'indemniser d'un travail, d'un débours, etc. ; mais ce mot s'applique surtout aux compensations pécuniaires qu'on donne à un propriétaire qu'on exproprie pour cause d'utilité publique. (Voy. EXPROPRIATION.)

INDICATEUR, s. m. — Qui indique. Dans les chantiers, sur les routes, sur les chemins de fer, on emploie des poteaux dits *indicateurs* qui servent à divers usages ; à indiquer une distance kilométrique, le nom d'une station, la courbe ou la déclivité de la voie, etc.

INDIENNE (ARCHITECTURE). — Grâce aux travaux de nos indianistes modernes, travaux malheureusement trop peu connus encore, on ne peut plus mettre en doute la très-haute antiquité de la civilisation indoue et des monuments de son architecture. Il y a près de quarante ans, des hommes de grande valeur, et dont l'esprit devançait de beaucoup celui de leur époque, se doutaient bien que l'Inde était le berceau du monde; cependant ils n'osaient l'avouer ouvertement. Ainsi Bâtissier, dans son histoire de l'art monumental, débute ainsi :

Il n'est pas de pays qui se présente à notre imagination entouré de plus d'intérêt et de prestige que l'Indoustan. C'est par cette contrée que commence l'histoire du monde, et c'est là qu'ont dû vivre et s'assembler les premières familles humaines. Il est vrai de dire aussi que la nature n'a offert nulle part à l'homme un séjour aussi riche, aussi délicieux.... Si l'Inde ne fut pas le berceau du genre humain, comme quelques érudits le prétendent, elle offre à coup sûr une des premières civilisations que les peuples aient consignées dans leurs annales. Dès les temps les plus reculés, elle envoyait déjà aux autres nations du monde ses pierres précieuses, ses bois rares, ses suaves parfums et ses étoffes qui nous semblent encore aujourd'hui tissées par la main des fées. Plus d'un sage de l'antiquité païenne est allé puiser auprès des brahmanes l'enseignement d'une haute morale, et emprunter à leur panthéon les dieux et les symboles des puissances célestes qui gouvernent l'univers. Demandez à certains auteurs, et ils vous diront avec quelles divinités l'Égypte, la Perse, l'Étrurie et l'Attique ont peuplé leur Olympe.

Par les lignes qui précèdent, écrites il y a environ trente-quatre ans, Bâtissier reconnaissait sinon ouvertement, du moins tacitement, que l'Inde a bien été le berceau du genre humain. Mais depuis cette époque les travaux des indianistes, tels que ceux de William Jones, de Colbrook, de Weber, de Lassen, de Burnouf et de Jacolliot, ne peuvent laisser subsister aucun doute à cet égard. Le dernier auteur que nous venons de citer nous informe, dans sa *Bible dans l'Inde* (1), que ce pays « est le berceau du monde, que c'est de là que la mère commune, en faisant rayonner ses fils jusque dans les contrées occidentales, nous a légué à tout jamais, comme signe de notre origine, sa langue et ses lois, sa morale, sa littérature et sa re-

ligion. » Et M. Jacolliot ne se contente pas d'affirmer, il donne des preuves palpables à l'appui de ses affirmations; il passe en revue les lois, les usages, les coutumes, la langue et la religion des Indous, et il en montre les traces et les empreintes très-caractéristiques, et pour ainsi dire indélébiles, que l'on retrouve de la civilisation indoue dans la législation, les usages, les coutumes, la langue et les religions des peuples anciens et modernes de l'Europe. Ne pouvant citer en entier la préface du livre en question, nous nous bornerons à donner quelques lignes qui terminent cette préface et lui servent pour ainsi dire de conclusion :

La science admet aujourd'hui, y est-il dit, et cela comme une vérité qui n'a plus besoin de démonstration, que tous les idiomes de l'antiquité ont pris naissance dans l'extrême Orient; grâce aux travaux des indianistes, nos langues modernes y retrouvent leurs racines et leurs bases. — N'est-ce pas hier que le regretté Burnouf disait à ses élèves, à la suite d'un cours : « Combien nous comprenons mieux le grec et le latin depuis que nous étudions le sanscrit ! »

N'est-ce pas aujourd'hui qu'on rattache à la même origine les langues slaves et germaniques ?

Manou a inspiré les législations égyptienne, hébraïque, grecque et romaine, et son esprit domine encore l'économie entière de nos lois européennes. — Cousin a dit quelque part : « L'histoire de la philosophie de l'Inde est l'abrégé de l'histoire philosophique du monde. »

Le sanscrit, voilà la preuve la plus irréfutable, et en même temps la plus simple, de l'origine des races européennes et de la maternité de l'Inde.

Ce premier point bien établi, nous étudierons l'architecture indienne; elle comprend trois systèmes différents de construction : certains monuments sont excavés dans le flanc des montagnes, ce sont de véritables hypogées ou constructions souterraines, on peut considérer ces grottes comme les plus anciens monuments du monde; d'autres sont taillés à ciel ouvert dans des montagnes, ils sont, comme les premiers, de véritables édifices monolithiques, seulement sur ceux-ci les appareils sont indiqués comme pour simuler les assises; enfin il y a des pagodes de forme pyramidale, qui sont bâties comme nos constructions avec des matériaux rapportés, liés entre eux par des mortiers;

(1) Un vol. in-8°, 4° édit., Paris, 1873.

ces derniers édifices sont les plus récents de l'Inde ; du reste, chacun de ces genres correspond à trois périodes distinctes de l'art indien.

Les temples souterrains les plus célèbres et les plus curieux sont ceux d'Ellora, situés dans le Nizam. Ils sont taillés dans une montagne de granit rouge qui affecte la forme d'un fer à cheval. Le village d'Ellora renferme de nombreux temples ; les deux principaux sont consacrés à la Trimourti, ou trinité brahmanique, qui se compose de *Brahma, Vichnou* et *Siva.* La première personne représente le principe créateur, c'est le père ; Vichnou, c'est le verbe incarné, le fils ; enfin *Siva* ou *Nara,* c'est l'esprit divin qui préside à la destruction et à la reconstitution de toutes choses ; Brahma crée, Vichnou protége et Siva transforme. D'après les *Védas,* les livres sacrés les plus anciens écrits en sanscrit, la divine Trimourti est indivisible dans son essence et dans son action. — Les autres temples souterrains les plus célèbres se voient près de Bombay, dans l'île d'Éléphanta, dans les îles de Ceylan, de Salsette, à Ekvéra, sur les côtes de Coromandel, et près de Madras... Le temple d'Éléphanta est creusé dans une montagne d'une roche d'un gris jaunâtre ; un double rang de lourds piliers forme un péristyle devant l'entrée principale. Le plafond de ce temple, richement sculpté, est supporté par de nombreuses colonnes formant sept nefs ; à l'extrémité de la nef centrale, dans une niche profonde, se trouve placée le buste colossal de la Trimourti. A quelle époque et par qui a été construit ce temple, on l'ignore ; seulement la tradition indienne en fait remonter l'origine jusqu'à Ellou, qui aurait régné dans le Dwapara-Youga, il y a environ huit mille ans; certaines sculptures très-archaïques permettent jusqu'à un certain point d'ajouter foi à cette tradition. Du reste, les livres indiens (les *Pouramas*) parlent du roi Ellou ou Ella, et disent que son règne date du commencement de la monarchie indienne. Les temples qui ne se composent que d'un édifice pyramidal se nomment *vimana,* ils peuvent avoir plusieurs étages en retraite les uns sur les autres ; le temple carré s'appelle *nagara,* le temple circulaire *vesara,* celui de forme octogonale *dravid'ha.* Suivant

leurs dimensions, les *vimanas* sont divisés en cinq groupes : le moyen (*santica*), le victorieux (*pantica*), l'énorme (*jayada*), l'admirable (*alb'huta*), l'aimable (*sarvacama*) ; sous le rapport des matériaux on divise les temples en trois sortes : ceux qui sont bâtis avec une seule et même espèce de matériaux sont dits *purs* (*sud'ha*), ceux qui renferment deux sortes de matériaux différents sont dits *mêlés* (*mis'rha*), ceux qui sont construits avec divers matériaux, pierre, bois, brique, porphyre, métal, etc., sont dits *vismana anormaux* (*sancira*). Les portes pyramidales des temples se nomment *gopouras,* et suivant leur importance elles reçoivent différents noms; Ram-Raz, dans son ouvrage (Voy. la BIBLIOGRAPHIE à la fin de cet article) nous donne le nom et quelques détails de ces divers genres de portes. Le *dwara rab'ha,* ou porte de la splendeur, a un ou deux étages ; le *dwarasala,* ou porte de la demeure, en a deux ou quatre ; le *dwaraprasada,* ou porte propice, a de trois à cinq étages ; le *dwaraharmya,* ou porte de palais, a de cinq à sept étages ; enfin le *dwaragopura,* ou porte à tour, a de sept à seize étages.

Comme on peut le voir, par ce qui précède, tout est réglé par avance dans l'architecture indienne ; elle a ses règles ou canons, comme les architectures qui l'ont suivie ; tout est écrit et formulé dans des livres, dans des traités d'architecture que les prêtres seuls connaissent et qui les rendent ainsi seuls aptes à pratiquer cet art, qui, du reste, était en grand honneur, puisque tous les architectes indiens étaient les descendants de Wiswakarma, l'architecte du ciel, qui avait eu quatre fils : l'un fut charpentier, l'autre arpenteur, le troisième menuisier et le quatrième architecte (*stapathi*). Un Vitruve indou, dont le nom ne nous est pas parvenu (son traité a été perdu) (1), désigne les qualités que doit posséder l'architecte, qui doit avoir étudié la mythologie,

---

(1) Un sage ou mage, nommé Duapayana, a recueilli, résumé et rédigé, quinze cents ans avant notre ère, les traités aujourd'hui perdus du Vitruve indien ; ces traités se nommaient *Sispa-Sastra* (science de l'art manuel), c'était une sorte d'*Encyclopédie-Roret* qui comportait seulement environ trente traités.

l'astrologie, savoir l'arithmétique, la géométrie, le dessin et connaître la pratique de la sculpture. Du reste, comme l'architecture était limitée dans ses formes et dans ses moyens par les livres saints, elle ne pouvait avoir toute liberté d'action; de là les formes presque immuables qu'on retrouve reproduites dans les divers types de monuments. — Nous avons dit précédemment que l'architecture des Indous a ses canons; en effet, chaque ordre (il en existe trois différents) comprend : le piédestal (*upapitha*), la base (*athisthama*), le pilier ou fût (*stambu*), qui est carré ou à pans coupés, et arrondi seulement dans sa partie supérieure près du chapiteau, ou coussin qui en tient lieu; enfin l'entablement (*prastara*). — La cymaise (*lotus*) joue un très-grand rôle dans l'architecture indienne; elle est droite ou renversée, elle couronne des portes, des tours, des parties d'architecture plus ou moins considérables. — A l'intérieur, les temples ont leurs plafonds plats ou bien formés de véritables voûtes, par exemple dans le temple de l'île de Salsette et dans celui qui est situé à Ekvéra dans les Bhaur-Ghâttes. — Les pagodes, ou temples en plein air, sont généralement voûtées.

Les autres monuments de l'architecture indienne sont des palais, des tours et des portes de ville, des murs d'enceinte, des colonnes et des arcs de triomphe élevés en l'honneur de héros, d'immenses réservoirs servant aux bains et à l'irrigation; des ponts dont les piles sont formées par d'énormes blocs supportant pour tabliers des blocs plus considérables encore, qui relient ainsi les piles les unes aux autres; enfin des monuments funéraires tout particuliers, nommés *stupas* ou *topes* et *dagobas;* les premiers se retrouvent encore dans l'Afghanistan, et les seconds dans l'île de Ceylan : ceux-ci sont des sortes de *tumulus* recouverts d'une pyramide. — Voy. Khmer (*Art*).

Bibliographie. — Gaugh (H.), *A Comparative view of the ancient monuments of India*, vol. in-4°, London, 1785;— Hodges (W.) *Select views in India, drawn on the spot in the years* 1780-1783, vol. in-fol., London, 1786;— Cordiner (I.), *Description of Ceylan*, 2 vol. in-4°, London, 1807; — Hamilton Buchanan, *Description of Hindoustan*, un vol. in-4°, London, 1820; — Rennel, *Mem. of a map of Indoust.*, 1 vol., 1793; — Daniel, *Hindoa excavations in the mountain of Ellora*, etc., 1 vol. in-fol., planches, London, 1803; — Langlès, *Monuments anciens et modernes de l'Hindoustan*, 2 vol. in-fol., planches, Paris, 1821; — John B. Seely, *The Wonders of Ellora*, 1 vol. in-8° avec planches, 2° éd., London, 1825; — Capitaine Elliot, *Views in the East, comprising India, Canton and the Shores of the Red Sea, with illustrations*, 2 vol. in-4°, London, 1833; — Ram-Raz, *Essay on the architecture of the Hindus*, 1 vol. in-4°, Londres, 1834; — Kittoe, *Illustrations of indian architecture*, 1 vol. in-fol., Calcutta, 1843; — Lassen, *Antiquités de l'Inde*, Bonn, 1844-52; — James Fergusson, *Architecture at Beejapour*, etc., grand in-fol., fig., Londres, 1866; du même, *Architecture in Dharwar and Mysore*, etc., gr. in-fol., fig., Londres, 1866. — Cf. *Recherches asiatiques*, tome VII; *Transactions of the royal asiatic Society*, tome II, p. 326 et 328; *Transactions of Bombay society*, tome III.

INDIGO. — Voy. Inde.

INFILTRATION, *s. f.* — Pénétration d'un liquide à travers un corps solide, mais poreux. Dans les constructions, les infiltrations sont excessivement nuisibles et préjudiciables à leur solidité; aussi doit-on employer tous les moyens possibles pour les combattre et surtout pour les empêcher de se produire. L'architecte doit donc porter tous ses soins à certaines parties des bâtiments qui reçoivent directement les eaux pluviales, telles que les terrasses, les chéneaux, les arêtiers, les souches de cheminées, etc. Grâce aux bons matériaux qu'on possède aujourd'hui, tels que ciments, bétons, bitumes, feuilles métalliques, tables de plomb, etc., on peut, avec quelques précautions, parer aux infiltrations qui se produisent ordinairement dans les bâtiments. Pour les infiltrations provenant des crues d'une rivière et qui par les nappes souterraines inondent les caves des constructions, on peut les combattre par des voûtes renversées et par des murs exécutés en mortiers hydrauliques; mais de pareils travaux entraînent à de grosses dépenses. (Voy. Humidité.)

INFIRMERIE, *s. f.* — Local qui dans certains établissements est affecté au traitement des malades. Doivent être pourvus d'infirmeries : les établissements d'instruction publique, tels que lycées, collèges, séminaires ; les casernes, les prisons, les cités ouvrières, les usines et fabriques qui logent leurs ouvriers. Les infirmeries servent non-seulement à séparer les malades de ceux qui se portent bien, ce qui est toujours une excellente mesure de salubrité, mais encore à faciliter le service et le traitement des malades. Les infirmeries doivent non-seulement être en rapport avec l'importance de l'établissement qu'elles desservent, mais encore elles doivent contenir des cuisines spéciales, des tisaneries, une pharmacie, un service de bains et une lingerie.

INGÉNIEUR, *s. m.* — Celui qui conduit et dirige, à l'aide des sciences appliquées, certains travaux de constructions civiles, maritimes ou militaires, de géodésie, d'hydrographie, de mines, etc. Le rôle de l'ingénieur est donc très-considérable dans le fonctionnement de notre organisation sociale ; aussi, un seul homme ne pouvant suffire aux nombreuses fonctions que peut occuper un ingénieur, il existe aujourd'hui de nombreuses classes d'ingénieurs ayant chacune leurs attributions spéciales, comme nous allons bientôt le voir. Autrefois, l'*engegnour, ingégnour* ou *engénieur,* ne désignait qu'un individu fabriquant des *engins ;* son rôle était des plus modestes, il se bornait à fabriquer et à monter des machines de guerre. Aujourd'hui, le cercle des connaissances humaines s'élargissant de plus en plus, on a créé des ingénieurs de divers ordres qu'on désigne sous les dénominations suivantes ; on nomme :

INGÉNIEUR DE L'ÉTAT, celui qui est chargé des travaux publics ;

INGÉNIEUR CIVIL, celui qui est employé par les particuliers, par les compagnies, les sociétés et par les villes.

Dans la première catégorie, on nomme :

INGÉNIEUR DES MANUFACTURES NATIONALES DES TABACS, celui qui s'occupe de la fabrication du tabac ;

INGÉNIEUR DES EAUX ET FORÊTS, celui qui est chargé de la conservation des bois et forêts, de l'entretien des chemins, des routes et sentiers qui les traversent, de la construction

des canaux, des aqueducs et travaux qui s'y rattachent ;

INGÉNIEUR HYDROGRAPHE, celui qui est chargé du relevé des côtes, des bords et de certaines profondeurs de la mer ;

INGÉNIEUR GÉOGRAPHE, celui qui est chargé de relever les terrains pour dresser les cartes géographiques ;

INGÉNIEUR MARITIME OU DE LA MARINE, celui qui s'occupe de la construction des vaisseaux : on nomme aussi ce dernier *ingénieur du génie maritime;*

INGÉNIEUR DES MINES, celui qui étudie la géologie et s'occupe de l'extraction et de l'exploitation des mines ;

INGÉNIEUR DES PONTS ET CHAUSSÉES, celui qui dresse les projets et exécute les voies de terre ou de fer, construit les ponts, les chaussées, les chemins de fer et les travaux qui se rattachent à ces diverses voies ;

INGÉNIEUR MILITAIRE, celui qui s'occupe des travaux de fortifications et de tous autres qui incombent au *génie militaire.*

Dans la catégorie des ingénieurs civils, on nomme :

INGÉNIEUR CONSTRUCTEUR, celui qui fait en général des constructions, mais plus particulièrement des constructions en fer, telles que halles, marchés, gares, ponts, etc. ;

INGÉNIEUR PHYSICIEN, celui qui construit des instruments de physique, d'optique, d'astronomie, etc. ;

INGÉNIEUR-ARCHITECTE, l'architecte qui connaît non-seulement l'art de bâtir, mais qui connaît aussi toutes les sciences qui se rattachent aux constructions, telles que celles du chauffage et de la ventilation, de l'électricité, enfin celui qui sait exécuter les constructions économiques, les travaux du génie civil et une partie de ceux du génie agricole.

INJECTION DES BOIS. — Voy. BOIS, § *Injection.*

INONDATION, *s. f.* — Élévation des eaux à une hauteur telle qu'elles sortent de leur lit habituel, qu'elles débordent et couvrent les terrains environnants.

JURISPRUDENCE. — Le propriétaire d'un

cours d'eau ou l'usufruitier sont responsables du dommage que peut causer aux propriétés riveraines le débordement de ce cours d'eau, toutes les fois que l'inondation qui en est la suite provient d'un fait qu'on peut imputer justement au propriétaire ou à l'usufruitier de ce cours d'eau.

L'inondation causée par la surélévation du déversoir d'un moulin, d'une écluse, etc., est punie suivant la teneur de l'article 457 du Code pénal que voici : « Seront punis d'une amende qui ne pourra excéder le quart des restitutions et des dommages-intérêts, ni être au-dessous de 50 francs, les propriétaires ou fermiers ou toute autre personne jouissant de moulins, usines ou étangs, qui, par l'élévation du déversoir de leurs eaux au-dessus de la hauteur déterminée par l'autorité compétente, auront inondé les chemins ou les propriétés d'autrui. — S'il est résulté du fait quelques dégradations, la peine sera, outre l'amende, un emprisonnement de six jours à un mois (1).

Les dispositions des articles de la loi du 28 septembre-6 octobre 1791, que nous donnons ci-dessous en note, ont continué d'être jusqu'ici en vigueur et sont appliquées par la jurisprudence toutes les fois qu'il y a eu une inondation causée par tout autre motif que celui visé par l'article 457 du Code pénal que nous avons donné ci-dessus. (Cass., 17 juin 1841, 5 décembre 1844, 29 mars 1856; Dalloz, *Jur. génér.*, v° *Dommage*, n° 327.)

Lorsque, par suite d'une inondation, une cave est restée pleine d'eau, le propriétaire est tenu de la faire vider ; s'il néglige de le faire,

les locataires ou les voisins limitrophes ont le droit de l'y contraindre. — Pour plus de détails sur l'épuisement des CAVES, voyez ce mot, où nous donnons *in extenso* les articles des ordonnances du 28 janvier 1741 et du 14 mai 1701 relatives à ce sujet.

INOXYDABLE, *adj.* — Qui ne peut s'oxyder. On applique ce terme aux métaux qui, au contact de l'air et de l'humidité, ne sont pas sujets à s'oxyder ; nous devons ajouter que peu de métaux sont inoxydables dans le sens strict du mot, mais un assez grand nombre s'oxydent d'une manière si faible, l'or, l'argent, par exemple, qu'on les dit *inoxydables*.

INSALUBRES (ÉTABLISSEMENTS). — Voy. ÉTABLISSEMENTS.

INSCRIPTION, *s. f.* — Texte gravé, peint, sculpté, sur des pierres, des marbres, des métaux, des terres cuites, etc. La science des inscriptions se nomme ÉPIGRAPHIE (Voy. ce mot), et le savant qui l'étudie *épigraphiste.* L'usage des inscriptions remonte à la plus haute antiquité, et souvent c'est grâce aux inscriptions que nous avons appris des faits historiques, et même l'existence de certains peuples, qui étaient complétement ignorés avant la découverte des monuments qui nous en parlaient. L'histoire par les inscriptions présente cet avantage qu'elle est la seule vraie, parce que les inscriptions sont écrites ou gravées au moment même où un grand fait historique vient de s'accomplir, de sorte qu'il est bien difficile d'altérer la vérité dans de pareilles circonstances, car les populations ne manqueraient pas de protester d'une manière quelconque, tandis que les historiens, qui écrivaient, surtout anciennement, pour glorifier une époque ou un règne, s'ils ne mentaient pas souvent, pouvaient au moins altérer la vérité par une exagération quelquefois de commande. — La science des inscriptions est toute moderne, c'est avec son aide qu'on a pu reconstituer l'histoire de beaucoup de peuples ; les inscriptions cunéiformes nous ont fait connaître l'histoire des Babyloniens,

---

(1) *Décret du 28 sept.-6 oct. 1791, titre II.* Art. 15. — Personne ne pourra inonder l'héritage de son voisin ni lui transmettre volontairement les eaux d'une manière nuisible, sous peine de payer le dommage et une amende qui ne pourra excéder la somme du dédommagement.

Art. 16. — Les propriétaires ou fermiers des moulins et usines construits ou à construire seront garants de tous dommages que les eaux pourraient causer aux chemins ou aux propriétés voisines par la trop grande élévation du déversoir ou autrement. Ils seront forcés de tenir les eaux à une hauteur qui ne nuise à personne et qui sera fixée par le directoire du département, d'après les avis du directeur du district. — En cas de contravention, la peine sera une amende qui ne pourra excéder la somme du dédommagement.

des Mèdes et des Perses ; les HIÉROGLYPHES (Voy. ce mot), la civilisation de l'ancienne Égypte ; les inscriptions runiques, de nombreux détails sur les Étrusques, les Lybiens, sur les Osques et les Lyciens. Les études épigraphiques ont pris de nos jours une très-grande extension, et fournissent à l'histoire les documents les plus sérieux et les plus importants.

INSCRIPTIONS ET BELLES-LETTRES (ACADÉMIE). — Voy. INSTITUT.

INSERTUM (OPUS). — Voy. APPAREIL, fig. 5.

INSPECTEUR, *s. m.* — Celui qui inspecte. Nous n'avons à nous occuper ici que de l'architecte inspecteur des travaux. Dans les grandes constructions, l'architecte, malgré la plus grande activité, ne pourrait surveiller suffisamment son chantier, fournir les détails de construction ; aussi a-t-il de nombreux collaborateurs qui composent son AGENCE DES TRAVAUX. A la tête de celle-ci se trouve placé le premier inspecteur, qui remplace l'architecte en chef en tout et pour tout ; il a sous ses ordres un autre inspecteur et des sous-inspecteurs dessinateurs, enfin les conducteurs et piqueurs. C'est l'inspecteur qui signe les attachements, qui donne les ordres écrits et verbaux et qui vise toutes les pièces que l'architecte signe de confiance, ne pouvant s'assurer par lui-même de tout ce qui s'accomplit dans son chantier.

INSTITUT, *s. m.* — Ce terme, dans un sens générique, signifie *règle, constitution première ;* il vient de *institutum*, établissement. Il s'applique aujourd'hui à une réunion d'individus suivant la même règle, professant les mêmes opinions, à des réunions de savants étudiant les mêmes sciences : de là de nombreux instituts ; nous parlerons des principaux, ce sont :

INSTITUT DE FRANCE. — Cette savante compagnie a été fondée par la Constitution de l'an III sous le nom d'*Institut national,* afin de remplacer les académies supprimées

par la Convention en l'an II. Une loi du 3 brumaire an IV (25 oct. 1795) décréta que l'Institut serait composé de 312 membres, dont 144 résidants à Paris, 144 dans les provinces et 24 associés étrangers, lesquels formeraient trois classes distinctes, savoir : 1° Sciences physiques et mathématiques, 2° Sciences morales et politiques, 3° Littérature et beaux-arts. Pour la première formation, le Directoire nomma 48 membres qui procédèrent eux-mêmes à la nomination de 96 autres ; ce qui donna le premier total de 144 membres, qui élurent les associés des départements et de l'étranger. Cette première formation faite, les membres se recrutèrent ensuite par voie d'élection pour suppléer aux places devenues vacantes par la mort. L'Institut fonctionna ainsi jusqu'en 1803, époque à laquelle la classe des sciences morales et politiques fut supprimée ; la nouvelle organisation comprit quatre classes : 1° Sciences physiques et mathématiques, 2° Langue et littérature françaises, 3° Histoire et littérature anciennes, 4° Beaux-arts. En 1816, l'Institut reçut une nouvelle organisation, qui, à quelques modifications près, subsiste encore aujourd'hui ; les sections reprirent leur ancien titre d'académies ; c'étaient :

L'*Académie française*, qui s'occupa de la langue et de la littérature françaises.

L'*Académie des inscriptions et belles-lettres*, qui étudia toutes les questions d'archéologie, d'épigraphie, de numismatique ; ses débuts avaient été des plus modestes, puisque lors de sa création par Colbert, en 1663, elle reçut le nom de *petite académie* à cause du peu d'importance de ses travaux ; elle ne renfermait, du reste, à cette époque que quatre membres dans son sein, qui faisaient partie de l'Académie française ; aujourd'hui l'Académie des inscriptions et belles-lettres est de toutes les sections de l'Institut celle qui fournit le plus grand nombre de travaux : il est vrai qu'elle renferme dans son sein 40 membres titulaires, 10 académiciens libres, 8 membres associés étrangers, enfin de nombreux correspondants en France et à l'étranger. Pour apporter de l'ordre dans ses travaux, l'Académie des inscriptions et belles-lettres est divisée en sept commissions :

1° Inscriptions et médailles ; 2° Histoire littéraire de la France ; 3° Rédaction du *Corpus inscriptionum semiticarum* ; 4° Travaux littéraires ; 5° Antiquités de France ; 6° Écoles françaises d'Athènes et de Rome ; 7° Administration des propriétés et fonds de l'Académie.

L'*Académie des beaux-arts* s'occupe de tout ce qui se rapporte aux beaux-arts ; elle renferme dans son sein 41 membres titulaires, 10 académiciens libres, en tout 51 membres, divisés en cinq sections : peinture, sculpture, architecture, gravure, musique ; elle comprend en outre 10 membres associés étrangers. La section de peinture est composée de 14 membres, celle de sculpture de 8, celle d'architecture de 8, celle de gravure de 4 membres, celle de composition musicale de 6 membres.

L'*Académie des sciences* étudie toutes les questions scientifiques et les nouvelles découvertes ; elle se compose de 62 membres titulaires, de 10 académiciens libres et de 8 associés étrangers ; elle se divise en deux sections, sciences mathématiques et sciences physiques, lesquelles se subdivisent elles-mêmes, la première en géométrie, mécanique, astronomie, géographie et navigation, et physique générale ; les sciences physiques se subdivisent en chimie, minéralogie, médecine et chirurgie, botanique, économie rurale, anatomie et zoologie.

Enfin en 1832 on adjoignit aux quatre précédentes sections l'*Académie des sciences morales et politiques*.

Après l'Institut de France, les principaux instituts sont : l'Institut de correspondance archéologique, à Rome ; l'Institut d'Égypte, au Caire ; l'Institut historique, à Paris ; l'Institut des provinces ; l'Institut des architectes britanniques, etc., etc., car toutes les grandes capitales du monde possèdent aujourd'hui des réunions de savants qui se nomment instituts ou académies. (Voy. ACADÉMIE.)

INTERSÉCANCE, s. . — En général, on désigne sous ce terme tout entrelacement de membres d'architecture qui pourraient aussi bien figurer isolément ou accolés. Beaucoup d'arcatures s'entre-croisent pour former des intersécances ; nos figures en montrent divers exemples. La figure 1 montre des intersécances ogivales ; les figures 2 et 3, des intersécances

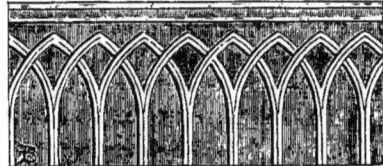

Fig. 1. — Intersécances ogivales.

plein cintre ; notre figure 4, des arcatures surmontées d'intersécances particulières : cette disposition se trouve à la cathédrale de Can-

Fig. 2. — Intersécances plein cintre simples.

torbéry. Ce genre d'ornement se rencontre surtout dans le style roman et ogival primitif du nord-ouest de la France, de la Belgique et

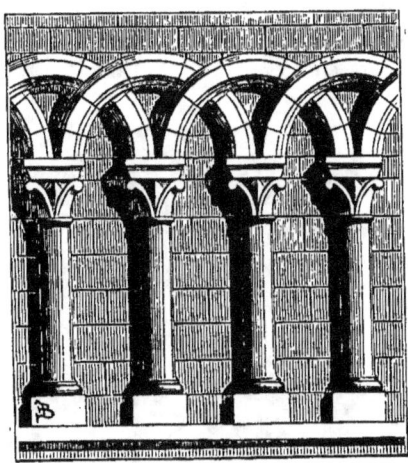

Fig. 3. — Intersécances plein cintre.

de l'Angleterre ; on l'applique non-seulement à la décoration des édifices, mais encore à de plus petits monuments, à des cuves baptismales, par exemple (fig. 5) ; à des bandeaux et des balustrades pleines (fig. 6).

Les arcatures intersectées sont aussi parfois dénommées arcades ou arcatures *entrelacées* ou *entre-croisées*. Un auteur anglais a

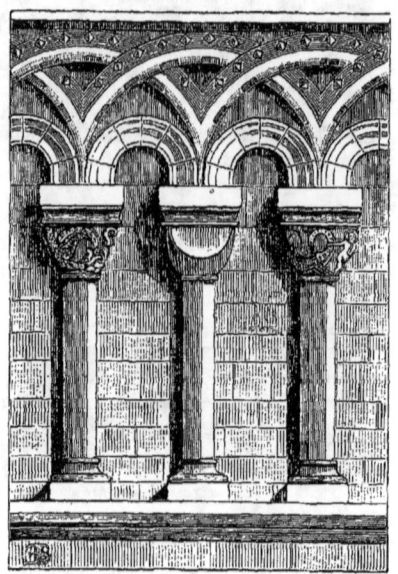

Fig. 4. — Intersécances décorant des arcatures.

prétendu, bien à tort, que l'intersection des arcatures plein cintre a pu donner naissance à l'arc aigu et par suite à l'architecture ogi-

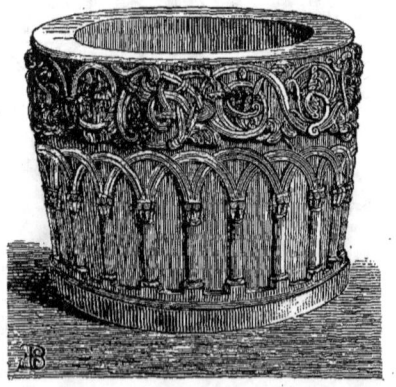

Fig. 5. — Cuve baptismale romane décorée d'intersécances.

vale. Cette origine n'est pas admissible, car l'*arc ogive*, qui n'est pas l'arc aigu, existait longtemps avant l'ornement dénommé *intersécance*. — Voy. OGIVALE (*Architecture*).

INTERSECTION, *s. f.* — Point où deux lignes, deux plans se coupent. En géométrie, la rencontre de deux lignes qui se coupent dé-

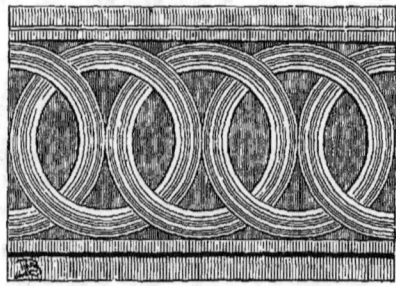

Fig. 6. — Intersécances décorant une balustrade pleine.

termine un point; l'intersection de deux plans détermine une ligne droite; l'intersection de deux solides détermine un plan. — En architecture, l'intersection des murs permet d'adopter des dispositions particulières de construction qui réconfortent les édifices, et leur donnent une grande solidité. L'intersection des profils donne naissance à une forme particulière qu'on désigne sous le nom d'ONGLET. (Voy. ce mot.)

INTRADOS, *s. m.* — Surface intérieure, et par conséquent concave, d'un arc, d'une voûte. C'est le contraire de l'EXTRADOS. (Voy. ce mot.) L'intrados d'un voussoir pris séparément se nomme DOUELLE. (Voy. ce mot.)

INVÉTISON. — Voy. TOUR D'ÉCHELLE.

IONIQUE (ORDRE.) — L'un des cinq ordres d'architecture, et l'un des trois ordres de l'architecture grecque, qui par ses proportions et le caractère de sa décoration tient le milieu entre le dorique et le corinthien. (Voy. ORDRES.)

IRRÉGULIER (APPAREIL). — Tout appareil qui n'est pas formé de pierres symétriques devrait être appelé appareil irrégulier; cependant on ne donne ce nom qu'à un genre spécial d'*appareil* que nous avons décrit à ce mot. (Voy. APPAREIL, fig. 3 et 4.)

IRRIGATION, *s. f.* — Action d'irriguer;

arrosement de prés, de prairies, de terres quelconques, au moyen de rigoles, de canaux, etc.

JURISPRUDENCE. — Tout ce qui se rattachait à la jurisprudence des irrigations était fort complexe avant la loi du 11 juillet 1847 combinée avec la loi du 29 avril 1845. Mais celle-ci a mis fin à beaucoup de points en litige. Voici les quatre articles de la loi du 11 juillet 1847 :

Art. 1er. — Tout propriétaire qui voudra se servir, pour l'irrigation de ses propriétés, des eaux naturelles ou artificielles dont il a le droit de disposer, pourra obtenir la faculté d'appuyer sur la propriété du riverain opposé les ouvrages d'art nécessaires à sa prise d'eau, à la charge d'une juste et préalable indemnité. — Sont exceptés de cette servitude, les bâtiments, cours et jardins attenants aux habitations.

Art. 2. — Le riverain sur le fonds duquel l'appui sera réclamé pourra toujours demander l'usage commun du barrage en contribuant pour moitié aux frais d'établissement et d'entretien ; aucune indemnité ne sera respectivement due dans ce cas, et celle qui aurait été payée devra être rendue. — Lorsque cet usage commun ne sera réclamé qu'après le commencement ou la confection des travaux, celui qui le demandera devra supporter seul l'excédent de la dépense auquel donneront lieu les changements à faire au barrage pour le rendre propre à l'irrigation des deux rives.

Art. 3. — Les contestations auxquelles pourra donner lieu l'application des deux articles ci-dessus seront portées devant les tribunaux. — Il sera procédé comme en matière sommaire ; et s'il y a lieu à expertise, le tribunal pourra ne nommer qu'un seul expert.

Art. 4. — Il n'est aucunement dérogé, par les présentes dispositions, aux lois qui régissent les eaux.

En outre, la loi du 29 avril-1er mai 1845 édicte que les propriétaires des fonds inférieurs sont obligés de recevoir les eaux qui s'écouleront des terrains ainsi irrigués, sauf l'indemnité qui pourra leur être due ; mais, comme il est dit à la fin de l'article 1er de la loi du 11 juillet 1847, seront exemptés les maisons, cours, jardins, etc., attenants aux habitations.

La même faculté de passage sur les fonds intermédiaires pourra être accordée au propriétaire d'un terrain submergé en totalité ou partiellement, à l'effet de procurer aux eaux nuisibles leur écoulement. — Mais il est bien entendu que l'obligation de concéder le passage n'existe qu'en faveur de l'irrigation, et non pour toute autre cause ou motif, quelque grave qu'il puisse être, sauf celui spécifié ci-dessus relativement aux terrains submergés. Les voies publiques elles-mêmes ne sont pas exemptes de la servitude d'aqueduc, elles doivent les subir ; mais, en cas de contestation à ce sujet, ce ne sont plus les tribunaux ordinaires qui ont à se prononcer, mais bien l'administration, qui règle la servitude comme elle l'entend. — L'extension de la servitude d'aqueduc s'éteint absolument comme les autres servitudes analogues ; elle disparaît si les eaux tarissent, si le canal vient à être abandonné, s'il tombe en désuétude.

Si même les inconvénients causés par le canal étaient considérables, s'ils étaient tels qu'ils ne fussent plus en rapport avec les avantages qu'en retirait antérieurement l'agriculture, les parties lésées pourraient être admises à en demander la suppression ; mais elles devraient au préalable mettre le propriétaire du canal en demeure de faire cesser le dommage. (Cf. *Journal des comm.*, t. 18, p. 335, 336 et 337.) (Voir aussi la jurisprudence du mot EAU.)

ISBA, *s. f.* — Maison du paysan russe, faite en bois, à l'aide de troncs d'arbres non équarris, qui se croisent entre eux et sont réunis les uns aux autres par de simples coupes à mi-bois.

ISOCÈLE, *adj.* — Un triangle est dit *isocèle* lorsqu'il a deux de ses côtés égaux entre eux.

ISODOMON. — Voy. APPAREIL, fig. 5.

ISOLATEUR, *adj.* — Qui isole. Il existe des crochets dits *isolateurs* pour fixer les fils des sonneries électriques. Anciennement on désignait sous ce terme les paratonnerres.

ISOLÉ, ÉE, *adj.* — Qui n'est attaché d'aucun côté. Un bâtiment, un pavillon sont *isolés*, quand ils ne joignent pas une autre construction ; une colonne est *isolée*, quand elle ne touche pas au mur ; si elle est en partie attenante au mur, on la nomme colonne *engagée*.

ISOLEMENT, *s. m.* — Vide laissé entre deux corps, entre deux bâtiments ou parties de bâtiment. L'isolement qui existe entre un four et un mur mitoyen se nomme *tour du chat*.

ITALIENNE (Architecture). — Voy. Lombarde, Romaine et Renaissance (*Architecture*).

IVOIRE, *s. m.* —Substance blanche et osseuse constituant les défenses de l'éléphant. Dès les temps les plus reculés, l'ivoire a été employé pour créer des objets de luxe : on l'a employé en placage pour revêtir des meubles, des statues ; il a servi pour des incrustations, pour des poignées d'épée ; les chaises curules des sénateurs romains étaient incrustées d'ivoire et d'or ; les Grecs en faisaient des statues d'assez grandes dimensions. Aujourd'hui l'ivoire a atteint un prix tellement élevé qu'il ne sert plus qu'à fabriquer de petits objets, tels que statuettes, christs, étuis, poignées de pistolet, couteaux à papier, manches de cannes, boîtes à poudre de riz, miroirs de main, etc. La ville de Dieppe possède depuis bien longtemps la spécialité des travaux d'ivoire ; à Paris, dans un certain quartier du Temple, il y a aussi beaucoup de fabricants d'objets en ivoire.

FIN DU DEUXIÈME VOLUME.

www.ingramcontent.com/pod-product-compliance
Lightning Source LLC
Chambersburg PA
CBHW051338220526
45469CB00001B/17